【東方文化集成】

《東方文化集成》爲季羡林教授所倡導，由北京大學東方學研究院《東方文化集成》編委會組織撰寫出版。

這是一項迎接二十一世紀東方文化復興和再創輝煌的世界性文化工程。

中國載籍中南亞史料匯編（上）

耿引曾　主編

東方文化集成

南亞文化编

中國載籍中南亞史料匯編（上）

耿引曾 主編

綫裝書局

圖書在版編目（CIP）數據

中國載籍中南亞史料匯編 : 全 2 册 / 耿引曾主編 . -- 北京 : 綫裝書局 , 2022.5

（東方文化集成 / 季羡林主編 . 南亞文化編）

ISBN 978-7-5120-5030-3

Ⅰ . ①中… Ⅱ . ①耿… Ⅲ . ①南亞－古代史－史料－匯編 Ⅳ . ① K350.2

中國版本圖書館 CIP 數據核字 (2022) 第 105520 號

東方文化集成

南亞文化編

中國載籍中南亞史料匯編

耿引曾　主編

出 品 人：王利明

責任編輯：李　媛　曹勝利　程俊蓉　李春艷

出版發行：綫裝書局

地　址：北京市豐臺區方莊日月天地大厦 B 座 17 層（100078）

電　話：010-58077126（發行部）010-58076938（總編室）

網　址：www.zgxzsj.com

經　銷：新華書店

印　制：河北清静堂印刷有限公司

開　本：850mm × 1168mm　1/32

印　張：43.25

字　數：1046 千字

版　次：2022 年 5 月第 1 版第 1 次印刷

线装书局官方微信

定　價：180.00 元（全 2 册）

《東方文化集成》編輯委員會

編委會聲明

爲銘記季羡林等多位已故前輩對《東方文化集成》的歷史貢獻，爲表達對他們的懷念，編委會特決定，在編委和顧問名單中保留他們的名字，不作變動。

《東方文化集成》總序

季羡林

我們正處在一個新的“世紀末”中。所謂“世紀”和“世紀末”，本來是人爲地創造出來的。非若大自然中的春、夏、秋、冬，秩序井然，不可更易，而且每歲皆然，絕不失信。“世紀”則不同，沒有耶穌，何來“世紀”？沒有“世紀”，何來“世紀末”？道理極明白易懂。然而一旦創造了出來，它就產生了影響，就有了威力。上一個“世紀末”，19世紀的“世紀末”，在西方文學藝術等意識形態領域中就出現過許多怪異現象，甚至有了“世紀末病”這樣的名詞，這是衆所周知的事實，無待辯論與爭論。

當前這一個“世紀末”怎樣呢？

我看也不例外。世界上許多國家和地區都出現了政治方面天翻地覆的變化，不能不令人感到吃驚。就是在意識形態領域内，也不平靜。文化或文明的辯論或爭論就很突出。平常時候，人們非不關心文化問題，只是時機似乎沒到，爭論不算激烈。而今一到世紀之末，人們非常敏感起來，似乎是憬然醒悟，於是東西各國的文人學士討論文化的興趣突然濃烈起來，寫的文章和開的會議突然多了起來。許多不同的意見，如懸河洩水，滔滔不絕，五光十色，紛然雜陳。這樣就形成了所謂“文化熱”。

在這一股難以抗禦的“文化熱”中，我以孤陋寡聞的“野狐”之身，雖無意隨喜，卻實已被捲入其中。我是一個有話不說輒如骨鯁在喉的人，在許多會議上，在許多文章中，大放厥詞，多次談到我對文化，特別是東方文化與西方文化的聯繫，以及東方文化在未來的新世紀中所起的作用和所占的地位等等的看法，頗引起了一些不同的反響。

為說明問題計，現無妨把我個人對文化和與文化有關的一些問題的看法簡要加以闡述。我認為，在過去若干千年的人類歷史上，民族和國家，不論大小久暫，幾乎都在廣義的文化方面做出了自己的貢獻。這些貢獻大小不同，性質不同，內容不同，影響不同，深淺不同，長短不同：但其爲貢獻則一也。人類的文化寶庫是衆多的民族或國家共同建造成的。使用一個文謅謅的術語，就是“文化多元主義”。主張世界上只有一個民族創造了文化，是法西斯分子的話，為我們所不能取。

文化有一個很突出的特點，就是，文化一旦產生，立即向外擴散，也就是我們常說的“文化交流”。文化絕不獨占山頭，進行割據，從而稱王稱霸，自以為“老子天下第一”，世襲珍藏，把自己孤立起來。文化是“天下爲公”的。不管膚色，不擇遠近，傳播擴散。人類到了今天，之所以能隨時進步，對大自然，對社會，對自己內心認識得越來越深入細緻，為自己謀的福利越來越大，重要原因之一就是文化交流。

文化雖然千差萬殊，各有各的特點，卻又能形成體系。特點相同、相似或相近的文化，組成了一個體系。據我個人的分法，紛紜複雜的文化，根據其共同之點，共可分爲四個體系：中國文化體系，印度文化體系，阿拉伯伊斯蘭文化體系，自古希臘、羅馬一直到今天歐美的文化體系。再擴而大之，全人類文化又可以分爲兩大文化體系：前三者共同組成東方文化體系，後一者為西方文化體系。人類並沒有創造出第三個大文化體系。

東西兩大文化體系有其共同點，也有不同之處。既然同爲文化，當然有其共同點，茲不具論。其不同之處則亦頗顯著。其最基本的差異的根源，我認爲就在於思維方式之不同。東方主綜合，西方主分析，倘若仔細推究，這種差異在在有所表現，不論是在人文社會科學中，還是在理工學科中。我這個觀點曾招致不少的爭論。贊成者有之，否定者有之，想同我商榷者有之，持保留意見者亦有之。我總覺得，許多人（包括我自己在內）對東西方文化了解研究得都還不夠深透，有的人連我的想法了解得也還不夠全面，不夠實事求是，卻唯爭論是尚，所以我一概置之不答。

有人也許認爲，我和我們這種對文化和東西文化差異的看法，是當代或近代的產物。我自己過去就有過這種看法。實則不然。法國伊朗學者阿里·瑪扎海里所著《絲綢之路》這一部巨著中有許多關於中國古代發明創造的論述，大多數為我們所不知。我在這裏不詳細介紹。我只引幾段古代波斯人和阿拉伯人論述中國文化和希臘文化的話：

由扎希兹轉載的一種薩珊王朝（226—Ca.640）的說法是："希臘人除了理論之外從未創造過任何東西。他們未傳授過任何藝術。中國人則相反。他們確實傳授了所有的工藝，但他們確實沒有任何科學理論。"（329頁）

羡林按：最後一句話不符合事實，中國也是有理論的。這就等於黑格爾說：中國沒有哲學。完全是隔膜的外行話。

書中還說：在薩珊王朝之後，費爾多西、賽利比和比魯尼等人都把絲綢織物、鋼、砂漿、泥漿的發現一股腦兒地歸於耶摩和耶摩賽德。但我們對於絲織物和鋼刀的中國起源論堅信不疑。對於諸如泥漿——水泥等其餘問題，它們有的可能性也是起源於中國。我們這樣一來就可以理解安息—薩珊—阿拉伯—土庫曼語中一句話的重大意義："希臘人只有一祇眼睛，唯有中國人才有兩祇眼睛。"約薩法·巴爾巴羅於1471年和1474年在波斯就曾聽到過這樣的說法。他同時還聽說過這樣一句學問深奥的表達形式："希臘人僅懂得理論，唯有中國人才擁有技術。"（376頁）

關於一祇眼睛和兩祇眼睛的說法，我還要補充一點：其他人同樣也介紹了另外一種說法，它無疑是起源於摩尼教：

"除了以他們的兩祇眼睛觀察一切的中國人和僅以一祇眼睛觀察的希臘人之外，其他的所有民族都是瞎子。"（329頁）

我之所以這樣不厭其煩地引這許多話，絕不是因為外國人誇中國人有兩祇眼睛而沾沾自喜，睥睨一切。令我感興趣的是，在這樣漫長的時間以前，在波斯和阿拉伯地區就有了這樣的說法。我們今天不能不佩服他們觀察的細緻與深刻，一下子就說到點子上。除了說中國沒有理論我不能同意之外，別的意見我是完全同意的。在當時的世界上，確實只是中國和希臘有顯著、突出、輝煌的文化。現在中國那一小撮言必稱希臘的學者們或什麼“者們”，可以憬然醒悟了。

但是這也還不是令我最感興趣的問題。我最濃烈的興奮點在於，正如我在上面所說的那樣，暢談東西文化之分，極富於近現代的摩登色彩。波斯和阿拉伯傳說都證明：東西文化之分的說法，古已有之，於今爲烈而已。其次，令我感到欣慰的是文化的東西二分法，我并非始作俑者，古代的“老外”已先我言之矣。令我更感到欣慰的是我講的東西方思維方式是東西文化的基礎。波斯和阿拉伯古代的說法，我認為完全證實了我的看法。分析出理論，綜合出技術，難道不是這樣子嗎？

時至今日，古希臘連那一隻眼睛也早已閉上，歐洲國家繼承並發揚了古希臘輝煌的文化，使歐洲文化光照寰宇。工業革命以後，技術也跟了上來，普天之下，莫非歐風。歐美人惛惛然陶醉於自己的勝利之中，以“天之驕子”自命，好像有了兩三隻眼睛。但他們完全忘記了歷史，忽視了當前的危機。而中國呢，則在長時期內，由於內因和外因的緣故，似乎把兩隻眼睛都已閉上。古代燦爛文化不絕如縷。初則驕橫自大，如清初諸帝那樣，繼則震於西方的船堅炮利，同樣惛惛然拜倒在西方的什麼裙下，一直到了今天，微有甦醒之意，正在奮發圖強中。

從上面談到的歷史事實中，我得出了一個結論：上下五千年，縱橫十萬里，東西文化的變遷是“三十年河東，三十年河西”。這本來是兩句老生常談，是老百姓的話，並不是我的發明創造。我提出來說明東西文化的關係，國內外都有贊成者，國內外也有反對者，甚至激烈反對者。我竊以為這兩句話只說明了一個事實。中國古代哲學講變易，佛家講無常，連辯證法也講事物時時都在變化中。大自然、人類社會和人類內心，無不證明這兩句話的正確。我不過撿來利用而已。《三國演義》開宗明義就說：“話說天下大勢，分久必合，合久必分。”說的不也就是這個淺顯的道理嗎？

可是東西方都有人昧於這個淺顯的道理。特別是在西方，頗有人在有意識或無意識中，覺得自己的輝煌文化會萬歲千秋地輝煌下去的。中國追隨者也大有人在。他們根本沒有意識到，文化也像世間的萬事萬物一樣，不會永駐的，也是有一個誕生、發展、成長、衰竭、消逝的過程的。

但是，中國有一句俗話：是非自在人心。人是能夠辨是非，明事理的。以自己的文化自傲的西方人也不例外。在第一次世界大戰以前，西方這種人簡直如鳳毛麟角。一戰爆發，驚醒了某一些有識之士。事實上在一戰爆發前，就有人有了預感。德國學者奧斯瓦爾德·斯賓格爾（Oswald Spengler）在1911年就預感到世界大戰迫在眉睫。後來大戰果然爆發。從1917年起，斯賓格爾就開始寫《西方的沒落》。書一出版，立即洛陽紙貴。他的基本想法是：文化都可以分為四個階段，一、青春；二、生長；三、成熟；四、衰敗。儘管他的推論方法，收集資料，還難免有主觀唯心的色彩。但是，他畢竟有這一份勇氣，有這一份睿智，敢預言當時如日中天的，他認為在世界歷史上八個文化中唯一還有活力的文化也會“沒落”。我們不能不對他表示敬意。美中不足的是，他還沒有認識到東方文化和西方文化的存在和交流關系。（參閱齊世榮等譯《西方的沒落》上下冊，商務印書館，1995年）

在西方，繼斯賓格爾而起的是英國歷史學家湯因比（Arnold J. Toynbee，1889−1975）。他自稱是受到了前者的影響。二人同樣反對“歐洲中心主義”，是他們有先見卓識之處。湯因比繼承了斯賓格爾的意見，認為文化——他稱之為“文明”——都有生長一直到滅亡的過程。他把人類歷史上的文明分為21種，有時又分為26種。這些意見都表述在他的巨著《歷史研究》中（1934—1961），共12卷。他比斯賓格爾高明之處，是引入東方文化的討論。到了70年代，他同日本社會活動家池田大作對話時，更進一步加以發揮，寄希望於東方文化。（參閱《展望二十一世紀》，國際文化出版公司，1985年）

我並不認為，斯賓格爾和湯因比——繼他們之後歐美一些國家還有一批哲學家和歷史學家、社會學家，贊成他們的意見，我在這裏不具引——等的看法都百分之百正確。但在舉世惛惛，特別是歐美人惛惛的情況下，唯獨他們閃耀出一點靈光，是十分難能可貴的。他們的看法從大體上來看，我認為是正確的。如果借用上面提到的古代波斯和阿拉伯人的說法，我就想說：希臘人及其後代的那一隻眼睛，後來逐漸變成了兩隻眼睛；可物極必反，現在快要閉上了。中國人的兩隻眼睛，閉上了一陣，現在又要睜開了。

閉上眼睛的歐美人士，絕大多數一點也不了解東方，而且壓根兒也沒有了解的願望。我最近多次聽人說到，西方至今還有人認為中國人還纏小腳，拖辮子，抽大煙，養小老婆。甚至連文人學士還有不知道魯迅為何許人者。在這樣地球越變越小，信息爆炸的時代，西方之"文明人"竟還如此昏聵，真不能不令人大為驚異。反觀我們中國，情況恰恰相反。歐美的一切，我們幾乎都加以崇拜。漢堡包、肯德基、比薩餅，甚至莫須有的加州牛肉麵，只要加一個洋字，立即產生大魅力，群衆趨之若鶩。連起名字，有的都帶有點洋味。個人名字與店鋪名字，莫不皆然。至於化妝品，外國進口的本來就多。中國自造的也多冠以洋名，以廣招徠。愛國之士，無不痛心疾首，譴責這種崇洋媚外的風氣和行為。然而，從一分為二的觀點上來看，也有其有利的一面。孫子說："知己知彼，百戰不殆。"專就東西而論，現在的情況是，我們對西方幾乎是瞭若指掌，而西方對東方則如上面所說的那樣，是一團漆黑。將來一旦有事，哪一方面占有利條件和地位，昭如日月矣。

對西方的文化，魯迅先生曾主張"拿來主義"。這個主義至今也沒有過時。過去我們拿來，今天我們仍然拿來，只要拿得不過頭，不把西方文化的糟粕和垃圾一併拿來，就是好事，就會對我們國家的建設有利。但是，根據我上面講的情況，我覺得，今天，在拿來主義的同時，我們應該提倡"送去主義"，而且應該定為重點。為了全體人類的福利，為了全體人類的未來，我們有義務要送去的，但我們決不會把糟粕和垃圾送給西方。不管他們接受，還是不接受，我們總是要送的。《詩經·大雅》說：“投我以桃，報之以李。”西方文化給人類帶來了一些好處。我們中國人，我們東方人，是懂得感恩圖報的民族。我們決不會白吃白拿。

那麼，報些什麼東西呢？送去些什麼東西呢？送去的一定是我們東方文化中的精華。送去要有針對性，針對的就是我在上面提到的那一個西方文化產生的“危機”。光說“危機”，過於抽象。具體地說，應該說是“弊端”。近幾百年以來，西方文化產生的弊端頗多，舉其大者，如環境污染、大氣污染、臭氧層破壞、生態平衡破壞、物種滅絕、人口爆炸、新疾病叢生、淡水資源匱乏，等等。此等弊端，如不糾正，則人類前途岌岌可危。弊端產生的根源，與西方文化的分析的思維方式有緊密聯繫。西方對爲人類提供生存所需的大自然分析不息，窮追不息，提出了“征服自然”的口號。“天何言哉！”然而“天”——大自然卻是能懲罰的，懲罰的結果就產生了上述諸種弊端。

拯救之方，我認為是有的，這就是“改弦更張”“改惡向善”，而這一點只有東方文化能做到。東方文化的基本思維方式是綜合，表現在哲學上就是“天人合一”，張載的《西銘》是一篇表現“天人合一”思想最精闢的文章:“乾稱父，坤稱母，予兹藐焉，乃混然中處。故天地之塞吾其體，天地之帥吾其性。民吾同胞，物吾與也。”（下略）印度哲學中的“梵我一如”，也表達了同樣的思想。總之，東方文化主張人與大自然是朋友，不是敵人，不能講什麼“征服”。只有在了解大自然，熱愛大自然的條件下，才能伸手向大自然索取人類衣、食、住、行所需要的一切。也只有這樣，人類的前途才有保障。

我們要送給西方的就是這種我們文化中的精華。這就是我們“送去主義”的重要內容。

我們的“李”送了出去，接受不接受呢？實際上，我們還沒有正式地送，大規模地送。連我們東方人自己，其中當然包括中國人，還不知道，還不承認自己的這種寶貝，我們盲目追隨西方，也同樣向自然界開過戰，我們也同樣有那一些弊端，立即要求西方接受，不也太過分了嗎？不過，倘若稍稍留意，人們就會發現，現在世界各國，不管出於什麼動機，也不管是根據什麼哲學，注意到上述弊端而又力求改變的人越來越多了。今年《日本經濟新聞》刊載了高木韌生的文章，說世紀科研重點將是“人類生存戰略”。這的確是見道之言。我體會，這裏所說的“科研”包括文理兩個方面。作者把科研提高到“人類生存”這個高度來看，不能不謂之有先見之明，應該受到我們大家的最高的讚揚。至於驚呼人口爆炸的文章，慨歎新疾病產生的議論，讓人警惕環境污染、臭氧層破壞、生態平衡的破壞、淡水資源的匱乏等等的號召，幾乎天天可見。人類變得聰明起來了，人類前途不是漆黑一片了。我想，世界各國每一個有心人，無不為之歡欣鼓舞。我這一個望九之年的耄耋老人，也為之手舞足蹈了。

我在上面剌剌不休說了那麼多話，畫龍點睛，不出一點:我曾在一次國際學術討論會上說過一篇短話，題目叫作“只有東方文化能夠拯救人類”。我在上面說的千言萬語，其核心就是這一句短短的話。至於已經來到我們門前的世紀究竟是什麼樣子？西方文化究竟如何演變？東方文化究竟能起什麼具體的不是空洞的作用？人類的前途究竟何去何從？所有這一切問題，都有待於歷史發展的進程來加以證明。從前我讀過一個近視眼猜匾的笑話。現在新的一個21世紀還沒有來臨，匾還沒有掛出來，上面有什麼字，我們還不能知道。不管自詡眼睛多麼好，看得多麼遠，在這一塊尚未掛出來的匾前，我們都是近視眼。

在這樣的情況下，我認為，我們最重要的任務就是學習，就是了解。我們責怪西方不了解東方文化，不了解東方，不了解中國，難道我們自己就了解嗎？如果是一個誠實的人，他就應該坦率地承認，我們中國人自己也並不全了解中國，並不全了解東方，並不全了解東方文化。實在說，這是一齣無聲的悲劇。

了解的唯一途徑就是學習，而學習首先必須有資料。對我們知識分子來說，學習資料首先是文字，也就是書籍。環顧當今世界，在“歐洲中心論”還有市場的情況下，在西方某一些人還惛惛然沒有睜開眼睛的時候，有關東方的書籍，極少極少。有之，亦多有偏見，不能客觀。西方如此，東方也不例外。即使我們有學習的願望，也是欲學無書。當然，東方各國的情況不盡相同，各國刊出書籍的多寡也不盡相同。但總之是很少的。有的小一點的國家，簡直形同空白。有個別東方國家幾乎毫無人知，它們的存在在一團迷霧中，若明若暗，似有似無。這也是一齣無聲的悲劇。

就是爲了這個緣故，我們這一批人不自量力——或者更明確地說是認真“量”過了自己的“力”，倡議編纂這一套巨大空前的《東方文化集成》。雖然，我們目前的隊伍，由於歷史造成的原因，還不是太大；我們的基礎還不是太雄厚；但是，我們相信主觀能動性。我們想“挽狂瀾於既倒”，我們決非徒託空言。世界人民、東方人民、中國人民的需要，是我們的動力。東方人民和西方人民的相互了解，是我們的願望。東方人民和西方人民越來越變得聰明，是我們的追求。我們老、中、青三結合，而對著作的要求則是高水平的。我們希望，能通過這個活動，既提高了中國對東方文化的研究水平，又能培養出一批學有專長的人才，收得一舉兩得之效。

我們既反對“歐洲中心主義”，我們反對民族歧視。但我們也並不張揚“東方中心主義”。如果說到或者想到，在21世紀東方文化將首領風騷的話，那也是出於我們對歷史發展的觀察與預見，並不出於什麼“主義”。本著這種精神，我們對東方幾十個國家一視同仁。國家不論大小，人口不論多寡，歷史不論久暫，地位不論輕重，我們都平等對待，決不抬高與貶低，拜倒與歧視。每一個東方國家都在我們叢書中占有地位。但國家畢竟不同，資料畢竟多寡懸殊，我們也無法強求統一。有的國家占的篇幅多一點，有的少一點，這是實事求是，與歧視毫無關聯。我們虔誠希望，在即將來臨的21世紀中，中國的兩隻眼睛都能睜開，而且睜得大大的，明亮而睿智。西方的一隻眼睛能變成兩隻，也同樣睜開，而且睜得大大的，明亮而且睿智。世界上各個民族也都有了兩隻眼睛，都要睜得大大的，明亮而且睿智。我們共同學習，努力互相了解。我們堅決相信，只要能做到這一步，人類會越來越能相互了解，世界和平越來越成為可能，人類的日子會越來越好過。不管還需要多麼長的時間，人類有朝一日總會共同進入太平盛世，共同進入大同之域。

1996年3月20日

序

季羡林

中国和印度同为世界文明古国，都对人类文化的发展做出了巨大的贡献。但是两国也有极大的不同之处，这首先表现在对待历史的态度上：中国是世界上最重视历史的国家，而印度则是非常不重视历史的，以致马克思有“印度无历史”之嘆。

到了近代，大概是受了欧洲的影响，也由於反抗外来侵略的需要，印度历史科学兴盛起来了。从十九世纪初叶起，出现了大部头的印度历史著作。最初还是欧洲学者居多，尔后印度自己的史学家也一代一代成长起来。到了今天，印度史学界不但巨著如林，而且水平也极高。印度无历史的状况彻底扭转过来了。

但是，也正是在这个时候，印度史学家注意到中国浩如煙海的载籍中关於印度的记载。他们几乎都承认，没有中国正史和旅行家的著作，研究印度历史几乎是不可能的。这样的认识无疑是非常正确的，也已经有不少年了。可是认真搜集中国载籍中有关印度史料的工作，却做得非常不彻底。儘管有不少学者从事此项工作，做了一些搜集工作，但离开全面还有极长的距离。这不能不说是一件憾事。

北大南亞東南亞研究所的耿引曾同志，多少年来从事在中国羣籍中搜集有关南亞史料的工作。辛辛苦苦，翻检各种各样的典籍，焚膏继晷，兀兀穷年，到了今天，搜集得成绩斐然可观。我们曾将这个消息，对外国朋友，特别是印度朋友讲过。他们听了，都異常兴奋。切盼能早日完成，并译为英语，以利广大不通汉文的印度学者使用。现在搜集已经基本告一段落。上海古籍出版社在今天出版条件異常困难的情况下毅然承担出版的任务，他们的举动我相信会得到中外学者的同声讚扬。印度有一些朋友答应同中国学者一起，将这些资料逐步译为英文，为中印两国几千年的古老友谊再增添崭新的一章。此举将会进一步增强我们两国人民的友谊，这是可以断言的。

我在兴奋之余，谨缀数言，算是序。

1988年10月24日

前　言

南亞包括今印度、巴基斯坦、孟加拉、尼泊尔、不丹、斯里兰卡、马尔代夫等国家，这些国家大都是中国的鄰邦。南亞的恒河、印度河流域和中国的黄河流域同是人类文明的发源地，印度和中国都是世界文明古国；世界三大宗教之一的佛教发祥於南亞，尼泊尔的兰毗尼就是释迦牟尼的故乡。远在公元前二世纪，随着张骞“凿空”和横贯欧亞大陆的“丝绸之路”的开闢，中国与南亞已发展了国家间的外交关係；到了一世纪中，佛教已传入中国的中原地区。中国与南亞诸国的国家交往历史悠久，人民友谊情深意厚。历史进入近代之后，中国与南亞又都成了西方殖民主义者侵略的目标。中国人民与南亞人民曾在反对殖民主义、帝国主义的斗爭中并肩战斗，我们之间的传统友谊又增添了新的内容。当前，中国与南亞各国同属发展中国家，都面临着发展经济、反对霸权主义、维护世界和平的重大任务，在变化莫测的世界上仍然有许多一致的利益。鉴古可以知今，研究中国和南亞过去的关係史，有助於发展我国同南亞各国之间的交往。

中国是发明纸和印刷术的国家。中国人素来为有浩如煙海的文献典籍而自豪。中国人在历代的文献典籍中就记载有大量有价值的有关南亞的史料。首先是历代官修的史书、类书，如《廿五史》中每部史书对南亞各国几乎都有专门叙述，唐代的《艺文类聚》和宋代的《册府元龟》中，保存着不少记载南亞各国的佚书佚文；历代的笔记、小说、遊记中所保存的南亞史料，更是数不胜数，除了堪称研究古代南亞瑰實的《佛国记》、《大唐西域记》等著作，晉代的《搜神记》也有关於天竺杂技传入江南的记载，宋人的《梦溪笔谈》中保存了梵文四十二字母的音译表等等；在历代的曆、数、农、医等书中，保存着中国与南亞科技文化交流的重要史实；在释典中也保存着许多不可多得的史料，如《法苑珠林》中王玄策的《中天竺国行记》残篇便是；在历代的诗文集和各地修辑的地方志中，有些史料弥足珍贵，同样不可忽视。这里要特别指出的是，我国民主主义革命家孙中山先生领导的同盟会，其机关刊物《民报》中的许多篇章反映了中国人民、南亞人民反对帝国主义、要求民族独立的重要史实与共同愿望。发掘、整理、编纂这些史料，乃是中国南亞研究工作者责无旁贷的任务，也是建立中国南亞学的一个重要方面。汇集这些史料，是编写南亞各国历史、中国与南亞各国关係史的基础工作。它为研究中国与南亞两千多年来的交往提供了资料。同时通过探讨中国与南亞在政治、经济、文化上的交往，可以得出某些规律性的東西，有助於发展当前的经济文化交流。因此，1978 年中国社会科学院与北京大学合办的南亞研究所成立后，在季羡林所长的关怀下，便组织人力，着手编辑《中国载籍中南亞史料汇编》。

《中国载籍中南亞史料汇编》打算分若干册陆续出版。第一册从汉朝到唐朝五代，第二册从宋朝到清朝的 1840 年，第三册是 1840 年后的近代部分，第四册打算收集历史碑铭石刻中的有关资料。中国的载籍是汪洋大海，要把历朝历代的资料收集齐备再行出版是不太可能的。只能先出便于搜集的主要部分，以后陆续增补。

本汇编以提供资料为主，对资料的考证和进一步研究，则不是编辑本书的任务。我们的着眼点在於史料的准确性、科学性和学术价值上。从这几点出发，对辑录过程中的一些问题作如下说明：

一、在有关中国与南亞关係的史料中，佛教佔有相当大的篇幅。汇集这部分史料时，常常遇到一些神異的、因果报应的记叙。这部分内容我们基本不收。但某些对佛教文化传播、研究名僧事跡有一定参考价值的史料则酌情收入，如《酉阳杂俎》卷一唐永贞年有梵僧为王布女摘去鼻息肉一条，又如被唐廷封为开元三大士的不空和尚为“彗星出、天不雨”行法做斋事等等。为了保持史料的完整性，都录其全文。

二、在收集资料过程中，各书对同一事件的记载常互有出入。有这样的情况则二者並录。如《隋书》的《骨仪列传》记骨仪为京兆长安人，而《北史》则记为天竺胡人。究竟是天竺人还是长安人，我们不做结论，让二说並存，待读者去考证研究。

三、关於西域，它是一个历史地理概念，始称於汉朝。其地域范围，最初大体指玉门关以西，巴尔喀什湖以東及以南的广大地区，后来又泛指葱岭以西诸国。班固将罽宾国列入了《汉书》的《西域传》，范晔又将天竺国列入《后汉书》的《西域传》，在《隋书·经籍志》里，还记载着“佛经者，西域天竺之迦维卫国淨饭王太子释迦牟尼所说”。可见古人地理观念中的西域是包括了今天的南亞地区的。因此，我们搜集有关西域记叙的范围畧宽，比如《三国志·魏书·少帝纪》的“景初三年西域重译献火浣布”，及其下裴松之的注释，均全文辑录。这里指的西域可与后来《晋书·苻坚载记》中“天竺献火浣布”事件联繫起来考虑。我们认为对西域的有关资料採用宽收窄用的处理办法,才不致使重要的史实遗漏,並可以此来补充和考证其它。

四、关於大月氏,除出土的一批大月氏钱币为实物资料外,仅在汉文典籍中有所记载。大月氏人原居住在中国西部敦煌祁连山一带。公元前二世纪初被匈奴击败,一部分西迁至阿姆河流域。约在公元一世纪,它建立了贵霜帝国,不久统治了恒河流域。到了极盛的迦腻色迦时代,它的统治扩大到了印度河流域。版图西起咸海,東到葱岭,称雄於当时的中亞细亞。国都在今天的巴基斯坦白沙瓦。大月氏人虽非南亞次大陆土著,但它是贵霜王朝的建立者。为了说清楚它的来龙去脉,我们在所收载籍中对其有关史料全文辑录。

五、关於中亞、西亞。这里首先要说明的是中亞、西亞都是纯地理名词,自古以来即分属於各个不同的国家,中亞有一部分地区是中国的领土。其次要交代的是,某些中亞、西亞史料,如与南亞历史或中国和南亞各国关係史有关,均一併辑录。比如《隋书·斐矩传》中关於从敦煌至西海的北道、中道、南道的记载,就全文加以收录。这虽不是专门叙述中国与南亞交通路线的,但它有助於了解这一问题的全貌。众所周知,法显、玄奘都是经过西亞、中亞到达南亞的。研究中国与南亞各国关係史,最好懂得中亞的历史、地理、民族、语言。当然,这是个很複杂的研究课题,有待许多专门家从事这项工作。本《汇编》仅从研究南亞角度出发,附收一些有关的中亞、西亞史料,它不过是中国载籍里中亞、西亞资料的一滴而已。

凡例中已提及,对某些梵文名词加以简注。关於地名则不加今注了。古代南亞地理是一个专门学科。中国历代典籍记载的南亞地名,名目繁多。即如"印度"一名的考释,吳其昌的《印度释名》(《燕京学报》第四期 1928 年 12 月)列出的对於印度的称谓就有三十八个；朱延丰的《古狮子国释名》（《史学年报》二期一卷1934年9月）列出狮子国名称三十三个，但收录还不算齐全。《清史稿》卷五二九即有“丑涂为印度转音，丑涂水即印度河也”的记载，吴文未见。这类例子不逐一列举。我们期望在《汇编》提供的资料基础上，能有大量考证古代南亞地名的文章和学术专著问世。按目前国内外的学术水平，尚不能对所辑的全部地名标出确切的今地。当然不是说一个也没有定论，但无定论的为数不少。我们考虑与其给读者提供一些不成熟或者是错误的知识，还不如暂不加今注更为妥当。

六、前面已谈到史料中有神異的、因果报应的成份，这里还要特别指出的是史料中的大国沙文主义成份。任何一种史料，都要打上时代的烙印。封建帝王的诏令、敕文，是站在封建统治者的立场来写的，但仍不失为重要的史料，所以全文辑录。

本《汇编》在季羡林所长的关怀与指导下完成。查阅史料和编辑工作由耿引曾负责，袁坚参加了抄写和标点工作，阴松生也参加了抄写工作，史料的标点由张联荣校核，梵文名词的简注由王邦维完成，《唐开元占经》的校注由中国科学院自然科学史研究所陈久金承担。在《羯鼓录》梵文曲名的选择中，曾得到阴法鲁先生的指教。

中国古籍浩如煙海，从中辑录南亞资料，疏漏在所难免。许多史料又涉及各种专门学问，晦涩之处甚多，编者学力有限，一定会有许多错误及不当之处，敬请广大专家、读者指正。

耿引曾

1988年7月

凡　例

一、本《汇编》係辑录原书史料而成。有关南亞的专著，如篇幅太大，不宜整本抄录者，则仅作题解。

二、所辑录的载籍尽量採用最新校注本，其中有参考价值的校释皆予保留。古人校释随文刊录，今人校释採入编者简注中。如原书无最新校注本，则採用公认的最佳版本，並由编者断句、标点。对所引史料中需说明的问题、明显错误及某些梵文名词，加以简注。

三、载籍排列按朝代序列以成书先后为序。如各书所引史料内容全部重複，则衹录最早出处，后者从畧。

四、关於类书，衹收佚书佚文中的有关史料，其它从畧；但对本《汇编》题解书目中的有关条文则一併採入。

五、所录史料一律採用繁体。字体一般以原版本为准，除了个别过於冷僻的異体字，原则上不做改动。

上册　目　录

第一部分

兩漢有關南亞的記述

一、史記①

① 本篇採自中华书局标点本(1959 年版),按出版说明,圆括弧和方括弧用来标明字句的应该删去和应该补上。南朝宋裴駰的【集解】、唐司马贞的【索隐】、张守节的【正义】中有关部分一併收录。

当是之时,東胡彊而月氏盛。(一)匈奴单于曰头曼,头曼不胜秦,北徙。……单于有太子名冒顿。后有所爱阏氏,生少子,而单于欲废冒顿而立少子,乃使冒顿质於月氏。冒顿既质於月氏,而头曼急击月氏。月氏欲杀冒顿,冒顿盗其善马,骑之亡归。……東胡初轻冒顿, ……及冒顿以兵至,击,大破灭東胡王。……既归,西击走月氏。

至孝文帝初立,复修和亲之事。……其明年(初元四年),单于遗汉书曰:"……今以小吏之败约故,罚右贤王,使之西求月氏击之。以天之福,吏卒良,马彊力,以夷灭月氏,尽斩杀降下之。定楼兰、乌孙、呼揭及其旁二十六国,皆以为匈奴。诸引弓之民,並为一家。……" ……书至,汉议击与和亲孰便。公卿皆曰:"单于新破月氏,乘胜,不可击。……"

其明年(元狩二年)春,汉使骠骑将军去病将万骑出陇西,过焉支山千余里,击匈奴,得胡首虏(骑)万八千余级,破,得休屠王祭天金人。(二)……

汉使杨信於匈奴,是时汉東拔秽貉、朝鲜以为郡,而西置酒泉郡以鬲绝胡与羌通之路。汉又西通月氏、大夏,又以公主妻乌孙王,以分匈奴西方之援国。

(一)【正义】氏音支。《括地志》云:"凉、甘、肃、延、沙等州地,本月氏国。"

(二)【集解】《汉书音义》曰:"匈奴祭天处本在云阳甘泉山下,秦夺其地,后徙之休屠王右地,故休屠有祭天金人,象祭天人也。"《索隐》韦昭云:"作金人以为祭天主。" 崔浩云:"胡祭以金人为主,今浮图金人是也。" 又《汉书音义》称:"金人祭天,本在云阳甘泉山下,秦夺其地,徙之於休屠王右地,故休屠有祭天金人,象祭天人也。"事恐不然。案:得休屠金人,后置之於甘泉也。【正义】《括地志》云:"径路神祠在雍州云阳县西北九十里甘泉山下,本匈奴祭天处,秦夺其地,后徙休屠右地。" 按:金人即今佛像,是其遗法,立以为祭天主也。

(卷一百十《匈奴列传》)

元狩二年春,以冠军侯去病为骠骑将军,将万骑出陇西,有功。天子曰:"骠骑将军率戎士……历五王国,……冀获单于子。……过焉支山千有余里,……杀折兰王,斩卢胡王,诛全甲,……收休屠祭天金人。(一)……"

(一)【集解】如淳曰:"祭天为主。"【索隐】案:张婴云"佛徒祠金人也"。如淳云"祭天以金人为主也"。屠音储。

(卷一百一十一《卫将军骠骑列传》)

及元狩元年,博望侯张骞使大夏来,言居大夏时见蜀布、邛竹杖,使问所从来,曰:"从東南身毒国,(一)可数千里,得蜀贾人市。" 或闻邛西可二千里有身毒国,骞因盛言大夏在汉西南,慕中国,患匈奴隔其道,诚通蜀,身毒国道便近,有利无害。於是天子乃令王然于、柏始昌、吕越人等,使閒出西夷西,指求身毒国。至滇,滇王尝羌乃留,为求道西十余辈。岁余,皆闭昆明,莫能通身毒国。

(一)【集解】徐广曰:"字或作'竺'。《汉书》直云'身毒',《史记》一本作'乾毒'。"駰案:《汉书音义》曰"一名'天竺',则浮屠胡是也。"【索隐】身音捐,毒音笃。一本作"乾毒"。《汉书音义》一名"天竺"也。

(卷一百一十六《西南夷列传》)

相如拜为孝文園令。……乃遂就《大人赋》。其辞曰:……

历唐尧於崇山兮，过虞舜於九疑。……经营炎火而浮弱水兮(一)，杭绝浮渚而涉流沙。奄息总极氾滥水嬉兮(二)，使灵娲鼓瑟而舞冯夷。……西望崑崙(三)之轧沕洸忽兮，直径驰乎三危。

（一）【正义】姚丞云："《大荒西经》云崑崙之丘，其外有炎火之山，投物辄然。"《括地志》云："弱水有二原，俱出女国北阿僆达山，南流会于国北，又南历国北，東去一里，深丈余，阔六十步，非乘舟不可济，流入海。阿僆达山一名崑崙山，其山为天柱，在雍州西南一万五千三百七十里。"又云："弱水在甘州张掖县南山下也。"

（二）【集解】《汉书音义》曰："总极，葱领山也，在西域中也。"

（三）【正义】《括地志》云："又阿僆达山亦名建末达山，亦名崑崙山。恆河出其南吐师子口，经天竺入达山。媯水今名为浒海，出於崑崙西北隅吐马口，经安息大夏国入西海。黄河出東北隅吐牛口，東北流经滥泽，濳出大积石山，至华山北，東入海。其三河去山入海各三万里。此谓大崑崙，肃州谓小崑崙也。"

（卷一百一十七《司马相如列传》）

大宛之跡，(一)见自张骞。张骞，汉中人。建元中为郎。是时天子问匈奴降者，皆言匈奴破月氏王，以其头为饮器，月氏遁逃而常怨仇匈奴，无与共击之。汉方欲事灭胡，闻此言，因欲通使。道必更匈奴中，乃募能使者。骞以郎应募，使月氏，与堂邑氏(故)胡奴甘父俱出陇西。经匈奴，匈奴得之，传诣单于。单于留之，曰："月氏在吾北，汉何以得往使？吾欲使越，汉肯听我乎？"留骞十余岁，与妻，有子，然骞持汉节不失。

居匈奴中，益宽，骞因与其属亡乡月氏，西走数十日至大宛。大宛闻汉之饶财，欲通不得，见骞，喜，问曰："若欲何之？"骞曰："为汉使月氏，而为匈奴所闭道。今亡，唯王使人导送我。诚得至，反汉，汉之赂遗王财物不可胜言。"大宛以为然，遣骞，为发导绎，抵康居，康居传致大月氏。(二)大月氏王已为胡所杀，立其太子为王。(三)既臣大夏而居,(四)地肥饶,少寇,志安乐,又自以远汉,殊无报胡之心。骞从月氏至大夏,竟不能得月氏要领。

留岁余,……单于死,(五)……国内乱,骞与胡妻及堂邑父俱亡归汉。……初,骞行时百余人,去十三岁,唯二人得还。

骞身所至者大宛、大月氏、大夏、康居,而传闻其旁大国五六,具为天子言之。曰:

大宛在匈奴西南,在汉正西,去汉可万里。……其北则康居,西则大月氏,西南则大夏,東北则乌孙,東则扜罙、于窴。

康居在大宛西北可二千里,行国,与月氏大同俗。……国小,南羁事月氏,東羁事匈奴。

大月氏(六)在大宛西可二三千里,居妫水北。其南则大夏,西则安息,北则康居。行国也,随畜移徙,与匈奴同俗。控弦者可一二十万。故时彊,轻匈奴,及冒顿立,攻破月氏,至匈奴老上单于,杀月氏王,以其头为饮器。始月氏居敦煌、祁连閒,及为匈奴所败,乃远去,过宛,西击大夏而臣之,遂都妫水北,为王庭。其余小众不能去者,保南山羌,号小月氏。

大夏在大宛西南二千余里妫水南。……及大月氏西徙,攻败之,皆臣畜大夏。大夏民多,可百余万。其都曰蓝市城,有市贩贾诸物。其東南有身毒国。(七)

骞曰:"巨在大夏时,见邛竹杖、蜀布。问曰:'安得此?'大夏国人曰:'吾贾人往市之身毒。身毒在大夏東南可数千里。其俗土著,大与大夏同,而卑溼暑热云。其人民乘象以战。其国临大水焉。'以骞度之,大夏去汉万二千里,居汉西南。今身毒国又居大夏東南数千里,有蜀物,此其去蜀不远矣。今使大夏,从羌中,险,羌人恶之;少北,则为匈奴所得;从蜀宜径,又无寇。”天子既闻大宛及大夏、安息之属皆大国，多奇物，土著，颇与中国同业，而兵弱，贵汉财物；其北有大月氏、康居之属，兵彊，可以赂遗设利朝也。且诚得而以义属之，则广地万里，重九译，致殊俗，威德徧於四海。天子欣然，以骞言为然，乃令骞因蜀犍为发间使，四道並出：出駹，出冄，出徙，出邛、僰，皆各行一二千里。其北方闭氐、筰，南方闭嶲、昆明。昆明之属无君长，善寇盗，辄杀略汉使，终莫得通。然闻其西可千余里有乘象国，名曰滇越，而蜀贾姦出物者或至焉，於是汉以求大夏道始通滇国。初，汉欲通西南夷，费多，道不通，罢之。及张骞言可以通大夏，乃复事西南夷。

骞既至乌孙，……骞不得其要领。……骞因分遣副使使大宛、康居、大月氏、大夏、安息、身毒、于窴、扜罙及诸旁国。乌孙发导译送骞还……

自博望侯骞死后，匈奴闻汉通乌孙，怒，欲击之。及汉使乌孙，若出其南，抵大宛、大月氏相属，乌孙乃恐，使使献马，愿得尚汉女翁主为昆弟。天子问羣臣议计，皆曰“必先纳聘，然后乃遣女”。……得乌孙马好，名曰“天马”。及得大宛汗血马，益壮，更名乌孙马曰“西极”，名大宛马曰“天马”云。而汉始筑令居以西，初置酒泉郡以通西北国。因益发使抵安息、奄蔡，黎轩、条枝、身毒国。……是时汉既灭越，而蜀、西南夷皆震，请吏入朝。於是置益州、越嶲、牂柯、沈黎、汶山郡，欲地接以前通大夏。乃遣使柏始昌、吕越人等岁十余辈，出此初郡抵大夏，皆复闭昆明，为所杀，夺币财，终莫能通至大夏焉。

西北外国使，更来更去。宛以西，皆自以远，尚骄恣晏然，未可诎以礼羁縻而使也。自乌孙以西至安息，以近匈奴，匈奴困月氏也，匈奴使持单于一信，则国国传送食，不敢留苦；乃至汉使，非出币帛不得食，不市畜不得骑用。

（一）【正义】《括地志》云："率都沙那国亦名苏对沙那国，本汉大宛国。"

（二）【正义】此大月氏在大宛西南，於嬀水北为王庭。

（三）【集解】徐广曰："一云'夫人为王'，夷狄亦或女主。"

（四）【索隐】既臣大夏而君之。谓月氏以大夏为臣，而为之作君也。

（五）【集解】徐广曰："无朔三年。"

（六）【正义】万震《南州志》云："在天竺北可七千里，地高燥而远。国王称'天子'，国中骑乘常数十万匹，城郭宫殿与大秦国同。人民赤白色，便习弓马。土地所出，及奇玮珍物，被服鲜好，天竺不及也。"康泰《外国传》云："外国称天下有三众：中国为人众，秦为寳众，月氏为马众也。"

（七）【集解】徐广曰："身，或作'乾'，又作'讫'。"【索隐】身音乾，毒音笃。孟康云："即天竺也，所谓浮图胡也。"【正义】一名身毒，在月氏東南数千里。俗与月氏同，而卑溼暑热。其国临大水，乘象以战。其民弱於月氏。脩浮图道，不杀伐，遂以成俗。土有象、犀、瑇瑁、金、银、铁、锡、铅。西与大秦通，有大秦珍物。明帝梦金人长大，顶有光明，以问羣臣。或曰："西方有神，名曰'佛'，其形长丈六尺而黄金色。"帝於是遣使天竺问佛道法，遂至中国，画形像焉。万震《南州志》云："地方三万里，佛道所出。其国王居城郭，殿皆彫文刻镂。街曲市里，各有行列。左右诸大国凡十六，皆共奉之，以天地之中也。"《浮屠经》云："临儿国王生隐屠太子。父曰屠头邪，母曰莫邪屠，身色黄，髮如青丝，乳有青色，爪赤如铜。始莫邪梦白象而孕，及生，从母右脅出。生有髮，堕地能行七步。"又云："太子生时，有二龙王夹左右吐水，一龙水暖，一龙水冷，遂成二池，今犹一冷一暖。初行七步处，琉璃上有太子脚跡见在。生处名祇洹精舍，在舍卫国南四里，是长者须达所起。又有阿输迦树，是夫人所攀生太子树也。"《括地志》云："沙祇大国即舍卫国也，在月氏南万里，即波斯匿王治处。此国共九十种。知身后事。城有祇树给孤园。"又云："天竺国有東、西、南、北、中央天竺国，国方三万里，去月氏七千里。大国隸属凡二十一。天竺在崑崙山南，大国也。治城临恆水。"又云："阿耨达山亦名建末达山，亦名崑崙山。水出，一名拔扈利水，一名恆伽河，即经称〔恆〕河者也。自崑崙山以南，多是平地而下溼。土肥良，多种稻，岁四熟，留役驰马，米粒亦极大。”又云：“佛上忉利天，为母说法九十日。波斯匿王思欲见佛，即刻牛头旃檀象，置精舍内佛坐。此像是众像之始，后人所法也。佛上天青梯，今变为石，没入地，唯余十二蹬，蹬閒二尺余。彼耆老言，梯入地尽，佛法灭。”又云：“王舍国，胡语曰罪悦祇国。其国灵鹫山，胡语曰耆闍崛山。山是青石，石头似鹫。鸟名耆闍，鹫也。崛，山石也。山周四十里，外周围水，佛於此坐禅，及诸阿难等俱在此坐。”又云：“小孤石，石上有石室者，佛坐其中，天帝释以四十二事问佛，佛一一以指画石，其跡尚存。又於山上起塔，佛昔将阿难在此上山四望，见福田疆畔，因制七条衣割截之法於此，今袈裟衣是也。”

（卷一百二十三《大宛列传》）

二、漢書[①]

① 本篇採自中华书局标点本（1962年版）。按出版说明，校点中，应当改动和增删的文字加上圆括号；增入或校正的文字，加上方括号。唐颜师古等注中有关部分一併收录。

元狩三年，……发谪吏穿昆明池。(一)

（一）臣瓒曰：“《西南夷传》有越嶲、昆明国，有滇池，方三百里。汉使求身毒国，而为昆明所闭。今欲伐之，故作昆明池象之，以习水战，在长安西南，周回四十里。”

（卷六《武帝纪》）

元始二年春，黄支国献犀牛。(一)

（一）应劭曰：“黄支在日南之南，去京师三万里。”师古曰：“犀状如水牛，头似猪而四足类象，黑色，一角当额前，鼻上又有小角。”

（卷十二《平帝纪》）

自日南障塞，徐闻、合浦船行可五月，有都元国；又船行可四月，有邑卢没国；又船行可二十余日，有谌离国；步行可十余日，有夫甘都卢国。自夫甘都卢国船行可二月余，有黄支国，民俗略与珠厓相类。其州广大，户口多，多異物，自武帝以来皆献见。有译长，属黄门，与应募者俱入海市明珠、璧流离、奇石異物，齎黄金杂缯而往。所至国皆稟食为耦，蛮夷贾船，转送致之。亦利交易，剽杀人。又苦逢风波溺死，不者数年来还。大珠至围二寸以下。平帝元始中，王莽辅政，欲燿威德，厚遗黄支王，令遣使献生犀牛。自黄支船行可八月，到皮宗；船行可(八)〔二〕月，到日南、象林界云。黄支之南，有已程不国，汉之译使自此还矣。

（卷二十八下《地理志》下）

收休屠祭天金人。(一)①

(一) 师古曰："今之佛像是也。休音许虯反。屠音储。"

① 有关霍去病获休屠祭天金人的记述，与《史记》卷一百一十一《卫将军骠骑列传》同。仅录师古注。

（卷五十五《卫青霍去病传》）

……大月氏王已为胡所杀，立其夫人为王。①

① 有关张骞使大月氏，以及在大夏了解身毒国的情况记述，与《史记》卷一百二十三《大宛列传》同。唯"立其夫人为王"一句史记作"立太子为王"。

天子数问骞大夏之属。骞既失侯，因曰："臣居匈奴中，闻乌孙王号昆莫。昆莫父难兜靡本与大月氏俱在祁连、敦煌间，小国也。大月氏攻杀难兜靡，夺其地，人民亡走匈奴。子昆莫新生，传父布就翎侯抱亡置草中，为求食，还，见狼乳之，又乌衔肉翔其旁，以为神，遂持归匈奴，单于爱养之。及壮，以其父民众与昆莫，使将兵，数有功。时，月氏已为匈奴所破，西击塞王。[一]塞王南走远徙,月氏居其地。昆莫既健,自请单于报父怨,遂西攻破大月氏。大月氏复西走,徙大夏地。"

天子为万里而伐,不录其过,乃下诏曰:"匈奴为害久矣,今虽徙幕北,与旁国谋共要绝大月氏使,遮杀中郎将江、故雁门守攘。危须以西及大宛皆合约杀期门车令、[二]中郎将朝及身毒国使,隔東西道。贰师将军广利征讨厥罪,伐胜大宛。"

(一) 师古曰:"塞音先得反,西域国名,即佛经所谓释种者。塞、释相近,本一姓耳。"

(二) 服虔曰:"危须,国名也。"文颖曰:"汉使期门郎也,车令,姓名也。"

(卷六十一《张骞李广利传》)

建昭三年,汤与延寿出西域。……与延寿谋曰:"……西域本属匈奴,今郅支单于威名远闻,侵陵乌孙、大宛,常为康居画计,欲降服之。如得此二国,北击伊列,西取安息,南排月氏,山离乌弋,[①]数年之间,城郭诸国危矣。"

① 此处山离乌弋拟乌弋山离之误。

(卷七十《傅常郑甘陈段传》)

元帝初即位,……明年,汉遣车骑都尉韩昌、光禄大夫张猛送呼韩邪单于侍子。……昌、猛与单于及大臣俱登匈奴诺水東山,刑白马,单于以径路刀金留犁挠酒,以老上单于所破月氏王头为饮器者共饮血盟。

(卷九十四下《匈奴传下》)

元狩元年,博望侯张骞言使大夏时,见蜀布、邛竹杖,问所从来,曰"从東南身毒国,[一]可数千里,得蜀贾人市"。或闻邛西可二千里有身毒国。骞因盛言大夏在汉西南,慕中国,患匈奴隔其道,诚通蜀,身毒国道便近,又亡害。於是天子乃令王然于、柏始昌、吕越人等十余辈间出西南夷,[二]指求身毒国。至滇,滇王当羌乃留为求道。四岁余，皆闭昆明，莫能通。滇王与汉使言：“汉孰与我大？”及夜郎侯亦然。各自以一州王，不知汉广大。使者还，因盛言滇大国，足事亲附。天子注意焉。

（一） 师古曰：“即天竺也，亦曰捐笃也。”

（二） 师古曰：“求间隙而出也。”

（卷九十五《西南夷两粤朝鲜传》）

自玉门、阳关出西域有两道。从鄯善傍南山北，波河西行至莎车，为南道；南道西踰葱岭则出大月氏、安息。自车师前王廷随北山，波河西行至疏勒，为北道；北道西踰葱岭则出大宛、康居、奄蔡焉(耆)。

皮山国，……西南至乌秅国千三百四十里，南与天笃接……西南当罽宾、乌弋山离道，西北通莎车三百八十里。

乌秅国，王治乌秅城，去长安九千九百五十里。户四百九十，口二千七百三十三，胜兵七百四十人。東北至都护治所四千八百九十二里，北与子合、蒲犁，西与难兜接。山居，田石间。有白草。累石为室。民接手饮。出小步马，有驴无牛。其西则有县度，(一)去阳关五千八百八十八里，去都护治所五千二(百)〔十〕里。县度者，石山也，谿谷不通，以绳索相引而度云。

（一） 师古曰：“县绳而度也。县，古悬字耳。”

无雷国……南与乌秅、北与捐毒、西与大月氏接。(二)

（二） 师古曰：“捐毒即身毒、天笃也，本皆一名，语有轻重耳。”

难兜国，……西至无雷三百四十里，西南至罽宾三百三十里，南与婼羌、北与休循、西与大月氏接。种五穀、蒲陶诸果。有银铜铁，作兵与诸国同，属罽宾。

罽宾国，王治循鲜城，去长安万二千二百里。不属都护。户口胜兵多，大国也。東北至都护治所六千八百四十里，東至乌秅国二千二百五十里，東北至难兜国九日行，西北与大月氏、西南与乌弋山离接。

昔匈奴破大月氏，大月氏西君大夏，而塞王南君罽宾。塞种分散，往往为数国。(三)自疏勒以西北，休循、捐毒之属，皆故塞种也。

罽宾地平，温和，有目宿，杂草奇木，檀、櫰、梓、竹、漆。种五穀、蒲陶诸果，粪治园田。地下溼，生稻，冬食生菜。其民巧，雕文刻镂，治宫室，织罽，刺文繡，好治食。有金银铜锡以为器。市列。以金银为钱，文为骑马，幕为人面。(四)出封牛、水牛、象、大狗、沐猴、孔爵、(五)珠玑、珊瑚、虎魄、璧流离。(六)它畜与诸国同。

自武帝始通罽宾，自以绝遠，汉兵不能至，其王乌头劳数剽杀汉使。乌头劳死，子代立，遣使奉献。汉使关都尉文忠送其使。王复欲害忠，忠觉之，乃与容屈王子阴末赴共合谋，攻罽宾，杀其王，立阴末赴为罽宾王，授印绶。后军侯赵德使罽宾，与阴末赴相失，阴末赴锁琅当德，杀副已下七十余人，遣使者上书谢。孝元帝以绝域不录，放其使者於县度，绝而不通。

成帝时，复遣使献谢罪，汉欲遣使者报送其使，杜钦说大将军王凤曰："前罽宾王阴末赴本汉所立，后卒畔逆。夫德莫大於有国子民，罪莫大於执杀使者，所以不报恩，不惧诛者，自知绝远，兵不至也。有求则卑辞，无欲则娇嫚，终不可怀服。凡中国所以为通厚蛮夷，愿快其求者，为坏比而为寇也。今县度之阸，非罽宾所能越也。其乡慕，不足以安西域；虽不附，不能危城郭。(七)前亲逆节，恶暴西域，故绝而不通；今悔过来，而无亲属贵人，奉献者皆行贾贱人，欲通货市买，以献为名，故烦使者送至县度，恐失实见欺。凡遣使送客者，欲为防护寇害也。起皮山南，更不属汉之国四五，斥候士百余人，五分夜击刁斗自守，尚时为所侵盗。驴畜负粮，须诸国禀食，得以自赡。国或贫小不能食，或桀黠不肯给，拥彊汉之节，馁山谷之间，乞匄无所得，离一二旬则人畜弃捐旷野而不反。又历大头痛、小头痛之山，赤土身热之阪，令人身热无色，头痛呕吐，驴畜尽然。又有三池、盘石阪，道陿者尺六七寸，长者径三十里。临峥嵘不测之深，行者骑步相持，绳索相引，二千余里乃到县度。畜队，未半阬谷尽靡碎；人堕，势不得相收视。险阻危害，不可胜言。圣王分九州，制五服，务盛内，不求外。今遣使者承至尊之命，送蛮夷之贾，劳吏士之众，涉危难之路，罢弊所恃以事无用，（八）非长久计也。使者业已受节，可至皮山而还。”於是凤白从钦言。罽宾实利赏赐贾市，其使数年而壹至云。

（三） 师古曰：“即所谓释种者也，亦语有轻重耳。”

（四） 张晏曰：“钱文面作骑马形，漫面作人面目也。”如淳曰：“幕音漫。”师古曰：“幕即漫耳，无劳借音。今所呼幕皮者，亦谓其平而无文也。”

（五） 师古曰：“封牛，项上隆起者也。郭义恭《广志》云罽宾大狗大如驴，赤色，数里摇鞞以呼之。沐猴即弥猴也。”

（六） 孟康曰：“流离青色如玉。”师古曰：“《魏略》云大秦国出赤、白、黑、黄、青、绿、缥、绀、红、紫十种流离。孟言青色，不博通也。此盖自然之物，采泽光润，踰於众玉，其色不恆。今俗所用，皆销（洽）〔治〕石汁，加以众药，灌而为之，尤虚脆不贞，实非真物。”

（七） 师古曰：“城郭，总谓西域诸国也。”

（八） 师古曰：“罢读曰疲。所恃，谓中国之人也。无用，谓远方蛮夷之国。”

乌弋山离国，王去长安万二千二百里。不属都护。户口胜兵，大国也。東北至都护治所六十日行，東与罽宾、北与扑挑、西与犁靬、条支接。

行可百余日，乃至条支。国临西海，暑溼，田稻。有大鸟，卵如甕。人众甚多,往往有小君长,安息役属之,以为外国。善眩。安息长老传闻条支有弱水、西王母,亦未尝见也。自条支乘水西行,可百余日,近日所入云。

乌弋地暑热莽平,其草木、畜产、五穀、果菜、食饮、宫室、市列、钱货、兵器、金珠之属皆与罽宾同,而有桃拔、师子、犀牛。(九)俗重妄杀。其钱独文为人头,幕为骑马。以金银饰杖。绝遠,汉使希至。自玉门、阳关出南道,历鄯善而南行,至乌弋山离,南道极矣。转北而東得安息。

(九) 孟康曰:“桃拔一名符拔,似鹿,长尾,一角者或为天鹿,(者)两角〔者〕或为辟邪。师子似虎,正黄有髯耏,尾端茸毛大如斗。”师古曰:“师子即《尔雅》所谓狻猊也。狻音酸。猊音倪。拔音步葛反。耏亦颊旁毛也,音而。茸音人庸反。”

安息国……民俗与乌弋、罽宾同。……安息東则大月氏。

大月氏国,治监氏城,去长安万一千六百里。不属都护。户十万,口四十万,胜兵十万人。東至都护治所四千七百四十里,西至安息四十九日行,南与罽宾接。土地风气,物类所有,民俗钱货,与安息同。出一封橐驼。(十)

大月氏本行国也,随畜移徙,与匈奴同俗。控弦十余万,故彊轻匈奴。本居敦煌、祁连间,至冒顿单于攻破月氏,而老上单于杀月氏,以其头为饮器,月氏乃远去,过大宛,西击大夏而臣之,都妫水北为王庭。其余小众不能去者,保南山羌,号小月氏。

(十) 师古曰:“脊上有一封也。封言其隆高,若封土也。今俗呼为封牛。封音峰。”

大夏本无大君长,城邑往往置小长,民弱畏战,故月氏徙来,皆臣畜之,共稟汉使者。有五翖侯:一曰休密翖侯,治和墨城,去都护二千八百四十一里,去阳关七千八百二里;二曰双靡翎侯,治双靡城,去都护三千七百四十一里,去阳关七千七百八十二里;三曰贵霜翎侯,治护澡城,去都护五千九百四十里,去阳关七千九百八十二里;四曰肸顿翎侯;治薄茅城,去都护五千九百六十二里,去阳关八千二百二里;五曰高附翎侯,治高附城,去都护六千四十一里,去阳关九千二百八十三里。凡五翎侯,皆属大月氏。

康居国,……与大月氏同俗。

大宛国,……西南至大月氏六百九十里。北与康居、南与大月氏接,土地风气物类民俗与大月氏、安息同。

休循国,王治鸟飞谷,在葱岭西,去长安万二百一十里。户三百五十八,口千三十,胜兵四百八十人。東至都护治所三千一百二十一里,至捐毒衍敦谷二百六十里,西北至大宛国九百二十里,西至大月氏千六百一十里。民俗衣服类乌孙,因畜随水草,本故塞种也。

捐毒国,王治衍敦谷,去长安九千八百六十里。户三百八十,口千一百,胜兵五百人。東至都护治所二千八百六十一里。至疏勒。南与葱领属,无人民。西上葱领,则休循也。西北至大宛千三十里,北与乌孙接。衣服类乌孙,随水草,依葱领,本塞种也。

疏勒国,……西当大月氏、大宛、康居道也。

尉头国,……西至捐毒千三百一十四里,径道马行二日。

(卷九十六上《西域传上》)

乌孙国,……東与匈奴、西北与康居、西与大宛、南与城郭诸国相接。本塞地也,大月氏西破走塞王,塞王南越县度,大月氏居其地。后乌孙昆莫击破大月氏,大月氏徙西臣大夏,而乌孙昆莫居之,故乌孙民有塞种、大月氏种云。

最凡国五十。自译长、城长、君、监、吏、大禄、百长、千长、都尉、且渠、当户、将、相至侯、王，皆佩汉印绶，凡三百七十六人。而康居、大月氏、安息、罽宾、乌弋之属，皆以绝远不在数中，其来贡献则相与报，不督录总领也。

赞曰：……且通西域，近有龙堆，远则葱岭，身热、头痛、县度之阸。淮南、杜钦、揚雄之论，皆以为此天地所以界别区域，绝外内也。

（卷九十六下《西域传下》）

莽既致大平，北化匈奴，東致海外，南怀黄支，唯西方未有加。……莽复奏曰："太后秉统数年，恩泽洋溢，和气四塞，绝域殊俗，靡不慕义。越裳氏重译献白雉，黄支自三万里贡生犀，東夷王度大海奉国珍，匈奴单于顺制作，去二名，今西域良愿等复举地为臣妾，昔唐尧横被四表，亦亡以加之……"。

（卷九十九上《王莽传上》）

总而说之曰："帝王受命，必有德祥之符瑞，……故新室之兴也，德祥发於汉三七九世之后。肇命於新都，受瑞於黄支，(一)开王於武功，定命於子同，成命於巴宕，申福於十二应，天所以保祐新室者深矣，固矣！"

（一） 孟康曰："献生犀。"

（卷九十九中《王莽传中》）

第二部分

三國兩晉南北朝有關南亞的記述

一、三國志[1]

① 本篇採自中华书局标点本（1959年版）。按出版说明，用圆括号和方括号表明原本的和校改的字。南朝宋裴松之注中有关部分一併收录。

太和三年冬十二月癸卯，大月氏王波调遣使奉献，以调为亲魏大月氏王。

（卷三《魏书·明帝纪》）

景初三年二月，西域重译献火浣布，诏大将军、太尉临试以示百寮。（一）

（一）《異物志》曰：斯调国有火州，在南海中。其上有野火，春夏自生，秋冬自死。有木生于其中而不消也，枝皮更活，秋冬火死则皆枯瘁。其俗常冬採其皮以为布，色小青黑；若尘垢汙之，便投火中，则更鲜明也。

《传子》曰：汉桓帝时，大将军梁冀以火浣布为单衣，常大会宾客，冀阳爭酒，失杯而汙之，僞怒，解衣曰："烧之"。布得火，炜晔赫然，如烧凡布，垢尽火灭，粲然洁白，若用灰水焉。

《搜神记》曰：崐崙之墟，有炎火之山，山上有鸟兽草木，皆生於炎火之中，故有火浣布，非此山草木之皮枲，则其鸟兽之毛也。汉世西域旧献此布，中国久绝；至魏初，时人疑其无有。文帝以为火性酷烈，无含生之气，著之《典论》，明其不然之事，绝智者之听。及明帝立，诏三公曰："先帝昔著典论，不朽之格言，其刊石於庙门之外及太学，与石经並，以永示来世。"至是西域使至而献火浣布焉，於是刊灭此论，而天下笑之。臣松之昔从征西至洛阳，历观旧物，见《典论》石在太学者尚存，而庙门外无之，问诸长老，云晋初受禅，即用魏庙，移此石于太学，非两处立也。窃谓此言为不然。

又東方朔《神異经》曰：南荒之外有火山，长三十里，广五十里，其中皆生不烬之木，昼夜火烧，得暴风不猛，猛雨不灭。火中有鼠，重百斤，毛长二尺余，细如丝，可以作布。常居火中，色洞赤，时时出外而色白，以水逐而沃之即死，续其毛，织以为布。

（卷四《魏书·三少帝纪》）

文帝问则曰："前破酒泉、张掖，西域通使，燉煌献径寸大珠，可复求市益得不？"则对曰："若陛下化洽中国，德流沙漠，即不求自至；求而得之，不足贵也。"帝默然。

（卷十六《魏书·任苏杜郑仓传》）

《书》称"東渐于海，西被于流沙"。……及汉氏遣张骞使西域，穷河源，经历诸国，遂置都护以总领之，然后西域之事具存，故史官得详载焉。魏兴，西域虽不能尽至，其大国……康居、乌孙……月氏……之属，无岁不奉朝贡，略如汉氏故事。

评曰：史、汉著朝鲜、两越，東京撰录西羌。魏世匈奴遂衰，更有乌丸、鲜卑，爰及東夷，使译时通，记述随事，岂常也哉！（一）

（一）《魏略·西戎传》曰：

燉煌西域之南山中，从婼羌西至葱领数千里，有月氏余种葱茈羌、白马、黄牛羌，各有酋豪，北与诸国接，不知其道里广狭。传闻黄牛羌各有种类，孕身六月生，南与白马羌鄰。西域诸国，汉初开其道，时有三十六，后分为五十余。从建武以来，更相吞灭，于今有二十。道从燉煌玉门关入西域，前有二道，今有三道。从玉门关西出，经婼羌转西，越葱领，经县度，入大月氏，为南道。从玉门关西出，发都护井，回三陇沙北头，经居庐仓，从沙西井转西北，过龙堆，到故楼兰，转西诣龜兹，至葱领，为中道。从玉门关西北出，经横坑，辟三陇沙及龙堆，出五船北，到车师界戊己校尉所治高昌，转西与中道合龜兹，为新道。凡西域所出，有前史已具详，今故略说。南道西行，且志国、小宛国、精绝国、楼兰国皆並属鄯善也。戎卢国、扜弥国、渠勒国、（穴山国）〔皮山国〕皆並属於寘。罽宾国、大夏国、高附国、天竺国皆並属大月氏。

临儿国，《俘屠经》云其国王生浮屠。浮屠，太子也。父曰屑头邪，母云莫邪。浮屠身服色黄，髪青如青丝，乳青，毛蛉赤如铜。始莫邪梦白象而孕，及生，从母左胁出，生而有结，堕地能行七步。此国在天竺城中。天竺又有神人，名沙律。昔汉哀帝元寿元年，博士弟子景卢受大月氏王使伊存口受《浮屠经》曰复立者其人也。《浮屠》所载临蒲塞、桑门、伯闻、疏问、白疏閒、比丘、晨门，皆弟子号也。《浮屠》所载与中国《老子经》相出入，盖以为老子西出关，过西域之天竺，教胡。浮屠属弟子别号，合有二十九，不能详载，故略之如此。

车离国，一名礼惟特，一名沛隷王，在天竺東南三千余里，其地卑溼暑热。其王治沙奇城，有别城数十，人民怯弱，月氏、天竺击服之。其地東西南北数千里，人民男女皆长一丈八尺，乘象、槖駞以战，今月氏役税之。

盘越国一名汉越王，在天竺東南数千里，与益部相近，其人小与中国人等，蜀人贾似至焉。南道而西极转東南尽矣。

中道西行尉梨国、危须国、山王国皆並属焉耆，姑墨国、温宿国、尉头国皆並属龜兹也。桢中国、莎车国、竭石国、渠沙国、西夜国、依耐国、满犂国、亿若国、榆令国、捐毒国、休脩国、琴国皆並属疏勒。自是以西，大宛、安息、条支、乌弋。乌弋一名排特，此四国次在西，本国也，无增损。前世谬以为条支在大秦西，今其实在東。前世又谬以为彊於安息，今更役属之，号为安息西界。前世又谬以为弱水在条支西，今弱水在大秦西。前世又谬以为从条支西行二百余日，近日所入，今从大秦西近日所入。

大秦国一号犂軒，在安息、条支西大海之西……其国在海西，故俗谓之海西。有河出其国，西又有大海。……其俗人长大平正，似中国人而胡服。自云本中国一别也，常欲通使於中国，而安息图其利，不能得过。其俗能胡书。……又常利得中国丝，解以为胡绫，故数於安息诸国交市於海中。……阳嘉三年时，疎勒王臣槃献海西青石、金带各一。又今《西域旧图》云罽宾、条支诸国出琦石，即次玉石也。……大秦道既从海北陆通，又循海而南，与交趾七郡外夷比，又有水道通益州、永昌，故永昌出異物。

大秦西有海水，海水西有河水，河水西南北行有大山，西有赤水，赤水西有白玉山，白玉山有西王母，西王母西有脩流沙，流沙西有大夏国、坚沙国、属繇国、月氏国，四国西有黑水，所传闻西之极矣。

（卷三十《魏书乌丸鲜卑東夷传》）

笮融者，丹杨人，初聚众数百，往依徐州牧陶谦。谦使督广陵、彭城运漕，遂放纵擅杀，坐断三郡委输以自入。乃大起浮图祠，以铜为人，黄金涂身，衣以锦采，垂铜槃九重，下为重楼阁道，可容三千余人，悉课读佛经，令界内及旁郡人有好佛者听受道，复其他役以招致之，由此远近前后至者五千余人户。每浴佛，多设酒饭，布席於路，经数十里，民人来观及就食且万人，费以巨亿计。

……

汉闻张津死，赐燮玺书曰："交州绝域，南带江海，……今以燮为绥南中郎将，董督七郡，领交阯太守如故。"

燮每遣使诣权，致杂香细葛，辄以千数，明珠、大贝、流离、翡翠、瑇瑁、犀、象之珍，奇物異果，蕉、邪、龙眼之属，无岁不至。……燮在郡四十余岁，黄武五年，年九十卒。

（卷四十九《吴书·刘繇太史慈士燮传》）

二、博物志

汉武帝时，弱水西国有人乘毛车以渡弱水来献香者，帝谓是常香，非中国之所乏，不礼其使。留久之，帝幸上林苑，西使千乘舆闻，並奏其香。帝取之，看大如燕卵，①三枚，与枣相似。帝不悦，以付外库。后长安中犬疫，宫中皆疫病。帝不举乐，西使乞见，请烧所贡香一枚，以辟疫气。帝不得已听之，宫中病者登日並差。长安中百里咸闻香气，芳积九月余日，②香由不歇。③帝乃厚礼发遗饯送。

① 案范宁校证,"燕"弘治本、《格致》本、《稗海》本並作"鸾",士礼居刊本作"鷰",旧题東方朔《十洲记》作"雀"。其作"鸾"恐是"鷰"形之讹。

② 范校,"九月",《稗海》本作"九十",《十洲记》作"经三月不歇"。故"月"宜作"十"。

③ 范校,"香由不歇",《汉魏》本、士礼居本、《稗海》本並作"香犹不歇"。由、犹二字古通用。

一说汉制獻香不满斤,[①]西使临去,乃发香气如大豆者,拭著宫门,香气闻长安数十里,经数日乃歇。[②]

① 范校,不满斤,《法苑珠林》卷四十九、《太平御览》卷九百八十一、法云《翻译名义集》卷三、《众香篇》並引"斤"下有"不得受"三字,宜补。

② 范校,香气闻长安数十里经数日乃歇《太平御览》卷九百八十一、法云《翻译名义集》卷三《众香篇》並引作"经月乃歇"。《稗海》本"日"亦作"月",证以上条"九月(十)余日"及《十洲记》作"芳气经三月不歇",则作"月"是也。又《御览》引"长安"下有"四面"二字,当据补。

周书曰:西域献火浣布,昆吾氏献切玉刀。[①]火浣布汙则烧之则洁,刀切玉如臈。布,汉世有献者,刀则未闻。

① 范校,西域献火浣布昆吾氏献切玉刀,《列子》、《汤问篇》曰:"西戎献锟鋙之剑、火浣之布。其剑长尺有咫,练钢赤刃,用之切玉如切泥焉。"张湛注引《河图》曰:"瀛洲多积石,名昆吾,可为剑。"東方朔《十洲记》曰:"流洲多山川,积石名为昆吾,冶其石成铁作剑。"梁吳均《詠寳剑》诗云:"我有一寳剑,出自昆吾溪。照人如照水,切玉如切泥。"《初学记》卷二十二引《十洲记》云:"西戎所献昆吾刀,切玉如切泥。"据此,知"域"乃"戎"之误。

(卷二異产)

三、西京雜記

武帝时，西域献吉光裘，入水不濡，上时服此裘以听朝。

宣帝被收繫郡邸狱，臂上犹带史良娣合采婉转丝绳，繫身毒国寳镜一枚，大如八铢钱。旧传此镜见妖魅，得佩之者为天神所福，故宣帝从危获济。及即大位，每持此镜感咽移辰，常以虎魄笥盛之，缄以戚里织成锦，一曰斜文锦。帝崩，不知所在。

武帝时，身毒国献连环羁，皆以白玉作之。马脑石为勒，白光琉璃为鞍。鞍在闇室中常照十余丈如昼日。自是长安始盛饰鞍马，竞加雕镂，或一马之饰直百金。皆以南海白蜃为珂，紫金为华，以饰其上。犹以不鸣为患，或加以铃镊，饰以流苏，走则如撞钟磬，动若飞幡葆。后得贰师天马，帝以玫瑰石为鞍，镂以金银鍮石，以绿地五色锦为蔽泥。后稍以熊罴皮为之，罴毛有绿光，皆长二尺者，直百金。卓王孙有百余双，诏使献二十枚。

（卷上）

四、南方草木狀

耶悉茗花、末利花，皆胡人自西国移植於南海。南人怜其芳香，竞植之。陆贾《南越行纪》曰："南越之境，五穀无味，百花不香。此二花特芳香者，缘自胡国移至，不随水土而变。与夫橘北为枳異矣。彼之女子，以綵丝穿花心，以为首饰。"

（卷上）

指甲花，其树高五六尺，枝条柔弱，叶如嫩榆。与耶悉茗，末利花皆雪白，而香不相上下。亦胡人自大秦国移植于南海。而此花极繁细，纔如半米粒许。彼人多折置襟袖间。盖资其芬馥尔,一名散沫花。

（卷中）

五、華陽國志

……武帝使张骞至大夏国,见邛竹、蜀布。问所从来。曰:“吾贾人从身毒国得之。”身毒国,蜀之西国,今永昌是也。骞以白帝。

永昌郡,古哀牢国,哀牢山名也。……孝明帝永平十二年,哀牢抑狼遣子奉献。明帝乃置郡。以蜀郡郑纯为太守。属县八,户六万,去洛六千九百里。宁州之极西南也。有闽濮、鸠獠、僄越、躶濮、身毒之民。土地沃腴,黄金、光珠、虎魄、翡翠、孔雀、犀、象、蚕桑、绵、绢、采帛、文繡。又有貊兽食铁。猩猩兽能言,其血可以染朱罽。有大竹,名濮竹,节相去一丈,受一斛许。其梧桐木,其花柔如丝,民绩以为布,幅广五尺以还,洁白不受污,俗名曰桐华布。以覆亡人,然后服之及卖与人。有兰干细布,兰干,獠言紵也。织成文如绫锦。又有罽旄、帛叠、水精、瑠璃、轲虫、蚌珠,宜五穀,出铜锡。

（卷第四《南中志》）

六、搜神記

晋永嘉中,有天竺胡人,来渡江南。其人有数术:能断舌复续,吐火。所在人士聚观。将断时,先以舌吐示宾客,然后刀截,血流覆地,乃取置器中,传以示人,视之舌头,半舌犹在,既而还取含续之。坐有顷,坐人见舌则如故,不知其实断否。其续断,取绢布,与人合执一头,对翦,中断之。已而取两断合视,绢布还连续，无異故体。时人多疑以为幻，阴乃试之，真断绢也。其吐火，先有药在器中，取火一片，与黍餹合之，再三吹呼，已而张口，火满口中，因就爇取以炊，则火也。又取书纸及绳缕之属投火中，众共视之，见其烧爇了尽。乃拨灰中，举而出之，故向物也。

（卷二）

汉武帝凿昆明池，极深，悉是灰墨，无复土。举朝不解，以问東方朔。朔曰："臣愚不足以知之。"曰："试问西域人。"帝以朔不知，难以移问。至后汉明帝时，西域道人入来洛阳。时有忆方朔言者，乃试以武帝时灰墨问之。道人云："经云：'天地大刦将尽，则刦烧。'此刦烧之余也。"乃知朔言有旨。

（卷十三）

崑侖之墟，[①]地首也，是惟帝之下都，故其外绝以弱水之深，又环以炎火之山。山上有鸟兽草木，皆生育滋长於炎火之中，故有火瀚布。非此山草木之皮枲，则其鸟兽之毛也。汉世西域旧献此布，中閒久绝。至魏初时，人疑其无有。文帝以为火性酷裂，无含生之气，著之典论，明其不然之事，绝智者之听。及明帝立，诏三公曰："先帝昔著典论，不朽之格言，其刊石於庙门之外及太学，与石经並以永示来世。"至是，西域使人献火浣布袈裟，於是刊灭此论，而天下笑之。

① 关於崑侖炎火之山出火浣布的记述，在《三国志·魏书·明帝纪》裴松之注中已引录。但核其文字，与今存《搜神记》所记仍有出入。故全文辑录。

（卷十三）

七、佛國記(题解)

法显著,成书於公元414年(晉义熙十年)。

東晉僧人法显为寻求佛教戒律,於公元399年(隆安三年)发跡长安,西行求法。他与同伴数人穿戈壁,越葱岭,游历了北天竺、西天竺、中天竺和東天竺,后泛海南下师子国、耶婆提国,经南海与東海,於公元412年(义熙八年)归来,在山東牢山登陆。公元413年(义熙九年)到达建康。次年,将旅途见闻写成《佛国记》一书。

全书一卷,记叙了法显所经历三十个古国的地理交通、风土人情、社会经济、文化宗教的情况,是研究南亞各国古代史、五世纪初期的中外交通史、亞洲佛教史的重要依据。其中特别有价值的是记载了印度笈多王朝时期的许多實贵资料,如对中天竺国"无户籍官法,唯耕王地者,乃输其利"的记载就反映了当时的土地制度。其它有关种姓、法律、曆法等在书中也有具体的阐述。

《佛国记》又名《法显传》、《法显行记》。成书至今已有一千五百多年,历代翻刻、转载和引录的本子很多,並曾收入释典之中,明代以后又採入丛书。清人丁谦著有《佛国记地理考证》一书。民国年间有岑仲勉的《佛游天竺记考释》。1955年文学古籍出版社据北京图书馆的思溪藏本出版《法显传》单行本。六十年代中华书局将其列入"中外交通史籍丛刊"之内。1983年出版了章巽的《法显传校注》。此外,还有饶宗颐先生的《金赵城藏本法显传题记》一文。(《选堂集林·史林》下册,中华书局香港分局1982年版)

八、後漢書[1]

① 本篇採自中华书局标点本(1974年版)。按出版说明,校点中应删的字加上圆括号,改正或者增补的字加上方括号。南朝梁刘昭、唐李贤、清惠栋、王先谦诸人注中有关部分一併收录。

元和二年二月丙子,诏曰:"朕巡狩岱宗,柴望山川,告祀明堂,以章先勳。……要荒四裔,沙漠之北,葱领之西,冒耏之类,[1]跋涉悬度,陵践阻绝,骏奔郊畤,咸来助祭……"

是岁(章和元年),西域长史班超击莎车,大破之。月氏国遣使献扶拔、师子。[2]

① 《字书》曰:"耏,多须貌,音而。"言须鬓多,蒙冒其面。或曰,西域人多著冒而〔须〕长,故举以为言也。

② 扶拔,似麟无角。拔音步末反。

(卷三《肃宗孝章帝纪》)

延熹二年,天竺国来献。

延熹四年冬十月,天竺国来献。

论曰:前史称桓帝好音乐,善琴笙。饰芳林而考濯龙之宫,设华盖以祠浮图、老子,[1]斯将所谓"听於神"乎!……

① 浮图,今佛也。《续汉志》曰:"祠老子於濯龙宫,文罽为坛,饰淳金(铅)〔釦〕器,设华盖之坐,用郊天乐。"

(卷七《孝桓帝纪》)

延熹九年,楷自家诣阙上疏曰:臣闻皇天不言以文象设教,舜舜虽圣,必历象日月星辰、察五纬所在,故能享百年之寿,为万世之法,……书奏不省。

十余日,复上书曰:

又闻宫中立黄老、浮屠之祠。[1]此道清虚,贵尚无为,好生恶杀,省慾去奢。今陛下嗜欲不去,杀罚过理,既乖其道,岂获其祚哉!或言老子入夷狄为浮屠。[②]浮屠不三宿桑下,不欲久生恩爱,精之至也。[③]天神遗以好女,浮屠曰:"此但革囊盛血。"遂不眄之。[④]其守一如此,乃能成道。今陛下婬女豔妇,极天下之丽,甘肥飲美,单天下之味,奈何欲如黄老乎?

① 浮屠即佛陁,但声转耳,並谓佛也,解见《楚王英传》也。

② 或闻言当时言也。老子西入夷狄,始为浮屠之化。

③ 言浮屠之人寄桑下者,不经三宿便即移去,示无爱恋之心也。

④ 《四十二章经》:"天神献玉女於佛,佛曰:'此是革囊盛众秽耳。'"

(卷三十下《郎顗襄楷列传》)

固感前世相如、寿王、東方之徒,造搆文辞,终以讽劝,乃上《两都赋》,盛称洛邑制度之美,以折西宾淫侈之论。

其辞曰:

……西郊则有上囿禁苑,……其中乃有九真之麟,大宛之马,黄支之犀,条枝之鸟,踰崐崘,越巨海,殊方異类,至三万里……

(卷四十上《班彪列解附子固》)

英少时好游侠,交通宾客,晚节更喜黄老,学为浮屠斋戒祭祀。[①](永平)八年,诏令天下死罪皆入缣赎。英遣郎中令奉黄缣白紈三十匹诣国相曰:"託在蕃辅,过恶累积,欢喜大恩,奉送缣帛,以赎愆罪。"国相以闻。诏报曰:"楚王诵黄老之微言,尚浮屠之仁祠,絜斋三月,与神为誓,何嫌何疑,当有悔吝?其还赎,以助伊蒲塞桑门之盛馔。[②]"

① 袁宏《汉纪》:"浮屠,佛也,西域天竺国有佛道焉。佛者,汉言觉也,将以觉悟羣生也。其教以脩善慈心为主,不杀生,专务清静。其精者为沙门。沙门,汉言息也,盖息意去欲而归於无为。又以为人死精神不灭,随复受形,生时善恶皆有报应,故贵行善修道,以鍊精神,

以至无生而得为佛也。佛长丈六尺,黄金色,顶中佩日月光,变化无方,无所不入,而大济羣生。初,明帝梦见金人长大,项有日月光,以问羣臣。或曰:‘西方有神,其名曰佛。陛下所梦,得无是乎?’於是遣使天竺,问其道术而图其形像焉。”

② 伊蒲塞即优婆塞也,中华翻为近住,言受戒行堪近僧住也。桑门即沙门。

(卷四十二《光武十王列传》)

建初三年,超率疏勒、康居、于寘、拘弥兵一万人攻姑墨石城,破之,斩首七百级。超欲因此叵平诸国,乃上疏请兵。曰:“巨窃见先帝欲开西域,故北击匈奴,西使外国,鄯善、于寘即时向化。今拘弥、莎车、疏勒、月氏、乌孙、康居复愿归附,欲共并力破灭龜兹,平通汉道。若得龜兹,则西域未服者百分之一耳。……今西域诸国……唯焉耆、龜兹独未服从。……自孤守疏勒,於今五载,胡夷情数,臣颇识之。问其城郭大小,皆言‘倚汉与依天等’。以是效之,则葱领可通,葱领通则龜兹可伐。……以夷狄攻夷狄,计之善者也……”书奏,帝知其功可成,议欲给兵。平陵人徐干素与超同志,上疏愿奋身佐超。五年,遂以干为假司马,将弛刑及义从千人就超。……八年,拜超为将兵长史,假鼓吹幢麾……

明年,复遣假司马和恭等四人将兵八百诣超,超因发疏勒、于寘兵击莎车。……是时月氏新与康居婚,相亲,超乃使使多齎锦帛遗月氏王,令晓示康居王,康居王乃罢兵,执忠以归其国,乌即城遂降於超。

初,月氏尝助汉击车师有功,是岁贡奉珍寳、符拔、师子,因求汉公主。超拒还其使,由是怨恨。永元二年,月氏遣其副王谢将兵七万攻超。超众少,皆大恐。超譬军士曰:“月氏兵虽多,然数千里踰葱领来,非有运输,何足忧邪?但当收穀坚守,彼飢穷自降，不过数十日決矣。”谢遂前攻超，不下，又钞掠无所得。超度其粮将尽，必从龜兹求救，乃遣兵数百於東界要之。谢果遣骑齎金银珠玉以赂龜兹。超伏兵遮击，尽杀之，持其使首以示谢。谢大惊，即遣使请罪，愿得生归。超纵遣之。月氏由是大震，岁奉贡献。

明年（永元七年），下诏曰：“往者匈奴独擅西域，寇盜河西，永平之末，城门昼闭。先帝深愍边萌婴罗寇害，乃命将帅击右地，破白山，临蒲类，取车师，城郭诸国震慴響应，遂开西域，置都护。而焉耆王舜、舜子忠独谋悖逆，……先帝重元元之命，惮兵役之兴，故使军司马班超安集于寘以西。超遂踰葱领，迄县度，出入二十二年，莫不宾从。改立其王，而绥其人。不动中国，不烦戎士，得远夷之和，同異俗之心，……其封超为定远侯，邑千户。”

（卷四十七《班梁列传》）

永宁元年，西南夷掸国王献樂及幻人，能吐火，自支解，易牛马头。明年元会，作之於庭，安帝与羣臣共观，大奇之。禅独离席举手大言曰：“……帝王之庭，不宜设夷狄之技。”尚书陈忠劾奏禅曰：“古者合欢之乐舞於堂，四夷之乐陈於门，……今掸国越流沙，踰县度，万里贡献，……而禅廷讪朝政，请劾禅下狱。”

（卷五十一《李陈庞陈桥列传》）

笃以关中表里山河，先帝旧京，不宜改营洛邑，乃上奏论都赋曰：

……是时孝武因其余财府帑之蓄，始有鉤深图远之意，……拓地万里，威震八荒，……南羈鉤町，水劒强越。残夷文身，海波沫血。郡县日南，漂槩朱崖。部尉東南，兼有黄支。连缓耳，琐雕题，摧天督，[①]牵象犀，椎蜂蛤，碎瑠璃，甲瑇瑁，戕犕鱊……

① 即天竺国也。

（卷八十上《文苑列传上》）

逮王莽辅政，元始二年，日南之南黄支国来献犀牛。

（卷八十六《南蛮西南夷列传》）

自皮山西南经乌秅，涉悬度，历罽宾，六十余日行至乌弋山离国，地方数千里，时改名排持。

大秦国一名犁鞬，以在海西，亦云海西国。……以金银为钱，银钱十当金钱一。与安息、天竺交市於海中，利有十倍。……或云其国西有弱水、流沙，近西王母所居处，几於日所入也。《汉书》云"从条支西行二百余日，近日所入"，则与今书异矣。前世汉使皆自乌弋以还，莫有至条支者也。

大月氏国居蓝氏城，西接安息，四十九日行，東去长史所居六千五百三十七里，去洛阳万六千三百七十里。户十万，口四十万，胜兵十余万人。

初，月氏为匈奴所灭，遂迁於大夏，分其国为休密，双靡、贵霜、肸顿、都密，凡五部翖侯。后百余岁，贵霜翖侯丘就卻攻灭四翖侯，自立为王，国号贵霜（王）。侵安息，取高附地。又灭濮达、罽宾，悉有其国。丘就卻年八十余死，子阎膏珍代为王。复灭天竺，置将一人监领之。月氏自此之后，最为富盛，诸国称之皆曰贵霜王。汉本其故号，言大月氏云。

高附国在大月氏西南，亦大国也。其俗似天竺，而弱，易服。善贾贩，内富於财。所属无常，天竺、罽宾、安息三国强则得之，弱者失之，而未尝属月氏。《汉书》以为五翖侯数，非其实也。后属安息。及月氏破安息，始得高附。

天竺国一名身毒，在月氏之東南数千里。俗与月氏同，而卑溼暑热。其国临大水。乘象而战。其人弱於月氏，脩浮图道，不杀伐，遂以成俗。[①]从月氏、高附国以西，南至西海，東至磐起国，皆身毒之地。身毒有别城数百，城置长。别国数十，国置王。虽各小異，而俱以身毒为名，其时皆属月氏。月氏杀其王而置将，令统其人。土出象、犀、瑇瑁、金、银、铜、铁、铅、锡，西与大秦通，有大秦珍物。又有细布、好毾㲪、[②]诸香、石蜜、胡椒、薑、黑盐。

和帝时，数遣使贡献，后西域反畔，乃绝。至桓帝延熹二年、四年，频从日南徼外来献。

世传明帝梦见金人，长大，顶有光明，以问羣臣。或曰："西方有神，名曰佛，其形长丈六尺而黄金色。"帝於是遣使天竺问佛道法，遂於中国图画形像焉。楚王英始信其术，中国因此颇有奉其道者。后桓帝好神，数祀浮图、老子，百姓稍有奉者，后遂转盛。

① 浮图即佛也。

② 毾音它阖反。㲪音登。《埤苍》曰："毛席也。"《释名》曰："施之承大牀前小榻上，登以上牀也。"

東离国[①]居沙奇城，在天竺東南三千余里，大国也。其土气、物类与天竺同。列城数十，皆称王。大月氏伐之，遂臣服焉。男女皆长八尺，而怯弱。乘象、骆駞，往来鄰国。有寇，乘象以战。

① 東离国，按冯承鈞考证，似为《魏略》车离之讹。详见《西域地名》Cola 条（1980 年中华书局增订本）。

莎车国西经蒲犁、无雷至大月氏，東去洛阳万九百五十里。

安帝元初中，疏勒王安国以舅臣磐有罪，徙於月氏，月氏王亲爱之。后安国死，无子，母持国政，与国人共立臣磐同产弟子遗腹为疏勒王。臣磐闻之，请月氏王曰："安国无子，种人微弱，若立母氏，我乃遗腹叔父也，我当为王。"月氏乃遣兵送还疏勒。国人素敬爱臣磐，又畏惮月氏，即共夺遗腹印绶，迎臣磐立为王，更以遗腹为磐槀城侯。后莎车〔连〕畔于寘，属疏勒，疏勒以强，故得与龜兹、于寘为敌国焉。

论曰：西域风土之载，前古未闻也。汉世张骞怀致远之略，班超奋封侯之志，终能立功西遐，羈服外域。自兵威之所肃服，财赂之所怀诱，莫不献方奇，纳爱质，露顶肘行，東向而朝天子。故设戊己之官，分任其事；建都护之帅，总领其权。先驯则赏籝金而赐龜绶，后服则繫头颡而衅北阙。立屯田於膏腴之野，列邮置於要害之路。驰命走驿，不绝於时月；商胡贩客，日款於塞下。其后甘英乃抵条支而历安息，临西海以望大秦，拒玉门、阳关者四万余里，靡不周尽焉。若其境俗性智之优薄，产载物类之区品，川河领障之基源，气节凉暑之通隔，梯山栈谷绳行沙度之道，身热首痛风災鬼难之域，[2]莫不备写情形，审求根实。至於佛道神化，兴自身毒，而二汉方志莫有称焉。张骞但著地多暑溼，乘象而战，班勇虽列其奉浮图，不杀伐，而精文善法导达之功靡所传述。余闻之后说也，其国则殷乎中土，玉烛和气，[3]灵圣之所〔降〕集，贤懿之所挺生，[4]神跡诡怪，则理绝人区，[5]感验明显，则事出天外。[6]而骞、超无闻者，岂其道闭往运，数开叔叶乎？不然，何诬異之甚也！汉自楚英始盛斋戒之祀，桓帝又修华盖之饰。将微义未译，而但神明之邪？详其清心释累之训，空有兼遣之宗，道书之流也。[7]且好仁恶杀，蠲敝崇善，所以贤达君子多爱其法焉。然好大不经,奇谲无已,[8]虽邹衍谈天之辩,庄周蜗角之论,尚未足以槩其万一。又精灵起灭,因报相寻,若晓而昧者,故通人多惑焉。[9]盖导俗无方,适物異会,取诸同归,措夫疑说,则大道通矣。

② 释法显《游天竺记》云:"西度流沙,屡有热风恶鬼,过之必死,葱领冬夏有雪。有毒龙,若犯之,则风雨晦冥,飞砂扬砾。(过)〔遇〕此难者,万无一全也。"

③《天竺国记》云:"中天竺人殷乐无户籍,耕王地者输地利。又其土和适,无冬夏之異,草木常茂,种田无时节。"《尔雅》曰:"四时和谓之玉烛。"

④《本行经》曰:"释迦菩萨在兜率陁天,为诸天无量无边诸众说法。又观我今何处成道,利益众生。乃观见宜於南阎浮提生有大利益。"又云:"谁中与我为父母者。观见宜於天竺刹利种迦毗罗城白淨王摩邪夫人,可为父母。"又云:"四生之中,何生利益。观见同众生、胎生、我若化生,诸外道等即诽谤我是幻术也。尔时菩萨观已,示同诸天五衰相现。命诸同侣,波斯匿王等诸王中生,皆作国王,与我为檀越。命阿难及诸人等,同生为弟子。命舍利弗等,外道中生我,成道时当受我化,回邪入正。又有无量众生,同随菩萨於天竺受生,多所利益也。"

⑤《维摩经》曰:"以四大海水入一毛孔,不挠鱼鳖等,而彼大海本相如故。又舍利弗住不思议菩萨,断取三千大千国界,如陶家轮著右掌中,掷过恒河沙国界之外,其中众生不觉不知,又复还本处,都不使人有往来相。"

⑥《涅槃经》曰:"阿阇王令醉象蹋佛,佛以慈善根力,舒其五指,遂为五师子见,尔时醉象惶惧而退。又五百羣贼劫夺人庶,波斯匿王收捉,剜其两目,棄入坑中。尔时羣贼苦痛不已,同时发声念南无佛。陁达摩佛以慈善根力,雪山吹药,令入贼眼,皆悉平复如本。"

⑦ 清心谓忘思虑也。释累谓去贪欲也。不执著为空,执著为有。兼遣

谓不空不有，虚实两忘也。维摩诘云："我及涅槃，此二皆空。"《老子》云："常无，欲观其妙；常有，欲观其徼。"故曰道书之流也。

⑧ 《维摩经》曰："尔时毗邪离有长者子名曰寶积。与五百长者子，俱持七寳盖来诣佛所，头面礼足，各以其盖共供养佛。佛威神力令诸寳盖合成一盖，徧覆三千大千国界诸须弥山，乃至日月星宿，并十方诸佛说法，皆现於寳盖中。"又维摩诘三万二千师子坐，高八万四千由旬，高广严淨，来入维摩方丈室，包容无所妨碍。又四大海水入毛孔，须弥山入芥子等也。

⑨ 精灵起灭谓生死轮回无穷已。因报相寻谓行有善恶，各缘业报也。

（卷八十八《西域传》）

九、宋書

元嘉五年，是岁，天竺国遣使献方物。

元嘉七年秋七月甲寅，师子国遣使献方物。

元嘉十二年六月，师子国遣使献方物。

（卷五《文帝本纪》）

晉《鞞舞歌》五篇

《洪业篇》《鞞舞歌》，当魏曲《明明魏皇帝》，古曲《关東有贤女》。

宣文创洪业，盛德在泰始。圣皇应灵符，受命君四海。万国何所乐，上有明天子。……大赦盪萌渐，文教被黄支……

（卷二十二《乐志》四）

灵运父祖並葬始宁县，並有故宅及墅，遂移籍会稽，修营别业，傍山带江，尽幽居之美。……作《山居赋》并自注，以言其事。曰：

……敬承圣诰，恭窥前经。山野昭旷，聚落膻腥。故大慈之弘誓，拯羣物之沦倾。岂寓地而空言，必有贷以善成。钦鹿野之华苑，羡灵鹫之名山。企坚固之贞林，希菴罗之芳园。虽綷容之缅邈，谓哀音之恒存。建招提於幽峯，冀振锡之息肩。庶镫王之赠席，想香积之惠餐。事在微而思通，理匪绝而可温。……鹿苑，说《四真谛》处。灵鹫山，说《般若法华》处。坚固林，说泥洹处。菴罗园，说不思议处。今旁林蓺园制苑，仿佛在昔，依然託想，虽綷容缅邈，哀音若存也。招提，谓僧不能常住者，可持作坐处也。所谓息肩。镫王、香积，事出《维摩经》……

北山二园，南山三苑。百果备列，乍近乍远。……杏坛、棕园，橘林、栗圃。桃李多品，梨枣殊所。椹梅流芬於回峦，椑柿被实於长浦。……《维摩诘经》棕树园。

（卷六十七《谢灵运列传》）

觊之常谓秉命有定分，非智力所移，唯应恭己守道，信天任运，而闇者不达，妄求侥倖，徒亏雅道，无关得丧。乃以其意命弟子愿著《定命论》，其辞曰：

……

问曰：……至如神仙所序，天竺所书，事虽难征，理未易诘，留滞倾光，思闻通裁。对曰：……天竺遗文，星华方策，因造前定，果报指期，贫豪莫差，修夭无爽，有允琐辞，无忝鄙说，统而言之，孰往非命。冥期前定，各从所归，善恶无所矫其趋，愚智焉能殊其理。若乃得议其工，失蚩其拙，操之则慄，舍之则悲，斯固染情於近累，岂不贻诮於通识……

（卷八十一《顾觊之列传》）

慕璝死，弟慕延立，遣使奉表。……（元嘉）二十七年，遣使上表云："若不自固者，欲率部曲入龙涸，越嶲门。"並求牵车，献乌丸帽、女国金酒器、胡王金钏等物。

（卷九十六《鲜卑吐谷浑列传》）

呵罗单国[1]治闍婆洲。元嘉七年，遣使献金刚指鐶、赤鹦鹉鸟、天竺国白叠古贝、叶波国古贝等物。十年，呵罗单国王毗沙跋摩奉表曰：

① 呵罗单国，是南海中的古国。但在其奉表中有“处雪山阴”一语，故录全文，供考证。

常胜天子陛下：诸佛世尊，常乐安隐，三达六通，为世间道，是名如来，应供正觉，遗形舍利，造诸塔像，庄严国土，如须弥山，村邑聚落，次第罗匝，城郭馆宇，如忉利天宫，宫殿高广，楼阁庄严，四兵具足，能伏怨敌，国土丰乐，无诸患难。奉承先王，正法治化，人民良善，庆无不利，处雪山阴，雪水流注，百川洋溢，八味清淨，周匝屈曲，顺趣大海，一切众生，咸得受用……

十三年，又上表曰：

大吉天子足下：离淫奴癡，哀愍羣生，想好具足，天龙神等，恭敬供养，世尊威德，身光明照，如水中月，如日初出，眉间白豪，普照十方，其白如雪，亦如月光，清淨如华，颜色照曜，威仪殊胜，诸天龙神之所恭敬，以正法寶，梵行众僧，庄严国土，人民炽盛，安隐快乐。城阁高峻，如乾他山，众多勇士，守护此城，楼阁壮严，道巷平正，著种种衣，犹如天服，於一切国，为最殊胜吉。扬州城无忧天主，愍念羣生，安乐民人，律仪清淨，慈心深广，正法治化，共养三寶，名称远至，一切並闻。民人乐见，如月初生，譬如梵王，世界之主，一切人天，恭敬作礼。

师子国，元嘉五年，国王刹利摩诃南奉表曰：

谨白大宋明主，虽山海殊隔，而音信时通。伏承皇帝道德高远，覆载同於天地，明照齐乎日月。四海之外，无往不伏，方国诸王，莫不遣信奉献，以表归德之诚。或泛海三年，陆行千日，畏威怀德，无远不至。我先王以来，唯以修德为正，不严而治，奉事三寳，道济天下，欣人为善，庆若在己，欲与天子共弘正法，以度难化。故託四道人遣二白衣送牙台像以为信誓，信还，愿垂音告。

至十二年，又复遣使奉献。

天竺迦毗黎国，元嘉五年，国王月爱遣使奉表曰：

伏闻彼国，据江傍海，山川周固，众妙悉备，庄严清淨，犹如化城，宫殿庄严，街巷平坦，人民充满，欢娱安乐。圣王出遊，四海随从，圣明仁爱，不害众生，万邦归仰，国富如海。国中众生，奉顺正法，大王仁圣，化之以道，慈施羣生，无所遗惜。帝修淨戒，轨道不及，无上法船，济诸沈溺，羣僚百官，受乐无怨，诸天拥护，万神侍卫，天魔降伏，莫不归化。王身端严，如日初出，仁泽普润，犹如大云，圣贤承业，如日月天，於彼真丹，最为殊胜。

臣之所住，名迦毗河，東际于海，其城四边，悉紫绀石，首罗天护，令国安隐。国王相承，未尝断绝，国中人民，率皆修善，诸国来集，共遵道法，诸寺舍子，皆七寳形像，众妙供具，如先王法。臣自修检，不犯道禁，臣名月爱，棄世王种。

惟愿大王圣体和善，羣臣百官，悉自安隐。今以此国羣臣吏民，山川珍寳，一切归属，五体归诚大王足下。山海遐隔，无由朝覲，宗仰之至，遣使下承。使主父名天魔悉达，使主名尼陁达，此人由来良善忠信，是故今遣奉使表诚。大王若有所须，珍奇異物，悉当奉送，此之境土，便是王国，王之法令，治国善道，悉当承用。愿二国信使往来不绝，此反使还，愿赐一使，具宣圣命，备勑所宜。款至之诚，望不空反，所白如是，愿加哀愍。

奉献金刚指环、摩勒金环诸寳物、赤白鸚鵡各一头。太宗泰始二年，又遣使贡献，以其使主竺扶大、竺阿弥並为建威将军。

佛道自后汉明帝，法始東流，自此以来，其教稍广，自帝王至于民庶，莫不归心，经诰充积，训义深远，别为一家之学焉。元嘉十二年，丹阳尹萧摹之奏曰："佛化被于中国，已历四代，形像塔寺，所在千数，进可以繫心，退足以招劝。而自顷以来，情敬浮末，不以精诚为至，更以奢竞为重……"

慧琳者，……尝著《均善论》，其词曰：

有白学先生，以为中国圣人，经纶百世，其德弘矣，智周万变，天人之理尽矣，道无隐旨，教罔遗筌，聪叡迪哲，何负於殊论哉。有黑学道士陋之，谓不照幽冥之途，弗及来生之化，虽尚虚心，未能虚事，不逮西域之深也。於是白学访其所以不逮云尔。

白曰："释氏所论之空，与老氏所言之空，无同異乎？"黑曰："異。释氏即物为空，空物为一。老氏有无两行，空有为異。安得同乎。"白曰："释氏空物，物信空邪？"黑曰："然。空又空，不翅於空矣。"……白曰："山高累卑之辞，川树积小之詠，舟壑火传之谈，坚白唐肆之论，盖盈於中国矣，非理之奥，故不举以为教本耳。子固以遗情遗累，虚心为道，而据事剖析者，更由指掌之间乎。"黑曰："周、孔为教，正及一世，不见来身无穷之缘，积善不过子孙之庆，累恶不过余殃之罚，报効止於荣禄，诛责极於穷贱，视听之外，冥然不知，良可悲矣。释迦关无穷之业，拔重关之险，陶方寸之虑，宇宙不足盈其明，设一慈之救，羣生不足胜其化，敍地狱则民惧其罪，敷天堂则物欢其福，指泥洹以长归，乘法身以遐览，神变无不周，灵泽靡不覃，先觉翻翔於上世，后悟腾翥而不绍，坎井之局，何以识大方之家乎？”……白曰：“有跡不能不敝，有术不能无伪，此乃圣人所以桎梏也。今所惜在作法於贪，遂以成俗，不正其敝，反以为高耳。至若淫妄之徒，世自近鄙，源流蔑然，固不足论。”黑曰：“释氏之教，专救夷俗，便无取於诸华邪？”白曰：“曷为其然。为则开端，宜怀属绪，爱物去杀，尚施周人，息心遗荣华之愿，大士布兼济之念，仁义玄一者，何以尚之。惜乎幽旨不亮，末流为累耳。”黑曰：“子之论善殆同矣，便事尽於生乎？”白曰：“幽冥之理，固不极於人事矣。周、孔疑而不辨，释迦辨而不实，将宜废其显晦之跡，存其所要之旨。请尝言之。夫道之以仁义者，服理以从化，帅之以劝戒者，循利而迁善。故甘辞兴於有欲，而灭於悟理，淡说行於天解，而息於贪伪。是以示来生者，蔽亏於道、释不得已，杜幽闇者，冥符於姬，孔闭其兑。由斯论之，言之者未必远，知之者未必得，不知者未必失，但知六度与五教並行，信顺与慈悲齐立耳。殊涂而同归者，不得守其发轮之辙也。”

论行於世。旧僧谓其贬黜释氏，欲加摈斥。太祖见论赏之……

世祖大明四年，於中兴寺设斋。有一異僧，众莫之识，问其名，答言名明慧，从天安寺来，忽然不见。天下无此寺名，乃改中兴曰天安寺。大明中，外国沙门摩诃衍苦节有精理，於京都多出新经，《胜鬘经》尤见重内学。

史臣曰：汉世西译遐通，兼途累万，跨头痛之山，越绳度之险，生行死径，身往魂归。晉氏南移，河、陇敻隔，戎夷梗路，外域天断。若夫大秦、天竺,迥出西溟,二汉衔役,特艰斯路,而商货所资,或出交部,汎海陵波,因风远至。又重峻参差,氏众非一,殊名诡号,种别类殊,山琛水賨,由兹自出,通犀翠羽之珍,蛇珠火布之異,千名万品,並世主之所虚心,故舟舶继路,商使交属……

（卷九十七《夷蛮列传》）

十、南齊書[1]

① 本篇採自中华书局标点本(1972年版)。按其校勘记,加圆括号的是底本字,加方括号的是校改的字。

佛道二家,立教既異,学者互相非毁。欢著《夷夏论》曰:

夫辨是与非,宜据圣典。寻二教之源,故两标经句。道经云:"老子入关之天竺维卫国,国王夫人名曰淨妙,老子因其昼寝,乘日精入淨妙口中,后年四月八日夜半时,剖左腋而生,坠地即行七步,於是佛道兴焉。"此出《玄妙内篇》。佛经云:"释迦成佛,有尘劫之数。"出《法华无量寿》。或"为国师道士,儒林之宗。"出《瑞应本起》。

欢论之曰:五帝、三皇,莫不有师。国师道士,无过老、庄,儒林之宗,孰出周、孔。若孔、老非佛,谁则当之。然二经所说,如合符契。道则佛也,佛则道也。其圣则符,其跡则反。或和光以明近;或曜灵以示远。道济天下,故无方而不入;智周万物,故无物而不为。其入不同,其为必異。各成其性,不易其事。是以端委搢绅,诸华之容;翦髪旷衣,羣夷之服。擎跽磬折,侯甸之恭;狐蹲狗踞,荒流之肃。棺殡椁葬,中夏之制;火焚水沈,西戎之俗。全形守礼,继善之教;毁貌易性,绝恶之学。岂伊同人,爰及異物。

鸟王兽长,往往是佛,无穷世界,圣人代兴。或昭五典,或布三乘。在鸟而鸟鸣,在兽而兽吼。教华而华言,化夷而夷语耳。虽舟车均於致远,而有川陆之节,佛道齐乎达化,而有夷夏之别,若谓其致既均,其法可换者,而车可涉川,舟可行陆乎?今以中夏之性,効西戎之法,既不全同,又不全異。下(育)〔棄〕妻孥,上废宗祀。嗜欲之物,皆以礼伸;孝敬之典,独以法屈。悖礼犯顺,曾莫之觉。弱丧忘归,孰识其旧?且理之可贵者,道也;事之可贱者,俗也。舍华効夷,义将安取?若以道邪?道固符合矣。若以俗邪?俗则大乖矣。

屡见刻舷沙门,守株道士,交诤小大,互相弹射。或域道以为两,或混俗以为一。是牵異以为同,破同以为異。则乖爭之由,淆乱之本也。寻圣道虽同,而法有左右。始乎无端,终乎无末。泥洹仙化,各是一术。佛号正真,道称正一。一归无死,真会无生。在名则反,在实则合。但无生之教赊,无死之化切。切法可以进谦弱,赊法可以退夸强。佛教文而博,道教质而精。精非麤人所信,博非精人所能。佛言华而引,道言实而抑。抑则明者独进,引则昧者竞前。佛经繁而显,道经简而幽。幽则妙门难见,显则正路易遵。此二法之辨也。

圣匠无心,方圆有礼,器既殊用,教亦異施。佛是破恶之方,道是兴善之术。兴善则自然为高,破恶则勇猛为贵。佛跡光大,宜以化物;道跡密微,利用为己。优劣之分,大略在兹。

夫蹲夷之仪,娄罗之辩,各出彼俗,自相聆解。犹虫嚾鸟聒,何足述効。

欢虽同二法,而意党道教。宋司徒袁粲託为道人通公駮之，其略曰：

白日停光，恒星隐照，诞降之应，事在老先，似非入关，方炳斯瑞。

又老、庄、周、孔，有可存者，依日末光，凭释遗法，盗牛窃善，反以成蠹，检究源流，终異吾党之为道耳。

西域之记，佛经之说，俗以膝行为礼，不慕蹲坐为恭，道以三绕为虔，不尚踞傲为肃。岂专戎土，爰亦兹方。襄童谒帝，膝行而进；赵王见周，三环而止。今佛法在华，乘者常安；戒善行交，蹈者恒通。文王造周，大伯创吳，革化戎夷，不因旧俗。岂若舟车，理无代用。佛法垂化，或因或革。清信之士，容衣不改；息心之人，服貌必变。变本从道，不遵彼俗，教风自殊，无患其乱。

孔、老、释迦，其人或同，观方设教，其道必異。孔、老治世为本，释氏出世为宗。发轸既殊，其归亦異。符合之唱，自由臆说。

又仙化以变形为上，泥洹以陶神为先。变形者白首还缁，而未能无死；陶神者使尘惑日损，湛然常存。泥洹之道，无死之（作）〔地〕，乖诡若此，何谓其同？

欢答曰：

案道经之作，著自西周，佛经之来，始乎東汉，年踰八百，代悬数十。若谓黄老虽久，而濫在释前，是吕尚盗陈恒之齐，刘季窃王莽之汉也。

经云，戎气强犷，乃复略人颊车邪？又夷俗长跽，法与华異，翘左跂右，全是蹲踞。故周公禁之於前，仲尼戒之於后。又舟以济川，车以征陆，佛起於戎，岂非戎俗素恶邪？道出於华，岂非华风本善邪？今华风既变，恶同戎狄，佛来破之，良有以矣。佛道实贵，故戒业可遵；戎俗实贱，故言貌可弃。今诸华士女，民族弗革，而露首（编）〔偏〕踞，滥用夷礼，云於翦落之徒，全是胡人，国有旧风，法不可变。

又若观风流教，其道必异，佛非東华之道，道非西戎之法，鱼鸟異渊，永不相关，安得老、释二教，交行八表。今佛既東流，道亦西迈，故知世有精麤，教有文质。然则道教执本以领末，佛教救末以存本。请问所異，归在何许？若以翦落为異，则胥靡翦落矣。若以立像为異，则俗巫立像矣。此非所归，归在常住。常住之象，常道孰異？

神仙有死，权便之说。神仙是大化之总称，非穷妙之至名。至名无名，其有名者二十七品，仙变成真，真变成神，或谓之圣，各有九品，品极则入空寂，无为无名。若服食茹芝，延寿万亿，寿尽则死，药极则枯，此修考之士，非神仙之流也。

（卷五十四《高逸列传顾欢》）

宋末，扶南王姓侨陈如，名阇耶跋摩，遣商货至广州。天竺道人那伽仙附载欲归国，遭风至林邑，掠其财物皆尽。那伽仙閒道得达扶南，具说中国有圣主受命。

永明二年，阇耶跋摩遣天竺道人释那伽仙上表称扶南国王臣侨陈如阇耶跋摩叩头启曰："……臣及人民，国土丰乐……"又曰："臣前遣使齎杂物行广州货易，天竺道人释那伽仙於广州因附臣舶欲来扶南，海中风漂到林邑，国王夺臣货易，并那伽仙私财。具陈其从中国来此，仰序陛下圣德仁治，详议风化，佛法兴显，众僧殷集，法事日盛，王威严整，朝望国轨，慈愍苍生，八方六合，莫不归伏。如听其所说，则化隣诸天，非可为喻。臣闻之，下情踊悦，若蹔奉见尊足，仰慕慈恩，泽流小国，天垂所感，率土之民，竝得皆蒙恩祐。是以臣今遣此道人释那伽仙为使,上表问讯奉贡,微献呈臣等赤心,並别陈下情……”又曰“……今轻此使送臣丹诚,表所陈启,不尽下情。谨附那伽仙並其伴口具启闻。伏愿愍所启……”

那伽仙诣京师,言其国俗事摩醯首罗天神,神常降於摩躭山。土气恒暖,草木不落。其上书曰:“吉祥利世间,感摄於羣生。所以其然者,天感化缘明。仙山名摩躭,吉树敷嘉荣。摩醯首罗天,依此降尊灵。国土悉蒙祐,人民皆安宁。由斯恩被故,是以臣归情。菩萨行忍慈,本迹起凡基。一发菩提心,二乘非所期。历生积功业,六度行大悲。勇猛超劫数,财命舍无遗。生死不为猒,六道化有缘。具脩於十地,遗果度人天。功业既已定,行满登正觉。万善智圆备,惠日照尘俗。众生感缘应,随机授法药。佛化遍十方,无不蒙济擢。皇帝圣弘道,兴隆於三寳。垂心览万机,威恩振八表。国土及城邑,仁风化清皎。亦如释提洹,众天中最超。陛下临万民,四海共归心。圣慈流无疆,被臣小国深。”诏报曰:“……那伽仙屡衔边译,颇悉中土阔狭,令其具宣。”上报以绛紫地黄碧绿纹绫各五匹。

(卷五十八《東南夷列传》)

十一、高僧傳

漢雒陽白馬寺攝摩騰

摄摩腾,本中天竺人,善风仪,解大小乘经,常遊化为任。昔经往天竺附庸小国讲《金光明经》,会敌国侵境。腾惟曰:“经云,能说此法,为地神所護,使所居安乐。今锋镝方始,曾是为益乎!”乃誓以忘身,躬往和劝,遂二国交欢,由是显誉。逮汉永平中,明皇帝夜梦金人飞空而至,乃大集羣臣以占所梦。通人传毅奉答:“臣闻西域有神,其名曰佛。陛下所梦,将必是乎?”帝以为然,即遣郎中蔡愔、博士弟子秦景等,使往天竺寻访佛法。

愔等於彼遇见摩腾,乃要还汉地。腾誓志弘通,不惮疲苦,冒涉流沙,至乎雒邑。明帝甚加赏接,於城西门外立精舍以处之,汉地有沙门之始也。但大法初传,未有归信,故蕴其深解,无所宣述。后少时,卒於雒阳,有记云。腾译《四十二章经》一卷,初缄在兰台石室第十四间中。腾所住处,今雒阳城西雍门外白马寺是也。相传云,外国国王尝毁破诸寺,唯招提寺未及毁坏。夜有一白马绕塔悲鸣,即以启王。王即停坏诸寺,因改招提以为白马。故诸寺立名,多取则焉。

漢雒陽白馬寺竺法蘭

竺法兰亦中天竺人。自言诵经论数万章,为天竺学者之师。时蔡愔既至彼国,兰与摩腾共契遊化,遂相随而来。会彼学徒留碍,兰乃间行而至。既达雒阳,与腾同止,少时便善汉言。愔於西域获经,即为翻译,所谓《十地断结》、《佛本生》、《法海藏》、《佛本行》、《四十二章》等五部。移都寇乱,四部失本不传,江左唯《四十二章经》今见在,可二千余言。汉地见存诸经,唯此为始也。愔又於西域得画释迦倚像,是优田王栴檀像师第四作。既至雒阳,明帝即令画工图写,置清凉台中及显节陵上,旧像今不复存焉。又昔汉武穿昆明池,底得黑灰,问東方朔。朔云:“不知,可问西域胡人。”后法兰既至,众人追以问之。兰云:“世界终尽,劫火洞烧,此灰是也。”朔言有征,信者其众。兰后卒於雒阳,春秋六十余矣。

漢雒陽安清

安清字世高,安息国王正后之太子也。……以汉桓之初,始到中夏。才悟机敏,一闻能达。至止未久,即通习华言。於是宣译众经,改梵为汉,出《安般守意》、《阴持入经》、《大小十二门》及《百六十品》。初,外国三藏众护撰述《经要》为二十七章,高乃剖析护所集七章译为汉文,即《地道经》也。其先后所出经论凡三十九部,义理明析,文字允正,辩而不华,质而不野。……高既王种,西域宾旅皆呼为安侯,至今猶为号焉。天竺国自称书为天书,语为天语。音训诡謇,与汉殊異,先后传译,多致谬滥。唯高所出,为羣译之首。……按释道安《经录》云:安世高以汉桓帝建和二年至灵帝建宁中,二十余年译出三十余部经。

漢雒陽支婁迦讖竺佛朔　安玄　严佛调　支曜　康巨　康孟详

支娄迦谶亦直云支谶,本月支人。操行纯深,性度开敏,禀持法戒,以精勤著称。讽诵羣经,志在宣法。汉灵帝时遊於雒阳。以光和、中平之间,传译梵文,出《般若道行》、《般舟》、《首楞嚴》等三经。又有《阿闍世王》、《寳积》等十余部经,岁久无录。安公校定古今,精寻文体,云似谶所出。凡此诸经,皆审得本旨,了不加饰,可谓善宣法要,弘道之士也。后不知所终。时有天竺沙门竺佛朔,亦汉灵之时齎《道行经》来适雒阳,即转梵为汉。譯人时滞,虽有失旨,然棄文存质,深得经意。朔又以光和二年於雒阳出《般舟三昧》,谶为传言,河南雒阳孟福、张莲笔受。时又有优婆塞安玄,安息国人。……玄与沙门严佛调共出《法镜经》。玄口译梵文,佛调笔受,理得音正,尽经微旨。郢匠之美,见述后代。……世称安侯、都尉、佛调三人传译,号为难继。调又撰十慧,亦传於世。安公称佛调出经,省而不烦,全本巧妙。又有沙门支曜、康巨、康孟详等。……曜译《成具定意经》及《小本起》等。巨译《问地狱事经》。並言直理旨,不加润饰。孟详译《中本起》及《修行本起》。先是,沙门昙果,於迦维罗卫国得梵本,孟详共竺大力译为汉文。

魏雒陽曇柯迦羅

昙柯迦罗,此云法时,本中天竺人。家世大富,常修梵福。迦罗幼而才悟,质像过人,诗书一览,皆文义通畅;善学《四韦陀论》;风云、星宿、图谶、运变莫不该综。自言天下文理,毕己心腹。至年二十五,入一僧房看,遇见《法胜毗昙》,聊取览之,茫然不解。殷勤重省,更增惛漠,乃歎曰:"吾积学多年,浪志坟典,遊刃经籍,义不再思,文无重览。今覩佛书,顿出情外。必当理致鉤深,别有精要。"於是赍卷入房,请一比丘略为解释。遂深悟因果,妙达三世。始知佛教宏旷,俗书所不能及。乃棄舍世荣,出家精苦,诵大小乘经及诸部毗尼。常贵遊化,不乐专守。以魏嘉平中来至雒阳。於时魏境虽有佛法,而道风讹替,亦有众僧,未禀归戒,正以剪落殊俗耳;设复斋忏,事法祠祀。迦罗既至,大行佛法。时诸僧共请迦罗译出戒律。迦罗以律部曲制,文言繁广,佛教未昌,必不承用,乃译出《僧祇戒心》,止备朝夕。更请梵僧立羯磨法,中夏戒律,始自乎此。迦罗后不知所终。

吴建業建初寺康僧會支谦

康僧会,其先康居人。世居天竺,其父因商贾移於交阯。……先有优婆塞支谦,字恭明,一名越,本月支人,来遊汉境。初,汉桓、灵之世,有支谶译出众经。有支亮字纪明,资学於谶,谦又受业於亮,博览经籍,莫不精究。世间伎艺多所综习。偏学異书,通六国语。其为人细长黑瘦,眼多白而睛黄。时人为之语曰:"支郎眼中黄,形躯虽细是智囊。"汉献末乱,避地於吴。孙权闻其才慧，召见，悦之，拜为博士，使辅导東宫，与韦曜诸人共尽匡益。但生自外域，故《吴志》不载。谦以大教虽行，而经多梵文，未尽翻译。已妙善方言，乃收集众本，译为汉语。从吴黄武元年至建兴中，所出《维摩》、《大般泥洹》、《法句》、《瑞应本起》等四十九经，曲得圣义，辞旨文雅。又从《无量寿》、《中本起》、《製菩萨连句》、《梵呗》三契，并注《了本生死经》等，皆行於世。……

吴武昌維祇難法立　法巨

维祇难，本天竺人也。世奉異道，以火祀为上。时有天竺沙门，习学小乘，多行道术，经远行逼暮，欲寄难家宿。难家既事異道，猜忌释子，乃处之门外，露地而宿。沙门夜密加呪术，令难家所事之火欻然变灭。於是举家共出，稽请沙门入室供养。沙门还以呪術变火令生。难既覩沙门神力胜己，即於佛法大生信乐，乃舍本所事，出家为道，依此沙门，以为和尚。受学三藏，妙善四《含》，遊化诸国，莫不皆奉。以吴黄武三年与同伴竺律炎来至武昌，齎《昙钵经》梵本。《昙钵》者，即《法句经》也。时吴士共请出经，难既未善国语，乃共其伴律炎译为汉文。炎亦未善汉言，颇有不尽，志在义本，辞近朴质。至晉惠之末，有沙门法立，更译为五卷。沙门法巨著笔，其辞味小华也。立又别出小经近百许首。值永嘉末乱，多不复存。

晉長安竺曇摩羅刹聂承远　聂道真

竺昙摩罗刹，此云法护。其先月支人，本姓支氏，世居燉煌郡。年八岁出家，事外国沙门竺高座为师。诵经日万言，过目则能。天性纯懿，操行精苦，笃志好学，万里寻师，是以博览六经，遊心七籍，虽世务毁誉，未尝介抱。是时晉武之世，寺庙图像虽崇京邑，而《方等》深经蕴在葱外。护乃慨然发愤，志弘大道，遂随师至西域，遊历诸国。外国異言三十六种，书亦如之，护皆徧学。贯综诂训，音义字体，无不备识。遂大赍梵经还归中夏。自燉煌至长安，沿路传译，写为晉文。所获《贤劫》、《正法》、《华光赞》等一百六十五部，孜孜所务，唯以弘通为业，终身写译，劳不告勸。经法所以广流中华者，护之力也。护以晉武之末隐居深山。山有清涧，恒取澡漱。后有採薪者秽其水侧，俄顷而燥。护乃徘徊歎曰："人之无德，遂使清泉辍流。水若永竭，真无以自给，正当移去耳。"言讫而泉流满涧，其幽诚所感如此。故支遁为之像赞云："护公澄寂，道德渊美。微令穹谷，枯泉漱水。邈矣护公，天挺弘懿。濯足流沙，倾拔玄致。"后立寺於长安青门外，精勤行道。於是德化遐布，声盖四远，僧徒数千，咸所宗事。及晉惠西奔，关中扰乱，百姓流移，护与门徒避地東下，至渑池，遘疾而卒，春秋七十有八。后孙绰製《道贤论》，以天竺七僧方竹林七贤，以护匹山巨源。论云："护公德居物宗，巨源位登论道。二公风德高远足为流辈矣！"其见美后代如此。时有清信士聂承远，明解有才，笃志务法。护公出经，多参正文句。《超日明经》初译，颇多烦重。承远删正文偈，今行二卷，其所详定，类皆如此。承远有子道真，亦善梵学。此君父子，比辞雅便，无累于古。又有竺法首、陈士伦、孙伯虎、虞世雅等，皆共承护旨，执笔详校。安公云："护公所出，若审得此公手目，纲领必正。"凡所译经，虽不辯妙婉显，而宏达欣畅，特善无生。依慧不文，朴则近本，其见称若此。护世居燉煌，死而化道周洽，时人咸谓燉煌菩萨也。

晉長安僧伽跋澄佛图罗刹

僧迦跋澄，此云众现，罽宾人。毅然有渊懿之量。历寻名师，备习三藏，博览众典，特善数经。闇诵《阿毗昙毗婆沙》，贯其妙旨。常浪志游方，观风弘化。苻坚建元十七年，来入关中。先是，大乘之典未广，禅数之学甚盛，既至长安，咸称法匠焉。苻坚祕书郎赵正，崇仰大法，尝闻外国宗习《阿毗昙毗婆沙》而跋澄讽诵，乃四事礼供，请释梵文。遂共名德法师释道安等集僧宣译。跋澄口诵经本，外国沙门昙摩难提笔受为梵文，佛图罗刹宣译，秦沙门敏智笔受为晉本。以伪秦建元十九年译出，自孟夏至仲秋方讫。初，跋澄又齎《婆须蜜》梵本自随。明年，赵正复请出之。跋澄乃与昙摩难提及僧伽提婆三人共执梵本，秦沙门佛念宣译，惠嵩笔受，安公法和对共校定。故二经流布，传学迄今。跋澄戒德整峻，虚静离俗，关中僧众则而象之。后不知所终。

佛图罗刹，不知何国人。德业纯粹，该览经典，久遊中土，善闲汉言。其宣译梵文，见重苻世。

晉廬山僧伽提婆僧伽罗叉

僧伽提婆，此言众天，或云提和，音讹故也。本姓瞿昙氏，罽宾人。入道修学，远求名师，学通三藏，尤善《阿毗昙心》，洞其纤旨；常诵《三法度论》，昼夜嗟味，以为入道之府也。为人儁朗有深鉴，而仪止温恭，务在诲人，恂恂不怠。苻氏建元中来入长安，宣流法化。初，僧伽跋澄出《婆须蜜》及昙摩难提所出二《阿含》、《毗昙》、《广说》、《三法度》等，凡百余万言。属慕容之难，戎敌纷扰，兼译人造次，未善详悉，义旨句味，往往不尽。俄而安公弃世，未及改正。后東山清平，提婆乃与冀州沙门法和俱适雒阳。四五年间，研讲前经。居华稍积，传明汉语，方知先所出经，多有乖失。法和慨歎未定，乃更令提婆出《阿毗昙》及《广说》众经。顷之，姚兴王秦，法事甚盛。於是法和入关，而提婆渡江。先是，庐山慧远法师翘勤妙典，广集经藏，虚心侧席，延望远宾，闻其至止，即请入庐岳。以晋太元之中，请出《阿毗昙心》及《三法度》等。提婆乃於般若台手执梵文，口宣晋语，法华存实，务尽义本。今之所传，盖其文也。至隆安元年，来遊京师，晋朝王公及风流名士，莫不造席致敬。时卫军東亭侯瑯琊王珣，渊懿有深信，扶持正法，建立精舍，广招学众。提婆既至，珣即延请，仍於其舍讲《阿毗昙》，名僧毕集。提婆宗致既精，辞旨明析，振发义理，众咸悦悟。……其年冬，珣集义学沙门释慧持等四十余人，更请提婆重译《中阿含》等。罽宾沙门僧伽罗叉执梵本，提婆译为晋言，至来夏方讫。其在河洛左右，所出众经百余万言。历遊华梵，备悉风俗，从容机警，善於谈笑，其道化声誉，莫不闻焉。后不知所终。

晉長安竺佛念

竺佛念，凉州人，弱年出家。……讽习众经，粗涉外典。……华梵音义，莫不兼释。……苻氏建元中，有僧伽跋澄、昙摩难提等入长安。赵正请出诸经。当时名德莫能传译，众咸推念。於是澄执梵文，念译为晋。质断疑义，音字方明。至建元二十年正月，复请昙摩难提出《增一含》及《中阿含》……请念为译。……二《含》之显，念宣译之功也。……其后续自出《菩萨瓔珞》、《十住断结》及出《曜胎经》、《中阴经》等。

晉江陵辛寺曇摩耶舍竺法度

昙摩耶舍，此云法明，罽宾人。少而好学，年十四为弗若多罗所知。长而气干高爽，雅有神慧，该览经律，明悟出羣，陶思入禅，遊心七觉，时人方之浮头婆驮。孤行山泽，不避虎兕，独处思念，动移宵日，常於树下每自剋责。年将三十，尚未得果，何其懈哉！於是累日不寝不食，专精苦到，以悔先罪。乃梦见博叉天王语之曰："沙门当观方弘化，旷济为怀，何守小节，独善而已。道假众缘，复须时熟，非分强求，死而无证。"觉自思惟，欲遊方授道。既而踰历名邦，履践郡国，以晉隆安中初达广州，住白沙寺。耶舍善诵《毗婆沙律》，人咸号为大毗婆沙。时年已八十五，徒众八十五人。时有清信女张普明谘受佛法，耶舍为说佛生缘起，并为译出《差摩经》一卷。至义熙中来入长安。时姚兴僭号，甚崇佛法，耶舍既至，深加礼異。会有天竺沙门昙摩掘多来入关中，同气相求，宛然若旧。因共出《舍利弗阿毗昙》，以伪秦弘始九年初书梵文，至十六年翻译方竟，凡二十二卷。伪太子姚泓亲管理味，沙门道标为之作序。耶舍后南遊江陵，止於辛寺，大弘禅法，其有味静之宾，披榛而至者三百余人。凡士庶造者，虽先无信心，见皆敬悦。自说有一师一弟子，修业並得罗汉，传者失其名。又尝于外门闭户坐禅，忽有五六沙门来入其室；又时见沙门飞来树端者，往往非一。常交接神明而俯同蒙俗，虽道跡未彰，时人咸谓已阶圣果。至宋元嘉中辞还西域，不知所终。耶舍有弟子法度，善梵汉之言，常为译语。度本竺婆勒子，勒久停广州，往来求利，中途於南康生男，仍名南康，长名金迦，入道名法度。度初为耶舍弟子，承受经法。耶舍既还外国，度便独执矫異，规以摄物。乃言专学小乘，禁读方等，唯礼释迦，无十方佛。食用铜钵，无别应器。又令诸尼相捉而行，悔罪之日，但伏地相向。唯宋故丹阳尹颜瑗女法弘尼、交州刺史张牧女普明尼初受其法，今都下宣业、弘光等诸尼，习其遗风，東土尼众，亦时传其法。

（卷一《译经》上）

晉長安鳩摩羅什

鸠摩罗什,此云童寿,天竺人也,家世国相。什祖父达多,倜傥不羣,名重於国。父鸠摩炎,聪明有懿节,将嗣相位,乃辞避出家,東度葱岭。龜兹王闻其棄荣,甚敬慕之,自出郊迎,请为国师。王有妹,年始二十,才悟明敏,过目必解,一闻则诵,且体有赤黶,法生智子,诸国娉之,並不肯行。及见摩炎,心欲当之,乃逼以妻焉,既而怀什。什在胎时,其母慧解倍常。闻雀梨大寺名德既多,又有得道之僧,即与王族贵女、德行诸尼弥日设供,请斋听法。什母忽自通天竺语,难问之辞,必穷渊致,众咸歎異。有罗汉达摩瞿沙曰:“此必怀智子。”为说舍利弗在胎之证。及什生之后,还忘前言。久之,什母乐欲出家,夫未之许,遂更产一男,名弗沙提婆。后因出城遊观,见塚间枯骨異处纵横,於是深惟苦本,定求离俗,誓至落髮,不咽饮食。至六日夜,气力绵乏,疑不达旦,夫乃惧而许焉。以未剃髮故,犹不尝进,即勅人为除髮,乃下饮食。次旦受戒,仍业禅法,专精匪懈,学得初果。什年七岁,亦俱出家,从师受经,日诵千偈,偈有三十二字,凡三万二千言。诵《毗昙》既过,师授其义,即自通达,无幽不畅。时龜兹国人以其母王女,利养甚多,乃攜什避之。什年九岁,随母度辛头河至罽宾。遇名德法师盘头达多,即罽宾王之从弟也。渊粹有大量,才明博识,独步当时,三岁九部,莫不该博,从旦至中,手写千偈,从中至暮,亦诵千偈,名播诸国,远近师之。什至,即崇以师礼。从受杂藏中长二《含》,凡四百万言。达多每称什神俊,遂声彻於王。王即请入宫,集外道论师共相攻难。言气始交,外道轻其年幼,言颇不逊。什乘隙而挫之,外道折伏,愧惋无言。王益敬異,日给鹅腊一双、粳米麵各三斗,酥六升,此外国之上供也。所住寺僧,乃差大僧五人,沙弥十人,营视扫洒,有若弟子,其见尊崇如此。至年十二,其母攜还龜兹。诸国皆聘以重爵,什並不顾。时什母将什至月氏北山,有一罗汉见而異之,谓其母曰:"常当守护此沙弥。若至年三十五不破戒者,当大兴佛法。度无数人,与优波毱多无異。若戒不全,无能为也,止可才明儁艺,法师而已。"什进到沙勒国,顶戴佛钵,心自念言:"钵形甚大,何其轻耶?"即重不可勝,失声下之。母问其故,答云:"儿心有分别,故钵有轻重耳。"遂停沙勒一年。其冬诵《阿毗昙》,於《十门》、《修智》诸品,无所谘受,而备达其妙。又於六足诸问,无所滞礙。沙勒国有三藏沙门,名喜见,谓其王曰:"此沙弥不可轻。王宜请令初开法门,凡有二益:一,国内沙门,恥其不逮,必见勉强。二,龜兹王必谓出我国,而彼尊之,是尊我也,必来交好。"王许焉,即设大会,请什升座,说《转法轮经》。龜兹王果遣重使,酬其亲好。什以说法之暇,乃寻访外道经书。善学《韦陀舍多论》。多明文辞製作问答等事。又博览《四韦陀典》及《五明》诸论,阴阳星算,莫不毕尽,妙达吉凶,言若符契。为性率达,不厉小检,修行者颇共疑之,然什自得於心,未尝介意。时有莎车王子、参军王子兄弟二人,委国请从,而为沙门。兄字须利耶跋陀,弟字须耶利苏摩。苏摩才技绝伦,专以大乘为化,其兄及诸学者皆共师焉。什亦宗而奉之。亲好弥至。苏摩后为什说《阿耨达经》。什开阴界诸人皆空无相,怪而问曰:"此经更有何义,而皆破坏诸法?"答曰:"眼等诸法,非真实有。"什既执有眼根,彼据因成无实,於是研覈大小,往复移时,什方知理有所归,遂专务《方等》。乃歎曰:"吾昔学小乘,如人不识金,以鍮石为妙。"因广求义要,受诵中百二论及十二门等。顷之,随母进到温宿国,即龜兹之北界。时温宿有一道士,神辩英秀,振名诸国,手击王鼓而自誓言:"论胜我者,斩首谢之。"什既至,以二义相检，即迷闷自失，稽首归依。於是声满葱左，誉宣河外。龜兹王躬往温宿，迎什还国，广说诸经，四远学宗，莫之能抗。时王女为尼，字阿竭耶未帝，博览羣经，特深禅要，云已证二果；闻法喜踊，迺更设大集，请开《方等》经奥。什为推辩诸法皆空无我，分别阴界假名非实。时会听者莫不悲感追悼，皆恨悟之晚矣。至年二十，受戒於王宫，从卑摩罗叉学《十诵律》。有顷，什母辞往天竺，谓龜兹王白纯曰："汝国寻衰，吾其去矣。"行至天竺，进登三果。什母临去谓什曰："《方等》深教，应大阐真丹，传之東土，唯尔之力。但於自身无利，其可如何！"什曰："大士之道，利彼亡躯。若必使大化流传，能洗悟矇俗，虽复身当鑪鑊，苦而无恨。"於是留住龜兹，止於新寺。后於寺侧故宫中初得《放光经》。始就披读，魔来蔽文，唯见空牒。什知是魔所为，誓心踰固。魔去字显，仍习诵之。复闻空中声曰："汝是智人，何用以读此？"什曰："汝是小魔，宜时速去。我心如地，不可转也。"停住二年，广诵大乘经论，洞其祕奥。龜兹王为造金师子座，以大秦锦褥铺之，令什昇而说法。什曰："家师犹未悟大乘，欲躬往迎化，不得停此。"俄而大师盘头达多不远而至。王曰："大师何能远顾？"达多曰："一闻弟子所悟非常，二闻大王弘賛佛道，故冒涉艰危，远奔神国。"什得师至，欣遂本怀，即为师说《德女问经》，多明因缘空假。昔与师俱所不信，故先说也。师谓什曰："汝於大乘见何異相，而欲尚之？"什曰："大乘深淨，明有法皆空。小乘偏局，多滞名相。"师曰："汝说一切皆空，甚可畏也，安捨有而爱空乎？如昔狂人令绩师绩緜，极令细好。绩师加意，细若微尘，狂人犹恨其麤。绩师大怒，乃指空示曰：'此是细缕。'狂人曰：'何以不见？'师曰：'此缕极细，我工之良匠，犹且不见，况他人耶？'狂人大喜，以付绩师，师亦効焉。皆蒙上赏，而实无物。汝之空法，亦由此也。"什乃连类而陈之，往复苦至，经一月余日，方乃信服。师歎曰："师不能达，反启其志，验於今矣。"於是礼什为师，言："和尚是我大乘师，我是和尚小乘师矣。"西域诸国，咸伏什神儁，每至讲说，诸王皆长跪座侧，令什践而登焉，其见重如此。什既道流西域，名被東国。时苻坚伪号关中，有外国前部王及龜兹王弟，並来朝坚，坚於正殿引见。二王因说坚云："西域多产珍奇，乃请兵往定，以求内附。"至苻坚建元十三年，岁次丁丑正月，太史奏云："有星见外国分野，当有大德智人入辅中国。"坚曰："朕闻西域有鸠摩罗什，襄阳有沙门道安，将非此耶？"即遣使求之。至十七年二月，鄯善王、前部王等又说坚请兵西伐。十八年九月，坚遣骁骑将军吕光、陵江将军姜飞等，将前部王及车师王等率兵七万西伐龜兹及乌耆诸国。临发，坚饯光於建章宫，谓光曰："夫帝王应天而治，以子爱苍生为本，岂贪其地而伐之？正以怀道之人故也。朕闻西国有鸠摩罗什，深解法相，善闲阴阳，为后学之宗，朕甚思之。贤哲者，国之大寶，若剋龜兹，即驰驿送什。"光军未到，什谓龜兹王白纯曰："国运衰矣，当有勍敌。日下人从東方来，宜恭承之，勿抗其锋。"纯不从而战。光遂破龜兹，杀纯，立纯弟震为主。光既获什，未测其智量，见其年齿尚少，乃凡人戏之，强妻以龜兹王女。什拒而不受，辞甚苦到。光曰："道士之操，不踰先父，何所固辞！"乃饮以醇酒，同闭密室。什被逼既至，遂亏其节。或令骑牛及乘恶马，欲使堕落。什常怀忍辱，曾无異色，光渐愧而止。光还中路，置军於山下。将士已休，什曰："不可在此，必见狼狈。宜徙军陇上。"光不纳。至夜果大雨，洪潦暴起，水深数丈，死者数千。光始密而異之。什谓光曰："此凶亡之地，不宜淹留，推运揆数，应速言归，中路必有福地可居。"光从之。至凉州，闻苻坚已为姚苌所害。光三军缟素，大临城南，於是窃号关外，称年太安。太安二年正月，姑藏大风。什曰：

“不祥之风，当有姦叛。然不劳自定也。”俄而梁谦、彭晃相继而反，寻皆殄灭。光至龙飞二年，张掖临松卢水胡沮渠男成及从弟蒙逊反，推建康太守段业为主。光遣庶子秦州刺史太原公纂，率众五万讨之。时论谓业等乌合，纂有威声，势必全剋。光以问什，什曰：“观察此行，未见其利。”既而纂败绩於合棃。俄又郭馨作乱，纂大军轻还，复为馨所败，仅以身免。光中书监张资，文翰温雅，光甚器之。资病，光博营救疗。有外国道人罗叉，云能差资疾。光喜，给赐甚重。什知叉诳诈，告资曰：“叉不能为，盖徒烦费耳。冥运虽隐，可以事试也。”乃以五色丝作绳结之，烧为灰末，投水中。灰若出水，还成绳者，病不可愈。须臾，灰聚浮出，复绳本形。既而叉治无効。少日，资亡。顷之，光又卒，子绍袭位。数日，光庶子纂杀绍自立，称元咸宁。咸宁二年，有猪生子，一身三头。龙出東厢井中，到殿前蟠卧，比旦失之。纂以为美瑞，号大殿为龙翔殿。俄而有黑龙昇於当阳九宫门，纂改九宫门为龙兴门。什奏曰：“比日潜龙出遊，豕妖表異。龙者阴类，出入有时，而今屡见，则为災眚，必有下人谋上之变。宜克己修德，以答天威。”纂不纳。与什博，戏杀棊曰：“斫胡奴头。”什曰：“不能斫胡奴头，胡奴将斫人头。”此言有旨，而纂终不悟。光弟保有子名超，超小字胡奴，后果杀纂斩首，立其兄隆为主，时人方验什之言也。什停凉积年，吕光父子既不弘道，故蕴其深解，无所宣化。苻坚已亡，竟不相见。及姚苌僭有关中，闻其高名，虚心要请。诸吕以什智计多解，恐为姚谋，不许東入。及苌卒，子兴袭位，复遣敦请。兴弘始三年三月，有树连理生于庙庭，消遥园葱变为茝，以为美瑞，谓智人应入。至五月，兴遣陇西公硕德西伐吕隆，隆军大破。至九月，隆上表归降，方得迎什入关，以其年十二月二十日至於长安。兴待以国师之礼，甚见优宠。晤言相对，则淹留终日，研微造尽，则穷年忘倦。自大法東被，始於汉明，涉历魏晉，经论渐多，而支、竺所出，多滞文格义。兴少崇三寳，锐志讲集。什既至止，仍请入西明阁及逍遥园，译出众经。什既率多谙诵，无不究尽，转能汉言，音译流便。既览旧经，义多纰缪，皆由先译失旨，不与梵本相应。於是兴使沙门僧䂮、僧迁、法钦、道流、道恒、道标、僧叡、僧肇等八百余人谘受什旨，更令出大品。什持梵本，兴执旧经，以相讎校。其新文異旧者，义皆圆通，众心惬伏，莫不欣讚。兴以佛道冲邃，其行唯善，信为出苦之良津，御世之洪则，故託意九经，遊心十二，乃著通三世论以勗示因果。王公已下，並钦讚厥风。大将军常山公显、左将军安城侯嵩，並笃信缘业，屡请什於长安大寺讲说新经。续出《小品金刚般若》、《十往》、《法华》、《维摩》、《思益首楞严》、《持世》、《佛藏》、《菩萨藏》、《遗教》、《菩提无行》、《呵欲自在王》、《因缘观》、《小无量寿》、《新贤劫》、《禅经》、《禅法要》、《禅要解》、《弥勒成佛》、《弥勒下生》、《十诵律》、《十诵戒本》、《菩萨戒本》、《释成实》、《十住》、《中》、《百》、《十二门》诸论，凡三百余卷，並畅显神源，挥发幽致。於时四方义士，万里必集，盛业久大，於今式仰。龙光释道生慧解入微，玄构文外，每恐言舛，入关请决。庐山释慧远学贯羣经，栋梁遗化，而时去圣久，疑义多端，乃封以谘什。语见远传。初，沙门慧叡才识高明，常随什传写。什每为叡论西方辞体，商略同異。云天竺国俗，甚重文製，其宫商体韻，以入絃为善。凡覲国王，必有讚德。见佛之仪，以歌歎为贵，经中偈颂，皆其式也。但改梵为秦，失其藻蔚，虽得大意，殊隔文体，有似嚼饭与人，非徒失味，乃令呕哕也。什常作颂，赠沙门法和云："心山育明德，流熏万由延。[1]

① 由延，梵语 yojana 的音译，又译为由旬、逾缮那等。是古代印度计算里程的单位。

哀鸾孤桐上，清音彻九天。”凡为十偈，辞喻皆尔。什雅好大乘，志存敷广，常歎曰：“吾若著笔作大乘《阿毗昙》，非迦旃延子比也。今在秦地，深识者寡，折翮於此，将何所论！”乃悽然而止。唯为姚兴著《实相论》二卷，并注《维摩》。出言成章，无所删改，辞喻婉约，莫非玄奥。什为人神情鉴彻，傲岸出羣，应机领会，鲜有其匹。且笃性仁厚，汎爱为心，虚己善诱，终日无倦。姚主常谓什曰：“大师聪明超悟，天下莫二。若一旦后世，何可使法种无嗣？”遂以伎女十人逼令受之。自尔以来，不住僧坊，别立廨舍，供给丰盈。每至讲说，常先自说，譬如臭泥中生莲花，但採莲花，勿取臭泥也。初，什在龜兹，从卑摩罗叉律师受律。卑摩后入关中，什闻至，欣然师敬尽礼。卑摩未知被逼之事，因问什曰：“汝於汉地大有重缘，受法弟子可有几人？”什答云：“汉境经律未备，新经及诸论等多是什所传出。三千徒众，皆从什受法。但什累业障深，故不受师敬耳。”又杯度比丘在彭城，闻什在长安，乃歎曰：“吾与此子戏别三百余年，杳然未期，迟有遇於来生耳。”什未终日，少觉四大不愈。乃口出三番神呪，令外国弟子诵之以自救。未及致力，转觉危殆。於是力疾与众僧告别曰：“因法相遇，殊未尽伊心。方复后事，恻怆可言。自以闇昧，谬充传译。凡所出经论三百余卷，唯十诵一部未及删烦，存其本旨，必无差失。愿凡所宣译，传流后世。咸共弘通。今於众前，发诚实誓，若所传无谬者，当使焚身之后舌不焦烂。”以伪秦弘始十一年八月二十日卒於长安，是岁晋义熙五年也。即於逍遥园依外国法以火焚屍。薪灭形碎，唯舌不灰。后外国沙门来云：“罗什所谙，十不出一。”初，什一名鸠摩罗耆婆，外国製名，多以父母为本。什父鸠摩炎，母字耆婆，故兼取为名焉。然什死年月，诸记不同，或云弘始七年，或云八年，或云十一。寻七与十一，字或讹误，而译经录中，犹有十一年者。容恐雷同三家，无以正焉。

晉長安弗若多羅

弗若多罗，此云功德华，罽宾人也。少出家，以戒节见称。备通三藏，而专精《十诵》律部，为外国师宗，时人咸谓已阶圣果。以伪秦弘始中振锡入关。秦主姚兴待以上宾之礼，罗什亦挹其戒范，厚相崇敬。先是，经法虽传，律藏未阐。闻多罗既善斯部，咸共思慕。以伪秦弘始六年十月十七日集义学僧数百余人於长安中寺，延请多罗诵出《十诵》梵本。罗什译为晋文，三分获二。多罗遘疾，奄然弃世。众以大业未卒，而匠人逝往，悲恨之深，有踰常痛。

晉長安曇摩流支

昙摩流支，此云法乐，西域人也。弃家入道，偏以律藏驰名。以弘始七年秋达自关中。初，弗若多罗诵出《十诵》，未竟而亡。庐山释慧远闻支既善《毗尼》，希得究竟律部，乃遣书通好，曰："佛教之兴，先行上国。自分流以来四百余年，至於沙门律戒，所关尤多，顷有西域道士弗若多罗，是罽宾人，其讽《十诵》梵本。有罗什法师通才博见，为之传译。《十诵》之中，文始过半，多罗早丧，中途而寝，不得究竟大业，慨恨良深。传闻仁者赍此经自随，甚欣所遇，冥运之来，岂人事而已耶？想弘道为物，感时而动，叩之有人，必情无所恪。若能为律学之徒毕此经本，开示梵行，洗其耳目，使始涉之流不失无上之津，澡怀胜业者日月弥朗。此则惠深德厚，人神同感矣！幸愿垂怀，不乖往意，一二悉诸道人所具。"流支既得远书及姚兴敦请，乃与什共译《十诵》都毕，研详考覆，条制审定，而什犹恨文烦未善。既而什化，不获删治。流支住长安大寺，慧观欲请下京师，支曰：

"彼土有人有法,足以利世,吾当更行无律教处。"於是遊化余方,不知所卒。或云终於凉土,未详。

晉壽春石磵寺卑摩羅叉

卑摩罗叉,此云无垢眼,罽宾人。沈静有志力,出家履道,苦节成务。先在龜兹弘阐律藏,四方学者竞往师之,鸠摩罗什时亦预焉。及龜兹陷没,乃避地乌缠。顷之,闻什在长安大弘经藏,又欲使《毗尼胜品》复洽東国,於是杖锡流沙,冒险東渡。以伪秦弘始八年达自关中。什以师礼敬待,叉亦以远遇欣然。及罗什棄世,叉乃出遊关左,逗於寿春,止石涧寺。律徒云聚,盛阐《毗尼》。罗什所译《十诵》本五十八卷,最后一诵谓明受戒法,及诸成善法事,逐其义要,改名《善诵》。叉后齎往石涧,开为六十一卷,最后一诵,改为《毗尼诵》,故犹二名存焉。顷之,南适江陵,於新寺夏坐,开讲《十诵》。既通汉言,善相领纳,无作妙本,大阐当时。析文求理者,其聚如林,明条知禁者,数亦殷矣。律藏大弘,叉之力也。道场慧观,深括宗旨,记其所制,内禁轻重,撰为二卷,送还京师。僧尼披习,竞相传写。时闻者谚曰:"卑罗鄙语,慧观才录。都人缮写,纸贵如玉。"今犹行於世,为后生法矣。叉养德好闲,棄谊离俗,其年冬,复还寿春石涧,卒於寺焉,春秋七十有七。叉为人眼青,时人亦号为青眼律师。

晉長安佛陀耶舍

佛陀耶舍,此云觉名,罽宾人,婆罗门种,世事外道。有一沙门从其家乞食,其父怒,使人打之。父遂手脚挛躄,不能行止。乃问於巫师,对曰:"坐犯贤人,鬼神使然也。"即请此沙门,竭诚忏悔,数日便瘳。因令耶舍出家,为其弟子,时年十三。常随师远行,於旷野逢虎,师欲走避,耶舍曰:"此虎已饱,必不侵人。”俄而虎去，前行果见余碛，师密異之。至年十五，诵经日得二三万言。所住寺，常於外分卫，废於诵习。有一罗汉，重其聪敏，恆乞食供之。至年十九，诵大小乘经数百万言。然性度简傲，颇以知见自处，谓少堪己师，故不为诸僧所重。但美仪止，善谈笑，见者忘其深恨。年及进戒，莫为临坛，所以向立之岁，犹为沙弥。乃从其舅学五明诸论。世间法术，多所综习。年二十七，方受具戒，恆以读诵为务，手不释牒。每端坐思义，不觉虚中过时，其专精如此。后至沙勒国，国王不悆，请三千僧会，耶舍预其一焉。时太子达磨弗多，此言法子，见耶舍容服端雅，问所从来。耶舍詶对清辩，太子悦之，仍请留宫内供养，待遇隆厚。罗什后至，复从舍受学，甚相尊敬。什既随母还龜兹，耶舍留止。顷之，王薨，太子即位。时苻坚遣吕光等西伐龜兹，龜兹王急，求救於沙勒。沙勒王自率兵赴之，使耶舍留辅太子，委以后事。救军未至而龜兹已败。王归，具说罗什为光所执。舍乃歎曰：“我与罗什相遇虽久，未尽怀抱。其忽羁虏，相见何期？”停十余年，乃東适龜兹，法化甚盛。时什在姑臧，遣信要之。裹粮欲去，国人留之。复停岁许，后语弟子云：“吾欲寻罗什，可密装夜发，勿使人知。”弟子曰：“恐明日追至，不免复还耳。”耶舍乃取清水一钵，以药投中，呪数十言，与弟子洗足，即便夜发。比至旦，行数百里。问弟子曰：“何所觉耶？”答曰：“唯闻疾风之响，眼中淚出耳。”耶舍又与呪水洗足，住息。明旦，国人追之，已差数百里不及。行达姑藏，而什已入长安。闻姚兴逼以妾媵，劝为非法，乃歎曰：“罗什如好緜，何可使入棘林中？”什闻其至姑藏，劝姚兴迎之，兴未纳。顷之，兴命什译出经藏，什曰：“夫弘宣法教，宜令文义圆通。贫道虽诵其文，未善其理。唯佛陀耶舍深达幽致，今在姑藏，愿诏征之。一言三详，然后著笔，使微言不坠，取信千载也。”兴从之，即遣使招迎，厚加赠遗，悉不受。乃笑曰:“明旨既降,便应载驰。檀越待士既厚,脱如罗什见处,则未敢闻命。”使还具说之。兴歎其几慎,重信敦喻,方至长安。兴自出候问,别立新省於逍遥园中,四事供养,並不受。时至分卫,一食而已。於时罗什出《十住经》。一月余日,疑难犹豫,尚未操笔。耶舍既至,共相征决,辞理方定。道俗三千余人,皆歎其赏要。舍为人赤髭,善解《毗婆沙》,时人号曰赤髭毗婆沙。既为罗什之师,亦称大毗婆沙。四事供养,衣钵卧具满三间屋,不以关心,姚兴为货之,於城南造寺。耶舍先诵《昙无德律》,伪司隶校尉姚爽请令出之。疑其遗谬,乃试耶舍。令诵羌籍药方,可五万言。经一日,乃执文覆之,不误一字,众服其强记。即以弘始十二年译出《四分律》,凡四十四卷,並《长阿含》等。凉州沙门竺佛念译为秦言,道含笔受。至十五年解座,兴䞋耶舍布绢万疋,悉不受。道含、佛念布绢各千疋,名德沙门五百人皆重䞋施。耶舍后辞还外国,至罽宾,得《虚空藏经》一卷,寄贾客传与凉州诸僧。后不知所终。

晉京師道場寺佛馱跋陀羅

佛驮跋陀罗,此云觉贤,本姓释氏,迦维罗卫人,甘露饭王之苗裔也。祖父达摩提婆,此云法天,尝商旅於北天竺,因而居焉。父达摩脩耶利,此云法日。父少亡,贤三岁孤,与母居。五岁复丧母,为外氏所养。从祖鸠婆利闻其聪敏,兼悼其孤露,乃迎还,度为沙弥。至年十七,与同学数人,俱以习诵为业。众皆一月,贤一日诵毕。其师歎曰:“贤一日敌三十夫也。”及受具戒,修业精勤,博学羣经,多所通达。少以禅律驰名,常与同学僧伽达多共遊罽宾,同处积载,达多虽服其才明,而未测其人也。后於密室闭户坐禅,忽见贤来,惊问何来,答云:“蹔至兜率,致敬弥勒。”言讫便隐。达多知是圣人,未测深浅。后屡见贤神变,乃敬心祈问，方知得不还果。常欲遊方弘化，备观风俗。会有秦沙门智严，西至罽宾，覩法众清淨，乃慨然東顾曰："我诸同辈，斯有道志而不遇真匠，发悟莫由。"即谘询国众，孰能流化東土。佥曰："有佛驮跋陀者，出生天竺那呵梨城。族姓相承，世尊道学。其童龀出家，已通解经论，少受业於大禅师佛大先，先时亦在罽宾。"乃谓严曰："可以振维僧徒、宣授禅法者，佛驮跋陀其人也。"严既要请苦至，贤遂愍而许焉。於是舍众辞师，裹粮東逝。步骤三载，緜历寒暑。既度葱岭，路经六国。国主矜其远化，並倾怀资奉。至交趾，乃附舶循海而行。经一岛下，贤以手指山曰："可止於此。"舶主曰："客行惜日，调风难遇，不可停也。"行二百余里，忽风转，吹舶还向岛下，众人方悟其神，咸师事之，听其进止。后遇便风，同侣皆发。贤曰："不可动。"舶主乃止。既而有先发者，一时覆败。后於闇夜之中，忽令众舶俱发，无肯从者。贤自起收缆，唯一舶独发。俄而贼至，留者悉被抄害。顷之，至青州東莱郡。闻鸠摩罗什在长安，即往从之。什大欣悦，共论法相，振发玄微，多所悟益。因谓什曰："君所释不出人意，而致高名何耶？"什曰："吾年老故尔，何必能称美谈。"什每有疑义，必共谘决。秦太子泓欲闻贤说法，乃要命羣僧，集论東宫。罗什与贤番往复。什问曰："法云何空？"答曰："众微成色，色无自性，故唯色常空。"又问："既以极微破色空，复云何破一微？"答曰："羣师或破析一微，我意谓不尔。"又问："微是常耶？"答曰："以一微故众微空，以众微故一微空。"时寳云译出此语，不解其意。道俗咸谓贤之所计，微尘是常。余日，长安学僧复请更释。贤曰："夫法不自生，缘会故生。缘一微故有众微，微无自性，则为空矣。宁可言不破一微，常而不空乎？"此是问答之大意也。秦主姚兴专志佛法，供养三千余僧，並往来宫阙，盛修人事。唯贤守静，不与众同。后语弟子云：

"我昨见本乡,有五舶俱发。"既而弟子传告外人,关中旧僧,咸以为显異惑众。又贤在长安,大弘禅业,四方乐静者,並闻风而至。但染学有浅深,所得有浓淡,浇伪之徒,因而诡滑。有一弟子,因少观行,自言得阿那含果。贤未即检问,遂致流言,大被谤黩,将有不测之祸。於是徒众,或藏名潜去,或踰牆夜走,半日之中,众散殆尽。贤乃怡然,不以介意。时旧僧僧䂮、道恆等谓贤曰:"佛尚不听说己所得法。先言五舶将至,虚而无实。又门徒诳惑,互起同異。既於律有違,理不同止。宜可时去,勿得停留。"贤曰:"我身若流萍,去留甚易。但恨怀抱未伸,以为慨然耳。"於是与弟子慧观等四十余人俱发,神志从容,初无異色。识真之众,咸共歎惜,白黑送者千有余人。姚兴闻去怅恨,乃谓道恆曰:"佛贤沙门协道来遊,欲宣遗教,缄言未吐,良用深慨。岂可以一言之咎令万夫无导?"因勑令追之。贤谓使曰:"诚知恩旨,无预闻命。"於是率侣宵征,南指庐岳。沙门释慧远久服风名,闻至欣喜,倾盖若旧。远以贤之被擯,过由门人。若悬记五舶,止说在同意,亦於律无犯。乃遣弟子昙邕致书姚主及关中众僧,解其擯事。远乃请出《禅数》诸经。贤志在遊化,居无求安,停山岁许,复西适江陵。遇外国舶主,既而讯访,果是天竺五舶,先所见者也。倾境士庶,竞来礼事。其有奉施,悉皆不受。持钵分卫,不问豪贱。时陈郡袁豹为宋武帝太尉长史。宋武南讨刘毅,豹随府届於江陵。贤将弟子慧观诣豹乞食,豹素不敬信,待之甚薄,未饱辞退。豹曰:"似未足。且复少留。"贤曰:"檀越施心有限,故令所设已罄。"豹即呼左右益饭,饭果尽。豹大惭愧,既而问慧观曰:"此沙门何如人?"观曰:"德量高远,非凡所测。"豹深歎異,以启太尉。太尉请与相见,甚崇敬之,资供备至。俄而太尉还都,请与俱归,安止道场寺。贤仪轨率素,不同华俗,而志韻清远,雅有渊致。京师法师僧弼与沙门寳林书曰："道场禅师，甚有天心，便是天竺王，何风流人也。"其见称如此。先是，沙门支法领於于阗得《华严》前分三万六千偈，未有宣译。到义熙十四年，吴郡内史孟顗、右卫将军褚叔度即请贤为译匠。乃手执梵文，共沙门法业、慧义、慧严等百有余人於道场译出，诠定文旨，会通华梵，妙得经意，故道场寺犹有华严堂焉。又沙门法显於西域所得僧祇律梵本，复请贤译为晋文，语在显传。其先后所出《观佛三昧海》六卷、《泥洹》及《修行方便论》等凡一十五部，一百十有七卷，並究其幽旨，妙尽文意。贤以元嘉六年卒，春秋七十有一矣。

晉河西曇無讖 道进　安阳侯　道普　法盛　法维　僧表

昙无忏，或云昙摩谶，或云昙无谶，盖取梵音不同也。其本中天竺人，六岁遭父忧，随母佣织㲲㲪为业。见沙门达摩耶舍，此云法明，道俗所崇，丰於利养，其母羡之，故以谶为其弟子。十岁，同学数人读咒，聪敏出羣，诵经日得万余言。初学小乘，兼览《五明》诸论，讲说精辩，莫能酬抗。后遇白头禅师，共谶论议，习业既異，交诤十旬。谶虽攻难锋起，而禅师终不肯屈。谶服其精理，乃谓禅师曰："颇有经典，可得见不？"禅师即授以树皮《涅槃经》本。谶寻读惊悟，方自惭恨，以为坎井之识，久迷大方。於是集众悔过，遂专业大乘。至年二十，诵大小乘经二百余万言。谶从兄善能调象骑，杀王所乘白耳大象。王怒诛之，令曰："敢有视者夷三族。"亲属莫敢往者。谶哭而葬之，王怒，欲诛谶。谶曰："王以法故杀之，我以亲而葬之，並不违大义，何为见怒？"傍人为之寒心，其神色自若。王奇其志气，遂留供养之。谶明解呪术，所向皆验，西域号为大呪师。后随王入山，王渴须水，不能得。谶乃密呪石出水，因讚曰："大王惠泽所感，遂使枯石生泉。"隣国闻者，皆歎王德。於时雨泽甚调，百姓称詠。王悦其道术，深加优宠。顷之，王意稍歇，待之渐薄。谶以久处致厌，乃辞往罽宾。齎《大涅槃》前分十卷，並《菩萨戒经》、《菩萨戒本》等。彼国多学小乘，不信《涅槃》，乃東适龜兹。顷之，复进到姑臧，止於传舍。虑失经本，枕之而寝。有人牵之在地，谶惊觉，谓是盗者。如此三夕，闻空中语曰："此如来解脱之藏，何以枕之？"谶乃惭悟，别置高处。夜有盗之者，数过提举，竟不能动。明旦谶持经去，不以为重。盗者见之，谓是圣人，悉来拜谢。时河西王沮渠蒙逊僭据涼土，自称为王。闻谶名，呼与相见，接待甚厚。蒙逊素奉大法，志在弘通，欲请出经本。谶以未参土言，又无传译，恐言舛於理，不许即翻。於是学语三年，方译写《初分》十卷。时沙门惠嵩、道朗独步河西，值其宣出经藏，深相推重，转易梵文，嵩公笔受。道俗数百人，疑难纵横。谶临机释滞，清辩若流，兼富於文藻，辞製华密。嵩朗等更请广出诸经，次译《大集》、《大云》、《悲华》、《地持》、《优婆塞戒》、《金光明》、《海龙王》、《菩萨戒》本等六十余万言。谶以《涅槃经》本品数未足，还外国究寻。值其母亡，遂留岁余。后於于阗更得经本《中分》，复还姑臧译之。后又遣使于阗，寻得后分，於是续译为三十三卷。以伪玄始三年初就翻译，至玄始十年十月二十三日三袠方竟，即宋武永初二年也。谶云："此经梵本三万五千偈，於此方减百万言，今所出者止一万余偈。"谶尝告蒙逊云："有鬼入聚落，必多災疫。"逊不信，欲躬见为验。谶即以术加逊，逊见而骇怖。谶曰："宜洁诚斋戒，神呪驱之。"乃读咒三日，谓逊曰："鬼已去矣。"时境首有见鬼者，云见数百疫鬼，奔骤而逝。境内获安，谶之力也，逊益加敬事。至逊伪承玄二年，蒙逊济河伐乞伏暮末於枹罕，以世子兴国为前驱，为末军所败，兴国擒焉。后乞伏失守，暮末与兴国俱获於赫连勃勃，后为吐谷浑所破，兴國遂为乱兵所杀。逊大怒，谓事佛无应，即欲遣斥沙门。五十已下，皆令罢道。蒙逊先为母造丈六石像，像遂泣涕流泪，谶又格言致谏，逊乃改心而悔焉。时魏虏拓跋焘闻谶有道术，遣使迎请。且告逊曰："若不遣谶，便即加兵。"逊既事谶日久，未忍听去。后又遣伪太常高平公李顺策拜蒙逊为使持节侍中、都督凉州西域诸军事、太傅、骠骑大将军、凉州牧、凉王，加九锡之礼。又命逊曰："闻彼有昙摩谶法师，博通多识，罗什之流，祕呪神验，澄公之匹。朕思欲讲道，可驰驿送之。"逊与李顺讌於新乐门上，逊谓顺曰："西蕃老臣蒙逊，奉事朝廷，不敢违失，而天子信纳佞言，苟见蹙迫，前遣表求留昙无谶，而今使来征索。此是门师，当与之俱死，实不惜残年。人生一死，讵觉几时。"顺曰："王款诚，先著遣爱子入侍。朝廷钦王忠绩，故显嘉殊礼。而王以一胡道人亏山岳之功，不忍一朝之忿，损由来之美，岂朝廷相待之厚。窃为大王不取。主上虚襟之至，弘文所知。"弘文者，逊所遣聘魏之使也。逊曰："太常口美如苏秦，恐情不副辞耳。"逊既吝谶不遣，又迫魏之强。至逊义和三年三月，谶因请西行，更寻《涅槃后分》。逊忿其欲去，乃密图害谶。伪以资粮发遣，厚赠寳货。临发之日，谶乃流涕告众曰："谶业对将至，众圣不能救矣。以本有心誓，义不容停。"比发，逊果遣刺客於路害之，春秋四十九，是岁宋元嘉十年也。黑白远近，咸共嗟焉。既而逊左右常白日见鬼神，以剑击逊。至四月，逊寝疾而亡。初，谶在姑臧，有张掖沙门道进欲从谶受《菩萨戒》。谶云："且悔过。"乃竭诚七日七夜。至第八日，诣谶求受，谶忽大怒。进更思惟，但是我业障未消耳。乃勠力三年，且禅且定，即於定中见释迦文佛，与诸大士授已戒法。其夕同止十余人，皆感梦如进所见。进欲诣谶说之，未至数十步，谶惊起，唱言："善哉善哉！已感戒矣，吾当更为汝作证。"次第於佛像前，为说戒相。时沙门道朗，振誉关西，当进感戒之夕，朗亦通梦。乃自卑戒腊，求为法弟。於是从进受者千有余人。传授此法，迄至於今，皆谶之余则。有别记云，《菩萨地持经》应是伊波勒菩萨传来此土，后果是谶所传译。疑谶或非凡也。蒙逊有从弟沮渠安阳侯者，为人强志疏通，涉猎书记。因谶入河西，弘阐佛法，安阳乃锐意内典，奉持五禁。所读众经，即能讽诵。常以为务学多闻，大士之盛业。少时，尝度流沙至于阗国，於瞿摩帝大寺遇天竺法师佛驮斯那，谘问道义。故西方诸国号为人中师子。安阳从受《禅秘要治病经》。因其梵本，口诵通利。既而東归，於高昌得《观世音》、《弥勒二观经》各一卷。及还河西，即译出《禅要》，转为晋文。及伪魏吞併西凉，乃南奔於宋，晦志卑身，不交世务。常遊止塔寺，以居士自卑。初出《弥勒》、《观音二观经》，丹阳尹孟顗见而善之，深加赏接。后竹园寺慧濬尼复请出《禅经》。安阳既通习积久，临笔无滞，旬有七日，出为五卷。顷之，又於锺山定林寺译出《佛母泥洹经》一卷。安阳居绝妻孥，无欲荣利，从容法侣，宣通正法。是以黑白咸敬而嘉焉。后遘疾而终。谶所出诸经，至元嘉中方传建业。道场慧观法师志欲重寻《涅槃后分》，乃启宋太祖资给，遣沙门道普将书吏十人西行寻经。至长广郡，舶破伤足，因疾而卒。道普临终歎曰："《涅槃后分》与宋地无缘矣。"普本高昌人，经遊西域，徧历诸国。供养尊影，顶载佛钵，四塔道树，足跡形像，无不瞻覩。善能梵书，备诸国语。遊履異域，别有大传。时高昌后有沙门法盛，亦经往外国，立传凡有四卷。又有竺法维、释僧表並经往佛国云。

（卷二《译经》中）

宋江陵辛寺釋法顯

释法显，姓龚，平阳人。有三兄，並齠亂而亡。其父恐祸及显，三岁便度为沙弥。居家数年，病笃欲死，因送还寺。住信宿便差，不肯复归。其母欲见之不得，为立小屋於门外，以拟去来。十岁遭父忧，叔父以其母寡独不立，逼使还俗。显曰："本不以有父而出家也，正欲远尘离俗，故入道耳。"叔父善其言，乃止。顷之母丧。至性过人，葬事毕，仍即还寺。尝与同学数十人于田中刈稻，时有饥贼欲夺其穀，诸沙弥悉奔走，唯显独留。语贼曰："若欲须穀，随意所取。但君等昔不布施，故致饥贫。今复夺人，恐来世弥甚，贫道预为君㥨耳。"言讫即还，贼棄穀而去，众僧数百人莫不歎服。及受大戒，志行明敏，仪轨整肃。常慨经律舛阙，誓志寻求。以晋隆安三年与同学慧景、道整、慧应、慧嵬等发自长安，西度流沙。上无飞鸟，下无走兽，四顾茫茫，莫测所之。唯视日以准東西，人骨以标行路耳。屡有热风恶鬼，遇之必死。显任缘委命，直过险难。有顷，至葱岭。岭冬夏积雪，有恶龙吐毒，风雨沙砾，山路艰危，壁立千仞。昔有凿石通路，傍施梯道，凡度七百余所。又蹑悬絙过河数十余处，皆汉之张骞、甘英所不至也。次度小雪山，遇寒风暴起，慧景噤战，不能前，语显曰："吾其死矣。卿可前去，勿得俱殒。"言绝而卒。显抚之泣曰："本图不果，命也奈何！"复自力孤行，遂过山险。凡所经历三十余国。将至天竺，去王舍城三十余里，有一寺，逼冥过之。显欲诣耆闍崛山，寺僧谏曰："路甚艰嶮阻，且多黑师子，亟经噉人，何由可至？"显曰："远涉数万，誓到灵鹫。身命不期，出息非保，岂可使积年之诚既至而废耶？虽有险难，吾不惧也。"众莫能止，乃遣两僧送之。显既至山，日将曛夕，遂欲停宿。两僧危惧，舍之而还。显独留山中，烧香礼拜，翘感旧跡，如覩圣仪。至夜，有三黑师子来蹲显前，舐脣摇尾。显诵经不辍，一心念佛。师子乃低头下尾，伏显足前。显以手摩之，呪曰："若欲相害，待我诵竟。若见试者，可便退矣。"师子良久乃去。明晨还返，路穷幽梗，止有一径通行。未至里余，忽逢一道人，年可九十，容服粗素，而神气儁远。显虽觉其韻高，而不悟是神人。后又逢一少僧，显问曰："向耆年是谁耶？"答云："头陀迦叶大弟子也。"显方大惋恨。更追至山所，有横石塞於室口，遂不得入，显流涕而去。进至迦施国，国有白耳龙，每与众僧约，令国内丰熟，皆有信效。沙门为起龙舍，並设福食。每至夏坐讫，龙辄化作一小蛇，两耳悉白。众皆咸识是龙，以铜盂盛酪，置龙於中。行上座至下，行之徧乃化去。年辄一出，显亦亲见。后至中天竺，於摩竭提波连弗邑，阿育王塔南天王寺得《摩诃僧祇律》，又得《萨婆多律》，抄《杂阿毗昙心綖经》、《方等泥洹经》等。显留三年，学梵语梵书，方躬自书写。於是持经像寄附商客，到师子国。显同旅十余，或留或亡，顾影唯己，常怀悲慨。忽於玉像前见商人以晋地一白团扇供养，不觉悽然下淚。停二年，复得《弥沙塞律》、长、杂二《含》及《杂藏》，並汉土所无。既而附商人大舶循海而还。舶有二百许人，值暴风水，众皆惶惧，即取杂物弃之。显恐弃其经像，唯一心念观世音及归命汉土众僧。舶任风而去，得无伤坏。经十余日，达耶婆提国。停五月，复随他商東适广州。举帆二十余日，夜忽大风，合舶震惧。众咸议曰："坐载此沙门，使我等狼狈。不可以一人故令一众俱亡。"共欲推之。法显檀越厉声呵商人曰："汝若下此沙门，亦应下我。不尔，便当见杀。汉地帝王奉佛敬僧，我至彼告王，必当罪汝。"商人相视失色，僶俛而止。既水尽粮竭，唯任风随流。忽至岸，见藜藿菜依然，知是汉地。但未测何方，即乘船入浦寻村。见猎者二人，显问："此是何地耶？"猎者曰："此是青州长广郡牢山南岸。"猎者还，以告太守李嶷。嶷素敬信，忽闻沙门远至，躬自迎劳。显持经像随还。顷之欲南归，青州刺史请留过冬。显日："贫道投身於不反之地，志在弘通。所期未果，不得久停。”遂南造京师，就外国禅师佛驮跋陀於道场寺译出《摩诃僧祇律》、《方等泥洹经》、《杂阿毗昙心论》，垂有百余万言。显既出《大泥洹经》，流布教化，咸使见闻。有一家，失其姓名，居近朱雀门，世奉正化，自写一部，读诵供养。无别经室，与杂书共屋。后风火忽起，延及其家。资物皆尽，唯《泥洹经》俨然具存。煨烬不侵，卷色无改。京师共传，咸歎神妙。其余经律未译。后至荆州，卒於辛寺，春秋八十有六，众咸恸惜。其遊履诸国，别有大传焉。

宋黄龍釋曇無竭

释昙无竭，此云法勇，姓李，幽州黄龙人。幼为沙弥，便修苦行，持戒诵经，为师僧所重。尝闻法显等躬践佛国，乃慨然有忘身之誓。遂以宋永初元年招集同志沙门僧猛、昙朗之徒二十五人，共齎旛盖供养之具，发跡此土，远适西方。初至河南国，仍出海西郡，进入流沙，到高昌郡。经历龜兹、沙勒诸国，登葱岭，度雪山，障气千重，层冰万里。下有大江，流急若箭，於東西两山之脇繫索为桥，十人一过，到彼崖已，举煙为帜。后人见煙，知前已度，方得更进；若久不见煙，则知暴风吹索，人堕江中。行经三日，复过大雪山，悬崖壁立，无安足处。石壁皆有故杙孔，处处相对。人各执四杙，先拔下杙，右手攀上杙，展转相攀，经三日方过。及到平地相待，料检同侣，失十二人。进至罽宾国，礼拜佛钵。停岁余，学梵书梵语，求得《观世音受记经》梵文一部。复西行至辛头那提河，汉言师子口。缘河西入月氏国，礼拜佛肉髻骨，及覩自沸水船。后至檀特山南石留寺，住僧三百余人，杂三乘学。无竭停此寺受大戒。天竺禅师佛驮多罗，此云觉救，彼方咸云已证圣果。无竭请为和尚，汉沙门志定为阿闍梨。停夏坐三月日，复行向中天竺界。路既空旷，唯齎石蜜为粮。同侣而有十三人，八人於路並死，余五人同行。无竭虽屡经危棘，而繫念所齎《观世音经》，未尝暂废。将至舍卫国，中野逢山象一羣。无竭称名归命，即有师子从林中出，象惊惶奔走。后度恆河，复值野牛一羣鸣吼而来，将欲害人。无竭归命如初，寻有大鹫飞来，野牛惊散，遂得免之。其诚心所感，在险克济，皆此类也。后於南天竺随舶汎海达广州，所历事蹟，别有记传。其所译出《观世音受记经》，今传於京师，后不知所终。

宋建康龍光寺佛馱什

佛驮什，此云觉寿，罽宾人。少受业於弥沙塞部僧，专精律品，兼达禅要，以宋景平元年七月届於扬州。先沙门法显於师子国得《弥沙塞律》梵本，未及翻译而法显迁化。京邑诸僧闻什既善此学，於是请令出焉。以其年冬十一月集於龙光寺，译为三十四卷，称为《五分律》。什执梵文，于阗沙门智胜为译，龙光道生、東安慧严共执笔参正，宋侍中琅琊王练为檀越，至明年四月方竟。仍於大部抄出《戒心》及《羯磨文》等，並行於世。什后不知所终。

宋河西浮陀跋摩

浮陀跋摩，此云觉铠，西域人也。幼而履操明直，聪悟出羣。习学三岁，偏善《毗婆沙论》，常诵持此部以为心要。宋元嘉之中，达於西凉。先，有沙门道泰，志用强倮，少遊葱右，偏历诸国，得《毗婆沙》梵本十有万偈。还至姑臧，侧席虚襟，企待明匠。闻跋摩遊心此论，请为翻译。时蒙逊已死，子牧犍袭位。以犍承和五年岁次丁丑四月八日，即宋元嘉十四年，於凉州城内闲豫宫中请跋摩译焉。泰即笔受，沙门慧嵩、道朗与义学僧三百余人考正文义，再周方讫，凡一百卷。沙门道挺为之作序。有顷，魏虏拓跋焘西伐姑臧，凉土崩乱，经书什物皆被焚荡，遂失四十卷，今唯有六十卷存焉。跋摩避乱西反，不知所终。

宋京師枳園寺釋智嚴

释智严，西凉州人。弱冠出家，便以精勤著名。纳衣宴坐，蔬食永岁。每以本域丘墟，志欲博事名师，广求经诰。遂周流西国，进到罽宾。入摩天陀罗精舍，从佛驮先比丘谘受禅法，渐染三年，功踰十载。佛驮先见其禅思有绪，特深器異。彼诸道俗闻而歎曰："秦地乃有求道沙门矣。"始不轻秦类，敬接远人。时有佛驮跋陀比丘。亦是彼国禅匠。严乃要请東归，欲令传法中土。跋陀嘉其恳至，遂共東行。於是踰越沙险，达至关中。常依随跋陀，止长安大寺。顷之，跋陀横为秦僧所擯，严亦分散，憩於山東精舍，坐禅诵经，励力精学。晉义熙十三年，宋武帝西伐长安，克捷旋旆，途出山東。时始兴公王恢从驾遊观山川，至严精舍，见其同止三僧，各坐绳床，禅思湛然。恢至，良久不觉，於是弹指。三人开眼，俄而还闭，问不与言。恢心敬精奇，访诸耆老，皆云："此三僧隐居求志，高洁法师也。"恢即启宋武，延请还都，莫肯行者。既屡请恳至，二人推严随行。恢怀道素笃，礼事甚殷。还都，即住始兴寺。严性虚静，志避喧尘。恢乃为於東郊之际更起精舍，即枳园寺也。严前还於西域所得梵本众经未及译写。到元嘉四年，乃共沙门寶云译出《普曜》、《广博严淨》、《四天王》等经。严在寺，不受别请。常分卫自资，道化所被，幽显咸伏。有见鬼者，云见西州太社，闻鬼相语，"严公至，当辟易。"此人未之解。俄而严至，聊问姓字，果称智严，默而识之，密加礼異。仪同兰陵萧思话妇刘氏疾病，恒见鬼来，吁呵骇畏。时迎严说法，严始到外堂，刘氏便见羣鬼迸散。严既进，为夫人说经，疾以之瘳。因禀五戒，一门宗奉。严清素寡欲，随受随施。少而遊方，无所滞著。禀性冲退，不自陈叙，故虽多美行，世无得而尽传。严昔未出家时，尝受五戒，有所亏犯。后入道受具足，常疑不得戒，每以为惧。积年禅观而不能自了，遂更汎海，重到天竺，谘诸明达。值罗汉比丘，具以事问罗汉。罗汉不敢判决，乃为严入定，往兜率宫谘弥勒。弥勒答云得戒。严大喜，於是步归。至罽宾，无疾而化，时年七十八。彼国法，凡圣烧身之处，各有其所。严虽戒操高明，而实行未辨。始移尸向凡僧墓地，而尸重不起。改向圣墓，则飘然自轻。严弟子智羽、智远故从西来，报此征瑞，俱还外国。以此推严，信是得道人也。但未知果向中间深浅耳。

宋六合山釋寶雲

释寳云，未详氏族，传云凉州人。少出家，精勤有学行，志韻刚洁，不偶於世，故少以方直纯素为名。而求法恳恻，忘身徇道。志欲躬覩灵跡，广寻经要，遂以晋隆安之初远适西域，与法显、智严先后相随。涉履流沙，登踰雪岭，勤苦艰危，不以为难。遂历于阗、天竺诸国，备覩灵異。乃经罗刹之野，闻天鼓之音。释迦影跡，多所瞻礼。云在外域，徧学梵书。天竺诸国音字诂训，悉皆备解。后还长安，随禅师佛驮跋陀业禅师进道。俄而禅师横为秦僧所擯，徒众悉同其咎，云亦奔散。会庐山释慧远解其擯事，共归京师，安止道场寺。众僧以云志力坚猛，弘道绝域，莫不披襟谘问，敬而爱焉。云译出《新无量寿》。晚出诸经，多云所治定。华梵兼通，音训允正。云之所定，众咸信服。初，关中沙门竺佛念善於宣译，于苻、姚二代显出众经。江左译梵，莫逾於云。故於晋宋之际，弘通法藏，沙门慧观等咸友而善之。云性好幽居，以保闲寂，遂适六合山寺，译出《佛本行赞经》。

山多荒民，俗好草窃。云说法教诱，多有改悟。礼事供养，十室而九。顷之，道场慧观临亡，请云还都总理事任，云不得已而还。居道场岁许，复更还六合。以元嘉二十六年终於山寺，春秋七十有四。其遊履外国，别有记传。

宋京師祇洹寺求那跋摩

求那跋摩，此云功德铠，本刹利种，累世为王，治在罽宾国。祖父呵梨跋陀，此言师子贤，以刚直被徙。父僧伽阿难，此言众喜，因潜隐山泽。跋摩年十四便机见儁达，深有远度，仁爱汎博，崇德务善。其母尝须野肉，令跋摩办之。跋摩启曰："有命之类，莫不贪生。夭彼之命，非仁人矣。"母怒曰："设令得罪，吾当代汝。"跋摩他日煮油，误浇其指，因谓母曰："代儿忍痛。"母曰："痛在汝身，吾何能代？"跋摩曰："眼前之苦尚不能代，況三途耶？"母乃悔悟，终身断杀。至年十八，相工见而谓曰："君年三十当抚临大国，南面称尊。若不乐世荣，当获圣果。"至年二十，出家受戒，洞明九部，博晓四《含》。诵经百余万言，深达律品、妙入禅要，时人号曰三藏法师。至年三十，罽宾国王薨，绝无绍嗣。众咸议曰："跋摩帝室之胤，又才明德重，可请令还俗，以绍国位。"羣臣数百，再三固请。跋摩不纳，乃辞师违众，林棲谷饮，孤行山野，遁跡人世。后到师子国观风弘教，识真之众咸谓已得初果，仪形感物，见者发心。后至闍婆国。初未至一日，闍婆王母夜梦见一道士飞舶入国，明旦果是跋摩来至。王母敬以圣礼，从受五戒。母因劝王曰："宿世因缘，得为母子。我已受戒，而汝不信，恐后生之因，永绝今果。"王迫以母勅，即奉命受戒。渐染既久，专精稍笃。顷之，鄰兵犯境，王谓跋摩曰："外贼恃力，欲见侵侮。若与鬬战，伤杀必多。如其不拒，危亡将至。今唯归命师尊，不知何计？"跋摩曰："暴寇相攻，宜须禦捍。但当起慈悲心,勿兴害念耳。”王自领兵拟之。旗鼓始交,贼便退散。王遇流矢伤脚,跋摩为呪水洗之,信宿平复。王恭信稍殷,乃欲出家修道。因告羣臣曰:“吾欲躬棲法门,卿等可更择明主。”羣臣皆拜伏劝请曰:“王若舍国,则子民无依。且敌国兇强,恃嶮相对。如失恩覆,则黔首奚处?大王天慈,宁不愍命?敢以死请,伸其悃愊。”王不忍固违,乃就羣臣请三愿,若许者当留治国。一愿凡所王境同奉和尚,二愿尽所治内一切断杀,三愿所有储财赈给贫病。羣臣欢喜,佥然敬诺。於是一国皆从受戒。王后为跋摩立精舍,躬自琢材,伤王脚指。跋摩又为呪治,有顷平复。道化之声播於遐迩,隣国闻风,皆遣使要请。时京师名德沙门慧观、慧聪等远挹风猷,思欲餐禀,以元嘉元年九月面启文帝,求迎请跋摩。帝即勑交州刺史,令泛舶延致。观等又遣沙门法长、道冲、道儁等往彼祈请,並致书於跋摩及闍婆王婆多伽等,必希顾临宋境,流行道教。跋摩以圣化宜广,不惮遊方,先已随商人竺难提舶欲向一小国。会值便风,遂至广州。故其遗文云:“业行,风所吹,遂至於宋境。”此之谓也。文帝知跋摩已至南海,於是复敕州郡,令资发下京,路由始兴,经停岁许。始兴有虎市山,仪形耸崻,峰岭高绝,跋摩谓其髣髴耆闍,乃改名灵鹫,於山寺之外,别立禅室,去寺数里,磬音不闻。每至鸣椎,跋摩已至,或冒雨不沾,或履泥不汙,时众道俗莫不肃然增敬。时有寳月殿,跋摩於殿北壁手自画作罗云像及定光儒童布髮之形。像成之后,每夕放光,久之乃歇。始兴太守蔡茂之深加敬仰。后茂之将死,跋摩躬自往视,说法安慰。后家人梦见茂之在寺中与众僧讲法,实由跋摩化导之力也。此山本多虎災,自跋摩居之,昼行夜往,或时值虎,以杖按头,抒之而去。於是山旅水宾,去来无梗,感德归化者,十有七八焉。跋摩尝於别室坐禅,累日不出。寺僧遣沙弥往候之,见一白狮子缘柱而立，亘室弥漫生青莲华。沙弥惊恐大呼，往逐狮子，豁无所见。其灵異无方，类多如此。后文帝重勑观等复更敦请，乃汎舟下都，以宋元嘉八年正月达於建业。文帝引见，劳问慇懃，因又言曰："弟子常欲持齋不杀，迫以身徇物，不获从志。法师既不远万里来化此国，将何以教之？"跋摩曰："夫道在心不在事，法由己非由人。且帝王与匹夫所修各異。匹夫身贱名劣，言令不威，若不尅己苦躬，将何为用？帝王以四海为家，万民为子，出一嘉言，则士庶咸悦；布一善政，则人神以和。刑不夭命，役无劳力，则使风雨适时，寒暖应节，百穀滋繁，桑麻欝茂。如此持斋亦大矣，不杀亦众矣。宁在阙半日之餐，全一禽之命，然后方为弘济耶？"帝乃抚几歎曰："夫俗人迷於远理，沙门滞於近教。迷远理者，谓至道虚说。滞近教者，则拘恋篇章。至如法师所言，真谓开悟明达，可与言论天人之际矣。"乃勑往祇洹寺，供给隆厚。王公英彦，莫不宗奉。俄而於寺开讲《法华》及《十地》。法席之日，轩盖盈衢，观瞩往还，肩随踵接。跋摩神府自然，妙辩天逸，或时假译人，而往复悬悟。后祇洹慧义请出《菩萨善戒》，始得二十八品。后弟子代出二品，成三十品。未及缮写，失序品及戒品，故今犹有两本，或称《菩萨戒地》。初，元嘉三年，徐州刺史王仲德於彭城请外国伊叶波罗译出《杂心》，至择品而缘碍，遂辍。至是更请跋摩译出后品，足成十三卷，並先所出四分《羯磨》、《优婆塞五戒略论》、《优婆塞二十四戒》等，凡二十六卷，並文义详允，梵汉弗差。时景福寺尼慧果、淨音等共请跋摩云："去六年有师子国八尼至京，云宋地先未经有尼，那得二众受戒，恐戒品不全。"跋摩云："戒法本在大僧众发，设不本事，无妨得戒，如爱道之缘。"诸尼又恐年月不满，苦欲更受。跋摩称云："善哉。苟欲增明，甚助随喜。但西国尼年腊未登，又十人不满，且分学宋语。别因西域居士，更请外国尼来，足满十数。”其年夏，在定林下寺安居。时有信者，採华布席，唯跋摩所坐，华彩更鲜，众咸崇以圣礼。夏竟，还祇洹。其年九月二十八日，中食未毕，先起还阁，其弟子后至，奄然已终，春秋六十有五。未终之前，预告遗文偈颂三十六行。自说因缘，云已证二果。手自对缄，付弟子阿沙罗云：“我终后，可以此文还示天竺僧，亦可示此境僧也。”既终之后，即扶坐绳牀，颜貌不異，似若入定。道俗赴者千有余人，並闻香气芬烈。咸见一物，状若龙蛇，可长一匹许，起於尸侧，直上冲天，莫能諳者。即於南林戒坛前依外国法闍毗[①]之。四部鳞集，香薪成积，灌之香油，以烧遗阴，五色焰起，氛氲丽空。是时天景澄朗，道俗哀歎。仍於其处起白塔，欲重受戒诸尼，悲泣望断，不能自胜。初，跋摩至京，文帝欲重受菩萨戒，会虏寇侵疆，未及谘禀，奄而迁化。以本意不遂伤恨弥深，乃令众僧译出其遗文云：

① 闍毗，梵语 jhāpita 之音译，亦译为闍维、荼毗。意即焚烧、火化。

前顶礼三竇，淨戒诸上座，浊世多谄曲，虚僞无诚信。
愚惑不识真，怀嫉轻有德，是以诸贤圣，现世晦其跡。
我求那跋摩，命行尽时至，所获善功德，今当如实说。
不以谄曲心，希有求名利，为劝众懈怠，增长诸佛法。
大法力如是，仁者咸谛听，我昔旷野中，初观於死屍。
膖胀虫烂坏，臭秽脓血流，繫心缘彼处，此身性如是。
常见此身相，贪蛾不畏火，如是无量种，修习死屍观。
放舍余闻思，依止林树间，是夜专精进，正观常不忘。
境界恆在前，犹如对明镜，如彼我亦然，由是心寂靜。
轻身极明淨，清凉止是乐，增长大欢喜，则生无著心。
变成骨锁相，白骨现在前，朽坏肢节离，白骨悉磨灭。
无垢智炽然，调伏思法相，我时得如是，身安极柔濡。

如是方便修，胜进转增长，微尘念念灭，坏色正念法。
是则身究竟，何缘起贪欲，知因诸受生，如鱼贪鉤饵。
彼受无量坏，念念观磨灭，知彼所依处，从心猨猴起。
业及业报果，依缘念念灭，心所知种种，是名别相法。
是则思慧念，次第满足修，观种种法相，其心转明了。
我於尔炎中，明见四念处，律行从是竟，摄心缘中住。
苦如炽然剑，斯由渴爱转，爱尽般涅槃，普见彼三界。
死炎所炽然，形体极消瘦，喜息乐方便，身还渐充满。
胜妙众相生，顶忍亦如是，是於我心起，真实正方便。
渐渐略境界，寂灭乐增长，得世第一法，一念缘真谛。
次第法忍生，是谓无漏道，忘想及诸境，名字悉远离。
境界真谛义，除恼获清凉，成就三昧毕，离垢清凉缘。
不涌亦不没，淨慧如明月，湛然正安住，纯一寂灭相。
非我所宣说，唯佛能证知，那波阿毗昙，说五因缘果。
实义知修行，名者莫能见，诸论各異端，修行理无二。
偏执有是非，达者无违诤，修行众妙相，今我不宣说。
惧人起妄想，诳惑诸世间，於彼修利相，我已说少分。
若彼明智者，善知此缘起，摩罗婆国界，始得初圣果。
阿兰若山寺，道跡修远离，后於师子国，村名劫波利。
进修得二果，是名斯陀含，从是名留难，障修离欲道。
见我修远离，知是处空闲，咸生希有心，利养竞来集。
我见如火毒，心生大厌离，避乱浮於海，闍婆及林邑。
业行风所飘，随缘之宋境，於是诸国中，随力兴佛法。
无问所应问，谛实真实观，今此身灭尽，寂若灯火灭。

宋京師奉誠寺僧伽跋摩

僧伽跋摩，此云众铠，天竺人也。少而棄俗，清峻有戒德。

善解律藏，尤精《杂心》。以宋元嘉十年步自流沙，至於京邑。器宇宏肃，道俗敬異，咸宗事之，号曰三藏法师。初，景平元年，平陆令许桑舍宅建刹，因名平陆寺。后道场慧观以跋摩道行纯备，请住此寺，崇其供养，以表厥德。跋摩共观加塔三层，今之奉诚是也。跋摩行道讽诵，日夜不辍。僧众归集，道化流布。初，三藏法师明於戒品，将为景福寺尼慧果等重受具戒。是时二众未备，而三藏迁化。俄而师子国比丘尼铁萨罗等至都，众乃请跋摩为师，继轨三藏。时祇洹慧义擅步京邑，谓为矫異，执志不同，亲与跋摩拒论翻覆。跋摩标宗显法，理证明允，既德有所归，义遂迴刚，靡然推伏。令弟子慧基等服膺供事，僧尼受者数百许人。宋彭城王义康崇其戒范，广设斋供，四众殷盛，倾於京邑。慧观等以跋摩妙解《杂心》，讽诵通利。先三藏虽译，未及缮写，即以其年九月於长干寺招集学士，更请出焉。賓云译语，观自笔受，考覈研校，一周乃讫。续出《摩得勒伽》、《分别业报略》、《劝发诸王要偈》及《请圣僧浴文》等，跋摩遊化为志，不滞一方。既传经事讫，辞还本国，众咸祈止，莫之能留。元嘉十九年随西域贾人舶还外国，莫详其终。

宋上定林寺曇摩蜜多

昙摩蜜多，此云法秀，罽宾人也。年至七岁，神明澄正。每见法事，辄自然欣跃。其亲爱而異之，遂令出家。罽宾多出圣达，屡值明师，博贯羣经，特深禅法。所得之要，皆极其微奥。为人沈邃有慧解，仪轨详正，生而连眉，故世号连眉禅师。少好遊方，誓志宣化，周历诸国，遂适龜兹。未至一日，王梦神告王曰："有大福德人明当入国，汝应供养。"明旦，即敕外司，若有異人入境，必驰奏闻。俄而蜜多果至，王自郊迎。乃请入宫，遂从禀戒，尽四事之礼。蜜多安而能迁，不拘利养。居数载，蜜有去心。

神又降梦曰:“福德人舍王去矣。”王惕然惊觉。既而君臣固留,莫之能止。遂度流沙,进到燉煌。於闲旷之地建立精舍,植柰千株,开园百亩。房阁池林,极为严淨。顷之,复适涼州。仍於公府旧寺,更葺堂宇。学徒济济,禅业甚盛。常以江右王畿,志欲传法。以宋元嘉元年展转至蜀。俄而出峡,停止荆州,於长沙寺造立禅阁。翘诚恳恻,祈请舍利。旬日有余,遂感一枚,冲器出声,放光满室。门徒道俗,莫不更增勇猛,人百其心。顷之,沿流東下,至於京师。初止中兴寺,晚憩祇洹。蜜多道声素著,化洽连邦。至京甫尔,倾都礼讯。自宋文袁皇后及皇太子、公主,莫不设斋桂宫,请戒椒掖。参候之使,旬日相望。即於祇洹寺译出《禅经》、《禅法要》、《普贤观》、《虚空藏观》等。常以禅道教授,或千里谘受,四辈远近,皆号大禅师。会稽太守平昌孟顗深信正法,以三寳为己任,素好禅味,敬心殷重。及临浙右,请与同遊。乃於鄮县之山建立塔寺。東境旧俗,多趋巫祝,及妙化所移,比屋归正。自西徂東,无思不服。元嘉十年还都,止锺山定林下寺。蜜多天性凝静,雅爱山水。以为锺山镇岳,埒美嵩华。常歎下寺基构,临涧低侧。於是乘高相地,揆卜山势,以元嘉十二年斩木刊石,营建上寺。士庶钦风,献奉稠疊,禅房殿宇,郁尔层构。於是息心之众,万里来集,讽诵肃邕,望风成化。定林达禅师即神足弟子,弘其风教,声震道俗。故能淨化久而莫渝,胜业崇而弗替,盖蜜多之遗烈也。爰自西域,至於南土,凡所遊履,靡不兴造檀会,敷陈教法。初,蜜多之发罽宾也,有迦毗罗神王卫送,遂至龜兹。於中路欲反,乃现形告辞蜜多曰:“汝神力通变,自在遊处,将不相随共往南方。”语毕,即收影不现。遂远从至都,即於上寺图像著壁。迄至於今,犹有声影之验。洁诚祈福,莫不享愿。以元嘉十九年七月六日卒於上寺,春秋八十有七。道俗四众,行哭相趋,仍葬於锺山宋熙寺前。

宋京兆釋智猛

释智猛，雍州京兆新丰人。禀行端明，厉行清白。少袭法服，修业专至，讽诵之声，以夜继日。每闻外国道人说天竺国土有释迦遗跡及方等众经，常慨然有感，驰心遐外，以为万里咫尺，千载可追也。遂以伪秦弘始六年甲辰之岁招结同志沙门十有五人，发跡长安。渡河跨谷三十六所，至凉州城。出自阳关，西入流沙，陵危度险，有过前倍。遂历鄯善、龜兹、于闐诸国，备瞩风化。从于闐西南行二千里，始登葱岭，而九人退还。猛与余伴进行千七百里，至波沦国。同侣竺道嵩又复无常，将欲闍毗，忽失屍所在。猛悲歎惊異，於是自力而前，与余四人共度雪山。渡辛头河，到罽宾国。国有五百罗汉，常往阿耨达池。有大德罗汉见猛至欢喜。猛谘问方土，为说四天下事，具在《猛传》。猛於奇沙国见佛文石唾壶。又於此国见佛钵，光色紫绀，四际画然。猛香华供养，顶戴发愿："钵若有应，能轻能重。"既而转重，力遂不堪。及下案时，复不觉重。其道心所应如此。复西南行千三百里至迦惟罗卫国，见佛髮、佛牙及肉髻骨，佛影佛跡，炳然具存。又覩泥洹坚固之林，降魔菩提之树。猛喜心内充，设供一日，兼以賓盖大衣覆降魔像。其所遊践，究观灵变，天梯龙池之事，不可胜数。后至华氏国阿育王旧都，有大智婆罗门名罗阅，家举族弘法，王所钦重，造纯银塔高三丈。既见猛至，乃问："秦地有大乘学不？"猛答悉大乘学。罗阅惊歎曰："希有希有，将非菩萨往化耶？"猛於其家得《大泥洹》梵本一部，又得《僧祇律》一部及余经梵本，誓愿流通，於是便反。以甲子岁发天竺。同行三伴，於路无常，唯猛与昙纂俱还。於凉州出《泥洹》本，得二十卷。以元嘉十四年入蜀，十六年七月造传，记所遊历。元嘉末卒於成都。余历寻遊方沙门，记列道路，时或不同，佛钵顶骨处亦乖爽。将知遊往天竺，非止一路，顶钵灵跡，时届異土。故传述见闻，难以例也。

宋京師道林寺畺良耶舍僧伽达多　僧伽罗多哆

畺良耶舍，此云时称，西域人。……善诵《阿毗昙》，博涉律部。其余诸经多所该综。虽三藏兼明，而以禅门专业。每一禅观，或七日不起。常以三昧正受，传化诸国。以元嘉之初远冒沙河，萃於京邑。太祖文皇帝深加歎異。初，止锺山道林精舍。沙门寳誌崇其禅法。沙门僧含请译《药王药上观》及《无量寿观》，含即笔受。以此二经是转障之祕术，淨土之洪因，故沈吟嗟味，流通宋国。……后移憩江陵。元嘉十九年西遊岷蜀。……后还，卒於江陵，春秋六十矣。时又有天竺沙门僧伽达多、僧伽罗多哆等，並禅学深明，来遊宋境。达多尝在山中坐禅，日时将迫，念欲虚斋。乃有羣鸟衔果，飞来授之。达多思惟，猕猴奉蜜，佛亦受而食之，今飞鸟授食，何为不可？於是受而进之。元嘉十八年夏，受临川康王请，於广陵结居。后终於建业。僧伽罗多哆，此云众济，以宋景平之末来至京师。乞食人间，宴坐林下，养素幽闲，不涉当世。以元嘉十年卜居锺阜之阳。剪棘开榛，造立精舍，即宋熙是也。

宋京師中興寺求那跋陀羅阿那摩低

求那跋陀罗，此云功德贤，中天竺人。以大乘学，故世号摩诃衍。本婆罗门种。幼学《五明》诸论，天文书算，医方呪术，靡不该博。后遇见《阿毗昙杂心》，寻读惊悟。乃深崇佛法焉。其家世外道，禁绝沙门，乃舍家潜遁，远求师范，即投簪落鬒，专精志学。及受具戒，博通三藏。为人慈和恭恪，事师尽礼。顷之，辞小乘师，进学大乘。大乘师试令探取经匣，即得《大品华严》。师嘉而歎曰："汝於大乘有重缘矣。"於是读诵讲宣，莫能詶抗。进受《菩萨戒法》。乃奉书父母，劝归正法，曰："若专守外道，则虽还无益；若归信三寳，则长得相见。"其父感其言至，遂棄邪从正。跋陀前到师子诸国，皆传送资供，既有缘東方，乃随舶泛海。中途风止，淡水复竭，举舶忧惶。跋陀曰："可同心並力，念十方佛，称观世音，何往不感！"乃密诵呪经，恳到礼忏。俄而信风暴至，密云降雨，一舶蒙济，其诚感如此。元嘉十二年至广州，刺史车朗表闻。宋太祖遣使迎接。既至京都，勑名僧慧严、慧观於新亭慰劳。见其神情朗彻，莫不虔仰，虽因译交言，而欣若倾盖。初住祇洹寺，俄而太祖延请，深加崇敬。瑯琊颜延之通才硕学，束带造门，於是京师远近，冠盖相望。大将军彭城王义康、丞相南谯王义宣並师事焉。顷之，众僧共请出经。於祇洹寺集义学诸僧，译出《杂阿含经》，東安寺出《法鼓经》，后於丹阳郡译出《胜鬘楞伽经》。徒众七百余人，寳云传译，慧观执笔，往复谘析，妙得本旨。后谯王镇荆州，请与俱行。安止辛寺，更创房殿，即於辛寺出无忧王《过去现在因果经》一卷，《无量寿》一卷，《泥洹》、《央掘魔》、《相续解脱波罗蜜了义》、《现在佛名经》三卷，《第一义》、《五相略》、《八吉祥》等诸经，並前所出，凡百余卷，常令弟子法勇传译度语。谯王欲请讲《华严》等经，而跋陀自忖未善宋言，有怀愧歎。即旦夕礼忏，请观世音，乞求冥应。遂梦有人白服持剑，擎一人首来至其前曰："何故忧耶？"跋陀具以事对。答曰："无所多忧。"即以剑易首，更安新头，语令迴转。曰："得无痛耶？"答曰："不痛。"豁然便觉，心神喜悦。旦起，语义皆通，备领宋言，於是就讲。元嘉将末，谯王屡有怪梦。跋陀答云："京都将有祸乱。"未及一年，元兇构逆。及孝建之初，谯王阴谋逆节，跋陀颜容忧惨。未及发言，谯王问其故。跋陀谏诤恳切，乃流涕而出曰："必无所冀。贫道不容扈从。"谯王以其物情所信，乃逼与俱下。梁山之败，火舰转迫，去岸悬远，判无全济。唯一心称观世音，手捉筇竹杖，投身江中。水齐至膝，以杖刺水，水流深驶。见一童子寻后而至，以手牵之，顾谓童子："汝小儿，何能度我？"恍忽之间，觉行十余步，仍得上岸。即脱纳衣欲偿童子，顾觅不见，举身毛竖，方知神力焉。时王玄谟督军梁山，世祖敕军中得摩诃衍，善加料理，驿信送台。俄而寻得，令舸送都。世祖即时引见，顾问委曲，曰："企望日久，今始相遇。"跋陀曰："既染衅戾，分当灰粉。今得接见，重荷生造。"敕问並谁为贼。答曰："出家之人，不预戎事。然张畅、宋灵秀等，並是驱逼，贫道所明。但不图宿缘，乃逢此事。"帝曰："无所惧也。"是日敕住后堂，供施衣物，给以人乘。初，跋陀在荆州十载，每与谯王书疏，无不记录。及军败检简，无片言及军事者。世祖明其纯谨，益加礼遇。后因闲谈，聊戏问曰："念丞相不？"答曰："受供十年，何可忘德。今从陛下乞愿，愿为丞相三年烧香。"帝悽然惨容，义而许焉。及中兴寺成，敕令移住，为开三间房。后於東府讌会，王公毕集，敕见跋陀。时未及淨髮，白首皓然。世祖遥望，顾谓尚书谢庄曰："摩诃衍聪明机解，但老期已至。朕试问之，其必悟人意也。"跋陀上阶，因迎谓之曰："摩诃衍不负远来之意，但唯有一在。"即应聲答曰："贫道远归帝京，垂三十载。天子恩遇，衔愧罔极。但七十老病，唯一死在。"帝嘉其机辩，敕近御而坐，举朝属目。后於秣陵界凤凰楼西起寺，每至夜半，辄有推户而唤，视不见人，众屡厌梦。跋陀烧香呪愿曰："汝宿缘在此。我今起寺，行道礼忏，常为汝等。若住者，为护寺善神。若不能住，各随所安。"既而道俗十余人，同夕梦见鬼神千数，皆荷担移去，寺众遂安。今陶后渚白塔寺即其处也。大明六年，天下亢旱，祷祈山川，累月无验。世祖请令祈雨，必使有感，如其无获，不须相见。跋陀曰："仰凭三寳，陛下天威，冀必降泽。如其不获，不复重见。"即往北湖钓台，烧香祈请，不复饮食，默而诵经，密加祕呪。明日晡时，西北云志，初如车盖，日在桑榆，风震云合，连日降雨。明旦，公卿入贺，敕见慰劳，䞋施相续。跋陀自幼已来，蔬食终身，常执持香炉，未尝辍手。每食竟，辄分食飞鸟，乃集手取食。至太宗之世，礼供弥隆。到太始四年正月，觉体不悆，便与太宗及公卿等告别。临终之日，延佇而望，云见天华圣像，禺中遂卒，春秋七十有五。太宗深加痛惜，慰赙甚厚，公卿会葬，荣哀备焉。时又有沙门寳意，梵言阿那摩低。本姓康，康居人，世居天竺。以宋武建中来止京师瓦官禅房。恒於寺中树下坐禅，又晓经律，时人亦号三藏。常转侧数百贝子，立知兇吉。善能神咒，以香涂掌，亦见人往事。宋世祖施其一铜唾壶，高二尺许，常在牀前。忽有人窃之，意以座席一领，空卷之，咒上数遍，经於三夕，唾壶还在席中，莫测其然。於是四远道俗，咸敬而異焉。齐文惠、文宣及梁太祖並敬以师礼焉。永明末，卒於所住。

齊建康正觀寺求那毗地僧伽婆罗

求那毗地，此言安进，中天竺人。弱年从道，师事天竺大乘法师僧伽斯。聪慧强记，勤於讽诵，谙究大小乘，将二十万言。兼学外典，明阴阳，占时验事，征兆非一。齐建元初来至京师，止毗耶离寺。执锡从徒，威仪端肃，王公贵胜，迭相供请。初，僧伽斯於天竺国抄《修多罗藏》中要切譬喻，撰为一部。凡有百事，教授新学。毗地悉皆通诵，兼明义旨。以永明十年秋，译为齐文，凡有十卷。诵《百句喻经》。复出《十二因缘》及《须达长者经》各一卷。自大明已后，译经殆绝，及其宣流，世咸称美。毗地为人弘厚，故万里归集，南海商人咸宗事之，供献皆受，悉为营法。於建业淮侧，造正观寺居之，重阁层门，殿堂整饰。以齐中兴二年冬终於所住。梁初，复有僧伽婆罗者，亦外国学僧。仪貌谨洁，善於谈对。至京师，亦止正观寺，今上甚加礼接。敕于正观寺及寿光殿古云馆中译出《大阿育王经》、《解脱道论》等凡十部三十三卷。使沙门释賓唱，袁昙允等执笔受，现行於世。

（卷三《译经》下）

晉洛陽朱士行竺叔蘭　无罗叉

朱士行，颍川人。志业方直，欢沮不能移其操。少怀远悟，脱落尘俗。出家已后，事务经典。昔汉灵之时，竺佛朔译出《道行经》，即《小品》之旧本也。文句简略，意义未周。士行尝於洛阳讲《道行经》，觉文意隐质，诸未尽善。每歎曰："此经大乘之要，而译理不尽。"誓志捐身，远求大本。遂以魏甘露五年发跡雍州，西渡流沙。既至于阗，果得梵书正本凡九十章。遣弟子弗如檀，以言法饶，送经梵本还归洛阳。未发之顷，于阗诸小乘学众遂以白王云："汉地沙门欲以婆罗门书惑乱正典。王为地主，若不禁之，将乱大法。聋盲汉地，王之咎也。"王即不听齎经。士行深怀痛心，乃求烧经为证，王即许焉。於是积薪殿前，以火焚之。士行临火誓曰："若大法应流汉地，经当不然。如其无护，命也如何。"言已，投经火中，火即为灭，不损一字，皮牒如本。大众骇服，感称其神感。遂得送至陈留仓垣水南寺。时河南居士竺叔兰，本天竺人，父世避难，居於河南。兰少好遊猎。后经暂死，备见业果，因改厉专精，深崇正法。博究众音，善於梵汉之语。又有无罗叉比丘，西域道士，稽古多学，乃手执梵本，叔兰译为晋文，称为《放光般若》。皮牒故本，今在豫章。至太安二年，支孝龙就叔兰一时写五部，校为定本。时未有品目，旧本十四匹缣，今写为二十卷。士行遂终於于阗，春秋八十。依西方法阇维之，薪尽火灭，屍犹能全。众咸惊異，乃咒曰："若真得道，法当毁败。"应声碎散，因敛骨起塔焉。后弟子法益从彼国来，亲传此事。故孙绰《正像论》云："士行散形於于阗。"此之谓也。

晋豫章山康僧渊康法畅　支敏度

康僧渊，本西域人，生於长安。貌虽梵人，语实中国。容止详正，志业弘深。诵《放光》、《道行》二《般若》，即大小品也。晋成之世，与康法畅、支敏度等俱过江。畅亦有才思，善为往复，著《人物始义论》等。……敏度亦聪哲有誉，著《传译经录》，今行於世。渊虽德愈畅、度，而别以清约自处。常乞丐自资，人未之识。后因分卫之次，遇陈郡殷浩。浩始问佛经深远之理，卻辩俗书性情之义。自昼至曛，浩不能屈。由是改观。琅琊王茂弘以鼻高眼深戏之，渊曰："鼻者面之山，眼者面之渊。山不高则不灵，渊不深则不清。"时人以为名答。后於豫章山立寺。……常以持《心梵天经》空理幽远，故偏加讲说。尚学之徒，往还填委。后卒於寺焉。

晋中山康法朗

康法郎，中山人。少出家，善戒节。尝读经，见双树鹿苑之处，郁而歎曰："吾已不值圣人，宁可不覩圣处。"於是誓往迦夷，仰瞻遗跡。乃共同学四人发趾张掖，西过流沙。行经三日，路绝人中蹤。忽见道傍有一故寺，草木没人。中有败屋两间，间中各有一人。一人诵经，一人患痢。两人比房，不相料理。屎尿纵横，举房臭秽。郎谓其属曰："出家同道，以法为亲。不见则已，岂可见而舍耶？"朗乃停六日，为洗浣供养。至第七日，见此房中皆是香华，乃悟其神人。因语朗曰："比房是我和尚，已得无学，可往问讯。"朗往问讯，因语朗云："君等诚契，皆当入道，不须远遊诸国，於事无益。唯当自力行道，勿令失时。但朗功业小未纯，未得所顾。当还真丹国作大法师。"於是四人不复西行，仍留此专精道业。唯朗更遊诸国，研寻经论。后还中山，门徒数百，讲法相係。后不知所终。

晉剡山於法蘭

于法兰，高阳人。……十五出家。……后闻江東山水，剡县最奇。乃徐步東瓯。远瞩嵣嵊，居於石城山足，今之元华寺也。……居剡少时，怆然歎曰："大法虽兴，经道多阙。若一闻圆教，夕死可也。"乃远适西域，欲求異闻。至交州遇疾，终於象林。

晉剡白山於法開

于法开，不知何许人，事兰公为弟子。……及祖述耆婆，妙通医法。尝乞食投主人家，值妇人在草危急。众治不验，举家遑扰。开曰："此易治耳。"主人正宰羊欲为淫祀。开令先取少肉为羹，进竟，因气针之。须臾羊膜裹儿而出。晉升平五年，孝宗有疾。开视脉，知不起，不肯复入。康献后令曰："帝小不佳，昨呼於公视脉，但到门不前，种种辞惮，宜收付廷尉。"俄而帝崩。获免……谢安、王文度悉皆友善。或问："法师高明刚简，何以医术经怀。"答曰："明六度以除四魔之病，调九候以疗风寒之疾。自利利人，不亦可乎？"

晉燉煌于道邃

于道邃,燉煌人。……至年十六出家,事兰公为弟子。……后与兰公俱过江。……后随兰适西域。於交阯遇疾而终,春秋三十有一矣。

(卷四《义解》一)

晉荆州長沙寺釋曇翼

释昙翼,姓姚,羌人也,或云冀州人。……以晉太元十九年甲午之岁二月八日,忽有一像现於城北,光相冲天。时白马寺僧众先往迎接,不能令动。翼乃往祇礼,谓众人曰:“当是阿育王像降我长沙寺焉。”即令弟子三人捧接,飘然而起,迎还本寺。……后罽宾禅师僧伽难陀从蜀下。入寺礼拜,见像光上有梵字,便曰:“是阿育王像,何时来此?”时人闻者方知翼之不谬。

(卷五《义解》二)

晉廬山釋慧遠

释慧远,本姓贾氏,鴈门楼烦人。……时沙门释道安立寺於太行恆山。弘讚像法,声甚著闻。远遂往归之。……伪秦建元九年,……(远)南适荆州,住上明寺。后欲往罗浮山,及届浔阳,见庐峰清静,足以息心,始住龙泉精舍。……时有沙门慧永,居在西林,与远同门旧好,遂要远同止。永谓刺史桓伊曰:“远公方当弘道,今徒属已广而来者方多。贫道所棲褊狭不足相处,如何?”桓乃为远复於山東更立房殿,即東林是也。远创造精舍,洞尽山美。……远闻天竺有佛影,是佛昔化毒龙所留之影。在北天竺月氏国那竭呵城南,古仙人石室中住。道取流沙西一万五千八百五十里。每欣感交怀，志欲瞻覩。会有西域道士叙其光像。远乃背山临流，营筑龛室，妙算画工，淡彩图寫。……又昔浔阳陶侃经镇广州，有渔人於海中见神光。……侃往详视，乃是阿育王像。即接归。以送武昌寒溪寺。寺主僧珍尝往夏口，夜梦寺遭火。……珍觉驰还寺。寺既焚尽，唯像屋存焉。侃后移镇。……遣使迎接。……及上船，船又覆没。……竟不能获。……及远创寺既成。祈心奉请，乃飘然自轻，往还无梗，方知远之神感。……远乃於精舍无量寿像前建斋立誓，共期西方。……初，经流江東多有未备。禅法无闻，律藏残阙。远慨其道缺，乃令弟子法淨、法领等远寻众经，踰越沙雪，旷岁方反。皆获梵本，得以传译。昔安法师在关请昙摩难提出《阿毗昙心》，其人未善晉言，颇多疑滞。后有罽宾沙门僧伽提婆博识众典以晉太元十六年来至浔阳。远请重译《阿毗昙心》及《三法度论》，於是二学乃兴。……每逢西域一宾，辄恳恻諮访。闻罗什入关，即遗书通好。……后有弗若多罗来适关中，诵出《十诵》梵本。罗什译为晉文，三分始二。而多罗弃世，远常慨其未备。及闻昙摩流支入秦复善诵此部，乃遣弟子昙邕致书祈请，令於关中更出餘分。故《十诵》一部具足无阙。晉地获本，相传至今。葱外妙典，关中胜说，所以来集兹土者，远之力也。……先是，中土未有泥洹常住之说，但言寿命长远而已。远乃歎曰："佛是至极则无变。无变之理，岂有穷耶？"因著《法性论》曰："至极以不变为性，得性以体极为宗。"罗什见论而歎曰："边国人未有经，便闇理合，岂不妙哉！"

晉蜀龍淵寺釋慧持

释慧持者，慧远之弟也。……持有姑为尼。……持乃送姑至都。止於東安寺。晉卫军瑯琊王珣深相器重。时有西域沙门僧伽罗叉，善诵四《含》，珣请出《中阿含经》。持乃校阅文言，搜括详定。

晉彭城郡釋道融

释道融，汲郡林虑人，十二出家。厥师爱其神彩，先令外学。往村借《论语》，竟不赍归，於彼已诵。师借本覆之，不遗一字，既嗟而異之，於是恣其遊学。迄至立年，才解英绝。内外经书，闇遊心府。闻罗什在关，故往諮禀。什见而奇之，谓姚兴曰："昨见融公，复是大奇聪明释子。"兴引见歎重，勑入逍遥园，参正详译。因请什出《菩萨戒本》，今行於世。后译《中论》，始得两卷，融便就讲，剖析文言，预贯终始。什又命融，令讲《新法华》。什自听之，乃歎曰："佛法之兴，融其人也。"俄而师子国有一婆罗门，聪辩多学，西土俗书，罕不披诵，为彼国外道之宗。闻什在关大行佛法。乃谓其徒曰："宁可使释氏之风独传震旦，而吾等正化不洽東国？"遂乘驼负书，来入长安。姚兴见其口眼便辟，颇亦惑之。婆罗门乃启兴曰："至道无方，各遵其事。今请与秦僧捔其辩力。随有优者，即传其化。"兴即许焉。时关中僧众相视缺然，莫敢当者。什谓融曰："此外道聪明殊人，捔言必胜。使无上大道，在吾徒而屈，良可悲矣。若使外道得志，则法轮摧轴，岂可然乎？如吾所覩，在君一人。"融自顾才力不減，而外道经书未尽披读。乃密令人写婆罗门所读经目，一披即诵。后剋日论义，姚兴自出。公卿皆会阙下，关中僧众四远必集。融与婆罗门拟相訓抗，锋辩飞玄，彼所不及。婆罗门自知辞理已屈，犹以广读为夸。融乃列其所读书，並秦地经史名目，卷部三倍多之。什因嘲之曰："君不闻大秦广学，那忽轻尔远来。"婆罗门心愧悔伏，顶礼融足。旬日之中，无何而去，像运再兴，融之力也。融后还彭城，常讲说相续，闻道至者千有餘人。依随门徒，数盈三百。性不狎喧，常登楼披玩。殷勤善诱，毕命弘法。后卒於彭城，春秋七十四矣。所著《法华》、《大品金光明》、《十地》、《维摩》等义疏，並行於世矣。

晉長安釋曇影

释昙影，或云北人，不知何许郡县。……后入关中。……及什至长安，影往从之。什谓兴曰："昨见影公，亦是此国风流标望之僧也。"兴勅住逍遥园助什译经。初，出《成实论》。凡诤论问答，皆次第往反。影恨其支离，乃结为五番，竟以呈什。什曰："大善，深得吾意。"什后出《妙法华经》。影既旧所命宗，特加深思，乃著《法华义疏》四卷，並注《中论》。

（卷六《义解》三）

晉長安釋僧叡

释僧叡，魏郡长乐人也。少乐出家，至年十八始获从志。……至年二十二，博通经论。……至年二十四，遊历名邦，处处讲说。……什后至关，因请出《禅法要》三卷。始是鸠摩罗陀所製，末是马鸣所说，中间是外国诸圣共造，亦称《菩萨禅》。叡既获之，日夜修习。遂精练五门，善入六静。……什所翻经，叡並参正。昔竺法护出《正法华经受决品》云"天见人，人见天。"什译经至此，乃言曰："此语与西域义同。但在言过质。"叡曰："将非人天交接，两得相见。"什喜曰："实然。"其领悟标出，皆此类也。后出《成实论》，令叡讲之。什谓叡曰："此诤论中有七处文破《毗昙》，而在言小隐。若能不问而解，可谓英才。"至叡启发幽微，果不諮什，而契然悬会。什歎曰："吾传译经论，得与子相值，真无所恨矣。"著《大智论》、《十二门论》、《中论》等序，並注大小品《法华》、《维摩》、《思益》、《自在王禅经》等序，皆传於世。

晉長安釋道恒

释道恆，蓝田人。……至年二十，后母又亡，行丧尽礼，服毕出家。又遊刃佛理，多所通达。……罗什入关，即往修造，什大嘉之。及译出众经，並助详定。

晉長安釋僧肇

释僧肇，京兆人。……后见《旧维摩经》，欢喜顶受，披寻玩味，乃言始知所归矣，因此出家。学善《方等》，兼通三藏，及在冠年而名振关辅。……后罗什姑臧，肇自远从之，什嗟赏无极。及什适长安，肇亦随入。及姚兴命肇与僧叡等入逍遥园，助详定经论。肇以去圣久远，文义舛雜，先旧所解，时有乖谬。及见什諮禀，所悟更多。因出《大品》之后，肇便著《般若无知论》，凡二千余言，竟以呈什。什读之称善，乃谓肇曰："吾解不谢子，辞当相挹。"时庐山隐士刘遗民见肇此《论》，……乃致书肇曰……，肇答书曰："……贫道劳疾每不佳，即此大众寻常。什师休胜，秦主道性自然，天机迈俗，城堑三寳，弘通是务，由使異典胜僧自远而至，灵鹫之风萃乎兹土。领公远举，乃是千载之津梁。於西域还，得方等新经二百余部。什师於大石寺出新至诸经。法藏渊旷，日有異闻。禅师於瓦官寺教习禅道，门徒数百。……三藏法师於中寺出律部。……毗婆沙法师於石羊寺出《舍利弗毗昙》梵本。虽未及译，时问中事，发言新奇。贫道一生猥参嘉运。遇兹盛化，自不覩释迦祇桓之集，余复何恨！但恨不得与道胜君子同斯法集耳……。"

宋京師烏衣寺釋慧叡

释慧叡，冀州人。少出家，执节清峻。常遊方而学，经行蜀之西界，为人所略，常使牧羊。有商客信敬者，见而異之。疑是沙门，请问经义，无不综达。商人即以金赎之。既还，袭染衣，笃学弥至。遊历诸国，乃至南天竺界。音译诂训，殊方異义，无不必晓。后还憩庐山。俄入关，从什公諮禀。后适京师，止於乌衣寺。讲说众经，皆思彻言表，理契环中。宋大将军彭城王义康请以为师，再三乃许。王请入第受戒。叡曰："礼闻来学，不闻往教。"康大以为愧，乃入寺虔礼，祇奉戒法。后以貂裘奉叡，叡不著，赏坐之。王密令左右求买，酬三十万。叡曰："虽非所服，既大王所施，聊为从用耳。"陈郡谢灵运笃好佛理，殊俗之音，多所达解。迺諮叡以经中诸字並众音異旨。於是著《十四音训叙》，条例梵汉，昭然可了，使文字有据焉。

宋京師東安寺釋慧嚴

释慧严，姓范，豫州人……十六出家……迄甫立年……闻什公在关，复从受学，访正音义，多所異闻。后还京师，止東安寺。……東海何承天以博物著名，乃问严佛国将用何历。严云："天竺夏至之日方中无影，所谓天中。於五行土德。色尚黄。数尚五。八寸为一尺。十两当此土十二两。建辰之月为岁首。及讨覈分至，推校薄蚀，顾步光影，其法甚详。宿度年纪，咸有条例。"承天无所厝难。后婆利国人来，果同严说。

宋廬山凌雲寺釋慧安

释慧安，未详何许人。……止庐山凌云寺，学徒云聚，千里从风。常捉一杖，云是西域僧所施。杖光色炯彻，亦颇有香气。

上有梵书，人莫能识。后入关诣罗什，捉杖自随。什见大惊曰："此杖迺在此间耶！"因译其字云："本生天竺娑罗林，南方丧乱草付兴，后得罗什道教隆。"安后以杖赐外国僧波沙那。那赍还西域。

宋淮南中寺釋曇無成

释昙无成，姓马，扶风人。……闻什公在关，负笈从之。既至见什，什问："沙弥何能远来？"答曰："闻道而至。"什大善之。於是经停务学，慧业愈深。……

（卷七《义解》四）

齊山陰法華山釋慧基

释慧基，姓吕，吴国钱唐人。……初，依随祇洹慧义法师。至年十五……为启宋文帝，求度出家。……基既棲志法门，厉行精苦，学兼昏晓，解洞羣经。后有西域法师僧伽跋摩，弘讚禅律，来遊宋境。义乃令基入室供事。年满二十，度蔡州受戒。跋摩谓基曰："汝当道王江東，不须久留京邑。"於是四五年中遊历讲肆，备访众师。……以齐建武三年冬十一月，卒於城傍寺。春秋八十有五。初，基寝疾，弟子梦见梵僧数人皆踞砌坐。问所从来，答云："从大乘国来，奉迎基和尚。"后数日而亡。

（卷九《义解》六）

晉鄴中竺佛圖澄道进

竺佛图澄者，[①]西域人也。本姓帛氏。少出家，清贞务学，诵经数百万言。善解文义，虽未读此土儒史，而与诸学士论辩

① 佛图澄，本篇记为西域人，而《魏书·释老志》、《晉书·佛图澄传》则记为天竺人。这里全文辑录，备考。

疑滞，皆闇若符契，无能屈者。自云再到罽宾受诲名师。西域咸称得道。以晋怀帝永嘉四年来适洛阳，志弘大法。善诵神呪，能役使鬼物。以麻油杂燕脂涂掌，千里外事皆彻见掌中，如对面焉。亦能令洁斋者见。又听铃音以言事，无不効验。欲於洛阳立寺。值刘曜寇斥洛阳台，帝京扰乱，澄立寺之志遂不果。迺潜泽草野，以观世变。时石勒屯兵葛陂，专以杀戮为务。沙门遇害者甚众。澄悯念苍生，欲以道化勒，於是杖策到军门。勒大将郭黑略素奉法，澄即投止略家。略从受五戒，崇弟子之礼。略后从勒征伐，辄预剋胜负。勒疑而问曰："孤不觉卿有出众智谋，而每知行军吉凶，何也？"略曰："将军天挺神武，幽灵所助。有一沙门智术非常，云将军当略有区夏，已应为师。臣前后所白，皆其言也。"勒喜曰："天赐也。"召澄问曰："佛道有何灵验？"澄知勒不达深理，正可以道术为征。因而言曰："至道虽远，亦可以近事为证。"即取应器盛水，烧香呪之，须臾生青莲华，光色曜目。勒由此信服。澄因而谏曰："夫王者德化洽於宇内，则四灵表瑞；政弊道消，则彗孛现於上。恒象著见，休咎随行，斯迺古今之常征，天人之明诫。"勒甚悦之。凡应被诛余残，蒙其益者十有八九。於是中州胡晋略皆奉佛。时有痼疾世莫能治者，澄为医疗，应时瘳损。阴施默益者不可胜记。勒自葛陂还河北，过枋头。枋头人夜欲斫营，语黑略曰："须臾贼至，可令公知。"果如其言。有备，故不败。勒欲试澄，夜冠胄衣甲，执刃而坐。遣人告澄曰："夜来不知大将军所在。"使人始至，未及有言，澄逆问曰："平居无寇，何故夜严。"勒益敬之。勒后因忿欲害诸道士，并欲苦澄。澄乃避至黑略舍，语弟子曰："若将军信至，问吾所在者，报云不知所之。"信人寻至，觅澄不得。使还，报勒。勒惊曰："吾有恶意向圣人，圣人舍我去矣！"通夜不寝，思欲见澄。澄知勒意悔，明旦造勒。勒曰："昨夜何行?”澄曰:“公有怒心,昨故权避。公今改意,是以敢来。”勒大笑曰:“道人谬耳!”襄国城堑水源在城西北五里团丸祠下,其水暴竭。勒问澄:“何以致水?”澄曰:“今当勑龙。”勒字世龙,谓澄嘲己。答曰:“正以龙不能致水,故相问耳。”澄曰:“此是诚言,非戏也。水泉之源,必有神龙居之。今往勑语,水必可得。”迺与弟子法首等数人至泉源上。其源故处久已乾燥,坼如车辙。从者心疑,恐水难得。澄坐绳牀,烧安息香,呪愿数百言。如此三日,水泫然微流。有一小龙长五六寸许,随水来出。诸道士竞往视之。澄曰:“龙有毒,勿临其上。”有顷,水大至,隍壍皆满。澄闲坐歎曰:“后二日,当有一小人惊动此下。”既而襄国人薛合有二子,既小且骄,轻弄鲜卑奴。奴忿,抽刀刺杀其弟。执兄於室,以刀拟心。若人入屋,便欲加手。谓合曰:“送我还国,我活汝儿。不然,则共死於此。”内外惊愕,莫不往观。勒迺自往视之,谓薛合曰:“送奴以全卿子,诚为善事。此法一闻,方为后害。卿且宽情,国有常宪。”命人取奴,奴遂杀儿而死。鲜卑段波攻勒,其众甚盛。勒惧问澄,澄曰:“昨寺铃鸣,云明旦食时当擒段波。”勒登城望彼军,不见前后,失色曰:“军行地倾,波岂可获?是公安我辞耳。”更遣夔安问澄。澄曰:“已获波矣!”时城北伏兵出,遇波执之。澄劝勒宥波,遣还本国。勒从之,卒获其用。时刘载已死,载从弟曜纂袭伪位,称元光初。光初八年,曜遣从弟伪中山王岳将兵攻勒。勒遣石虎率步骑拒之,大战洛西。岳败保石梁坞,虎坚栅守之。时澄与弟子自官寺至中寺。始入寺门,歎曰:“刘岳可悯!”弟子法祚问其故?澄曰:“昨日亥时,岳已被执。”果如所言。至光初十一年,曜自率兵攻洛阳。勒欲自往拒曜,内外僚佐无不必谏。勒以访澄,澄曰:“相轮铃音云,秀支替戾冈,仆谷劬秃当。”此羯语也。秀支,军也。替戾冈,出也。仆谷,刘曜胡位也。劬秃当,捉也。此言军出捉得曜也。时徐光闻澄此旨，苦劝勒行。勒乃留长子石弘共澄以镇襄国，自率中军步骑直诣洛城。两阵纔交，曜军大溃。曜马没水中，石堪生擒之送勒。澄时以物涂掌观之，见有大众，众中缚一人，朱丝约其肘，因以告弘。当尔之时，正生擒曜也。曜平之后，勒乃僭称赵天王，行皇帝事，改元建平。是岁晋成帝咸和五年也。勒登位已后，事澄弥笃。时石葱将叛，其年澄诫勒曰："今年葱中有虫，食之必害人。可令百姓无食葱也。"勒班告境内，慎无食葱。到八月，石葱果走。勒益加尊重，有事必諮而后行，号大和尚。石虎有子名斌，后为勒儿。勒爱之甚重，忽暴病而亡。已涉二日，勒曰："朕闻虢太子死，扁鹊能生。大和尚国之神人，可急往告，必能致福。"澄迺取杨枝呪之。须臾能起，有顷平复。由是勒诸稚子多在佛寺中养之。每至四月八日，勒躬自诣寺灌佛，为儿发愿。至建平四年四月，天静无风，而塔上一铃独鸣。澄谓众曰："铃音云，国有大丧，不出今年矣！"是岁七月勒死，子弘袭位。少时石虎废弘自立，迁都於邺，称元建武。虎倾心事澄，有重於勒。迺下书曰："和尚国之大寶，荣爵不加，高禄不受，荣禄匪顾，何以旌德？从此已往，宜衣以绫锦，乘以雕辇。朝会之日，和尚升殿，常侍以下悉助举舆，太子诸公扶翼而上。主者唱大和尚至，众坐皆起，以彰其尊。"又勑伪司空李农："旦夕亲问，太子诸公五日一朝，表朕敬焉。"澄时止邺城内中寺，遣弟子法常北至襄国。弟子法佐从襄国还，相遇在梁基城下共宿。对车夜谈，言及和尚。比旦各去。法佐至，始入观澄。澄逆笑曰："昨夜尔与法常交车共说汝师耶？先民有言，不曰敬乎，幽而不改；不曰慎乎，独而不怠。幽独者敬慎之本。尔不识乎？"佐愕然愧忏。於是国人每共相语："莫起恶心，和尚知汝。"及澄之所在，无敢向其方面涕唾便利者。时太子石邃有二子在襄国，澄语邃曰："小阿弥比当得病，可往迎之。"邃即驰信往视，果已得病。大医殷腾及外国道士自言能治。澄告弟子法牙曰:“正使圣人复出不愈此病,况此等乎!”后三日果死。石邃荒酒,将图为逆,谓内竖曰:“和尚神通,傥发吾谋。明日来者,当先除之。”澄月望将入觐虎,谓弟子僧慧曰:“昨夜天神呼我曰:明日若入,还勿过人。我傥有所过,汝当止我。”澄常入必过邃。邃知澄入,要候甚苦。澄将上南台,僧慧引衣。澄曰:“事不得止坐未安。”便起。邃固留不住,所谋遂差。还寺,歎曰:“太子作乱,其形将成。”欲言难言,欲忍难忍。乃因事从容箴虎,虎终不解。俄而事发,方悟澄言。后郭黑略将兵征长安北山羌,堕羌伏中。时澄在堂上坐,弟子法常在侧。澄惨然改容曰:“郭公今厄。”唱云,众僧呪愿。澄又自呪愿。须臾,更曰:“若東南出者活,余向则困。”复更呪愿。有顷曰;“脱矣!”后月余日,黑略还。自说堕羌围中,東南走,马乏,正遇帐下人,推马与之曰:“公乘此马,小人乘公马,济与不济,任命也。”略得其马,故获免。推检日时,正是澄呪愿时也。石虎儿伪大司马燕公石斌,虎以为幽州牧镇。羣凶凑聚,因以肆暴。澄诫虎曰:“天神昨夜言,疾收马还。至秋齐当痈烂。”虎不解此语,即敕诸处收马送还。其秋有人谮斌於虎。虎召斌鞭之三百,杀其所生母齐氏。虎弯弓捻矢,自视行斌罚。罚轻,虎乃手杀五百。澄谏曰:“心不可纵,死不可生。礼不亲杀,以伤恩也。何有天子手行罚乎?”虎乃止。后晉军出淮泗,陇比凡城,皆被侵逼。三方告急,人情危扰。虎乃瞋曰:“吾之奉佛供僧而更致外寇,佛无神矣!”澄明旦早入,虎以事问澄。澄因谏之曰:“王过去世经为大商主。至罽宾寺尝供大会,中有六十罗汉,吾此微身亦预斯会。时得道人谓吾曰:此主人命尽,当更雞身,后王晉地。今王为王,岂非福耶!疆场军寇,国之常耳,何为怨谤三寶,夜兴毒念乎?”虎迺信悟,跪而谢焉。虎尝问澄:“佛法不杀,朕为天下之主,非刑杀无以肃清海内。既违戒杀生，虽复事佛，讵获福耶？”澄曰：“帝王事佛，当在体恭心顺，显畅三賓，不为暴虐，不害无辜。至於兇愚无赖，非化所迁。有罪不得不杀，有恶不得不刑。但当杀可杀、刑可刑耳。若暴虐恣意，杀害非罪，虽复倾财事法，无解殃祸。愿陛下省欲兴慈，广及一切，则佛教永隆，福祚方远。”虎虽不能尽從，而为益不少。虎尚书张良、张离等家富事佛，各起大塔。澄谓曰：“事佛在於清淨无欲，慈矜为心。檀越虽仪奉大法，而贪恪未已，遊猎无度，积聚不穷；方受现世之罪，何福报之可希耶？”离等后並被戮灭。时又久旱。自正月至六月，虎遣太子诣临漳西釜口祈雨。久而不降。虎令澄自行，即有白龙二头降於祠所。其日大雨，方数千里，其年大收。戎貊之徒，先不识法。闻澄神验，皆遥向礼拜，並不言而化焉。澄常遣弟子向西城[①]市香。既行，澄告余弟子曰：“掌中见买香弟子，在某处被贼垂死。”因烧香呪愿，遥救护之。弟子后还，云某月某日某处为贼所劫，垂当见杀，忽闻香气，贼无故自惊曰：救兵已至。棄之而走。虎於临漳修治旧塔，少承露盘。澄曰：“临淄城内有古阿育王塔，地中有承露盘及佛像。其上林木茂盛，可掘取之。”即画图与使。依言掘取，果得盘像。虎每欲伐燕，澄谏曰：“燕国运未终，卒难可剋。”虎屡行败绩，方信澄诫。澄道化既行，民多奉佛。皆营造寺庙，相竞出家。真伪混淆，多生愆过。虎下书问中书曰：“佛号世尊，国家所奉。里閭小人无爵秩者，为应得事佛与不？又沙门皆应高洁贞正，行能精进，然后可为道士。今沙门甚众，或有姦宄避役，多非其人。可料简详议真伪。”中书著作郎王度奏曰：“夫王者郊祀天地，祭奉百神，载在祀典，礼有常飨。佛出西域，外国之神，功不施民，非天子诸华所应祀奉。往汉明感梦，初传其道。唯听西域人得立寺都邑，以奉其神，其

①西城，当是西域之误。

汉人皆不得出家。魏承汉制,亦循前轨。今大赵受命,率由旧章,华戎制異,人神流别,外不同内,飨祭殊礼,华夏服礼,不宜杂错。国家可断,赵人悉不听诣寺烧香礼拜,以遵典礼。其百辟卿士,下逮众隶,例皆禁之。其有犯者,与淫祀同罪。其赵人沙门者,还从四民之服。"伪中书令王波同度所奏。虎下书曰:"度议云,佛是外国之神,非天子诸华所可宜奉。朕生自边壤,忝当期运,君临诸夏。至於飨祀,应兼从本俗。佛是戎神,正所应奉。夫制由上行,永世作则。苟事允无亏,何拘前代?其夷赵白蛮,有舍於淫祀,乐事佛者,悉听为道。"於是慢戒之徒因之以厉。黄河中旧不生鼋,忽得一,以献虎。澄见而歎曰:"桓温其入河不久。"温字元子,后果如言也。时魏县有一流民,莫识氏族。恆著麻襦布裳,在魏县市中乞丐,时人谓之麻襦。言语卓越,状如狂病。乞得米穀不食,辄散置大路,云饲天马。赵兴太守籍拔收送诣虎。先是,澄谓虎曰:"国東二百里,某月某日,当送一非常人。勿杀之也。"如期,果至。虎与共语,了无異言。唯道陛下当终一柱殿下。虎不解此语,令送以诣澄。麻襦谓澄曰:"昔在光和中会,奄至今日。西戎受玄命,绝历终有期。金离消於壤,边荒不能遵。驱除灵期跡,莫已已之懿。裔苗叶繁,其来方积。休期於何期,永以欢之。"澄曰:"天迴运极,否将不支。九木水为难,无可以术宁。玄哲虽存世,莫能基必積。久遊阎浮利,扰扰多此患。行登凌云宇,会於虚遊间。"澄与麻襦讲语终日,人莫能解。有窃听者,唯得此数言。推计似如论数百年事。虎遣驿马送还本县。既出城外,辞能步行。云我当有所过,未便得发,至合口桥,可留见待。使如言驰去。未至合口,而麻襦已在桥上。考其行步,有若飞也。澄有弟子道进,学通内外,为虎所重。尝言及隐士事。虎谓进曰:"有杨轲者,朕之民也。征之十余年,不恭王命,故往省视,傲然而卧。朕虽不听,君临万邦,乘輿所向，天沸地涌。虽不能令木石屈膝，何匹夫而长慠耶！昔太公之齐，先诛华士。太公贤哲，岂其谬乎？”进对曰：“昔舜优蒲衣，禹造伯成，魏饰干木，汉美周黨，管宁不应曹氏，皇甫不屈晉世。二圣四君，共加其节。将欲激厉贪竞，以峻清风。愿陛下遵舜禹之德，勿斆太公用刑。君举必书，岂可令赵史遂无隐遁之传乎？”虎悦其言，即遣轲还其所止，差十家供给之。进还，具以白澄。澄莞然笑曰：“汝言善也。但轲命有所悬矣！”后秦州兵乱，轲弟子以牛负轲西奔。戍军追擒，並为所害。虎尝昼寝，梦其羣羊负鱼从東北来。寤以访澄，澄曰：“不祥也，鲜卑其有中原乎？”慕容氏后果都之。澄尝与虎共昇中台。澄忽惊曰：“变，变，幽州当火災。”仍取酒洒之。久而笑曰：“救已得矣。”虎遣验幽州，云尔日火从四门起，西南有黑云来，骤雨灭之，雨亦颇有酒气。至虎建武十四年七月，石宣、石韬将图相杀。宣时到寺，与澄同坐。浮图一铃独鸣。澄谓宣曰：“解铃音乎？铃云胡子洛度。”宣变色曰：“是何言欤？”澄谬曰：“老胡为道，不能山居无言。重茵美服，岂非落度乎！”石韬后至，澄熟视良久。韬惧而问澄，澄曰：“怪公血臭，故相视耳。”至八月，澄使弟子十人齋於别室。澄时暂入東阁。虎与石杜氏问讯澄，澄曰：“脅下有贼，不出十日，自佛图以西，此殿以東，当有流血，慎勿東行也。”杜后曰：“和尚耄耶？何处有贼？”澄即易语云：“六情所受，皆悉是贼。老自应耄，但使少者不悖，遂便寓言，不复彰的。”后二日，宣果遣人害韬於佛寺中。欲因虎临丧，仍行大逆。虎以澄先诫，故获免。及宣事发被收，澄谏虎曰：“既是陛下之子，何为重祸耶？陛下若含怒加慈者，尚有六十余岁，如必诛之，宣当为彗星下扫鄴宫也。”虎不从。以铁鏁穿宣颔，牵上薪積而焚之，收其宫属三百余人，皆轘裂肢解，投之漳河。澄迺勑弟子罢别室齋也。后月余日，有一妖马，鬣尾皆有烧状，入中阳门，出显阳门。東首東宫,皆不得入。走向東北,俄尔不见。澄闻而歎曰:“災其及矣。”至十一月,虎大飨羣臣於太武前殿。澄吟曰:“殿乎!殿乎!棘子成林,将坏人衣。”虎令发殿石下视之,有棘生焉。澄还寺,视佛像曰:“怅恨不得庄严。”独语曰:“得三年乎?”自答:“不得,不得。”又曰:“得二年一年百日一月乎?”自答:“不得。”遒无复言。还房,谓弟子法祚曰:“戊申岁祸乱渐萌,己酉岁石氏当灭。吾及其未乱,先从化矣。”即遣人与虎辞曰:“物理必迁,身命非保,贪道災幻之躯,化期已及。既荷恩殊重,故逆以仰闻。”虎怆然曰:“不闻和尚有疾,迺忽尔告终。”即自出宫诣寺而慰喻焉。澄谓虎曰:“出生入死,道之常也。脩短分定,非所能延。夫道重行全,德贵无怠。苟业操无亏,虽亡若在。违而获延,非其所愿。今意未尽者,以国家心存佛理。奉法无吝,兴起寺廟,崇显壮丽,称斯德也,宜享休祉。而布政猛烈,淫刑酷滥,显违圣典,幽背法诫,不自惩革,终无福祐。若降心易虑,惠此下民,则国祚延长,道俗庆赖,毕命就尽,没无遗恨。”虎悲恸呜咽,知其必逝,即为凿圹营坟。至十二月八日,卒於邺宫寺,是岁晋穆帝永和四年也。士庶悲恸哀号,奔赴倾国。春秋一百一十七矣。仍窆於临漳西柴陌,即虎所创塚也。俄而梁犊作乱,明年虎死。冉闵篡戮,石种都尽。闵小字棘奴,澄先所谓棘子成林者也。澄左乳傍先有一孔,围四五寸,通彻腹内。有时肠从中出,或以絮塞孔。夜欲读书,辄拔絮,则一室洞明。又斋日辄至水边,引肠洗之,还复内中。澄身长八尺,风姿详雅,妙解深经,傍通世论。讲说之日,止标宗致,使始末文言,昭然可了。加复慈洽苍生,拯救危苦。当二石凶强,虐害非道,若不与澄同日,孰可言哉!但百姓蒙益,日用不知耳。佛调、须菩提等数十名僧,皆出自天竺、康居。不远数万之路,足涉流沙,诣澄受训。樊沔释道安、中山竺法雅並跨越关河,听澄讲说。皆妙达精理，研测幽微。澄自说生处去邺九万余里，棄家入道一百九年。酒不踰齿，过中不食，非戒不履，无欲无求。受业追随者常有数百，前后门徒几且一万。所历州郡，兴立佛寺八百九十三所。弘法之盛，莫与先矣。初，虎殓澄，以生时锡杖及钵内棺中。后冉闵篡位，开棺唯得钵杖，不复见屍。或言澄死之月，有人见在流沙。虎疑不死，开棺不见屍。后慕容儁都邺，处石虎宫中，每梦见虎啮其臂，意谓石虎为祟。迺募觅虎屍，於東明馆掘得之。屍殭不毁。儁乃蹹之，骂曰："死胡敢怖生天子！汝作宫殿成，而为汝儿所图，況复他耶！"鞭挞毁辱，投之漳河。屍倚桥柱不移。秦将王猛迺收而葬之。麻襦所谓一柱殿也。后苻坚征邺。儁子暐为坚大将郭神虎所执，实先梦虎之验也。田融《赵记》云："澄未亡数年，自营塚圹。"澄既知塚必开，又屍不在中，何容预作，恐融之谬矣。澄或言佛图磴，或言佛图橙，或言佛图澄，皆取胡音之不同耳。

晉羅浮山單道開

单道开，姓孟，燉煌人。……以石虎建武十二年从西平来。……其年冬十一月，……初止邺城西法綝祠中，后徙临漳照德寺。……虎资给甚厚，开皆以惠施。……佛图澄曰："此道士观國兴衰，若去者当有大災。"至石虎太宁元年，开与弟子南度许昌。虎子姪相杀，邺都大乱。……

晉常山竺佛調

竺佛调者，未详氏族，或云天竺人，事佛图澄为师。住常山寺积年，业尚纯朴，不表饰言，时咸以此高之。常山有奉法者兄弟二人，居去寺百里。兄弟疾笃，载出寺侧，以近医药。兄既奉调为师，朝晝常在寺中，諮询行道。異日调忽往其家，弟具问嫂所苦，並审兄安否。调曰："病者粗可，卿兄如常。"调去后，弟亦策马继往，言及调旦来。兄惊曰："和尚旦初不出寺，汝何容见？"兄弟爭以问调，调笑而不答。咸共異焉。调或独入深山，一年半岁，齎乾饭数斗，还恆有余。有人尝随调山行数十里，天暮大雪，调入石穴虎窟中宿。虎还，共卧窟前。调谓虎曰："我夺汝处，有愧如何？"虎乃弭耳下山。从者骇惧。调后自剋亡日，远近皆至，悉与语曰："天地长久尚有崩坏，岂況人物而求永存。若能蕩除三垢，专心真淨，形数虽乖，而神会必同契。"众咸流涕固请。调曰；"死生命也，其可请乎？"调迺还房端坐。以衣蒙头，奄然而卒。后数年，调白衣弟子八人入西山伐木，忽见调在高巖上，衣服鲜明，姿仪畅悦，皆惊喜作礼："和尚尚在耶？"调曰："吾常在耳。"具问知旧可否，良久迺去。八人便舍事还家，向诸同法者说。众无以验之，共发塚开棺，不复见屍，唯衣履在焉。有记云，此竺佛调译出《法镜经》及《十慧》等。按释道安《经录》云，汉灵帝光和中，有沙门严佛调共安玄都尉译出《法镜经》及《十慧》等，语在《译经传》。而此中佛调迺東晉中代。时人见名字是同，便谓为一，谬矣。

晉洛陽耆域

耆域者，天竺人也。周流华戎，靡有常所。而倜傥神奇，任性忽俗，跡行亦不恒，时人莫之能测。自发天竺至於扶南，经诸海滨，爰涉交广，並有灵異。既达襄阳，欲寄载过江。船人见梵沙门衣服弊陋，轻而不载。船达北岸，域亦已度。前行见两虎，虎弭耳掉尾。域以手摩其头，虎下道而去。两岸见者，随从成羣。晉惠之末至於洛阳。诸道人悉为作礼，域胡踞晏然，不动容色。时或告人以前身所更，谓支法渊从羊中来，竺法兴从人中来。又讥诸众僧，谓衣服华丽，不应素法。见洛阳宫城，云髣髴似忉利天宫，但自然之与人事不同耳。域谓沙门耆阇蜜曰：“匠此宫者，从忉利天来，成便还天上矣。屋脊瓦下应有千五百作器。”时咸云：“昔闻此匠实以作器著瓦下。”又云：“宫成之后，寻被害焉。”时衡阳太守南阳滕永文在洛，寄住满水寺，得病经年不差，两脚挛屈，不能起行。域往看之曰：“君欲得病差不？”因取淨水一杯、杨柳一枝，便以杨枝拂水，举手向永文而呪。如此者三，因以手搦永文膝令起，即时起，行步如故，此寺中有思惟树数十株枯死。域问永文：“树死来几时？”永文曰：“积年矣。”域即向树呪，如呪永文法。树寻华发，扶疏荣茂。尚方署中，有一人病症将死。域以应器著病者腹上，白布通覆之，呪愿数千言，即有臭气熏彻一屋。病者云：“我活矣。”域令人举布，应器中有若垩淤泥者数升，臭不可近。病者遂瘥。洛阳兵乱，辞还天竺。洛中沙门竺法行者，高足僧也。时人方之乐令，因请域曰：“上人既得道之僧，愿留一言以为永诫。”域曰：“可普会众人也。”众既集、域昇高座曰；“守口摄身意，慎莫犯众恶。修行一切善，如是得度世。”言讫便禅默。行重请曰：“愿上人当授所未闻。如斯偈义，八岁童子亦已谙诵，非所望於得道人也。”域笑曰：“八岁虽诵，百岁不行，诵之何益？人皆知敬得道者，不知行之自得道，悲夫！吾言虽少，行者益多也。”於是辞去。数百人各请域中食，域皆许往。明旦五百舍皆有一域，始谓独过，未相酬问，方知分身降焉。既发，诸道人送至河南城。域徐者，追者不及。域迺以杖画地曰：“於斯别矣。”其日有从长安来者，见域在彼寺中。又贾客胡湿登者，即於是日将暮逢域於流沙，计已九千余里。既还西域，不知所终。

（卷十《神異》上）

宋偽魏平城釋玄高

释玄高,姓魏,本名灵育,冯翊万年人也。……母以伪秦弘始三年梦见梵僧散华满室,觉便怀胎。至四年二月八日生男。……母以儿生瑞兆,因名灵育。……至年十五,已为山僧说法。受戒已后,专精禅律。闻关右有浮驮跋陀禅师在石羊寺弘法,高往师之。旬日之中,妙通禅法。跋陀歎曰:“善哉佛子,乃能深悟如此。”於是卑颜推逊,不受师礼。高乃杖策西秦,隐居麦积山。……时乞佛炽槃跨有陇西,西接涼土。有外国禅师昙无毗来入其国,领徒立众,训以禅道。然《三昧》、《正受》既深且妙,……高乃欲以己率众,即从毗受法。

宋京師中興寺釋慧覽

释慧览,姓成,酒泉人。少与玄高俱以寂观见称。览曾遊西域,顶载佛钵,仍於罽宾从达摩比丘諮受禅要。达摩曾入定,往兜率天,从弥勒受《菩萨戒》。后以《戒法》授览。还至于阗,复以《戒法》授彼方诸僧。后乃归,路由河南。河南吐谷浑慕延世子琼等,敬览德闻,遣使並资财令於蜀立左军寺,览即居之。后移罗浮天宫寺。宋文请下都,上锺山定林寺。孝武起中兴寺,复勅令移住。京邑禅僧,皆随踵受业。吴兴沈演、平昌孟顗並钦慕道德,为造禅室於寺。宋大明中卒,春秋六十余矣。

齊京師靈鷲寺釋僧審

释僧审,姓王,太原祁人。……审少出家,止寿春石涧寺。诵《法华》、《首楞严》,常谓非禅不智。於是专志《禅那》。闻昙摩蜜多道王京邑,乃拂衣过江,止於灵曜寺。精勤諮受,曲尽深奥。

(卷十二《习禅》)

宋江陵釋慧猷

释慧猷，江左人。少出家，止江陵辛寺。……及具戒已后，专精律禁。时有西国律师卑摩罗叉来适江陵，大弘律藏。猷从之受业，沈思积时。乃《大明》、《十诵》，讲说相续。

宋吴閑居寺釋僧業

释僧业，姓王，河内人。……后遊长安，从什公受业。见新出《十诵》，遂专功此部。偁发天然，洞尽深奥。什歎曰："后世之优波离也。"……昔什公在关，未出《十诵》，乃先译戒本。及流支入秦，方传大部。故戒心之与大本，其意正同。在言或異，业乃改正，一依大本。今之传诵，二本双行。

（卷十三《明律》）

晉并州竺慧達

竺慧达，姓刘，本名萨阿，并州西河离石人。……年三十一，忽如暂死，经日还稣。……道人云：……令出家。往丹阳会稽吴郡，觅阿育王塔像。……先是，简文皇帝於长干寺造三层塔。塔成之后，每夕放光。达上越城顾望，见此刹杪独有異色，便往拜敬。晨夕恳到，夜见刹下时有光出。乃告人共掘，掘入丈许，得三石碑。中央碑覆中有一铁函，函中又有银函，银函裹金函。金函裹有三舍利，又有一爪甲及一髪。髪伸长数尺，卷则成螺，光色炫燿。乃周宣王时阿育王起八万四千塔，即此一也。既道俗歎異，乃於旧塔之西更竪一刹，施安舍利。晋太元十六年，孝武更加为三层。又昔咸和中，丹阳尹高悝於张侯桥浦裹掘得一金像，无有光趺，而製作甚工。前有梵书云：是育王第四女所造。悝载像还至长干巷口，牛不复行。非人力所御，乃任牛所之，径趣长干寺。尔后一年许，有临海渔人张係世於海口得铜莲华趺，浮在水上，即收送县。……后有西域五僧诣悝云：“昔於天竺得阿育王像，至邺遭乱，藏置河边。王路既通，寻觅失所。近得梦云，像已出江東，为高悝所得。故远涉山海，欲一见礼拜耳！”悝即引至长干，五人见像，歔欷涕泣。像即放光照於堂内。五人云：“本有圆光，今在远处，亦寻当至。”晉咸安元年，交州合浦县採珠人董宗之於海底得一佛光。刺史表上，晉简文帝勑施此像。孔穴悬同，光色一种。凡四十余年，東西祥感，光趺方具。达以刹像灵異，倍加翘励。后東遊吳县，礼拜石像。此像以西晉将末，建兴元年癸酉之岁浮在吳松江沪渎口。渔人疑为海神。……后有奉佛居士吳县民朱应闻而歎曰：“将非大觉之垂应乎！”乃洁斋共東灵寺帛尼及信者数人到沪渎口，稽首尽虔，歌呗至德。即风潮调静，遥见二人浮江而至，乃是石像。背有铭誌，一名惟卫，二名迦叶。即接还安置通玄寺。……达停止通玄寺，首尾三年，昼夜虔礼。……顷之，进适会稽，礼拜鄮县塔。此塔亦是育王所造岁久荒芜，示存基墌。

齊上定林寺釋法獻

释法献，姓徐，西海延水人。……以宋元徽三年发踵金陵，西遊巴蜀，路出河南，道经芮芮。既到于阗，欲度葱岭。值栈道断绝，遂於于阗而反。获佛牙一枚、舍利十五粒，並《观世音灭罪呪》及《调达品》。又得龜兹国金鎚鍱像於是而还。其经途危阻，见其别记。佛牙在乌缠国，自乌缠来芮芮，自来梁土。献齎牙还京师。十有五载，密自礼事。余无知者。

（卷十四《兴福》）

晋京師建初寺支曇籥

晉有支昙籥，本月支人，寓居建业。少出家。……晉孝武初……止建初寺。……籥特禀妙声，善於转读。尝梦天神授其声法，觉，因裁製新声。梵响清靡，四飞卻转，反折还弄，虽复東阿先变，康会后造，始终循环，未有如籥之妙。后进传写，莫匪其法。所製六言梵呗传响於今。……

论曰：夫篇章之作，盖欲伸畅怀抱，褒述情志。詠歌之作，欲使言味流靡，辞韻相属。故《诗序》云："情动於中，而形於言。言之不足，故詠歌之也。"然東国之歌也，则结韻以成詠，西方之讚也，则作偈以和声。虽复歌讚为殊，而並以协谐锺律，符靡宫商，方乃奥妙。故奏歌於金石，则谓之以为乐；讚法於管絃，则称之以为呗。……自大教東流，乃译文者众，而传声盖寡，良由梵音重複，汉语单奇。若用梵音以詠汉语，则声繁则偈迫；若用汉曲以詠梵文，则韻短而辞长。是故金言有译，梵响无授。始有魏陈思王曹植，深爱声律，属意经音。既通般遮之瑞响，又感渔山之神製。於是删治《瑞应》、《本起》以为学者之宗。传声则三千有余，在契则四十有二。其后帛桥、支籥，亦云：祖述陈思而爱好通灵，别感神製，裁变古声，所存止一千而已。至石勒建平中，有天神降於安邑厅事。讽詠经音，七日乃绝。时有传者，並皆讹废。逮宋齐之间，有昙迁、僧辩、太传、文宣等，並慇懃嗟詠，曲意音律，撰集異同，斟酌科例，存於旧法，正可三百余声。自兹厥后，声多散落。人人致意，补缀不同。所以师师異法，家家各製，皆由昧乎声旨，莫以裁正。夫音乐感动，自古而然。……故经言，以微妙音，歌歎佛德，斯之谓也。而顷世学者，裁得首尾余声，便言擅名当世。经文起尽，曾不措怀。或破句以全声，或分文以足韻。岂唯声之不足，亦乃文不成诠。听者唯增恍惚，闻之但益睡眠。使夫八真明珠，未揜而藏曜，百味淳乳，不浇而自薄。哀哉！若能经达经旨，洞晓音律，三位七声，次而无乱，五言四句，契而莫爽。其间起掷盪举，平折放杀，游飞却转，反垒嬌哢，动韻则揄靡弗穷，张喉则变态无尽。故能炳发八音，光扬七善。壮而不猛，凝而不滞，弱而不野，刚而不锐，清而不扰，浊而不蔽。谅足以超畅微言，怡养神性。故听声可以娱耳，聆语可以开襟。若然可谓梵音深妙，令人乐闻者也。然天竺方俗，凡是歌詠法言，皆称为呗。至於此土，詠经则称为转读，歌讚则号为梵音。昔诸天讚呗，皆以韻入絃管。五众既与俗违，故宜以声曲为妙。原夫梵呗之起，亦肇自陈思。始著《太子颂》及《睒颂》等。因为之製声，吐纳抑扬，並法神授。今之皇皇顾惟，盖其风烈也。其后居士支谦亦传梵呗三契，皆湮没不存。世有共议一章，恐或谦之余则也。唯康僧会所造《泥洹梵呗》於今尚传。即敬谒一契，文出双卷《泥洹》，故曰泥洹呗也。爰至晉世，有生法师，初传觅历，今之行地印文即其法也。籥公所造六言，即大慈哀愍一契，於今时有作者。近有《西涼州呗》，源出关右，而流於晉阳，今之《面如满月》是也。凡此诸曲，並製出名师，后人继作，多所讹漏。或时沙弥小儿，互相传校，畴昔成规，殆无遗一。惜哉！此既同是声例，故备之论末。

（卷十五《经师》）

十二、水經注[①]

① 清人校勘中的有关部分一併收录。参看陈桥驿《水经注记载的南亞地理》（《南亞研究》一九八三年第十期）一文。

崑崙墟在西北，去嵩高五万里，地之中也。其高万一千里。河水出其東北陬，屈从其東南流，入渤海。案入下，近刻有于字。

《山海经》曰：南即从极之渊也，一曰中极之渊，深三百仞，唯冯夷都焉。《括地图》曰：冯夷恆乘云车，驾二龙，案此十三字，当亦是注，内之小注，故杂在所引《山海经》之间。河水又出于阳纡陵门之山，而注于冯逸之山。《穆天子传》曰：天子西征，至阳纡之山，河伯冯夷之所都居，是惟河宗氏。天子乃沈珪璧礼焉，河伯乃与天子披图视典，以观天子之寳器，玉果璇珠，烛银金膏等物，皆河图所载。河伯以礼穆王视图，方乃导以西迈矣。粤在伏羲，受龙马图于河，八卦是也。故《命历序》曰：河图帝王之阶，图载江河山川州界之分野，后尧坛于河，受龙图，作《握河记》，逮虞舜夏商咸亦受焉。”李尤《盟津铭》：洋洋河水，朝宗於海，径自中州，龙图所在。《淮南子》曰：昔禹治洪水，具祷阳纡，盖于此也。高诱以为阳纡秦薮，非也。《释氏西域记》曰：阿耨达太山，其上有大渊水，宫殿楼观甚大焉。山，即崑崙山也。《穆天子传》曰：天子升於崑崙，观黄帝之宫，而封丰隆之葬。案近刻作升崑崙，封丰隆之葬。丰隆，雷公也。黄帝宫案此三字、近刻讹作雷电龙即阿耨达宫也。其山出六大水。山西有大水，名新头河。郭义恭《广志》曰：甘水也。在西域之東，名曰新陶水。山在天竺国西。水甘，故曰甘水。有石盐，白如水精，大段则破而用之。案大段，朱謀㙔云当作火煅，非。康泰曰：“安息、月氏、天竺，至伽那调御，皆仰此盐。释法显曰：度葱岭，已入北天竺境，于此顺岭西南行十五日，其道艰阻，崖岸险绝，其山惟石，壁立千仞，临之目眩，欲进则投足无所下。有水名新头河，昔人有凿石通路，施倚梯者，凡度七百梯。度已案近刻讹作凡度七百，渡梯已，蹑悬絙过河，河两岸相去咸八十步。九译所绝,汉之张骞、甘英,皆不至也。余诊诸史传,即所谓罽宾之境。有盘石之隥,道狭尺余,行者骑步相持,絙桥相引,二十许里案《汉书》今本作二千余里,千字误,当以此为正。方到。悬度阻险,危害不可胜言。郭义恭曰:乌秅之西,有悬度之国,山溪不通,引绳而度,故国得其名也。其人山居,佃於石壁间,累石为室,民接手而饮,所谓猨饮也。有白草,案近刻讹作白羊,原本及《汉书》作白草。小步马有驴无牛是其悬度乎?释法显又言:度河便到乌长国。案长近刻作苌。乌长国,即是北天竺,佛所到国也。佛遗足跡於此,其跡长短,在人心念,至今犹尔。及晒衣石尚在。新头河又西南流,屈而東南流,径中天竺国。两岸平地,有国名毗荼,佛法兴盛。又迳蒲那般河,案近刻脱般字。河边左右、有二十僧伽蓝。此水迳摩头罗国案迳字下,近刻衍流迳二字。而下,合新头河。自河以西,天竺诸国。自是以南,皆为中国。人民殷富。中国者,服食与中国同,故名之为中国也。泥洹已来,圣众所行,威仪法则,相承不绝。自新头河至南天竺国,迄於南海,四万里也。案近刻四下有五字。《释氏西域记》曰:新头河经罽宾、犍越、摩诃剌诸国,而入南海是也。案诃,近刻讹作河。阿耨达山西南,有水名遥奴;山西南小東,有水名萨罕;小東,有水名恆伽。此三水同出一山,俱入恆水,康泰《扶南传》曰:恆水之源,乃极西北出崑崙山中。有五大源,诸水分流,皆由此五大源。枝扈黎大江出山西北流,東南注大海。枝扈黎,即恆水也。故《释氏西域记》有恒曲之目,恒北有四国,最西头恒曲中者是也。有拘夷那褐国。案褐,近刻作竭,下同。《法显传》曰:恒水東南流,迳拘夷那褐国南,城北双树间有希连禅河。河边,世尊於此北首,般泥洹分舍利处。支僧载《外国事》曰:

佛泥洹后，天人以新白緤裹佛，以香花供养，满七日，盛以金棺，送出王宫，度一小水，水名醢兰那，去王宫可三里许，在宫北，以旃檀木为薪，天人各以火烧薪，薪了不燃。大迦叶从流沙还，不胜悲号，感动天地，从是之后，他薪不烧而自燃也。王斂舍利，用金作斗量，得八斛四斗。诸国王、天龙、神王各得少许，齎还本国，以造佛寺。阿育王起浮屠於佛泥洹处，双树及塔，今无复有也。此树名娑罗树。案娑罗，近刻讹作婆罗。其树花名娑罗佉也。案佉，近刻讹作法。此花色白如霜雪，香无比也。竺枝《扶南记》曰：案枝，原本讹作芝。林杨国去金陈国步道二千里，车马行，无水道，举国事佛。有一道人命过烧葬，烧之数千束樵，故坐火中，乃更著石室中，从来六十余年，尸如故，不朽，竺枝目见之。案目，近刻讹作自。夫金刚常住，是明永存，舍利刹见，案刹，近刻讹作利。毕天不朽，所谓智空罔穷，大觉难测者矣。其水乱流，注於恆。案近刻脱注字。恆水又東迳毗舍利城北。案利，近刻讹作离。《释氏西域记》曰：毗舍利，维邪离国也。支僧载《外国事》曰：维邪离国，去王舍城五十由旬，案十近刻讹作千。城周圆三由旬。维诘家在大城裹宫之南，去宫七里许，屋宇坏尽，惟见处所尔。释法显云：城北有大林重阁，佛住於此，本奄婆罗女家施佛起塔也。案奄，近刻作菴。城之西北三里，塔名放弓仗。恆水上流有一国，国王小夫人。案近刻作有一国王，王小夫人。生肉胎，大夫人妒之，言汝之生，不祥之征，即盛以木函，掷恆水中。下流有国王遊观，见水上木函。开看，见千小儿端正殊好。案好，近刻作特。王取养之。遂长大，甚勇健。所往征伐，无不摧服。案服，近刻作伏。次欲伐父王，本国王大愁忧。小夫人问：何故愁忧？王曰：彼国王有千子，勇健无比，欲来伐吾国，是以愁尔。小夫人言：勿愁，但於城西作高楼，案西，近刻作東。贼来时，上我置楼上，案此五字，近刻作置我楼上四字。则我能卻之。王如是言。贼到，小夫人於楼上语贼云：汝是我子，何故反作逆事？贼曰：汝是何人，云是我母？小夫人曰：汝等若不信者，尽张口仰向。小夫人即以两手捋乳，案捋，近刻作将。乳作五百道俱坠千子口中。贼知是母即放弓仗。父母作是思惟，案父母，近刻作二父王。皆得辟支佛，今其塔犹在。案其，近刻作二。后世尊成道，告诸弟子，是吾昔时放弓仗处。后人得知，於此处立塔，故以名焉。千小儿者，即贤刧千佛也。《释氏西域记》曰：恆曲中次東有僧迦扇柰揭城，案近刻，僧讹作申，又城下衍也字。佛下三道寶阶国也。《法显传》曰：恆水東南流，迳僧迦施国南，佛自忉利天東下三道寶阶，为母说法处。寶阶既没，阿育王于於寶阶处作塔。后作石柱，柱上作师子像，外道少信，师子为吼，怖效心诚。案近刻作怖惧心伏。恆水又東迳罽宾饶夷城，城南接恆水。案近刻作饶夷城南，南接恒水。城之西北六七里，恆水北岸，佛为诸弟子说法处。恆水又東南。迳沙祇国北，出沙祇城南门道東，佛嚼杨枝刺土中，生长七尺，不增不減，今犹尚在。恆水又東南迳迦维罗卫城北，故淨王宫也。案故下，近刻衍曰字。城東五十里有王园，园有池水，夫人入池洗浴，出，北岸二十步，案出下，近刻有池字。東向举手板树，生太子。案扳，近刻作攀，下同。太子堕地，行七步，二龙吐水浴太子，遂成井池，众僧所汲养也。太子与难陀等扑象角力，射箭入地，今有泉水，行旅所资饮也。《释氏西域记》曰：城北三里恆水上，父王迎佛处，作浮图，作父抱佛像。案父，近刻讹作佛。《外国事》曰：迦维罗越国案罗卫罗越互相通称。今无复王也。城池荒秽，惟有空处，有优婆塞姓释可二十余家。是昔淨王之苗裔，故为四姓，住在故城中，为优婆塞，故尚精进，犹有古风。彼日浮图坏尽，条王弥更脩治一浮图，私诃条王送物助成。案送近刻讹作进。今有十二道人住其中。太子始生时，妙后所扳树，树名须诃。案近刻脱诃字。阿育王以青石作后扳生太子像。昔树无复有，后诸沙门取昔树栽种之，展转相承，到今树枝如昔，尚荫石像。又太子见行七步足跡，今日文理见存，阿育王以青石挟足跡两边，复以一长青石覆上。国人今日恆以香花供养，尚见足七形，文理分明，今虽有石覆无異。或人复以数重吉贝重覆贴著石上，逾更明也。案吉贝，近刻讹作古具。太子生时，以龙王夹太子左右吐水，浴太子，见一龙吐火煖，一龙吐水冷，遂成二池，今尚一冷一煖矣。太子未出家前十日，出往王田阎浮树下坐，树神以七賓奉太子，太子不受，於是思惟欲出家也。王田去宫一据，据者，案一据下，近刻讹作据左一据据右六字。晋言十里也。太子以三月十五日夜出家，四天王来迎，各捧马足，尔时诸神天人，侧塞空中，散天香花。此时以至河南摩强水，即於此水边作沙门。河南摩强水，在迦维罗越北，相去十由旬。此水在罗阅祇瓶沙国，相去三十由旬。菩萨於是暂过瓶沙，王出见菩萨。菩萨於瓶沙随楼那果园中住一日，日暮便去。半达钵愁宿。半达，晋言白也。钵愁，晋言山也。白山北去瓶沙国十里，明旦便去。暮宿昙兰山，去白山六由旬，於是径诣贝多树。案径，近刻讹作迳。贝多树在阅祇北，案在下近刻有贝多二字。去昙兰山二十里。太子年二十九出家，三十五得道，此言与经異，故记所不同。竺法维曰：迦维卫国，案近刻作迦维国，脱卫字。佛所生天竺国也，三千日月万二千天地之中央也。康泰《扶南传》曰：昔范旃时，有嘾杨国人家翔梨，尝从其本国到天竺，展转流贾至扶南,为旃说天竺土俗,道法流通,金賨委积,案委,近刻讹作安。山川饶沃,恣所欲,案恣下,近刻衍其字。左右大国世尊重之。旃问云:案云,近刻讹作之。今去何时可到,几年可迴?梨言:天竺去此,可三万余里,往还可三年踰,及行,四年方返,以为天地之中也。案地,近刻讹作竺。恆水又東径蓝莫塔,塔边有池,池中龙守护之。阿育王欲破塔,作八万四千塔,悟龙王所供,知非世有,遂止。此中空荒无人,案近刻脱此中二字,空荒作荒芜。羣象以鼻取水洒地,若苍梧会稽,象耕鸟耘矣。恆水又東至五河口,案近刻河下有合字。盖五水所会,非所详矣。阿难从摩竭国向毗舍利,案舍利原本讹作舍离。欲般泥洹,诸天告阿闍世王,王追至河上。案此向下近刻有毗舍离诸四字,乃衍文。梨车闻阿难来,亦复来迎,俱到河上。阿难思惟,前则阿闍世王致恨,卻则梨车复怨,即於中河入火光,三味烧具两般泥洹案具两,近刻讹作身而。身二分,分各在一岸,二王各持半舍利,还起二塔。渡河南下一由巡案由廵,即由旬,书内通用,近刻讹作由延。到摩竭提国巴连弗邑,案弗,近刻作佛。邑即是阿育王所治之城。城中宫殿皆起牆阙,雕文刻镂,累大石作山,山下作石室,长三丈,广二丈,高丈余。有大乘婆罗门子名罗汰私婆,亦名文殊师利,住此城里。爽悟多智,事无不达,以清淨自居。国王宗敬师事之。赖此一人,宏宣佛法,外不能陵。凡诸国中,案原本及近刻並讹作中国,今改正。惟此城为大,民人富盛,竞行仁义。阿育王坏七塔,作八万四千塔。最初作大塔,在城南二里余。案二。近刻作三。此塔前有佛跡,起精舍,北户向塔。案北户,近刻作户北。塔南有石柱,大四五围,案此四字,近刻讹作围丈四五。高三丈余,上有铭题云:阿育王以阎浮提布施四方,僧还以钱赎塔。塔北三百步,案近刻脱一塔字,作北三四百步。阿育王於此作泥犂城。

城中有石柱，案近刻脱一城字。亦高三丈余，上有师子柱，有铭，记作泥犁城因缘及年数日月。恒水又東南迳小孤石山，山头有石室，石室南向，佛昔坐其中，天帝释以四十二事问佛，佛一一以指画石，案此句原本脱画石二字，据近刻补。画跡故在。恒水又西迳王舍新城，是阿闍世王所造。出城南四里入谷，至五山里。五山周围，状若城郭，即是蓱沙王旧城也。案瓶沙，蓱沙，互相通用。東西五六里，南北七八里，阿闍世王始欲害佛处。其城空荒，又无人径，入谷传山案传，近刻讹作搏。東南上十五里，到耆闍崛山，未至顶三里，有石窟南向，佛坐禅处。西北四十步，案四，近刻作三。复有一石窟，阿难坐禅处。夭魔波旬化作雕鹫恐阿难。案夭妖通，近刻讹作天。佛以神力隔石舒手，摩阿难肩，怖即得止。鸟跡、手孔悉存，故曰雕鹫窟也。其山峯秀端严，是五山之最高也。《释氏西域记》云：耆闍崛山在阿耨达王舍城東北，西望其山，有两峯双立，相去二三里，中道鹫鸟常居其岭，土人号曰耆闍崛山，胡语耆闍，鹫也。案胡语二字，近刻讹在又竺法维云下，此处作山名耆闍，鹫也。又竺法维云，罗阅祇国有灵鹫山。胡语云耆闍崛山。山是青石，石头似鹫鸟。案近刻脱一石字。阿育王使人凿石，假安两翼两脚，凿治其身，今见存。远望似鹫鸟形，故曰灵鹫山也。数说不同，远迩亦異，今以法显亲宿其山，诵《首楞严》，香华供养，闻见之宗也。又西迳迦那城南三十里，案近刻迦作伽，三作二。到佛苦行六年坐树处，有林木。西行三里，到佛入水洗浴，天王按树枝得扳出池处。又北行二里，得弥家女奉佛乳糜处。从此行二里，佛於一大树下石上，東向坐食糜处。树石悉在，广长六尺，高減二尺。国中寒暑均调，树木或数千岁，乃至万岁。从此東北行二十里，到一石窟，菩萨入中，西向结跏趺坐，心念若我成道，当有神验，石壁上即有佛影见，长三尺许，今犹明亮。时天地大动，诸天在空言，此非过去当来诸佛成道处。去此西南行，减半由旬，案旬，近刻作延。贝多树下，是过去当来诸佛成道处。诸天导引菩萨起行，离树三十步，天授吉祥草，菩萨受之。复行十五步，五百青雀飞来，绕菩萨三帀西去。案西，近刻作而。菩萨前到贝多树下，敷吉祥草，東向而坐，时魔王遣三玉女从北来试菩萨。案近刻无此二字。魔王自从南来，案近刻下有试字。菩萨以足指按地，魔兵卻散。三女变为老姥，不自服。案朱谋㙔云：不字上疑脱一莫字。佛於尼拘律树下方石上東向坐。案有两峯双立两字起至此句向字止，黄省曾刻讹在后，即是佛外祖国也，祖字下，国字上，原本不误。梵天来诣佛处，案诣，近刻讹作诸。四天王捧钵处，皆立塔。《外国事》曰：毗婆梨，佛在此一树下六年，长者女以金钵盛乳糜上佛。佛得乳糜，住足尼连禅河浴。案近刻脱禅字。浴竟，於河边噉糜，竟，掷钵水中，逆流百步，钵没河中。案没，近刻讹作投。迦梨郊龙王接取，在宫供养。先三佛钵亦见佛於河傍，坐摩诃菩提树。摩诃菩提树去贝多树二里，於此树下七日，思惟道成，魔兵试佛。《释氏西域记》曰：尼连水南注恆水。水西有佛树，佛於此苦行，日食糜六年。西去城五里许树東河上，即佛入水浴处。東上岸，尼拘律树下坐脩，案拘律，近刻作衢立。舍女上糜於此。於是西渡水，於六年树南贝多树下坐，降魔得佛也。佛图调曰：佛树中枯，其来时，更生枝叶。竺法维曰：六年，树去佛树五里。书其異也。法显从此東南行，还巴连弗邑，顺恆水西下，得一精舍，名旷野，佛所住处。复顺恆水西下，到迦尸国波罗柰城。竺法维曰：波罗柰国，在迦维罗卫国南千二百里，中间有恆水東南流。佛转法轮处在国北二十里，树名春浮，维摩所处也。法显曰：城之東北十里许即鹿野苑，本辟支佛住此，常有野鹿棲宿，故以名焉。法显从此还居巴连弗邑。又顺恒水東行，其南岸有瞻婆大國。《释氏西域记》曰：恒曲次東有瞻婆国城，南有卜佉兰池，案近刻讹作有佉下兰池。恒水在北，案近刻讹作池水恒在北。佛下说戒处也。案下，近刻讹作不。恆水又迳波丽国，即是佛外祖国也。法显曰：恆水又東到多摩梨靬国，案靬，近刻讹作帝，下同。即是海口也。《释氏西域记》曰：大秦一名梨靬。康泰《扶南传》曰：从迦那调洲西南入大湾，可七、八百里，乃到枝扈黎大江口，度江迳西行，极大秦也。又云：发拘利口，入大湾中，正西北入，可一年余，得天竺江口，名恆水。江口有国，号担袟，案袟，近刻作袂。属天竺，遣黄门字兴为担袟王。《释氏西域记》曰：恆水東流入東海，盖二水所注，两海所纳，自为東西也。释氏论佛圖调列《山海经》曰：案近刻脱调字。西海之南，流沙之滨，赤水之后，黑水之前，有大山名崑崙，又曰锺山。西六百里，有崑崙山，所出五水。祖以佛图调传也。又近推得康泰《扶南传》，传崑崙山正与调合。如《传》，自交州至天竺最近。泰传亦知阿耨达山是崑崙山。释云：赖得调传，豁然为解。乃宣为《西域图》，以语法汰。法汰以常见怪，谓汉来诸名人，不应河在敦煌南数千里，而不知崑崙所在也。案河近刻讹作何。释云复书曰：案近刻讹作日。按《穆天子传》，穆王於崑崙侧瑶池上觞西王母。云去宗周瀍涧万有一千一百里，何得不如调言。子今见泰传，非为前人不知也。而今以后，乃知崑崙山为无热丘，何云乃胡国外乎？余考释之言，未为佳证，《穆天子》、《竹书》及《山海经》皆埋緼岁久，编韦稀绝，书策落次，难以缉缀，后人假合，多差远意。至欲访地脈川，案欲近刻作若。不与经符,验程准途,故自无会,释氏不复根其众归之鸿致案众近刻作艰。陈其细趣以辨其非,非所安也。今按《山海经》曰:昆崙墟在西北,帝之下都。……

（卷一《河水》）

又南入葱岭山,又从葱岭出而東北流。案原本及近刻脱此九字,杜佑《通典》引《水经》有此文。盖唐以后始脱去,今据《通典》补正。

河水重源有三,非惟二也。一源西出捐毒之国,案捐毒,近刻讹作身毒。葱岭之上,西去休循二百余里,皆故塞种也。南属葱岭,高千里。《西河旧事》曰:葱岭在敦煌西八千里,其山高大,上生葱,故曰葱岭也。河源潜发其岭,分为二水,一水西迳休循国南,在葱岭西。郭义恭《广志》曰:休循国居葱岭,其山多大葱。又迳难兜国北,北接休循,西南去罽宾国三百四十里,河水又西迳罽宾国北。案此九字,原本及近刻並讹作经。考注敍葱岭之水,分東西,先载葱岭分源,西流、迳休循、难兜、罽宾、月氏、安息,入雷翥海之水,不得与经文淆紊,今改正。月氏之破,塞王南君罽宾,治循鲜城,土地平和,无所不有,金银珍寳,異畜奇物,踰於中夏,大国也。山险有大头痛、小头痛之山,赤土身热之阪,人畜同然。河水又西迳月氏国南,案此九字,原本及近刻並讹作经。治监氏城,其俗与安息同。匈奴冒顿单于破月氏,杀其王,以头为饮器,国遂分。远过大宛西,居大夏,为大月氏;其余小众不能去者,共保南山羌中,号小月氏。故有大月氏、小月氏之名也。又西迳安息国南,案此七字,原本及近刻並讹作经。城临妫水,地方数千里,最大国也。有商贾车船行旁国,画革旁行为书记也。河水与蜺罗跂禘水,同注雷翥海。案此十三字原本及近刻並讹作经。今考注内,敍葱岭西流之水终於此。《释氏西域记》曰:蜺罗跂禘出阿耨达山之北,西迳于阗国。案西安,近刻讹在之北上。《汉书·西域传》曰:

于阗之西，水皆西流，注西海。案之，近刻作以，注下有于字。又西迳四大塔北。案此七字，原本及近刻。並讹作经，考注内言葱岭西流之水，因连及蜺罗跂禘水，迳于阗四大塔，陀卫、安息，同入雷翥海，亦不得与经文淆紊，今改正。释法显所谓糺尸罗国，案糺，近刻作竺刹二字。汉言截头也。佛为菩萨时，以头施人，故因名国。国東有投身饲餓虎处，皆起塔。案饲，近刻作餧。又西迳揵陀卫国北，案此八字，原本及近刻。並讹作经。是阿育王子法益所治邑。佛为菩萨时，亦於此国以眼施人，其处亦起大塔。又有弗楼沙国，案弗近刻讹作佛。天帝释变为牧牛小儿，聚土为佛塔，法王因而成大塔，所谓四大塔也。《法显传》曰：国有佛钵，月氏王大兴兵众来伐此国，欲持钵去。置钵象上，象不能进，更作四轮车载钵。八象共牵，复不进。王知钵缘未至，於是起塔，留钵供养。钵容二斗，杂色而黑多，四际分明，厚可二分，甚光泽，贫人以少花投中便满，富人以多花供养，正复百千万斛，终亦不满。佛图调曰：案近刻脱调字。佛钵，青玉也，受三斗许，彼国寳之。供养时，愿终日香花不满，则如言；愿一把满，则亦便如言。又按道人竺法维所说，佛钵在大月支国，起浮图高三十丈，七层，钵处第二层。金络络锁县钵，钵是青石，或云悬钵虚空。案旁行为书记也，为字起至此向虚字止，近刻讹在后俗与子合同下，河水又東迳皮山国北之前。原本不误。须菩提置钵在金机上，佛一足跡与钵共在一处。国王臣民，悉持梵香七寳璧玉，供养塔跡。佛牙、袈裟，顶相舍利，悉在弗楼沙国。《释氏西域记》曰：揵陀越王城西北案揵，近刻作捷，下同。有钵。吐罗越城，佛袈裟王城也。東有寺，重复寻川水西北十里，有河步罗龙渊，佛到渊上浣衣处，案近刻脱渊字。浣石尚存。其水至安息，注雷翥海。案注内敍蜺罗跂禘水，终於此。又曰：揵陀越西西海中有安息国。竺枝《扶南记》曰：安息国去私诃条国二万里,国土临海上,即《汉书》天竺安息国也,户近百万,最大国也。《汉书·西域传》又云,犁靬条枝,临西海。案犁,近刻作犂。长老传闻,条支有弱水。西王母亦未尝见。自条支乘水西行,可百余日,近日所入也,或河水所通西海矣。故《凉土異物志》曰:葱岭之水,分流東西,西入大海,東为河源,《禹记》所云崑崙者焉。张骞使大宛而穷河源,谓极於此,而不达於崑崙也。河水自葱岭分源,東迳迦舍罗国。案迦,近刻作伽。《释氏西域记》曰:有国名伽舍罗逝,此国狭小,而總万国之要道,无不由。城南有水,東北流,出罗逝西山,山即葱岭也,迳岐沙谷,出谷分为二水,一水東流,迳无雷国北,治卢城,其俗与西夜、子合同。案其字,原本讹在俗与下,今据文义改正。又東流,迳依耐国北,去无雷五百四十里,俗同子合。河水又東案此四字,近刻作又東流三字。迳蒲犂国北,治蒲犂谷,北去疏勒五百五十里,俗与子合同。

(卷二《河水》)

十三、齊民要術

麥

《西域诸国》志曰:天竺十一月六日为冬至,则麦秀。十二月十六日为腊,腊麦熟。

地榆

《神仙服食经》云:地榆,一名“玉札”。北方难得,故尹公度曰:“宁得一斤地榆,不用明月珠。”其实黑如豉,北方呼“豉”为“札”,当言“玉豉”。与五茄煮,服之可神仙。是以西域真人曰:

“何以支长久？食石畜金盐；何以得长寿？食石用玉豉。”此草雾而不濡，太阳气盛也，铄玉爛石。炙其根作饮，如茗气。其汗酿酒，治风痹，补脑。

槃多

《嵩山记》曰：嵩寺中忽有思惟树，即贝多也。有人坐贝多树下思惟，因以名焉。汉道士从外国来，将子於山西脚下种，极高大。今有四树，一年三花。

娑羅

盛弘之《荆州记》曰：巴陵县南有寺，僧房牀下，忽生一木，随生旬日，势凌轩栋。道人移房避之，木长便迟，但极晚秀。有外国沙门见之：“名为娑罗也。彼僧所憩之荫，常著花，细白如雪。”元嘉十一年，忽生一花，状如芙蓉。

摩廚

《南州異物志》曰：木有摩廚，生於斯调国。其汁肥润，其泽如脂膏，馨香馥郁，可以煎熬食物，香美如中国用油。

（卷第十五《穀、果蓏、菜茹非中国物产者》）

十四、洛陽伽藍記[①]

① 本篇採自今人范祥雍校注本（上海古籍出版社一九七八年十二月新1版）。按范本校例，正字列於误字之下，加以圆括号，增补文字用三角括号。

《三坟》、《五典》之说，九流百代（氏）之言，並理在人区，而义兼天外。至於一乘二谛之原，三明六通之旨，西域备详，東土靡记。自顶（项）日感梦，满月流光，阳门饰豪眉之像，夜台图绀髮之形。尔来奔竞，其风遂广。

序

永宁寺，熙平元年，灵太后胡氏所立也。……中有九层浮图一所。……浮图北有佛殿一所，形如太极殿。……僧房楼观一千余间。……是以常景碑云："须弥寳殿，兜率淨宫，莫尚於斯也。"外国所献经像皆在此寺。

……时有西域沙门菩提达摩者，波斯国胡人也。起自荒裔，来遊中土，见金盘炫日，光照云表；寳铎含风，响出天外。歌詠讚歎，实是神功。自云："年一百五十岁，历涉诸国，靡不周遍。而此寺精丽，阎浮所无也。极物（佛）境界，亦未有此。"口唱南无，合掌连日。

长秋寺，刘腾所立也。……寺北有蒙汜池，夏则有水，冬则竭矣。中有三层浮图一所，金盘灵刹，曜诸城内。作六牙白象负释迦在虚空中。……四月四日，此像常出，辟邪师子导引其前。吞刀吐火，[①]腾驤一面；綵幢上索，诡谲不常。奇伎異服，冠於都市。

① 范注，吞刀吐火，此言幻伎。《文选》张衡《西京赋》："吞刀吐火，云雾杳冥。"《太平御览》卷 737 引崔鸿《北凉录》："元始十七年七月，西域贡吞刀吐火秘幻奇伎。"

修梵寺，在清阳门内御道北。修梵寺有金刚，鸠鸽不入，鸟雀不棲。菩提达磨[①]云："得[②]其真相也。"

① 范校，吴琯本、汉魏本、真意堂本、照旷阁本磨作摩，音同相通。

② 范校，《太平御览》卷 658，得上有"元精"二字。

（卷第一《城内》）

景明寺，宣武皇帝所立也。景明年中立，因以为名。……伽蓝之妙，最得称首。时世好崇福，四月七日，京师诸像皆来此寺。尚书祠曹录像凡有一千余躯。至八月（日），以次入宣阳门，向阊阖宫前受皇帝散花。於时金花映日，寶盖浮云，旛幢若林，香煙似雾。梵乐法音，聒动天地。百戏腾驤，所在骈比。名僧德众，负锡为羣；信徒法侣，持花成薮。车骑填咽，繁衍相倾。时有西域胡沙门见此，唱言佛国。

宣阳门外四里至洛水上作浮桥，所谓永桥也。……永桥以南，圜丘以北，伊、洛之间，夹御道有四夷馆。……自葱岭以西，至於大秦，百国千城，莫不欢附，商胡贩客，日奔塞下，所谓尽天地之区已。乐中国土风，因而宅者，不可胜数。是以附化之民，万有余家。……永桥南道東有白象、狮子二坊。白象者，永平二年，乾罗国[①]胡王[②]所献[③]，皆（背）施五綵屏风，七寶坐座，客数人，真是異物。常养象於乘黄曹，象常坏屋败牆，走出於外，逢树即拔，遇牆亦倒。百姓惊怖，奔走交驰。太后遂徙象於此坊。

① 范校，《太平广记》卷 441、元《河南志》卷 3 乾下有陁字。又本篇卷 5《宋云行纪》亦作“乾陀罗国”。

② 范校，《太平广记》卷 441、元《河南志》卷 3 皆无“胡王”二字。

③ 范注，《魏书·世宗纪》永平二年正月“壬辰，嚈哒、薄知国遣使来朝贡白象一”。此时乾陀罗国为嚈哒所灭，参见本篇卷 5《宋云行纪》。故《魏书》称嚈哒，此称乾陀罗，其实一也。

菩提寺，西域胡人所立也，在慕义里。

（卷第三《城南》）

白马寺，汉明帝所立也，佛入中国之始。寺在西阳门外三里御道南。帝梦金神长丈六，项背日月光明，金神（胡人）号曰佛。遣使向西域求之，乃得经像焉。时白马负〈经〉而来，因以为名。明帝崩，起祇洹於陵上。自此从（以）后，百姓塚上，或作浮图焉。寺上经函至今犹存。常烧香供养之，经函时放光明，耀於堂宇，是以道俗礼敬之，如仰真容。

法云寺，西域乌场国胡沙门僧(昙)摩罗所立也。在寳光寺西，隔牆並门。摩罗聪慧利根，学穷释氏，至中国，即晓魏言隶书，凡闻见，无不通解，是以道俗贵贱，同归仰之，作祇洹一所，工制甚精。佛殿僧房，皆为胡饰，丹素炫彩，金玉垂辉。摹写真容，似丈六之见鹿苑；神光壮丽，若金刚之在双林。伽蓝之内，花果蔚茂，芳草蔓合，嘉木被庭。京师沙门好胡法者，皆就摩罗受持之，戒行真苦，难可揄扬。祕呪神验，阎浮所无。呪枯树能生枝叶，呪人变为驴马，见之莫不忻怖。西域所賷舍利骨及佛牙、经像皆在此寺。

自退酤以西，张方沟以東，南临洛水，北达芒山，其间東西二里，南北十五里，並名为寿丘里，皇宗所居也，民间号为王子坊。……而河间王琛最为豪首。……琛为秦州刺史。……琛在秦州，多无政绩，遣使向西域求名马，远至波斯国，得千里马，号曰："追风赤驥。"次有七百里者十余匹，皆有名字。以银为槽，金为锁环，诸王服其豪富。……琛常会宗室，陈诸寳器，金瓶银甕百余口，瓯檠盘盒称是。自余酒器，有水晶钵、玛瑙〈盃〉、琉璃碗、赤玉卮数十枚，作工奇妙，中土所无，皆从西域而来。

融觉寺，清河文献王怿所立也。在阊阖门外御道南。有五层浮图一所，与冲觉寺齐等。佛殿僧房，充溢一里。比丘昙谟最善於禅学，讲《涅槃》、《花严》，僧徙(徒)千人。天竺国胡沙门菩提流支见而礼之，号为菩萨。流支解佛义，知名西土，诸夷号为罗汉。晓魏言及隶书，翻《十地》、《楞伽》及诸经论二十三部，虽石室之写金言，草堂之传真教，不能过也。流支读昙谟最《大乘义章》，每弹指讚嘆，唱言微妙，即为胡书写之，传之於西域。〈西域〉沙门常東向遥礼之，号昙谟最为東方圣人。

永明寺，宣武皇帝所立也。在大觉寺東。时佛法经像，盛於洛阳，異国沙门，咸来辐辏，负锡持经，适兹药（乐）土，世宗故立此寺以憩之。①房庑连亘，一千余间。庭列修竹，簷拂高松，奇花異草，骈阗堦砌。百国沙门三千余人，西域远者，乃至大秦国，尽天地之西垂，□〈耕耘〉绩纺，百姓野居，邑屋相望，衣服车马，拟仪中国。南中有歌营国，去京师甚远，风土隔绝，世不与中国交通；虽二汉及魏亦未曾至也。今始有沙门善（菩）提拔陀〈至焉〉，自云："北行一月日，至勾稚国。北行十一日，至孙典（典孙）国。从孙典（典孙）国北行三十日，至扶南国，方五千里，南夷之国，最为强大。民户殷多，出明珠金玉及水精珍異，饶槟榔。从扶南国北行一月，至林邑国。出林邑，入萧衍国。"拔陀至杨州，岁余，随杨州比丘法融来至京师。沙门问其南方风俗，拔陀云："古有（有古）奴调国，乘四轮马为车。斯调国出火浣布，以树皮为之。其树入火不燃。凡南方诸国，皆因城廓（郭）而居，多饶珍丽。民俗淳善，质直好义，亦与西国大秦、安息、身毒诸国交通往来，或三方四方，浮浪乘风，百日便至。率奉佛教，好生恶煞。"

① 范注，《通鑑》卷147："时佛教盛於洛阳，沙门之外，自西域来者三千余人，魏主别为之立永明寺千余间以处之。"

寺西有宜牛（年）里。里内有陈留王景皓、侍中安定公胡元吉等二宅。景皓者，河内（州）刺史陈留庄王祚之子，立性虚豁，少有大度，爱人好事，待物无遗。夙善玄言道家之业，遂舍半宅，安置佛徒，演唱大乘数部，並进京师大德超、光、𬀩、荣四法师，三藏胡沙门菩提流支等咸预其席。诸方伎术之士，莫不归赴。

（卷第四《域西》）

洛阳城東北有上高景（商里），殷之顽民所居处也。高祖名闻义里。……

闻义里有燉煌人宋云宅，云与惠生俱使西域也。神龜元年十一月冬，太后遣崇立寺比丘惠生向西域取经，凡得一百七十部，皆是大乘妙典。

初发京师，西行四十日，至赤岭，即国之西疆也，皇魏关防正在於此。赤岭者不生草木，因以为名。其山有鸟鼠同穴，異种共类，鸟雄鼠雌，共为阴阳，即所谓鸟鼠同穴。

发赤岭西行二十三日，渡流沙，至土谷浑国。路中甚寒，多饶风雪，飞沙走砾，举目皆满，唯土谷浑城左右煖於余处。其国有文字，況同魏。风俗政治，多为夷法。

从土谷浑西行三千五百里，至鄯善城。其城自立王为土谷浑所吞。今城〈内主〉是土谷浑第二息宁西将军总部落三千以禦西胡。

从鄯善西行一千六百四十里，至左末城。城中居民可有百家，土地无雨，决水种麦，不知用牛，耒耜而田。□〈城〉中国（图）佛与菩萨，乃无胡貌。访古老，云是吕光伐胡所作。

从左末城西行一千二百七十五里至末城。城傍花果似洛阳，惟土屋平头为異也。

从末城西行二十二里至捍麽城。南十五里有一大寺，三百余众僧。有金像一躯。举高丈六，仪容超绝，相好炳然，面恆東立，不肯西顾。《父老传》云：此像本从南方腾空而来，于阗国王亲见礼拜，载像归。中路夜宿，忽然不见。遣人寻之，还来本处。即起塔，封四百户，供洒扫户。人有患，以金箔贴像，所患处即得阴愈。后人於像边造丈六像者，及诸宫塔乃至数千，悬綵幡盖亦有万计，魏国之幡过半矣。幅上隶书云太和十九年、景明二年，延昌二年。唯有一幅，观其年号，是姚秦时幡。

从捍麽城西行八百七十八里，至于阗国。王头著金冠似雞帻,头后垂二尺生绢,广五寸以为饰。威仪有鼓角金钲,弓箭一具,戟二枝,槊五张。左右带刀不过百人。其俗妇人袴衫束带,乘马驰走,与丈夫无異。死者以火焚烧,收骨葬之,上起浮图。居丧者翦髮劈面为哀戚。髮长四寸,即就平常。唯王死不烧,置之棺中,远葬於野,立庙祭祀,以时思之。

于阗王不信佛法,有商将一比丘石(名)毗庐旃在城南杏树下,向王伏罪云:"今輙将吳(異)国沙门来在城南杏树下。"王闻忽怒,即往看毗庐旃。旃语王曰:"如来遣我来,令王造覆盆浮图一躯,使王祚永隆。"王言:"令我见佛,当即从命。"毗卢旃鸣钟告佛,即遣罗睺罗变形为佛,从空而现真容。王五体投地,即於杏树下置立寺舍,画作罗睺罗像,忽然自灭。于阗王更作精舍笼之,令覆甕之影恒出屋外。见之者无不回向。其中有辟支佛靴,於今不烂,非皮非(缯),莫能审之。

案于阗境東西不过三千余里。

神龜二年七月二十九日入朱驹波国。人民山居,五穀甚丰。食则麵麦,不立屠煞。食肉者以自死肉。风俗言音与于阗相似;文字与波[①]罗门同。其国疆界可五日行遍。

① 范校,波字,吳琯本、汉魏本作婆。

八月初入汉盘陀国界。西行六月(日),登葱岭山。复西行三日,至钵盂城,三日至不可依山,其处甚寒,冬夏积雪。山中有池,毒龙居之。昔有商人止宿池侧,值龙忿怒,呪煞商人。盘陀王闻之,舍位与子,向乌场国学婆罗门呪。四年之中,尽得其术。还复王位,复呪池龙。龙变为人,悔过向王。即徙之葱岭山,去此池二千余里。今日国王十三世祖。自此以西,山路欹侧,长坂千里,悬崖万仞,极天之阻,实在於斯。太行、孟门,匹兹非险;崤关、垅坂,方此则夷。

自发葱岭，步步渐高。如此四月，乃得至岭；依约中下，实半天矣！

汉盘陀国正在山顶。自葱岭已西，水皆西流。世人云是天地之中。人民决水以种，闻中国田待雨而种，笑曰："天何由可共期也？"

城東有孟津河，東北流向沙勒。

葱岭高峻，不生草木。是时八月，天气已冷，北风驱雁，飞雪千里。

九月中旬入钵和国。高山深谷，嶮道如常。国王所住，因山为城。人民服饰，惟有毡衣。地土甚寒，窟穴而居。风雪劲切，人畜相依。国之南界，有大雪山，朝融夕结，望若玉峯。

十月之初，至嚈哒国。[①]土田庶衍，山泽弥望。居无城郭，游军而治。以毡为屋，随逐水草，夏则随凉，冬则就温。乡土不识文字，礼教俱阙。阴阳运转，莫知其度。年无盈闰，月无大小，用十二月为一风。受诸国贡献，南至牒罗，北尽勑懃，東被于阗，西及波斯，四十余国皆来朝贺。王张大毡帐，方四十步，周迴以氍毹为壁。王著锦衣，坐金牀，以四金凤凰为牀脚。见大魏使人，再拜跪受诏书。至於设会，一人唱，则客前；后唱则罢会。惟有此法，不见音乐。嚈哒国王妃亦著锦衣，垂地三尺，使人擎之。头带一角，长八尺，奇长三尺，以玫瑰五色装饰其上。王妃出则与(舆)之，入坐金牀，以六牙白象四狮子为牀。自余大臣妻皆随伞，头亦似有角，团圆垂下，状似竇盖。观其贵贱，亦有服章。四夷之中，最为强大。不信佛法，多事外神，煞生血食，器用七竇。诸国奉献，甚饶珍異。按嚈哒国去京师二万余里。

① 范校、吴琯本，汉魏本、照旷阁本作嚈，下同。

十一月初入波斯国。境土甚狭，七日行过。人民山居，资业穷煎。风俗凶慢，见王无礼。国王出入，从者数人。其国有水，昔日甚浅，后山崩截流，变为二池。毒龙居之，多有災異。夏喜暴雨，冬则积雪，行人由之多致难艰。雪有白光，照耀人眼，令人闭目，茫然无见。祭祀龙王，然后平复。

十一月中旬，入赊弥国。此国渐出葱岭，土田峣崅，民多贫困。峻路危道，人马仅通。一直一道，从钵卢勒国向乌场国，铁锁为桥，县虚为渡，下不见底，旁无挽捉，倏忽之间，投躯万仞，是以行者望风谢路耳！

十二月初，入乌场国。北接葱岭，南连天竺，土气和暖，地方数千。民物殷阜，疋临淄之神州；原田膴膴，等咸阳之上土。鞞罗施儿之所，萨埵投身之地，旧俗虽远，土风犹存。国王精食（进），菜食长齋，晨夜礼佛。击鼓吹贝，琵琶箜篌，笙箫备有。日中已后，始治国事。假有死罪，不立煞刑，唯从（徙）空山，任其饮啄。事涉疑似，以药服之，清浊则验；随事轻重，当时即决。土地肥美，人物丰饶，百穀尽登，五果繁熟，夜闻钟声，遍满世界。土饶異花，冬夏相接，道俗採之，上佛供养。国王见宋云，云大魏使来，膜拜受诏书。闻太后崇奉佛法，即面東合掌，遥心顶礼。遣解魏语人问宋云曰："卿是日出人也？"宋云答曰："我国東界有大海水，日出其中，实如来旨。"王又问曰："彼国出圣人否？"宋云具说周、孔、庄、老之德，次序蓬莱山上银阙金堂，神仙圣人並在其上；说管辂善卜，华陀治病，左慈方术，如此之事，分别说之。王曰："若如卿言，即是佛国。我当命终，愿生彼国。"

宋云於是与惠生出城外，寻如来教跡。水東有佛晒衣处。初，如来在乌场国行化，龙王瞋怒，兴大风雨，佛僧迦梨表里通湿。雨止，佛在石下，東面而坐，晒袈裟。年岁虽久，彪炳若新，非直条缝明见，至於细缕亦新（彰）。乍往观之，如似未彻；假令刮削，其文转明。佛坐处及晒衣所，並有塔记。水西有池，龙王居之。池边有一寺，五十余僧。龙王每作神变，国王祈请，以金玉珍寶投之池中；在后湧出，令僧取之。此寺衣食，待龙而济，世人名曰龙王寺。

王城北八十里，有如来履石之跡，起塔笼之。履石之处，若水践泥，量之不定，或长或短。今立寺，可七十余僧。塔南二十步有泉石。佛本清淨，嚼杨枝植地即生；今成大树，胡名曰婆楼。

城北有陀罗寺，佛事最多。浮图高大，僧房逼侧，周匝金像六千驱。王年常大会，皆在此寺，国内沙门，咸来云集。宋云、惠生见彼比丘戒行精苦，观其风范，特加恭敬，遂舍奴婢二人，以供洒扫。

去王城東南，山行八日，如来苦行投身饿虎之处。高山笼（巃）嵸，危岫入云；嘉木灵芝，丛生其上。林泉婉丽，花綵曜目。宋云与惠生割舍行资，於山顶造浮图一所，刻石隶书，铭魏功德。山有收骨寺，三百余僧。

王城南一百余里，有如来昔作摩休国，剥皮为纸，拆骨为笔处，阿育王起塔笼之，举高十丈。拆骨之处，髓流着石，观其脂色，肥腻若新。

王城西南五百里有善持山。甘泉美果，见於经纪。山谷和暖，草木冬青。当时太簇御辰，温炽已扇，鸟鸣春树，蝶舞花丛。宋云远在绝域，因矚此芳景，归怀之思，独轸中肠，遂动旧疹，缠绵经月，得婆罗门呪，然后平善。山项東南有太子石室，一口两房。太子室前十步有大方石，云太子常坐其上。阿育王起塔记之。塔南一里，太子草庵处。去塔一里，東北下山五十步，有太子男女遶树不去，婆罗门以杖鞭之，流血洒地处。其树犹存，洒血之处，今为泉水。室西三里，天帝释化为师子，当路蹲坐，遮嫚姑之处。石上毛尾爪跡，今悉炳然。阿周陀窟及门子供养盲父母处，皆有塔记。山中有昔五百罗汉牀，南北两行，相向坐处，其次第相对。有大寺，僧徒二百人。太子所食泉水北有寺，恒以驴数头运粮上山，无人驱逐，自然往还；寅发午至，每及中飡。此是护塔神湿婆僊使之然。此寺昔日有沙弥常除灰，目（因）入神定，维那輓之，不觉皮连骨离，湿婆僊代沙弥除灰处。国王与湿婆僊立庙，图其形像，以金传之。隔山岭有婆奸寺，夜叉所造，僧徒八十人。云罗汉夜叉常来供养，洒扫取薪；凡俗比丘不得在寺。大魏沙门道荣至此礼拜而去，不敢留停。

至正光元年四月中旬入乾陀罗国，土地亦与乌场国相似，本名业波罗国，为嚈哒所灭，遂立敕懃为王，治国以来，已经二世。立性凶暴，多行煞戮；不信佛法，好祀鬼神。国中人民悉是婆罗门种，崇奉佛教，好读经典，忽得此王，深非情愿。自恃勇力，与罽（罽）宾争境，连兵战鬭，已历三年。王有鬭象七百头，一负十人，手持刀楂；象鼻缚刀，与敌相击。王常停境上，终日不归；师老民劳，百姓嗟怨。宋云诣军，通诏书。王凶慢无礼，坐受诏书。宋云见其远夷不可制，任其倨傲，莫能责之。王遣传事谓宋云曰："卿涉诸国，经过险路，得无劳苦也？"宋云答曰："我皇帝深味大乘，远求经典，道路虽险，未敢言疲。大王亲总三军，远临边境，寒暑骤移，不无顿弊？"王答曰："不能降服小国，愧卿此问。"宋云初谓王是夷人，不可以礼责，任其坐受诏书；及亲往复，乃有人情。遂责之曰："山有高下，冰（水）有大小，人处世间，亦有尊卑。嚈哒、乌场王並拜受诏书，大王何独不拜？"王答曰："我见魏主则拜，得书坐读，有何可怪？世人得父母书，犹自坐读。大魏如我父母，我一坐读书，於理无失。"云无以屈之。遂将云至一寺，供给甚薄。时跋提国送狮子儿两头与乾陀罗王，云等见之，观其意气雄猛，中国所画，莫参其仪。

於是西行五日，至如来舍头施人处。亦有塔寺，二十余僧。

复西行三月(日),至辛头大河,河西岸有如来作摩竭大鱼从河而出,十二年□〈中〉以肉济人处,起塔为记,石上犹有鱼鳞纹。复西行十三日,至佛沙伏城。川原沃壤,城郭端直,民户殷多,林泉茂盛。土饶珍寳,风俗淳善。其城内外,凡有古寺,名僧德众,道行高奇。城北一里有白象宫。寺内佛事皆是石像,装严极丽,头数甚多,通身金箔,眩耀人目。寺前繋白象树,此寺之兴,实由兹焉。花叶似枣,季冬始熟。父老传云:"此树灭,佛法亦灭。"寺内图太子夫妻以男女乞婆罗门像,胡人见之,莫不悲泣。

复西行一日,至如来挑眼施人处。亦有塔寺,寺石上有伽叶佛跡。复西行一日,乘船渡一深水,三百余步。复西南行六十里,至乾陀罗城。東南七里有雀离浮图。《道荣传》云:"城東四里。"推其本源,乃是如来在世之时,与弟子遊化此土,指城東曰:"我入涅槃后三百年,有国王名伽尼色伽,此处起浮图。"佛入涅槃后二百年来,果有国王字伽尼色伽,出遊城東,见四童子累牛粪为塔,可高三尺,俄然即失。《道荣传》云:"童子在虚空中向王说偈。"王怪此童子,即作塔笼之。粪塔渐高,挺出於外,去地四百尺然后止。王始更广塔基三百余步。《道荣传》云:"三百九十步。"从此构木,始得齐等。《道荣传》云:"其高三丈。悉用文木(石)为陛,阶砌栌栱,上构众木,凡十三级。"上有铁柱,高三〈百〉尺,金槃十三重,合去地七百尺。《道荣传》云:"铁柱八十八尺,八十围,金盘十五重,去地六十三丈二尺。"施功既讫,粪塔如初。在大塔南三步。婆罗门不信是粪,以手探看,遂作一孔。年岁虽久,粪犹不烂,以香泥填孔,不可充满,今〈有〉天宫笼盖之。雀离浮图自作以来,三经天火所烧,国王脩之,还复如故。父老云:"此浮图天火所(七)烧,佛法当灭。"《道荣传》云:"王修浮图,木工既讫,犹有铁柱,无有能上者。王於四角起大高楼，多置金银及诸賨物，王与夫人及诸王子悉在上烧香散花，至心精神，然后辘轳绞索，一举便到，故胡人皆云四天王助之。若其不尔，实非人力所能举。”塔内物（佛）事，悉是金玉，千变万化，难得而称。旭日始开，则金盘晃朗；微风渐发，则賨铎和鸣，西域浮图，最为第一。此塔初成，用真珠为罗网，覆於其上。后数年，王乃思量，此珠网价值万金，我崩之后，恐人侵夺；复虑大塔破坏，无人修补，即解珠网，以铜镬盛之。在塔西北一百步，掘地埋之，上种树，树名菩提，枝条四布，密叶蔽天。树下四面坐像，各高丈五，恆有四龙典掌此珠。若兴心欲取，则有祸变。刻石为铭，嘱语将来，若此塔坏，劳烦后贤，出珠修治。

雀离浮图南五十步有一石塔，其形正圆，高二丈，甚有神变，能与世人表吉凶，触之，若吉者，金铃鸣应；若凶者，假令人摇撼，亦不肯鸣。惠生既在远国，恐不吉反，遂礼神塔，乞求一验，於是以指触之，铃即鸣应。得此验，用慰私心，后果得吉反。

惠生初发京师之日，皇太后勅付五色百尺幡千口、锦香袋五百枚，王公卿士幡二千口。惠生从于阗至乾陀，所有佛事〈处〉悉皆流布，至此顿尽，惟留太后百尺幡一口，拟奉尸毘王塔。宋云以奴婢二人奉雀离浮图，永充洒扫。惠生遂减割行资，妙简良匠，以铜摹写雀离浮图仪一躯及释迦四塔变。

於是西北行七日，渡一大水，至如来为尸昆（毘）王救鸽之处，亦起塔寺。昔尸昆（毘）王仓库为火所烧，其中粳米燋然，至今犹在。若服一粒，永无疟患。彼国人民须禁日取之。《道荣传》云：“至那伽罗阿国，有佛顶骨，方圆四寸，黄白色；下有孔，受人手指，闪然似仰蜂窝。至耆贺滥寺，有佛袈装（裟）十三条，以尺量之，或短或长。复有佛锡杖，长丈七，以水筩盛之，金箔其上。此杖轻重不定，值有重〈时〉，百人不举；值有轻时,二人胜之。那竭城中有佛牙、佛髪,並作竇函盛之,朝夕供养。至瞿罗罗鹿见佛影,入山窟十五步,四面向户,遥望则众相炳然,近看暝然不见。以手摩之,唯有石壁,渐渐却行,始见其相。容颜挺特,世所希有。窟前有方石,石上有佛跡。窟西南百步,有佛浣衣处。窟北一里有目连窟。窟北有山,山下有六佛手作浮图,高十丈,云此浮图陷(陷)入地,佛法当灭。並为七塔,七塔南石铭,云如来手书。胡字分明,於今可识焉。"

惠生在乌场国二年,西胡风俗,大同小異,不能具录。至正元(光)二(三)年二月,始还天阙。衒之按惠生《行纪》事多,不尽录,今依《道荣传》、《宋云家纪》,故並载之,以备缺文。

(卷第五《城北》)

十五、魏書

正平元年春正月,……罽宾、迷密诸国各遣使朝献。

(卷四下《世祖纪》下)

兴安二年冬十有二月,……罽宾等十余国各遣使朝贡。

太安五年,五月,居常国①遣使朝献。

① 参考陈连庆《魏书本纪中所见印巴次大陆考实》(《敦煌学辑刊》1984年第2期)一文。

和平元年冬十月,居常王献驯象三。

(卷五《高祖纪》)

太和元年九月庚子,车多罗、西天竺、舍卫、疊伏罗诸国各遣使朝贡。……十有一月,闰月癸亥,粟提婆国②遣使朝献。

② 同①。

(卷七上《高祖纪》上)

太和十三年八月戊子，……中尺国[3]遣使朝贡。

③ 同①。

（卷七下《高祖纪》下）

是岁（景明三年），疏勒、罽宾、婆罗捺、乌苌、阿喻陁、罗婆、不崙、陁拔罗、弗波女提、斯罗、哒舍、伏耆奚那太、罗槃、乌稽、悉万斤、朱居槃、诃盘陁、拨斤、厌味、朱沴洛、南天竺持沙那斯头诸国[1]並遣使朝贡。

① 本篇採自标点本（中华书局1974年6月版），本段校勘说明如下：按以上"诸国"，除见於史籍《西域传》外，很难确知，今比对见於此《纪》他处和《西域传》"诸国"，凡可以推知者加标線。"婆罗捺"当即见於永平二年十二月及四年九月之"波罗"，亦即御览卷793之"波罗奈"。"阿喻陁"当即见於正始四年十一月之"阿与陁"，永平四年正月之"阿悦陁"。"不崙"即见於正始四年十二月之"钵崙"。"陁拔罗"当即正始四年十一月之"陁跋吐罗"。"斯罗"又见於永平元年三月，位与"诸国"之首，知此处不与上"提"字连，"哒舍"即见於永平四年六月之"达舍"。"罗槃"疑即见於正始四年十一月之"呵罗槃"，这里脱"呵"字或省译。"朱居槃"即《西域传》之"患居半"及"朱居"。"诃盘陁"当即《西域传》之"渴槃陁"，《洛阳伽蓝记》载《宋云行纪》之"汉盘陁"。"拨斤"疑即见於《隋书》卷83《西域传》之"鏺汗"，"汗"讹"斤"。"厌味"疑是"嚈哒"之讹。"罗婆"、"乌稽"、"朱沴洛"虽无从比对，由於各自介於二者之间，亦加标断。其他"弗波女提"、"伏耆奚那太"、"持沙那头斯"四五个字连在一起，不知是一地或二地名，无从加标，姑从阙疑。以下，均从此例。

景明四年夏四月庚寅，南天竺国献辟支佛牙。

正始四年六月丁未，社兰达那罗[1]、舍弥、比罗直诸国並遣使朝献。……九月甲子，疏勒车勒阿驹[2]、南天竺、婆罗等诸国遣使朝献。冬十月丁巳，高丽、半社、悉万斤、可流伽、比沙……等诸国並遣使朝献。……辛未，嚈哒、波斯、渴盘陁、渴文提不那杖忸杖提[③]等诸国，並遣使朝献。十有一月己酉，阿与陁、呵罗槃、陁跋吐罗诸国並遣使朝献。十有二月丁丑，钵崙、波利伏佛肓善、乾达诸国遣使朝贡。

①②③ 参考陈连庆《魏书本纪中所见印巴次大陆考实》(《敦煌学辑刊》)1984年第2期)一文。

永平元年二月辛未，勿吉、南天竺国並遣使朝献。三月己亥，斯罗、阿陁比罗、阿夷义多、婆那伽……诸国並遣使朝献。秋七月辛卯……汗畔、罽宾诸国並遣使朝献。

永平二年春正月，丁亥，胡密、步就磨、忸密、槃是、悉万斤、辛豆那、越拔忸诸国並遣使朝献。……三月癸未，磨豆罗……地伏罗[④]诸国並遣使朝献。……十有二月……疊伏罗、弗菩提、朝陁咤、波罗诸国並遣使朝献。

④ 同①②③。

永平三年九月壬寅，乌苌、伽秀沙尼诸国並遣使朝献。

永平四年正月甲子，阿悦陁、不数罗国並遣使朝献。……三月癸卯，婆比幡弥、乌苌、比地、乾达诸国並遣使朝献。……六月乙亥，乾达、阿婆罗、达舍、越伽使密、不流沙诸国並遣使朝献。八月辛未，阿婆罗、达舍、越伽使密，不流沙等诸国並遣使朝献。……九月甲寅，……嚈哒、朱居槃、波罗、莫伽陁、移婆仆罗、俱萨罗、舍弥、羅乐陁等诸国並遣使朝献。冬十月丁丑，婆比幡弥、乌苌、比地、乾达等诸国並遣使朝献。十有一月戊申，难地、伏罗国並遣使朝献。十有二月戊子，大罗汗、婆来伽国遣使朝献。

延昌三年，十有一月庚戌，南天竺、佐越费实诸国並遣使朝献。

（卷八《世宗纪》）

熙平二年春正月癸丑，地伏罗、罽宾国並遣使朝献。……夏四月甲午，高丽、……嚈哒诸国並遣使朝献。……秋七月乙丑，地伏罗、罽宾国並遣使朝献。

神龜元年秋七月丁未，波斯、……乌苌……诸国並遣使朝献。

正光二年五月乙酉，乌苌国遣使朝贡。闰月乙巳，居密、波斯国並遣使朝贡。

孝昌二年二月，是月，疊伏罗国遣使朝贡。

（卷九《肃宗纪》）

顺既使还，世祖问与蒙逊往复之辞，及蒙逊政教得失。顺曰："蒙逊专威河右三十许年，经涉艰难，粗识机变，又绥集荒陬，远人颇亦畏服，虽不能贻厥孙谋，犹足以终其一世。前岁表许十月送昙无谶，及臣往迎，便乖本意。不忠不信，於是而甚。礼者身之舆，敬者行之本。未有无礼不敬而能久享福禄。以臣观之，不复周矣。"

初，蒙逊有西域沙门昙无谶，微有方术。世祖诏顺令蒙逊送之京邑。顺受蒙逊金，听其杀之。

（卷三十六《李顺列传》）

景裕虽不聚徒教授，所注易大行於世。又好释氏，通其大义。天竺胡沙门道悕每论诸经论，辄託景裕为之序。

（卷八十四《儒林列传·卢景裕》）

始罽宾沙门曰昙无谶，東入鄯善，自云"能使鬼治病，令妇人多子"，与鄯善王妹曼头陀林私通。发觉，亡奔凉州。蒙逊宠之，号曰"圣人"。昙无谶以男女交接之术教授妇人，蒙逊诸女、子妇皆往受法。世祖闻诸行人，言昙无谶之术，乃召昙无谶。蒙逊不遣，遂发露其事，拷讯杀之。

（卷九十九《沮渠蒙逊列传》）

……慕利延遂入于阗国，杀其王，死者数万人，南征罽宾。遣使通刘义隆求援，献乌丸帽、女国金酒器、胡王金钏等物，义隆赐以牵车。

（卷一百一《吐谷浑列传》）

太延中，魏德益以远闻，西域……诸国王始遣使来献。……於是始遣行人王恩生、许纲等西使，恩生出流沙，为蠕蠕所执，竟不果达。又遣散骑侍郎董琬、高明等多賫锦帛，出鄯善，招抚九国，厚赐之。

始琬等使还京师，具言凡所经见及传闻傍国，云：西域自汉武时五十余国，后稍相並。至太延中，为十六国，分其地为四域。自葱岭以東，流沙以西为一域；葱岭以西，海曲以東为一域；者舌以南，月氏以北为一域；两海之间，水泽以南为一域。内诸小渠长盖以百数。其出西域本有二道，后更为四：出自玉门，渡流沙，西行二千里至鄯善为一道；自玉门渡流沙，北行二千二百里至车师为一道；从莎车西行一百里至葱岭，葱岭西一千三百里至伽倍为一道；自莎车西南五百里葱岭，西南一千三百里至波路为一道焉。自琬所不传而更有朝贡者，纪其名，不能具国俗也。其与前使所異者录之。

鄯善国，都打泥城，古楼兰国也。……会魏使者自天竺、罽宾还，俱会鄯善。

权於摩国，故乌秅国也。其王居乌秅城，在悉居半西南，去代一万二千九百七十里。

焉耆国，……文字与婆罗门同。俗事天神，並崇信佛法。尤重二月八日、四月八日，是日也，其国咸依释教，斋戒行道焉。

迷密国，都迷密城，在者至拔西，去代一万二千六百里。正平元年，遣使献一峯黑橐陀。其国東有山，名郁悉满，山出金玉，亦多铁。

伽倍国,故休密翕侯。都和墨城,在莎车西,去代一万三千里。人居山谷间。

折薛莫孙国,故双靡翕侯。都双靡城,在伽倍西,去代一万三千五百里。人居山谷间。

钳敦国,故贵霜翕侯。都护澡城,在折薛莫孙西,去代一万三千五百六十里。人居山谷间。

弗敌沙国,故肸顿翕侯。都薄茅城,在钳敦西,去代一万三千六百六十里。居山谷间。

阎浮谒国,故高附翕侯。都高附城,在弗敌沙南,去代一万三千七百六十里。居山谷间。

大月氏国,都卢监氏城,在弗敌沙西,去代一万四千五百里。北与蠕蠕接,数为所侵,送西徙都薄罗城,去弗敌沙二千一百里。其王寄多罗勇武,遂兴师越大山,南侵北天竺,自乾陁罗以北五国尽役属之。世祖时,其国人商贩京师,自云能铸石为五色瑠璃,於是採矿山中,於京师铸之。既成,光泽乃美於西方来者。乃诏为行殿,容百余人,光色映彻,观者见之,莫不惊骇,以为神明所作。自此中国瑠璃遂贱,人不复珍之。

安息国,……在大月氏西北,去代二万一千五百里。

阿钩羌国,在莎车西南,去代一万三千里。国西有县度山,其间四百里中,往往有栈道,下临不测之渊,人行以绳索相持而度,因以名之。土有五穀诸果。市用钱为货。居止立宫室。有兵器。土出金珠。

波路国,在阿钩羌西北,去代一万三千九百里。其地湿热,有蜀马,土平,物产国俗与阿钩羌同。

小月氏国,都富楼沙城。其王本大月氏王寄多罗子也。寄多罗为匈奴所逐,西徙后令其子守此城,因号小月氏焉。在波路西南,去代一万六千六百里。先居西平、张掖之间,被服颇与羌同。其俗以金银钱为货。随畜牧移徙,亦类匈奴。其城東十里有佛塔,周三百五十步,高八十丈。自佛塔初建,计至武定八年,八百四十二年,所谓“百丈佛图”也。

罽宾国,都善见城,在波路西南,去代一万四千二百里。居在四山中。其地東西八百里,南北三百里。地平温和。有苜蓿、杂草、奇木、檀、槐、梓、竹。种五榖,粪园田。地下湿,生稻。冬食生菜。其人工巧,雕文、刻镂、织罽。有金银铜锡以为器物。市用钱。他畜与诸国同。每使朝献。

南天竺国,去代三万一千五百里。有伏丑城,周帀十里,城中出摩尼珠、珊瑚。城東三百里有拔赖城,城中出黄金、白真檀、石蜜、蒲萄。土宜五榖。世宗时,其国王婆罗化遣使献骏马、金、银,自此每使朝贡。

疊伏罗国,去代三万一千里。国中有勿悉城。城北有盐奇水,西流。有白象,並有阿末黎,木皮中织作布。土宜五榖。世宗时,其国王伏陀末多遣使献方物,自是每使朝贡。

拔豆国,去代五万一千里。東至多勿当国,西至旃那国,中间相去七百五十里;南至罽陵伽国[①],北至弗那伏且国,中间相去九百里。国中出金、银、杂寳、白象、水牛、氂牛、蒲萄,五果。土宜五榖。

① 参陈连庆《魏书本纪中所见印巴次大陆考实》(《敦煌学辑刊》1984年第2期)一文。

嚈哒国,大月氏之种类也,亦曰高车之别种,其原出於塞北。自金山而南,在于阗之西,都乌许水南二百余里,去长安一万一百里。其王都拔底延城,盖王舍城也。其城方十里余,多寺塔,皆饰以金。风俗与突厥略同。其俗兄弟共一妻,夫无兄弟者其妻戴一角帽,若有兄弟者依其多少之数,更加角焉。衣服类加以缨络。头皆剪髮。其语与蠕蠕、高车及诸胡不同。

众可十万。无城邑，依随水草，以毡为屋，夏迁凉土，冬逐暖处。分其诸妻，各在别所，相去或二百、三百里。其王巡历而行，每月一处，冬寒之时，三月不徙。王位不必传子，子弟堪任，死便授之。其国无车有舆。多驼马。用刑严急，偷盗无多少皆腰斩，盗一责十。死者，富者累石为藏，贫者掘地而埋，随身诸物，皆置冢内。其人兇悍，能鬬战。西域康居、于阗、沙勒、安息及诸小国三十许皆役属之，号为大国。与蠕蠕婚姻。自太安以后，每遣使朝贡。正光末，遣使贡师子一，至高平，遇万俟丑奴反，因留之。丑奴平，送京师。永熙以后，朝献遂绝。其国南去漕国千五百里，東去瓜州六千五百里。

初，熙平中，肃宗遣王伏子统宋云、沙门法力等使西域，访求佛经。时有沙门慧生者亦与俱行，正光中还。慧生所经诸国，不能知其本末及山川里数，盖举其略云。

朱居国，在于阗西。……役属嚈哒。

渴槃陁国，在葱岭東，朱驹波西。……附於嚈哒。

钵和国，在渴槃陁西。……有二道，一道西行向嚈哒，一道西南趣乌苌。亦为嚈哒所统。

赊弥国，在波知之南。山居。不信佛法，专事诸神。亦附嚈哒。東有钵卢勒国，路嶮，缘铁锁而度，下不见底。熙平中，宋云等竟不能达。

乌苌国，在赊弥南。北有葱岭，南至天竺。婆罗门胡为其上族。婆罗门多解天文吉凶之数，其王动则访決焉。土多林果，引水灌田，丰稻麦。事佛，多诗寺塔，事极华丽。人有爭诉，服之以药，曲者发狂，直者无恙。为法不杀，犯死罪唯徙於灵山。西南有檀特山，山上立寺，以驴数头运食，山下无人控御，自知往来也。

乾陀国，在乌苌西，本名业波，为嚈哒所破，因改焉。其王本是敕勒，临国已二世矣。好征战，与罽宾鬬，三年不罢，人怨苦之。有鬬象七百头，十人乘一象，皆执兵杖，象鼻缚刀以战。所都城東南七里有佛塔，高七十丈，周三百步，即所谓“雀离佛图”也。

康国者，康居之后也。迁徙无常，不恒故也，自汉以来，相承不绝。其王本姓温，月氏人也。旧居祁连山北昭武城，因被匈奴所破，西逾葱岭，遂有其国。……名为强国，西域诸国多归之。米国、史国、曹国、何国、安国、小安国、那色波国、乌那曷国、穆国皆归附之。有胡律，置於祆祠，将决罚，则取而断之。

（卷一百二《西域列传》）

案汉武元狩中，遣霍去病讨匈奴，至皋兰，过居延，斩首大获。昆邪王杀休屠王，将其众五万来降。获其金人，帝以为大神，列於甘泉宫。金人率长丈余，不祭祀，但烧香礼拜而已。此则佛道流通之渐也。

及开西域，遣张骞使大夏还，传其旁有身毒国，一名天竺，始闻有浮屠之教。哀帝元寿元年，博士弟子秦景宪受大月氏王使伊存口授浮屠经。中土闻之，未之信了也。后孝明帝夜梦金人，项有日光，飞行殿庭，乃访羣臣，傅毅始以佛对。帝遣郎中蔡愔、博士弟子秦景等使於天竺，写浮屠遗范。愔仍与沙门摄摩腾、竺法兰東还洛阳。中国有沙门及跪拜之法，自此始也。愔又得佛经《四十二章》及释迦立像。明帝令画工图佛像，置清凉台及显节陵上，经缄於兰台石室。愔之还也，以白马负经而至，汉因立白马寺於洛城雍门西。摩腾、法兰咸卒於此寺。

浮屠正号曰佛陀，佛陀与浮图声相近，皆西方言，其来转为二音。华言译之则谓淨觉，言灭秽成明，道为圣悟。凡其经旨，大抵言生生之类，皆因行业而起。有过去、当今、未来，历三世，识神常不灭。凡为善恶，必有报应。渐积胜业，陶冶粗鄙，经无数形，澡练神明，乃致无生而得佛道。其间阶次心行，等级非一，皆缘浅以至深，藉微而为著。率在於积仁顺，蠲嗜慾，习虚静而成通照也。故其始修心则依佛、法、僧，谓之三归，若君子之三畏也。又有五戒，去杀、盗、淫、妄言、饮酒，大意与仁、义、礼、智、信同，名为異耳。云奉持之，则生天人胜处，亏犯则坠鬼畜诸苦。又善恶生处，凡有六道焉。

诸服其道者，则剃落鬚髪，释累辞家，结师资，遵律度，相与和居，治心修淨，行乞以自给。谓之沙门，或曰桑门，亦声相近，总谓之僧，皆胡言也。僧，译为和命众，桑门为息心，比丘为行乞。俗人之信凭道法者，男曰优婆塞，女曰优婆夷。其为沙门者，初修十诫，曰沙弥，而终於二百五十，则具足成大僧。妇入道者曰比丘尼。其诫至於五百，皆以□[①]为本，随事增数，在於防心、摄身、正口。心去贪、忿、癡，身除杀、淫、盗，口断妄、杂、诸非正言，总谓之十善道。能具此，谓之三业清淨。凡人修行粗为极。云可以达恶善报，渐阶圣跡。初阶圣者，有三种人，其根业各差，谓之三乘，声闻乘、缘觉乘、大乘。取其可乘运以至道为名。此三人恶跡已尽，但修心盪累，济物进德。初根人为小乘，行四谛法；中根人为中乘，受十二因缘；上根人为大乘，则修六度。虽阶三乘，而要由修进万行，极度亿流，弥历长远，乃可登佛境矣。

① 本篇採自标点本（中华书局 1974 年版），按校勘记说明如下：百衲本空格作墨钉，北、汲、殿三本注“阙”，南本、局本作“五戎”，按南本当是以意补，今作空格。

所谓佛者，本号释迦文者，译言能仁，谓德充道备，堪济万物也。释迦前有六佛，释迦继六佛而成道，处今贤劫。文言将来有弥勒佛，方继释迦而降世。释迦即天竺迦维卫国王之子。天竺其总称，迦维别名也。初，释迦於四月八日夜，从母右脅而生。既生，姿相超異者三十二种。天降嘉瑞以应之，亦三十二。其《本起经》说之备矣。释迦生时，当周庄王九年。《春秋》鲁庄公七年夏四月，恒星不见，夜明，是也。至魏武定八年，凡一千二百三十七年云。释迦年三十成佛，导化羣生，四十九载，乃於拘尸那城娑罗双树间，以二月十五日而入般涅槃。涅槃译云灭度，或言常乐我淨，明无迁谢及诸苦累也。

诸佛法身有二种义，一者真实，二者权应。真实身，谓至极之体，妙绝拘累，不得以方处期，不可以形量限，有感斯应，体常湛然。权应身者，谓和光六道，同尘万类，生灭随时，修知应物，形由感生，体非实有。权形虽谢，真体不迁，但时无妙感，故莫得常见耳。明佛生非实生，灭非实灭也。佛既谢世，香木焚尸。灵骨分碎，大小如粒，击之不坏，焚亦不燋，或有光明神验，胡言谓之“舍利”。弟子收奉，置之寳瓶，竭香花，致敬慕，建宫宇，谓为“塔”。塔亦胡言，犹宗庙也，故世称塔庙。於后百年，有王阿育，以神力分佛舍利，役诸鬼神，造八万四千塔，布於世界，皆同日而就。今洛阳、彭城、姑臧、临淄皆有阿育王寺，盖承其遗跡，焉。释迦虽涅槃，而留影跡爪齿於天竺，於今犹在。中土来往，並称见之。

初，释迦所说教法，既涅槃后，有声闻弟子大迦叶、阿难等五百人，撰集著录。阿难亲承嘱授，多闻总持，盖能综覈深致，无所漏失。乃缀文字，撰载三藏十二部经，如九流之異统，其大归终以三乘为本。后数百年，有罗汉、菩萨相继著论，赞明经义，以破外道《摩诃衍》，大、小《阿毗昙》、《中论》、《十二门论》、《百法论》、《成实论》等是也。皆傍诸藏部大义，假立外问，而以内法释之。

汉章帝时，楚王英喜为浮屠斋戒，遣郎中令奉黄缣白纨三十四，诣国相以赎愆。诏报曰：“楚王尚浮屠之仁祠，洁斋三月，与神为誓，何嫌何疑，当有悔吝。其还赎，以助伊蒲塞、桑门之盛馔。”因以班示诸国。桓帝时，襄楷言佛陀，黄老道以谏，欲令好生恶杀，少嗜慾，去奢泰，尚无为。魏明帝曾欲坏宫西佛图。外国沙门乃金盘盛水，置於殿前，以佛舍利投之於水，乃有五色光起，於是帝歎曰："自非灵異，安得尔乎？"遂徙於道東，为作周阁百间。佛图故处，凿为濛汜池，种芙蓉於中。后有天竺沙门昙柯迦罗入洛，宣译诫律，中国诫律之始也。自洛中构白马寺，盛饰佛图，画跡甚妙，为四方式。凡宫塔制度，犹依天竺旧状而重构之，从一级至三、五、七、九。世人相承，谓之"浮图"，或云"佛图"。晉世，洛中佛图有四十二所矣。汉世沙门，皆衣赤布，后乃易以杂色。

晉元康中，有胡沙门支恭明译佛经《维摩》、《法华》、三《本起》等。微言隐义，未之能究。后有沙门常山卫道安性聪敏，日诵经万余言，研求幽旨。慨无师匠，独坐静室十二年，覃思构精，神悟妙赜，以前所出经，多有舛驳，乃正其乖谬。石勒时，有天竺沙门浮图澄，少於乌苌国就罗汉入道，刘曜时到襄国。后为石勒所宗信，号为大和尚，军国规谟颇访之，所言多验。道安曾至邺候澄，澄见而異之。澄卒后，中国纷乱，道安乃率门徒，南遊新野。欲令玄宗在所流布，分遣弟子，各趣诸方。法汰诣扬州，法和入蜀，道安与慧远之襄阳。道安后入苻坚，坚素钦德问，既见，宗以师礼。时西域有胡沙门鸠摩罗什，思通法门，道安思与讲释，每劝坚致罗什。什亦承安令问，谓之東方圣人，或时遥拜致敬。道安卒后二十余载而罗什至长安，恨不及安，以为深慨。道安所正经义，与罗什译出，符会如一，初无乖舛。於是法旨大著中原。

魏先建国於玄朔，风俗淳一，无为以自守，与西域殊绝，莫能往来。故浮图之教，未之得闻，或闻而未信也。……太祖平中山，经略燕赵，所迳郡国佛寺，见诸沙门、道士，皆致精敬，禁军旅无有所犯。帝好黄老，颇览佛经。……先是，有沙门僧朗，与其徒隐于泰山之琨瑞谷。帝遣使致书，以缯、素、旃罽、银钵为礼。……天兴元年，下诏曰："夫佛法之兴，其来远矣。济益之功，冥及存没，神踨遗轨，信可依凭。其敕有司，於京城建饰容范，修整宫舍，令信向之徒，有所居止。"是岁，始作五级佛图，耆闍崛山及须弥山殿，加以缋饰。别构讲堂、禅堂及沙门座，莫不严具焉。太宗践位，遵太祖之业，亦好黄老，又崇佛法，京邑四方，建立图像，仍令沙门敷导民俗。

是时，鸠摩罗什为姚兴所敬，於长安草堂寺集义学八百人，重译经本。罗什聪辩有渊思，达東西方言。时沙门道彤、僧略、道恒、道檦、僧肇、昙影等，与罗什共相提挈，发明幽致。诸深大经论十有余部，更定章句，辞义通明，至今沙门共所祖习。道彤等皆识学洽通，僧肇尤为其最。罗什之撰译，僧肇常执笔，定诸辞义，注《维摩经》，又著数论，皆有妙旨，学者宗之。

又沙门法显，慨律藏不具，自长安遊天竺。历三十余国，随有经律之处，学其书语，译而写之。十年，乃於南海师子国，随商人汎舟東下。书夜昏迷，将二百日。乃至青州长广郡不其劳山，南下乃出海焉。是岁，神瑞二年也。法显所迳诸国，传记之，今行於世。其所得律，通译未能尽正。至江南，更与天竺禅师跋陀罗辩定之，谓之《僧祇律》，大备於前，为今沙门所持受。先是，有沙门法领，从扬州入西域，得《华严经》本。定律后数年，跋陀罗共沙门法业重加译撰，宣行於时。

世祖初即位，亦遵太祖、太宗之业，每引高德沙门，与共谈论。於四月八日，与诸佛像，行於广衢，帝亲御门楼，临观散花，以致礼敬。

先是，沮渠蒙逊在凉州，亦好佛法。有罽宾沙门昙摩谶，习诸经论。於姑臧，与沙门智嵩等，译《涅槃》诸经十余部。又晓术数、禁呪，历言他国安危，多所中验。蒙逊每以国事谘之，神䴥中，帝命蒙逊送谶诣京师，惜而不遣。既而，惧魏威责，遂使人杀谶。谶死之日，谓门徒曰："今时将有客来，可早食以待之。"食讫而走使至。时人谓之知命。智嵩亦爽悟，笃志经籍。后乃以新出经论，於凉土教授。辩论幽旨，著《涅槃义记》。戒行峻整，门人齐肃。知凉州将有兵役，与门徒数人，欲往胡地。道路饥馑，绝粮积日，弟子求得禽兽肉，请嵩强食。嵩以戒自誓，遂饿死於酒泉之西山。弟子积薪焚其屍，骸骨灰烬，唯舌独全，色状不变。时人以为诵说功报。凉州自张轨后，世信佛教。敦煌地接西域，道俗交得其旧式，村坞相属，多有塔寺。太延中，凉州平，徙其国人於京邑，沙门佛事皆俱東，象教弥增矣。寻以沙门众多，诏罢年五十已下者。

世祖初平赫连昌，得沙门惠始，姓张。家本清河，闻罗什出新经，遂诣长安见之，观习经典。坐禅於白渠北，昼则入城听讲，夕则还处静坐。三辅有识多宗之。

京师沙门师贤，本罽宾国王种人，少入道，東遊凉城，凉平赴京。罢佛法时，师贤假为医术还俗，而守道不改。於修复日，即反沙门，其同辈五人。帝乃親为下髪。师贤仍为道人统。是年，诏有司为石像，令如帝身。既成，颜上足下，各有黑石，冥同帝体上下黑子。论者以为纯诚所感。兴光元年秋，敕有司於五级大寺内，为太祖已下五帝，铸释迦立像五，各长一丈六尺，都有赤金二十五万斤。太安初，有师子国胡沙门邪奢遗多、浮陀难提等五人，奉佛像三，到京都。皆云，备历西域诸国，见佛影跡及肉髻，外国诸王相承，咸遣工匠，摹写其容，莫能及难提所造者，去十余步，视之炳然，转近转微。又有沙勒胡沙门，赴京师致佛钵並画像跡。

和平初，师贤卒。昙曜代之，更名沙门统。……昙曜又与天竺沙门常那邪舍等，译出新经十四部。

太和十九年四月，帝幸徐州白塔寺。顾谓诸王及侍官曰："此寺近有名僧嵩法师，受《成实论》於罗什，在此流通。……朕每玩《成实论》，可以释人染情，故至此寺焉。"……二十一年五月，诏曰："罗什法师可谓神出五才，志入四行者也。今常住寺，犹有遗地，钦悦修踪，情深遐远，可於旧堂所，为建三级浮图。……"

熙平元年，诏遣沙门惠生使西域，採诸经律。正光三年冬，还京师。所得经论一百七十部，行於世。

景明初，世宗诏大长秋卿白整准代京灵巖寺石窟，於洛南伊阙山，为高祖、文昭皇太后营石窟二所。初建之始，窟顶去地三百一十尺。至正始二年中，始出斩山二十三丈。至大长秋卿王质，谓斩山太高，费功难就，奏求下移就平，去地一百尺，南北一百四十尺。永平中，中尹刘腾奏为世宗复造石窟一，凡为三所。从景明元年至正光四年六月已前，用功八十万二千三百六十六。肃宗熙平中，於城内太社西，起永宁寺。灵太后亲率百僚，表基立刹。佛图九层，高四十余丈，其诸费用，不可胜计。景明寺佛图，亦其亞也。至於官私寺塔，其数甚众。

神龜元年冬，司空公、尚书令、任城王澄奏曰：

"昔如来阐教，多依山林，今此僧徒，恋著城邑。岂湫隘是经行所宜，浮諠必栖禅之宅，当由利引其心，莫能自止。处者既失其真，造者或损其福，乃释氏之糟糠，法中之社鼠，内戒所不容，王典所应棄矣。"

魏有天下，至於禅让，佛经流通，大集中国，凡有四百一十五部，合一千九百一十九卷。正光已后，天下多虞，王役尤甚，於是所在编民，相与入道，假慕沙门，实避调役，猥滥之极，自中国之有佛法，未之有也。略而计之，僧尼大众二百万矣，其寺三万有余。流弊不归，一至於此，识者所以歎息也。

（卷一百一十四《释老志》）

十六、續畫品

释迦佛陀　底俱　摩罗菩提

右此数手，並外国比丘。既华戌[①]殊体，无以定其差品。光宅威公雅躭好此法，下笔之如。颇为京洛所知闻。

① 戌字疑为戎字之误。

第三部分

隋唐五代有關南亞的記述

一、北堂書鈔[1]

① 清光绪年间孔广陶校注中有关部分一併收录。

献吉光毛裘

《十洲记》云:武帝天汉三年,西域国王献吉光裘。孙氏校补"武"字"域"字。今案,《御览》卷六百九十四引《十洲记》无"毛"字。

(卷十《帝王部》十《来远》三十八)

胡王灵胶

《十洲记》云:天汉三年,胡王献灵胶四两。受以付外库,不知胶之妙。今案,《说郛》辑本"胡王"作"西国王",余同。除俞本亦作"西国王",惟删"外库"二句,别增十余句,非也。陈本标目"王"又误作"土"。

胡王献神香

《十洲记》又云:天汉三年,献神香。起夭残之死。今案,《说郛》本《十洲记》及陈本,"天汉"作"征和",均汉武纪年。

(卷三十一《政术部》五《贡献》十三)

黑白旄出天竺

《外国传》云:黑白旄出天竺国。今案,《御览》卷三百四十一引《外国传》同。

(卷一百二十一《武功部》九《旄》三十一)

西湖割玉

陈思王《辨道论》云:甘始言诸梁时西城[1]胡来献香罽、腰带、割玉刀,悔不取也。钱氏校"梅"改"悔"。今案,百三家《曹植集》"悔"上有"时"字,余同。

① 西城,是西域之误。

(卷一百二十三《武功部》十一《刀》三十五)

西国吉光

《十洲记》云:汉武帝天汉三年,西国王献吉光毛裘。裘色黄,盖神马之类也。今案,《说郛》本《十洲记》作"黄色",恐误。考《类聚》六十七、《初学记》二十六引《十洲记》正作"色黄",陈本与本钞同。

(卷一百二十九《衣冠部》下《裘》二十三)

西域腰带

曹植《辨道论》云：甘陵、甘始有道术。余与之谈，言：诸梁时，西域胡来献腰带，悔不取之。王石华校"敏"改悔。今案，百三家《曹植集》"道术"作"导引术"。"域误城"。严辑《全魏文》，曹植此论亦作"导引"、作"域"。陈俞本皆改，引《魏略》，非也。

（卷一百二十九《衣冠部》下《络带》三十）

珠交给

《應志》云：斯调国王作自珠交给帐，遣遗天竺之佛神。今案，此条"應志"二字有误。陈俞本已删去。亦见《御览》卷六百九十九引《吴时外国传》无"應志"二字，无"国"字。下句作"天竺佛精舍"五字。

（卷一百三十二《服饰部》一《帐》五）

金薄承尘

支僧载《外国事》曰：和诃条国[1]有大富长者条三弥，与佛作金银薄承尘在其上。一佛作两重承尘。王石华校"反"改"支"。严氏校云：《御览》卷七百一作《斯诃调国》，卷七百九十七作"和诃条国"。今案，"和诃"四字与本钞正合。又《御览》陈俞本皆无"银"字，无"在其上"三字，余同。

① 和诃条国应为私诃条国，乃刊误，下同。

（卷一百三十二《服饰部》一《承尘》十四）

竇牀

《西京杂记》云：武帝为七竇牀於桂宫。支僧载《外国事》云：佛涅盘时，自然有七竇牀从地中出。今案，陈本"桂"作"竇"，余同。学津本《西京杂记》卷二同。惟《初学记》卷二十五引"於"上有"设"字。支僧载《外国事》一条，《类聚》卷七十六引"涅盘"作"泥洹"，"然有"下无"七"字。

（卷一百三十三《服饰部》二《牀》十五）

金杖

《三石遗事》云：佛图澄死，以所服金钿杖内棺中，冉闵后开棺视之，唯见金杖。今案，陈本"服"作"持"，无"冉闵"二字。《御览》卷七百一十引"三石"作"二石"是也。但无"钿"字，末句无"金"字。考《隋志》王度撰二石，伪治时事即此。

锡杖

《法显记》云：那谒国有佛锡杖，牛头旃檀作。长丈六七许，百千人举，不能移。今案，《说郛》本《法显记》"旃"作"栴"，余同。陈本"谒"作"端"，无"佛"字及"牛头"五字。

（卷一百三十三《服饰部》二《杖》二十二）

孔雀

《宋元嘉起居注》云：诃罗单国奉孔雀盖一具。今案，见《御览》卷七百二十引《元嘉起居注》同。俞本亦同。陈本“诃”作“呵”。

（卷一百三十四《服饰部》三《盖》二十三）

氍毹毛织

《广志》云：氍毹、白叠，毛织也。近出南海，又称北冥之氍毹。毾㲪非其所生也。王石华校删“毾㲪”二字，殊误。今案，《御览》卷七百零八引《广志》，“白叠”作“细氎”，“又”作“文”，“冥”作“汉”。陈俞本仍作“白”，又作“古文”二字，余与御览同。玉函山房辑《广志》亦据《御览》。但原钞“毾㲪”二字不可删。读下篇自见。

天竺出细靡氍毹

《吴时外国传》云：天竺国出细靡氍毹。今案，《御览》卷七百八十引《外国传》同。

（卷一百三十四《服饰部》三《氍毹》三十）

氍毹细者谓之毾㲪

《吴时外国传》云：天竺出细靡氍毹、毾㲪。氍毹细者谓之毾㲪。今案《御览》卷七百八十引《外国传》无标目句。陈俞本改引通俗文，亦祇有标目一句。

月支毾㲪

《班固与弟超书》云：月支毾㲪，大小相杂，但细好而已。今案，百三家本《班固集》与超书，“毾”“㲪”作“毹”。此“毾”字之譌。严辑《全后汉文》《固与超书》仍作“毾㲪”，陈俞亦然。

百种形像

《異苑》云：沙门支法存生在广州，妙善医术，有八尺毾㲪，作百种形像。王石华校照陈俞本删“在”字，改“生”作“住”，非是。今案，《学津》本《異苑》卷六“在”作“长”，“毾”作“毹”，“像”作“象”。原钞“生在”误“在生”，不过传钞倒置耳。又陈俞皆无“妙”字，“术”下有“富”字。

（卷一百三十四《服饰部》三《毾㲪》三十一）

佛唾壶

《法显记》云：竭支国有佛唾壶，以白作色，似佛钵。今案，《说郛》本《法显记》，“支”误“叉”，“白”作“石”。陈俞本“竭”作“月”，无“以作”二字，余同。

（卷一百三十五《服饰部》四《唾壶》三十五）

鸾鸟覩影而鸣

范秦[1]《鸾鸟诗叙》云:昔罽宾王得鸾鸟,甚爱之。欲其鸣而不能致。夫人曰:“闻鸟得类而后鸣,何不悬镜以映之?”王从其言。鸾鸟覩影而鸣,一奋而绝。王石华校,以本钞“映”误“快”,据陈本改“照”,非也。今案,冯辑《宋诗纪》卷九作“映”。订正冯辑,又“言”作“意”,而“鸣”作“悲鸣”,余同。

① 范秦,係范泰之误。参见本《汇篇·艺文类聚》卷九〇鸟部上。

(卷一百三十六《服饰部》五《镜》六十五)

大秦出金环

《玄中记》曰:天竺 大秦国出金指鐶。今案,《玉函》辑本同。

(卷一百三十六《服饰部》五《指环》七十二)

载万斛

《南州異物志》曰:外域人名舡曰夏。大者长四十余丈,载物万斛。今案。《御览》卷七百六十九引《南州異物志》,“夏”作“船”,“四”作“二”。陈本亦作“二”,“夏”作“�”。考本钞下文引,仍作“四十”。

望之如閤

《南州異物志》曰:外域大船长四十余丈,高去水二三丈,望之如閤道然。今案,《御览》卷七百六十九引《南州異物志》“四十”作“二十”,道下脱“然”字。本钞上文引亦作四十。

(卷一百三十七《舟部》上《舟》总篇一)

四帆

《南州異物志》云:外徼人随舟大小作四帆或三帆,前后沓载之。张帆取风气,而无高危之虑。故行不避迅风、激波,安而能疾也。今案,《御览》卷七百七十一引《南州異物志》无“或三帆”句,“安而”作“所以”。陈俞本“徼”作“域”,“载之”四[1]字作“施以”二字,余同。

① “四”字疑是“二”字之误。

七帆

《吴时外国传》云:从加那调州乘大舡张七帆,时风一月余日乃入大秦国。今案,陈本俞本“舡”作“舶”,“时”作“顺”,“余”下删“日”字。《御览》卷七百七十一引《外国传》,“舡”上有“舶”字,余与旧钞合。

三帆沓载

同四帆注。今案，详上文。

（卷一百三十八《舟部》下《帆》十九）

和上乘板辇

《赵书》云：前石有佛图澄，号曰大和上。有事语，乃命大和上乘板辇也。今案，陈俞本“上”作“尚”，“有事”以下十二字作“嘗乘板辇於大水上”，盖误矣。陈本讹作“辇尝乘板”，尤非。

（卷一百四十《车部》中《辇》四）

胡僧坐上

《幽明录》云：姚弘叔父绍，胡僧问以休咎。僧乃求麵为大胡饼，形径一丈。僧坐上，先食正西，次食東南，次食正南，卷而吞之，便起无音。严氏校“東南”二字旁着圈，示古本特異也。今案，《御览》卷八百六十及陈俞本“東南”作“正北”。

（卷一百四十四《酒食部》三《饼篇》十三）

割取已复

《玄中记》云：大月支及西胡有牛，名为日反牛。今日割取其肉三斤，明日肉已复生。今案，陈俞本“反”作“支”，无“三斤”二字，余同。《类聚》卷六十五引《玄中记》，“月支”作“月氏”，无“及西”字、“今日”字，三下有“四”字。

（卷一百四十五《酒食部》四《肉篇》十五）

万国毕仰

《南州異物志》：天竹有水，其名恒源。一号新陶水。特甘香，下有盐水，云云。今案，陈俞本“竹”作“竺”。

状如石英

《南州異物志》云：天竺有新陶水。特甘香，下有白盐，状如石英，醎过香鹵。今案，陈俞本脱“南州”二字及“香鹵”句，又俞本脱“有新”七字，“下”作“国”。《御览》卷八百六十五引《南州異物志》亦脱“香鹵”句，余同。

白如水精

《吳时外国传》又云：天竺有新陶水。水特甘美，下有石盐，白如水精。王石华校“清”改“精”。今案，陈本及《御览》卷八百六十五引《吳时外国传》，“竺”下有“国”字，无“特”字。俞本删“有新”九字。

（卷一百四十六《酒食部》五《盐》三十三）

风兽似豹

《十洲记》云:炎州在南海内,上有风生兽,似豹。煞以鐵椎,锻其头乃死。张其口得风,须臾便活而起。今案,《说郛》本《十洲记》,“椎”作“鎚”,无“而起”二字。陈本乃上照《类聚》卷一引增“数十下”三字。

(卷一百五十一《天部》二《风篇》十六)

二、藝文類聚

《西域记》曰:摩竭陁国,正月十五日,僧俗云集,观佛舍利,放光雨花。

《涅槃经》曰:如来闍维讫,收舍利罂,置金床上。天人散花奏乐,绕城步步燃灯十二里。

(卷四《岁时部》中《正月十五日》)

《括地图》曰:天毒国最大暑热。夏草木皆乾死,民善没水,以避日入时暑,常入寒泉之下。

(卷五《岁时部》下《热》)

汉榻雄《交州箴》曰:交州荒裔,水与天际。越裳是南,荒国之外。爰自开闢,不羁不绊。周公摄祚,白雉是献。昭王陵迟,周室是乱。越裳绝贡,荆楚逆叛。大汉受命,中国兼该。南海之宇,圣武是恢。稍稍受羁,遂臻黄支。抗海三万,来牵其犀。盛不可不忧,隆不可不惧。泉竭中虚,池竭濑乾。牧臣司交,敢告执宪。

(卷六《州部》《交州》)

陈徐陵《丹阳上庸路碑》曰:“……汉之两帝,徒有詠歌;魏之三祖,空云诗赋。以为彭老之教,终没爱河;儒墨之宗,方难火宅。岂如五时八会之殊文,天上人中之妙典。雪山罗汉,爭造论门;鹫岭名僧,俱传经藏。香象之力,特所未胜,秋兔之毫,书而莫尽。”

（卷六十四《居处部》四《道路》）

《法显记》曰：舍卫精舍東北六百里，毗舍佉母作精舍，请佛及借此处。故在秖洹舍大园落，有二门，一门東向，一北向。此园即须达长者布金钱买地处也。精舍当中央，佛住此处最久。说法度人，经行坐处，亦尽起塔，皆有名字。

又曰：拘夷那竭城東行，到毗舍离城北。有大林，重阁精舍，佛住处，及阿难半身塔。其城里本菴婆罗女家，为佛起塔。今故在城南三里道西。菴婆罗女以园施佛往处。

（卷六十五《产业部》上《园》）

《玄中记》曰：大月氏有牛，名曰日及。割取肉一二斤，明日疮愈。汉人入国，示之以为珍異。汉人曰：吾国有虫，大如小指，名曰蚕。食桑叶，为人吐丝。外国复不信有之。

（卷六十五《产业部》上《蚕》）

《西域传》曰：诸国志曰，佛钵在乾陁越国，青玉也。受三斗许。彼国寳之，供养愿终日花香不满，则如言也。愿一把满，亦随言也。

支僧载《外国事》曰：佛钵在大月氏国，一名佛律婆越国，是天子之都也。起浮图，浮图高四丈，七层，四壁里有金银佛像，像悉如人高。钵处中央，在第二层上。作金络络钵，鏁悬钵。钵是石也。其色青。

又曰摩竭提国，在迦维越之南，相去四十由旬。贝多树去摩竭提三十里，一名毗波梨。佛唯在此一树下坐，满六年。长者女以金钵盛牛乳糜上佛。佛得乳糜，住尼连禅河浴。浴竟，於水边噉糜。噉糜竟，掷钵水中。逆流可百步许，然后钵复流河中。架梨那龙王接取钵，在宫中供养。

《法显记》曰：弗楼沙国有佛钵。昔月氏王大兴众，来伐此国,欲取佛钵。既服此国已,月氏王笃信佛法,欲持钵去去。乃校饰大象,置钵其上。象便伏地,不能得进。更作四轮车载钵,八象共牵,复不能进。王知与钵无缘,深自愧歎。即於此处起塔及僧伽蓝。

（卷七十三《杂器物部》《钵》）

梁皇太子《谢敕赉广门堰等启》曰:淮南承月之杯,岂均符采。西国浮云之椀,非谓瑰奇。臣南珍靡究,未读奏曹之表。方物罕逢,不识议郎之画。

（卷七十三《杂器物部》《堰》）

《十洲记》曰:周穆王时,西域献夜光常满杯。杯容三升,是白玉之精,光明照彻。夜以杯於庭中以向天,比旦而水汁满中,汁甘而香美。斯实灵器。

（卷七十三《杂器物部》《杯》）

晋潘尼《琉璃椀赋》曰:览方贡之彼珍,玮兹椀之独奇。济流沙之绝险,越葱岭之峻危。其由来也阻远,其所託也幽深。据重峦之亿仞,临洪溪之万寻。接玉树与琼瑶,鄰沙棠与碧林。瞻阆风之崔嵬,顾玄圃之萧参。光映日曜,圆成月盈。纖瑕罔丽,飞尘靡停。灼烁旁烛,表里相形。举兹椀以酬宾,荣密坐之曲宴。流景炯晃以内澈,清醴瑶琰而外见。

隋江惣《马脑盌赋》曰:翠羽流霞之杯,谅无闻於玮丽,岂匹此之奇瓌。爰覩殊特,臻自西国。状惊鹤之点溃,似遊龙之割刻。士衡譬之云采,中郎羞其马勒。于时,北園清夏,東阁浮凉。山交枝而影杂,水沉叶而流香。蝉无风而吲短,鹭出迥而飞长。副君海渟岳峙,纸落金锵。获阿宗之美賨,命河朔之名觞。宾出崑崙之仙阜,觞即玄洲之玉酒。酒既醉而还年,盌稍酌而延寿。仰天纵之体物,铭歆器兮何有。

（卷七十三《杂器物部》《盌》）

释道安《西域志》曰:波罗奈斯国,佛转法轮处,在此国也。

又曰:须剌国有五百沙弥真人寺。望晦日,寺前有方青石。大人来下石上。

又曰:摩诃赖国有阿耨达山,王舍城在山東南角。竹园精舍在城西。又有佛浴所,六年苦行处。

支僧载《外国事》曰:和诃条国[①]在大海之中。地方二万里。国有大山,山有石井,井中生千叶白莲花。井边青石上有四佛足迹,合有八迹。月六斋日,弥勒菩萨与诸天神礼佛迹竟,便飞去。浮图讲堂皆七寶。国王长者常作金树银花,银树金花,供养佛。

① 和诃条国,是私诃条国之误。

又曰:维那国,去舍卫国五十由旬。由旬者晉言四十里。维摩诘家在城内,基井尚存。

又曰:迦维罗越国,今属播黎越国。犹有优婆塞,姓释。可二十余家,是白静王之苗裔。昔太子生时,有二龙王,一吐冷水,一吐暖水。今有池,尚一冷一暖。

又曰:鸠留佛姓迦叶,生那诃维国。

又曰:弥勒佛当生波罗奈国,在迦维罗越南。

又曰:罽宾国在舍卫之西,国王民人,悉奉佛。道人及沙门,到冬,未中前饮少酒,过中不复饭。

又曰:佛在拘私那竭国般泥洹。欲泥洹时,自然有寶牀从地出。有八万四千国王,爭将佛归。神妙天人曰:佛应就此土,那竭王乃作金棺榎檀车,送丧佛。积薪不烧自燃,王将舍利归宮。八万四千国兴兵爭舍利。婆罗门分之,用金升量舍利,得八斛四斗。诸国各得,还立浮图。

《宋元嘉起居注》曰:阿罗单国王毗沙跋摩,遣使云,诸佛世尊，常乐安隐。处雪山阴，雪水流注，百川洋溢，以味清淨。周迴屈曲，从趣大海，一切众生，咸得受用。

又曰：师子王国，遣使奉献。诏答云：此小乘经甚少，彼国所有，皆可写送。

《扶南记》曰：顿逊国，属扶南。西出海中，国主名崑崙。有天竺胡五百家，两佛图婆罗门千余人。顿逊人敬奉其道，以香花自洗，精进不舍昼夜。香有区拨摩花，冬夏不衰。日载数千车货之，燥更香好。

《南州異物志》曰：天竺国地方三万里，佛道所上。其国王城郭宫室，皆雕文刻镂。

秦鸠摩罗什法师《十喻诗》曰：十喻以喻空，空必待比喻。借言以会意，意尽无会处。既得出长罗，住此无所住。若能映斯照，万象无来去。

梁宣帝《奉迎舍利诗》曰：释迦称散体，多寳号金躯。白玉诚非比，黄金良莫踰。变见绝言象，端異乃冥符。灵知虽隐显，妙色岂荣枯。唯当千劫后，方成无价珠。

梁元帝《荆州长沙寺阿育王像碑》曰：盖闻璇玑玉衡，穹昊所以纪物。金版玉文，淳精所以播气。何则？咸秩社首，义尽於寰中。铸鼎冯翊，未穷於系表。况复道冠万灵，理超千圣。智周十地，行圆四等。变海成苏，移山入芥，钵锋广说，藕丝见道，惠音八种，面门五色。组钵生华，入青楼而吐曜。金牀照采，出紫殿而相辉。纔度莲河，即处天冠之寺。始遊罗卫，便居坚固之林。斯盖俯应阎浮，未臻常乐，降情诱接，岂穷妄相。若乃境无引汲，智生浅深，明同一体，惑起十重。七地初刃，方称变易。三达后心，因穷智种。然俱冥四德，脱屣双林，示表金棺，现焚檀椁，浩浩焉不可知已。却望五津，距青莲之洞。傍临三峡，带明月之流。

梁简文帝《相宫寺碑》曰:真人西灭,洎罗汉東遊。五明盛土,並宣北门之教,四姓小臣,稍罢南宫之学。超洙泗之济济,比舍卫之洋洋。是以高簷三丈,乃为祀神之舍;连阁四周,並非中宫之宅。雪山忍辱之草,天宫陁树之花,四照芬吐,五衢異色,能令扶解说法,果出妙衣。鹿苑岂殊,祇林何远。皇太子萧纬,自昔蕃邸,便结善缘。虽银藏盖寡,金地多阙,有惭四事,久立五根。泗川出鼎,尚刻之罘之石;峤峨作镇,犹铭剑壁之山。矧伊福界,宁无鐫刻,铭曰:洛阳白马,帝释天冠,开基紫陌,峻极云端。实惟爽塏,棲心之地,譬若静土,长为佛事……生灭可度,离苦获常,相续有尽,归乎道场。

京师《突厥寺碑》曰:夫六合之内,存乎方册。四天之下,闻诸象教。百亿阎浮,尘沙筭而不尽。三千日月,世界数而无边。至於周星夕陨,汉宫宵梦,身高梵世,力减须弥,应现十方,分身百佛。上极天中,下穷地际。转法轮於稔国,留妙象於罽宾。至于善见神通,瓶沙瑞相,波斯铸金,优填雕木,莫不归依等觉。迴向佛乘,弃形骸而入道,舍国城而离俗。突厥大伊尼温木汗,夏后余基,惟天所置,威加穷髮,兵历无革,小大当户。左右贤王,麟胶角触之弓,鹫羽射雕之箭。跨葱岭之酋豪,靡不从化。踰天山之君长,咸皆宾属。人敦信契,国宾亲鄰。太祖文皇帝,道被寰中,化覃无外,提羣品於万福,济苍生於六道,大冢宰晋国公,功高夤亮,位隆光辅。命司空而度地,监匠人而置臬。带三条之逸陌,面九市之通鄽。图木缇锦,雕楹砻密,香随微雨,自丽风尘。幡杂天花,常调丝竹……。

(卷七十六《内典部》《内典》)

《玄中记》曰:南方有炎山焉,在扶南国之東,加营国之北,诸薄国之西。山从四月而火生,十二月火滅。正月、二月火不然。山上但出云气,而草木生叶枝条。至四月火然,草木叶落,如中国寒时草木叶落也。行人以正月二月三月行，过此山下，取柴以为薪。燃之无尽时，取其皮绩之，为火浣布。

《十洲记》曰：炎洲，在南海中，地方二千里。去崖九万里，上有风生兽，似豹青色，大如狸，张取之。积薪数车以烧之，薪尽而此兽在火中，燃其毛不燋。斫刺不入，打之如皮囊，以铁椎锻其头数十下乃死。以其口向风，须臾便活而起。以石上菖蒲塞其鼻，即死。取其脑，菊花服之，尽十斤，得寿五百岁。

又曰：有火林山，山中有火兽。大如鼠，毛长三四寸。或曰：山可百里许，取其兽毛，绩以为布，名曰火澣布。国人衣服之。此布垢洿，以水浣濯之，终日不洁，以火烧布，两食久许出，其垢即去，白如雪。

《广志》曰：火洲在南海中，火燃洲，其木不死更鲜。

《抱朴子》曰：南海之中，萧丘之中，有自生之火，常以春起而秋灭。丘方千里，当火起时，此丘上纯生一种木，火起正着此木。木虽为火所着，但小燋黑。人或以为薪者，如常薪，但不成炭，炊熟则灌灭之。后复更用，如此无穷。又夷人取木华，绩以为火浣布。木皮亦剥，以灰煮为布，但不及华细好耳。

又曰：有白鼠，大者重数斤。毛长三寸，居空木中。其毛亦可绩为布，故火浣布有三种焉。

（卷八十《火部》《火》）

《广志》曰：迷迭出西域。

（卷八十一《药香草部》上《迷迭》）

《广志》曰：莫难珠，其色黄，生東夷。有明珠，称夜光。有大珠径寸，或围二寸已上，出黄支。有至圆珠，置之平地，终日不停。

（卷八十四《寳部》下《珠》）

《玄中记》曰:马瑙出月氏国。

魏文帝《马瑙勒赋》曰:马瑙玉属也,出自西域。文理交错,有似马瑙,故其方人因以名之。

(卷八十四《寳部》下《马瑙》)

《广志》曰:琉璃出黄支、斯调、大秦、日南诸国。

(卷八十四《寳部》下《琉璃》)

《玄中记》曰:车渠出天竺国。

魏文帝《车渠椀赋》曰:车渠,玉属也,多纤理缛文。生于西国,其俗寳之。惟二仪之普育,何万物之殊形。料珍怪之上美,无兹椀之独灵。苞华文之光丽,发符采而扬荣。理交错以连属,似将离而复并。或若朝云浮高山,忽似飞鸟厉苍天。夫其方者如矩,圆者如规。稠希不谬,洪纤有宜。

(卷八十四《寳部》下《车渠》)

班固《与弟超书》曰:"今賷白素三匹,欲以市月氏马、苏合香、闟登。"

(卷八十五《布帛部》《素》)

魏文帝诏羣臣曰:"南方有龙眼荔枝,宁比西国蒲萄、石蜜乎? 酢且不如中国凡枣味,莫言安邑御枣也。"

(卷八十七《菓部》下《枣》)

宋范泰《鸾鸟诗序》曰:昔罽宾王结罝峻峁之山,获一鸾鸟,王甚爱之。欲其鸣而不致也,乃饰以金樊,飨以珍羞,对之愈戚,三年不鸣。其夫人曰:尝闻鸟见其类而后鸣,何不悬镜以映之。王从其意。鸾睹形悲鸣,哀响中霄,一奋而绝。嗟乎兹禽,何情之深! 昔锺子破琴於百牙,匠石韬斤於郢人,盖悲妙赏之不存,慨神质於当年耳。矧乃一举而殒其身者哉,悲夫! 乃为诗曰:神鸾栖高梧,爰翔霄汉际。轩翼飏轻风,清响中天厉。外患难预谋,高罗掩逸势。明镜悬高堂,顾影悲同契。一激九霄音,响流形已毙。

（卷九十《鸟部》上《鸾》）

《西域传》曰：罽宾国出孔雀。

晋公卿赞曰：世祖时，西域献孔雀。解人语，驯指，应节起舞。

（卷九十一《鸟部》中《孔雀》）

《異类传》曰：汉武帝时，西域献黑鹰，得鹏鷂。東方朔识之。

（卷九十二《鸟部》下《鹏》）

晋郭璞《羊赞》曰：月氏之羊，其类在野。厥高六尺，尾亦如马。何以审之，事见《尔雅》。

（卷九十四《兽部》中《羊》）

《法显记》曰：迦维罗卫国，从佛生处東行五由旬，有国名蓝莫。此国王得佛一分舍利，还归起塔。塔边有池，池中有龙，常守护此塔。昼夜供养。乃有羣象以鼻取水洒地，取杂花香而供养。诸国道人来，欲礼拜塔。遇象大怖，依树自翳，见象如法供养。道人太息悲感，即舍大戒，还作沙弥。自挽水平治处所，使得淨洁。

（卷九十五《兽部》下《象》）

《異苑》曰：西域有鼠王国。鼠大如狗，中者如兔，小者如常鼠。头悉白，然带以金枷。商估有经过其国，不先祈祀者，则齧人衣裳。世得沙门呪愿，便获无他。众僧释道安昔至西方，亲见如此。俗谚云：鼠得死人目精则为王。

（卷九十五《兽部》下《鼠》）

《抱朴子》曰：案使者甘宗所奏西域事云：外国方士能神呪者，临川禹步吹气，龙即浮出。初出乃长十数丈。方士吹之，一吹则龙辄一缩，至长数寸，乃取着壶中，以少水养之。外国常患旱災，於是方士闻有旱处，便賫龙往卖之。一龙直金数十斤，举国会敛以雇之。直毕,乃发壶出龙。著渊中,因复禹步吹之,长数十丈。须臾,而雨四集矣。

《外国事》曰:毗呵罗寺有神龙,住米仓中。奴取米,龙辄却后。奴若长取米,龙不与。仓中米若尽,奴向龙拜,仓即盈溢。

(卷九十六《鳞介部》《龙》)

晋支昙谛《赴火蛾赋》曰:悉达有言曰:愚人贪知,如蛾投火。诚哉斯言,信而有征也。翔无常宅,集无定栖。类聚羣分,尘合电分。因温风以舒散,乘遊气以徘徊。於是朱明御节,时在盛阳。天地郁蒸,日月昏茫。烛曜庭宇,灯朗幽房。纷纷羣飞,翩翩来翔。赴飞焰而体燋,投煎膏而身亡。

(卷九十七《虫豸部》《蛾》)

晋诸公赞曰:世祖时,西域献三足乌。遂累有赤乌来集此昌陵县。按昌字重日,乌者日中之乌。有记体阳精,应朝曜质,以显至德者也。

(卷九十九《祥瑞部》下《乌》)

三、梁書

天监二年秋七月,扶南……中天竺国各遣使献方物。

天监三年九月壬子,……北天竺国遣使献方物。

(卷二《武帝本纪》中)

大通元年三月甲戌,……林邑、师子国各遣使献方物。

(卷三《武帝本纪》下)

海南诸国,大抵在交州南及西南大海洲上,相去近者三五千里,远者二三万里,其西与西域诸国接。汉元鼎中,遣伏波将军路博德开百越,置日南郡。其徼外诸国,自武帝以来皆朝贡。后汉恒帝世,大秦、天竺皆由此道遣使贡献。及吴孙权时，遣宣化从事朱应、中郎康泰通焉。其所经及传闻，则有百数十国，因立记传。晉代通中国者盖尠，故不载史官。及宋、齐，至者有十余国，始为之传。自梁革运，其奉正朔，脩贡职，航海岁至，踰於前代矣。今採其风俗粗著者，缀为《海南传》云。

林邑国者，本汉日南郡象林县，古越裳之界也。……

须达死，子敌真立，其弟敌铠攜母出奔。敌真追恨不能容其母弟，舍国而之天竺，禅位於其甥，国相藏驎固谏不从。

扶南国，在日南郡之南，海西大湾中，去日南可七千里，在林邑西南三千余里。……

其南界三千余里有顿逊国，在海崎上，地方千里，城去海十里。有五王，並羁属扶南。顿逊之東界通交州，其西界接天竺、安息徼外诸国，往还交市。……

顿逊之外，大海洲中，又有毗骞国，去扶南八千里。……王亦能作天竺书，书可三千言，说其宿命所由，与佛经相似，並论善事。

又传扶南東界即大涨海，海中有大洲，洲上有诸薄国，国東有马五洲。复東行涨海千余里，至自然大洲。其上有树生火中，洲左近人剥取其皮，纺绩作布，极得数尺以为手巾，与焦麻无異而色微青黑；若小垢洿，则投火中，复更精洁。或作灯炷，用之不知尽。

扶南国……其后王憍陈如，本天竺婆罗门也。有神语曰“应王扶南”，憍陈如心悦，南至盘盘，扶南人闻之，举国欣载，迎而立焉。复改制度，用天竺法。憍陈如死，后王持梨陁跋摩，宋文帝世奉表献方物。齐永明中，王闍邪跋摩遣使贡献。

天监……十八年，复遣使送天竺旃檀瑞像、婆罗树叶，並献火齐珠、郁金、苏合等香。普通元年，中大通二年，大同元年，累遣使献方物。五年，复遣使献生犀。又言其国有佛髮，长一丈二尺，诏遣沙门释云寳随使往迎之。

先是，三年八月，高祖改造阿育王寺塔，出旧塔下舍利及佛爪髮，髮青绀色，众僧以手伸之，随手长短，放之则旋屈为蠡形。案《僧伽经》云："佛髮青而细，犹如藕茎丝。"《佛三昧经》云："我昔在宫沐头，以尺量髮，长一丈二尺，放已右旋，还成蠡文。"则与高祖所得同也。

阿育王即铁轮王，王阎浮提，一天下，佛灭度后，一日一夜，役鬼神造八万四千塔，此即其一也。吴时有尼居其地，为小精舍，孙綝寻毁除之，塔亦同泯。吴平后，诸道人复於旧处建立焉。晋中宗初渡江，更修饰之，至简文咸安中，使沙门安法师程造小塔，未及成而亡。弟子僧显继而修立。至孝武太元九年，上金相轮及承露。

其后西河离石县有胡人刘萨何遇疾暴亡，而心下犹暖……经十日更苏。……因此出家，名慧达。遊行礼塔，次至丹阳，未知塔处，乃登越城四望，见长干里有異气色，因就礼拜，果是阿育王塔所，屡放光明。由是定知必有舍利，乃集众就掘之，入一丈，得三石碑，並长六尺。中一碑有铁函，函中有银函，函中又有金函，盛三舍利及爪髮各一枚，髮长数尺。即迁舍利近北，对简文所造塔西，造一层塔。十六年，又使沙门僧尚伽为三层，即高祖所开者也。初穿土四尺，得龙窟及昔人所舍金银环钏钗镊等珠杂寳物。可深九尺许，方至石磉，磉下有石函，函内有铁壶，以盛银坩，坩内有金镂罂，盛三舍利，如粟粒大，圆正光洁。函内又有琉璃椀，内得四舍利及髮爪，爪有四枚，並为沉香色。至其月二十七日，高祖又到寺礼拜，设无㝵大会。……至四年九月十五日，高祖又至寺设无㝵大会，竖二刹，各以金罂，次玉罂，重盛舍利及爪髮，内七寳塔中。又以石函盛寳塔，分入两刹下，及王侯妃主百姓富室所舍金、银、鐶、钏等珍寳充积。……

先是，二年，改造会稽鄮县塔，开旧塔出舍利，遣光宅寺释敬脱等四僧及舍人孙照暂迎还台，高祖礼拜竟，即送还县入新塔下，此县塔亦是刘萨何所得也。

晋咸和中，丹阳尹高悝行至张侯桥，见浦中五色光长数尺，不知何怪，乃令人於光处掊视之，得金像，未有光趺。悝乃下车，载像还，至长干巷首，牛不肯进，悝乃令驭人任牛所之，牛径牵车至寺，悝因留像付寺僧。每至中夜，常放光明，又闻空中有金石之响。经一岁，捕鱼人张係世，於海口忽见有铜花趺浮出水上，係世取送县，县以送台，乃施像足，宛然合。会简文咸安元年，交州合浦人董宗之採珠没水，於底得佛光豔，交州押送台，以施像，又合焉。自咸和中得像，至咸安初，历三十余年，光趺始具。

初，高悝得像后，西域胡僧五人来诣悝，曰："昔於天竺得阿育王造像，来至邺下，值胡乱，埋像於河边，今寻觅失所。"五人尝一夜俱梦见像曰："己出江東，为高悝所得。"悝乃送此五僧至寺，见像嘘欷涕泣，像便放光，照烛殿宇。……像趺先有外国书，莫有识者，后有三藏鄅求跋摩识之，云是阿育王为第四女所造也。

狼牙脩国……国人说，立国以来四百余年，后嗣衰弱，王族有贤者，国人归之。王闻知，乃加囚执，其鏁无故自断，王以为神，因不敢害，乃斥逐出境，遂奔天竺，天竺妻以长女。

中天竺国，在大月支東南数千里，地方三万里，一名身毒。汉世张骞使大夏，见邛竹杖、蜀布，国人云，市之身毒。身毒即天竺，盖传译音字不同，其实一也。从月支、高附以西，南至西海，東至槃越，列国数十，每国置王，其名虽異，皆身毒也。汉时羁属月支，其俗土著与月支同，而卑湿暑热，民弱畏战，弱於月支。国临大江，名新陶，源出崑崙，分为五江，总名曰恒水。其水甘美，下有真盐，色正白如水精。土俗出犀、象、貂、鼲、瑇瑁、火齐、金、银、铁、金镂织成、金皮罽、细摩白叠、好裘、毾毲。火齐状如云母，色如紫金，有光耀，别之则薄如蝉翼，积之则如纱縠之重沓也。其西与大秦、安息交市海中，多大秦珍物，珊瑚、琥珀、金碧珠玑，琅玕、郁金、苏合。苏合是合诸香汁煎之，非自然一物也。又云大秦人採苏合，先笮其汁以为香膏，乃卖其滓与诸国贾人，是以展转来达中国，不大香也。郁金独出罽宾国，华色正黄而细，与芙蓉华里被莲者相似。国人先取以上佛寺，积日香槁，乃粪去之，贾人从寺中征雇，以转卖与佗国也。

汉桓帝延熹九年，大秦王安敦遣使自日南徼外来献，汉世唯一通焉。其国人行贾，往往至扶南、日南、交趾，其南徼诸国人少有到大秦者。孙权黄武五年，有大秦贾人字秦论来到交趾，交趾太守吳邈遣送诣权，权问方土谣俗，论具以事对。时诸葛恪讨丹阳，获黝、歙短人，论见之曰："大秦希见此人。"权以男女各十人，差吏会稽刘咸送论，咸於道物故，论乃径还本国。汉和帝时，天竺数遣使贡献，后西域反叛，遂绝。至桓帝延熹二年，四年，频从日南徼外来献。魏、晉世，绝不复通。唯吳时扶南王范旃遣亲人苏物使其国，从扶南发投拘利口，循海大湾中正西北入历湾边数国，可一年余到天竺江口，逆水行七千里乃至焉。天竺王惊曰："海滨极远，犹有此人。"即呼令观视国内，仍差陈、宋等二人以月支马四匹报旃，遣物等还，积四年方至。其时吳遣中郎康泰使扶南，及见陈、宋等，具问天竺土俗，云："佛道所兴国也。人民敦厖，土地饶沃。其王号茂论。所都城郭，水泉分流，绕于渠壍，下注大江。其宫殿皆雕文镂刻，街曲市里，屋舍楼观，钟鼓音乐，服饰香华，水陆通流，百贾交会，奇玩珍玮，恣心所欲。左右嘉维、舍卫、叶波等十六大国，去天竺或二三千里,共尊奉之,以为在天地之中也。”

天监初,其王屈多遣长史竺罗达奉表曰:“伏闻彼国据江傍海,山川周固,众妙悉备,庄嚴国土,犹如化城。宫殿庄饰,街巷平坦,人民充满,欢娱安乐。大王出遊,四兵随从,圣明仁爱,不害众生。国中臣民,循行正法,大王仁圣,化之以道,慈悲羣生,无所遗棄。常修淨戒,式导不及,无上法船,沉溺以济。百官氓庶,受乐无恐。诸天护持,万神侍从,天魔降服,莫不归仰。王身端严,如日初出,仁泽普润,犹如大云,於彼震旦,最为殊胜。臣之所住国土,首罗天守护,令国安乐。王王相承,未会断绝。国中皆七賨形像,众妙庄严,臣自修检,如化王法。臣名屈多,奕世王种。惟愿大王圣体和平。今以此国羣臣民庶,山川珍重,一切归属。五体投地,归诚大王。使人竺达多由来忠信,是故今遣。大王若有所须珍奇異物,悉当奉送。此之境土,便是大王之国,王之法令善道,悉当承用。愿二国信使往来不绝。此信返还,愿赐一使,具宣圣命,备勑所宜。款至之诚,望不空返,所白如允,愿加採纳。今奉献琉璃唾壶、杂香、古贝等物。”

师子国,天竺旁国也。其地和适,无冬夏之異。五穀随人所种,不须时节。其国旧无人民,止有鬼神及龙居之。诸国商估来共市易,鬼神不见其形,但出珍賨,显其所堪价,商人依价取之。诸国人闻其土乐,因此竞至,或有停住者,遂成大国。

晋义熙初,始遣献玉像,经十载乃至。像高四尺二寸,玉色洁润,形製殊特,殆非人工。此像历晋、宋世在瓦宫寺,寺先有征士戴安道手製佛像五躯,及顾长康维摩画图,世人谓为三绝。至齐東昏,遂毁玉像,前截臂,次取身,为嬖妾潘贵妃作钗钏。宋元嘉六年,十二年,其王刹利摩诃遣使贡献。

大通元年,后王伽叶伽罗诃梨邪使奉表曰:“谨白大梁明主:虽山海殊隔,而音信时通。伏承皇帝道德高远,覆载同於天地，明照齐乎日月，四海之表，无有不从，主国诸王，莫不奉献，以表慕义之诚。或泛海三年，陆行千日，畏威怀德，无远不至。我先王以来，唯以脩德为本，不严而治。奉事正法道天下，欣人为善，庆若己身，欲与大梁共弘三寳，以度难化。信还，伏听告敕。今奉薄献，愿垂纳受。”

扶桑国者，齐永元元年，其国有沙门慧深来至荆州，说云："扶桑在大汉国東二万余里，地在中国之東，其土多扶桑木，故以为名。……其俗旧无佛法，宋大明二年，罽宾国尝有比丘五人遊行至其国，流通佛法、经像，教令出家，风俗遂改。”

元魏之居桑乾也，滑犹为小国，属芮芮。后稍强大，征其旁国波斯、盘盘、罽宾，焉耆、龜兹，疏勒、姑墨、于阗、句盘等国，开地千余里。

（卷五十四《诸夷列传》）

四、陳書

永定元年冬十月庚辰，诏出佛牙於杜姥宅，集四部设无遮大会，高祖亲出阙前礼拜。初，齐故僧统法献於乌缠国得之，常在定林上寺。梁天監末为摄山庆云寺沙门慧兴保藏，慧兴将终，以属弟慧志。承圣末，慧志密送于高祖至是乃出。

（卷二《高祖本纪》下）

太建三年五月辛亥，……新罗……天竺等国並遣使献方物。

（卷五《宣帝本纪》）

五、北齊書

昔汉明帝时，西域以白马负佛经送洛，因立白马寺，其经函传在此寺，形制淳朴，世以为古物，历代藏寳。贤无故斫破之，未几而死，论者或谓贤因此致祸。

（卷十九《韩贤列传》）

六、周書

焉耆国……文字与婆罗门同。

嚈哒国，大月氏之种类，在于阗之西，東去长安一万百里。

波斯国，大月氏之别种，治苏利城，古条支国也。

（卷五十《異城》下）

七、隋書

帝（梁武帝）既笃敬佛法，又制《善哉》、《大乐》、《大欢》、《天道》、《仙道》、《神王》、《龙王》、《灭过恶》、《除爱水》、《断苦轮》等十篇，名为正乐，皆述佛法。又有法乐童子伎、童子倚歌梵呗，设无遮大会则为之。

（卷十三《音乐志》上）

始开皇初定令，置《七部乐》：一曰《国伎》，二曰《清商伎》，三曰《高丽伎》，四曰《天竺伎》，五曰《安国伎》，六曰《龜兹伎》，七曰《文康伎》。

及大业中，炀帝乃定《清乐》、《西凉》、《龜兹》、《天竺》、《康国》、《疎勒》、《安国》、《高丽》、《礼毕》，以为《九部》。乐器工衣创造既成，大备於兹矣。

《天竺》者，起自张重华据有涼州，重四译来贡男伎，《天竺》即其乐焉。歌曲有《沙石疆》，舞曲有《天曲》。乐器有凤首箜篌、琵琶、五弦、笛、铜鼓、毛员鼓，都昙鼓、铜拔、贝等九种，为一部。工十二人。

始齐武平中，有鱼龙烂漫、俳优、朱儒、山车、巨象、拔井、种瓜，杀马、剥驴等，奇怪異端，百有余物，名为百戏。周时，郑译有宠於宣帝，奏征齐散乐人，並会京师为之。盖秦甬抵之流者也。开皇初，並放遣之。及大业二年，突厥染干来朝，炀帝欲夸之，总追四方散乐，大集東都。初於芳华苑积翠池侧，帝帷宫女观之。有舍利先来，戏於场内，须臾跳跃，激水满衢，黿鼍龜鼇，水人虫鱼，徧覆于地。又有大鲸鱼，喷雾翳日，倏忽化成黄龙，长七八丈，耸踊而出，名曰《黄龙变》。又以绳繫两柱，相去十丈，遣二倡女，对舞绳上，相逢切肩而过，歌舞不辍。又为夏育扛鼎，取车轮石臼大甕器等，各於掌上而跳弄之。並二人戴竿，其上有舞，忽然腾透而换易之。又有神鼇负山，幻人吐火，千变万化，旷古莫俦。染干大骇之。自是皆於太常教习。每岁正月，万国来朝，留至十五日，於端门外，建国门内，绵亘八里，列为戏场。百官起棚夹路，从昏达旦，以纵观之。至晦而罢。伎人皆衣锦繡缯綵。其歌舞者，多为妇人服，鸣环佩，饰以花毦者，殆三万人。初课京兆、河南製此衣服，而两京缯锦，为之中虚。三年，驾幸榆林，突厥启民，朝于行宫，帝又设以示之。六年，诸夷大献方物。突厥启民以下，皆国主亲来朝贺。乃於天津街盛陈百戏，自海内凡有奇伎，无不总萃。崇侈器玩，盛饰衣服，皆用珠翠金银，锦罽絺繡。其营费鉅亿万。关西以安德王雄总之，東都以齐王暕总之，金石匏革之声，闻数十里外。弹弦擫管以上，一万八千人。大列炬火，光烛天地，百戏之盛，振古无比。自是每年以为常焉。

（卷十五《音乐志》下）

《婆罗门书》一卷梁有《扶南胡书》一卷

自后汉佛法行於中国，又得西域胡书，能以十四字贯一切音，文省而义广，谓之婆罗门书。与八体六文之义殊别。今取以附体势之下。

（卷三十二《经籍志》一）

《法显传》二卷

《法显行传》一卷

《佛国记》一卷沙门释法显撰

《遊行外国传》一卷沙门释智猛撰

《外国传》五卷释昙景撰

《历国传》二卷释法盛撰

《慧王行传》一卷

《大隋翻经婆罗门法师外国传》五卷

（卷三十三《经籍志》二）

《婆罗门天文经》二十一卷婆罗门舍仙人所说

《婆罗门竭伽仙人天文说》三十卷

《婆罗门天文》一卷

《摩登伽经说星图》一卷

《婆罗门算法》三卷

《婆罗门阴阳算历》一卷

《婆罗门算经》三卷

《竭伽仙人占梦书》一卷

《龙树菩萨药方》四卷

《西域诸仙所说药方》二十三卷目一卷。本二十五卷。

《香山仙人药方》十卷

《西域波罗仙人方》三卷

《西域名医所集要方》四卷本十二卷。

《婆罗门诸仙药方》二十卷

《婆罗门药方》五卷

《耆婆所述仙人命论方》二卷目一卷。本三卷。

《乾陀利治鬼方》十卷

《新录乾陀利治鬼方》四卷本五卷,阙。

《龙树菩萨和香法》二卷

《龙树菩萨养性方》一卷

（卷三十四《经籍志》三）

大乘经六百一十七部,二千七十六卷。五百五十八部,一千六百九十七卷,经。五十九部,三百七十九卷,疏。小乘经四百八十七部,八百五十二卷。杂经三百八十部,七百一十六卷。杂经目残缺甚,见数如此。杂疑经一百七十二部,三百三十六卷。大乘律五十二部,九十一卷。小乘律八十部,四百七十二卷。七十七部,四百九十卷,律。二部,二十三卷,讲疏。杂律二十七部,四十六卷。大乘论三十五部,一百四十一卷。三十部,九十四卷,论。十五部,四十七卷,疏。小乘论四十一部,五百六十七卷。二十一部,四百九十一卷,论。十部,七十六卷,讲疏。杂论五十一部,四百三十七卷。三十二部,二百九十九卷,论。九部,一百三十八卷,讲疏。记二十部,四百六十四卷。

右一千九百五十部,六千一百九十八卷。

佛经者,西域天竺之迦维卫国淨饭王太子释迦牟尼所说。释迦当周庄王之九年四月八日,自母右胁而生,姿貌奇異,有三十二相,八十二好。舍太子位,出家学道,勤行精进,觉悟一切种智,而谓之佛,亦曰佛陀,亦曰浮屠,皆胡言也。华言译之为淨觉。其所说云,人身虽有生死之異,至於精神,则恒不灭。此身之前,则经无量身矣。积而修习,精神清淨,则成佛道。天地之外,四维上下,更有天地,亦无终极,然皆有成有败。一成一败,谓之一劫。自此天地以前,则有无量劫矣。每劫必有诸佛得道,出世教化,其数不同。今此劫中,当有千佛,自初至于释迦,已七佛矣。其次当有弥勒出世,必经三会,演说法藏,开度众生。由其道者,有四等之果。一曰须陁洹,二曰斯陁含,三曰阿那含,四曰阿罗汉。至罗汉者,则出入生死,去来隐显,而不为累。阿罗汉已上,至菩萨者,深见佛性,以至成道。每佛灭度,遗法相传,有正、象、末三等淳醨之異。年岁远近,亦各不同。末法已后,众生愚钝,无复佛教,而业行转恶,年寿渐短,经数百千载间,乃至朝生夕死。然后有大水、大火、大风之災,一切除去之,而更立生人,又归淳朴,谓之小劫。每一小劫,则一佛出世。

初天竺中多诸外道,並事水火毒龙,而善诸变幻。释迦之苦行也,是诸邪道,並来嬲恼,以乱其心,而不能得。及佛道成,尽皆摧伏,並为弟子。弟子,男曰桑门,译言息心,而总曰僧,译言行乞。女曰比丘尼。皆剃落鬚髪,释累辞家,相与和居,治心修淨,行乞以自资,而防心摄行。僧至二百五十戒,尼五百戒。俗人信凭佛法者,男曰优婆塞,女曰优婆夷,皆去杀、盗、淫、妄言、饮酒,是为五诫。释迦在世教化四十九年,乃至天龙人鬼並来听法,弟子得道,以百千万亿数。然后於拘尸那城婆罗双树间,以二月十五日,入般涅槃。涅槃亦曰泥洹,译言灭度,亦言常乐我淨。初释迦说法,以人之性识根业各差,故有大乘小乘之说。至是谢世,弟子大迦叶与阿难等五百人,追共撰述,缀以文字,集载为十二部。后数百年,有罗汉菩萨,相继著论,赞明其义。然佛所说,我灭度后,正法五百年,像法一千年,末法三千年,其义如此。

推寻典籍,自汉已上,中国未传。或云久以流布,遭秦之世,所以堙灭。其后张骞使西域,盖闻有浮屠之教。哀帝时,博士弟子秦景使伊存口授浮屠经,中土闻之,未之信也。后汉明帝，夜梦金人飞行殿庭，以问於朝，而傅毅以佛对。帝遣郎中蔡愔及秦景使天竺求之，得佛经《四十二章》及释迦立像。并与沙门摄摩腾、竺法兰東还。愔之来也，以白马负经，因立白马寺於洛城雍门西以处之。其经缄于兰台石室，而又画像於清凉台及显节陵上。章帝时，楚王英以崇敬佛法闻，西域沙门，赍佛经而至者甚众。永平中，法兰又译《十住经》。其余传译，多未能通。至桓帝时，有安息国沙门安静，赍经至洛，翻译最为通解。灵帝时，有月支沙门支谶、天竺沙门竺佛朔等，並翻佛经。而支谶所译《泥洹经》二卷，学者以为大得本旨。汉末，太守竺融，亦崇佛法。三国时，有西域沙门康僧会，赍佛经至吴译之，吴主孙权，甚大敬信。魏黄初中，中国人始依佛戒，剃髮为僧。先是西域沙门来此，译《小品经》，首尾乖舛，未能通解。甘露中，有朱仕行者，往西域，至于阗国，得经九十章，晉元康中，至邺译之，题曰《放光般若经》。太始中，有月支沙门竺法护，西遊诸国，大得佛经，至洛翻译，部数甚多。佛教東流，自此而盛。

石勒时，常山沙门卫道安，性聪敏，诵经日至万余言。以胡僧所译《维摩》、《法华》，未尽深旨，精思十年，心了神悟，乃正其乖舛，宣扬解释。时中国纷扰，四方隔绝，道安乃率门徒，南遊新野，欲令玄宗所在流布，分遣弟子，各趋诸方。法性诣扬州，法和入蜀，道安与慧远之襄阳。后至长安，苻坚甚敬之。道安素闻天竺沙门鸠摩罗什，思通法门，劝坚致之。什亦闻安令问，遥拜致敬。姚苌弘始二年，罗什至长安，时道安卒后已二十载矣，什深慨恨。什之来也，大译经论，道安所正，与什所译，义如一，初无乖舛。

初，晉元熙中，新丰沙门智猛，策杖西行，到华氏城，得《泥洹经》及《僧祇律》，東至高昌，译《泥洹》为二十卷。后有天竺沙门昙摩罗谶复赍胡本，来至河西。沮渠蒙逊遣使至高昌取猛本，欲相参验，未还而蒙逊破灭。姚苌弘始十年，猛本始至长安，译为三十卷。昙摩罗谶又译《金光明》等经。时胡僧至长安者数十辈，惟鸠摩罗什才德最优。其所译则《维摩》、《法华》、《成实论》等诸经，及昙无忏所译《金光明》，昙摩罗谶所译《泥洹》等经，並为大乘之学。而什又译《十诵律》，天竺沙门佛陀耶舍译《长阿含经》及《四方律》，兜佉勒沙门昙摩难提译《增一阿含经》，昙摩耶舍译《阿毗昙论》，並为小乘之学。其余经论，不可胜记。自是佛法流通，极於四海矣。東晉隆安中，又有罽宾沙门僧伽提婆译《增一阿含经》及《中可含经》。义熙中，沙门支法领，从于阗国得《华严经》三万六千偈，至金陵宣译。又有沙门法显，自长安遊天竺，经三十余国。随有经律之处，学其书语，译而写之。还至金陵，与天竺禅师跋罗，参共辩定，谓《僧祇律》，学者传之。

齐梁及陈，並有外国沙门。然所宣译，无大名部可为法门者。梁武大崇佛法，於华林园中，总集释氏经典，凡五千四百卷。沙门寶唱，撰《经目录》。又后魏时，太武帝西征长安，以沙门多违佛律，羣聚秽乱，乃诏有司，尽坑杀之，焚破佛像。长安僧徒，一时歼灭。自余征镇，豫闻诏书，亡匿得免者十一二。文成之世，又使修复。熙平中，遣沙门慧生使西域，采诸经律，得一百七十部。永平中，又有天竺沙门菩提留支，大译佛经，与罗什相埒。其《地持》《十地论》，並为大乘学者所重。后齐迁邺，佛法不改。至周武帝时，蜀郡沙门卫元嵩上书，称僧徒猥滥，武帝出诏，一切废毁。

开皇元年，高祖普诏天下，任听出家，仍令计口出钱，营造经像。而京师及并州、相州、洛州等诸大都邑之处，並官写一切经，置於寺内；而又别写，藏于祕阁。天下之人，从风而靡，竞相景慕，民间佛经，多於六经数十百倍。大业时，又令沙门智果，於東都内道场，撰诸经目，分别条贯，以佛所说经为三部：一曰大乘，二曰小乘，三曰杂经。其余似后人假託为之者，别为一部，谓之疑经。又有菩萨及诸深解奥义、赞明佛理者，名之为论，及戒律並有大、小及中部之别。又所学者，录其当时行事，名之为记。凡十一种。今举其大数，列於此篇。

（卷三十五《经籍志》四）

骨仪[1]，京兆长安人也。性刚鲠，有不可奪之志。开皇初，为侍御史，处法平当，不为势利所回。炀帝嗣位，迁尚书右司郎。于时朝政渐乱浊，货赂公行，凡当枢要之职，无问贵贱，並家累金寶。天下士大夫莫不变节，而仪励志守常，介然独立。帝嘉其清苦，超拜京兆郡丞，公方弥著。时刑部尚书卫玄兼领京兆内史，颇行诡道，辄为仪所执正。玄虽不便之，不能伤也。及义兵至，而玄恐祸及己，遂称老病，无所干预。仪与世师同心协契，父子並诛，其后遂绝。世师有子弘智等，以年幼获全。

① 本篇记骨仪为京兆长安人，《北史》又记为天竺人。说法不同，故全文收录。

（卷三十九《阴寿附骨仪列传》）

……有沙门惠恩、崛多等，颇解占候，纶每与交通，常令此三人为度星法。有人告綸怨望呪诅，帝命黄门侍郎王弘穷治之。

（卷四十四《滕穆王瓒附嗣王纶列传》）

炀帝即位，营建東都，矩职修府省，九旬而就。时西域诸蕃，多至张掖，与中国交市。帝令矩掌其事。矩知帝方勤远略，诸商胡至者，矩诱令言其国俗山川险易，撰《西域图记》三卷，入朝奏之。其序曰：……

发自敦煌，至于西海，凡为三道，各有襟带。北道从伊吾，经蒲类海铁勒部，突厥可汗庭，度北流河水，至拂菻国，达于西海。其中道从高昌，焉耆，龜兹，疏勒，度葱岭，又经鏺汗，苏对沙那国，康国，曹国，何国，大、小安国，穆国，至波斯，达于西海。其南道从鄯善，于阗，朱俱波、喝槃陀，度葱岭，又经护密，吐火罗，挹怛，忛延，漕国，至北婆罗门，达于西海。其三道诸国，亦各自有路，南北交通。其東女国、南婆罗门国等，並随其所往，诸处得达。故知伊吾、高昌、鄯善，並西域之门户也。总凑敦煌，是其咽喉之地。……

（卷六十七《裴矩列传》）

林邑，……人皆奉佛，文字同於天竺。

赤土，……大业三年，屯田主事常骏、虞部主事王君政等请使赤土。……其年十月，骏等自南海郡乘舟，昼夜二旬，每值便风。至焦石山而过，東南泊陵伽钵拔多洲，西与林邑相对。……又南行，到师子石，自是岛屿连接。又行二三日，西望见狼牙须国之山，於是南达鸡笼岛，至於赤土之界。其王遣婆罗门鸠摩罗以舶三十艘来迎。……月余，至其都。……至王宫，骏等奉诏书上阁，王以下皆坐。宣诏讫，引骏等坐，奏天竺乐。

（卷八十二《南蛮列传》）

又太子洗马苏夔以锺律自命，尤忌賨常。夔父威，方用事，凡言乐者，皆附之而短賨常。数诣公卿怨望，苏威因诘賨常，所谓何所传受。有一沙门谓賨常曰："上雅好符瑞，有言征祥者，上皆悦之。先生当言就胡僧受学，云是佛家菩萨所传音律，则上必悦。先生所为可以行矣。"賨常然之，遂如其言以答威。威怒曰："胡僧所传，乃是四夷之乐，非中国所宜行也。"其事竟寝。

（卷七十八《艺术列传万賨常》）

炀帝时，遣侍御史韦节、司隶从事杜行满使於西蕃诸国。

至罽宾，得码碯杯；王舍城，得佛经；史国，得十儛女、师子皮、火鼠毛而还。

女国，在葱岭之南。

尤多盐，恒将盐向天竺兴贩，其利数倍。亦数与天竺及党项战争。

焉耆国，……其俗奉佛书，类婆罗门。

漕国，在葱岭之北，汉时罽宾国也。其王姓昭武，字顺达，康国王之宗族。都城方四里。胜兵者万余人。国法严整，杀人及贼盗皆死。其俗淫祠。葱岭山有顺天神者，仪制极华，金银鍱为屋，以银为地，祠者日有千余人。祠前有一鱼脊骨，其孔中通，马骑出入。国王戴金鱼头冠，坐金马座。土多稻、粟、豆、麦；饶象，马，封牛，金，银，镔铁，氍毹，朱砂，青黛，安息，青木等香，石蜜，半蜜，黑盐，阿魏，没药，白附子。北去帆延七百里，東去刦国六百里，東北去瓜州六千六百里。大业中，遣使贡方物。

（卷八十三《西域列传》）

八、晉書

义熙九年正月，大风，白马寺浮图刹柱折坏。

（卷二十九《五行志》下）

珉字季琰。少有才艺，善行书，名出珣右。时人为之语曰："法护非不佳，僧弥难为兄。"僧弥，珉小字也。时有外国沙门，名提婆，妙解法理，为珣兄弟讲《毗昙经》。珉时尚幼，讲未半，便云已解，即於别室与沙门法网等数人自讲。

（卷六十五《王导附子珉列传》）

佛图澄，天竺人也。[①]

① 余从略，与《高僧传·竺佛图澄传》同。

鸠摩罗什，[①]天竺人也。……

尝讲经於草堂寺，兴及朝臣，大德沙门千有余人肃容观德，罗什忽下高坐，谓兴曰："有二小儿登吾肩，欲鄣须妇人。"兴乃召宫女进之，一交而生二子焉。兴尝谓罗什曰："大师聪明超悟，天下莫二，何可使法种少嗣。"遂以伎女十人，逼令受之。尔后不住僧坊，别立解舍，诸僧多效之，什乃聚针盈钵，引诸僧谓之曰："若能见效食此者，乃可畜室耳。"因举匕进针，与常食不别，诸僧愧服乃止。

① 仅收录《高僧传·鸠摩罗什传》所缺部分。

（卷九十五《艺术列传》）

大秦国一名犂鞬，在西海之西，其地東西南北各数千里。……安息、天竺人与之交市於海中，其利百倍。

（卷九十七《四夷列传》）

刘曜败季龙于高候，遂围洛阳。勒荥阳太守尹矩、野王太守张进等皆降之，襄国大震。勒将亲救洛阳，左右长史、司马郭敖、程遐等固谏曰："刘曜乘胜雄盛，难与争锋，金墉粮丰，攻之未可卒拔。曜悬军千里，势不支久。不可亲动……。"勒大怒……於是赦徐光，召而谓之曰："刘曜乘高候之势，围守洛阳，……程遐等不欲吾亲行，卿以为何如？"光对曰："……今此机会，所谓天授，授而弗应，祸之攸集。"勒笑曰："光之言是也。"佛图澄亦谓勒曰："大军若出，必擒刘曜。"勒尤悦，使内外戒严，有谏者斩。

（卷一百五《石勒载记》下）

初，慕容皝与段辽有隙，遣使称藩于季龙，陈辽宜伐，请尽众来会。及军至令支，皝师不出，季龙将伐之。天竺佛图澄进曰："燕福德之国，未可加兵。"季龙作色曰："以此攻城，何城不克？

以此众战，谁能禦之？区区小豎，何所逃也！”

时祆怪尤多，石然于泰山，八日而灭。東海有大石自立，旁有血流。邺西山石间血流出，长十余步，广二尺余。太武殿画古贤悉变为胡，旬余，头悉缩入肩中。季龙大恶之，佛图澄对之流涕。

（卷一百六《石季龙载记》上）

坚自平诸国之后，国内殷实。……天竺献火浣布。……凡六十有二王，皆遣使贡其方物。

（卷一百十三《苻坚载记》上）

兴如逍遥园，引诸沙门于澄玄堂听鸠摩罗什演说佛经。罗什通辩夏言，寻览旧经，多有乖谬，不与胡本相应。兴与罗什及沙门僧略、僧迁、道树、僧叡、道坦、僧肇、昙顺等八百余人，更出大品，罗什持胡本，兴执旧经，以相考校，其新文異旧者皆会於理义。续出诸经并绪论三百余卷。今之新经皆罗什所译。兴既託意於佛道，公卿已下莫不钦附，沙门自远而至者五千余人。起浮图於永贵里，立波若台于中宫，沙门坐禅者恒有千数。州郡化之，事佛者十室而九矣。

（卷一百十七《姚兴载记》上）

道士句摩罗耆婆言於纂曰：“潜龙屡出，豕犬见妖，将有下人谋上之祸，宜增修德政，以答天戒。”纂纳之。耆婆，即罗什之别名也。

（卷一百二十二《吕纂载记》）

九、大唐西域記（题解）

玄奘著，成书於公元646年（唐贞观廿年）。

玄奘为西行求法，於公元627年（贞观元年）从长安出发，过甘肃、新疆，取道碎叶（素叶水城），经中亞南部、西亞的東北部，抵南亞次大陸。在印度半岛上，他遍遊各地，巡礼了佛诞生地兰毗尼，留学於最高学府那烂陀寺，访问了艺术寶库阿旃陀石窟，还参加了以他为论主的曲女城盛会，钵罗耶伽的无遮大会。后攜带经、像仍由陆路过帕米尔高原南面的瓦罕谷地归国，公元645年（贞观十九年）回到长安。次年，他将历时十九年、行程五万余里的亲历见闻写成了《大唐西域记》一书。

全书十二卷，记叙了一百三十多个城市、地区、国家的山川地形、物产气候、风土人情、商业货币、文化宗教、语言文字以及政治情况等等，是研究公元七世纪时中亞、南亞历史地理的重要文献，其中特别对研究印度的历史、哲学史、宗教史、文学史等提供了丰富而信实的资料，弥足珍贵。对此，中国研究印度的学者季羡林先生在《大唐西域记》《校注》前言中已有详细的论述，可参阅。

《大唐西域记》成书至今已一千三百多年，流传钞本甚多，各种《释藏》均有收列。1900年敦煌发现了《大唐西域记》唐写本卷一卷二残卷。清人丁谦作过《大唐西域记考证》一书。五十年代曾刊行了单行本。六十年代中华书局将其列入为中外交通史籍丛刊之一。1977年出版了章巽的点校本。1985年出版了季羡林主编的校注本。书具在，文多不录。

十、釋迦方誌（題解）

道宣著，成书於公元650年（唐永徽元年）。全书两卷，分封疆、统摄、中边、遗跡、遊履、通局、时住、教相八篇。书中记叙佛教产生和传播的地域，佛教传说中的须弥山和四洲的形状，我国历代佛教的盛衰和释道之爭，以及从晉至隋各代的佞佛情况、寺院、僧尼、译经和译经僧人的数目。

书中提供了一些很有价值的南亞史料，如《遺跡篇》中羯若鞠闍国下记载的戒日王与寡妹共知国事，李义表、王玄策在印度的活动，以及唐初往印度的三条通道。又如《遊履篇》中记述从张骞到玄奘十六起的许多僧俗耳闻和亲历南亞各国的事跡。其中公元205年（后汉建安十年）成光子抵达嚫事件，公元451年（北魏太武末年）沙门道药抵僧伽施国事件，均为其它史籍所不载。这些都是研究印度历史、中国与南亞各国关係史的重要材料。

此书原存《释藏》之中，六十年代中华书局将其列为中外交通史籍丛刊之一。1983年已有范祥雍点校出版成单行本。书具在，文多不具录。

十一、南史①

① 本书《宋文帝》、《梁武帝》、《陈宣帝纪》、《隐逸》、《夷貊列传》中有关南亞的记叙，与《宋书》、《南齐书》、《梁书》、《陈书》基本相同，故从略。下收两條则略有不同。

中天竺国，……汉和帝时，天竺数遣使贡献，后西域反叛遂绝。至桓帝延熹二年、四年频从日南徼外来献，魏、晉世绝不复通。

师子国，……宋元嘉五年，其王刹利摩诃遣使奉表贡献。十二年，又遣使奉献。

（卷七十八《夷貊列传》上）

十二、北史[1]

① 本书《魏本纪》、《卢景裕》、《李顺》、《裴矩》、《韩贤》、《林邑》、《赤土》、《西域列传》中有关南亞记叙，与《魏书》、《北齐书》、《周书》、《隋书》基本相同，故从略。下收一条则有不同。

骨仪，天竺胡人。[2]……

② 余从略，与《隋书》卷39《阴寿附骨仪列传》同。

（卷七十三《阴寿杨义臣列传》）

十三、續高僧傳

梁楊都正觀寺扶南國沙門僧伽婆羅

僧伽婆罗，梁言僧养，亦云僧铠，扶南国人也。……学年出家，偏业《阿毗昙论》。……具足已后，广习律藏。……闻齐国宏法，随舶至都，住正观寺，为天竺沙门求那跋陀之弟子也。复从跋陀研精《方等》。……乃解数国书语。值齐历亡坠，……大梁御寓，……以天监五年被敕征召於杨都寿光殿……扶南馆等五处，传译讫十七年。都合一十一部四十八卷，即《大育王经》、《解脱道论》等是也。又有扶南沙门曼陀罗者，梁言宏弱。大賫梵本，远来贡献。敕於婆罗共译《寳云》、《法界体性》、《文殊般若经》三部合一十一卷。

元魏北臺恒安石窟通樂寺沙門釋曇曜

……太平真君七年，……焚毁寺塔。……至壬辰年，太武云崩，子文成立。即起塔寺，搜访经典。毁法七载，三寳还兴。曜慨前陵废，欣今重复。故於北台石窟集诸德僧，对天竺沙门，译《付法藏传》並《淨土经》，流通后贤，意存无绝。

元魏南臺洛下永寧寺天竺沙門菩提流支

菩提流支，魏言道希，北天竺人也。遍通三藏，妙入总持，志在宏法，广流视听。遂挟道宵征，远莅葱左。以魏永平之初来遊東夏。宣武皇帝下敕引劳，供拟殷华，处之永宁大寺。四事将给，七百梵僧，敕以流支为译经之元匠也。其寺本孝明皇帝熙平元年灵太后胡氏所立，在宫前閶闔门南御道之東。……初营基日，掘至黄泉，获金像三十二躯。太后以为嘉瑞，奉信法之征也。是以饰制瓌奇，穷世华美。……先时流支奉敕，创翻《十地》。宣武皇帝命章一日，亲对笔受，然后方付沙门僧辩等，讫尽论文。佛法隆盛，英儁蔚然，相从传授，孜孜如也。帝又敕清信士李廓撰《众经录》。廓学通玄素，条贯经论，雅有标拟。故其录云："三藏流支自洛及邺，爰至天平二十余年，凡所出经三十九部，一百二十七卷，即佛名《楞伽法集》、《深密》等经，《胜思惟大寳积》、《法华》、《涅槃》等论是也，並沙门僧朗、道湛及侍中崔光等笔受，具列《唐贞观内典录》。"廓又云："三藏法师流支房内经论梵本，可有万夹。所翻新文笔受藁本，满一間屋。"然其慧解与勒那相亞，而神悟聪敏，洞善方言，兼工呪术，则无抗衡矣。尝坐井口澡，罐内空，弟子未来，无人汲水。流支乃操柳枝聊撝井中，密加诵咒，纔始数遍，泉水上湧，平及井栏。即以钵酌，用之盥洗。旁僧具见，莫测其神，咸共嘉歎大圣人也。流支曰："勿妄褒赏，斯乃术法。外国共行，此方不习，谓为圣耳。"惧惑世人，遂祕不传。於时又有中天竺僧勒那摩提，魏云寳意，博赡之富，理事兼通。诵一亿偈，偈有三十二字。尤明禅法，意存遊化。以正始五年初届洛邑，译《十地》、《寳积论》等大部二十四卷。又有北天竺僧佛陀扇多，魏言觉定，从正光年至元象二年，於洛阳白马寺及邺都金华寺译出《金刚》、《上味》

等经十部。当翻经日，於洛阳内殿，流支传本，余僧参助。其后三德乃徇流言，各传师习，不相询访。帝以宏法之盛，略叙曲烦，敕三处各翻讫乃参校。其间隐没，互有不同，致有文旨，时兼異缀。后人合之，共成通部，见寶唱等录。初，寳意沙门神理标異，领牒魏词，偏尽隅奥。帝每令讲《华严经》，披释开晤，精义每发。一日正处高座，忽有持笏执名者，形如天官，云奉天帝命，来请法师讲《华严经》。意曰："今此法席尚未停止，待讫经文，当从来命。虽然，法事所资，独不能建。都讲香火维那梵呗，咸亦须之，可请令定。"使者即如所请见讲诸僧。既而法事将了，又见前使，云奉天帝命，故来下迎。意乃含笑熙怡，告众辞诀，奄然卒於法座，都讲等僧亦同时殒。魏境闻见，无不嗟美。时又有沙门法场，於洛阳译《辩意长者问经》一卷。虽阙传对，而是正文，见《法上录》。又熙平元年，有南天竺波罗柰城婆罗门姓瞿昙氏，名般若流支，魏言智希，从元象元年至兴和末，於邺城译《正法》、《念圣》、《善住》、《迴诤》、《唯识》等经论，凡一十四部，八十五卷，沙门昙琳、僧昉等笔。当时有沙门菩提流支与般若流支前后出经，而众录传写，率多轻略。各去上字，但云流支，而不知是何流支。迄今羣录译目相涉，难得详定。……至周文帝二年，有波头摩国律师攘那跋陀罗，周言智贤，共耶舍崛多等译《五明论》，谓声、医、工、术及符印等，並沙门智僊笔受。建武帝天和年，有摩勒国沙门达摩流支，周言法希，奉敕为大冢宰晋阳公宇文护译《婆罗门天文》二十卷。又令摩伽陀国禅师闍那耶舍，周言藏称，共弟子闍那崛多等於长安故城四天王寺译《定意》、《天子问经》六部，沙门圆明、道辩及城阳公萧吉等笔受。

陳南海郡天竺沙門拘那羅陀　高空　德贤　善吉

拘那罗陀，陈言亲依，或云波罗末陀，译云真谛，並梵文之名字也。本西天竺优禅尼国人焉。景行澄明，器宇清肃，风神爽拔，悠然自远。羣藏广部，罔不措怀，艺术異能，偏素谙练。虽遵融佛理，而以通道知名。远涉艰关，无惮夷险，历遊诸国，随机利见。梁武皇帝德加四域，盛昌三寶。大同中，敕直后、张汜等送扶南献使返国，仍请名德三藏、大乘诸论、《杂华经》等。真谛远闻行化，仪轨圣贤，搜选名匠，惠益氓品。彼国乃屈真谛，並賫经论，恭膺帝旨，既素蓄在心，涣然闻命。以大同十二年八月十五日达於南海。沿路初经，乃停两载，以太清二年闰八月始届京邑。武皇面申顶礼，於寶云殿竭诚供养。帝欲传翻经教，不羡秦时，更出新文，有逾齐日。属道销梁季，寇羯凭陵，法为时崩，不果宣述，乃步入東土，又往富春。令陆元哲创奉问津，将事传译，招延英秀。沙门寶琼等二十余人翻《十七地论》，适得五卷。而国难未静，侧附通传。至大寶三年，为侯景请还，在台供养。于斯时也，兵飢相接，法几颓焉。会元帝启祚，承圣清夷，乃止於金陵正观寺，与愿禅师等二十余人翻《金光明经》。三年二月还返豫章，又往新吴、始兴。后随萧太保度岭至於南康，並随方翻译，栖遑靡托。逮陈武永定二年七月，还返豫章，又上临川、晋安诸郡。真谛虽传经论，道缺情离，本意不申，更观机壤，遂欲汎舶往棱伽修国。道俗虔请，结誓留之，不免物议，遂停南越。便与前梁旧齿重覈所翻。其有文旨乖竞者，皆熔冶成范，始末轮通。至文帝天嘉四年，杨都建元寺沙门僧宗、法准、僧忍律师等，並建业标领，钦闻新教，故使远浮江表，亲承芳问。谛欣其来意，乃为翻《摄大乘》等论。首尾两载，覆疏宗旨，而飘寓投委，无心宁奇。又汎小舶至梁安郡。更装大舶，欲返西国。学徒追逐，相续留连。太守王方著述众元情，重申邀请。谛又且循人事，权止海隅，伺旅束装，未思安堵。至三年九月发自梁安，汎舶西引，业风赋命，飘还广州。十二月中，上南海岸，刺史欧阳穆公頠延住制旨寺，请翻新文。谛顾此业缘，西还无指，乃对沙门慧恺等翻《广义法门经》及《唯识论》等。后穆公薨没，世子纥重为檀载，开传经论，时又许焉。而神思幽通，量非情测。常居别所，四绝水洲。纥往造之，岭峻涛涌，未敢陵犯。谛乃舖舒坐具在水上，跏坐其内，如乘舟焉，浮波达岸。既登接对，而坐具不湿，依常敷置。有时或以荷叶蹋水，乘之而渡，如斯神异，其例甚众。至光太二年六月，谛厌世浮杂，情弊形骸，未若佩理资神，早生胜壤。遂入南海北山，将捐身命。时智恺正讲《俱舍》，闻告驰往。道俗奔赴，相断山川。刺史又遣使人伺卫防遏，躬自稽颡，致留三日，方纾本情，因尔迎还，止于王园寺。时宗恺诸僧，欲延还建业。會杨辇硕望，恐夺时荣，乃奏曰："岭表所译众部，多明《无尘》、《唯识》，言乖治术，有蔽国风，不隶诸华，可流荒服。"帝然之。故南海新文，有藏陈世。以太建元年遘疾，少时，遗诀严正朂示因果，书传累纸，其文付弟子智休。至正十一日午时仙化，时年七十有一。明日，于潮亭焚身起塔。十三日，僧宗、法准等各赍经论，还返匡山。自谛来東夏，虽广出众经，偏宗摄论，故讨寻教旨，通览所译，则彼此相发，绮缋铺显。故随处翻传，亲流疏解，依止胜相。后疏並是僧宗所陈，躬对本师重为释旨，增减或異，大义无亏。宗公别著《行状》，广行於世。且谛之梁，时逢丧乱。感竭运终，道津静济，流离宏化，随方卷行。至於部袠或分，译人时别。今总历二代，共通数之，故始梁武之末至陈宣初位，凡二十三载，所出经论记传六十四部，合二百七十八卷。微附华饰，盛显隋唐。见曹毗《别历》及《唐贞观内典录》。余有未译梵本书，並多罗树叶，凡有二百四十夹。若依陈纸翻之，则列二万余卷，今见译讫，止是数甲之文，並在广州制旨、王园两寺。是知法寳宏博，定在中天，识量玼琐，诚归東夏。何以明之？见译藏经，减三千卷，生便棄擲，习学全希。用此量情，情可知矣。初，谛传度摄病，宗恺归心，穷括教源，铨题义旨，遊心既久，怀敞相承。谛又面对阐扬，情理无伏。一日，气属严厉，衣服单疎，忍噤通宵，门人侧席。恺等终夜静立，奉侍谘询。言久情諠，有时眠寐。恺密以衣被覆足，谛潛觉知，便曳之於地。其节俭知足如此。恺如先奉侍，逾久愈亲。谛以他日便喟然愤气，冲口者三。愷问其故，答曰：“君等款诚正法，实副参传。但恨宏法非时，有阻来意耳。”恺闻之如噎，良久声淚俱发。跪而启曰：“大法绝尘，远通赤县。羣生无感，可遂理耶？”谛以手指西北曰：“此方有大大国，非近非远。吾等没后，当盛宏之。但不覩其兴，以为太息耳。”即验往隔。今统敷扬有宗，传者以为神用不同，妄生異执。惟识不识，其识不无慨然。时有中天竺优禅尼国王子月婆首那，陈言高空，遊化東魏。生知俊朗，体悟幽微，专学佛经，尤精义理，洞晓音韻，兼善方言。译《僧伽吒经》等三部七卷。以魏元象年中，於邺城司徒公孙腾第出，沙门僧昉笔受。属齐受魏禅，蕃客任情，那请还乡。事流博观，承金陵宏法，道聲远肃，以梁武大同年辞齐南度。既达彼国，仍被留住，因译《大乘顶王经》一部。有敕令那总监外国往还使命。至太清二年，忽遇于闐僧求那跋陀，陈言德贤，賫胜天王《般若》梵本。那因祈请，乞愿宏通，嘉其雅操，豁然接与。那得保持，用为希遇。属侯景作乱，未暇翻传，擕负東西，讽持供养。至陈天嘉乙酉之岁，始於江州兴译寺译之，沙门智昕笔受陈文。凡六十日，覆疏陶练，勘阅俱了。江州刺史黄法氍为檀越，僧正释、惠恭等监掌，具经后序。那后不知所终。时又有扶南国僧须菩提，陈言善吉，於扬州至敬寺为陈主译《大乘賓云经》八卷，与梁世曼陀罗所出七卷者同，少有差耳。並见隋世《三賓录》。

陳揚都金陵沙門釋法泰智愷　曹毗　智敷　道尼

释法泰，……住扬都大寺，与慧恺、僧宗、法忍等知名梁代。……有天竺沙门真谛……途出岭南。……泰遂与宗恺等……远寻三藏於广州制旨寺。笔受文义，垂二十年。前后所出五十余部。並述义记，皆此土所无者。……谛又与泰译《明了论》、《释律二十二大义》，並疏五卷。……至陈太建三年，泰还建邺。並賷新翻经论。……其诸部中有《摄大乘》、《俱舍论》。……智恺俗姓曹氏，住扬都市，初与法泰等前后異发，同往岭表奉祈真谛。恺素积道风，词力殷赡，乃对翻《摄论》，躬受其文，七月之中文疏並了，都合二十五卷。后更对翻《俱舍论》，十月便了，文疏合数八十三卷。谛云："吾早值子，缀缉经论，结是前翻，不应少欠。今译两论，词理圆备，吾无恨矣！"恺后延谛还广州显明寺，住本房中。请谛重讲《俱舍》，纔得一遍。至陈光大中，僧宗、法准、惠忍等度岭就谛求学。以未闻《摄论》，更为讲之。起四月初，至腊月八日方讫一遍。明年，宗等又请恺於智慧寺讲《俱舍论》。……讲至《业品疏》第九卷，文犹未尽。以八月二十日遘疾，……奄然而卒，春秋五十有一。即光大二年也。……自余论文，真谛续讲。至惑品第三卷，因尔乖豫，便废法事。明年，肇春，三藏及化。谛有菩萨戒弟子曹毗者，恺之叔子。明敏深沈，雅有远度。少攜至南中，受学《摄论》誸承诸部，皆著功勳。……时有循州平等寺沙门智敷者……及翻《摄论》。乃为广州刺史安南将军阳山公頠请宅安居，不获专习。后翻《俱舍》，方预其席。及恺讲此论，敷与道尼等二十人並掇拾文疏，於堂听受。及恺之云亡，谛抚膺哀恸，遂来法准房中，率尼嚮敷等十有二人，共传香火，令宏《摄》、《舍》两论，誓无断绝。太建十一年二月，有跋摩利三藏弟子惠智者，本住中原，值周武灭法，避地归陈。晚随使刘璋至南海，获《涅槃论》。……敷撰谛之《翻译历》，始末指订，並卷部、时节、人世详备，广有成叙。……

（卷一《译经篇》初）

隋西京大興善寺北天竺沙門那連提黎耶舍

那连提黎耶舍，此言尊称，北天竺乌场国人。正音应云邬茶。其王与佛同氏，亦姓释迦，刹帝利种，此云土田主也。由劫初之时，先为分地主，因即号焉，今所谓国王者是也。舍年十七，发意出家，寻值名师，备闻正教。二十有一，得受具篇。闻诸宿老歎佛景迹，或云某国有钵，某国有衣，顶骨牙齿，神变非一，遂即起心，愿得瞻奉。以戒初受，须知律相，既满五夏，发足游方。所以天梯石台之迹，龙庙寶塔之方，广周诸国，並亲顶礼，仅无遗逸。曾竹园寺一住十年，通履僧坊，多值明德。有一尊者，深识人机。见语舍云："若能静修，应获圣果。恐汝游涉，终无所成。尔日虽闻，情无领悟。晚来却想，悔将何及？"耶舍北背雪山，南穷师子，历览圣迹，仍旋旧壤。乃覩乌场国主，真大士焉，自所经见，罕俦其类，试略述之。安民以理，民爱若亲。后夜五更，先礼三寶，香华伎乐，竭诚供养。日出昇殿，方览万机。次到辰时，香水浴像。宫中常设日百僧斋，王及夫人，手自行食。斋后消食，习诸武艺。日景将昳，写十行经，与诸德僧共谈法义。复与羣臣量议治政。暝入佛堂，自奉灯烛，礼拜诵读，各有恆调。了其常业，乃还退静。三十余年，斯功不替。王有百子，诚孝居怀。释种余风，胤流此国。但以寺接山阜，野火所焚，各相差遣，四远投告。六人为伴，行化雪山之北，至於峻顶。见有人鬼二路，人道荒险，鬼道利通。行客心迷，多寻鬼道。渐入其境，便遭杀害。昔有圣王，於其路首作毗沙门天王石像，手指人路。同伴一僧，错入鬼道。耶舍觉已，口诵观音神呪。百步追及，已被鬼害，自以呪力得免斯厄。因复前行，又逢山贼。专念前呪，便蒙灵卫。贼来相突，对目不见。循路東指，到芮芮国。值突厥乱，西路不通，返乡意绝。乃随流转，北至泥海之旁，南岠突厥七千余里。彼既不安，远投齐境，天保七年届於京鄴。文宣皇帝，极见殊礼，偏異恒伦。耶舍时年四十，骨梗雄雅，物议惮之。缘是文宣礼遇隆重，安置天平寺中，请为翻经。三藏殿内梵本千有余夹，敕送於寺。处以上房，为建道场。供穷珍妙，别立廚库，以表尊崇。又敕昭玄大统沙门法上等二十余人监掌翻译，沙门法智、居士万天懿传语。懿元鲜卑，姓万俟氏，少出家，师婆罗门。而聪慧有志力，善梵书语，攻呪符术，由是故名，预参传焉。初翻众经五十余卷，大兴正法，弘扬众心。宣帝重法殊異，躬礼梵本，顾羣臣曰："此乃三寶洪基，故宜偏敬。"其奉信推诚，为如此也。耶舍每於宣译之暇，时陈神呪，冥救显助，立功多矣。未几授昭玄都，俄转为统。所获兵禄，不专自资。好起慈惠，乐兴福业。设供饭僧，施诸贫乏，狱囚繫畜，咸将济之。市鄽内所，多造义井，亲自漉水，津给众生。又於汲郡西山建立三寺，依泉旁谷，制极山美。又收养疠疾，男女别坊，四事供承，务令周给。又往突厥客馆，劝持六斋，羊料放生，受行素食。又曾遇病，百日不起。天子皇后，躬问起居。耶舍歎曰："我本外客，德行未隆。乘舆今降，重法故尔。内抚其心，惭惧交集。"建德之季，周武克齊，佛教与国，一时平殄。耶舍外假俗服，内袭三衣，避地東西，不遑宁息。五众凋窘，投厝无所。俭饿沟壑者减食施之，老病扶力者随缘济益。虽事力匮薄，拒谏行之，而神志休强，说导无倦。屯负留难，更历四年。有隋御寓，重隆三寶。开皇之始，梵经遥应。爰降玺书，请来弘译。二年七月，弟子道密等侍送入京，住大兴善寺。其年季冬，草创翻业。敕昭玄统沙门昙延等三十余人,令对翻传。主上礼问殷繁,供奉隆渥。年虽朽迈,行转精勤。曾依舍利弗陀罗尼,具依修业。梦得境界,自身作佛,如此灵祥杂沓,其例非一。后移住广济寺,为外国僧主。存抚羁客,妙得物心。忽一旦告弟子曰:“吾年老力微,不久去世。及今明了,诫尔门徒。佛法难逢,宜勤修学。人身难获,慎勿空过。”言讫就枕,奄尔而化。时满百岁,即开皇九年八月二十九日也。……凡前后所译经论一十五部,八十许卷,即《菩萨见实》、《月藏》、《日藏》、《法胜》、《毗昙》等是也。並沙门僧琛、明芬,给事李道賨等度语笔受,昭玄统沙门昙延、昭玄都沙门灵藏等二十余僧监护始末。至五年冬,勘练俱了,並沙门彦琮製序。具见齐、周、隋三代《经录》。寻耶舍遊涉四十余年,国五十余,里十五万。瑞影、灵迹、胜寺、高僧、驶水、深林、山神、海兽,无非奉敬,並预征降。事既广周,未遑陈叙。沙门彦琮为之本传,具流於世。时又有同国沙门毗尼多流支,此言灭喜,不远五百由旬,来观盛化。开皇二年於大兴善译《象头精舍》、《大乘总持经》二部,给事李道賨传语,沙门法纂笔受,沙门彦琮製序。

隋西京大興善寺北賢豆沙門闍那崛多 僧就 法智

闍那崛多,此言德志,北贤豆贤豆,本音因陀罗婆陀那,此云主处,谓天帝所护故也。贤豆之音,彼国之讹略耳。身毒、天竺,此方之讹称也。而彼国人总言贤豆而已。约之以为五方也。犍陀囉国人也,此云香行国焉。居富留沙富逻城,此云丈夫宫也。刹帝利种,姓金步,此云项也。谓如孔雀之项,彼国以为贵姓。父名跋闍逻婆囉,此云金刚坚也。少怀远量,长垂清范。位居宰辅,燮理国政。崛多昆季五人,身居最小。宿植德本,早发道心。适在髫齔,便愿出家。二亲深识其度,不违其请。本国有寺名曰大林,遂往归投,因蒙度脱。

其郁波第耶,此云常近受持者。今所谓和尚,此乃于阗之讹略也。名曰嗜那耶舍,此云胜名。专修宴坐,妙穷定业。其阿遮利耶,此云传授,或云正行,即所谓阿闍梨也。亦近国之讹略耳。名曰闍若那跋达囉,此云智贤,遍通三学,偏明律藏。崛多自出家后,孝敬专诚,教诲积年,指归通观。然以贤豆圣境,灵跡尚存,便随本师具得瞻奉。时年二十有七,受戒三夏。师徒结志,遊方弘法。初有十人,同契出境。路由迦臂施国,淹留岁序。国王敦请其师,奉为法主。益利颇周,将事巡历,便踰大雪山西足,固是天险之峻极也。至厌怛国。既初至,止野旷,民希,所须食饮,无人营造。崛多遂舍具戒,竭力供侍。数经时艰,冥灵所祐,幸免災横。又经渴罗槃陀及于阗等国,属遭夏雨寒雪,暂时停住。既无弘演,棲寓非久。又达吐谷浑国,便至鄯州,於时即西魏后元年也。虽历艰危,心逾猛厉。发蹤跋涉,三载於兹。十人之中,过半亡没,所余四人,仅存至此。以周明帝武成年初届长安,止草堂寺。师徒游化,已果来心。更登淨坛,再受具足。精诚从道,尤甚由来。稍参京辇,渐通华语。寻从本师胜名被明帝诏延入后园,共论佛法。殊礼别供,充诸禁中。思欲通法,无由自展。具情上启,即蒙别敕,为造四天王寺,听在居住。自兹已后,乃翻新经,既非弘泰,羁縻而已。所以接先阙本,传度梵文,即《十一面观音》、《金仙问经》等是也。会谯王宇文俭镇蜀,复请同行於彼三年。恆任益州僧主,住龙渊寺,又翻《观音偈佛语经》。建德隳运,像教不弘。五众一期,同斯俗服。武帝下敕,追入京辇,重加爵禄,逼从儒礼。秉操铿然,守死无惧。帝愍其贞亮,哀而放归。路出甘州,北由突厥。闍黎智贤还西灭度,崛多及以和尚乃为突厥所留。未久之间,和尚迁化,隻影孤寄,莫知所安。赖以北狄君氏,颇弘福利。因斯飘寓,随方利物。有齐僧寶暹、道邃、僧昙等十人,以武平六年相结同行,採经西域,往返七载,将事東归,凡获梵本二百六十部。迴至突厥,俄而齐亡,亦投彼国。因与同处,讲道相娱。所赍新经,请翻名题。勘旧录目,转觉巧便,有異前人。暹等内诚,各私庆幸,获賓遇匠,德无虚行,同誓焚香,共契宣布。大隋受禅,佛法即兴,暹等赍经,先来应运。开皇元年季冬,届止京邑。敕付所司,访人令译。二年仲春,便就传述。……时崛多仍住北狄。至开皇五年,大兴善寺沙门昙延等三十余人以躬当翻译,音义乖越,承崛多在北,乃奏请还,帝乃别敕追延。崛多西归已绝,流滞十年,深思明世,重遇三寳,忽蒙远访,欣愿交並,即与使乎同来入国。於是文帝巡幸洛阳,於彼奉谒。天子大悦,赐门频仍。未还京阙,寻敕敷译。新至梵本,众部弥多,或经或书,且内且外,诸有翻传,必以崛多为主。佥以崛多言识異方,字晓殊俗,故得宣辩自运,不劳传度。理会义门,句圆词体,文意粗定,铨本便成。笔受之徒,不费其力。试比先达,抑亦继之。尔时耶舍已亡,专当元匠。於大兴善更召婆罗门僧达摩笈多,並敕居士高天奴、高和仁兄弟等同传梵语。又置十大德,沙门僧休、法粲、法经、慧藏、洪遵、慧远、法纂、僧晖、明穆、昙迁等监掌翻事,铨定宗旨。沙门明穆、彦琮重对梵本,再审覆勘。整理文义。昔支昙、罗什等所出大集,卷轴多以三十成部。及耶舍高齐之世,出《月藏经》一十二卷。隋初复出《日藏分》一十五卷。既是大集广本,而前后译分,遂使支离,部袠羁散。开皇六年,有招提寺沙门僧就合之为六十卷。……比有大兴善寺沙门洪庆者,识度明达,为国监写《藏经》,更整改就所合者,名题前后甚得理致。且今见翻诸经,有多是大集余品,略而会之应满百卷。若依梵本,此经凡十万偈。据以隋文可三百卷。崛多曾传,于阗東南二千余里有遮拘迦国,彼王纯信,敬重大乘。宫中自有《摩诃般若》、《大集》、《华严》三部。王躬受持,亲执锁钥,转读则开，香华供养。或以诸饼果诱引小王，令其礼拜。此国東南可二十余里，山甚巖险，有深淨窟，置《大集》、《华严》、《方等》、《寳积》、《楞伽》、《方广舍利弗花聚》、《二陀罗尼都萨罗藏》、《摩诃般若》八部，《般若》、《大云经》等凡二十部，減十万偈。国法相传，防卫守护。又有入灭定罗汉三人，窟中禅寂。每至月半，诸僧就山为其淨髪。此则人法住持，有生之所凭赖。崛多道性纯厚，神志刚正，爱德无厌，求法不懈。博闻三藏，远究真宗，遍学五明，兼闲《世论》。经行得道场之趣，总持通神呪之理。三衣一食，终固其诚，仁济弘诱，非关劝请。勤诵佛经，老而弥笃，强识先古，久而逾诣。士庶钦重，道俗崇敬。隋滕王遵仰戒范，奉以为师。因事尘染，流擯東越，又在瓯闽，道声载路。身心两救，为益极多。至开皇二十年便从物故，春秋七十有八。自从西服来自東华，循历翻译合三十七部，一百七十六卷，即《佛本行集》、《法炬威德护》、《念贤护》等经是也。並详括陶冶，理教圆通，文明义结，具流于世，见费长房《三寳录》。初，隋高祖又敕崛多共西域沙门若那竭多、开府高恭、恭息、都督天奴、和仁及婆罗门毗舍达等，於内史内省翻梵古书及乾文。至开皇十二年，书度翻讫，合二百余卷，奏闻进内，见《唐贞观内典录》。时又有优婆塞姓瞿昙氏，名达摩般若，此言法智，父名般若流支，备详余传。智本中天竺国人，流滞東川，遂乡华俗。而门世相传，祖习传译。高齐之季为昭玄都。齐国既平，佛法同毁。智因僧职，转任俗官，册授洋州洋川郡守。隋氏受禅，梵牒即来，有敕召还，使掌翻译。法智妙善方言，执本自传，不劳度语。译《业报差别经》等，成都沙门释智铉笔受文词，铨序义体，日严寺沙门彦琮製序。见《隋代经录》。

隋東都雒濱上林園翻經館南賢豆沙門達摩笈多

达摩笈多,此言法密,本南贤豆罗囉国人也。刹帝利种,姓弊耶伽罗,此云虎氏。有弟四人,身居长子。父母留恋,不听出家。然以笃爱法门,深愿离俗。年二十三往中贤豆界鞬拏究拨闍城,此云耳出。於究牟地谓黄色花,因花园以得名也。僧伽囉摩,此云众园,旧云僧伽蓝者,讹略也。笈多於此寺中方得落髪,改名法密,年二十五,方受具戒。其郁波第耶佛驮笈多,此云觉密。阿遮利夜名奋拏达多,此云德施。又一阿遮利夜名为普照,通大小乘经论,咸能诵说。行宾荼夜法,谓行乞食者,旧名为分卫。人第耶那,此云念修,旧为禅那及持诃那,並讹僻也。恒入此观,以为常业。笈多受具足后,仍住三年,就师学问,师之所得,略窥户牖。后以普照师为吒迦国王所请,从师至彼,经停一载。师还本国,笈多更留四年。住於提婆鼻何囉,此云天遊也。天谓国王,遊谓僧处。其所王立,故名天遊。旧以寺代之。寺乃此土公院之名,所谓司也,廷也。又云招提者,亦讹略也。世依字解,招谓招引,提谓提攜,並浪语也。此乃西言耳。正音云招鬭提奢,此云四方,谓处所为四方众僧之所依住也。於是历诸大小乘国及以僧寺,闻倍多。此路商人颇至於彼。远传東域有大支那国焉,旧名真丹、震旦者,並非正音,无义可译,惟知是此神州之总名也。初虽传述,不甚明信,未作来心,但以志在遊方,情无所繫,遂往迦臂施国。六人为伴,仍留此国,停住王寺。笈多遂将四伴,於国城中二年停止。遍历诸寺,备观所学。远遊之心,尚未宁处。其国乃是北路之会,雪山之阴,商旅咸凑其境。於商客所又闻支那大国三寳兴盛,同侣一心,属意来此。非惟观其风化,愿在利物弘经。便踰雪山西足薄佉罗国、波多叉拏国、达摩悉鬟多国。此诸国中,並不久住,足知风土、诸寺仪式。又至渴罗槃陀国，留停一年，未多开导。又至沙勒国。同伴一人复还本邑。余有三人，停在王寺，谓沙勒王之所造也。经住两载，仍为彼僧讲《念破论》，有二千偈，旨明三印，多破外道。又为讲《如实论》，亦二千偈。约其文理，乃是世间论议之法。又至龜兹国，亦停王寺。又住二年，乃为彼僧讲《释前论》。其王笃好大乘，多所开悟，留引之心，旦夕相造。笈多係心東夏，无志潛停，密将一僧间行至乌耆国，在阿囒拏寺讲《通前论》。又经二年，渐至高昌，客遊诸寺。其国僧侣，多学汉言。虽停二年，无所宣述。又至伊吾，便停一载。值难避地西南，路纯砂碛，水草俱乏，同侣相顾，性命莫投。乃以所赍经论权置道旁，越山求水，冀以存济。求既不遂，劳弊转增，专诵观世音呪，夜雨忽降，身心充悦。寻还本途，四顾茫然，方道迷失，踟蹰进退。乃任前行，遂达於瓜州，方知曲取北路之道也。笈多远慕大国，跋涉积年。初契同徒或留或殁，独顾单行，届斯胜地。静言思之，悲喜交集。寻蒙帝旨，延入京城，处之名寺，供给丰渥。即开皇十年冬十月也。至止未淹，华言略悉。又奉别敕，令就翻经。移住兴善，执本对译，允正实繁。所诵大小乘论並是深要。至於宣解，大弘微旨。此乃旧学，频遣积疑。然而慈恕立身，柔和成性，心非道外，行在言前。戒地夷而静，智水幽而洁。经洞字源，论穷声意。加以威容详正，勤节高猛，诵响继晨宵，法言通内外。又性好端居，简绝情务，寡薄嗜欲，息杜希求。无倦诲人，有踰利己。曾不忤颜於贱品，轻心於微类。遂使未覩者倾风，暂谒者钦敬。自居译人之首，惟存传授。所有覆疏，务存纲领。炀帝定鼎東都，敬重隆厚。至於佛法，弥增崇树。乃下敕於洛水南滨上林园内置翻经馆，搜举翘秀，永镇传法。登即下征笈多並诸学士，並预集焉。四事供承，复恆常度。致使译人不坠其绪，成简无替於时。及隋纲云颓，郊垒煙构，梵本新经，一时斯断。笈多蕴其深解，遂阙陈弘。始於开皇中岁，经至大业末年，二十八载。所翻经论七部，合三十二卷，即《起世缘》、《生药师》、《本愿》、《摄大乘》、《菩提资粮》等是也。並文义澄洁，华质显畅。见《唐贞观内典录》。至武德二年，终於洛汭。初，笈多翻《普乐经》一十五卷，未及练覆，值伪郑沦废，不暇重修。今卷部在京，多明八相等事。有沙门彦琮，内外通照，华梵並闻，预参传译，偏承提诱。以笈多游履具历名邦，见闻陈述，事逾前传，因著《大隋西国传》一部，凡十篇：本传一，方物二，时候三，居处四，国政五，学教六，礼仪七，饮食八，服章九，寶货十，盛列山河国邑人物。斯即五天之良史，亦乃三圣之宏图，故《后汉·西域传》云灵圣之所降集，贤懿之所挺生者，是也。词极纶综，广如所述。又有翻经学士泾阳刘凭，撰《内外旁通比校数法》一卷。凭学通玄素，偏工数术。每以前代翻度至於数法比例颇涉不同。故演斯致。其序略云："世之道艺有浅有深，人之禀学有疎有密。故寻筹之用也则兼该大术，其不思也则致惑三隅。然東夏数法自有三等之差，西天所陈何无異端之例。然则先译诸经，並以大千称为百亿，言一由旬为四十里。依诸算计，悉不相符。窃疑翻传之日彼此異音，指撝之际於斯取失，故众经算数之法与東夏相参。十十变之旁通对衍。庶拟翻译之次，执而辩惑，既参隶经诰，故即而叙之。"至开皇十五年，文皇下敕，令翻经诸僧撰《众经法式》。时有沙门彦琮等，准的前录结而成之。一都[①]十卷，奏呈入内。並见《隋代费氏诸录》。时有翻经学士成都费长房。……以列代《经录》散落难收，佛法肇兴，年载芜没，乃撰《三寶录》一十五卷。始於周庄之初，上编甲子，下录年号，並诸代所翻经部卷目。轴别陈叙，亟多条例。然而瓦玉褋糅，真伪难分，得在通行，阙於甄異。录成陈奏，下敕行之。所在流传，最为该富矣。

① 一都,应为一部。

隋東都上林園翻經館沙門釋彦琮

释彦琮,……开皇……十二年敕召入京,后掌翻译。……炀帝时为晉王,於京师曲池施营第林,造日严寺。降礼延请,永使住之。由是朝贵贤明数增临谒。披会玄旨,屡发信心。然而東夏所贵,文颂为先;中天师表,梵旨为本。琮乃专寻叶典,日诵万言。故《大品》、《法华》、《维摩》、《楞伽》、《摄论》、《十地》等,皆亲传梵书,受持读诵。每日闇阅,要周乃止。仁寿初年,敕令送舍利於并州。……仁寿末年,又奉敕送舍利於复州方乐寺,今名龙盖寺也。仁寿二年,下敕更令撰《众经目录》,乃分为五例,谓单译、重翻、别生、疑、伪。随卷有位,帝世盛行。寻又下敕,令撰《西域传》。素所谙练,周镜目前。分異讹错,深有征举,故京壤名达多寻正焉。有王舍城沙门远来谒帝。事如后传。将还本国,请《舍利瑞图经》及《国家祥瑞录》。敕又令琮翻隋为梵,合成十卷,赐诸西域。……大业二年,……因即下敕於洛阳上林园立翻经馆以处之。供给事隆,倍逾关辅。新平林邑所获佛经,合五百六十四夹,一千三百五十余部,並崑崙书,多梨树叶。有敕送馆,付琮披览,並使编叙目录,以次渐翻。乃撰为五卷,分为七例,所谓经、律、赞、论、方、字、褋书七也。必用隋言以译之,则成二千二百余卷。敕又令裴矩共琮修缵《天竺记》,文义详洽,条贯有仪。凡前后译经,合二十三部一百许卷。制序述事备於经首。……晚以所诵梵经四千余偈,十三万言,七日一遍,用为常业。然琮久参传译,妙体梵文。此土羣师皆宗鸟迹,至於音字诂训,罕得相符。乃著《辩正论》,以垂翻译之式。其辞曰:弥天释道安每称,译胡为秦,有五失本、三不易也。一者胡言尽倒而使从秦，一失本也。二者胡经尚质，秦人好文，传可众心，非文不合，二失本也。三者胡经委悉，至於歎詠，丁宁反覆，或三或四，不嫌其繁，而今裁斥，三失本也。四者胡有义说，正似乱词，寻检向语，文无以異，或一千或五百，今並刈而不存，四失本也。五者事以舍成，将更旁及，反腾前词，已乃后说，而悉除此，五失本也。然智经三达之心，覆面所演，圣必因时。时俗有易，而删雅古以适今时，一不易也。愚智天隔，圣人叵阶，乃欲以千载之上微言，传使合百王之下末俗，二不易也。阿难出经，去佛未久，尊大迦叶，令五百六通迭察送书；今离千年，而以近意量裁，彼阿罗汉乃兢兢若此，此生死人而平平若是。岂将不以知法者猛乎，斯三不易也。……余观道安法师，……详梵典之难易，诠译人之得失，可谓洞入幽微，能究深隐。至於天竺字体，悉昙声例，寻其雅论亦似闲明。旧唤彼方，总名胡国，安虽远识，未变常语。胡本雜戎之胤，梵唯真圣之苗，根既悬殊，理无相滥，不善谙悉，多致雷同。见有胡貌即云梵种，实是梵人漫云胡族，莫分真伪，良可哀哉。语梵虽讹，比胡犹别，改为梵学，知非胡者。窃以佛典之兴，本来西域，译经之起，原自東京。……向使法兰归汉，僧会适吴，士行、佛念之俦，智严、寶云之末，纔去俗衣，寻教梵字，亦霑僧数，先披叶典。则应五天正语充布阎浮，三转妙音普流震旦。……安之所述，大启玄门。其间曲细犹或未尽，更凭正文助光遗迹。粗开要例，则有十条：字声一，句韻二，问答三，名义四，经论五，歌颂六，呪功七，品题八，专业九，異本十。各疏其相，广文如论。……

（卷二《译经篇》二）

唐京師勝光寺中天竺沙門波頗

波罗颇迦罗蜜多罗，此言作明知识，或一云波颇，此云光智，中天竺人也。本刹利王种，姓刹利帝。十岁出家，随师习学。诵《一洛叉大乘经》，可十万偈。受具已后，便学律藏。薄通戒网，心乐禅思。又随胜德修习定业。因循不舍，经十二年。末复南遊摩伽陀国那兰陀寺。值戒贤论师盛弘《十七地论》，因复听採，以此论中兼明小教。又诵《一洛叉偈小乘》诸论。波颇识度通敏，器宇冲邃，博通内外，研精大小。传灯教授，同侣所推。承化门人般若、因陀罗、跋摩等，学功树勣，深达义网。今见领徒，本国匡化，为彼王臣之所钦重。但以出家释子，不滞一方，六月一移，任缘靡定。承北狄贪勇，未识义方，法藉人弘，敢欲传化。乃与道俗十人展转北行，达西面可汗叶护衙所。以法训勗，曾未浃旬，特为戎主深所信伏。日给二十人料，旦夕祇奉。同侣道俗咸被珍遇，生福增敬，日倍於前。武德九年，高平王出使入蕃，因与相见。承此风化，将事東归，而叶护君臣留恋不许。王即奏闻，下敕征人，乃与高平同来谒帝。以其年十二月达京，敕住兴善寺。释门英达，莫不修造。自古教传词旨，有所未喻者，皆委其宗绪，括其同異，内计外执，指掌释然，征问相雠，披解无滞。乃上简闻，蒙引内见，躬传法理，无爽对扬，赐綵四十段並宫禁新纳一领。所将五僧加料供给，重频慰问，劳接殊伦。至三年三月，上以诸有非乐，物我皆空，眷言真要，无过释典，流通之极，岂尚翻传，下诏所司，搜扬硕德备经三教者一十九人，於大兴善创开传译。沙门慧乘等证义，沙门玄謩等译语，沙门慧賾、慧淨、慧明、法琳等缀文。又勅上柱国、尚书、左仆射房玄龄，散骑常侍、太子詹事杜正伦参助铨定，光禄大夫、太府卿萧璟总知监护。百司供送，四事丰华。初译《寶星经》，后《移胜光》，又译《般若灯大庄严论》，合三部三十五卷。至六年冬，勘阅既周，缮写云毕，所司详读，乃上闻奏。下敕各写十部，散流海内。仍赐颇物百段，余承译僧有差束帛。又敕太子庶子李伯药制序，具如论首。波颇意在传法，情望若紘，而当世盛德，自私诸已。有人云：颇侥倖时誉，取驰於后。故聚名达，废讲经论。斯未是弘通者。时有沙门灵佳，卓荦拔羣，妙通机会，对监护使具述事理云："颇远投東夏，情乖名利，欲使道流千载，声震上古。昔苻、姚两代翻经学士乃有三千，今大唐译人不过二十，意在明德同证，信非徒说，后代昭奉无疑於今耳。"识者佥议攸同，后遂不行。时为太子染患，众治无效，下敕迎颇入内。一百余日亲问承对，不亏帝旨。疾既渐降，辞出本寺，赐绫帛等六十段，并及时服十具。颇誓传法化，不惮艰危，远度葱河，来归震旦。经途所亘，四万有余。躬賫梵本，望並翻尽，不言英彦，有坠纶言。本志颓然，雅怀莫诉，因而构疾。自知不救，分散衣资，造诸淨业，端坐观佛，遗表施身。下敕特听，寻尔而卒於胜光寺，春秋六十有九。東宫下令给二十人，轝屍坐送至於山所。闍维既了，沙门玄謩收拾余骸，为之起塔於胜光寺，在乘师塔東。即贞观七年四月六日也。有识同嗟，法轮辍轸，四年之译，三衺献功。掩抑慧灯，望照惑累，用兹弘道，未敢有闻。既而人丧法崩，归傚斯及，伊我東鄙，匪咎西贤。悲夫！

（卷三《译经篇》三）

唐京師大慈恩寺釋玄奘

释玄奘，本名褘，姓陈氏，汉太丘仲弓之后也，子孙徙於河南，故今为洛州缑氏人焉。

祖康，北齐国子博士。父惠，早通经術，长八尺明眉目，拜江陵令，解缨而退，即大业年，识者以为剋终，隐沦之候故也。兄素，出家，即长捷法师也，容貌堂堂，仪局瓌秀，讲释经义聯班羣伍，住東都淨土寺。以奘少罹穷酷，攜以将之，日授精理，旁兼巧论。年十一，诵《维摩法华》，東都恒度便预其次，自尔卓然，梗正不偶时流，口诵目缘略无闲缺。睹诸沙弥剧谈掉戏，奘曰："经不云乎，夫出家者为无为法，岂复恆为儿戏？"可谓徒丧百年，且思齐之怀，尚鄙而不取，拔萃出类，故复形在言前耳。

时東都慧日盛弘法席，《涅槃摄论》，轮驰相係。每恆听受昏明思择，僧徒異其欣奉，美其风素，爱敬之至，师友参荣。大众重其学功，弘开役务，时年十五与兄住淨土寺，由是专门受业，声望逾远。

大业余曆，兵饥交贸，法食两缘，投庇无所。承沙门道基化开井络，法俗钦仰，乃与兄从之。行达长安，住庄严寺。又非本望，西踰剑阁，既达蜀都，即而听受《阿毗昙论》，一闻不忘，见称昔人，随言镜理，又高伦等，至於《婆沙》广论，《杂心》玄义，莫不凿穷巖穴，条疏本干。然此论東被，弘唱极繁，章钞異同，计逾数十，皆蕴结胸府，闻持自然。至於得丧筌旨，而能引用无滞，时皆讶其忆念之力终古罕类也。基每顾而歎曰："余少遊讲肆多矣，未见少年神悟若斯人也。"席中听侣佥号英雄，四方多难总归绵益。相与称讚，逸口传声。

又僧景《摄论》道振迦延，世号难加，人推精覆（覈），皆师承宗据，隅奥明铨。昔来《摄论》十二住义，中表销释十有二家，讲次诵持率多昏漠，而奘初闻记录，片无差舛，登座敍引曾不再缘，须便为述，状逾宿构。如斯甚众，不可禅言。

武德五年，二十有一，为诸学府，雄伯沙门讲《扬心论》，不窥文相而涌注无穷，时曰神人，不神何能此也！

晚与兄俱住益南空慧寺，私自惟曰："学贵经远，义重疏通；钻仰一方，未成探赜。"有沙门道深，体悟《成实》，学称包富，控权敷化，振网赵邦，愤发内心，将捐巴蜀，捷深知其远量也。情顾勤勤，每劝勉之，而正意已行，誓无返面，遂乃假缘告别，间行江硖，经途所及，荆扬等州，访逮道鄰，莫知归詣。便北达深，所委参勇铠，素袭嘉问，纵洽无遗。终始十月，资承略尽，时燕赵学侣相顾逢秋，后发前至，抑斯人也。

沙门慧休，道声高邈，行解相当，夸罩古今，独据邺中昌言传授，词锋所指，海内高尚，又往从焉。不面生来，相逢若旧，去师资礼，事等法朋。偏为独讲《杂心摄论》，指摘纤隐，曲示网猷，相续八月，领酬无厌。休又惊异，绝歎，抚掌而嗟曰："希世若人，尔其是也。"沙门道岳，宗师《俱舍》，阐弘有部，包笼领袖，吞纳喉襟，扬业帝城，来仪羣学，乃又从焉。创迹京都，诠途义苑。沙门法常，一时之最，经论教悟，其徒如林。奘乃一举十问，皆陈幽奥，坐中杞梓，拔思未闻，由是驰誉道流，擅声日下。沙门僧辩法轮论士，机慧是长，命来连坐，吾之徒也。但为《俱舍》一论昔所未闻，因尔服膺，晓夕谘请。岳审其殷至，慧悟霞明，乐说不穷，任其索隐，单（覃）思研採，晬周究竟。沙门玄会，匠剖《涅槃》，删补旧疏，更张琴瑟，承师令问，亲位席端，谘质迟疑，涣然祛滞。

仆射宋公萧瑀，敬其脱颖，奏住庄严，然非本志，情棲物表，乃又惟曰："余周流吴蜀，爰逮赵魏，末及周秦，预有讲筵，率皆登践，已布之言令，虽蕴胸襟，未吐之词宗，解籤无地，若不轻生殉命，誓往华胥，何能具觌成言，用通神解，一覩明法了义真文，要返東华传扬圣化，则先贤高胜，岂决疑於弥勒，后进锋颖，宁辍想於瑜伽耶？"时年二十九也。遂厉然独举，诣阙陈表。有司不为通引，顿迹京辇，广就诸蕃，遍学书语。行坐寻授数日便通。侧席面西，思闻机候。会贞观三年时遭霜俭，下敕道俗随丰四出。幸因斯际，径往姑臧，渐至燉煌。路由天塞，裹粮弔影，前望悠然，但见平沙绝无人径，迴遑委命任业而前。展转因循，达高昌境。

初奘在凉州讲扬经论，华夷士庶盛集归崇，商客通传预闻蕃域。高昌王麴文泰，特信佛经，復承奘告将遊西鄙，恆置邮馹，境次相迎。忽闻行达，通夕立候。王母妃属，执炬殿前。见奘苦辛备言意故。合宫下淚惊異希有，延留夏坐，长请开弘。王命为弟，母命为子，殊礼厚供日时恆至。乃为讲《仁王》等经及诸机教，道俗係恋，並愿长留。奘曰："本欲通开大化，远被国家，不辞贱命，忍死西奔，若如来语一滞此方，非唯自亏发足，亦恐都为法障。"乃不食三日，佥见极意，无敢措言。王母曰："今与法师一遇，並是往业因缘，脱得果心東返，愿重垂诫诰。"遂与奘手传香信，誓为母子。麴氏流淚执足而别。仍敕殿中侍郎，賫绫帛五百疋、书二十四封，並给从骑六十人，送至突厥叶护牙所，以大雪山北六十余国皆其部统故，重遗达奘开前路也。

初至牙所，信物倍多異於恆度，谓是亲弟，具以情告，终所不信，可汗重其贿赂，遣骑前告所部诸国，但有名僧胜地，必令奘到。於是连骑数十，盛若皇华。中途经国道次参候，供给顿具倍胜於初。

自高昌至於铁门，凡经一十六国。人物优劣，奉信淳疏，具诸圖传。其铁门也，即铁门关，汉之西屏，入山五百，旁无異路，一道南出险绝人物，左右石壁竦立千仞，色相如铁，故因号焉。见汉门扉一豎一卧，外铁裹木加悬诸铃，必掩此关，实惟(为)天固。

南出斯门，土田温沃花果荣茂，地名都货罗也。纵千余里广三千余，東拒葱岭西接波斯，南大雪山北据铁门，缚刍大河中境西流，即经所谓博叉河也。其境自分为二十七国，各有君长，信重佛教，僧以十二月十六日，安居坐其春分，以斯时溼热雨多故也。

又前经国，凡度十三，至缚喝国，土地华博，时俗号为小王舍城，国近叶护南牙也。突厥常法，夏居北野，花草繁茂放牧为胜。冬处山中,用遮寒厉。故有两牙王都。城外西南寺中,有佛澡罐可容斗许,及佛扫帚並以佛牙,守护庄严殆难瞻覩。奘为国使,躬事顶载。西北不远,有提调波利两城,建塔凌虚,即爰初道成。献麨长者之本邑,髮爪塔也。

又東南行大雪山中七百余里,至梵衍国。僧有数千学出世部,王城北山有立石像,高百五十尺。城東卧佛长千余尺,並精舍重接,金寳庄校晃曜人目,见者称歎。又有佛齿舍利,劫初缘觉齿长五寸许,金轮王齿长三寸许,並商那和修钵,及九条衣绛色犹存。

又東山行至迦毕试国,奉信弥胜,僧有六千,多大乘学。其王岁造银像高丈八,延请遐迩广树名坛,国有如来为菩萨时,齿长可寸余,又有其髮,引长尺余,放还螺旋。自斯地北民杂胡戎,制服威仪不参大夏,名为边国蜜利车类,唐言译之,垢浊种也。

又東七百至滥波国,即印度之北境矣。言印度者,即天竺之正名,犹身毒、贤豆之讹号耳。论其境也,北背雪山,三陲大海,地形南狭如月上弦,川平广衍周九万里,七十余国依止其中。时或乖分略地为国,今则尽三海际同一王命。又東雪山那伽罗曷国,即布髮掩泥之故地。详诸经相意有疑焉,何则?讨寻本事,乃在贤劫已前,莲华定光,名殊三佛,既非同劫,频被火灾,何得故处,今犹泥溼。若以为虚,佛非妄语。如彼诸师,各陈異解。有论者言,此实本地,佛非妄也。虽经劫坏,本空之处,愿力庄严如因事也。並是如来流化,斯迹常存,不足怪矣。故其胜地,左则标树诸窣覩波,即灵塔之正名,犹偷婆斗薮婆之讹号耳。阿育王者,此号无忧,恨不覩佛,与诸感恋,絓是圣迹皆起铭记,故於此处为建石塔,高三十余丈,又名石壁佛影,蹈迹众相,皆竪(树)标记,並如前也。

城南不远,醯罗城中,有佛顶骨,周尺二寸,其相仰平,形如天盖。佛髑髅盖如荷叶盘,佛眼圆睛,状如柰许,澄淨皎然。有佛大衣其色黄赤,佛之锡杖以铁为环,紫檀为笴,此五圣迹同在一城。固守之务,如传国寶。此近突厥,昔经侵夺,虽至所在还潜本处,斯则赴缘隐显,未在兵威。奘奉覩灵相,悲淚横流,手拨末香,亲看体状,倍增欣悦。即以和香抑其顶骨,覩有嘉瑞,又增悲庆。

近有北狄大月支王,欲知来报,以香取相,乃示马形,甚非所望。加诸布施,积功忏悔。又以香取,现师子形,虽位狩(兽)王,终为畜类,情倍归依,又加施戒。乃现人天,方还本国。故其俗法,见五相者相一金钱,取其相者酬金七钱。俗利其賓用充福物,既非僧掌,固守弥崇,无论道俗必先酬价。奘被王命观覩具周,旁国诸僧承斯荣望,同来礼谒。

又東山行至建驮逻国,佛寺千余,民皆杂信。城中素有钵庙,众事庄严。昔如来钵经於此庙,乃数百年,今移波斯王宫供养。城東有迦腻王大塔基周里半,佛骨舍利一斛在中,举高五百余尺,相轮上下二十五重。天火之災,今正营构。即世中所谓雀离浮图是也。元魏灵太后胡氏,奉信情深,遣沙门道生等,賫大旛长七百余尺,往彼掛之,脚纔及地,即斯塔也。亦不测雀离名生所由,左侧诸迹,其相极多,近则世亲如意造论之地,远则舍於千眼睒奉二亲,檀特名山达拏本迹,仙为女乱,佛化鬼母,並在其境,皆无忧王为建石塔,高者数百余尺,立标记焉。

自北山行达乌长那国,即世中所谓北天竺乌长国也。其境周围五千余里,果实充备,为诸国所重。传云,即昔轮王之苑囿也。僧有万余兼大乘学,王都四周多诸古迹,忍仙佛蹠半偈避雠,析骨书经割肉代鸽,蛇药护命血饮夜叉,如斯等相,备列其境。各具瞻奉,情倍欣欣。城之東北,減三百里,大山龙泉,名阿波逻,即信度河之本源。西南而流,经中所谓辛头河也。王都東南越山逆河,铁桥栈道,路极悬险。千有余里,至极大川,即古乌仗之王都也。中有木慈氏像,高百余尺,即末田地罗汉,将诸工人三返上天方得成者,身相端严特难陈说。还返乌仗,南至咀叉始罗国,具见伊罗钵龙所住之池,月光抉目之地,育王标塔举高十丈,北有石门,殊极高大,祟竦重山,道由中过,斯又萨埵舍身处也。

自此東南,山行险阻,经一小国,度数铁桥,減两千里,至迦溼弥罗国,即此俗常传罽宾是也。莫委罽宾由何而生,观其图域同罽宾耳。本是龙海罗汉取之引众而住通三藏也。故其国境四面负山,周七千余里,门迳狭迮,僧徒五千,多学小乘,国有大德名僧胜,奘就学《俱舍顺正理》、《因明声明》及《大毗婆沙》。王愍远至,给书手十人供给写之。有佛牙长可寸余,光如白雪,自滥波至此,绕山诸国,形体鄙薄,俗习胡藩,虽预五方,非印度之正境也,以住居山谷风杂诸边。

自此南下,通望无山,将及千里至磔迦国,土据平川周万余里,两河分注卉木繁荣。於时徒伴二十余人,行大林中,遇贼劫掠纔获命全,入村告乞乃达東境。大林有婆罗门,年七百岁,貌如三十,明《中、百论》及外道书,云是龙猛弟子,乃停一月学之。又東至那仆底国,就调伏光法师学《对法显宗理门》等论。又東诣那伽罗寺,就月胄论师学《众事分婆沙》。又東至禄勒那国,就闍那崛多大德学《经部婆沙》,又就蜜多犀那论师,学萨婆多部《辩真论》。

渐次東南,路经六国,多有遗迹。育王标塔高二十丈者,其数不少。中有末菟罗国,最饶蹤绪,城東六里有一山寺,昔乌波毱多,唐言近护,即五师之一也,是其本住所建。北严石室高二十馀丈,广三十步,其侧不远,复有獮猴堕坑处,四佛经行处,贤圣依住处，灵相众矣。

又東南行经於七国，至劫比他国，俗事大自在天，其精舍者高百余尺，中有天皃，形极伟大，谓诸有趣由之而生，王民同敬不为鄙耻。诸国天祠率置此形，大都異道乃有百数，中所高者自在为多。有一大寺，五百僧徒，淨人仆隶乃有数万，皆宅其寺侧。中有三道阶，南北而列，即佛为母忉利安居夏竟下天，帝释之所作也。寳阶本基、沦没並尽。后王倣之在其故地，犹高七十余尺，育王为建石柱，高七十余丈，光淨明照，随人罪福影现其中，旁有贤劫四佛经行石基，长五十许步，高於七尺，足蹈所及，皆有莲华文生焉。

国西北不远二百许里，至羯若鞠闍国，唐言曲女城也。王都临殑伽河，即恆河之正名矣，源从北来出大雪山，其土邪正杂敬，僧徒盈万，多诸圣跡，四佛行坐处，七日说法处，佛牙髪爪等塔，精舍千余，名寺異相多临河北。奘於此国学佛使日胄二《毗婆沙》於毗耶犀那三藏所，经於三月。王号戒日，正法治世将五十载，言戒日者，謚法之名，此方薨后量德以赠，彼土初登即先荐号，以灭后美之徒虚名耳。今犹御世统五印度，初治边陲为小国也。先有室商佉王，威行海内，酷虐无道，刘残释种，拔菩提树，绝其根苗，选简名德三百余人坑之，余者並充奴隶。戒日深知树於祸始也，与诸官属至菩提坑立大誓曰："若我有福，统临海内，必能崇建佛法，愿菩提树从地而生。"言已寻视，见菩提萌坑中上踊，遂迴兵马往商佉所，威福力故当即除灭。所以抱信诚笃倍发由来，还统五方，象兵八万，军威所及並藉其力，素不血食，化境有羊，皆赎施僧，用供乳酪，五年一施，倾其帑藏，藏尽还蓄时至复行，用此为常，有犯王法乃至叛逆罪应死者，远斥边裔余者惩罚，盖不足言。故诸国中多行盗窃，非假伴援不可妄进。又東南行二千余里，经於四国，顺殑伽河侧，忽被秋贼须人祭天，同舟八十许人悉被执缚，唯选奘公堪充天食，因结坛河上置奘坛中，初便生饗将加鼎镬，当斯时也，取救无援，注想慈尊弥勒如来及東夏住持三寳，私发誓曰："余运未绝会蒙放免，必其无遇，命也如何？"同舟一时悲啼哭号，忽恶风四起，贼船而覆没，飞沙折木，咸怀恐怖，诸人又告贼曰："此人可愍，不辞危难，专心为法，利益边陲，君若杀之，罪莫大也。宁杀我等，不得损他。"众贼闻之，投刃礼愧，受戒悔失，放随所往。

达惰偿弥，外道殷盛。王都城中有佛精舍，高六十尺，中有檀像，即昔优田大王造之，倣在天之影也，其侧龙窟圣跡多矣。

又東北千余里至室罗伐悉底国，即舍卫舍婆提之正名也。周睇荒毁纔有故基，斯匿治宫须达故宅，址庶存焉。城南五里，有逝多林，即袛陀园也，胜军王臣善施所造。全寺颓減尚有石柱，举高七丈，育王标树边有塼室一区，中安如来为母说法像，自余院宇湮没荡尽。但有佛洗病比丘处，目连举身子洗衣处，佛僧常汲故井处，外道阴谤杀婬女处，佛異论处，身子捔处，瑠璃没处，得眼林处，迦叶波佛本生地，诸如上处皆建石塔，並无忧王之所造也。寺東不远，三大深坑，即调达瞿波战遮女人所没之处，坑极深邃，临望无底。自古及今，大雨洪注，终无溢满。

又東将七百里，至劫毗罗伐窣堵国，即迦毗罗卫淨饭王所治之都也。空城十余无人棲住，故宫甎城周十五里，荒寺千余，惟宫中一所存焉。王寝殿基上有铭塔，即如来降神之处也。彼有说云，五月八日神来降者。上座部云，十五日者，与此方述微复不同，岂有異耶？至如東夏所尚素王为圣，将定年算，前达尚迷，況复历有三代，述时纪号犹自差舛，顾惟理越情求赴机应感，皆乘权道适变为先，岂以常人之耳目用通於至极也？城之南北有过去二佛生地诸塔，育王石柱铭记甚多。都城西北数百千塔，並是瑠璃所诛诸释，既是圣者，后人为造。当斯时也有四释子，忿其见逼不思犯戒，外出拒军，瑠璃遂退，后还本国，城中不受，告曰："吾为法种誓不行师，汝退彼军非吾族也。"既被放斥远投诸国，本是圣胤，竞宗树之，今乌仗梵衍等王，並其后也。城東百里，即是如来生地之林，今尚存焉。或有说者，三月八日；上座部云，十五日也。此土诸经咸云，四月八日。斯非感见之机，異计多耳。又東七百里方至拘尸，中途诸異略不复纪，创达此城，不觉五情失守，崩踊躃地，顷之顾眄，但见荒城颓褫纯陀宅基有标誌耳。西北四里，河之西岸，即婆罗大林，周帀轮径三十余里，中央高竦，即涅槃地，有一甎室，卧像北首，旁施塔柱具书铭记，而诸说混淆通列其上，有云，二月十五日入涅槃者，或云，九月八日入涅槃者，或云，自彼至今过千五百年者，或云，过九百年者。城北渡河，即焚身地，方二里余，深三丈许，土尚黄黑状同焦炭，诸国有病，服其土者无不除愈，故其焚处致有坑耳。其侧复有现足分身雉鹿诸塔，並具瞻已。

又西南行大深林中七百余里，达婆罗痆厮国，即常所谓波罗柰也。城临殑伽，外道殷盛，乃出万计，天寺百余多遵自在，僧徒三千，並小乘正量部也。王都東北波罗柰河之西，塔主双建，育王所立，影现佛像，覩者兴敬。度河十里即鹿野寺也，周閶重阁望若仙宫，僧減两千，皆同前部，佛事高胜诸国最矣。中有转法轮像，状如言说，旁树石柱高七十余尺，内形外现众相备矣。斯即如来初转法处，其侧复有五百独觉塔、三佛行座处。寺中铭塔圣跡极多，乃有数百，又有佛所浴池、浣衣、洗器之水，皆有龙护。曝衣方石，鹿王迎佛之地，並建石塔，动高三百余尺，相甚弘伟，故略陈耳。

顺河東下減於千里达吠舍釐，即毗舍离也。露形異术偏所丰足，国城旧基周七十里，人物寡鲜但为名地，其中说《淨名经》处、賨积淨名诸故宅处、姨母灭度处、七百结集处、阿难分身处,此之五处各建胜塔标示后代。

自斯東北二千余里,入大雪山至尼波罗国,纯信於佛,僧有二千,大小兼学,城東有池,中有天金光浮水上,古老传云弥勒下生,用为首饰,或有利其賨者,夜往盗之,但见火聚腾燄,都不可近,今则沈深叵穷其底,水又极热难得措足。唐国使者,试火投之燄便涌起,因用煮米便得成饭,其境北界,即東女国与吐蕃接境,比来国命往还,率由此地,约指为语。唐梵相去一万余里,自古迴邅致途远阻。

又从梵吠舍南济殑伽河达摩揭陀国,即摩竭提之正号也。其国所居是为中印度矣。今王祖胤继接无忧,无忧即频毗娑罗之曾孙也,王即戒日之女壻矣。今所治城,非古所筑,殑伽南岸有波吒鳌城,周七十里,即经所谓华氏城也。王宫多花,故因名焉。昔阿育王自离王舍迁都於此,左侧圣所,其量弥繁,城之西南四百余里,度尼连禅河至伽耶城,人物希少可千余家。又行六里有伽耶山,自古诸王所登封也。故此一山世称名地,如来应俗就斯成道,顶有石塔高百余尺,即《賨云》等经所说之处。周迴四十里内,圣跡充满,山之西南即道成处,有金刚座周百余步,其地则今所谓菩提寺是也。寺南有菩提树,高五丈许,绕树周垣垒甎为之,轮迴五百许步,東门对河,北门通寺,院中灵塔相状多矣。如来得道之日,互说不同,或云,三月八日,及十五日者。垣北门外大菩提寺,六院三层,牆高四丈,皆甎为之。师子国王,买取此处兴造斯寺,僧徒仅千,大乘上座部所住持也。有骨舍利状人指节,肉舍利者大如真珠。彼土十二月三十日,当此方正月十五日,世称大神变月,若至其夕必放光瑞,天雨香花充满树院。奘初到此,不觉闷绝,良久穌(苏)醒,历睹灵相。昔闻经说,今宛目前,恨居边鄙,生在末世,不见真容,倍复闷绝。旁有梵僧，就地接抚相与悲慰，虽备礼谒，恨无光瑞，停止安居迄於解坐。彼土常法，至於此时，道俗千万，七日七夜竞伸供养，凡有两意，谓睹光相及希树叶。每年树叶，恰至夏末一时飞下，通夕新抽与故齐等，时有大乘居士，为奘开释《瑜伽师地》，尔夜对讲忽失灯明，又观所佩珠瑠璎珞，不见光彩，但有通明晃朗内外洞然，而不测其由也。怪斯所以，共出章庐望菩提树，乃见有僧，手擎舍利大如人指，在树基上遍示大众，所放光明照烛天地。於时众閙但得遥礼，虽目睹瑞心疑其火，合掌虔跪乃至明晨，心渐萎顿光亦歇灭。居士问曰："既睹灵瑞，心无疑耶？"奘具陈意。居士曰："余之昔疑，还同此也，其瑞既现，疑自通耳。余见菩提树叶如此白杨。具以问之。"奘曰："相状略同，而扶踈茂盛少有異也。"於此寺東望屈屈吒播陀山，即经所谓雞足山也。直上三峯状如雞足，因取号焉。去菩提寺一百余里，顶树大塔夜放神炬，光明通照，即大迦叶波寂定所也。路极梗澁，多诸林竹，师子虎象纵横腾倚，每思登践取进无由，奘乃告王，请诸防援，蒙给兵三百余人，各备锋刃斩竹通道，日行十里。尔时彼国闻奘往山，士女大小数盈十万，奔随继至共往雞足，既达山阿壁立无路，乃缚竹为梯相连而上，达山顶者三千余人。四睇欣然转增喜踊，具覩石罅散花供养。

自山東北百有余里，至佛陀伐那山，有大石室，佛曾遊此，天帝就石涂香以供，行至其处今犹郁烈。不远山室可受千人，如来三月於中坐夏，垒石为道，广二十步，长五里行，即类毗娑罗修觐上山之所由也。

又東六十〔里〕便至矩奢揭罗补罗古城，唐言茅城，多出香茅故因名也。其城即摩揭陀之正中，经本所谓王舍城者是矣。崇山四周为其外郭，如上埤垸皆甎为之，西通小径，北闢山门，广长从狭周轮百五十里，其中宫城周三十余里，内诸古迹其量复多。宫之東北可十五里，有姞栗陀罗矩吒山，即经所谓耆闍崛山者是也，唐言鹫峯之台，於诸山中最高显映夺，接山之阳佛多居住，从下至顶编石为阶，广十余步长六里许，佛堂往来於斯道也。历观崖岫，备诸古迹不可胜纪，广如图传。

山城北门强一里许，即迦兰陀竹园精舍石基，東户甎室今仍现在，自園西南六里许，南山之阴大竹林中有石室焉，即大迦叶波与千无学，结集经教所託之地。

又西二十余里，即大众部结集处也。山城之北可五里许，至曷罗闍姞利呬城，唐言新王舍也，余传所称者是矣。

又北三十余里至那烂陀寺，唐言施无厌也，瞻部洲中寺之最者，匆高此知。五王共造，供给倍隆，故因名焉。其寺都有五院，同一大门，周闾四重高八丈许，並用甎垒，其最上壁犹厚六尺，外郭三重，牆亦甎垒，高五丈许，中间水遶极深池壍，备有花畜，严丽可观。自置已来防卫清肃，女人非滥未曾容隐。常住僧众四千余人，外容道俗通及邪正乃出万数，皆周给衣食无有穷竭，故复号寺为施无厌也。中有佛院，备诸圣迹。精舍高者二十余丈，佛昔於中四月说法。又有精舍高三十余丈，中诸变态不可名悉。置立铜像高八丈余，六层阁盛庄严绮饰，即戒日之兄满胄王造也。又有鍮石精舍高可八丈，戒日亲造，雕装未备日役千功，彼国常法钦敬德望，有诸论师知识清远，王给封户乃至十城，渐降量赏不減三城，其寺现在受封大德三百余人，通经已上不掌僧役，重爱学问谘访異法，故乌耆已西被於海内，诸出家者皆多义学，任国往返都无隔碍。王虽守国不敢遮障，故彼学徒博闻该赡。奘历诸国风声久达，将造其寺，众差大德四十人，至庄迎宿，庄即目连之本村也。明日食后，僧二百余、俗人千余，擎舆幢盖香花来迎，引入都会，与众相慰问讫，唱令住寺，一切共同。又差二十人，引至正法藏所，即戒贤论师也，年百六岁，众所重故号正法藏，博闻强识，内外大小一切经书无不通达，即昔室商佉王所坑之者，为贼擎出潛沦草莽，后兴法显道俗所推，戒日增邑十城，科税以入。贤以税物成立寺庙，奘礼讚讫，並命令坐。问从何来，答："从支那国来，欲学《瑜伽》等论。"闻已啼泣，召弟子觉贤说以旧事，贤曰："和上三年前，患困如刀刺，欲不食而死，梦金色人曰：汝勿厌身，往作国王多害物命，当自悔责，何得自尽？有支那僧来此学问，已在道中，三年应至。以法惠彼，彼复流通，汝罪自灭。吾是曼殊室利，故来相劝，和上今损。"正法藏问："在路几时？"奘曰："出三年矣。"既与梦同，悲喜交集。礼谢讫。寺素立法，通三藏者员置十人，由来阙一，以奘风问便处其位。日给上馔二十盘，大人米一升，槟榔、豆蔻、龙脑、香乳、苏（酥）蜜等，淨人四、婆罗一、行乘象舆三十人从。大人米者，粳米也，大如乌豆，饭香百步，惟此国有，王及知法者预焉。故此寺通三藏者给二十盘，即二十日。渐减通一经者，犹给五盘，五日。过此以后便依僧位。便请戒贤讲《瑜伽论》，听者数千人，十有五月方得一遍，重为再讲，九月方了。自余《顺理显扬对法》等並得谘稟。然於《瑜伽》偏所钻仰，经於五年晨夕无辍，将事博义未忍東旋。贤诫曰："吾老矣，见子殉命求法，经途十年方至，今日不辞朽老，力为申明，法贵流通岂期独善，更参他部恐失时缘，智无涯也惟佛乃穷，人命如露非旦则夕，即可还也。"便为装行调，付给经论。奘曰："敢闻命矣。"

意欲遍巡诸国，还途北指，以高昌昔言不得违也。便尔東行大山林中，至伊烂拏国，见佛坐迹入石寸许，长五尺二寸，广二尺一寸，旁有瓶迹没石寸许，八出花文都似新置，有佛立迹长尺八寸阔强六寸。又東南行，路经五国，将四千里至三摩呾吒国，滨斥大海，四佛曾遊，见青玉像举高八尺。自斯東北山海之中，凡有六国，即达林邑，道阻且长，兼多瘴疠，故不遊践。又从西行将至二千里，达揭罗拏国，邪正兼事，别有三寺不食乳酪，调达部也。又西南行七百余里至乌荼国，東境临海，有发行城，多有商侣停於海次。南大海中有僧伽罗国，谓执师子也。相去约指二万余里，每夜南望，见彼国中佛牙塔上實珠光明，腾燄晖赫，见於天际。又西南行具经诸国，並有異迹。

可五千里至憍萨国即南印度之正境也。崇信佛法，僧徒万许，其土宽广林野相次。王都西南三百余里有黑峯山，昔古大王为龙猛菩萨造立斯寺，即龙树也。其寺上下五重，凿石为之，引水旋注，多诸变異，沿波方达，今淨人固守罕有登者，龕中石像形极伟大。寺成之日，龙猛就山以药涂之，变成紫金，世无等者。又有经藏，夹缚无数，古老相传，尽初结集並现存在，虽外佛法屡遭诛殄，而此一山住持无改。近有僧来於彼夏坐，但得读诵，不许持出，具陈此事。但路幽阻艰可寻问。又复南行七千余里，路经五国並有灵迹。至秣罗矩吒国，即赡部最南滨海境也，山出龙脑香焉。旁有严顶清流，绕旋二十许币，南注大海，中有天宫，观自在菩萨常所住处，即观世音之正名也。临海有城，古师子国。今入海中可三千余里，非结大伴则不可至，故不行也。

自此西北四千余里，中途经国具诸神異，达摩诃剌他国，其王果勇威英自在，未宾戒日，寺有百余，僧徒五千，大小兼学，東境山寺罗汉所造，有大精舍，高百余尺，中安石像，长八尺许，上施石盖凡有七重，虚悬空中相去各三尺许，礼谒者无不歎讶斯神也。自此因循广求圣迹，至钵伐多国，有数名德，学业可遵，又停二年。学正量部《根本论摄正法论成实论》等，便東南还那烂陀，参戒贤已，往杖林山胜军论师居士所，其人刹利种，学通内外五明数术，依林养徒讲佛经义，道俗归者日数百人。诸国王等亦来观礼洗足供养，封赏城邑。奘从学《唯识决择论意义论成无畏论》等，首尾二年。夜梦寺内及林外邑火烧成灰，见一金人告曰："却后十年，戒日王崩，印度便乱，当如火荡。"觉已向胜军说之，奘意方决严具東还。及永徽之末，戒日果崩，今並饥荒，如所梦矣。

初那烂陀寺大德师子光等，立中百论宗，破瑜伽等义，奘曰："圣人作论终不相违，但学者有向背耳。"因造《会宗论》三千颂，以呈戒贤诸师，咸称善。先有南印度王灌顶师，名般若毱多，明正量部，造《破大乘论》七百颂。时戒日王讨伐至乌荼国，诸小乘师保重此论以用上王，请与大乘师決胜。王作书与那烂陀寺，可差四僧善大小内外者诣行宫在所，拟有论义。戒贤乃差海慧、智光、师子光及奘为四应命。将往未发间，有顺世外道来求论难，书四十条义悬於寺门，若有屈者斩首相谢。彼计四大为人物因，旨理沈密最难征覈，如此阴阳谁穷其数，此道执计必求揄决。彼土常法，论有负者先令乘驴，屎瓶浇顶，公於众中，形心折伏，然后依投永为皂隶。诸僧同疑，恐有殿负，默不陈对。奘停既久究达论道，告众请对，何得同耻。各立旁证，往复数番通解无路，神理俱丧，溘然潛伏，预是释门一时腾踊，彼既屈已请依先约。奘曰："我法弘恕，不在刑科，禀受我法，如奴事主。"因将向房遵正法要。彼乌荼论又别访得寻择其中便有谬滥，谓所伏外道曰；"汝闻乌荼所立义不？"曰："彼义曾闻，特解其趣。"即令说之，备通其要。便指纤芥，申大乘义破之，名《制恶见论》千百六十颂，以呈戒贤等师，咸曰："斯论穷天下之勍寇也，何敌当之?!"

奘意欲流通教本，乃放任开正法，遂往東印度境迦摩缕多国，以彼风俗並信異道，其部众乃有数万。佛法虽弘，未至其土。王事天神爱重教义。但闻智人，不问邪正，皆一奉敬其人。创染佛法，将事弘阐，故往开化。既达於彼，王歎奘胜度神思清远，童子王闻欣得面款，遣使来请，再三乃往。既至相见，宛若旧遊。言议接对又经晦朔，於时異术云聚，请王决论。言辩纔交，邪徒草靡，王加崇重初开信门，请问诸佛何所功德？奘讚如来三身利物，因造《三身论》三百颂以赠之。王曰："未曾有也。"顶戴归依，此国東境接蜀西蛮，闻其途路，两月应达。於时戒日王臣告曰："東蕃童子王所有支那大乘天者，道德弘被，彼王所重，请往致之。"其大乘天者，即印度诸僧美奘之目也。王曰："我已频请，辞而不来，何因在彼？"即使语拘摩罗王，可送支那法师来共会祇罗国。童子王命象军二万，船三万，与奘泝殑伽河以赴戒日，戒日与诸官属百余万众，顺河東下，同集羯朱祇罗国。初见顶礼，呜足尽敬，散花设颂，无量供已，曰："弟子先请，何为不来？"答："以听法未了，故此延命。"又曰："彼支那国有《秦王破阵乐》歌舞曲，秦王何人，致此歌詠？"奘曰："即今正国之天子也。是大圣人，拨乱反政（正），恩霑六合，故有斯詠。"王曰："故天纵之为物主也。"乃延入行宫陈诸供养。乃述《制恶见论》，顾谓门师曰："日光既出，荧烛夺明，师所賨者他皆破讫，试救取看，小乘诸僧无敢言者。"王曰："此论虽好，然未广闻，欲於曲女城大会，命五印度能言之士，对众显之，使邪从正，舍小就大，不亦可乎？"是日发敕普告天下，总集沙门、婆罗门一切異道，会曲女城。自冬初泝流，腊月方到，尔时四方翕集，乃有数万，能論义者数千人，各擅雄辩咸称克敌。先立行殿各容千人，安像陈供香花音乐，请奘昇座，即标举论宗命众征覈，竟十八日无敢问者。王大嗟赏，施银钱三万，金钱一万，上氎一百具。仍令大臣执奘袈裟巡众唱言，支那法师论胜，十八日来无敢问者，並宜知之。於时僧众大悦曰："佛法重兴。"乃令边人权智若此，便辞東归。王重请住观七十五日，大施场相，事讫辞还。王敕所部，递送出境，並施青象金银钱各数万。戒日拘摩罗等十八大国王，流涙执别，奘便辞而不受，以象形大，日常料草四十余围，饼食所须又三斛许。戒日又敕令诸属国随到供给，诸僧劝受象施，皆曰："斯胜相也，佛灭度来，王虽崇敬种种布施，未闻以象用及释门。象为国賨，今既见惠，信之极矣。"因即纳象反钱賨。然其象也其形圆大，高可丈三，长二丈许，上容八人，並诸什物经象等具，並在其上，状如重堵相似空行，虽逢奔逸而安隐（稳）不坠，瓶水不侧。缘国北旋出印度境，戒日威被咸蒙供侍。

入阜利国，山川相半，沃壤丰熟，僧徒数万，並学大乘。東北山行，过诸城邑上大雪山，及至其顶诸山並下，又上三日达最高岭。南北通望，但见横山各有九重，过斯以往皆是平地。虽有小山孤断不续，唯斯一岭蔓延高远。约略为言，赡部一洲山从斯地，何以知耶？至如西境波斯，平川眇漫，東寻嵬崿，莫有穷蹤，北则横野萧条，南则印度阜衍，即经所谓香山者也。达池幽邃未可寻源，四河所从皆由斯出。《尔雅》所谓崑崙之墟，岂非斯耶？案诸《禹贡》，河出碛石，盖局谈其潜出处耳。张骞寻之，乃遊大夏，固是超步所经，犹不言其发源之始，斯可知矣。

奘引从前后，自勒行众沿岭而下，三日至地，达靓货罗诸故都邑，山行八百路极艰险，寒风切骨到於活国。中途所经皆属北狄，而此王者突厥之胤，统管诸胡，总御铁门以南诸小国也。自此境東方入葱岭，岭据赡部洲中，南接雪山，北至热海，東渐乌铩，西极波斯，纵广结固各数千里。冬夏积雪，冰严崖险，过半已下多出山葱，故因名焉。昔人云：葱岭停雪，即雪山也。今亲目验，则知其非。雪山乃居葱岭以南，東西亘海，南望平野，北达叢山，方名葱岭。

又東山行，经於十国二千余里，至达摩悉铁帝国，境在山间，東西千六百里，南北极广，不踰四五里许，临缚刍河，从南而来不测其本。僧寺十余，有一石像，上施金铜圆盖，人有旋遶盖亦随转，岂由机巧莫测其然。

又東山行，近有千里达商弥国，東至大川广千余里，南北百余里，绝无人住。川有龙池，東西三百，南北五十，其池正在大葱岭内，赡部洲中最高地也。何以明之？池出二河，其西流者至达摩悉铁国，与缚刍河合，自此以西皆西流，其東流者至佉沙西界，与徙多河合，自此以東，水皆東流，故分二河，各注两海，故知高也。池出大鸟卵如硑许，案条支国大卵如甕，岂非斯耶？

又東五百至朅盘陀国，北背徙多河，即经所谓悉陀河也，東入盐泽，潜於地中，涌於积石，为東夏河矣。其国崇信佛法，城之東南三百余里，大崖两室，各一罗汉现入灭定，七百余年，鬚髮渐长，左近诸僧年别为剃。

又東千余里方出葱岭，至乌铩国，城临徙多，西有大山崖自崩坠，中有僧焉，瞑目而坐，形甚奇伟，鬚髮下垂至於肩面。问其委曲乃迦叶佛时人矣，近重崩崖没於山内，奘至斯国，与象别行先渡雪河，象晚方至。水渐汎涨，不悉山道，寻岭直下，牙冲岸树，象性凶犷反拔却顿，因即致死。怅恨所经，已越山险，将达平壤，不果祈愿。

東过踈勒乃至沮渠，可千余里。同伴五百，皆共推奘为大商主，处位中营四面防守。且自沮渠一国，素来常镇十部大经，各十万偈，如前所传，国寳护之不许分散。今属突厥，南有大山，现三罗汉入灭尽定。

東行八百达于遁国，地惟沙壤，寺有百余，僧徒五千並大乘学。城西山寺，佛曾遊践，有大石室，罗汉入定，石门封掩。

初奘既度葱岭，先遣侍人，賫表陈露达国化也。下敕流问令早相见。行达于遁,以象致死,所賫经像交无运致。又上表请,寻下别敕,令于遁王给其鞍乘,既奉严敕,驼马相运,至於沙洲。又蒙别敕,计其行程酬雇价直,自尔乘传二十许乘,以贞观十九年正月二十四日,届於京郊之西。道俗相趍,屯赴阛闼,数十万众如值下生。将欲入都,人物諠拥,取进不前,遂停别馆。通夕禁卫,候备遮断,停驻道旁。从故城之西南,至京师朱雀街之都亭驿二十余里,列众礼谒,动不得旋。於时驾幸洛阳,奘乃留诸经像送弘福寺,京邑僧众竞列幢帐,助运庄严,四部諠譁又倍初至,当斯时也。复感瑞云现於日北,团圆如盖,红白相映,当於像上显发轮光,既非遶日,同共嗟仰。从午至晡,豫入弘福方始歇灭。致使京都五日四民废业,七众归承。当此一朝,倾仰之高,终古罕类也。奘虽逢荣问,独守館宇,坐镇清闲,恐陷物议,故不临对,及至洛滨特蒙慰问,并献诸国異物,以马驮之。别敕引入深宫之内殿,面奉天颜,谈敍真俗,无爽帝旨,从卯至酉不觉时延,迄於闭鼓。上即事戎旃,问罪辽左,明旦将发,下敕同行,固辞疾苦,兼陈翻译,不违其请,乃敕京师留守梁国公房玄龄,专知监护,资备所须,一从天府。

初奘在印度,声畅五天,称述支那人物为盛。戒日大王并菩提寺僧,思闻此国,为日久矣。但无信使未可依凭。彼土常传,赡部一洲,四王所治,東谓脂那,主人王也;西谓波斯,主寳王也;南谓印度,主象王也;北谓獫狁,主马王也。皆谓四国藉斯以治,即因为言。奘既安达,恰述符同。戒日及僧各遣中使賫诸经寳远献東夏,是则天竺信命自奘而通,宣述皇猷之所致也。使既西返,又敕王玄策等二十余人,随往大夏,並赠绫帛千有余段,王及僧等数各有差。並就菩提寺僧召石蜜匠,乃遣匠二人僧八人,俱到東夏,寻敕往越州,就甘蔗造之皆得成就。先是菩提寺僧三人送经初至,下敕普请京城设斋,仍於弘福译《大严》等经。不久之间，奘信又至，乃敕且停，待到方译。主上虚心企仰，频下明敕，令奘速至，但为事故留连，不早程达。既见洛宫深沃虚想，即陈翻译，搜擢贤明。上曰："法师唐梵具赡，词理通敏，将恐徒扬仄陋，终亏圣典。"奘曰："昔者二秦之译，门徒三千，虽复翻传，犹恐后代无闻，怀疑乖信，若不搜举同奉玄规，岂以褊能妄参朝委？"频又固请，乃蒙降许。帝曰："自法师行后，造弘福寺，其处虽小，禅院虚静，可为翻译。所须人物吏力，並与玄龄商量，务令优给。"既承明命，返迹京师，遂召沙门慧明、灵润等，以为证义，沙门行友、玄赜等，以为缀缉，沙门智证、辩机等，以为录文，沙门玄模，以证梵语，沙门玄应，以定字伪。其年五月，创开翻译，《大菩萨藏经》二十卷，余为执笔，並删缀词理，其经广解六度四摄十力四畏三十七品诸菩萨行，合十二品，将四百纸。又复旁翻《显扬圣教论》二十卷，智证等更迭录文，沙门行友详理文句，奘公於论重加陶练。次又翻《大乘对法论》一十五卷，沙门玄赜笔受，微有余隙。又出《西域传》一十二卷。沙门辩机亲受时事，连纰前后，兼出《佛地六门神呪》等经，都合八十许卷。自前代已来所译经教，初从梵语倒写本文，次乃迴之顺同此俗，然后笔人乱理文句，中间增损，多坠全言。今所翻传都由奘旨，意思独断，出语成章，词人随写即可披翫。尚贤吴魏所译诸文，但为西梵所重，贵於文句鉤锁，联类重沓，佈在唐文，颇居繁複，故使缀工专司此位，所以贯通词义，加度节之，铨木勒成，祕书缮写。於时驾返西京，奘乃表上，並请序题。寻降手敕曰："法师夙标高行，早出尘表，泛實舟而登彼岸，搜妙道而闢法门，弘阐大猷，荡涤众累，是以慈云欲卷，舒之廕四空，慧日将昏，朗之照八极，舒朗之者，其惟法师乎？朕学浅心拙，在物犹迷，況佛教幽微，岂敢仰测？请为经题，非己所闻，其新撰《西域传》者，当自披览。"及西使再返，又敕二十余人随往印度，前来国命通议中书，敕以异域方言，务取符会，若非伊人，将论声教，故诸信命並资於奘，乃为转唐言依彼西梵，文词轻重，令彼读者尊崇東夏。寻又下敕，令翻《老子》五千言为梵言，以遗西域，奘乃召诸黄巾，述其玄奥，领疊词旨，方为翻述。道士蔡晃、成英等，竞引释论《中百》玄意，用通道经。奘曰："佛道两教，其致天殊，安用佛言用通道义？穷覈言迹，本出无从。"晃归情曰："自昔相传祖凭佛教，至於三论，晃所师遵，准义幽通不无同会，故引解也。如僧肇著论，盛引《老》、《庄》，猶自申明，不相为怪。佛言似道，何爽纶言？"奘曰："佛教初开，深文尚拥，《老》谈玄理，微附佛言，《肇论》所传引为联类，岂以喻词而成通极，今经论繁富各有司南，《老》但五千论无文解，自余千卷多是医方，至如此土贤明何晏、王弼、周顒、萧绎、顾欢之徒，动数十家，注解《老子》何不引用？乃复旁通释氏，不乃推步逸蹤乎？"既依翻了，将欲封勒。道士成英曰："《老》经幽邃，非夫序引何以相通？请为翻之。"奘曰："观《老》治身治国之立，文词具矣，叩齿咽液之序，其言鄙陋，将恐西闻異国有媿乡邦。"英等以事闻诸宰辅，奘又陈露其情，中书马周曰："西域有道如《老》、《庄》不？"奘曰："九十六道並欲超生，师承有滞，致沦诸有，至如顺世四大之术，冥初六谛之宗，東夏所未言也。若翻《老》序，则恐彼以为笑林。"遂不译之。

奘以弘讚之极，勿尚帝王，开化流布自古为重。又重表曰："伏奉墨敕，猬垂奖喻，袛奉纶言，精守振越。玄奘业尚空疎，谬参法侣，幸属九瀛有截，四表无虞，凭皇灵以远征，恃国威而访道，穷遐冒险虽励愚诚，纂異怀荒实资朝化，所获经论奉敕翻译，成见卷轴，未有诠序。伏惟陛下睿思云敷，天华景烂，理包繫象，调逸咸英，跨千古以飞声，掩百王而腾实。窃以神力无方，非神思不足诠其理；圣教玄远，非圣藻何以序其源？故乃冒犯威严，敢希题目，宸睠冲邈，不垂(垂)矜许，抚躬累息，相顾失图。玄奘闻，日月丽天，既分晖於户牖，江河纪地，亦流润於巖涯。云和广乐，不秘响於聋昧；金璧奇珍，岂韬彩於愚瞽？敢缘斯理，重以干祈，伏乞雷雨曲垂(垂)，天文俯照，配两仪而同久，与二曜而俱悬。然则鹫岭微言，假神笔而弘远，雞园奥义，託英词而宣畅，岂止区区梵众独荷恩荣，亦使蠢蠢迷生方超尘累而已。”表奏之日，敕遂许焉。谓驸马高履行曰：“汝前请朕为汝父作碑，今气力不如昔，愿作功德为法师作序。不能作碑，汝知之。”贞观二十五年幸玉华宫，追奘至，问：“翻何经论？”答：“正翻《瑜珈》。”上问：“何圣所作？明何等义？”具答已。令取论自披阅，遂下敕，新翻经论写九本，颁与雍洛相兖荆扬等九大州。奘又请经题，上乃出之，名《大唐三藏圣教序》，於明月殿，命弘文馆学士上官仪，对羣僚读之。其词曰：“盖闻二仪有象，显覆载以含生，四时无形，潜寒暑以化物。是以窥天鑒地，庸愚皆识其端，明阴洞阳，贤哲罕穷其数。然而天地包乎阴阳而易识者，以其有象也，阴阳处乎天地而难穷者，以其无形也。故知象显可征，虽愚不惑，形潜莫覩，在智犹迷，况乎佛道崇虚，乘幽控寂，弘济万品，典御十方？举威灵而无上，抑神力而无下，大之则弥於宇宙，细之则摄於毫釐。无灭无生，历千劫而不古，若隱若显，运百福而长今。妙道凝玄，遵之莫知其际，法流湛寂，挹之莫测其源。故知蠢蠢凡愚，区区庸鄙，投其旨趣能无疑惑者哉？然则大教之兴，基乎西土，腾汉庭而皎梦，照東域而流慈。昔者分形分迹之时，言未驰而成化，当常现常之世，民仰德而知遵。及乎晦影归真，迁仪越世，金容掩色，不镜三千之光，丽象开图，空端四八之相。於是微言广被，拯含类於三涂，遗训遐宣，导羣生於十地。然而真教难仰，莫能一其指归，曲学易遵，邪正於焉纷紏。所以空有之论，或习俗而是非，大小之乘，乍沿时而隆替。有玄奘法师者,法门之领袖也。幼怀贞敏,早悟三空之心。长契神情,先包四忍之行。松风水月,未足比其清华。仙露明珠,讵能方其朗润。故以智通无累,神测未形。超六尘而逈出,隻千古而无对。凝心内境,悲正法之陵迟,棲虑玄门,慨深文之讹谬。思欲分条析理,广彼前闻,截伪续真,开兹后学,是以翘心淨土,往遊西域,乘危远迈,杖策孤征。积雪晨飞途间失地,惊砂夕起空外迷天。万里山川,拨煙霞而进影,百重寒暑,蹑霜雨而前蹤。诚重劳轻求深愿达,周遊西宇十有七年,穷历道邦询求正教,双林八水味道餐风,鹿苑鹫峯瞻奇仰異。承至言於先圣,受真教於上贤。探赜妙门,精穷奥业。一乘五律之道,驰骤於心田,八藏三箧之文,波涛於口海,爰自所历之国,总将三藏要文,凡六百五十七部。译布中夏,宣扬胜业。引慈云於西极,注法雨於東垂。圣教缺而复全,苍生罪而还福。湿火宅之乾燄,共拔迷涂,朗爱水之昏波,同臻彼岸。是知恶因坠善以缘昇,昇坠之端惟人所託。譬夫桂生高岭,云露方得泫其华,莲出渌波,飞尘不能污其叶。非莲性自洁而桂质本贞,良由所附者高,则微物不能累,所凭者淨,则浊类不能沾。夫以卉木无知,犹资善而成善,况乎人伦有识,不缘庆而求庆?方冀兹经流施,将日月而无穷,斯福遐敷,与乾坤而永大。”百僚称庆。奘表谢曰:“窃闻六爻深赜,局於生灭之场,百物正名,未涉真如之境。犹且远征羲册,覩奥不测其神,遐想轩圖,历选並归其美。伏惟皇帝陛下,玉毫降质金轮御天,廓先王之九州,掩百千之日月,斥(疑为广)例代之区域,纳恒沙之法界,遂使给园精舍並入堤(提)封,贝叶灵文咸归删(疑为册)府。玄奘往因振锡,聊谒崛山,经途万里,怙天威如咫尺,匪乘千叶,诣双林如食顷。搜扬三藏,尽龙宫之所储,研究一乘,穷鹫岭之遗旨。並已载於白马,还献紫宸。寻蒙下诏赐使翻译,玄奘识乖龙树,谬忝传灯之荣,才異马鸣,深愧泻瓶之敏。所译经论纰舛尤多。遂荷天恩留神构序,文超象繫之表,若聚日之放千光,理括众妙之门,同慧云之濡百草。一音演说,亿劫罕逢。忽以微生亲承梵响,踊跃欢喜如闻授记。”表奏之日,寻下敕曰:“朕才谢珪璋,言惭博达,至於内典,尤所未闻。昨製序文,深为鄙拙。惟恐秽翰墨於金简,标瓦砾於珠林。忽得来书,谬承褒讚,循躬省虑,弥益厚颜。善不足称,空劳致谢。”又重表谢,敕云:“朕性不读经,兼无才智,忽製论序,翻污经文。具览来言,枉见褒饰。愧逢虚美,唯益真惭。”自尔朝宰英达,咸申击讚,释宗弘盛,气接成阴。

皇太子述上所作《三藏圣教序》曰:“夫显扬正教,非智无以广其文,崇阐微言,非贤莫能定其旨。盖真如圣教者,诸法之玄宗,众经之轨躅也。综括宏远,奥旨遐深。极空有之精微,体生灭之机要。词茂道旷,寻之者不究其源;文显义幽,履之者莫测其际。故知圣慈所被,业无善而不臻,妙化所敷,缘无恶而不翦。开法网之纲纪,弘六度之正教,拯羣有之涂炭,启三藏之秘局。是以名无翼而长飞,道无根而永固。道名流庆,历遂古而镇常,赴感应身,经尘劫而不朽。晨钟夕梵,交二音於鹫峯,慧日法流,转双轮於鹿苑。排空寳盖,接翔云而共飞,庄野春林,与天花而合彩。伏惟皇帝陛下,上玄资福,垂拱而治八荒;德被黔黎,敛衽而朝万国。恩加朽骨,石室归於贝叶之文;泽及昆虫,金匮流乎梵说之偈。遂使阿耨达水通神甸之八川,耆闍崛山接嵩华之翠岭。窃以法性凝寂,靡归心而不通,智地玄奥,感恳诚而遂显。岂谓重昏之夜,燭慧炬之光,火宅之朝,降法雨之泽?於是百川異流,同会於海,万区分义,总成乎实,岂与汤武校其优劣,尧舜比其圣德者哉?玄奘法师者,夙怀聪令,立志夷简,神清髫齔之年,体拔浮华之世,凝情定室匿迹幽巖,棲息三禅遊巡十地。超六尘之境,独步迦维,会一乘之旨，随机化物。以中华之无质，寻印度之真文。远涉恒河终期满字，频登雪岭更獲半珠。问道往还十有七载，备通释典利物为心。以贞观十九年二月六日，奉敕於弘福寺翻译圣教，要文凡六百五十七部。引大海之法流，洗尘劳而不竭；传智灯之长燄，皎幽闇而恒明。自非久植胜缘，何以显扬斯旨？所谓法相常住，齐三光之明，我皇福臻，同二仪之固。伏见御製众经论序，照古腾今，理含金石之声，文抱风云之润。治輒以轻尘足岳，坠露添流，略举大纲以为斯记。”自此常参内禁，扣问沈隐，翻译相续不爽法机。敕赐云衲一领，妙绝古今。又敕天下，寺度五人维持圣种，皆其力也。

冬十月随驾入京，於北阙造弘法院，镇恒在彼。初於曲池为文德皇后造慈恩寺，追奘令住，度三百人。有令寺西北造翻经院，给新度弟子一十五人。弘福旧处仍给十人。今上嗣籙素所珍敬，追入优问，礼殊恒秩。永徽二年，请造梵本经台，蒙敕赐物，寻得成就。又追入内，於修文殿翻《发智》等论，降手诏飞白书，慰问优洽。显庆元年正月为皇太子於慈恩设大斋，朝宋总至，黄门郎薛元超、中书郎李义府曰：“译经佛法之大，未知何德以光扬耶？”奘曰：“公此之问，常所怀矣。译经虽位在僧，光价终凭朝贵。至如姚秦鸠摩罗什，则安成侯姚嵩笔受，元魏菩提流支，则侍中崔光录文，贞观初波颇初译，则仆射萧瑀太府萧璟庶子杜正伦等，监阅详定。今並无之，不足光远。又大慈恩寺，圣上切风树之哀，追造壮丽，腾实之美勿过碑颂，若蒙二公为致言，则不朽之迹，自形於今古矣。”便许之。明旦遣给事宣敕云：“所须官人、助翻者已处分讫，其碑朕自作。”寻敕：“慈恩翻译文义须精，宜令左仆射于志宁、中书令来济、礼部许敬宗、黄门侍郎薛元超、中书郎李义府等，有不妥稳随事润色。若须学士，任追三两人。”及碑成，请神翰自书，蒙特许，剋日送寺。

京寺咸造幢盖,又敕王公已下太常九部及两县伎乐,车徒千余乘,驻弘福寺。上居安福门,俯临将送,京邑士女列於道侧,自北之南二十余里,充仞衢街,光俗兴法无与俦焉。又赐山水衲,妙胜前者,並以服玩百有余件。

显庆二年,驾幸洛阳,预从安置東都积翠宫,召入大内丽日殿,翻《观所缘》等论。又於明德宫,翻《大毗婆沙》等论。奘少离桑梓,白首言归,访问亲故,零落殆尽。惟有一姊,迎与相见。访以墳垄,旋殡未迁,便卜胜地,施茔改葬。其少室山西北,缑氏故县東北,遊仙乡控鹤里凤凰谷,即奘之生地也。不远有少林寺,即魏孝文所立,是翻《十地》之所,意愿棲託为国翻译。蒙手敕云:"省表,知欲晦跡巖泉,追林远而架往,託虑禅寂,轨澄什以标今。仰挹风徽,实所钦尚。朕业空学寡,靡究高深。然以浅识薄闻,未见其可。法师津梁三界,汲引四生,智皎心灯,定凝意水。非情尘之所曀,岂识浪而能惊?然以道德可居,何必太华叠岭?空寂可舍,岂独少室重峦?幸戢来言勿复陈请。即市朝大隐,不独贵於昔贤,见闻弘益,更可珍於即代。"遂因寝言。

显庆三年下敕,为皇太子造西明寺成。令给上房僧十人以充侍者。有《大般若》者,二十万偈,此土八部咸在其中。不久下敕令住玉华,翻经供给一准京寺,遂得託静不爽译功。以显庆五年正月元日,创翻大本。至龙朔三年十月末了,凡四处十六会说,总六百卷,般若空宗此焉周尽。於间又翻成《唯识论辩中边论》、《唯识二十论品类足论》等,至十一月表上此经,请製经序,於蓬莱宫通事舍人冯义宣敕许之。

奘生常以来愿生弥勒,及遊西域,又闻无著兄弟皆生彼天,又频祈请咸有显证,怀此专至益增翘励。后至玉华,但有隙次,无不发愿生覩史多天见弥勒佛。

自《般若》翻了，惟自策勤行道礼忏。麟德元年告翻经僧及门人曰："有为之法必归磨灭，泡幻形质何得久停？行年六十五矣，必卒玉华。於经论有疑者今可速问。"闻者惊曰："年未耆耄，何出此言？"报曰："此事自知。"遂往辞佛，先造俱胝十億像所，礼忏辞别。有门人外行者，皆报好去。今与汝别亦不须来，来亦不见。至正月九日告寺僧曰："奘必当死。经云：此身可恶，犹如死狗。奘既死已，勿近宫寺，山静处埋之。"因既卧疾，开目闭目，见大莲花鲜白而至。又见伟相，知生佛前，命僧读所翻经论名目已，总有七十三部一千三百三十卷。自怀欣悦，总召门人，有缘並集云："无常将及，急来相见。"於嘉寿殿，以香木树菩提像骨，对寺僧门人辞诀，並遗表讫，便默念弥勒，令傍人称曰：南谟弥勒如来应正等觉，愿与含识速奉慈颜，南谟弥勒如来所居内众，愿舍命已必生其中。至二月四日，右脇累足，右手支头，左手髀上铿然不动。有问何相？报曰："勿问，妨吾正念。"至五日中夜，弟子问曰："和尚定生弥勒前不？"答曰："决定得生。"言已气绝。迄今两月色貌如常。又有冥应略故不述。又下敕："葬日听京城僧尼幢盖往送。"於是素盖素幢浮空云合，哀笳哀梵气遏人神。四俗以之悲凉，七众惜其沈没。乃葬於白鹿原四十里中，皂素弥满。其茔与兄捷公相近，苕然白塔近烛帝城。寻下别敕，令改葬於樊川，与州县相知供给吏力乃又出之。众咸歎異。经久埋瘗，色相如初，自非愿力所持，焉能致此？

余以闇昧，滥霑斯席，与之对晤，屡展炎凉。听言观行，名实相守。精厉晨昏，计时分业。虔虔不懈，专思法务。言无名利，行绝虚浮。曲识机缘，善通物性。不倨不谄，行藏适时。吐味幽深，辩开疑议。寔季代之英贤，乃佛宗之法将矣。且其发蒙入法，特異常伦，听览经论，用为恒任。既周行東夏，挹酌诸师，披露肝胆，尽其精义，莫不倾倒，林数更新学府，遂能不远数万，谘求胜法，誓舍形命，必会为期，发趾张掖，途次龙沙，中途艰险，身心仅绝。既达高昌倍光来价，传国祖送备阅灵仪。路出铁门石门，躬乘沙岭雪岭，历天险而志逾慷慨，遭凶贼而神弥厉勇。兼以归禀正教，师承戒贤，理逐言扬，义非再授，广开異论，包藏胸臆，致使梵侣倾心，不遗其法。又以《起信》一论，文出马鸣，彼土诸僧思承其本，奘乃译唐为梵，通布五天，斯则法化之缘東西互举。又西华余论深尚声明，奘乃卑心请诀，随授随晓，致有七变其势动发異蹤，三循广论，恢张怀抱，故得施无厌寺三千学僧皆号智囊，护持城壍。及覩其唇吻，听其词义，皆弹指讚歎："斯何人也。"随其遊历，塞外海東百三十国，道俗邪正，承其名者，莫不仰德归依。更崇开信，可以家国增荣，光宅惟远，献奉岁至，咸奘之功。若非天挺英灵，生知圣授，何能振斯鸿绪，导达遗蹤？前后僧传往天竺者，首自法显、法勇，终於道邃、道生，相继中途一十七返，取其通言华梵妙达文筌，扬导国风，开悟邪正，莫高於奘矣。恨其经部不翻犹涉过半，年未迟暮，足得出之，无常奄及，惜哉！

（卷四《译经篇》四）

唐京師大慈恩寺梵僧那提

那提三藏，此言福生。具依梵言，则云布如乌伐邪。以言烦多故，此但讹略而云那提也。本中印度人，少出家，名师开悟，志气雄远，弘道为怀。历遊诸国，务在开物，而善达声明，通诸诂训。大夏名为文士，拟此土兰台著作者。性汎爱，好奇尚，闻有涉悟，不惮远夷。曾往执师子国，又東南上稜伽山，南海诸国，随缘达化。善解书语，至此敷演，度人立寺，所在扬扇。承脂那東国，盛转大乘，佛法崇盛，赡洲称最。乃搜集大小乘经律论五百余夹，合一千五百余部，以永徽六年创达京师。有敕令於慈恩安置，所司供给。时玄奘法师当途翻译，声华腾蔚，无由克彰。掩抑萧条，般若是难，既不蒙引，返充给使。显庆元年，敕往昆崙诸国採取異药。既至南海，诸王归敬，为别立寺，度人授法。弘化之广，又倍於前。以昔被敕往，理须返命。慈恩梵本，拟重寻研。龙朔三年还返旧寺。所賫诸经，並为奘将北出，意欲翻度，莫有依凭。惟译《八曼茶罗礼佛法》、《阿吒那智》等三经，要约精最，可常行学。其年，南海真腊国为那提素所化者，奉敬无已，思见其人。合国宗师假途远请。乃云国有好药，唯提识之，请自採取。下敕听往，返迹末由。余自博访大夏行人云，那提三藏乃龙树之门人也。所解无相与奘硕返。西梵僧云，大师隐后，斯人第一。深解实相，善达方便。小乘五部，《毗尼》外道，《四围陀论》，莫不洞达源底，通明言义。词出珠联，理畅霞举。所著《大乘集义论》，可有四十余卷。将事译之，被遣遂阙。夫以抱麟之歎，代有斯蹤，知人难哉，千龄罕遇。那提挟道远至，投俾北冥。既无所待，乃三被毒。载充南役，崎岖数万，频历瘴气。委命遭命，斯人斯在，呜呼惜哉！

（卷五《译经篇》四）

魏西河石壁谷玄中寺释曇鸞

释昙鸾，……雁门人也。……既达梁朝。时大通中也。……明旦引入太极殿。帝降阶礼接，问所由来。鸾曰："欲学佛法，恨年命促減，故来远造陶隐居，求诸仙术。"……鸾寻致书通问，陶乃答曰："……便以仙方十卷，用酬远意。"……因即辞还魏境，欲往名山，依方修治。行至洛下，逢中国三藏菩提留支。鸾往启曰："佛法中颇有长生不死法，胜此土仙经者乎！"留支唾地曰;“是何言欤?非相比也。此方何处有长生不死法?纵从长年少时不死,终更轮迴三有耳。”即以《观经》授之。曰:“此大仙方。依之修行,当得解脱生死也。”鸾寻顶受。所賫仙方並火烧之。自行化他郡,流靡宏广。

(卷七《义解篇》二)

梁楊都靈根寺釋慧超

释慧超,姓王,太原人。……武帝……又敕与正观寺僧伽婆罗传译《阿育王经》,使超笔受,以为十卷。

(卷八《义解篇》三)

陳楊都白馬寺釋警韶

释警韶,姓颜氏,会稽上虞人。……乃往豫章将通道务。……会外国三岁真谛法师,解该《大小行摄》。自他一遇,欣然与共谈论。谛歎曰;“吾遊国多矣,罕值斯人。”仍停豫都,为翻《新金光明》並《惟识论》及《涅槃》中《百句长解脱十四音》等。朝授晚传,夜闻晨说。世谚写瓶重出,知十再生者也。

魏鄴下沙門釋道寵

魏宣武帝崇尚佛法。天竺梵僧菩提流支初翻《十地》在紫极殿,勒那摩提在太极殿。各有禁卫,不许通言。校其所译,恐有浮滥。始於永平元年,至四年方讫。及勘雠之,惟云“有不二不尽”,那云“定不二不尽”,一字为異,通共惊美,若奉圣心。宠承斯问,便诣流支访所深極,乃授十地曲教三冬。随闻出疏,即而开学,声唱高广,邺下荣推。……初,勒那三藏教示三人,房、定二士授其心法,慧光一人偏教法律。菩提三藏惟教於宠。宠在道北教牢宜四人,光在道南教冯范十人,故使洛下有南北二途。当现两说自斯始也。四宗五宗亦仍此起。

（卷九《义解篇》三）

齊大統合水寺釋法上

释法上，姓刘氏，朝歌人也。……至於十二，投禅师道药而出家焉。……年阶四十，遊化怀卫，为魏大将军高澄奏入在邺。……致有高句丽国大丞相王高德，乃深怀正法，崇重大乘。欲播此释风被於海曲，然莫测法教始末缘由，西徂東壤年三十帝代。故具录事条，遣僧向邺，启所未闻事。叙略云："释迦文佛入涅槃来至今几年？又於天竺几年方到汉地？初到何帝？年号是何？又齐、陈佛法谁先传告，从尔至今历几年帝？"远请具注。並问《十地》、《智论》等人法所传。上答略云："佛以姬周昭王二十四年甲寅岁生。十九出家。三十成道。当穆王二十四年癸未之岁，穆王闻西方有化人出，便即西入而竟不还。以此为验，四十九年在世。灭度已来，至今齐代武平七年丙申，凡经一千四百六十五年。后汉明帝永平十年，经法初来。魏晉相传，至今流布。"上广答缘绪，文极指订。今略举梗槩，以示所传。

周蒲州仁壽寺釋僧妙

释僧妙，一名道妙。本住冀州，后居河東蒲坂。……后住本乡常念寺，即仁寿寺也。……周太祖特加尊敬。大统年时，西域献佛舍利。太祖以妙宏赞著续，遂送令供养。因奉以顶戴，晓夜旋仰。……昔齐武平末，邺古城中白马寺，此是石赵时浮图澄所造，本为木塔，年增朽坏。敕遣修之，掘得舍利三粒。一赤、一白、一青，賓瓶盛之。

（卷十《义解篇》四）

隋彭城崇聖道場釋靖嵩

释靖嵩，俗姓张，涿郡固安人。……俄属周武屏除。……自北徂南，达於江左。……有天竺三藏厥号亲依，賫《摄》、《舍》二论，远化边服。初归梁季，终历陈朝。二十余年通传无地，虽云译布，讲授无闻，唯嵩独拔玄心，翫味兹典。纔有讲隙，便诣沙门法泰谘决疑义。数年之中，精融二部。自《佛性》、《中边》《无相》、《唯識》、《異执》等论四十余部，皆总其纲要，部会区分。

隋西京大興善道場釋僧曇

释僧昙，姓张氏，住洛州。……以高齐之季结友西行。前达葱山，会诸梗涩。路既不通，乃旋京辇。梵言音字並通诂训。开皇十年敕召翻译。事如别传。住大兴善，后敕送舍利於蒲州之栖巖寺，即古云居寺也。

隋西京光明道場釋慧最

释慧最，瀛州人也。……仁寿年中，敕遣送舍利於荆州大兴国寺龙潛道场。……后又送舍利於吉州发蒙寺。掘深八尺，获豫章板一条、古甎六枚、银瓶二口。得舍利一枚，浮水顺转。又得一寳，体含九彩。人不识之，具以闻奏。寺有瑞像。宋大明五年，寺僧法均梦见金容希世，梵音清远，因行达於三曲江，见像深潭光浮水上。与太守周湛等接出，计有千斤而轻同数两，身长六尺四寸，金铜所成。后长沙郡送光趺达都，文帝敕遣还安像所，宛然符合，总高九尺余。佛依缘下有梵书十余字。人初不识，后有西方僧读云："此迦维罗卫国育王第四女之所造也。"忽尔失去，乃在此耶。

隋西京禪定道場釋僧朗

釋僧朗，恆州人。……仁寿置塔，下敕令送舍利於番州，今所谓广州灵鹫山果实寺寶塔是也。……寺西对水枕山，荒榛之下掘深六尺，获石函三枚。二函之内各有铜函，盛二银像并二银仙。其一函内有金银瓶，大小相盛，中无舍利，铭云："宋完徽元年建塔。"又寺中旧碑云："宋永初元年，天竺沙门僧律尝行此处，闻锺磬声，天花满山，因建伽蓝。其后有梵僧求那跋摩来居此寺，曰：'此山将来必逢菩萨圣主'。大宏寶塔，遂同铭之。"

（卷十二《义解篇》六）

隋終南山龍池道場釋道判

开皇七年，敕遣度支侍郎李世师将天竺医工就造精舍，常拟供奉。知判道业修旷，给额为龙池寺焉。大将军云定兴以为檀越，四事供给，无爽二时。侍郎独孤机餐奉音猷，於宅后园别立斋宇，请来栖息。终日将事，禀其法戒。

（卷十四《义解篇》八）

唐京師普光寺釋道岳

釋道岳，姓孟氏，河南洛阳人也。……以开皇十年至自扬都来化京辇。……时太白寺慧安者，……岳友而亲之，便往投造，告所怀曰；"……昔天亲菩萨作《俱舍论》，真谛释之，初传此土，情寄於此耳。"安曰："愿闻其志。"岳曰："余前学羣部，悉是古德所传。流味广周未尽於后，唯以《俱舍》无解，遂岂结於当来耶？"安曰："志之不夺，斯业成矣。"后住京师明觉寺，闭门静故，寻检论文。……遂得释然开发，了解宏旨。至於外义伏文，非疏莫了。承三藏本义並录在南，思见其言，载劳梦寐，乃重赂遗南道商旅。既凭顾是重，所在追求，果於广州显明寺得《俱舍》疏本并十八部论记。并是凯师笔迹，亲承真谛口传。显明即凯公所住寺也，得此疏本，欣载御怀。……武德初年，從业蓝谷化感寺侧。……又至二年，以三藏本疏文句繁多，学人研究难用详览，遂以真谛为本，余则错综成篇。十有余年方勒成部。合二十二卷，减於本疏三分之二，並使周统文旨，字去意留。兼著十八部论疏通行於世，以为口实。……贞观初年，有梵僧波颇在京传译。岳为众举，预其同列。颇闻善於《俱舍》，未始重之。谓人曰："此论本国学者之英华浮情，不敢措意。今言善者不有谬耶！"因问以大义並诸異论。岳随其慧解，应答如流。颇曰："智慧人，智慧人，不言此慧吾与尔矣。"自尔情敦道术，厚密加恆。

（卷十五《义解篇》九）

梁鍾山定林寺釋僧副

释僧副，姓王氏，太原祁县人也。……而性爱定静，遊无远近，裹粮寻师，访所不逮。有达摩禅师，善明观行，循扰严穴，言问深博。遂从而出家。

梁鍾山延賢寺釋慧勝

释慧胜，交趾人。住仙洲山寺。……从外国禅师达磨提婆学诸观行。

魏嵩岳少林寺天竺僧佛陀

佛陀禅师，此云觉者，本天竺人。学务静摄，志在观方。结友六人，相随业道，五僧证果，唯佛陀无获。遂勤苦励节，如救身衣，进退惟咎，莫知投厝。时得道友曰："修道藉机，时来便剋,非可斯须,徒为虚死。卿於震旦特是别缘,度二弟子,深有大益也。”因从之遊历诸国,遂至魏北台之恆安焉。时值孝文,敬隆诚至,别设禅林,凿石为龛,结徒定念,国家资供,倍加余部,而征应潛著,皆異之非常人也。恆安城内康家,资财百万,崇重佛法,为佛陀造别院,常居室内,自静遵业。有小儿见门隙内炎火赫然,驚告院主,合家总萃,都无所见。其通微玄,观斯例众也,识者验以为得道矣。后随帝南迁,定都伊洛,复设静院,敕以处之。而性爱幽栖,林谷是託。屢往嵩狱,高谢人世。有敕就少室山为之造寺,今之少林是也。帝用居处,四海息心之俦,闻风响会者众恆数百。笃课出要,成济极焉。时或告众曰:“此少林精舍,别有灵祇卫护。一立已后,终无事乏。”由使造者弥山而僧廪丰溢。沿彼至今将二百载。虽荒荐频繁而寺业充实,远用比之佛陀,无谬传矣。时又入洛,将度有缘。沙门慧光年立十二,在天街井栏上反蹋蹀鏥,一连五百。众人諠竞,異而观之。佛陀因见怪曰:“此小儿世戏有工,道业亦应无昧。”意欲引度,权以杖打头,声响清彻。既善声论,知堪法器。乃问:“能出家否?”光曰:“固其本怀耳。”遂度之,解冠终古,具如别传。又令弟子道房度沙门僧稠,教其定业。自化行東夏,唯此两贤得道记之。谅有深疑,年渐迟暮,不预僧伦,委诸学徒自相成业。躬移寺外,别处零房。感一善神常随影护,亦令设食而祠饗之。后报欲终,在房门之壁手画神像,於今尚存。

齊鄴下南天竺僧菩提達磨

菩提达磨,南天竺婆罗门种。神慧疎朗,闻皆晓悟。志存大乘,冥心虚寂,通微彻数,定学高之,悲此边隅,以法相导。初达宋境南越,末又北度至魏,随其所止,诲以禅教。於时合国盛宏讲授，乍闻定法，多生讥谤。有道育、慧可，此二沙门，年虽在后而锐志高远，初逢法将，知道有归，寻亲事之。经四五载，给供谘接，感其精诚，诲以真法。如是安心，谓壁观也。如是发行，谓四法也。如是顺物，教护讥嫌。如是方便，教令不著。然则入道多途，要唯二种，谓理行也。藉教悟宗，深信含生同一真性，客尘障故，令舍伪归真，凝住壁观，无自无他，凡圣等一，坚住不移，不随他教，与道冥符，寂然无为，名理入也。行入四行，万行同摄。初报怨行者，修道苦至，当念往劫，舍本逐末，多起爱憎。今虽无犯，是我宿作，甘心受之，都无怨诉。经云；逢苦不忧，识达故也。此心生时，与道无违。体怨进道故也。二随缘行者，众生无我。苦乐随缘，纵得荣誉等事，宿因所构，今方得之。缘尽还无，何喜之有？得失随缘，心无增减。违顺风静，冥顺於法也。三名无所求行。世人长迷，处处贪著，名之为求。道士悟真，理与俗反，安心无为，形随运转。三界皆苦，谁而得安？经曰：有求皆苦，无求乃乐也。四名称法行，即性淨之理也。磨以此法开化魏土，识真之士，从奉归悟。录其言语卷流於世。自言年一百五十余岁，遊化为务，不测於终。

齊鄴中釋僧可

释僧可，一名慧可，俗姓姬氏，虎牢人。……年登四十，遇天竺沙门菩提达磨，遊化嵩洛。可怀寳知道，一见悦之，奉以为师。毕命承旨，从学六载，精究一乘。理事兼融，苦乐无滞，而解非方便，慧出神心。可乃就境陶研淨穢埏埴，方知力用坚固不为缘陵。达磨灭化洛滨，可亦埋形河涘。……初，达磨禅师以四卷《棱伽》授可，曰："我观汉地唯有此经，仁者依行，自得度世。"可专附玄理，如前所陈。

齊林廬山洪谷寺釋僧達

释僧达,俗姓李,上谷人。……十五出家。……年登二夏,为魏孝文所重。邀延庙寺阐宏四分。……寻复振锡洛都,因遇勒那三藏,奉其新诲。不久值那迁化,覆述地论,声骇伊穀。

齊鄴西龍山雲門寺釋僧稠

释僧稠,姓孙,元出昌黎,末居鉅鹿之瘿陶焉。……时年二十有八,投鉅鹿景明寺僧寔法师而出家。……初从道房禅师受行止观。房即跋陀之神足也。既受禅法,北遊定州嘉鱼山。斂念久之,全无摄证。……岁居五夏,又诣赵州漳洪山道朋禅师。……尝於鹊山静处感神来娆。……后从定觉,情想澄然,究略世间全无乐者。便诣少林寺祖师三藏,呈已所证。跋陀曰:"自葱岭已東,禅学之最,汝其人矣!"乃更授深要,即住嵩嶽寺。

(卷十九《习禅初》)

周京師大追遠寺釋僧實

释僧实,俗姓程氏,咸阳灵武人也。……年二十六乃得鬀落。……随见孝文,便蒙降礼。大和末从原至洛,因遇勒那三藏,授以禅法。每处皇宫谘门禅秘,那奇之曰:"自道流東夏,味静乃斯人乎!"

(卷二十《习禅初》)

隋天台國清寺釋智越

有临海露山精舍,梵僧所造,巨有灵異。……

(卷二十一《习禅》二)

唐雍州津梁寺釋法喜

释法喜,俗姓李,襄阳人也。……仁寿年内,文帝敕召,追隶京师住禅定寺,供礼隆異,俭行为先。……爰有佛牙舍利,帝里所珍。擎以寳台,处之上室。……大众以喜行解潛通,幽征屢降,便以道场相委,任其监护。喜遂纲维供养,日夕承仰。

(卷二十三《习禅》四)

東魏洛都融覺寺釋曇無最

释昙无最,姓董氏,武安人也。……后敕住洛都融觉寺。……最善宏敷导,妙达《涅槃》、《华严》。僧徒千人,常业无怠。天竺沙门菩提留支见而礼之,号为"東土菩萨"。尝读最之所撰《大乘义章》,每弹指唱善,翻为梵字。寄传大夏,彼方读者皆東向礼之为圣人矣。……元魏正光元年,明帝加朝服大赦,请释、李两宗上殿。斋讫,侍中刘滕宣敕,请诸法师等与道士论义。时清通观道士姜斌与最对论。帝问:"佛与老子同时不?"姜斌曰:"老子西入化胡成佛。佛以为侍者。文出《老子开天经》。据此,明是同时。"最问曰:"老子同何王而生?何年西入?"斌曰:"当周定王三年,在楚国陈州苦县厉乡曲人里,九月十四日夜生。简王四年为守藏吏,敬王元年年八十五。见周德陵迟,遂与散关令尹喜西入化胡。约斯明矣。"最曰:"佛当周昭王二十四年四月八日生,穆王五十二年二月十五日灭度,计入《涅槃经》三百四十五年。始到定王三年老子方生。生已年八十五,至敬王元年凡经四百三十年乃与尹喜西遁,此乃年载悬殊,无乃谬乎!"斌曰:"若如来言出何文纪?"最曰:"《周书異记》、《汉法本内传》並有明文。"斌曰:"孔子制法圣人,当明於佛,逈无文誌,何耶?"最曰:"孔氏三备卜经,佛之文言出在中备。仁者识同管窥，览不宏达，何能自达。”帝遣尚书令元乂宣敕，道士姜斌论无宗旨，宜令下席。又议《开天经》是谁所说。中书侍郎魏收、尚书郎祖莹就观取经，太尉萧综、太傅李寔、卫尉许伯桃、吏部尚书邢栾、散骑常侍温子昇等一百七十人，读讫奏云：“老子止著五千文，余无言说。臣等所议，姜斌罪当惑众。”帝时加斌极刑。西国三藏法师菩提留支苦谏乃止，配徒马邑。

周終南山避世蓬釋靜藹

释静蔼，姓郑氏，荥阳人也。……遂独往瓦棺寺，依和禅师而出家，时年十七。……又入白鹿山。……闻有天竺梵僧硕学高行，世之不测，西达咸阳。蔼求道情猛，欣所闻见，私度关塞，载离寒暑。既至渭阴，未及洗足即申谒敬。昔闻今见，见累於闻。大皷徒扬，资访无指。乃潜形伦伍陶甄旧解，芜没逊遁知我者希。掩抑十年，达穷通之数，体因缘之理。

周京師大中興寺釋道安慧影　寶贵

释道安，俗姓姚，冯翊胡城人也。……安有弟子慧影、寶贵。……贵翫阅羣典，讲律为务。见晋世支敏度合五家《首楞嚴》为一本八卷，又合三家《维摩经》为一本五卷，随沙门僧就合四家大集为一本六十卷，贵乃合三家《金光明》为一本八卷。复请崛多三藏译《银主陀罗尼》及《嘱累品》，足以成部。沙门彦琮重覆梵本，品部斯具焉。

（卷三十《护法》上）

唐京師勝光寺釋慧乘

释慧乘，俗姓刘氏，徐州鼓城人也。……大业……八年，帝在東都。於西京奉为二皇双建两塔七层木浮图，又敕乘送舍利瘞於塔所。……十二年，於東都图写龜兹国檀像，举高丈六，即是后秦罗什所负来者。屡感祯瑞，故用传持，今在洛州淨土寺。会隋室分崩，唐皇御历。……武德八年，……天子下诏曰：“老教孔教此土先宗，释教后兴，宜崇客礼。令老先，次孔，末后释宗。”……当又下诏问乘曰；“道士潘诞奏，悉达太子不能得佛，六年求道方得成佛。是则道能生佛，佛由道成。道是佛之父师，佛乃道之子弟。故佛经云：‘求於无上正真之道。’又云：‘体解大道，发无上意。’外国语云：阿耨菩提，晉音翻之无上大道。若以此验，道大佛小，於事可知。”乘报略云：“震旦之与天竺，犹环海之比鄰州。聃乃周末始兴，佛是周初前出，计其相去二十许王。论其初经三百余载，岂有昭王世佛而退求敬王时道乎？勾虚验实足可知也。”……贞观元年，乘以衔荷持命，义须崇善，奉为圣上於胜光寺起舍利寶塔。

（卷三十一《护法》下）

魏洛京永寧寺天竺僧勒那漫提

勒那漫提，天竺僧也。住元魏洛京永宁寺，善五明，工道术。时信州刺史綦母怀文巧思多知，天情博艺。每国家营宫室器械，无所不关，利益公私，一时之最。又敕令修理永宁寺，见提有異术，常送饷祇承，冀有闻见。而提视之平平，初无叙接。文心恨之。时洛南玄武馆有一蠕蠕客，曾与提西域旧交，乘马衣皮，时来造寺。二人相得，言笑抵掌，弥日不懈。文旁见夷言，不晓往复，乃谓提曰：“弟子好事人也。比来供承，望师降意，而全不赐一言。此北狄耳，兽心人面，杀生血食，何足可尚？不期对面遂成彼此。”提曰：“尔勿轻他，纵使读万卷书，事用未必相过也。”怀文曰：“此有所知，当与角伎赌马。”提曰；“尔有何耶？”曰：“算术之能。无问望山临水，悬测高深，围圌踏窖，不舛升合。”提笑而言曰：“此小儿戏耳。”庭前有一枣树极大，子实繁满，时七月初，悉已成就。提仰视树曰：“尔知其上可有几许子乎？”文怪而笑曰：“算者所知，必依鉤股标准，则天文地理亦可推测。草木繁耗，有何形兆，计期实谩言也。”提指蠕蠕曰：“此即知之。”文愤气不信，即立契赌马。寺僧老宿，咸来同看，具立旁证。提具告蠕蠕，彼笑而承之。云文复要云，必能知者，几许成核，几许瘀死无核。断许既了，蠕蠕腰间皮袋里出一物，似今秤锤，穿五色線，線别贯白珠。以此约树，或上或下，或旁或侧，抽線映眼，周迴良久，向提撼头而笑，述其数焉。乃遣人扑子实下尽，一一看阅。疑者文自剖看，校量子数成不，卒无欠賸，因获马而归。提每见洛下人远向嵩高少室取薪者，自云：“百姓如许地担负辛苦，我欲暂牵取二山枕洛水头，待人伐足乃还故去。不以为难，此但数术耳。但无知者诬我为圣，所以不敢。”提临欲终，语弟子曰：“我更停五三日住一处行，汝等念修正道，勿怀眷恋。”便寝疾闭户而卧。弟子窃於门隙视之，见提身不著牀，在虚仰卧。相告同视，一僧忽欬。提还牀如旧，遥谓曰：“门外是谁？何不来入。我以牀热，故取凉耳，尔勿怪也”是后数日，便舍命矣。

（卷三十三《感通》上）

唐巴陵顯安寺釋法施

释法施，姓江，武当人。……遊巴陵显安寺娑罗树下宴嘿，而人亦莫之顾也。依《荆南记》云：“晉永康元年，僧房牀下忽生一树。随伐随生。如是非一。树生逾疾，咸共異之。置而不剪，旬日之间，植何极栋，遂移房避之。自尔已后，树长更迟，但极晚秀，夏中方有花，叶秋落，与众木不殊。多历年稔，人莫识也。

后外国僧见攀而流涕曰：‘此娑罗树也，佛处其下涅槃。吾思本事所以泣耳。’而花开细白不足观採。元嘉十一年，忽生一花，形色如芙蓉树。”今见在此，亦一方之奇迹也。

（卷三十五《感通》中）

隋京師大興善寺釋道密

释道密，姓周氏，相州人。初投耶舍三藏师习方艺。……至於西梵文言继迹前列。……隋运兴法，翻译为初，敕召入京，住大兴善寺。师资道成，复宏梵语，因循法本，留意传持。会仁寿塔兴，铨衡德望，寻下敕，召送舍利于同州大兴国寺。

隋中天竺國沙門闍提斯那

闍提斯那，住中天竺摩竭提国。学兼羣藏，艺术異能通练於世。以本国忽然大地震裂，所开之处极深无底。於其岸侧获一石碑，文云：“東方震旦，国名大隋，城名大兴，王名坚意，建立三寶，起舍利塔。彼国君臣欣感嘉瑞，相庆希有。”乃募道俗五十余人寻斯灵相。初发祖送並出王府，路逢贼掠，所遗荡尽，唯余数人逃窜达此。以仁寿二年至仁寿宫。计初地裂获碑之时，即此土开皇十四年也。行途九载方达東夏。正逢天子感得舍利，诸州起塔。天祥下降，地瑞上腾，前后灵感将有百数。阖国称庆，佛法再隆。有司以事奏闻。帝以事符大夏，陈迹東华，美其远度，疑是登圣，引入大寶殿，躬屈四指，顾问羣僚：“解朕意不？”佥皆莫委。因问斯那：“又解意不？”答曰：“檀越意谓贫道为第四果人耶？实非是也。”帝甚異之，乃置於别馆，供给华膳。夫以酒酵和麵，拟为麨调，候时不起，因以问那。答曰：“此不合食。”便用水溲煮之，与常酵者不異。上问：“今告灵塔遍於诸州，曹陕二州特多祥瑞。谁所致耶？”答曰：“陕州现树地藏菩萨。曹州光华虚空藏也。”又问:“天华何以?”答曰:“似薄云母,或飞不委地,虽委地而光明奇胜。”帝密以好云母及所献天华各一箱,用示诸人,无有别者。恰以问那,那识天华而退云母。及献后云崩,空发乐音,並感異香。具以问由,答曰:“西方淨土名阿弥陀。皇后往生,故致诸天迎彼生也。”帝奇其识鉴,赐绵绢二千余段。辞而不受,因强之。乃用散诸福地,见《感应传》。

隋京師大興善寺釋明芬

释明芬,相州人,齐三藏耶舍之神足也。通解方俗,妙识梵言。传度幽旨,莫匪喉舌。开皇之译,下敕追延,令与梵僧对传法本,而意专检失好住,空闲味詠《十地》,言辄引据,问论清巧,通滞罕伦。

(卷三十六《感通》下)

唐雍州新豐福緣寺釋道休

释道休,未详氏族。住雍州新丰福缘寺。常以头陀为业。在寺南骊山幽谷结草为庵。……然休出家已来,常但三衣,不服缯纩,以伤生也。……余曾参翻译,亲问西域诸僧,皆以布毡而为袈裟,都无缯绢者。纵用以为余衣,不得加受持也。其龜兹於遁诸国,见今养蚕,唯拟取绵亦不杀害。故知休之慈救。

(卷三十七《遗身》)

魏泰嶽人頭山銜草寺釋志湛

释志湛,齐州山茌人。……住人头山邃谷中銜草寺。寺即宋求那跋摩之所立也。读诵《法华》,用为常业。将终之日,沙门寶誌奏梁武曰:“北方山茌县人头山銜草寺须陀洹果圣僧者,今日入涅槃。”扬都道俗闻誌此告,皆遥礼拜。故湛之亡也,寂无余恼，端然气绝，两手各舒一指。有西天竺僧解云：“若二果者舒两指。”验湛初果也。

（卷三十八《读诵》）

周鄜州大像寺釋僧明

余以为兴福之来，事有机会，感见奇跡，其相弥隆。略引五三，用开神理，至如徐州吳寺太子思惟瑞像者。昔東晉沙门法显，厉节西天，历观圣迹。往投一寺，小大承迎。显时遇疾，心希乡饭。主人上座亲事经理，乃敕沙弥为取本乡斋食。倏忽往还。脚有疮血，云往彭城吳苍鹰家求食，为犬所啮。显怪其旋转之顷而遊万里之外，方悟寺僧並非常也。及随舶还，故往彭城访吳苍鹰，具知由委。其犬啮余血涂门之处犹在。显曰：“此罗汉圣僧血也。当时见为取食，何期犬遂损耶！”鹰闻忏咎，即舍宅为寺。自至扬都广求经像。正济大江，船遂倾侧，忽有双骨各长一丈，随波腾漾，奄入船中，即得安流。昇岸以事奏闻。有司观检，乃龙齿也。鹰求像未获，泝江西上，暂息林间。遇其婆罗门僧持像而行，云往徐州与吳苍鹰供养。鹰曰：“必如来言，弟子是也。”便以像付之。鹰将像还至京，诏令模之。令造十躯，皆足下置字。新旧莫辨，任鹰探取。像又降梦示其本末。恰至鹰取还得本像，乃还徐州，每有神瑞。元魏孝文请入北台。高齐后主遣使者常彪之迎还鄴下。齐灭周废，为僧藏举。大隋开教，还重兴世，今在相州鄴县大慈寺也。又京师崇义寺石影像者，形高一尺，径六寸许，八棱紫色内外映彻。其源梁武太清中，有天竺僧齎来谒帝。会侯景作乱，便置江州庐山西林大像顶上。至隋开皇十年，煬帝作镇江海，广搜英異，文艺书记並委雠括。乃於襍传得《景像记》，即遣中使王延寿往山推得。王自虔奉在内供养。……乃送於曲池日严寺。……武德七年废入崇义。……贞观六年下敕入内，外遂绝也。

（卷三十九《兴福》）

隋京師日嚴道場釋慧常道英　神爽

释慧常，京兆人。以梵呗之功，住日严寺。尤能仰啭弄响，飞扬长引，滔滔清流不竭。然其声发喉中，唇口不动，与人並立，推检莫知，自非素识，方明其作。时隋文兴法，炀帝倍隆。……至於梵导讚叙，各重家风。闻常一梵，飒然倾耳，皆摧心丧胆，如飢渴焉。佥曰："若此声梵，有心闻之，何得不善也！"众虽效学，风骨时参，至於用与牵挽，皆不及矣。晚入東都。时京师兴善有道英、神爽者，亦以声梵驰名。道英喉颡伟壮，词气雄远，大众一聚，其数万余，声调稜稜，高超众外。兴善大殿，铺基十亩，櫺扇高大，非卒摇鼓。乃英引众邉旋，行次窗门，声聒冲击，皆为动震。神爽唱梵，弥工长引，遊啭联绵，周流内外，临机奢促，惬洽众心。

论曰：……呗匿之作，沿世相驱。转革旧章，多宏新势。讨覆原始，共委渔山。或指東阿昔遗，乍陈竟陵宴授，未详古述，且叙由来，岂非声乖久布之象，唯信口传在人为高。毕固难准，大约其体例其众焉。至如梵之为用，则集众行香，取其静摄专仰也。考其名实，梵者淨也，实惟天音。色界诸天来覲佛者，皆陈讚颂。经有其事，祖而习之，故存本因诏声为梵。然彼天音，未必同此。故東川诸梵，声唱尤多，其中高者，则新声助哀般遮屈势之类也。地分郑魏，声亦参差，然其大途，不爽常习。江表关中巨细天隔，岂非吴越志扬，俗好浮绮，致使音倾所尚，唯以纤婉为工。秦壤雍、冀，音词雄远。至於詠歌所被，皆用深高为胜。然则处事难常，未可相夺。若都集道俗，或倾国大斋，行香长梵，则秦声为得。五众常礼，七贵宵兴，开发经讲，则吴音抑在其次,岂不以清夜良辰,昏漠相阻,故以清声雅调,骇发沈情。京辅常传,则有大小两梵。金陵昔弄,亦传长短两引。事属当机,不无其美。剑南、陇右,其风体秦,虽或盈亏,不足论评。故知神州一境,声类既各不同,印度之与诸蕃,詠颂居然自别。义非以此唐梵用拟天声,敢惟妄测,断可知矣。呗匿之作,颇涉前科,至於寄事,置布仍别梵设。发引为功,呗匿终於散席。寻呗匿也,亦本天音。唐翻为静,深得其理。谓众将散,恐涉乱缘,故以呗约,令无逸也。然静呗为义,岂局送终?善始者多,慎终诚寡。故随因起诫,而不无通议。

(卷十四《杂科声德》)

十四、法苑珠林

王玄策《西国行传》云:王使显庆四年至婆栗阇国,王为汉人设五女戏。其五女传弄三刀,如至十刀。又作绳技,腾虚绳上,著履而掷,手弄三伏、刀、楯、枪等,种种关伎,杂诸幻术,截舌、抽肠等,不可具述。

(卷六《日用篇》第三之一《星宿部》)

《魏志》曰:天竺国人皆长一丈八尺。离车国[1]男女皆长八尺。

① 离车国,係车离国之误。

(卷八《六道篇》第四之二《人道部·受苦》)

《西国志》云:中印度在赡波国西南,山石涧中有修罗窟,有人因遊山修道,遇逢此窟,人遂入中。见有修罗宫殿处,妙精华卉,乍类天宫,园池林果,不可述尽。阿修罗众既见斯人希来到此,语云:"汝能久住以不?"答云:"欲还本处。"修罗既见不住，遂施一桃，与食讫。修罗语言：“汝宜急出，恐汝身大，窟不得容。”言讫走出，身遂增长，形貌粗，人头纔出，身大孔塞，遂不出尽。自尔已来，年向数百，唯有大头如三硕瓮。人见共语，具说此缘。人愍语云：“我等凿石，令汝身出，其事云何？”答云：“恩泽。”人奏国王，具述此意，君臣共议，此非凡人，力敌千人，若凿令出，傥有不测之意，谁能抗之？因此依旧，时人号为大头仙人。唐国使人王玄策已三度至彼，以手摩头共语，了了分明。近有山内野火烧头焦黑，令犹不死。《西国志》六十卷，国家修撰，奉勑令诸学士画图，集在中台，复有四十卷。从麟德三年起首至乾封元年夏末方讫，余见玄策具述此事。

（卷九《六道篇》第四之三《阿修罗部·战鬪》）

《王玄策行传》云：吐蕃国西南有一涌泉，平地涌出，激水遂高五六尺。甚热，煮肉即熟，气上冲在，像以气雾。有一老吐蕃云：“十年前其水上激高十余丈，然始傍散。有一人乘马逐鹿直赴泉中，自此已来，不复高涌。泉中时时见人骸骨涌出，垂毽布水，须臾即烂，或名为镬汤。”此泉西北六七十里更有一泉，其热略等，时时盛沸，殷若雷声。诸小泉温，往往皆然。今此震旦诸处多有温汤，准此亦是镬汤。故《四分律》下文佛言，王舍城北有热汤从地狱中来，初出甚热，后流至远处稍冷。为有余水相和，所以冷也。

（卷十二《六道篇》第四之六《地狱部之余·诫勗》）

故奘法师云：依如西域，释迦一代说法总有三时，第一时中为诸声闻说有相法，为破外道执，令悟得道。第二时中为小行菩萨说无相法，为破声闻，令悟无相大乘。第三时中为大行菩萨双说有相无相法，为破有相无相法，令悟中道究竟圆教。於此三时，一一随机，广化无量，或展转从三乘弟子边，闻法得道，亦尘沙无数，不可以一文定，不可以一义局也。

（卷十三《千佛篇》第五之一《七佛部·会数》）

如《佛本行经》云，时淨饭王知其太子年已八岁，《因果经》云年至七岁即会百官羣臣宰相而告之言：“卿等当知今我化内谁最有智，智能悉通，堪为太子作师。”诸臣报言，大王当知今有毗奢婆蜜多罗善知诸论，最胜最妙，如是大师，堪教太子。已下略述王即遣召而告之言：“尊者大师能教我太子一切技艺诸书论。”不时蜜多报言，大王：“谨依王命，我今甚能，心生欢喜。”……尔时太子即初就学：“将好最妙牛头栴檀作於书板，纯用七寳庄严四缘，以天种种殊特妙香涂其背上，执持至於毗奢蜜多罗阿闍黎所，而作是言：“尊者闍黎教我何书，自下太子广为说书或复梵天所说之书？今婆罗门书正有十四音是佉卢虱吒书，隋言驴脣富沙迦罗仙人说书，隋言华果阿迦罗书隋言节分曹迦罗书，隋言吉祥邪寐尼书，隋言大秦国书鸯瞿梨书，隋言指言耶那尼迦书，隋言驮书娑伽罗书，隋言牸牛波罗婆尼书，隋言树叶波流沙书，隋言恶言父与书毗多荼书，隋言起尸陀毗荼国书，隋云南天竺脂罗低书，隋言形人度其差那婆多书，隋言右旋优波伽书，隋言严炽僧佉书，隋言等计阿婆勿陀书，隋言覆阿嵬盧摩书，隋言顺毗耶寐奢罗书，隋言杂陀罗多书，乌场边山西瞿耶尼书，须弥西阿沙书，疏勒支那国书，即此国也摩那书，科斗末荼义罗书，中字毗多悉底书，尺富数波书，华提婆书，天那伽书，龙夜义书乾闼婆书，天音声阿脩罗书，不饮酒迦娄罗书，金翅鸟紧那罗书，非人摩睺罗伽书，天地弥伽遮迦书，诸兽音迦迦娄多书，鸟音浮摩提婆书，地居天安多梨义提婆书，虚空天欝多罗拘庐书，须弥北逋娄婆毗提诃书，须弥東乌差婆书，举腻差波书，掷婆伽罗书，海跋闍罗书，金刚梨伽波罗低犁伽书，往复毗棄多书，食残阿嵬浮多书，未曾有奢娑多罗跋多书，如伏转伽那那跋多书，等转优差波跋多书，举转尼差波跋多书，掷转波陀梨佉书，上句毗拘多罗波陀那地书，从二增上凶耶婆陀输多罗书,增上已上末荼婆哂尼书,中流梨沙邪婆多波悇比多书,诸山苦行陀罗尼卑义梨书,观地伽伽那卑丽义尼书,观虚空萨蒱沙地尼山陀书,一切药草因沙罗僧伽何尼书,总览萨婆韦多书。一切种音”

尔时太子说是书已,复谘蜜多阿闍黎言:“此书凡有六十四种,未审尊者欲教我何书?”是时多罗闻於太子说是书已,内心欢喜,悦豫熙怡,密怀私惭,折伏贡高我慢之心,向於太子而说偈言:

希有清淨智慧人　善顺於诸世间法
自已该通一切论　复更来入我学堂
如是书名我未知　其本悉皆诵持得
是为天人大导尊　今复更欲□於师

夫神理无声,因言辞以写意;言词无跡,缘文字以图音。故字为言谛,言为理筌,音义合符,不可偏失。是以文字应用,弥纶宇宙,虽跡繫翰墨,而理契乎神。昔造书之主,凡有三人:长名曰梵,其书右行;次曰佉卢,其书左行;少者苍颉,其书下行。梵、佉卢居于天竺,黄史苍颉在於中夏。梵、佉取法於淨天,苍颉因华於鸟跡。文画诚異,传理则同矣! 仰寻先觉所说,有六十四书,鹿轮转眼,笔制区分,龙鬼八部,字体殊式,准梵及佉卢,为世胜文,故天竺诸国谓之天书。西方写经,同祖梵文,然三十六国,往往有異。

(卷十五《千佛篇》第五之三《遊学部·召师》)

大唐乾封二年,仲春之月,西明寺道宣律师于时逐静,在京师城南华清宫故淨业寺修道。……宣师《感通记》,问天人云:“益州成都多寳石佛者,何代时像从地湧出?”答曰:“蜀都元基青城山上,今之成都,大海之地。昔迦叶佛时,有人於西耳河造之。拟多寳佛全身相也,在西耳河鹫山寺。有成都人往彼兴易,请像将还,至今多寳寺处,为海神蹋船所没。初,取像人见海神於岸上遊，谓是山兔，遂即煞之。因尔神瞋覆没，人像俱溺，同在一船。其多賫旧在鹫头山寺，古基尚在，仍有一塔常有光明。令向彼土，道由郎州过，大小不算，三千余里，方达西耳河。河大阔，或百里，或五百里。中有山洲，亦有古寺。经像尚存，而无僧住。经同此文，时闻钟声。百姓殷实，每年二时供养古塔。塔如戒坛，三重石砌，上有覆釜，其数极多。彼土诸人，但言神冢每发光明，人以蔬食祭之，求其福祚也。其地西北去嶲州二千余里。问去天竺非远，往往有至彼者，自下云云。至晉时，有僧於此地见土坟。随出随除，终不可平。后见坼开，深怪其尔，乃深掘丈余，获像及人骨在船。其髅骨肘胫悉皆麤大，数倍过於今人。即迦叶佛时阎浮人寿二万岁时人也。”……又问：“荆州前大明寺栴檀像者，云是优填王所造，依传从彼模来，将至梁朝。今京师复有何者是本？”答曰：“大明是其本像。梁高祖既崩，像来荆渚。至元帝承圣三年，周平梁后，收薄国賫，皆入北周。其檀像者，有僧珍师藏隐房内，多以财物赠遗使人，像遂得停。至隋开皇九年，文祖遣使人柳顾言往迎。寺僧又求像，令镇荆楚。顾是乡人，从之，令别刻檀将往恭旨。当时访匠，得一婆罗门僧名真达为造。即今西京大兴善寺像是也。”

（卷廿二《敬佛篇》第六之三《观佛部之余》）

隋时，有阿弥陀佛五十菩萨像者，西域天竺之瑞像也。相传云：昔天竺雞头摩寺五通菩萨往安乐界，请阿弥陀佛。娑婆众生，愿生淨土，无佛形像，愿力莫由，请垂降许。佛言：“汝且前去，寻当现彼。“及菩萨还，其像已至，一佛五十菩萨，各坐莲华在树叶上。菩萨取叶，所在图写，流布远近。汉明感梦，使往祈法，便获迦叶摩腾至雒阳。后腾姊子作沙门，持此瑞像，又达此国，所在图之。未几，齎像西返，而此图传，不甚流广。魏晉以来，年载久远，又经灭法，经像漂除。此之瑞迹，殄将不见。

隋文帝开教，有沙门明宪、从高齐道长法师所得此一本，说其本起，与传符焉。是以图写流布，遍於宇内。时有北齐画工曹仲达者，本是曹国人，善於丹青，妙画梵迹，传模西瑞，京邑所推，故今寺壁正阳皆其真范也。

（卷廿三《敬佛篇》第六之四《弥陀部·引证》）

王玄策《西国行传》云：唐显庆二年勑使王玄策等往西国送佛袈裟。至泥婆罗国西南，至颇罗度来村。東坎下有一水火池，若将家火照之，其水上即有火焱於水中出。欲灭，以水沃之，其焱转炽。汉使等曾於中架一釜，煮饭得熟。使问彼国王。国王答使人云："曾经以伏刺著一金匮，令人挽出，一挽一深。相传云，此是弥勒佛当来成道天冠，金火龙防守之，此池火乃是火龙火也。"

（卷廿四《敬佛篇》第六之五《弥勒部之余·业因》）

玄奘法师云："西方道俗並作弥勒业为同欲界，其行易成，大小乘师皆许此法。弥陀淨土恐凡鄙穢，修行难成，如旧经论，十地已上菩萨随分见报佛淨土，依新论意，三地菩萨始可得见报佛淨土，岂容下品，凡夫即得往生。此是别时之意，未可为定。所以西方大乘许，小乘不许。故法师一生已来常作弥勒业，临命终时发愿上生见弥勒佛。"

（卷廿四《敬佛篇》第六之五《弥勒部之余·发愿》）

晉济阴丁承，字德慎，建安中为凝阴令。时北界居民妇诣外井汲水，有胡人长鼻深目，左过井上从妇人乞饮。饮讫，忽然不见。妇则腹痛，遂加转剧啼呼。有顷，卒然起坐，胡语指麾。邑中有数十家悉共观视。妇呼索纸笔来欲作书，得笔便作胡书，横行或如乙或如已，满五纸投著地，教人读此书。邑中无能读者。有一小儿十余岁，妇即指此小儿能读。小儿得书，便胡语读之。观者惊愕，不知何谓。妇教小儿起舞，小儿即起，翘足以手弄相和，须臾各休。即以白德慎。德慎召见妇及儿问之，云当时忽忽不自觉知。德慎欲验其事，即遣史賫书诣许下寺以示旧胡。胡大惊，言佛经中间亡失，道远憂不能得，虽口诵不具足，此乃本书，遂留写之。

（卷廿六《敬法篇》第七之余《谤罪部》）

述曰：此部别有五仪式。

第一明脱履者，此为申极敬仪也。如此土羣臣朝谒之仪，皆在殿廷，履屦不脱。有时上殿，则劒履皆舍。此古之法，非始今仪。天竺国中地多湿热，以革为屣，制令著之。如见上尊，即令脱却。自余寒国，随有履著。行事之时，脱足为敬。若是白衣，多著鞾鞋为恭。初入寺内，不劳脱足，若入佛堂得脱也。

第二明偏袒者。依律云，偏露右肩，或偏露一肩，或偏露一膊。所言袒者谓肉袒也。示从依学有执作之务，俗中袖狭右袂便稳於事是也。今诸沙门但出一肩，仍有衫袄，非袒露法，如《大庄严论》云：沙门释子者肩黑是也。外道通黑，沙门露右，故有不同。律中但有三衣，通肩被服，如见长老乃偏袒之。设以衣遮名为偏袒，一何可笑也。故知肉袒肩露，乃是立敬之极。然行事之时，量前为袒，如在佛前及至师僧忏悔礼拜，並须依前右袒为恭。若至寺外街衢路行，则须以衣覆肩，不得露肉。西国湿热，其行不怪，此处寒地，人多讥笑。故《五分律》云，虽是我语於余方不清静者不行无过也。……

第三明呈恭者。故律云，当今一心合十指爪掌供养释师子，或云叉手白佛者，皆是斂容呈恭制。……既知一心合掌之仪，即须五体投地礼之。……今有西僧礼拜之时，多褰足露膝，先下至地，然后以肘按地，两掌承空，示有接足之相也。若前尊跏趺不垂脚坐者，随事而行，不劳接足。今见礼者，二手捺地，两足据后，头不至地，亦是乖慢。既知五轮著地之仪，即须知右膝跖之相。经中多明胡跪，跖跪、张跪，斯並天竺敬仪，不足可怪，即是左右两膝交互跪地，有所啓请悔过仪也。

第五明邪正者。源此礼法於齐代初，有西国三藏厥号勒那，覩此下凡居在边鄙，不闲礼仪，情同猴马，悲心内溢，为翻七种礼法，文虽广周，逐要出之。从麤至细，对粗为邪，对细为正。故阶级有七，意存后三也。……

（卷廿八《致敬篇》第九《仪式部》）

宋元嘉元年，東官仑二女，姊十岁，妹九岁。里越愚蒙，未知经法。忽其年二月八日，并失所在，三日而归，麤说见佛。至九月十五日又失一旬，还作外国语，诵经胡书，见西域僧便相开解。明年正月十五日又失，在田作人见从风上天。父母哀哭，求祷神鬼，经月乃返，剃头为尼，被服法衣，持髮而归。自说见佛及比丘尼，曰汝宿缘为我弟子，手摩头髮便落，与其法名，大曰法缘，小曰法綵。遣还曰：可作精舍，当与经法。既达家，即除鬼坐立精舍，旦夕礼诵，每见五色光流汎峯岭，自此容止音调诠正有法。上京风规不能过也。刺史韦明、孔默等，皆迎敬異云云。

（卷卅一《入道篇》第十三之余《引证部》）

晋沙门耆域者，天竺人也。自西域浮海而来，将遊关洛，达旧襄阳。……及惠帝末，域至洛阳。京师贵贱赠遗衣物以数千亿万，悉受之，临去，封而留之，唯作旛八百枚，以骆駞负之，先遣随估客西归天竺。又持法兴一纳袈裟随身，谓法兴曰："此地方大为造新之罪，可哀如何！" 域发，送者数千人，於洛阳寺中中食讫取道。人有其日发长安来，见域在长安寺中。又域所遣估客及骆駞奴达燉煌河上，逢价客弟於天竺来，云："近燉煌寺中见域弟子漯登者云，於流沙北逢域。"言语欵曲，计其旬日，又域发洛阳时也，而其所行葢已万里矣。[①]

① 仅收录《高僧传》、《耆域传》所缺部分。

（卷卅七《神異篇》第二十之余《神異部》）

《西域传》云：奘师发迹长安……又東入雪山，逾黑岭至迦毕试国。……又此東南往古王寺，有佛顶骨一片，广二寸余，色黄白，髪孔分明。至大唐龙朔元年春初，使人王玄策从西国将来，今现宫内供养。

……又東北度殑伽河行百五十里至吠舍釐国，属中印度旧云毗舍离国。都城颓毁。……宫城周五里，宫西北六里有寺塔。……寺東北四里许有塔，是维摩故宅基，尚多灵神。其舍垒甎，传云“积石”，即是说法现疾处也。於大唐显庆年中，勅使卫长史王玄策因向印度，过淨名宅，以笏量基，止有十笏，故号方丈之室也。

……又从南行百五十里度殑伽河至摩揭陁国。……故宫北石柱高数丈。……石柱南有大塔，即八万四千之塔一数也。……其侧精舍中有大石。是佛欲涅槃，北趣拘尸，南顾摩揭，故蹈石上之双足迹，长尺八寸，广六寸，轮相华文，十指各異。近为恶王金耳毁坏佛迹，凿已还平，文采如故，乃捐殑伽河中，寻复本处。贞观二十三年有使图写迹来。

依《王玄策行传》云：西国瑞像无穷，且录摩诃菩提树像云，昔师子国王名尸速佉拔摩，唐云功德云梵王遣二比丘来诣此寺，大者名摩诃諵，此云大名小者优波，此云授记其二比丘礼菩提树金刚座讫，此寺不安置，其二比丘乃还其本国。王问比丘：“往彼礼拜圣所来，灵瑞云何？”比丘报云：“阎浮大地无安身处。”王闻此语，遂多与珠賨，使送与此国王三谟陁罗崛多。因此以来，即是师子国比丘。又金刚座上尊像元造之时，有一外客来告大众云：“我闻募好工匠造像，我巧能作此像。”大众语云：“所须何物？”其人云：“唯须香及水及料灯油艾。”料既足，语寺僧云：“吾须闭门营造，限至六月，慎莫开门，亦不劳饮食。”其人一入，即不重出，唯少四日，不满六月。大众评章不和，各云此塔中狭迮，复是漏身，因何累月不开见出，疑其所为。遂开塔门，乃不见匠人，其像已成，唯右嬭上有少许未竟。后有空神惊诫大众云：“我是弥勒菩萨。”像身東西坐，身高一丈一尺五寸，肩阔六尺二寸，两膝相去八尺八寸。金刚座高四尺三寸，阔一丈二尺五寸。其塔本阿育王造石鉤栏塔。后有婆罗门兄弟二人，兄名王主，弟名梵主，兄造其塔，高百肘，帝造其寺。其像自弥勒造成已来，一切道俗规模图写，圣变难定，未有写得。王使至彼，请诸僧众及此诸使人至诚殷请，累日行道忏悔，兼申来意，方得图画，髣髴周尽。直为此像出其经本，向有十卷将传此地，其匠宋法智等巧穷圣容，图写圣颜，来到京都，道俗竞摸。

又依《王玄策传》云：此汉使奉勑，往摩伽陁国摩诃菩提寺立碑。至贞观十九年二月十一日，於菩提树下塔西建立。使典司门令史魏才书：

昔汉魏君临，穷兵用武，兴师十万，日费千金，犹尚北勒阗颜，東村不到。大唐牢笼六合，道冠百王，文德所加，溥天同附。是故身毒诸国，道俗归诚，皇帝愍其忠款，遐轸圣虑，乃命使人，朝散大夫、行衛尉寺丞、上护军李义表，副使前融州黄水县令王玄策等二十二人巡抚其国，遂至摩诃菩提寺。其寺所菩提树下金刚之座，贤劫千佛，並於中成道，观严饰相好，具若真容，灵塔淨池，巧穷天外，此乃旷代所未见，史籍所未详。皇帝远振鸿风，光华道树，爰命使人，届斯瞻仰，此绝代之盛事，不朽之神功，如何寝默詠歌不传金石者也！乃为铭曰：

大唐抚运，膺图寿昌，化行六合，

威稜八荒，身毒稽颡，道俗来王，

爰发明使，瞻斯道场。金刚之座，

千佛代居，尊容相好，弥勒规模。

灵塔壮丽，道树扶踈，历劫不朽，

神力焉如。

（卷卅八《感通篇》第廿一之一《圣迹部》）

又依《王玄策传》云：粤以大唐贞观十七年三月内，爰发明诏，令使人朝散大夫、行衞尉寺丞、上护军李义表，副使前融州黄水县令王玄策等，送婆罗门客还国。其年十二月至摩伽陁国，因即巡省佛乡，览观遗蹤，圣迹神化，在处感征。至十九年正月二十七日至王舍城，遂登耆闍崛山，流目纵观，傍眺罔极。自佛灭度千有余年，圣迹遗基，俨然具在，一行一坐，皆有塔记。自惟器识边鄙，忽得躬覩灵迹，一悲一喜，不能裁抑。因铭其山，用传不朽，欲使大唐皇帝与日月而长明，佛法弘宣共此山而同固。其辞曰：

大唐出震，膺图龙飞，光宅率土，恩覃四夷，化高三五，德迈轩羲，高悬王镜，垂拱无为。其一。道法自然，儒宗随世，安上作礼，移风乐制，发於中土，不同葉裔，释教降此，运於无际。其二。神力自在，应化无边，或涌於地，或降於天，百亿日月，三千大千，法云共扇，妙理俱宣。其三。欝乎此山，奇状增多，上飞香云，下临澄波，灵圣之所降集，贤懿之所经过，存圣迹於危峯，竚遗趾於严阿。其四。参差岭嶂，重疊巖廊，铿锵寳铎，氛氲異香，览华山之神蹤，勒贞碑於崇岗，驰大唐之淳化，齐天地之久长。其五。

（卷卅九《感通篇》第廿一之余《圣迹部之余》）

《西域志》云：娑罗双林树边别有一牀，是释迦佛塑像在上，右胁而卧，身长二丈二尺四寸，以金色袈裟覆上，今犹现在，数放神光。又王舍城東北是耆闍崛山，有佛袈裟石。佛在世时，将就池浴，脱衣於此，有鹫鸟衔袈裟升飞，既而堕地，化成此石。

纵横叶文,今现分明。其南有佛观曰命弟子难陁製造袈裟处,並数有瑞光现。大唐使人王玄策等前后三迴往彼,见者非一。

(卷四十七《法服篇》第卅《违损部》)

唐雍州渭南县南山倒狗谷崖有悬石,文状倒狗,因以名焉。谷有巖像於佛面,亦号像谷。古老传云,昔有梵僧来云:我闻此谷有像面山七佛龛。昔有七佛曾来此谷说法,涧内有薝蔔华,常所供养。近至永徽年中,南山龙池寺沙门智积闻之往寻。至谷闻香,莫知何所。深讶香气从涧内沙出,即拨沙看,形似茅根,里甲沙土,然极芬馥。就水抖擞洗之,一涧皆香。将还龙池佛堂中,合堂皆香,极突美气。山下俗人时见此山,或如佛塔,或全如佛面挺出空际,故像头之号非是虚立,傍去嘉美谷甚近,即姚秦时王嘉所住也。

鸡舌香,《吴时外国传》曰:五马州出鸡舌香。《续搜神记》曰:刘广,豫章人,年少未婚。至田舍见一女云:我是何参军女,年十四而夭,为西王母所养,使与下土人人交。广与之缠绵,其日於席下得手巾裹鸡舌香。其母取巾烧之,乃是火浣布。《南州異物志》曰:鸡舌香出杜薄州,云是艸萎,可含香口。《俞益期牋》曰:外国老胡说众香共是一大木,木华为鸡舌香也。

青木香,《广志》曰:青木出交州。徐衷《南方记》曰:青木香出天笃国,不知形状。《南州異物志》曰:青木香出天竺,是艸根,状如甘草。《俞益期牋》曰:众香共是一木,木节是青木。

栴檀香,竺法真《登罗山疏》曰:栴檀出外国。元嘉末僧成藤於山见一大树,圆荫数亩,三丈余围。辛芳酷烈,其间枯条数尺。援而刃之,白栴檀也。《俞益期牋》曰:众香共是一木,木根为栴檀。

(卷四十九《华香篇》第卅三《引证部》)

《西域志》云:罽宾国广崇佛教,其都城内有寺名汉寺。昔日汉使向彼，因立浮图，以石构成，高百尺，道俗虔恭，異於殊常。寺中有佛顶骨，亦有佛髮，色青螺文，以七寳装之，盛以金匣。王都城西北有王寺，寺内有释迦菩萨幼年齓齿，长一寸，次其西南有王梵寺，寺有金铜浮图，高百尺，其浮图中有舍利骨，每以六斋日夜放光明，照烛逵承露盘，至其达曙。《西域志》云：波斯匿王都城東百里大海边，有大塔，塔中有小塔，高一丈二尺，装众寳饰之，夜中每有光曜，如大火聚。云佛般泥洹五百岁后，龙树菩萨入大海化龙王，龙王以此寳塔奉献龙树，龙树受已，将施此国，王便起大塔以覆其上。自昔以来，有人求愿者，皆叩头烧香献华盖，其华盖从地自起，徘徊渐上，当塔直上，乃止空中，经一宿变灭，不知所在。《西域志》云：龙树菩萨於波罗柰国造塔七百所。自余凡圣，造者无量。直於禅连河上建塔千有余所，五年一设无遮大会。

（卷五十一《敬塔篇》第卅五之余《故塔篇》）

《西域志》云：乌苌国西南有檀特山，山中有寺，大有众僧，日日有驴运食，无控御者，自来留食还去，莫知所在。《西域志》云：王玄策至大唐显庆五年九月二十七日，菩提寺寺主名戒龙为汉使王玄策等设大会，使人已下，各赠华氎十段，并食器。次申呈使献物龙珠等，具录大真珠八箱，象牙佛塔一，舍利寳塔一，佛印四。至於十月一日，寺主及余众僧饯送使人，西使五里，与使泣涕而别曰："会难别易，物理之然，况龙年老，此寺即诸佛成道处，为奏上於此存情，预修当来大觉之所。"言意勤勤，不能已已。

（卷五十二《伽蓝篇》第卅六《致敬部》）

舍利者，西域梵语，此云骨身。恐滥凡夫死人之骨，故存梵本之名。舍利有其三种，一是骨舍利，其色白也。二是髮舍利，其色黑也。三是肉舍利，其色赤也。菩萨罗汉等亦有三种，若是佛舍利，椎打不碎，若是弟子舍利，椎击便破矣。

（卷五十三《舍利篇》第卅七《引证部》）

即如唐太宗文皇帝及今皇帝，命朝散大夫、衞尉寺丞、上护军李义表，副使前蝸州黄水县令王玄策等二十二人，使至西域，前后三度，更使余人及古帝王前后使人，往来非一。皆亲见世尊说经时处，伽蓝圣迹及七佛已来所有征祥、灵感变应，具存《西国志》六十卷内。现传流行，宰贵共知。

（卷六十九《破邪篇》第六十二之余《妄傅邪教》第三）

……故案孔老经书、汉魏已来内外史籍，略引外道经中敬佛僧文，具列如左。既敬已经，依法遵佛，冀伏邪愚，依承正典。……

三依《老子昇玄经》云：天尊告道陵，使往東方诣受法教。《昇玄》又云：東方如来遣善胜大士诣太上曰："如来闻子为张陵说法，故遣我来看子。"语张陵曰："卿随我往诣佛所，当令子得见所未见，闻所未闻。"陵即礼大士，随往佛所听法。

……

五依《老子西昇经》云：吾师化遊天竺，善入泥洹。又《符子》云：老氏之师名释迦文佛。……

十依《老子大权菩萨经》云：老子是迦叶菩萨，化遊震旦。……

十三依《仙公起居注》云：于时生在葛尚书家，尚书年逾八十始有一子。时有沙门自称天竺僧，於市大买香。市人怪问，僧曰："我昨夜梦见善思菩萨下生葛尚书家，吾将此香浴之。"到生时，僧至烧香，右遶七帀，礼拜恭敬，沐浴而止。

（卷六十九《破邪篇》第六十二之余《道教敬佛》第五）

《千转陁罗尼神咒》释迦牟尼佛说，此咒出於西梵，由来盛传。至隋大业初，東都洛阳翻经馆笈多三藏译出此咒，以惠遗学。时有彦琮法师，即传译之领袖也，初获此本，通布华夷。时有长安延兴寺玄琬律师、弘法寺静琳法师等，並是道光日下德振通贤，创获流布，洗荡瑕累，即於别院仍建道场。每至肇春为受戒沙弥及余道俗相续不绝。灵相重叠，至今五十余年。时渐讹替，恐后人不知本末，故委具述之。

（卷七十四《咒术篇》第六十八之一《忏悔部》）

《灵志鬼》曰：太元十二年道人外国来，能吞刀吐火，吐珠玉金银。自说其所受术即白衣，非沙门也。行见一人檐，檐上有小笼子，可受升余。语檐人云："吾步行疲极，寄君檐。" 檐人甚怪之，虑是狂人。便语云："自可尔耳！君欲何许自厝耶！" 其答云："若见许，政欲入笼子中。" 檐人逾怪。下檐入笼中。笼不更大，其亦不更小，檐之亦不觉重。於先既行数十里，树下住食。檐人呼共食，云："我自有食。" 不肯出，止住笼中出饮食器物，罗列鲭饍，丰腆亦办，反呼檐人食。未丰，语檐人："我欲与妇共食。" 即复口出一女子，年二十许，衣裳容貌甚美，二人便共食。食欲竟，其夫便卧。妇语檐人："我有外夫欲来共食。夫觉，君勿道之。"妇便口中出一年少丈夫共食。笼中便有三人，宽急之事亦复不異。有顷，其夫动，如欲觉，其妇以外夫，起语檐人曰："可去。" 即以妇内口中，次及食器物。此人既至国中，有一家大富，货财巨万而性悭悕。语檐人："吾试为君破奴悭。" 即至其家，有好马，甚珍之。繫在柱下，忽失去，寻索不知处。明日见马在五升罂中，终不可破。便语言："君作百人厨，以周穷乏，马得出耳。" 主人即狼狈之毕，马还在柱下。明旦，其父母老在堂上，忽复不见，举家惶怖不知所在。开粧器，忽见父母泽壶中，不知何由得出，复往守请之。其云："当更作千人余食饴百穷者，乃当得出。" 既作，其父母自在牀上。

（卷七十六《咒术篇》第六十八之三）

从吐蕃国向雪山南界至屈露多、悉立等国，云从此驿北行可以九日，有一寳山。山中土石並是黄金，有人取者，即获殃咎。出王玄策《西国行传》。

（卷八十《园果篇》第七十二之余《种子部》）

唐贞观二十年，西国有五婆罗门来到京师，善能音乐、祝术、褉戏，截舌抽腹，走绳续断。又至显庆已来，王玄策等数有使人向五印度，西国天王为汉使设乐，或有腾空走索，履屐绳行，男女相避，歌戏如常；或有女人手弄三伎、刀、矟枪等，掷空手接，绳走不落；或有截舌自缚，解伏依旧，不劳人功。如是幻戏，种种难述。

（卷九十四《十恶篇》第八十四之五《绮语部·引证》）

魏支法存者，本是胡人，生长广州。妙善医术，遂成巨富。有八支氍毹，作百种形像，光彩曜日。又有沈香八尺板牀，居常芬馥。王谈为广州刺史，大儿劭之屡求二物。法存不与，王谈因存亮继杀之，而藉没家财焉。死后形见於府内，辄打阁下鼓，似若称寃魂，如此经寻月。王谈得病，恒见法存守之，少时遂亡。劭之至杨都又死。

（卷九十四《十恶篇》第八十四之五《慳贪部·引证》）

晉杨州江畔有亭湖神，严峻甚恶。于时有一客僧婆罗门，名曰法藏，善能持咒辟诸邪毒，竝皆有验。别有小僧就藏学咒，经於数年，学业成就，亦能降伏诸邪毒恶。故诣亭湖神庙止宿，诵呪伏神。其夜见神，遂致殒命。藏师闻弟子诵呪致死，怀忿自来。夜到神庙，瞋意诵呪。神来出见，自亦致死。同寺有僧，每恒受持般若，闻师徒竝亡，遂来神所，於庙夜诵《金刚般若》。至夜半中，闻有风声极大。迅速之间见有一物，其形伟大，甖耸惊人，奇特可畏，口齿长利，眼光如电，种种神变不可具述。经师端坐正念诵经，刹那匪懈，情无怯怕，都不忧惧。神见形泰，摄诸威势,来至师前,右膝著地,合掌恭敬。听经讫,师问神曰:“檀越是何神灵?初来猛峻,后乃容豫。”神答云:“弟子恶业报得如是,是此湖神,然甚信敬经师。”又问:“若神信敬,何意前二师竝皆打死?”答云:“前二师死者,为不能受持大乘经典,瞋心诵呪,见弟子来,逆前放骂。专诵恶语,欲降弟子。弟子不伏,於时二僧见弟子形恶,自然怖死,亦非弟子故杀二僧。”左近道俗见前二僧被杀,谓经师亦死。相率往看,且见平安。容仪欢泰,时人甚怪,竞共问由。具答前意,寔因般若威力,圣教不虚。诸人因此发心受持般若者众。

(卷一百二《六度篇》第八十五之六《智慧部·引证》)

夫十善五戒必须形受,菩萨淨戒可以心诚,故戒法理旷事深。在家出家平等而受,慧芽因斯以成,定水沿兹而满。必庄严於六度,璎珞乎四等,虽复栋宇未成,而基阶已广。唯斯戒本,流来汉地,源始晋末。中天竺沙门昙无识者,賫此戒经及优婆塞法,東渡流沙,撮举意条,抄出戒本。凉州有道进法师者,道心超绝,慧力俊猛,流闻戒来,乃驰往燉煌,躬自迎接。戒法既至,时无其师,於是谨依经文自誓而受,於时凉州道俗並未之知也。既而彼寺道朗法师梦进从佛受记,又僧尼信士十有余人,咸同此梦,互相征告。俄而进还,果受斯戒。朗年德崇重,西土之望,既爱乐大乘,兼证瑞梦,心喜内充。既从进受,以为菩萨胜地超过三乘,遂屈其年腊降为法弟。既而名德僧尼、清信士女,次第受业三千许人。凉州刺史闻进戒行,奉遵师礼,於是菩萨戒法流布京国。自尔已来,黑白衣持受者无量。愿斯甘露等雨大千,谨撰兹记录其始末耳。

(卷一百七《受戒篇》第八十七之四《三聚部·述意》)

齐《尚统师传》云:汉明初感,摩腾法兰唯有二人初来至此,不得受具,但与道俗剃髮被服缦条,唯受五戒、十戒而已。

伏惟如来出世八年始兴《羯磨》。震旦在白木条東二万七千里，开持律五人得授大戒。自后至汉第十桓帝，一百余年内犹用三归、五戒、十戒。迭相传授。桓帝已后，北天竺国有五西国僧来到汉地，与大僧受具足戒。一名支法领，二名支谦，三名竺法护，四名竺道生，五名支娄谶。其时大律未有，支法领口诵出《戒本》一卷、《羯磨本》一卷，在此流行。今时名《旧羯磨》。后到魏皇初三年，昙摩迦罗又译出戒律。后至元孝文世，有光律师验《旧羯磨》及以戒本。文有加减，多少不足，依大律本次第刊集。现世流行，号为《新羯磨》。于时尼众来求受戒，支法领曰：如律所明，唯开边地五人僧受具戒，不论尼众。是时尼等辞退而还，泣泪如雨，不能自胜。后到汉末魏初，東天竺国有二比丘尼来到长安，见比丘尼众，问曰："汝谁边受戒？"尼众答曰："我到大僧所受五戒、十戒而已。"二尼歎曰："边地尼等悉未有具，为还本国化得一十五人来。三人在雪山冻死，二人堕黑嵎死。余到此土，唯有十人在此。"诸尼悉赴京师，与授具戒。后到吳地，亦与彼尼受具讫已。西尼思忆本乡，即附舶南海而还。及至上船，唯有七人，三人命终。来去经途十有余年。后至魏文帝三年，内勑设无遮大会。魏帝勑问此土僧尼得戒源由，有何灵验，诸大德等咸皆不答。于时即有比丘请向西国问圣人得戒源由，发足长安，到於天竺。见一罗汉启白："震旦僧尼得戒以不？"罗汉答曰："我是小圣，不知得不。汝在此住，吾为汝上昇兜率，奉问弥勒世尊得不得来报。"即便入定向兜率天，具问前事。弥勒答曰："僧尼並得戒讫。"仍请灵验，弥勒即取金华云："若边地僧尼得戒，愿金华入罗汉手掌，不得莫入。"发愿既讫，将华按手，其华入掌中，高一尺影现。弥勒语曰："汝到震旦比丘所，亦当如我此法。"罗汉下来，如弥勒法，以华按比丘手，即入掌中，高一尺影现，瑞应既征。其时即有远方道俗来相钦仰求，受三归、五戒,乃有无数,即号为华手比丘。当去之时有一十八人,自余慕住西国。或有冒涉流沙风寒命过,唯有华手比丘独还汉地。当本去日有迦毗罗神现身,语华手曰:“道路悬远,多诸险难,弟子送师至彼,来往清吉。”未到之间,魏文帝殿前有金华空中现。文帝问太史曰:“有何变怪?”太史答曰:“西域正法欲来到此。”不盈一月,华手比丘掌中金华来到此土。初至之日,空里金华即灭不现。大瑞既征,故戒福永传也。

(卷一百七《受戒篇》第八十七之四《三聚部·受拾》)

又依王玄策《西国行记》云:其王心知继室奸宄,饮气而怒,剩加刑继室所。是时辅佐並流配雪山東北碛卤不毛之地,摩诃菩提寺圣僧名宴沙大阿罗汉,王闻高德,攜盲子具白前事,垂哀眼明。僧受王请,普告国众,吾明晨说深法,人持器来,以承涕涙。是日道俗竞驰远赴。闻说十二因缘时,众悲伤泣血而已,收涙总置金槃。师立誓曰:“向所说法,其理若当,愿以众涙洗王子目,令得复明;理若不当,盲目如故。”於是将涙洗眼,眼遂平复。时王及子不胜喜庆。时众咸悦,皆称善哉,圣力乃尔!王子即是驹那罗王,於今塔犹存焉。

唐《王玄策行传》云:摩伽陀国法,若犯罪者,不中拷掠,唯以神称称之。称人之法,以物与人轻重相似者置称一头,人处一头,两头衡平者。又作一符,亦以别物等其轻重,即以符繫人项上,以所称别物添前物。若人无罪,即称物头重;若人有罪,则物头轻。据此轻重,以善恶科罪,剜眼截腕,斩指刖足。视犯轻重,以行其刑。若小罪负债之流等,並锁其两脚,用为罚罪。

(卷一百十《赏罚篇》第九十一《引证部》)

王玄策《行传》云:摩伽陁国菩提寺主达磨师问汉勑使,知此佛法盛行。达磨师云:“佛法当今盛在四方也。昔有迦羯王梦大海水中心浊,四边清,请迦叶佛解,云后释迦末代,佛法中天竺无，所以中浊也；总向四方，所以四边清也。”

（卷一百十八《法灭篇》第九十八之余《损法部》）

又按王玄策《西域行传》云：摩伽陀国菩提寺大德僧賒那去線陀据经算出云，释迦菩萨年至十九，四月十五日初夜出城，至三十成道，至七十九入般涅槃已来，算至咸亨二年，始有一千三百九十五年。为西国曆算，共此不同，故延促有異，前出是，后述非也。

（卷一百二十《传记篇》第一百之余《曆算部》）

十五、大唐西域求法高僧傳（题解）

唐代僧人义淨於公元671年（咸亨二年）至公元695年（证圣元年、天册万岁元年）自海道赴印度求经律。归途在室利佛逝国（今印度尼西亞苏门答腊岛）停留，将在印度和南海等地考察到的有关情况，写成《大唐西域求法高僧传》、《南海寄归内法传》二书。公元692年（长寿元年）遣僧人大津将此两书並新译经论十卷送归长安。

此书完成于公元691年（天授二年），凡两卷，用传记的体裁叙述了唐初从公元641年（贞观十五年）以后至公元691年四十余年间共六十一位僧人（其中包括义淨本人，还有新罗、高丽、交州、爱州、覩货速利、康国等地僧人）赴南亞求法的情况。

这六十一篇传记虽详略不一，但都反映了公元七世纪时南海与南亞的历史文化和地理交通情况，为研究中国与南亞的佛教关係史、中国与南海、南亞的海、陆路交通史提供了重要资料。慧轮传对那烂陀寺的形制、管理情况的描绘是独一无二的。这篇传记提到去印度的蜀川牂牁道以及玄照等人经吐蕃、泥婆罗道赴印度的情况都是很有价值的史料。最值得注意的是当时海路交通的情况。中国人赴南亞的海路早在公元前二世纪就已开闢。而这本书中的六十一位僧人约四十位是从海路赴印度的,且海路又不止一道。有的经交阯、诃陵、师子洲到南印度,有的从乌雷出发,经扶南、郎迦戍去师子洲。义淨本人则是从广州经室利佛逝、末罗瑜、羯荼、裸人国到東印度耽摩立底的。这些材料是研究唐代南海交通的无价之寶。

此书列入《释藏》之内,也有传抄翻刻的单行本。六十年代中华书局已将其列入为中外交通史籍丛刊之一,八十年代将有王邦维的校释本出版。

十六、南海寄歸内法傳(题解)

公元 691 年(天授二年)成书。四卷。从《破夏非小》到《古德不为》等四十篇记叙了印度、南海僧徒的日常行仪法式。它对研究印度、南海等地的古代历史、佛教戒律、中国与印度、南海的关係史提供了重要资料。

需要特别指出的是,《衣食所须》中的"僧家作田办法"和那烂陀寺的封邑情况的记述是研究印度社会经济史很有价值的材料。《先体病源进药方法》和《除其弊药》中提及的医方明中的八医、医方经中的四大不调;《旋右观时》中观水观时提及的那烂陀寺漏法、南海骨崙国的方法,更是研究印度、南海科技史不可多得的材料。在《西方学法》中阐明的梵文基础知识是研究梵学的寶贵史料。另外,书的序言还介绍了印度、南海等地的佛教诸部流派。再有,《灌沐尊仪》及《西方学法》中提及的月官(印度佛教大乘晚期瑜伽行派的主要学者之一)是汉文经藏中有关他的唯一材料。

此书列入《释藏》之内,有传抄翻刻的单行本。六十年代中华书局已将其列入为中外交通史籍丛刊之一。八十年代将有校释本问世。

十七、千金翼方①

① 本篇资料收录主要依据范行准《胡方考》(《中华医学杂誌》22〔1112〕1936年)。

赤眼方

杏仁脂壹合。盐绿如枣核大。印成盐三颗。

右叁味,取杏仁脂法,先擣杏仁如脂,布袋盛蒸热,绞取脂,置蜜器中,内诸药,直坐著其中。密盖二七日,夜卧注目四眥,不过七度,差止。

治赤眼方

石胆　蕤仁　盐绿　细辛各壹两。生驴脂壹合。

右伍味,为末。以乳汁和,夜点两眥。

(卷十一《小儿·眼病》第三)

服昌蒲方

二月八日採取肥实白色节间可容指多,多取阴乾,去毛距,择吉日擣筛百日,一两为一剂。以药四分、蜜一分、牛酥和,如稠糜柔弱,令极匀,内瓷器中,密封口,埋穀聚中一百日。欲服此药,须先服泻药,吐利讫,取王相日旦,空肚服一两,含而咽之,有力能消,渐加至三二两。服药至辰巳间药消讫,可食粳米乳糜,更不得喫饮食。若渴惟得饮少许熟汤。每日止一服药一顿食,若直治病差止。若欲延年益寿求聪明益智者,宜须勤久服之。修合服食,须在静室中,勿喜出入及昼睡,一生须忌羊肉熟葵。又主症癖欬逆上气痔漏病,最良。又令人肤体肥充,老者光泽,髮白更黑，面不皱，身轻目明，行疾如风，填骨髓，益精气，服一剂寿百岁。天竺摩揭陀国王舍城邑陀寺三藏法师跋摩米帝以大业八年与突厥使主，至武德六年七月二十三日为洛州大德护法师淨土寺主矩师笔译出。

（卷十二《养性·养性服饵》第二）

耆婆汤主大虚冷风羸弱无颜色方一云酥蜜汤

酥壹斤，煉。生畺一合，切。薤白三握，炙令黄。酒贰升。白蜜壹斤，煉。油壹升。椒壹合，汗。胡麻仁壹升。橙叶壹握，炙令黄。豉壹升。糖壹升。

右壹拾壹味，先以酒渍豉一宿，云滓，内糖蜜油酥於铜器中，煮令匀沸。次内薤薑煮令熟。次下椒、橙叶、胡麻，煮沸。下贰升豉汁，又煮一沸，出内瓷器中密封。空腹吞一合。如人行十里，更一服。冷者加椒。

（卷十二《养性·养老食疗》第四）

却鬼呪法

呪曰：然摩然摩，波悉谛苏若摩竭状闍提。若梦若想，若聪明易解。常用此呪法去之。

（卷十三《辟穀·服水》第六）

硫黄煎主脚弱连屈虚冷方

硫黄伍两。牛乳伍升。

右贰味，以水伍升合煮，及伍升硫黄，细筛内之。煎取三升，一服一合，不知至三合。

（卷十七《中风下·脚气》第二）

酥蜜煎主消渴方

酥壹升。白蜜叁升。芒消贰两。

右三味合煎，欲渴即啜之。日六七，益气力神效。

羊髓煎主消渴口乾濡咽方

羊髓贰合,无即以酥代之。白蜜贰合。甘草壹两,炙切。

右叁味,以水叁升,煮甘草取壹升,去滓,内蜜髓,煎令如饴。含之尽,复含。

酥蜜煎主诸渴方

酥壹升。蜜壹升。

右贰味合煎,令调和。一服贰升,当令下利药出。明日更服壹升,后日更服壹升,即瘥。慎酒及诸醎等。

(卷十九《杂病中·消渴》第一)

阿加陀藥主诸种病及将息服法久服益人神色无诸病方

紫檀　小蘗　茜根　鬱金　胡椒各伍两。

右伍味,擣筛为末,水和,内臼中,更擣一万杵。圆如小麦大,阴乾。用时,以水磨而用之。

(卷二十一《万病·阿伽陀圆主万病》第二)

论曰:疾风有四百四种,总而言之不出五种,即是五风所摄云。何名五风?一曰黄风,一[①]曰青风,三曰白风,四曰赤风,五曰黑风。其风合五藏,故曰五风。五风生五种虫,黄风生黄虫,青风生青虫,白风生白虫,赤风生赤虫,黑风生黑虫。此五种虫食人五脏。若食人脾,语变声散;若食人肝,眉睫堕落;若食人心,遍身生疮;若食人肺,鼻柱崩倒,鼻中生息肉;若食人肾,耳鸣啾啾,或如车行雷鼓之声;若食人皮,皮肤顽痺;若食人筋,肢节堕落。五风合五脏,虫生至多,入於骨髓,来去无碍,坏於人身,名曰疾风;疾风者是癞病之根本也。病之所起,或如斜锥所刺,名曰刺风。如虫走,名曰遊风;遍身制动,名曰瞤风;不觉痛痒,名曰顽风;肉起如桃李小枣核从头面起者,名曰顺风;从两脚起者,名曰逆风;如连钱团圆赤白青黑斑駮,名曰癗风。或遍体生疮,或如疥癬,或如鱼鳞,或如榆荚,或如钱孔,或痒或痛,黄汁流出，肢节坏烂悉为脓血。或不痒不痛，或起或灭，青黄赤白黑变易不定。病起之由，皆因冷热交通，流入五藏，通彻骨髓，用力过度，饮食相违，房室不节，虚动劳极，汗流遍体，因兹积热，风热彻五藏，饮食杂秽，虫生至多，食人五藏骨髓皮肉筋节，久久坏散，名曰癞风。是故论曰：若欲疗之，先服阿魏雷圆散出虫，看其形状青黄赤白黑，然后与药疗，千万无有不差。胡云迦摩罗病，世医拱手，无方对治，名曰正报。非也。得此病者，多致神仙。往往人得此疾，弃家室财物入山，遂得疾愈而为神仙。今人患者，但离妻妾，无有不瘥。

① 一字係二字之误。

阿魏雷丸散方

阿魏　紫雷丸　雄黄　紫石英各叁分。朱砂　滑石　石胆　丹砂　藋芦　白敛　犀角各半两。斑貓去足翅。芫青去足翅，各四十枚。牛黄伍分。紫铆壹两。

右壹拾伍味，擣筛为散。空腹服壹钱匕，清酒贰合和药饮尽。大飢即食小豆羹饮为良，莫多食，但食半腹许即止，若食多饱则虫出即迟。日西南空腹更壹服，多少如前。若觉小便似淋时，不问早晚，即更服药，多少亦如前。大飢即食。若觉小便时就盆子中出看之，虫从小便出，当日即出或二日三日乃出，或四日五日出，或杀药人七日始出。其虫大者如人指，小者大如小麦，或出三四枚或五六枚或七八枚或十枚或三二十枚。黄虫似地黄色，赤虫似碎肉凝血色，白虫似人涕唾或似鱼脑或似薑豉汁，青虫似绿或似芫青色，黑虫似墨色或似烂椹又似黑豆豉，其虫得药者死。死者即从小便中出，大便中亦有出者，不淨不可得见。若出黑色虫，即是黑风，不可理之，无方可对。若出黄虫，即是黄风，当用小便七八升大瓮盛之，如竈法安瓮不津者，盛小便常令使暖，入中浸身，一日再三度。一入中坐浸，如炊二三斗米顷，若心闷即出汤，数食莫令飢，虚则於人无力。七七四十九日即为一彻，以差为度。或一年二年忌房室，房室脈通，其虫得便，病即更加。其患非冷热风治如此，此是横病，非正报也。若出青虫，即是青风。患起由冷风至多，其虫皆青，即是東方木中毒风。青虫宜服自身小便，亦名花木，亦名清汤，亦名还中水。服法，空腹服一七日，一服六合，旦起日初出即服，服不过一升。飢即食，不得食五辛猪肉鸡犬秽食臭恶之食。大嗔怒、房室，皆忌之。服法第一忌之，至二七日，一日再服。服别四合，服小便常取空腹服之，则不过一升。三七日一日三服，至四七日小便出即服，乃至周年，以差为度，服之不过一升。百日外，小便至少一日之中止可一度二度服之，服大香美好，如羹如浆，忌法三年，犯则难差，不犯永愈。青虫如此，是横病，非正报也。出白虫者即是白风，赤虫者即是赤风，同为一等疗。二风由热为根，虫皆赤白，乃是南风、西风，入五藏，通彻骨髓，成患为疾。此之二风，与苦参消石酒饮之，除患最疾，热去，其患即愈。

苦参消石酒方浸酒法在后

苦参　消石　好清酒

右三味，先与清酒下消石浸之二七日或三七日，然后与苦参同入酒瓮中盛。浸之七日，渐渐服之。饮法空腹服之，一日三服。初七日中，一服如半雞子许，七日后可饮一升，任情饮之。多则为善，患去则速，风动亦多，勿使醉吐，宁渐少饮，不用多饮。赤白二风，此药至日无有不愈，余非难治。何以故，热为根本，故苦参能治热，消石除热消虫，赤白二虫但闻消石气皆变为水，能去热根本。若患赤白二风，不问年月，多年五年以外，加黄消石加酒苦参乃至三四两，无有不愈。乃至三十年，无鼻柱肢节堕落者，但非黑虫，皆悉永愈。第一忌房室、大瞋怒、大热，食禁黏食、五辛、生冷、大醋、酪、白酒、猪、鱼、雞、犬、驴、马、牛、羊等肉，皆为大忌。自余不禁，此为对治，非正报也。若人顽痹不觉痛痒处者，当作大白膏药摩之，一日三四度，七日彻，或二三七日彻，乃至七七日四十九日，名曰一大彻。顽痺即觉痒，平复如本即止摩。若不平复，但使摩之，以差为限。不过两大彻三大彻，无有不愈。针刺灸烧割劫，亦不及摩之为良，乃至身上多有疮痕，生摩之悉愈。

大白膏方

白芷　白术　前胡　吴茱萸各一升。芎藭二升。蜀椒　细辛各三两。当归　桂心各二两。苦酒四升。

右壹拾味，以苦酒浸药，经一宿，取不中水猪脂十斤，铜器中煎令三沸，三上三下，候白芷色黄膏成，贮以瓶中。随病摩之即愈。若遍体生疮脓血溃坏，当作大黑膏摩之。

大黑膏方

乌头　芎藭　雄黄　胡粉　木防己　升麻　黄连　雌黄　藜芦　矾石各半两。杏仁去皮尖。巴豆各四十枚。黄蘗一分。松脂　乱髪各如鸡子大。

右一十五味，擣筛为末，以猪脂二升合药煎，乱髪消尽，膏成。用涂疮上，日三傅。先以盐汤洗，然后涂之，勿令妇女、小儿、雞犬见。若患人眉睫堕落不生者，服药后经一百日外，即以铁浆洗其眉睫处所。一日三度洗之，生毛则速出。一大彻，眉睫如本，与不患时同也。

浸酒法

苦参云上黄皮，薄切暴乾，擣令散，莫使作末，秤取三十斤。取不津瓮受两斛者，瓮底钻作孔，瓮中底头著二三十青石子，如桃李鸡子许大，过底孔上二三寸，然后下苦参下消石末酒，一时著瓮中。遣童子小儿年十三四者和合调停，然后即与五六重故纸繫瓮口，用小瓮口合上泥之，莫使漏气。服酒法一一如前，无有不愈。若患不得差除者，皆由年多。十年者更作此药酒至两剂，无有不愈，依法如前。虽用良医治之，亦须好酒，须行忠直，不得不孝不义，患除则速矣。

论曰：苦参处处有之，至神良。黄消石出龙窟，其状有三种，一者黄消石，二者青消石，三者白消石。其形如盐雪体，濡烧之，融似曲蟮，见盐为水。消石真者烧鍊皆融，真伪可知。三种消石，黄者为上，青者为中，白者为下。用之杀虫皆不如黄者最良。黄消石立杀人身中横虫，去虫至速，除大风大强药。青消石者至神大药，出在乌场国，石孔中自然流出，气至恶大臭，蜂蛇飞虫皆共宗之，其气杀虫。消石与苦参酒相入，治热至良，去风至速，方稀有用时，乃胜於白消石。此青消石体状也，如似世间胶漆，成时亦如陈蜜，亦如饧餔，少必枯体泽，又似尘汗脂蜜，气味至恶。此药道士贵服，则去人身中横虫，不能得用时，先与三升酒浸之二十日，多日为佳，其势倍效皆大验，然后与苦参同浸。

论曰：黄、青、白消石等是百药之王，能杀诸虫，可以长生，出自乌场国，採无时。此方出耆婆医方论治疾风品法中。黄力三岁[1]译后演七卷治疾风品法云：服药时先令服长寿延年符，大验，荡除身中五藏六腑游滞恶气皆出尽，然后服药得力，其疾速验无疑。符力亦是不思议神力，先服药者无有不效。又生造药入瓮中时，令童子小儿和合讫，即告符书镇药。符镇在瓮腹令药不坏,久久为好,一切神鬼不可近之矣。

① 岁字拟是藏字之误。

论曰:疑师不治病,疑药不服之,服之即不得力,决意不疑者必大神验。一切药有从人意即神,款人必失,及久多必损。不疑久者有益,治病当有愈。医论如此说,是以令知服药先服药符大验,遣诸恶气药势必当有效。朱书空腹服之讫,即服药一如前说。

先服此符。然后服药。一服之后更不须再服书符。用六合日勿令小儿女子六畜鸡犬等见之,符成不忌。

浸汤方

桃柳各十斤　莨菪　藜卢　乌头去皮。茵子　丹参　楮叶　白羊羶　柏叶　檗皮　大黄　鬼扇　桑甲　藁本　枣叶　松叶　食茱萸各二斤。盐伍升。

右一十八味,细剉,内大釜中,以水七斛,煎取汁四斛。去滓,内漕中。令病者卧浸,日至食时便出,日中时复入,日西复出。其汤常欲得煖以自消息。出汤即用十种粉粉之,不得使风入。被覆温卧,使身汗流病即差。若风多,可加药如左。

蒴藋　艾叶　瓜根　虎掌各三斤。兔丝　木防己　狐骨各五两。矾石二两。大盐一升。马牙消三两。

右壹拾味,擣筛为散。出汤用粉粉身,使风不入。诸癞病生疮一切诸恶疮,止用粉粉之,立差矣。

又作酒法

茵芋　乌头去皮。天雄去皮。附子去皮。蜀椒　防风　石南　乾薑　桂心　踯躅花　莽草　甘草各一两。

右壹拾贰味,㕮咀,绢袋盛之。清酒壹斗渍之,春秋七日夏五日冬十日。一服三合,日三服。以知为度,不知渐增,禁如药法。

（卷二十一《万病·耆婆治恶病》第三）

耆婆大士治人五藏六腑内万病及补益长年不老方

紫石英研,壹两。白茯苓　麦门冬去心。防风　芍药　甘草炙,各柒两。

右六味,治择擣筛为散,麦门冬擣令如饴,和散,更擣千杵,又内少许蜜,更擣一千杵,令可丸如梧子。酒服七丸,日二服。服之一年,万病皆愈。二年骨髓满实,三年筋化为骨,肉变为筋,身轻目明,除风去冷,辟鬼神良,服之不绝,则寿年千岁,不老不衰而致神仙。然服忌慎,须持五戒十善,行慈悲心,救护一切,乃可长生。此等六药应六时合阳养阴常须服之。已有疾病者依检六味之药即合服之。检勘诸经,此六味之药相生如母子和也,服之久久在人腹耳。

（卷二十二《飞鍊·飞炼研煮五石及和草药服疗》第二）

十八、大慈恩寺三藏法師傳(題解)

全书十卷。前五卷由慧立执笔,初稿完成於公元664年(唐麟德元年)。公元688年(垂拱四年)彦悰将此五卷加以整理,並又自撰五卷,合成《大慈恩寺三藏法师传》一书。

此书主要记载玄奘事迹。对其家世、入释门、遊学印度、归国后的译经情况皆陈述详尽,是研究玄奘绩业的重要依据。此书以人物传记为主,可与写地理风貌为主的《大唐西域记》互为补充,对研究南亞的历史地理、宗教哲学、民族语言有重要的参考价值。而其中特别是较详细地介绍了玄奘在印度的留学情况,卷五记叙的曲女城大法会、钵罗耶伽无遮大会栩栩如生,对研究中国与南亞的佛教关係史提供了不可多得的竇贵资料。

此书列入《释藏》之内,流传的钞刻单本也很多。六十年代中华书局已将其列为中外交通史籍丛刊之一,1983年已由孙毓棠、谢方点校出版。

十九、唐開元占經

天竺九執歷經

陈久金校注标点说明

据史书记载,《九执曆》出於西域,唐开元六年(公元718年)诏太史监瞿昙悉达翻译。瞿昙悉达是印裔华人,其祖先大约在唐初以前就移居中国,"世为京兆人"。据瞿昙譔墓誌记载,[①]瞿昙悉达的祖父"高道不仕",从瞿昙悉达的父亲瞿昙罗开始,经瞿昙悉达、瞿昙譔、瞿昙晏,曾四代供职国家天文机构,先后担任过太史令、太史监和司天监等职。[②]

《九执曆》是研究印度天文学的重要历史文献，对中国天文学也曾发生过一定影响。

《九执曆》是依据印度曆法编译的，已加进中国天文学的某些内容，因此，没有希望在印度找到它的原版。唐朝政府翻译《九执曆》的主要目的，是想利用印度算法，与汉曆参照预报日月蚀。据朱文鑫[3]和王应伟[4]的研究，《大衍曆》所创"九服蚀差"的方法，确实是受到《九执曆》启发的，《大衍曆议·日蚀议》中就有一些与《九执曆》相近的概念和文字。[5]《九执曆》推算交蚀的方法较为科学，确有可取之处。[6]《新唐书·曆誌》批评它"其术繁碎"、"名数诡異"、"不可以为法"，是不大公正的。

《九执曆》搜集在瞿昙悉达编著的《开元占经》中。《开元占经》在唐代就是秘本，一般人是见不到的。该书在唐代以后一度失传，所以在明代万曆以前，很少有人提及它。直到万曆四十四年（公元 1616 年），才由安徽歙县人程明善偶然从古佛腹中发现，始得流传到今天。国内流传的《九执曆》，都来源於这个版本。

我们原来的目的仅仅是想要给《九执曆》加以标点。在标点过程中，发现其中文字有明显的错误，很多地方难以读通，这才想到需要找其它版本校核一下。常见的有道光九年（公元 1829 年）恒德堂巾箱本，依据《四库全书》本翻刻。此外还可见到若干《四库全书》本的抄本。《四库全书》刻於乾隆五十一年（公元 1786 年），它注明由中书李采详校，又经灵台郎倪廷梅复校。按理说，错误应该比较少，但事实上，文中仍有大量的错误。因此，可能当时校官並未认真校勘，也可能根本没有读懂原文。所谓详校、复校，仅是官样文章。恒德堂版注明採用《四库》校本，但两者出入也较大。有再次刻错的，但也有少数改正了的部分。

顾观光(公元1798—1861年)於公元1836年作《九执曆解》,[7]作了系统和深入的研究。他在研究《九执曆》的过程中,曾得《时宪曆》和《回回曆》的启发。三者都是属於同一系统的曆法。近年来日本著名科学史家薮内清曾对《九执曆》作过深入研究,並把它译成英文。[8]他的这篇《九执曆研究》已被张大卫译成汉文。[9]薮内清认为,由於顾观光对印度天文学缺少足够的了解,所以解释不甚完善。因此,薮内清这项工作的主要成就,即是补足了顾观光的不足部分。薮内清以为,《九执曆》与印度的《曆法甘露》关係很密切,很多数据几乎完全相同。因此,《九执曆》是代表了印度《太阳曆数全书》和《曆法甘露》之间过渡阶段的重要著作。薮内清指出,徐有壬(公元1800—1860年)校刊的《九执曆》,对於他的英译工作帮助很大。

在徐有壬的《务民义斋算学》中,刊有《校正开元占经九执術》一卷(未刊),后来这份未刊的手稿流落在日本京都大学人文科学研究所。我们已收到这份手稿的复印件。我们所见的徐有壬校勘稿为一残篇,日蚀部分不全。它虽然还存在一些错误,有些地方不必要的改动太多,但总的说来,《九执曆》中大多数错乱的文字都得到了纠正,这确是一项不小的贡献。日本也有《开元占经》的抄本,我们未能见到。但从薮内清的介绍来看,日本抄本也存在很多错误,所以他在英译时,使用了徐有壬的校本。

我们所做的校注和标点工作,得益於徐有壬的校勘、顾观光的《九执曆解》和薮内清研究的地方甚多,是在他们成就的基础之上完成的。由於《九执曆》"译名奇奥、立法不同"、"名数诡異",即使加了标点,读起来仍感困难。为了帮助读者理解起见,我们对奇奥的专有名词,不同的计算方法,诡異的基本数据,尽可能地用浅显的科学概念,或中国曆法中常用的天文学名词作出注释,我们希望通过这项工作,尽可能地修正传抄中的错误,给读者提供一些方便,减少一些困难。

注释

① 晁华山《唐代天文学家瞿昙譔墓的发现》,《文物》1978年10期。

②⑥ 陈久金《瞿昙悉达和他的天文工作》,载《自然科学史研究》1985年10月第4卷第4期。

③ 《曆法通誌·九执曆》。

④ 《古曆通解·大衍曆》(油印本)。

⑤ 《新唐书·曆誌三下》。

⑦ 收入《武陵山人遗书》。

⑧ Acta Asiatica, N36, 1979, 3. 又见《隋唐曆法史の研究》,三省堂版,1943年。

⑨ 《科学史译丛》1984年3期。

臣等谨案:九执[①]曆法,梵天所造,五通仙人[②]承习传授。肇自上古白博叉[③],二月春分朔子时。於时曜躔娄宿[④],道历景正,日中气和,庶物渐荣,一切渐长,动植驩喜,神祇交泰,耀兹令节,命为曆元。窃稽:开设法数,建立章率,述而不作,信而好古。窃简易之智陈,得希夷之妙术。河带山砺,久而逾新。藏往知来,挹而靡竭。尝试言之,盖以其国人多好道,苟非其气[⑤],虽曰子弟,终不传也。臣等谨凭天旨,专精钻仰,凡在隐秘,咸得解通。今削除繁冗,开明法要,修仍旧贯,缉缀新经,备列筭术,具标如左。自作口诀並题目附本章。

① 九执即九曜。指日、月、水、金、火、木、土、罗睺、计都。

② 五通仙人指通晓五的傑出学者。五可能是指五星的运动,也可能是指《五种曆书全书》。

③ "白博叉"梵语为"Sukla——Paksa",意为白半月,为月圆前的半个

月。博叉为音译。

④ 曜躔即日躔。意为曆元时正逢太阳运行到娄宿。

⑤ 气同器,作人材讲。

筭字法样:〇一字,〇二字,〇三字,〇四字,〇五字,〇六字,〇七字,〇八字,〇九字,〇点①。右天竺筭法,用上件九箇字乘除。其字皆一举札而成。凡数至十,进入前位。每空位处,恒安一点。有间咸记,无由辄错。运筭便眼,述须先及。

① 十个天竺数字散失。波斯文数字与天竺可能同源,现引录如下,以备参考:۰0、۱1、۲2、۳3、۴4、۵5、۶6、۷7、۸8、۹9。《新唐书·曆志四》说:“其算皆以字书,不用筹策。”每个字一笔完成,书写计算起来很方便。徐有壬校本以中国数码代替,这是不合适的。

曆度

右天竺度法,三百六十确符管律,更无奇朓。中国朓五度四分度之一。今合两家术源:天竺则棄没日,不入曆度;中国则收没日,总曰曆度。由是度数不同,彼此有有異。又凡称没者,虚数之谓也。所以二十四气遇没,十六日移节;在漏刻遇没,十日移箭。然天地所产,人最灵焉。骸骨之数,咸有法象。通乎理数,既同管律,理亦祥矣。

推积日及小余章。闰、及甲子、筭七曜值等,在术中。上古积年,数太繁广,每因章首,遂便删除,务从简易,用舍随时。今起显庆二年丁巳岁二月一日,以为曆首,至开元二年甲寅岁,置积年五十七筭。甲子五十筭。术曰:置积年假令推开元二年甲寅岁事,置五十七筭为积年;若推向前一年癸丑岁事,即减一筭;若推向次年三月五日事,即曆后一年乙卯岁事,即加一筭。他皆仿此。以十二乘之;加自入年已来所积月。假令推其年三月五日事即曆起二月一日为首,於十二乘讫数上,更加一筭,即是加入年所经一箇月了。加讫,重张位:下以七乘之,恒加一百三十二,以二百二十八除之，得闰月；不尽为闰余，既未满闰棄之。以闰月加上位，为积月①；以三十乘之，加自入月已来所经日，假令推三月五日事，即於三十乘讫数上，更加五筭，即是加入月所经五日了。重张位：下位十一乘之，恒加差四百二十九（或一百六十九）②，以七百三除之，得自入曆已来所经小月。其小月梵云欠夜。不尽为小余。其小余梵云小月余。以小月减上位，为积日③。其小余及积日各列为位。又置积日，以六十除棄之，余从庚申筭上命之，得甲子之次④。又置积日，以七除棄之，余从荧惑日命之，得七曜直日次⑤。一筭为荧惑，二筭为辰星，三筭为岁星，四筭为太白，五筭为填星，六筭为日，筭空为月。其七曜直用事法，别具本占。

① 以上为由积年求积月法。先以每年十二月计，再求出闰月数，相加。《九执曆》用十九年七闰法，十九年中二百二十八月，再加七个闰月，合计二百三十五月。

② 四百二十九，是以显庆二年为曆元的加差；一百六十九，是以开元二年为曆元的加差。加差即曆元距合朔的日分。

③ 以上为由积月求积日和小余法。先以每月三十日计，再求出总积月中的小月数，相减，便得积日。不尽为小余。《九执曆》以七百零三个朔望月中有三百三十个小月，可推得朔望月值 29.530583 日。

④ 此为由积日推干支的方法。《九执曆》中也插入了汉曆的内容。

⑤ 此为由积日推星期周的方法。以火、水、木、金、土、日、月七曜循环记日。

推中日章①。凡在梵曆，大例，分积满六十成一度，其度积满三十成一相，其相积满十二棄之。他皆倣此。其相，梵音呼为罗施，是聚义也。承前或译为次，或译为辰，今从相也。其度，梵音呼为薄伽，承前译为大分，今从度也。其分，梵音呼为立多，承前译为小分，今从分也②。术曰：置积日，重张位，下位以十三乘，以九百除之③，得没度④。其没度，在中国曆法为没日者是也。不尽十五除之，得没分，恒加差三十分。其分满六十成一度。以没度减上积日[⑤]。又每退积日一，置为六十分。以没分减之，减余列为中日分位。其减讫积日，以三百六十除之，得自入暦已来所经年，棄之。假令置积年五十七筭，还只除得五十七。余以三十除之，得相，不尽为度。其相及度与前所列中日分併之，置为中日位。置位皆三重，从戴而列之。其下位列分，其中位列度，其上位列相。他皆倣此。

① 中日即太阳平黄经。

② 梵语三十度为 rāśi，度为 bhāga，分为 eiptā。因此相应地应译为罗施、薄伽、立多。前写为星施，应是罗施之误。

③ 九百分之十三为太阳每日平行不及一度之数。积九百日而不及十三度。则一年为 365·2762 日。

④ 没度意为，以日行一度计，在总积日内，太阳平行所不及的度数。

⑤ 积日减去没度，即为太阳在积日内总平行度。

推中月章[①]。术曰：置小余，重张位：下位二十五除之，得者加上位。加讫，以六十除之，得度，不尽为分。其度分列为位。又置自入月已来所经日，假令前推积日，加自入月五筭，推此亦须准前数，置五筭。以十二乘之，以三十除之，得相。不尽为度。以其相及度，与前所列度及分併之，又与中日併之，置为中月位[②]。

① 中月即月平行度。

② 月平行度，等於小余这段时间内的月平行、入月以来所经日数内月相对於太阳的月平行与太阳的平行度，三者相加。

推高月章[①]。术曰：置积日，以九除之，得度。余以六十乘之，依前除之，谓亦九除也。得分[②]。其度以三百六十除棄之，余以三十除之，得相。不尽为度。其相及度兼分，列为位。又置积日，以六十除之，得分，其分满六十成一度。以其分併前所列分位，恒加差十相二十六度四十一分，一相十三度四十五分[3],置为高月位。

① 高月即月亮的远地点,汉曆名为月孛。

② 月远地点日行度,为九分之一度与六十分之一分相加,得三千六百分之四百零一度。以此数除以积日,得所求日的远地点行度。

③ 前为显庆二年加差,后为开元二年加差。十八相应是十相之误,八为衍文。十相二十六度与显庆二年二月朔月亮近地点实际位置接近。

推月藏章[1]。承前或译为月损益率。术曰:置中月,以高月减之,如不足減,於月中相位上更加十二相減之。減讫,置为月藏位。

① 月藏即月从远地点起的度数。在《时宪曆》中称为月引数。

推日藏章[1]。承前或译为日损益率。术曰:置中日,減二相二十度,如不足減,於中日相位上更加十二相減之也。他皆倣此。減讫置为日藏位[2]。

① 日藏即日距远地点度数。

② 《九执曆》定太阳远地点为二相二十度,即夏至点前十度。

推定日[1]章。日段六:第一段三十五,第二段三十二,第三段二十七,第四段二十二,第五段十三,第六段五。

① 定日即太阳真黄经。

右一段每管十五度,两段管一相,凡在六段,用管三相[1]。术曰:置日藏,若相及度位俱空,唯有分者,置分,以第一段三十五乘之,以九百除之,得分。凡此分,满六十成一度。恒视日藏位,相空及一二三四五相者,命曰羖首,六七八九十及十一相者,命曰称首[2]。又凡在梵历相空是一相法,一相是二相法,二相是三相法,他皆倣此。得羖首,即以此度分,损中日位,得称首,即以此度分益中日位。以度损益度,以分损益分。如是损益讫,置为定日位[3]。

① 《九执曆》日行盈缩差每十五度给出一数,与汉曆一节气一数相同。六段合九十度,四分之一周,其余类推。盈缩大差为二度十四分,各

段盈缩差都是以正弦比例求得。

② 依《宿曜经》，十二宫名称为：一羊宫、二牛宫、三男女宫、四蟹宫、五狮宫、六女宫、七秤宫、八蝎宫、九弓宫、十摩羯宫、十一瓶宫、十二鱼宫。此处羖首、称首对应为第一宫第七宫，实即指黄道北六宫和黄道南六宫。

③ 求日行损益，太阳远地点后六宫为减，近地点后六宫为加。

推定一月章[①]。承前或译为月或。月段六：第一段七十七，第二段七十一，第三段六十一，第四段四十七，第五段十三，第六段十。

① 定月即月实行度。

右一段每一管十五度，两段管一相[①]。凡在六段，用管三相。

① 月行迟疾差每十五度给出一数，迟疾大差为四度五十六分。各段差以正弦比例求得。

术曰：置月藏，若相及度位俱空，唯有分者，置其分，以第一段七十七乘之，以九百除之，得分。凡此分满六十成一度。恒视月藏位，相空及一二三四五相者，命曰羖首，六七八九十及十一相者，命曰称首。得羖首即以此度分损中月位，得称首，即以此度分，益中月位。如是损益讫，置为定月位。

叙三相已下藏例。日与月並同此法。置藏位若相位空，其度不满十五，兼有分者，两置其度，以六十乘之，内分。在梵历是名通作分也。亦以第一段乘之，以九百除之，得分。其分命用，並亦准前。置藏位若有十五度已上者，直除弃十五度讫，即列第一段为上位，余通作分者，谓六十乘度内分也。他皆倣此。以次第二段乘之，准前除之。凡言准前者，用旧术也。今亦用九百除之。他皆倣此。得分，其分加上位，满六十成一度，其度及分命用，並亦准前。置藏位若有一相十五度已下者，直除去一相讫，即併列第一段，第二段为上位，余通分内子，以次段乘之，自余命用，並亦准前。置藏位若有一相十五度已上者，直除讫一相兼十五度讫，即併第一段讫，至第三段为上位，自余命用，並亦准前。置藏位若有二相十五度已下者，除去二相讫，即併列第一段迄至第四段为上位，自余命用，並亦准前。置藏位若有二相十五度已下者，直除去二相兼十五度讫，即列第一段迄至第五段为上位，自余命用，並亦准前。置藏位若唯有三相，更无度分者，直棄三相讫，即併列第一段迄至第六段为上位，自余命用，並亦准前。

叙三相已上藏例。日与月並用此法，凡在梵历他皆倣此。置藏位如有三四五相者，则置六相以減之，減余相度分，至於排段命用，並亦准前。承前译云，傍立六相，以本減傍，去上张下，命用者是也。置藏位如有六七八相者，直棄六相，余相度分，至於排段命用，並亦准前。置藏位如有九十及十一相者，别置十二相減之，減余相度分，至於排段，命用並亦准前。

推昼刻及夜刻章[1]。梵历昼夜共有六十刻。凡一刻即成六十分。合计总有三千六百分。若作一百刻，每一刻得三十六分。刻段三：第一段一百六十，第二段一百三十二，第三段五十四。

① 《九执曆》将一昼夜分为六十刻，昼夜时刻以日出日落来区分。春、秋分时，昼夜各三十刻。

右一段每管一相，凡在三段，用管三相[1]。至於排段列位，以及乘除叙倒命用，亦同前定日法。术曰：置定日，若相空，即置其度，通作分。以第一段一百六十乘之，以一千八百除之，得分。其分满六十成一刻。其分以六十除之，得刻。不尽为分。恒加三十刻，置为夜刻分位，又恒别置六十刻，以所置刻及分減之，減余刻及分，置为短刻分位[2]。凡春分后，昼渐长，夜渐短。其长刻昼也，短刻夜也。春分羖首也。秋分后夜渐长，昼渐短。其长刻夜也，其短刻昼也。秋分称首也。其长刻及分，其短刻及分，各置为全昼全夜刻位。其全昼全夜刻及分，並各半之，置为半昼半夜位。置定日，若有一相，直棄一相，即列第一段一百六十为上位。余通作分，以第二段一百三十二乘之，以一千八百除之，自余命用，並亦准前。置定日，若有二相，亦直棄二相，併列第一段、第二段二百九十二为上位，余通作分，以第三段五十四乘之，以一千八百除之，自余命用，並亦准前。

① 以二至二分为象限，每象限分为三段，每段为一相。每象限中各相

加减值都是对应的。

② 《九执曆》春、秋分昼夜各三十刻，谷雨昼长三十二刻四十分，小满昼长三十四刻五十二分，夏至昼长三十五刻四十六分。其余中气类推。介於其间任何一天的昼长，以太阳实行度，按比例内插法求得。昼刻求出后，夜刻以六十刻减去昼刻。

推月域章[①]。承前或译为明量。唯据梵音，呼为勃夜，其义云月食限也。谓每经一昼一夜，月行通得度数之量也。译为域者，亦得剂域之限也。此月域内兼日行分，合在其中。术曰：置今日定月，以昨日定月减之，余通作分，凡置为月域位。又法：置七百九十为本位，又取通乘月段，以九乘之讫，直棄一位，余者恒视月藏。三、四、五、六、七、八相者，命曰蟹首，九、十、十一兼相位空及一、二相，命曰龟首[②]。蟹首益本位，龜首损本位，即是月域。

① 月域为一昼夜月实行度分。

② 蟹首为四宫蟹宫，龜首为十宫摩羯。

推日域章[①]。承首译为日法明量，其义曰，以减却日行分，故标日为首也。日行分法[②]。相位空及一相二相三相，行分五十七，四相行分五十八，五相行分五十九，六相行分六十，七相八相九相行分六十一，十相行分六十，十一相行分五十九。术曰：恒视定月相位，以前行分於月域数内假令相位空，即於月域数内减却行分五十七。他皆倣此。减讫，置为日域位。

① 日域，为一昼夜月亮相对於太阳的行度。

② 日行分，为一昼夜太阳之实行。

推宿刻章[①]。宿法於此术中。凡是宿平分为八百分。天竺每以月临宿，占其日一切休咎。仍取其宿用事。又唯用二十七宿，命娄为始，去牛终奎，其牛宿恒着吉祥之时，不拘诸宿之例，别有占筭法。术曰：置定月，通作分，谓三十乘相内度，六十度内分，他皆倣此。以八百除之，得已通宿次，余者是用宿。假令除得一为娄，二为胃，三为昴，是已过宿次，余者是所临毕宿用事也，他皆倣此。以六十乘之,以月域除之得宿刻,又乘又除,谓亦以六十乘,亦以月域除。他皆做此。得分,置其刻及分,为宿刻位。

① 宿刻为月进入该宿以后所经的时刻。一周天分为二十七宿,每宿得十三度二十分,即为八百分。以八百分除以定月分,取得宿次,余为宿度。以宿度求宿刻。以夜半逆数。

推宿断章①。术曰:置半夜刻及分,兼全书刻及分,以宿刻及分减之,先减夜刻,谓从夜半子时,向亥匝,至於戌酉而减之。如夜刻尽,余以减昼刻。亦谓从酉向申未等,而减之也。如减夜不尽,即直只减夜,不减昼也。如夜昼俱尽,余以减往夜刻。谓从卯向寅丑等而减之也。如减往夜全刻亦尽,余以减往昼刻。谓从酉向申等而减之也。凡减昼夜刻,至所止处,是正著两宿界中央时刻。谓已遇宿次,未所临宿之初也,其日其时,月初临其宿用事也。以此时名宿断时,置其刻及分,为宿断位。

① 宿断,为求月经两宿之交时的刻分。等於以夜半刻分减去宿刻。

推节刻章①。或译为著蚀时,或译为日节,中国名为加时,梵云节刻。详其义,如竹以节隔其间。今日一昼一夜、其昨日一昼一夜,相分每刻之处,亦如竹节。由是名焉。术曰:置定月,以定日减之。如不足减,於定月相位上更加十二相,减之。减余通作分,以七百二十除棄之,其棄者,是加入月已来日。若少於本数,名未来节数,若多於本数,名过去节数②。余者名为节余,以六十乘,以日域除之,得节刻。不尽又乘又除,凡言又乘又除,皆是依前数乘之,依前数除之,今此以六十乘,以月域除。他皆做此。得分,置其刻及分为节刻位。

① 节刻:《九执曆》将月距日实行一周天,分为三十月节,每节月相对於太阳行十二度。月亮运行到各个节度的时刻,就称为节刻。定朔定望就是两个节刻。藏族时轮曆中也有类似的概念,我们曾把它译为太阴日,这里所用七百二十之数,是每节十二度的总分数。自夜半逆数。

② 此处的节数,为除棄之数,非节断也。节断尚未出现。徐有壬改作

节断，误。

推节断章[①]。谓正著蚀时也，亦是往日今日每两界中央分判检剂节断之处也。术曰：置半夜刻及分，兼全昼刻及分，以节刻及分，一如取宿断法减之，至所止刻，为节断时刻，谓正著蚀时也。置其刻及分，为节断位。

① 月经两月节之交的时刻。等於以夜半刻分减去节刻。

推均分章[①]。承前或译为月度分法。在梵历此术尤妙。朔下日月相及度分等三位並均，望即度及分二位均，弦即准只分一位均。推得朔望均分，驗日月交蚀。根法置定月，以定日减之，减余有六相者，棄其六相，余通作分，名为过去根法。如减余五相者，别置六相减之，减余作分，名为未来根法。术曰：置根法，以六十乘之，以日域除之，如是过去，以除得数，损定日分，如是未来，以除得数，益定日分。又以除得数，加根法，以六十除之，得度，不尽为分，如是过去，损定月度分，如是未来益定月度分。日月度分，均平齐等，即並列之，置为均分位。又法：置节刻位，通作分，列为根法。术曰：置根法，以定日行分，谓日域术中，相法之下所标五十七等是也。乘之，以三千六百除之，得分。其余，损益定日分。其损益法，损之而得均者，即便损之，益之而得均者，即便益之。又置根法，以日域乘之，以三千六百除之，得分。其分又以六十除之，得度。不尽为分。以其度及分，损益定月度分。日若益之，月亦益之。日若损之，月亦损之。如是损益讫，置为均分法。俱损俱益，是均分也。一损一益，非均分也。

① 均分，朔望之日月实行度分，顺数。

推阿脩章[①]。承前或译为风，或译为蚀神。梵之音呼为罗睺。“释典”所云“罗睺阿脩王”，即此巨灵也。又河图云：“暗虚值月则月蚀，值星则星亡。”亦谓此怪灵也。又诸曜则巡宿顺行，其阿脩则巡宿逆转。掩蔽日月，以示交蚀。术曰：置积日，以六千七百九十四除之，得为已过遍数，棄之；余以十二乘之，准前除之，谓亦六千九百九十四除之也。得相；余以三十乘之，准前除之，得度;余以六十乘之,准前除之,得分;列为前位;又别置五相二十四度四十分,以其前位减之,如不足減,於五相位上更加十二相減之。減讫,余相度分,置为阿脩位。

① 阿脩即罗睺,为黄白昇交点。亦曰蚀神头。

叙日月蚀法。凡筭蚀者,先置均分及阿脩位。从前蚀之后斗至六箇月白博叉,天竺每月二博叉。从月初至十五日,为白博叉,从十六日至月尽为黑博叉。其博叉译云翅也。十五日,月当交蚀之限。从前蚀后斗至六箇月黑博叉,月尽日也。日当交蚀之限。月或七个月白博叉蚀;或五箇月白博叉蚀;或十四日蚀;或十六日蚀。日或七箇月蚀;或五箇月蚀。又日蚀初亏皆在西方,月蚀初亏皆在東方。蚀既者,虽亦带隅,正方之数俱多也。其正方谓東西方也。蚀鲜者,虽亦带隅,正方之数小也。又蚀所从方进而亏黑,还於其方退而放明也。又蚀色,初至如煙,放时亦如煙。又蚀不尽,缺处黑如画,外赤色,中赤黑色。

推间量府章[①]。日月有蚀、无蚀,及起亏方隅,並在此术中。术曰:置均分,以阿脩减之,如不足減,加十二相,於均分相位上減之。減讫,得羖首为北行,若得北行,其有日蚀,初起西北;其有月蚀,初起東南。得称首为南行,若得南行,其有日蚀,初起西南;其有月蚀初起東北。余者,置为间量府。凡有蚀法,減阿脩讫,余者即是间量府也。如十二度已下,月即有蚀;十二度已上,无蚀。凡日蚀法,減阿脩讫,余者即是间量府也。兼有日減间量讫,有十二度已下,月即有蚀;十二度已上,无蚀。如其加十二相,減阿脩者,还却置十二相,減讫,蚀者,置为间量府。如其減阿脩有六相已上者,置棄六相余者,置为间量府。如其減阿脩讫,有五相已上者,别置六相減之,減讫,余者置为间量府。

① 间量府,为月亮距黄白二道正交度数,是判断有无交蚀的依据。

推月间量命[①]。段法[②]:凡一段管三度四十五分。每八段管一相。摠有二十四段。用管三相其段下侧註者，是积段併成三数。第一段二百二十五。第二段二百二十四，併四百四十九。第一相　第三段二百二十二，併六百七十一。第四段一百一十九，併八百九十。第五段二百一十五，併一千一百五。第六段三百一十，併一千三百一十五。第七段二百五，併一千五百二十。第八段一百九十九，併一千七百一十九。第九段一百九十一，併一千九百一十。第十段一百八十三，併二千九十三。第二相　第十一段一百七十四，併二千二百六十七。第十二段一百六十四，併二千四百三十一。第十三段一百五十四，併二千五百八十五。第十四段一百四十三，併二千七百二十八。第十五段一百三十一，併二千八百五十九。第十六段一百一十九，併二千九百七十八。第十七段一百六，併三千八百四。第十八段九十三，併三千一百七十七。第三相　第十九段七十九，併三千二百五十六。第二十段六十五，併三千三百二十一。第二十一段五十一，併三千五百七十二。第二十二段三十七，併三千四百九。第二十三段二十二，併三千四百二十一。第二十四段七，併三千四百三十八。术曰：置间量府，通作分，以二百二十五除之③，得者为段。以其段下併数，列为上位，假令除得一，其第一段下无併，即直列二百二十五为上位。如其除得二，即列侧注併数四百四十九为上位。如其除得三，列侧註併数六百七十一为上位。他皆倣此。余以次段乘之，假令除得三，列侧註併数为上位讫，即以第四段二百一十九乘之。他皆倣此。以二百二十五除之，得者併上位，置为间量命。推月蚀用之。

① 月间量命，为求月距纬之用的数据。以月距交一象限分为二十四段，取各段之正弦线，通为弧度列成表。蚀限距不过十二度，因而推月间量命时，用前三段已足。此处二十四段全列，是用於求日间量命的。徐有壬校本说："间量府如弧背，间量命如正弦，此八线表之始。"

② 这里的併数，是到此段为止的各段数之和。

③ 二百二十五为一段三度四十五分通分之数。

推月间量法①。术曰：置间量命，以四乘之，置为初位；又列置四万三千四十一，以月域除之，得者假令除得五十一，即以五十一除初位。以除初位;得度,不尽六十乘之,依前除之,得分。置为月间量位。如推日蚀,列算日间量法。

① 月间量,即蚀甚距纬。

推月量法①。术曰:置月域,以二乘之,以四十九除之,得度;不尽以六十乘之,依前除之,得分。置是月量位。

① 月量,即月视径。月行疾而视径大,月行迟而视径小。最高月径二十九分,最卑月径三十五分。约为月实行四十九分之二,故二乘之,四十九除之。

推阿脩量法①。术曰:置月域,以五乘之,以四十八除之,得度;不尽以六十乘之,依前除之,得分。置为阿脩量位。

① 阿脩量,即地影径。最高影径七十五分,最卑影径八十九,约为月实行四十八分之五,故五乘之,四十八除之。

推阿脩及月全位半位法。置阿脩量,与月量併之,为全位;又半之,为半位。其全位其半位各列为位。

推蚀经刻法①。谓初亏至复满所经刻数也。术曰:置月间量,自相乘,先以度自相乘,列为上位,又以分自相乘,以三千六百除之,加上位。凡三十分从度者,谓收半已上也。又置半位,亦自相乘,亦如收分法为之。置半位相乘讫,数减之,减余以开方除之,其开方梵音云根法也。得者以六十乘之,又以日域除之,得刻不尽又乘又除,得分。其刻及分二乘之,谓倍分也。置为亏满刻法。又以其数,加节断刻上,是节断著初亏时。至复满时,通得此刻。

① 蚀经刻,即交蚀发生全过程所需要的时间。

推月规法①。此术中,备载日月亏缺多少,及蚀既深浅等事。术曰:置月量半,准其数,或用綖、或用木为规限,遶作光时坛。又置间量,准其数,或以綖,或以木,从光明坛正中心,向蚀方引出至末际,置为位。又起末际位,据为正中心,置阿脩量半,准其数,或用綖、或用木为规限，遶作黑暗坛。据黑暗坛掩著处，以定亏缺多少、蚀既深浅。一如其事。若推日蚀，掩规置日量半为光明坛，以日域间量府，得作间量者，为间量。以月量半，为黑暗坛。自余算术，并同月规法。

① 推月规法，即求食分，並画出月蚀图。此段文字奇奥难读，其实概念十分简单。它以月量半（月视半径）和阿修量半（地影半径）分别作白圆和黑圆，两圆心间距离等於月间量。黑圆盖住白圆的部分，即表示蚀甚时深浅程度。光明坛、黑暗坛即是白圆和黑圆。遶即绕，末际即末端，徐有壬改作未祭，误。

推蚀甚法[①]。谓蚀后更停经一刻、或二刻、或半刻，方始退蚀放明也。术曰：置阿脩量半，以月量半减之，余又以月间量减之[②]，如其减间量尽，为蚀尽；如其减不尽，为蚀不尽。若尽，即有蚀甚法；若不尽，则无蚀甚法。减余，以开方除之，得者以六十乘之，以日域除之，得刻；不尽，又乘又除，得分。其刻及分二乘之，谓倍也置为蚀甚刻位。

① 推蚀甚法，即求蚀既至生光所经的时刻。

② 月蚀的状态如图所示：AC 为白道，AE 为黄道。A 为黄、白交点。E 为地影心，FG 为地影直径（阿脩量），B、C、D 分别为蚀既、蚀甚、生光时的月心位置。MN 为月视直径（月量），CE 为距纬（月间量）。当 EF（阿脩量半）大於 CN（月量半）与 CE（月间量）之和时，便有全蚀发生。月从 B（蚀既）运动到 D（生光）所需的时间，便是此处所求的蚀甚刻位。

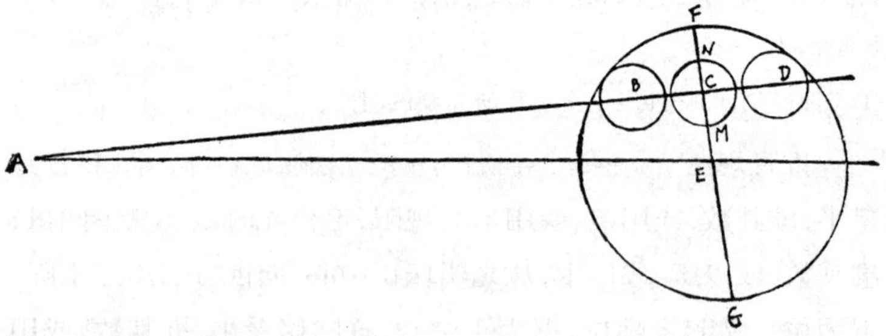

推蚀行法。谓左右用行数，推步蚀隅畔剂，并图如左。术曰：置间量，以九十乘之，以半位除之，得度。置为蚀行法。

蚀行法[①]

度四十五	南度四十五	度四十五
二十二度卅分		二十二度卅分
東		西
二十二度卅分		二十二度卅分
度四十五	北度四十五	度四十五

右先为八方讫，東西正中，加一画界中道，以成十方。诸方各置四十五度，其東西二方，加一中画，便是各半其方。即東西为四半方也。各置二十二度三十分，言蚀从北亏者，是从中道北入也；言从南亏者，是从中道南入也。

① 蚀行法是讨论入蚀和复圆方位的。《九执曆》将月面或日面均分为八方，又在東西两方的正中加一中线，分为十方。为清楚起见，以图表示此下。

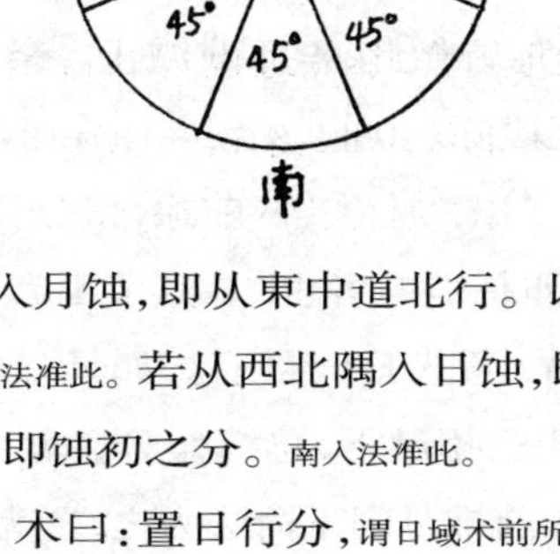

若从東北隅入月蚀，即从東中道北行。以蚀行减方数尽，则蚀初之分。南入法准此。若从西北隅入日蚀，即从西中道北行，以蚀行减方数尽，即蚀初之分。南入法准此。

推日量法[①]。术曰：置日行分，谓日域术前所标五十七等数。以六乘之,以十一除之,得分。置为日量法。

① 以下专论日蚀。日量,即日视径,其视径大小与盈缩比例等。最高日径三十一分,最卑日径三十三分,约为日实行十一分之六,故乘六除以十一。乘除所得为分,原文有误。

推日蚀法。凡云日蚀,大例用月量代阿脩量。又併日月二量,半之为半位,其用间量者,并又日间量为之。日蚀术算,亦同月蚀也。术曰:置节断刻位,通作分,谓六十乘刻内分也。别置之为刻分位。

推日上驷法。术曰:置定日,以半夜刻及全昼刻併之,併讫,所行刻以减定日行分,减讫,置为日蚀出位。又别置三十度,以日出位度及分减之,其减分法,退一度破为六十分而减之。减余,通作分,置为上虚驷。

段法:第一段一百九十八,第二段二百三十二,第三段二百九十,第四段三百五十一,第五段三百六十五,第六段三百五十八。

右六段,从上向下为羖首,次从下向上为称首。次置上虚驷,恒视日出相得羖首、称首次第,假令日出相空,即得羖首也。谓即须用羖首第一段乘也。他皆倣此。以其段乘之,以一千八百除之,所得者,谓所除得数也。以减刻分位。成减为一相,即以一相加日出相位。日出位中度及分並棄之。又即以此段减刻分位。假令用羖首第一段乘上虚驷讫,即用第二段二百三十二减之,他皆倣此。成减,又以一相准前,加日出相位,又以其次段减刻分位。成减,又以一相加日出相位,视刻分位数,堪更减之。他皆倣此,至不成减止。余,刻分位不成减,云余也。以三十乘,以所至段除。谓止从羖首加三相於日出相位讫,即取次四段除之,他皆倣此。得度,不尽以六十乘,依前除,得分。以所得度及分並加日出位,加讫,即是节断者也①。其节断者,恒减三相,减讫。羖首为北行,称首为南行。置为日间量府。如是量府有三相以上,准减相例为之,如其三相已下,总统作分。谓三十乘相内度,度内分也。六十乘度内分也。一如前推月间量命法为之,置为日间量命。

① 日间量府为以春分点计算的黄平象限黄经。

以一百四十六数除之,所得为度,余以六十乘之,依前除之,所得为分。置为位。恒观日间量府,若羖首,减却随方眼法,其随方眼法中国用三十五度也[①]。若称首,以此度分数加随方眼法。置为中命[②]。置中命,又一如前命法为之,置为后命[③]。月域乘之,以五万一千五百六十六除之,得分,所得分,恒视间量府。谓均分减阿脩讫,间量府也。得羖首,减之;亦为均分减阿脩讫,间量府也。得称首,加之。亦谓阿脩加均分,间量府也。减阿脩讫,置为日间量。如十一度已下有蚀,十一度已上无蚀。又併日月二量为全位,复半之,为半位。置半位,自相乘,又置日间量,亦自相乘讫,即以半位数内,减却日间量数,成减,有蚀;不成减,无蚀。余並一如月蚀中叙。凡在历大例,如其分不足,减退一度,置为六十分而减之,如其度不足,退一相,置为三十度而减之,如其相不足减,加十二相而减之。[④]

① 随方眼,即赤道距天顶度。朱文鑫《曆法通誌》说:"《九执》以地平经纬,随方而变迁,曰随方眼。"顾观光《九执曆》解说:"赤道距天顶度,即北极出地度,随方所见不同,故名之为随方眼。原注中国用三十五分,句有脱误,依所测,当云三十四度十六分。"

② 中命为黄平象限距天顶度。

③ 求得后命,方能求出视差改正,以定蚀分。《九执曆》有以黄平象限求南北差,以此求各地蚀分的方法,但无求東西差法,仍以定朔为蚀甚时刻。

④ 《四库》本及乾隆以后所有刻本,后面尚有七百余字,实即上段推日蚀法的重覆,此篇则删除。此重覆不知起自何处?据北图藏"康熙御批抄本",即已如此。

(卷一百四《算法》)

廿、往五天竺國傳(題解)

新罗僧人慧超著,成书於公元727年(开元十五年)后。

此书在慧琳的《一切经音义》中曾提及,但早已失传。1900年在甘肃敦煌莫高窟发现了残本。全书原为三卷,残本仅存卷三和卷二的一部分。

残本记叙了从拘尸那国至于阗的途程。其间对中天、南天、西天、北天,以及突厥在北天、西域所建诸国的山川风貌、社会生活等情况作了扼要介绍。虽不及《大唐西域记》详细,但不失其学术价值,为研究公元八世纪二十年代的印度提供了重要的资料。

六十年代中华书局已将其列入为中外交通史籍丛刊之一。八十年代将有校释本问世。

廿一、初學記

干　吕东方朔《十洲记》曰:天汉三年,月氏国献神香,使者曰:"国有常占,東风入律,百旬不休,青云干吕,连月不散,意中国将有妙道君,故收奇異而贡神香。"

(卷第一《天上部·云》第五)

《杂道书》云:……汉世有道士,从外国将贝多子来,於嵩高西脚上种之。有四树,与众木有異,一年三花,白色香美。

(卷第五《地理上·嵩高山》第七)

风入律《十洲记》曰:天汉三年,西国王使使来献。使者曰:"掌占東风入律,百旬不休,青云干吕,连月不散,中国将有好道之君,我国故搜奇蕴而贡神香,乘毛车以济弱水,於今十三年矣。"

(卷第廿《政理部·奉使》第五)

出黄枝《林邑记》曰：黄枝州上户口殷富，多明珠杂寳。

（卷廿七《寳气部·珠》第三）

繫　象宋炳[1]《狮子繫象图序》曰：梁伯玉说，沙门释僧吉云："尝从天竺，欲向大秦，其间忽闻数十里外哮哮㰍㰍，惊天怖地，顷之，见百兽率走，跄地足绝，而四巨象俄焉而至，以鼻卷泥自厚涂数尺，数数喷鼻隅立。俄有狮子三头博象，血若滥泉，巨树草偃。"

（卷廿九《兽部·狮子》第一）

① 本篇据上海古籍出版社汪绍楹校本《艺文类聚》（1982年版），宋炳係宗炳之误。

（卷廿九《兽部·狮子》第一）

广志曰：天竺以北多馲驼。

出天竺《广志》曰：橐驼亦出天竺国。

（卷廿九《兽部·驼》第七）

晋郭璞《山海经图·羬羊讚》：月氏之羊，其类在野，厥高六丈，尾亦如马，何以审之，事见《尔雅》。[1]

① 本篇所记与《艺文类聚》的叙述有異，遂录。

（卷廿九《兽部·羊》第八）

衔炷，释法显《佛游本记》曰：祇园精舍，烧香续明，日月不绝，鼠衔炷烧幡盖，遂及精舍都尽。

（卷廿九《兽部·鼠》第十四）

双头王子年《拾遗记》曰：太初二年，月氏贡双头雞，四足一尾，鸣则俱鸣。

（卷卅《鸟部·鸡》第三）

后汉祢衡《鹦鹉赋》：惟西域之禽鸟兮，挺自然之奇姿；体金精之妙质兮，含火德之明辉；性辨慧而能言兮，心聪明而识机。故其嬉游高峻，棲跱幽深，飞不妄集，翔心择林。绀趾丹觜，绿衣翠衿。采采丽容，咬咬好音。虽同族於羽毛，固殊智而異心，配鸾皇而等美，焉比德於众禽。

（卷卅《鸟部·鹦鹉》第八）

廿二、外臺秘要[1]

① 本篇资料收录主要依据范行准胡方考(《中华医学杂誌》22〔1112〕1936年)。

深师疗天行热盛,口中生疮,酪酥煎丸。

酪酥三合。 蜜三合。 大青一两。

右三味,合煎三沸,稍稍传口,以差为度。

(卷三《天行二十一门·天行口疮及口乾苦方四首》)

文仲陶氏云:天行发斑疮,须臾遍身,皆戴白浆,此恶毒气方。

云永徽四年,此疮从西域東流于海内,但煮葵菜叶蒜齑啖之则止。鲜羊血入口亦止。初患急食之,少饭下菜亦得。出第二卷中。

(卷三《天行二十一门·天行发斑方三首》)

又依前栀子等五味汤服之取利,利后病势不歇,经六七日,又合秦艽牛乳二味汤服之方。

秦艽六两。 牛乳二升。

右药切,秦艽以牛乳煮之,可三分減一、去滓,带煖顿服令尽,极验。文仲必効同西域法也。

(卷四《温病及黄胆二十门·许仁则疗诸黄方七首》)

又疗肺病咳嗽脓血,及唾涕血出不止方。

好酥五十斤。

右三遍錬,停凝当出醍醐。服一合,日三以差止。

(卷九《咳嗽二十三门·咳嗽脓血方一十一首》)

千金疗上气方。

上酥一升。 独头蒜五颗。去皮,光以酥煎蒜,蒜黄出之。 生薑汁二合。

右三味同煎使熟，空腹服一寸七，温服之。忌热麪。

（卷十《肺痿肺气上气咳·嗽二十八门·上气方九首》）

救急疗上气欬肺气胸痛方。

杏人三大升。 白蜜一大升。 牛酥二大升。

右三味，杏人擣碎於瓷盆中，研取汁五升，淨磨铜铛，勿令脂腻，先倾三升汁於铛中，刻木记其深浅，又倾二升汁以缓火煎，减至於所记处，即内白蜜及酥，还至木记处，药乃成。贮不津瓷器中，每日三度，以煖酒服一大匙。不能饮酒，和粥服亦得。服一七日唾色变白，二七日唾稀，三七日咳断。此方非但疗咳，兼补虚损，去风冷，兼悦肌肤白如瓠。妇人服之更佳《延年秘录》同出第六卷中。

（卷十《肺痿肺气上气欬·嗽二十八门·咳嗽上气方七首》）

张文仲硇砂牛膝三物散，疗脚气上气方。

硇砂 牛膝 细辛各三两。

右药为散，酒和服方寸匕，日再。经四五服即効。此方勑赐慕容賨节将军，服者云神効。苏恭脚气方云：是婆罗门法。《备急》必効同。

（卷十九《脚气下十六门·脚气上气方五首》）

又方

好硫黄二两，末之。 牛乳五升。

右二味，以水五升，先煮乳水至五升，乃内硫黄煎取三升。一服三合。亦可直以乳煎硫黄，不用水也。卒无牛乳羊乳亦善《千金翼》云：一服一合不知至三合。

（卷十九《脚气下十六门·脚气痺弱方七首》）

盖闻乾坤之道，唯人为贵，在身所重，唯眼为賨。以其所繄，妙绝通神，语其六根，眼最称上，是以疗眼之方，无轻易尔。

（卷廿一《眼疾二十四门·天竺经论眼序一首》）

谢道人曰:夫眼者,六神之主也。身者,四大所成也。地、水、火、风,阴阳气候,以成人身八尺之体。骨肉肌肤,块然而处,是地大也。血淚膏涕津润之处,是水大也。生气温暖,是火大也。举动行来,屈伸俛仰,喘息视瞑,是风大也。四种假合,以成人身。父母精血,寔斯增长而精成者也。其眼根寻无他物,直是水耳。轻膜裹水,圆满精微,皎洁明淨,状如珠賨,称曰眼珠,实无别珠也。黑白分别,肝管无滞,外託三光,内因神识,故有所见。凡人不解,谓眼有珠,喻若鱼之被煮,此事不然。夫鱼畜水陆之有目者,悉皆是水,无有别珠。直以汤火煎煮,水凝结,变自成珠。但看生鱼未被煮炙,岂有珠义。直置死鱼,水已凝厚。论其活者,水亦轻薄。

(卷廿一《眼疾二十四门·叙眼生起一首》)

谢道人曰:夫人眼白睛重数有三,设小小犯触,无过伤损。但黑睛水膜止有一重,不可轻触,致败俄顷,深可慎之。凡人不究,谬据多重,或七或五,此皆是其妄说,一家成言耳。然眼之精微,水映轻薄,无所堪耐,易致诸疾。故学疗之者,事须安审,不可粗踈,恐致毁伤。患眼之家,自须谨慎,诸所禁忌,悉不应犯。若觉有疾,即宜早疗,当及其初,根脚未立,则易驱遣。若其久后,根盘四布,既成痼疾,虽复行疗,极难成效。且身禀四大,性各不同,是以治者,证候非一。冷热风损,疾生不同,伤劳虚实,其方各異,宜应察其元起,寻究本根,按法依源,以行疗效。不得谬滥措方,以乾薑疗热毒之眼,以冷水疗风寒之目,非直冷热无効,盖亦致患俄顷。常见愚人,不识病源,直寻古方,轻欲立疗,或经有疾遇药得愈,便以此法遞相传授,都不知病有冷热之殊,虚实之異。或有道姑麽妪,为人求食,轻得有损，宁虑幽冥。良为病家，不别真伪，闻语便从。遂使应愈之病，增为痼疾；骊珠之眸，永成盲瞽，一何可哀。故目有条贯以示后人，皆苦眼无所因起，忽然膜膜，不痛不痒，渐渐不明，久曆年岁，遂致失明。令观容状，眼形不異，唯正当眼中央小珠子里，乃有其障，作青白色。虽不辨物，犹知明暗三光，知昼知夜，如此之者，名作脑流青盲眼。未患时，忽觉眼前时见飞蝇黑子，逐眼上下来去，此宜用金篦决。一针之后，豁若开云而见白日，针讫，宜服大黄丸，不宜大泄。此疾皆由虚热兼风所作也。

（卷廿一《眼疾二十四门·出眼疾候一首》）

谢道人曰：若有人苦患眼渐膜膜，状与前青盲相似，而眼中一无所有，此名黑盲。宜针刺服药。如瞳子大者，名曰乌风；如瞳子瞖绿色者，名为绿瞖青盲，皆是虚风所作。当觉急须即疗，汤丸散煎针灸，禁慎以驱疾势。若眼自闇多时，不复可疗。此疾之源，皆从内肝管缺，眼孔不通所致也。亦宜须初欲觉时，即须速疗之。若已成病，更不复可疗，亦无劳措意也。若因时病后得眼生白障者，此名为瞖也。为热毒所作，宜应速服汤丸，依法镰之，传食瞖散。若因病后生肉者，此为肤障也。后卷並无食瞖散。通按，后方传瞖，皆令瞖除食，即除字意。

此是风热所作，宜服汤丸，钩割除之。若眼赤痒泪出者，为热虚风，服散煎除之。若见黑煙赤光，瞳子黑大者，为乌风，劳水动。故宜服车前空青丸，以消息之。若眼忽尔赤痛者，此是天行眼痛，风热所作，宜应早急疗之。不者当生於瞖，后难疗。若人眼痛，当黑珠生白瞖並黑子等大如米，如此之者，名为痛损眼。此不易可疗，勿轻犯触。但眼因破损，有物撞作瞖障瘢痕者，悉不可疗亦无劳措意。通按，劳水动三字疑有阙文。

（卷廿一《眼疾二十四门·眼疾品类不同候一首》）

谢道人曰：五行云：肝者，眼家之根本，此乃一家之同类而言无实。五脏六腑，悉皆相连。故欲疗眼，而审其虚实，察其由起，即议病源。宜先作内疗，汤丸散煎，事事分明。既服诸药，便须依方谨慎。凡欲疗眼，不问轻重，悉不得以风霜雨水寒热虚损大劳，並及房室饮食禁忌，悉不得犯。若虚劳冷者，宜服补肝丸。出《千金翼》第十卷。十五味在此卷下也。若人患眼，不值明师，遇道姑嫠妪，欺诈妄语，云犯神鬼，或以环钩，或复蒜熏，或火烧针熨，此皆不识病源而逆疗，包阴阳为益，实微动致伤。余见此途，内怀矜愍。学疗之者，勿习是方。非直疾势不除，亦自奇成蠱道。

此法中文句疑昧，金别季校。

（卷廿一《眼疾二十四门·眼将节谨慎法一首》）

又传効疗眼赤无新久皆差神验方。

石盐枣核大，人乳一枣许，置故铜椀中，以古钱十文研之，使青稠著椀底。取熟艾急博一鸡子许，掘地作小坑子，坐艾於坑中烧，使煙出，以铜椀覆上，以土拥四边，勿令煙出，量艾燃尽即止。刮取著椀青药，每以半豆许，於蛤蜯中和枣核大人乳汁，研细。以绵缠杖头，注入两眥，夜即仰卧著之，至五六度必差。无石盐，以白盐；无古钱，以青钱替之亦得。《肘后》同。

近効疗眼赤痛眼漠漠方。

消石研末，於眼四角各点一粟许。须臾热泪出，便睡。睡觉，以浆水洗，又明目。

又敕赐源乾曜疗赤眼方。

生石蜜　朱砂光明者。石盐　芒硝　盐碌　石决明去粗皮,细研。各六分。蕤人三百颗。黄连宣州者。细辛各一两。乌贼鱼骨长二寸,去甲。

右十味,擣筛,细研。欲著时,少少取白蜜和。置眼两大角中如菉豆许大,仍不避风日。唯破及枯,除此並差,万金不传。忌猪肉生菜。

（卷廿一《眼疾二十四门·目赤痛方二十一首》）

崔氏疗三五十年眼赤並胎赤方。西域法。太常丞昌才道效。

生乌麻油半鸡子许,著,铜器中,以细蛎石磨之,使述述不能研乃止。熟艾三升。　杏人一升,去尖、皮。　黄连一两。　雞粪一升。　盐一合。　乱头髪如半椀许大。

右七味,穿一坑其形如瓶,口小里大,烧使乾,别开一小风孔,以前药并艾等一重重布著坑内,状如灸炷,以火烧之,将前所磨铜器以盖坑口。煙尽,收取铜器上脂煙传眼眥瘡上,欲卧时著,胎赤三十五十年者,不过三两日差。忌猪肉。

必效主眼风赤久胎赤方。

铜鍃锣一尺以下面者一枚,著石盐末如杏人许,油脂半鸡子许,相和合盐。取柳枝如箸一握,急束齐一头,用研油脂三日,状如墨。取熟艾如雞卵大剜地作小坑,置几於下,安艾著火,合铜鍃锣於上。其下仍令通气,火尽即成。常盖头。欲用时以绵缠杖子头点取药著两眥头,每夜著即卧。《苏六方》云,顿用甚効。

救急疗久患风赤眼方。

黄连一两。　大枣两颗,去皮核,细切。　印成盐两大豆许。

右三味，以井花水半升内前件药搅，缓火煮。三分去一，以绵滤使尽。其余汁更缓火煎之，候药上有紫液起即是。更煎以物尽刮取，於合内贮之。勿使尘污，取用。一度取二大豆许，以人乳和之，置两眼眥头，从泪出，每著苦人咽喉即停。积年患赤眼者，不过五度即差，及风胎赤皆差，亦不劳避风。每欲出时，口含盐水以洗之，甚良。忌猪肉。

（卷廿一《眼疾二十四门·胎赤久赤方七首》）

必効疗眼暴赤方。

鸡舌香二十枚。　乾枣二十擘。　黄连二十枚，碎。

右三味，以水半升煎五六沸。澄取清点目中差。多著令人目明。忌猪肉常永传。

（卷廿一《眼疾二十四门·目暴卒赤方六首》）

延年令目明方。

滤疗香取黍米一粒内目眥中，当有水出，并目中习习然引风出状，即明之候也。常以日申时傅之。若似痛，以冷水洗之即定。以申时傅药者，为其目至日下，便漠漠暗如有物，即以药内中，泪出，以熟帛拭之，以水洗讫，便豁然明也。此香以单主百病，服之益人，胜石乳也。本云是外国用之，明目甚验，天竺沉香中出此。

近効疗眼中一切诸疾盲瞖，天行风冷热，胎赤泪出，常漠漠不多见物，唯不疗睛破，余悉主之方。

石胆一两，光明者。　波斯盐绿一两，色青，阴雨中乾不湿者是。　真石盐二两。　硇砂二分，以上四味各别研。　秦皮三两。　蕤人三两，研三日。　乌贼鱼骨一两，去上甲，别研。　细辛一两。　防风三两。　马蹄决明二两，七孔者。仍以煖水洗去上细皮数过用。铅丹一两。　黄连三两。

右二十味，草石药合擣筛，唯似粉，仍以重绢罗重筛讫。以白蜜於火上微煖，去上沫取下清者，和之作块，更擣千杵，以油臈纸裹之，亦取瓷瓶子盛贮，勿使见风，可得多年不败。每欲著，以两米许，硬和少许蜜，稀捣如熟麫，以篦子头分置两眼眥，至夜仰卧枕之，合眼至明。不漱口，含清浆和一豆许盐。盐消，吐洗眼，不避风日。未差之前，忌食麫、羊肉、酱果子、生菜、虀汁、苜蓿、莴苣。惟羊头蹄肝冷盐下，余並不得食。至著后复更七日慎之，过此，一任与食。每日一度著药甚妙。

（卷廿一《眼疾二十四门·眼闇令明方一十四首》）

又疗眼中一切诸疾。青盲瞖者，天行风赤，无端忽不见物，悉主之。此方兵部侍郎卢英所传价重千金。

石胆研。　波斯盐碌研。　石决明　乌贼鱼骨去甲。　鈆丹　细辛　浓沙各三分。　蕤人三两，碎。　防风三两，末。　秦皮二两，支。　马蹄决明二两，淨。

右十一味，擣散及研，避风煮。以白蜜鍊，滤使淨，和讫，於臼中更擣五七千杵，以油腊纸重裹之，重合盛。勿令见风，可致百年不败。合之，不欲见虫大与鸟雀妇女及孝子秽恶之类，仍取腊月合之。有患取米粒，更和上蜜如稀饧，夜卧点之，冲风行亦不畏。每日点，以差即止。夏侯拯处传。

（卷廿一《眼疾二十四门·眼杂疗方二十首》）

近効婆罗门僧疗大风疾，並压丹石热毒，热风手脚不隋方。

消石一大两。　生乌麻油二大升。

右二味，内铛中，以土瓅盖口，以纸泥固，勿令气出，细细进火煎之，其药未熟气腥，候香气发即熟。更以生乌麻油二大升和之，更微火煎之，以意斟量得所讫，内不津器中。服法，患大风者用火为使，在室中重作小纸屋子，屋子外然火，令病人在纸屋中发汗，日取一大合，病人力壮日二服，服之三七日，头面疱疮皆减。若服诸药丹石热发，不得食热物，著厚衣。卧厚牀。牀风者，即两人共服一剂，服法同前，不用火为使，忌风二七日。或但服一匙内口待消，咽汁热除，忌如药法。吕员外处得。

（卷卅《恶疾大风癞疮等二十三门·恶疾大风方一十首》）

又疗一切热疮肿硝石膏方。

硝石一斤。　生麻油三升。

右二味，先煎油令黑臭，下硝石，缓火煎，令如稠饧。膏成，以好瓷器中收贮。以涂贴疮肿，或热发服少许妙，用好酥煎更良。忌生血物。

（卷卅《恶疾大风癞疮等二十三门·恶肿一切毒疮肿方一十八首》）

千金耆婆万病丸，疗七种癖块，五种癫病，十种注忤，七种飞尸，十二种虫毒，五种黄病，十二时瘧疾，十种水病，八种大风，十二种㾦痺；並风入头，眼暗膜膜；及上气欬嗽，喉中如水雞声，不得卧，饮食不作肌肤，五藏滞气，积聚不消，拥闭不通，心腹胀满，连及胸背，鼓胀气坚结，流入四肢；或复又心隔气满，时定时发，十年二十年不差；五种下痢，疳虫、蚘虫、寸白虫诸虫；上下冷热，久积痰饮，令人多睡眠，消瘦无力，荫入骨髓，便成滞疾，身体气肿，饮食呕逆，腰脚酸疼，四肢沉重，不能久行久立；妇人因产冷入子藏，藏中不淨，或闭塞不通，胞中瘀血冷滞，出流不尽，时时疼痛为患，或因此断产；並小儿赤白下痢；及胡臭、耳聋、鼻塞等病。服此药以三丸为一剂，服药不过三剂，万病悉除，说无穷尽，故称万病丸。以其牛黄为主，故一名牛黄丸。以耆婆良医，故名耆婆丸方。

牛黄　麝香　犀角　朱砂　雄黄並研。芫青去头翅足，熬。本方七枚。 黄连 人参 禹余粮 大戟炙。 芫花熬。 茯苓 乾薑 桂心 桑白皮 当归 芎藭 芍药 甘遂熬 黄芩蜀椒汗 细辛 巴豆去皮心别熬擣 前胡 桔梗 紫菀 蒲黄 葶苈子熬 防风各一分 蜈蚣三节炙 石蜥蜴一寸炙

右三十一味，並令精细，上牛黄、麝香、犀角、朱砂、雄黄、禹余粮、巴豆别研，余者合擣，筛之，以白蜜和，更擣三千杵极熟，密封之。除破日平旦，空腹以酒服三丸如梧子，微下三五升恶物为良。若卒暴病，不要待平旦，无问早晚即服，以吐利为度，若不吐利，更加一丸或至三丸五丸，须吐利为度，不得限以丸数，病彊药少即不利吐。若其发迟，以热稀粥一杯发之。若吐利不止，即以酸饭两三口止之。服药忌陈臭生冷、酢滑黏食、大蒜、猪鱼雞狗马驴肉、白酒、行房，七日外始得一日服，二日补之，得食新米韭菜汁，作羹粥臛饮食之三四顿，大良，亦不得全饱，产妇勿服之。吐利以后，常须闭口少语，於无风处温牀暖室将息。若旅行卒暴无饮，以小便送之。若一岁以下小儿有疾者，令乳母服两小豆，亦以吐利为度。近病及卒病皆用多，积久疾病即少服，常服微溏利为度。崔氏无黄芩、白皮、桔梗、防风。

（卷卅一《採药时节所出土地诸家丸散酒煎解诸毒药等二十三门·古今诸家丸方一十八首》）

近効莲子草膏，疗一切风，耳聋眼闇，生髪变白，坚齿延年。本是婆罗门方。

莲子草汁三升。 生巨胜油一升。 生乳一升，不食糟者。 甘草一大两，末。

右四味，和於锅中煎之，缓火熬令鱼眼沸，数搅之勿住手，

看上沫尽，清澄滤，不津埳器中贮之。云本方有青莲蘂六分，龙脑花三分，郁金香二分，並末，先煎诸药三分减一，次下汁及油等，膏成。每欲点，即仰卧垂头牀下，一孔中各点如小豆，许久乃起，有唾唾却，勿咽之，起讫，即啜少热汤饮。点经一年，白鬓尽黑，秃处並出。韩庶子处得。每用验。

（卷卅一《採药时节所出土地诸家丸散酒煎解诸毒药等二十三门·古今诸家膏方四首》）

又主冷气益气力温中下气蒜煎方。

剥了蒜二升。牛乳五升。牛膝一大斤，末。

右三味，以蒜内牛乳中煎之，候蒜消尽，搅勿住手，下牛膝末，煎成。於器中贮之。食前以酒和两匙服。忌羊血。

又地黄煎，主妇人丈夫血气劳，骨热，日渐瘦悴方。

生地黄汁二升。　甘草三两，炙，末。　豉心一升。　葱白切，一升。　牛酥半斤。　藕汁二升。　白蜜一斤。

右七味，以小便六升煮葱豉等，取二升，绞去滓，次下地黄藕汁，更煎取三五沸，下酥蜜，搅勿住手，候似稀饧，以器贮之。每服一匙，渐至三匙。成煎，桑枝熬煎汤调和服之尤妙，桃人汤亦良。

（卷卅一《採药时节所出土地诸家丸散酒煎解诸毒药等二十三门·古今诸家煎方六首》）

耆婆汤，疗人风劳虚损，补髓令人健方。

麻油一升。　牛酥一斤。　葱白一握。　胡麻人一升，研。　豉二升，以水二升渍一枚取汁。　蜜一升。　上酒二升。

右七味，先於锅中入油煎令沸，著葱白令色黄，下酥蜜、豉汁、麻人，沸下酒，成煎，收不津器中盛之。日服一匙两匙，或和酒服亦妙。冷即加生薑一斤取汁，乾薑末亦可用之。

（卷卅八《乳石下一十八门·石发痰结大小腹留壅老小虚羸方六首》）

又禁蠍螫人法。

呪曰："繄胡计反。梨乎俱尚苏婆诃。"於五月五日，桑木正北阴中菟葵，日正午时，先七步至菟葵，此右膝著地，立左膝，手摘取菟葵子，摘取著口中熟嚼，吐著手内，与五叶草菟葵等相和。若无子，直取二叶相和於手内。左转挼之，口阴诵前呪七遍。一吐气得一百八遍止。所挼叶令汁出染手，其叶还放置菟葵处。起，勿反顾之，一日一夜不得洗手，亦不用点污手内，亦不得人知。作此法不得人见。被螫者口问云何处，即阴呪七通。男以左手摩螫处，口云差去。若犹小疹痛者，男掐左手无名指第一节内侧文头，阴咒掐之。女掐以右手指，以右手摩螫处。其菟葵私取移种於桑北。五叶草处处有之耳。

（卷四十《虫兽伤触人及六畜疾三十二门·蝎螫方二十七首》）

廿三、建康實録

高祖武皇帝

太同三年……置一乘寺。西北去县六里，邵陵王纶造。在丹阳县之左，隔邸旧开東门，门对寺。梁末贼起，遂延烧。至陈，尚书令江摠舍书堂於寺，今之堂是也。寺门遍画凹凸花，代称张僧繇手跡。其花乃天竺遗法，朱及青绿所成，远望眼晕如凹凸，就视即平。世咸異之，乃名凹凸寺。

（卷十七）

廿四、佛説十力經

《大唐貞元新譯十地等經記》

新译《十地经》及《迴向轮经》、《十力经》等者，即上诸章敬寺沙门悟空，本名法界，因使罽宾於中天竺国之所得也。师本京兆云阳人也，乡号青龙里，名嚮义，俗姓车氏，字曰奉朝，后魏拓跋之胤裔也。天假聪敏，志尚典墳，孝悌居家，忠贞奉国。遇玄宗至道大圣大明孝皇帝，孝理天下，万国欢心，八表称臣，四夷钦化。时罽宾国愿附圣唐，使大首领萨波达干与本国三藏舍利越魔，天寶九载庚寅之岁来诣阙庭，献欵求和，请使巡按。次於明年辛卯之祀，玄宗皇帝敕中使内侍省内寺伯赐绯鱼袋张韬光，将国信物行官奉傔四十余人，蒙恩授奉朝左卫泾州四门府别将员外置同正员令，随使臣取安西路，次疎勒国，次度葱山至扬与岭及播密川五赤匿国亦云式匿，次护密国，次拘纬国，次葛蓝国，次蓝娑国，次孽和国，次乌仗那国亦云乌长及乌缠国。茫誐平声呼。虐伽反。勃国及高头城，次摩但国，次信度城近信度河也。亦云信图或云辛头城，至十二载癸巳二月二十一日至乾陀罗国梵音正曰健驮邏国，此即罽宾東都城也。王者冬居此地，夏处罽宾，随其暄涼以顺其性。时王极垂礼接，祗奉国恩。使还对辞，並得信物献欵进奉，旋归大唐。奉朝当为重患缠绵，不甚胜致，留寄健馱邏国中。使归朝后渐痊平，誓心归佛，遂投舍利越魔三藏，落髮披缁，愿早还乡对见明主，侍觐父母忠孝两全。时蒙三藏赐与法号，梵云达摩馱都，唐言以翻名为法界，时年二十有七方得出家。即当肃宗文明武德大圣大宣孝皇帝至德二载丁酉岁也。洎二十九於迦溼弥罗国进受近圆，请文殊矢涅地地移"反"平声"呼"。唐言翻为正智。为邬波馳耶唐言亲教师，安西云和上，邬不羼提唐言阙为羯磨阿遮利耶唐言轨范师，若至四镇。安西云阿闍梨讹略耳，馱里魏魏屈反入声呼地平声同上声，言阙为教授阿遮利耶同上，三师七证授以律仪。於蒙鞮寺讽声闻戒，讽毕听习根本律仪。然於北天竺国皆萨婆多学也唐言根本说一切有。然此蒙鞮寺者，北天竺王践位后建玆寺矣。梵云蒙鞮微贺罗，微贺罗者，唐言住处，住处即寺也。次有阿弥陀婆挽免烦反，平声呼寺。次有阿难仪寺。次有继者岑寺。次有恼也罗寺。次有惹惹而者反寺。次有将军寺。次有也里特勒寺，突厥王子置也。次有可敦寺，突厥皇后置也。此国伽蓝三百余所，灵塔瑞像其数颇多，或阿育王及五百阿罗汉之所建立也。如是巡礼兼习梵语经遊四年，夙夜虔心未曾暂舍。其国四周山为外郭，总开三路以设關防，東接吐蕃，北通勃律，西门一路通乾陀罗，别有一途常时禁断，天军行幸方得暂开。法界至於第四年后，出迦溼密国入乾陀罗城，於如罗洒王寺中安置。其寺王所建立，从王为名，王即上古罽膩吒王之胄胤也。次有可忽哩寺，王子名也。缤芝寺，王女名也。复有栴檀忽哩寺，王弟名也。此皆随人建立，从彼受名。次有特勤洒寺，突厥王子造也。可敦寺，突厥皇后造也。复有阿瑟吒寺。萨紧忽哩寺。罽膩吒王圣塔寺。罽膩吒王演提洒寺，此寺复有释迦如来顶骨舍利。有罽膩吒王伐龙官沙弥寺。如是巡礼又经二年，即当代宗眷[①]文孝武皇帝广德二年甲辰岁也。从此南遊中天竺国，亲礼八塔。往迦毗罗伐窣覩城佛降生处塔。次摩竭提国菩提道场成佛处塔。於菩提寺夏坐安居。次波罗泥斯城仙人鹿野苑中转法轮处塔。次鹫峰山说《法华》等经处塔。次广严城现不思议处塔。次泥嚩韈多城从天降下三道寳阶塔亦云寳桥。次室罗伐城逝多林给孤独园说“摩诃般若波罗蜜多度”，诸外道处塔。次拘尸那城娑罗双林现入涅槃处塔。如是八塔右遶供养，瞻礼略周。次於那烂陀寺中住经三载。又至乌仗那国，寻礼圣蹤，住茫誐平声呼虚迦反教寺。复有苏诃拔提寺唐言日宫寺也，钵茫拔提寺唐言莲华寺，如是往来徧寻圣跡，与《大唐西域记》说无少差。殊思戀圣朝本生父母、内外戚属，焚灼其心，念鞠育恩深，昊天罔极，发愿归国，瞻覲君亲。稽首谘询越魔三味三藏，初闻至意不许，法界以理恳请于再三，三藏已於天寶九年曾至唐国，日常讚慕摩诃支那，既见恳诚，方遂所请。乃手授梵本《十地经》及《迴向轮经》並《十力经》，共同一夾，並大圣释迦牟尼佛一牙舍利，皆顶戴慇懃悲淚而授，将为信物奉献圣皇，伏愿汉地传扬广利羣品。法界顶跪拜受，悲淚礼辞。当欲汎海而归，又虑沧波险阻，乃却，取北路还归帝乡。我圣神文武皇帝，圣德远被，声震五天；道迈羲轩，威加八表；慕仰三寶，信重一乘；異域输金重译来贡。法界所将舍利及梵本经自彼中天来至汉界，凡所经历覩货罗国五十七番，中有一城号骨咄国，城東不远有一小海，其水极深，当持牙经南岸而过，时彼龙神知有舍利，地土摇动，玄云擁兴，霹雳震雷，雹雨骤堕。有一大树不远海边，时与众商投於树下，枝叶摧落，空心火燃。时首领商普告众曰："谁将舍利異寶殊珍，不尔龙神何斯拗怒？有即持出投入海中，无令众人受兹惶怖。" 法界是时恳心祈愿，放达本国利济邦家，所获福因用资龙力。从日出后洎于申时，祈祝至诚，云收雨霁，仅全草命。渐次前行，至拘密支国，王名顿散洒。次惹瑟知国，王名黑未梅。次至式匿国。如是行李经历三年，备涉艰难，捐躯委命，誓心报国，愿奉君亲，圣慈曲临。渐届疎勒一名沙勒，时王裴冷冷，镇守使鲁阳留住五月。次至于阗亦云于遁，或云豁丹，梵云瞿萨怛那唐言地乳国，王尉迟曜，镇守使郑据，延住六月。次威戎城，亦名钵浣国，正曰怖汙国，镇守使苏岑。次据瑟得城使賨诠。次至安西，四镇节度使开府仪同三司检校右散骑常侍安西副大都护兼御史大夫郭昕，龜兹国王白环亦云丘兹，正曰屈支城。西门外有莲华寺，有三藏沙门名勿提提犀鱼唐云莲华精进至诚祈请译出《十力经》，可三纸许以成一卷。三藏语通四镇，梵汉兼明，此《十力经》佛在舍卫国说。安西境内有前践山前践寺，复有耶婆瑟鸡山，此山有水滴霤成音，每岁一时採以为曲。故有耶婆瑟鸡寺、東西拓厥寺、阿遮嘿贰寺。於此城住一年有余。次至乌耆国，王龙如林、镇守使扬日祐，延留三月。从此又发，至北庭州，本道节度使御史大夫杨袭古，与龙兴寺僧请于阗国三藏沙门尸逻达摩唐言戒法译《十地经》，三藏读梵文並译语，沙门大震笔授，沙门法超润文，沙门善信证义，沙门法界证梵文並译语。《迴向轮经》翻译准此。翻经既毕，缮写为终。时逢圣朝四镇北庭宣慰使中使段明秀来至北庭，洎贞元五年己巳之岁九月十三日，与本道奉事官节度押衙牛昕、安西道奏事官程锷等，随使入朝。当为沙河不通，取迴鹘路，又为单于不信佛法，所齎梵夹不敢持来，留在北庭龙兴寺藏，所译汉本随使入都。六年二月来到上京，有敕令於跃龙门使院安置。中使段明秀遂将释迦真身一牙舍利及所译经进奉入内。天恩宣付左神策军，令写此经本，与佛牙舍利一时进来。时左街功德使竇文场，准敕装写，进奉阙庭，兼奏："从安西来无名僧悟空，年六十，旧名法界，俗姓车，名奉朝，请住章敬寺。"其年二月二十五日，奉敕宣与正度，余依。又本道节度奏事官，以俗姓车奉朝名衔奏。至五月十五日，敕授壮武将军守左金吾卫大将军员外置同正员兼试太常卿，爰有制日，敕伊西庭节度奏事官节度押衙同节度副使云麾将军守左金吾大将军员外置同正员牛昕等，並越自流沙，涉于阴国，奉三军向化之慕，申万里戀阙之诚。雨雪载霏，行迈无已，方贡善达，复命言旋。举范羌入计之劳，慰班超出远方思。俾昇崇袟，以勸使臣，可依前件。是岁也，天恩正名冠冕兼履。昔名法界，今字悟空，捧戴惭惶，不任感惧，乃归章敬。次及乡园，访问二亲,坟树已拱。兄弟子姪家无一人,疎远诸房少得闻见。凡所来往经四十年,辛卯西征,於今庚午,悲不奉养,喜遇明时,所进牙经,愿资圣寿。其所进《十地经》,依常途写一百二十一纸成部勒为九卷。此经佛初成正觉已经二七日,住他化自在天宫摩尼寶藏殿说。《迴向轮经》,佛在金刚摩尼寳山峰中与大菩萨说,译成三纸半以为一卷。其《十力经》如前所说,译成三纸,复为一卷。三部都计一百二十九纸,总十一卷同为一帙。然为斯经未入目录,伏恐年月深远,入疑伪经,今请编入《大唐贞元续开元释教录》。伏以一辞圣唐於今四代,凌霜冒雪经四十年,寻礼圣纵,所经国邑或一瞻礼,或渐旬时,或经累旬,或盈数月,或住一岁二三四年。或遇吉祥,或遭劫贼,安乐时少,忧恼处多,不能宣心,一一屡说。幸逢明圣,略举大纲,伏乞施行,流传永代。沙门圆照自惟疵贱,素无艺能,喜遇明时,再登翻译,续修图纪,讚述真乘,並修《大唐贞元续开元释教录》。悟空大德具述行由,託余记之,以附图录,聊以验其事也。久积岁年,诘问根源,恭承口诀,词疎意拙,编其次云,大雅硕才,愿详其志也。

① 眷字係睿字之误。

廿五、通典

(梁武)帝既笃敬佛法,又制《善哉》、《大乐》、《大劝》、《天道》、《仙道》、《神王》、《龙王》、《灭过恶除》、《爱水》、《断苦轮》等十篇,名为正乐,皆述佛法。又有法乐童子伎,童子倚歌梵呗音败,设无遮大会,则为之。……(北魏)自宣武已后,始爱胡声。洎於迁都,屈茨、琵琶、五絃箜篌、胡篁、胡鼓、铜钹、打沙罗,胡舞铿锵镗鎝,上音汤,下音答。洪心骇耳。抚筝新靡绝丽,歌音全似吟哭，听之者无不悽怆，琵琶及当路琴瑟殆绝。音皆初声，颇复闲缓，度曲转急躁。按此音所由，源出西域诸天。诸佛韻调，娄罗胡语，直置难解，况复被之土木。是以感其声者，莫不奢淫躁竞，举止轻飚，或踊或跃，乍动乍息，蹻羌娇反脚弹指，撼头弄目，情发於中，不能自止。论乐岂须钟鼓，但问风化浅深。虽此胡声，足败华俗。非唯人情感动，衣服亦随之以变。长衫戆帽，阔带小鞾，自号惊紧，争入时代。妇女衣髻，亦尚危侧，不重从容，俱笑宽缓。盖惊危者势不久安，此兆先见，何以能立？形貌如此，心亦随之。亡国之音，亦由浮竞。岂唯哀细，独表衰微。操絃执籥虽出瞽史，易俗移风，实在时政。

（卷一百四十二《乐》二《历代沿革》下）

铜鼓，铸铜为之，虚其一面，覆而击其上。南夷扶南、天竺类皆如此。岭南豪家则有之，大者广丈余。

（卷一百四十四《乐》四《金》一）

凡有大燕会，设十部之伎於庭，以备华夷。一曰《燕乐伎》，有《景云》之舞，《庆善乐》之舞，《破阵乐》之舞，《承天乐》之舞。二曰《清乐伎》，三曰《西凉伎》，四曰《天竺伎》，五曰《高丽伎》，六曰《龜兹伎》，七曰《安国伎》，八曰《疎勒伎》，九曰《高昌伎》，十曰《康国伎》。其十部所用工人乐器在《清乐》及《四方乐》篇中。每先奏乐三日，大乐令宿设悬於庭。其日率工人入居，次协律郎举麾，乐作。仆麾，乐止，文舞退，武舞进。

（卷一百四十四《乐》四《乐悬》）

《太平乐》亦谓之《五方师子舞》。师子挚兽，出於西南夷、天竺、师子等国。缀毛为衣，象其俛仰驯狎之容。二人持绳拂，为习弄之状。五师子各依其方色。百四十人歌《太平乐》，舞抃以从之，服饰皆作崑崙象。

讌乐，武德初未暇改作。每讌享因隋旧制，奏九部乐。一《讌乐》,二《清商》,三《西凉》,四《扶南》,五《高丽》,六《龟兹》,七《安国》,八《疏勒》,九《康国》。至贞观十六年十一月宴百寮奏十部。先是伐高昌收其乐,付太常,至是增为十部伎。其后分为立坐二部。立部伎有八部:一《安乐》,后周平齐所作。周代谓之城舞。二《太平乐》,亦谓之五方师子舞。三《破阵乐》。四《庆善乐》。五《大定乐》,亦谓之《八紘同轨乐》,高宗平辽时作也。六《上元乐》,高宗所造。七《圣寿乐》,武太后所作。八《光圣乐》,高宗所造。坐部伎有六部:一《讌乐》,张文收所作,又分为四部,有《景云》、《庆善》、《破阵》、《承天》等。二《长寿乐》,武太后长寿年所作。三《天授乐》,武太后天授年所作。四《鸟歌万岁乐》,武太后所造。五《龙池乐》,元宗所作。六《破阵乐》,元宗作,生於立部伎也。

(卷一百四十六《乐》六《坐立部伎》)

南蛮二国扶南天竺《扶南乐》,舞二人,朝霞衣,朝霞行缠,赤皮鞋。隋代全用《天竺乐》。今其存者,有羯鼓、都昙鼓、毛员鼓、箫、横笛、筚篥、铜钹、贝。《天竺乐》,乐工皂丝布幞头巾,白练襦,紫绫袴,绯帔。舞二人,辫髪朝霞袈裟,若今之僧衣也。行缠,碧麻鞋。乐用羯鼓、毛员鼓、都昙鼓、筚篥、横笛、凤首箜篌、琵琶、五絃琵琶、铜钹、贝。其都昙鼓今亡。

《乞寒》者,本西国外蕃之乐也。神龙二年三月,并州清源县令吕元泰上疏曰:"臣谨按《洪范》八政曰:谋时寒。若君能谋事,则寒顺之。何必裸露形体,浇灌衢路,鼓舞跳跃而索寒也。《礼记》曰:立秋之日行夏令,则寒暑不节。夫阴阳不调,政令之失也。休咎之应,君臣之感也。理均影响可不戒者?"景云二年,右拾遗韩朝宗谏曰:"传曰:辛有适伊川,见被髪於野者,曰:不及百年,此其戎乎?其礼先亡矣。后秦晉迁陆浑之戎於伊川,以其中国之人习戎狄之事。一言以贯百代可知。今之《乞寒》,滥触胡俗。伏願三思,筹其所以。"至先天二年十月,中书令张说谏曰:"韩宣适鲁,见周礼而嘆;孔子会齐,数倡优之罪。列国如此,况天朝乎?今外国请和,选使朝谒,所望接以礼乐,示以兵威。虽曰戎夷，不可轻易。焉知无驹支之辩、由余之贤哉？且《乞寒》、《泼胡》，未闻典故，裸体跳足，盛德何观？挥水投泥，失容斯甚！法殊鲁礼，亵比齐优。恐非干羽柔远之义，樽俎折冲之道。愿挥纶言，特罢此戏。"至开元元年十二月敕：腊月乞寒，外蕃所出，渐浸成俗，因循以久。自今以后，无问蕃汉，即宜禁断。

《龜兹乐》者，起至吕光破龜兹，因得其声。吕氏亡，其乐分散。后魏平中原复获之。有唐婆罗门受龜兹琵琶於商人，代传其业，至於孙妙达，尤为北齐文宣所重，常自击胡鼓和之。周武帝聘突厥女为后，西域诸国来媵，於是有《龜兹》、至隋有《西龟兹》、《齐龟兹》、《五龟兹》三部。开皇中大盛於闾阁。《疏勒》、《安国》、《康国》之乐。帝大聚长安胡儿，羯人白智通教习，颇杂以新声。初，张重华时，天竺重译致乐伎，后其国王子为沙门来遊，中土又得传其方技。宋代得高丽、百济伎。魏平冯跋，亦得之而未具。周师滅齐，二国献其乐，合《西凉乐》凡七部，通谓之国伎。隋文帝平陈，得《清乐》及《文康礼毕曲》而黜《百济》。至隋帝，乃立《清乐》、《龜兹》、《西凉》、《天竺》、《康国》、《疏勒》、《安国》、《高丽》、《礼毕》为九部。平林邑国，获扶南工人及其匏、瑟、琴，陋不可用，但以《天竺乐》传写其声，而不列乐部。

（卷一百四十六《乐》六《四方乐》）

大抵散乐杂戏多幻术，皆出西域，始於善幻人至中国。汉安帝时，天竺献伎，能自断手足，刳剔肠胃，自是历代有之。大唐高宗恶其惊人，敕西域关津不令入中国。睿宗时，婆罗门献乐，舞人倒行，而以足舞极銛刀锋，倒植於地，抵目就刃，以历脸中。又於背下，吹筚篥其腹上，曲终而亦无伤。又伏伸其手，两人蹑之，旋身绕手，百转无已。汉代有《橦末伎》，又有《盘舞》。晋代加之以杯，谓之《杯盘舞》。梁有《长桥伎》、《跳跉伎》、《踯倒伎》、《跳剑伎》，今並存。又有《舞轮伎》，盖今之戏车轮者。

《透三峡伎》，盖今之《透飞梯》之类也。《高絙伎》，盖今之戏绳者也。梁有《獮猴幢伎》，今有《缘竿伎》，又有《獮猴缘竿伎》，未审何者为是。又有《弄椀珠伎》。歌舞戏有《大面》、《拨头踏摇娘》、《窟礧子》等戏。元宗以其非正声，置教坊於禁中以处之。《婆罗门乐》用筚篥二、齐鼓一。《散乐》用横笛一，拍板一，腰鼓三。其余杂戏，变态多端，皆不足称也。

（卷一百四十六《乐》六《散乐》隋以前谓之百戏）

海南诸国，汉时通焉。大抵在交州南及西南，居大海中。洲上相去或五三百里，五三千里，远者二三万里。乘舶举帆，道里不可详知。外国诸书虽言里数，又非定实也。其西与诸胡国接。元鼎中，遣伏波将军路博德开百越，置日南郡。其徼外诸国，自武帝以来皆献见。后汉桓帝时，大秦、天竺皆由此道遣使贡献。及吴孙权遣宣化从事朱应、中郎康泰使诸国，其所经及传闻则有百数十国。因立记传。晉代通中国者盖尠，及宋齐至者有十余国。自梁武、隋炀，诸国使至踰於前代。大唐贞观以后，声教远被，自古未通者重译而至，又多於梁、隋焉。其无異闻，亦不复更记。

（卷一百八十八《边防》四《南蛮下·海南序略》）

黄支国，汉时通焉。在南海、日南之南三万里。

（卷一百八十八《边防》四《南蛮下·黄支》）

槃槃国，梁时通焉。在南海大洲中。……又其国多婆罗门，自天竺来，就王乞财物，王甚重之。

（卷一百八十八《边防》四《南蛮下·槃槃》）

乌笃国在中天竺南，一名乌伏那。地方五千余里。百姓殷实，人性懦弱，颇诡诈，尤工禁术。笃信佛法，文字礼仪，略同天竺。自古不通中国，大唐贞观中，其王达摩因陀诃斯遣使献龙脑香。

（卷一百八十八《边防》四《南蛮下·乌笃》）

章求拔，或云章揭拔，本西羌种也。在悉立西南，居四山之内，近代移出山。西接東天竺，遂改衣服，变西羌之俗。其地延袤八百里，胜兵二千余人，居无城郭，好为寇掠，商旅患之。闻悉立入朝，亦遣使朝贡。

（卷一百九十《边防》六《西戎二·章求拔》）

泥婆罗国，在吐蕃西。其俗翦髪与眉齐，穿耳瑺，楦竹筩，缓至肩者以为姣丽。食用手，其器皆用铜。多商贾，少田作。以铜为钱，面文为人，背文为马。其牛鼻不穿孔。衣服以一幅布蔽身，数日盥漱。以板为屋，壁皆雕画。俗重博戏，颇解推测盈虚，兼通历术。事五天神，鐫石为像，每日清水浴神，烹羊而祭。其王那陵提婆，身着真珠诸賨，耳垂金钩玉铛，佩賨装仗，突坐狮子座，常散花燃香。大臣及左右並坐於地。有阿耆婆瀰池，周迴二千余步，以物投之，即生煙焰，悬釜而炊，须臾而熟。唐永徽二年遣使朝贡。

（卷一百九十《边防》六《西戎二·泥婆罗》）

……大唐贞观十一年，其国遣使。又号罽宾。献俱物头花。丹紫相间，其香远闻。

（卷一百九十二《边防》八《西戎四·罽宾》）

……至后魏代，北与蠕蠕接。数为所侵，遂西徙。都薄罗城，去弗敌沙二千一百里。弗敌沙在蓝氏城東。后其王寄多罗勇武，遂兴师越大山，南侵北天竺。自乾陁罗以北，五国尽役属之。国人乘四轮车，或四牛六牛八牛輓之，在车大小而已。

（卷一百九十二《边防》八《西戎四·大月氏》）

天竺，后汉通焉，即前汉时身毒国。初，张骞使大夏，见邛竹杖、蜀布，问曰：安得此？大夏国人曰：吾贾人往身毒国市之，即天竺也。或云摩伽陁，或云婆罗门。在葱岭之南，去月氏東南数千里，地方三万余里。其中分为五天竺：一曰中天竺，二曰東天竺，三曰南天竺，四曰西天竺，五曰北天竺。地各数千里，城邑数百。南天竺际大海。北天竺距雪山，四周有山为壁，南面一谷，通为国门。東天竺東际大海，与扶南、林邑鄰接，但隔小海而已。西天竺与罽宾、波斯相接。中天竺据四天竺之间。国並有王。汉时又有捐毒国，去长安九千八百里，去都护里所二千八百里，南与葱岭相连，北与乌孙接。衣服类乌孙，随水草，故塞种也。颜师古云：捐毒即身毒，身毒则天竺也。塞种即释种也，盖语音有轻重也。从月氏高附国以西，南至西海，東至盘起，皆身毒之地。身毒有别城数百，城置长；有别国数十，国置王。虽各小異而俱名身毒。《扶南传》云：舍卫国隶属天竺伽尸国，一名波罗柰国，亦名皮波罗柰斯国。竺法维《佛国记》云：波罗柰国在伽维罗越国南千四百八十里。释法盛《历国传》云：其国有稍割牛，其牛黑色，角细长，可四尺余。十日一割，不割便困病或至死。人服牛血皆老寿。国人皆寿五百岁。牛寿亦等於人。亦天竺属国。都临恆河，一名迦毗黎河。灵鹫山胡语曰耆闍崛山，山有青石头似鹫鸟。竺法维《佛国记》云：在摩竭提国南，亦天竺属国也。其时皆属月氏，月氏杀其王而置将令统其人。俗修浮图道，不杀生饮酒。桓帝延熹二年，频从日南徼外来献。时帝好神，数祀浮图、老子，百姓稍有奉者，后至转盛。其国人土著与月氏同，而卑湿暑热，人弱於月氏。魏晋代绝不复通。梁武帝天监初，其王长史竺罗贡献。后魏宣武帝时，南天竺国遣使献骏马，云其国出师子、貂、豹、㺦、胡昆反。橐驼、犀象。有火齐如云母，而色紫，裂之则薄如蝉翼，积之则如纱縠之重沓。有金刚似紫石英，百鍊不销，可以切玉。瑇瑁、金、铜、铁、铅、锡，金缕织成金罽、白疊、毾㲪，毾音塔，㲪音登。又有旃檀、郁金等香，甘蔗诸果，石蜜、胡椒、薑、黑盐。西与大秦、安息交市海中，或至扶南、交趾贸易，多珊瑚、珠玑、琅玕。俗无簿籍，以齿贝为货。尤工幻化。丈夫致敬极者，舐足摩踵而致其辞。家有音乐倡伎。其王与大臣多服锦罽。王为螺髻於顶，余髮翦之使短。丈夫翦髮穿耳垂璫。俗皆徒跣，衣重白色。怯於鬭战，有弓箭、甲矟，亦有飞梯、地道、木牛流马之法。有文字,善天文、算曆之术。其人皆学《悉昙章》,书於贝多树叶以记事。隋炀帝志通西域,遣裴矩应接西蕃,诸国多有至者,唯天竺不通。帝以为恨。大唐武德中,其東、西、南、北四天竺悉为中天竺所并。贞观十五年,其王姓乞利咥,丑栗反。名尸罗逸多,或云姓刹利氏,遣使奉表。二十二年,右卫率府长史王玄策奉使天竺。会尸罗逸多死,国大乱。其臣那伏帝阿罗那顺自立,乃发兵拒。玄策遁抵於吐蕃之西南,以书征鄰国之兵。吐蕃发精锐千二百人,泥婆罗国发七千余骑来赴。玄策与其副蒋师仁率二国之兵进至荼鎛音博和罗城,即中天竺之所居也。连战,大破之,斩首三千余级,赴水溺死者且万人。获其王妃及王子等,虏男女万三千人,牛马三万余疋。於是天竺响震,城邑聚落降者五百八十余所,遂俘阿罗那顺以还。

(卷一百九十三《边防》九《西戎五·天竺》)

师子国,東晋时通焉。天竺旁国也,在西海之中,延袤二千余里。……宋文帝元嘉五年,其王刹利摩诃南遣使贡献。梁武帝大通元年,后王伽叶伽罗诃黎耶亦使使贡献。杜环记"师子国亦曰新檀,又曰婆罗门,即南天竺也。国之北人尽胡貌,秋夏炎旱。国之南人尽獠面,四时霖雨。从此始有佛法寺舍,人皆儋耳,布裹腰"。

(卷一百九十三《边防》九《西戎五·师子》)

廿六、唐國史補

开元末,西国献狮子。至长安西道中,繫于驿树。树近井,狮子哮吼,若不自安。俄顷风雷大至,果有龙出井而去。

佛法自西土,故海東未之有也。天寶末,扬州僧鉴真,始往倭国,大演释教,经黑海蛇山,其徒号过海和尚。

李丹为虔州刺史,与妹书曰:"释迦生中国,设教如周孔。

周孔生西方,设教如释迦。天堂无则已,有则君子生。地狱无则已,有则小人入。”闻者以为知言。

（卷上）

南海舶,外国船也,每岁至安南、广州。师子国舶最大,梯而上下数丈,皆积寳货。至则本道奏报,郡邑为之喧阗。有蕃长为主领,市舶使籍其名物,纳舶脚,禁珍異,蕃商有以欺诈入牢狱者。舶发之后,海路必养白鸽为信。舶没,则鸽虽数千里亦能归也。

（卷下）

廿七、歷代名畫記

梁二十人

……僧吉底俱　僧摩罗菩提　僧迦佛佗

隋二十一人

……僧昙摩拙义

唐二百六人

……僧金刚三藏

（第一卷《叙历代能画人名》）

太平公主驸马武延秀玉印胡书四字,梵音云:三藐毋駄。

毋	三
駄	藐

①

① 三藐毋駄,梵语 samyak-buddha 的音译,意译正等觉。

（第三卷《叙自古公私印记》）

敬爱寺,据裴孝源《画录》云,有孙尚子画。彦远按,敬爱寺是中宗皇帝为高宗、武后置,孙尚子是隋朝画手,裴君所记为谬矣。佛殿内《菩萨》、《树下弥勒菩萨塑像》,麟德二年自内出王玄策取到西域所图《菩萨像》为样。巧儿、张寿,宋朝塑,王玄策指挥,李安贴金。

大云寺门東两壁《鬼神》,佛殿上《菩萨》六躯,《淨土经变》,阁上《婆叟仙》[1]并尉迟画,《黄犬》及《鹰》最妙。

① 婆叟仙,按俞剑华注释,婆叟是摩伽陀国王的名字。他出家作仙人,主张杀生吃肉,举身没入地中。敦煌魏窟中,在佛下方左右多画上他。其形为白髯瘦躯之老婆罗门,左手握一尾鱼作要入口状。

昭成寺西廊障日《西域记图》,杨廷光画。

(第三卷《记两京外州寺观画壁·東都寺观画壁》)

《中天竺国图》。有《行记》十卷,图三卷,明庆[1]三年王玄策撰。

① 明庆,为显庆之误。

(第三卷《述古之秘画珍图》)

史道硕,上品下。

……《梵僧图》……並传於代。

戴逵,字安道,谯郡銍人。

……《五天罗汉图》……並传前代。

彦远曰:汉明帝梦金人,长大,顶有光明,以问羣臣。或曰:“西方有神,名曰佛,长丈六,黄金色。”帝乃使蔡愔取天竺国优填王画《释迦倚像》,命工人图於南宫清凉台及显节陵上。以形制古朴,未足瞻敬。阿育王像至今亦有存者,可见矣。后晉明帝、卫协皆善画像,未尽其妙。洎戴氏父子皆善丹青,又崇释氏,范金赋采,动有楷模。

(第五卷《叙历代能画人名》《晉二十三人》)

顾寳光(光——一作先),中品上。

……《天竺僧》麻纸画……並传於世。

(第六卷《叙历代能画人名》《宋二十八人》)

惠远弟惠秀,下品下。

……《胡僧图》、《释迦十弟子图》……传於代。

（第七卷《叙历代能画人名》《南齐二十八人》）

张僧繇，上品中。吴中人也。天监中为武陵王国侍郎，直祕阁，知画事，历右军将军吴兴太守，武帝崇饰佛寺，多命僧繇画之。……江陵天皇寺，明帝置，内有柏堂，僧繇画《卢舍那佛像》及《仲尼十哲》，帝怪问："释门内如何画孔圣？"僧繇曰："后当赖此耳。"及后周灭佛法，焚天下寺塔，独以此殿有宣尼像，乃不令毁拆。……又画《天竺二胡僧》，因侯景乱散坼为二，后一僧为唐右常侍陆坚所寳。坚疾笃，梦一胡僧告云："我有同侣离坼多时，今在洛阳李家，若求合之，当以法力助君。"陆以钱帛，果於其处购得，疾乃愈；刘长卿为记述其事。

僧吉底俱，外国人。中品。

僧摩罗菩提，亦外国人。中品。

僧迦佛陀，中品。禅师天竺人，学行精悫，灵感极多。初在魏，魏帝重之，至隋，隋帝於嵩山起少林寺，至今房门上有画神，即是迦佛陀之跡。见《续高僧传》，存《𦾔䔒国人物图》、《器物样》、《外国兽图》、《鬼神画》，並传於代。姚最云："已上三僧，既华夷殊体，亡以知其优劣。"彦远按：《梁书·外国传》云："干陁利国王瞿昙备跋陁罗者亦工画，其国在南海洲上，天监元年四月八日，瞿昙梦一僧相告云：'中国今有圣主，十年内佛法大兴，汝可朝贡，不然，则汝国不安。'梦中与僧同到中国，见梁天子，觉而異之。记得梁主形貌，命笔写之，遂遣使並本国画工请写高祖真，上许之，使还本国，陁罗以高祖真类已画者，盛之寳函，日加礼敬。"以外国能画，故附此记云。

（第七卷《叙历代能画人名》《梁二十人》）

曹仲达，本曹国人也。北齐最称工，能画梵像，官至朝散大夫。国朝宣律师撰《三寶感通记》具载仲达画佛之妙，颇有灵感。僧悰云："曹师於袁，冰寒於水，外国佛像，亡竞於时。"

（第八卷《叙历代能画人名》《北齐十人》）

天竺僧昙摩拙义，亦善画，隋文帝时自本国来，遍礼中夏阿育王塔。至成都雒县大石寺，空中见十二神形，便一一貌之，乃刻木为十二神形於寺塔下，至今在焉。具《三寶感通记》。

（第八卷《叙历代能画人名》《隋二十一人》）

韦无忝，[1]官至左武卫将军，善鞍马，鹘象、鹰图、杂兽皆妙。

① 俞剑华按《唐朝名画录》补记韦无忝侍郎，京兆人也。明皇时以画鞍马異兽，独擅其名，人称"韦画四足，无不妙也。"开元天寶中，外国曾献狮子，既画毕，酷似其状，凡展画观览，百兽见之皆惊惧。

僧金刚三藏，狮子国人。善西域佛像，运笔持重，非常画可拟。東京广福寺木塔下素像，皆三藏起样。

（第九卷《叙历代能画人名》《唐朝上一百二十八人》）

韦鉴，工龙马，妙得精气。

……

鉴子鶠，工山水，高僧奇士，老松異石，笔力劲健，风格高举。……《天竺胡僧图》、《渡水僧图》……並传於代。

（第十卷《叙历代能画人名》《唐朝下七十九人》）

廿八、羯鼓録

（清人钱熙祚校勘中有关部分一併摘录）

羯鼓出外夷，以戎羯之鼓，故曰羯鼓。其音主太簇一均，《龜兹部》、《高昌部》、《疏勒部》、《天竺部》皆用之，次在都昙鼓、答腊鼓之下，都昙鼓似带鼓而小。答臘鼓者，即揩鼓也。案《太平广记》卷205引此注似作状，带作腰；《太平御览》卷583亦作腰鼓。雞娄鼓之上。鼗如漆桶，山桑木为之。案桶字，旧譌作相，今据《御览》、《广记》引改正。下以小牙牀承之。案以字，旧譌作桶。今据《御览》、《广记》引改正。曾慥《类说》卷13引作盛以绳牀。击用两杖，其声焦杀鸣烈。案《御览》声作音。《类说》杀作急。尤宜促曲急破，作战杖连碎之声。案旧说作字，今据《御览》、《广记》补。又《广记》战作戟。又宜高楼晚景，案《御览》晚作晓。《广记》作翫。明月清风，破空透远，案《广记》破作凌。《梦溪笔谈》引作透空碎远。特異众乐。案《广记》、《笔谈》特並作极。杖用黄檀狗骨花楸等木，案檀字，旧作栌。注云一作檀，今据《御览》、《广记》並《文献通考》卷136俱作檀，知栌字非也。又《广记》楸作椒。疑亦误。须至乾紧绝湿气，而复柔腻；乾取发越响亮，腻取战裹健举。案《御览》健作捷。棬用刚铁，铁当精鍊，棬当至匀；案《御览》当作须。若不刚，即应絛高下，搊捩不停；案《御览》、《通考》搊並作纽。不匀，即鼓而缓急，若琴徽之尯病矣。案《御览》即作则。《通考》尯作顽。诸曲调如太簇曲、色俱腾、乞婆娑、曜日光等九十二曲名，元宗所製。其余征羽调曲，皆与胡部同。故不载。上洞晓音律，案上字，《唐语林》引作明皇。由之天纵，凡是丝管，案丝管，《御览》、《广记》並作管紘。必造其妙。案《御览》必作悉。《唐语林》作皆。若製作诸曲，随意即成。案《唐语林》此下有如不加意四字。不立章度，取适短长。案《御览》短长字倒。应指散声，案《御览》散作发。皆中点拍；至於清浊变转，律吕呼召，君臣事物，迭相制使，虽古之夔、旷，不能过也。案《御览》不能作无以。尤爱羯鼓玉笛，玉笛之说见《遗事》。案《御览》、《唐语林》，玉並作横。常云八音之领袖，案《御览》下有也字。诸乐不可为比。案此六字旧作不可无也。今据《御览》、《广记》、《唐语林》改。

諸宫曲

太簇商

苏罗　半杜梁[①]　婆罗门　优婆师　须婆

太簇角

火苏頼耶

诸佛曲词

九仙道曲　卢舍那仙曲　御製三元道曲　四天王　半阁么那[②]　失波罗辞见柞　草堂富罗二曲　于门烧香賓头伽　菩萨阿罗地舞曲　阿陀弥大师曲

食曲

恆河沙　悉家牟尼

① 按阴法鲁先生提供,中国音乐学院何昌林先生校出,“半杜梁”,据小乘经《末多利》行偈,係“末杜梁”之误。

② 同上校,“半阁么那”,据大乘经《摩诃摩那》行偈,半字係末或牟字之误。

廿九、酉陽雜俎

释氏书言,须弥山南面有阎扶树,月过,树影入月中。或言月中蟾桂,地影也;空处,水影也。此语差近。

僧一行,博览无不知,……当时学者莫能测。……一行心计浑天寺中工役数百,乃命空其室内,徙大甕於中。又密选常住奴二人,授以布囊。谓曰:“某坊某角有废园,汝向中潛伺,从午至昏,当有物入来,其数七,可尽掩之,失一则杖汝。”奴如言而往。至酉后,果有羣豕至,奴悉获而归。一行大喜,令置甕中,覆以木盖,封於六一泥,朱题梵字数十,其徒莫测。

永真年,東市百姓王布,知书,藏镪千万,商旅多宾之。有女年十四五,艳丽聪悟,鼻两孔各垂息肉如皂荚子,其根如麻線,长寸许,触之痛入心髓。其父破钱数百万治之,不瘥。忽一日,有梵僧乞食,因问布:"知君女有異疾,可一见,吾能止之。"布被问大喜。即见其女,僧乃取药,色正白,吹其鼻中。少顷,摘去之。出少黄水,都无所苦。布赏之白金,梵僧曰:"吾修道之人,不受厚施,唯乞此息肉。"遂珍重而去,行疾如飞,布亦意其贤圣也。计僧去五六坊,复有一少年,美如冠玉,骑白马,遂扣其门曰:"適有胡僧到无?"布遽延入,具述胡僧事。其人吁嗟不悦,曰:"马小踠足,竟后此僧。"布惊異,诘其故。曰:"上帝失乐神二人,近知藏於君女鼻中。我天人也,奉帝命来取,不意此僧先取之,当获谴矣。"布方作礼,举首而失。

(《前集》卷之一《天咫》)

老君西越流沙,历八十一国。乌弋、身毒为浮屠,化被三千国,有九万品《戒经》,汉所获大月支《复立经》是也。孔子为元宫仙。

佛为三十三天仙,延宾官主所为。道在竺乾有古先生,善入无为。

《释老志》亦曰:佛於西域得道。陶胜力言,小方诸国多奉佛,不死,服五笙精,读《夏归藏》,用之以飞行也。藏经,菩萨戒也。

孙思邈尝隐终南山,与宣律和尚相接,每来往互参宗旨。时大旱,西域僧请於昆明池结坛祈雨,诏有司备香灯,凡七日,缩水数尺。忽有老人夜诣宣律和尚求救,曰:"弟子昆明池龙也,无雨久,匪由弟子。胡僧利弟子脑,将为药,欺天子言祈雨,命在旦夕,乞和尚法力加护。"宣公辞曰:"贫道持律而已，可求孙先生。”老人因至思邈石室求救。孙谓曰：“我知昆明龙宫有仙方三十首，尔传与予，予将救汝。”老人曰：“此方上帝不许妄传，今急矣，固无所吝。”有顷，捧方而至。孙曰：“尔第还，无虑胡僧也。”自是池水忽涨，数日溢岸，胡僧羞恚而死。孙复著《千金方》三十卷，每卷入一方，人不得晓。及卒后，时有人见之。

（《前集》卷之二《玉格》）

汉明帝始造白马寺，寺中悬幡，影入内，帝怪问左右曰：“佛有何神，人敬事之？”

乌仗那国有佛跡，随人身福寿，量有长短。

那揭罗曷国城東塔中有佛顶骨，周二尺，欲知善恶者，以香涂印骨，其迹焕然，善恶相悉见。

北天健驮罗国有大窣堵波，佛悬记七烧七立佛法方尽，玄奘言成坏已三。

西域佛金刚座，有标界铜观自在像两躯，国人相传菩萨身没，佛法亦尽，隋末已没过胸臆矣。

乾陀国头河岸有繫白象树，花叶似枣，季冬方熟，相传此树灭，佛法亦灭。

国初，僧玄奘往五印取经，西域敬之。成式见倭国僧金刚三昧，言尝至中天，寺中多画玄奘麻屩及匙箸，以綵云乘之，盖西域所无者。每至斋日，辄膜拜焉。

又言那兰陀寺僧食堂中，热际有巨蝇数万至，僧上堂时，悉自飞集於庭树。

梵僧不空，得总持门，能役百神，玄宗敬之。岁常旱，上令祈雨，不空言，可过某日令祈之，必暴雨。上乃令金刚三藏设坛请雨，连日暴雨不止，坊市有漂溺者，遽召不空，令止之。不空遂於寺庭中，捏泥龙五六，当溜水，胡言骂之。良久，复置之，乃大笑，有顷，雨霁。

玄宗又尝召术士罗公远与不空同祈雨，互挍功力。上俱召问之，不空曰："臣昨焚白檀香龙。"上令左右掬庭水嗅之，果有檀香气。

又与罗公远同在便殿，罗时反手搔背。不空曰："借尊师如意。"殿上花石莹滑，遂激一作击窣至其前，罗再三取之不得，上欲取之，不空曰："三郎勿起，此影耳。"因举手示罗如意。又邙山有大蛇，樵者常见，头若丘陵，夜常承露气，见不空作人语曰："弟子恶报，和尚何以见度？常欲翻河水陷洛阳城，以快所居也。"不空为受戒，说苦空，且曰："汝以瞋心受此苦，复忿恨，吾力何及！当思吾言，此身自舍昔而来。"后旬月，樵者见蛇死於涧中，臭达数十里。不空每祈雨，无他轨则，但设数繍座，手簸旋数寸木神，念呪掷之，自立於座上，伺木神吻角牙出，目瞋，则雨至。

（《前集》卷之三《贝编》）

乌秅西有悬渡国，山溪不通，引绳而渡，朽索相引二千里。其土人佃於石间，垒石为室，接手而饮，所谓猿饮也。

岭南溪洞中，往往有飞头者，故有飞头獠子之号。头将飞一日前，劲有痕，匝项如红缕，妻子遂看守之。其人及夜状如病，头忽生翼，脱身而去，乃於岸泥寻蟹、蚓之类食之，将晓飞还，如梦觉，其腹实矣。梵僧菩萨胜又言，闍婆国中有飞头者，其人目无瞳子，聚落时有一人据。于氏《志怪》，南方落民，其头能飞，其俗所祠，名曰虫落，因号落民。晋朱桓有一婢，其头夜飞。

（《前集》卷之四《境異》）

丞相张魏公延赏在蜀时，有梵僧难陀，得如幻三昧，入水火，贯金石，变化无穷。初入蜀，与三少尼俱行，或大醉狂歌，戍将将断之。及僧至，且曰："某寄迹桑门，别有药术。"因指三尼：

"此妙於歌管。"戍将反敬之,遂留连为办酒肉。夜会客,与之剧饮。僧假裲裆巾帼,市铅黛,伎其三尼。及坐,含睇调笑,逸態绝世。饮将阑,僧谓尼曰:"可为押衙踏某曲也。"因徐进对舞,曳绪回雪,迅赴摩跌,技又绝伦也。良久曲终,而舞不已。僧喝曰:"妇女风邪?"忽起取戍将佩刀,众谓酒狂,各惊走,僧乃拔刀斫之,皆踣於地,血及数丈。戍将大惧,呼左右缚僧。僧笑曰:"无草草。"徐举尼,三支筇杖也,血乃酒耳。又尝在饮会,令人断其头,钉耳於柱,无血。身坐席上,酒至,泻入脰疮中,面赤而歌,手复抵节。会罢,自起提首安之,初无痕也。时时预言人凶衰,皆谜语,事过方晓。成都有百姓供养数日,僧不欲往,闭关留之,僧因是走入壁角,百姓遽牵,渐入,唯余袈裟角,倾亦不见。来日壁上有画僧焉,其状形似,日日色渐薄。积七日,空有黑跡,至八日,跡亦灭,僧已在彭州矣。后不知所之。

(《前集》卷之五《怪术》)

王玄策俘中天竺王阿罗那顺以诣阙,兼得术士那罗迩一有娑字。婆,言寿二百岁。太宗奇之,馆於金飈门内,造延年药,令兵部尚书崔敦礼监主之。言婆罗门国有药名畔茶佉水,出大山中石臼内。有七种色,或热或冷,能消草木金铁,人手入则消烂。若欲取水,以骆驼髑髅沉於石臼,取水转注瓠芦中。每有此水,则有石柱似人形守之。若彼山人传道此水者则死。又有药名咀赖罗,在高山石崖下。山腹中有石孔,孔前有树,状如桑树,孔中有大毒蛇守之。取以大方箭射枝叶,叶下,便有乌鸟衔之飞去,则众箭射乌而取其叶也。后死於长安。

(《前集》卷之七《医》)

释僧祇律涅槃印者,比丘作梵王法,破肉以孔雀胆、铜青等画身、作字及鸟兽形,名为印黥。

(《前集》卷之八《黥》)

齿，梵那衍国[①]有金轮王齿，长三寸。

① 梵那衍国，据《大唐西域记》卷一，係梵衍那国之误。

舍利，東迦毕诚国有窣堵波，舍利常见，如缀珠幡，循绕表树一曰柱。

虮像，健驮罗国石壁上有佛像。初，石壁有金色虮，大者如指，小者如米，齧石壁如雕鐫，成立佛状。

焦米，乾陀国昔尸毗王仓库为火所烧，其中粳米焦者，於今尚存，服一粒，永不患疟。

辟支佛鞲，于阗国赞摩寺有辟支佛鞲，非皮非綵，岁久不烂。

石驼溺，拘夷国北山有石驼溺，水溺下以金、银、铜、铁、瓦、木等器盛之皆漏，掌承之亦透，唯瓢不漏。服之令人身上臭毛落尽，得仙。出《论衡》。

石鼍，私诃条国金辽山寺中有石鼍，众僧饮食将尽，向石鼍作礼，於是饮食悉具。

上清珠，肃宗为儿时，常为玄宗所器，每坐於前，熟视其貌，谓武惠妃曰；"此儿甚有異相，他日亦吾家一有福天子。"因命取上清玉珠，以绛纱裹之，繫於颈。是开元中罽宾国所贡。光明洁白，可照一室。视之则仙人、玉女、云鹤、绛节之形，摇动於其中。及即位，竇库中往往有神光。異日掌库者具以事告，帝曰："岂非上清珠耶？"遂令出之，绛纱犹在，因流泣遍示近臣曰；"此我为儿时，明皇所赐也。"遂令贮之以翠玉函，置之於卧内。四方忽有水旱兵革之災，则虔恳祝之，无不应验也。

（《前集》卷之十《物異》）

百体中有悬针书、垂露书、秦望书、汲冢书、金鹊书、虎爪书……虫食叶书、胡书、篷书、天竺书、楷书、横书……。

西域书有驴唇书、莲叶书、节分书、大秦书、驮乘书、牸牛书、树叶书、起屍书、石旋书、覆书、天书、龙书、鸟音书等，有六十四种。

都下佛寺，往往有神像鸟雀不污者。凤翔山人张盈善飞化甲子，言或有佛寺金刚，鸟不集者，非其灵验也，盖由取土处及塑像时，偶与日辰旺相相符也。

又言，相寺观当阳像可知其贫富。如洛阳修梵寺有金刚二，鸟雀不集。元魏时，梵僧菩提达摩，称得其真相也。

（《前集》卷之十一《广知》）

晉罗什与人棋，拾敌死子，空处如龙凤形。或言王积薪对玄宗棋局毕，悉持一曰时。出。

大暦末，禅师玄览住荆州陟屺寺，道高有风韻，人不可得而亲。张璪常画古松於斋壁，符载讚之，卫象诗之，亦一时三绝，览悉加垩焉。人问其故，曰："无事疥吾壁也。"僧那即其甥，为寺之患。发瓦探鷇，坏墻薰鼠，览未尝责。有弟子义诠，布衣一食，览亦不称，或怪之。乃题诗於竹曰："大海从鱼跃，长空任鸟飞。欲知吾道廓，不与物情违。"忽一夕，有梵僧拨户而进，曰："和尚速作道场。"览言："有为之事，吾未尝作。"僧熟视而出，反手闔户，门扃如旧。览笑谓左右："吾将归欤！"遂遽浴讫，一曰早起。隐几而化。

（《前集》卷之十二《语资》）

乾陀国昔有王神勇多谋，号伽当，一曰加色伽当。讨袭诸国，所向悉降。至五天竺国，得上细緤二条，自留一，一与妃。妃因衣其線谒王，線当妃乳上有郁金香手印跡，王见惊恐，谓妃曰："尔忽著此手跡之服，何也？"妃言向王所赐之線。王怒问藏臣，藏臣曰："線本有是，非臣之咎。"王追商者问之，商言南天竺国娑陀婆恨王，有宿愿，每年所赋细線，並重叠积之，手染郁金柘於線上，千万重手印悉透。丈夫衣之，手印当背，妇人衣之，手印当乳。王令左右披之，皆如商者言。王因叩剑曰；"吾若不以此剑裁娑陀婆恨王手足，无以寝食。"乃遣使就南天竺索娑陀婆恨王手足。使至其国，娑陀婆恨王与羣臣绐报曰："我国虽有王名娑陀婆恨，原无王也，但以金为王，设於殿上，凡统领教习，在臣下耳。"王遂起象马兵南讨其国，其国隐其王於地窟中，铸金人来迎。伽色伽王知其伪，且自恃福力，因断金人手足，娑陀婆恨王於窟中，手足亦自落也。

天寶初，安思顺进五色玉带，又於左藏库中得五色玉杯。上怪近日西賫一作贡。无五色玉，令责安西诸蕃。蕃言比常进，皆为小勃律所劫，不达。上怒，欲征之，羣臣多谏。独李右座林甫赞成上意，且言武臣王天运谋勇可将。乃命王天運将四万人，兼统诸蕃兵伐之。及逼勃律城下，勃律君长恐惧请罪，悉出寳玉，愿岁贡献。天运不许，即屠城，虏三千人及其珠玑而还。勃律中有术者言，将军无义，不祥，天将大风雪矣。行数百里，忽惊风四起，雪花如翼，风激小海水成冰柱，起而复摧。经半日，小海涨湧，四万人一时冻死，唯蕃汉各一人得还。具奏，玄宗大惊異，即令中使随二人验之。至小海侧，冰犹峥嵘如山，隔冰见兵士屍，立者、坐者，莹澈可数。中使将返，冰忽消释，众屍亦不复见。

（《前集》卷之十四《诺臯记》上）

刘积中常於京近县庄居。妻病重。於一夕，刘未眠，忽有妇人白首，长纔三尺，自灯影中出。谓刘曰："夫人病，唯我能理，何不祈我。"刘素刚，咄之，姥徐戟手曰："勿悔！勿悔！"遂灭。妻因暴心痛，殆将卒。刘不得已，祝之，言已，复出，刘揖之坐，乃索茶一瓯，向口如呪状，顾命灌夫人，茶纔入口痛愈。后时时辄出，家人亦不之惧。经年，复谓刘曰："我有女子及笄，烦主人求一佳壻。"刘笑曰："人鬼路殊，固难遂所託。"姥曰；"非求人也，但为刻桐木为形稍工者，则为佳矣。"刘许诺，因为具之，经宿，木人失矣。又谓刘曰："兼烦主人作铺公、铺母，若可，某夕我自具车轮奉迎。"刘心计无奈何，亦许。至一日过酉，有仆马车乘至门，姥亦至，曰；"主人可往。"刘与妻各登其车马，天黑至一处，朱门崇墉，笼烛列迎，宾客供帐之盛，如王公家。引刘至一厅，朱紫数十，有与相识者，有已殁者，各相视无言。妻至一堂，蜡炬如臂，锦翠争焕，亦有妇人数十，存殁相识各半，但相视而已。及五更，刘与妻恍惚间却还至家，如醉醒，十不记其一二矣。经数月，姥复来拜谢曰："小女成长，今复託主人。"刘不耐，以枕抵之曰："老魅敢如此扰人。"姥随枕而灭，妻遂疾发。刘与男女酹地祷之，不复出矣。妻竟以心痛卒。刘妹复病心痛，刘欲徙居，一切物膠着其处，轻若履屣，亦不可举。迎道流上章，梵僧持咒，悉不禁。刘尝暇日读药方，其婢小碧自外来，垂手缓步，大言："刘四颇忆平昔无？"既而嘶咽曰："省躬近从泰山回，路逢飞天野叉攜贤妹心肝，我亦夺得。"因举袖，袖中蠕蠕有物，左顾似有所命，曰："可为安置。"又觉袖中风生，冲帘幌入堂中。乃上堂对刘坐，问存殁，叙平生事。刘与杜省躬同年及第，有分，其婢举止笑语，无不肖也。顷曰："我有事，不可久留。"执刘手呜咽，刘亦悲不自胜，婢忽然而倒。及觉，一无所记。其妹亦自此无恙。

（《前集》卷之十五《诺臯记》下）

孔雀，释氏书言，孔雀因雷声而孕。

雀，释氏书言雀沙生，因浴沙尘受卵。蜀弔乌山，至雉雀来弔最悲，百姓夜燃火伺取之。无嗉不食，似持一曰特悲者，以为义，则不杀。

（《前集》卷之十六《广动植之一·羽篇》）

师子，释氏书言，师子筋为絃，鼓之众絃皆绝。

西域有黑师子、捧师子。……

旧说苏合香，师子粪也。

象，旧说象性久识，见其子皮必泣，一枚重千斤。释氏书言，象七久[1]柱地六牙，牙生理必因雷声。

① 按方南生校，《学津》、《津逮》、《稗海》本作“九”。本篇《续集》卷之五《寺塔记上》有“六牙生花、七支柱地”语，久作“支”。

又僧玄奘至西域，大雪山高岭下有一村，养羊大如驴。罽宾国出野青羊，尾如翠色，土人食之。

（《前集》卷之十六《广动植之一·毛篇》）

井鱼，井鱼脑有穴，每翕水辄於脑穴蹙出，如飞泉散落海中，舟人竞以空器贮之。海水鹹苦，经鱼脑穴出，反淡如泉水焉。成式见梵僧普一曰菩。提胜说。

（《前集》卷之十七《广动植之二·鳞介篇》）

蝗，荆州有帛师，号法通，本西安人。少於東天竺出家，言蝗虫腹下有梵字，或自天下来者，乃忉利天。梵天来者，西域验其字，作本天坛法禳之。今蝗虫首有王字，固自不可晓。或言鱼子变，近之矣。旧言虫食穀者，部吏所致，侵渔百姓则虫食穀。虫身黑头赤，武吏也；头黑身赤，儒吏也。

（《前集》卷之十七《广动植之二·虫篇》）

栀子，诸花少六出者，唯栀子花六出。陶真白言，栀子翦花六出，刻房七道，其花香甚，相传即西域薝蔔花也。

娑罗，巴陵有寺，僧房牀下忽生一木，随伐随长，外国僧见曰："此娑罗也。"元嘉初，出一花如莲。天寳初，安西道进娑罗枝，状言："臣所管四镇，有拔汗那，最为密近，木有娑罗树，特为奇绝。不庇凡草，不止恶禽，耸干无惭於松栝，成阴不愧於桃李。近差官拔汗那使令採得前件树枝二百茎，如得託根长乐，擢颖建章，布叶垂阴，鄰月中之丹桂，连枝接影，对天上之白榆。"

菩提树，出摩伽陀国，在摩诃菩提寺，盖释迦如来成道时树，一名思惟树。茎干黄白，枝叶青翠，经冬不凋。至佛入灭日，变色凋落，过已还生。至此日，国王、人民大作佛事，收叶而归，以为瑞也。树高四百尺，下有银塔周回绕之，彼国人四时常焚香散花，绕树作礼。唐贞观中，频遣使往，於寺设供，並施袈裟。至高宗显庆五年，於寺立碑，以纪圣德。此树梵名有二：一曰賓拨梨婆一曰梨娑力叉，二曰阿湿曷咃婆一曰娑。力叉。《西域记》谓之卑鉢罗，以佛於其下成道，即以道为称，故号菩提。婆一曰娑力叉，汉翻为树。昔中天无忧王剪伐之，令事大婆罗门，积薪焚焉。炽焰中忽生两树，无忧王因忏悔，号灰菩提树，遂周以石垣。至设赏迦王复掘之，至泉，其根不绝，坑火焚之，溉以甘蔗汁，欲其焦烂。后摩揭陀国满胄王，无忧之曾孙也，乃以千牛乳浇之，信宿，树生故旧。更增石垣，高二丈四尺。玄奘至西域，见树出垣上二丈余。

贝多，出摩伽陀国，长六七丈，经冬不凋。此树有三种：一者多罗娑一曰婆力叉贝多，二者多梨婆一曰娑力叉贝多，三者部婆一曰娑力叉多罗多梨一曰多梨贝多。並书其叶，部闍一色取其皮书之。贝多是梵语，汉翻为叶，贝多婆一曰娑力叉者，汉言叶树也。

西域经书，用此三种皮叶，若能保护，亦得五六百年。

《嵩山记》称嵩高寺中有思惟树，即贝多也。

释氏有贝多树下《思惟经》。顾徽《广州记》称贝多叶似枇杷，並谬。交趾近出贝多枝，弹材中第一。

阿魏，出伽闍那国，即北天竺也。伽闍那呼为形虞，亦出波斯国，波斯国呼为阿虞截。树长八九丈，皮色青黄，三月生叶，叶似鼠耳，无花实。断其枝，汁出如饴。久乃坚凝，名阿魏。拂林国僧鸾所说同。摩伽陀国僧提婆言，取其汁和米豆屑，合成阿魏。

胡椒，出摩伽陀国，呼为昧履支。其苗蔓生，茎极柔弱，叶长寸半，有细条与叶齐。条上结子，两两相对，其叶晨开暮合，合则裹其子於叶中。子形似汉椒，至辛竦，六月採，今人作胡盘肉食皆用之。

荜拨，出摩伽陀国，呼为荜拨梨，拂林国呼为阿梨诃咃。苗长三四尺，茎细如箸，叶似蕺叶，子似桑椹，八月採。

（《前集》卷之十八《广动植之三·木篇》）

蜜草，北天竺国出蜜草，蔓生，大叶，秋冬不死，因重霜露，遂成蜜，如塞上蓬盐。

毗尸沙花，一名日中金钱花，本出外国，梁大同一年进来中土。

（《前集》卷之十九《广动植之四·草篇》）

《续齐谐记》云，许彦於绥安山行，遇一书生，年二十余，卧路侧，云足痛，求寄鹅笼中，彦戏言许之。书生便入笼中，笼亦不广,书生与双鹅並坐,负之不觉重。至一树下,书生乃出笼,谓彦曰:“欲薄设馔。”彦曰:“甚善。”乃於口中吐一铜盘,盘中海陆珍羞,方丈盈前。酒数行,谓彦曰:“向将一妇人相随,今欲召之。”彦曰:“甚善。”遂吐一女子,年十五六,容貌绝伦,接膝而坐。俄书生醉卧,女谓彦曰:“向窃一男子同来,欲暂呼,愿君勿言。”又吐一男子,年二十余,明恪可爱,与彦叙寒温,挥觞共饮。书生似欲觉,女复吐锦行障障书生。久而书生将觉,女又吞男子,独对彦坐。书生徐起谓彦曰:“暂眠遂久留君,日已晚,当与君别。”还复吞此女子及诸铜盘,悉纳口中。留大铜盘与彦曰:“无以籍意,与君相忆也。”释氏《譬喻经》云:昔梵志作术,吐出一壶,中有女与屏处作家室。梵志少息,女复作术,吐出一壶,中有男子,复兴共卧。梵志觉,次第互吞之,柱杖而去。余以吴均尝览此事,讶其说,以为至怪也。

相传天寳中,中岳道士顾玄续,尝怀金遊市中。历数年,忽遇一人,强登旗亭,扛壶尽醉。日与之熟,一年中输数百金,其人疑有为,拜请所欲。玄绩笑曰:“予烧金丹八转矣,要一人相守,忍一夕不言,则济吾事。予察君神静有胆气,将烦君一夕之劳。或药成,相与期於太清也。”其人曰:“死不足酬德,何至是也。”遂随入中岳,上峰险绝,巖中有丹灶盆,乳泉滴沥,乱松闭景。玄绩取乾饭食之,即日上章对罰。及暮,授其一板云:“可击此知更,五更当有人来此,慎勿与言也。”其人曰:“如约。”至五更,忽有数铁骑呵之曰避,其人不动。有顷,若王者,仪衛甚盛,问汝何不避,令左右斩之。其人如梦,遂生於大贾家。及长成,思玄绩不言之戒。父母为娶,有三子。忽一日,妻泣:“君竟不言,我何用男女为!”遂次第杀其子。其人失声,豁然梦觉,鼎破如震,丹已飞矣。释玄奘《西域记》云:中天婆罗痆斯国鹿野東有一涸池,名救命,亦曰烈士。昔有隐者於池侧结庵,能令人畜代形，瓦砾为金银，未能飞腾诸天，遂筑坛作法，求一烈士，旷岁不获。后遇一人於城中，乃与同遊。至池侧，赠以金银五百，谓曰："尽当来取。"如此数返，烈士屡求効命。隐者曰："祈君终夕不言。"烈士曰："死尽不惮，岂徒一夕屏息乎！"於是令烈士执刀立於坛侧，隐者按剑念呪。将晓，烈士忽大呼，空中火下，隐者疾引此人入池。良久出，语其违约。烈士云："夜分后，惛然若梦，见昔事主躬来慰谕，忍不交言，怒而见害。託生南天婆罗门家住胎，被尝艰苦，每思恩德，未尝出声。及娶，生子，丧父母，亦不语。年六十五，妻忽怒，手剑提其子，若不言杀尔子。我自念已隔一生，年及衰朽，唯止此子，应遽止妻，不觉发此声耳。"隐者曰："此魔所为，吾过矣。"烈士惭忿而死。盖传此之误，遂为中岳道士。

（《续集》卷之四《贬误》）

靖善坊大兴善寺，寺取大兴城两字、坊名一字为名。《新记》云：优填像，总章初为火所烧，据梁时西域优填在荆州言，隋自台城移来此寺，非也。今又有旃檀像，开目，其工颇拙，犹差谬矣。

不空三藏塔前多老松，岁旱则官伐其枝为龙骨以祈雨，盖三藏役龙，意其树心有灵也。

行香院堂后壁上，元和中，画人梁洽画双松，稍脱俗格。曼殊堂工塑极精妙，妙壁有泥金帧，不空自西域赍来者。

髪塔内有隋朝舍利塔，下有记云：爰在宫中兴居之所，舍利感应，前后非一。时仁寿元年十二月八日。

寺后先有曲池，不空临终时忽然涸竭，至惟宽禅师止住，因潦通泉，白莲藻自生，今复成陆矣。

東廊之南素和尚院，庭有青桐四株，素之手植。元和中，卿相多遊此院。桐至夏有汗，污人衣如輠脂，不可浣。昭国東门郑相，尝与丞郎数人避暑，恶其汗，谓素曰："弟子为和尚伐此树，各植一松也。"及暮，素戏祝树曰："我种汝二十余年，汝以汗为人所恶，来岁若复有汗，我必薪之。"自是无汗。寳历末，予见说已十五余年无汗矣。素公不出院，转《法华经》三万七千部，夜尝有貉子听经，斋时鸟鹊就掌取食。长庆初，庭前牡丹一朵合欢。有僧玄幽题此院诗，警句曰："三万莲经三十春，半生不踏院门尘。"今有梵僧憍陈如难陀，以粉画坛。性狷急我慢，未甚通中华经。

常乐坊赵景公寺。……

塔下有舍利三斗四升，移塔之时，僧守行建道场，出舍利俾士庶观之，呗钻未毕，满地现舍利，士女不敢践之，悉出寺外。守公乃造小泥塔及木塔近十万枚葬之，今尚有数万存焉。

大同坊云华寺。……

圣画堂中，构大坊为壁，设色焕缛。本邵武宗画，不知何以称圣？据《西域记》，菩提树東有精舍，昔婆罗门兄弟，欲图如来，初成佛像，旷岁无人应召，忽有一人自言善画如来妙相，但要香泥及一灯照室，可闭户六月，终怪之。余四日未满，遂开户，已无人矣，唯右髆上工未毕，盖好事僧移此说也。堂中有于阗鍮石立像，甚古。

平康坊菩萨寺。……

故兴元郑公尚书题北壁僧院，诗曰："但虑彩色污，无虞臂胛肥。"置寺碑阴，雕饰奇巧，相传郑法士所起样也。初，会觉上人以施利起宅十余亩，工毕，酿酒百石，列缾甕於两庑下，引吴道玄观之,因谓曰:“檀越为我画,以是赏之。”吴生嗜酒,且利其多,欣然而许。予以蹤跡似不及景公寺画。中三门内東门塑神,善继云是吴生弟子王耐儿之工也。其侧一鬼有灵,往往百姓戏犯之者得病,口目如之。寺之制度,钟楼在東,唯此寺缘李右座林甫宅在東,故建钟楼於西。寺内有郭令玳瑁鞭及郭令王夫人七賓帐。寺主元竟,多识释门故事,云李右座每至生日常转请此寺僧就宅设斋。有僧乙尝嘆佛,施鞍一具,卖之,材直七万。又僧广有声名,口经数年,次当嘆佛,因极祝右座功德,冀获厚覬。斋毕,帘下出綵篚,香罗帕籍一物如朽钉,长数寸。僧归失望,惭惋数日。且意大臣不容欺己,遂攜至西市,示於商胡。商胡见之,惊曰:“上人安得此物,必货此不违价。”僧试求百千,胡人大笑,曰:“未也,更极意言之。”加至五百千,胡人曰:“此直一千万。”遂与之。僧访其名,曰;“此賓骨也。”

(《续集》卷之五《寺塔记》上)

光宅坊光宅寺。……

普贤堂,本天后梳洗堂,蒲萄垂实,则幸此堂。今堂中尉迟画颇有奇处,四壁画像及脱皮白骨,匠意极險。又变形三魔女,身若出壁。又佛圆光,均彩相错乱目成。讲東壁佛座前锦如断古标。又左右梵僧及诸蕃往奇,然不及西壁。西壁逼之摽摽然。

慈恩寺,寺本淨觉故伽蓝,因而营建焉,凡十余院,总一千八百九十七间,敕度三百僧。初,三藏自西域迴,诏太常卿江夏王道宗设九部乐,迎经像入寺,綵车凡千余辆,上御安福门观之。太宗常赐三藏衲,约直百余金,其工无针綖之迹。初,三藏翻《因明》,译经僧栖玄,以论示尚药奉御吕才,才遂张之广衢,指其长短,著《破义图》。其序云:岂谓象繫之表,犹开八正之门;形器之先,更弘二知之教。立难四十余条。诏才就寺对论。三藏谓才云:“檀越平生未见太玄,诏问须臾即解。由来不窥象戏,试造旬日即成。以此有限之心,逢事即欲穿凿。”因重申所难,一一收摄,拆毫藏耳,衮衮不穷,凡数千言。才屈不能领,辞屈礼拜。塔西面画湿耳狮子,仰摹蟠龙,尉迟画。及花子钵、曼殊,皆一时绝妙。

寺中柿树、白牡丹,是法力上人手植。上人时常执炉循诸屋壁,有变相处,辄献虔祝,年无虚月。又殿庭大莎罗树,大曆中,安西所进。其木椿赐此寺四橛,橛皆灼固。其木大德行逢自种之,一株不活。

(《续集》卷之六十二《寺塔记》下)

卅、蠻書

又丽水一名禄卑江,源自邏些城三危山下,南流过丽水城西。又南至苍望。又東南过道双王道勿川西,过弥诺道立栅。又西与弥诺江合流。过驃国,南入於海。……《禹贡》导黑水至於三危,盖此是也。或云源当是大月河,[①]恐非也。

① 按向达注,《黑水考证》卷1《弥诺江篇》引樊氏书,大月河作大月氏,並谓或说非无据。大抵弥诺江源於大勃律西小月氏境内之大山,即阿耨达大山也云云。其说过於枝蔓,故不取。《新唐书》卷40《地理志》鄯州鄯城注纪自河源军至吐蕃程途,其中曾渡大月河。以此为即《蛮书》所云,似较李氏之说为稍近也。

又弥诺江在丽水西,源出西北小婆罗门国,南流过沺�苴川。又東南至兜弥伽木栅。分流遶栅,居沙滩南北一百里,東西六十里。合流正東,过弥臣国,南入於海。

(卷二《山川江源》)

银生城在扑赕之南，去龙尾城十日程。東南有通镫川，又直南通河普川，又正南通羌浪川，却是边海无人之境也。東至送江川，南至印鹅川，又南至林记川，又東南至大银孔。又南有婆罗门、波斯、阇婆、勃泥、崑崙数种外道。交易之处，多诸珍寳，以黄金麝香为贵货。

越礼城在永昌北，管长傍、藤弯。长傍城三面高山，临禄卑江。藤弯城南至摩些乐城，西南有罗君寻城。又西至利城，渡水郎阳川，直南过山，去押西城。又南至首外川。又西至茫部落。又西至盐井。又西至拔熬河洒水城。寻传大川城在水東。从上郎坪北里眉罗苴盐井又至安西城，直北至小婆罗门国。[1]

① 按向注，……由此直北至小婆罗门国。小婆罗门国应在今印度東部阿萨密地方。

（卷六《云南城镇》）

骠国在蛮永昌城南七十五日程，阁罗凤所通也。……与波斯及婆罗门鄰接。西去舍利城二十日程。据佛经，舍利城，中天竺国也。近城有沙山，不生草木。《恆河经》云，沙山中过。然则骠国疑東天竺也。蛮贼太和六年刦掠骠国，虏其众三千余人，隶配柘東，今之自给。今子孙亦食鱼虫之类，是其种末也。咸通四年正月六日寅时，有一胡僧，裸形，手持一仗，東白绢，进退为步，在安南罗城南面。本使蔡袭当时以弓飞箭当胸，中此设法胡僧，众蛮扶舁归营幕。城内将士，无不鼓譟。

大秦婆罗门国[1]界永昌北，与弥诺国江西正東安西城楼接界。東去蛮阳苴哶城四十日程。蛮王善之，街来其国。（原书小注云：此八字不相属，疑有脱误。）

① 按向注，此处大秦婆罗门国，准之地望，即指天竺而言，疑应作大婆罗门国，秦字或是误衍耳。又以上诸语以有讹误，致多不可通。私意以为当作大婆罗门国界永昌北，弥诺国江西，正東与安西城楼接

界。如此则文义通顺。

小婆罗门国[1]与骠国及弥臣国接界，在永昌北七十四日程。俗不食牛肉，[2]预知身后事。出贝齿、白蠵、越诺。共大耳国往来。蛮夷善之，信通其国。

① 按向注，小婆罗门国当在今東印度阿萨密南部一带。自阿萨密北部以西以至於恒河流域，应属於大婆罗门国。

② 同上注，不食牛肉，言其奉婆罗门教也。

（卷十《南蛮疆界接连诸番夷国名》）

卅一、舊唐書

贞观二十二年，五月庚子，右卫率长史王玄策击帝那伏帝国，大破之，获其王阿罗那顺及王妃、子等，虏男女万二千人，牛马二万余以诣阙。使方士那罗迩娑婆於金飈门造延年之药。吐蕃赞普击破中天竺国，遣使献捷。

（卷三《太宗本纪》下）

显庆元年，夏四月戊申，御安福门，观僧玄奘迎御製並书慈恩寺碑文，导从以天竺法仪，其徒其盛。

（卷四《高宗本纪》上）

永淳元年，十二月，南天竺、于阗各献方物。

（卷五《高宗本纪》下）

天授三年三月，五天竺国並遣使朝贡。

（卷六《则天皇后本纪》）

开元二年，八月戊午，西天竺国遣使献方物。

开元八年，夏五月丁卯，南天竺国遣使献五色鹦鹉。

（卷八《玄守本纪》上）

贞元六年春，二月……岐州无忧王寺有佛指骨寸余，先是取来禁中供养，乙亥，诏送还本寺。

（卷十三《德宗本纪》下）

元和六年春正月……敕谏议大夫孟简、给事中刘伯刍、工部侍郎归登、右补阙萧俛等於丰泉寺翻译《大乘本生心地观音经》。

（卷十四《宪宗本纪》上）

史臣曰：开成中，王室寖卑，政由阍寺。及缀衣将变，储位遽移。昭肃以孤立维城，副兹当璧。而能雄谋勇断，振已去之威权；运策励精，拔非常之俊傑。属天骄失国，潞孽阻兵，不惑盈庭之言，独纳大臣之计。戎车既驾，乱略底宁，纪律再张，声名复振，足以蹈章武出师之迹，继元和戡乱之功。然后迂访道之车，筑礼神之馆，棲心玄牝，物色幽人，将致俗於大庭，欲希蹤於姑射。於是削浮图之法，惩游惰之民，志欲矫步丹梯，求珠赤水。徒见萧衍、姚兴之谬学，不悟秦王、汉武之非求，盖惑於左道之言，偏斥異方之说。况身毒西来之教，向欲千祀，蚩蚩之民，习以成俗，畏其教甚於国法，乐其徒不異登仙。如文身祝髪之乡，久习而莫知其丑；以吐火吞刀之戏，乍观而便以为神、安可正之以《咸》、《韶》，律之以章甫。加以笮融、何充之佞，代不乏人，非荀卿、孟子之贤，谁兴正论。一朝隳残金秋，燔棄胡书，结怨於膜拜之流，犯怒於鄙夫之口。哲王之举，不骇物情，前代存而勿论，实为中道。欲革斯弊，以俟河清，昭肃明照，听斯弊矣。

（卷十八上《武宗本纪》）

咸通十四年，三月，庚午，诏两街僧於凤翔法门寺迎佛骨，是日天雨黄土遍地。

四月八日，佛骨至京，自开远门达安福门，綵棚夹道，念佛之音震地。上登安福门迎礼之，迎入内道场三日，出於京城诸寺。士女云合，威仪盛饰，古无其比。制曰：“朕以寡德，缵承鸿业，十有四年。顷属寇猖狂，王师未息。朕忧勤在位，爱育生灵，遂乃尊崇释教，至重玄门，迎请真身，为万姓祈福。今观覩之众，隘塞路岐。载念狴牢，寝兴在虑，嗟我黎人，陷於刑辟。况渐当暑毒，繫於缧绁，或积幽凝滞，有伤和气，或关连追扰，有妨农务。京畿及天下州府见禁囚徒，除十恶忤逆、故意杀人、官典犯赃、合造毒药、放火持仗、开发坟墓外，余罪轻重节级递减一等。其京城军镇，限两日内疏理讫闻奏；天下州府，敕到三日内疏理闻奏。”

（卷十九上《懿宗本纪》）

玄宗开元十三年十一月壬辰，玄宗御朝觐之帐殿，大备陈布。文武百僚，二王后，孔子后，诸方朝集使，岳牧举贤良及儒生、文士上赋颂者，戎狄夷蛮羌胡朝献之国，突厥颉利发，契丹、奚等王，大食、谢飓、五天十姓，崑崙、日本、新罗、靺鞨之侍子及使，内臣之番，高丽朝鲜王，百济带方王，十姓摩阿史那兴昔可汗，三十姓左右贤王，日南、西竺、凿齿、雕题，牂柯、乌浒之酋长，咸在位。

（卷二十三《礼仪志》三）

《太平乐》，亦谓之五方师子舞。师子鸷兽，出於西南夷天竺、师子等国。缀毛为之，人居其中，像其俛仰驯狎之容。二人持绳秉拂，为习弄之状。五师子各立其方色，百四十人歌《太平乐》，舞以足，持绳者服饰作崑崙象。

张重华时，天竺重译贡乐伎，后其国王子为沙门来遊，又传其方音。宋世有高丽、百济伎乐。魏平冯跋，亦得之而未具。周师灭齐，二国献其乐。隋文帝平陈，得《清乐》及《文康礼毕曲》，列九部伎，百济伎不预焉。炀帝平林邑国，获扶南工人及其匏琴，陋不可用，但以天竺乐转写其声，而不齿乐部。

《天竺乐》，工人皂丝布头巾，白练襦，紫绫袴，绯帔。舞二人，辫髮，朝霞袈裟，行缠，碧麻鞋。袈裟，今僧衣是也。乐用铜鼓、羯鼓、毛员鼓、都昙鼓、筚篥、横笛、凤首箜篌、琵琶，铜拔、贝。毛员鼓、都昙鼓今亡。

大抵《散乐》杂戏多幻术，幻术皆出西域，天竺尤甚。汉武帝通西域，始以善幻人至中国。安帝时，天竺献伎，能自断手足，刳剔肠胃，自是历代有之。我高宗恶其惊俗，敕西域关令不令入中国。苻坚尝得西域倒舞伎。睿宗时，婆罗门献乐，舞人倒行，而以足舞於极銛刀锋，倒植於地，低目就刃，以历脸中，又植於背下，吹筚篥者立其腹上，终曲而亦无伤。又伏伸其手，两人躡之，旋身逷手，百转无已。

《拨头》出西域。胡人为猛兽所噬，其子求兽杀之，为此舞以像之也。

（卷二十九《音乐志》二）

天后时，瞿昙罗造《光宅曆》。

（卷三十二《曆志》一）

迦叶孝威等天竺法，先依日月行迟疾度，以推入交远近日月蚀分加时，日月蚀亦为十五分。去交十五度、十四度、十三度、影亏不蚀。法自此已下，乃依验蚀。十二度十五分，蚀二分少强，以渐差降，自五度半已上，蚀既，十四分强。若五度无余分已下，皆蚀尽。又用前蚀多少，以定后蚀分余。若既，其后蚀度及分，即加七度以为蚀度。若望月蚀既，来月朔日虽入而不注蚀。若蚀半已下，五分取一分；若半已上，三分取一分，以加来月朔蚀度及分。若今岁日余度及分，然后可验蚀度分数多少。又云：六月依节一蚀。是月十五日是月蚀节，黑月尽是月蚀节，亦以吉凶之象，警告王者奉顺正法，苍生福盛，虽时应蚀，由福故也，其蚀即退。更经六月，欲蚀之前，皆有先兆。

月欲有蚀，先月形摇振，状若惊惧，月兔及侧月色黄如有忧状。自常晕，月初生时，光不显盛，或极细微。日欲有蚀，先日形摇振，极如惊惧状。或光色微昧，不赫盛，或黎惨。日月蚀先同候，光陨坠，或旦暮际有赤色起，如火烧，金银珠玉诸賓失光。或有阙尽如云入日，或有黑尽入月，鸟声细隐，乌不显亮，云交扰扰，光景浑乱，忽极令诸乳卒竭，月溼如汗状，日形段裂无光，犬嗥猫叫，虹见有声，三辰失阙，月时有缺，水赤色有腻。十四日、十五日，辟鸟圆集者，亦是蚀之先候。此等与中国法数稍殊，自外梗概相似也。

武太后称制，诏曰："顷者所司造曆，以腊月为闰。稽考史籍，便紊旧章，遂令去岁之中，晦仍月见。重更寻讨，果差一日。履端举正，屬在於兹。宜改曆於惟新，革前非於既往。可以今月为闰十月，来月为正月。"是岁得甲子合朔冬至。於是改元圣曆，以建子月为正，建丑为腊，建寅为一月。命太史瞿昙罗造新曆。至三年，复用夏时，《光宅曆》亦不行用。

（卷三十三《曆志》二）

求亏初复末　置日月蚀汎用刻率，副之，以乘其日入转损益率，如大衍通法而一。所得应朒者，依其损益；应朓者，损加益減其副，为定用刻数。半之，以减蚀甚辰刻，为亏初；以加蚀甚辰刻，为复末。其月蚀求入更筹者，置月蚀定用刻数，以其日每更差刻除，为更数；不尽，以每筹差刻除，为筹数。综之为定用更筹。乃累计日入至蚀甚辰刻置之，以昏刻加日入辰刻减之，余以更筹差刻除之，所得命以初更筹外，即蚀甚筹。半定用更筹减之，为亏初；以加之，为复末。按天竺僧俱摩罗所传断日蚀法，其蚀朔日度躔於郁车宫者，的蚀。诸断不得其蚀，据日所在之宫，有火星在前三后一之宫并伏在日下，並不蚀。若五星总出，并水见，又水在阴曆，及三星已上同聚一宿，亦不蚀。凡星与日别宫或别宿则易断，若同宿则难断。更有诸断，理多烦碎，略陈梗概，不复具详者。其天竺所云十二宫，则中国之十二次也。曰郁车宫者，即中国降娄之次也。十二次宿度，首尾具载《曆仪分野》

卷中也。

（卷三十四《曆志》三）

……上元元年十二月癸未夜，岁掩房星。二年七月癸未朔，日有蚀之，大星皆见。司天秋官正瞿昙譔奏曰："癸未太阳亏，辰正后六刻起亏，已正后一刻既，午前一刻复满。亏於张四度，周之分野。……"

……寶应元年，司天少监瞿昙譔奏曰："司天丞请减两员，主簿减两员，主事减一员，保章正减三员，挈壶正减三员，监候减二员，司辰减七员，五陵司辰减五员。"从之。

（卷三十六《天文志》下）

开元……十年二月四日，伊水泛涨，毁都城南龙门天竺、奉先寺……

天寶中，洛阳有巨蛇，高丈余，长百尺，出於芒山下。胡僧无畏见之，歎曰："此欲决水注洛城。"即以天竺法咒之，数日蛇死。禄山陷洛之兆也。

（卷三十七《五行志》）

《西域求法高僧传》二卷释义淨撰。

《外国传》一卷释智猛撰。

《历国传》二卷释法盛撰。

《中天竺国行记》十卷王玄策撰。

（卷四十六《经籍志》上）

《大唐光宅曆草》十卷

《大唐甲子元辰曆》一卷瞿昙撰

（卷四十七《经籍志》下）

又有胡僧卢伽阿逸多受诏合长年药，高宗将饵之。处俊谏曰："修短有命，未闻万乘之主，轻服蕃夷之药。昔贞观末年，先帝令婆罗门僧那罗迩娑寐依其本国旧方合长生药。胡人有异术，征求灵草祕石，历年而成。先帝服之，竟无異效，大渐之际，名医莫知所为。时议者归罪於胡人，将申显戮，又恐取笑夷狄，法遂不行。龜镜若是，惟陛下深察。"高宗纳之，但加卢伽为怀化大将军，不服其药。

（卷八十四《郝处俊列传》）

彦范尝表论时致数条……。又曰："臣闻京师喧喧，道路籍籍，皆云胡僧慧范矫託佛教，诡惑后妃，故得出入禁闱，挠乱时政。陛下又轻骑微行，数幸其室，上下媟黩，有亏尊严。臣抑尝闻兴化致理，必由进善；康国宁人，莫大弃恶。故孔子曰：'执左道以乱政者杀，假鬼神以危人者杀。'今慧范之罪，不殊於此也，若不急诛，必生变乱。除恶务本，去邪勿疑，实愿天聪，早加裁贬。"疏奏不纳。

（卷九十一《桓彦范列传》）

今之佛经，罗什所譯，姚兴执本，与什对翻。姚兴造浮屠於永贵里，倾竭府库，广事庄严，而兴命不得延，国亦随灭。

（卷九十六《姚崇列传》）

元振闻其谋，遽上疏曰：

往者吐蕃所爭，唯论十姓、四镇，国家不能舍与，所以不得通和。今吐蕃不相侵扰者，不是顧国家和信不来，直是其国中诸豪及泥婆罗门等属国自有攜贰。故赞普躬往南征，身殒寇庭，国中大乱，嫡庶竞立，将相爭权，自相屠灭。兼以人畜疲疠，财力困穷，人事天时，俱未称惬。所以屈志，且共汉和，非是本心能忘情於十姓、四镇也。如国力殷足之后，则必爭小事，方便绝和，纵其丑徒，来相吞扰，此必然之计也。

（卷九十七《郭元振列传》）

睿宗好乐，听之忘倦。玄宗又善音律。先天二年正月望，胡僧婆陁请夜开门，燃百千灯。睿宗御延喜门观乐，凡经四日。又追作先天元年大酺，睿宗御安福门楼观百司酺宴，以夜继画，经月余日。

（卷九十九《严挺之列传》）

时僧惠范恃太平公主权势，逼夺百姓店肆，州县不能理。谦光将加弹奏，或请寝之，谦光曰："宪台理冤滞，何所迴避，朝弹暮黜，亦可矣。"遂与殿中慕容珣奏弹之，反为太平公主所构，出为岐州刺史。惠范既诛，迁太子宾客，转刑部尚书，加金紫光禄大夫、昭文馆学士。

（卷一百一《薛登列传》）

廷珪上疏谏曰：

夫佛者，以觉知为义，因心而成，不可以诸相见也。经云："若以色见我，以音声求我，是人行邪道，不能见如来。"此真如之果不外求也。陛下信心归依，发宏誓愿，壮其塔庙，广其尊容，已遍於天下久矣。盖有住於相而行布施，非最上第一希有之法。何以言之？经云："若人满三千大千世界七寶以用布施，及恒河沙等身命布施，其福甚多。若人於此经中受持及四句偈等为人演说，其福胜彼。"如佛所言，则陛下倾四海之财，殚万人之力，穷山之木以为塔，极冶之金以为像，虽劳则甚矣，费则多矣，而所获福不愈於一禅房之匹夫。

菩萨作福德，不应贪著，盖有为之法不足高也。况此营建，事殷木土，或开发盘礴，峻筑基阶，或塞穴洞，通转採斫，辗压虫蚁，动盈巨亿。岂佛标坐夏之义，愍蠢动而不忍害其生哉！又役鬼不可，唯人是营，通计工匠，率多贫窭，朝驱暮役，劳筋苦骨，箪食瓢饮，晨炊星饭，飢渴所致，疾疹交集。岂佛标徒行之义，愍畜兽而不忍残其力哉！又营筑之资，僧尼是税，虽乞丐所致，而贫阙犹多。州县征输，星火逼迫，或谋计靡所，或鬻卖以充，怨声载路，和气未洽。岂佛标随喜之义，愍愚蒙而不忍夺其产哉！且边朔未宁，军装日给，天下虚竭，海内劳弊。伏惟陛下慎之重之，思菩萨之行为利益一切众生，应如是布施，则其福德若南西北方四维上下虚空不可思量矣。何必勤於住相，凋苍生之业，崇不急之务乎！臣以时政论之，则宜先边境，蓄府库，养人力；臣以释教论之，则宜救苦厄，灭诸相，崇无为。伏愿陛下察臣之愚，行佛之意，务以理为上，不以人废言，幸甚幸甚。

（卷一百一《张廷珪列传》）

小勃律国王为吐蕃所招，妻以公主，西北二十余国皆为吐蕃所制，贡献不通。后节度使田仁琬、盖嘉运並灵督累讨之，不捷，玄宗特敕仙芝以马步万人为行营节度使往讨之。时步军皆有私马，自安西行十五日至拨换城，又十余日至握瑟德，又十余日至疏勒，又二十余日至葱岭守捉，又行二十余日至播密川，又二十余日至特勒满川，即五识匿国也。仙芝分为三军：使疏勒守捉使赵崇玭统三千骑趣吐蕃连云堡，自北谷入；使拨换守捉使贾崇瓘自赤佛堂路入；仙芝与中使边令诚自护密国入，约七月十三日辰时会于吐蕃连云堡。……从辰至巳，大破之。

玄宗使术士韩履冰往视日，惧不欲行，边令诚亦惧。仙芝留令诚等以羸病尪弱三千余人守其城，仙芝遂推。三日，至坦驹岭，直下峭峻四十余里，仙芝料之曰："阿弩越胡若速迎，即是好心。"又恐兵士不下，乃先令二十余骑诈作阿弩越城胡服上岭来迎。既至坦驹岭，兵士果不肯下，云："大将使我欲何处去？"言未毕，其先使二十人来迎，云："阿弩越城胡並好心奉迎,娑夷河藤桥已斫讫。”仙芝阳喜以号令,兵士尽下。娑夷河,即古之弱水也,不胜草芥毛髮。下岭三日,越胡果来迎。明日,至阿弩越城,当日令将军席元庆、贺娄余润先修桥路。仙芝明日进军。又令元庆以一千骑先谓小教律王曰:“不取汝城,亦不斫汝桥,但借汝路过,向大勃律去。”城中有首领五六人,皆赤心为吐蕃。仙芝先约元庆云:“军到,首领百姓必走入山谷,招呼取以敕命赐綵物等,首领至,齐缚之以待我。”元庆既至,一如仙芝之所教,缚诸首领。王及公主走入石窟,取不可得。仙芝至,斩其为吐蕃者五六人。急令元庆斫藤桥,去勃律犹六十里,及暮,纔斫了,吐蕃兵马大至,已无及矣。藤桥阔一箭道,修之一年方成。勃律先为吐蕃所诈借路,遂成此桥。至是,仙芝徐自招谕勃律及公主出降,并平其国。

天寶六载八月,仙芝虏勃律王及公主趣赤佛堂路班师。九月,复至婆勒川连云堡,与边令诚等相见。其月末,还播密川,令刘单草告捷书,遣中使判官王廷芳告捷。

(卷一百四《高仙芝列传》)

至(贞元)十七年,(贾耽)又譔成《海内华夷图》及《古今郡国县道四夷述》四十卷,表献之,曰:

臣闻地以博厚载物,万国棋布;海以委输环外,百蛮繡错。中夏则五服、九州,殊俗则七戎、六狄,普天之下,莫非王臣。昔毋丘出师,東铭不耐;甘英奉使,西抵条支;奄蔡乃大泽无涯,罽宾则悬度作险。或道理回远,或名号改移,古来通儒,罕遍详究。臣弱冠之岁,好闻方言,筮仕之辰,注意地理,究观研考,垂三十年。绝域之比鄰,異蕃之习俗,梯山献琛之路,乘舶来朝之人,咸究竟其源流,访求其居处。闤闠之行贾,戎貊之遗老,莫不听其言而掇其要;

闾阎之琐语，风谣之小说，亦收其是而芟其伪。……

（卷一百三十八《贾耽列传》）

肃王详，德宗第五子。大曆十四年六月封。建中三年十月薨，时年四岁，废朝三日，赠扬州大都督。性聪惠，上尤怜之，追念无已，不令起坟墓，诏如西域法，议层甎造塔。礼仪使判官、司门郎中李岩上言曰："坟墓之义，经典有常，自古至今，无闻異制。层甎起塔，始於天竺，名曰'浮图'，行之中华，窃恐非礼。……伏请准令造坟，庶遵典礼。"诏从之。

（卷一百五十《德宗顺宗诸子列传》）

凤翔法门寺有护国真身塔，塔内有释迦文佛指骨一节，其书本传法，三十年一开，开则岁丰人泰。十四年正月，上令中使杜英奇押官人三十人，持香花，赴临皋驿迎佛骨。自光顺门入大内，留禁中三日，乃送诸寺。王公士庶，奔走舍施，唯恐在后。百姓有废业破产、烧顶灼臂而求供养者。愈素不喜佛，上疏谏曰：

> 伏以佛者，夷狄之一法耳。自后汉时始入中国，上古未尝有也。昔黄帝在位百年，年百一十岁……帝舜及禹年皆百岁。此时天下太平，百姓安乐寿考，时中国未有佛也。其后殷汤亦年百岁……穆王在位百年。此时佛法亦未至中国，非因佛事而致此也。汉明帝时始有佛法。明帝在位纔十八年耳，其后乱亡相继，运祚不长。宋、齐、梁、陈、元魏以下，事佛渐谨，年代尤促。唯梁武帝在位四十八年，前后三度舍身施佛。宗庙之祭，不用牲牢，昼日一食，止於菜菓。其后竟为侯景所逼，饿死台城。国亦寻灭，事佛求福，乃更得祸。由此观之，佛不足信，亦可知矣！……今闻陛下令羣僧迎骨佛於凤翔，御楼以观，舁入大内，令诸佛寺递迎供养。……臣虽至愚，必知陛下不惑於佛，作此

崇奉以祈福祥也。……佛本夷狄之人，与中国言语不通，衣服殊製，口不道先王之法言，身不服先王之法服，不知君臣之义，父子之情。假如其身尚在，奉其国命，来朝京师，陛下容而接之，不过宣政一见，礼宾一设，赐衣一袭，卫而出之於境，不令惑於众也。况其身死已久，枯朽之骨，凶秽之余，岂宜以入宫禁！……乞以此骨付之水火，永绝根本，断天下之疑，绝后代之惑。……

（卷一百六十《韩愈列传》）

简明於内典，（元和）六年，诏与给事中刘伯刍、工部侍郎归登、右补阙萧俛等，同就醴泉佛寺翻译《大乘本生心地观经》，简最擅其理。

（卷一百六十三《孟简列传》）

太常有师子乐，备五方之色，非会朝聘享不作，幼君荒诞，伶官纵肆，中人掌教坊者移牒取之。

（卷一百六十七《赵宗儒列传》）

懿宗怠临朝政，僻於奉佛，内结道场，聚僧念诵。又数幸诸寺，施与过当。傚上疏论之曰：

臣闻玄祖之道，由慈俭为先；而素王之风，以仁义为首，相沿百代，作则千年，至圣至明，不可易也。如佛者，生於天竺，去彼王宫，割爱中之至难，取灭后之殊胜，名归象外，理绝尘中，非为帝王之所能慕也。昔贞观中，高宗在東宫，以长孙皇后疾亟，尝上言曰："欲请度僧，以资福事。"后曰："为善有征，吾未为恶，善或无报，求福非宜。且佛者，異方之教，所可存而勿论。岂以一女子而紊王道乎？"故謚为文德。且母后之论，尚能如斯，哲王之谟，安可反是？

伏覩陛下留神天竺，属意桑门，内设道场，中开讲会，或手录梵筴，或口扬佛音。虽时启於延英，从容四辅；虑稍稀於听政，废失万机。居安思危，不可忽也。夫从容者君也，必畴咨於臣，尽忠匡救，外逆其耳，内沃其心，陈皋陶之谟，述仲虺之诰，发挥王道，恢益帝图，非赐对之閒徒侍坐而已。夫废失者，上拒其谏，下希其旨，言则狎玩，意在顺从。汉重神仙，東方朔著《十洲》之记；梁崇佛法，刘孝仪詠《七觉》之诗。致祠祷无休，讲诵不已，以至大空海内，中辍江東。以此言之，是废失也。然佛者，当可以悟取，不可以相求。汉、晉已来，互兴竇刹；姚、石之际，亦有高僧。或问以苦空，究其不灭，止闻有性，多曰忘言。执著贪缘，非其旨也。必乞陛下力求民瘼，虔奉宗祧。思缪赏与滥刑，其殃立至；俟胜残而去杀，得福甚多。幸罢讲筵，频亲政事。昔年韩愈已得罪於宪宗，今日微臣固甘心於遐徼。

（卷一百七十二《萧俛附从弟倣列传》）

中宗时，公主外戚，奏度僧尼，姚崇谏曰："佛不在外，求之于心。佛图澄最贤，无益於后赵；罗什多艺，不救於姚秦。何充、苻融，皆遭败灭；齐襄、梁武，未免災殃。但志发慈悲，心行利益，若苍生安乐，即是佛身。"此切当之言二也。

（卷一百七十八《李蔚列传》）

僧玄奘，姓陈氏，洛州偃师人。大业末出家，博涉经论。尝谓翻译者多有讹谬，故就西域，广求異本以参验之。贞观初，随商人往遊西域。玄奘既辩博出羣，所在必为讲释论难，蕃人远近咸尊伏之。在西域十七年，经百余国，番解其国之语，仍採其山川谣俗，土地所有，撰《西域记》十二卷。贞观十九年，归至京师。太宗见之，大悦，与之谈论。於是诏将梵本六百五十七部於弘福寺翻译，仍敕右仆射房玄龄、太子左庶子许敬宗，广召硕学沙门五十余人，相助整比。

高宗在東宫,为文德太后追福,造慈恩寺及翻经院,内出大幡,敕《九部乐》及京城诸寺幡盖众伎,送玄奘及所翻经像,诸高僧等入住慈恩寺。显庆元年,高宗又令左仆射于志宁、侍中许敬宗、中书令来济李义府杜正伦、黄门侍郎薛元超等,共润色玄奘所定之经,国子博士范义硕、太子洗马郭瑜、弘文馆学士高若思等,助加翻译。凡成七十五部,奏上之。后以京城人众竞来礼谒,玄奘乃奏请逐静翻译,敕乃移於宜君山故玉华宫。六年卒,时年五十六,归葬於白鹿原,士女送葬者数万人。

昔后魏末,有僧达摩者,本天竺王子,以护国出家,入南海,得禅宗妙法,云自释迦相传,有衣鉢为记,世相付授。达摩齎衣鉢航海而来,至梁,诣武帝,帝问以有为之事,达摩不说。乃之魏,隐於嵩山少林寺,遇毒而卒。其年,魏使宋云於葱岭回,见之,门徒发其墓,但有衣履而已。达摩传慧可,慧可尝断其左臂,以求其法;慧可传璨;璨传道信;道信传弘忍。

(卷一百九十一《方技列传》)

初,曷萨那之朝隋也,为炀帝所拘。其国人遂立萨那之叔父曰射匮可汗。射匮可汗者,达头可汗之孙也。既立后,始开土宇。東至金山西至海,自玉门以西诸国皆役属之。遂与北突厥为敌。乃建庭於龜兹北三弥山,寻卒,弟统叶护可汗代立。统叶护可汗勇而有谋,善攻战,遂北并铁勒,西拒波斯,南接罽宾,悉归之。控弦数十万,霸有西域。

(卷一百九十四下《突厥列传》下)

贞观二十二年,右卫率府长史王玄策使往西域,为中天竺所掠,吐蕃发精兵与玄策击天竺,大破之,遣使来献捷。

(长安三年),时吐蕃南境属国泥婆罗门等皆叛,赞普自往讨之,卒於军中。……

开元二十四年……其年,吐蕃西击勃律,遣使来告急,上使报吐蕃，令其罢兵。吐蕃不受诏，遂攻破勃律国，上甚怒之。

（卷一百九十六上《吐蕃列传》上）

盘盘国，……人皆学婆罗门书，甚敬佛法。

東女国，……文字同於天竺。

（卷一百九十七《南蛮西南蛮列传》）

泥婆罗国，在吐蕃西。其俗翦髮与眉齐，穿耳，揎以竹筩牛角，缀至肩者以为姣丽。食用手，无匕箸。其器皆铜。多商贾，少田作。以铜为钱，面文为人，背文为马牛，不穿孔。衣服以一幅布蔽身，日数盥浴。以板为屋，壁皆雕画。俗重博戏，好吹蠡击鼓。颇解推测盈虚，兼通曆术。事五天神，鐫石为像，每日清水浴神，烹羊而祭。其王那陵提婆，身著真珠、玻瓈，车渠、珊瑚、琥珀、瓔珞，耳垂金鉤玉鐺，佩竇装伏突，坐狮子牀，其堂内散花燃香。大臣及诸左右並坐於地，持兵数百列侍其侧。宫中有七层之楼，覆以铜瓦，栏槛楹栱皆饰珠竇，楼之四角，各悬铜槽，下有金龙，激水上楼，注於槽中，从龙口而出，状若飞泉。那陵提婆之父，为其叔父所篡，那陵提婆逃难於外，吐蕃因而纳焉，克复其位，遂羁属吐蕃。

贞观中，卫尉丞李义表往使天竺，涂经其国，那陵提婆见之大喜，与义表同出观阿耆婆沵池。周迴二十余步，水恒沸，虽流潦暴集，烁石焦金，未尝增减。以物投之，即生烟焰，悬釜而炊，须臾而熟。其后王玄策为天竺所掠，泥婆罗发骑与吐蕃共破天竺有功。永徽二年，其王尸利那连陀罗又遣使朝贡。

龜兹国……学胡书及婆罗门书、算计之事，尤重佛法。

天竺国，即汉之身毒国，或云婆罗门地也。在葱岭西北，周三万余里。其中分为五天竺：其一曰中天竺，二曰東天竺，三曰南天竺，四曰西天竺，五曰北天竺。地各数千里，城邑数百。南天竺际大海；北天竺拒雪山，四周有山为壁，南面一谷，通为国门；東天竺東际大海，与扶南、林邑鄰接；西天竺与罽宾、波斯相接；中天竺据四天竺之会，其都城週迴七十余里，北临禅连河。云昔有婆罗门领徒千人，肄业於树下，树神降之，遂为夫妇。宫室自然而立，僮仆甚盛。於是使役百神，筑城以统之，经日而就。此后有阿育王，复役使鬼神，累石为宫阙，皆雕文刻镂，非人力所及。阿育王颇行苛政，置炮烙之刑，谓之地狱，今城中见有其迹焉。

中天竺王姓乞利咥氏，或云刹利氏，世有其国，不相篡弑。厥土卑湿暑热，稻岁四熟。有金刚，似紫石英，百鍊不销，可以切玉。又有旃檀、郁金诸香。通於大秦，故其寳物或至扶南、交趾贸易焉。百姓殷乐，俗无簿籍，耕王地者输地利。以齿贝为货。人皆深目长鼻。致敬极者，舐足摩踵。家有奇乐倡伎。其王与大臣多服锦罽。上为螺髻於顶，余髮翦之使拳。俗皆徒跣。衣重白色，唯梵志种姓披白疊以为異。死者或焚屍取灰，以为浮图；或委之中野，以施禽兽；或流之於河，以饲鱼鼈。无丧纪之文。谋反者幽杀之，小犯罚钱以赎罪。不孝则断手刖足，截耳割鼻，放流边外。有文字，善天文算曆之术。其人皆学《悉昙章》，云是梵天法，书於贝多树叶以纪事。不杀生饮酒。国中往往有旧佛跡。

隋炀帝时，遣裴矩应接西蕃，诸国多有至者，唯天竺不通，帝以为恨。当武德中，其国大乱。其嗣王尸罗逸多练兵聚众，所向无敌，象不解鞍，人不释甲，居六载而四天竺之君皆北面以臣之，威势远振，刑政甚肃。贞观十五年，尸罗逸多自称摩伽陀王，遣使朝贡，太宗降玺书慰问，尸罗逸多大惊，问诸国人曰："自古曾有摩诃震旦使人至吾国乎？"皆曰："未之有也。"乃膜拜而受诏书，因遣使朝贡。太宗以其地远，礼之甚厚，复遣卫尉丞李义表报使。尸罗逸多遣大臣郊迎，倾城邑以纵观，焚香夹道,逸多率其臣下東面拜受敕书,复遣使献火珠及郁金香、菩提树。

贞观十年,沙门玄奘至其国,将梵本经论六百余部而归。先是遣右率府长史王玄策使天竺,其四天竺国王咸遣使朝贡。会中天竺王尸罗逸多死,国中大乱,其臣那伏帝阿罗那顺篡立,乃尽发胡兵以拒玄策。玄策从骑三十人与胡禦战,不敌,矢尽,悉被擒。胡並掠诸国贡献之物。玄策及挺身宵遁,走至吐蕃,发精锐一千二百人,并泥婆罗国七千余骑,以从玄策。玄策与副使蒋师仁率二国兵进至中天竺国城,连战三日,大破之,斩首三千余级,赴水溺死者且万人,阿罗那顺棄城而遁,师仁进擒获之。虏男女万二千人,牛马三万余头匹。於是天竺震惧,俘阿罗那顺以归。二十二年至京师,太宗大悦,命有司告宗庙,而谓羣臣曰:“夫人耳目玩於声色,口鼻耽於臭味,此乃败德之源。若婆罗门不劫掠我使人,岂为俘虏耶?昔中山以贪賨取弊,蜀侯以金牛致灭,莫不由之”。拜玄策朝散大夫。是时就其国得方士那罗迩娑婆寐,自言寿二百岁,云有长生之术。太宗深加礼敬,馆之於金飈门内,造延年之药。令兵部尚书崔敦礼监主之,发使天下,採诸奇药異石,不可称数。延历岁月,药成,服竟不効,后放还本国。太宗之葬昭陵也,刻石像阿罗那顺之形,列於玄阙之下。

五天竺所属之国数十,风俗物产略同。有伽没路国,其俗开東门以向日。王玄策至,其王发使贡以奇珍異物及地图,因请老子像及《道德经》。那揭陀国,有醯罗城,中有重阁,藏佛顶骨及锡仗。贞观二十年,遣使贡方物。天授二年,東天竺王摩罗枝摩、西天竺王尸罗逸多、南天竺王遮娄其拔罗婆、北天竺王娄其那那、中天竺王地婆西那,並来朝献。景龙四年,南天竺国复遣使来朝。景云元年,复遣使贡方物。开元二年,西天竺复遣使贡方物。八年，南天竺国遣使献五色能言鹦鹉。其年，南天竺国王尸利那罗僧伽请以战象及兵马讨大食及吐蕃等，仍求有及名其军，玄宗甚嘉之，名军为怀德军。九月，南天竺王尸利那罗僧伽賓多枝摩为国造寺，上表乞寺额，敕以归化为名赐之。十一月，遣使册利那罗伽賓多为南天竺国王，遣使来朝。十七年六月，北天竺国三藏沙门僧密多献质汗等药。十九年十月，中天竺国王伊沙伏摩遣其大德僧来朝贡。二十九年三月，中天竺王子李承恩来朝，授游击将军，放还。天寳中，累遣使来。

罽宾国，在葱岭南，去京师万二千二百里。常役属於大月氏。其地暑湿，人皆乘象，土宜秔稻，草木凌寒不死。其俗尤信佛法。隋炀帝时，引致西域，前后至者三十余国，唯罽宾不至。贞观十一年，遣使献名马，太宗嘉其诚款，赐以缯綵。十六年，又遣使献褥特鼠，喙尖而尾赤，能食蛇，有被蛇螫者，鼠辄嗅而尿之，其疮立愈。显庆三年，访其国俗，云："王始祖馨孽，至今曷撷支，父子传位，已十二代"。其年，改其城为修鲜都督府。龙朔初，授其王修鲜等十一州诸军事兼修鲜都督。开元七年，遣使来朝，进天文经一夹、祕要方并蕃药等物，诏遣册其王为葛罗达支特勒。二十七年，其王乌散特勒洒以年老，上表请以子拂菻罽婆嗣位，许之，仍降使册命。天寳四年，又册其子勃匐准为袭罽宾及乌苌国王，仍授左骁卫将军。乾元元年，又遣使朝贡。

又有勃律国，在罽宾、吐蕃之间。开元中频遣使朝献。八年，册立其王苏麟陀逸之为勃律国王，朝贡不绝。二十二年，为吐蕃所破。

大食国……

龙朔初，击破波斯，又破拂菻，始有米麪之属。又将兵南侵婆罗门，吞併诸胡国，胜兵四十余万。

（卷一百九十八《西戎列传》）

卅二、全唐文

答玄奘還至于闐國進表詔

闻师访道殊域，今得归还，欢喜无量！可即速来，与朕相见。其国僧解梵语及经义者，亦任将来。朕已敕于阗等道使诸国送师，人力鞍乘，应不少乏；令燉煌官司於流沙迎接，鄯善於沮沫迎接。

（卷七太宗）

答玄奘法師進《西域記》書詔

省书，具悉来意。法师夙标高行，早出尘寰。泛寳舟而登彼岸，搜妙道而闢法门。宏阐大猷，荡涤众罪。是故慈云欲卷，舒之而荫四空；慧日将昏，朗之而照八极。舒朗之者，其唯法师乎！朕学浅心拙，在物犹迷，况佛教幽微，岂能抑测。请为经题，非己所闻，新撰《西域记》者，当自披览。

（卷十太宗）

禁幻戲詔

如闻在外有婆罗门胡等，每於戏处，乃将劍刺肚，以刀割舌，幻惑百姓，极非道理，宜並发遣还蕃，勿令久住，仍约束边州，若更有此色，並不须遣入朝。

（卷十二高宗二）

檢閱新譯經論敕

大慈恩寺僧玄奘所翻经论，既新翻译，文义须精。宜令太子太傅、尚书左仆射燕国公于志宁，中书令兼检校吏部尚书南阳县开国男来济，礼部尚书高阳县开国男许敬宗，守黄门侍郎兼检校太子左庶子汾阴县开国男薛元超，守中书侍郎兼检校右庶子广平县开国男李义府，中书侍郎杜正伦等时为看阅，有不稳便处，即随事润色；若须学士，任量遣三两人。

（卷十四高宗四）

三藏聖教後序

……《大菩萨藏经》者，大觉义宗之要旨也。佛修此道，以证无生。菩萨受持，咸登不退。六波罗蜜，关键所资；四无量心，根力斯备。盖彼岸之津涉，正觉之梯航者焉。贞观中年，身毒归化。越热坂而颁朔，跨悬度以输赆。文轨既同，道路无壅。沙门玄奘振锡寻真，出自玉关，长驱柰苑，至於天竺力士生处，访获者经，归而奏上，降诏翻译，於是毕功。余以问安之暇，澄心妙法之賨，奉述天旨，微表赞扬，式命有司，缀於终卷。

（卷十五高宗五）

褒天竺國使臣詔

中天竺国大首领大野迷地罗梵摩等，殊邦慕德，重译来朝。是加褒奖，用益诚心。可果毅都尉，赐绯袍银带，放还藩。

（卷十六中宗一）

答大恒道觀主桓道彦等表敕

……顷以万几余暇，略寻三教之文。至於《道》、《德》二篇，妙绝希夷之境；天竺有空二谛，理祕真如之谈。莫不敷畅玄门，阐扬至赜。何假化胡之伪，方盛老君之宗。义有差违，文无典故。成佛则四人不同，论弟子则多闻舛互。尹喜既称成佛，已甚凭虚，复云化作阿难，更成乌合。鬼谷、北郭之辈，未践中天，舍利、文殊之伦，妄彰東土。胡汉交杂，年代亦乖。履冰而说涅槃，曾无典据；蹈火而谈妙法，有类俳优。诬诈自彰，宁烦缕说。经非老君所制，毁之则匪曰孝亏；文是鄙人所谈，除之则更彰先德。来言虽切，理实未安，宜悉朕怀，即断来表。

三藏聖教序

……大福先寺翻经三藏法师义淨者，范阳人也，俗姓张氏。五代相韩之后，三台仕晉之前，朱紫分辉，貂蝉合彩。高祖为東齐郡守，仁风远扇，甘雨随车，化阐六条，政行十部。爰祖乃父，俱厌俗荣，放旷一丘，逍遥三径，含和体素，养志恬神。摘芝秀於東山，挹清流於南涧；可谓寻幽丹峤，棲偃白云。皐鹤於是吞声，场驹以之絷影。法师幼挺明悟，夙彰聪敏。纔踰辩李之岁，心乐出家；甫过遊洛之年，志寻西国。业该经史，学洞古今。总三藏之玄枢，明一乘之奥义。既而閒居习静，息虑安禅，託彼山林，远兹尘累。三十有七，方遂雅怀。以咸亨二年行至广府，发蹤结契，数乃十人。鼓櫂昇航，惟存一己。巡南溟以遐逝，指西域以长驱。历巖岫之千重，淩波涛之万里。渐届天竺，次至王城。佛说《法华》，灵峯尚在；如来成道，圣躅仍留。吠奢城中，献盖之跡不泯；给孤园内，布金之地犹存。三道寳阶，居然目覩；八大灵塔，邈矣亲观。所经三十余国，凡历二十余载。菩提树下，屡攀折以淹留，阿耨池边，几濯缨百藻鑑。法师慈悲作室，忍辱为衣。长斋则一食自资，长坐则六时无倦。又古来翻译之著，莫不先出梵文，后资汉译。摭词方凭於学者，铨义别禀於僧徒。今兹法师，不如是矣。既闲五天竺语，又详二谛幽宗。译义缀文，咸由於己出；措词定理，匪假於旁求。超汉代之摩腾，跨秦年之罗什。所将梵本经仅百四部，合五十万颂，金刚座真容一铺，舍利三百粒，以证圣元年夏五月方届都焉。则天大圣皇帝出震膺期，乘乾握纪，绍隆为务，宏济为心。爰命百寮，兼整四众，虹幡摿日，风吹遏云，香散六铢，华飘五色，锵锵济济，炜炜煌煌，迎於上東之门，置於授记之寺，共于阗三藏及大福先寺主沙门复礼、西崇福寺主法藏等翻《华严经》。后至大福先寺，与天竺三藏寳思未多及授记寺主惠表、沙门胜庄、慈训等译《根本》部律。其大德等莫不四禅凝虑，六度冥怀，悬法镜於心台，朗戒珠於性海。词林挺秀，将觉树而聯芳；慧炬扬辉，澄桂轮而合影。浑金璞玉，谅属其人。诚梵宇之栋梁，实法门之龙象。已翻诸杂经律二百余卷，缮写云毕，寻並进内。其余戒律诸论，方俟后诠。五篇之教俱明，八法之因备晓。鹅珠尚护，虫命无伤。浮囊必取於不亏，油钵终朝於靡覆。崇圣教之纪纲，启含生之耳目。……

（卷十七中宗二）

大寳積經序

朕闻天之为大也高，上下之容可纪；地之为大也广，纵横之数可推。则知无去无来，不生不灭。拯沈沦於沙劫，救焚灼於尘区。毒龙惧其威光，醉象惮其神力。其大则包於宇宙，其小则隐於毫芒。七十二君，先在陶钧之内；万八千载，即为俄顷之间。汉日载其通晖，周星彰其降诞。鹫头峯下，演金口之微言；雞足山中，舒玉毫之瑞色。干戈不用，梵志摧锋；甲胄无於，波旬溃旅。闢圆明之淨域，启方便之禅门。慧晷耀於昏衢，慈云清於朽宅。无得而称者，其惟正觉乎！然则教自西方，法流東夏。马鸣龙树，肇阐琼编；罗什道安，承宣寳偈。关中道俗，虽传贝叶之文；江左黎元，未极莲华之旨。又以元魏迷於释典，宇文扇於魔风，开皇之初，暂为修建，大业之末，遽即分崩。我大唐之有天下也，睿圣重光，文思御历，吞沙静孽，鍊石称神，巢、燧执鞭，羲、农拥篲。悬法王之镜，转梵帝之轮。被正朔於蟠桃，混车书於细柳。三藏沙门菩提流志者，南天竺国淨行婆罗门种姓迦叶氏也。年十有二，外道出家，事波罗奢罗，学声明、僧法等伦并历数、咒术及阴阳等。年踰耳顺，遽乃心歸，知外法之乖违，悟释教之深妙。隐居名嶽，积习头陀。初就耶舍瞿沙三藏学经论，其后徧遊五天竺国。高宗天皇大帝闻其远誉，挹其道风，永淳二年，遣使迎接。天后圣帝应乾司契，当宁披图，令住東都，居大福先寺，译《佛境界》、《賓雨》、《华严》等经一十一部。中宗孝和皇帝，循机履运，配永登枢，神龙二年，令住京下，於大崇福寺翻译此经。俄属灵佑亏征，緜区集祸，乔嶽之仙长往，茂陵之驾不还。朕以庸虚，谬膺丕构，敬遵前旨，勗就斯编。法师寻绎故文，发挥新句，炎凉不懈，晓夕忘疲。旧翻新翻，凡有四十九会。总其部帙一百二十卷，成以先天二年四月八日，毕功进内。法师戒珠在握，慧炬明心，为法门之栋梁，启僧徒之耳目。伏愿上资七庙，八百之祚长延；下及万方，亿兆之氓恒逸。远迩宁谧，朝野欢娱。致浇俗於淳源，归迷生於寿域。暂乘紫机之暇，聊题缃帙之前。所有会名，具於其目云尔。

（卷十九睿宗二）

册箇失密國王木多筆文

维开元二十一年岁次癸酉四月丁酉朔五日辛丑，皇帝若曰：咨尔箇失密国王木多笔，於戏！奕叶归顺，远舒诚节，修职贡之礼，受蕃落之寄。时有代谢，兄亡弟袭。保界山川，辑率黎庶，国有制度，俗尚清淨，可不勉欤！今命尔为箇失密国王，恭膺册命，往钦哉。

册勃律國王文

维开元五年岁次丁巳五月庚子朔二十七日景寅，皇帝若曰：於戏！夫象贤种德，匪直诸华，开国承家，无隔殊俗。咨尔勃律国王苏弗舍利支离泥，卿历代酋渠，执心忠肃，遥申诚款，克修职贡。谢知信由其远略，郭虔瓘所以足兵，行观郁成授首，何止匈奴断臂。是用命尔为勃律国王。尔宜善始令终，长奉正朔，宁人保国，慶及苗裔，往钦哉。其光膺典册，袛朕宠命，可不慎欤！

册小勃律國王麻來兮文

於戏！王泽无偏，义宏於远迩；朝荣所厚，谅敦於款诚。咨尔麻来兮代袭君长，家传忠信。地虽限於绝域，心每归於本朝。爰逮尔躬，足继前绪。素有驭下之略，益坚奉上之心。是用册尔为勃律国王。尔其敬膺典册，无忘节义，永保土宇，以贻子孙，可不慎欤！

册罽賓國王勃匐準文

维天寶四载，岁次乙酉九月乙卯朔二十二日景子，皇帝诏曰：於戏！远方恭顺，褒锡宜优，累代忠勤，宠章斯及。咨尔罽宾国王男勃匐准，宿承信义，早竭款诚。宁彼下人，二蕃安静，继其旧业，万里来朝，秉节不踰，悬怀弥著，愿情之至，深可嘉焉。是用册命袭罽宾国王及乌苌国王，仍授右骁卫将军，往钦哉！尔其肃恭典册，保尚忠义，承膺於宠命，以率於遐蕃，可不慎欤！

册朅帥國王素迦文

於戏！赏劳之制，必崇名器；怀柔之典，无替畴庸。咨尔朅帅国王勃特没兄素迦，代竭忠诚，僻居遐裔，夙怀智识，早闻勇义。顷以勃特没於乡不孝，於国不忠，而卿报屈既深，久被沦弃。今恶党已殄，兇徒就擒，卿遂能输忠赤於朝廷，表仁惠於蕃部。永言効节，宜膺旌赏。是用册尔为朅帅国王，尔其丕荷国恩，克修蕃礼，子孙万代，长保宠荣。岂不美欤！可不慎欤！

（卷二十九元宗二十）

賜小勃律國王難泥書

惟尔代雄荒服，为国藩卫，居万里之外，竭一心之忠。用能潛应王师，克翦悖寇。葱河失险，青海无波，使我威灵远加，由尔诚节克著，言念功效，歎美良深。今册尔为本国王，并赐衣带，至宜领取。

（卷四十元宗二十一）

追贈不空和尚詔

大道之行，同合於異相。王者至理，总归於正法。方化成之齐致，何儒释之殊途。故前代帝王，罔不崇信，法教宏阐，与时偕行。特进试鸿胪卿大兴善寺三藏沙门大广智不空，我之宗师，人之舟楫。超诣三学，坐离於见闻；修持万行，常示於化灭。执律舍缚，护戒为仪。继明善教之志，来受人王之请。朕在先朝，早闻道要，及当付嘱，常所归依。每每执经内殿，开法前席。凭几同胶序之礼，顺风比崆峒之问。而妙音圆演，密行内持，待扣如流，自涯皆悟。涤除昏妄，调伏魔宼。天人洗心於度门，龙鬼受职於神印。固以气消災厉，福致吉祥，实惟宏我之多，宁止利吾之美。当有命秩，用伸优礼。而得师为盛，味道滋深，思复强名，载明前志。夫妙界有庄严之士，内品有果地之仪。本乎尚德，敬顺时典，可开府仪同三司，仍封肃国公，赠司空。謚曰：大辩正广智不空三藏和尚。

（卷四十七代宗二）

新翻護國仁王般若經序

皇矣至觉，子於元元。截有海以般若之舟，翦稠林以智慧之劒。绵络六合，罗罩十方，宏宣也深，志广也大。自权舆天竺，泳沫汉庭，行无缘之慈，纳常乐之域。信其博施，倾芥城而逾远；仰夫湛寂，超言象之又元。五始不究其初，一得罔根其本，以彼取此，何其辽哉！朕忝嗣鸿休，丕承大寳。轸推沟以夕惕，方撤枕而假寐。夫其镇乾坤，遏寇虐，和风雨，著星辰，与物无为，乂人艰止，不有般若，其能已乎？嘗澡身定泉，宅心祕道，缅寻龙宫之藏，稽合鹫峯之旨，懿夫护国，实在兹经。窃景行於波斯，庶阐扬於调御。至若高张五忍，足明恻隐之深，永祛众难，实惟化清之本。名假法假，心空色空。推之於无，则境智都寂；引之於有，迺津梁不穷。思与黎烝，共臻实相，而缇紬贝叶，文字参差，東夏西天，言音讹谬。致使古今翻译，清浊不同，前后参详，轻重匪一。其犹大辂，终继事而增华；譬彼坚冰，始积水而非厉。先之所译，语质未融，披读之流，临文三覆，凡诸释氏，良用慨然。先圣翘诚玉毫，澹虑真境，发挥满教，搜缀缺文。诏大德三藏沙门不空推校详译，未周部卷。三藏学究二谛，教传三密，义了宗极，伊成字圆。褰裳西指，汎杯南海，影与形对，勤将岁深。妙印度之声明，洞中华之韻曲。甘露沃朕，香风袭予。既而梵夹远赍，洪钟待扣。佇延吹万之籁，率训开三之典。朕哀缠栾棘，悲感霜露。捧戴遗诏，不敢怠遑。延振锡之羣英，终为山之九仞。开府朝恩，许国以身，归佛以命，弼我真教，申夫妙门。爰令集京城义学大德良贲等、翰林学士常衮等於大明宫南桃园详译《护国般若》毕，並更写定《密严》等经。握槧含毫，研精赜邃，曩者讹略，刊定较然，昔之沈隐，鉤索焕矣。足可悬诸日月，大烛昏衢，润之云雨，横流动植。伏愿上资仙驾，飞慧云於四天；迥出尘劳，蹑金莲於十地。朕理昧幽关，文惭丽则，见推序述，惋抚空怀。聊纪之於首篇，庶克开於厥后，将发皇永永，可推而行之。时旃蒙岁木堇荣月也。

密嚴經序

朕闻西方有大圣人焉，演不言之言，垂无教之教，启迪权实，发披声瞽。迁其善者，不疾而速，阶其益者，即圣自凡。击蒙求于娑婆邱陵，示达观于密严世界。匪染淨在我，实是非游，而楚越生于念中，盈缺顿于目下，彼鱼藏鸟逝，其若是乎！钦哉《密严》，迹超三有，量同乎法界，相离于极微，非声闻之所闻，岂色见之能见。訔洁己至妙，允恭付嘱，是欲泉静识浪，珠清意原，穷赖邪能变之端，照自觉湛然之境。深诣心极，其惟是经。夫翻译之来，抑有由矣。虽方言有異，而木质须存。此经梵书，並是偈颂，先之译者，多作散文。蛇化为龙，何必变於鳞介；家成於国，宁即改乎姓氏！矧讹略轻重，或有異同，再而详悉，可为尽善。大兴善寺三藏沙门不空，像教栋梁，爱河舟楫，戒珠在握，明镜入怀。雪涉云征，穷鹿野之真谛；帆飞海宿，究马鸣之奥旨。声该八转，言善两方，足可窥鉴阙如，抑扬了义。诏令集京城义学沙门飞锡、翰林学士柳抗等，详译斯文及《护国经》等，对执贝多，翻诸简牍，凭其本夹，依以颂言。太羹之味不遗，清月之魄恒满，岂不美欤！岂不美欤！朕词乏清华，文非遒丽，志流衍於祕赜，将布濩於无穷。聊课虚怀，序之篇首云尔。

（卷四十九代宗四）

答好心[1]表進經帙詔

① 据《宋高僧传》卷2般剌若传，北天竺沙门般剌若是德宗代神策军正将罗好心的表弟。

卿之表弟，早悟大乘，远自西方，来遊上国。宣六根之奥义，演双树之微言。念以精诚，所宜钦重，是令翻译，俾用流行。卿夙慕忠勤，职司禁卫，省览表疏，具见乃怀。所谢知。

（卷五十二德宗三）

大乘理趣六波羅密多經序

大朴既散，有为遂作。名利牵乎伐，巧智丧乎真。爱恶攻乎性情，因缘坚其染习。内则百虑无节，外则六根竞诱。天理灭而莫知，道源迷而忘返。沦溺苦海，劫尽还初。惟至人了万物之宗，越三界之表；廓独立而不改，徧诸有而常然。故能开导羣疑，济拔流品。《六波罗密多经》者，众法之津梁，度门之圆极也。昔日月灯明如来为菩萨说：历劫旷远，真偈寂寥。文殊师利於耆闍会中，尝与弥勒菩萨语及其事，成一切种智，会无量义因。唯佛能知，惟佛能说。教必有主，其在兹乎？是以释迦如来，为法而生，俟时而现。三身不異，故处代而常离；万行无修，故随方而自在。运慈悲之力，开摄护之门。因其六尘，示之六度，导於法分，令证法身。结习纷纶，乘理而悟，是真般若之旨也。故有慈氏善问，大音讚言。天垂竇华，云集仙盖，甘露流液，光明烛幽。使迷方浅深，皆得自然之慧；恒沙亿众，能通般若之知。尝试论之：先儒有言，诚者自成，而道自道也。夫诚己於内，则不勉而中，不思而得；诚物於外，则不言而应，不为而成。其内者证法之身，其外者大悲之力。德产之致也密，化育之功也大。春风发吹，万类咸滋；旭日昇昼，羣阴尽释。乾坤易简之道，是则大同；神明幽赞之情，孰云区别！殊涂一致，其理故然。朕虔奉丕图，保乂蒸庶。思建皇极，以升大猷。遐想灵蹤，期於叶契。而舍城妙说，久祕梵文，徒怀泻缾，未启遗夹，微言不昧，将或起予。於是罽宾沙门般若受旨宣扬，光宅沙门利言为之翻译。时大德则资圣寺道液、醴泉寺超悟、慈恩寺应真、庄严寺圆照、光宅寺道岸、西明寺圆照、翛空、良秀等，法门领袖，人中龙象，证明正义，辉润元文。知释迦之賨城，识众尊之满字。以贞元四年岁次戊辰十二月二十八日，於西明寺译成上进，凡一部十卷。龙神翼卫，如从金口之传；梵众护持，无異毫光之现。朕斋心涤虑，仰味宗源，闻所未闻，实为希有。然以汲引之旨，流布为先，庶凭真诠，永济浮俗。聊因暇日，三复斯经。虽法海甚深，而波流不让。举其梗槩，昭悟将来。

（卷五十五德宗六）

大乘本生心地觀經序

噫！夫物我既殊，嗜欲方炽。六限陷因缘之境，七情奔利害之场。盖缠其真，执缚於妄，爱恶攻内，纷华荡前，心类腾猿，身若狂象。岂复悟菩提之性，息尘埃以自明；了真如之理，本空寂而为乐。不有妙觉，其孰拯斯溺乎？由是至人开法，大士传教，济羣迷於彼岸，澌诸妄於此门。不灭不生，视色空而俱泯；无来无去，观性相以皆如。然则泯色空者，非言无以极其致；如性相者，非文无以会其归。设此筌蹄，纳诸逵路。此盖西方神人之大教也。《大乘本生心地观经》者，释迦如来於耆闍崛山与文殊师利弥勒等诸大菩萨之所说也。其梵夹，我烈祖高宗之代，师子国之所献也。賨之历年，祕於中禁。朕嗣守丕业，虔奉昌图。听政之暇，澡心於此。以为摄念之旨，有辅於时；潜道之功，或裨於理。且大雄以慈悲致化，而朕生而不伤；法王以清淨为宗,而朕安而不扰。敷教於下,用符方便之门;励精以思,是叶修行之地。无为之益,不其至乎?夫如是,得不演畅真宗,阐宏奥义者也。乃出其梵本於醴泉寺,诏京师义学大德罽宾三藏般若等八人翻译其旨,命谏议大夫孟简等四人润色其文。列为八卷,勒成一部。如来祕藏,历尘劫而初开;大乘真理,超沙界而方证。烛其昏昧,示以津梁。俾披阅之者甘露洒於心田,晓悟之者醍醐流於性境。嗟嘆不足,披翫岂忘,亦既书写,聊为序引。虽离诸文字,讵假发挥,而启其宗源,式存年代。时我唐御天下一百九十有四年也。

(卷六十三宪宗八)

方廣大莊嚴經序

朕闻真空无象,非象教无以译其真;实际无言,非言绪无以诠其实。是以宠宫法镜,圆照匝於三千;鹫岭元门,方广周於百亿。师无师之智,必藉修多;学无学之宗,终资祇夜。自金人感梦,賨偈方传。贝叶灵文,北天之训逾远;贯华微旨,西秦之译更新。大乘小乘,逗根机而演教;半字满字,逐权实而相晓。叡唐御寓,载叶昌期,代传三圣,年将七十。舜河与定水俱清,尧烛与慈灯並照。缁衣西上,宁惟法显之流;白马東来,岂直摩腾之辈?大宏释教,谅属兹辰。朕爰自幼龄,归心彼岸。务广三明之路,思崇八正之门。往者夙搆闵凶,遽违严荫;近以孝诚无感,复背慈颜。露草之恨日深,风树之悲镇切。凡是二亲之所蓄用,两京之所旧居,莫不总结招提之宇,咸充无尽之藏。仍集京城大德等凡有十人,共中天竺国三藏法师地婆诃罗,於西太原寺同译经论。法师等並业鄰初地,道驾弥天,为佛法之栋梁,乃慧海之舟檝。前后翻译,凡有十部。以垂拱元年,岁次大梁,月旅夷则,汗青方就,装缥毕功。《甘露》之旨既深,《大云》

之喻方远。庶永垂沙劫，广济尘区。传火之义自明，泻瓶之辩逾润。朕以虚昧，钦承顾託。常愿绍隆三寶，安大寳之鸿基；发挥八圣，固先圣之丕业。所以四句微言，极提河之深致；一音妙义，尽庵园之奥旨。击大法鼓，响振於无間；吹大法螺，声通於有顶。为闇室之明炬，实昏衢之慧月。菩提了义，其在兹乎！部帙条流，列之於后。

大周新譯大方廣佛華嚴經序

盖闻造化权舆之音，天道未分；龜龙繋象之初，人文始著。虽万八千岁同临有截之区，七十二君讵识无边之义。由是人迷四忍，轮迴於六趣之中；家缠五盖，没溺於三途之下。及夫鷲巖西峙，象驾東驱，慧日法王，超四大而高视；中天调御，越十地以居尊。包括铁围，延促沙劫。其为体也，则不生不灭；其为相也，则无去无来。念处正勤，三十七品为其行；慈悲喜舍，四无量法运其心。方便之力难思，圆对之机多绪。混太空而为量，岂算数之能穷；入纖芥之微区，匪名言之可述。无得而称者，其唯大觉欤！朕曩劫植因，叨承佛记。金山降旨，《大云》之偈先彰；玉扆披祥，《寳雨》之文后及。加以积善余庆，俯集微躬。遂得地平天成，河清海晏。殊祥绝瑞，既日至而月书；贝牒灵文，亦时臻而岁洽。踰海越漠，献赆之礼备焉；架险航深，重译之词罄矣。《大方广佛华严经》者，斯乃诸佛之密藏，如来之性海。视之者莫识其指归，挹之者罕测其涯际。有学无学，志绝窥覦；二乘三乘，宁希听受。最胜种智，庄严之跡既隆；普贤文殊，愿行之因斯满。一句之内，包法界之无边；一毫之中，置刹土而非隘。摩竭陀国，肇兴妙会之缘；普光法堂，爰敷寂灭之理。缅惟奥义，译在晉朝，时踰六代，年将四百。然一部之典，纔获三万余言，唯启半珠，未窥全寳。朕闻其梵本，先在于阗国中，遣使奉迎，近方至此。既覩百千之妙颂，乃披十万之正文。粤以证圣元年，岁次乙未，月旅姑洗，朔惟戊申，以其十四日辛酉，於大徧空寺亲受笔削，敬译斯经。遂得甘露流津，预梦庚申之夕；膏雨洒润，后覃壬戌之辰。式开实相之门，还符一味之泽。以圣历二年岁次己亥十月壬午朔八日己丑，缮写毕功。添性海之波澜，廓法界之疆域。大乘顿教，普被於无穷；方广真诠，遐该於有识。岂谓后五百岁，忽奉金口之言；娑婆界中，俄启珠函之祕。所冀阐扬沙界，宣畅尘区，並两曜而长悬，弥十方而永布。一窥寳偈，庆溢心灵；三复幽宗，喜盈身意。虽则无说无示，理符不二之门；然因言顯言，方阐大千之意。辄申鄙作，爰题序云。

三藏聖教序

盖闻大乘奥典，光祕赜於琼编；三藏元枢，著灵文於寳偈。斯乃牢宠繫象，演畅幽深。虽第一义空，名言之路双绝，诸法无相，听说之理兼忘；然则发启善根，实资开导，宏宣妙旨，终寄显扬。至若鹿野初开，俨尊容於常住；龙宫载闢，缄舍利於将来。所以地涌全身，为证说经之兆；空悬寳殿，爰标阐法之征。八万四千，分布阎浮之境；三十六亿，庄严平等之居。敷演一音，则随类而解；广陈三句，则劫寿难穷。自夜掩周星，宵通汉梦，玉毫流彩，式彰東渐之风；金口传芳，遂覩后秦之译。《修多》祇夜之祕躅，因缘《譬喻》之要宗。《授记》之与《本生》，《方广》之与《论议》，虽立名差别，而究理不殊；同归实相之源，並湊涅槃之会。朕幼崇释教，夙慕归依。思欲运六道於慈舟，迥超苦海；躯四生於彼岸，永离盖缠。穷贝牒之遗文，集蜂台之祕籙。今於大福先寺翻译院所更译斯经。所言《入定不定印经》者，此明退不退之心。前二后三，虽有迟速，如来设教，同趣菩提。既显神咒之功，庄严最上；爰述下生之记，说法度人。三藏法师义淨等，並緇俗之纲维，绀坊之龙象，德包初地，道轥弥天。光我绍隆之基，更峻住持之业。以久视元年岁次庚子五月五日缮写毕功，重开甘露之门，方布《大云》之荫。所冀芥城数极，鸟笔犹传；拂石年穷，树经无泯。宏济覃於百亿，迁拔被於恒沙。部帙条流，列之於左。

新譯大乘入楞伽經序

盖闻摩罗山顶，既最崇而最巖；楞伽城中，实难往而难入。先佛宏宣之地，曩圣修行之所，爰有城主，号罗婆那。乘宫殿以谒尊颜，奏乐音而祈妙法。因鬘峯以表兴，指藏海以明宗。所言《入楞伽经》者，斯乃诸佛心量之元枢，羣经理窟之妙键。广喻幽旨，洞明深意，不生不灭，非有非无。绝去来之二途，离断常之双执。以第一义谛，得最上妙珍。体诸法之皆虚，知前境之如幻。混假名之分别，等生死於涅槃。大慧之问，初承法王之旨，斯发一百八义，应实相而离世閒；三十九门，破邪见而宣正法。晓名相之並假，袪妄想之迷衿。依正智以会如如，悟缘起而归妙理。境风既息，识浪方澄。三自性皆空，二无我俱泯。入如来之藏，遊解脱之门。原此经文，来自西国，至若元嘉建号，跋陀之译未宏；延昌纪年，流支之义多舛。朕虔思付嘱，情切绍隆，以久视元年岁次庚子林钟纪律，炎帝司辰，於时避暑箕峯，观风颍水，三阳宫内，重出斯经，讨三本之要诠，成七卷之了教。三藏沙门于阗国僧实叉难陀、大德大福先寺僧复礼等，並名追安远、德契腾兰，袭龙树之芳猷，探马鸣之祕府。戒香与觉花齐馥，意珠共性月同圆。故能了达冲微，发挥奥赜。以长安四年正月十五日，缮写云毕。自惟菲薄，言谢珪璋，顾四辩而多慙，瞻一乘而罔测。难違缁俗之请，强申翰墨之文。词拙理乖，弥增愧恧。伏以此经微妙，最为希有。所冀破重昏之暗，传灯之句不穷;演流注之功,湧泉之义无尽,题目品次,列於后云。

（卷九十七武皇后三）

興聖寺主尼法澄塔銘并序

法师讳法澄,字无所得。俗姓孙氏,乐安人也。……景龙三年,大德三藏等奏请法师为绍唐寺主。勑依所请。今上在春宫,幸兴圣寺,施钱一千贯,充修理寺。以法师德望崇高,勑补为兴圣寺法师。……遂抄《华严疏义》三卷及翻《盂兰盆经》、《温室经》等。

（卷一百彭王志暕）

獅子賦

惟皇王之御历,乃承天而则大。洽至道於区中,被仁风於海外。通风穴以文轨,袭龙庭以冠带。舍夷言於藁街,陈万物於王会。渺渺地角,悠悠嶂表,有绝域之神兽,因重译而来扰。其所居也,巖磴深阻,盘纡绝峻,翠岭万重,琼崖千仞。马顿辔而莫升,车摧轮而不进。聚方服之君长,召积风而奉进。尔乃发乌弋,过白狼,蹄绝巘,跨飞梁,越流沙而遥集,超积石而高骧。……

（卷一百三十八虞世南）

大乘莊嚴經論序

臣闻天帝受无上之法,景福会昌;轮王致正真之道,神祇合德。是则圣人执契,元化潛通,至诚所感,冥功斯应。皇情西顾,法海東流,如开洪范之图,似得圆光之梦。持线妙典,发金口而祕纶言;书叶旧章,自龙宫而升麟阁。昔迦维驭世,大启法门,悬明镜於无象,运虚舟於彼岸。空有兼谢,生灭俱忘。绝智希夷之表，遗形动寂之外。然随缘利见，应跡生知。震大地而萃人天，放神光而掩日月。百亿须弥，俱霑声教；三千世界，尽入提封。愍三毒之韁锁，矜五阴之缠盖，惜飞电於浮生，歎悬藤於逝水。八关云闢，开慧识於幽途；三乘方轨，运慈心於朽宅。龙兴雾集，神动天随。大道为心，望法云而遐举；闻声悟道，渐初地而依仁。迁柰苑之乔枝，入祇园之奥室，酌智水之余润，承慧日之末光。既而税驾连河，归真双树。圣灵逾远，像教浸微，大义或乖，斯文将坠。穿凿異端，分析多绪，是末非古，殊塗别派。天亲初学之辈，尚致西河之疑；龙树究竟之俦，弥深東鲁之歎。仰惟法寳，尽谛无为，故经文云："佛以法为师。"佛从法生，佛依法住，岂止研几尽性，妙物穷神，出入无閒，包含元气而已！若夫惟天为大，寒暑运其功；谓地盖厚，山泽通其气。是以姬文以大圣之姿，幽赞易道，丘明怀同耻之德，祖述微言。诸经著论，俯同斯旨。大乘庄严论者，无著菩萨纂焉。菩萨以如来灭度之后，含章秀发，三十二相，具体而微；八千亿结，承风俱解。宏通正法，庄饰经王，明真如功德之宗，显大士位行之地。破小乘执著，成大乘纲纪。其《菩提》一品，最为微妙。转八识以成四智，束四智以具三身。详诸经论所未曾有，可谓闻所未闻，见所未见。圣上受飞行之寳命，总步骤於前王。屈天师之尊，智周万物；应人皇之运，道照之明。慈慧外宣，神机内湛。端扆而役百灵，垂拱而朝万国。弥纶造化之初，含吐阴阳之际。功成作乐，既章《韶舞》；治定制礼，言动翠华。金轮所王，封疆之固惟远；芥城虽满，龜鼎之祚无穷。光阐大猷，开导羣品，凡诸内典，尽令翻译。摩伽陀国之藏法师波罗颇伽罗密多罗，唐言明友，即中天竺刹利王之种姓也。以得大唐贞观元年十二月入京。法师戒行精勤，才识明敏，至德鄰於初果，多能亞夫将圣。继澄什之清尘，来仪上国；标生远之逸气，高步宏门。帝心简在，皇储礼敬。其博闻强记,探幽洞微,京城大德,莫不推许。粤以贞观四年,恭承明诏。又敕尚书左仆射邢国公房玄龄、散骑常侍行太子左庶子杜正伦,诠定义学。法师慧乘、慧朗、法常、智解、昙藏、智首、道岳、惠明、僧辨、僧珍、法琳、灵佳、慧赜、慧淨、元谟、僧伽等,於胜光寺共成勝业。又敕太府卿兰陵男萧璟,监掌修缉。三藏法师云:“外国凡大小乘学,悉以此论为本,若於此不通,未可宏法。”是以覃思专精,特加研究。慧淨法师聪敏博识,受旨缀元。元谟法师善达方言,又兼义解,至心译语,一无纰缪。以七年献春之始撰定斯毕,勒成十有三卷,二十四品。敕太子右庶子安平男李百药序之云尔。

(卷一百四十二李百药一)

瑜伽師地論新譯序

原夫三才成位,爰彰鬪闢之端;六羽为居,犹昧尊卑之序。讯余轨於襄陆,淪胥靡征;考陈跡於怀英,寂寥无纪。暨乎黄轩振武,元顼疏功,帝道盛於唐虞,王业著於殷夏。葳蕤玉册,照耀金图,茂范曾芬,详诸历选。然则基神袭圣,衍庆摛和,轶三代而孤标,掩百王而迥秀,我大唐皇帝无得而称矣。断鼇初载,万有於是宅心;飞龙在辰,六幽於是仰德。偃洪流而恢地络,练青气而辑天维。散服韬戈,扇无为之道;移浇反朴,宏不言之化。悠悠庶类,叶梦於华胥;蠢蠢怀生,遂性於仁寿。大礼大乐,包曲台而掩宣榭,宏谟宏典,澄璧水而藻环林。瑞露祯云,翊紫空而表贶;祥鳞庆翼,扰丹禁而呈符。岁精所记之洲,咸为疆场;暄谷所谈之县,並入提封。广闢辕宫,被文轨於殊俗;还开姬奕,均正朔於王会。大业成矣,大化清矣。於是遊於羽陵,寓情延阁。总万篋於天纵,表一贯於生知。洞照神襟,深穷性道。俯同小技,则绚发三辰;降习微毫,则妙逾八体。居域中之大寶,毕天下之能事。虽则甲夜观书，见称优洽；华旦成曲，独擅风猷。仰校鸿徽；岂可同年而语矣！有玄奘法师者，昭彰辩慧，蹑身毒之高蹤；生禀神奇，嗣摩腾之芳轨。爰初束髪，即事抽簪，迴出盖缠，深悟空假。研求四谛，嗟谬旨於真宗；钻仰一乘，鉴讹文於实相。遂乃发宏誓愿，起大悲心，思拯迷途，亲寻正教。幸属时康道泰，远安迩肃。裂裳裹足，直趋迦维。阐皇泽於遐方，征释教於前域。越葱岭之外，犹跬步而忘远；遵竹园之左，譬亲受而何殊。访道周遊，十有七载；经途所亘，百有余国。異方之语，资一音而並贯；未译之经，罄五财而毕写。若诵若阅，喻青莲之受持；半句半颂，随白马而俱反。以贞观十九年，持如来内舍利一百五十粒，佛像七躯，三藏圣教要文凡六百五十七部，还至长安。奉敕於宏福寺安置，令所司供给。召诸名僧二十一人学通内外者，共译持来之藏梵本。至二十一年五月十五日肇译《瑜伽师地论》。论梵本四万颂，颂三十二言，凡有五分宗明十七地义。三藏法师玄奘敬执梵文，译为唐语。宏福寺沙门灵会、灵雋、智开、和仁，会昌寺沙门宏度，瑶台寺沙门道卓，大总持寺沙门道观，清禅寺沙门明觉、承义笔受。宏福寺沙门宏謩證梵语。大总持寺沙门宏应正字。大总持寺沙门道宏，实际寺沙门明玉，賓昌寺沙门法祥，罗汉寺沙门慧贵，宏福寺沙门文备，蒲州栖巖寺沙门神泰，廓州法讲寺沙门道深，详证大义。本地分中五：识身相应地，意地，有寻有伺地，无寻唯伺地，无寻无伺地，凡十卷。普光寺沙门道智受旨缀文。三摩呬多地，非三摩呬多地，有心地，无地心，闻所成地，思所成地，修所成地，凡十卷，蒲州普救寺沙门行友受旨缀文。声闻地，初瑜伽种性地，尽第二瑜伽处，凡九卷，元法寺沙门元赜受旨缀文。声闻地，第三瑜伽处，尽独觉地，凡五卷，汴州真谛寺沙门元忠受旨缀文。菩萨也，有余依地，无余依地，凡十六卷，简州福众寺沙门靖迈受旨缀文。摄决择分，凡三十卷，大总持寺沙门辩机受旨缀文。摄異门分，摄择分，凡四卷，普光寺沙门处衡受旨证文。摄事分，十六卷，宏福寺沙门明濬受旨缀文。银青光禄大夫行太子左庶子高阳县开国男臣许敬宗奉诏监阅，二十二年五月十五日绝笔，总成一百卷。佛灭度后，弥勒菩萨自覩史多天宫降於中印度阿瑜陀国，为无著菩萨之所说也。斯固法门极地，该三藏之遗文；如来后心，畅五乘之奥旨。元宗微妙，不可思议。僧徒並戒行圆深，道业贞固，欣承嘉召，得奉高人，各罄幽心，共稟新义。功毕奏上，有感宸衷。曲降殊思，亲裁鸿序。情超繫象，理绝名言。皇太子分耀黄离，缵基青陆。北摇传乐，仰金声而窃媿；東明御辩，瞻玉裕而多慙。九载勤经，汉储斯陋，一朝成赋，魏两韬英。既覩天文，顶戴无已，爰抽祕藻，讚歎功德。行二圣之僊词，阐三藏之幽键。载扬佛日，永导元津。开夏景於莲华，法流逾洁；泛春光於贝叶，道树增荣。俾夫圣藻长悬，与天地而无极；真如广被，随尘沙而不穷。凡厥含灵，知所归矣。

（卷一百五十二许敬宗二）

因明注解立破義圖序

盖闻一消一息，范围天地之仪；大哉至哉，变通爻画之纪。理则未宏於方外，事乃犹拘於域中。推浑元而莫知，穷阴阳而不测。岂闻象繫之表，犹开八正之门；形器之先，更宏二智之教者也。故能运空有而双照，冥真俗而两夷；泛六度於爱河，驾三车於火宅。是知法王法力，超羣生而自在；自觉觉人，推众魔而独悟。业运将启，乃雷震而电耀；化缘斯极，亦火灭而薪尽。观其应跡，若有去来；察此真常，本无生住。但以宏济之道，有缘斯应；天祚明德，无远不臻。是以萌蔕畴昔，神光聊见於曩时；祥瑞有归，淨土咸歎於兹日。伏惟皇唐之有天下也，运金轮而临四有，握璿极而抚万方。耀慧日於六天，蒸法云於十地。西越流沙，遂荒妙乐之地；東渐於海，奄有欢喜之都。振声教於无边，通车书於有顷。遂使百亿须弥，既咸颁於望秩；三千法界，亦共沐於皇风。故令五印度国，改荒服於稾街；十八韦陀，译梵文於祕府。乃有三藏玄奘法师者，所谓当今之能仁也。聪慧夙成，该览宏赡，德业纯粹，律禁翘勤。实三寳之栋梁，四众之纲纪者也。每以释教東迁，为日已久；或恐邪正杂扰，水乳不分。若不稽实相於迦维，验真交於摩竭，何以成决定之藏，为毕竟之宗者乎？幸逢二仪交泰，四海无尘，遂得拂衣元漠，振锡葱岭。不由味於拘酱，直路夷通；岂藉佩於杜衡，遥途近易。於是穷源河於西域，涉河水於東维，採贝叶於鹫山，窥金文於鹤树。所历诸国，百有余都；所获经论，向七百部，並传以藩驿，聿归上京。因得面奉圣颜，对扬宗极。此《因明论》者，即是三藏所获梵本之内之一部也。理则包括於三乘，事乃牢笼於百法。研机空有之际，发挥内外之宗。虽词约而理宏，实文微而义显。学之者当生不能窥其奥，游之者数载不足测其源。以其众妙之门，是以先事翻译。其有神泰法师、靖迈法师、明觉法师等，並以神机昭晰，志业兼该，精习羣经，多所通悟。皆蒙别勅，追赴法筵，遂得函丈，请益执卷，承旨。三藏既善宣法要，妙尽幽深。泰法师等是以各录所闻，为之义疏。诠表既定，方拟流通，无缘之徒，多未闻见。复有栖元法师者，乃是才之幼少之旧也。昔栖遁於嵩岳，尝枉步於山门，既篮仕於上京，犹曲睠於穷巷。自蒙修摄，三十余年，切怛之诚，二难具尽。然法师节操精洁，戒行冰霜，学既昭达於一乘，身乃阙一字局於十诵。才既覩其清苦，时以开遮折之。但以内外不同，行已各異，言戏之间，是非锋起。师乃从容谓才曰："檀越复研味於六经，探赜於百氏。推阴阳之僁伏，察律吕之忽微。又闻生平未见太元,诏问须臾即解;由来不窥象戏,试造旬日复成。以此有限之心,逢事即欲穿凿。但以佛法玄妙,量谓未与彼同。虽复强学推寻,恐非措心之所。何因今将内论翻用见讥者乎?”法师后逢《因明》创行,义趣幽隐,是以先写一通,故将见遗,仍附书云:“此论极难,深究元妙,比有聪明博识,听之,多不能解。今若复能通之,可谓内外俱悉矣。”其论既近至中夏,才实未之前闻,耻於被试,不知为复,强加披阅。於是依极成而探义深,凭比量而求微旨,反覆再三,薄识宗趣。后复借得诸法师等三家义疏,更加究习。然以诸法师等难复序致众富,文理会通,既以执见参差,所说自相矛盾。义既同禀三藏,岂合更开二门。但由衅发萧牆,故容外侮闚测。然佛以一音演说,亦许随类各解,何必独简白衣,不为众生之例!才以公务之余,辄为斯注。至於三法师等所说,善者因而成之,其有疑者,立而破之。分为上、中、下卷,号曰《破注解》。其间墨书者即是论之本文,朱书者以存师等旧说。其下,墨书注者是才今之新撰,用决师等前议,凡有四十余条。自郐已下,犹未具录,至於文理隐伏,稍难见者,乃画为义图,共相比较。仍更别撰一方丈大图,独存才之近注。论既外无人解,无处道听途说。若言生而知之,固非才之望也。然以学无再请,尚曰传灯,闻一知十,方称殆庶。况乎生平不见,率尔辄事含毫。今既不由师资,注解能无纰紊?窃闻雪山夜叉说生灭法,丘井野兽,叹未曾有。苟令所言合理,尚得天仙归敬,才之所注,庶几於兹。法师等若能忘狐鬼之微陋,思句味之可尊,择善而从,不简真俗,此则如来之道不坠於地。宏之者众,何常之有,必以心未忘於人我,义不察於是非。才亦扣其两端,犹拟质之三藏。

(卷一百六十吕才)

猩猩銘并序

……尔西国胡人取其血染毳罽，色鲜不黯。或曰：若刺其血问之："尔与我几许？"猩猩曰："二升。"果足其数。若加之鞭捶而问之，则随所加而得，至於一斗。弗如此，未肯顿输。……

（卷一百六十八裴炎）

益州多寶寺道因法師碑文并序

……既而清猷远畅，峻业遐昭，遂简宸衷，乃纡天绂。追赴京邑，止大慈恩寺，与玄奘法师证释梵本。奘法师道轶通贤，德鄰将圣。竭遊天竺，集梵文而爰止；旋谒皇京，奉纶言而载译。以法师宿望，特所钦重，琐义片词，咸取刊证。斯文弗坠，我有其缘。

（卷二百一李俨）

玄策，贞观十二年为右卫率府长史，使西域，为中天竺所抄掠，玄策发吐蕃兵破之。龙朔中，官左骁卫长史。

議沙門不應拜俗狀

自佛教之兴，始於天竺，臣经三使，颇有见闻。臣闻，输头檀王是佛之父，摩诃摩耶是佛之母。僧优波離者，本王家仆隶，王亲遍礼，敬同於佛。臣又见彼国僧尼，法不拜诸天神祠，亦不拜君王父母，君王父母皆礼僧尼及诸道众。臣经难彼僧曰："此之仆隶，始落髮披缁，殊无所失，即令君父致敬，大不近人情。"僧对曰："虽初薙髮，形已同佛，复能震动魔宫，虽曰无知，岂不如泥木？泥木一立为主像，纵博通贵胜，得不致敬？僧不拜俗，亦已明矣。"一，臣又亲难彼僧曰："《维摩经》比丘亦礼维摩诘足，《法华经》僧行普敬。此二经文，拜俗明矣，何因比丘得不拜尊者？”僧曰：“佛制律经，乃是僧尼常轨。其《维摩经》比丘荷法，暂行曲礼；《法华经》大士一时别行，何得以权时别行，乱兹恒典？”臣深然之。臣闻妻死鼓盆，环屍而歌，此亦一时别行，岂得预於丧服之制？一，臣於天竺经理天像，彼王乃笑而问曰：“使等並是优婆塞，何因礼天？”臣问所由，答曰：“此优婆塞法不礼天。昔迦贰色迦王受佛五戒，亦礼天像，像皆倒地。后至日天祠，事天者恐王至礼天像倒，遂将佛像密置天顶。王三礼不倒，王怪令检，於天冠内得一佛像，王甚大喜。歎佛神德，嘉其智慧，大赏封邑，至今见在。”又云：“有外道受佛五戒，但供养天祠而不顶礼。王责不礼之罪，白王曰：‘小子岂敢辞礼？礼恐损天。’王曰：‘天损不关你事。’彼即礼拜，天像遂碎。五戒优婆塞尚不得礼天，况具戒僧尼而令拜俗！”臣玄策言：“臣闻百王布轨，但礼制於寰中；大觉垂教，乃津梁於域外。莫不资真人以易俗，赖高僧以移风。遂得谧四海之波涛，脱三界之尘俗。故汉帝不屈於河上，轮王遍礼於沙弥，此则道俗殊途，岂得内外同贯？教许黄冠之辈，遊一道於寰中；缁衣之徒，驾五乘於方外。因循既久，助化益深，草偃风行，其来尚矣。臣闻圣人无常师，以主善者为师；圣人无常心，以百姓心为心。兆庶曩昔敬信归依，今议令拜君父，实乖主善百姓之心。況袈裟異华俗之服，髡削非章甫之仪，崇之则福生，卑之则罪积，共知拜君无益於国，拜父不利於亲。臣如寝莫不言，岂得为忠为孝？臣望随旧轨，请不改张，同太宗文皇帝故事，依前不拜。谨议。”

（卷二百四王玄策）

爲百官賀千葉瑞蓮表

臣等谨按《华严经》云，莲花世界是卢舍郁佛成道之国，一莲花有百亿国。《无量清淨经》云，无量清淨佛七寶池中生莲花上。夫莲花者，出尘离染，清淨无瑕。有以见如来之心，有以察如来之法，道之行也。

（卷二百十八崔融）

爲留守作賀崛山表

臣闻山川变见，如来有得道之祥；国土远移，至人任不思之力。伏惟皇帝陛下，宏惠福深，勤人愿满。莲花授记，应上圣之降生；贝叶开图，握大雄之寶命。司户参军孙履直伏承臣奏所部万年县新出庆山醴泉，乃有天竺真僧於春首献状。若以梵音所记，此是祇闍山。恒河沙佛，必经林下。虚空众圣，常处巖閒。隐见外方，湧秀中土。岑泉可识，体类宛然。感应十号之尊，示见千轮之主。此实天威无碍，地寶有归，化焜燿於裁成，理窈冥於言说。但瞻三山丹壁，奄灵鹫而飞来；三泉渌池，逐神龙而吐沃。峰高八百，协周室之隆基；地得万年，祈皇灵之资始。儒书分载，望偈希闻。加以坚固开林，吉祥被草，重花瑞杏，藻岫红源，九类嘉禾，葱峦黛壑。原临白鹿，识鹿苑之仙游；路迩朱城，悟王城之钟听。方俟迴舆雪岭，压春积於羣臣；沈璧天池，荫靈枝於下国。吹法螺而朝玉帛，乘瑞象而会天人。溢宇流观，殊鄰浃庆。臣守符京郡，奉神嶽於郊畿；係叶皇柯，仰慈云於油露。喜抃之极倍。

（卷二百二十二张说二）

爲河内郡王武懿宗平冀州賊契丹等露布

……臣又遣前军总管忠武将军行左卫翊府中郎将上柱国定阳郡开国公杨元基、……右豹韬卫柔遠府长史上果毅吐火罗泱斯、右金吾卫果毅执失守直、右鹰扬郎将员外置同正阿所那、左玉钤卫长上借绯金元济、東天竺国王子僧伽仗摩、……

前冀州堂阳县丞温侍礼、别勅行人白君啓等略其西南，或折冲其前，或乘蹑其后。整貔貅之佐，奋猛毅之伦。长戟林迴，高旗云橈。贼党罄穷漏急，命窄途殚。执无全之心，投必死之计。……

（卷二百二十五张说五）

大唐西域記序

若夫玉毫流照，甘露洒於大千；金鏡扬辉，薰风被於有截。故知示现三界，粤称天下之尊；光宅四表，式标域中之大。是以慧日沦影，像化之跡東归；帝猷宏阐，大章之步西极。有慈恩道场三藏法师，讳玄奘，俗姓陈氏，其先颍川人也。帝轩提象，控华渚而开源；大舜宾门，基历山而耸构。三恪照於姬载，六奇光於汉祀。书奏而承朗月，遊道而聚德星。纵壑骈鳞，培风齐翼。世济之美，郁为景胄。法师藉庆诞生，含和降德，结根深而莅茂，道源浚而灵长。奇开之岁，霞轩月举；聚沙之年，兰薰桂馥。洎乎成立，艺殚坟素。九皋载响，五府交辟。以夫早悟真假，夙照慈慧，镜真筌而延伫，顧生涯而永息。而朱绂紫缨，诚有界之徽网，寳车丹枕，实出世之津途。由是摈落尘滓，言归闲旷。令兄长寂法师，释门之栋干者也。擅龙象於身世，挺鶖鹭於当年。朝野挹其风猷，中外羡其声采。既而情深友爱，道穆天伦。法师服勤请益，分阴靡棄。业光上首，擢秀檀林，德契中庸，腾芬兰室。抗策平道，包九部而吞梦；鼓枻元津，俯四韋而小鲁。自兹徧遊谈肆，载移凉燠。功既成矣，能亦毕矣。至於泰初日月，烛耀灵台；子云鑋帨，发挥神府。於是金文暂启，伫秋驾而云趋；玉柄纔撝，披雾市而波属。若会斲轮之旨，犹知拜瑟之微。以泻瓶之多闻，泛虚舟而独远。迺於轘辕之地，先摧鍱腹之夸；井络之乡，遽表浮杯之異。远迩宗挹，为之语曰：昔闻荀氏八龙，今见陈门双骥。汝颍多奇士,诚哉此言。法师自幼迄长,遊刃元籍。名流先达,部执交驰,趋末忘本,摭华捐实。遂有南北異学,是非纷纠。永言於此,良用怃然。或恐传译踳駮,未能筌究,欲穷香象之文,将罄龙宫之目。以绝伦之德,属会昌之期,杖锡拂衣,第如遐境。於是背元灞而延望,指葱山而矫跡。川陆緜长,备尝艰险。陋博望之非远,嗤法显之为局。遊践之处,毕究方言,鐫求幽赜,妙穷津会。於是词发雌黄,飞英天竺;文传贝叶,聿归震旦。太宗文皇帝金轮纂御,寶位居尊。载伫风徽,召见青蒲之上;迺春通识,前膝黄屋之閒。手诏绸缪,中使继路。俯摛睿思,乃製三藏圣教序,凡七百八十言。今上昔在春闱,裁《述圣记》,凡五百七十九言。启元妙之津,书揄扬之旨。盖非道映雞林,誉光鹫嶽,岂能缅降神藻,以旌时秀!奉诏翻译梵本,凡六百五十七部。具览遐方異俗,绝壤殊风,土著之宜,人备之序,正朔所暨,声教所覃,著《大唐西域记》,勒成一十二卷。编录典奥,综覈明审,立言不朽,其在兹焉。

(卷一百二十五张说[1]五)

① 按章巽校点的《大唐西域记》(1977年上海人民出版社版),张说係于志宁之误。

大衍歷序

……臣说奉诏金门,成书册府。先有理历陈景、善筭赵昇,首尾参玄之言,接承转筹之意。因而缉合编次,勒成一部,名曰《开元大衍历》,经七章一卷,《长历》三卷,《历议》十卷,《立成法》十二卷,《天竺九执历》一卷,《古今历书》二十四卷,略例奏章一卷,凡五十二卷,所以贯三才,周万物,穷数术,先鬼神。称制曰者,即圣人顾访之旨;标谨按者,是历家进对之辞。非轩后至圣,不启履端之业;非容成诣极,不就归余之经。据其图也。……

（卷一百二十五张说五）

鄎國長公主神道碑銘

……迄公主成笄之日，外除过制，内疚余哀，手写金字梵经三部，躬繡綵線佛像二铺。贝叶真偈，现心相於银鉤；莲花妙容，呈意生於玉指。孝思惟则，道远乎哉。

（卷二百三十张说十）

唐玉泉寺大通禪師碑銘並序

……自菩提达磨天竺東来，以法传惠可，惠可传僧璨，僧璨传道信，道信传宏忍，继明重跡，相承五光。乃不远遐阻，翻飞谒诣，虚受与沃心悬会，高悟与真乘同彻。尽捐妄识，湛见本心，住寂灭境，行无是处。有师而成，即燃灯佛所；无依而说，是空王法门。……

（卷二百三十一张说十一）

唐河南龍門天竺寺碑

形器分，有宰匠；名言立，有导师。上圣卓然，大仙之旨也。定融於惠，惠无不明；明證於觉，觉无不定。虚其照然观我，动以权而应物。智周斯大，功利斯远。继善者循乎业，欲仁者适乎变。业乃至於无相，变复存於有作。使因城之广，刹土之严，其来尚矣。天竺寺者，天竺王子避位出家、三藏法师寶思惟之立也。夫所宗谓道，道崇可让位，况生於佛国；所慕惟法，法住可济时，况行於人代！其吳季子、安世高之事，鲁仲尼、康僧会之徒欤？不然，何以谛俗归真，秉彝宏教之极也！故誓於東震，发自南离。藏戒珠，却商寶，陵海涨而绝云岛矣。属舸艫倾其五两,余皇折其三翼。法师于呀呷渺瀰之际,覩观世音像一躯,随而载之,凡七夕。观音则圣极於既堕,迦叶以神形於既没。海可以化为之迹变入诸身。若是乎!海本如故,则荆陷莫致瓜步。浮盃遂往,孰喻乘桴於中道,舍筏於彼岸邪?至则冕旒赞嘆,京师翕习,意吉之友而仍得自摩,睠之更生,与之纽解征而张绝绪也。始憩西明寺,译《金光明楞伽文殊师利呪藏》、《廣博严淨》、《陀罗尼》、《俗象》、《功德》、《大寳积》等经七部。顾而言曰:"机轮未兆,碍之殊域;志成已信,乘之坦涂。今微言载剔,密藏咸启,吾其往矣。"况求法不二,解空第一,竟超西阖之羣,必择東林之众。常谓洛京阙塞,山断川流,枕城池於正阳,当日月於亭午。脈脈中泻,逶迤左薄,黄道映以为界,翠屏临而见空,天下地势之寄也。故寳塔曾盘,镜龛延衺,御梯凭下,敷座因高。具次八四,方成万亿,皆默而许之,感遂通者。法师乃乱流東济,止彼香山。又於山北见龙泉二所,洞澈深浅,则铺丹孕碧,噀珠连而上跳;迴复经复,则小雨微风,点琼析而傍散。积砾摇动,光辉自然,琉璃混成,毛髮可数,法师乐之。爰创方丈,鄰于咫尺,坚持愿力,善诱檀心,皆撤无之欢豫,尽布金之须达。更于其侧造浮图精舍焉。飞观遥峙,仙茎崛起。远而趋之,虚空缥缈於其间;近而察之,岑鋆青荧於表里。羌难得而名也。景云岁辛亥月建巳日辛卯,制以法师所造寺,赐名曰天竺。维皇建极,与天比崇,教设而风靡,化行而日用。法师不忘本而遂初乎!殿中侍御史赵国李畲,字玉田,育粹含采,妙机强学。佑其垂成,宪以从事。法师即於山之東偏建丈六石龛,匪泐而攻,载追而琢。四众围绕,万人唱和,疑陇埏之朝隮,状罗浮之暗徙。则圆焰石乳,凝阴水精,香封韫玉,花洒交瓔。谅殊特也。若乃立三会,开六关,撞鸿钟,伐灵鼓,引清梵,称神咒。向之双泉,氛氲五色,云止煙绝,星流火变，亟福应而神滋焉。每熙春载阳，庶物和畅，此都人士，则填城溢陌，自北而南，遗光相涉，羣听相接，震闻乎数十里外。无不举袂阴峯，扬槐沸水，洁诚而往，修礼而去。尔其倚红树，凭丹槛，清泠窈窕，声闻下土。披光若灭，人得至天。其崇信也如彼，其安闲也如此。禅期乐淨，道讵越於身心；观岂恶器，事已冥於世界。寺之梵衆，得无量无转不退轮永於斯也。沙门圆实，密行精苦，辩才酬对，以户臣之命，功藏於宫；大夫之灵，德譔乎庙。矧夫清凉有地，常所住持，忉利为天，宛其相似。文殊以之演说，耆城因而迴向者，复何如哉！雕而颂之可也。俾宣偈曰：

洛之表兮伊之東，山有香兮泉导蒙。攒栌叠栱兮飞在空，错石雕珉兮生梵宫。乘豁险兮开素波，望参差兮图綵虹，维妙力兮归大雄。天竺之子心定惠，转轮圣王道王济。山之曲、泉之涯兮，特胜缘与宏誓。永安居而悟寂，混羣物而同契。

（卷二百五十七苏頲八）

大照禪師塔銘

……和上讳普寂，俗冯氏，长乐信都人也。……家於河南，今为河東人也。……於是贞观嵩阜，隐居半巖。……开元十三年恩诏，屈於敬爱寺宴坐。……二十七年秋七月，诲门人曰：“吾受託先师，传兹密印。远自达摩菩萨导於可，可进於璨，璨锺於信，信传於忍，忍授於大通，大通贻於吾，今七叶矣。尸波罗密是汝之师，奢摩他[①]门是汝依处。当真说实行，自证潛通。不染为解脱之因，无取为涅槃之会。”诸生殊不知其故。呜呼！八月二十日有弥留怡然，坐灭於都兴唐寺。享寿八十九，僧夏五十二。……

① 奢摩他，梵语 śamatha 的音译。古代音译或作止，止息。

（卷二百六十二李邕二）

楚州淮陰縣婆羅樹碑

观厥好德存树，爱人及乌，有情不忘，虽小可作。夫施及者也，则有宗庙加敬，墟墓增悲，覩物可怀，此事斯广。此触类者也。矧乃通感灵变，元符圣迹，根柢淨土，硕茂佛时。烛金山之秘影，聯玉毫之殊相。至若泥日法会，荼毗应身，妙有双树之间，光覆僧祇之众，安可混曜散木，比列清林，议上茅之挺生，喻坚固之神造者也！婆罗树者，非中夏物土所宜有者已。婆娑十亩，映蔚千人，密幄足以缀飞飂，高盖足以却流景，恶禽翔而不集，好鸟止而不巢，有以多矣。然深识者，虽徘徊仰止，而莫知冥植；博物者虽沉吟称引，而莫辨嘉名。华叶自奇，荣枯尝異。随所方面，颇征灵应。東瘁则青郊苦而岁不稔，西茂则白藏泰而秋有成。惟南匪他，自北常尔。或季春肇发，或仲夏萌生。早先丰随，晚暮俭若。且槁茎后吐，芬条前秀，差池旬日，奄忽齐同。无今昔可殊，非物理所测。古老多怪，时俗每惊。巫者占於鬼谋，议者惑於神树。证圣载有三藏义淨，还自西域，逮兹中休。信宿因依，斋戒瞻嘆，演夫本处，征之旧闻。原其始也，荣灼道成之际；究其来也，摧藏薪尽之余。或森列四方，或合并二体，常青不坏，应现分荣，变白有终，示灭同尽。昔与释迦荫首，今为羣生立缘。夫佛病从人，大慈感故，树萎因物，深悲理然。化能分身，半枯即是，心有合相，后茂还齐。宜其表正圣神，灵贶品彙，以变见一摄，而称讚十方者也。……

大唐泗州臨淮縣普光王寺碑

……普光王寺者，僧伽和上[①]之所经始焉。和尚之姓何，何国人，得眼入地。龙朔初，忽乎西来，飘然東化，独步三界，遍遊十方。鸟飞於空，月见於水。泥键铁锁，降伏贡高。长者锦书，散除文字。深以慾为苦器，道賨法钧。消一无於太常，越诸有於真际。岂徒福河灌顶，慈云覆身。举手而安喻四因，动足而兴复三见。或以沉香作炭，有枉言者，则诱而进之；沙末求珠，不知其量也，则呵而责之。香象之行，虽极水底；神龜之出，亦兼陆道。因如法如，自得定力；有作无作，冀是福田。尝纵观临淮，发念置寺。以慈悲眼目，信义方寸，兴广济心，仪普照佛。光相纔现，瞻仰已多，远近簪裾，往来舟楫。一归圣像，再谒真僧。作礼祈祥，焚香拔苦。触尘者庇如来之影，牵毛者荷师子之威。信施骈罗，建置周布，缭垣云矗。……

① 僧伽和上，参见本《滙篇》所收《全唐诗》卷166李白的《僧伽歌》。

嵩岳寺碑

词曰：

西域传耆闍山，世尊成道於其间。南部洲嵩岳寺，达摩传法於兹地。天之柱，帝之宫，赫奕奕兮飞九空；禅之门，觉之径，密微微兮通众圣。镇四国，定有力，开十方，慧有光。立丰碑之隐隐，表大福之穰穰。

（卷二百六十三李邕三）

潤州江寧縣瓦棺寺維摩詰畫像碑

维摩诘者，华言淨名居士也。没於妙喜之国，生於毗邪之域。大仙那提之子,常修梵行,世号白衣居士焉。故总妙圆明,现身方丈,无起无住,不去不来。空色空而取真空,灭生灭而求寂灭。或归之於无物,或得之於默然。邪正於是路殊,语言由其道断,居士之真宗也。若乃家室不离,而教传缁服;天子迴向,而身为白衣。让金粟之尊,未即如来之位;晦玉毫之相,空留长者之名。亦犹百谷之王,以下莫能大,六虚之相,居高而自卑,居士之洪谦也。若乃移外方之诸佛,一室规乎四天;对乐世之众生,一劫成乎七日。毛孔之内,鼓大海之波涛;介子之中,郁须弥之巘崿。掷世界於恒沙之外,不觉不知;摄高堂於大会之前,同瞻同仰。岚风动地,口吸莫以为难;猛火燃天,腹贮但闻其一。居士之神通也。若乃羣邪作梗,诸恶延災,众生茹焚溺之悲,含识迫伤夷之患。由是骋自在之力,纵无碍之威,破烦恼而击悭贪,斩毒蛇而擒醉象。幪幢暂建,面缚四魔,智剑纔挥,心降六贼。故使波旬振讋,不能变帝释之容;外道摧残,不能窃真如之业。居士之威力也。若乃非相成光乎是相,故见於威仪,无言假道於有言,方形於问答。宏乞食之理,须菩提但觉茫然;闻宴坐之谈,舍利佛不能加报。摩诃迦叶,息言於二乘;大目揵连,吞声於四众。亦由明镜内鉴,照之而不疲;洪锺外发,扣之而必应。是以五百弟子,同称我不堪任;二千门人,尽得无生法忍。居士之灵辨也。若乃智总大雄,心行菩萨,虽人我无相,以拯救为怀。忧本无忧,忧凡俗之忧;病本无病,病众生之病。富室贫里,等资其福田;酒肆婬房,广谈其善诱。则知去重昏之小翳,朗惠日而无私;阙一字中根之大茎,霑法雨而同润。居士之慈悲也。若乃前际后际,无昧於因缘;成时化时,不违於本愿。光严悟矣,行念其道场;新学豁然,坐知其宿命。晨持乳钵,未息粗言;中设饭盂,普均香气。有疾菩萨忧恼,於是併除;犯律比邱疑悔,由其倾盖。居士之利益也。若乃恭承父训,事方便以崇严；瞻望母仪，奉智度而资受。结齐肩於法喜，坐詠宜家；期上足於尘劳，行同入室。因风起對，共赏慈悲；他日趋庭，独推诚实。知识慕善，道品所有居先，伴侣求真，度法由其见託。居士之宗党也。若乃上栋下宇，空寂为轮奂之资，淨服名衣，慙媿入裁缝之用。开八正之路，则众马交驰；坐四禅之牀，则身心不动。智惠之果，秋垂无漏之林；淨妙之花，春发总持之苑。禅悦为味，讵假珍羞；解脱充浆，宁思玉液。奏法音之乐，则丝竹藏声；烧異品之香，则旃檀罢郁。居士之遊处也。於是随意所转，觉路遐通；应缘而摄，梁津尅济。恢勇猛之志，则火阙一字生莲；广阙一字虚之因，则水中现月。法本希有，若都优昙之花；道之将行，大备贝多之叶。举阎浮之国土，礼敬忘疲；想毗耶之人天，声尘不朽。居士之遗跡也。……

（卷二百六十六黄元之）

諫復斜封疏

……今海内咸称太平公主令胡僧慧范曲引此辈，将有误於陛下矣。

（卷二百七十七柳泽）

代國長公主碑

又於金刚三藏受陁罗尼灌顶。

（卷二百七十九郑万钧）

少林寺碑

……沙门跋陀者，天竺人也。空心玄粹，惠性淹远，传不二法门，有其深道业。缅自西域，来遊国都，孝文屈黄屋之尊，申缁林之敬，太和中诏有司於此寺处之。淨供法衣，取给公府。

法师迺於寺西台造舍利塔，塔后造翻经堂。香水成涂，金绳为约，苦心精力，俾夜作昼。多寶金身之地，不日就工；如来金口之说，连云可庇。西缘长涧，夹松柏之萧森；北拒深崖，覆筠篁之冥密。煙花浓靄，暝下天香，泉籁清音，晓传空乐，跋陁息心兹地，乐静安居，感而遂通，境来斯证。寤寐之际，若有神人致石磬一，长四尺，规制自然，声律咸具。得之河曲，空闻汉使之谈；浮於泗滨，徒入夏王之贡。管絃风夜，合清响於中天；锺梵霜晨，谐妙音於上劫。时有三藏法师勒那，翻译经论，遊集刹土。稠禅师探求正法，住持塔庙。虬箭不居，光尘易远。虹梁所指，象设犹存。……

高僧跋陁明三藏心禅，诸门弟子惠光、道房、稠禅师等精勤梵行，克传胜业。惠光弟子僧达、云隐、法上法师等十大德，亦号十英。复有达摩禅师深入惠门，津梁是寄。弟子惠可禅师等，元悟法寶，尝託兹山。……

（卷二百七十九裴漼）

大智禪師碑銘並序

皇帝降中使特加慰賵，寻策謚号曰大智禅师。即大智本行，皆悉成就，以禅师能备此本行也。禅师法轮，始自天竺达摩，大教東派三百余年，独称東山学门也。自可、璨、信、忍至大通，递相印属。大通之传付者，河東普寂与禅师二人，即東山继德，七代於兹矣。……

（卷二百八十严挺之）

敕教律國王書

敕教律国王苏没谨忚：得王斛斯表卿所与斛斯书，知卿忠赤输诚，闻有外贼相诱，执志无二。又闻被贼侵寇，颇亦艰虞，能自支持，且得退散，並有杀获。朕用嘉之。卿兄麻来兮及首领已下各量与官赏，具如别敕。今赐物三百匹，银盂瓶银盘各一，衣一副，並金钿带七事，至宜领取。夏中甚热，卿及首领以下並平安好。遣书指不多及。

敕罽賓國王書

敕罽宾国王：得四镇节度使王斛斯所翻卿表，具知好意。然事在绝域，不可预图。卿若诚心，任彼量度，事遂之日，必有重赏。朕每於远国未尝有所食言，想亦知之，勿致疑也。秋初尚热，卿及首领以下並平安好。遣书指不多及。

（卷二百八十七张九龄五）

獅子贊序

夫德之所感者深，物之所懷者远。中国有圣，占候而自来；四夷不王，征伐而难致。故绝域有来贡没羽，诸侯有不入苞茅。举其大凡，不在遐迩。顷有至自南海，厥繇西域，献其方物而师子在焉。

（卷二百九十张九龄八）

大唐故光禄大夫右散騎常侍集賢院學士贈太子少保東海徐文公神道碑銘並序

……受诏与天竺僧菩提流志译《寳积经》，及柳沖等同修姓氏系录。……

（卷二百九十一张九龄九）

大寳積經述

夫日月出矣，而辉耀十方；时雨降矣，而澡漉万物。況我身常乐，湛虚空之相；妙觉圆明，融心行之本。唯皦唯昧不生不灭者哉！是以闢无学之地，聿修伽蓝；启息言之津，亶作罗柰。智胜菩萨起方便之缘，淨居天人发成就之力。称谓所绝者，其第一义乎？自恆星夜掩，仙虹昼烁，青钵传其睟容，寳棺现其金臂。法山摧仞，拂魔箭於危屏；直水横流，击慈航於彼岸。乌虖！妙藏不可以常祕，成轮不可以终韰。虽双林下硅示於泥洹，逮一千年遹被於声教。龙持贝叶，亟传摩竭之城；象负莲华，遂满真丹之境。三十七品慈悲於火宅，一十二经引喻於妙界矣。《大寳积经》者，后汉迦叶摩腾、竺法兰及今朝元奘法师、菩提流志等咸自西天竺所致也。如来昔在鹫峯，利建平等。金口注海，酌之而不竭；寳言如纶，振之而有绪。炯兹瑞宪，久翳鸿都，原蹙屡非，市朝多变。历代徇齐之主，竞兴参译；跋陁授记之言，罕能丕就。洎我唐之有天下也，功横铁围，化緜忉利，苑禦千界，提封万刹。张四摄之扉，广纳诸有；骋六通之骥，冥济羣惑。太上皇以泽深智海，掌耀禅珠；神皇帝以勋格梵宫，胸悬法印。肃敷元诰，昭洒鸿波，历选缁徒，明敭列寀，博考同異，聿兴刊缉，勇振颓纲，严持绝纽。爰有沙门大德思忠，東天竺国婆罗门大首领臣伊舍罗等译梵文者，求善住缘，悟无生忍，博闻强识，精而译之。复有天竺沙门波若屈多、沙门达摩证梵义者，开忍辱场，破烦恼众，弼诸神侣，明而辨之。复有沙门大德履万、宗一、普敬、慧觉等笔授者，令问孔昭，威仪不忒，手渥仙札，受而字之。复有沙门大德深亮、胜庄、尘外、无著、慧迪等证义者，国之大师，佛之右臂，探诸了义，演而证之。复有大德沙门承礼、云观、神暕、道本等次文者，庇影多林，息肩香窟，勤修精进，纂而次之。复有润文官者，银青光禄大夫郃王传、上柱国固安县开国伯卢粲、银青光禄大夫太子詹事崇文馆学士兼修国史上柱国東海县开国公徐坚、朝议大夫守中书舍人崇文馆学士上柱国、野王县开国男苏晋、朝议郎给事中内侍奉崔璩等，位列凤池，声流鸡圃，分别二谛，润而色之。复有银青光禄大夫守侍中兼太子左庶子兼修国史上柱国鉅鹿县开国公魏知古、兵部尚书上柱国郭元振、银青光禄大夫检校中书令上柱国范阳县开国男张说、银青光禄大夫行中书侍郎同中书门下三品监修国史上柱国兴平县开国侯陆象先等，朝践琐闼，夕遊珠域，护持四法，总而阅之。尔乃杖锡之士，端珪之俊，麻列定筵，林攒乐土。荫祥云而演译，倏换炎凉；吸甘露而勤求，载淹衡暑。大乘章句，义不唐捐；小品精微，拯无遗溺。能事畢矣，佛何言哉！今所新翻经凡有四十九会七十七品，合一十二帙，以类相从。撰写咸毕，以先天二年六月三十日进太上皇，八月二十一日进皇帝。禁闱晓闢，真教上闻，仙宁克怡，宸襟允穆。竦钩陈於白日，亲御灵台；落云雨於彤霄，荐加殊尉。贤愚稽首，以为利见仁主；真俗归心，以为潛登觉道。次有清信佛弟子，前少府监丞李式颜等，皇朝金紫光禄大夫，兵部尚书赠侍中陇西公逈秀子也。复有清信佛弟子，前右拾遗徐鐍等，皇朝银青光禄大夫太子宾客昭文馆学士高平公子也。咸属彼穹降祸，私门坠构。陟遥岵而崩心，瞻冥途而献福。於是胠篋探筩，檀波罗蜜，广叠简牋，首崇书写。不变槐火，遽盈苔袂。然后装之镂轴，缀以琼籤。罗綵箽而霓舒，播珠函而锦缛。方使猛风吹嶽，长存妬路之文；劫火烧天，不坏多罗之典。

（卷二百九十五徐锷）

唐朝故使持節河東州諸軍事
河東州刺史上護軍王府君碑銘並序

……抑闻赭阙一字明珠，多从於西域；異物奇玩，必致於南州。……

（卷二百九十七闾邱均）

諫作乞寒胡戲表[1]

臣闻之传曰，辛有适伊川，见被髪於野者，曰："不及百年，此其为戎乎？其礼先亡矣。"后秦晋迁陆浑之戎於伊川，以其中国之人习戎狄之事。一言以实，百代可知。窃惟王公贵人，国人藩翰，凡所举措，须合彝典。今之乞寒，滥觞胡俗。臣参听物议，咸言非古。作事不法，无乃为戒。伏愿陛下三思，籌其所以。又道路籍籍，咸云皇太子微行观此戲。且元良国本，苍生繄赖，轻此驰骤，能无蹷蹶？况匈奴在邸，实繁有徒；刺客密发，何限夷夏？卒然奔呼，掩袭无备，邂逅惊扰，则忧在不测。白龙鱼服，取困豫且，深可畏也。惟陛下爱人活国，憂勤庶政，今所施为，岂徒然矣！岂不以元象变见，疫疠相仍，厌甲兵之災，助太阴之气。臣识愚瞽，以为无益。臣闻皇天无亲，惟德是辅，未闻兆乱，以来多福。太戊修政而桑穀自萎，景公善言而荧惑退舍。彰善罚恶，天之道也。伏愿去邪勿疑，昭德以待，岂区区末法，而能定其休咎哉？

① 补《通典》收录之不全。

（卷三百一韩宗朝）

大唐蘄州龍興寺故法現大禪師碑銘

至永淳岁，有三婆罗门寄金银珠寳於师，复置牀箦而归西域。其后有贼劫房，惟此诸寳独在。出入三载，主乃東来，各以还之，封缄如故。

（卷三百四李适之）

衢州龍興寺故律師體公碑

……既孕,梦婆罗门告曰:“姊当生男。”……

荆州南泉大雲寺故蘭若和尚碑

……十六受十戒,持护峻整,名重京师。进举经旨,遍览毗尼,意谓未圆,寻文果阙,乃往天竺求梵本。至海上,遇淨三藏自摩竭陀还。淨公谓曰:“西方学者,亦殊宗贯,假欲诠正,如異执柯。”因悉授所赍律集,与之俱返。纔二年间,罔不悬解,手续成部,名曰《毗尼孤济蕴》。始以五月十六日结夏安居,僧闻尽愕,喧然雷动。门人来问,答曰:“迦利底迦星此其候。”门人未达。既而无畏三藏以五月十五日至京师。众僧怪而问故,三藏曰:“吾视迦利底迦星合时来,正当日结夏耳。”迦利底迦星,即火星也。由是缁林耸嘆,与圣人合符。梵僧长老尚多初至长安,和尚修谒,膜拜方半。多公喜曰:“尔非真耶。”留之座隅,密付心要。当阳宏景禅师,国都教宗,帝室尊奉。欲以上法灵镜,归之和尚。表请京辅大德一十四人同住南泉,以和尚为首。昔智者大师受法於衡岳祖师,至和尚六叶。福种荆土,龙象相承。步至南泉,历诠幽胜,因起兰若居焉。地与心寂,同吾定力;室与空明,同吾惠照,躬行勤俭,以率门人。人所不堪,我将禅说。至於舍寝息,齐寒暑,食止一味,茶不非时。尝遇岁荒,野人茹草,和尚如之。门人劝谕,对曰:“顺正行事,亦如来教也。”中宗闻之,将以礼召。时宏景禅师在座,启於上曰:“此人遥敬则可,愿陛下不之强也。”撰《菩提心记》,示心初因,开佛知见,升堂入室者,则必亲授,此外祕之。立教之宗以律断身嫌,戒降心过,应舍而常在。无行而不息。离心色则淨,皆淨则离,离则无生。内外中间,无非实际,要因四摄,成就五身。始以上观悟入终於莲花,正受平等法门,究竟於此。师子国目加三藏来谒,嘆曰:“印度闻仁者名,以为古人,不知在世,本国奉持心记久矣。”其尊称微言,冥究佛心,而神扃遐域。一行禅师服勤规训,聪明辨达,首出当时,既奉诏征泣辞和尚,而自咎曰:“弟子於和尚法中,痛无少分。”后与无畏译《毘卢经》,义有不安,日以求正,決於一言。闻者洗心,每谓以法授人,不宜容易,从人受法,鲜克有终。故善来众生,悉蒙慈覆。

東都聖善寺無畏三藏碑

惟和尚轮王梵嫡,号善无畏,释迦如来季父甘露饭王之后,其先自中天竺迴,因难分王乌茶,父曰佛手王。以和尚生有圣姿,早兼德艺,故历试焉。十岁统戎,十三嗣位。睹诸兄举兵搆乱,不得已而后征之。接刃中体,捍轮伤顶,军以顺胜,兄以爱全。乃白母后,告羣臣曰:“向者亲征,义断恩也;今以国让,行其志也。”因置位於兄,固求入道。太后哀许,赐以传国寳珠。南至海滨得殊胜招提,入法华三昧,聚沙建塔,誓一万区。黑蛇伤指,而不退息。身寄商舶,往中印度。密修禅诵,口放白光无风三日,而舟行万里,与商人同遇羣盗,阽於併命,和尚慰帖徒侣,默诵真言,七俱眡尊,全现身相,盗果为他寇所歼,寇乃露罪归诚。指蹤夷险,越穷荒,踰毒水,至中天竺境上,乃遇其王。王之夫人即和尚妹也。和尚服同凡品,而徒侣以君礼奉之。王问获其由,嗟称不足。菩提眷属,是日同归,慈云布荫,一境丕变。於是发三乘之藏,究诸部之宗,品偈章句,诵无遗者。说龙宫之义理,得师子之频伸,名振五天,尊为称首。那烂陀寺像法之泉源,众圣之都会。乃舍寳珠,莹大像额端,昼如月魄,夜则光耀。僧有达摩鞠多,掌定门之祕钥,佩如来之密印,颜如四十许,实八百年也。和尚投体两足,奉为本师。钵中非国食,示一禅僧，华人也，见油饵尚温，粟饭余煖，愕而嘆曰："中国去此十万八千里，是彼朝熟而午时至此，何神速也。"会中尽骇，而和尚默然。本师谓和尚曰："中国白马寺重阁新成，吾适受供而反，汝能不言，真可学也。"乃授以总持密教，神龙围绕，森在目前。无量印契，一时受顿。即日灌顶，为天人师，称曰三藏。三藏有六义，内为戒、定、慧，外为经、律、论，以陀罗尼而统摄之。惟陀罗尼菩提速疾之轮，下脱吉祥之海，三世诸佛，生於此门。夫慧照所传，一灯而已，慧照殊異，灯亦无边。由是有百亿释迦，微尘三昧，菩萨、金刚总摄於诸定，向月悬同於法身。顿升阶位，鄰於大觉。此其旨也。和尚遍礼圣跡，周行大荒，不悔艰难，每所三至。为迦叶剃髪、受观音摩顶。尝结夏於灵鹫山，有猛兽前路，深入山穴，穴明如昼，有牟尼立像，左右侍者色相如生。中印度大旱，求和尚请雨。观音大圣在日轮中，手执淨瓶，注水於地中，感咽於双树之下，问往昔於佛世之人。为者不言，十问其一，鍜金为贝叶，写《大般若》鎔银起窣堵坡等佛身相。母后谓和尚已化，泪竭丧明，及寄疏问安，朗然如故。大雄灭后，外道如林，九十六宗，各专其见。和尚皆随所执，乘喻破疑，解邪缚於心门，舍迷津於觉路。法雨大小而均泽，定水方圆而满器。仆異学之旗鼓，建心王之胜幢。使其以心制狂，即身观佛。本师喜曰："善男子，中国有缘可以行矣。"乃顶辞奉下，至迦溼弥罗国。中夜次河，河无津梁，浮空以济。受请於长者，有罗汉降曰："我小乘之圣，大德是登地菩萨。"乃让席推尊和尚，授以名衣，乃升空而去。乌暘国有白鼠驯绕，日献金钱。讲《毗卢》於突厥之庭，而可敦请法。和尚乃安禅树下，法为金字，列在空中。突厥之妻有以手按其乳，乳为三道，飞注和尚口者。乃合掌端容，曰："此我前生母也。"或悮举刃三斫，支体无所伤。斫者唯闻铜声而已。至雪山天池，而和尚不愈，本师自空而至，曰："菩萨身同世间，不舍生死，汝久离诸相，宁有病耶？”言毕而冲天，则洗然而愈矣。路出吐蕃，与商旅同次。夷人贪货，率众合围。乃密为心印，而蕃豪请罪。至中国西境，夜有神见曰：“此東非弟子界也。”文殊师利实护中州，礼足而灭。以馳负经，至西川，涉龙沙，陷馳足，没於泉下。和尚入泉三日，止龙宫而化之。牵馳出岸，经无霑溼。睿宗道尊德盛，立契无为，诏僧若那及将军史献出玉门塞表，以俟来仪。开元绍兴，重光大化。圣皇梦与真僧见，其姿状非常。躬御丹青，图之殿壁。及和尚至止，与梦合符。天子光灵而敬悦之，饰内道场，尊为教主。自宁、薛二王而下，皆跪席捧器，为师宾大士於天台，接梵筵於帝座。礼国师以广成之道，致人主於如来之乘。巍巍法门，於此为盛。有术者握鬼神之契，参变化之功，承诏御前，效其神異，和尚恬然不动，而术者手足无施矣。其余祕要，代莫闻也。累请居外，勑诸寺递迎，随驾至洛京，诏於圣善寺安置。自出内之后，奔走华夷，和尚临之，贵贱如一。奉仪形者，莲华开於眼界；禀言说者，甘露降於心源。超然自悟曰：有其人矣。法侣高标，惟尊奉长老寳思，其余皆接以门人之礼。禅师一行者，定慧之余，术穷天地，有所未达，咨而后行。和尚质粹神迈，气和言简。不舍律义，而身心自在；不离坐席，而愿力俱圆。有来毕应，触應无碍。故众妙悬解，艺能兼於百工；大悲普薰，草木同於一子。不知其极也。於本院铸金铜灵塔，以此功德，应缘护世。手为模范，妙极人天。寺众以销冶至广，庭除深隘，慮风至火盛，災延寳坊。笑而言曰：“无可为忧，自当有驗。”及鼓铸之日，大雪蔽空。灵塔既成，瑞花飘席。前后奉诏，禳旱致雨，灭火返风，昭昭然遍诸耳目矣。从容上请，大庇缁林。正法之兴，繫於龙象，信也。表求还国，优诏不许。开元二十三年十一月七日，右胁累足，涅槃於禅室。享龄九十九，僧腊八十。法界凄凉，天心震悼。诏鸿胪卿李岘、威仪宾律师护丧事，以某月日葬於龙门西山。涕慕倾都，山川变色。弟子賓思禅师荥阳郑氏，明畏禅师琅琊王氏，皆高族上才，超然自觉，息言为乐说之辨，妙用即禅那之宗，入和尚之室，惟兹二人。而乾元之岁再造天维，大君证无缘之悲，躬行不匮之孝。由是释梵扈蹕，天龙济师，凶秽扫除，人祇清淨，位光付嘱，教大兴行。二禅师爰以偈颂，刻诸金石，法离文字，道不可名，以慰门人感慕之心，有同颜子喟然之嘆。其文曰：

释宫尊种，龙扶出池。舍位成道，为天人师。度微尘众。行甘露慈。仁消大怖，辨洗羣疑。法本不灭，今子得之。随方演教，聿来中国。帝后承迎，天花满裓。懽喜园花，惟闻薝蔔。百千万亿，调伏其心。灌顶在昔，声闻现今。山王高妙，海月圆深。因於示灭，空悲鹤林。伊水西山，冥冥元室。金棺此闭，式瞻无日。双賓昭兴，教尊言密。归我者因，因明悟实。

（卷三百十九李华六）

故左溪大師碑

……如来诸大弟子皆菩萨僧，大迦叶之头陀，舍利佛之智慧，罗睺罗之密行，须菩提之解空，由此四者，皆最上乘。同趣異名，分流合体。舍利佛光佛灭度，佛以心法付大迦叶，此后相承，凡二十九世。至梁魏间，有菩萨僧菩提达摩禅师，传楞迦法，八世至東京圣善寺宏正禅师，今北宗是也。又达摩六世至大通禅师，大通又授大智禅师，降及长安山北寺融禅师，盖北宗之一源也。又达摩五世至璨禅师，璨又授能禅师，今南宗是也。又达摩四世至信禅师，信又授融禅师，住牛头山，今径山禅师承其后也。至梁、陈间有慧文禅师学龙树法，授惠思大师，南嶽祖师是也。思传智者大师，天台法门是也。智者传灌顶大师，灌顶传缙云威大师，缙云传東阳威大师，左溪是也。

潤州天卿寺故大德雲禪師碑

……自菩提达摩降及大照禅师，七叶相乘，谓之七祖。心法传示，为最上乘。南方以杀害为事，北方多豪右犯法，故大通在北，能公在南，至慈救愍，曲无不至。其余则澄公威神。止石羯之虐，惠始定力，悛赫连之暴。淨检尼部之初，昙柯律藏之始。道安垂范，罗什铨译。惠远道生阐教於匡庐，杯渡寳誌著異於江浙。公之慈灵镇摄，智者之遵扬真极，法膺昏季，在坏寻举。起稠公之衣而定兴废，验仲尼之记而崇建立。我唐抚运，同符圣觉，中州徼外，大智如林，元奘无畏继兴夷夏，不可悉数，举甚殊尤。

（卷三百二十李华七）

白鸚䳇賦以容日上海孤飞色媚为韻

若夫名依西域，族本南海。同朱喙之清音，变绿衣於素彩。惟兹鸟之可贵，谅其美之斯在。……

（卷三百二十四王维一）

送封判官攝監察御史之磧西序

……我主将所以封弱水，擒月氏，略康居，取勃律，虽出车之任，事属於才能；而入幕之贤，功归於帷幄。……

（卷三百三十四陶翰）

撫州寳應寺翻經臺記

抚州城東南四里有翻经台。宋康乐侯谢公元嘉年初於此翻译《涅槃经》，因以为号。公讳灵运，陈郡阳夏人也。……公以昙无谶所翻《大涅槃经》,语少朴质,不甚流靡,品数疎简,初学者难以措怀。乃与沙门范惠、严顾、慧观依旧《泥洹经》共为润色,勒成三十六卷。义理昭畅,质文相宣。历代實之,盛行於天下。……

撫州寶應寺律藏院戒壇記

如来以身口意三业,难调伏也,淨尸罗以息其内;行住坐卧四威仪,摄善心也,明布萨以昭其外。故曰:波罗提木叉[①]是汝之师。则憍陈如之善来,迦叶波之尚法,诸声闻三归约众。十四年以八敬度尼羯磨相承,其致一也。至汉灵帝建宁元年,有北天竺五桑门支法领等,始於长安译出《四分戒本》兼《羯磨》,与大僧受戒。至曹魏,有天竺十尼自远而来,为尼受具。后秦姚苌宏始十一年,有梵僧佛陀耶舍译出《四分律本》,而关内先行《僧祇》,江南盛行《十诵》。至元魏法聪律师始阐《四分》之宗,聪传道覆,覆传惠光,光传云晖愿,愿传理隐乐洪云,云传遵,遵传智首,首传道宣,宣传洪,洪传法励,励传满意,意传法成,成传大亮、道宾,亮传云一,宾传岸超、慧澄,澄传慧钦,皆口相授受,臻於壸奥。……

① 波罗提木叉,梵语 prātimokṣa 的音译,佛教戒律的一种。又谓"戒本","别解脱"等。

(卷三百三十八颜真卿三)

東林寺題名

唐永泰丙午岁,真卿以罪佐吉州。夏六月壬戌与殷亮、韦桓尼、贾镒同次於東林寺。时则同愔、熙怡二公之遗烈,升神运殿,礼僧伽衣,覩生法师尘尾扇,谢灵运翻《涅槃经》贝多梵夹。忻慕之不足,卿写刻於张李二公耶舍禅师之碑侧。鲁郡颜真卿书记。

（卷三百三十九颜真卿四）

張僧繇畫僧記

《天竺僧画像》者，梁直阁将军张僧繇之真迹也。张公绘事之始，厥有二僧。后属侯景师至金陵，江南丧乱，此画流离散落，多历年所。遂遭剖割，分而为二。其一在唐故左常侍陆坚处，即此僧也。陆公常婴笃疾，殆将属纩。忽於梦寐覩此胡僧，谓公曰："我有同侣一人，自从离析，已百余年，今在洛阳故城東李君家，深所寳玩，举世莫知。若能为我求之，再得会合，当以法力扶助，令尔无忧。"陆公既寤，遂以求访，果如梦中之旨，获见斯人，而僧亦俱在。乃以俸钱十万，购而合焉。即日陆公疾瘳，勿药有喜，信知造思之妙，通於神祇。识者以为干将、镆鎁散而复合，亦其类也。嗟乎！陆公已没，子孙不守。有故姬鬻之於市，为校书郎宋儋所得。开元中，儋服药过度，因而丧明。其李氏之僧，复失所在，惟入梦者岿然独存。儋卒，传故人刘傑。傑隐居少室，不求闻达。天寳末，遭禄山之难，避地淮阴，与道士魏审交深相结纳。无何，傑以老卒，传於审交，审交传楚州刺史李汤，汤传睦州司马刘长卿，今为刘氏之寳藏矣。

（卷三百四十六刘长卿）

崇明寺佛頂尊勝陁羅尼幢頌並序

……我唐高宗时，有罽宾桑门持入中土。犹日藏大寳，清园虚空，檀金淨彩，人皆悦见。所以山東开士举国而崇之。时有万商投珍，士女云会众布，蓄沓如陵。琢文石於他山，耸高标於列肆。鑱珉错綵，为鲸为螭；天人海怪，若叱若语。贝叶金言刊其上，荷花水物形其隅。良工草莱，献技而去。圣君垂拱南面，穆清而居。大明广运，无幽不烛。以天下所立兹幢，多临诸旗亭，喧嚣湫隘，本非经行围绕之所。乃颁下明诏，今移於寳坊。吁！百尺中标，矗若云断，委翳苔藓，周流星霜。俾龙象兴嗟，仰瞻无地，良可歎也。……

（卷三百四十八李白二）

河西破蕃贼露布

……我皇帝以天地为心，山泽含垢，重使信以绥抚，盖不忍以蛮夷而疲其中国人也。噫！卵而翼之，犬长吠主，反伐勃律之属国，匿我四乱之亡人，诱我石堡之城，践我蕃禾之麦，多行背德，是恶贯矣。……十五日至清海北界，遇吐蕃两军，遊奕二千余骑。波主乃使先锋使大将军李守义领铁骑一千穿贼之中，取首而阵。又使先锋副使郎将安贞领铁骑二百摩贼之垒，斩馘而旋。又使中马军副使李广琛领勃律马骑一千攻其旁。……

（卷三百五十二樊衡）

大唐興善寺大廣智不空三藏和尚碑銘並序

和尚讳不空，西域人也。氏族不闻於中夏，故不书。玄宗烛知至道，特见高仰。讫肃宗、代宗，三朝皆为灌顶国师。以玄言德详，开右至尊。代宗初，以特进大鸿胪褒表之。及示疾不起，又就卧内加开府仪同三司、肃国公，皆牢让不允。特锡法号曰大广智三藏。大历九年夏六月癸未，灭度於京师大兴善寺。代宗为之废朝三日，赠司空，追谥大辩正广智三藏和尚。荼毗之时，复遣中谒者齎祝文祖祭，申如在之敬。睿词深切，嘉荐令芳，礼冠羣伦，举无与比。明年九月，以舍利起塔於旧居寺院。和尚性聪朗，博贯前佛万法要指。缁门独立，邈盪盪其无双。稽夫真言字义之宪度，灌顶升坛之轨迹，即时成佛之速，应声储祉之妙。天丽且弥，地普而深，固非末学所能详也。敢以概见，序其大归。昔金刚萨埵亲於毗卢遮那佛前受瑜伽最上乘义。后数百岁传於龙猛菩萨，龙猛又数百岁传於龙智阿闍黎，龙智传金刚智阿闍黎。金刚智東来，传於和尚。和尚又西遊天竺、师子等国，诣龙智阿闍黎，扬擢十八会法，法化相承。自毗卢遮那如来貤於和尚，凡六叶矣。每斋戒留中，导迎善气，登礼皆答，福应较然，温树不言，莫可记已。西域隘巷，狂象奔突，以慈眼视之，不旋踵而象伏不起。南海半渡，天吳鼓骇，以定力对之，未移晷而海静无浪。其生也，母氏有毫光照烛之瑞；其殁也，精舍有池永竭涸之異。凡僧夏五十，享年七十。自成童至於晚暮，常饰供具，坐道场，浴兰焚香，入佛知见，五十余年。晨夜寒暑，未曾须臾有倾欹懈倦之色。过人绝远，乃如是者。后学升堂诵说，有法者非一，而沙门惠朗受次补之。记得传灯之旨，继明佛日，绍六为七，至矣哉。於戏法子，永怀梁木，将记本行，託余勒崇，昔承微言，今见几杖。光容渺漠，坛宇清怆。篹书昭铭，小子何让。铭曰：

鸣呼大士，右我之宗。道为帝师，秩为仪同。昔在广成，轩后顺风。岁逾三千，复有肃公。瑜伽上乘，真语密契。六叶授受，传灯相继。述者牒之，烂然有第。陆伏狂象，水息天吳。慈心制暴，慧力降愚。寂然感通，其可测乎！两楹梦奠，双树变色。司空宠终，辩正旌德。天使祖祭，宸衷悽恻。诏起寶塔，旧庭之隅。下藏舍利，上饰浮屠。跡殊生灭，法离有无。刻石为偈，传之大都。建中二年岁次辛酉十一月乙卯朔十五日己巳建。

（卷三百七十二严郢）

進娑羅樹枝狀

右,臣所管四镇境天竺山压枝园枝国,有拔汗那最为密近。乃有沙罗树,时称奇绝,不比凡草。不棲恶禽;耸干无惭於松柏,成阴不愧於桃李。但以生非得地,誉终因人。荣枯长在於異方,委叶不闻於中土。陛下高视三代,横制四夷,威信浃於君长,仁惠沾於草木。前件树枝,臣去载已进讫。臣伏以凡遵播殖,贵以滋多。今属阳和之时,愿助生成之德。近差官於拔汗那计会,又採前件树枝二百茎,並堪进奉。如得託根长乐,擢颖建章。布叶垂柯,鄰月中之丹桂;连枝接影,对天上之白榆。於物无遗,在人知感,谨差军将李滔押领赴京。

（卷三百七十五张谓）

獅子賦並序

上士曾读《实录》,贞观九年,西域进狮子,祕书监虞世南献赋,前史美之。窃谓虞公博物洽闻,诚则可重。瓌玮倜傥,或非所长,欲精体物,乃赋其事。

穷汗漫之大荒,当崑崙之南轴,铄精刚之猛气,产灵狔之兽族。指千里於崇朝,逾铁山而往复。非取俊於熊豹,岂方姿於虪虪。故其方颐蹙额,隅目高眶,攫地蹲踞,腾空抑扬。簇拳毛以被颈,缕柔毳以为裳。逢之者碎,犀象闻而顿伏;值之者破,鹏鹗不敢飞翔。哮呼奋迅,睒瞲腾振,掌擭攒铍,口衔霜刃。怒双睛以电射,揭一吼而雷震。似乌获之摧锋,疑项王之入阵。及夫朝晡未食,鼓髯奋力,后劲双瞋,前张阔臆。蹉殊榛以傲睨,跳绝梁而翕赩,倏横噬而风驰,乃掉尾而雷息。口裂奔貙,足捎狂兕,猛摧於掌握,豪猪碎於牙齿。既饱饫而心和,乃宛颈而帖耳。彷徨於金河之外,生长乎葱山之里。嘉此兽之奇傑,邈踽劲而殊材。随马牛而内向，顺讴歌而朅来。逾乌城之积阻，献龙阙之崔嵬，资译人之纳贡，弭雄心以效能。何虞者之维絷，惊牙爪之可怖。顿金锁而长縻，闭铁牢而永固。悲此生之窘束，怀旧国而愁慕。虽食肉於当年，思尽力而无路。羡文豹之掎鹿，美韩卢之逐兔。伊薄技之见收，而伟材之不顾。闻夫天以煦育为施，草木皆春；帝以惠训为施，猛戾皆仁。夏后氏扰骊龙而伏阜，轩辕氏役熊罴以佐人。此奇兽之为用，岂无用而来驯！何不校之於搏击，投之於绝伦，而使之郁郁於穷槛，区区於后尘者乎？

（卷三百九十八牛上士）

述二大德道行記

法师义紭，字宏济，東魏邺城人也。俗姓张氏。年七岁依阙一字马寺，阙五字息兹弟子天纵英灵，聪惠明哲。文明初岁，落髮染衣。住嵱谷寺，勤於艺业，内外俱赡。解行双美，妙善悉昙。奉勅征阙五字，二京翻译。於是参详圣旨，阙一字阐梵言。译《金光明经》、《萨婆多律》、《掌珍诠》等三百余卷。並诠辞证义，笔授缀文。又补充阙一字僧统司修窣堵波检校。寻被抽入荐福寺满世大德，百坐讲说，频登胜席，殿庭论议，擢以令名。法师学海宏深，辞林迴茂，阐扬阙二字，名播二京，其时僧众咸号法师東魏大乘紭矣。又补京慈悲寺都维那，复於内道场佛光殿转经，行道面奉，阙六字菩提迎接经像，至乾陁罗国，迎得三藏邬帝弟婆将真容画像廿铺，舍利千余粒，三藏梵本二部。至京闻奏，圣阙一字严驾阙二字法师驰驿王城，方穷異域，往来四载，途经一万八千。供奉二朝十有三记，前后勅赐法衣、道具，随得转施，不以自资。阙二字之怀，无以加也。觐省重奏，请归阙一字。道俗钦风，屈为嵱谷寺主。其时州将贺兰温，六条儒雅，八正居怀，辍阙一字寺阙三字补充大云寺法师教授。於是宣扬妙旨，成庶品之津梁，演畅微言，启含生之耳目。众又举法师以为上坐，纲纪寺众。阙六字准勅再涤释门，甄明戒律。重补充清涤上座。法师精勤摄念，策励持经，《维摩》、《法华》，日诵一遍。戒定惠解，讵测浅阙五字式题斯记。

（卷三百九十八蔡景）

東林寺舍利塔銘並序

设位贞观，莫大於乾坤；悬象著明，孰踰於日月？而世间智识，强推广大之明；繫表机深，莫究窈冥之类。是以法身利见，无为之寂风偃；化跡分躯，不尽之灵云李。疑竺乾清淨之教，始自他方；菩萨慈悲之法，聿行中土。犹是元关幽键，委积龙宫，绀髮青眸，光晖雁塔。驱八紘於忍域，置万物於仁寰。非般若之蕴乎，孰能臻於此也？東林寺上坊舍利塔者，有宋佛驮跋佗罗禅师之所立也。尔其一经地理，接化鸟之南图；一纬天文，承斗牛之北次。岗峦出没，下积风云；洲岛萦迴，旁罗井邑。割東林之淨壤，揆西域之神模。瀑水周轩，鑪峯对霤。丹楹翠栱，标迴日月之宫；寶缀珠栊，影出云霓之路。禅师先持舍利五粒，随身供养，於是贮以石函，藏之珍塔。属陈隋代谢，陵谷贸迁，虽入神之作，而有扶助，而必坏之相，终从雕朽。爰有沙门上座昙傑等，紫桑盛绪，兰莼香名，早悟三明，深知二谛。感禅师无生之业，远酌规模；覩禅师莫泯之蹤，愿言兴葺。昔景龙之岁，御史清河房光庭歎其荒毁，尽留征橐。苏州司马王弼绍其成绩，更脱侨装。鶖鷺肇於前，鵷鸿嗣其后。轩疏若旧，藻缋惟新。如鸟之甍，入煙霄而重翥；盘龙之桷，得风雨而还飞。复增舍利一十有四，更以金银铁为棺槨。同寶聚之争分，似珠囊之交映。遊区果者，觉地位之超昇；覩光华者，喜身心之快乐。非圣图之冥感，何公绪之速成耶？跋佗罗禅师者，迦维罗卫国人，汉言贤，甘露梵王之苗裔。少孤，为外氏所养，从祖鸠摩罗刹闻其聪異，乃迎还度之。年十七，与同学业习，众皆一月，贤一日览焉。其师曰："贤一夫敌三十人也。"及受其戒，国以禅律宗之。禅师自西洎東，数见神变，允谓知变化之道者，其知神之所为乎？至长安，常与鸠摩罗什剖析幽旨，什每屈焉。秦主姚兴，大弛末法。禅师退藏於密，犹嬰谤议。乃拂衣東顾，杖锡南骞。益修无住之业；即事遊方之化。因指庐岳，而慧远法师在焉。远公以禅师名称特高，义谛攸出，庆殊鄰之会面，得营道之同心。乃招入香庭，中分兰若，规於塔后，芟草而禅，亦居不求安也。宋武帝深加礼敬，固请还都，止道场寺。先是沙门於于阗得《华严》，前分三万六千偈，未有宣译。至是屈禅师会通华戎，错综文义，故道场寺至今有华严堂焉。皇帝自跃至飞，荅中兴之命；先郊后岳，修太平之举。步自开元，今龙集摄提格。七月丁丑朔二十八日甲辰，凡一纪而有二载矣。若夫鼓天下之动者，存乎文辞；传不朽之跡者，存乎事业。此寺营建六代於兹，求其刊勒，两碑而已。远法师高谈色相，欲求寂灭之源；谢康乐初入妙微，不书立言之意。讷才非半古，命不偶时。顷自库部郎中，出为此州刺史。剖符淹岁，奉计临岐。傑师以琬玉图文，俯询巴曲；下走以兰荃有兴，因奏楚辞。驻楫抽毫，乃为铭曰：

大道既隐兮世运陵迟，法雄利见兮光启导师。曲阜以夜明为初日，休屠以天际为末时。七觉来晚，三明乐推，诠其不住之法，唱以无缘之慈。爰有上人，挺生迦卫，信美東土，我违西裔。遇澄什於关中，披休远於江澨。密句不可以无说，奉宣译於瑶缄；神物不可以终否，竇光晖於铣函。建神模於岩客，耸层台於巇垦。物肚期於必朽，色空在於无灭。其增旧也，见白黑之弥纶；其取新也，有丹青之秀发。惟精惟微兮，等般若而无竭。

（卷四百三十八李讷）

唐洪州百丈山故懷海禪師塔銘

……元和九年正月十七日，证灭於禅床，报龄六十六，僧腊四十七。以其年四月廿二日，奉全身窆於西峯，据婆娑论文，用淨行婆罗门葬法，尊遗旨也。……

（卷四百四十六陈诩）

西川鸚鵡舍利塔記

……前岁，有献鹦鹉鸟者，曰：此鸟声容可观，音中华夏。有河東裴氏者志，乐金仙之道，闻西方有珍禽，羣嬉和鸣，演畅法音。以此鸟名载梵经，智殊常类，意佛身所化，常狎而敬之。……

（卷四百五十三韦皋）

西域獻吉光裘賦以水火验之称異为韻

遇矣外区，实生珍異。彼灵兽之则获，製良裘之斯至。圣王之所未覩，献令之所莫备。叶朝宗则来自金方，应中国而色当土位。意者以烈风之靡兴，溟海之清澄。德动天而遐方内向，气入翼而贡献足征。方启袭以进语，如执轻之不胜。飒然舜风，翠云之光可奋；笼夫尧日，青风之燠徒称。故其背崑崙，踰弱水，重九译，越万里。岂殊俗之所贵，信希代之为美。直千金者更轻，称狐白者非拟。虽沈以天治，无易暵其之性；燎以京薪，独異焚如之理。斯乃动听惊视，孰知其然者矣。夫物有难测，必思之而不厌；事有诡常，亦推之而可验。何異绩鼠毛以为布，引龙鬚以成丝，澣於火而自若，弦於弓而有之，况能禦寒凉以效用，因褐袭以呈姿。……

（卷四百五十六独孤授）

唐故東京安國寺契微和尚塔銘並序

……和尚生而敏悟，超然元觉。年九岁於荐福寺金刚之藏，发心入曼荼罗道场，传持圣印，悟入之速，发於岐嶷。……

（卷五百一权德舆十九）

唐大興善寺故大宏教大辯正三藏和尚影堂碣銘並序

三藏者何？於心为戒定慧，於学为经律论。惟西域二大士，以正智法器为天人师。大宏教和尚，本号全刚智，南印度人，出家於那兰陁寺，道成於迦毗罗卫国。事龙智阿堵梨，通总持灌顶之法。入师子国，登楞伽山，航海涉险，聿来中土。开元中，随銮辂於两都，大智大慧，皆抠衣请益。春秋七十三，夏腊五十，化灭於洛京。起塔於龙门，传法於大辩正和尚。和尚法号不空，师子国人。母氏方娠，梦佛光照顶。弱冠受具，通三密法。尝赍国信，往诣他方。讽真言而海风恬息，结祕印而狂象调伏。若岁大旱，实作霖雨。内出方袍之锡，犹命服焉。至德初，宣皇受命於灵朔，译《不动尊经》以献。凡所以顺天心而导善气者，又何可胜言！自开元末至大历中，三朝尊奉，以密行救世。代宗授以特进鸿胪卿，赐号大广智三藏。既以众生病为病，於卧内加开府仪同三司，封萧国公。大历九年夏六月既望，示灭於兴善寺。追命司空。不视朝三日。尊名曰大辩正。遣中谒者弔祠。报年减先师三岁，而休夏同数。初，武皇帝崇大师以次公命卿也，先师有仪同之赠，宏教之谥。大师之弟子曰沙门含光、昙贞、觉超、惠应、於鄰、潛真、惠觉等，或为肃宗灌顶阿堵梨清凉山功德使，或为内道场三教大德，或为僧录。皆伟然龙象，为法栋梁。而惠应、惠党，传授祕藏，永怀世道，乃於仁祠法堂，严事华饰。仪同在西，萧国在東。睟容德宇，瞻仰如在。应公又推本其教曰：昔毗卢遮那如来入不空王三昧，说瑜珈最上乘义，授於普贤，以平等性智而造妙觉。一印含万法，五部周四方。金刚之坚利，莲花之清静，悟入之速，可思议哉！普贤授龙猛，龙猛授龙智，凡千百载。而先大师授於大师，纂服六叶之教，绍明三摩之法。摄护成就，斯为妙门。大凡翻经七十七部一百卷。命书愍册，表章荅礼。传译之差次，弟子之号名。环周素壁，耸视生敬，浄名会中，亦参世典，《宏明集》内，无匪佛乘。初，先大师之灭也，吕工部向、杜卫公鸿渐为之记。大师之云亡也，严京兆郢、沙门飞锡为之碑。感缘行化，皆以详熟。今应公以二大师遗影之在此堂也，不可以不识。应公入大师之室，德舆入应公之藩，以兹因缘，俾揭文字。铭曰：

法身徧照，六叶传妙，惟二大师，三朝演教。天竺西极，瑜珈度门。莲开法界，月破重昬。俨然象设，复获亲覿。如闻软语，如结祕印。一室之中，寂然感通。道行无穷，法子之功。

（卷五百六权德舆二十四）

嵩山會善寺戒壇記

……汉、晉间，高僧植贝多子於西峯，一年三花，因为浮图，遂为寰中之真境。……

唐故靈泉寺元林禪師神道碑並序

……后读《阿毗昙藏》，遂发心入道，依龙兴寺解律师学业。依年受具，隶居灵泉佛寺。抠衣之岁，惠远即风雅书生；落髮之年，道融乃聪明释子。以戒为行本，经是佛缘，雅闲持犯，克传祕密。学者号为律虎,时人目为义龙。推步浑仪,昭明历象。天竺跋陁之妙,沙门法愿之能。道契生知,理符神授,既習空观,遂得真如。……景龙三年,敕追与僧元散同为翻译大德。……

(卷五百十陆长源)

杭州徑山寺大覺禪師碑銘並序

如来自灭度之后,以心印相付嘱,凡二十八祖至菩提达摩。绍兴大教,指授后学。后之学者,始以南北为二宗。又自达摩三世传法於信禅师,信传牛头融禅师,融传鹤林、马素禅师,素傳於径山,山传国一禅师。二宗之外,又别门也。……

(卷五百十二李吉甫)

聖朝無憂王寺大聖真身寶塔碑銘並序

夫万物混成,天地恒其数;一真妙用,龙象演其教。教也者,因言以见性;数也者,任气而为名。我释迦闢两仪,应三世,步莲台而清风自扇,攀桂树而白月阙二字。故能阙二字根牙,阙一字宏顿渐,高悬佛日,远照昏衢。了缘扣寂,合大空而泯相;从有入无,羣破迷以登觉。眇矣邈矣,旨哉實哉。有若此寺大圣真身寶塔者,阙一字摩伽王之系孙阿育王之首建也。噫!如来灭后,报应斯在。究乎其容,则三十二相形焉;阙一字乎其变,则八万四千所明焉。或曰华夏之中有五印扶风得其一也。虽灵奇也覩,而载纪莫标。日者汉阙三字齐梁鼎阙一字遭时毁歇,晦迹邱墟。菅蓑不阙三字无阙二字祥異气,往往间出。故风俗谓之圣塚焉。空传西域之草,独享中人之荐。厥有太白二三沙门,摄心住持,得坚清淨。其始远也,望而阙一字之;其少近也,阙一字而信之。周流一方,磅礴阙一字里。阙三字色阙二字瑞光通宵更雄,达曙不散者久之矣。咸请奉以身命,碎於微尘,精诚克孚,指掌斯获。验其铭曰育王所造,因以名焉。……

词曰:

我佛在兮世独尊,我佛化兮道长存。流正法兮不二门,赫惠日兮破重昏。摩伽国兮阙十字仰大阙一字兮遍阙三字金阙一字兮阙三字。度众僧兮施百衲,阙六字腊心清淨兮眼不杂。伏腾猿兮救怖鸽,混邱墟兮将如何。绝榛棘兮与菅蓑,观变现兮信传多。阙九字白兮来经过,呼洞穴兮见释伽。邦伯奏兮发睿旨,屡开迎兮归帝里。舍珍玩兮具法喜,骈星宫兮势崫起。会天人兮浴定水,伟嘉祥兮争效祉。阙三字兮阙一字克明。我尹忠兮阙一字克清。践福地兮阙二字生,对真容兮忘阙一字情。琢巨石兮讚休祯,历旷刼兮扬善声。

(卷五百十六张彧)

越州開元寺律和尚碑塔銘並序

释氏先律师讳昙,一字昙允。报年八十,僧夏六十一。以大历六年十二月七日灭度於越州开元寺。……开元初,西遊长安,观音亮律师见而奇之,授以毘尼之学。又依崇圣寺檀子法师学《俱舍》、《惟识》。从印度沙门善无畏,受菩萨戒。探道覩奥,出类拔萃,期月之间,名动京师。……

(卷五百二十梁肃)

陰陽不測之謂神論

……汉历以天赦母仓为吉,朔历以云汉密莫为吉,各生異气。天竺律法,复与《大衍》有差。……

(卷五百二十九顾况二)

虎邱西寺經藏碑

……瞿昙教迹，不舍有表，不住无表，般若用中，坛摄其六，顶摄其四。譬如无根，安得有华。故觉华长者得定光如来授记，鹿仙长者得释迦如来授记，寳手菩萨得空王如来授记，皆因造藏而得作。佛从虚空藏流出一切藏，一切藏流出四大藏、四大藏一亿大藏，四亿小藏。围绕湧出，状如莲花，灌於四藏，流出十二藏。从十二藏分为三藏：一声闻藏，二菩萨藏，三真如性海藏。海水可量，虚空不可量；虚空可量，菩萨摩诃萨成就众生变化随感不可量。菩萨摩诃萨修行地位有分剂故，故可量；诸佛真如性海无分剂故，故不可量。灌於三藏，流出八万四千藏，修多罗藏、摩诃藏为上首。於是有法藏、寳藏，甚深微密藏，妙花光云等藏。藏无尽在色究竟天，众生福薄，不得瞻睹谟呼罗摩海醯首罗大自在神，天树云音日輪速疾执金刚神，淨光光香云最上光严身众神，清淨华髻栴檀树光足行神，雷音幢相雨花妙眼道场神，淨花普照无等光燄主空神，永断迷惑普遊淨空主方神，示现宫殿乐胜庄严主昼神，普得淨光诸根尝喜平等护音寂静海音主夜神。其摩竭提国有金刚藏，中有摩尼琉王，变现自在，雨无尽琉严好花，是诸菩萨演说如来广大境界。慈目琉髻，发生喜乐，可爱乐正念天王十方海中一切琉王，吐云弥覆，流出教纲，其佛号法水觉空如来，严持器仗夜叉王，力坏高山夜叉王，毘楼博叉，燄口海光龙王等。甚可怖畏鸠槃荼王，美目端严鸠槃荼王，日光天子，月光天子，星宿王天子，威德光明天子，各各恒沙，恒沙眷属，相与掌护。其南海楞伽山下娑竭罗龙宫，其光明藏大地劫尽诸方等诸经，纳於龙宫。其赡部洲大藏六万卷，中藏六千卷，小藏四千卷。大悉地有空有不空，广署平等，譬如万法出一尘中。

千论百疏，又如一尘流出。如帝释宫殿因陀罗网一珠映八千亿珠。法界义中，法身法性，百佛世界，细一毛端，析一毛端成微尘数世界一一世界。法身演无量百千万亿诸佛法藏，是身为陀罗尼藏，湧法海藏，众法琉藏，舍乘敷藏，花顶众藏，密耶护藏，言顿显也。此皆奢摩他毘钵舍那定惠之力。观见、如来等藏，藏依识摄有舍藏，里发於心而形於藏，内外俱朗，不其然乎？斯文淳一，非敢戏论。光佛相好，赞佛功德。从佛知见中来。颂曰：

雪山绀宫，等虚空耶？叔父付嘱，澮交续耶？妙华光云，香普熏耶？娑竭所指，摩醯护耶？喝刺呼嚧，归命护耶？

（卷五百三十顾况三）

三藏無畏不空法師塔記

大唐开元二十三年，三藏无畏卒，春秋九十有九。诏鸿胪丞李现监护丧事。塔於龙门之西山广化寺，藏其全身。畏本释种，甘露饭王之后，以让国出家。道德名称，为天竺之冠。所至讲法，必有異相。初在乌荼国演遮那经，须臾众会，咸见空中有毘卢遮那四金字，各寻丈排列，久之而没。又尝过龙河，一托驮负经没水，畏惧失经，遽随之入水，於是龙王邀之入宫讲法，不许，彼请坚至，为留三宿而出，所载梵夹不湿一字，其神異多类此。

（卷五百三十八裴度二）

永州龍興寺修淨土院記

中国之西数万里，有国曰身毒，释迦牟尼如来示现之地。彼佛言曰：西方过十万亿佛土，有世界曰极乐，佛号无量寿如来。其国无有三恶八难，众寶以为饰；其人无有十缠九恼，羣圣以为友。有能诚心大愿，归心是土者，苟念力具足，则往生彼国，然后出三界之外。其於佛道无退转者，其言无所欺也。晉时庐山远法师作《念佛三昧詠》，大劝於时。其后天台顗大师著《释淨土十疑论》，宏宣其教。周密微妙，迷者咸赖焉。盖其留異跡而去者甚众。……

（卷五百八十一柳宗元十三）

龍安海禪師碑并序

佛之生地，远中国仅二万里；其没也，距今兹仅二千载。故传道益微，而言禅最病。拘则泥乎物，誕则离乎真，真离而誕益胜。故今之空愚失惑纵傲自我者，皆诬禅以乱其教，冒於嚣昏，放於淫荒。其異是者，长沙之南曰龙安师。师之言曰：由迦叶至师子，二十二世而离，离而为达摩。由达摩至忍，五世而益离，离而为秀为能。南北相訾，反戾鬭狠，其道遂隐。呜呼！吾将合焉。且世之传书者，皆马鸣龙树道也。二师之道，其书具存。征其书，合於志，可以不惑。於是北学於惠隐，南求於马素，咸黜其異，以蹈乎中。乖离而愈同，空洞而益实，作《安禅通明论》。推一而适万，则事无非真；混万而归一，则真无非事。推而未尝推，故无适；混而未尝混，故无归。块然趣定，至於旬时，是之谓施用；茫然同俗，极乎流动，是之谓真常。……

（卷五百八十七柳宗元十九》

夔州始興寺移鐵像記

佛薪尽於乾竺，而像教東行。是法平等，故所至为淨土；是身应供，故随念如降生。先是鱼复人有以利金为弥勒像者，重千钧，晬容瑞相，人天两足。皃氏卒事，而他工未备，故寓於西偏，不知其几年矣。寺僧法照，瞻礼发信，赤眉自足，入诸大城，乃至聚落，无空过者。积十余年，得信财无量。繇是购工以尝巧，募徒而毕力。四辈增增，工麾以肱。中枢外脈，阴转阳动。欻如地湧，岌如山行。大匠无言，尊容嚮明。青莲承趺，金兽捧持。藻井花鬘，葱茏四垂。邑人膜拜，如佛出世。法照以愿力能就，泣於佛前，因持片石，乞词以示后。按此寺始於宇文周，初濒江埤庳。皇唐神龙中，为水所坏。有波那赖耶国僧广照浮海而至，顿锡不去，遂移於今道场所，山曰磨刀，岭曰虎岗。其经始与克终，皆蕃僧是力。后之有志者，岂无人哉？法照，夔人，姓穆氏。年十有五出家，依江陵名僧受具。肇自贞元二十年甲申归此寺，愿崇建有为，凡修大殿立菩萨，大弟子侍佛左右。逮长庆癸卯有成，其善植德本者欤！

（卷六百六刘禹锡八）

牛頭山第一祖融大師新塔記

初，摩阿迦叶受佛心印，得其人而传之，至师子比邱，凡二十五叶，而达摩得焉。東来中华，华人奉之为第一祖。又三传至双峯信公。双峯广其道而歧之，一为東山宗，能、秀、寂其后也。一为牛头宗，严、持、威、鹤林、径山其后也。分慈氏之一支，为如来之别子。咸有祖称，粲然贯珠……

（卷六百六刘禹锡八）

曹溪六祖大鑒禪師第二碑並序

……今柳州刺史河東柳君为前碑。后三年（元和十四年），有僧道琳率其徒由曹溪来，且曰：愿立第二碑，学者志也。惟如来灭后中五百岁，而摩腾、竺法兰以经来，华人始闻其言，犹夫重昏之见冒爽。复五百岁，而达摩以法来，华人始传其心，犹夫昧旦之覩白日。自达摩六传至大鉴，如贯意珠，有先后而无異同，世之言真宗者，所谓顿门。初，达摩与佛衣俱来，得道传付，以为真印。至大鉴，置而不传。岂以是为筌蹄耶，刍狗耶？将人久之莫已若而不若置之耶？吾不得而知也。按大鉴生新州，三十出家，四十七年而殁。既殁百有六年而諡。始自蕲州東山从弟五师，得授记以归。高宗使中贵人再征，不奉诏，第以言为贡，上敬行之。……

（卷六百十刘禹锡十二）

唐故内供奉翻經義解講律論法師翌空和上塔銘

……诏法师与天竺三藏译《六波罗密经》，功毕上献，天子感歎，锡賚有加。虽異方之奉，斯学者知有所本矣。由是人教扬溢於海内，惠风渐渍於人心。朝廷垂衣，刑措於下，其或有助乎。……

（卷六百十四王申伯）

沙門般剌若翻譯經成進上表

臣表弟沙门般剌若，先进《大乘理趣六波罗密》梵本经。伏奉今年四月十九日敕，令王希迁精选有道行僧，於西明寺翻译。今经帙已终，同诣光顺门进上。（好心，德宗朝官检校太子詹事，从幸奉天，封奉天定难功臣。）

（卷六百二十一罗好心）

佛骨碑

岐阳法门寺鸣鸑阜有阿育王造塔，藏佛身指节。太宗特建寺宇，加之重塔。高宗迁之洛邑，天后荐以賨函，中宗纪之国史，肃宗奉之内殿，德宗礼之法宫。据本传，三十年一开，则玉烛调,金镜朗,氛祲灭,稼穑丰。

（卷六百四十四张仲素）

答文武百寮嚴綬等賀御製新譯大乘本生心地觀經序表

朕勤求道本,广挹教源;以真如不二之宗,助清淨得一之化。况斯经典,时为大乘,名理精微,翻译成就。虽契心则离於文字,而得意亦假於筌蹄。庶使发挥,因为述序。卿等精通外学,恳竭忠诚;引经赞扬,奉表称贺。再三省览,嘉嘆久之!

（卷六百六十五白居易下）

東都十律大德長聖善寺鉢塔院主智如和尚荼毗幢記

浮图教有荼毗威仪,事具《涅槃经》。陁罗尼门有佛顶呪功德,事具《尊胜经》。经文甚详,此记不载。……

沃洲山禪院記

……晋宋以来,因山洞开。厥初,有罗汉僧西天竺人白道猷居焉。次有高僧竺法潜、支道林居焉。次又有乾、兴、渊、支、遁、开、威、蕴、崇、实、光、识、裴、藏、济、度、逞、印凡十八僧居焉。……太和二年春,有头陀僧白寂然,来游兹山,见道、猷、支、竺遗迹,泉石尽在,依依然如归故乡,恋不能去。

（卷六百七十六白居易二十一）

唐撫州景雲寺故律大德上宏和尚石塔碑銘並序

其词云尔:

我闻竺乾古先生出世法,法要有三:曰戒、定、慧。戒生定,定生慧,慧生八万四千法门。是三者迭为用。若次第言,则定为慧因,戒为定根。定根植则苗茂,慧因树则果满。无因求满，犹梦果也，无根求茂，犹揠苗也。虽佛以一切种智摄三界，必先用戒。菩萨以六波罗蜜化四生，不能舍律。律之用可思量，不可思量。如来十弟子中，称优波离善持律。……

（卷六百七十八白居易二十三》

梵閣寺常凖上人精院記

……院主姓瞿氏，真释种也。行业如主璧，标韻如松鹤。毗尼大藏，启其关锁，坛场之上，郁有风称。弟子以羸漏之质，入旃檀之林。臭闻馨香，身意快乐，故书美以示於道流。……

（卷六百八十九符载二）

方士論

……贞观末，高宗不诛天竺方士那罗延婆娑寐，逐之归国，斯可为后王法矣。

（卷七百九李德裕十四）

東林寺經藏碑銘並序

……佛灭后，大迦叶召千罗汉，结集法藏，阿难传焉。西土以胡文纪之，谓之梵书，科斗文字之类也。著以贝叶，谓之梵夹，杀青为简之类也。后汉，天竺人摩腾始至中国，出其文《二十四章》[①]，翻为隶书。其后稍稍不绝。至晋，沙门法护徧遊西国，达言语之不通者，究三十六书之体而还，梵书之诂训音义然后大备。虽为道滋广，而难能亦甚。盖以事生六合之外，教出五常之后，时人无能知者。小则误於文句，大则失其宗旨。道安尝嘆，释经有五失本，三不易，故信奉之代亦以名臣佐而成之。自汉永平至唐开元，祖述之士凡一百七十六人，有桑门之重译，有居士之覃思，有长老之辨论，有才人之撰集。校其经、律、论、传记、文集删改之，惣五千四十八卷，号为《实录》。其中贞观法师玄奘作居多，五分其数有其一。其为该博，首出前辈。……庐山山岳之神秀，而東西林为海内名刹，有惠远、道安之遗风，四百余年，钟磬之音不绝，然而三藏经论，阙而无补。元和四年，云门僧灵澈流窜而归，棲泊此山。将去，言於廉问武阳韦公，公应之如响。……以图建置。默设规制，悬成剞劂。乃结搆而浮於江，以至於東林，施为殿堂，用尊祕藏，得浮槎大德义彤为之主，受持洒扫者七人，以备名山之阙，而资学者之求，公之素志尔。初，彤公受具於庐山浮槎寺，尝讨大藏，恶其部帙繁乱，将理之不可，遂发私誓。四十余夏，果得志焉。於是搜远近之逸函坠卷，目在辞亡者得之，互文合部者兼之，断品独行者类之，本同名異者存之，以伪乱真者标之。又病前贤编次，不以註疏入藏，非尊师之意。並开元庚午之后，洎德宗神武孝文皇帝之季年，相继新译，大凡七目四千九百余卷，立为别藏。著杂录七卷，以条贯之。命开元崇福旧录，惣一万卷，举藏以志函，随函以命轴，微尘句偈，如在常中。然后金口之说流於娑婆者，尽在於兹山也。……

① 《二十四章》，係《四十二章》之误。

（卷七百二十一李肇）

移佛記

元和四年三月五日，杭州报恩寺长老与其乡閭父子，将徙故佛像归复於其寺，佛至乃飨。长老使白其由於亞之而求详录焉。沈子曰："西域之有佛教流於東域中者，其教像法。其法者名曰佛，自称曰‘天人师’，又曰世尊，出其言亦曰经。验其经之说，佛去世而后模其形焉。像其真与众瞻仰之，故法之言像由斯也。其或范金铁以为之，合土木以为之，坚之以脂胶，饰之以丹漆五色，然后形神俨然成其像。举其数体：有为尊而坐者，有为卑而拱立者，有跪而如受教谕者，有执乐而絃者、吹者，有具其形怪荷戈而勉强者，有瞋目而咤叱者。摹鬼神焉，此为像之外者也。……”

（卷七百三十六沈亞之三）

西域獻徑寸珠賦以泽浸四荒非賓远物为韻

西域遐方，献纯精之天产，申重賓之帝乡。岂不以至诚感而灵必自顺，惟德动而坤珍莫藏，不然，何有慕於中土，而走无胫於外荒。彼珠之灵，积阴之魄，禀金气而坚固，韫河润之耀泽。布指大小无差，洞物而纖毫不隔。迴夜常满，初月每让其圆明；爽曙欲凝，高星自掩其孤白。信殊方所秘，亦稀代难致。夺夏璜以为美，齐楚璧而积異。将配天光以辅三，助皇明而照四。积石峯峻，燉煌路远，驰辉於晦碛之中，流晶於白日之晚。将为表龙旗而缀鸾辂，必将夸池台而耀宫苑。殊不知一作可以万邦为虑一作宪者，此献则违，以三德为賓者，此賓则非。价越千金，我当俯念其十产；光含径寸，吾将静照於九围。乃遂沉泉而反璞，俾其媚川而自辉。且立德者惟俭之本，作贡者亦土之任。剖蚌而献，既不编於夏书；为器成之，尚有干於时禁。苟夺山川之精魄，是亏雨露之恩浸，所以前代有训，不珍異物。夸齐威者再论而皆惭，求苏则者一言而自屈。岂若我全明德，体大道。照耀也不假隋侯之珍，贞静也自同罔象之賓。由是化中国而及外夷，如风之偃草。

（卷七百四十吕颖）

大唐三藏大遍覺法師塔銘并序

岁丁巳开成纪年之明年，有具寿沙门曰令检，自上京抵洛师，以缥囊盛三藏遗文传记，访余柴门于行修里。且曰："闻夫子斧藻羣言旧矣，讵言专声於班、马，能不为释氏、董狐耶？抑岂不闻贞观初慈恩三藏之事乎？敢矢厥来旨云，三藏事跡载国史及慈恩传，今塔在长安城南三十里。初，高宗塔於白鹿原，后徙於此。中宗制影赞，謚大遍觉。肃宗赐塔额，曰兴教，因为兴教寺。寺在少陵原之阳，年岁寖远，塔无主，寺无僧，荒凉残委，游者伤目。长庆初，有衲衣僧昙景始葺之。大和二年，安国寺三教谈论大德内供奉赐紫义林修。三藏忌斋於寺，斋众方食，见塔上有光，圆如覆镜，道俗異之。林乃上闻，乃与两街三学人共修身塔，兼砻一石於塔。至三年修毕，林乃化，遗言於门人令检曰：'尔必求文士铭之。'检泣奉遗教，直以铭为请。非法允之冢嫡，谁何至此乎？"轲三让不可，乃畧而铭之。三藏元奘·俗陈姓，河南缑氏人。曾父钦，后魏上党太守。祖康，北齐国子博士。父惠英，长八尺，美鬚眉，魁岸沈厚，号通儒，时人方汉郭林宗。有四子，奘其季也。年十三，依兄捷出家於洛。属隋季失御，乃从高祖神尧於晉阳。俄又入蜀，学《摄论毗昙》於基、暹二法师。武德五年，受具於成都。精究篇聚，又学《成实》於赵州深，学《俱舍》於长安岳。於是西经前来者，无不贯综矣。初，中国学者，多以实相性空通贯羣说，俾象象蹄筍，往往失鱼兔於得意之路。至於星罗碁布，五法之性，析秋毫以矢名相，界地生彙，各有攸处，曾未暇也。大遍觉乃兴言曰："佛理圆极，片言支说，未足师决。固是经来未尽，吾当求所未闻，俾跛眇儿视履，必使解行如函盖，始可为具人矣。且法显智严何人也，犹能孤遊天竺，而我安能坐致耶？"初，三藏之生，母氏梦法师白衣西去。母曰："何去？"曰："求法。"贞观三年，忽梦海中苏迷卢山，遽凌波而入。乃见石莲波外承足山，险不可上，试踊身腾踔，飒然飚举，升中四望，廓澈无际。觉而自占曰："我西行决矣。"至凉州，都督李大亮防禁特切，逼法师还京，法师乃宵遁。渡瓠芦河，出玉门，经莫贺延碛。艰难险阻，仆而复起者，何止百十耶？自尔涉流沙，次伊吾，高昌王麴文泰遣贵臣以驼马迓法师於白力城。王与太妃及统师大臣等尊以师礼。王亲跪於座侧，俾法师蹑肩而上。资赠甚厚，送至叶护可汗衙。又以廿四封书，通屈支等廿四国，献花缯五百疋於可汗，称法师是奴弟，欲求大法於婆罗门国，愿可汗怜师如怜奴。其所历诸国，为其王礼重，多此类也。自尔支提梵刹神奇灵跡，往往而有，法师皆沥诚尽敬。耳目所得，孕成多闻，与夫世称博物者，何相万耶？详载如传。惟至中印度郝烂陁寺，寺遣下座廿人明详仪注者引参正法藏，即戒贤法师也。既入谒，肘膝著地。舐足已然后起。法藏讯所从来，曰："自支郝。欲依师学《瑜伽论》。"法藏闻则涕泗曰："解我三年前梦金人之说，佇尔久矣。"遂馆於幼日王院觉贤房第四重阁。日供担步罗果一百廿枚，大人米等称是，其尊敬如此。法师既名流五印，三学之士，仰之如天。故大乘师号法师为摩诃天，小乘师号解脱天。乃白大法藏，请留之。法师曰："师等岂不欲支那之人开佛慧眼耶？"不数日，東印度王拘摩迎法师。戒日王闻法师在拘摩处，遣使谓拘摩曰："急送支那僧来。"拘摩曰："我头可得，僧不可得。"戒日神武雄勇，名震诸国，乃怒曰："尔言头可得，可将头来。"拘摩惧，乃严象军二万，船三万，与法师同泝殑伽河。筑行宫於河北，拘摩自迎戒日於河南。戒日曰："支那僧何不来？"拘摩曰："大王可屈就。"王既见法师，接足尽敬，且曰："弟子闻支那国有秦王破阵乐，乃问秦王是何人？"法师盛谈太宗应天顺人事。王曰:“不如此,何以为支邮主?”因令法师出制《恶见论》。然小乘外道,未即推伏,请於曲女城集五印沙门、婆罗门等,兼十八国王,观支那法师之论。凡十八日,无敢当其锋者。戒日知法师无留意,厚以象马橐装饯法师,又以素叠印书使达官送法师。所经诸国,令兵卫达汉境。法师卻次于阗,因高昌商胡入朝,附表奏自西域还。太宗特降天使迎劳,仍制于阗等道送法师,令燉煌迎於流沙,鄯部迎於沮沫。时帝在洛阳,勑西京留守梁国公元龄备有司迎待。是日宿於漕上,十九年春正月景子,留守自漕奉迎於都亭。有司颁诸寺帐舆花幡,送经於宏福。翌日大会於朱雀街之南,陈列法师於西域所得经像、舍利等。其梵文凡五百廿夹,六百五十七部,以廿马负而至。自朱雀至宏福十余里,倾都士女,夹道鳞次,若人非人,曾不知几俱胝矣。壬辰,法师谒文武圣皇帝於洛阳宫。二月己亥,对於仪鸾殿,因广问雪岭已西诸国风俗。法师皆备陈所历,若指诸掌。太宗大悦,谓赵公无忌曰:“昔苻坚称道安为神器,今法师出之更远。”时帝将征辽,法师请於嵩之少林翻译。太宗曰:“师西去后,朕为穆太后於西京造宏福寺,寺有禅院,可就翻译。”三月己巳,徙宏福。夏五月丁卯,法师方开贝叶。廿年秋七月,法师进新译经论,仍请製经序,并进奉勑撰《西域记》十二卷。太宗美法师风仪,又有公辅才,俾法师裼缁褐袭金紫。法师因以五义褒扬圣德,乞不夺其志,遂问《瑜伽十七地义》。太宗谓侍臣曰:“朕观佛经,犹瞻天望海。法师能於異域得是深法,非惟法师愿力,亦朕与公等宿殖所会。”及《三藏圣教序》成,神笔自写。太宗居庆福殿,百寮陪位,坐法师,命宏文馆学士上官仪对羣寮读之。廿二年夏六月,天皇大帝居春宫,又製《述圣记》及《菩萨藏经后序》。太宗因问功德何最,法师对以度人。自隋季天下,祠宇残毁,缁伍殆绝,太宗自此勅天下诸州寺，宜各度五人，宏福寺度五十人。戊申，皇太子宣令，请法师为慈恩上座，仍造翻经院，备仪礼，自宏福迎法师。太宗与皇太子、后宫等，於安福门执香炉，目而送之。至寺门，勒赵公英、中书令褚引入，於殿内奏《九部乐》、《破阵舞》，及百戏於庭而还。廿三年夏四月，法师随驾於翠微宫，谈赏终日。太宗前席攘袂，曰恨相逢已晚。翌日，太宗崩於含风殿，高宗即位。法师还慈恩，专务翻译。永徽三年春三月，法师於寺端门之阳造石浮图。高宗恐功大难成，令改用砖墖。有七级，凡一百八十尺，层层中心皆有舍利。冬十月，中宫方娠，请法师加祐。既诞，神光满院，则中宗孝和皇帝也。请号为佛光王，受三归，服袈裟，度七人，请法师为王剃髮。及满月，法师进金字《般若心经》及道具等。显庆二年春二月，驾幸洛阳，法师与佛光王发於驾前。既到馆，於积翠宫终译《发智婆沙》。法师早丧所天，因扈从还访故里，得张氏姊，问茔垅已平矣。乃捧遗柩，改葬於西原。高宗勅所司公给，备丧礼，尽饰终之道。洛下道俗赴者万余人，释氏荣之。三年正月，驾还西京，勅法师徙居西明寺。高宗以法师先朝所重，礼敬弥厚，中使旁午，朝臣慰问及锡賚无虚日，法师随得随散。中国重於《般若》，前代虽翻译犹未备，众请译焉。法师以功大恐难就，乃请於玉华宫翻译。四年十月，法师如玉华，馆於肃成院。五年春正月一日，始翻梵本，总廿万偈。法师汲汲然常恐不得卒业，每厉译徒，必当人百其心，至龙朔三年方绝笔。法师翻《般若》后，精力刓耗，谓门人曰："吾所事毕矣。吾瞑目后，可以蘧蒢为亲身物。"门人雨泣，且曰："和上何遽发此言？"法师曰："吾知之矣。"麟德元年春正月八日，门人元觉梦一大浮图倒，法师曰："此吾灭度之兆。"遂命嘉尚法师具录所翻经纶，合七十四部，总一千三百卅八卷，又造俱胝①画像弥勒像各一千帧，又造素像十俱胝，供养悲敬上油各万人，烧百千灯，赎数万生。乃与寺众辞，三称慈尊，愿生内眷。至二月五日夜，弟子光等问云："和上决定得生弥勒内众否？"颔云："得生。"俄而去。春秋六十九矣。初，高宗闻法师疾作，御医相望於道。及坊州奏至，帝哀恸为之，罢朝三日。勅坊州刺史窦师伦令官给葬事。又勅宜听京城僧尼送至壔所。门人奉柩於慈恩翻经堂，道俗奔赴者日盈千万。以四月十四日葬於滻東，京畿五百里内，送者百余万人。至总章二年四月八日，有勅徙於樊川北原，伤圣情也。法师长七尺，眉目若画，直视不顾，端严若神。自大教東流，翻译之盛，未有如法师者。虽滕、兰、澄、什、康会、竺护之流，无等级以寄言，其彬彬郁郁，已布唐梵新经矣。自示疾至於昇神，奇应不可殚纪。盖莫详位次，非上地其孰能如此乎？文曰：

① 俱胝，係俱胝之误，后同。

三藏之生，本乘愿来。入自圣胎，出於凤堆。大业之季，龙潜於並。孺子竭帝，与兄偕行。神尧奇之，善果度之。不为人臣，必为人师。师法未足，自洛徂蜀。学无常师，乌必择木。跡穷夷夏，更讨身毒。寺入烂陁，师遇尸罗。王逢戒日，论得瑜伽。瑜伽师地，藏教泉府。蜎蝶名数，璽抽圣绪。我握其枢，赤幡仍竖。名高曲女，归我真主。主当文皇，臣当蔡梁。天下贞观，佛氏以光。光光三藏，是护是付。付得其人，经纶彬彬。梵语华言，胡汉相宣。台臣笔受，御膝前席。积翠飞花，恩光奕奕。太宗序教，天皇述圣。扬於王庭，百辟流詠。三藏慰喜，灵祇介祉。蔑彼滕什，曾无此事。我功成矣，我名遂矣。脱屣玉华，昇神睹史。发棺开殓，天香馥馥。地位殊分，神人是卜。中南地高，樊川气清。修壔者谁，林公是营。门人令检，实尸其事。铭勒墖旁,检真法子。

（卷七百四十二刘轲）

大方廣圓覺修多羅了義經略疏序

夫血气之属必有知,凡有知者必同体。所谓真淨明妙,虚彻灵通,卓然而独存者也。是众生之本源,故曰心地;是诸佛之所得,故曰菩提;交彻融摄,故曰法界;寂静常乐,故曰涅槃;不浊不漏,故曰清淨;不妄不变,故曰真如;离过绝非,故曰佛性;护善遮恶,故曰总持;隐覆含摄,故曰如来藏;超越元閟,故曰密严国;统众德而大备,烁羣昏而独照,故曰圆觉。其实皆一心也。背之则凡,顺之则圣,迷之则生死始,悟之则轮迴息,亲而求之则止观定慧,推而广之则六度万行。引而为智然后为正智,依而为因然后为正因。其实皆一法也。终日圆觉而未尝圆觉者,凡夫也;欲证圆觉而未极圆觉者,菩萨也;具足圆觉而住持圆觉者,如来也。离圆觉无六道,舍圆觉无二乘,非圆觉无如来,泯圆觉无真法。其实皆一道也。三世诸佛之所证,盖证此也。如来为一大事出现,盖为此也。三藏十二部,一切修多罗,盖诠此也。然如来垂教,指法有显密,立义有广略,乘时有先后,当机有浅深,非上根圆智,其孰能大通之?故如来於光明藏与十二大士,密说而显演,潛通而广被,以印定其法,为一切经之宗也。圭峯禅师得法於荷泽嫡孙南印上足道圆和尚,一日随众僧斋於州民任灌家,居下位以次受经。遇《圆觉了义》,卷未终轴,感悟流涕,归以所悟告其师,师抚之曰:"汝当大宏圆顿之教,此经诸佛授汝耳。"禅师既佩南宗密印,受圆觉悬记,於是阅大藏经律,通《唯识起信》等论,然后顿辔於华严法界,宴坐於圆觉妙场,究一雨之所霑,穷五教之殊致,乃为之疏解。凡大疏三卷,大钞十三卷,略疏两卷,小钞六卷，道场修证仪一十八卷，並行於世。其叙教也圆，其见法也彻。其释义也端如析薪，其入观也明若秉烛。其辞也极於理而已，不虚骋；其文也扶於教而已，不苟饰。不以其所长病人，故无排斥之说；不以其未至盖人，故无胸臆之论。荡荡然实十二部经之眼目，三十五祖之骨髓，生灵之大本，三世之达道。后世虽有作者，不能过矣。其四依之一乎？或淨土之亲闻乎？何尽其义味如此也？或曰道无形，视者莫能覩；道无方，行者莫能至，况文字乎，在性之而已，岂区区数万言而可诠之哉？对曰：噫！是不足以语道也。前不云乎，统众德而大备，烁羣昏而独照也，圆觉也。盖圆觉能出一切法，一切法未尝离圆觉。今夫经律论三藏之文，传於中国者五千余卷。其所诠者何也？戒定慧而已。修戒定慧而求者何也？圆觉而已。圆觉一法也，张万行而求之者何？众生之根器異也。然则大藏皆圆觉之经，此疏乃大藏之疏也。罗五千轴之文，而以数卷之疏通之，岂不至简哉？何言其繁也？及其断言语之道，息思想之心，忘能所，灭影像，然后为得也，因不在诠表耳。呜呼！生灵之所以往来者，六道也。鬼神沈幽愁之苦，鸟兽怀獝狘之悲。修罗方瞋，诸天正乐，可以整心虑，趣菩提，唯人道为能耳。人而不为，吾未如之何也已矣。休尝遊禅师之阃域，受禅师之显诀，无以自効，辄直讚其法而普告大众耳。其他备乎本序云。

圭峯禪師碑銘并序

圭峯禅师号宗密，姓何氏，果州西充县人，释迦如来三十九代法孙也。……自迦叶至达摩凡二十八世，达摩传可，可传璨，璨传信，信传忍，为五祖。又传融，为牛头宗。忍传能为六祖。又传秀为北宗。能传会为荷泽宗。荷泽於宗为七祖。又传让,让传马,马於其法为江西宗。荷泽传磁州如,如传荆南张,张传遂州圆,又传東京照,圆传大师。大师於荷泽为五世,於达摩为十一世,於迦叶为三十八世,其法宗之系也如此。……

（卷七百四十三裴休）

大慈恩寺大法師基公塔銘并序

（太和三年）明年七月十三日,令检奉行师言,启其故塔,得全躯,依西国法焚而瘗之,其上起塔焉。……

（卷七百六十李宏庆）

吞刀吐火賦以方士有如此之术焉为韻

奇幻谁传,伊人得焉。吞刀之术斯妙,吐火之能又元。嚥卻锋鋩,不患乎洞胸达腋,嘘成艳赫,俄惊其飞燄浮煙。原夫自天竺来时,当西京暇日,骋不测之神变,有非常之妙术。初呈握内,岂吹毛之锐难亲;复指胸中,虽烁石之威可出。於是叱咤神厉,谽谺气恣,旁驾肩而孰不观也,忽攘臂而人皆異之。俄而精钢充腹,炽烈交颐,罔有剖心之患,曾无烂额之疑。寂影灭以光沈,霜锋尽处,炯霞舒而血喷,朱燄生时。素仞兮倏去於手,红光兮遽腾其口。始蔑尔以虹藏,竟爣然而电走。隐於笑语,迴看而鞞琫皆空;出自咽喉,旁取而榆檀何有。莫不刻意斯效,焦心已舒。想刚肠之砺乃,惊燥吻以焚如。胡为引镜之形,销於咀嚼;安得燎原之色,发自吹嘘?亦足以道冠幻人,名倾术士。食鋮既可以增媿,噀酒亦宜乎让美。且夫神仙兮不常,变化兮多方。或漱水而雾合,或吐饭而蜂翔。曾未若彼用解牛,我则虚喉而挫锐;彼皆钻燧,我则鼓舌以生光。然眩惑如斯,云为徒耳。虽夸外国之献,本匪王庭之伎。吾谓吞词锋者可尚,吐智烛者为是,所以安处先生,终去彼而取此。

（卷七百七十王棨二）

唐梓州慧義精舍南禪院四證堂碑銘并序

……旁询地志,遐考山经。昆陵未曰天齐,泰岳徒称日观。定竺乾於身毒,郭璞之言有征;证罗卫於华胥,王邵之书可信。……

（卷七百八十李商隐十）

書戒珠寺

又云,陈太建初,有天竺徒听门踚颠,辨博神異。及死,葬山上,其形数见。后梦语其门人曰:"心为卧像屋之压我,则不见。"为之,果如言。而所构华壮敞絜,甲於郛内,所谓昌安寺者。……

（卷七百九十一赵璘）

吴縣鄧蔚山光福講寺舍利壜記

……按,牟子云:佛生天竺,假形王家。即其生也。又云:拂衣双树,脱屣金沙。即其灭也。然虽示生灭之相,讵加恍惚之道,何異经巨海者,终年不见其涯;测虞渊者,毕世不知其底!吾以此观之,佛理不可尽也。若夫舍利者,即金人之遗骨,坚刚不坏,变化自然,西天敬之,立为壜庙。昔育王见而不信,吴王修以效虔,迤逦南移,年代颇久。……

（卷八百四崔鹏）

東山覯音院記

洪照姓郑氏,虢州卢氏人。幼诣清凉金阙寺镜公处出家,竹林寺用公处具戒。壮岁就兴善寺则公处受灌顶五部大法，明五天梵字。

（卷八百六侯圭）

澤州靈泉院記

……其院東向顯豁，亙为大川，端门洞闢，正与旭日相迓。岂梵书所谓震旦者，此其证哉？……

（卷八百七司空图一）

釋大方廣佛新華嚴經論主李長者事述

谨按华严旧传，東晋三藏佛驮跋陀罗於江都谢司空寺译经，有二青衣童子，忽自庭沼而出，承事梵僧。爇香添瓶，不离左右。每欲将夕，还潛沼中。日日皆然，率以为常事。及译毕写淨，沈默无迹。……

（卷八百十六马支）

重修法門寺墖廟記

按《后魏誌》，阿育王役使鬼神於阎浮提造八万四千墖，华夏之中有五，秦国岐山得其一焉。又按《神州三寳通录》，华夏有墖一十九所，岐阳圣跡，复载其中。朝观光相，夕覩圣灯。究異草之西来，验灵跡之所止。供盈香积，罏馥旃檀。面太白而千叠云屏，枕清渭而一条翠带。又文皇迁寝殿而修花墖，冀拔羣迷；天后闢明堂而俟真身，庶康万彙。编於史册，传以古今。粤自有周，洎乎大汉，至於晉魏，爰及齐梁，隋文则誓志焚修，我唐则累朝迴向，莫不归依圣教，恭敬真宗。募善行於阿育王，结慈缘於金龙子。嘉征迭变，灵应无穷。或元鹤飞翔，不离於绀宇；或卿云摇曳，靡舍於金绳。分舍利於五十三州，增福田於千万亿祀……。

（卷八百二十九薛昌序）

奏進欽天歷表

……臣检讨先代图籍、今古历书，皆无蚀神首尾之文，盖天竺胡僧之妖说也。……

（卷八百六十王朴）

大漢韶州雲門山大覺禪寺大慈雲匡聖宏明大師碑銘并序

……昔西来智药三藏，驻锡於曹溪。曰："一百七十年后，当有无上法寳，肉身菩萨於此兴化，学道者如林。"故号曹溪曰寳林也。二十八祖之心印，达摩東传；三十三代之法，衣祖师南授。洎六祖大师登正果之后，所谓学者如林，天下高僧无不臻凑者矣。……

（卷八百九十二陈守中）

寳星陀羅尼經序

《寳星经》梵本三千余偈，如来初证觉道，度目连身子，及降伏魔王，护持国土，说此经也。自像化東渐，緜历岁时，三轮八藏之文，四树五乘之旨，显神光於石室，流梵响於清台，虽鞮译相寻，尚多疑阙。我大唐皇帝迺圣迺神，允文允武。乘机抚运，拯溺救焚。反上皇之风，行不言之化。去泰去甚，既揜顿於八紘；无事无为，乃朝宗於万国。瀚海天山之地，尽入提封；龙庭凤穴之乡，咸霑声教。仁踰解网，治踵结绳。大德闲闲，外齐八则；小心翼翼，内整四仪。临赤县而溢慈悲，寄元扆而敷宏誓。每以诸有非乐，物我俱空，眷言真要，无过释典。有中天竺国三藏法师波颇，唐言光智，誓传法化。不惮艰危，远涉葱河，来游震旦。经涂所亘四万余里，以贞观元年景戌谨按丙戌为武德九年，是年八月癸亥高祖禅位，太宗此序以丙戌为贞观元年，当是八月后所作。洎於京辇。既登上席，爰懋锦衣。有诏所司，搜扬硕德兼闲三教备举十科者一十九人，於大兴善寺请波颇三藏法师相对翻译。沙门慧淨等证义，沙门元謩等译语，沙门慧明、法琳等执笔。承旨慇懃详覈，审名定义，具意成文。起贞观二年三月，讫四年四月。凡十一卷一作八卷十三品。用纸一百三十幅。总六万三千八百八十二言。

般若燈論序

《般若灯论》，梵本有六千余偈，摩伽国种姓大士婆毗薜迦菩萨，唐言分别明之所作也。始夫万物非有，一心如幻。心幻如故，虽动而恒寂；物非有故，虽起而无生。是以圣人说如幻之心，鉴非有之物。了物非物，则物物性空；知心无心，则心心体寂。达观之士，得其会归而忘其所寄。於是分别戏论，不待遣而自除；无得观门，弗假修而已入。荡荡焉不在不离，无往无依者也。佛灭度后七百年间，有出家菩萨厥名龙树，深达实相，得无生忍。为报佛恩，开演《中论》，付法藏云："其人如像法中，然正法炬，折邪见幢。"《外国传》云："智慧日已颓，斯人今再曜；世昏寝已久，斯人寤令觉。"《中论》凡五师注释，分别明菩萨即一人也。此菩萨多闻总持，智深志固。以本愿力，不舍羣生；住修罗宫，待见弥勒。属以去圣时远，众论纷然。致令雪山採药，多收毒草；深水求珠，竞持瓦砾。诚恐一理不穷，反增邪见；一言不尽，翻起異端。乃讚述龙树偈文，为兹《般若灯论》。其为论也，诃斥内外，讚扬真俗，穷无生理，究实相源。照无不寄，寂名般若；执无不破，喻曰明灯。盖方广之中心，诸佛之行处矣。嗟乎，后之学者，便息百城之遊，永无五失之谬。《论》凡二十七品，为十五卷。若内人立义，皆标人名，无名者例称自部。若外人立义，亦标人名，无名者例称外人。缚解品已前，慧赜执笔；观业品已后，法琳执笔。於是起四年夏，讫六年冬。勘定既周，缮写云毕，听司详读，乃上奏闻。

（卷九百三法琳）

般若燈論序

《般若灯论》者，一名《中伦》，本有五百偈，龙树菩萨之所作也。借灯为名者，无分别智有寂照之功也；举中标目者，鑑亡缘观等离二边也。然则灯本无心，智也亡照，法性平等，中义在斯，故寄论以明之也。若夫寻诠滞旨，执俗迷真，颠沛断常之间，造次有无之内，守名丧实，攀叶亡根者，岂欲尒哉？盖有由矣，请试陈之。若乃构分别之因，招虚妄之果，惑业熏其内识，恶友结其外缘。致令慢耸崇山，见深沧海，恚火难触，词锋罕当。闻说有而快心，听谈空而起谤。六种偏孰，各谓非偏；五百论师，爭兴異论。或将邪乱正，或以伪齐真，识以悟而翻迷，教虽通而更壅，可谓捐珠翫石，棄寳负薪？观画怖龙，寻蹟怯象，爱好如此，良可悲夫。龙树菩萨救世挺生，诃嗜欲而发心，阅深经而自鄙，蒙独尊之悬记，然法炬於阎浮。且其地越初依，功超伏位，既穷一实，且究二能。佩两印而定百家，混三空而齐万物。点尘劫数，历试诸难，悼彼羣迷，故作斯论。文元旨妙，破巧申工，被之钝根，多生怯退。有分别明菩萨者，大乘法将，体道居衷，遐览真言，为其释论。开秘密藏，赐如意珠，畧广相成，师资互显。至若自乘異执，郁起千端，外道殊计，纷然万绪。驴乘竞驰於驾驷，萤火爭耀於龙烛，莫不标其品类，显厥师宗。玉石既分，元黄亦判。西域染翰，乃有数家，考实析微，此为精诣，若舍通本末，有六千偈。梵文如此，翻则减之。我皇帝神道迈於羲农，陶铸侔於造化，包六合而贯三才，摄四生而宏十善。崇本息末，无为太平。守母存子，不言而治。偏复留心释典，遐想至真。以为圣教東流，年淹数百，而亿象所负，阙者犹多。希闻未闻，劳於寤寐。中天竺国三藏法师波颇蜜多罗，唐言明友，学兼半满，博综羣诠。丧我怡神，搜元养性，遊方在念，利物为怀。故能附筏传身，举烟召伴，冒冰霜而越葱岭，犯风热而度沙河。时积五年，涂经四万。以大唐贞观元年岁次娵訾十一月二十日，顶戴梵文，至止京辇。昔秦征童寿，苦用戎兵；汉请摩腾，远劳蕃使。讵可方兹感应，道契冥符，家国休祥，德人爰降。有司奏见，殊悦帝心。其年，有勅安置大兴善寺，仍请译出《寳星经》一部。四年六月，移住胜光，乃召义学沙门慧乘、慧朗、法常、昙藏、智首、慧明、道岳、僧䂮、僧珍、智解、文顺、法琳、灵佳、慧赜、慧淨等，传译沙门元谟僧伽及三藏同学崛多律师等，同作证明，对翻此论。尚书左仆射邠国公房元龄、太子詹事杜正伦、礼部尚书赵郡王李孝恭等，並是翊圣贤臣，佐时匡济，尽忠贞而事主，外形骸以求法。自圣君肇虑，竟此宏宣，利深益厚，实资开发。鉴译勅使右光禄大夫、太府卿兰陵萧璟，信根笃始，慧力要终，寂虑寻真，虚心慕道。赞扬影响，劝助无辍。其诸德僧，夙兴匪懈。所覈幽旨，去华存实。目击则欣其会理，函丈则究其是非。文虽定而覆详，义乃明而重审。岁次寿星十月十七日，检勘毕了，其为论也。观明中道，而存中矣，观空显第一，而得一乘空。然则司南之车，本示迷者，照瞻之镜，为鉴邪人，无邪则镜无所施；不迷则车不为用，斯论被申，其由此矣。虽复斥内遮外，尽妄穷真，而存乎妙存，破如可破。荡荡焉，恢恢焉。迎之靡测其源，顺之罔知其末。信是莹心神之砥砺，越溟险之舟舆，骇昏识之雷霆，照幽涂之日月者矣。此土先有《中论》四卷本偈，大同宾头卢伽为其注解，晦其部执，学者昧焉。此论既兴，可为明镜，庶悟元君子，详而味之也。

（卷九百四慧赜）

大法師行記

夫圣生西域，影示现於東川；教被当阙一字，流波盖於万代。故如来灭后，千年之中，廿有四圣人法师阙一字传法也。千年之后，次有凡夫法师亦传法也。暨大魏太和廿二年阙一字，天竺优伽城有大法师名勒那么提阙二字實意兼阙二字乘备照五明，求道精勤，圣贤未简，而悲矜苦海，志存传化。遂从彼中阙一字持《十地论》，振斯東夏，授此土沙阙二字光禅师其阙五字教授瓶写水，不失一滴。其光律师俗姓杨，卢奴阙四字弟子名振齐魏，十有余人，谓阙五字询阙五字师此等十德，皆有别传。……

（卷九百四海云）

菩薩戒本序

夫瀛溟冲廓，总川逝而朝宗；法性惟元，统品物而都会。是知无说显道，崇毗耶之息言；绝听雨华，宗摩竭之掩室。自非德本宏邈，孰能究其宏致者哉？有三藏法师，是称元奘，弱龄轶俗，凝神气於白云；壮志遊真，晰智耀於元妙。漱其原者，随迎而不知；涮其流者，游泳而不测。大龜启灭之岁，捐觿韘而整华田；须陀问道之年，镜戒珠而嬉行地。爰以炎隋季祀，三聚创膺，深惟蹄旨，悟有余说。悼灵章之紊译，怆神理之纰传，故能出玉门而遐征，戾金河而殉妙。爰有大正法藏，实号戒贤，道格四依，称流五印。凡厥藏海，取质若人，故以所旌，式标洪誉，遂於摩揭陀国，钦承函丈。见所未见，闻所未闻，虽萨陀之遇昙无，蔑以加也。因请受菩萨律仪，一稔三祈，肇允殷望。法师以菩萨淨戒，谅一乘之彝伦；授受宏规，信《十地》之洪范。特所吟味，匪替喉衿。以大唐贞观二十有三年皇上御天下之始月魄日，於大慈恩寺奉诏译《周羯磨戒本》，爰开两轴，盖菩萨正地之流澌也。迈以不敏，猥厕译僚，亲禀洪规，证斯传焰。动众形说，式讚大猷，聊纪译辰，以备攸忘。其证义证文，正字笔受，义业沙门明濬等二十许人，各司共务，同资教旨。

法蕴足論後序

《法蕴足论》者，盖阿毗达磨之权舆，一切有部之洪源也。无上等觉入室之神足摩诃目乾连之所製矣。镜六通之妙慧，晰三达之智明，桴金鼓於大千，声玉蠡於百亿。擿藏海之奇琬，鸠教山之胜珍。欲使天镜常悬，法幢永树，众邪息藩篱之望，诸子骋遊戏之欢，而为此论也。是以佛涅槃后百有余年，疊起五分之殊，解开二九之異，虽各擅连城之贵，俱称照乘之珍，惟一切有部卓乎迴秀，若妙高之处宏海，犹朗月之冠众星者。岂不以本宏基永者欤？至如八种揵度，骛徽於发智之场；五百应真，驰誉於广说之苑。斯皆挹此涓波，分兹片玉。遂得驾羣部而高蹈，接天衢而布武。是知登崐阆者，必培塿於众山；遊溟渤者，亦坳堂於羣澍。谅其然矣。矧乎顺正理以析疑，显真宗以剖惑，莫不镜此彝伦，鉴斯洪范。故使耆德婆薮屈我众贤，上座幽宗见负宏致者也。题称阿毗达磨者，创二藏以简殊也；一切有部者，对十七以标異也；法蕴足者，显此论之胜名也。能持自性，轨范称法，法有积集，策聚为蕴。此论攸宗法聚三七，皆与对法为依，故目之为足。三藏元奘法师以皇唐显庆四年九月十四日，奉诏於大慈恩寺宏法苑译讫。大慈恩寺沙门释光笔受，靖迈饰文。同州澄城县钳耳智通勘定。

（卷九百五靖迈）

佛頂最勝陀羅尼經序

夫业理绵微，二乘不足臻其极；神宰惚恍，十地未易暨其深。则知赋命交加，罕言於孔宣父；报应丛杂，冥昧於太史公。是以先笑后号，鸜雀祥而莫准，始凶终吉，桑榖妖而弗验。或倚或伏之说，柱下庶欲照其几；为祸为福之谈，塞上仅可鄰其次。若乃探缘洞业，索果明因。俦絜大於百家，孰有京於十力。故能息善住之万恶，杜阎摩之圆户。转凡阶圣，引短成修。比宋景之退法星，犹蒂芥於三舍；偶鲁阳之撝落日，故龃龉於再中。何只庇託延祺，见闻招赖，恧神香於異域，耻灵草於琼田，若斯而已哉！乃将轻埃附而九恼祛，清吹猎而三障殄。皎镜齐光於日竇，晖焕比丽於天金。虽事若反常，而乘机显妙，奚可以常人之耳目，拟议大圣之希夷者焉？此经以仪凤四年正月五日，朝散郎行鸿胪寺。典客令杜行顗与宁远将军度婆等，奉诏译进。时有庙讳国讳，皆隐而避之。即世尊为圣尊，世界为生界，大势为大趣，救治为救除之类是也。上读讫，谓行顗曰："既是圣言，不须避讳。"杜时奉诏以正，属有故而寢焉。无几，敕中天法师地婆诃罗於東西二京，太原宏福寺等传译法实。而杜每充其选，余时又参末度。杜常谓余曰："弟子庸材，不闲文体，屈师据勅删正，亦愿依文笔削。"余辞以不敏，载涉暄寒。荏苒之间，此君长逝。余歎惋流涕，思其若人。又惧寢彼鸿恩，乖於贝牒，因成沙门道成等十人，屈天竺法师，再详幽趣。庶临文不讳，上奉皇私；曲尽方言，下符流俗。故乃具表曲委，陈诸始末。俾夫披览之士，无猜此教焉。於时永淳元年五月二十三日也。

金光明經序

《金光明经》者，教穷满字，金鼓击於梦中；理极真空，竇塔涌於地上。三身果备，酬昔报之无亏；十地因圆，显囊修之具足。所以经王之号，得称於斯，将知能宏赞人，其位难量者也。大兴善寺沙门释賨贵者，即近周世道安神足，伏膺明匠，实曰良才。翫阅羣经，未尝释手，可谓瞿昙身子，孔氏颜渊者焉。然贵覩昔晋朝沙门支敏度合两支、两竺、一白五家《首楞严》五本为一部，作八卷；又合一支两竺三家《维摩》三本为一部，作五卷。今沙门僧就又合二谶罗什耶舍四家《大集》四本为一部，作六十卷。非止收涓添海，亦是聚芥培山。诸此合经，文义宛具。斯既先哲遗蹤，贵遂依承，以为规矩。而《金光明》见有三本。初在凉世，有昙无谶译为四卷，止十八品。其次周世，耶舍崛多译为五卷，成二十品。后逮梁世，真谛三藏於建康译《三身分别》、《业障灭》、《陀罗尼最淨地》、《依空满愿》等四品，足前出没，为二十二品。其序果云，昙无谶法师称《金光明经》篇品阙漏。每寻文揣义，谓此说有征，而讐校无指，永怀寤寐。賨贵每歎此经祕奥，后分云何，竟无《嘱累》。旧虽三译，本疑未周，长想梵文愿言逢遇。大隋驭寓新经即来，帝勅所司，相续翻译。至开皇十七年，法席小间，因劝请北天竺犍陀罗国三藏法师闍那崛多，此云志德[1]重寻后本，果有《嘱累品》，后得《银主陀罗尼品》。故知法典源散，派别条分，承注末流，理难全具。赖三藏法师，慧性沖明，学业优遠，内外经论，多所博通。在京大兴善寺即为翻译，並前先出，合二十四品，写为八卷。学士成都费长房笔受，通梵沙门日严寺释彦琮校练。賨珠既足，欣跃载深，愿此法灯，传之永劫。

① 按《续高僧传》卷2《闍那崛多传》，志德係德志之误。

三藏法師傳序

恭惟释迦氏之临忍土也，始演八正，启三賓，以出羣邪之典，由是佛教行焉。方等一乘圆宗十地，谓之大法，言真诠也。化城垢服，济鹿驰羊，谓之小学，言权旨也。至於禅戒呪术，厥趣万途；迺灭惑利生，其归一揆。是故历代英圣，仰而賓之。八会之经，谓之为本，根其义也；三转之法，谓之为末，枝其义也。暨夫天雨四花，地现六动，解其髻寶，示以衣珠，借一以破三，摄末以归本者也。《付法藏传》曰，圣者阿难，能诵持如来所有法藏，如瓶泻水，置之異器，即为释尊一代四十九年应物逗机适时之教也。逮提河辍润，坚林晦景，邃旨沖宗，於焉殆绝。我先昆迦叶，属五棺已掩，千氎将焚，痛人天眼灭，苍生莫救，故召诸圣众，结集微言。考绳墨以立定门，即贯华而开律部，据优波提舍以为之论，剖析空有，显别断常，示之以因修，明之以果证，足以贻范当代，轨训将来，归向之徒，並尊其义。及王、秦奉使，考日光而求佛；腾、兰应请，策练影以通经。厥后易首抽肠之宾，播美於天外；篆叶结鬘之典，译粹於区中。然至赜至神，思虑者或迷其性相；惟恍惟惚，言谈者有昧其是非。况去圣既遥，来教多阙，殊途竞轸，别路扬镳而已哉！法师悬弧诞辰，室表空王之应；佩觽登岁，心符妙德之诚。以爱海无出要之津，觉地有栖神之宅，故散髮矫翰，翔集二空；異县他山，载驰千里。每慨古贤之得本行本，鱼鲁致乖，痛先匠之闻疑传疑，豕亥斯惑。窃惟音乐树下，必存金石之响；五天竺内，想具百篇之义。遂发愤忘食，履险若夷。轻万死以涉葱河，重一言而之奈苑。鹫山猨沼，仰胜迹以瞻奇；鹿野儒城，访遗编於蠹简。春秋寒暑一十七年，耳目见闻，百三十国。扬我皇之盛烈，震彼后之权豪。偃異学之高轒，拔同师之巨帜。名王拜首，胜侣摩肩，万古风猷，一人而已！法师於彼国所获大小二乘三藏梵本等，总六百五十七部。並载以巨象，並诸邮骏。蒙霜犯雪，自天祐以元亨；阳苦阴淫，假皇威而利涉。粤以贞观十有九祀达於上京，道俗迎之，阗城溢郭。锵锵济济，亦一朝之盛也。及谒见天子，劳问殷勤。爰命有司，诏令宣译。人皆敬奉，难以具言。至於氏族簪缨，捐亲入道，遊践远迩，中外讚扬。示息化以归真，同薪尽而火灭。若斯之类，则备乎兹传也。传本五卷，魏国西寺前沙门慧立所述。立俗姓赵，豳国公刘人，隋起居郎司隶从事毅之子。博考儒释，雅善篇章，妙辩云飞，溢思泉湧。加以直词正色，不惮威严，赴水蹈火，无所屈挠。覩三藏之学行，瞻三藏之形仪，钻之仰之，弥坚弥远。因循撰其事，以贻终古。及削藁云毕，虑遗诸美，遂藏之地府，代莫得闻。尔后役思缠痾，气悬钟漏，乃顾命门徒，握以启之。将出而卒，门人等哀恸荒梗，悲不自胜。而此传流离，分散他所，后累载搜购，迎乃获全。因命余以序之，迫余以次之。余抚已缺然，拒而不应。因又谓余曰：佛法之事，岂预俗徒？况乃当仁，苦为辞让？余再怀惭退，沈吟久之。执纸操翰，汍澜腷臆。方乃参犬羊以虎豹，糅瓦石以琳璆。错综本文，笺为十卷，庶后之览者，无或嗤焉。

（卷九百五彦悰）

玄奘本名禕，俗姓陈氏，洛阳缑氏人。出家東都淨土寺，后住长安庄严寺。贞观三年往西域，十九年齎经像还京师。勅住大慈恩寺。麟德元年卒，年六十五。

還至于闐國進表

沙门玄奘言：奘闻马融该赡，郑玄就扶风之师；伏生明敏，晁错躬济南之学。是知儒林近术，古人犹且远求，况诸佛利物之元蹤，三藏解缠之妙说，敢惮途遥而无寻慕者也。玄奘往以佛兴西域，遗教東传，然则胜典虽来，而圆宗尚阙。常思访学，无顾身命。遂以贞观三年四月，冒越宪章，私往天竺。践流沙之浩浩，陟雪岭之巍巍。铁门巉崄之涂，热海波涛之路。始自长安神邑，终於王舍新城。中间所经，五万余里。虽风俗千别，艰危万重，而凭恃天威，所至无鲠。仍蒙厚礼，身不苦辛，心愿获从。遂得观耆闍崛山，礼菩提之树，见不见迹，闻未闻经，穷宇宙之灵奇，尽阴阳之化育，宣皇风之德泽，发殊俗之钦思。历览周遊一十七载，今已从钵罗耶伽国经迦毕试境，越葱岭，渡波谜罗川归还，达於于阗。为所将大象溺死，经本众多，未得鞍乘，以是少停，不获奔驰早谒轩陛，无任延仰之至。谨遣高昌俗马元智随商侣奉表先闻。

進西域記表

沙门玄奘言：窃寻蟠木幽陵，云官纪轩皇之壤；流沙沧海，夏载著伊尧之域。西母白环，荐垂衣之主；東夷楛矢，奉刑措之君。固以飞英曩代，式徽前典。伏惟陛下握纪乘时，提衡范物。刳舟弦木，威天下而济羣生；鼇足芦灰，堙方舆而补圆盖。耀武经於七德，阐文教於十伦。泽漏泉源，化霑萧苇，芝房发秀，浪井开花。乐囿驯班，巢阿响律。浮紫膏於贝阙，霏白云於玉检。遂苑弱水而池濛汜，圃炎火而照积洛。梯赤坂而承朔，泛沧津而委贶。史旷前良，事绝故府。岂知汉开张掖，近接金城。秦戍桂林，纔通珠浦而已。元奘幸属天地，贞观华夷静谧，冥心梵境，敢符好事，命均朝露，力譬秋螽。徒以凭假皇灵，飘身进影，展转膜拜之乡，流离重译之外。条支巨鷇，方验前闻，罽宾孤鸾还稽曩实。时移岁积，人愿天从。遂得下雪岫而泛提河，窥崔林而观鹫岭。祇园之路，髣像犹存；王城之基，坡陀尚在。寻求历览，时序推迁，言还帝京，淹逾一纪。所闻所履，百有二十八国。窃以章亥之所步籍，空陈广袤，夸父之所陵厉，无述土风。班超侯而未还，张骞望而非博。今所记述，有異前闻。虽未极大千之疆，颇穷葱外之境。皆存實录，匪敢彫华。谨具编裁，称为《大唐西域记》，凡一十二卷，缮写如别。望班之右笔，饰以左言。掩《博物》於晉臣，广《九邱》於皇代。但元奘资识渝短，遗漏实多；兼拙於笔语，恐无足观览。

進新譯經論表

沙门玄奘言：窃闻八正之旨，实出苦海之津梁；一乘之宗，诚入涅槃之梯隥。但以物机未熟，致蕴葱山之西，经胥庭而莫闻，历周秦而靡至。暨乎摩腾入洛，方被山川，僧会遊吴，始霑荆楚。从是以来，遂得人修解脱之因，家树菩提之业。固知传法之益，其利博哉！次复严显求经，澄什继译。虽则元气日扇，而並处伪传。唯玄奘轻生，独逢明圣。所将经论，咸得奏闻。蒙陛下崇重圣言，赐使翻译。比与义学诸僧等，专精夙夜，无堕寸阴。虽握管淹时，未遂终讫。已绝笔者，见得五部五十八卷，名曰《大菩萨藏经》二十卷，《佛地经》一卷，《六门陀罗尼经》一卷，《显扬圣教论》二十卷，《大乘阿毗达磨雜集论》一十六卷。勒成八袠，缮写如别。谨诣阙奉进。玄奘又窃见宏福寺尊像初成，陛下亲降銮舆，开青莲之目。今经论初译，为圣代新文，敢缘前义亦望曲垂神翰，题製一序，讚扬宗极。冀冲言奥旨，与日月齐明，玉字银钩，将乾坤等固。使百代之下诵詠不穷，千载之外，瞻仰无绝。

請入少林寺翻譯表

沙门玄奘言：玄奘闻菩提路远，趣之者必假资粮；生死河深，渡之者须凭船筏。资粮者三学三智之妙行，非宿舂之类也；

船筏者八忍八观之淨业，非方舟之徒也。是以诸佛具而昇彼岸，凡夫阙而沈生死。由是茫茫三界，俱漂七漏之河；浩浩四生，咸溺十缠之浪。莫不波转烟迴，心迷意醉，穷劫石而靡怠，尽芥城而弥固，曾不知驾三车而出火宅，秉八正而适寳坊。实可悲哉！岂直秋之为气，良增歎矣。宁惟孔父之情，所以未尝不临食辍飧，当寐而惊者也。元奘每惟此身，众缘假合，念念无常。虽岸树井籐，不足以俦危脆；乾城水沫，无以譬其不坚。所以朝夕是期，无望长久。而岁月如流，六十之年，飒然已至。念兹遄速，则生涯可知。加复少固求法，寻访师友，自邦他国，无处不经，涂路远遥，身力疲竭，顷年以来，更增衰弱。顾阴视景，能复几何？既资粮未充，前涂渐促，无日不以此伤嗟。笔墨陈之不能尽也。然轻生多幸，属逢明圣。蒙先朝不次之泽，荷陛下非分之恩。沐浴隆慈，岁月久矣。至於增名益价，发誉腾声，无翼而飞，坐凌霄汉。受四事之供，超伦辈之华，求之古人，所未有也。元奘何德何功，以至於此？皆是天波广润，日月曲临，遂使燕石为珍，驽骀取贵。抚躬内省，唯深慙悳。且害盈恶满，乃前哲之雅旨；少欲知足，亦诸佛之诚言。元奘自揆艺业空虚，名行无取，天慈圣泽，无宜久冒。望乞骸骨，毕命山林，礼诵经行，以答提奖。又蒙陛下以轮王之尊，布化王之化，西域所得经本，並令翻译。元奘猥承人乏，滥当斯任。既奉天旨，夙夜靡宁。今已翻出六百余卷，皆三藏四含之宗要，大小二乘之枢轴，凡圣行位之林薮，八万法门之海译。西域称詠，以为镇国方之典。所须文义，无彼不得。譬犹择木邓林，随求大小；收珍海浦，任取方圆。学者之宗，斯为髣髴。元奘用此奉报国恩，诚不能尽。虽然亦冀万分之一也。但断伏烦恼，必定慧相资，如车二轮，阙一不可。至如研味经论，慧学也；依林宴坐，定学也。元奘少来，颇得专精教义，唯於四禅九定，未暇安心。今愿託虑禅门，澄心定水，制情猨之逸躁,絷意马之奔驰。若不敛迹山中,不可成就。窃承此州嵩高少室,岭嶂重叠,峯涧多奇。含孕风云,包蕴仁智,果药丰茂,萝薜清虚,海内之名山,域中之神岳。其间复有少林伽蓝间居寺等,皆跨枕巖壑,萦带林泉,佛事尊严,房宇闲邃。即后魏三藏菩提留支译经之处也。实可归依,以修禅观。又两疏朝士,尚解归组辞荣;巢许俗人,犹知棲箕蕴素。况元奘出家为法,翻滞圜中,清风激人,念之增媿者也。伏惟陛下明踰七曜,照极九幽,伏乞亮此愚诚,特垂听许。使得绝嚣尘於众俗,卷影迹於人间。陪麋鹿之羣,随凫鹤之侣;棲身片石之上,庇影一树之阴。守察心猨,观法实相。令四魔九结之贼,无所穿窬,五忍十行之心,相从引发。作菩提之由渐,为彼岸之良因。外不累於皇风,内有增於行业,以此送终天之恩也。傥蒙矜许,则庐山慧远,雅操庶追,剡岫道林,清徽望续。仍冀禅观之余,时间翻译,无任乐愿之至。谨诣阙奉表以闻,轻触宸威,追深战越。

奉勅翻經進表

窃闻冕旒康俗,咸竞前修,述作穷神,必归睿后。皇帝造物,元猷远畅,掩王城於侯甸,光贝叶於羽陵。傍启译寮,降缉鸿序,腾照千古,流辉万叶。陛下纂承丕业,光敷远韻,神用日新,赏鉴无怠。玄奘滥沐天造,肃承明诏,每抚庸躬,恒深悚息。去月日奉勅:所翻经论,在此无者宜先翻,旧有者在后翻。但《发智毗婆沙论》有二百卷,此土先唯有半,但有百余卷,而文多舛杂,今更整顿翻之。去秋已来,已翻得七十余卷,尚有百三十卷未翻。此论於学者甚要,望听翻了。余经论有详畧不同,及尤舛误者,亦望随翻,以副圣述。

請御製三藏聖教序表

沙门玄奘言：奘以贞观三年往遊西域，求如来之祕藏，寻释迦之遗旨。总获六百五十七部，並以载於白马。以贞观十九年方还京邑。寻蒙勑旨，令於宏福道场披寻翻译。今已翻出《菩萨藏》等经，伏愿垂恩，以为经序。唯希勑旨，方布中夏。并撰《西域传》一部一十四卷。谨令舍人李敬一以将恭进，无任悚息之至。谨奉表以闻，谨言。

（卷九百六元奘）

答摩訶菩提寺慧天法師書

大唐国苾蒭玄奘，谨致书摩诃菩提寺三藏慧天法师足下：乖别稍久，企仰惟深。音寄不通，莫慰倾渴。彼苾蒭法长至，辱书敬承休豫，用增欣悦。又领细白氎两端，讚颂一夹。来意既厚，寡德愧以无当，悚息悚息。节气渐和，不知信后体何如也？想融心百家之论，栖虑九部之经，建正法幢，引归宗之客；击克胜鼓，挫鍱腹之宾。颉颃王侯之前，仰扬英俊之上，故多欢适也，玄奘庸弊，气力已衰，又加念德钦仁，唯丰劳积。昔因遊方在彼遇矚光仪，曲女城会又亲交论，当对诸王及百千徒众，定其深浅，此立大乘之旨，彼豎半教之宗。往复之间，词气不无高下，务存正理，靡护人情。以此辄生凌触，会罢之后寻已豁然。今来使犹传法师寄申谢悔，何怀固之甚也！法师学富词清，志坚操远，阿耨达水无以比其波澜，淨末尼珠不足方其皦洁。后进仪表属在高人，愿勗良规阐扬正法。至如理周言极无越大乘，意恨法师未为深信。所谓耽翫羊鹿，棄彼白牛，赏爱水精，舍颇胝寶。明明大德，何此惑之滞欤？又坏器之身，浮促难守，宜早发大心庄严正见，勿使临终方致嗟悔。今使还国，谨此代诚，並附片物，盖欲示酬来意，未足尽其深心也，愿知。前还日渡信渡河失经一驮，今录名如别，请为附来。余不能委述，苾蒭玄奘谨呈。

答中印度僧智光書

大唐国苾蒭玄奘谨修书中印度摩揭陀国三藏智光法师座前：自辞违俄十余载，境域遐遠，音徽莫闻，思恋之情，每增延结。彼苾蒭法长至，蒙问，并承起居康豫，豁然目朗，若覩尊颜。踊跃之怀，笔墨难述。节后见暖，不审信后何如？又往年使还，承正法广[①]大法师无常，奉问摧割，不能已矣。呜呼！可谓苦海舟沈，天人眼灭，迁夺之痛，何期速欤！惟正法藏植庆曩晨，树功长劫，故得挺冲和之茂质，标懿傑之宏才，嗣德圣天继辉龙猛，重然智炬，再立法幢。扑炎火於邪山，塞洪流於倒海，策疲徒於寳所，示迷众於大方，荡荡焉，巍巍焉，实法门之栋幹也。又如三乘半满之教，異道断常之书，莫不韫综胸怀，贯练心腑。文盘节而克畅，理隐昧而必彰，故使内外归依，为印度之宗袖。加以恂恂善诱，晓夜不疲，衢罇自盈，酌而不竭。元奘昔因问道，得预参承，并荷指诲，虽曰庸愚，颇亦蓬依麻直。及辞还本邑，嘱累尤深，殷勤之言，今犹在耳。方冀保安眉寿，式讚元风。岂谓一朝奄归万古，追维永往，弥不可任。伏惟法师夙承雅训，早昇堂室，攀恋之情当难可处，奈何奈何。有为法尔，当可奈何，愿自裁抑。昔大觉潛晖，迦叶绍宗洪业；商那迁化，毱多阐其嘉猷。今法将归直，法师次任其事。唯愿清词妙辩，共四海而恒流，福智庄严，与五山而永久。元奘所将经论，已翻《瑜伽师地论》等大小三十余部，其《俱舍顺正理》见译未周，今年必了。即日大唐天子圣躬万福，率土安宁，以轮王之慈，敷法王之化。所出经论，並蒙神笔製序，令所司抄写，国内流行。爰至鄰邦，亦俱遵习。虽俱像运之末，而法教光华，雍雍穆穆，亦不異室罗筏誓多林之化也。伏愿照知。又前渡信渡河，失经一驮，今录名如后。有信请为附来。并有片物供养，愿垂纳受。路远不得多，莫嫌鲜薄。玄奘和南。

（卷九百七玄奘）

① 按《大慈恩寺三藏法师传》卷七（1983年孙毓棠、谢方点校本），广字係藏字之误。

大唐西域記贊

大矣哉，法王之应世也！灵化潛运，神道虚通。尽形识於沙界，绝起谢於尘劫。形识虽尽，应阙一字生而不生，起谢虽绝，示寂灭而无灭。岂实迦维降神，娑罗潛化而已。固知应物效灵，感缘垂迹，嗣种刹利，绍允释迦。继域中之尊，擅方外之道。於是舍金轮而临制法界，摛玉毫而光抚含生。道洽十方，智周万物。虽出希夷之外，将庇视听之中。三转法轮於大千，一音振辩於羣有。八万门之区别，十二部之综要。是以声教之所霑被，驰骛福林；风轨之所鼓扇，载驱寿域。圣贤之业盛矣！天人之义备矣！然后忘动寂於坚固之林，遗去来於幻化之境，莫继乎有待，匪遂乎无物。尊者迦叶，妙选应真，将报佛恩，集斯法寳。四念总其源流，三藏括其枢要。虽部执兹兴，而大寳斯在。粤自降生，洎乎潛化，圣迹千变，神瑞万殊。不尽之灵逾显，无为之教弥新。备存经诰，详著记传。然尚羣言紛纷，異议舛驰，原始要终，罕能正说。此指事之实录，尚众论之若斯。况正法幽元，至理沖邈，研覆奥旨，文多阙焉。是以前修令德，继轨译经之学；后进英彦，踵武缺简之文。大义郁而未彰，微言阙而无问。法教流渐，多历年所，始自炎汉，迄於圣代，传译盛业，流美联晖。元道未攄，真宗犹昧。匪圣教之行藏，固王化之由致。我大唐临训天下，作孚海外。考圣人之遗则，正先王之旧典。阐兹像教，郁为大训，道不虚行，宏在明德。遂使三乘奥义，郁於千载之下；十方遗灵，閟於万里之外。神道无方，圣教有寄，待缘斯显其言信矣。夫元奘法师者，疏清流於雷泽，派洪源於妫川。体上德之祯祥，蕴中和之淳粹。履道合德，居贞葺行，福树曩因，命偶昌运。拔迹俗尘，閒居学肆，奉先师之雅训，仰前哲之令德。负笈从学，遊方请业。周流燕赵之地，历览鲁卫之邦。背三河而入秦中，步三蜀而抵吴会。达学髦彦，遍効请益之勤；冠世英贤，屡申求法之志。侧闻余论，考厥众谋，竞党专门之义，俱嫉異道之学。情发讨源，志存详考。属四海之有截，会八表之无虞。以贞观三年仲秋朔旦，褰裳遵路，杖锡遐征。资皇化而问道，乘冥祐而孤遊。出铁门、石门之阨，踰凌山、雪山之险，骤移灰管，达於印度。宣国风於殊俗，喻大化於異域。亲承梵学，询谋哲人。宿疑则览文明发，奥旨则博问高才。启灵府而究理，廓神衷而体道。闻所未闻，得所未得，为道场之益友，诚法门之匠人者也。是知道风昭著，德行高明。学蕴三冬，声驰万里。印度学人，咸仰盛德。既曰经笥，亦称法将。小乘学徒号木叉提婆唐言解脱天，大乘法众号摩诃耶那提婆唐言大乘天。斯乃高其德而传徽号，敬其人而议嘉名。至若三轮奥义，三请微言，深究源流，妙穷枝叶，焕然慧悟，怡然理顺，质疑之义，详诸别录。而精义通元，清风载扇。学已博矣，德已盛矣，於是乎历览山川，徘徊郊邑。出茅城而入鹿苑，遊杖林而憩雞园。迴眺迦维之国，流自拘尸之城。降生故基，与川原而膴膴；潜灵旧址，对郊阜而芒芒。览神迹而增怀，仰元风而永嘆。匪唯麦秀悲殷，黍离愍周而已。是用详释迦之故事，举印度之茂实。颇採风壤，存记異说。岁月遄迈，寒暑屡迁，有怀乐土，无忘返迹。请得如来肉舍利一百五十粒；金佛像一躯，通光座高尺有六寸；拟摩揭陀国前正觉山龙窟影像金佛像一躯，通光座高三尺三寸；拟婆罗痆斯国鹿野苑初转法轮像刻檀佛像一躯，通光座高尺有五寸；拟憍赏弥国出爱王思慕如来刻檀佛像一躯，通光座高二尺九寸；拟劫比他国如来自天宫降履寳阶像银佛像一躯，通光座高四尺；拟摩揭陀国鹫峯山说《法华》等经像金佛像一躯，通光座高三尺五寸；拟那揭曷国伏毒龙所留影像刻檀佛像一躯，通光座高尺有三寸；拟吠舍釐国巡城行化像；大乘经二百二十四部；大乘论一百九十三部；上座部经律论一十四部；大众部经律谕一十五部；三弥底部经律论一十五部；弥沙塞部经律论二十二部；迦叶臂耶部经律论一十七部；法密部经律论四十二部；说一切有部经律论六十七部；因论三十六部；声论一十三部：凡五百二十夹，总六百五十七部。将宏至教，越践畏途，薄言旋轫，载驰归驾。出舍卫之故国，背伽耶之旧郊，踰葱岭之危隥，越沙碛之险路。十九年春正月达於京邑，谒帝雒阳。肃承明诏，载令宣译，爰召学人，共成胜业。法云再荫，慧日重明。黄图流鹫山之化，赤县演龙宫之教。像运之兴，斯为盛矣。法师妙穷梵学，式讚深经。览文如已，转音犹响；敬顺圣旨，不加文饰。方言不通，梵语无译，务存陶冶，取正典谟。推而考之，恐乖实矣。有搢绅先生，动色相趋，俨然而进曰：夫印度之为国也，灵圣之所降集，贤懿之所挺生，书称天书，语为天语，文辞婉密，音韻循环。或一言贯多义，或一义综多言。声有抑扬，调裁清浊。梵文深致，译寄明人；经旨冲元，义资盛德。若其裁以笔削，调以宫商，实所未安，诚非说论。传经深旨，务从易晓，苟不违本，斯则为善。文过则艳，质胜则野。谠而不文，辩而不质，则可无大过矣，始可与言译也。李老曰：美言者则不信，信言者则不美。韩子曰：理正者直其言，言饰者昧其理。是知垂训范物，义本元同。庶袪蒙滞，将存利善，违本从文，所害滋甚，率由旧章，法王之至诚也。缁素佥曰：渝乎，斯言谠矣！昔孔子在位，听讼文辞，有与人共者，弗独有也。至於修《春秋》，笔则笔，削则削，游夏之徒，孔门文学，尝不能讚一辞焉。法师之译经，亦犹是也。非如童寿逍遥之集文，住生、肇、融、叡之笔削。况乎刓方为圆之世，斲彫从朴之时，其可增损圣旨，绮藻经文者欤？辨机远承轻举之允，少怀高蹈之节。年方志学，抽簪革服，为大总持寺萨婆多部道岳法师弟子。虽遇匠石，朽木难彫；幸入法流，脂膏不润。徒饱食而终日，诚面牆而卒岁。幸藉时来，属斯嘉会。负鷃雀之资，厠鵷鸿之末。爰命庸才，撰斯方志。学非博古，文无丽藻，磨钝励朽，力疲曳蹇，恭承志记，论次其文，尚书给笔札而撰录焉。浅智褊能，多所阙漏，或有盈辞，尚无刊落。昔司马子长，良史之才也，序《太史公书》，仍父子继业，或名而不字，或县而不郡。故曰：一人之精，思繁文重，盖不暇也。其况下愚之智，而能详备哉？若其风土习俗之差，封疆物产之记，性智区品，炎凉节候，则备写优薄，审存根实。至於胡戎姓氏，颇称其国，印度风化，清浊羣分，畧书梗概，备如前序。宾仪、嘉礼、户口、胜兵，染衣之士，非所详记。然佛以神道接物，灵化垂训，故曰神道洞元，则理绝人区，灵化幽显，则事出天外。是以诸佛降祥之域，先圣流美之墟，畧举遗灵，粗申记注。境路盘纡，疆埸迴互，行次即书，不在编比。故诸印度，无分境壤，散书国末，畧指封域。书行者，亲遊践也；举至者，传闻记也。或直书其事，或曲畅其文，优而柔之，推而述之，务从实录，进呈皇极。二十年秋七月，绝笔杀青，文成油素，尘黩圣鉴，讵称天规！然则冒远穷遐，实资朝化；怀奇纂異，诚赖皇灵。逐日八荒，匪专夸父之力；凿空千里，徒闻博望之功。鹫山徙於中州，鹿苑掩於外囿。想千载於目击，览万里若躬遊。夐古之所不闻，前载之所未记。至德焘覆，殊俗来王，淳风遐扇，幽荒无外。庶斯地志，补阙《山经》。颁左史之书事，备职方之遍举。

（卷九百七辨机）

玄奘三藏法師論

观夫夜星宵月，继西日之明，三江九河，助東溟之大，相资之道，在物既然，传袭之风，於人岂異。自法王潛耀之后，阿难结集已来，岁越千年，时逾十代。圣贤间出，英睿递生，各韫图阙，俱苞上智，负荷遺法，控御天人，道制风飚，神倾海岳。或舒指而流膏液，或異室而朗奇光，或连屍以伏天魔；或一对而迴时主。或愿通法於边刹，冒浪波於险涂；或虚己以应物，求裹粮而行死地。终令元津溢瀁，惠济无疆，既益传灯，实符付嘱，考之前册，可不然哉！而清源不穷，今复遇法师嗣承之矣。惟法师星象降灵，山岳腾气，才过東箭，誉美南金，雅操不羣，坚芳独拔。以四生为己任，建正法为身事，巍巍乎似嵩、华之负穹苍，皎皎焉若琅玕之映澄海。而聪机俊骨，发於自然，味道轻荣，率由天性。至夫多识洽闻之奥，冠恒肇而逾高，祥元造微之功，跨生融而更远。滔滔乎，蔼蔼乎，实绍隆之器也神之，将使像化重光於颓季之期，故诞玆明德者矣。法师以往今古大德，阐扬经、论，虽复俱依圣教，而引据不同，诤论纷然，其来自久。至如黎耶是报非报，化人有心无心，和合怖数之徒，闻熏灭不灭等，百有余科，並三藏四含之涅槃，大小两宗之钳键，先贤之所不决，今哲之所共疑。法师亦踌躇此文，怏怏斯旨，慨然嘆曰：“此地经、论，盖法门枝叶，未是根源。诸师虽各起異端，而情疑莫遣，终须括囊大本，取定於祇洹耳。”由是壮志发怀，驰心遐外。以贞观三年秋八月立誓束装，拂衣而去。到中天竺那烂陀寺，逢大法师名尸罗跋陀，此曰戒贤。其人体居二宗，神鑑奥远，博闲三藏，善四《韦陀》。於《十七地论》最为精熟，以此论该冠众经，亦编常宣讲。元是弥勒菩萨所造，即摄大乘之根系，是法师发轫之所祈者。十六大国靡不归宗，禀义学之徒恒有万计。法师既往修造，一面尽欢，以为相遇之晚。於是服膺听受，兼谘决所疑，一遍便覆，无所遗忘。譬濛、汜之纳羣流，若孟豬之吞云梦。彼师嗟怪嘆未曾有之。若斯人者闻名尚难，岂谓此时共谈元耳。法师从是声振葱岭，名流入国。彼诸先达英俊闻之，皆宿构重关，共来难诘，雁行鱼贯，毂驾肩随，其竝论之词，云屯雨至。法师从容辨释，皆入其室，操其戈，取其矛，击其盾，莫不人人丧口，辄解颐虔伏，称为此公天纵之才，难酬对也。戒日王等见之报喜，皆肘步呜足，倾珍供养。罢席之后，更觉梵书，并余经、论。自如来一代所说，耆山方等之教，鹿苑半字之文，爰至后圣马鸣、龙树、无著、天亲诸所製作，及灰山、住等十八異执之宗，五部殊途之致，并收罗研究，达其旨、得其文。并佛处世之蹟，如泥洹坚固之林，降魔菩提之树，迦路崇高之塔，那揭留影之山，皆躬伸礼敬，备覩灵奇，亦无遗矣。法师心斯既满，学览复周，将旋本土，遂缮写大小乘法教六百余部，请像七躯，舍利百有余粒，以今十九年春正月廿五日还至长安。道俗奔迎，倾都罢市。是时也，煙收雾卷，景丽风清，寳帐盈衢，花幢掩日。庆云垂彩於天表，郁郁纷纷；庶士詠讚於通庄，轰轰隐隐。邪风於焉顿戢，慧日赫以重明。虽不逢世尊从忉利之下阎浮，此亦足为千载之休美也。法师此行经途数万，备历难危。至如涸阴沍寒之山，飞涛激浪之壑，厉毒黑风之气，狻猊貙豻之羣，竝法显失侣之乡，智严遗伴之地，班超之所不践，章亥之所不遊。法师孑尔孤征，坦然无梗，扇唐风於八河之外，扬国化於五竺之间。使乎遐域侯王驰心辇毂，远方酋长係仰天衢，虽法师不世之功，抑亦圣朝运昌感通之力也。皇帝握龙图而纂历，应赤服以君临，戮鲸豕以济羣生，荡云霓而光日月。正四维之绝柱，息沧海之横流，重立乾坤，再施鎔造。九功包於虞夏，七德冠於曹刘。海晏河清，时和岁阜，远无不顺，迩无不安，天成地平，人庆神悦。加以重明丽正，三善之义克隆；宰辅忠勤，良哉之歌斯允。既而功穷原载，德感上元，紫芝含秀於玉阶，华果结英於朱阁。又如西州石瑞，松县琨符，纪圣主千年之期，顯储君嗣承之业。凤毛才子之句，上果佛日之文，历万古而不闻，当我皇而始出。岂非明灵辅德，元天福春者焉。加复遊心真际，城壍五乘，追思鷲岭之容，竚想提河之说。故使遗形绀髮，焕彩来仪，胜典高僧，相辉而至。慈云布於六合，法鼓震於三千，天花将景风共飞，翠雾与香煙同馥，於是溺俗沈流之士，望彼岸而有期，清虚蹈元之宾，顾三空而非远。所谓司南启路而众惑知方，商飚袭林而羣籁自响。法师盛德也如彼，逢时也如此，岂同雅、澄怀道，遇二石之兇残，安、什传经，值苻、姚之伪历。校之深浅，即行潦之类江湖，比之明暗，乃朝阳之与萤曜矣。昔锺玦既至，魏文章赋以讚扬；神雀斯呈，贾逵献颂而论異。在禽物之微贱，古人犹且詠歌，况法师不朽之神功，栋梁之大业，岂可缄默於明时而无称述者也。立学愧往贤，德非先达，直以同霑像化，叨厠末尘，欣慕之怀，迫於恒品，所以力课庸愚，辄申斯传。其清微令望之美，绝后光前之蹤，别当分诸鸿笔，非此所能覼缕也。冀明鑑君子收意而不哂焉。赞曰：

生灵感绝，大圣迁神，其能绍继，唯乎哲人。马鸣先唱，提婆后申，如日斯隐，朗月方陈。穆矣法师，谅为贞士，迴秀天人，不羁尘滓。穷元之奥，究儒之理，洁若明珠，芬同惠藏。悼经之阙，疑义之错，委命询求，陵危践壑。恢恢器宇，赳赳诚恪，振美西州，归功東土。属逢有道，时惟我皇，重悬玉镜，再理珠囊。三乘既阐，《十地》兼扬，俾夫慧日，幽而更光。曰余庸眇，幸参尘末，长自蓬门，靡雕靡括。高山斯仰，清流是渴，愿得攀依，比之籐葛。

（卷九百七慧立）

陀羅尼集經翻譯序

若夫陀罗尼印坛法门者，斯乃众经之心髓，引万行之导首。宗深祕密，非浅识之所议，义趣沖元，匪思虑之能测。密中更密无得称焉。有高德沙门厥号阿地瞿多此云无极高也，是中天竺人也。法师聪慧超羣，德迈过人。弱冠慕道，历五竺而寻友。低心跃步，而谘法要。故能精练五明，妙通诸部。意欲运西域之法水，润東夏之渴仰。拌身许於险难，务存宏道之心，拔山巖而不疲，涉流沙而无倦。顶戴尊经，向斯汉地。永徽二年正月届於长安奉勅住慈门寺，但法师含珠未吐，人莫别於怀珍，雅辨既宣，方知有賨。故能决众疑，言皆当理。然则经律论业，传者非一，惟此法门，未兴斯土。所以叮咛三请，方许谈法。三月上旬赴慧日寺浮图院内，法师自作普集会坛，大乘琮等一十六人，爰及英公鄂公等一十二人，助成坛供。同愿皇基永固，常临万国，庶类同沾，皆成大益，其中灵繁不述。别在传注。余庆逢此法，不胜欣跃，躬诣翻经所，希翻广本。屡值事闹，不及陈请，恐幻质迁谢，失於大利。便请法师於慧日寺宣译梵本，且翻《要抄》一十四卷。暨兴国之宏基，存隆民之祕賨欤。从四年三月十四日起首，至永徽五年岁次甲寅四月十五日毕。以后频频勅追法师入内，邂逅之间，无暇复校。此经出《金刚大道场经·大明呪藏分》之少分也。今此畧抄，拟勘详定，奏诸流通天下普闻焉。

（卷九百八元楷）

妙法蓮華經宏傳序

《妙法莲华经》者，统诸佛降灵之本致也。蕴结大夏，出彼千龄，東传震旦，三百余载。西晉惠帝永康年中，长安青门燉煌菩萨竺法护者，初翻此经，名《正法华》。東晉安帝隆安年中，后秦宏始龜兹沙门鸠摩罗什次翻此经，名《妙法莲华》。隋氏仁寿大兴善寺北天竺沙门闍那笈多，后所翻者，同名《妙法》。三经重沓，文旨互陈，时所宗尚，皆宏秦本。自余支品别偈，不无其流，具如序历，故所非述。夫以灵嶽降灵，非大圣无由开化，适化所及，非昔缘无以导心。所以仙苑告成，机分大小之别；金河顾命，道殊半满之科。岂非教被乘时，无足覈其高会。是知五千退席，为進增慢之俦；五百授记，俱崇密化之跡。所以放光现在，开法请之教源，出定扬德，畅佛慧之宏畧。朽宅通入大之文轨，化城引昔缘之不坠。繫珠明理性之常在，凿井显示悟之多方。词义宛然，喻陈惟遠。自非大哀旷济，拔滞溺之沈流；一极悲心，拯昏迷之失性。自汉至唐，六百余载，总历羣籍，四千余轴。受持盛者，无出此经。将非机教相扣，竝智胜之遗尘，闻而深敬，俱威王之余勳。辄於经首序而综之，庶得早淨六根，仰慈尊之嘉会；速成四德，趣乐土之元猷。宏赞莫穷，永贻诸后云尔。

（卷九百九道宣一）

師子莊嚴王菩薩請問經序

观夫法王利见，权巧殊途：或声光动人，或开智摄物。立仪列相，兴像设之机缘，聚沙涂地，表乘时之淨养。斯德有归，可畧言也。有师子庄严王菩萨者，学周八藏，智越五乘，籍胜报而开教瑞，寄善权而行图范。故使方坛外启，圆场内罗，列八座而延八圣，陈四报而成四德。空有两业，自此修明，大小诸乘，因兹增长，可谓总摄六度之元畧，统愿行之明规。其道易而可修，其仪约而难隐。智有通塞，道涉窊隆，时运所归，近闻東夏。逮龙朔三年冬十月，有天竺三藏，厥号那提，挟道开萌来遊天府。皇上重法，隆礼真人，厚供骈罗，祈诚甘露。南海诸蕃，远陈贡职，备述神药，惟提能致。具表上闻，霈然下遣，将事首途，出斯奥典。文旨既显，異由来之所传，道场不昧，赴机缘之浮业。辄以所闻，序之云尔。

釋迦方誌序

惟夫大唐之有天下也，将四十载，淳风洽而浇俗改，文德修而武功畅。故使青邱丹穴之候，並入提封；龙沙乌塞之区，聿遵声教。膜拜稽首，显朝宗之羽仪；输琛奉贽，表怀柔之成德。然则八荒内外，前史具书，五竺方维，由来罕述。岂非时也？虽复周穆西狩，止屈崐邱；舜禹南巡，不踰沧海；秦皇画野，近袤临洮；汉武封疆，关开铁路。厥斯以降，遐讨未详。所以崆峒问道，局在酒泉之地；崐崙谒圣，实惟玉门之侧。至於弱水、洞庭、三危、九陇、燕然、龙勒、沙障、黎河，具历《夏书》，咸图雍部。及博望之寻河也，创开大夏之名；轩皇之遊梦也，初述华胥之国。贰师之伐大宛，定远之开铁门，由余入秦，日磾仕汉，声荣覆於葱岭，帝德亘於耆山，赫奕皇华，其徒繁矣。而方土所记，人物所宜，风俗之沿革，山川之卓诡，虽陈之油素，畧无可纪。岂不以经途辽远，遊诣之者希乎？以事讨论，纵有传说，皆祖行人，信非躬覩，相从奔竞，虚为实录。何以知其然耶？故积石河源，西瞻赤县；崐崙天柱，東顾神州；鸣砂以外，咸称胡国。安用远筹，空传缃简。是知身毒之说，重译臻焉，《神異》等传，断可知矣。自佛教東传，荣光烛汉，政流十代，年将六百，輶轩继接，备尽观方，百有余国咸归风化，莫不梯山贡职，望日来王。而前后传录，差互不同，事迹罕述，称谓多惑，覆寻斯致，宗归译人。昔隋代東都上林园翻经馆沙门彦琮著《西域传》一部十篇，广布风俗，畧於佛事，得在洽闻，失於信本。余以为八相显道，三乘陶化，四仪所设，莫不逗机，二严攸被，皆宗慧解。今圣迹灵相，杂沓於华胥；神光瑞影，氤氲於宇内。义须昌明形量，动发心灵。洎贞观译经，尝参位席，傍出《西记》，具如别详。但以纸墨易繁，阅镜难尽，佛之遗绪，释门共归。故撮纲猷，畧为二卷，贻诸后学，序之云尔。

釋迦氏譜序

古德流言，祖佛为师，羞观佛阙之本系，绍释为姓，耻寻释氏之根源。以今据量，颇为实录。既云革俗，义匪凭虚。昔南齐僧祐律师者，学通内外，行总维持，撰《释迦谱》一帙十卷，援引事类，繁缛神襟。自可前修博观，非为后进标领。余年迫秋，方命临悲谷，屡获劝勉，力复陈之。试举五科，用开三返。想同族法种，详斯意焉。

（卷九百九道宣一）

四分律删補隨機羯磨疏序

观夫圣人之利见也，妙以清澄，界繫亡我，倾倒以为言焉。故张三学之教源，显八正之道业，扬四部之清训，树五众之良规。莫不横厉重关，高翔极有者矣。然则学虽多位，诚戒居先。岂不以众善宏基，依因之所本也。自古详教，咸分两途：化教则通被道俗，专开信解之门；行教则局据出家，惟明修奉之务。三轮则摄於意念，四藏则统在《毗尼》。义约则行教所收，从文则归承法聚。止作两善，名实昧於即机；受随二戒，愿行标於时众。所以前修后进，成诵维持，代渐浮讹，不无沿滥。自法流東夏，开务实繁，《戒本》羯磨，淨分異辙。良由受体止持，摄修之极，无越《戒本》，据行作持，量处之要，其惟羯磨。《戒本》序致，如别所陈，羯磨众氏，义须详显。或单翻出即古本曹魏所翻者，或依律文即令一家依本直诵，或准义用即光师所述首云三藏者，或引缘据即愿师后述广子注者。雠校诸本，成务纷纶，增减繁署，互见得失。单翻则失於文旨，包举难寻；依本则得在执据，前后易惑。准义理虽无爽，藏賾可嫌。缘据似是具周，止存别见。並随事寻诵，臧否冥然。惟可卷收，信如龜鑑。又依本缀疏，广引遊辞，附文摘义，尠逢其器。逮於近世，继有作者，盛解律文，空张辞费。至於行事，未见其归。抚务怀仁，实增劳想。今不揆庸昧，试纂圣言，削彼繁芜，增其遗漏。具依正量，傍出行用，各显部类，仍随义举。指瑕则知过宜改，摘理则思择有蹤。时务则广树厥仪，同废则署题名相。本虽行世，於理未陈，故复相从，勒开文义。余老矣，恐徒移日晷，妄损正功。耽滞无益之辞，以送有涯之命，诚不可也。大集法行之言，律颁常一之教，此而不审，余竟何言！所题昙无德者，中梵本音，唐言译之，名为法镜。部谓党类之别名，运起正法之初位，四分即说之断章，言律乃行所诠教。对彼繁署，故题删补，对彼潛务，故曰随机。羯磨天音，人翻为业，凡百所被，莫不成济。且开大署，广要如后。

删定四分僧戒本序

自《戒本》之行東夏也，曹魏中世，法护创传，羯磨乃明，戒本盖阙。姚秦关辅，方译广文。觉明法师，首开律部。因出戒本，附译传写。高齐御历，盛昌佛日，三方释侣，二百余万，法上大统，总而维之。沙门慧光，当时僧望，班联上统，摄御是图。以夫振纽提纲，修整烦惑，非戒不立，非戒不宏。更以义求，纂辑遗逸，重出一本，广流千世，则其本首题归敬者是也。隋运并部，沙门法愿，鄙光所出，宗理爽文，后学凭附，卒难通究。乃准的律部，连写戒心，通被汾晋，最所倾重，则其本首题戒德者是也。参互三本，雠校同異，通会皆附正经，摘理义无不可。是以先达晚秀，奉而莫遗，意在忘筌，岂惟文绮。世有惰学浮侈之徒，博观未周随言计执，同我则审难为易，異听则达是言非，比周成俗，卒未惩晓。尝以余景，试为通之。如光所诠，我今说戒，愿之所出，我说《木叉》，及披律解，木叉是也。愿出初戒，则云不还，光所传词，便言不舍，检律诚释，违愿附光，取意统文，莫非还淨。如斯举例，其相可知。若夫戒德戒宗，诚明定慧销烦靜务，超世超生，初涉门津，会归舟济，非文不启，非义不通。妙识两缘，双袪二执，荡焉无累，纷诤何从。今余所述，还宗旧辙，芟畧繁芜，修补乖竞，词理无昧，投说有蹤。庶几言行並传，愚智通解。悠悠来裔，未达斯归。畧为题引，序之云尔。

離垢慧菩薩所問禮佛法經序

惟夫幔幢难偃，三界由此轮迴；爱水未清，四惑因兹流湎。自非独拔开士，出有至人，何能裂爱网而闢重关，质深疑而启昏趣。有离垢慧菩萨者，道高初住，德跨八恒。假时俗之津途，发深识之嘉问。如来以无缘之胜辩，赴有待之幽情，断五趣之盖缠，藉五轮之礼念。所以五通五眼，自此增修；五位五生，承斯圆满。蕴结中夏千六百年颓运有蹤，载闻東壤。洎龙朔二年有天竺三藏，厥号那提，统括六異之宗，穷微四围之典。九部八藏，词无昧於自他；十谛一乘，义有乖於空色。竝详畧名理，妙达宏致，来仪帝里，频谒天庭。降厚礼於慈恩；将归飞於海表。以此经羣圣之发轸，凡众之初心。乃出流布，传於道路。俗遂依缮写，所在通之。恐未悉其由来，故因叙其缘致云尔。

（卷九百十道宣二）

大[①]恩寺釋玄奘傳論

观夫翻绎之功，诚远大矣。前录所载，无得称焉。斯何故耶？谅以言传理诣，惑遣道清，有由寄也。所以列代贤圣，祖述宏导之风；奉信贤明，宪章翻译之意。宗师旧辙，颇见词人。埏埴既圆，稍工其趣。至如梵文天语，元开大夏之乡；鸟迹方韻，出自神州之俗。具如别传，曲尽规猷。遂有侥倖时誉，叨临传述，逐喽铺词，返音列喻，繁署科断，此事拟伦。语迹虽同，校理诚異。自非明逾前圣，德迈往贤，方能隐括殊方，用通宏致。道安著论，五失易窥，彦琮属文，八例难涉，斯並古今通叙，岂妄登临。若夫九代所传，见存简录，汉魏守本，本固去华。晉宋传扬，时开义举。文质恢恢，讽味余逸。厥斯以降，轻扇一期，腾实未闻，讲悟盖寡。皆由词逐情转，义写情心。共激波澜，永成通式。充车溢藏，法寶住持。得在福流，失在讹竞。故勇猛陈请，词同世华，制本受行，不惟文绮。至圣殷鉴，深有其由。详籍所传，灭法故也。即事可委，况宏识乎？然而习俗生常，知过难改；虽欲徙辙，终陷前蹤。粤自汉明，终於唐运，翻传梵本，多信译人，事语易明，义求罕见。厝情独断，惟任笔功。纵有覆疎，还遵旧绪。梵僧执叶，相等情乖。音语莫通，是非俱滥。至如三学盛典，惟诠行旨；八藏微言，宗开词义。前翻后出，靡坠风猷，古哲今贤，德殊恒律。岂非方言重阻，臆断是投。世转浇波，奄同浮俗。昔闻淳风雅畅，既在皇唐，绮饰讹杂，实锺季叶。不思本实，妄接词锋，竞掇刍蕘，郑声难偃。原夫大觉希言，绝世特立，八音四辯，演畅无垠。安得凡怀，虚参圣虑，用为标拟，诚非立言。虽复乐说不穷，随类各解，理开情外，词逸寰中。固当斧藻标奇，文高金玉；方可声通天乐，韻过恒致。近者晉宋颜谢之文，世尚企而无比。况乖於此，安可言乎？必踵斯蹤，时俗变矣。其中芜乱，安足涉言。往者西凉法讖，世号通人，后秦童寿，时称僧傑。善披文意，妙显精心，会达言方，风骨流便，宏衍於世，不亏传述。宋有开士慧严竇云，世系贤明，勃兴前作，传度广部，联辉绝蹤。将非面奉华胥，亲承诂训，得使声流千载，故其然哉。余则事义相传，足开神府，宁得如瓶写水，不妄叨流，薄乳之喻，复存今日。终亏受诵，足定浇淳。世有奘公，独高联类，往还震动，备尽观方，百有余国，君臣谒敬。言义接对，不待译人。披析幽旨，华戎胥悦。唐朝后译，不屑古人。执本陈勘，频开前失。既阙今乖，未遑釐正，辄略陈此，夫复何言。

① 大恩寺应为大慈恩寺。

（卷九百十一道宣三）

光孝寺瘞髮塔記

佛祖兴世，信非偶然。昔宋朝求那跋佗三藏建兹戒坛，豫讖曰：后当有肉身菩萨受戒於此。梁天监元年，又有梵僧智药三藏，航海而至。自西竺持来菩提树一株，植於戒坛前。立碑云：吾过后一百六十年，当有肉身菩萨来此树下，开演上乘，度无量众，真儒佛心印之法王也。今能禅师正月八日抵此，因论风幡语，而与宗法师说无上道。宗踊跃忻庆，昔所未闻，遂诘得法端由。於十五日，普会四众，为师祝髮。二月八日，集诸名德，受具足戒。既而於菩提树下开单传宗旨，一如昔讖。法才遂募众缘，建兹浮屠，瘞禅师髮。一旦落成，八面严洁，腾空七层，端如湧出。伟欤禅师！法力之厚，弹指即遂，万古嘉猷，巍然不磨。聊叙梗概，以纪岁月云。仪凤元年、岁次丙子吾佛生日，法性寺住持法才谨识。

（卷九百十二法才）

造塔功德經序

夫塔者梵之称，译者谓之坟。或方或圆，厥製多绪；乍琢乍璞，文质異宜。并以封树遗灵，扃钤法藏，冀表河沙之德，庶酬尘劫之劳。岂伊弓剑衣冠，言申永慕，禹陵孔壁，用显缄藏而已哉！将有量等大千，覆三界而高梵世；取均菴果，偶枣叶而譬针锋。洪纤两途，福应无二，大小千计，淨心终一。何只黄金白玉，架迴爭晖，火齐水精，浮空竞彩。夕震祥飈之响，入镂铎以流清，晨霏仙露之甘，上雕盘以凝泣。至乃位隆三果，勳重四禅，高升有顶之宫，行届无災之地。斯教之宏旨也。此经以永隆元年冬十一月十五日，请天竺法师地婆诃罗与西明寺沙门圆测等五人，於宏福道场奉诏宣译，至其年十二月八日终其文义。庶斯法賨，周给大千，俾彼慧灯，照融三界云尔。

（卷九百十二圆测）

佛頂尊勝陀羅尼經序

《佛顶尊胜陀罗尼经》者，婆罗门僧佛陀波利，仪凤元年从西国来至此土。到五台山次，遂五体投地，向山顶礼曰："如来灭后众圣潛灵，唯有大士文殊师利於此山中汲引苍生，教诸菩萨。波利所恨，生逢八难，不覩圣容，远涉流沙，故来敬谒。伏乞大慈大悲普覆，令见尊仪。"言已，悲泣雨泪，向山顶礼。礼已举头，忽见一老人从山中出来，遂作婆罗门语。谓僧曰："法师情存慕道，追访圣蹤，不惮劬劳，远寻遗跡。然汉地众生，多造罪业。出家之辈，亦多犯戒律。唯有《佛顶尊胜陀罗尼经》能灭除恶业，未知法师颇将此经来不？"僧曰："贫道直来礼谒，不将经来。"老人曰："既不将经，空来何益？纵见文殊，亦何必识？师可却向西国，取此经来，流传汉土，即是遍奉众圣，广利羣生；拯济幽明，报诸佛恩也。师取经来至此，弟子当示师文殊师利菩萨所在。”僧闻此语，不胜喜跃，遂裁抑悲泪，至心敬礼，举头之顷，忽不见老人。其僧惊愕，倍更虔心，繫念倾诚，迴还西国。取《佛顶尊胜陀罗尼经》，至永淳二年，迴至西京，具以上事闻奏大帝。大帝遂将其本入内，请日照三藏法师及勑司宾寺典客令杜行顗等共译此经。勑施僧绢三十匹，其经本禁在内不出。其僧悲泣，奏曰："贫道捐躯委命，远取经来，情望普济羣生，救拔苦难。不以财賓为念，不以名利关怀。请还经本流行，庶望含灵同益。”帝遂留翻得之经，还僧梵本。其僧得梵本，将向西明寺，访得解善梵语汉僧顺贞，奏共翻译。帝随其请，僧遂对诸大德，共顺贞翻译。译讫，僧将梵本向五台山入山，於今不出。今前后翻两本，並流行於世。小小语有不同者，幸勿怪焉。至垂拱三年，定觉寺主僧志靜，因停在神都魏国東寺，亲见日照三藏法师。问其逗留，一如上说。志靜遂就三藏法师谘受神呪。法师於是口宣梵旨，经二七日，句句委授具足，梵音一无差失。仍更取旧翻梵本勘校，所有脱错，悉皆改定。其呪初注云：最后别翻者是也。其呪句稍異於杜令所翻者。其新呪改定不错，并注其音讫。后有学者，幸详此焉。至永昌元年八月，於大敬爱寺见西明寺上座澄法师，问其逗留，亦如前说。其翻经僧顺贞，见在西明寺，此经救拔幽显，最不可思议。恐学者不知，故具录委曲，以传未悟。

（卷九百十二志靜）

不空羂索陀羅尼經序

若夫此经，迺该二谛而无遗，括因果而斯尽。可谓引万行之道首，进普提之神足。超生死之灵翼，昇涅槃之圣翮。信知法门幽密，教旨沖元，非世智之能议，匪聪辩之所测。有大菩萨号观自在，大悲周於十方。愍法界之羣迷，故说此经，示其正路。斯乃久成正觉，是能仁之本师。故能十方法界，莫不现身，普应羣机，随缘化益。若其闻名灭罪，如日销於薄霜；礼念蒙恩，似月敷於莲蘂。巍巍荡荡，圣德高元。事超言说之端，理绝思量之表。余虽愚闇劣，而慕法门，巡历两京，寻参善友。每念总持，如饥若渴。於大周圣历三年岁次庚子三月庚戌朔七日景辰，幸得此经，如死再生。是西京竇德寺僧慧月与常州正勤寺大德慧林、吒於、智藏等数人共请北天竺岚波国婆罗门大首领李无谄，以同翻梵本《不空羂索经》一十六品，合为一卷。将就北天竺迦显弥罗国婆罗门大德僧迦弥多囉以同勘梵本。久视元年八月景午朔十五日庚戌，勘会粗毕，则拟将进。此十六品斯土未行。曾闻隋朝所翻别本六十三纸，未尝见也。所愿皇基永固，德覆十方，金枝琼萼，郁茂常荣，三大愿力，劫劫无穷，四宏誓心，生生无尽。苦海倾竭，三竇永存。恐时代迁远，闻者生疑，故述拙言，序之云尔。

陀羅尼神呪經序

惟夫圣力难逢，灵文罕究。六神通之妙业，八自在之元功，持芥实而纳崇山，析毫端而容大海。岂止分身百亿，现影三千而已乎？千眼菩萨者，即观世音之变现伏魔怨之神迹也。自唐武德之岁，中天竺婆罗门僧瞿多提婆於细氎上图画形质，及结坛手印经本，至京进上。太武见而不珍，其僧悒而旋辔。至贞观年中，复有北天竺僧齎《千眼千臂陀罗尼》梵本奉进上，帝文武圣帝勅令大总持寺法师智通，共梵本僧翻出呪经並结坛手印等。智通法师三复既了，即折心恳切，伫留征应，於是感庆喜尊者之俯降形仪。通悲喜惊嗟，投身顶谒，蒙在慰喻，问欲何求。通曰："檮昧庸心，辄此详译，不审情诣稍符圣旨以否？默而印许，窃表深衷。”便录本进上。帝委问由绪，通具以事述，咸惬帝心。於是齎藁本出内，将显宏福。大德元暮法师一见此文，嗟称不已。有人云：“勑未流行，因何忽兹漏洩？”其本遂寝，不复宏扬。又有西来梵僧，持一经篋，以示智通。通翻出绪余，不殊旧本，唯阙身呪一科。有常州正勤寺主慧琳法师，功德为务，定慧是崇，深入总持，周穷艺术。历遊京邑，棲迟实际伽蓝，思广異闻，希诚脱简。爰有北天竺婆罗门僧名苏伽陀常，持此法结坛手印，朝夕虔祈。琳罄折咨询，每致艰阻。后同之洛下，渐示津途。即请一清信士李大一，其人博学梵书，元儒亦究。纡令笔削，润色成章，备尽梵音，身呪具足。至神功年中，有仁者自京都至，将通师所翻后本，有上下两卷，唯阙身呪。琳参入其中，事若一家，宛而备足。又佛授记寺有婆罗门僧达摩战陀，乌伏那国人也。善明悉陀罗尼呪句。尝每奉制翻译，於妙氍上画千臂菩萨像，竝本经呪进上。神皇或令宫女繍成，或使匠人画出，流布天下，不坠灵姿。波崙又於婆罗门真谛律师闻此像由来。云有大力鬼神毗那翼迦，能障一切善法，不使成就。一切恶业，必令增长。虽有妙力通心，无制伏者。观音菩萨现作千眼千臂之形，以伏彼神。及有呪印，用光不朽，将来好事者，伫无惑焉。

（卷九百十三波崙）

大乘入楞伽經序

此经诸佛心量之元枢，羣经理窟之妙键。广喻幽旨，洞明深义。跋陀之译未宏，流文之义多舛。今讨三本之要诠，成七卷之了教。传灯之句不穷，湧泉之义无尽。

（卷九百十三实义难陀）

金刚般若波羅蜜經序

夫《金刚经》者,无相为宗,无住为体,妙有为用。自从达摩西来,为传此经之意,令人悟理见性。祇为世人不见自性,是以立见性之法。世人若了见真如本体,即不假立法。此经读诵者无数,称讚者无边,造疏及註解者凡八百余家。所说道理,各随所见,见虽不同,法即无二。宿植上根者,一闻便了。若无宿慧,读诵虽多,不悟佛意。是以解释圣义,断除学者疑心,若於此经,得旨无疑,不假解说。从上如来所说善法,为除凡夫不善之心。经是圣人之语,教人闻之,从凡悟圣,永息迷心。此一卷经,众人性中本有不见,见者但读诵文字。若悟本心,始知此经不在文字。若能明了自性,方信一切诸佛从此经出。今恐世人身外觅佛,向外求经,不发内心,不持内经,故造此诀。令诸学者持内心经,了然自见清淨佛心,过於数量,不可思议。后之学者,读经有疑,见此解义,疑心释然,更不用诀。所冀学者同见鑛中金性,以智慧火鎔鍊,鑛去金存。我释迦本师说《金刚经》在舍卫国,因须菩提起问,佛大悲为说。须菩提闻法得悟,请佛与法安名,令后人依而受持。故经云:“佛告须菩提。”是经名为《金刚般若波罗蜜》。以是名字,汝当奉持,如来所说《金刚般若波罗蜜》与法为名,其意谓何?以金刚世界之寳,其性猛利,能坏诸物。金虽至坚,羚羊角能坏。金刚喻佛性,羚羊角喻烦恼。金虽坚刚,羚羊角能碎。佛性虽坚,烦恼能乱。烦恼虽坚,般若智能破。羚羊角虽坚,宾铁能坏。悟此理者,了然见性。《涅槃经》云:见佛性者,不名众生,不见佛性,是名众生。如来所说金刚喻者,祇为世人性无坚固,口虽诵经,光明不生。外诵内行,光明齐等。内无坚固,定慧即亡。口诵心行,定慧均等。是名究竟,金在山中。山不知是寳,寳亦不知是山。何以故?为无性故。人则有性,取其實用,得遇金师,鑿凿山破,取鑛烹鍊,遂成精金,随意使用,得免贫苦。四大身中,佛性亦尔。身喻世界,人我喻山,烦恼喻鑛,佛性喻金,智慧喻工匠,精进猛勇喻鑿凿。身世界中有人我山,人我山中有烦恼鑛,烦恼鑛中有佛性實,佛性實中有智慧工匠。用智慧工匠,凿破人我山,见烦恼鑛,以觉悟火烹鍊,见自金刚佛性,了然明淨。是故以金刚为喻,因为之名也。空解不行,有名无体,解义修行,名体俱备。不修即凡夫,修即同圣智,故名金刚也。何名般若?是梵语,唐言智慧。智者不起愚心,慧者有其方便。慧是智体,智是慧用。体若有慧,用智不愚,体若无慧,用愚无智。衹为愚癡未悟,故修智慧以除之也。何名波罗蜜?唐言到彼岸。到彼岸者,离生灭义。衹缘世人性无坚固,於一切法上有生灭相,流浪诸趣,未到真如之地。竝是此岸,要具大智慧。於一切法圆满,离生灭相,即是到彼岸。亦云:心迷则此岸,心悟则彼岸;心邪则此岸,心正则彼岸。口说心行,即是法身有波罗蜜;口说心不行,即无波罗蜜也。何名为经?经者径也,是成佛之道路。凡人欲臻斯路,当内修般若行,以至究竟。如或但能诵说,心不依行,自心则无经,实见实行,自心则有经。故此经如来号为《金刚般若波罗蜜经》。

（卷九百十四慧能）

大唐西域求法高僧傳序

观夫自古神州之地,轻生循法之宾,显法师则创闢荒途,奘法师乃中开正路。其间或西域紫塞而孤征,或南渡沧溟以单逝。莫不咸思圣跡,罄五体而归礼;俱怀旋踵,报四恩以流望。然而胜途多难,實处弥长,苗秀盈十而盖多,结实罕一而全少。实由茫茫象碛,长川吐赫日之光;浩浩鲸波,巨壑起滔天之浪。独步铁门之外,亘万岭而投身;孤漂铜柱之前,跨千江而遗命。

跋南国有千江口或忘餐几日，辍饮数晨，可谓思虑销精神，忧劳排正色。致使去者数盈半百，留者仅有几人。设令得到西国者，以大唐无寺，飘寄悽然，为客遑遑，停託无所。遂使流离萍转，罕居一处，身既不安，道宁隆矣！呜呼！实可嘉其美诚，冀传芳於来叶。粗据闻见，撰题行状云尔。其中次第，多以去时年代，近远存亡，而比先后。

南海寄歸内法傳[①]

① 传字后应有一序字。

原夫三千肇建，爰彰兴立之端；百亿已成，尚无人物之序。既空洞於世界，则日月未流；实闃寂於惨舒，则阴阳莫辨。暨乎淨天下降，身光自随，因餐地肥，遂生贪著，林藤香稻，转次食之，身光渐灭，日月方现。夫妇农作之事兴，君臣父子之道立。然而上观青象，则妙高色而浮光；下察黄舆，乃风荡水而成结。而云二仪分判，人在其中。感清浊气，自然而有。阴阳陶铸，譬之以洪鑪；品物财成，方之於埏埴者。盖寡听曲谈之谓也。於是嶽峙星分，含灵蔓延，遂使道殊九十六种，谛分二十五门。僧法乃从一阙而万物始生，蘖世则因六条而五道方起。或露体拔髮，将为出要，或灰身椎髻，执作升天。或生乃自然，或死当识灭。或云幽幽冥冥，莫识其精；眇眇忽忽，罔知所出。或云人常得人道，或云，死便为鬼灵。或谈不知蝶为我己，不知我为蝶形。既羣迷於螺嬴，复聚惑於螟蛉。比混沌於雞子，方晦昧於孩婴。斯皆未了由爱，故生藉业，而有轮迴苦海、往复迷津者乎！然则亲指平途，躬宣妙理；说十二缘起，获三六独法，号天人师，称一切智。引四生於火宅，拔三有於昏城，出烦恼流，登涅槃岸者，粤我大师释迦世尊矣。创成觉龙河，九有兴出城之望；后移光鹿苑，六道盛归依之心。初转法轮，则五人受化；次谈戒独，则千生伏首。於是阐梵响於王舍，获果者无穷；酬恩惠於父城，发心者莫算。始自了教，会初愿以标诚，终乎妙贤，契后期於结念。住持八纪，宏济九居。教无幽而不陈，机无微而不纳。若泛为俗侣，但署言其五禁；局提法众，遂广彰乎七篇。以为宅有者大，非戒兴则非灭，存生者小，过律显则过亡。且如恚损轻枝，现生龙户，慈济微命，交升帝居，善恶之报，固其明矣。於是经论兼施，定慧俱设，摄生之纲，唯斯三藏乎！既而亲对大师，教唯一说，随机拯物，理亡他义。及乎蘖舍初辞魔王，或欢喜之志，熙连后唱无灭，显亡疑之理，可谓化缘斯尽，能事毕功。遂乃跡灭两河，人天掩望，影沦双树，龙鬼摧心。致使娑罗林侧，淚下成泥，哭者身边，血如华树。大师唱寂，世界空虚。次有宏法应人，结集有五七之異；特律大将，部分为十八之殊。随所见闻，三藏各别。著下裙则裾有偏正，披上服则叶存狭广。同宿乃異室绳围，两俱无过；受食以手执画地，二竝亡愆。各有师承，事无和杂。诸部流派，生起不同。西国相承，大纲维四，其间离分出没，部别名字，事非一致。如余所论，此不繁述。故五天之地，及南海诸洲，皆云四种尼迦耶，然其所钦，处有多少。摩揭陀则四部通习，有部最盛。罗荼信度则少兼三部，乃至正量尤多。北方皆全有部，时逢大众。南面则咸遵上座，余部少存。東裔诸国杂行四部，师子洲竝皆上座，而大众斥焉。然南海诸洲有十余国，纯唯根本有部，正量时钦。近日已来，少兼余二。斯乃咸遵佛法，多是小乘，唯末罗遊少有大乘耳。诸国周围，或可百里，或数百里，或可百驿。大海虽难计里，商舶惯者准知。良为掘伦，初知交广，遂使总唤崑崙国焉。唯此崑崙，头捲体黑。自余诸国，与神州不殊。赤脚敢曼，总是其式。广如《南海录》中具述。驩州正南，步行可余半月。若乘船纔五六潮即到。上景南至占波，即是临邑，此国多是正量，少兼有部。西南一月，至跋南国，旧云扶南，先是躶国，人多事天。后乃佛法盛流，恶王今竝除灭。迴无僧众，外道杂居。斯即赡部南隅非海洲也。然東夏大纲，多行法护。关中诸处僧祇，旧兼江南岭表。有部先盛，而云十诵四分者，多是处，其经夹，以为题目，详观四部之差，律仪殊異，重轻悬隔，开制迨然。出家之侣，各依部执，无宜取他经事，替已重条，用自开文，见嫌余制。若尔则部别之义不著，许遮之里莫分，岂得以其一身遍行於四。裂裳金杖之喻，乃表证灭，不殊行法之徒，须依自部其四部之中，大乘小乘，区分不定。北天、南海之郡，纯是小乘。神州赤县之乡，意在大教。自余诸处，大小杂行。考其致也，则律检不殊，齐致五篇，通修四谛。若礼菩萨，读大乘经，名之为大，不行斯事，号之为小。所云大乘，无过二种：一则中观，二乃瑜伽。中观则俗有真空，体虚如幻。瑜伽则外无内有，事皆唯识。斯竝咸遵圣教，孰是孰非，同契涅槃，何真何伪，意在断烦惑，济众生。岂欲广致纷纭，重增沈结！依行则俱升彼岸，棄背则竝溺生津。西国双行，理无乖竞，既无慧目，谁鉴是非？任久习而修之，幸无劳於自割。且神州持律，诸郡互牵，而讲说撰录之家，遂乃章钞繁杂。五篇七聚，易处更难，方便犯持，显而还隐。遂使覆一篑而情息，听一席而心退。上流之伍，苍髭乃成，中下之徒，白首宁就。律本自然，落漠读疏，遂至终身，师弟相承，用为成则。论章段则科而更科，述结罪则句而还句。考其功也，实致为山之劳；覈其益焉，时有海珠之润。又凡是製作之家，意在令人易解，岂得故为密语，而更作解嘲？譬乎水溢平川，決入深井，有怀饮息，济命无由。准检律文，则不如此。论断轻重，但用数行，说罪方便，无烦半日。此则西方南海法徒之大归矣。至如神州之地，礼教盛行，敬事君亲，尊让耆长，廉素谦顺，义而后取，孝子忠臣，谨身节用。皇上则恩育兆庶，纳隍轸虑於明发；羣臣则莫不拱手，履薄呈志於通宵。或时大启三乘，广开百座。布制底於八泽，有识者咸悉归心；散伽蓝於九宇，迷途者竝皆迴向。皇皇焉农歌畎亩之中，济济焉商詠舟车之上。遂使雞贵象尊之国，顿颡丹墀；金鄰玉岭之乡，投诚碧砌。为无为，事无事，斯固无以加也。其出家法侣讲说轨仪，徒众俨然钦承极旨。自有屏居幽谷，脱屣樊笼，漱巖流以遐想，坐林薄而棲志。六时行道，能报淨信之恩；两期入定，合受人天之重。此则善符经律，何有过焉！然由传授讹谬，轨则参差，积习生常，有乖纲致者。谨依圣教及现行要法，总有四十章，分为四卷，名《南海寄归内法传》。又《大唐西域高僧传》二卷，並杂经论等十卷，並录附归。愿诸大德，兴宏法心，无怀彼我，善可量度，顺佛教行，勿以轻人，便非重法。重曰：然今古所传，经论理致，善通禅门，定潋之微，此难悬嘱，且复粗陈行法，符律相以先呈，备举條章，考师宗於实录。纵使命沦夕景，希成一赞之功；燄绝朝光，庶有百灯之续。阅此则不劳尺步，可践五天於短阶；未徙寸阴，实镜千龄之迷躅。幸愿检寻三藏，鼓法海而扬四波；皎镜五篇，汎慧舟而提六欲。虽复亲承匠旨，备检元宗，然非濬发於巧心，终恐受嗤於慧目云尔。

（卷九百十四义淨）

永泰寺碑

……粤兹賨界创自后魏正光二载。……

……昔跋陁三藏县记此方，人安众和，福利弥广。时上座明信寺主道峻、都维那敬一等，普操履霜洁，动成纪纲，德义相资，同知寺任。……

（卷九百十五靖彰）

六祖大師法寶壇經略序

大师名惠能。父卢氏,讳行瑫,母李氏。诞师於唐贞观十二年戊戌二月八日子时。……既长,年二十有四,闻经悟道,往黄梅求印可。五祖器之,付衣法,令嗣祖位。时龙翔元年辛酉岁也。南归隐遯一十六年,至仪凤元年丙子正月八日,会印宗法师诘论玄奥,印宗悟契师旨。是月十五日,普会四众,为师薙髮。二月八日,集诸名德,授具足戒。西京智光律师为授戒师,苏州慧静律师为羯磨,荆州通应律师为教授,中天耆多罗律师为说戒,西国蜜多三藏为证戒。其戒坛乃宋朝求那跋陀罗三藏创建。立碑曰:后当有肉身菩萨於此收戒。又梁天监元年,智药三藏自西竺国航海而来,将彼土菩提树一株,植此坛畔,亦预誌曰:后一百七十年,有肉身菩萨於此树下开演上乘,度无量众。真传佛心印之法主也。师至是祝髮受戒,及与四众开示单传之法旨,一如昔谶。以天监元年壬午岁,考至唐仪凤元年丙子是得一百七十有五年。次年春,师辞众归賔林,印宗与缁白送者千余人,直至曹溪。时荆州通应律师与学者数百人依师而往。至曹溪賔林,覩堂宇湫隘,不足容众,欲广之。遂谒里人陈亞仙曰:老僧欲就檀越求坐具地,得不?仙曰:和尚坐具几许阔?祖出坐具示之。亞仙唯然。祖以坐具一展,尽罩曹溪四境,四天王现身,坐镇四方。今寺境有天王岭,因兹而名。仙曰:知和尚法力广大,但吾高祖坟墓竝在此地,他日造墓,幸望存留,余愿尽舍,永为賔坊。然此地乃生龙白象来脈,只可平天,不可平地。寺后营建,一依其言。师游坟内,山水胜处辄憩,近遂成兰若一十三所。今曰花果院,隶藉寺门。兹賔林道场亦先是西国智药三藏自南海经曹溪口,掬水而饮,香美異之。谓其徒曰:此水与西天之水无别,溪源上必有胜地,堪为兰若。随流至源上,四顾山水回环,峯峦奇秀。嘆曰:宛如西天寶林山也。乃谓曹溪村居民曰:可於此山建一梵刹。一百七十年后,当有无上法寶於此濱化,得道者如林,宜号寶林。时韶州牧侯敬中,以其言具表闻奏,上可其请,赐寶林为额,遂成梵宫。落成於梁天监三年。……

（卷九百十五法海）

不空梵名阿目佉跋折罗,北天竺婆罗门族。幼随季父至東土。年十五师事金刚智三藏。后附崑崙舶至师子国。天寶五载齎密藏还京师,赐号智藏。历元宗、肃宗、代宗三朝,皆为灌顶国师。永泰元年诏特进鸿胪卿,加号大广智三藏。九年勅加开府仪同三司,封肃国公。是年卒。勅赠司空,謚大辨正广智三藏和尚。

進翻譯佛經表

爰自幼年,承事先师大宏三教和尚,二十有四载。禀授瑜伽法门,后遊五天,寻求所未授者。外诸经论,更重学习。凡得梵本瑜伽真言经论五百余部,奉为国家详译圣言,广崇福祐。天寶五载却至上都,奉元宗皇帝恩命,於宫内建立灌顶道场。所齎梵经,尽许翻译。及肃宗皇帝配天继圣,特奉纶音,於内道场建立护摩及灌顶法,又为国译经,助宣皇化。其所译金刚灌顶瑜伽法门,是成佛速邪之路。其修行者,必能顿超凡境,达於彼岸。余部真言,诸佛方便,其徒不一。所译诸大乘经典,皆是上资邦国,息灭災厄,星辰不愆,风雨顺序。仰恃佛力,辅成国家。谨缵集前后所翻译,自开元至今,凡一百一卷七部以闻。

譯大聖文殊師利菩薩讚佛身禮序

皇帝以深仁驭宇,大明烛物,普洒甘露,沃荡黎元。不空叨沐圣慈,滥当翻译。当奉恩命,令集上都义学沙门良贲等一十六人，於内道场翻《仁王护国般若》及《大乘密严》等经毕，愿讚扬於至觉，冀介福於圣躬。窃见《大圣文殊师利菩萨讚佛法身经》，据真梵本有四十礼，先道所行，但惟有十礼，於文不备，欢德未圆，恐乖圣者恳诚，又阙羣生胜利。不空先有所持梵本，竝皆具足，今译流传，庶裨宏益。其余忏悔仪轨等，竝如旧本，此不复云。於时唐永泰元年维夏四月也。

大乘瑜伽金剛性海曼殊室利千臂千鉢大教王經序

大唐开元二十一年岁次癸酉正月一日辰时於荐福寺道场内，金刚三藏与僧慧超授大乘瑜伽金刚五顶五智尊千臂千手千钵千佛释迦曼殊室利菩萨祕密菩提三摩地法教。遂於过后受持法已，不离三藏奉事，经於八载。后至开元二十八年岁次庚辰四月十五日，闻奏开元圣上皇於荐福寺御道场内。至五月五日，奉诏译经。卯时焚烧香火，起首翻译。三藏演梵本，慧超笔授《大乘瑜伽千臂千钵曼殊室利经》法教。后到十二月十五日翻译将讫。至天寶一年二月十九日，金刚三藏将此经梵本及五天竺阿闍黎书，竝总分付与梵僧目叉难陀娑伽，令送此经梵本並书，将与五印度南天竺师子国本师寳觉阿闍黎，经今不迴。后於唐大历九年十月，於大兴善寺大师大广智三藏和尚边更重谘启，决择大教瑜伽心地祕密法门后，则将千钵曼殊经本至唐。建中元年四月十五日到五台山乾元菩提寺。遂将旧翻译唐言汉音经本在寺。至五月五日，沙门慧超起首再录，写出《一切如来大教王经》、《瑜伽祕密金刚三摩地三密圣教法门述经祕义》。诸佛出世，应物随形，志求者智镜元通，念之者无幽不入。根缘感赴，必藉此经登菩提山，除去邪执，契传二密，得究瑜伽祕要法门。穷理微妙，身口意业，用智修持，戒定慧学，显现通达。证如来地，以信为首；乘般若舟，速超彼岸。今述曼殊之德，灵跡殑伽，圣觉无方，神力潛运。以多尘劫悲愿，不住菩提，一主无二尊见为菩萨。自兹金色世界，来其忍土之中，於清涼之山，导引羣品，而即现灯现云，及万菩萨，信生奇特。现光现相，人身皆发正智，为因利益三世，苍生有趣，愿到菩提，次畧举经，都题序目，大乘瑜伽金刚性海总摄一切法，金刚五顶五智尊现大圣曼殊室利菩萨。显千臂千手千钵化千释迦，灌顶曼荼罗，一切诸佛修证如来金刚菩提具足一切法，入毗卢遮那五金刚界，圣智圆通，入如来佛心，三密三十支金刚智镜圣道性海故。

（卷九百十六不空）

楚金禪師碑

……又曰：吾自知终於六十有二矣，尔曹誌之。以其言验其实，宛如也。噫！八部增怛，万国同哀，有诏令荼毗遵天竺故事。

（卷九百十六飞锡）

仁王護國經道場念誦軌儀序

我皇帝圣德广运，仁育羣品。亦既纂历，吹大法螺，利梵言之轻重，警迷途之耳目。伟矣哉！迺大兴善寺大广智三藏不空与义学沙门良贲等一十四人，开府鱼朝恩、翰林学士常衮等，去岁夏四月於南桃园再译斯经。至秋九月，诏资圣、西明两寺各五十人，百座敷阐。下紫微而千官作礼，经出内而万姓观瞻。遂感庆云呈瑞，嘉气浮空，左右两阶，威仪整肃。旛华前引，音乐后随，内外咸欢，京城共喜。阡郭充满，犹牆堵焉。稽缁衣，览青史，自摩腾入汉，僧会遊吴，瑞法西来，莫兹竝矣。经云："若未来世有诸国王建立正法护三寳者，我令五方菩萨往护其国，令无災难。”又云：“五菩萨自於佛前，发宏誓言：我有陀罗尼，能加持拥护，是一切佛，本所修行，速疾之门。若人得闻，一经於耳，所有罪障，悉皆消灭。况复诵习，而令通利。”佛即讚言，若有诵时此陀罗尼者，我乃十方诸佛，悉常拥护诸恶鬼神，敬之如佛，不久当得阿耨菩提。则知此陀罗尼诸字母之根底，众瑜伽之薮泽，兹实祕藏真诠者矣。是以菩萨演之，王者建之，黎人念之，诸佛讚之，俾其福而广，俾其利而大。於斯传者，可以见圣人之心也。其功既妙，利益隆深，克念应时，殊祥必降。我三藏译贝多之文，命良贲法师受从简素，观行印持其道场。念诵仪修为五门，第以位次，一一昭著，庶无懵焉。凡我道俗，将保厥躬。同崇出世之因，共践菩提之路。登仁寿域者，何莫由斯之道矣。

（卷九百十六慧灵）

景教流行中國碑

……大施主金紫光禄大夫同朔方节度副使试殿中监赐紫袈裟僧伊斯，和而好惠，闻道勤行，远自王舍之城，聿来中夏。术高三代，艺传十全，始效节於丹庭，乃策名於玉帐。

（卷九百十六景淨）

新譯文殊師利菩薩佛刹莊嚴經疏奏

此经凡有三译：一，西晉太熙中法护翻，名《佛土严淨经》。文势多古，语简理幽。二，天后久视中实叉难陀於清禅寺翻，名《文殊受记经》。三，即今大历六年所译也。伏惟寳应元圣文武皇帝陛下，天垂帝籙，人归寳图，德厚乾坤，明侔日月。仁恕滋物，夷狄仰德而输诚，慈惠利生，正教承风而演化。顷者鄜坊节度使兼御史中丞杜冕奏，为国请诸大乘经，明诏下於祇园，梵旨开於贝叶。因请三藏不空译此经等数十部。续有勅下：天下梵宇,各置文殊菩萨像,以旌圣功也。又诏以文殊菩萨为上座,皆三藏所请。三藏学究瑜伽,解穷法印。身口意业,祕密修持。戒定慧学,显通宣畅。唐梵文字,声韻具知。传译此经,善符圣旨。文质相兼,灿然可观。潛真识智愚昧,学艺庸浅。幸陪清众,谬在翻传。虚空藏经,课虚润色,猥蒙驱策,述疏讚扬。虽文义荒芜,已传京邑,今之所作,盖有由焉。有金阁寺大德道超禅师,学尽法源,行契心本,亲覩灵境,密承圣慈。故久在清凉,属兴淨业。仍於现处,建窣堵波,寻觐法缘,来诣京国。以此经为大事,以大圣为本师,显扬圣德,无过此者。乃稽首三藏,誓传大圣法门,不以潛真庸虚,转祈和尚,邀令述作。和尚不念前之鄙陋,又令讚释此经。窃难契真诠,敢不尽其愚讷。

（卷九百十六潛真）

良秀,俗姓郭氏,蒲津人,幼出家中条山柏梯寺。贞元四年诏与罽宾国般若三藏译经。

奉勑造波羅蜜經疏進上表

去年十一月二十八日,右街功德使王希迁奉宣,令良秀等修撰新翻《大乘理趣六波罗蜜经疏》者。伏闻至道同源,圣人一贯。大雄示相,演妙音於独园;实位分身,霈湛恩於双阙。开佛日於圣日,降丝纶於法轮。所以扬化慈航,致人寿域。不然,岂得握真符而契合,应休运以感通。况以此经如来之密印,羣生之度门。得白马之賨函,启青龙之祕藏。是第一义,理去筌蹄,於最后乘,说无分别。加以天文焕发,睿思昭回,真如契心,已阐微於释氏;般若製序,谅缵文於太宗。慈云溥润於太根,湛露垂滋於贝叶。良秀等材惟末学,性異生知。谬寄讨论,伏增殒越。上承严旨,徒侧管以窥天;虔奉本师,惧升堂而鼓瑟。所修撰疏一部,谨附王希迁随表奉进,伏乞圣慈许令同修疏沙门谈筵於当寺讚演,及流布中外。所冀落落真言,示丹青於新学,明明像教,流粉释於将来。

（卷九百十六良秀）

達摩大師法門義讚

我师西来,传於真诀:大轮当路,小乘忘辙。冥冥世人,初见日月;权迹有归,光云不灭。

（卷九百十七清昼一）

唐杭州靈隱山天竺寺故大和尚塔銘並序

……大师生缘钱塘范氏,讳守真字坚道,……遂诣苏州支硎寺圆大师受具足戒。……后至荆府依真公,三年苦行,寻礼天下二百余郡,圣教所至,无不至焉。无畏三藏受菩萨戒香,普寂大师传楞伽心印,讲《起信宗论》三千余遍,《南山律钞》四十遍。平等一两,小大双机,在我圆音,未尝異也。……

唐杭州靈隱山天竺寺大德詵法師塔銘並序

西周之叔世,本师沦蹟於拘尸那城。千有余年,教行東汉。元纲遐属,殆如缀旒。而先经異时,至机终义。故我唐圣历中,《大方广》梵文四译斯备。雷霆始惧於魔耳,天地再造於人心。曈曈无边,佛日正出。其时私道之士,有燉煌公得他心,称是文殊后身,洎四叶传於吾师。……

（卷九百十八清昼二）

警策文

……及至年高腊长,空腹高心,不肯亲附良友。惟知倨傲,未谙法律,戢敛全无。或大语高声,出言无度,不敬上中下座婆罗门。聚会无殊,椀钵作声。食毕先起,去就乖角,僧体全无,起坐忪诸,动他心念,不存些些轨则,小小威仪,将何束敛!……

（卷九百十九灵祐）

建功德碑銘並序

……唯有西域之教,生於周昭王甲寅之岁,来自汉明帝永平之年,摩腾天竺法兰创於此矣。……

（卷九百十九玲幽）

憫忠寺重藏舍利記

兹舍利者,昔隋文帝潛龙日,有梵僧自印土至,授舍利一瓶。曰此释迦佛遗形耳,檀越可为主。洎登竇位,年号开皇。至廿年改仁寿。至仁寿二年壬戌正月,勅天下大州一百处建舍利塔。时幽州节制竇抗创造五层大木塔,饰以金碧,扃舍利於其下。至大唐文宗皇帝太和八年甲寅,经二百卅三年,天火焚塔。迩后五六年间,武皇迺阙一字释教。至宣宗初登竇位,岁在丙寅,勅修废蓝,将兴畚阙一字得石函於故基下。时旌麾清河公,晓示人天,溥令供施,迁藏於憫忠寺多竇塔下。复经卅三载,中和二年岁在壬寅,又值火灾延憫忠寺,楼台俱烬。旋遇燕阙一字陶汰空侣,不期年,陇西令公大王大庇生灵,巨崇像设,捨己禄俸造观音阁,横壮妙丽,逾於旧贯。寺僧复严陈力化导,塑观音像。当景福壬子年,佥欲迁舍利於阁内。乃陈辞上演,请发封壤,上许之。即是年六月,徒侣云萃,各竭其诚。尘壒曜灵,香坌人手,未淹食顷,俄逢巨函。缝印香泥,记鐫贞石。繇是撤其盖,发其缄,舍利光芒,異香郁烈。寻录状,捧金函,诣子東门上献,旌幢中权后营,皆澡阙一字沐心,通宵瞻礼,重沓儭施,复还本寺,显示城隍道俗,阙一字黄金瓶如黪麦量,内藏一粒,仁寿舍利也。二粒在塔阙一字内,又二粒在小金合子内。又九十粒如银粟状,在琉璃瓶内。玉环二鬘七综,金铜棺椁,異香钗钏等。今又有二粒舍利,光彩甚莹,在银结条琉璃瓶内。即故临坛大德明鉴,平昔随身供养,临终授弟子栖忍,今同收函内。矧夫圣日久殁,遗形尚留,为福人天,坚固不壤,幸遇王臣信重,正法兴隆。同於賨坊,载礼金骨。而今而后,何年更逢!匪独人心浇醨,抑亦时侵末法。重閟於此《观音象》前,谷变陵摧,犹凭刊石。记曰:

大燕城内,地東南隅,有悯忠寺,门临康衢。中有賨阁,横云槩虚。阁有巨象,观音圣驱。当象之前,缄於舍利,外石函封,内金函閟。填以異香,杂以珍器。用记岁年,景福壬子。

（卷九百二十南叙）

大唐嵩山少林寺故寺主法華鈞大德塔銘

……於同光三年七月廿日示灭,春秋七十八,僧腊五十九。本寺门人等,依西国法荼毗之,薪尽火灭,收其灰骨,起塔於寺之東北隅,礼也。……

（卷九百二十一虛受）

衆經音義序

自法王命驾,遵之者九乘;宏传声教,统之者三藏。然则指月之喻,无爽於恒规;因言之义,有契於常则。所以实相窅冥,开宗於文字;权道综御,崇尚於方言。且夫一音各解,惟圣之筌蹄;随缘别悟,在凡之准的。西梵天语,邃古莫亏;東华人言,沿时迁贸。至於《说文》在汉,字止九千;《韻集》出唐,言增三万。代代繁广,符六文而挺生;时时间发,寄八体而陈迹。求其本据,谅在前后;覈其离广,诚归物议。夫以佛教東翻,六百余载,举其纲纽,三千余轴,随部出音,闻之往说,殷鉴羣录,未曰大观。然则必也正名,孔君之贻诰,随俗言晤,释父之流慈。非相无以引心,非声无以通解。有大慈恩寺元应法师,博闻强记,镜林花之宏标;穷讨本支,通古今之互体。故能讐校源流,勘阅时代,删雅古之野素,削浇薄之浮杂。悟通俗而显教,举集畧而腾美。真可谓文字之鸿图,言音之龜镜者也。以贞观末,历勅召参传,综经正纬,咨为实录,因绎寻阅,捃拾藏经,为之音义。注释训解,援引羣籍,证据章明,焕然可领,结成三帙。自前代所出,经论诸音,依字直反,曾无追顾,致失教义,实迷匡俗。今所作者,全異恒伦。随字删定,随音征引,竝显唐梵方言,翻度雅郑。推十代之纰紊,定一朝之风法。文非词费,务在纲正。恐好異者,辄复畧之。斯则得於要约,失於义本,救弊开信,终掩元化,故重陈委,悉无昧焉。序之云尔。

(卷九百二十二终南山僧)

妙門由起序

……然元始天尊、太上道君、高上老子,应号虽異,本源不殊。更託师资,以度羣品。或命尹喜入天竺,以化胡人;或与鬼谷之崑崙,以行圣教。慈济之道,无遠不通。盖方圆动静,黑白燥溼,自然理性,不可易也。……

(卷九百二十三史崇)

賀西域胡僧朝見表

臣某伏以西域天竺僧到阙朝觐者:天慈遐被,異域怀归,致万里之番僧,朝千年之圣主。华夷率化,亿兆同欢。臣中贺,伏惟陛下继圣统天,体元立极,惠周覆载,仁匝寰区。戎蛮夷狄之乡，皆遵声教；舜禹商周之德，莫继钦明。由是賝賮川驰，梯航雾集，贡无虚月，史不绝书。今者天竺远戎，葱山夐俗，在积雪流沙之外，比蜂岑鹿岛之间。遥望千霄之云，遂起朝天之意，言须重译，路想经年。崎岖不惮於穷荒，匍匐愿瞻於舜日。虽图澄入夏，衹辞于阗之東，罗什依秦，亦自龜兹之北。校其迢递，亦验专勤。缅惟臣子之心，允自圣明之感。永编国史，克广圣功。臣获奉天光，不任。

宣進天竺僧二十韻詩表

臣某伏覩西天三满多到阙朝对者：伏以北通玉塞，西渡金河，路出重关，程逾万里。班定远之经历，才及乌孙；张博望之访寻，衹过青海。或蛇州魅碛，人跡莫穷；或飞雪流沙，马蹄难至。由是声教或異，职贡少修。崑峤白环，首标瑞典。钟山火玉，显谓祥珍。况身毒居葱岭之阴，于阗隔雪峯之外。天竺辽夐，跋涉辛勤，慕中华亿兆之尊，嚮大蜀圣明之主。专申朝觐，实美简编。伏惟陛下纵圣体乾，膺图启运，德逾羲顼，仁冠尧汤。修文德而御要荒，耀武功而安寰海。故得四夷率服，万寓知归。南通交趾之乡，北聚穹庐之俗，献琛奉贽，无旷岁时。窃惟听政之余，每降自天之泽。兴宏道释，劝奖崇修，寳刹精严，道功焕丽。一心齐致，二教俱荣。紫霞洞之仙客効祥，天竺国之胡僧入贡。咸归睿感，共福皇图，率土臣僚，同深抃蹈。臣某芝田末学，蓬岫孤蹤，获奉天慈，俯宣明命。谨课颂圣德，七言诗二十韻一首陈进。冒黩宸严，无任兢惧战越之至。

（卷九百三十杜光庭二）

繼僧結黨屠牛捕魚事由判

违西天之禁戒，犯中国之条章。不思流水之心，辄举庖丁之刃。既集徒侣,须务极刑。各决三十,用示伽蓝。

（卷九百五十五李膺）

修行道地經序

造立《修行道地经》者,天竺沙门厥名众护,乃出中国圣兴之域。幼学大业洪要之典,通尽法藏十二部经,二达之智,靡不贯博。钩元致妙,能体深奥。以大慈悲宏益众生,助明震光,照悟盲冥。致尊甘露,荡荡之训,权现真人,其实菩萨也。愍念后贤,庶几道者,傥有劣力,不能自前,故总众义之大较,建易进之径路,分别五阴成败所起,变趣机微生死之苦,以劝迷励惑,故作斯经。虽文约而义丰,探喻远近,防制奸心。但以三昧禅教为务,解空归无众想为定。真可谓离患之至寂,无为之道哉。

達摩多羅禪經序

夫三业之兴,以禅智为宗。虽精粗異分,而阶籍有方。是故发轸分逵,途无乱辙,革俗成务,功不待积。静复所由,则幽诣告微,渊博难究,然理不云昧。庶旨统可寻,试略而言。禅非智无以穷其寂,智非禅无以深其照。然则禅智之要,照寂之谓,其相济也。照不离寂,寂不离照。感则俱遊,应必同趣。功元於在用,交养於万法。其妙物也,运羣动以至一而不有,廓大象於未形而不无,无思无为而无不为。是故洗心静乱者以之研虑,悟彻入微者以之穷神也。若乃将入其门,机在摄会,理元数广,道隐於文。则是阿难曲承旨诏,遇非其人,必藏之灵府。何者?心无常规,其变多方,数无定象,待感而应。是故化行天竺,缄之有匠,幽关莫闢,罕闚其庭。从此而观,理有行藏,道不虚授,良有以矣。如来涅槃未久,阿难传其共行弟子末由地,末由地传舍那婆斯。此三应真咸乘至愿,冥契於昔功在言外,经所不辩，必闇轨元匠，孱焉无差。其后有优婆崛，弱而超悟，智绝世表，才高应寡，触理从简，八万法藏，所存惟要，五部之分，始自於此。因斯而推，固知形运，以系废兴，自兆神用。则幽步无跡，妙动难寻。涉粗生異，可不慎乎？可不察乎？自兹以来，感於事变，怀其旧典者，五部之学，並有其人。咸惧大法将颓，理深其慨。遂各述讚，阐禅经以隆盛业。其为教也，无数方便，以求寂然。寂乎惟寂，其揆一耳。而寻條求根者众，统本运末者寡。或将暨而不至，或守方而未变。是故经称满愿之德，高普事之风。原夫圣旨，非徒令其长，亦所以救其短。若然，五部殊业，存乎其人，人不经世，道或隆替，废兴有时，则互相昇降，小大之目，其可定乎？又达部善变，出处无际，晦名寄跡，无闻无示，若斯人者，复不可以名部分。既非名部之所分，亦不出於其外，别有宗明矣。每慨大教東流，禅教尤寡，三业无统，斯道殆废。顷鸠摩耆婆宣马鸣所述，乃有此业。虽其道未融，盖是为山於一篑。欣时来之有遇，感奇趣於若人。舍夫制胜之论，而顺不言之辩。遂誓被僧那至寂为己任，怀德未忘，故遗训在兹。其为要也：图大成於未象，开微言而崇体。悟惑色之悖德，杜六门以寝患。达忿竞之伤性，齐彼我以宅心。於是異族同气，幻形告疎，入深缘起，见生死际。尔乃闢九关於龙津，超三忍以登位。垢习凝於无生，形累毕於神化。故曰：无所从生，靡所不生，於诸所生，而无所生。今之所译，自达摩多罗与佛大仙。其人西域之儁，禅训之宗，搜集经要，劝发大乘。宏教不同，故有详略之異。达摩多罗阖众篇於同道，开一色为恒沙。其为观也，明起不以生，灭不以尽，虽往复无际，而未始出於如。故曰色不离如，如不离色。色不离如则如是；如不离色则色是。佛大仙以为澄源引流，固宜有渐。是以始自二道，开甘露门，释四义以返迷，启归途以领会。分别阴界，导以止观，畅散缘起，使优劣自辩。然后令原始反终，妙寻其极，其极非尽，亦非所尽，乃曰：无尽。入於如来无尽法门，非夫道冠三乘，智通十地，孰能动元根於法身，归宗一於无相，静无遗照，动不离寂者哉！

法句經序

昙钵偈者，众经之要义。昙之言法，钵者句也。而《法句经》别有数部，有九百偈，或七百偈，及五百偈。偈者经语，犹诗颂也。是物见事而作，非一时言，各有本末，布在诸经。佛一切智，厥性大仁，愍伤天下，出兴於世，开规道义，所以解人。凡十二部经，总括其要，别为数部。四部《阿鋡》，佛去世后阿难所传。卷无大小，皆称闻如是处佛，所在究畅其说，是后五部，沙门各自钞众经中四句六句之偈，比次其义，条别为品。於十二部经，靡不斟酌，无所适名，故曰法句。夫诸经为法言。法句者，犹法言也。近世葛氏传七百偈，偈义致深，译人出之，颇使其浑。惟佛难值，其法难闻。又诸佛兴，皆在天竺。天竺言语，与汉異音。云其书为天书，语为天语，名物不同，传实不易。惟昔蓝调安侯世高都尉，佛调释梵为晉，实得其体。斯已难继，后之传者，虽不能审，犹尚贵其实，粗得大趣。始者维祇难出自天竺，以黄武疑三年来适武昌。仆从受此五百偈本，请其同道竺将炎为译。将炎虽善天竺语，未备晓汉。其所传言，或得梵语，或以义出，音近质直。仆初嫌其为词不雅。维祇难曰："佛言依其义不用饰，取其法不以严。其传经者，令易晓勿失厥义，是则为善。"座中或曰：老氏称"美言不信，信言不美"。仲尼亦云："书不尽言，言不尽意。"明圣人意深邃无极。今传梵义，实宜径达。是以自偈受译人口，因顺本旨，不加文饰，译所不解，即阙不传。故有脱失，多不出者。然此虽词朴而旨深，文约而义博。事均众经，章有本故，句有义说。其在天竺，始进业者不学法句，谓之越序。

此乃始进者之鸿渐，深入者之奥藏也。可以启蒙辨惑，诱人自立，学之功微，而所包者广，实可谓妙要也哉。昔传此时，有所不出。会将炎来，更从谘问，受此偈等，复得十三品。並校往古，有所增定。第其品目，合为一部三十九篇。大凡偈七百五十二章，都凡一万四千五百八十字。庶有补益，其广闻焉。

（卷九百八十六阙名二十七）

重藏舍利記

舍利本大隋仁寿四年甲子岁，幽州刺史陈国公窦抗於智泉寺创木浮图五级，安舍利於其下。即子城東门東百余步大衢之北面也。原寺后魏元象元年戊午岁，幽州刺史尉苌命造，遂号尉使君寺，后改为智泉寺。至大唐则天时，改为大云寺。开元中，又改为龙兴寺。太和甲寅岁八月二十日夜，忽风雨暴至，災火延寺，浮图灵庙，飒为烟烬。洎会昌乙丑岁，大法沦坠，佛寺废毁。时节制司空清河张公，准勅於封管八州内，寺留一所，僧限十人。越明年，有制再崇释教，僧添二十，置胜果寺，度尼三十人。秋八月二十一日，因板筑，於废寺火烧浮图下得石函寳瓶舍利六粒，及異香、玉环、银釦等物。伏遇司空固护释门，殷诚修敬，仍送悯宗寺供养，士庶瞻礼。至九月二十八日藏之多寳塔下。

西關淨化院記

……佛言：备得教旨。且西土苾蒭、苾蒭尼，下至优婆塞、优婆夷，送往之礼，名以闍维。闍维之文，实火化也。

（卷九百八十七阙名二十八）

渾儀銘並序

后魏太史令晁崇，修浑仪以视星象。按其仪，以永兴四年岁次困敦创造，传至后魏末入齐往周隋至於大唐。历年久远，仪盖倾坠，日以太史去景云三年，奉勅重令修造。使银青光禄大夫、检校将作少监杨务廉，与银青光禄大夫行太史令瞿昙悉达、正议大夫行太史令李仙宗、试太史令殷知易、荆州都督祕书监兼右卫率薛玉、银青光禄大夫检校祕书监吴师道、正议大夫行祕书少监阎朝隐等，首未共营，各尽其思。至先天二年岁次赤奋若成。其铭曰：

周天三万七千里，分寸无欺，成岁三百六十日，盈缩有期，敬之敬之，以授人时。

（卷九百八十八阙名二十九）

重建禪門第一祖菩提達摩大師碑陰文

此碑文布传於天下久矣，未详其所立处。顷日得之阙二字其文，迺知梁武帝深达元旨。若非留心比宗，则罕测其涯际。或者云：梁武帝崩后，菩提达摩犹行化人间，盖或者自惑耳。考诸史籍，则梁大同二年，岁在乙卯，至太清二年，岁在戊辰，相去一十四年矣。武帝发於侯景，自大同单阏之岁，至我唐元和阉茂之岁，凡三百四十三年矣。朝正尝愿於熊耳吴坂，再立此碑。属以戎事多故，遂乖本志。今迺就二祖可大师塔前建之，用表真宗之所由也。菩提达摩自西域至中国，为禅宗第一祖。内传心印以为宗，谓意出文字外；外传袈裟以为信，信表师资。其袈裟授可大师，可授粲，粲授信，信授忍，忍授能。达摩遗言云：我法至第六代后，传我法者命如悬丝。故能受付嘱后，犹隐遁人间，事在本传。祖师知当来学徒，必注意谓法在衣上，不知法本无为，得之者永超三界，了斯元旨，是达真宗。所以诫绝传衣，令学人得意者广通流布，化及无穷。拯溺俗於沉沙，擢迷途於苦海者矣。曹溪能弟子南狱惠让，让弟子龚公山洪州道一，洪州弟子信州鹅湖山大义。大义贞元中内道场供奉大德。每敷演妙理，万法一如，得无所得，证无所证，开合不二，是非双泯。夫无像之像，像遍十方；无言之言，言充八极。可谓真证直得涅槃宗源乎！至十九年四月十九日，德宗皇帝迺度中贵王士则，命舍官，赐法名惠通充弟子，又度官生童子惠真充侍者。惠通由是亲承教旨，妙达真宗。自祖师历六代后，名流大德学徒得意者，在行天下，敷演妙理，不可殚纪。朝正但据所稟本教来处叙之，将来幸辩由户不谬矣。今恐年代久远，故重刊石纪之。

（卷九百九十八李朝正）

鳩摩羅王（王名无考，其国即为東印度境）與戒賢法師書

弟子凡夫，习染世乐，於佛法中，未知迴向。今闻外国僧名，身心欢喜，似开道芽之分。师复不许其来此，乃欲令众生长沦永夜。岂是大德绍隆遗法汲引物哉？不胜渴仰，谨遣重谘，若也不来，弟子则分是恶人。近者设赏迦王犹能壊法毁菩提树，师谓弟子无此力耶？必当整理象军，云萃於彼，踏那烂陀寺，使碎如尘。此言如日，师好试看。

（卷九百九十九鸠摩罗王）

鉢伐多羅王[1]（王名无考，其国即为北印度境）致那爛寺正法藏戒賢法師書

弟子行次乌荼，见小乘师恃凭小见，製论诽谤大乘，词理切害，不近人情。仍欲张鳞共师等一论。弟子知寺中大德，並才慧有余，学无不悉。辄以许之。谨令奉报，愿差大德四人，善

自他宗兼内外者，赴乌荼国行从所。

（卷九百九十九钵伐多罗王）

① 按《大慈恩寺三藏法师》的记载，应为戒日王。

達摩（乌苌国王，其国在天竺北。贞观十六年，因陁诃斯遣使奉表献方物）貢方物獻表

大福德至尊，一切王中上，乘天賓车，破诸黑暗。譬如帝释，能伏阿修罗王。奴宿种善根，得生释种，拜至尊，因献龙脑香。

（卷九百九十九乌苌王达摩）

失里忙迦羅（天賓八载遣使朝贡，朅师引吐蕃攻吐火罗，失里忙迦罗请安西兵助讨，元宗出师破之）請賜箇失蜜王勅書表

臣鄰境有一胡，号曰朅师，居在深山，恃其险阻，违背圣化，亲辅吐蕃。知勃律地狭人稠，无多田种，镇军在彼，粮食不充。於箇失蜜市易盐米，然得支济。商旅来往，皆著朅师国过。其王遂受吐蕃货，求於国内置吐蕃城堡，捉勃律要路。自高仙芝开勃律之后，更益兵三千人。勃律因之。朅师王与吐蕃乘此虚危，将兵拟入。臣每忧思一破兇徒。若开得大勃律已東，直至于闐、焉耆，卧凉、瓜、肃已来，吐蕃更不敢停住。望安西兵马来载五月到小勃律，六月到大勃律。伏乞天恩，允臣所奏。若不成，请斩臣为七段。缘箇失蜜王向汉忠赤，兵马复多，土广人稠，粮食丰足。特望天恩赐箇失蜜王勅书宣慰，赐衣物並賓钿腰带，使感荷圣恩，更加忠赤。

（卷九百九十九吐火罗叶护失里忙迦罗）

忽提婆(俱罗国王,其国与吐火罗接壤,亦名俱兰。贞观二十年,遣使朝贡)**内附表**

如雪如珠,如云如月,洁白高遠,是文夫枝,清涼一切,如须弥山,又如大海,威力自在。如那罗延,如日光明,大王中王、大汉国胜天子名流四海,俱罗那国王忽提婆谨修礼拜。

(卷九百九十九俱罗王忽提婆)

羅火拔(谢颶国使臣,谢颶,在吐火罗西南。开元八年册葛达罗支颉利发誓屈尔为王。十二年,遣其臣罗火拔来朝)

陳金城公主事宜奏

谢颶国去箇失蜜国一千五百里,箇失蜜国去吐蕃金城公主居处七日路程。公主去年五月遣汉使二人偷道向箇失蜜国传言曰:汝赤心向汉,我欲走出投汝,容受我否?箇失蜜王闻其言,大喜报曰:公主但来,竭心以待。时箇失蜜王又遣使报臣国王曰:天子女欲走来投我国,必恐吐蕃兵马来逐,我力不敌,乞兵与我,即冀吐蕃破散,公主得达。臣国王闻之极欢,遣使许诺於箇失蜜王,令臣入朝,面取进止。

(卷九百九十九谢颶国罗火拔)

一切經音義序

昔者素王设教,著《十翼》而通阴阳;玄帝谈经,演二篇而明道德。岂能仁出代,独步迦维,会三乘於鹫峯,转四轮於鹿苑。繇是有半满之字,敷贯散之花。因缁客而西至,驱白马以東迈。是知不无不有,掩蔽邪徒,即色即空,甄明正道。於是慧云蓄润,垂叆叇而荫羣氓;法雨含滋,散空濛而霑众草。斯之功利,不可胜言。大矣哉觉皇之为教也!若乃书之贝叶,编诸海藏。结集由饮光之心，文义宣庆喜之口，流传此土，七百余年。至於文字或难，偏傍有误。书籍之所不载，声音之所未闻。或俗体无凭，或梵言存本。不有音义，诚难究诸。欲使坐得明师，立闻精谊，就学无劳於负笈，请益讵假於摳衣。所以一十二音，宣于涅槃奥典；四十二字，载乎花严真经。十二音是翻梵字之声势也。旧云十四音，误也。又有三十四字，名为字母。每字以十二音翻之，遂成四百八字，共相乘转，成二十八章，名曰悉谈。如《新涅盘经义》中广明矣。故曰：无离文字解脱也。暨国朝初，有沙门玄应，孤标生智，独运先觉，明唐梵異语，识古今奇字，撰《一切经音义》一部，凡二十五卷。可以贻诸后进，光彼先贤，作彼岍之津梁，涉法门之键钥。次有沙门慧苑，撰新译《华严音义》二卷。竝编於《开元释教录》。然以后译经论及先所未音者，至於披读讲解，文谬谊乖，得失疑滞，寡闻孤陋，莫有微通，多见强识，罕能尽究。然而自慠之辈，耻下问而不求，匿好之流，悉深知而不答。则圣言有阻，能无悲焉！有大兴善寺慧琳法师者，姓裴氏疎勒国人也，则大广知不空三藏之弟子矣。内精密教，入於总持之门；外究墨流，研乎文字之粹。印度声明之玅，支那音韻之精。既瓶受於先师，亦泉泻於后学。鞮译迴缀，参於上首。师掇其阙遗，歎其病惑，览兹羣经，纂彼诂训。然则古来音反，多以傍纽，而为双声，始自服虔，元无定旨。吴音与秦音莫辩，清韻与浊韻难明。至如武与绵为双声，企以智为疊韻。若斯之类，盖所不取。近有元庭坚《韻英》，及张戬《考声切韻》。今之所音，取则於此。大略以七家字书释谊，七书谓《玉篇》、《说文》、《字林》、《字统》、《古今正字》、《文字典说》、《开元文字音义》七书不该，百字咸讨。又训解之末，兼辩六书，庶因此而识彼，闻一以知十。师二十余载，傍求典籍，备讨经论，孜孜不倦，修缉为务。以建中末年创製，至元和二祀方就。凡一百轴。具释众经，始於《大般若》，终於《护命法》，总一千三百部五千七百余卷。旧两家音义，合而次之，标名为異。两家为玄应、慧苑等浩然如海，吞众流以成深；皎兮若镜，照羣物以无勸。元和十二年二月三十日，绝笔於西明寺焉。审以颇好文字，释善从之，许为不请之师。自媿未成之器，因启其卷，乃告厥功。谬以彻才，叙之云尔。東洋刊《一切经音义》。

（拾遗卷二七景审）

再建圓覺塔記

案梁武帝铭大师碑，大师大同二年示终於洛州，遗塔於□坂，即兹塔也。司徒中书令汾阳王郭子仪复東京之明年，抗表乞大师谥。代宗皇帝赐曰圆觉，名其塔曰空观。大师名达摩，西域人也。梁天监中，自五天来昭昏辙，荒鉨析缺□造□者识羁絷之丑，落空寂者知凝滞之非，指迷辕於炳直之途，揭惠旭於幽夷之表。分别邪正，开□□□使羣流缺四字续而移海也。□本宗大圣所付至支郴□□上乘第一祖，至若往来之有无，地位之高下，非吾辈所得言焉。过梁而徂，及魏而止。繄□遇缺三字行藏缘□则迁，岂堕诸数道，且不住跡，其可留取者，自言我则何有。熊耳山下，一塔巋然。骸葬形遊，文详於梁武灵泉端木表□於汾阳。月阙其圆，天之道也。武宗皇帝谓真谛不可以相取，密跡不可以像设。徒使动盪清静，泉薮昏晦。会昌癸亥岁，遂诏废释氏。□是率土□庙，鞠为丘阜；大师铭誌，亦随湮灭。碧空锺梵，与霜露而俱销；金地松缺三字棘而无□。今上即位，即日牵复，大中庚午岁八月十三日，诏河南尹河東公再建斯塔。今择僧有大德可用拟大师者，俾宰之。洛阳僧与轩冕之士累百，同举手而称曰：大德僧审元其人也。河東公赍诏书诣龙门，以天子意起之。於是元公杖锡至山下，不言而人化，无几而塔成。

云□矗立，忽若疊巘，匠石覃思，珷玞就雕，彼育□鬼功，多賨踊□，未独多也，分高中岳，鼎足二陵，浩刼未灰，无以见毁。大唐大中七年岁在癸酉正月五日，颖川陈宽誌刻石。

（拾遗卷三一陈宽）

補安南録異圖記

交趾四封，图经详矣。……安南之为府也。……水之西南，则通闍婆大食之国。陆之西北，则接女国乌蛮之路。曾无亭堠，莫审涂程，跂履者计日指期，沈浮者占风定信。……

（拾遗卷四一崔致远）

有唐新羅國故知異山雙谿寺教謚真鑒禪師碑銘並序

……禅法师□慧昭，俗姓崔氏，其先汉族。……今为全州金马人也。……遂於贞元廿年，诣岁贡使，求为榜人，寓足西泛。……及达彼岸，造国使曰：人各有志，请从此辞。遂行至沧州，谒神鉴大师。……元和五年，受具於嵩山少林寺瑠璃坛。……乃於大和四年来归。……始憩於尚州露岳长栢寺……遂步至康州知異山……则与善无畏三藏结夏灵山。……

（拾遗卷四四崔致远）

楞嚴經序

《首楞严经》者，自为菩萨密因，始破阿难之迷，终证菩提之悟。然则阿难古佛也，岂有迷者？迷者悟之封也。迷苟不立，悟亦何取，是故因迷以设问，凭悟而明解。皇上聪明文思，探赜索隐。雾雺日期，云开镜明。以为大赉四方，未为盛德。普济一世，始曰至仁。或启佛乘，必归法要马令书。

（拾遗卷四七冯延巳）

感應塔記

昔者瞿昙氏之化天竺也，将宏妙法，式振辨才。既演畅于崛山，俄湧现于灵塔。久居多竇，契乎宿因，纯化之瑞，斯可见矣！洎无忧王之治间洲也，寘收舍利，遐构佛陀，括囊於八国之中，经营于一日之内。被乎世界，炯若星罗，鬼国之忧，斯可见矣！由是教传東国，法仰西方，伊塔庙之聿兴，遂支提而寝广。征诸善者，可得言之。晉义熙二年，隐士许询字元度，拂衣俗态，脱屣浮名，捨第宅两区，建迦蓝二所。其一则营于镜水，号曰祇洹。其一则立彼萧山，目之崇化。迺于余衍，树以浮图。唯乏相轮，未全香刹。旋于中夜，忽迩飞来。既道俗而式瞻，且规矩而暗合。未几，有番僧邂逅，绕塔踟躕。或问其来，非无所以。乃言国为天竺，寺实菩提，遽失相轮，遍搜印度，遂杖锡跋履，寻光现真。众复诘之，奚以为证，诉以七竇营搆，谅匪五金作为，验之不诬，信矣何爽。元度载发宏愿，当冀来生，果克为王，重建是塔。《绍兴府志》。

（拾遗卷四八沈仁衷）

續薩婆多毗尼毗婆沙序

世雄息化，律藏枝分。遂使天竺圣人，随部别释。自佛教東流，年代绵久。西土律论，颇传此方。然此《萨婆多》即解其十诵。智首宿缘积善，早预缁门，始进戒品，即为《毗尼藏学》。至於诸律诸论，每备披寻，常慨斯论要妙，而文义阙少。乃至江左淮右，爰及关西，诸有藏经，皆亲检阅，悉同彫落，罕有具者。虽复求之弥恳，而缘由莫测。每恨残缺，滞於译人。静言思此，恒深悲歎。比奉诏旨，来居禅定，幸逢西蜀竇玄律师，共谈此论阙义。玄言本乡备有，非意闻之，不胜庆跃。於是殷勤三覆，问其所由，方知此典，译在於蜀。若依本翻，有其九卷。往因魏世道武毁灭法门，乃令兹妙旨首末零落。遂使四方皆传阙本，其真言圆备，尚蕴成都。智首乃託印懋行人井络良信，经涉三周，所愿方果。以皇隋之驭天下二十六载，大业二年岁次丙寅冬十二月，躬获此本。传之京邑，智首深愿流兹觉水，散此惠灯，悟彼学徒，补其法寶。已有一本附齐州神通寺僧沙禅师，令於海岱之间诸藏传写。犹恨晋魏燕赵，未获流布，相州静洪律师，毗尼匠主，复是智首生年躬蒙训导。今谨附一本，屈传之河朔。故具述出序，标之卷初。愿寻览诸贤，无猜惑也。《大藏·气字函》

（拾遗卷四九智首）

天台山記

……自天台观東行一十五里，有赤城山。山高三百丈，周迴七里，即天台南门也。古今即是於国家醮祭之所。其山积石，石色赩然如朝霞，望之如雉堞，故名赤城。亦名烧山……半山有飞霞寺……今则废矣。山下有石室，道士居之。其中山趾有寺曰中严寺，即是西国高僧白道猷所立也。《古逸丛书》

（拾遗卷五〇徐灵府）

善興寺舍利函記

大唐显庆二年岁次丁巳十一月乙酉朔十三日丁酉，於桂州城南善兴寺开发建立。此妙塔七级，耸高十丈。至显庆四年岁次己未四月丁未朔八日甲寅，葢佛舍利贰拾粒，東去大□三十余步，舍利锁寺。普共法界，一切合识，永充供养。故立铭记。《十二砚斋金石录》

（拾遗卷六一阙名）

佛跡石臺刻字二首

大唐使人王玄策，向中天竺丘兹国中转法轮，□回见跡，得转写搭，是第一本。□日本使人黄书本实向大唐国，於普光寺得转写搭，是第二本。日本在右京四行坊禅陀，向禅院坛披见神跡，敬转写搭，是第三本。从天平胜賨元年岁次己巳七月十五日至廿七日，並一十三箇日。作□檀主从三位智奴王□天平胜賨四年岁次壬辰九月十日，攼王写成文室真人智奴画师越田安方画写杉原甲。以下漫減

（拾遗卷七二阙名）

三教聖象贊

吾儒之师，曰鲁仲尼。仲尼师聃，龙吾不知。躲师竺乾，善人无为。稽首正觉。吾师师师。石刻

（续拾卷一肃宗）

甘露寺重瘞舍利記

有唐大和三年正月二十四日，於上元县禅众寺旧塔基下获舍利石函。以其年二月十五日，重瘞藏於丹徒县甘露寺東塔下。金棺一，银棺一，锦襆九重，皆余之施也。余创甘露寺賨刹，重瘞舍利，以资穆皇之福也。江浙西道观察等使兼润州刺史李德裕记。苏诗施注引《玉壶清话》

（续拾卷六李德裕）

獻梵字并雜文表

沙门空海言，空海闻帝道感天，则秘录必显；皇风动地，则灵文聿兴。故能龙卦龜文，待黄犠以标用；凤书虎字，俟白姬以

呈体。於焉结绳废而《三坟》灿烂，刻木寝以《五典》郁兴。明皇因之而弘风扬化，仓生仰之而知往察来。不出户庭，万里对目。不因圣智，三才穷数。稽古温故，自我垂范，非书而何矣？况复悉昙之妙章，梵书之字母，体凝先佛，理含众智。所以三世觉满，尊而为十，方方萨陲，重逾身命。满界之寳，半偈难报，累劫之障，一念已断。文字之义用，大哉远哉！伏惟皇帝陛下贯三表号，减五称首，道迈规矩，明齐鳥兔，露沉文下，六合无焉，风动琴上，一人垂拱，玉烛调化，金镜照耀。所谓轮瑞之运于今见矣！空海人是瓦砾，每仰金仙之风；器谢巢许，久卧尧帝之云。窟观余暇，时学印度之文；茶汤坐来，乍阅震旦之书。每见苍史古篆，右军今隶，务光韭叶，杜氏草势，未尝不野心忘忧山情含笑。谚曰：奴口甘，郎舌甜。敢因斯义欲献久矣！然犹狼籍汙秽，还恐触尘圣眼。微诚潛达，先闻于天。伏奉布势海口勅，欣踊缮装古今文字讚右军《兰亭碑》及《梵字悉昙》等书都一十卷，敢以奉进。伏乞天慈不嫌涓滴，一览飞尘。伏愿陛下一披梵字，梵天之护森罗；再阅神书，神人之卫逼侧。达水遥浦，忽入封疆，嵩山敻岼，来受正朔。常住之字，加持不坏之体。遂古之民，击耕於今辰矣！龙瑞纪宫，永豫枯射，凤祥名职，放旷金阁，轻黩旒扆，伏深战越。沙门空海诚惶诚恐，谨言：《梵字悉昙字母》并《释义》一卷、《古今文字讚》三卷、《古今篆文体》一卷、《梁武帝草书评》一卷、《王右军兰亭碑》一卷、《昙一律师碑铭》一卷。弘仁五年闰七月八日，沙门空海进。

（续拾卷一六僧空海）

卅三、全唐詩[①]

① 本篇採自王全点校本（中华书局 1960 年版），按点校说明，凡改正和

补阙的字，均用六角括号〔 〕标出，原误或应删去的衍字，均用圆括号( )标出，並用小字排。清人原修纂中的有关校注一併收入。

估客樂元稹

……子本频蕃息，货赂集作贩日兼並。求珠驾沧海，采玉上荆衡。北买党项马，西擒吐蕃鹦。炎洲布火浣，蜀地锦织成。越婢脂肉滑，奚僮眉眼明。通算衣食费，不计远近程。经营集作遊天下徧，卻到长安城。……

（卷二十一相和歌辞）

霓裳辭十首王健

一曰《霓裳羽衣曲》。罗公远多祕术，尝与明皇至月宫，仙女数百，皆素练霓衣，舞於广庭。问其曲，曰《霓裳羽衣》。帝晓音律，因默记其音调，及归，但记其半。会西凉府节度杨敬述进《婆罗门曲》，声调相符，遂以月中所闻为散序，敬述所进为曲，而名《霓裳羽衣》。按王健辞云："弟子部中留一色，听风听水作《霓裳》。" 刘禹锡诗云："三乡陌上望仙山，归作《霓裳羽衣曲》。" 然则非月中所闻矣。

弟子部中留一色，听风听水作霓裳。散声未足重来授，直到牀前见上皇。

中管五弦初半曲，遥教合上隔帘听。一声声向天头落，效得仙人夜唱经。

自直梨园得出稀，更番上曲不教归。一时跪拜霓裳彻，立地阶前赐紫衣。

旋翻新谱声初足，除卻梨园未教人。宣与书家分手写，中官走马赐功臣。

伴教霓裳有贵妃，从初直到曲成时。日长耳里闻声熟，拍数分毫错总知。

弦索摐摐隔綵云，五更初发一山一作满宫闻。武皇自送西王母，新换霓裳月色裙。

敕赐宫人澡浴回，遥看美女院门开。一山星月霓裳动，好字先从殿里来。

传呼法部按霓裳，新得承恩别作行。应是一作日晚贵妃楼上看，内人舁下綵罗箱。

朝元阁上山风一作风初起，夜听霓裳玉露寒。宫女月中更替立，黄金梯滑並行难。

知向一作在华清年月满，山头山底种长生。去时留下《霓裳曲》，总一作半是离宫别馆声。

行路難李颀

……火浣单衣繡方领，茱萸锦带玉盘囊。……

（卷二十五杂曲歌辞）

婆羅門商调曲，开元中西凉府节度杨敬述进，天實十三年，改为《霓裳羽衣》。

迴乐峯前沙似雪，受降城外月如霜。不知何处吹芦管，一夜征人尽望乡。

（卷二十七舞曲歌辞）

踏歌辭张说

花萼楼前雨露新，长安城里太平人。龙衔火树千灯集作重豔，雞踏一作上莲花万岁春。帝宫三五戏春台，行雨流风莫妒来。西域灯轮千影合，東华金阙万重开。

蘇摩遮张说泼寒胡戏所歌，其和声云《亿岁乐》。

摩遮本出海西胡，琉璃寶服紫髯胡。闻道皇恩遍宇宙，来时歌舞助欢娱。

繡装帕额寶花冠，夷歌骑舞借人看。自能激水成阴气，不虑今年寒不寒。

腊月凝阴积帝台，豪歌击鼓送寒来。油囊取得天河水，将添上寿万年杯。

寒气宜人最可怜，故将寒水散庭前。惟愿圣君无限寿，长取新年续旧年。

昭成皇后帝家亲，荣乐诸人不比伦。往日霜前花委地，今年雪后树逢春。

（卷二十八杂曲歌辞）

閏九月九日幸總持寺登浮圖應制

闰节开重九，真遊下大千。花寒仍荐菊，座晚更披莲。刹凤回雕辇，帆虹间綵旃。还将西梵曲，助入南薰弦。

（卷五十八李峤二）

布

御续创羲黄，缁冠表素王。瀑飞临碧海，火浣擅炎方。孙被登三相，刘衣阐四方。伫因春斗粟，来晓棣华芳。

（卷六十李峤四）

奉和幸大薦福寺寺即中宗旧宅

象设隆新宇，龙潜想旧居。碧楼披玉额，丹仗导金舆。代日兴光近，周星掩曜初。空歌清沛筑，梵乐奏胡书。帝造环三界，天文贲六虚。康哉孝理日，崇德在真如。

（卷九十二李乂）

奉和聖製同皇太子遊慈恩寺應制

肃肃莲花界，荧荧贝叶宫。金人来梦里，白马出城中。涌塔初从地，焚香欲遍空。天歌应春一作秋籥，非是为春风。

紅樓院應制一作僧广宣诗

红楼疑见白毫光，寺逼宸居福盛唐。支遁爱山情谩切，昙摩泛海路空长。经声夜息闻天语，炉气晨飘接御香。谁谓此中难可到，自怜深院得徊翔。

（卷九十六沈佺期二）

奉和幸大薦福寺

竇一作瑶，一作初地龙飞后，金一作今身佛现时。千花开国界，万善累皇一作重基。北阙承行幸，西园属住持。天衣拂旧石，王舍起新祠。刹凤迎琱辇，幡虹驻綵旗。同沾小雨润，窃仰一作仰詠《大风》诗。

（卷一百三赵彦昭）

奉和九月九日登慈恩寺浮圖應制

鹦林花塔启，凤辇顺时游。重九昭皇庆，大千扬帝休。耆闍妙法阐，王舍睿文流。至德覃无极，小臣歌讵酬。

（卷一百五毕乾泰）

苑舍人能書梵字兼達梵音皆曲盡其妙戲爲之贈

名儒待诏满公车，才子为郎典石渠。莲花法藏心悬悟，贝叶经文手自书。楚《文苑》作岁。注云，集作楚，非。词共许胜扬马，梵字何人辨鲁鱼。故旧相望在三事，愿君莫厌承明庐。

過乘如禪師蕭居士嵩丘蘭若

无著天亲弟与兄，嵩丘兰若一峯晴。食随鸣磬巢乌下，行踏空林落叶声。迸水定侵香案溼，雨花应共石牀平。深洞长松何所有，俨然天竺古先生。

（卷一百二十八王维四）

苑咸，成都人。举进士登第，为李林甫书记。开元末上书，拜司经校书，中书舍人。尝为孙逖草《除庶子诏》，议者以为知言。王维尝谓舍人能书梵字，兼达梵音，曲尽其妙，诗二首。

酬王維並序

王员外兄以予尝学天竺书，有戏题见赠。然王兄当代诗匠，又精禅理，枉采知音，形於雅作，辄走笔以酬焉。且久未迁，因而嘲及。

莲花梵字本从天，华省仙郎早悟禅。三点成伊犹有想，一观如幻自忘筌。为文已变当时体，入用还推间气贤。应同一作知罗汉无名欲，故作冯唐老岁年。佛书伊字如草书下字。《涅槃经》，何等名为祕密藏。如∵字三点，别则不成。

（卷一百二十九苑咸）

送方外上人之常州依蕭使君

宰臣思得度，鸥鸟恋为羣。远客迴飞锡，空山卧白云。夕阳孤艇去，秋水两溪分。归共临川史，同翻贝叶文。

（卷一百四十七刘长卿一）

寄靈一上人一作皇甫冉诗，一作郎士元诗。

高僧本姓竺，开士旧名林。一去春山里，千峯不可寻。新年芳草遍，终日白云深。欲徇微官去，悬知讶此心。

（卷一百四十八刘长卿二）

齊一和尚影堂

……旧地愁看双树在，空堂只是一作见一灯悬。一灯长照恆河沙，双树犹落诸天花。天花寂寂香深殿，苔藓苍苍閟虚院。

（卷一百五十一刘长卿五）

僧伽歌

真僧法号号僧伽，有时与我论三车。问言诵咒几千徧，口道恆河沙复沙。此僧本住南天竺，为法头陀来此国。戒得长天秋月明，心如世上青莲色。意清淨，貌稜稜，亦不減，亦不增。瓶里千年铁柱一作舍利骨，手中万岁胡孙藤。嗟予落魄江淮一作湖久，罕遇真僧说空有，一言散尽波罗夷，再礼浑除犯轻垢。

（卷一百六十六李白六》

寄遠十一首（之十）

鲁缟如玉霜，笔一作剪题月氏书，寄书白鹦鹉，西海慰离居。行数虽不多，字字有委曲。天末如见之，开缄泪相续。泪尽恨转深，千里同此心。一作千里若在眼，万里若在心。相思千万里，一书值千金。

（卷一百八十四李白二十四）

寄恒璨

心绝去来缘，跡一作踵顺一作断人间事。独寻秋草径，夜宿寒山寺。今日郡斋閒，思问《楞伽》字。

（卷一百八十八韦应物三）

送僧

童子学修道，诵经求出家。手持贝多叶，心念优昙花。得度一作处北州近，随缘東路赊。一身求清淨，百衲袈裟。锺岭更飞锡，炉峯期结跏。深心大海水，广愿恆河沙。此去不堪别，彼行安可涯。殷勤结香火，来世上牛车。

（卷一百九十七张谓）

觀楚國寺璋上人寫一切經院南有曲池深竹

璋公不出院，羣木闭深居。誓写一切经，欲向万卷余。挥毫散林鹊，研墨警池鱼。音翻四句偈，字译五天书。鸣钟竹阴晚，汲水桐花初。雨气润衣钵，香煙泛庭除。此地日清淨，诸天应未如。不知将锡杖，早晚蹑空虚。

（卷一百九十八岑参一）

太白胡僧歌並序

太白中峰绝顶有胡僧，不知几百岁，眉长数寸，身不製缯帛，衣以草叶，恆持《楞伽经》。云壁迥绝，人跡罕到。尝東峰有鬭虎，弱者将死，僧杖而解之；西湫有毒龙，久而为患，僧器而贮之。商山赵叟，前年采茯苓，深入太白，偶值此僧。访我而说。予恆有独往之意，闻而悦之，乃为歌曰：

闻有胡僧在太白，兰若去天三百尺。一持《楞伽》入中峯，世人难见但闻钟。窗边锡杖解两虎，牀下钵盂藏一作盛一龙。草衣不针复不線，两耳垂肩眉覆面。此僧年几那得知，手种青松今十围。心将流水同清淨，身与浮云无是非。商山老人已曾识，愿一见之何由得？山中有僧人不知，城里看山空黛色。

優鉢羅花歌並序

参尝读佛经，闻有优钵罗花，目所未见。天寶庚申岁，参忝大理评事，摄监察御史，领伊西北庭度支副使。自公多暇，乃於府庭内栽树种药，为山凿池，婆娑乎其间，足以寄傲。交河小吏有献此花者，云得之於天山之南。其状異於众草，势巃嵸如冠弁，嶷然上耸，生不傍引，攒花中折(一作拆)，骈叶外包，異香腾风，秀色媚景。因赏而歎曰：尔不生於中土，僻在遐裔，使牡丹价重，芙蓉誉高。惜哉！夫天地无私，阴阳无偏，各遂其生，自物厥性，岂以偏地而不生乎？岂以无人而不芳乎？适此花不遭小吏，终委诸山谷，亦何異怀才之士，未会明主，摈于林薮邪？因感而为歌，歌曰：

白山南，赤山北，其间有花人不识。绿茎碧叶好颜色，叶六瓣，花九房，夜掩朝开多異香。何不生彼中国兮生西方！移根在庭，媚我公堂。耻与众草之为伍，何亭亭而独芳。何不为人之所赏兮，深山穷谷委严霜。吾窃悲阳关道路长，曾不得献于君王。

（卷一百九十九岑参二）

僧舍小池

引出白云根，潺潺涨藓痕。冷光摇砌锡，疏影露枝猿。淨带凋霜叶，香通洗药源。贝多文字古，宜向此中翻。

（卷二百二张鼎）

抱疾謝李吏部贈訶黎勒葉

一叶生西徼，齎来上海查。岁时经水府，根本别天涯。方士真难见，商胡辄自夸。此香同異域，看色胜仙家。茗饮暂调气，梧丸喜伐邪。幸蒙祛老疾，深愿驻韶华。

（卷二百五包佶）

奉陪韋潤州遊鶴林寺

野寺江城近，双旌五马过。禅心超忍辱，梵语问多罗。松竹閒僧老，云煙晚日和。一作多。寒塘归路转，清磬隔微波。

（卷二百六李嘉祐一》

同李郎中淨律院梡子樹

本一作木梡稀难识，沙门种则生。叶殊经写字，子为佛称名。滤水浇新长，燃灯暖更荣。亭亭无别意，只是劝修行。

（卷二百八包何）

錫杖歌送明楚上人歸佛川一作权德舆诗

上人遠自西天至，头陀行遍南朝寺。口翻贝叶古字经，手持金策声泠泠。护法护身惟振锡，石濑云溪深寂寂。乍来松径风露寒，遥映霜天月成魄。后夜空山禅诵时，寥寥挂在枯树枝。真法尝传心不住，東西南北随缘路。佛川此去何时迴，应真莫便遊天台。

（卷二百十皇甫曾）

戲爲雙松圖歌韦偃画

天下几人画古松一作树。毕宏宏,天竇中御史,善画松。已老韦偃少。绝笔长风起纤末,满堂动色嗟神妙。两株惨裂苔藓皮,屈铁交错回高枝;白摧朽骨龙虎死,黑人太阴雷雨垂一作随。松根胡僧憩寂寞,庞眉皓首无住著。偏袒右肩露双脚,叶里松子僧前落。韦侯韦侯数相见,我有一匹好東一作素,一作束。绢,重之不減锦繡段,已令拂拭光凌乱,请公放笔为直幹。

(卷二百十九杜甫四)

海棕行亦椶类,但不皮而幹叶蔟於杪。一云波斯枣,木无旁枝,三五年一著子。

左绵公馆清江濆,海棕一株高入云。龙鳞犀甲相错落,苍棱白皮十抱文。自一作但是众木乱纷纷,海棕焉知身出羣。移栽北辰不可得,时有西域胡僧识。

謁文公上方

野寺隐乔木,山僧高下居。石门日色異,绛气横扶疏。窈一作窅窕入风磴,长芦纷卷舒。庭前猛虎卧,遂得文公庐。俯视万家邑,煙尘对阶除。吾师雨花外,不下十年余。长者自布金,禅龛只晏如。大一作火珠脱玷翳,白月一作日当空虚。甫也南北人,芜蔓少耘锄。久遭诗酒污,何事忝簪裾。王侯与蝼蚁,同尽随丘墟。愿闻第一义,回向心地初。金篦刮眼膜,价重百车渠。无生有汲引,兹理傥吹嘘。

(卷二百二十杜甫五)

示獠奴阿段獠乃南蛮别种,无名字。男称阿暮、阿段;女称阿夷、阿等之类。

山木苍苍落日曛,竹竿裹裹细泉分。郡人入夜争余沥,豎一作稚子寻源独不闻。病渴三更迴白首,传声一注溼青云。曾惊陶侃胡奴異,陶侃有一胡奴,胡僧见之曰:"此海山使者也。"是夜即失所在。怪尔常穿虎豹羣。

(卷二百二十九杜甫十四)

偶題

……南海残铜柱,東风避月支。……

……本自依迦叶,天竺二十五祖之首。何曾藉偓佺。偓佺食松实,体生毛数寸,能飞行逐马。鑪峯生转盻,橘井在马岭山尚高寒。東走穷归鹤,南征尽跕鸢。马援曰:"我在浪泊西里,仰视飞鸢,〔跕跕〕(站站)堕水中。"晚闻多妙教,卒践寒前愆。顾凯丹青列,头陀琬琰镌。王草头陀寺碑,为世所重。众香深黯黯,几地佛家有十地肃芊芊。勇猛为心极,清羸任体孱。金篦空刮眼,镜象未离铨。一作平等未离铨。

寄劉峽州伯華使君四十韻

……药囊亲道士,灰劫问胡僧。……

(卷二百三十杜甫十五)

送外甥懷素上人歸鄉侍奉

释子吾家寳,神清慧有余。能翻梵王字,妙尽伯英书。远鹤无前侣,孤云寄太虚。狂来轻世界,醉里得真如。飞锡离乡一作江久,宁亲喜一作是腊初。故池残雪满,一作在。寒柳霁煙疏。寿酒还尝药,晨餐不荐鱼。遥知禅诵外,健笔赋閒居。

(卷二百三十八钱起三)

宿白馬寺

白马驮经事已空,断碑残刹见遗蹤。萧萧茅屋秋风起,一夜雨声羁思浓。

（卷二百四十二张继）

八月五日歌

四月八日明星出，摩耶夫人降前一作千佛；八月五日佳气新，昭成太后生圣人。开元九年燕公说，奉诏听置千秋节。丹青庙里贮姚宋，花萼楼中宴岐薛。清乐灵香几处闻，鸾歌凤吹动祥云。已於武库见灵鸟，仍向晉山逢老君。率土普天无不乐，河清海晏穷寥廓。梨园弟子传法曲，张果先生进仙药。玉座凄凉遊帝京，悲翁迴首望一作感承明。云韶九奏杳然远，唯有五陵松柏声。

（卷二百六十五顾况二）

赠海明上人一作赠朗公

来自西天竺，一作竺国持经奉紫微。年深梵语变，行苦俗流一作人归。月上安禅久，苔生出院稀。梁间有驯鸽，不去复一作亦何依。一作为无机。

（卷二百六十八耿湋一）

送僧法和一作送亮法师

达士心无滞，他乡总是家。问经翻贝叶，论法指莲花。欲契真空义，先开智慧芽。不知飞锡后，何处是〔恆〕（洹）沙。

（卷二百七十戎昱）

棲巖寺隋文帝馬腦盞歌

天宫實器隋朝物，锁在金函比金骨。开函捧之光乃发，阿修罗王掌中月。五云如拳轻复浓，昔曾噀酒今藏龙。规形环影相透彻，乱雪繁花千万重。可怜贞质无今古，可嘆隋陵一抔土。宫中豔女满宫春，得亲此竇能几人。一留寒殿殿将坏，唯有幽光通隙尘。山中老僧眉似雪，忍死相传保扃鐍。

（卷二百七十七卢纶二）

赠竇牟一作竇洛阳牟见简篇章偶赠绝句。

直用天才众卻瞋，应欺李杜久为尘。南荒不死中华老，别玉翻同西国人。

（卷二百八十九杨凭）

赠衡岳一作岳阳**隱禪師**

拥褐安居南岳头，白云高寺见衡州。石窗湖水摇寒月，枫树猿声报夜秋。讲席旧逢山一作沙鸟至，梵经初向竺僧求。垂垂一作自知身老将传法，因下人间遂北一作遂此遊。

（卷二百九十二司空曙一）

酬柏侍御聞與韋處士同遊靈臺寺見寄

《西域传》中说，灵台属雍州。有泉皆圣蹟，有石皆佛头。所出薝蔔香，外国俗一作欲来求，毒蛇护其下，樵者不可偷。古碑在云巅，备载置寺由。魏家移下来，后人始增修。……

（卷二百九十七王建一）

詠雙開蓮花

菡萏新花晓並开，浓妆美笑面相隈。西方采画迦陵鸟，早晚双飞池上来。

（卷三百四刘商二）

同清江師月夜聽堅正二上人爲懷州轉法華經歌

若耶谿畔云门僧，夜閒燕坐听真乘。莲花祕偈药草喻，二师身住口不住。凿井求泉会到源，闭门避火终迷路。前心后心皆此心，梵音妙音柔软音。清泠霜磬有时动，寂历空堂宜夜深。……

（卷三百六朱湾）

哭凌霄山光上人

身没碧峯裏，门人改葬期。买山寻主远，垒塔化人迟。鬼火穿一作烧空院，秋萤入素帷。黄昏溪路上，闻哭竺乾师。

出塞一本有曲字（之一）

葱岭秋尘起，全一作收军取月支。山川引行阵；蕃汉列旌旗。转战疲兵少，孤城外救迟，边人逢圣代，不见偃戈时。

（卷三百十于鹄）

酬靈徹上人以詩代書見寄时在荐福寺坐夏

莲花出水地无尘，中有南宗了义人，已取贝多翻半字，还将阳燄谕三身，碧云飞处诗一作词偏丽，白月圆时信本真。更喜开缄销热恼，西方社里旧相亲。

（卷三百二十一权德舆二）

郡中言懷寄西川蕭員外

功名无力愧勤王，已近终南得草堂。身外尽归天竺偈，腰间唯有会稽章。何时腊酒逢山客，可惜梅枝亞石牀。岁晚我知仙客意，悬心应在白云乡。

（卷三百三十二羊士谔）

送僧澄觀

李邕《泗州普光王寺碑》：僧伽者，龙朔中西来，尝纵观临淮，发念置寺。既成，中宗赐名普光王寺。以景龙四年三月二日示灭於京。后澄观建僧伽塔於泗州。

浮屠西来何施为？扰扰四海争奔驰。构楼架阁切星汉，夸雄鬬丽止者谁。僧伽后出淮泗上，势到众佛尤恢奇。越商胡贾脱身罪，珪璧满船宁计资。清淮无波平如席，栏柱倾扶半天赤。火烧水转扫地空，突兀便高三百尺。影沈潭底龙惊遁，当昼无云跨虚碧。借问经营本何人，道人澄观名籍籍。……

（卷三百四十二韩愈七）

送鄭尚書权赴南海

番禺音潘愚军府盛，欲说暂停杯。盖海旂幢出，连天观阁开。衙时龙户集，上日马人来。风静鶢鶋去，官廉蚌蛤迴。货通师子国，乐奏武王台。事事皆殊異，无嫌屈大才。

（卷三百四十四韩愈九）

贈譯經僧

万里休言道路赊，有谁教汝度流沙？只今中国方多事，不用无端更乱华。

（卷三百四十五韩愈十）

題舞花山大師遺居

西过流沙归路长，一生遗迹在東方。空堂寂寞闭灯影，风动四山松柏香。

（卷三百四十八陈羽）

智達上人水精念珠歌

水已清，清中不易当其精；精华极，何宜更复加磨拭。良工磨拭成贯珠，泓澄洞澈看如无。星辉月耀莫之愈，骇雞照乘徒称殊。上人念佛泛贞谛，一佛一珠以为计。既指其珠当佛身，亦欲珠明佛像智。咨董〔母〕(毋)，访朱公，得之玓瓅羣奇中，龙龛鹫岭长随躬。朝自守持纤掌透，夜来月照红絛空。穷川极陆难为賨，孰说琿璪将玛瑙？连连寒溜下阴轩，荧荧泫露垂秋草。皎晶晶，彰煌煌，陆离电熛纷不常，凌眸晕目生光芒。我来借问修行术，数日殷勤美兹物。上人视日授微言，心静如斯即诸佛。

（卷三百四十九欧阳詹）

晨詣超師院讀禪一作莲經

汲井漱寒齿，清心拂尘服，閒持贝叶书，步出東斋读。真源了无取，妄跡世所逐。遗一作遣言冀可冥，缮性何由熟。道人庭宇静，苔色连深竹，日出雾露余，青松如膏沐。澹然离言说一作语，悟悦心自足。

（卷三百五十一柳宗元二）

聞董評事疾因以書贈董生奉内典

《繁露》传家学，青莲译梵书。火风乖四大，文字废三余。攲枕昼眠静一作晚，折巾秋鬓疏。武皇思视草，谁许茂陵居。

贈眼醫婆羅門僧

三秋伤望眼一作远望，终日哭一作泣途穷。两目今先暗，中年似老翁。看朱渐成碧，羞日不禁风。师有金篦术，如何为发蒙。

（卷三百五十七刘禹锡四）

送慧則法師歸上都因呈廣宣上人并引，师精《淨名经》。

佛示灭后，大弟子演圣言而成经，传心印曰法，承法而能专曰宗，由宗而分教曰支。坐而摄化者，胜义皆空之宗也；行而宣教者，摧破邪山之支也。释子慧则，生於像季，思济劫溺，乃学於一支。开彼羣迷，以为尽妙理者莫如法门，变凡夫者莫如佛土，悟无染者莫如散花，故业於淨名，深达实相。……

……雪山童子应前世，金粟如来是本师。一锡言归九城路，三衣一作年曾拂万年枝。

送僧元暠東遊并序[1]

賓书翻译学初成，振锡如飞白足轻。彭泽因家凡几世，灵山预会是前生。传灯已悟无为理，濡露犹怀罔极情。从此多逢大居士，何人不愿解珠瓔。

① 序从略。

（卷三百五十九刘禹锡六）

道州城北樓觀李花

夜疑关山月，晓似沙场雪，曾使西域来，幽情望超越。将念浩无际，欲言忘所说，岂是花感人一作感怀抱，自怜抱孤节。

（卷三百七十一吕温二）

曉鶴

晓鹤弹古舌，婆罗门叫音。应吹天上律，不使尘中寻。虚空梦皆断，歆唏安能禁。如开孤月口，似说明星心。既非人间韻，枉作人间禽。不如相将去，碧落窠巢深。

讀經

垂老抱佛脚，教妻读《黄经》。经黄名《小品》，一纸千明星。曾读《大般若》，细感肸蠁听。当时把斋中，方寸抱万灵。忽复入长安，蹴踏日月宁。老方卻归来，收拾可丁丁。拂拭尘几案，开函就孤亭，儒书难借索，僧籤饶芳馨。驿驿不开手，铿铿闻異铃。得善如焚香，去恶如脱腥。安得颜子耳，曾未如此听。听之何有言，德教贵有形。何言中国外，有国如海萍，海萍国教異，天声各泠泠，安排未定时，心火竞荧荧，将如庶几者，声尽形元冥。

（卷三百八十孟郊九）

律僧

苦行长不出，清羸最少年。持斋唯一食，讲一作寻律岂一作不曾眠。避草每移径，滤虫还入泉。从来天竺法，到此几人传。

没蕃故人

前年伐月支，城上一作下没全师。蕃汉断消息，死生长别离。无人收废帐，归马识残旗。欲祭疑君在，天涯哭此时。

（卷三百八十四张籍三）

寄贈含曦上人

楞伽大师兄，夸曦识道理。破锁推玄关，高辩果难揣。《论语》、《老》、《庄》、《易》，搜索通神鬼。《起信》中百门，敲骨得佛髓。此外杂经律，泛读一万纸。高殿排名僧，执卷坐累累。化物自一心，三教齐发起。……

（卷三百八十九卢同三）

馬詩二十三首(之十九)

萧寺馱经马,元从竺国来,空知有善相,不解走章台。

(卷三百九十一李贺二)

聽穎師琴歌

别浦云归桂花渚,蜀国弦中双凤语,芙蓉叶落秋鸾离,越王夜起遊天姥。暗珮清臣敲水玉,渡海蛾眉牵一作乘白鹿,谁看挟剑赴长桥,谁看浸髪题春竹。竺僧前立当吾门,梵宫真相眉稜尊。古琴大轸长八尺,峄阳老树非桐孙。凉馆闻弦惊病客,药囊暂别龙鬚席。请歌直一作当请卿相歌,奉礼官卑复何益。

(卷三百九十四李贺五)

法曲

吾闻黄帝鼓清角,弭伏熊罴舞玄鹤。舜持千羽苗革心,尧用《咸池》凤巢阁。《大夏》、《濩》、《武》皆象功,功多已讶玄功薄。汉祖过沛亦有歌,《秦王破阵》非无作。作之宗庙见艰难,作之军旅传糟粕。明皇度曲多新态,宛转侵淫一作摇易沈著。赤白桃李取花名,《霓裳羽衣》号天落。雅弄虽云已变乱,夷音未得相参错。自从胡骑起烟尘,毛毳腥羶满咸洛。女为胡妇学胡妆,伎进胡音务胡乐音洛。火凤声沈多咽绝,《春莺啭》罢长萧索。胡音胡骑与胡妆,五十年来竞纷泊。

(卷四百十九元稹二十四)

遊悟真寺詩一百三十韻

……云昔迦叶佛,此地坐涅槃。至今铁钵在,当底手跡穿。……隔鉼见舍利,圆转如金丹。玉笛何代物,天人施衹园。……

（卷四百二十九白居易六）

新昌新居書事四十韻因寄元郎中張博士

……大抵宗庄叟，私心事竺乾。浮荣水划字，真谛火生莲。梵部经十二，玄书字五千。是非都付梦，语默不妨禅。……

（卷四百四十二白居易十九）

霓裳羽衣一有舞字歌和微之

我昔元和侍宪皇，曾陪内宴宴昭阳。千歌百一作万舞不可数，就中最爱《霓裳舞》。舞时寒食春风天，玉鉤栏下香案前。案前舞者颜如玉，不著人家一作间俗衣服，虹裳霞帔步摇冠，钿瓔纍纍佩珊珊，娉婷似不任罗绮，顾听乐悬行复止。磬箫筝笛递相搀，击擫弹吹声逦迤。凡法曲之初，众乐不齐，唯金石丝竹次第发声，霓裳序初，亦复如此。散序六奏未动衣，阳台宿云慵不飞。散序六徧无拍，故不舞也。中序擘騞初入拍，秋竹竿裂春冰拆。中序始有拍，亦名拍序。飘然转旋去声迴雪轻，嫣然纵送游龙惊。小垂手后柳无力，斜曳裾时云欲生。四句皆《霓裳舞》之初态。煙蛾敛略不胜态，风袖低昂如有情。上元点鬟招萼绿，王母挥袂别飞琼。许飞琼、萼绿华，皆女仙也。繁音急节十二徧，跳珠撼玉何铿铮。《霓裳》破凡十二徧而终。翔鸾舞了卻收翅，唳鹤曲终长引声。凡曲将毕，皆声拍促速，唯《霓裳》之末，长引一声也。当时乍见惊心目，凝视谛听殊未足。一落人间八九年，耳冷不曾闻此曲。湓城但听山魈语，巴峡唯闻杜鹃哭。予自江州司马转忠州刺史。移领钱塘第二年，始有心情问一作闻丝竹。玲珑箜篌谢好筝，陈宠觱栗沈平笙。清弦脆管纤纤手，教得《霓裳》一曲成。自玲珑以下，皆杭之妓名。虚白亭前湖水畔，前后祗应三度按。便除庶子抛卻来，闻道如今各星散。今年五月至苏州，朝锺暮角催白头。贪看案牍常侵夜,不听笙歌直到秋。秋来无事多閒闷,忽忆《霓裳》无处问。闻君部内多乐徒,问有《霓裳舞》者无。答云七县十一作州千万户,无人知有《霓裳舞》。唯寄长歌与我来,题作《霓裳羽衣谱》。四幅花牋碧间红,《霓裳》实录在其中。千姿万状分明见,恰与〔昭〕(朝)阳舞者同。眼前髣髴覩形质,昔日今朝想如一。疑从魂梦呼召来,似著丹青图写出。我爱《霓裳》君合知,发於歌詠一作引形於诗。君不见我歌云,惊破《霓裳羽衣曲》。《长恨歌》云。又不见我诗云,曲爱《霓裳》未拍时。《钱唐诗》云。由来能事皆有主,杨氏创声君造谱。开元中西凉府节度杨敬述造。君言此舞难得一作其人,须是一作得倾城可怜女。吴妖小玉飞作煙,夫差女小玉死后,形见於王。其母抱之,霏微若煙雾散空。越艷西施化为土。娇花巧笑久寂寥,娃馆苎萝空处所。如君所言诚有是,君试从容听我语。若求国色始翻传,但恐人间废此舞。妍媸优劣宁相遠,大都只在人擡举。李娟一作婵张态君莫嫌,亦拟随宜一作时且教取。娟、态,苏妓之名。

(卷四百四十四白居易二十一)

和晨霞此后在上都作

君歌仙氏真,我歌慈氏真。慈氏发真念,念此阎浮人。左命大迦叶,右召桓提因[①],千万化菩萨,百亿诸鬼神。上自非相顶,下及风水轮。……

① 桓提因,应为提桓因,是梵语 Devānām-indra 的音译,即天帝释。

和送劉道士遊天台

闻君梦遊仙,轻举超世雰。握持尊皇节,统卫吏兵军。灵旂星月象,天衣龙凤纹。佩服交带籙,讽吟蕊珠文。阆宫缥缈间,钧乐依稀闻。斋心谒西母，暝一作膜拜朝東君。煙霏子晉裾，霞烂麻姑裙。倏忽别真侣，怅望随归云。人生同大梦，梦与觉谁分。况此梦中梦，悠哉何足云。假如金阙顶，设使银河濆。既未出三界，犹应在五蕴。饮嚥日月精，茹嚼沆瀣芬。尚是色香味，六尘之所熏。仙中有大一作天仙，首出梦幻羣。慈光一照烛，奥法相絪緼。不知万龄暮，不见三光曛。一性自了了，万缘徒纷纷。苦海不能漂，劫火不能焚。此是竺乾教，先生垂典坟。

（卷四百四十五白居易二十二）

眼病二首

散乱空中千片雪，蒙笼物上一重纱。纵逢晴景如看雾，不是春天亦见花。以上四句，皆病眼中所见者。僧说客尘来眼界，医言风眩在肝家。两头治疗何曾瘥，药力微茫佛力赊。

眼藏损伤来已久，病根牢固去应难。医师尽劝先停酒，道侣多教早罢官。案上謾铺《龙树论》，盒中虚撚决明丸。人间方药应无益，争得金篦试刮看。

（卷四百四十七白居易二十四）

因夢有悟一作寤

交友沦殁尽，悠悠劳梦思。平生所厚者，昨夜梦见之。梦中几许事，枕上无多时。款曲数杯酒，从容一局棋。棋酒皆梦中所见事。初见一作是韦尚书弘景，金紫何辉辉；中遇李侍郎建，笑言甚怡怡；终为崔常侍玄亮，意色苦依依。一夕三改变，梦心不惊疑。此事人尽怪，此理谁得知。我粗知此理，闻於竺乾师。识行妄分别，智隐迷是非。若转识为智，菩提其庶几。

（卷四百五十三白居易三十）

病中看經贈諸道侣

右眼昏花左足风，金篦石水用无功。金篦刮眼病，见《涅槃经》。磁石水治风，见《外台方》。不如迴念三乘乐，便是浮生百病空。无子同居草庵下，见《法华经》。有妻偕老道场中。何烦更请僧为侣，月上新归伴一作侍病翁。时适谈氏女子自太原初归，维摩诘有女，名月上也。

（卷四百五十九白居易三十六）

胡吉鄭劉盧張等六賢皆多年壽予亦次焉偶於弊居合成尚齒之會七老相顧既醉且歡靜而思之此會稀有因成七言六韻以紀之傳好事者

七人五百七十岁一作八十四，拖紫纡朱垂白鬚。手里无金莫嗟歎，尊中有酒且欢娱。诗吟两句一作吟成六韻神还王，酒饮一作饮到三杯气尚粗。嵬峩狂歌教婢拍，婆娑醉舞遣孙扶。天年高过二疏传，人数多於四皓图。除卻三山五天竺，人间此会更应无。三仙山、五天竺国多老寿者。……

（卷四百六十白居易三十七）

翻經臺见《咸淳临安志》

一会灵山犹未散，重翻贝叶有来由。是名精进纔开眼，巖石无端亦点头。

（卷四百六十二白居易三十九）

送婆羅門歸本國

刹利王孙字迦摄，竹锥横写叱萝叶。遥知汉地未有经，手牵白马逶天行。龜兹碛西胡雪黑，大师冻死来不得。地尽年深始到船，海里更行三十国。行多耳断金环落，冉冉悠悠不停脚。马死经留卻去时，往来应尽一生期。出漠一作汉独行人绝处，碛西天漏雨丝丝。

病僧二首

竺国乡程算不回，病中衣锡徧浮埃。如今汉地诸经本，自过流沙远背来。

空林衰病卧多时，白髪从成数寸丝。西行卻过流沙日，枕上寥寥心独知。

代胡僧留别

此地缘疏语未通，归时老病去无穷。定知不彻南天竺，死在条支阴碛中。

（卷四百六十八刘言史）

送凖上人歸石經院

旃檀刻像今犹少，白石鐫经古未曾，归去更寻翻译寺，前山应遇雁门僧。

（卷四百七十六熊孺登）

霓裳羽衣歌

玉煙生窗午一作下轻凝，晨华左耀鲜相凌。人言天孙机上亲手迹，有时怨别无所惜。遂令武帝厌云韶，金针天丝缀飘飘。五声写出心中见，拊石喧金柏梁殿。此衣春日赐何人，秦女腰肢轻若燕。香风间一作閒旋众彩随，联联珍珠贯长丝。眼前意是三清客，星宿离离遶身白。鸾凤有声不见身，出宫入征随伶人。神仙如月衹可望，瑶华池头几惆怅。乔山一闭曲未终，鼎湖秋惊白头浪。

（卷四百八十五鲍溶一）

宿悟空寺贈僧

劳者谣烛蛾，致身何营营。雪山本师在，心地如镜清。往与本师别，人間买浮名。朝光畏不久，内火烧人情。迷路喜未远，留宿化人城。前心宛如此，了了随静生。维持薝蔔花，卻与前心行。

（卷四百八十六鲍溶二）

使南海道長沙題道林岳麓寺

……沙弥去学五印字，静女来悬千尺幡。……

（卷四百八十八唐扶）

寄靈一律師

梵书钞律千余纸，淨院焚香独受持。童子病来煙火绝，清泉漱口过斋时。

（卷四百九十七姚合二）

過稠上人院

清羸一饭师，閒院亦披衣，应诏常翻译，修心出是非。雪中疏磬度，林际晚风归，蔬食常来此，人间护淨稀。

（卷五百姚合五）

贈胡僧

瘦形一作影无血色，草履著行一作从穿，閒话一作语似持咒，不眠同坐禅。背经来汉地，袒膊过冬天，情性人难会，遊方应信缘。

（卷五百三周贺）

赠蠻僧

南海何年过，中林一磬微，病逢秋雨发，心逐暮潮归。久卧前山寺，犹逢故国衣，近来慵步履，石藓满柴扉。

（卷五百四郑巢）

题惠昌上人一本下有院字

半巖开一室，香檖细氛氲，石上漱秋水，月中行夏云。律持僧讲疏，经诵梵书文，好是风廊下，遥遥挂褐裙。

（卷五百十张祜一）

题畫僧二首

骨峭情一作清高彼岸人，一杯长泛海为津，僧仪又入清流品，却恐前生是许询。此篇题一作酬信上人赠张僧繇画僧。

瘦颈隆肩碧眼生一作僧，翰林亲讚虎头能。终年不语看如意，似证禅心入大乘。

（卷五百十一张祜二）

赠僧一作赵暇诗

心法本无住，流沙归复来。锡随山鸟动，经附海船回。洗足柳遮寺，坐禅花委苔。惟将一童子，又欲过天台。

（卷五百二十九许浑二）

冬日宣城開元寺赠元孚上人

一钵事南宗，僧仪称病容。曹溪花里别，萧寺竹前一作间逢。烛影深寒殿，经声彻曙钟。欲斋簷睡一作下，一作翥。鸽，一作鸽。初定壁吟蛩，诗继休遗韻，书传永逸蹤。艺多人誉洽，机一作缘绝道情浓。汲涧瓶沈藻，眠阶锡挂松。云鸣新放鹤，池卧旧降龙。露茗山厨焙，霜秔野碓舂。梵文明处译，禅衲暖时逢。层塔题应遍，飞轩步不慵。繡梁交薜荔，画井倒芙蓉。翠户垂旗网，朱窗列剑锋。寒风一作飙金磬远一作响，晴雪玉楼重。妙理三乘达，清才万象供。山高横睥睨，滩浅聚艨艟。微雾一作霭苍平楚，残晖淡远峰。林疏霜槭槭，波静月溶溶。剑出因雷焕，琴全一作焦遇蔡邕。西方知一作如有社，支许合相从。

（卷五百三十七许浑十）

和孫朴韋蟾孔雀詠

……约眉怜翠羽，刮目一作膜想金篦。……

（卷五百三十九李商隐一）

安平公詩原註，故赠尚书韩氏

……仰看楼殿撮清汉，坐视世界如恆沙。……一百八句在贝叶，三十三天长雨花。长者子来辄献盖，辟支佛去空留鞾。……

（卷五百四十一李商隐三）

贈翬曊

……直须持妙说，共诣毗耶城。

（卷五百四十七郑薰）

贈金剛三藏一作许浑诗[①]

①诗从略，见本篇卷 529 许浑二《赠僧》。

（卷五百四十九赵嘏一）

遊頭陀寺上方

高步陟崔嵬，吟闻路惜迴。寺知何代有，僧见梵天来。……

（卷五百五十四项斯）

題石甕寺

僧室並皇宮，云门辇路同。渭分双阙北，山迥五陵東。修绠悬林表，深泉汲洞中。人煙窥垤蚁，鸳瓦拂冥鸿。藓壁松生峭，龕灯月照空。稀逢息心侣，独礼竺乾公。

（卷五百五十六马戴二）

岳麓道林寺

石门迴接苍梧野，愁色阴深二妃寡。广殿崔嵬万壑间，长廊诘曲千巖下。静听林飞念佛鸟，细看壁画驮经马。暖日斜明螮蝀梁，溼煙散冪鸳鸯瓦。北方部落檀一作泥香塑，西国文书贝叶写。坏栏迸竹醉好题，窄路垂藤困堪把。……

（卷五百六十六韦蟾）

津陽門詩

……罗公如意夺颜色，三藏袈裟成散丝。上颇崇罗公远，杨妃尤信金刚三藏。上尝幸功德院，将谒七圣殿，忽然背痒，公远折竹枝化作七寶如意以进。上大喜，顾谓金刚曰："上人能致此乎？"三藏曰："此幻术耳。僧为陛下取真物。"乃於袖中出如意七寶炳耀，而光远所进，即时复为竹枝耳。后一日，杨妃始以二人定优劣。时禁中将创小殿，三藏乃举一鸿梁於空中，将中公远之首，公远不为动容，上连命止之。公远飞符於他处，窃三藏金栏袈裟於篋中，守者不之见。三藏怒，又咒取之，须臾而至。公远复噀水龙符於袈裟上，散为丝缕以尽也。……宸聪听览未终曲，卻到人间迷是非。叶善引上入月宫，时秋已深，上苦凄冷，不能久留，归，於天半尚闻仙乐。

及上归，且记忆其半，遂於笛中写之。会西凉都督杨敬述进婆罗门曲，与其声调相符，遂以月中所闻为之散序，用敬述所进曲作其腔，而名《霓裳羽衣法曲》。……雪衣女失玉笼在，长生鹿瘦铜牌垂……。太真养白鹦鹉，西国所贡，辨惠多辞，上尤爱之，字为“雪衣女”。……

（卷五百六十七郑嵎）

湘中别成威闍黎

……松声扫日月，霁夜来静域。清梵罢法筵，天香满衣裓一作褫。何方济了岸，祇仗慈航力。愿与十八贤，同棲翠莲国。

飯僧

好读天竺书，为寻无生理。焚香面金偈，一室唯巾水。交信方外言，一作所交信方外，二三空门子。峻范照秋霜，高标掩僧史。……

（卷五百六十八李羣玉一）

投孟郊

……我知雪山子，谒一作渴彼偈句空。……

（卷五百七十一贾岛一）

送覺興上人歸中條山兼謁河中李司空

……闻师新译偈，说拟对旌麾。

（卷五百七十二贾岛二）

贈胡禪歸

自是根机钝，非关夏腊深。秋来江上寺，夜坐岭南一作头心。井凿山含月，风吹磬出林。祖师擕一作遗隻履，去路杳难寻。

（卷五百七十三贾岛三）

太湖詩

雨中遊包山精舍

松门亙五里，彩碧高下绚，幽人共跻攀，胜事颇清便。翣翣林上雨，隐隐湖中电，薜带轻束腰，荷笠低遮面。湿屦黏煙雾一作露，穿衣落霜霰，笑次度巉壑，困中遇台殿。老僧三四人，梵字十数卷，施稀无夏屋，境僻乏朝膳。散髪抵泉流，支颐数云片，坐石忽忘起，扪萝不知倦。異蝶时似锦，幽禽或如钿，篥簩还戛刃，栟榈自摇扇。俗态既斗薮，野情空眷恋。道人摘芝菌，为予备午馔，渴兴一作与石榴羹，飢愜胡麻饭。如何事於役，兹遊急於传，卻将尘土衣，一任瀑丝溅。

（卷六百十皮日休三）

開元寺佛鉢詩並序

按《释法显传》云："佛钵本在毘舍离，今在乾陀卫；竟若千百年，当复至西月支国；若千百年，至于阗国；若千百年，当至屈茨国；若千百年，当复来汉地。"晉建兴二年，二圣像浮海而至沪渎，僧尼辈取之以归。今存於开元寺。后建兴八年，渔者於沪渎沙汭上获之，以为臼类，乃荤而用焉。俄有佛像见於外，渔者始为異，意沪渎二圣之遗祥也，乃以钵供之，迄今尚存。余遂观而为之詠，因寄天随子。

帝青石作绿冰姿，佛律云："此钵，帝青玉石也。四天王所献也。"曾得金人手自持。拘律树边斋散后，提罗花下洗来时。乳麋味断中天觉，麦麨香消大劫知。从此共君亲顶戴，斜风应不等閒吹。

（卷六百十三皮日休六）

雨中遊包山精舍

包山信神仙，主者上真职。及棲钟梵侣，又是清凉城。乃知煙霞地，绝俗无不得。巖开一逕分，柏拥深殿黑。僧閒若图画，像古非雕刻。海客施明珠，湘蕤料平声淨食。有鱼皆玉尾，有乌尽金臆。手攜鞞铎佉，唐言杨枝，佉一作供。若在中印国。千峰残雨过，万籁清且极。此时空寂心，可以遗智识。知君战未胜，倘倚功名力。卻下听经徒，生公有听经石。孤帆有行色。

（卷六百十八陆龜蒙二）

孤園寺

浮屠从西来，事者极梁武。巖幽与水曲，结构无遗土。穷山林榦尽，竭海珠玑聚。况即侍从臣，敢爱煙波坞。幡條玉龙扣，殿角金虯舞。释子厌楼台，生人露风雨。今来四百载，像设藏云浦。轻鸽乱驯鸥，鸣钟和朝艣。庭蕉裂旗旆，野蔓差缨组。石上解空人，窗前听经虎。林虚叶如织，水淨沙堪数。徧问得中天，归修《释迦谱》。

（卷六百十八陆龜蒙二）

奉和襲美開元寺佛鉢詩

空王初授呈神功，四钵须臾现一重。至今钵缘有四重也。持次想添香积饭，覆时应带步罗锺。光寒好照金毛鹿，响静堪降白耳龙。从此寳函香里见，不须一作烦西去诣灵峰。

奉和襲美夏景無事因懷章來二上人次韻

……

忽忆高僧坐夏堂，厌泉声闹笑云忙。山重海澹怀中印，月冷风微宿上方。病后书求嵩少药，定迴衣染贝多香。何时更问逍遥义，道林有《逍遥遊别义》。五粒松阴半石牀。

（卷六百二十五陆龜蒙九）

與伏牛長老偈二首

不算菩提与阐提，惟应执著便生迷。无端指箇清凉地，冻杀胡僧雪岭西。

长绳不见繫空虚，半偈传心亦未疏。推倒我山无一事，莫将文字缚真如。

（卷六百三十三司空图二）

金山寺空上人院

已老金山顶，无心上石桥，讲移三楚遍，梵译五天遥。板阁禅秋月，铜瓶汲夜潮，自惭昏醉客，来坐亦通宵。

（卷六百三十八张乔一）

興善寺貝多樹

还应毫末长，始见拂丹霄。得子从西国，成阴见昔朝。势随双刹直，寒出四牆遥。带月啼春鸟，连空噪暝蜩。远根穿古井，高顶起凉飙。影动悬灯夜，声繁过雨朝。静迟松桂老，坚任雪霜凋。永共终南在，应随劫火烧。

（卷六百三十九张乔二）

流沙

七雄戈戟乱如麻，四海无人得坐家。老氏卻思天竺住，便将徐甲去流沙。

（卷六百四十七胡曾）

題甘露寺

香一作禅门接巨垒一作壑，画角间清钟。北固一何峭，西僧多此一作未逢。天垂无际海，云白久晴峰。旦暮然灯外，涛头振蛰龙。

（卷七百十六曹松一）

送進士蘇瞻亂後出家

因乱事空王，孤心亦不伤，梵僧为骨肉，柏寺作家乡。眼闭千行泪，头梳一把霜，诗书不得力，谁与问苍苍。

（卷七百二十裴说）

懷張喬張霞

西风吹雨叶还飘，忆我同袍隔海涛。江塔眺山青入佛，边城履雪白连鹏。身离世界归天竺，影挂虚空度石桥。应念无成独流转，懒磨铜片鬓毛焦。

贈三惠大師

枫猿峤角别多时，二教兼修内学师，药树影中频缀偈，莲峰朵下几窥棋，遊归笱长齐童子，病起巢成露鹤儿，诏落五天开夏讲，两街人竞礼长眉。

送三藏歸西天國

十万里程多少碛，沙中一作碛头弹舌授降龙。奘公弹舌念梵语心经，以授流沙之龙。五天到日应白头，月落长安半夜钟。

（卷七百二十三李洞三）

题楚公

曾闻半偈雪山中，贝叶翻时理尽通。般若恆添持戒力，落叉谁算念经功。云间晓月应难染，海上虚舟自信风。长说满庭花色好，一枝红是一枝空。

（卷七百二十四唐求）

哭趙州和尚二首

……佛日西倾祖印隳，珠沈丹沼月沈辉。影敷丈室炉煙惨，风起禅堂松韻微。隻履乍来留化跡，五天何处又逢归。解空弟子绝悲喜，犹自潸然对雪帏。

（卷七百三十四王鎔）

哭寶月三藏大禪師

五峰习圣罢，乾竺化身归。帝子传真印，门人哭寶衣。一囊穷海没，三藏故园稀。无复天花落，悲风满铁围。

（卷七百四十五陈陶一）

题豫章西山香城寺

十一作大地严宫礼竺皇，栴檀楼阁半天香。祇园树老梵声小，雪岭花香一作开灯影长。霄汉落泉供月界，蓬壶灵鸟侍云房。何年七七金一作空人降，金锡珠坛满上方。

宿天竺寺

一宵何期此灵境，五粒松香金地冷。西僧示我高隐心，月在中峰葛洪井。

（卷七百四十六陈陶二）

貫休應夢羅漢畫歌一作禅月大师歌

西嶽高僧名贯休，孤情峭拔凌清秋。天教水墨画罗汉，魁岸古容生笔头。时捎大绢泥高壁，闭目焚香坐禅室。忽然梦里见真仪，脱下一作去袈裟点神笔。高握一作攞节腕当空掷，窸窣毫端任狂逸。逡巡便是两三躯，不似画工虚费日。怪石安拂嵌复枯，真僧列坐连跏〔趺〕(跌)。形如瘦鹤精神健，顶似伏犀头骨粗。倚松根，傍巖缝，曲录腰身长欲动，看经弟子拟闻声，瞌睡山童疑有梦。不知夏腊几多年，一手搘颐偏袒肩。口开或若共人语，身定复疑初坐禅。案前卧象低垂鼻，崖畔戏猿斜展臂。芭蕉花里刷轻红，苔藓文中晕深翠。硬筇杖，矮松牀，雪色眉毛一寸长，绳开梵夹两三片，線补衲衣千万行。林间乱叶纷纷堕，一印残香断煙火。皮穿木屐不曾拖，笥织蒲团镇长坐。休公休公逸艺无人加一作偕，声誉喧喧遍海涯。五七字句一千首，大小篆书三十家。唐朝历历多名士，萧子云兼吴道子，若将书画比休公，衹恐当时浪生死。休公休公始自江南来入秦，於今到蜀无交亲。诗名画手皆奇绝，觑你凡人争是人一作事事精。瓦棺寺裏维摩诘，舍卫城中辟支佛，若将此画比量看，总在人间为第一。

(卷七百六十一欧阳炯)

天竺國胡僧水晶念珠

天竺胡僧踏云立，红精素贯鲛人泣。细影疑随焰一作烂火销，圆光恐滴袈裟溼。夜梵西天千佛声，指轮次第驱寒星。若非叶下滴秋露，则是井底圆春冰。淒清妙丽应难並，眼界真如意珠静。碧莲花下独提攜，坚洁何如幻泡影。

(卷七百八十五无名氏一)

題取經詩载《翻译名义集》,云唐义淨三藏作。

晉宋齐梁唐代间,高僧求法离长安。去人成百归无十,后者安知前者难。路远碧天唯冷结,沙河遮日力疲殚。后贤如未谙斯旨,往往将经容易看。

題焚經臺

《译经图纪》云:汉明帝世,佛法初入中国。於永平十四年正月十五日,大集白马寺南门,会道士,齎《灵寶》诸经与佛经像舍利,置两坛,举火焚烧。佛舍利放光,道经独煅烬无存。后人因其处称焚经台也。此诗载《翻译名义集》,云唐太宗作。其声调不类,要是后人妄託。

门径萧萧长绿苔,一回登此一徘徊。青牛谩说函关去,白马亲从印土来。确实是非凭烈焰,要分真伪筑高台。春风也解嫌狼籍,吹尽当年道教灰。

（卷七百八十六无名氏二）

詩三百三首①

① 此为其中五首。

乘兹朽木船,采彼紝婆子。紝音壬。佛经西国苦树名,其子、根、枝俱苦,喻众生之恶。行至大海中,波涛复不止。唯赍一宿粮,去岸三千里。烦恼从何生,愁哉缘苦起。

人生一百年,佛说十二部。慈悲如野鹿,瞋忿一作怒似家狗。家狗趁不去,野鹿常好走。欲伏猕猴心,须听狮子吼。

久住寒山凡几秋,独吟歌曲绝无忧。……飢餐一粒伽陀药,心地调合倚石头。

常闻释迦佛,先受《然灯记》。然灯与释迦,衹论前后智。

前后体非殊，異中无有異。一佛一切佛，心是如来地。

昔日极贫苦，夜夜数他竇。今日审思量，自家须营造。掘得一竇藏，纯是水精珠。大有碧眼胡，密拟买将去。余即报渠言，此珠无价数。

（卷八百六寒山）

奉和竇使君同恭法師詠高僧二首

竺佛图澄

大誓悯涂炭，乘机入生死。中州法既弘，葛陂暴亦止。乳孔光一室，掌镜彻千里，道盛咒莲华，災生吟棘子。埋石缘虽谢，流沙化方始。

在西国怀王舍城一三五七九言

遊，愁，赤县远，丹思抽。鹫岭寒风驶，龙河激水流。既喜朝闻日复日，不觉颓年秋更秋。已毕耆山本愿城难遇，终望持经振锡住神州。

與無行禪師同遊鷲嶺瞻奉既訖遐眺鄉關無任殷憂聊述所懷爲雜言詩一作慧淨诗。

观化祇山顶，流睇古王城。万载池犹洁，千年苑尚清。髣髴影坚路，摧残广胁楹。七竇仙台亡旧跡，四彩天花绝雨声。声华日以远，自恨生何晚。既伤火宅眩中门，还嗟竇渚迷长坂。步陟平郊望，心遊七海上。扰扰三界溺邪津，浑浑万品忘真匠。唯有能仁独圆悟，廓尘静浪开玄路。创逢肌命棄身城，更为求人崩意树。持囊毕契戒珠淨，被甲要心忍衣固。三祇不倦陵二车，一足忘劳超九数。定潋江清沐久结，智剑霜凝斩新雾。无边大劫无不脩，六时愍生遵六度。度有流光功德收，金河示灭归常住。鹤林权唱演功周，圣徒往昔一作圣得佳音传余响。龙宫秘典海中探，石室真言山处仰。流教在兹辰，传芳代有人，沙河雪岭迷朝径，巨海鸿崖乱夜津。入万死，求一生，投针偶穴非同喻，束马悬车岂等程。不徇今身乐，无祈后代荣，誓舍危躯追胜义，咸希毕契传灯情。劳歌勿复陈，延眺且周巡，东睇女峦留二跡，西驰鹿苑去三轮，北睨舍城池尚在，南睎尊岭穴犹存。五峰秀，百池分，粲粲鲜花明四曜，辉辉道树镜三春。扬锡指山阿，攜步上祇陀，既覩如来疊衣石，复观天授迸余峨。伫灵镇梵嶽，凝思遍生河，金花逸掌仪前奉，芳盖陵虚殿后过。旋遶经行砌，目想如神契，迴斯少福澗生津，共会龙华拾尘翳。

西域寺

众美仍罗列，羣英已古今。也知生死分，那得不伤心。

道希法師求法西域終於菴摩羅跋國後因巡禮希公住房傷其不幸聊題一絶

百苦忘劳独进影，四恩在念契流通。如何未尽传灯志，溘然於此遇途穷。

（卷八百八义淨）

送婆羅門一作可止诗

雪岭金河独向東，吳山楚泽意无穷。如今白首乡心盡，万里归程在梦中。

（卷八百十二清江）

寄題雲門寺梵月無側房时人相传是竇月道人后身也。

越山千万云门绝，西僧貌古还名月。清朝扫石行道归，林下眠禅看松雪。

（卷八百十七皎然三）

水精数珠歌

西方真人为行密一作蜜，臂上记珠皎如日。佛名无著心亦空，珠去珠来体常一。谁道佛身千万身，重重袛向心中出。

（卷八百二十一皎然七）

山居八詠（之七）

胡僧论的旨，物物唱圆成。疏柳春来翠，幽窗日渐明。禅心清石室，蝶翅覆花英。好听谈玄处，乔松鹤数声。

（卷八百二十三常达）

題弘顗三藏院

仪清态淡雕琼环，捲帘潇洒无尘埃。嶽茶如乳庭花开，信心弟子时时来。灌顶坛严伸齷塞，三十年功苦拘束。梵僧梦里授微言，师曾受神僧真言於梦中。雪岭白牛力深得。水精一索香一炉，红莲花舌生醍醐。……

擬一本无拟字君子有所思二首（之二）

安得龙猛笔，点石为黄金，西嶽龙猛大士，於砚中磨药，点笔成金。西天有龙猛金，其色紫。散为一作问，一作向。酷吏家，使无贪残心。甘棠密叶成翠幄，欻一作颖风不来天地塞，所以倾国倾城人，如今如今不可得。一作所以倾城人，如今不可得。

經曠禪師院

吾师楞伽山中人，气岸古淡僧麒麟，曹溪老兄一与语，金玉声利，泥棄唾委，兀兀如顽云。骊珠兮固难价其价，灵芝兮何以根其根！真貌枯槁言朴略，衲衣烂黑烧嶽痕。忆昔十四五年前苦寒节，礼师问师楞伽月。此时师握玉尘尾，报我卻云非日月。一敲粉碎狂性歇，庭松无韻冷撼骨，搔窗擦簷数枝雪，迩来流浪於吴越。一片閒云空皎洁，再来寻师已蝉蜕。薝蔔枝枯醴泉竭，水檀香火遗影在，甘露松枝月中折。师去世，有甘露降於庭松。賓师往日真隐心，今日不能堕双血。

（卷八百二十七贯休二）

施萬病丸

我闻昔有海上翁，鬚眉皎白尘土中。葫芦盛药行如风，病者与药皆惺憁。药王药上亲兄弟，救人急於己诸体。玉毫调御偏讚扬，金轮释梵咸归礼。贤守运心亦相似，不吝亲亲拘子子。曾闻古德有深言，由来大士皆如此。

（卷八百二十八贯休三）

遇五天僧入五臺五首

十万里到此，辛勤讵可论。唯云吾上祖，见买给孤园。一月行沙碛，三更到铁门。白头乡思在，迴首一销魂。

雪岭顶危坐，乾坤四顾低。河横于阗北，日落月支西。水石香多白，猿猱老不啼。空余忍辱草，相对色萋萋。

远礼清凉寺，寻真似善才。身心无所得，日月不将来。白疊还图象，沧溟亦汎杯。唐人亦何幸，处处觉花开。

涂足油应尽，乾陀帔半隳。辟支迦状貌，刹利帝家儿。结印魔应哭，遊心圣不知。深嗟头已白，不得遠相随。

送迎经几国，多化帝王心。电激青莲目，环垂紫磨金。眉根霜入细，梵夹蠹难侵。必似陀波利，他年不可寻。

（卷八百三十二贯休七）

聞迎真身

四海无波八表臣，恭闻今岁礼真身。七重锁未开金钥，五色光先入紫宸。丹凤楼台飘瑞雪，岐阳草木亞香尘。可怜优钵罗花树，三十年来一度春。

（卷八百三十六贯休十一）

山居詩二十四首(之十八　二十四)

业薪心火日烧煎，浪死虚生自古然，陆氏称龙终妄矣，汉家得鹿更空焉。白衣居士深深说，青眼胡僧远远传，刚地无人知此意，不堪惆怅落花前。

支公放鹤情相似，范泰论交趣不同，有念尽为烦恼相，无私方称水晶宫。香焚薝蔔诸峰晓，珠掐金刚万境一作象空，若买山资言不及，恒河沙劫用无穷。

（卷八百三十七贯休十二）

謝貫微上人寄示古風今體四軸

四轴骚词书八行，捧吟肌骨遍清凉，谩求龙树能医眼，休问图澄学洗肠。今体尽搜初剖判，古风淳凿未玄黄，不知谁肯降文阵，闇点旌旗敌子房。

送譚三藏入京

阿闍梨与佛身同，灌顶难施利济功。持咒力须资运祚，度人心要似虚空。東周路踏红尘里，北极门瞻紫气中。好进梵文霑帝泽，卻归天策继真风。三藏住楚国天策寺。

（卷八百四十四齐已七）

荆門寄題禪月大師影堂

泽国闻师泥日后，蜀王全礼葬余灰。白莲塔向清泉锁，禅月堂临锦水开。西岳千篇传古律，大师著《西岳集》三十卷，盛传於世。南宗一句印灵台。不堪隻履还西去，葱岭如今无使迴。

（卷八百四十五齐已八）

遣懷

病肠休洗老休医，七十能饶百岁期。不死任还蓬岛客，无生自有雪山师。浮云聚散俱关虑，明日相逢好展眉。既兆未萌閒酌度，不如中抱是寻思。

寄武陵貫微上人二首（之二）

吴头東面楚西边，云接苍梧水浸天，两地别离身已老，一言相合道休传。风骚妙欲凌春草，蹤跡閒思遶嶽莲。不是傲他名利世，吾师本在雪山巅。

謝人惠紙

烘焙几工成晓雪，轻明百幅叠春冰。何消才子题诗外，分与能书贝叶僧。

（卷八百四十六齐已九）

贈念法華經僧

念念念兮入恶易，念念念兮入善难。念经念佛能一般，爱河竭处生波澜。言公少年真法器，白昼不出夜不睡。心心缘经口缘字，一室寥寥灯照地。沈檀卷轴賨函盛，薝蔔香熏水精记。空山木落古寺閒，松枝鹤眠霜霰乾。牙根舌根水滴寒，珊瑚搥打红琅玕。但恐莲花七朵一时折，朵朵似君心地白一作簇攒。又恐天风一作风紧吹天花，缤纷如雨飘袈裟。况闻此经甚微妙，百千诸佛真祕要。灵山说后始传来，闻者虽多持者少。更堪诵入陀罗尼，此云总持。唐音梵音相杂时。舜絃和雅熏风吹，文王武王絃更悲。如此争不遣碧空中，有龙来听，有鬼来听，亦使人间闻者敬，见者敬，自然心虚空，性清淨。此经真体即毘卢，此云种种光。雪岭白牛君识无。

短歌寄鼓山長老第十一句缺一字

雪峰雪峰高且雄，峨峨堆积青冥中，六月赤日烧不鎔，飞禽瞥见人难通。常闻中有白象王，五百象子皆威光，行围坐遶同一色，森森影动旃檀香。於中一子最雄猛，称尊独踞鼓山顶，百千眷属阴□影，身照曜，吞秋景。〔我〕(裁)闻岷国民归依，前王后王皆师资。宁同梁武遇达磨，过后弹指空伤悲。

（卷八百四十七齐已十）

送僧遊西域

一盂兼一锡，祇此度流沙。野性虽为客，禅心即是家。寺披云峤雪，路入晓天霞。自说遊诸国，回应岁月赊。

（卷八百四十九处默）

作者簡介

耿引曾　1934年出生于江蘇揚州，北京大學國際關係學院亞非研究所教授。主要著作有：《漢文南亞史料學》，《中國人與印度洋》，《中國亞非關係史》，《印度與中國》（該書與印籍華裔譚中教授合著，其英文版由“印度文明中心”收入《印度科學、哲學、文化史叢書》）。

内容简介

《中國載籍中南亞史料匯編》上、下兩册，是從漢朝到清朝1840年的111種古籍中，摘録出的南亞各國古代政治、經濟、社會、文化、宗教等資料，是研究南亞古代史的重要文獻。

【東方文化集成】

《東方文化集成》爲季羡林教授所倡導，由北京大學東方學研究院《東方文化集成》編委會組織撰寫出版。

這是一項迎接二十一世紀東方文化復興和再創輝煌的世界性文化工程。

中國載籍中南亞史料匯編（下）

耿引曾　主編

东方文化集成

南亞文化編

中國載籍中南亞史料匯編（下）

耿引曾＝主編

線裝書局

国家出版基金项目
NATIONAL PUBLICATION FOUNDATION

下册 目録

第四部分

宋、遼、金有關南亞的記述

一、唐會要

麟德二年十月丁卯，帝發東都，赴東岳，從駕文武兵士及儀仗法物相繼數百里，列營置幕，彌亘郊原。突厥、于闐、波斯、天竺國、罽賓、烏萇、崑崙、倭國及新羅、百濟、高麗等諸蕃酋長，各率其屬扈從，穹廬氈帳及牛羊駝馬填候道路。是時頻歲豐稔，斗米至五錢，豆麥不列于市，議者以爲古來帝王封禪未有若斯之盛者也。十二月丙午，至齊州，停十日。丙辰，發靈巖頓，至於泰岳之下。庚申，帝御行宫牙帳，以朝羣臣。《册府元龜》[1]

① 按清武英殿聚珍版提要，卷七至十爲補亡，“採摭諸書所載唐事，依原目編類。”

（卷七《封禪》）

聖歷三年七月，幸三陽宫。有胡僧邀駕，看葬舍利，上許之。千乘萬騎，咸次于野。内使狄仁傑跪于馬前曰：“佛者夷狄之神，君者天下之主，當重闈難見，居安慮危。上路崎嶇，既爲難衛，庸僧詭惑，何足是憑？且君舉必書，不可不慎。”上中路而還曰：“庶成吾直臣之氣也。”

（卷廿七《行幸》）

扶南、天竺二國樂，隋代全用天竺，列於樂部，不用扶南。因煬帝平林邑國，獲扶南工人及其匏琴，樸陋不可用，但以《天竺樂》轉寫其聲。

……

《驃國樂》，貞元十八年正月，驃國王來獻，凡有十二曲，以樂工三十五人來朝。樂曲皆演釋氏經論之詞。驃國在雲南西，與天竺國相近，故樂多演釋氏之詞。……

（卷卅三《南蠻諸國樂》）

〔先天〕二年正月，胡僧婆陀請夜開門燃百千燈。其夜，太上皇御安福樓門觀樂，凡四日方罷。

（卷卅四《論樂》）

〔顯慶〕二年五月九日，以西域平，遣使分往康國及吐火羅等國，訪其風俗物産及古今廢置，畫圖以進，令史官撰《西域圖志》六十卷，許敬宗監領之。書成，學者稱其博焉。

（卷卅六《修選》）

〔麟德〕二年正月二十日，以秘閣郎中李淳風所撰《麟德歷》頒于天下，……來年正月行用之。又太史瞿曇羅上《經緯歷法》九卷，詔令與《麟德歷》相參行。

……

開元十六年八月十六日，特進張説進開元大衍歷，命有司行用之。先是九年，太史頻奏日蝕，不驗。詔沙門一行刊定律歷，上本顓頊，下至麟德。洎十五年，一行定草，詔説成之，因編以勒成一部，《經章》十卷、《長歷》五卷、《歷議》十卷、立成法《天竺九執歷》二卷、《古今歷書》二十四卷、《略例奏章》一卷，凡五十二卷。

（卷四十二《歷》）

會昌五年七月，中書門下奏，奉宣，僧尼不隸祠部，合擊屬主客，與復合令鴻臚寺收管宜分析奏來者，天下僧尼，國朝以來並隸鴻臚寺，至天寶二年隸祠部。臣等據《大唐六典》，祠部掌天下宗廟大祭，與僧事殊不相及，當務根本，不合歸尚書省，屬鴻臚寺亦未允當。又據六典，主客掌朝貢之國七十餘番，五天竺國並在數内。釋氏出自天竺國，今陛下以其非中國之教，已有釐革，僧尼名籍，便令繫主客，不隸祠部及鴻臚寺，至爲允當，從之。

（卷四十九《僧尼所隸》）

總章元年十月七日，東天竺烏茶國長年婆羅門盧伽逸多受詔合金丹，上將餌之。東臺侍郎郝處俊諫曰："修短有天命，未聞萬乘之主輕服蕃夷之藥。昔貞觀末年，先帝令婆羅門僧那羅爾娑婆寐依其本國仙方合長生神藥。胡僧既有異術，徵求靈草祕石，歷年而成。先帝服之，竟無異效。大漸之際，名醫莫知所爲。議者欲歸罪於胡人，將申大戮，又恐取笑夷狄，法遂不行。龜鑑若是，惟陛下深察。”上納之，遂不服其藥。

（卷五十一《識量》上）

貞觀末年，有胡僧自天竺至中國，自言能治長生之藥，文皇帝頗信待之。數年藥成，文皇帝因試服之，遂致暴疾。及大漸之際，羣臣知之，遂欲戮胡僧，慮爲外夷所笑而止。載在國史，實爲至誡。古人云：服食求神仙，多爲藥所誤。誠哉是言也。

（卷五十二《識量》下）

貞觀十四年九月二十二日，侯君集平高昌國。於西州置安西都護府，治交河城。

……

龍朔元年六月十七日，吐火羅道置州縣，使王名遠進《西域圖記》，并請于闐以西，波斯以東十六國，分置都督府及州八十，縣一百一十，軍府一百二十六，仍以吐火羅國立碑以記聖德，詔從之。

……

罽賓國王居遏紇城，置修鮮都督府。羅曼城置毗舍州，賤那城置陰米州，和藍城置波路州，遺根城置龍池州，塞奔彌羅城置烏戈州，[①]濫犍城置羅羅州，半掣城置檀特州，勃迸城置烏利州，鶻換城置漠州，布路犍城置懸度州。

① “戈”字係“弋”字之誤。

……

俱密國王居褚瑟城，置拔州都督府。

……

咸亨元年四月二十二日，吐蕃陷我安西，罷四鎮。

……

于闐在葱嶺北二百里,勝兵數千,俗多機巧,好説怪。在西南有北摩伽藍城,相傳云是老子化胡之所建也。初,老子至是,白日昇天,與羣胡辭訣曰:我暫返天上,尋當下生。其後出天竺國,化爲胡王太子,自稱白淨,因造此寺焉。……

(卷七十三《安西都護府》)

〔貞觀〕二十二年九月十六日,右衛率府長史王玄策奉使天竺,得方士那羅邇婆寐,自言壽二百歲,云有長生之術。上頗信之,深加禮敬,館之金飈門内。造延年之藥,竟不就。放還,死於長安。

(卷八十二《醫術》)

殊柰,崑崙人也。在林邑南,去交趾海行三月餘日。習俗文字與婆羅門同。絶遠,未嘗朝中國。貞觀二年十月,使至朝貢。

(卷九十八《殊柰國》)

貞觀四年四月,使至婆利界。有羅刹國,其人極陋,朱髪黑身,獸牙鷹爪。時與林邑人作市,市以夜而自掩其面。其國出火珠,狀如水晶。日正午時,以珠承影,取艾承之,即火出。其年,林邑國來獻,云羅刹得之,或云出獅子國。國在西南海中,有稜伽山,出奇寶。人到初無所見,但署寶物價值,賣於洲上商舶,依價貨之而去。其國以能馴養獅子,故以爲國名。

(卷九十九《婆利國》)

……其俗崇飾佛法,文字同於婆羅門……。

(卷九十九《朱俱波國》)

罽賓在葱嶺之南,其地川瀆水皆南流,注於南海,人皆乘象,土宜種稻,多甘蔗、葡萄,草木凌寒不死,尤信佛法。南去舍衛國三千五百里,罕通上國。聞中夏有聖君,故遣使來朝。

貞觀十一年,遣使至。上謂長孫無忌曰:"朕即位之初,有上書者,或言人主必須威權獨運,不得委羣下;或欲耀兵振武,懾服四夷。惟魏徵勸朕偃武興文,布德施惠,中國既安,遠人自服。朕從其語,天下大寧。絶域君長,皆來朝貢;九夷重譯,相望於道。此皆魏徵之力也。朕之任用,豈不得人!"二十二年,其國遣使獻俱物頭花,丹白相間,其香遠聞。

永徽二年,獻耨特鼠,喙尖尾赤,能食蛇,螫者以尿塗瘡即愈。

顯慶三年訪其國俗,云王始祖馨孽,今王曰曷擷支,父子傳位已十二代。其年,列其城爲修鮮都督府。龍朔初,授其王修鮮等十一州諸軍事兼修鮮都督。

開元七年,遣使獻天文大經及秘方奇藥。八年,詔遣册其王爲葛羅支特勒。二十七年,其王烏散特勒灑以年老,上表請以嫡子拂菻罽婆嗣位,許之,仍降使册命。

天寶四載,又册其子勃匐準爲襲罽賓及烏萇國王,仍授右驍衛將軍。

乾元元年,又遣使朝貢。

(卷九十九《罽賓國》)

烏萇國在中天竺南,一名烏枝那,地方千餘里,百姓殷實,人性懦弱,頗詭詐,尤工禁呪之術。篤信佛法,與天竺同,而天竺不及之。自古未通中國焉。

貞觀十六年十一月,朝獻使至。

開元八年四月,遣使册立其王。時大食東與烏萇鄰境,煽誘爲虐。其王與骨咄王俱位王,皆守節不應,亦潛輸款誠。玄宗深美之,故並降册名。

(卷九十九《烏萇國》)

求拔,或云章揭拔,本西羌種也。在悉立西南,居四山之内,近西移出山,西接東天竺,遂改衣服,變西羌之習,因而附焉。勝兵二千,無城郭,好爲寇掠,商旅患之。

貞觀二十五年,因悉立而朝貢使至。

(卷一百《求拔國》)

天竺,即漢之身毒,或云摩伽佗,或云婆羅門。地在葱嶺之南,去月氏東南數千里。地方三萬餘里,其中分爲五:南天竺,南際大海;北天竺,北距雪山,四周有山爲壁,南面一谷通爲國門;東天竺,東際大海,與扶南連,但隔小海而已;西天竺,與罽賓波斯相接;中天竺,據四天竺之間。國並有王,而俱以天竺爲名,隋煬帝志通西域,諸國多至,惟天竺不通。武德中,國大亂。王尸羅逸多勒兵,象不解鞍,士不釋甲,六載而四天竺之君皆北面以臣之。貞觀初年,中國沙門玄奘至其中國,天竺王尸羅逸多謂元奘曰:“吾聞中國有聖王出,作《秦王破陣樂》,試爲我説秦王之爲人也。”玄奘具言聖德。王曰:“信如所言,我當自朝也。”至十五年,自稱摩伽佗王,遣使朝貢。上乃遣雲騎尉梁懷璥往通其國,尸羅逸多羅驚問諸國人曰:“自古亦有摩訶震旦使人至吾國乎?”皆曰未之有也。乃遣使隨懷璥來朝。至二十二年四月,遣使右衛長史王玄策奉使天竺國。至,尸羅逸多死,其國大亂,發兵拒之。玄策禦戰不敵,挺身宵遁。至吐蕃,發精鋭千二百人,并泥婆羅國兵七千騎。玄策與副使蔣師仁率二國兵大破之,虜其王以歸。太宗大悦,謂侍臣曰:“夫人耳目玩於聲色,口鼻耽於臭味,此敗德之源。若天竺不劫我使人,豈爲俘虜耶?昔中山以貪寶取斃,蜀侯以金牛致滅,莫不由之。”是時,就其國得方士那邏邇婆娑寐,自言年二百,云有長生之術。上深禮之,館於金飈門内造延年藥。令兵部尚書崔敦禮監主之,使天下采諸奇藥異石。延歷歲月,藥成,服之無效。後放還本國。

天授三年,東天竺王摩羅枝摩、西天竺王尸羅逸多、南天竺王遮羅其跋邏婆、北天竺王婁其那那、中天竺王地婆西那並來朝貢。及中宗、睿宗兩朝,並獻方物。

開元三年二月,遣使瞿雲惠成來朝。八年五月,南天竺遣使獻豹皮、五色能言鸚鵡。又奏請以戰象兵馬討大食、吐蕃。求有以名其軍,制書嘉焉,號爲懷德軍。九月,南天竺王尸利那羅僧伽寶多枝摩爲國造寺,上表乞寺額,勑以歸化爲名賜。十一月,遣使册利那羅僧伽寶多爲南天竺王,遣使來朝。十七年六月,北天竺國王三藏沙門僧密多獻質汗等藥。十九年十月,中天竺國王伊沙伏摩遣大德僧來獻方物。二十九年三月,中天竺國王李承恩來朝,授遊擊將軍,放還。天寶中,累遣使朝貢。

(卷一百《天竺國》)

泥婆羅在吐蕃之西樂陵川,土多赤銅。其俗翦髮與眉齊,穿耳,楦以竹筩,緩至肩者以爲妙麗。食用手。其器皆銅。多商賈,少田作。鑄銅爲錢,面文爲人,背文爲馬、牛,不穿孔。衣服以一幅布蔽身。數日一盥浴。以板爲屋壁,皆雕畫。俗重博戲,頗解推測盈虚,皆通歷術。祀天神,鐫石爲像,每日清水浴神,烹羊而祭。其王那陵提婆,身著珍珠諸寶垂纓,耳金鉤玉鐺,佩服莊嚴,坐師子牀内,嘗散花燃香。大臣皆坐地不藉。左右持兵,數百人列侍。宫中有七重樓,覆以銅瓦,楹栱皆飾以珠寶,四隅置銅槽,下有金龍,口激水仰注槽中。初,提婆之父爲其叔所殺,提婆出奔,吐蕃納之,遂臣吐蕃。貞觀中,使者李義使天竺,道其國。提婆大喜,延使者觀阿耆婆彌池。池週迴二十餘丈,以物投之,則生烟燄,懸釜而炊,須臾可熟。二十一年,遣使獻波稜菜、渾提葱。

永徽二年,其王尸利那連陀羅遣使朝貢。

(卷一百《泥婆羅國》)

師子在西南大海中洲,宋始朝貢。其洲中有山,名稜伽;多奇寶,古佛遊處。國中有王以一善化人,皆以清淨學道爲勝。

天寶五載正月,王尸羅迷伽遣使至,獻大珠鈿金寶瓔珞及貝葉鈔寫《大般若經》一部,細白氎四十張。

(卷一百《師子國》)

〔貞觀〕二十一年三月十一日,以遠夷各貢方物,其草木雜物有異於常者,詔所司詳録焉。

摩伽國獻菩提樹,一名波羅,葉似白楊。……伽毘國獻鬱金香,葉似麥門冬,九月花開,狀如芙蓉,其色紫碧,香聞數十步,華而不實,欲種取其根。罽賓國獻俱物頭花,其花丹白相間而香遠聞。伽失畢國獻泥樓鉢羅花,葉類荷葉,圓缺,其花色碧而蕊黄,香芳數十步。健達國獻佛土葉,一莖五葉,花赤,中心正黄而蕊紫色。泥婆羅國獻波稜菜,類紅藍花,實似蒺藜,火熟之,能益食味。又酢菜,狀如菜,闊而長;味如美鮮。苦菜狀如苣,其葉闊,味雖少苦,久食益人。胡芹狀如芹,而味香。渾提葱,其狀如葱而白。辛嗅藥,其狀如蘭,淩冬而青,收乾作末,味如桂椒,其根能愈氣疾。……西蕃胡國出石蜜,中國貴之。太宗遣使至摩伽佗國取其法,令揚州煎蔗之汁於中廚自造焉,色味逾於西域所出者。

證聖元年九月五日敕,蕃國使入朝,其糧料各分等第給。南天竺、北天竺、波斯、大食等國使,宜給六箇月糧。

(卷一百《雜録》)

總章元年十一月,授婆羅門盧伽逸多懷化大將軍。

貞元十一年正月十九日,置懷化大將軍,正三品,每月料錢四十五千文,雜料三十五千文。

(卷一百《歸降官位》)

二、五代會要

周顯德三年八月,端明殿學士、左散騎常侍、權知開封府事王朴奏曰：

……臣檢討先代圖籍，今古曆書，皆無蝕神首尾之文，蓋天竺胡僧之妖説也。近自司天卜祝小術，不能舉其大體，遂爲等接之法。蓋從假用以求徑捷，於是乎交有逆行之數。後學者不能詳知，便言曆有九曜，以爲注曆之常式，今並削而去之。

（卷十《曆》）

占城國，……周顯德五年九月，其國王因德漫遣其臣甫阿散等來貢方物，中有灑衣薔薇水一十五瓶，言出自西域，凡水之霑衣，香而不黦。

（卷卅《占城國》）

三、舊五代史

明年春〔天成二年〕，有僧自西國取經回，得佛牙大如拳，褐漬皺裂，進於明宗。鳳楊言曰："曾聞佛牙鎚鍛不壞，請試之。"隨斧而碎。時宫中所施已逾數千緡，聞毀乃止。

（卷六十七《唐書》卷四十三《趙鳳列傳》）

天福二年春正月丙寅

詔曰："西天中印土摩竭陀舍衛國大菩提寺，三藏阿闍梨沙門室利縛羅，宜賜號弘梵大師。"

（卷七十六《晉書》卷二《高祖本紀》二）

天福六年六月甲辰

迦葉彌陁國僧哩以佛牙泛海而至。

（卷七十九《晉書》卷五《高祖本紀》五）

從昶，茂貞之第二子也。……從昶生于紈綺，少習華侈，以逸遊讌樂爲務，而音律圖畫無不通之。然性好談笑，喜接賓客，以文翰爲賞，會無虚日。復篤信釋氏，時岐下有僧曰阿闍梨,通五天竺語,爲士人所歸。

(卷一百卅二《世襲列傳》)

……至周顯德二年,世宗以端明殿學士、左散騎常侍王朴明於曆算,乃命朴考而正之。朴奉詔歲餘,撰成《欽天曆》十五卷,上之。表云:

……臣檢討先代圖籍,今古曆書,皆無蝕神首尾之文,蓋天竺胡僧之祆説也。只自司天卜祝小術,不能舉其大體,遂爲等接之法。蓋從假用以求徑捷。於是乎交有逆行之數,後學者不能詳知,便言曆有九曜,以爲注曆之恆式,今並削而去之。

(卷一百四十《曆志》二)

四、太平御覽

隴塞及海外諸山

耆闍窟山

《法顯記》曰:耆闍崛山,未至頂三里有石窟,佛本於此坐禪。天魔波旬化作鵰鷲,住窟前以恐阿難,佛以神力隔石舒手,摩阿難頂,怖即得止。鳥跡、手孔今悉在,故名鵰鷲窟。山窟前有四佛坐處。

靈鳥山

支曇諦《靈鳥山銘序》曰:昔如來遊王舍城,憩靈鳥山。舊云,其山峰似鳥而威靈,故以爲名焉。衆美咸歸,壯麗畢備。

(卷五〇《地部》一五)

市

《西京記》又曰:大業六年,諸夷來朝,請入市交易。煬帝許之。於是修飾諸行,葺理邸店,皆使甍宇齊正,卑高如一。瓌貨充積,人物華盛。時諸行鋪競崇侈麗,至賣菜者亦以龍鬚席藉之。夷人有就店飲噉，皆令不取直，胡夷驚視，寖以爲常。

（卷一九一《居處部》一九）

長絶域人

《魏略》曰：天竺國人皆長一丈八尺。車隣國男女皆長一丈八尺。

（卷三七三《人事部》一八）

醜丈夫

繁欽《三胡賦》曰：莎車之胡，黄目深睛，員耳狹頤。康居之胡，焦頭折頞，高輔陷無，眼無黑眸，頰無餘肉。罽賓之胡，面象炙蝟，頂如持囊，隈目赤眥，洞頞印鼻。

（卷三八二《人事部》二三）

叙佛

《後漢紀》曰：浮圖者，佛圖也。西域天竺國有佛道焉。佛者，漢言覺也，將以覺悟羣生也。統其教，以修善慈心爲主，不殺生類，專務清淨。其精進者號爲沙門，漢言息自心，蓋息意去欲而歸無爲也。又以爲人死精神不滅，隨復受形，所行善惡皆有報應，故所貴行善修道，以練精神，練而不已，以至無生而得佛也。身長一丈六尺，黄金色，項佩日月光，變化無常，無所不入，故能化通萬物而大濟羣生。初，帝夢見金人長大，項有日月光，以問羣臣。或曰："西方有神，其名曰佛。其形長大而黄金色。陛下之所夢得無是乎？"於是遣使天竺而問道術，遂於中國而圖其形像焉。有經書數千卷，以虚無爲宗，包羅精粗，無所不統，善爲宏闊勝大之言。所求在於一體之内，而所明在於視聽之表，故世俗之人以爲虚誕，然歸於玄微深遠難測，故王公大人觀死生報應之際，莫不瞿然自失也。

《牟子》曰：或問曰：佛從何而生？寧有先祖？牟子曰：佛生天竺，假形王家，父曰白淨，夫人字曰淨妙。四月八日，佛精從天來，夫人晝寢，夢見象六牙，欣然悦之，遂感而孕，因以八日從母右脇而生。太子有三十二相，八十種好，頰如師子皮，不受塵水，手足皆鉤鏁，毛悉向上。

《建康實録》曰：吴赤烏十年，胡人康僧會入境，置經行所，朝夕禮念。有司以聞帝曰："昔漢明帝感夢金人，使往西方求之，得摩騰、竺法蘭來中國，立經行教。今無乃是遺類乎？"因引見僧會。其言佛教滅度已久，唯有舍利可以求請。遂於大内立壇，結静三七日得之。帝崇佛道，以是江東初有佛法。

《世説》曰：殷中軍見佛經云：理應在阿堵上。注云：佛經之行，東國尚焉，而記傳無聞，莫詳其始。

《佛地論》曰：佛者，覺也。覺一切種智，復能開覺有情，如睡夢覺，故名爲佛。姓釋迦，號牟尼佛。

《普曜經》曰：從兜率天降神於西域迦維衛國淨飯王宫，摩耶夫人剖左脅而生，時多靈瑞，生而能言。

《本相經》曰：年十九踰城出家，學道勤行精進，禪定六年成道。具三十二相，八十種好。

《涅槃經》曰：醍醐之教喻於佛性，從乳出酪從酪出蘇，從生蘇出熟蘇，熟蘇出醍醐。醍醐，蘇之精也。

《法顯記》曰：佛生於殷末，道成於周初，至成王十二年經律始到新頭河。河即張騫所到之處。

《佛國記》曰：佛有四牙，廣半寸，長半寸。一牙在呵條國，又一牙在天上，又一牙在海龍王宫，又一牙在乹陁國。國王使大臣九人守保之。月朝捧擎牙出,牙或時放光明,香花數十斛散牙上而牙不没。

(卷六五三《釋部》一)

異僧上

《長阿含經》曰:凡沙門衣鉢隨身,譬如飛鳥。

《四十二章經》曰:僧行道如牛負深泥中,疲極,不敢左右顧。

《增一阿含經》曰:沙門皆草蓐爲牀。又曰:四河入海無復河名,四姓爲沙門皆稱釋種。

《無爲經》曰:沙門有三,坐禪爲上輩,誦經爲中輩,助衆爲下輩。

(卷六五五《釋部》三)

經

《唐書》[①] 又曰:貞元十四年,南天竺國進《華嚴經》殘梵夾。令僧般若三藏於保壽寺,僧智柔、圓照同於崇福寺翻譯成四十卷。

① 新、舊《唐書》不見此條,故録。

像

《增一阿含經》曰:優填王勑國内巧匠,會以牛頭旃檀作佛像形供養,晨夕禮拜。是時,波斯匿王聞優填王作佛像供養,亦召巧匠,語言如來形體煌若天金,今當以直金作佛形像,即以紫磨作如來像,亦高五尺。爾時閻浮提中始有三像。

《法顯記》曰:僧尼羅國王以金等身而鑄像,髻裝寶珠。有盜者以梯取之,像漸高而不及。盜歎其不救衆生,像俯首而與之。後市人擒盜,盜言其事,視像尚俯。王重贖其珠而復裝之。

《像記》曰:梁武帝天監元年正月八日夢檀像入國,因發詔往迎像。按《佛遊天竺記》及《優填王經》云:佛上忉利天一夏,爲母説法,王臣思見。優填國王遣三十二匠及賫旃檀,請大目連神力運往,令圖佛相。既如所願,圖了還返。坐高五尺,在祇洹寺,至今供養。帝欲迎請此像,遣決勝將軍郝騫等八十人應募往達,具狀祈請。舍衛王曰:此中天正像,不可適邊。乃命三十二匠更刻紫檀人圖一相。卯時運手,至午便就,相好具足。而像頂放光,降微細雨,并有異香。故《優填王經》云:真身既隱,次二像現,普爲衆生,深作利益者是也。騫等負第二像行數萬里,度大海,冒涉風波,隨浪至山,糧食又盡,所將人衆及傳送者身多亡歿。逢諸猛獸,一心念佛,乃聞像後有甲冑聲,又聞鍾聲。岩側有僧端坐樹下,登負像下,置其前,僧起禮像。騫等禮僧,僧授澡罐令飲,並得飽滿。僧曰:此像名三藐三佛陁金毗羅王,自從至彼,大作佛事。語頃失之。爾夜僉夢見神,曉共圖之。至天鑒十年四月五日,騫等達于揚都。帝與百僚迎還太極殿。至大清三年,湘東王在江陵即位,遣人從揚都迎上至荆都。後梁大定八年,城北靜陵造大明寺,乃以像歸之,今見在。多有傳寫流被京國云。

(卷六五七《釋部》五)

戒律

《毗婆沙論》曰:善分别戒名爲毗尼藏。《大智論》曰:諸羅漢問誰能明了集毗尼藏,皆言優婆離持律第一。請就師子座,問佛在何處説初毗尼戒。優婆離言:我聞佛在毗舍離。爾時須隣郁迦蘭陀長者子初犯戒,以是因緣故結初罪,如是二百五十戒義三部七法八法尼律增一開雜部善部,如是等八部十作。《毗尼藏經》云:五戒,一不殺生,二不偷盜,三不淫邪,四不妄語,五不飲酒食肉,故云五戒。布施、持戒、忍辱、精進、禪定、智惠,以法能度生死,故云六度。色、聲、香、味、觸、法,能坌汙人之淨心,故曰六塵。

禪

《寶林傳》曰:佛未涅槃時,每告弟子迦葉曰:"吾以清淨法眼,涅槃妙心,實相正法,將付於汝,汝可流布,無令斷絶。"迦葉敬諾,唯然受教。迦葉傳阿難,阿難付商郍和修。自此轉相傳授,至般若多羅并佛二十八師。般若多羅付菩提達磨。菩提達磨者,南天竺人也。梁普通中,泛海至于廣州,後過江,上嵩山少林寺。達磨傳惠可,惠可傳僧璨,隱於皖山。璨傳道信,道信傳弘忍,弘忍傳惠能。惠能住韶州曹溪,是爲六祖。

(卷六五八《釋部》六)

帳

又《吳時外國傳》云:斯條國王作白珠交結帳。

又《時外國傳[1]》曰:斯調王作白珠交結帳金牀,上天竺佛精舍。天竺王見珠圓好,意欲留焉。臣下諫乃止。

① 疑"時"字前丢一"吳"字。

(卷六九九《服用部》一)

㲪

《南傳》曰:調斯國有青石染氈,絳染氈也。

(卷七〇八《服用部》一〇)

杖

《法顯記》又曰:秖坦精舍西北四里有榛林,名曰得眼。本有五百盲人,佛爲説法,盡得眼開。盲人喜,刺杖着地,頭面作禮,杖遂生長成榛。

(卷七一〇《服用部》一二)

澡罐

《西域諸國志》曰:月支國有佛澡灌,受二外[1]許,青石,名"羅勒"。色碧玉班白,受水無定,隨其多少。

① "外"字疑是"升"字之誤。

惠遠法師《澡灌銘序》曰:得摩羅偷石澡灌一枚,故以此銘答之。

(卷七一二《服用部》一四)

釧

《交州記》曰:波斯王以金釧聘斯調王女也。

(卷七一八《服用部》二〇)

盲

《法顯記》曰:祇洹精舍西北四里有榛,名曰得眼。本有五百盲人依精舍住,佛爲説法,盡還得眼。盲人歡喜,刺杖着地,頭面作禮,杖遂生長大。世重之,無敢伐者,遂以“得眼”爲名。

（卷七四〇《疾病部》三）

畫上

《東觀漢記》又曰:明帝遣使天竺,問佛道法,遂於中國圖畫形像焉。

（卷七五〇《工藝部》七）

愽

《西域胡》曰:諸愽戲取人牛馬財物者,胡俗皆陪償。

（卷七五四《工藝部》一一）

器皿

《涼州異物志》曰:方外殊珍,車渠、馬碯,器無常形,爲時之寶。隨其大小以作盂杯槃也。視之目眩,希世之巧。羅刹所作,非人所造。羅刹鬼遠外國,巧成器物,與人交市,非人能所造。

（卷七五六《器物部》一）

罌

《異苑》曰:月支國有佛髮,盛以琉璃罌。

（卷七五八《器物部》二）

箕帚

《西域志》曰:佛帚在月支國,長三尺許,似孔雀尾也。

（卷七六五《器物部》一〇）

南蠻

斯調國

康泰《扶南土俗》曰:斯調洲灣中有自然監[①]累如細石子。國人取之一車輸王,餘自入。

《南州異物志》曰:斯調海,中洲名也。在歌營東南可三千里,上有王國,城市、街巷,土地沃美。

萬震《南方異物志》曰:斯調國又有中洲焉,春夏生火,秋冬死。有木生於火中,秋冬枯死,以皮爲布。

① "監"字疑是"鹽"字之誤。

師子國

《宋元嘉起居注》曰:師子國王遣使奉獻。詔曰:此小乘經甚少,彼國所有,皆可悉爲寫送之。聞彼隣多有師子,此所未覩,可悉致之。

《法顯記》曰:師子國本無人,正有鬼神及龍居之。諸國商人來共市易,鬼神自現身,但出賓物,顯其時直,商人則依價直取物。諸國人文其土樂,悉亦復來,於是遂成大國。和適無冬夏之異,草木常茂。田種隨人,無有時節。

毗迦梨國

《宋元嘉起居注》曰:五年,天竺毗迦梨國王月愛[①]遣使上表,並奉金剛指環一枚,剛印摩勒金環一枚,毾㲪一具,白旃檀六段,白赤鸚鵡各一頭,細疊兩張。

① "愛"字原缺,由編者據《宋書》補。

(卷七八七《四夷部》八)

天竺

《異物志》曰:天竺,大國也。方三萬里,佛道所在。其國王治，城郭宫殿皆彫文刻縷，鍾鼓音樂，跳丸躍劍。

（卷七九二《四夷部》十三）

西戎六

波羅秦[①]斯

① “秦”字疑是“奈”字之誤。

釋道安《西域志》曰：波羅秦[②]斯國佛轉法輪，調達入地獄土陷處皆在其國。

② 同①。

摩訶賴

釋道安《西域志》曰：摩訶賴國，又南得訶賴國，有阿耨達山，王舍城在耨達山東南角，竹園精舍在城西，佛六年苦行貝多樹去城五十里。

波麗越

釋道安《西域志》曰：羅衛國，東西四百里至波麗越國。波麗越國即佛外祖國也。

和[①]訶條

① “和”字疑“私”字之誤。

支僧載《外國事》曰：和[②]訶條國在大海中，地方二萬里，大山名三漫屈。有石井，井中生千葉白蓮花，數種井邊。石上有四佛足迹。每月六齋日，彌勒菩薩常以諸天神禮佛迹，畢便飛去。國王長者常作金樹銀花，銀樹金花，以供奉佛。

② 同①。

播黎曰

支僧載《外國事》曰：播黎曰國者，昔是小國耳。今是外國之大都，流沙之外悉稱臣妾。

舍衛

支僧載《外國事》曰:舍衛國今無復王,盡屬播黎曰國。王遣小兒注,國人不奉佛法。

維耶離

支僧載《外國事》曰:維耶離國,去舍衛五十由旬者,晉言三十里。維摩詰家在城内,國人不復奉佛,悉事水火,餘外道也。

郍訶維國

支僧載《外國事》曰:郍訶維國,土豐樂,多民物。在迦維越南,相去三十里。

碓國

支僧載《外國事》曰:迦葉佛生碓國,今無復此國。故處在舍衛國西,相去三十里。

拘郍舍

支僧載《外國事》曰:拘郍舍國,牟尼佛所生也。亦名拘郍舍,在迦維羅越西,相去復三十里。

波羅奈國

支僧載《外國事》曰:彌勒佛當生波羅奈國,是《屈陁羅經》所説。在迦羅越南。

拘宋婆

支僧載《外國事》曰:拘宋婆國,今見過去佛四所住處。四屋,迦葉佛住中,教化四十年。釋迦文佛住五年,二佛不説。

罽蜜[1]

① “蜜”字疑“賓”字之誤。

支僧載《外國事》曰:罽蜜[2]小國耳。在舍衛之西,國王、民人悉奉佛。土地寒。羅漢道人及沙門到冬月日未中前飲少酒,過中後不復飲酒,食果。國屬大秦。

② 同①。

摩竭提

文僧載《外國事》曰:摩竭提國,在迦維羅城之南,相去三十里由旬。有貝多樹,佛在此樹下坐六年。

（卷七九七《四夷部》一八）

珠下

闞駰《十三州》志曰:僧彊疊國,在天竺南。佛寺三千餘所。其地有神珠,非玉石,晝夜於國中,光明於日。珠徑一尺五寸,其色正碧。

（卷八〇三《珍寶部》二）

玉下

《法顯記》曰:師子國有玉像。

（卷八〇五《珍寶部》四）

琉璃

《魏書》曰:天竺國[①]人商販至京,自云能鑄石爲五色琉璃,於是採礦山石於京師鑄之。既成,光澤美於西方來者。乃詔爲行殿,容百餘人,光色映徹,觀者見之,莫不驚駭,以爲神明所作。自此國中琉璃遂賤,人不復珍之。

① 今見《魏書》記爲大月氏人。

頗黎

《梁四公子記》曰:扶南大舶從西天竺國來,賣碧頗黎鏡,面廣一尺五寸,重四十斤,内外皎潔,置五色物於其上,向明視之,不見其質。問其價,約錢百萬貫。文帝令有司筭之,傾府庫當之不足。其商人言,此色界天王有福樂事,天澍大雨,雨衆寶如山,納之山藏。取之難得,以大獸肉投之藏中,肉爛類寶,一鳥銜出,而此寶焉。舉國不識,無敢酬其價者。

《天竺記》曰:大雪山中有寶山,諸七寶並生取可得,唯頗黎寶生高峯難得。

水精

《廣志》曰:水精出大秦、黄支國。

(卷八〇八《珍寶部》七)

火齊

《南州異物志》曰:火齊出天竺,狀如雲母,色如紫金,離別之節如蟬翼,積之如紗縠重沓。

(卷八〇九《珍寶部》八)

金中

王隱《晉書》又曰:《咸寧三年起居注》載,燉煌郡上釜銅,生金中,百陶不消,可以切玉。

(卷八一〇《珍寶部》十)

金下

《吴時外國傳》曰:斯調國作金牀。

(卷八一一《珍寶部》十)

銀

《外國事》曰：私呵調國王供養道人食日銀三兩。

（卷八一二《珍寶部》十一）

金鋼

《晉起居注》曰：咸亨[①]三年，燉煌上送金鋼。生金中，百淘不消，可以切玉，出天竺。

① "咸亨"疑爲"咸寧"之誤。

《玄中記》曰：金鋼出天竺、大秦國。一名削玉刀，削玉如鐵刀削木，大者長尺許，小者如稻米。欲刻玉時，當作大金鐶着手指，開其背如月以割玉；刀内環中以刻玉。

（卷八一三《珍寶部》十二）

織成

《廣雅》曰：天竺出細織成。

《吳時魏國傳》[①]曰：大秦國、天竺國皆出金縷織成。

① 《吳時魏國傳》疑是《吳時外國傳》之誤。

（卷八一六《布帛部》三）

火浣布

《魏志》曰：青龍三年，西域重譯獻火浣布。詔大將軍太尉臨試，以示百僚。

崔鴻《十六國春秋·前秦録》曰：天竺國獻火浣布。

《梁四公記》曰：有商人賣火浣布三端，帝以雜布積之，令杰公以他事至於市所。杰公遥識曰："此火浣布也。二是絹木皮所作，一是積鼠毛所作。”以詰商人，具如杰公所説。因問木鼠之異，公曰：“木堅毛柔，是可别也。以陽燧火山陰柘木爇之，木皮改常。”試之果驗。

《異物志》曰：斯調國有大洲，在南海中。其上有野火，春夏自生，秋冬自死。有木生於其中而不消也，枝皮更滑，秋冬火死則皆枯瘁。其俗常以冬採其毛以爲布，色小青黑，若塵垢汙之，便投着火中，則更鮮明也。

（卷八二〇《布帛部》七）

麥

《西域諸國志》曰：天竺以十一月六日爲冬至，則麥秀；十二月十六日爲臘，則麥熟。

（卷八三八《百穀部》二）

鹽

《吳時外國傳》曰：漲海州有灣，灣中常出自然白鹽，峄峄如細石子。天竺國有新陶水，水甘美，下有石鹽，白如水精《南州異物志》云：鹽如石英。

（卷八六五《飲食部》二三）

火上

《玄中記》曰：南方有炎火山焉，在扶南國之東，加營國之北，諸薄國之西。從四月而火生，十二月火滅。正月、二月、三月火不燃。山上但出雲氣，而草木生枝條。至四月火燃，草木葉落，如中國寒時草木葉落也。行人以正月、二月、三月行過此山下，取此木薪，燃之無盡時。取其皮績之，爲火浣布。

《十洲記》曰：炎洲在南海中地方二千里，去岸九萬里。上有風生獸,似豹,青色,大如貍。張取之,積薪數車以燒之,薪盡而此獸在火中不燃。以鐵椎鍛其頭,十數下乃死;以其口向風,須臾便活而起。以石上菖蒲塞即死。取腦以花服之,盡十斤得壽五百歲。又有火林山,山中有火獸,大如鼠,毛長三四寸,或赤或白。山可二百許里,晦望見山林及此獸光火照人。乃取其獸毛,績以爲布,名曰火浣布。國人服之。此中布垢污,唯以火燒布兩食許,出振之,其垢即云,潔白如雪。

(卷八六八《火部》一)

燈

《法顯山記》曰:舍衛國精舍道東有外道天寺,名曰"影覆",與佛論議處精舍夾道相對,亦高六丈許。所以名"影覆"者,日在西時,佛精舍影則照外道天寺;日在東時,外道天寺影比暎不得照佛精舍也。外道常遣人守天寺,灑掃燒香,燃燈供養。至明旦,其燈輒移在佛精舍中。婆羅門恚言諸沙門,取我燈自供養佛。婆羅門於夜自伺候,見其所天神持燈繞佛精舍三匝,供養佛已,忽然不見。婆羅門乃知佛神,即捨家入道。

(卷八七〇《火部》三)

師子

《法顯記》曰:阿育王精舍後立石柱作師子柱,内四邊有佛像,内外映徹,淨若琉璃。有外道論師子,與沙門爭此住處。時沙門理屈,於是共誓,此處若是沙門住處者,當有靈驗作是。言已,柱頭師子乃大鳴吼見證。外道懼怖,心服而還。

(卷八八九《獸部》一)

牛下

《宣驗記》云:天竺有僧養一牸牛,日得三升乳。有一人乞乳,牛曰:"我前身爲奴,偷法食,今生以乳饋之。所給有限,不可分外得也。"

(卷九〇〇《獸部》十二)

翡翠

《秦書》曰:苻堅時,西域獻翠鳥四頭,雄雌各二。籠盛之,月餘並死。

(卷九二四《羽族部》一一)

鷲

《西域諸國記》曰:耆闍崛山在王舍城北四里。山有兩崖,鷲鳥常羣居其顛,土人號爲靈鷲山也。《佛國記》曰:山石頭似鷲,阿育王使鑿石,假安兩翼兩脚。今見存。

(卷九二六《羽族部》一三)

黿

支僧載《外國事》曰:私訶條國金道遼山有毗呵羅寺。寺中有石黿,至有神靈。衆僧飲食欲盡,寺奴輒向石黿作禮,於是食具。

(卷九三二《鱗介部》四)

貝多

杜寶《大業拾遺録》曰:洛陽翊津橋通翻經道場東街,其道場有婆羅門僧及身毒僧十餘人新翻諸經。其所翻經本從外國來,用貝多樹葉書,書即今胡書體。貝多葉長一尺五六寸,闊五寸許,葉形似琵琶而厚大,横作行書,隨經多少,縫綴其一邊,怗怗然。

(卷九六〇《木部》九)

果

闞駰《十三州記》曰:舍衛國在月氏南萬里,果大如三斗坈音杜。

(卷九六四《果部》一)

蒲萄

《金樓子》曰:大月氏國善爲蒲萄花葉酒,或以根及汁醖之。其花似香而緑榮碧鬚,夏春之時萬頃競發,如鸞翼。八月中風至吹葉上傷裂,有似綾紈,故人呼風爲蒲萄風,亦名爲裂葉風。

(卷九七二《果部》九)

麝

《南夷志》曰:南詔[①]有婆羅門、波斯、闍婆、渤泥、崑崙數種外道。交易之處多珠珍寶,以黄金麝香爲貴貨。

① 《南夷志》即《蠻書》。第一册《蠻書》所録不見"詔"字。

鬱香

《南州異物志》曰:鬱金者,出罽賓國。國人種之。先取上佛,積日萎熇,乃載去之。然後取鬱金,色正黄,細與芙蓉華裹披蓮者相似,可以香酒。

蘇合

《傳子》曰：西國胡人言蘇合香，獸便也。中國皆以爲怪。

（卷九八一《香部》一）

青木

《唐子》曰：師子國出朱砂、水銀、薰陸、鬱金、蘇合、青木等諸香。

《廣志》曰：青木出交州、天竺。

（卷九八二《香部》二）

驚精香

《十州記》曰：聚窟洲在西海中，上有天山，形似鳥之狀，因名爲人鳥山。山中多大樹，與桐相似而芳，華蘂香聞百里，因名返魂樹。叩其樹，樹能作聲如牛呴，聞者必震駭。伐其木根，於玉釜中煮，取汁，更微微以火熟煎，如黑飴，令可丸，名曰“驚精香”，或名“震靈丸”，亦名“返生香”，亦名“却死香”，氣聞數百里，死屍在地，聞氣即活。延和六年春，西胡月氏國王遣使者獻香四兩，大如雀卵，黑如桑椹。帝以香國中所乏，以付庫。

（卷九八三《香部》三）

芙渠

《外國事》曰：私訶條國大洲上有大山，上有石井，井自生千葉白蓮華及衆蓮華出。

（卷九九九《百卉部》六）

五、宋高僧傳

唐京兆大薦福寺義淨傳

釋義淨字文明，姓張氏，范陽人也。髫齓之時，辭親落髮，徧詢名匠，廣探羣籍，内外閑習，今古博通。年十有五，便萌其志，欲遊西域，仰法顯之雅操，慕玄奘之高風。加以勤無棄時，手不釋卷，弱冠登具，愈堅貞志。咸亨二年，年三十有七，方遂發足。初至番禺，得同志數十人，及將登舶，餘皆退罷。淨奮勵孤行，備歷艱險。所至之境，皆洞言音。凡遇酋長，俱加禮重。鷲峯、雞足，咸遂周遊；鹿苑、祇林，並諧瞻矚。諸有聖跡，畢得追尋。經二十五年，歷三十餘國，以天后證聖元年乙未仲夏，還至河洛，得梵本經律論近四百部，合五十萬頌，金剛座真容一鋪、舍利三百粒。天后親迎于上東門外，諸寺緇伍具旛蓋歌樂前導，勑於佛授記寺安置焉。

初與于闐三藏實叉難陀翻《華嚴經》。久視之後，乃自專譯。起庚子歲至長安癸卯，於福先寺及雍京西明寺譯《金光明最勝王》、《能斷金剛般若》、《彌勒成佛》、《一字呪王》、《莊嚴王陀羅尼》、《長爪梵志》等經，《根本一切有部毗柰耶》、《尼陀那目得迦》、《百一羯磨攝》等，《掌中》、《取因假設》、《六門教授》等論，及《龍樹勸誡頌》，凡二十部。北印度沙門阿你真那證梵文義，沙門波崙、復禮、慧表、智積等筆受證文，沙門法寶、法藏、德感、勝莊、神英、仁亮、大儀、慈訓等證義，成均太學助教許觀監護，繕寫進呈。天后製《聖教序》，令標經首。暨和帝神龍元年乙巳，於東洛内道場譯《孔雀王經》，又於大福先寺出《勝光天子》、《香王菩薩呪》、《一切莊嚴王經》四部，沙門盤度讀梵文，沙門玄傘筆受，沙門大儀證文，沙門勝莊、利貞證義，兵部侍郎崔湜、給事中盧粲潤文正字，祕書監駙馬都尉楊慎交監護。帝深崇釋典，特抽睿思，製《大唐龍興三藏聖教序》。又御洛陽西門，宣示羣官新翻之經。二年，淨隨駕歸雍京，置翻經院於大薦福寺居之。三年，詔入内與同翻經沙門九旬坐夏。帝以昔居房部，幽厄無歸，祈念藥師，遂蒙降祉，荷兹往澤，重闡鴻猷。因命法徒更重傳譯於大佛光殿，二卷成文，曰《藥師瑠璃光佛本願功德經》。帝御法筵，手自筆受。睿宗唐隆元年庚戌，於大薦福寺出《浴像功德經》、《毗柰耶雜事二衆戒經》、《唯識寶生》、《所緣釋》等二十部，吐火羅沙門達磨未磨、中印度沙門拔弩證梵義，罽賓沙門達磨難陀證梵文，居士東印度首領伊舍羅證梵本，沙門慧積、居士中印度李釋迦度頗多讀梵本，沙門文綱、慧沼、利貞、勝莊、愛同、思恒證義，玄傘、智積筆受，居士東印度瞿曇金剛、迦溼彌羅國王子阿順證譯，修文館大學士李嶠、兵部尚書韋嗣立、中書侍郎趙彦昭、吏部侍郎盧藏用、兵部侍郎張説、中書舍人李乂二十餘人次文潤色，左僕射韋巨源、右僕射蘇瓌監護，秘書大監嗣虢王邕同監護。景雲二年辛亥，復於大薦福寺譯《稱讚如來功德神呪》等經，太常卿薛崇嗣監護。自天后久視迄睿宗景雲，都翻出五十六部，二百三十卷。又别撰《大唐西域求法高僧傳》、《南海寄歸傳内法傳》。别説《罪要行法》、《受用三法》、《水要法》、《護命放生軌儀》，凡五部，九卷。又出《説一切有部跋窣堵》，即諸律中犍度跋渠之類，蓋梵音有楚夏耳，約七十八卷。淨雖徧翻三藏，而偏攻律部，譯綴之暇，曲授學徒。凡所行事皆尚急護。漉囊滌穢，特異常倫。學侣傳行，徧于京洛，美哉，亦遺法之盛事也。先天二年卒，春秋七十九，法臘五十九，葬事官供所出。《跋窣堵》唯存真本，未暇覆疏，而逼泥曰，然其傳度經律，與奘師抗衡。比其著述，淨多文。性傳密呪，最盡其妙，二三合聲，爾時方曉矣。今塔在洛京龍門北之高岡焉。

系曰：譯之言易也，謂以所有易所無也。譬諸枳橘焉，由易土而殖,橘化爲枳。枳橘之呼雖殊,而辛芳幹葉無異。又如西域尼拘律陀樹,即東夏之楊柳,名雖不同,樹體是一。自漢至今皇宋,翻譯之人多矣。晉魏之際,唯西竺人來,止稱尼拘耳。此方參譯之士,因西僧指楊柳,始體言意。其後東僧往彼,識尼拘是東夏之柳。兩土方言,一時洞了焉。唯西唯東,二類之人未爲盡善。東僧往西,學盡梵書,解盡佛意,始可稱善傳譯者。宋齊已還,不無去彼迴者,若入境觀風必聞其政者,奘師、淨師爲得其實。此二師者兩全通達,其猶見璽文知是天子之書,可信也。《周禮》象胥氏通夷狄之言,淨之才智,可謂釋門之象胥也歟!

唐洛陽廣福寺金剛智傳

釋跋日羅菩提,華言金剛智。南印度摩賴耶國人也,華言光明,其國境近觀音宫殿補陀落伽山。父婆羅門善五明論,爲建支王師。智生數歲,日誦萬言,目覽心傳,終身無忘。年十六,開悟佛理,不樂習尼楗子諸論,乃削染出家,蓋宿殖之力也。後隨師往中印度那爛陀寺,學修多羅、阿毗達磨等。洎登戒法,徧聽十八部律。又詣西印度學小乘諸論及《瑜伽三密陀羅尼門》。十餘年,全通《三藏》。次復遊師子國,登楞伽山,東行佛誓、躶人等二十餘國。聞脂那佛法崇盛,泛舶而來,以多難故,累歲方至。

開元己未歲,達于廣府,勑迎就慈恩寺,尋徙薦福寺。所住之刹,必建大曼拏羅灌頂道場,度於四衆。大智、大慧二禪師、不空三藏皆行弟子之禮焉。後隨駕洛陽,其年自正月不雨迨于五月,嶽瀆靈祠,禱之無應。乃詔智結壇祈請。於是用不空鉤、依菩薩法,在所住處起壇,深四肘,躬繪七俱胝菩薩像,立期以開光,明日定隨雨焉。帝使一行禪師謹密候之。至第七日,炎氣爞爞，天無浮翳。午後，方開眉眼，即時西北風生，飛瓦拔樹，崩雲泄雨，遠近驚駭。而結壇之地，穿穴其屋，洪注道場。質明，京城士庶皆云："智獲一龍，穿屋飛去。"求觀其處，日千萬人，斯乃壇法之神驗也。于時帝留心玄牝，未重空門，所司希旨，奏外國蕃僧遣令歸國，行有日矣。侍者聞智，智曰："吾是梵僧，且非蕃胡，不干明敕，吾終不去。"數日，忽乘傳將之鴈門，奉辭，帝大驚，下手詔留住。

初，帝之第二十五公主甚鍾其愛，久疾不救，移卧於咸宜外館，閉目不語，已經旬朔。有敕令智授之戒法，此乃料其必終，故有是命。智詣彼，擇取宫中七歲二女子，以緋繒纏其面目，卧於地，使牛仙童寫敕一紙，焚於他所，智以密語呪之。二女冥然誦得，不遺一字。智入三摩地，以不思議力令二女持敕詣琰摩王。食頃間，王令公主亡保母劉氏護送公主魂隨二女至，於是公主起坐，開目言語如常。帝聞之，不俟仗衛，馳騎往于外館。公主奏曰："冥數難移，今王遣迴，略覲聖顔而已。"可半日間，然後長逝。自爾帝方加歸仰焉。武貴妃寵異六宫，荐施寶玩，智勸貴妃急造金剛壽命菩薩像，又勸河東郡王於毗盧遮那塔中繪像：謂門人曰："此二人者壽非久矣。"經數月，皆如其言，凡先覺多此類也。智理無不通，事無不驗，經論戒律祕呪餘書，隨問剖陳，如鐘虚受。有登其門者，智一覩其面，永不忘焉。至於語默興居，凝然不改，喜努逆順，無有異容，瞻禮者莫知津涯，自然率服矣。

自開元七年，始届番禺，漸來神甸，廣敷密藏，建曼拏羅，依法製成，皆感靈瑞。沙門一行欽尚斯教，數就諮詢，智一一指授，曾無遺隱。一行自立壇灌頂，遵受斯法，既知利物，請譯流通。十一年，奉敕於資聖寺翻出《瑜伽念誦法》二卷、《七俱胝陀羅尼》二卷，東印度婆羅門大首領直中書伊舍羅譯語，嵩岳沙門温古筆受。十八年,於大薦福寺又出《曼殊室利五字心陀羅尼》、《觀自在瑜伽法要》各一卷,沙門智藏譯語,一行筆受,删綴成文。復觀舊隨求本中有闕章句,加之滿足。智所譯總持印契,凡至皆驗,祕密流行,爲其最也。兩京稟學,濟度殊多,在家出家,傳之相繼。二十年壬申八月既望,於洛陽廣福寺命門人曰:"白月圓時,吾當去矣。"遂禮毗盧遮那佛,旋遶七帀,退歸本院,焚香發願,頂戴梵夾并新譯教法,付囑訖,寂然而化。壽七十一,臘五十一。其年十一月七日葬於龍門南伊川之右,建塔旌表。傳教弟子不空奏舉,勑謚國師之號。灌頂弟子中書侍郎杜鴻漸,素所歸奉,述碑紀德焉。

系曰:五部曼拏羅法,攝取鬼物,必附麗童男處女,去疾除祆也絶易。近世之人,用是圖身口之利,乃寡徵驗,率爲時所慢。吁,正法醨薄,一至於此!

唐京兆大興善寺不空傳

釋不空,梵名阿月佉跋折羅,華言不空金剛,止行二字,略也。本北天竺婆羅門族,幼失所天,隨叔父觀光東國。年十五,師事金剛智三藏,初導以梵本《悉曇章》及《聲明論》,浹旬已通徹矣。師大異之,與受菩薩戒,引入金剛界大曼荼羅,驗以擲花,知後大興教法。洎登具戒,善解一切有部,諳異國書語。師之翻經,常令共譯。凡學《聲明論》,一紀之功,六月而畢。誦《文殊普賢行願》,一年之限,再夕而終。其敏利皆此類也。欲求學《新瑜伽五部三密法》,涉于三載,師未教詔。空擬迴天竺,師夢京城諸寺佛菩薩像皆東行,寤寐乃知空是真法器,遂允所求。授與《五部灌頂護摩阿闍梨法》及《毗盧遮那經》、《蘇悉地軌則》等,盡傳付之。厥後師往洛陽,隨侍之際,遇其示滅,即開元二十年矣。影堂既成,追謚已畢,曾奉遺旨,令往五天并師子國,遂議遐征。

初至南海郡,採訪使劉臣鄰懇請灌頂,乃於法性寺相次度人百千萬衆。空自對本尊祈請旬日,感文殊現身。及將登舟,採訪使召誡番禺界蕃客大首領伊習賓等曰:“今三藏往南天竺師子國,宜約束船主,好將三藏并弟子含光、慧䂮等三七人、國信等達彼,無令踈失。”二十九年十二月,附崑崙舶,離南海至訶陵國界,遇大黑風。衆商惶怖,各作本國法禳之,無驗,皆膜拜求哀,乞加救護,慧䂮等亦慟哭。空曰:“吾今有法,汝等勿憂。”遂右手執五股菩提心杵,左手持般若佛母經夾,作法誦《大隨求》一徧,即時風偃海澄。又遇大鯨出水,噴浪若山,甚於前患。衆商甘心委命,空同前作法,令慧䂮誦《娑竭龍王經》,逡巡,衆難俱息。既達師子國,王遣使迎之。將入城,步騎羽衛,駢羅衢路。王見空,禮足請住宫中,七日供養。日以黄金斛滿盛香水,王爲空躬自洗浴;次太子、后妃、輔佐,如王之禮焉。空始見普賢阿闍梨,遂奉獻金寶錦繡之屬,請開《十八會金剛頂瑜伽法門毗盧遮那大悲胎藏建立壇法》,并許含光、慧䂮等同受五部灌頂。空自爾學無常師,廣求密藏及諸經論五百餘部,本三昧耶諸尊密印儀形色像壇法標幟,文義性相,無不盡源。一日,王作調象戲,人皆登高望之,無敢近者。空口誦手印,住於慈定,當衢而立,狂象數頭頓皆蹎跌,舉國奇之。次遊五印度境,屢彰瑞應。

至天寶五載還京,進師子國王尸羅迷伽表及金寶瓔珞、《般若》梵夾、雜珠白氎等,奉勑權止鴻臚。續詔入内立壇,爲帝灌頂。後移居淨影寺。是歲終夏愆陽,詔令祈雨。制曰:“時不得賒,雨不得暴。”空奏立孔雀王壇,未盡三日,雨已浹洽。帝大悦,自持寶箱賜紫袈裟一副,親爲披擐,仍賜絹二百匹。後因一日大風卒起,詔空禳止,請銀缾一枚作法加持,須臾戢靜。

忽因池鵝誤觸缾傾,其風又作,急暴過前,勑令再止,隨止隨効。帝乃賜號曰智藏焉。天寶八載,許迴本國,乘驛騎五匹,至南海郡,有勑再留。十二載,勑令赴河隴節度使哥舒翰所請。十三載,至武威,住開元寺,節度使洎賓從皆願受灌頂,士庶數千人咸登道場,弟子含光等亦受五部法。别爲功德使開府李元琮受法,并授金剛界大曼荼羅。是日道場地震,空曰:"羣心之至也。"十五載,詔還京,住大興善寺。至德初,鑾駕在靈武鳳翔,空常密奉表起居,肅宗亦密遣使者求祕密法。洎收京反正之日,事如所料。乾元中,帝請入内,建道場護摩法,爲帝受轉輪王位七寶灌頂。上元末,帝不豫,空以《大隨求真言》祓除,至七過,翼日乃瘳,帝愈加殊禮焉。空表請入山,李輔國宣勑令於終南山智炬寺修功德。念誦之夕,感大樂薩埵舒毫發光,以相證驗,位鄰悉地,空曰:"衆生未度,吾安自度耶?"

肅宗厭代,代宗即位,恩渥彌厚。譯密嚴、仁王二經畢,帝爲序焉。頒行之日,慶雲俄現,舉朝表賀。永泰元年十一月一日,制授特進試鴻臚卿,加號大廣智三藏。大曆三年,於興善寺立道場,勑賜錦繡褥十二領、繡羅旛三十二首,又賜道場僧二七日齋糧。勑近侍大臣諸禁軍使並入灌頂。四年冬,空奏天下食堂中置文殊菩薩爲上座,制許之,此蓋慊憍陳如是小乘教中始度故也。五年夏,有詔請空往五臺山修功德,于時慧星出焉。法事告終,星亦隨没。秋,空至自五臺,帝以師子驄并御鞍轡遣中使出城迎入,賜沿道供帳。六年十月二日,帝誕節,進所譯之經表云:"爰自幼年,承事先師三藏十有四載,稟受瑜伽法門。復遊五印度求所未授者,并諸經論,計五百餘部,天寶五載却至上都。上皇詔入内立灌頂道場,所賫梵經盡許翻度。肅宗於内立護摩及灌頂法。累奉二聖令鳩聚先代外國梵文,或絛索脱落者修,未譯者譯。陛下恭遵遺旨,再使翻傳,利濟羣品。起于天賫迄今大曆六年,凡一百二十餘卷,七十七部,并目録及筆受等僧俗名字,兼略出念誦儀軌,寫畢,遇誕節,謹具進上。”勑付中外,並編入《一切經目録》中。李憲誠宣勑賜空錦綵絹八百疋,同翻經十大德各賜三十疋。沙門潛真表謝。僧俗弟子賜物有差。又以京師春夏不雨,詔空祈請,如三日内雨,是和尚法力;三日已往而霈然者,非法力也。空受勑立壇,至第二日大雨云足。帝賜紫羅衣并雜綵百匹,弟子衣七副,設千僧齋,以報功也。空進表請造文殊閣,勑允奏。貴妃、韓王、華陽公主同成之,捨内庫錢約三千萬計。復翻《孽路荼王經》,宣賜相繼,旁午道路。至九年,自春抵夏,宣揚妙法,誡勗門人。每語及《普賢願行出生無邊法門經》,勸令誦持,再三歎息。其先受法者,偏令屬意觀菩提心本尊大印,直詮阿字了法不生證大覺身,若指諸掌,重重屬累。一夜,命弟子趙遷:“持筆硯來,吾略出《涅槃荼毗儀軌》以貽後代,使準此送終。”遷稽首三請“幸乞慈悲久住。不然,衆生何所依乎?”空笑而已。俄而示疾,上表告辭。勑使勞問,賜醫藥,加開府儀同三司,封肅國公,食邑三千户,固讓不俞。空甚不悦,且曰:“聖衆儼如舒手相慰,白月圓滿,吾當逝矣。奈何臨終更竊名位?”乃以五股金剛鈴杵先師所傳者,并銀盤子、菩提子、水精數珠留别,附中使李憲誠進。六月十五日,香水澡沐,東首倚卧,北面瞻望闕庭,以大印身定中而寂,享年七十,僧臘五十。

弟子慧朗次紹灌頂之位。餘知法者數人。帝聞,輟視朝三日,賜絹布雜物,錢四十萬,造塔錢二百餘萬。勑功德使李元琮知護喪事。空未終前,諸僧夢千仞寶臺摧,文殊新閣穨,金剛杵飛上天。又興善寺後池無故而涸,林竹生實,庭花變萎。七月六日荼毗,帝詔高品劉仙鶴就寺置祭,贈司空,謚曰大辯廣正智三藏。火滅,收舍利數百粒。八十粒進内。其頂骨不然,中有舍利一顆，半隱半現，勑於本院别起塔焉。

空之行化利物居多，於總持門最彰殊勝，測其忍位莫定高卑。始者玄宗尤推重焉，嘗因歲旱，勑空祈雨。空曰：“過某日可禱之，或强得之，其暴可怪。”勑請本師金剛智設壇，果風雨不止，坊市有漂溺者，樹木有拔仆者。遽詔空止之。空於寺庭中捏泥媪五六，溜水作梵言罵之，有頃開霽矣。玄宗召術士羅公遠與空捔法，同在便殿。空時時反手搔背。羅曰：“借尊師如意。”時殿上有花石，空揮如意繫碎於其前，羅再三取如意不得，帝欲起取。空曰：“三郎勿起，此影耳。”乃舉手示羅，如意復完然在手。又北邙山有巨蛇，樵采者往往見之，矯首若丘陵，夜常承吸露氣。見空，人語曰：“弟子惡報，和尚如何見度？每欲翻河水陷洛陽城以快所懷也。”空爲其受歸戒，説因果，且曰：“汝以瞋心故受，今那復恚恨乎？吾力何及？當思吾言，此身必捨矣。”後樵子見蛇死澗下，臭聞數里。空凡應詔祈雨，無他軌則，但設一繡座，手簸旋數寸木神子，念呪擲之。當其自立於座上已，伺其吻角牙出目瞬，則雨至矣。又天寶中，西蕃、大石、康三國帥兵圍西涼府，詔空入，帝御于道場。空秉香鑪，誦《仁王密語》二七徧，帝見神兵可五百員在于殿庭，驚問空。空曰：“毗沙門天王子領兵救安西，請急設食發遣。”四月二十日果奏云：“二月十一日城東北三十許里，雲霧間見神兵長偉，鼓角諠鳴，山地崩震，蕃部驚潰。彼營壘中有鼠金色，咋弓弩弦皆絶。城北門樓有光明天王怒視，蕃帥大奔。”帝覽奏謝空，因勑諸道城樓置天王像，此其始也。空既終，三朝所賜墨制一皆進納。生榮死哀，西域傳法僧至此，今古少類矣。嗣其法位，慧朗師也。御史大夫嚴郢爲碑，徐浩書之，樹於本院焉。

系曰：傳教令輪者，東夏以金剛智爲始祖，不空爲二祖，慧朗爲三祖，已下宗承所損益可知也。自後歧分派别。

咸曰："傳瑜伽大教，多則多矣，而少驗者何？"亦猶羽嘉生應龍，應龍生鳳皇，鳳皇已降，生庶鳥矣。欲無變革，其可得乎！

（卷一《譯經篇》第一之一）

唐洛京聖善寺善無畏傳達摩掬多

釋善無畏，本中印度人也，釋迦如來季父甘露飯王之後，梵名戍婆揭羅僧訶，華言淨師子，義翻爲善無畏；一云輸波迦羅，此名無畏，亦義翻也。其先自中天竺，因國難分王烏荼。父曰佛手王，以畏生有神姿，宿賫德藝，故歷試焉。十歲統戎，十三嗣位，得軍民之情。昆弟嫉能，稱兵構亂，閱牆斯甚。薄伐臨戎，流矢及身，掉輪傷頂。天倫既敗，軍法宜誅，大義滅親，忍而曲赦。乃抆淚白母，及告羣臣曰："向者親征，恩已斷矣。今欲讓國，全其義焉。"因致位於兄，固求入道。母哀許之，密與傳國寶珠，猶諸侯之分器也。南至海濱，遇殊勝招提，得法華三昧。聚沙爲塔，僅一萬所。黑蛇傷指而無退息。復寄身商船，往遊諸國，密修禪誦，口放白光。無風三日，舟行萬里。屬商人遇盜，危於併命。畏恤其徒侶，默諷真言，七俱胝尊全現身相，羣盜果爲他寇所殲。寇乃露罪歸依，指蹤夷險。尋越窮荒，又逾毒水，纔至中天竺境，即遇其王。王之夫人，乃畏之女兄也，因問捨位之由，稱歎不足。是日攜手同歸，慈雲布陰，一境丕變。畏風儀爽俊，聰叡超羣，解究五乘，道該三學，總持禪觀，妙達其源。藝術伎能，悉聞精練。初詣那爛陀寺，此云施無厭也，像法之泉源，衆聖之會府。畏乃捨傳國寶珠瑩于大像之額，晝如月魄，夜若曦輪焉。寺有達摩掬多者，掌定門之祕鑰，佩如來之密印，顔如四十許，其實八百歲也，玄奘三藏昔曾見之。畏投身接足，奉爲本師。一日侍食之次，旁有一僧，震旦人也，畏視其鉢中見油餌尚温，粟飯猶暖，愕而歎曰："東國去此十萬餘里，是彼朝熟而返也？"掬多曰："汝能不言，真可學焉。"後乃授畏《總持瑜伽三密教》也，龍神圍遶，森在目前，其諸印契，一時頓受。即日灌頂，爲人天師，稱曰三藏。夫三藏之義者，則内爲戒、定、慧，外爲經、律、論，以陀羅尼總攝之也。陀羅尼者，是菩提速疾之輪，解脱吉祥之海，三世諸佛生於此門，慧照所傳，一燈而已。根殊性異，燈亦無邊。由是有百億釋迦微塵三昧，菩薩以綱總攝於諸定，頓升階位，鄰於大覺，此其旨也。于時畏周行大荒，徧禮聖迹，不憚艱險。凡所履處，皆三返焉。又入雞足山，爲迦葉剃頭，受觀音摩頂。嘗結夏於靈鷲，有猛獸前導，深入山穴。穴明如晝，見牟尼像，左右侍者如生焉。時中印度大旱，請畏求雨。俄見觀音在日輪中，手執軍持注水於地。時衆欣感，得未曾有。復鍜金如貝葉，寫《大般若經》。鎔中金爲窣覩波，等佛身量焉。母以畏遊方日久，謂爲已歿，旦夕泣淚而喪其明，洎附信問安，朗然如故。五天之境，自佛滅後，外道峥嶸九十六宗，各專其見。畏皆隨所執破滯析疑，解邪縛於心門，捨迷津於覺路。法雲大小而均澤，定水方圓而任器，仆異學之旗鼓，建心王之勝幢，使彼以念制狂，即身觀佛。掬多曰："善男子，汝與震旦有緣，今可行矣。"畏乃頂辭而去。

至迦濕彌羅國。薄暮次河，而無橋梁，畏浮空以濟。一日，受請於長者家，俄有羅漢降曰："我小乘之人，大德是登地菩薩。"乃讓席推尊，畏施之以名衣，升空而去。畏復至烏萇國，有白鼠馴遶，日獻金錢。講《毗盧》於空厥之庭，安禪定於可敦之樹，法爲金字，列在空中。時突厥宫人以手按乳，乳爲三道飛注畏口。畏乃合掌端容曰："我前生之母也。"又途中遭寇，舉刃三斫而肢體無傷，揮劍者唯聞銅聲而已。前登雪山大池，畏不悆，掬多自空而至曰："菩薩身同世間，不捨生死。汝久離相，寧有病耶?”言訖沖天,之洸然而愈。路出吐蕃,與商旅同次,胡人貪貨,率衆合圍,畏密運心印,而蕃豪請罪。至大唐西境,夜有神人曰:“此東非弟子界也,文殊師利實護神州。”禮足而滅,此亦猶迦毗羅神送連眉也。畏以駝負經,至西州,涉于河,龍陷駝足,没于泉下,畏亦入泉。三日止住龍宫,宣揚法化,開悟甚衆。及牽駝出岸,經無沾濕焉。

初畏途過北印度境,而聲譽已達中國,睿宗乃詔若那及將軍史獻出玉門塞表以候來儀。開元初,玄宗夢與真僧相見,姿狀非常,躬御丹青,寫之殿壁。及畏至此,與夢合符,帝悦有緣,飾内道場,尊爲教主,自寧、薛王已降皆跪席捧器焉。賓大士於天宫,接梵筵於帝座,禮國師以廣成之道,致人主於如來之乘,巍巍法門,於斯爲盛。時有術士握鬼神之契,參變化之功,承詔御前,角其神異。畏恬然不動,而術者手足無所施矣。開元四年丙辰,賫梵夾始届長安,勑於興福寺南院安置。續宣住西明寺,問勞重疊,錫貺異常。至五年丁巳,奉詔於菩提院翻譯。畏奏請名僧同參華梵,開題,先譯《虚空藏求聞持法》一卷,沙門悉達譯語,無著筆受綴文,繕寫進内。帝深加賞歎,有勑畏所將到梵本並令進上。昔有沙門無行西遊天竺,學畢言歸,方及北印,不幸而卒。其所獲夾葉悉在京都華嚴寺中,畏與一行禪師於彼選得數本,並《總持妙門》,先所未譯。十二年,隨駕入洛,復奉詔於福先寺譯《大毗盧遮那經》。其經具足梵文有十萬頌;畏所出者,撮其要耳,曰《大毗盧遮那成佛神變加持經》七卷,沙門寶月譯語,一行筆受,删綴辭理,文質相半,妙諧深趣,上符佛意,下契根緣,利益要門,斯文爲最。又出《蘇婆呼童子經》三卷、《蘇悉地揭羅經》三卷,二經具足呪毗柰耶也,即秘密禁戒焉。若未曾入曼荼羅者,不合輙讀誦,猶未受具人盗聽戒律也。所出《虚空藏菩薩能滿諸願最勝心陀羅尼求聞持法》一卷，即《金剛頂梵本經成就一切義圖略》譯少分耳。畏性愛恬簡，靜慮怡神，時開禪觀，獎勸初學。奉儀形者蓮華敷於眼界，稟言説者甘露潤於心田，超然覺明，日有人矣。法侶請謁，唯尊奉長老寶思惟三藏而已，此外皆行門人之禮焉。一行禪師者，帝王宗重，時賢所歸，定慧之餘，陰陽之妙，有所未決，亦咨稟而後行。

畏嘗於本院鑄銅爲塔，手成模範，妙出人天。寺衆以銷冶至廣，庭除深隘，慮風至火盛，災延寶坊。畏笑曰："無苦，自當知也。"鼓鑄之日，果大雪蔽空，靈塔出鑪，瑞花飄席，衆皆稱歎焉。又屬暑天亢旱，帝遣中官高力士疾召畏祈雨。畏曰："今旱，數當然也，若苦召龍致雨，必暴，適足所損，不可爲也。"帝强之曰："人苦暑病矣，雖風雷亦足快意。"辭不獲已，有司爲陳請雨具，旛幢螺鈸備焉，畏笑曰："斯不足以致雨。"急撤之。乃盛一鉢水，以小刀攪之，梵言數百呪之。須臾有物如龍，其大如指，赤色矯首，瞰水面，復潛于鉢底。畏且攪且呪，頃之，有白氣自鉢而興，逕上數尺，稍稍引去。畏謂力士曰："亟去，雨至矣。"力士馳去，迴顧見白氣疾旋，自講堂而西，若一匹素翻空而上。既而昏霾，大風震電，力士纔及天津橋，風雨隨馬而驟，街中大樹多拔焉。力士入奏而衣盡霑濕矣。帝稽首迎畏，再三致謝。又邙山有巨蛇，畏見之，歎曰："欲決瀦洛陽城耶？"以天竺語呪數百聲，不日蛇死。乃安禄山陷洛陽之兆也。一説畏曾寓西明道宣律師房，示爲麤相，宣頗嫌鄙之。至中夜，宣捫虱投于地，畏連呼"律師撲死佛子"。宣方知是大菩薩，詰旦攝衣作禮焉。若觀此説，宣滅至開元中僅五十載矣，如畏出没無常，非人之所測也。

二十年，求還西域，優詔不許。二十三年乙亥十月七日，右脅累足，奄然而化，享齡九十九，僧臘八十。法侶淒涼，皇心震悼，贈鴻臚卿。遣鴻臚丞李現具威儀，賓律師護喪事。二十八年十月三日，葬於龍門西山廣化寺之庭焉。定慧所熏，全身不壞。會葬之日，涕泗傾都，山川變色，僧俗弟子寶畏禪師、明畏禪師、滎陽鄭氏、琅邪王氏痛其安仰，如喪考妣焉。乾元之初，唐風再振，二禪師刻偈，諸信士營龕，弟子舍于旁，有同孔墓之戀。今觀畏之遺形，漸加縮小，黑皮隱隱，骨其露焉。累朝旱澇，皆就祈請，徵驗隨生，且多檀施。錦繡巾帊，覆之如偃息耳。每一出龕，置于低榻，香汁浴之。洛中豪右爭施禪帊淨巾澡豆，以資浴事。今上禳禱，多遣使臣往加供施，必稱心願焉。

唐洛京智慧傳

釋智慧者，梵名般剌若也，姓憍答摩氏，北天竺迦畢試國人，穎悟天資。七歲發心，違侍二親，歸依三寶。時從大德調伏軍教誦四《阿含》，滿十萬頌，《阿毗達磨》三萬頌。及年應法，隨師往別國，納具足戒，誦《薩婆多》近四萬頌，《俱舍》二萬八千頌，又誦《大婆沙》，兼通其義。七年於彼專習小乘，後詣中天竺那爛陀寺，稟學大乘《唯識》、《瑜伽》、《中邊》等論、《金剛般若經》、因明聲明醫明王律論等，並依承智護、進友、智友三大論師。復遊雙林，經八塔，往來瞻禮十有八年。聞南北竺頗尚持明，遂往諮稟。彼有灌頂師名達摩耶舍見慧勤重可教，授《瑜伽法入曼荼羅三密護身五部印契經》，于一年誦徹三千五百餘頌。

常聞支那大國，文殊在中，錫指東方，誓傳佛教。乃泛海東邁，垂至廣州，風飄却返，抵執師子國之東。又集資糧，重修巨舶，徧歷南海諸國。二十二年。再近番禺，風濤遽作，舶破人没，唯慧存焉。夜至五更，其風方止，所賫經論，莫知所之。及登海壖，其夾策已在岸矣，於白沙内大竹筩中得之，宛爲鬼物扶持而到。乃歎曰:"此大乘理趣等經,想脂那人根熟矣!"遂東北行,半月達廣州,即德宗建中初也。屬帝違難,奉天貞元二年始屆京輦。見鄉親神策軍正將羅好心,即慧舅氏之子也,悲喜相慰。將至家中,延留供養。八年,上表舉慧翻傳,有勑令京城諸寺大德名業殊衆者同譯,得罽賓三藏般若開釋梵本,翰林待詔光宅寺沙門利言度語,西明寺沙門圓照筆受,資聖寺道液、西明寺良秀、莊嚴寺應真、醴泉寺超悟、道岸、鑒空,並充證義。六月八日,欲翻經題,勑右街功德使王希遷與右神策軍大將軍王孟涉、驃騎大將軍馬有鄰等送梵經出内。緇伍威儀,樂部相間,士女觀望,車騎交駢,迎入西明寺翻譯。即日賜錢一千貫、茶三十串、香一大合,充其供施。開名題曰《大乘理趣六波羅密多經》,成十卷。又《華嚴長者問佛那羅延力經》、《般若心經》各一卷,皆貞元八年所譯也。是歲十月繕寫畢。二十八日設綵車,大備威儀,引入光順門,進帝覽,忻然,慰勞勤至。勑於神策軍賜齋食,嚫慧絹五百匹、冬服一副,餘人賜各有差。慧表謝,答詔褒美。同日請譯經,奉天定難功臣開府儀同三司檢校太子詹事羅好心上表云:"臣表弟沙門般剌若先進《大乘理趣六波羅蜜梵本經》,伏奉今年四月十九日勑令王希遷精選有道行僧於西明寺翻譯。今經帙已終,同詣光順門進上。"答詔云:"卿之表弟早悟大乘,遠自西方,來遊上國,宣六根之奧義,演雙樹之微言。念以精誠所宜欽重,是令翻譯,俾用流行。卿夙慕忠勤,職司禁衛,省覽表疏,具見乃懷,所謝知。"好心以朱泚圍逼之際,頗有戰功,預其中兵,爲帝寵重。慧得好心啓導,譯務有光,帝製《經序》焉。慧後終于洛陽,葬龍門之西岡,塔今存矣。

唐波凌國智賢傳會寧

釋若那跋陀羅,華言智賢,南海波凌亦曰訶凌。國人也,善三藏學。麟德年中，有成都沙門會寧欲往天竺，觀禮聖跡，泛舶西遊，路經波凌，遂與智賢同譯《涅槃》後分二卷。此於《阿笈摩經》内譯出，説世尊焚棺、收設利羅等事，與《大涅槃》頗不相涉。譯畢寄經達交州，寧方之西域。至儀鳳年初，交州都督梁難敵遣使同會寧弟子運期奉表進經，入京。三年戊寅，大慈恩寺沙門靈會於東宫啓請施行。運期奉侍其師，因心莫比，師令賫經行化，故無暇影隨往西域也。

唐洛京白馬寺覺救傳

釋佛陀多羅，華言覺救，北天竺罽賓人也。賫多羅夾，誓化脂那，止洛陽白馬寺，譯出《大方廣圓覺了義經》。此經近譯不委何年，且隆道爲懷，務甄詐妄，但真詮不謬，豈假具知年月耶？救之行迹，莫究其終。大和中，圭峯密公著疏判解，經本一卷，後分二卷成部，續又爲《鈔》、演暢幽邃。今東京、太原、三蜀盛行講演焉。

唐五臺山佛陀波利傳順貞

釋佛陀波利，華言覺護，北印度罽賓國人。忘身徇道，徧觀靈跡，聞文殊師利在清涼山，遠涉流沙，躬來禮謁，以天皇儀鳳元年丙子，杖錫五臺，虔誠禮拜，悲泣雨淚，冀覩聖容。倏焉見一老翁從山而出，作婆羅門語，謂波利曰："師何所求耶？"波利答曰："聞文殊大士隱迹此山，從印度來，欲求瞻禮。"翁曰："師從彼國將《佛頂尊勝陀羅尼經》來否？此土衆生多造諸罪，出家之輩亦多所犯。《佛頂神呪》除罪祕方，若不賫經，徒來何益？縱見文殊，亦何能識？師可還西國，取彼經來，流傳此土，即是徧奉衆聖，廣利羣生，拯接幽冥，報諸佛恩也。師取經來至，弟子當示文殊居處。"波利聞已，不勝喜躍，裁抑悲淚，向山更禮。

舉頭之頃，不見老人。波利驚愕，倍增虔恪。遂返本國取得經迴，既達帝城，便求進見。有司具奏，天皇賞其精誠，崇斯祕典，下詔鴻臚寺典客令杜行顗與日照三藏於内共譯。譯訖，儭絹三十匹，經留在内。波利垂泣奏曰："委棄身命，志在利人。請帝流行，是所望也。"帝愍其專切，遂留所譯之經，還其梵本。波利得經，彌復忻喜，乃向西明寺訪得善梵語僧順貞，奏乞重翻。帝俞其請，波利遂與順貞對諸大德翻出，名曰《佛頂尊勝陀羅尼經》，與前杜令所譯者，呪韻經文少有同異。波利所願既畢，却持梵本入于五臺，莫知所之。或云波利隱金剛窟，今永興龍首岡有波利藏舍利之所焉。

大曆中南嶽雲峰寺沙門法照入五臺山禮金剛窟，夜之未央，剋責撲地。忽見一僧長七尺許，梵音朗暢，稱是佛陀波利。問曰："阿師如此自苦，得無勞乎？有何願樂？"照對曰："願見文殊。"曰："若志力堅强，真實無妄，汝可脱履於板上，咫尺聖顔，令子得見。"照遂瞑目，俄已入窟。見一院題額云金剛般若寺，字體酋健，光色閃爍。其院皆是異寶莊嚴，名目不暇。樓觀複沓，殿宇連延，罘罳密緻，鈴鐸交鳴，可二百所。間有秘藏，中緘《金剛般若》并一切經法，人物魁偉，殆非常所覩也。文殊大聖處位尊嚴，擁從旁午，宣言慰勞，分茶賦食訖。波利引之出去。照苦乞在寺，波利不許。臨别勉之，努力修進，再來可住。照還至板上躡履，迴眸之際，波利隱焉。

系曰：道家尸解，説有多端。或隱真形而存假質，矧以登地大士、漏盡羅漢？或此在他亡，或分身易態，皆以之爲遊戲耳，以之爲利物焉。其佛陀波利出没無恒，變化何極，出金剛窟接法照師，蓋與之有緣，闖然而現。故杜多迦葉久隱諸峯，晉法顯往遊靈鷲，見于山下焉。

唐尊法傳

釋尊法，西印度人也，梵云伽梵達磨，華云尊法。遠踰沙磧，來抵中華，有傳譯之心，堅化導之願。天皇永徽之歲，翻出《千手千眼觀世音菩薩廣大圓滿無礙大悲心陀羅尼經》一卷。經題但云西天竺伽梵達磨譯，不標年代。推其本末，疑是永徽、顯慶中也。又準《千臂經序》云："智通同此三藏譯也。"法後不知其終。

唐西京慧日寺無極高傳阿難律木叉師　迦葉師

釋無極高，中印度人，梵云阿地瞿多，華云無極高也。出家氏族未憑書之。高學窮滿字，行潔圓珠，精練五明，妙通三藏。永徽三年壬子歲正月，自西印度賫梵夾來屆長安，勑令慈門寺安置。沙門大乘琮等十六人、英公李世勣、鄂公尉遲德等十二人，同請高於慧日寺浮圖院建陀羅尼普集會壇，所須供辦。法成之日，屢現靈異，京中道俗咸歎希逢。沙門玄楷等固請翻其法本。以四年癸丑至于五年，於慧日寺從《金剛大道場經》中撮要而譯，集成一部，名《陀羅尼集經》一十二卷，玄楷筆受。

于時有中印度大菩提寺阿難律木叉師、迦葉師等，於經行寺譯《功德天法》，編在《集經》第十卷内，故不別出焉。

唐廣州制止寺極量傳

釋極量，中印度人也，梵名般剌蜜帝，此言極量。懷道觀方，隨緣濟物，展轉遊化，漸達支那，印度俗呼廣府爲支那，名帝京爲摩訶止那也。乃於廣州制止道場駐錫。衆知博達，祈請頗多，量以利樂爲心，因敷祕賾。

神龍元年乙巳五月二十三日，於《灌頂部》中誦出一品，名

《大佛頂如來密因修證了義諸菩薩萬行首楞嚴經》,譯成一部十卷。烏萇國沙門彌伽釋迦釋迦稍訛,正云鑠佉,此曰雲峯。譯語,菩薩戒弟子前正議大夫同中書門下平章事清河房融筆受,循州羅浮山南樓寺沙門懷迪證譯。量翻傳事畢,會本國王怒其擅出經本,遣人追攝,泛舶西歸。後因南使入京,經遂流布,有惟慤法師、資中沇公各著疏解之。

唐洛京大徧空寺實叉難陀傳

釋實叉難陀,一云施乞叉難陀,華言學喜,葱嶺北于遁人也。智度恢曠,風格不羣,善大小乘,旁通異學。

天后明揚佛日,崇重大乘,以《華嚴》舊經,處會未備,遠聞于闐有斯梵本,發使求訪,并請譯人。叉與經夾同臻帝闕,以證聖元年乙未於東都大内大徧空寺翻譯。天后親臨法座,煥發《序》文,自運仙毫,首題名品。南印度沙門菩提流志、沙門義淨同宣梵本,後付沙門復禮、法藏等於佛授記寺譯成八十卷。聖曆二年功畢。至久視庚子,駕幸潁川三陽宫,詔叉譯《大乘入楞伽經》,天后復製序焉。又於京師清禪寺及東都佛授記寺譯《文殊授記》等經,前後總出一十九部,沙門波崙、玄軌等筆受,沙門復禮等綴文,沙門法寶、恒景等證義,太子中舍賈膺福監護。

周西京廣福寺日照傳

釋地婆訶羅,華言日照,中印度人也。洞明八藏,博曉五明,戒行高奇學業勤悴,而呪術尤工。以天皇時來遊此國,儀鳳四年五月,表請翻度所賫經夾,仍準玄奘例,於一大寺别院安置,并大德三五人同譯。至天后垂拱末,於兩京東西太原寺西太原寺後改西崇福寺,東太原寺後改大福先寺。及西京廣福寺,譯《大乘顯識經》、《大乘五蘊論》等凡一十八部，沙門戰陀般若提婆譯語，沙門慧智證梵語。勑諸名德助其法化，沙門道成、薄塵、嘉尚、圓測、靈辯、明恂、懷度證義，沙門思玄、復禮綴文筆受，天后親敷睿藻，製序冠首焉。照嘗與覺護同翻《佛頂》，深體唐言，善傳佛意。每進新經，錫賚豐厚。後終于翻經小房，享年七十五。天后勑葬于洛陽龍門香山，塔見存焉。

周洛京魏國東寺天智傳

釋提雲般若，或云提雲陀若那，華言天智，于闐國人也。學通大小，解兼真俗，呪術禪門，無不諳曉。永昌元年，來屆于此，謁天后於洛陽，勑令就魏國東寺後改大周東寺。翻譯。即以其年己丑至天授二年辛卯，出《華嚴經》、《法界無差別論》等六部七卷，沙門處一筆受，沙門復禮綴文，沙門德感、慧儼、法明、恒景等證義。智終年卒地，莫得而聞。

周洛京佛授記寺慧智傳明佺

釋慧智，其父印度人，婆羅門種，因使遊此方，而生於智。少而精勤，有出俗之志，天皇時從長年婆羅門僧，奉勑度爲弟子。本既梵人，善閑天竺書語；生于唐國，復練此土言音。三藏地婆訶羅、提雲若那、寳思惟等所有翻譯，皆召智爲證，兼令度語。後至長壽二年癸巳，智於東都佛授記寺自譯《觀世音頌》一卷。不詳所終。

有沙門明佺者，不知何許人，出家隸業，悉在佛授記寺。尤善毗尼，兼閑經論。天册萬歲元年，勑令刊定經目，佺所專纂録，編次持疑，更與翻經大德二十餘人同共參正，號曰《大周經録》焉。智昇云："雖云刊定，繁穢尤多。徒見流行，寔難憑準。"蓋此録支經別品，雜沓不倫，致爲昇公之所黜矣。

周洛京寂友傳

釋彌陀山，華言寂友，覩貨邏國人也。自幼出家，遊諸印度，徧學經論，《楞伽》、《俱舍》，最爲窮覈。志傳像法，不悋鄉邦，杖錫孤征，來臻諸夏，因與實叉難陀共譯《大乘入楞伽經》。又天授中，與沙門法藏等譯《無垢淨光陀羅尼經》一卷。其經，佛爲劫比羅戰荼婆羅門説，延其壽命。譯畢進内，尋辭帝歸鄉，天后以厚禮餞之。

（卷二《譯經篇》第一之二）

唐京師總持寺智通傳

釋智通，姓趙氏，本陝州安邑人也。隋大業中出家受具，後隸名總持寺。律行精明，經論該博。自幼挺秀，即有遊方之志，因往洛京翻經館學梵書并語，曉然明解。屬貞觀中，有北天竺僧賫到《千臂千眼經》梵本，太宗勑搜天下僧中學解者充翻經館綴文、筆受、證義等。通應其選，與梵僧對譯，成二卷。天皇永徽四年，復於本寺出《千囀陀羅尼觀世音菩薩呪》一卷、《觀自在菩薩隨心呪》一卷、《清淨觀世音菩薩陀羅尼》一卷，共四部五卷。通善其梵字，復究華言，敵對相翻，時皆推伏。又云："行瑜伽祕密教，大有感通。"後不知所終。

唐京師奉恩寺智嚴傳

釋智嚴，姓尉遲氏，本于闐國質子也，名樂。受性聰利，隸鴻臚寺，授左領軍衛大將軍上柱國，封金滿郡公，而深患塵勞，唯思脱屣。神龍二年五月，奏乞以所居宅爲寺，勑允，題牓曰奉恩是也。相次乞捨官入道，十一月二十四日墨制聽許。景龍元年十一月五日，孝和帝誕節剃染。尋奉勑於此寺翻經，多證梵文，諸經成部，嚴有力焉。嚴重譯出《生無邊法門陀羅尼經》。後於石鼈谷行頭陀法，又充終南山至相寺上座，體道用和，率從清謹。不知其終。

唐洛京天竺寺寶思惟傳

釋阿你真那，華言寶思惟，北印度迦濕蜜羅國人，刹帝利種。幼而捨家，禪誦爲業。進具之後，專精律品，而慧解超羣，學兼真俗，乾文呪術，尤攻其妙。加以化導爲心，無戀鄉國。以天后長壽二年，屆于洛都，勑於天宮寺安置。即以其年創譯至中宗神龍景午，於佛授記、天宮、福先等寺，出《不空罥索陀羅尼經》等七部。睿宗大極元年四月，太子洗馬張齊賢等繕寫進内。其年六月，勑令禮部尚書晉國公薛稷、右常侍高平侯徐彦伯等詳定入目施行。那自神龍之後，不務翻譯，唯精勤禮誦，修諸福業。每於晨朝磨香爲水，塗浴佛像，後方飲食。從始洎終，此爲恒業。衣鉢之外，隨得隨施。後於龍門山請置一寺，制度皆依西域，因名天竺焉。門徒學侶同居此寺，精誠所感，靈應寔繁。壽百有餘歲，以開元九年終於寺，構塔旌表焉。

唐洛京長壽寺菩提流志傳

釋菩提流志，南天竺國人也，淨行婆羅門種，姓迦葉氏。年十二，就外道出家，事波羅奢羅，學《聲明》、《僧佉》等論。曆數、呪術、陰陽、讖緯，靡不該通。年逾耳順，方乃迴心，知外法之乖違，悟釋門之淵默，隱居山谷，積習頭陀。初依耶舍瞿沙三藏學諸經論，其後遊歷五天，徧親講肆。高宗大帝聞其遠譽，挹彼高風，永淳二年，遣使迎接。天后復加鄭重，令住東洛福先寺譯佛境界、寶雨、華嚴等經，凡十一部。中宗神龍二年，又住京兆崇福寺，譯《大寶積經》。屬孝和厭代，睿宗登極，勑於北苑白蓮池、甘露亭，續其譯事，翻度云畢，御序冠諸。其經舊新凡四十九會，總一百二十卷。先天二年四月八日進内，此譯場中沙門思忠、天竺大首領伊舍羅等譯梵文，天竺沙門波若屈多、沙門達摩證梵義，沙門履方、宗一、慧覺筆受，沙門深亮、勝莊、塵外、無著、懷迪證義，沙門承禮、雲觀、神暕、道本次文。次有潤文官盧粲、學士徐堅、中書舍人蘇瑨、給事中崔璩、中書門下三品陸象先、尚書郭元振、中書令張説、侍中魏知古，儒釋二家，構成全美。寶積用賢既廣，流志運功最多，所慊者古今共譯《一切陀羅尼》末句云“莎嚩訶”，皆不竊考清濁，遂使命章有異。或云“薩婆訶”，或云“馺皤訶”等，九呼不倫，楷定梵音，悉無本旨。此非梵僧傳誦不的，自是執筆之誤，故剋取“莎桑巴反嚩無可反訶呼箇反”爲正矣。

志開元十二年，隨駕居洛京長壽寺。十五年十一月四日，囑誡弟子五日齋時，令侍人散去，右脅安卧，奄然而卒，春秋一百五十六。帝聞軫悼，勑試鴻臚卿，謚曰“開元一切徧知三藏”。遣内侍杜懷信監護喪事，出内庫物，務令優贍。用鹵簿羽儀，幡幢花蓋，闐塞衢路。十二月一日，遷窆于洛南龍門西北原，起塔，勒石誌之。

系曰：西域喪禮，其太簡乎？或有國王酋長，傾心致重者，勿過舁之火葬。若東夏僧用鹵簿導喪車，罕聞之矣。嗚呼！道尊德貴，不言而邀，此不其盛歟！

唐羅浮山石樓寺懷迪傳

釋懷迪，循州人也。先入法于南樓寺，其山半在海涯，半連陸岸，乃仙聖遊居之靈府也。迪久探經論，多所該通，《七略》九流，粗加尋究。以海隅之地，津濟之前，數有梵僧寓止于此，迪學其書語，自兹通利。菩提流志初譯《寶積》，召迪至京證義，事畢南歸。後於廣府遇一梵僧，賫多羅葉經一夾，請共翻傳，勒成十卷，名《大佛頂萬行首楞嚴經》是也。迪筆受經旨，緝綴文理，後因南使附經入京，即開元中也。

又乾元元年有罽賓三藏般若力、中天竺婆羅門三藏善部末摩、箇失密三藏舍那並慕化入朝，詔以力爲太常少卿，末摩爲鴻臚少卿，並員外置，放還本土。或云："各賫經至，屬燕趙阻兵，不遑宣譯，故以官品榮之。"

唐京兆慈恩寺寂默傳

釋牟尼室利，華言寂默。其爲人也，神宇高爽，量度真率。德宗貞元九年，發那爛陀寺，擁錫東來。自言從北印度往此寺出家，受戒學法焉。十六年，至長安興善寺。十九年，徙崇福醴泉寺。復於慈恩寺請行翻譯事，乃將奘師梵本，出《守護國界主陀羅尼經》十卷，又進《六塵獸圖》。帝悦，檀施極多。元和元年六月十九日，卒于慈恩寺。

初默説中天竺摩伽陀國那爛陀寺周圍四十八里，九寺一門，是九天王所造。默在寺日，住者萬餘，以大法師處量綱任，西域伽藍無如其高廣矣。案《守護國界主經》是般若譯，牟尼證梵本，翰林待詔光宅寺智真譯語，圓照筆受，鑒虚潤文，澄觀證義焉。

唐丘慈國蓮華寺蓮華精進傳

釋勿提提羼魚，華言蓮華精進，本屈支城人也，即龜兹國，亦云丘慈，正曰屈支。時唐使車奉朝到彼土，城西門外有蓮華寺，進居此中，號三藏苾蒭。奉朝至誠祈請，開譯梵夾，傳歸東夏。進允之，遂譯出《十力經》，可用東紙三幅成一卷，是佛在舍衛國説。安西境内有前踐山，山下有伽藍，其水滴溜成音可愛，彼人每歲一時采綴其聲以成曲調，故耶婆瑟雞，開元中用爲羯鼓曲名，樂工最難其杖撩之術。進寺近其滴水也，其經是沙門悟空同《十地迴向輪經》共十一卷，賫進。貞元中請編入《藏》，值圓照續録，故述其由。

唐北庭龍興寺戒法傳

釋尸羅達摩，華言戒法也，本于闐人。學業該通，善知華梵，居于是國，爲大法師。唐貞元中，悟空迴至北庭，其本道節度使楊襲古與龍興寺僧請法爲譯主，翻《十地經》。法躬讀梵文并譯語，沙門大震筆受，法超潤文，善信證義，悟空證梵文。又譯《迴向輪經》，翻傳纔畢，繕寫欲終，遇北庭宣慰中使段明秀事訖迴，與北庭奏事官牛昕、安西奏事官程鍔等相隨入朝，爲沙河不通，取迴鶻路，其梵夾留北庭龍興寺藏。賫所譯唐本至京，即貞元五載也。法譯事方終，却迴豁丹，豁丹一云于遁，此皆嶺北人之呼召耳，若五印度語云瞿薩怛那，華言乳國，亦云地乳也。

唐蓮華傳

釋蓮華，本中印度人也。以興元元年杖錫謁德宗，乞鐘一口歸天竺聲擊。勑廣州節度使李復修鼓鑄畢，令送於南天竺金堌寺。華乃將此鐘於賓軍國毗盧遮那塔所安置。後以《華嚴後分》梵夾附舶來，爲信者般若三藏於崇福寺翻成四十卷焉。

一云：梵夾本是南天竺烏荼國王書獻脂那天子，書云："手自書寫《華嚴經》百千偈中所説善財童子五十五聖者，善知識入不思議解脱境界普賢行願品，謹奉進上，願於龍華會中奉覲云"，即貞元十一年也。至十二年六月，詔於崇福寺翻譯，罽賓沙門般若宣梵文，洛京天宫寺廣濟譯語，西明寺圓照筆受，智柔、智通綴文,成都府正覺寺道恒、鑒虚潤文,千福寺大通證義,澄觀、靈邃詳定,神策軍護軍中尉霍仙鳴、左街功德使竇文場寫進,十四年二月解座。

唐大聖千福寺飛錫傳

釋飛錫,未知何許人也。神氣高邈,識量過人。初學律儀,後於天台法門一心三觀,與沙門楚金棲心研習。天寶初遊于京闕,多止終南紫閣峯草堂寺。屬不空當途傳譯,慎選英髦,錫預其數,頻登筆受、潤文之任。代宗永泰元年四月十五日,奉詔於大明宫内道場同義學沙門良賁等十六人参譯《仁王護國般若經》并《密嚴經》。先在多羅葉時,並是偈頌,今所譯者多作散文。不空與錫等及翰林學士柳抗重更詳定,錫充證義正員,辭筆不愧斯職也。

唐京師大安國寺子鄰傳

永泰中,不空重譯《仁王護國》、《密嚴》等經,鄰與千福寺法崇、西明寺慧靜、保壽寺圓寂分職證義,並良賁潤文。

唐醴泉寺般若傳

釋般若,罽賓國人也。貌質魁梧,執戒嚴整,在京師,充義學沙門。憲宗敦崇佛門,深思翻譯,奈何有事于蜀部,劉闢阻命,王承宗未平,朝廷多故。至元和五年庚寅,詔工部侍郎歸登、孟簡、劉伯芻、蕭俛等就醴泉寺譯出經八卷,號《本生心地觀》,此之梵夾乃高宗朝師子國所進者,寫畢進上。帝覽有勑,“朕願爲序”。尋頒下其文,冠于經首,三藏賜帛,證義諸沙門錫賚有差。先於貞元中譯《華嚴經》後分四十卷,此蓋烏荼國王所進者,于時而賜紫衣。後大中中,法寶大師玄暢奏請入《藏》焉。

唐上都章敬寺悟空傳

釋悟空,京兆雲陽人,姓車氏,後魏拓跋之遠裔也。天假聰敏,志尚典墳,孝悌之聲,藹于鄉里。屬玄宗德被遐方,罽賓國願附大唐,遣大首領薩婆達幹與三藏舍利越摩於天寶九載來朝闕庭,請使巡按。明年,勑中使張韜光,將國信行官傔吏四十餘人西邁。時空未出俗名,奉朝授左衛涇州四門府別將,令隨使臣自安西路去。至十二載至健陀羅國,罽賓東都城也,其王禮接唐使。使迴,空篤疾,留健陀羅。病中發願,痊當出家。遂投舍利越摩落髮,號達摩馱都,華言法界,當肅宗至德二年也。洎年二十九,於迦濕彌羅國受具足戒,文殊矢涅地爲親教師,鄔不羼提爲羯磨阿遮利,耶馱里䶨地爲教授,於蒙鞮寺諷聲聞戒,習根本律儀。然北天竺國皆薩婆多學也。後巡歷數年,偏瞻八塔,爲憶君親,因咨本師舍利越摩,再三方允。摩手授梵本《十地》、《迴向輪》、《十力》三經,共一夾,并佛牙舍利以贈別。

空行從北路,至覩貨羅國,五十七蕃中有一城,號骨咄國,城東有小海。空行次南岸,地輒摇動,雲陰雨暴,霆擊雹飛。乃奔就一大樹間,時有衆商咸投其下。商主告衆曰:“誰賫佛舍利異物殊珍耶?不爾,龍神何斯忿怒?有則投于海中,無令衆人惶怖。如藏匿者,自貽伊咎。”空爲利東夏之故,潛乞龍神宥過。自卯達申,雨雹方霽。迴及龜兹,居蓮華寺,遇三藏法師勿提提羼魚,善於傳譯。空因將十力經夾請翻之。尋抵北庭,大使復命。空出梵夾,于闐三藏戒法爲譯主,空證梵文并度語,翻成《十地迴向輪經》。事訖,隨中使段明秀以貞元五年己巳達京師,勑於躍龍門使院安置。進上佛牙、舍利、經本,宣付左神策軍繕寫,功德使竇文場寫畢進呈,勑署空壯武將軍、試太常卿。乃歸章敬寺。次返雲陽問二親,墳樹已栱矣。凡所往來,經四十年,于時已六十餘。所翻經三本，共十一卷。翻經大德圓照《續開元録》皆編入《藏》，復記空之行狀焉。

唐京師滿月傳智慧輪

釋滿月者，西域人也。爰來震旦，務在翻傳瑜伽法門，一皆貫練。既多神效，衆所推欽。開成中，進梵夾，遇僞甘露事去未旋踵，朝廷無復紀綱，不暇翻譯。時悟達國師知玄好學聲明，禮月爲師，情相欵密，指教梵字并音字之縁界，《悉曇》八轉，深得幽趣。玄曰："異哉，吾體兩方之言，願參象胥之末，可乎？"因請翻諸禁呪，乃與菩提嚩日羅金剛悉地等重譯出《陀羅尼集》四卷，又《佛爲毗戍陀天子説尊勝經》一卷，詳覈三復，曲盡佛意。此土先已有《陀羅尼集》十二卷，新翻四卷，未聞入《藏》。月等俱不測其終。

次有般若斫迦三藏者，華言智慧輪，亦西域人。大中中，行大曼拏羅法，已受灌頂爲阿闍梨，善達方言，深通密語，著《佛法根本》。宗乎大毗盧遮那，爲諸佛所依，法之根本者，陀羅尼是也。至於出生無邊法門，學者修戒定慧以總持助成，速疾之要，無以超越。又述《示教指歸》，共一千餘言，皆大教之鈐鍵也，出弟子紹明，咸通年中刻石記傳焉。

論曰：無漏海中，震潮音而可怪；總持言下，書梵字而不常。未聞者聞，聞光音天之餘響；未解者解，解最上法之所詮。聖賢飲之爲醇醪，凡劣啜之成糟粕。若夫有縁則遇，無道則違。秦獄既械其利防，此無縁也；漢庭肇迎其白馬，斯有感焉。聽彼異呼，覽其横字，情可求而呼相亂，字雖殊而意且同。是故《周禮》有象胥氏通六蠻語，狄鞮主七戎，寄司九夷，譯知八狄。今四方之官，唯譯官顯著者何也？疑漢已來多事北方，故譯名爛熟矣。又如周秦輶軒使者，奏籍通别國方言，令君王不出户庭坐知絶遐異俗之語也。若然者，象胥知其遠也，方言知其近也。大約不過察異俗、達遠情者矣。懿乎東漢，始譯《四十二章經》，復加之爲翻也。翻也者，如翻錦綺，背面俱花，但其花有左右不同耳。由是翻譯二名行焉。初則梵客華僧，聽言揣意，方圓共鑿，金石難和，椀配世間，擺名三昧，咫尺千里，覿面難通。次則彼曉漢談，我知梵説，十得八九，時有差違，至若怒目看世尊、彼岸度無極矣。後則猛、顯親往，奘、空兩通，器請師子之膏，鵝得水中之乳，内豎對文王之問，揚雄得絶代之文，印印皆同，聲聲不別，斯謂之大備矣。逖觀道安也，論五失三不易。彥琮也籍其八備，明則也撰翻經儀式，玄奘也立五種不翻，此皆類《左氏》之諸凡，同史家之變例。今立新意，成六例焉。謂譯字譯音爲一例，胡語梵言爲一例，重譯直譯爲一例，麤言細語爲一例，華言雅俗爲一例，直語密語爲一例也。

初則四句，一譯字不譯音，即陀羅尼是。二譯音不譯字，如佛胸前卍字是。三音字俱譯，即諸經律中純華言是。四音字俱不譯，如經題上二字是。

第二胡語梵言者，一在五天竺，純梵語。二雪山之北是胡。山之南名婆羅門國，與胡絶，書語不同，從羯霜那國字源本二十餘言，轉而相生，其流漫廣，其書豎讀同震旦歟？至吐貨羅，言音漸異，字本二十五言，其書横讀。度葱嶺南，迦畢試國言字同吐貨羅，已上雜類爲胡也。若印度言字，梵天所製，本四十七言，演而遂廣，號青藏焉。有十二章，教授童蒙，大成五明論，大抵與胡不同。五印度境彌亘既遥，安無少異乎？又以此方始從東漢傳譯，至于隋朝，皆指西天以爲胡國，且失梵天之苗裔，遂言胡地之經書。彥琮法師獨明斯致，唯徵造録，痛責彌天，符佛地而合《阿含》，得之在我；用胡名而迷梵種，失則誅誰？唐有宣公，亦同鼓唱。自此若聞彈舌，或覩黑容，印定呼爲梵僧，雷同認爲梵語。琮師可謂忙於執斧捕前白露之蟬，矒在迴光照後黄衣之雀。既云西土有梵有胡，何不南北區分，是非料簡？致有三失。一改胡爲梵，不析胡開，胡還成梵，失也。二不善胡梵二音，致令胡得爲梵，失也。三不知有重譯，失也。當初盡呼爲胡，亦猶隋朝已來總呼爲梵，所謂過猶不及也。如據宗本而談，以梵爲主；若從枝末而説，稱胡可存。何耶？自五天至嶺北，累累而譯也，乃疑琮公留此以待今日，亦不敢讓焉。三亦胡亦梵，如天竺經律傳到龜兹，龜兹不解天竺語，呼天竺爲印特伽國者，因而譯之。若易解者猶存梵語。如此胡梵俱有者是。四二非句，純華言是也。

第三重譯直譯者，一直譯，如五印夾牒直來東夏譯者是。二重譯，如經傳嶺北樓蘭、焉耆，不解天竺言，且譯爲胡語，如梵云鄔波陀耶，疏勒云鶻社，于闐云和尚。又天王，梵云拘均羅，胡云毗沙門是。三亦直亦重，如三藏直賫夾牒而來，路由胡國，或帶胡言。如覺明口誦曇無德律中有和尚等字者是。四二非句，即賫經三藏雖兼胡語，到此不翻譯者是。

第四麤言細語者，聲明中一蘇漫多，謂汎爾平語言辭也，二彦底多，謂典正言辭也。佛説法多依蘇漫多，意住於義，不依於文，又被一切故。若彦底多非諸類所能解故。亦名全聲者，則言音分明典正，此細語也。半聲者，則言音不分明而訛僻，此麤語也。一是麤非細，如五印度時俗之言是。二唯細非麤，如法護、寶雲、奘師、義淨，洞解聲明音律，用中天細語典言而譯者是。三亦麤亦細，如梵本中語涉麤細者是。或注云此音訛僻，即麤言也。四二非句闕。

第五華言雅俗者，亦云音有楚夏同也。且此方言語，雅即經籍之文，俗乃街巷之説，略同西域。細即典正，麤即訛僻也。一是雅非俗，如經中用書籍言是。二是俗非雅，如經中乞頭博頬等語是。三亦雅亦俗，非學士潤文，信僧執筆，其間渾金璞玉交雜相投者是。四二非句闕。

第六直語密語者，二種作句，涉俗爲直，涉真爲密，如婆留師是。一是直非密，謂婆留師翻爲惡口住，以惡口人人不親近故。二是密非直，婆留師翻爲菩薩所知彼岸也，既通達三無性理，亦不爲衆生所親近故。三兩亦句，即同善惡真俗，皆不可親近故。四二非句，謂除前相故。又阿毗持呵婁，目數數得定。鬱婆提、目生起拔根棄背。婆羅目真實離散亂。此諸名在經論中，例顯直密語義也。更有胡梵文字，四句易解。凡諸類例括彼經詮，解者不見其全牛，行人但隨其老馬矣。

或曰："翻梵夾須用此方文籍者，莫招濫涉儒雅之過乎？"通曰："言不關典，非子史之言，用其翻對，豈可以委巷之談而糅于中耶？故道安云：'乃欲以千載上之微言，傳所合百王下之末俗'，斯爲不易矣。"或曰："漢魏之際，盛行斯意，致使陳壽《國志》述臨兒國云：'浮屠所載，與中國老子經而相出入。蓋老子西出關，過西域之天竺，教胡爲浮屠。'""此爲見譯家用道德二篇中語，便認云與《老子經》互相出入也。設有華人能梵語，與西僧言説，兩相允會，可便謂此人爲天竺人耶？盍窮其始末乎？是知若用外書，須招此謗。如童壽譯《法華》，可謂折中，有天然西域之語趣矣。今觀房融潤文於楞嚴，僧肇徵引而造論，宜當此誚焉。苟參鄙俚之辭，曷異屠沽之譜？然則糅書勿如無書，與其典也，寧俗。儻深溺俗，厥過不輕；折中適時，自存法語，斯謂得譯經之旨矣。故佛説法多依蘇漫多也。又傳譯之興，奉行之意，不明本起，何示將來？今究其宣揚，略陳梗概。夫教者不倫，有三疇類；一顯教者，諸乘經律論也；不同瑜伽論中顯了教，是多分大乘藏教。二密教者，《瑜伽灌頂五部護摩三密曼拏羅法》也；瑜伽隱密教，是多分聲聞藏教。三心教者，直指人心，見性成佛，禪法也。次一法輪者，即顯教也，以摩騰爲始祖焉。次二教令輪者，即密教也，以金剛智爲始祖焉。次三心輪者，義加此輪。即禪法也，以菩提達磨爲始祖焉。是故傳法輪者以法音傳法音；傳教令輪者，以祕密傳祕密；傳心輪者，以心傳心，此之三教、三輪、三祖，自西而東，化凡而聖，流十五代，漢、魏、晉、宋、齊、梁、陳、隋、唐、朱梁、後唐、石晉、劉漢、郭周、今大宋。法門之貽厥孫謀，萬二千年，真教之克昌厥後。”

或曰：“譯場經館，設官分職，不得聞乎？”曰：“此務所司，先宗譯主，即賫葉書之三藏明練顯密二教者充之。次則筆受者。必言通華梵，學綜有空，相問委知，然後下筆。西晉僞秦已來立此員者，即沙門道含、玄賾、姚嵩、聶承遠父子。至于帝王，即姚興、梁武、天后、中宗，或躬執翰，又謂爲綴文也。次則度語者，正云譯語也。傳度轉令生解，亦名傳語，如翻《顯識論》，沙門戰陀譯語是也。次則證梵本者，求其量果，密能證知，能詮不差，所顯無謬矣。如居士伊舍羅證譯《毗柰耶》梵本是也。至有立證梵義一員，乃明西義得失，貴令華語下不失梵義也。復立證禪義一員，沙門大通充之。次則潤文一位，員數不恒，令通內外學者充之。良以筆受在其油素，文言豈無俚俗，儻不失於佛意，何妨刊而正之。故義淨譯場，則李嶠、韋嗣立、盧藏用等二十餘人次文潤色也。次則證義，蓋證已譯之文所詮之義也。如譯《婆沙論》，慧嵩、道朗等三百人考正文義，唐復禮累場充任焉。次則梵唄，法筵肇啓，梵唄前興，用作先容，令生物善，唐永泰中方聞此位也。次則校勘，讎對已譯之文，隋則彥琮覆疏文義，蓋重慎之至也。次則監護大使，後周平高公侯壽爲總監撿校，唐則房梁公爲奘師監護，相次許觀、楊慎交，杜行顗等充之。或用僧員，則隋以明穆、曇遷等十人監掌翻譯事，詮定宗旨。其處則秦逍遥園、梁壽光殿、瞻雲館、魏汝南王宅。又隋煬帝置翻經館，其中僧有學士之名。唐於廣福等寺,或宫園不定。又置正字字學,玄應曾當是職,後或置或否。朝廷罷譯事,自唐憲宗元和五年至于周朝,相望可一百五十許歲,此道寂然。

迨我皇帝臨大寶之五載,有河中府傳顯密教沙門法進請西域三藏法天譯經于蒲津,州府官表進,上覽大悦,各賜紫衣,因勑造譯經院於太平興國寺之西偏。續勑搜購天下梵夾,有梵僧法護、施護同參其務,左街僧録智照大師慧温證義。又詔滄州三藏道圓證梵字,慎選兩街義解沙門志顯綴文,令遵、法定、清沼筆受,守鑾、道真、知遜、法雲、慧超、慧達、可瓌、善祐、可支證義,倫次綴文,使臣劉素、高品王文壽監護,禮部郎中張洎、光録卿湯悦次文潤色,進《校量壽命經》、《善惡報應經》、《善見變化》、《金曜童子》、《甘露鼓》等經,有命授三藏天息災、法天、施護師號,外試鴻臚少卿、賜厩馬等。筆受證義諸沙門各賜紫衣并帛有差。御製新譯經序,冠于經首。觀其佛日重光,法輪發軔,赤玉箱而啓秘,青蓮朵以開芳,聖感如然,前代孰堪比也。又以宣譯之者樂略樂繁,隋之已前,經題簡少;義淨已降,經目偏長。古則隨取强名,後則繁盡我意。又舊翻祕呪,少注合呼。唐譯明言,多詳音反,受持有驗,斯勝古蹤。淨師大譯諸經,偏精律部,自高文彩,最有可觀。金剛智也祕藏祖師,阿目佉也多經譯匠,師資相接,感應互彰。無畏言辭且多朴實。覺救加佛頂之句,人無間然。日照出顯識之文,刃有餘地。思惟《罥索》,學喜《華嚴》,密語斷章,大人境界。流志《寶積》,菩提曼荼,華胥之理致融明,灌頂之風標祕邃,迪公勤其筆受,般若終乎譯場。其餘諸公,皆翻夾牒,欲知狀貌,聊舉喻言。其猶人也,人皆人也,奈何姿制形儀,各從所肖,肖其父焉。若如此,大則同而小有異耳。良由譯經是佛法之本,本立則道生。其道所生,唯生釋子,是以此篇冠首。故曰先王將禜海，必先有事于河者，示不忘本也。

（卷三《譯經篇》第一之三）

唐京兆大慈恩寺普光傳

釋普光，未知何許人也。明敏爲性，爰擇其木，請事三藏奘師。勤恪之心，同列靡及。至於智解，可譬循環，聞少證多，奘師默許。末參傳譯，頭角特高，左右三藏之美，光有功焉。初，奘嫌古翻《俱舍》，義多缺然，躬得梵本，再譯真文，乃密授光，多是記憶西印薩婆多師口義。光因著《疏》解判。一云其《疏》至圓暉略之爲十卷，如漢之有淹歟？又嘗隨奘往玉華宫譯《大般若經》，厥功出乎裨贊也，時號大乘光。觀夫奘自貞觀十九年創譯，訖麟德元年，終于玉華宫，凡二十載，總出大小乘經律論七十五部一千三百三十五卷，十分七八是光筆受，或謂嘉光、普光也。若驗從辯機同參譯務，即普光是也。

（卷四《義解篇》第二之一）

唐中嶽嵩陽寺一行傳

釋一行，……又於金剛三藏學《陀羅尼秘印》，登前佛壇，受法王寶，復同無畏三藏譯《毗盧遮那佛經》，開後佛國，其傳密藏，必抵淵府也。

唐京師安國寺良賁傳

賁識鑒淵曠，風表峻越，外通墳典，内善經論，義解之性，人罕加焉。永泰中，不空盛行傳譯，實難其人，賁預其翻度。代宗請爲菩薩戒師。因新出《仁王護國經》，勑令撰《疏》解判，曲盡經意，以所住寺爲《疏》目，曰青龍也。原夫是經已當三譯，一晉太始三年法護譯一卷，名《仁王般若》；次秦羅什出，名《仁王護國般若波羅蜜》;次梁承聖三年真諦於洪州賓因寺譯,名《仁王般若》,并疏六卷。然則晉本初翻,方言尚隔。梁朝所譯,隱而不行。僞秦之經,傳流宇内。奈何止言波羅蜜而闕多字?則是虧其到義。是以肅宗皇帝齋心沐德,請不空重譯。及肅皇晏駕,代宗成先聖之願言,詔興譯務,勑軍容使魚朝恩監護於南桃園,起乎告朔,終乎望日,帝御承明殿灌頂道場躬執舊經,對譯新本,而復爲序冠于經首,仍勑賁造疏通經。……賁勤勤筆削,三卷克成。……大曆七年正月,不空奏請入《目録》,勑依。

唐京師西明寺慧琳傳

釋慧琳,姓裴氏,疎勒國人也。始事不空三藏,爲室灑,内持密藏,外究儒流,印度聲明,支那詁訓,靡不精奥。嘗謂翻梵成華,華皆典故,典故則西乾細語也。遂引用《字林》、《字統》、《聲類》、《三蒼》、《切韻》、《玉篇》、諸經雜史,參合佛意,詳察是非,撰成《大藏音義》一百卷。起貞元四年迄元和五載,方得絶筆,貯其本于西明藏中。京邑之間,一皆宗仰。

(卷五《義解篇》第二之二)

唐越州暨陽杭烏山智藏傳

釋智藏,姓皮氏,西印度種族,祖父從華,世居官宦,後僑寓廬陵。藏少入精舍,覩像設之繁,乃陋俗求真,而於三學各所留心,唯律藏也最爲精敏。大曆三年,遊豫章,因隸名天宫寺,衆懇命臨壇秉度,時仰梟烋,號爲律虎。每登法座,提唱毗尼,堂盈席滿,聽受無厭。辨名理,析微言,連環可解也。貞元中,遇大寂禪師,篤明心要。及遊會稽,於杭烏山頂築小室安禪。乃著《華嚴經妙義》。宣吐亹亹,學者歸焉。至元和十四年二月,無疾而終，報齡七十九。焚收舍利圓淨者，建塔於院北峯焉。

（卷六《義解篇》第二之三）

唐韶州今南華寺慧能傳

釋慧能，……隱於四會、懷集之間，漸露鋒穎。就南海印宗法師《涅槃》盛集，論風旛之語，印宗辭屈而神伏，乃爲其削椎髻於法性寺，智光律師邊受滿分戒，所登之壇即南宋朝求那跋摩三藏之所築也。跋摩已登果位，懸記云："後當有肉身菩薩於斯受戒。"又梁末真諦三藏於壇之畔手植菩提樹，謂衆曰："種此後一百二十年，有開士於其下説無上乘，度無量衆。"至是能爰宅于兹，果於樹陰開東山法門，皆符前讖也。

唐荆州當陽山度門寺神秀傳

昔魏末有天竺沙門達磨者，得禪宗妙法，自釋迦佛相傳，授以衣鉢爲記，世相傳付，航海而來。梁武帝問以有爲之事，達磨貴傳逕門心要，機教相乖，若水投石。乃之魏，隱於嵩丘少林寺，尋卒。其年魏使宋雲於葱嶺見之。門徒發其冢，但有衣履而已。以法付慧可，可付粲，粲付道信，信付忍。忍與信俱住東山，故謂其法爲東山法門。秀既事忍，忍默識之，深加器重，謂人曰："吾度人多矣，至於懸解圓照，無先汝者。"忍於上元中卒，秀乃往江陵當陽山居焉。

（卷八《習禪篇》第三之一）

唐天台山佛窟巖遺則傳

釋遺則，……一朝捐家業，從牛頭山慧忠，忠所謂牛頭六祖也。始天竺達磨以釋氏心要至，傳其道者有曹溪能、嵩山秀。學能者謂之南宗學，學秀者謂之北宗學。而信祖又以其道傳慧融，融得之居牛頭山，弟子以傳授。由是達磨心法有牛頭學。則既傳忠之道，精觀久之，以爲天地無物也，我無物也，雖無物未嘗無物也。此則聖人如影，百姓如夢，孰爲死生哉？至人以是能獨照，能爲萬物主，吾知之矣。遂南遊天台，至佛窟巖，蓋薜荔，藨落葉而尸居，飲山流、飯木實而充虛，虎豹以爲賓，麋鹿以爲徒，兀然如枯。其後劚木者見之轉相告，有慕其道者曰："道者未有弟子。"相率爲築室，圖佛安僧，蔚爲精舍焉。故元和已來傳則道者，又自以爲佛窟學，佛窟之號自則始也。

唐鄴都圓寂傳掘多

釋掘多者，印度人也。從踰沙磧，向慕神州，不問狄鞮，旋通華語，而尚禪定。徑謁曹溪能師，機教相接，猶弱喪還家焉。多遊五臺，路由定襄。歷村見一禪者結庵獨坐，問之曰："子在此奚爲？"曰："吾觀靜。"多曰："觀者何人？靜者何物？得非勞子之形，役子之慮乎？"其僧茫昧，拱默而已，作禮數四，請垂啓發。多曰："子出誰門邪？"曰："神秀大師。"多曰："我西域異道寔繁有徒，最下劣者，不墮此見。兀然空坐，蓐爛身疲，初無深益。子莫起如是見，立如是論。"早往韶陽請決所疑。能曰："子何不自觀自靜邪？不觀相，不觀如，子遊歷日用，自然安樂也。"一如多所言，略無少異。伊僧起開羅網。多後莫知攸往。

（卷十《習禪篇》第三之二）

梁台州瑞巖院師彦傳

嘗有三僧，胡形清峭，目睛轉若流電焉，差肩並足致禮。彦問曰："子從何來？"曰："天竺來。""何時發？"曰："朝行適至。"彦曰："得無勞乎？"曰："爲法忘勞。"乃諦視之，足皆不蹈地。彦令入堂，上位安置，明旦忽焉不見，云是辟支迦果人，然莫知階級。

（卷十三《習禪篇》第三之六》）

唐京兆西明寺道宣傳

宣之持律，聲振竺乾，宣之編修，美流天下，是故無畏三藏到東夏朝謁，帝問："自遠而來，得無勞乎？欲於何方休息？"三藏奏曰："在天竺時常聞西明寺宣律師，秉持第一，願往依止焉。"勑允之。宣持禁堅牢，捫蝨以緜紙裹投于地。三藏曰："撲有情于地之聲也。"凡諸密行，或制或遮，良可知矣。

唐京兆恒濟寺道成傳

垂拱中，日照三藏譯《顯識》等經，天后詔名德十員助其法化，成與明恂、嘉尚同預證義。由是聲飛神甸，位首方壇。

唐京師崇聖寺文綱傳

長安四年，奉勑往岐州無憂王寺迎舍利。景龍二載，中宗孝和皇帝延入内道場行道，送真身舍利往無憂王寺入塔。

唐開業寺愛同傳

釋愛同，……具戒後，講彌沙塞律，遠近師禀，若鱗羽宗乎鯤鳳也。昔南宋朝罽賓三藏覺壽譯成此律，因出《羯磨》一卷，時運遷移，其本零落，尋求不獲，學者無依。同遂於《大律》之内，抄出《羯磨》一卷，彼宗學者盛傳流布，被事方全。孝和之世，神龍中盛重翻宣，同與文綱等參預譯場，推爲證義。義淨所出之經，同有力焉。著《五分律疏》十卷，復遺囑西明寺玄通律師重施潤色。後安史俶擾，焚燎喪寺，今無類矣。

唐會稽開元寺曇一傳

釋曇一，……開元五年，西遊長安，依觀音寺大亮律師，傳《毗尼藏》，崇聖寺檀子法師學《唯識》、《俱舍》等論，安國寺印度沙門受菩薩戒。……四分律者，後秦三藏法師梵僧佛陀耶舍傳誦中華，與羅什法師共爲翻譯，今之講授，自此員來。魏法聰律師始爲演説，聰授道覆，覆授光。洎隋朝相部勵律師作《疏》十卷，西京崇福寺滿意律師盛傳此疏，付授亮律師。其所傳授一，一依勵律師《疏》及唐初終南宣律師《四分律鈔》三卷，詳略同異，自著《發正義記》十卷。明兩宗之踳駮，發五部之鈐鍵。後學開悟，夜行得燭，前疑泮釋，陽和解冰，佛日昭晰而再中，法棟崢嶸以高峙。《發正記》中斥破南山持犯中可見也。

（卷十四《明律篇》第四之一）

唐京師西明寺圓照傳

釋圓照，姓張氏，京兆藍田人也。……洎乎開元年中，勑選名德僧參其譯務，照始預焉。至代宋大曆十三年，承詔兩街臨壇大德一十四人齊至安國寺，定奪新舊兩《疏》是非。蓋以二宗俱盛，兩壯必爭，被擒翻利於漁人，互擊定傷於師足。既頻言競，多達帝聽，有勑令將二本《律疏》定行一家者。時照等序奏云："按《四分律》部主，梵云曇無德，秦言法藏。自姚秦洪始五年壬寅歲罽賓三藏佛陀耶舍，秦言覺明，諷出梵文，沙門竺佛念聽而筆受，成四十五卷。至十一年歲次戊申，支法領又從西國將梵本來，於長安中寺重讎校，殆十四年辛亥譯畢，沙門慧辯等筆受，成六十二卷。後有魏朝道覆律師於法聰講下纂成《疏》六卷，北齊慧光律師造《疏》二本，次道雲律師修《疏》九卷，次道暉撰《疏》七卷，隋朝法願裁《疏》十卷。自唐平一天下也，四方昌阜，三寶增明，有智首律師述《疏》二十一卷，次慧滿律師造《疏》二十卷，事各一時流通絶矣。當武德元年戊寅歲，有相州日光寺法礪律師製疏，至九年丙戌歲成十卷，宗依《成實論》，今稱《舊疏》是也。洎高宗天皇大帝咸亨元年歲在庚午，有西太原寺懷素律師撰《開四分律宗記》十卷，宗依《根本一切有部》、《大毗婆沙》、《俱舍》等論，稱《新章疏》是也。至我皇帝受佛付囑，欽尚釋門，信重大乘，遵承密教。見兩疏傳授，各擅顯門，學者如林，執見殊異，數興諍論。聖慈愍念，務息其源，使水乳無乖，一味和合。時遣内給事李憲誠宣勑，勾當京城諸寺觀功德使鎮軍大將軍劉崇訓宣勑云：'《四分律舊疏》、《新疏》宜令臨壇大德如淨等於安國寺律院僉定一本流行。'兩街臨壇大德一十四人俱集安國寺。又勑安國寺三綱：'僉定律疏院，一切僧俗輒不得入，違者録名奏來云。'其時天長寺曇邃、淨住寺崇叡、西明寺道邃、興泚、本寺賓意、神朗、智釗、超儕、崇福寺超證、薦福寺如淨、青龍寺惟幹、章信寺希照、保壽寺慧徹、圓照共奉表謝。答詔云：'師等道著依經，功超自覺，承雪宫之旨奥，爲火宅之涼飈。《四分律儀》，三乘扃鍵，須歸總會，永息多門。一國三公，誰執其咎。初機眩曜，迷復孔多，爰命有司俾供資費，所煩筆削，竚見裁成。所謝知悉。'其日品官楊崇一宣勑薦福、温國兩寺三綱與淨土院檢校僧等'嚴飾道場，命僧行道，用五十四人，起今月一日，轉經禮佛，六時行道；至來年二月一日散。……'及解道場，中官李憲誠宣勑語温國寺轉念道場《四分律》臨壇大德等：'釋門三學，以心印相傳；無上菩提，以戒法爲根本。道場畢日，即宜赴大安國寺楷定律疏，十道流行。'至二月八日，勑檢校道場大德曇邃、飛錫等，道場定取十日散，設齋外，各賜絹帛。其十四人律師，並令赴安國寺修疏，程才品用，各得其宜。衆推如淨、慧徹同筆削潤色，圓照筆受正字，賓意纂文僉定，超儕筆受。其崇叡已下九人證義，共議篇題云：‘勑僉定《四分律疏》卷第一，京城臨壇大德某等奉詔定’，以此爲題也。”照爲首唱，諸公和之。其間厥義非長，若農夫之去草；其義合理，猶海客之采珠。可謂名解毗尼，不看他面。俄屬德宗即位，改元建中，其年五月疏草畢。六月望，勑圓照依國子學大曆新定字樣抄寫進本。至十二月十二日送祠部進新僉定疏十卷。仍乞新舊兩《疏》許以並行，從學者所好。勑宜依照，務其搜集，專彼研尋。著……《不空三藏碑表集》七卷、……《般若三藏續古今翻譯圖紀》二卷、……《莊嚴寺佛牙寶塔記》三卷、《無憂王寺佛骨塔記》三卷。

（卷五《明律篇》第四之二）

唐京兆大興善寺復禮傳

釋復禮，……三藏地婆訶羅、實叉難陀等譯《大莊嚴》、《華嚴》等經，皆勑召禮令同翻譯，綴文裁義，實屬斯人。……故唐之譯務，禮爲宗匠，故惠立謂之“譯主”。“譯主”之名，起於禮矣。妙通五竺，融貫三乘，古今所推，世罕倫匹。

唐京兆大安國寺利涉傳

釋利涉者，本西域人也，即大梵婆羅門之種姓。夙齡彊志，機警溢倫，宗黨之中，推其達法。欲遊震旦，結侶東征，至金梭嶺，遇玄奘三藏，行次相逢，禮求奘度。既而羣經衆論，鑿竅通幽，特爾遠塵，歸乎正道，非奘難其移轉矣。奘門賢哲輻湊，涉季孟於光、寶之間。其爲人也，猶帛高座之放曠。中宗最加欽重，朝廷卿相感義與遊。開元中於安國寺講華嚴經，四衆赴堂，遲則無容膝之位矣。檀施繁熾，利動人心。

有穎陽人韋玎，垂拱中中第，調選河中府文學，遷大理評事祕校。見涉講筵幣帛堆積,就乞選糧,所獲未厭。表請釋道二教定其勝負,言釋道蠹政可除。玄宗詔三教各選一百人,都集内殿,韋玎先陟高座,挫葉静能及空門思明,例皆辭屈。涉次登座,解疑釋結,臨敵有餘,與韋往返百數千言,條緒交亂,相次抗之,棼絲自理,正直有歸。涉重問韋曰:"子先登席,可非主耶?未審主人何姓?"玎曰:"姓韋。"涉將韋字爲韻,揭調長吟。偈詞曰:"我之佛法是無爲,何故今朝得有爲?無韋始得三數載,不知此復是何韋?"涉之吟作,百官悚然。帝果憶何韋之事,凜然變色曰:"玎是庶人宗族,敢爾輕蔑朕玄元祖教及凌轢釋門。"玎下殿俯伏待罪,叩頭言:"臣非庶人之屬。"涉責其鉗利口以解踈狂,奏曰:"玎是關外之人,非玄貞之族類。"勑貶象州,百姓賜涉錢絹,助造明教寺,加號明教焉。二教重熙,涉之力也。因著《立法幢論》一卷。公卿間有言曰:"涉公是韋掾之膏肓也。"涉曰:"此舉也,矢在弦上,不得不發。"自此京城無不改觀,言談講者,以涉爲最焉。

晚節遭其譴謫漢東,尋屬寬宥,移徙南陽龍興寺。時惠忠國師知重涉名,聊欵關相謁,曰:"納衣小僧向前,某被門徒朝要連坐於此,適觀師當有貴氣,可作高道國德,勿同吾也。"乃開篋提衣物,令忠師曳婁,由此襄鄧之人皆驚涉如此懸記,忠師道聲又光闡焉,蓋涉望重之故也。上元二年,詔忠師入供養。肅宗時入宫起居,太上皇,乃引忠見上皇曰:"此人何如利涉?"則知涉才業優長,帝王器重,復多著述。大曆中西明寺翻經沙門圓照撰《涉傳》,成一十卷,足知言行之多也矣。

唐泗州普光王寺僧伽傳木叉　慧儼　慧岸

釋僧伽者,葱嶺北何國人也。自言俗姓何氏,亦猶僧會本康居國人,便命爲康僧會也。然合有胡梵姓名,名既梵音,姓涉華語。詳其何國，在碎葉國東北，是碎葉附庸耳。伽在本土，少而出家。爲僧之後，誓志遊方。始至西涼府，次歷江淮，當龍朔初年也。登即綠名於山陽龍興寺。自此始露神異。初將弟子慧儼同至臨淮，就信義坊居人乞地，下標誌之，言決於此處建立伽藍。遂穴土獲古碑，乃齊國香積寺也。得金像衣葉，刻普照王佛字，居人嘆異云："天眼先見，吾曹安得不捨乎？"其碑像由貞元、長慶中兩遭災火，因亡蹤矣。嘗卧賀跋氏家，身忽長其牀榻各三尺許，莫不驚怪。次現十一面觀音形，其家舉族欣慶，倍加信重，遂捨宅焉。其香積寺基，即今寺是也。由此奇異之中蹤，旋萌不止。

中宗孝和帝景龍二年，遣使詔赴内道場，帝御法筵言談，造膝占對休咎，契若合符。仍褒飾其寺曰普光王。四年庚戌，示疾，勑自内中往薦福寺安置。三月二日，儼然坐亡，神彩猶生，止瞑目耳。俗齡八十三，法臘罔知。在本國三十年，化唐土五十三載。帝慘悼黯然。於時穢氣充塞，而形體宛如，多現靈迹。勑有司給絹三百疋，俾歸葬淮上，令羣官祖送，士庶填閤。五月五日，抵於今所。帝以仰慕不忘，因問萬迴師曰："彼僧伽者何人也？"對曰："觀音菩薩化身也。經可不云乎？應以比丘身得度者，故現之沙門相也。"

初伽化行江表，止嘉禾靈光寺。彼澤國也，民家漁梁矰弋交午。伽苦敦喻，其諸殺業陷墮於人，宜疾别圖生計。時有裂網折竿者多矣。伽閑而宴息，見神告曰："天方亢陽，百姓苗死身胡藏？其懶龍耶！"伽曰："爲之奈何？"神曰："若今夕但小指出窗隙外，其如人何？"伽依之，其夜霆擊異常，質明視指，微有紅線脈焉。伽曰："吾與此壤無緣。"乃行抵晉陵，見國祥寺荒廢，乃留衣於殿梁而去，後人聞異香芬馥。伽嘗記之曰："伊寺有人王重興。"去三十年後，果有僧俗姓全，爲檀那矣。通天萬歲中於山陽衆中懸知嫌鄙伽者，乃昌言曰："吾有五十萬錢奉助功德，勿生横議。"伽於淮岸招呼一船曰："汝有財施吾，可寬刑獄。汝所載者剽略得耳。"盗依言盡捨，佛殿由是立成。無幾，盗敗，拘於揚子縣獄。伽乘雲下，慰喻言無苦。不日，果赦文至，免死矣。昔在長安，駙馬都尉武攸曁有疾，伽以澡罐水噀之而愈，聲振天邑。後有疾者告之，或以柳枝拂者，或令洗石師子而瘳，或擲水瓶，或令謝過。驗非虚設，功不唐捐。却彼身災，則求馬也；警其風厄，則索扇歟。或認盗夫之錢，或咋黑繩之頸，或尋羅漢之井，或悟裴氏之溺，或預知大雪，或救旱飛雨，神變無方，測非恒度。中宗勑恩度弟子三人，慧岸、慧儼、木叉各賜衣盂，令嗣香火。洎乎已滅，多歷年所，嘗現形往漢南市漆器。及商人李善信船至寺覓買齋器，僧忽見塔中，形像凝然，而指曰："正唯此僧來求買矣。"遠近嗟嘆。又嘗於洪井化易材木，結筏而至焉。大曆中，州將勒寺知十驛，俾出財供乘傳者。至十五年七月甲夜，現形於内殿，乞免郵亭之役。代宗勑中官馬奉誠宣放，仍賫捨絹三百疋、雜綵千段、金澡罐、皇太子衣一襲，令寫貌入内供養。又乾元中，州牧李亡名。有推步者云："爲土宿加臨，災當惡弱。"伽忽現形，撫李背曰："吾來福至，汗出災銷。"後無他咎。嘗於燕師求氈罽，稱是泗州寺僧。燕使賫所求物到，認塔中形信矣。遂圖貌而歸，自燕薊展轉傳寫，無不徧焉。長慶元年夜半，於州牧蘇公寢室前歌曰："淮南淮北，自此福焉。自東自西，無不熟矣。"其年獨臨淮境内有年耳。二年，寺塔皆焚，唯伽遺形儼若無損。咸通中，龐勛者本徐州戍卒，擅離桂管，沿路劫掠，而攻泗州，圍逼其城。伽於塔頂現形，外寇皆睡，城中偶出擊之，驚竄而陷，宿州以事奏聞，仍錫號證聖大師也。文德元年，外寇侵軼，州將嬰城拒敵。伽現形於城西北隅。寇見，知堅壘難下，駭而宵遁。大順中彭門帥時溥令張諫攻於北城，除剿戮外，有五百餘人拘鞠場中，諫憑按恍惚間見僧衣紫，誨之曰："此輩平人，何可殺耶？不如捨之。"言畢不見。諫遂縱之而逸。乾寧元年，太守臺蒙夢伽云："寒東南少備。"蒙不喻旨，以綿衾法服施之。十二月晦夜半，有兵士踰壘而入，蒙初不知。復夢一僧以錫杖置於心上，冷徹心骨，驚起。蒙令動鼓角，賊驚奔，獲首領姓韓，至是方曉矣。由此多於塔頂現小僧狀，傾州瞻望，然有吉凶表兆于時，乞風者分風，求子者得子，今聞有躬禮者。往往有全不見伽形相者，或見笑容者吉，不然則凶，其不可爰度者如此。洎乎周世宗有事於江南，先攻取泗上。伽寄夢於州民，言不宜輕敵。如是達於州牧，皆未之信。自爾家家夢同，告之，遂降，全一郡生民，賴伽之庇矣。天下凡造精廬，必立伽真相，牓曰大聖僧伽和尚。有所乞願，多遂人心。李北海邕、胡著作浩各爲碑頌德。今上御宇也，留心於此，其年三月有尼遊五臺山迴，因見伽於塔頂，作孾孩相，遂登刹柱，捨身命供養。太平興國七年，敕高品白承睿重蓋其塔，務從高敞，加其累層。八年，遣使别送舍利寶貨，同葬於下基焉。其日有僧懷德預搆柴樓，自持蠟炬，焚身供養。炎燎之中，經聲不絶。又將欲建浮圖，有巨木三根，沿淮而下，至近浮橋且止，收爲塔心柱焉。續敕殿頭高品李庭訓主之。先是此寺因竄中金像刻其佛曰普照王，乃以爲寺額。後避天后御名，以光字代之。近宣索《僧伽實録》，上覽已，敕還其題額曰普照王寺矣。

弟子木叉者，以西域言爲名，華言解脱也。自幼從伽爲剃髮弟子，然則多顯靈異。中和四年，刺史劉讓，厥父中丞忽夜夢一紫衣僧云："吾有弟子木叉葬寺之西，爲日久矣，君能出之。"仍示其葬所。初夢都不介意，再夢如初，中丞得夢中所示之處，欲施斸之，見有一姓占居，於是鐃錢市焉。開穴可三尺許，乃獲坐函，遂啓之，於骨上有舍利放光。命焚之，收舍利八百餘顆，表進上僖宗皇帝,勑以其焚之灰塑像,仍賜謚曰真相大師。於今侍立於左,若配饗焉。

弟子慧儼,未詳氏姓,生所恒隨師僧伽,執侍缾錫,從楚州發至淮陰,同勸東海裴司馬,妻悋白金沙羅而墮水。抵盱眙,開羅漢井,宿賀跋玄濟家。儼侍十一面觀音菩薩旁。自爾詔僧伽上京師。中宗别勑度儼並慧岸、木叉三人,各别賜衣鉢焉。

唐虢州閿鄉萬迴傳

貞觀中,三藏奘師西歸云:"天竺有石藏寺,奘入時見一空房,有胡牀錫杖而已。因問此房大德,咸曰:'此僧緣闕法事,罰在東方,國名震旦,地號閿鄉,於兹萬迴矣。'"奘歸求見,迴便設禮問西域,宛如目矚。

(卷十八《感通篇》第六之一)

唐西域亡名傳

釋天竺亡名,未詳何印度人也。其貌惡陋,纏乾陀色縵條衣,穿革屣,曳鐵錫,化行於京輦。當韋南康臯之生也,纔三日,其家召僧齋,此僧不速自來。其日僧必歷寺連名請至,韋氏家僮患其長一人,甚怒之,以弊席坐於庭中。既而齋畢,韋氏令乳母負嬰兒出,意請衆僧祝願焉。梵僧先從座起,攝衣升階,視之曰:"别久無恙乎?"嬰兒若有喜色相認之意。衆皆異之。韋君曰。"此子纔生三日,吾師何言别久也?"梵僧曰:"此非檀越所知也。"韋君固問之,梵僧曰:"此子乃諸葛亮之後身耳。武侯鼎國時爲蜀丞相,君所知也。緣蜀人受其賜且久,今降生於世,將爲蜀帥,必福坤維之人。吾往在劍門,與此子爲善友,既知其生於君門,吾不遠而來。此子作劍南節度二十年,官極貴,中書令、太尉。此外非我所知也。"父然之,因以武子爲字,又單字武也。

張鎰出爲鳳翔隴州節度，奏皐權知隴州。及鎰爲李楚琳所殺，牛雲光請皐爲帥。朱泚不得已用皐爲鳳翔帥。德宗置奉義軍節以旌之，續加禮部尚書。興元中，駕還京，徵爲左金吾衛將軍。貞元元年，爲成都尹，代張延賞。到任和南蠻並戰功，封南康郡王。順宗即位，進太尉。南康在任二十一年，末塗甚崇釋氏，恒持數珠誦佛名。所養鸚鵡，教令念經。及死，焚之，有舍利焉。皐又歸心南宗禪道，學心法於淨衆寺神會禪師。在蜀，富貴僭差，重賦斂，時議非之，然合梵僧懸記焉。

（卷十九《感通篇》第六之二）

唐洛陽香山寺鑑空傳

釋鑑空，俗姓齊，吳郡人也。少小苦貧，雖勤於學而寡記持。壯歲爲詩，不多靡麗。常困遊吳楚閒，已四五年矣。干謁侯伯，所潤無幾。錢或盈貫，則必病生，用罄方差。元和初遊錢塘，屬其荒儉，乃議求餐於天竺寺。至孤山寺西，餧甚不前，因臨流雪涕，悲吟數聲。俄有梵僧臨流而坐，顧空笑曰："法師秀才，旅遊滋味足未？"空曰："旅遊滋味則已足矣。法師之呼，一何乖謬？"蓋以空未爲僧時名君房也。梵僧曰："子不憶講《法華經》於同德寺乎？"空曰："生身已四十五歲矣，盤桓吳楚閒，未嘗涉京口，又何洛中之說？"僧曰："子應爲饑火所燒，不暇憶故事。"遂探囊出一棗，大如拳許，曰："此吾國所産，食之者，上智知過去未來事，下智止於知前生事耳。"空饑極食棗，掬泉飲之。忽欠呻，枕石而寢，頃刻乃悟，憶講經於同德寺如昨日焉。因增涕泣，問僧曰："震和尚安在？"曰："專精未至，再爲蜀僧矣。今則斷攀緣也。""神上人安在？"曰："前願未滿。""悟法師焉在？"曰："豈不記香山石像前戲發大願乎？若不證無上菩提，必願爲赳赳貴臣。昨聞已得大將軍矣。當時雲水五人，惟吾得解脱，獨汝爲凍餒之士也。”空泣曰：“某四十許年日唯一餐，三十餘年擁一褐，浮俗之事決斷根源。何期福不完乎，坐於饑凍！”僧曰：“由師子座上廣説異端，使學空之人心生疑惑。戒珠曾缺，羶氣微存，聲渾響清，終不可致。質傴影曲，報應宜然。”空曰：“爲之奈何？”僧曰：“今日之事，吾無計矣。他生之事，警於吾子焉。”乃探鉢囊取一鑑，背面皆瑩徹，謂空曰：“要知貴賤之分，脩短之期，佛法興替，吾道盛衰，宜一鑒焉。”空覽照久之，謝曰：“報應之事，榮枯之理，謹知之矣。”僧收鑑入囊，遂挈而去，行十餘步，旋失所在。空是夕投靈隱寺出家，受具足戒。後周遊名山，愈高苦節。大和元年詣洛陽，於龍門天竺寺遇河東柳理，親説厥由向理。理聞空之説，事皆不常，且甚奇之。空曰：“我生世七十有七，僧臘三十二，持鉢乞食，尚九年在世。吾捨世之日，佛法其衰乎？”理詰之，默然無答。乃索理筆硯，題數行於《經藏》北垣而去。曰：“興一沙衰恒河沙，兔而罝，犬而挐，牛虎相交與角牙，寳檀終不滅其華。”

系曰：食梵僧之棗而知宿命者，與茹雪山之藥解諸國言音同也。覽鑑而知吉凶者，與窺圖澄塗麻掌同也。食棗臨鑑，豈偶然耶？非常人之遇也。其空公題讖而答，塞柳理之問，驗在會昌之毁教矣。時武宗勒僧尼反俗，計二十萬七千餘人，坼寺並蘭若共四萬七千有奇，故云“興一沙衰恒河沙，兔在罝，犬仍挐”，言殘害之甚。乙丑毁法，丙寅猒代，佛法喻寳檀之樹，終不絶其華蘤芬馥，故云也。苟非異人，何以藏往考來之若是乎？

（卷二十《感通篇》第六之三）

唐五臺山清涼寺道義傳

一僧名純陀,爲度土木,造金閣一寺。陀元是西域那爛陀寺喜鵲院僧。寺成後,勑賜不空三藏焉。

(卷二十一《感通篇》第六之四)

晉鳳翔府法門寺志通傳

後唐之季,兵革相尋,自此駕已東巡,薄遊洛下,遇嚩日囉三藏,行瑜伽教法,通禮事之。乃欲陟天台、羅浮,遂辭。三藏曰:“吾比求翻譯,屬中原多事。子議南征奈何路梗何?”通曰:“泛天塹其如我何?”三藏曰:“苟去吳會間,可付之梵夾,或緣會傳譯。”通曰:“已聞命矣。”以天福四年己亥歲,天王錫命於吳越,遂附海艦達浙中。

(卷二十三《遺身篇》第七)

後唐鳳翔府道賢傳

釋道賢,不知何許人也。持諷《孔雀王經》以爲日計,末則受《瑜伽灌頂法》,持明之功愈多徵應。嘗夜夢佛攜賢行,步步蹈履濃雲,若乘剛焉。每行不知幾百里,而指之曰:“此摩竭陀國,此占波國,南印度、西印度、迦濕彌羅等國。”且行且記,喜躍不勝。及寤覺,冥解五天梵音,悉曇語言。時西域僧到岐下,葱嶺北諸胡僧往往僞稱五印人,賢以一接語言,先斥之曰:“汝是某國人。”北戎南梵,無敢紿之。隴坻道俗,皆稟承密藏,號阿闍梨也。

大宋東京開寶寺守真傳沙彌彌伽　道蔭

釋守真,永興萬年人也。俗姓紀,漢詐帝信之鴻緒。乃祖乃父，素履貞吉，奕葉孝行，充塞閭里，故鄉人美其孝焉。遂目之曰紀丁蘭也，真即其後矣。洎黄寇干紀，僖宗蒙塵，車駕避鋒而西幸，咸鎬失守而没賊，因而徙家居於蜀矣。及冠也，偶遊聖壽寺見修進律師行出物表，語越常度，乃解帶卸冠，北面而事之。七支既備，先謁從朗師，學起信論；次依性光師，傳《法界觀》；後禮演祕闍梨，授瑜伽教，並得心要，咸盡指歸。自明達諸法，宣暢妙典，四十年間略無怠矣。而賜號曰昭信焉。講《起信》及《法界觀》共七十餘遍，皆以燈傳燈，用器投器。嗣乎法者二十許人，開灌頂道場五遍，約度僧尼士庶三千餘人，開水陸道場二十遍。常五更輪，結文殊五髻教法，至夜二更輪，四方無量壽教法，稱阿彌陀尊號，修念佛三昧，期生淨域。一日，謂弟子緣遇曰："如來不云出息不保入息。吾之壽也幸矣，汝之年也耄矣，今欲順俗從世，預設二塔，其可得乎？"緣遇稽首而對曰："廣度長老捨院之右地請建塔者有年矣，今大師屬其意，長老致其美，因緣冥契，安可而止。"於是鳩工而營之，自十月琢磨，至十一月徹續。以開寶四年秋八月九日命衆念佛，佛聲既久，令止，奄然而歸寂，俗壽七十八，僧臘五十三。其月二十一日焚葬於北永泰門外智度院側。其獲舍利光潤，各將供養之。

次沙彌彌伽者，于闐國人也，專誦《華嚴經》，曾無間息。聖曆年中，天帝釋請迎伽上天誦持，乃曰："每被阿脩羅見擾，故屈師來，請爲誦宣《華嚴經》，以禳彼敵。"遂陞座，朗諷是經。時脩羅軍衆聞經乃現威神，一時而化去。

又沙彌道蔭常念《金剛經》，寶曆初，因他出夜歸，虎暴中路，忽遇哮吼跳躑於前。蔭知不免，乃閉目而坐，唯默念是經，心期救護，虎遂伏草守之。達曙，村人來往，乃視虎，其蹲處涎流於地焉。蔭後持誦益加，高行矣。

論曰：入道之要，三慧爲門。若取聞持，勿過讀誦者矣。何耶？始惟據本，本立則道生。次則捨詮，詮留則月失，比爲指天邊之桂影，而還認馬上之鞭鞘。如此滯拘，去道彌遠。然則機有新發，跡或乍移，須令廣覽多聞。復次，背文高唱，在乎品位，先號法師。故經云："受持讀誦，解説書寫，如法修行"是也。

原夫經傳震旦，夾譯漢庭，北則竺蘭始直聲而宣剖，南惟僧會揚曲韻以諷通。蘭乃月氏之生，會則康居之族。兩家左右，二見否臧，無爲冰上之狐，免問候傍之路。通曰："西竺僧持部類行事不同，或執親從佛聞，更難釐革。或稱我宗自許，多決派流。或直調而質乎？或歌聲而巧矣。致令傳授各競師資，此是彼非，我真他謬，終年矛盾，未有罷期。故有若美一期之唄匿，誦三契之伽他，感車馬而不行，動人天之共聽，此曲折聲之効也。若乃《盤特》少句，《薄拘》短章，止憂忘以鼓脣，胡暇巧而揚舌？猶登中聖，或致感徵，此直置聲之驗也。今以一言蔽之，但有感動龍神能生物善者，爲讀誦之正音也。"或曰："常聞光音天之語言，則是梵音未委，那爲梵音邪？請狀貌以示之。"通曰："諸《陀羅尼》，則梵語也。唄匿之聲，則梵音也。"或曰："如天下言音令人樂聞者，與襄陽人爲較，準彼漢音也。音附語言，謂之漢音漢語。則知語與音別，所言唄匿者是梵音，如此方歌謳之調歟？且梵音急疾，而言則表詮也。分曉舒徐引曳，則唄匿也。"或曰："此只合是西域僧傳授，何以陳思王與齊太宰撿經示沙門耶？"通曰："此二王先已熟天竺曲韻，故聞山響及經偈，乃有傳授之説也。今之歌讚，附麗淫哇之曲，浥灪之音，加釀壞辭，包藏密呪，敷爲梵奏，此實新聲也。如今啓夾，或曰開題，秖知逐句隨行，那辨真經僞造？豈分支品，未鑒別生，能顯既知，所詮須體。當聞捨筏，適足歸宗。達其阿字之門，圖其法身之體，此讀誦之至也。其有難通帚字，多遊族家，急令口誦於一經，且爲身參於不衆。賴能暗誦，免呼粥飯之僧；如偶澄清，緩裹歸家之幞。”或曰:“國朝度戒,何責經乎? 豈不聞羯磨之辭,止云年滿,衣鉢具足,不言念經。爲增上緣耶?”通曰:“此滅法無知之徒言耳。上根感戒,果證相隨,何以經紙數考試耶?脱捨下根之誦持,入法止闒茸白丁矣。

（卷二十五《讀誦篇》第八之二）

唐京兆大興善寺含光傳

釋含光,不知何許人也。幼覺囂塵,馳求簡靜。開元中見不空三藏頗高時望,乃依附焉。及不空却迴西域,光亦影隨,匪憚艱危,思尋聖迹。去時泛舶海中,遇巨魚望舟,有吞噬之意。兩遭黑風,天吳異物之怪,既從恬靜,俄抵師子國。屬尊賢阿闍梨建大悲胎藏壇,許光並慧䂮同受五部灌頂法。天寶六載回京,不空譯經,乃當參議華梵,屬師卒。後代宗重光,如見不空,勑委往五臺山修功德。時天台宗學湛然解了禪觀,深得智者膏腴,嘗與江淮僧四十餘人入清涼境界。湛然與光相見,問西域傳法之事。光云:“有一國僧體解空宗,問及智者教法。梵僧云:‘曾聞此教定邪正,曉偏圓,明止觀,功推第一。’再三囑光或因緣重至,爲翻唐爲梵附來,某願受持。屢屢握手叮囑。詳其南印土多行龍樹宗見,故有此願流布也。”光不知其終。

系曰:未聞中華演述佛教,倒傳西域,有諸乎? 通曰:“昔梁武世,吐谷渾夸吕可汗使來求佛像及經論十四條,帝與所撰《涅槃》、《波若》、《金光明》等經疏一百三卷付之。原其使者必通華言,既達音字,到後以彼土言譯華成胡,方令通會。彼亦有僧,必展轉傳譯,從青海西達葱嶺北諸國,不久均行五竺,更無疑矣。故車師有《毛詩》、《論語》、《孝經》,置學官弟子,以相教授。雖習讀之,皆爲胡語是也。又唐西域求《易》、《道經》,詔僧道譯唐爲梵。二教爭菩提爲道,紛拏不已,中輟。設能翻傳到彼,見此方玄賾之典籍,豈不美歟!又夫西域者,佛法之根榦也。東夏者,傳來之枝葉也。世所知者,知枝葉不知根榦。而不知枝葉殖土,亦根生榦長矣,尼拘律陀樹是也。蓋東人之敏利,何以知耶?秦人好略,驗其言少而解多也。西域之人淳朴,何以知乎?天竺好繁,證其言重而後悟也。由是觀之,西域之人利在乎念性,東人利在乎解性也。如無相空教,出乎龍樹,智者演之,令西域之仰慕。如中道教生乎彌勒,慈恩解之,疑西域之罕及。將知以前二宗,殖於智者、慈恩之土中,枝葉也。入土别生根榦,明矣。善栽接者,見而不識,聞而可愛也。又如合浦之珠,北土之人得之,結步搖而飾冠珮。南海之人見而不識,聞而可愛也。蠶婦之絲,巧匠之家得之,繡衣裳而成黼黻。縿抽之嫗,見而不識,聞而可愛也。懿乎智者、慈恩,西域之師焉得不宗仰乎!”

（卷二十七《興福篇》第九之二）

唐洛陽罔極寺慧日傳真法師

釋慧日,俗姓辛氏,東萊人也。中宗朝得度,及登具足,後遇義淨三藏,造一乘之極,躬詣竺乾,心恒羨慕。日遂誓遊西域。始者泛舶渡海,自經三載,東南海中諸國,崑崙、佛誓、師子洲等,經過略徧,乃達天竺,禮謁聖迹。尋求梵本,訪善知識,一十三年。咨稟法訓,思欲利人,振錫還鄉,獨影孤征。雪嶺胡鄉,又涉四載。既經多苦,深厭閻浮,何國何方,有樂無苦?何法何行,能速見佛?徧問天竺三藏學者,所説皆讚淨土,復合金口;其於速疾,是一生路;盡此報身,必得往生極樂世界,親得奉事阿彌陀佛。聞已頂受,漸至北印度健馱羅國。王城東北有一大山,山有觀音像,有志誠祈請,多得現身。日遂七日叩頭,又斷食，畢命爲期，至七日夜且未央，觀音空中現紫金色相，長一丈餘，坐寶蓮華，垂右手，摩日頂曰："汝欲傳法，自利利他，西方淨土極樂世界彌陀佛國，勸令念佛誦經，迴願往生，到彼國已，見佛及我，得大利益。汝自當知淨土法門，勝過諸行。"說已忽滅。日斷食既困，聞此强壯。及登嶺東歸，計行七十餘國，總一十八年，開元七年方達長安。進帝佛真容、梵夾等，開悟帝心，賜號曰慈愍三藏。

生常勤修淨土之業，著《往生淨土集》，行於世。其道與善導、少康異時同化也。又以僧徒多迷五辛中"興渠"。"興渠"人多説不同，或云蕓薹胡荽，或云阿魏，唯《淨土集》中别行書出云："五辛，此土唯有四，一蒜，二韮，三葱，四薤，闕於興渠。梵語稍訛，正云形具，餘國不見。迴至于闐，方得見也。根粗如細蔓，菁根而白，其臭如蒜，彼國人種取根食也。于時冬天到彼，不見枝葉。薹荽非五辛，所食無罪。"日親見爲驗歟？以天寶七年卒於住寺，報齡六十九。葬於白鹿原，成小塔焉。

唐京兆歡喜傳無側

有會稽雲門寺釋無側者，外國人，未知葱嶺南北生也。若胡若梵，烏可分諸？建中中越磧東遊，得意則止，度其冬夏。後棲越溪雲門寺修道。然善體人意，號利智梵僧焉。相傳則是康寶月道人後身也，必嘗以事徵驗而知。與名德相遇，談話終夕。

（卷二十九《雜科聲德篇》第十之一）

梁泉州智宣傳

釋智宣，泉州人也。壯歲慕法，學義淨之爲人也。輕生誓死，欲遊西域，禮佛入塔，並求此方未流經法。以唐季結侣渡流沙，所至國土，懷古尋師，好奇佝異，聚梵夾，求舍利。開平元年五月中達今東京,進辟支佛骨並梵書多羅葉夾經律。宣壯歲而往,還已衰耄矣。梁太祖新革唐命,聞宣廻,大悦,宣賜分物,請譯將歸夾葉。於時干戈,不遑此務也。

(卷三十《雜科聲德篇》第十之二)

六、册府元龜

崇釋氏二

大歷三年二月辛丑,萬年縣鎮國寺有胡僧純陀,自言六百歲。臨終,遣弟子詣闕,以衣鉢傳奉皇帝。帝遣中官以紫衣賜之,又遣中官弔祭並護葬事。是月,興善寺不空三藏上言,寺院佛塔先因地震陷折,今將增修。下見古埏,得一小棺,其長尺餘。發而視之,幾積十餘重棺,皆金寶裝飾。中有舍利骨及佛髮一條,色青而拳,其長數尺。每棺一鎖,規製妙絶,有殷仲文題讚處。甲辰,内出寶輿,具威儀迎入内道場奉之。

大歷四年二月,南天竺國僧三藏文殊德上言:廣州南界蕃人新營兩寺,望賜寺名,詔以寶應、廣德二名賜之。

大歷七年正月,興善寺僧特進試鴻臚卿三藏不空獻所翻譯佛經,特許編入一切經目。不空表[①]。

① 表文見第一册《全唐文》卷九一六。

大歷八年六月癸未,興善寺僧試鴻臚寺卿不空三藏卒,輟朝三日。不空,西域胡僧也,敏智多聞,學通釋氏經論,曉知蕃漢音旨,翻譯貝葉經凡數萬言,帝甚敬之。及卒,乃下詔。[①]

① 詔文見第一册《全唐文》卷四七。

貞元十四年正月,南天竺國先進《華嚴經》殊梵本,僧般若三藏領到。令保壽寺僧智柔、圓炤、道監、虚舟、智通等十八人同於崇福寺翻譯成四十卷。

元和十三年十二月庚戌，僧惟應等辭赴鳳翔法門寺迎佛骨，命高品中使杜英琦監焉。是月癸亥，命中使齎香，監領宫人十三人赴臨皋驛迎佛骨。先是，功德使奏鳳翔府法門寺有護國真身塔，塔内有釋迦牟尼佛指骨一節。其本傳以爲當三十年一開，開則歲豐人安。至來年合發。詔許之。及至，又命中使領禁兵與僧徒迎護，開光順門以納之，留禁中二日，乃送京城佛寺。

後唐明宗天成二年九月，益州孟之祥令僧五人持佛牙，長一寸六分，云僖宗幸蜀時留之。今屬應聖嘉節，願資壽命，宣示近臣。

末帝清泰元年七月，遣供奉官鄭延遂往鳳翔詔胡僧阿闍黎。初，帝在籓，屢與僧言。闍黎行高，知前事，帝深重之。

清泰二年正月千秋節，樞密使趙延壽獻金繒並《大乘經》十卷，忻州刺史劉處讓獻《金字法華經》一部。太原多僧舍，資福一宗尤事譁譯。文武間好佛者多湊其門，帝頗宗奉。及鎮河中，鳳翔僧知數者數言帝有金輪之位，岐僧阿闍黎言事多從，故延壽處讓有是貢獻。

清泰二年十月，鳳翔言僧阿闍黎卒，帝嗟惜之，命翰林學士爲誌石。

天福三年十一月庚午，西京左右街僧録可肇等齎佛牙到闕，宣付汴京收掌。

來遠

末帝清泰三年，西域南印土師子國婆羅門摩訶定利密多羅，甘州大雲寺僧那迦悉地，並賜紫袈裟。

（卷五二《帝王部》）

崇釋老

吴大帝赤烏十年,胡人康僧會入境,置經行所,朝夕禮念。有司以聞,帝曰:昔漢明感夢金人,使往西方求之,得摩騰空竺法蘭來中國立經行教,今無乃是遺類乎? 因引見僧會。具言佛教滅度已久,唯有舍利可以求請。遂於大内立壇,結靜三七日得之。帝崇佛道,以是江東初有佛法。

梁太祖開平元年五月,廢雍州太清宫,改西都太微宫、亳州太清宫皆爲觀。諸州紫極宫皆爲老君廟。又泉州寺僧智宣自西域迴,進辟支佛骨及梵甲經律。此僧自壯歲西遊,及還已耄矣。既遇新朝,又傳佛教,亦聖德之所感契。

(卷一九四《閏位部》)

地理

張騫爲郎使月氏,撰《出關志》一卷。

(卷五六〇《國史部》)

崇釋教

昔班固紀身毒之國,楚英爲桑門之饌,繇是金僊之教被於中夏。其所述者,六趣往返四生輪轉,以極於俗諦;三乘十地等妙二覺,以究於聖果。叙黑白之業以明乎報應,研空有之理以顯乎真宗。蓋出世之玄談,非嘗情之能軌度也。兩晉之後,教典彌盛,當時名士,奉之甚衆。精意厥修,以徼福爲念,或著書演析,以篤説爲務。乃至稟持戒律,動靜靡偷,感致靈異,考終厥命者亦比比有焉。

(卷八二一《總録部》)

種族

中天竺國一名身毒，身毒即天竺，蓋傳譯音字不同，其實一也。從月支高附以西，南至西海，東至盤越，列國數千里，每國置王，其名雖異，皆身毒也。或云摩伽佗亦云婆羅門昔有婆羅門，領徒衆千人肄業於樹下。樹神降之，遂爲夫婦。宫室自然而立，僮僕甚盛。於是使役百神築壘以繞之，經日而就。此後有阿育王，復使鬼累石爲宫闕，皆雕文刻鏤，非人所及。阿育王頗行苛政，置炮炙之刑，謂之地獄。今城中見有其迹焉。

（卷九五六《外臣部》）

土風三

獅子國，天竺旁國也。其地和適，無冬夏之異。五穀隨人所種，不須時節。國中有王，以一善化人。其樓閣皆以七寶裝，晃耀街巷。人衆熾盛，每於晨朝警鼓曉羣迷。常勸念佛，破諸衆生無明黑闇。嘗説空理，離於物外，以清淨學道爲務，不著於聲，不著於香。無量得道之處，一説在西海之中，延袤二千餘里。多出奇寶，本鬼神居之，商人到則不見，但置寶物價於洲上，商人依價買之而去。其後鄰國人居之，能馴養獅子，遂以名國。風俗與婆羅門同，而尤敬佛法。

（卷九六一《外臣部》）

封册二

開元八年四月，遣使册立烏長國王、骨咄國王、俱立國王，並降册文，皆賜綵二百段。三國在安西之西，與大食隣境。大食煽誘爲虐，俱守節不從，潛布款誠於朝廷。帝深嘉之。

開元八年六月，遣使册勃律國王蘇麟陁逸之爲勃律國王。

開元八年八月,遣使册箇失密國王直陁羅祕利爲箇失密國王。

開元八年九月,遣使册葛達羅支頡利發誓屈爾爲謝颰國王,葛達羅支特勒爲罽賓國王。

開元八年十一月,遣使册南天竺國王尸利那羅僧伽寶多拔摩爲南天竺國王。

開元十九年四月,突厥可汗弟闕特勒卒。册小勃律國王難泥爲其國王。降書謂之曰……[1]

① 降書見第一册《全唐文》卷四〇。

開元二十六年十月,是月,罽賓國王烏散勒灑以年老,上來請立其嫡子佛林罽婆嗣位。從之,乃封拂林罽婆爲罽賓國王。

是月,謝颶國王誓颶卒,封其子如没拂達爲嗣。

開元二十九年二月,小勃律國王卒,册立其兄麻號來嗣位。册曰……[1]。

① 册文見第一册《全唐文》卷三九。

(卷九六四《外臣部》)

封册三

天寶九載三月,册朅師國王勃特没兄素迦爲王。册曰:……[1]。

① 册文見第一册《全唐文》卷三九。

(卷九六五《外臣部》)

朝貢一

天建[1]二年七月,天竺國王屈多遣長史竺羅達奉表[2]。

① "建"字係"監"字之誤。

② 表文見第一册《梁書》卷五四。

（卷九六八《外臣部》）

朝貢二

正光元年五月，烏萇國遣使朝貢。

（卷九六九《外臣部》）

朝貢三

貞觀十一年六月，罽賓遣使獻舍利名馬。

貞觀十四年五月，訶陵、獨和羅、罽賓國並遣使獻方物。

貞觀二十年，是年五月天竺遣使貢方物。

貞觀二十二年正月朔，烏長遣使朝貢。五月，罽賓遣使朝貢。

永徽二年十二月，罽賓國遣使獻褥池鼠。是年春，正月朔，泥婆羅國遣使朝貢。

永徽三年八月，吐谷渾遣使獻名馬。十月，罽賓國曹國，十一月，駮馬國並獻使朝貢。

永徽四年十一月，……罽賓國並嗣主新立，各遣使朝貢。

永徽五年四月，罽賓國……並遣使朝貢。

顯慶三年八月，千私弗國王法陁拔底、舍利君國王失利提、婆摩臘王施婆羅地多並遣使朝貢。三國並南天竺屬也國。皆絶遠，未嘗與中國通。至是，汎海累月方達交州，並獻其方物。

龍朔二年五月，于弗國摩臘國……並遣使獻方物。

總章三年，林邑、獅子、訶羅、單單等並遣使朝獻。

咸亨元年三月，罽賓國獻方物。

咸亨二年五月，罽賓國遣使來朝，貢其方物。

咸亨三年三月，南天竺國獻方物。

則天垂拱九年十二月，教律國遣使朝貢。

天授三年三月，東天竺國王摩羅拔摩、西天竺國王尸羅逸多、南天竺國王遮婁其拔羅、北天竺國王那那、中天竺國王地摩西那……並來朝獻。

長壽元年九月，罽賓國遣使朝貢。

萬歲通天二年十月，教律國遣使朝貢。

景龍四年正月，新羅焉耆南天竺真臘等國，四月，高麗各遣使來朝。

睿宗景雲元年九月，南天竺國、吐蕃，十月，謝颶罽賓國並遣使貢方物。

景雲二年十二月……獅子國遣使獻方物。

（卷九七〇《外臣部》）

朝貢四

先天二年六月，南天竺、新羅各遣使朝貢。凡夷狄朝貢，太上皇皆御門樓以見之。

開元二年二月，天竺國使翟曇惠感來獻方物。

開元四年閏十二月，勃律國遣大首領來朝。

開元五年三月，勃律遣使獻方物。五月，真臘……中天竺國並遣使來朝，並獻方物。

開元七年六月……南天竺國遣使朝貢。

開元八年正月，中天竺國遣使來朝。二月，罽賓國遣使來朝，進天文經一夾，秘要方並蕃藥等物。五月，南天竺國遣使，獻豹及五色鸚鵡、問日鳥。九月，罽賓國獻善馬。謝颶國遣使來朝。十一月，南天竺王遣使來朝。十二月，謝颶國遣使來朝貢。

開元十三年七月丁未，中天竺國遣使來朝。

開元十八年十一月，……中天竺國並遣使朝貢。

開元十九年十月，中天竺國王伊沙伏磨遣其臣大德僧勃達信來朝，且獻方物。

開元二十一年閏三月，勃律國王没謹忙遣使大首領察卓那斯磨没勝來朝，謝册立之恩。

開元二十五年四月，東天竺國三藏大德僧達摩戰來獻胡藥、卑斯比支等，及新呪法、梵本雜經論、持國論、占星記、梵本諸方。

天寶三年七月，大食國……謝颶國……石國並遣使獻馬及寶。

天寶四載三月，謝颶遣使獻方物。罽賓國遣使獻波斯錦舞筵。七月，小勃律遣僧大德三藏伽羅密多來朝。

天寶五載正月，師子國王尸邏迷伽遣婆羅門僧灌頂三藏阿日伽跋折羅來朝，獻鈿金寶、瓔珞及貝葉梵寫《大般若經》一部，細白氎四十張。閏十月……突騎施、石國、史國、米國、罽賓國各遣使來朝，獻繡舞筵、毾㲪、紅鹽、黑鹽、白戎鹽、餘甘子、質汗、千金藤、瑠璃、金銀等物。

天寶七載正月，勃律歸仁國王遣使獻金花。六月，罽賓國、怛恒國並遣使朝貢。

天寶九載三月，獅子國獻象牙真珠。

天寶十一載八月，歸仁國遣使朝貢。

天寶十二載三月，罽賓國、謝颶國、歸仁國……並遣使獻方物。

天寶十四載八月，歸仁國王遣使謝恩。

（卷九七一《外臣部》）

朝貢五

唐肅宗寶應元年六月……獅子、波斯等國……並遣使朝貢。

周太祖廣順元年四月,西域僧嚩囉朝貢。

廣順三年十一月,西天僧薩滿多等十六族貢馬。

(卷九七二《外臣部》)

褒異一

景龍五年五月壬子,天竺國遣使來朝。詔曰……[1]

① 詔文見第一册《全唐文》卷十六。

景龍八年八月丁丑,勅中書門下:南天竺王遠遣朝貢,其使却還,並須周旋發遣。令滿望乃以錦袍、金帶、魚袋七事賜其使遣之。

(卷九七四《外臣部》)

褒異二

開元二十一年閏三月辛卯,箇失密王木多筆遣大德僧物理多年來獻表,詔引物理多年宴於内殿。賜絹五百疋。數日,放還蕃。

開元二十三年四月甲午,勃律國大首領拔含伽來朝。授郎將,賜帛五十疋,放還蕃。

開元二十九年二月……乙未,婆羅門申[1]天竺國王子承恩來朝。授游擊將軍,放還蕃。

① "申"字疑是"中"字之誤。

天寶四載七月乙酉,小勃律遣僧大德三藏伽羅密多來朝,授右金吾衛員外中郎將,放還蕃。

天寶七載八月戊午，勃律國王蘇失利芝及三藏大德僧伽羅密多並來朝。授伽羅密多鴻臚員外卿，放還蕃。賜蘇失利芝紫袍金帶，留宿衛，給官宅。

天寶十一載九月壬戌，歸仁國遣使朝貢。授中郎將，賜紫袍金帶、魚袋七事，放還蕃。

（卷九七五《外臣部》）

褒異三

乾元元年四月庚申，罽賓王藏般若力、中天竺國婆羅門三藏善部末摩、箇失密三藏舍郡並慕入朝。詔以力爲太嘗少卿，末摩爲鴻臚少卿並員外置。八月丁卯，歸仁國使來朝，宴於紫宸殿。

（卷九七六《外臣部》）

征討四

貞觀二十二年，是月，右武侯將軍梁建方擊松外蠻，破之。初，嶲州都督劉伯英上言：松外諸蠻雖暫降，疑旋即背叛，請出師討之，西濟[1]河天竺道可通也。由是發蜀中十二州兵討之。蠻帥雙舍率衆拒戰，建方擊敗之。殺獲千餘人。羣蠻震擾，投竄山谷。建方分遣使者，説以利害，爭來款附。前後至者七千餘部，户十萬九千三百。建方署其首領蒙和爲縣令，各統所部，莫不感悦。建方乘勝遣使往西洱河，其帥楊盛見使至，大駭，具船將遁。使者曉諭禍福，示以威信，咸遂稽顙請降。遣守領十人來謁，軍門建方振旅而退。

① "濟"字疑爲"洱"字之誤。

（卷九八五《外臣部》）

交侵

玄宗開元八年七月，南天竺國王尸利那羅僧伽摩請以戰象兵馬，討大食及吐蕃，仍求有以名其軍制。玄宗嘉之，名爲懷德軍。

（卷九九五《外臣部》）

請求

開元六年十一月丁未，阿史恃勒僕羅上書，訴曰：僕羅克吐火羅葉護部下管諸國王、都督、刺史總二百一十二人，謝颶國王統領兵馬二十萬衆，罽賓國王統領兵馬二十萬衆。

開元八年，南天竺國王右武衛大將軍尸利那羅僧伽寶多跋摩爲國造寺，上表乞寺額，敕以“歸化”爲名。又上表乞袍帶，曰：蕃人無識，惟將衣帶爲重。既不賜及，豈知優寵？敕中書門下：南天竺王遠遣朝貢，其使却還，並須周旋發遣。滿望乃以錦袍、金帶、魚袋七事賜其使遣之。

（卷九九九《外臣部》）

七、新唐書

燕樂。高祖即位，仍隋制設九部樂：……《天竺伎》，有銅鼓、羯鼓、都曇鼓、毛員鼓、觱篥、横笛、鳳首箜篌、琵琶、五絃、貝，皆一；銅鈸二，舞者二人。

（卷廿一《禮樂志》十一）

帝（玄宗）又好羯鼓，而寧王善吹横笛，達官大臣慕之，皆喜言音律。帝常稱：“羯鼓，八音之領袖，諸樂不可方也。”蓋本戎羯之樂，其音太蔟一均，龜兹、高昌、疏勒、天竺部皆用之，其聲焦殺，特異衆樂。

……

周、隋與北齊、陳接壤，故歌舞雜有四方之樂。至唐，東夷樂有高麗、百濟，北狄有鮮卑、吐谷渾、部落稽，南蠻有扶南、天竺、南詔、驃國，西戎有高昌、龜兹、疏勒、康國、安國，凡十四國之樂，而八國之伎，列於十部樂。

……

……天竺伎能自斷手足，刺腸胃，高宗惡其驚俗，詔不令入中國。睿宗時，婆羅門國獻人倒行以足舞，仰植銛刀，俯身就鋒，歷臉下，復植於背，觱篥者立腹上，終曲而不傷。又伏伸其手，二人躡之，周旋百轉。開元初，其樂猶與四夷樂同列。

（卷廿二《禮樂志》十二）

高宗時，《戊寅曆》益踈，淳風作《甲子元曆》以獻。詔太史起麟德二年頒用，謂之《麟德曆》。古曆有章、蔀，有元、紀，有日分、度分，參差不齊，淳風爲總法千三百四十以一之。損益中晷術以考日至，爲木渾圖以測黄道，餘因劉焯《皇極曆》法，增損所宜。當時以爲密，與太史令瞿曇羅所上《經緯曆》參行。

弘道元年十二月甲寅朔，壬午晦。八月，詔二年元日用甲申，故進以癸未晦焉。

永昌元年十一月，改元載初，用周正，以十二月爲臘月，建寅月爲一月。神功二年，司曆以臘爲閏，而前歲之晦，月見東方，太后詔以正月爲閏十月。是歲，甲子南至，改元聖曆。命瞿曇羅作《光宅曆》，將用之。三年，罷作《光宅曆》，復行夏時，終開元十六年。

（卷廿六《曆志》二）

開元九年，《麟德曆》署日蝕比不效，詔僧一行作新曆，推大衍數立術以應之，較經史所書氣朔、日名、宿度可考者皆合。十五年，草成而一行卒，詔特進張説與曆官陳玄景等次爲

《曆術》七篇、《略例》一篇、《曆議》十篇，玄宗顧訪者則稱制旨。明年，説表上之，起十七年頒於有司。時善算瞿曇譔者，怨不得預改曆事，二十一年，與玄景奏："《大衍》寫《九執曆》，其術未盡。"太子右司禦率南宫説亦非之。詔侍御史李麟、太史令桓執圭較靈臺候簿，《大衍》十得七、八，《麟德》纔三、四，《九執》一、二焉。乃罪説等，而是否決。

（卷廿七上《曆志》三上）

其十二《五星議》曰：

……近代算者昧於象，占者迷於數，覩五星失行，皆謂之曆舛。雖七曜循軌，猶或謂之天災。終以數象相蒙，兩喪其實。故較曆必稽古今注記，入氣均而行度齊，上下相距，反復相求。苟獨異於常，則失行可知矣。

凡二星相近，多爲之失行。三星以上，失度彌甚。《天竺曆》以《九執》之情，皆有所好惡。遇其所好之星，則趣之行疾，捨之行遲。

（卷廿七下《曆志》三下》

六曰步交會術

……

各置汎用刻率，副之。以乘其日入轉損益率，如通法而一。所得，應朒者，依其損益；應朓者，損加、益減其副；爲定用刻數。半之，以減蝕甚辰刻，爲虧初；以加蝕甚辰刻，爲復末。其月蝕，置定用刻數，以其日每更差刻除，爲更數。不盡，以每籌差刻除，爲籌數。綜之爲定用更籌。乃累計日入後至蝕甚辰刻，置之，以昏刻加日入辰刻減之，餘以更籌差刻除之。所得命以初更籌算外，得蝕甚更籌。半定用更籌減之，爲虧初；加之爲復末。按天竺俱摩羅所傳斷日蝕法，日臨鬱車宫者，的蝕。其餘據日所在宫，火星在前三及後五之宫，並伏在日下，則不蝕。若五星皆見，又水在陰曆及三星已上同聚一宿，則亦不蝕。凡星與日别宫或别宿則易斷，若同宿則難。天竺所云十二宫，即中國之十二次。鬱車宫者，降婁之次也。

……

《九執曆》者，出於西域。開元六年，詔太史監瞿曇悉達譯之。斷取近距，以開元二年二月朔爲曆首。度法六十。月有二十九日，餘七百三分日之三百七十三。曆首有朔虚分百二十六。周天三百六十度，無餘分。日去没分九百分度之十三。二月爲時，六時爲歲。三十度爲相，十二相而周天。望前曰白博義；望後曰黑博義。其算皆以字書，不用籌策。其術繁碎，或幸而中，不可以爲法。名數詭異，初莫之辨也。陳玄景等持以惑當時，謂一行寫其術未盡，妄矣。

（卷廿八下《曆志》四下）

……天寶中，玄宗問諸蕃國遠近，鴻臚卿王忠嗣以《西域圖》對，纔十數國。其後貞元宰相賈耽考方域道里之數最詳，從邊州入四夷，通譯於鴻臚者，莫不畢紀。其入四夷之路與關戍走集最重要者七：一曰營州入安東道，二曰登州海行入高麗渤海道，三曰夏州塞外通大同雲中道，四曰中受降城入回鶻道，五曰安西入西域道，六曰安南通天竺道，七曰廣州通海夷道。其山川聚落，封略遠近，皆概舉其目。……

……

自羊苴咩城西至永昌故郡三百里。又西渡怒江，至諸葛亮城二百里。又南至樂城二百里。又入驃國境，經萬公等八部落，至悉利城七百里。又經突旻城至驃國千里。又自驃國西度黑山，至東天竺迦摩波國千六百里。又西北渡迦羅都河至奔那伐檀那國六百里。又西南至中天竺國東境恆河南岸羯朱嗢羅國四百里。又西至摩羯陀國六百里。

一路自諸葛亮城西去騰充城二百里。又西至彌城百里。又西過山，二百里至麗水城。乃西渡麗水、龍泉水，二百里至安西城。乃西渡彌諾江水,千里至大秦婆羅門國。又西渡大嶺,三百里至東天竺北界箇没盧國。又西南千二百里,至中天竺國東北境之奔那伐檀那國,與驃國往婆羅門路合。

……

廣州東南海行,二百里至屯門山,乃帆風西行,二日至九州石。又南二日至象石。又西南三日行,至占不勞山,山在環王國東二百里海中。又南二日行至陵山。又一日行,至門毒國。又一日行,至古笪國。又半日行,至奔陀浪洲。又兩日行,到軍突弄山。又五日行至海硤,蕃人謂之"質",南北百里,北岸則羅越國,南岸則佛逝國。佛逝國東水行四五日,至訶陵國,南中洲之最大者。又西出硤,三日至葛葛僧祇國,在佛逝西北隅之别島,國人多鈔暴,乘舶者畏憚之。其北岸則箇羅國。箇羅西則哥谷羅國。又從葛葛僧祇四五日行,至勝鄧洲。又西五日行,至婆露國。又六日行,至婆國伽藍洲。又北四日行,至師子國,其北海岸距南天竺大岸百里。又西四日行,經没來國,南天竺之最南境。又西北經十餘小國,至婆羅門西境。又西北二日行,至拔颶國。又十日行,經天竺西境小國五,至提颶國,其國有彌蘭太河,一曰新頭河,自北渤崑國來,西流至提颶國,北入於海。又自提颶國西二十日行,經小國二十餘,至提羅盧和國,一曰羅和異國,國人於海中立華表,夜則置炬其上,使舶人夜行不迷。又西一日行,至烏剌國,乃大食國之弗利剌河,南入於海。小舟泝流,二日至末羅國,大食重鎮也。又西北陸行千里,至茂門王所都縛達城。

自婆羅門南境,從没來國至烏剌國,皆緣海東岸行;其西岸之西,皆大食國,其西最南謂之三蘭國。……

……

罽賓國在疏勒西南四千里,東至俱蘭城國七百里,西至大食國千里，南至婆羅門國五百里，北至吐火羅國二百里。

（卷四十三下《地理志》七下）

鳩摩羅什《注》二卷

《菩提達磨胎息訣》一卷

玄奘《大唐西域記》十二卷姓陳氏，緱氏人

辯機《西域記》十二卷

《大唐開元占經》一百一十卷瞿曇悉達集

瞿曇謙《大唐甲子元辰曆》一卷

玄奘《大唐西域記》十二卷姓陳氏，緱氏人

《都利聿斯經》二卷貞元中，都利術士李彌乾傳自西天竺，有璩公者譯其文

韋鶠畫《天竺胡僧渡水放牧圖》鑾子

（卷四十九《藝文志》三）

泥婆羅直吐蕃之西樂陵川。土多赤銅、犛牛。俗翦髮逮眉，穿耳，楦以筩若角，緩至肩者爲姣好。無匕筯，攫而食。其器皆用銅，其居版屋畫壁。俗不知牛耕，故少田作，習商賈。一幅布蔽身，日數盥浴。重博戲，通推步曆術。祀天神，鐫石爲像，日浴之，烹羊以祭。鑄銅爲錢，面文人形，背牛馬形。其君服珠、頗黎、車渠、珊瑚、虎魄垂纓，耳金鉤玉璫，佩寶伏突，御師子大牀，燎香布花於堂，而大臣坐地不藉，左右持兵，數百列侍。宮中有七重樓，覆銅瓦，楹極皆大琲雜寶，四隅置銅槽，下有金龍，口激水仰注槽中。

初，王那陵提婆之父爲其叔所殺，提婆出奔，吐蕃納之，遂臣吐蕃。貞觀中，遣使者李義表到天竺，道其國，提婆大喜，延使者同觀阿耆婆瀰池。池廣數十丈，水常溢沸，共傳旱潦未始耗溢，或抵以物則生煙，釜其上，少選可熟。二十一年，遣使入獻波稜、酢菜、渾提葱。永徽時，其王尸利那連陀羅又遣使入貢。

東女亦曰蘇伐剌拏瞿咀羅,羌别種也。……風俗大抵與天竺同。

天竺國,漢身毒國也,或曰摩伽陀,曰婆羅門。去京師九千六百里,都護治所二千八百里,居葱嶺南,幅圓三萬里,分東、西、南、北、中五天竺,皆城邑數百。南天竺瀕海,出師子、豹、獋、橐它、犀、象、火齊、琅玕、石蜜、黑鹽。北天竺距雪山,圜抱如壁,南有谷,通爲國門。東天竺際海,與扶南、林邑接。西天竺與罽賓、波斯接。中天竺在四天竺之會,都城曰茶鎛和羅城,濱迦毗黎河。有别城數百,皆置長,别國數十,置王。曰舍衛;曰迦没路,開户皆東嚮;曰迦尸,或曰波羅奈,亦曰波羅那斯。其畜有稍割牛,黑色,角細,長四尺許,十日一割,不然困且死。人飲其血,或曰壽五百歲,牛壽如之。

中天竺王姓乞利咥氏,亦曰刹利,世有其國,不篡殺。土溽熱,稻歲四熟,禾之長者没橐它。以貝齒爲貨。有金剛、旃檀、鬱金,與大秦、扶南、交趾相貿易。人富樂,無簿籍,耕王地者乃輸税。以舐足摩踵爲致禮。家有奇樂倡伎。王大臣皆服錦罽,爲螺髻於頂,餘髮翦使卷。男子穿耳垂璫,或懸金,耳緩者爲上類;徒跣,衣重白。婦人項飾金、銀、珠纓絡。死者燔骸取灰,建窣堵,或委野中及河,餌鳥獸魚鼈,無喪紀。謀反者幽殺之;小罪贖錢;不孝者斷手足,劓耳鼻,徙於邊。有文字,善步曆,學《悉曇章》,妄曰梵天法。書貝多葉以記事。尚浮圖法,不殺生飲酒,國中處處指曰佛故跡也。信盟誓,傳禁呪,能致龍起雲雨。

隋煬帝時,遣裴矩通西域諸國,獨天竺、拂菻不至爲恨。武德中,國大亂,王尸羅逸多勒兵戰無前,象不弛鞍,士不釋甲,因討四天竺,皆北面臣之。會唐浮屠玄奘至其國,尸羅逸多召見曰:"而國有聖人出,作《秦王破陣樂》,試爲我言其爲人。"玄奘粗言太宗神武，平禍亂，四夷賓服狀，王喜，曰："我當東面朝之。"貞觀十五年，自稱摩伽陀王，遣使者上書，帝命雲騎尉梁懷璥持節尉撫，尸羅逸多驚問國人："自古亦有摩訶震旦使者至吾國乎？"皆曰："無有。"戎言中國爲摩訶震旦。及出迎，膜拜受詔書，戴之頂，復遣使者隨入朝。詔衛尉丞李義表報之，大臣郊迎，傾都邑縱觀，道上焚香，尸羅逸多率羣臣東面受詔書，復獻火珠、鬱金、菩提樹。

二十二年，遣右衛率府長史王玄策使其國，以蔣師仁爲副；未至，尸羅逸多死，國人亂，其臣那伏帝阿羅那順自立，發兵拒玄策。時從騎纔數十，戰不勝，皆没，遂剽諸國貢物。玄策挺身奔吐蕃西鄙，檄召隣國兵。吐蕃以兵千人來，泥婆羅以七千騎來，玄策部分進戰茶鎛和羅城，三日破之，斬首三千級，溺水死萬人。阿羅那順委國走，合散兵復陣，師仁禽之，俘斬千計。餘衆奉王妻息阻乾陀衛江，師仁擊之，大潰，獲其妃、王子，虜男女萬二千人，雜畜三萬，降城邑五百八十所。東天竺王尸鳩摩送牛馬三萬餽軍，及弓、刀、寶纓絡。迦波路國獻異物，並上地圖，請老子象。玄策執阿羅那順獻闕下。有司告宗廟，帝曰："夫人耳目玩聲色，口鼻耽臭味，此敗德之原也。婆羅門不劫吾使者，寧至俘虜邪？"擢玄策朝散大夫。

得方士那邏邇娑婆寐，自言壽二百歲，有不死術，帝改館使治丹，命兵部尚書崔敦禮護視。使者馳天下，采怪藥異石，又使者走婆羅門諸國。所謂畔茶法水者，出石臼中，有石象人守之，水有七種色，或熱或冷，能銷草木金鐵，人手入輒爛，以橐它髑髏轉注瓠中。有樹名咀賴羅，葉如梨，生窮山崖腹，前有巨虺守穴，不可到。欲取葉者，以方鏃矢射枝則落，爲羣鳥銜去，則又射，乃得之。其詭譎類如此。後術不驗，有詔聽還，不能去，死長安。高宗時，盧迦逸多者，東天竺烏茶人，亦以術進，拜懷化大將軍。

乾封三年,五天竺皆來朝。開元時,中天竺遣使者三至;南天竺一,獻五色能言鳥,乞師討大食、吐蕃,丐名其軍,玄宗詔賜懷德軍,使者曰:"蕃夷惟以袍帶爲寵。"帝以錦袍、金革帶、魚袋並七事賜之;北天竺一來朝。

摩揭它,一曰摩伽陀,本中天竺屬國。環五千里,土沃宜稼穡,有異稻巨粒,號供大人米。王居拘闍揭羅布羅城,或曰俱蘇摩補羅,曰波吒釐子城,北瀕殑伽河。貞觀二十一年,始遣使自通於天子,獻波羅樹,樹類白楊。太宗遣使取熬糖法,即詔揚州上諸蔗,拃瀋如其劑,色味愈西域遠甚。高宗又遣王玄策至其國摩訶菩提祠立碑焉。後德宗自製鍾銘,賜那爛陀祠。

又有那揭者,亦屬國也,貞觀二十年,遣使者貢方物。

烏茶者,一曰烏伏那,亦曰烏萇,直天竺南。地廣五千里,東距勃律六百里,西罽賓四百里。山谷相屬,產金、鐵、蒲陶、鬱金。稻歲熟。人柔詐,善禁架術。國無殺刑,抵死者放之窮山。罪有疑,飲以藥,視溲清濁而決輕重。有五城,王居術瞢蘗利城,一曰瞢揭釐城,東北有達麗羅川,即烏萇舊地。貞觀十六年,其王達摩因陁訶斯遣使者獻龍腦香,璽書優答。大食與烏萇東鄙接,開元中數誘之,其王與骨咄、俱位二王不肯臣,玄宗命使者册爲王。

章求拔國,或曰章揭拔,本西羌種。居悉立西南四山中,後徙山西,與東天竺接。衣服略相類,因附之。地袤八九百里,勝兵二千人,無城郭,好鈔暴,商旅患之。貞觀二十年,其王羅利多菩伽因悉立國遣使者入朝。玄策之討中天竺,發兵來赴,有功,由是職貢不絕。

悉立當吐蕃西南,户五萬,城邑多旁澗谿。男子繒束頭,衣氈褐。婦人辮髮,短裙。昏姻不以財聘。其穀宜秔、麥、豆。

死者葬於野，不封樹，喪制爲黑衣，滿年而除。刑有刖、劓。常羈屬吐蕃。

罽賓，隋漕國也，居葱嶺南，距京師萬二千里而贏，南距舍衛三千里。王居脩鮮城，常役屬大月氏。地暑濕，人乘象，俗治浮屠法。

武德二年，遣使貢寶帶、金鎖、水精醆、頗黎狀若酸棗。貞觀中獻名馬，太宗詔大臣曰："朕始即位，或言天子欲耀兵，振伏四夷，惟魏徵勸我修文德，安中夏；中夏安，遠人伏矣。今天下大安，四夷君長皆來獻，此徵力也。"遣果毅何處羅拔等厚齎賜其國，並撫尉天竺。處羅拔至罽賓，王東向稽首再拜，仍遣人導護使者至天竺。十六年，獻褥特鼠，喙尖尾赤，能食蛇，螫者嗅且尿，瘡即愈。

國人共傳王始祖曰馨孽，至曷擷支傳十二世。顯慶三年，以其地爲脩鮮都督府。龍朔初，拜其王脩鮮等十一州諸軍事、脩鮮都督。開元七年，遣使獻天文及祕方奇藥，天子册其王爲葛邏達支特勒。後烏散特勒灑年老，請以子拂菻罽婆嗣，聽之。天寶四載，册其子勃匐準爲襲罽賓及烏萇國王。乾元初使者朝貢。

（卷二百二十一上《西域列傳》上）

謝颶居吐火羅西南，本曰漕矩吒，或曰漕矩，顯慶時謂訶達羅支，武后改今號。……國中有突厥、罽賓、吐火羅種人雜居，罽賓取其子弟持兵以禦大食。景雲初，遣使朝貢，後遂臣罽賓。

箇失蜜，或曰迦濕彌邏。北距勃律五百里，環地四千里，山回繚之，它國無能攻伐。王治撥邏勿邏布邏城，西瀕彌那悉多大河。地宜稼。多雪不風。出火珠、鬱金、龍種馬。俗毛褐。世傳地本龍池，龍徙水竭，故往居之。

開元初,遣使者朝。八年,詔册其王真陀羅祕利爲王;間獻胡藥。天木死,弟木多筆立,遣使者物理多來朝,且言:“有國以來,並臣天可汗,受調發。國有象、馬、步三種兵,臣身與中天竺王阨吐蕃五大道,禁出入,戰輒勝。有如天可汗兵至勃律者,雖衆二十萬,能輸糧以助。又國有摩訶波多磨龍池,願爲天可汗營祠。”因丐王册,鴻臚譯以聞。詔内物理多宴中殿,賜賚優備,册木多筆爲王,自是職貢有常。

其役屬五種,亦名國。所謂呾叉始羅者,地二千里,有都城。東南餘七百里得僧訶補羅,地三千餘里,亦治都城。東南山行五百里得烏剌尸,地二千里,有都城。宜稼穡。東南限山千里即箇失蜜。西南行險七百里得半笯蹉,地二千里。又得曷邏闍補羅者,其大四千里,有都城,多山阜,人驍勇。五種皆無君長云。

師子,居西南海中,延袤二千餘里,有稜伽山,多奇寶,以寶置洲上,商舶償直輒取去。後鄰國人稍往居之。能馴養師子,因以名國。

總章三年,遣使者來朝。天寶初,王尸羅迷迦再遣使獻大珠、鈿金、寶瓔、象齒、白氎。

(卷二百二十一下《西域列傳》下)

驃,古朱波也,自號突羅朱,闍婆國人曰徒里拙。在永昌南二千里,去京師萬四千里。東陸真臘,西接東天竺,西南墮和羅,南屬海,北南詔。……近城有沙山不毛,地亦與波斯、婆羅門接,距西舍利城二十日行。西舍利者,中天竺也。南詔以兵彊地接,常羈制之。

……

凡曲名十有二:一曰《佛印》,驃云《波馱彌》,國人及天竺歌以事王也。

貞觀中，嶲州都督劉伯英上疏：“松外諸蠻，率暫附亟叛，請擊之，西洱河天竺道可通也。”

（卷二百二十二下《南蠻列傳》下）

八、新五代史

有僧遊西域，得佛牙以獻，明宗以示大臣。鳳言：“世傳佛牙水火不能傷，請驗其真僞。”因以斧斫之，應手而碎。是時，宫中施物已及數千，因鳳碎之乃止。

（卷廿八《唐臣趙鳳列傳》）

九、夢溪筆談

《楚詞·招魂》尾句皆曰“些”。蘇箇反。今夔峽、湖湘及南北江獠人凡禁呪句尾皆稱“些”。此乃楚人舊俗，即梵語“薩嚩訶”[①]也。薩音桑葛反，嚩無可反，訶從去聲。三字合言之，即“些”字也。

① 即梵文 svohā。

《莊子》言：“野馬也，塵埃也。”乃是兩物。古人即謂野馬爲塵埃，如吴融云：“動梁閒之野馬。”又韓偓云：“窗裏日光飛野馬。”皆以塵爲野馬，恐不然也。“野馬”乃田野閒浮氣耳，遠望如羣馬，又如水波，佛書謂“如熱時野馬陽燄”，即此物也。

（卷三《辯證》一）

《霓裳羽衣曲》。劉禹錫詩云：“三鄉陌上望仙山，歸作《霓裳羽衣曲》。”又王建詩云：“聽風聽水作《霓裳》。”白樂天詩注云：“開元中，西涼府節度使楊敬述造。”鄭嵎《津陽門詩》注云:"葉法善嘗引上入月宫,聞仙樂。及上歸,但記其半。遂於笛中寫之。會西涼府都督楊敬述進《婆羅門曲》。與其聲調相符,遂以月中所聞爲散序,用敬述所進爲其腔,而名《霓裳羽衣曲》。"諸說各不同。今蒲中逍遥樓楣上有唐人横書,類梵字,相傳是《霓裳譜》,字訓不通,莫知是非。或謂今燕部有《獻仙音曲》,乃其遺聲。然《霓裳》本謂之道調法曲,今《獻仙音》乃小石調耳,未知孰是。

琴雖用桐,然須多年木性都盡,聲始發越。予曾見唐初路氏琴,木皆枯朽,殆不勝指,而其聲愈清。又常見越人陶道真畜一張"越琴",傳云古冢中敗棺杉木也,聲極勁挺。吳僧智和有一琴,瑟瑟徽碧,紋石爲軫,制度音韻皆臻妙,腹有李陽冰篆數十字,其略云:"南溟島上得一木,名伽陀羅[①],紋如銀屑,其堅如石,命工斲爲此琴。"篆文甚古勁。琴材欲輕、鬆、脆、滑,謂之"四善"。木堅如石,可以製琴,亦所未喻也。《投荒録》云:"瓊管多烏樠、呿陀,皆奇木。"疑"伽陀羅"即"呿陀"也。

① "伽陀羅"疑爲"陀伽羅"之誤。陀伽羅爲一種香木,梵文 Tagara 或 Tagaraka,拉丁文名 Takernaemontana coronaria。

(卷五《樂律》上)

予編校昭文書時,預詳定渾天儀。官長問予:……

又問:"日月之行,日一合一對,而有蝕不蝕,何也?"予對曰:"黄道與月道,如二環相疊而小差。凡日月同在一度相遇,則日爲之蝕,正一度相對,則月爲之虧。雖同一度,而月道與黄道不相近,自不相侵;同度而又近黄道、月道之交,日月相值,乃相陵掩。正當其交處則蝕;而既不全當交道,則隨其相犯淺深而蝕。凡日蝕,當月道自外而交入於内,則蝕起於西南,復於東北;自内而交出於外,則蝕起於西北,而復於東南。日在交東,則蝕其内;日在交西,則蝕其外。蝕既則起於正西,復於正東。

凡月蝕，月道自外入内，則蝕起於東南，復於西北；自内出外；則蝕起於東北，而復於西南。月在交東，則蝕其外；月在交西，則蝕其内。蝕既則起於正東，復於西。交道每月退一度餘，凡二百四十九交而一朞。故西天法羅睺、[①]計都[②]皆逆步之，乃今之交道也。交初謂之'羅睺'，交中謂之'計都'。"

① 按胡道靜注，"羅睺"二字，乃借梵語爲之，障翳之義也。詳見法雲《翻譯名義集》卷二。

② 胡注，梵曆(《九執曆》)以日、月、火、水、木、金、土七曜及羅睺、計都爲九曜。

（卷七《象數》一）

音韻之學，自沈約爲四聲，及天竺梵學入中國，其術漸密。觀古人諧聲，有不可解者。如"玖"字"有"字多與"李"字協用；"慶"字"正"字多與"章"字"平"字協用。如《詩》："或羣或友，以燕天子。""彼留之子，遺我佩玖。""投我以木李，報之以瓊玖。""終三十里，十千維耦。""自今而後，歲其有，君子有穀，貽孫子。""陟降左右，令聞不已。""膳夫左右，無不能止。""魚麗于罶，鰋鯉，君子有酒，旨且有。"如此極多。又如"孝孫有慶，萬壽無疆。""黍稷稻粱，農夫之慶。""唯其有章矣，是以有慶矣。""則篤其慶，載錫之光。""我田既臧，農夫之慶。""萬舞洋洋，孝孫有慶。"《易》云："西南得朋，乃與類行；東北喪朋，乃終有慶。""積善之家，必有餘慶；積不善之家，必有餘殃。"班固《東都賦》"彰皇德兮侔周成，永延長兮膺天慶。"如此亦多。今《廣韻》中"慶"一音"卿"。然如《詩》之"未見君子，憂心怲怲，既見君子，庶幾有臧。""誰秉國成，卒勞百姓，我王不寧，覆怨其正。"亦是"怲"、"正"與"寧"、"平"協用。不止"慶"而已。恐別有理也。

（卷十四《藝文》一）

切韻之學,本出於西域。漢人訓字,止曰“讀如某字”,未用反切。然古語已有二聲合爲一字者,如“不可”爲“叵”,“何不”爲“盍”,“如是”爲“爾”,“而已”爲“耳”,“之乎”爲“諸”之類,似西域二合之音,盖切字之原也。如“輭”字文從“而”“犬”,亦切音也。殆與聲俱生,莫知從來。今切韻之法,先類其字,各歸其母。脣音、舌音各八,牙音、喉音各四,齒音十,半齒半舌音二,凡三十六,分爲五音。天下之聲,總於是矣。每聲復有四等,謂清、次清、濁、平也。如顛、天、田、年,邦、胮、龐、厖之類是也。皆得之自然,非人爲之。如幫字横調之爲五音,幫、當、剛、臧、央是也;幫,宫之清。當,商之清。剛,角之清。臧,徵之清。央,羽之清。縱調之爲四等,幫、滂、傍、茫是也。幫,宫之清。滂,宫之次清。傍,宫之濁。茫,宫之不清不濁。就本音本等調之爲四聲,幫、牓、傍、博是也。幫,宫清之平。牓,宫清之上。傍,宫清之去。博,宫清之入。四等之聲,多有聲無字,如封、峰、逢止有三字,邕,胷止有兩字,竦、火、欲、以皆有一字。五音亦然,滂、湯、康、蒼止有四字。四聲則有無聲亦有無字者,如蕭字、肴字全韻皆無入聲,此皆聲之類也。所謂切韻者,上字爲切,下字爲韻。切須歸本母,韻須歸本等。切歸本母,謂之音和,如“德紅”爲“東”之類。“德”與“東”同一母也。字有重、中重、輕、中輕、本等聲,盡汎入别等。謂之類隔。雖隔等須以其類,謂脣與脣類,齒與齒類。如“武延”爲“綿”,“符兵”爲“平”之類是也。韻歸本等,如“冬”與“東”字母皆屬“端”字,“冬”乃“端”字中第一等聲,故都宗切,“宗”字第一等韻也,以其歸“精”字,故“精”徵音第一等聲。“東”字乃“端”字中第三等聲,故德紅切。“紅”字第三等韻也,以其歸“匣”字,故“匣”羽音第三等聲。又有互用借聲,類例頗多。大都自沈約爲四聲,音韻愈密。然梵學則有華、竺之異,南渡之後,又雜以吳音,故音韻厖駮,師法多門。至於所分五音,法亦不一。如樂家所用,則隨律命之,本無定音,常以濁者爲宫,稍清爲商,最清爲角,清濁不常爲徵、羽。切韻家則定以脣齒牙舌喉爲宫、商、角、徵、羽。其間又有半徵、半商者,如“來”,“曰”二字是也,皆不論清濁。五行家則以韻類清濁參配,今五姓是也。梵學則喉牙齒舌脣之外,又有折、攝二聲。折聲自臍輪起至脣上發,如“㸰”字浮金反之類是也。攝聲鼻音,如“歆”字鼻中發之類是也。字母則有四十二,曰:阿、多、波、者、那、囉、拖、婆、荼[①]、沙、嚩、哆、也、瑟吒、二合迦、娑、麽、伽、他、社、鎖、(呼)拖、前一拖輕呼,此一拖重呼。奢、佉、义、(二合)娑多、二合　壤、曷攞多、三合　婆、上聲車、　娑麽、二合　訶婆、縒、伽、上聲　吒、拏、娑頗、二合　娑迦、二合也娑、二合　室者、二合　佗、陀。爲法不同,各有理致。雖先王所不言,然不害有此理,歷世浸久,學者日深,自當造微耳。

① 按胡校,“荼”各本均作“茶”,從《大藏經》字母譜校正。

(卷十五《藝文》二)

延州天山之巔有奉國佛寺,寺庭中有一墓,世傳尸毗王之墓也。尸毗王出於佛書《大智論》,言嘗割身肉以飼餓鷹,至割肉盡。今天山之下有濯筋河,其縣爲膚施縣。詳“膚施”之義,亦與尸毗王説相符。按《漢書》:“膚施縣乃秦縣名。”此時尚未有佛書,疑後人傅會縣名爲説。雖有唐人一碑,已漫滅斷折不可讀。慶曆中,施昌言鎮鄜延,乃壞奉國寺爲倉,發尸毗墓,得千餘秤炭,其棺槨皆朽,有枯骸尚完,脛骨長二尺餘,髗骨大如斗,并得玉環玦七十餘件,玉衡牙長僅盈尺,皆爲在位者所取。金銀之物,即入于役夫。爭取珍寶,遺骸多爲拉碎,但貯一小函中埋之。東上閤門使夏元象時爲兵馬都監,親董是役,爲予言之甚詳。至今天山倉側昏後獨行者,往往與鬼神遇,郡人甚畏之。

士人宋述家有一珠,大如雞卵,微紺色,瑩徹如水,手持之映空而觀,則末底一點凝翠,其上色漸淺;若回轉,則翠處常在下。不知何物,或謂之“滴翠珠”。佛書西域有“琉璃珠”,投之水中,雖深皆可見,如人仰望虚空月影,疑此近之。

(卷廿一《異事異疾附》)

温州雁蕩山,天下奇秀,然自古圖牒,未嘗有言者。祥符中,因造玉清宫,伐山取材,方有人見之,此時尚未有名。按西域書,阿羅漢諾矩羅居震旦東南大海際雁蕩山芙蓉峰龍湫。唐僧貫休爲《諾矩羅贊》,有“雁蕩經行雲漠漠,龍湫宴坐雨濛濛”之句。此山南有芙蓉峰,峰下芙蓉驛,前瞰大海,然未知雁蕩龍湫所在。後因伐木,始見此山。山頂有大池,相傳以爲雁蕩;下有二潭水,以爲龍湫。又有經行峽、宴坐峰,皆後人以貫休詩名之也。謝靈運爲永嘉守,凡永嘉山水,遊歷殆遍,獨不言此山,蓋當時未有雁蕩之名。……

熙寧中,珠輂國使人入貢,乞依本國俗“撒殿”詔從之。使人以金盤貯珠,跪捧於殿檻之閒,以金蓮花、酌珠向御座撒之,謂之“撒殿”乃其國至敬之禮也。朝退,有司掃徹,得珠十餘兩,分賜是曰侍殿閣門使副内臣。

士人以氏族相高,雖從古有之,然未嘗著盛。自魏氏銓總人物,以氏族相高,亦未專任門地。惟四夷則全以氏族爲貴賤,如天竺以刹利、婆羅門二姓爲貴種;自餘皆爲庶姓,如毗舍、首陁是也;其下又有貧四姓,如工、巧、純、陁是也。其他諸國亦如是。國主大臣各有種姓,苟非貴種,國人莫肯歸之;庶姓雖有勞能,亦自甘居大姓之下。至今如此。……

(卷廿四《雜誌》一)

十、香譜

香之品

罽賓國香

《盧氏雜説》楊牧嘗召崔安石食，盤前置香一爐。煙出如樓臺之狀。崔别聞一香，非似爐煙。崔思之。楊顧左右，取肉楪子盛一漆毬子呈崔，曰：此罽賓國香，所聞即此香也。

十一、石林燕語[1]

① 清人葉珽琯、胡珽考訂中的有關資料一併輯録。南宋汪應辰的《石林燕語辨》中的有關資料附録。

元豐間，三佛齊、注輦國入貢，請以所貢金蓮花、真珠、龍腦，依其國中法，親撒於御座，謂之"撒殿"。詔特許之。御延和殿引見，使跪撒於殿柱外，前未有也。注輦在廣州南，水行約四千里至廣州。三佛齊，南蠻别種，與占城國爲鄰。珽案：江少虞《皇宋事實類苑》卷六十，熙寧中，珠注國使人入貢，乞依本國俗撒殿。詔從之。使人以金盤貯珠，跪捧於殿檻之間，以金蓮花酌珠向御座撒之，謂之"撒殿"，乃其國至敬之禮也。據此，則撒殿乃熙寧中事，不在元豐間。雖同爲神宗紀元，然有先後之别。考《宋史》，凡兩見。注輦國撒殿，在熙寧十年，三佛齊國撒殿，則在元豐五年也。又《宋史》載，注輦國水行至廣州，約四十一萬一千四百里，李攸《宋朝事實》所載亦同。今《燕語》謂約四千里，其間相去懸殊，疑又有所誤記矣。《通考》三百三十二云：凡千一百五十日而至，其去中國最遠。

（卷二）

東漢以來，九卿官府皆名曰"寺"，與省臺並稱，鴻臚其一也。本以待四夷賓客，故摩騰、竺法蘭自西域以佛經至，舍於鴻臚。今洛中白馬寺,摩騰真身尚在。或云寺即漢鴻臚舊地。摩騰初來,以白馬負經,既死,尸不壞,因留寺中。後遂以爲浮屠之居,因名"白馬";今僧居概稱寺,蓋此本也。摩騰真身至今不枯朽,漆棺石室扃鎖甚固,藏其鑰於府廨。有欲觀者,旋請鑰秉燭,乃可詳視。然楊衒之《洛陽伽藍記》載當時經函放光事,而不及摩騰,不可解。衒之,元魏時人也。

(卷八)

附:石林燕語辨

卷之二　三十七辨注輦國入貢年月

明道二年,注輦國使人入貢,請用夷禮,以申嚮慕之心,乃奉銀盤升殿跪撒珠於座下面退,非始於神宗朝也。熙寧十年六月,注輦國入貢,此云元豐間,亦非。

十二、名香譜

茵犀香

西域獻。漢武帝用之煮湯辟癘。

月支香

月支國進。如卵。燒之辟疫百里,九月不散。

返魂香、震檀香、驚精香、返生香、却死香。

月支國一香五名。屍埋地下者,聞之即活。

罽賓國香

楊牧席間焚之,上有樓臺之狀。

羯布羅香

《西域記》云:樹如松,色如冰雪。

兜婁婆香牛頭旃檀香。

出釋典。

迷迭香

出西域,焚之去邪。

（卷九十八）

十三、通志

夷狄大姓

釋氏悉達太子成道,姓釋。

塞氏入聲,天竺胡人之姓,即釋種也。

（卷二十八《氏族略》第四）

華梵

論華梵上

諸蕃文字不同,而多本於梵書。流入中國,代有大鴻臚之職,譯經潤文之官,恐不能盡通其旨,不可不論也。梵書左旋,其勢向右。華書右旋,其勢向左。華以正錯成文,梵以偏纏成體。華則一音該一字,梵則一字或貫數音。華以直相隨,梵以橫相綴。華有象形之文,梵亦有之。尾作[illegible],有尾垂之形。縛作[illegible],有纏縛之象。華有省文之字,梵亦有之。地本作[illegible],亦省作[illegible]。縛本作[illegible],亦省作[illegible]。駄本作dl,亦省作d。華有同聲而借之字,梵亦有之。野作[illegible],而也亦作[illegible]。駄作d,而陁亦作[illegible]。

華有協聲而借之字，梵亦有之。微用，而尾亦用。薩用，而散亦用。華書有重二之義，如《舊漢書》“元元休息”，下元字只作 =。石鼓文《嶧山碑》重字皆作 =。梵書凡疊句重言則小作。但華書每字之重皆作 =。梵書一字疊一言，重者作一；三字、四字疊三言四言，重者亦只作。華蓋以目傳，故必詳於書。梵以口傳，如曲譜然，書但識其大略。華之讀别聲，故就聲而借。梵之讀别音，故即音而借。如史瑟同用者，師史使瑟，商音之和也。帝彈同用者，低底帝彈，亦商音之和也。娑薩同用，亦商音之和。誐孽同用，是爲角音之和。

論華梵中

觀今七音韻鑑，出自西域。應琴七絃，天籟所作。故從衡正倒展轉成圖，無非自然之文。極是精微，不比韻書，但平上去入而已。七音之學，學者不可不究。華有二合之音，無二合之字。梵有二合、三合、四合之音，亦有其字。華書惟琴譜有之。蓋琴尚音，一音難可一字該，必合數字之體，以取數音之文。二合者，取二體也。如娑作，縛作，二合娑縛則取縛之下體，以合於娑而爲字。如囉作，馱作，曩作。三合囉馱曩，則上取囉，中取馱，下取曩，而爲字。如悉作，底作，哩作，野亦作，四合悉底哩野，則取悉之上體以合於野之下體，而包底哩爲錯文，不必具底哩，故其字作。然二合者是雙音合爲單音也，如雙爲者焉，單爲旃。雙爲者與，單爲諸。然則雙爲娑縛，單爲索，雙爲娑彈，單爲薩。何不即一索足矣，安用合娑縛？一薩足矣，安用合娑彈哉？曰：華音論讀，必以一音爲一讀，故雖者焉可以獨言旃，雖者與可以獨言諸也。梵音論諷雖一音，而一音之中亦有抑揚高下，故娑縛不可以言索，娑彈不可以言薩，實有微引勾帶之狀焉。凡言二合者，謂此音非一亦非二也。言三合者，謂此音非一非二亦非三也。言四合者，謂此音非一非二非三亦

非四也。但言二合者，其音獨易。言三合、四合者，其音轉難。大抵華人不善音。今梵僧咒雨則雨應，咒龍則龍見。頃刻之間，隨聲變化。華僧雖學其聲，而無驗者，實音聲之道有未至也。

論華梵下

梵人别音，在音不在字；華人别字，在字不在音。故梵書甚簡，只是數個屈曲耳，差别不多，亦不成文理，而有無窮之音焉。華人苦不别音，如切韻之學，自漢以前人皆不識，實自西域流入中土，所以韻圖之類，釋子多能言之，而儒者皆不識起例，以其源流出於彼耳。華書製字極密，點畫極多，梵書比之實相遼邈，故梵有無窮之音，而華有無窮之字。梵則音有妙義，而字無文彩；華則字有變通，而音無錙銖。梵人長於音，所得從聞入，故曰：此方真教體，清淨在音聞。我昔三摩提，盡從聞中入。有目根功德少耳根功德多之説。華人長於文，所得從見入，故天下以識字人爲賢智，不識字人爲愚庸。

（卷三十五《六書略》第五）

四瀆

河水自西域來，其大原有三：正原出崐崙山東北陬而東行，一原出天竺葱嶺，一原出于闐南山，北行與葱嶺河合，而東入于崐崙河。或云張騫窮河源至葱嶺河爾。故《西域傳》云，河有兩源，一出葱嶺，一出于闐，而没其正原也。三河合而東過蒲昌，或云入蒲昌海而復東出，於理不然。乃東至積石山下，有石門，河水冒以西南流，是爲中國河。積石山屬鄯州，禹之所道自此始，故其詳得聞焉。

（卷四十《地理略》第一）

清商曲七曲附五十曲並夷樂四十一曲

天竺二曲《沙石彊歌》、《天曲樂舞》

梵竺四曲

《舍利弗》《法壽樂》《阿郝瓌》《摩多樓子》

（卷四十九《樂略》第一）

小學類第四

蕃書

切韻之學起自西域，舊所傳十四字貫一切音，文省而音博，謂之婆羅門書。然猶未也。其後又得三十六字母，而音韻之道始備。中華之韻只彈四聲，然有聲有音。聲爲經，音爲緯。平上去入者四聲也，其體縱，故爲經。宫商角徵羽半徵半商七音也，其體横，故爲緯。經緯錯綜，然後成文。臣所作韻書備矣。釋氏謂此學爲小語，學者誠不可忽也。

……

《婆羅門書》四卷《隋志》一卷

（卷六十四《藝文略》第二）

地理蠻夷

《交州以南外國傳》一卷

《大隋翻經婆羅門法師外國傳》五卷

《外國傳》五卷釋曇景撰

《西域圖》三卷裴矩撰

《西域道里記》三卷程士章撰

《西域國志》六十卷

《大唐西域記》十二卷唐僧玄奘撰

《西域記》十二卷唐僧辨機撰

《海南諸蕃行記》一卷達奚通撰

《中天竺國行記》十卷王玄策撰

《佛國記》一卷釋法顯撰

《遊行外國傳》一卷釋智猛撰
《慧生行傳》一卷

（卷六十六《藝文略》第四）

釋家傳記

《大唐西域求法高僧傳》二卷僧義淨撰
《法顯傳》二卷
《法顯行傳》三卷
《僧伽行狀》一卷辛崇撰
《釋迦譜》十卷南齊佐律師撰
《迦葉祖裔記》一卷
《釋迦方志》二卷
《古今譯經圖記》一卷唐僧靖邁撰
《續古今譯經圖記》一卷唐僧智昇撰

（卷六十七《藝文略》第五）

釋家塔寺

《舍利塔記》一卷僞唐高越撰

（卷六十七《藝文略》第五）

釋家論議

《釋摩訶術論》五卷馬鳴大師論龍樹菩薩釋
《達摩血脈》一卷唐僧惠可撰
《菩提心記》一卷

（卷六十七《藝文略》第五）

釋家頌贊　釋家論議

《達磨妙用訣》一卷
《達磨信心銘》一卷

（卷六十七《藝文略》第五）

天文類第七

天文竺國天文

《婆羅門天文經》二十一卷婆羅門捨仙人説

《婆羅門天文》一卷

《婆羅門竭伽仙人天文説》三十卷

《西門俱摩羅祕術占》一卷

《僧不空譯宿曜》二卷

《一行大定露膽訣》一卷

右竺國天文六部五十六卷

曆數　雜星曆

《都利聿斯經》二卷本梵書五卷。唐貞元初有都利術士李彌乾將至京師。推十一星行曆知人命貴賤。

《新修聿斯四門經》一卷唐待詔陳輔重修

《徐氏續聿斯歌》一卷

《都利聿斯歌訣》一卷安修睦撰關子明注

《聿斯鈔略旨》一卷

《聿斯隱經》一卷

《羅濱都利聿斯大衍書》一卷

《文珠菩薩所説宿曜經》一卷唐廣智三藏不空譯

《曹公小曆》一卷唐曹蔦撰,李思議重注,本天竺曆

算術竺國算法

《婆羅門算法》三卷

《婆羅門陰陽算歷》一卷

《婆羅門算經》三卷

右竺國算法三部七卷

（卷六十八《藝文略》第六）

藝術類第九

圖畫

《天竺胡僧渡水放牧圖》韋鸍畫

（卷六十九《藝文略》第七）

醫方類第十

脈經

《耆婆脈經》一卷

胡方

《龍樹菩薩藥方》四卷

《西域諸仙所説藥方》二十三卷

《香山仙人藥方》二十卷

《西域波羅仙人方》三卷

《西域名醫所集要方》四卷

《婆羅門諸仙藥方》二十卷

《婆羅門藥方》五卷

《耆婆所述仙人命論方》二卷

《乾陀利治鬼方》十卷

《新録乾陀利治鬼方》四卷

《摩訶出胡國方》十卷

右胡方一十一部一百五卷

病源

《耆婆八十四問》一卷

《龍樹呪法》一卷

五藏

《耆婆五藏論》一卷

瘡腫

《吞字帖腫方》一卷唐波馳波利奉詔譯

眼藥

《龍樹眼論》一卷

香熏

《龍樹菩薩和香法》二卷

（卷六十九《藝文略》第七）

碑揭

《釋氏碑文》三十卷梁元帝集

（卷七十《藝文略》第八）

記有

《僧守温三十六字母圖》

地理

《裴矩西域圖》

（卷七十二《圖譜略》第一）

隋

《修舍利塔碑》開皇九年未詳

《舍利塔銘》仁壽二年未詳

《舍利寶塔下銘》仁壽二年未詳

《願力寺舍利寶塔銘》仁壽二年

《隋文帝舍利塔銘》大業五年未詳

唐上

《佛牙寶塔碑》王君平書

《法門寺舍利塔銘》賀蘭敏之書鳳翔府

《無憂王寺大聖真身塔碑》楊播書鳳翔府

唐名家

薛稷

《佛跡圖傳》京兆府

李邕

《娑羅木碑》楚州

徐浩

《三藏不空和尚碑》京兆府

沈傳師

《大聖舍利寶塔銘》鳳翔府

吴通微

《大聖舍利寶塔銘》鳳翔府

殷仲容

《大興善寺舍利塔銘》未詳

張庭珪八分書

《東林佛馱禪師舍利塔銘八分》江州

（卷七十三《金石略》第一）

草類

射干，曰烏扇，曰烏蒲，曰烏翣，曰烏吹，曰草薑，曰鳳翼。射亦作夜。射干有三物。佛書云：射干貂獄乃是惡獸，似青黄狗，食人。《荀子》云：西方有木名射干，莖長四寸，生於高山之上，而臨百仞之淵。其花白，莖長似射人執竿，故阮公詩云："射干臨層城。"此則草類，狀如鹿葱，葉稍大，邪張作扇，如翅狀，故有烏扇、烏翣、鳳翼之名。

仙茅，曰獨茅根，曰茅瓜子，曰婆羅門參。傳云：十斤石乳不及一斤仙茅。

陳家白，曰吉利菜。葉如錢，根如防己。又有婆羅門白，甘家白，三白相似。

蔬類

菠薐菜，本出頗陵國。張騫帶來，語訛爲菠。

（卷七十五《昆蟲草木略》第一）

木類

琥珀，《漢書》云出罽賓國。舊云松脂入地千年化成，又云茯苓千年爲琥珀，又云松脂内溢入地而爲茯苓，外溢入地而爲琥珀。今之所得，其中則有蚊蟲蜂螘之類。如生此皆是未入地所著者。又云楓脂千年爲琥珀。大體中土不生，來從外國。皆云，初得之，如桃膠便可啖，須臾則堅凝。今人有煮蝦雞及青魚枕僞爲之者。

梔子曰木丹，曰越桃。其花六出，西域謂之簷蔔花。

菴摩勒，即餘甘也。梵名之異耳。

（卷七十六《昆蟲草木略》第二）

十四、吴船録

石湖居士以淳熙丁酉歲五月二十九日戊辰離成都。……六月癸巳，發峨眉縣，出西門登山。……乙未，大霽，遂登上峰，自此至峰頂光相寺七寶巖。……丙申，復登巖眺望巖後岷山萬重，少北則瓦屋山，在雅州，少南則大瓦屋，近南詔，形狀宛然瓦屋一間也。小瓦屋亦有光相，謂之辟支佛現此。諸山之後即西域雪山，崔嵬刻削凡數十百峰。初，日照之雪色，洞明如爛銀，晃耀曙光中。此雪自古至今未嘗消也。山綿延入天竺諸蕃，相去不知幾千里，望之但如在几案間，瑰奇勝絶之觀，真冠平生矣！……

秋七月戊戌朔，離黑水，復過白水寺前，渡雙溪橋，入牛心寺。……寺有唐畫羅漢一板，筆跡超妙，眉目津津，欲與人語。成都古畫浮圖像最多，以余所見，皆出此下。蜀畫胡僧惟盧楞迦之筆爲第一。今見此板，乃知楞迦源流所自，餘十五板亡之矣。此寺即繼業三藏所作。業姓王氏，耀州人，隸東京天壽院。乾德二年，詔沙門三百人入天竺，求舍利及貝多葉書。業預遣中。至開寶九年，始歸寺。所藏《涅盤經》一函，四十二卷。業於每卷後分記西域行程。雖不甚詳，然地里大略可考，世所罕見。録於此以備國史之闕。

業自階州出塞西行，由靈武、西涼、甘、肅，瓜、沙等州入伊吳、高昌、焉耆、于闐、疎勒、大石諸國。度雪嶺，至布路州國。又度大葱嶺、雪山至伽溼彌羅國。西登大山，有薩埵太子投崖飼虎處。遂至健陀羅國，謂之中印土。又西至庶流波國及左爛陀羅國，國有二寺。又西過四大國，至大典女城。南臨陷牟河，北背恒河，塔廟甚多，而無僧尼。又西二程，有寶堦故基。又西至波羅奈國。兩城相距五里，南臨恒河。又西北十許里，至鹿野苑塔廟，佛蹟最夥。業自云别有傳記，今不傳矣。南行十里，渡洹河。河南有大浮圖。自鹿野苑西至摩羯提國，館於漢寺。寺多租入，八村隸焉。僧徒往來如歸。南與杖林山相直，巍峰巋然。山北有優波掬多石室及塔廟故基，南一作西南百里有孤山，名鷄足三峰，云是迦葉入定處。又西北百里，有菩提寶座城。四門相望，金剛座在其中。東向又東，至尼連禪河。東岸有石柱，記佛舊事。自菩提座東南五里，至佛苦行處。又西三里，至三迦葉村及牧牛女池。金剛座之北門外，有師子國伽藍。又北五里，至迦耶城。又北十里，至迦耶山，云是佛説寶雲經處。又自金剛座東北十五里，至正覺山。又東北三十里，至骨磨城，業館於鰕羅寺，謂之南印土，諸國僧多居之。又東北四十里，至王舍城。東南五里，有降醉像塔。又東北登大山，細路盤紆，有舍利子塔。又臨澗，有下馬迎風塔。度絶壑，登山頂，有大塔廟，云是七佛説法處。山北平地，又有舍利本生塔。其北山半曰鷲峰，云是佛説法華經處。山下即王舍城。城北山址，有温泉二十餘井。又北有大寺及迦蘭陁竹園故跡。又東有阿難半身舍利塔。温湯之西，有平地。直南登山腹，有畢鉢羅窟。業止其中，誦經百日而去。窟西，復有阿難證果塔。此去新王舍城八里。日往乞食，會新王舍城。中有蘭若，隸漢寺。又有樹提迦故宅城。其西有輪王塔。又北十五里，有那爛陁寺。寺之南北，各有數十寺。門皆西向。其北有四佛座。又東北十五里，至烏嶺頭寺一作烏巔頭寺。東南五里，有聖觀自在像。又東北十里，至伽滏彌羅漢寺。寺南至漢寺八里許。自漢寺東行十二里，至卻提希山。又東七十里，有鴿寺。西北五十里，有支那西寺，古漢寺也。西北百里，至花氏城，育王故都也。自此渡河，北至毗耶離城，有維摩方丈故跡。又至拘尸那城及多羅聚落。踰大山數重，至泥波羅國。又至磨逾里。過雪嶺，至三耶寺。由故道，自此入階州。太祖已宴駕，太宗即位，業詣闕，進所得梵夾舍利等。詔擇名山修習。登峨眉，北望牛心，衆峰環翊，遂作菴居，已而爲寺。業年八十四而終。

（卷上）

戊申，發瀘州百二十里，至合江縣。對岸有廟，曰登天王。相傳爲吕光廟，事苻堅，以破虜將軍平蜀有功。後其子紹即天王位，登天之名或以此。舟人至縣皆上謁，以魚爲享。無，即以鮓。又以鳩摩羅什從祀而享以餅餌。……

八月乙未，泊江州。早出南門，去城百里……入山五里，至東林寺，晉惠遠師道場也。自晉以來爲星居寺，數十年前始更。十方樓閣堂殿，奇巧巨麗，然皆非晉舊屋。……閣後舍利塔，鳩摩羅什所攜來以瘞者，其屋，又南唐時所改作。獨聰明泉如故，商仲堪與遠公談《易》處也。凡山之故物，如袈裟、塵扇皆已不存。承平時，獨有晉安帝輦、佛馱耶舍革舃、謝靈運貝葉經，更李成亂，今皆忘去。……

（卷下）

十五、嶺外代答

序

入國問俗，禮也。癸嘗仕焉，而不能舉其要。廣右二十五郡，俗多夷風，而疆以戎索。海北郡二十有一，其列于西南方者，蜿蜒若長蛇，實與夷中六詔、安南爲境。海之南郡，又内包黎獠，遠接黄支之外。……

海外諸蕃國

諸蕃國，大抵海爲界限，各爲方隅而立國。國有物宜，各從都會以阜通。正南諸國，三佛齊其都會也；東南諸國，闍婆其都會也；西南諸國，浩乎不可窮近，則占城、真臘，爲窊裏諸國之都會；遠則大秦爲西天竺諸國之都會。又其遠則麻離拔國爲大食諸國之都會。又其外則木蘭皮國爲極西諸國之都會。三佛齊之南，南大洋海也。海中有嶼萬餘，人莫居之，愈南不可通矣。闍婆之東，東大洋海也。水勢漸低，女人國在焉。東則尾閭之所泄，非復人世。稍東北向則高麗、百濟耳。西南海上諸國不可勝計，其大略亦可考，姑以交阯定其方隅。直交阯之南，則占城、真臘、佛羅安也。交阯之西北,則大理、黑水、吐蕃也。於是西有大海隔之。是海也,名曰細蘭。細蘭海中有一大洲,名細蘭國。渡之而西,復有諸國:其南爲故臨國,其北爲大秦國、王舍城、天竺國,又其西有海,曰東大食海。

占城國

……異時諸國舶舟類爲其所虜,蓋其俗本好剽掠。其屬有賓瞳朧國、賓陁陵國。目連舍基在賓陁陵,或云即王舍城。

蒲甘國

蒲甘國自大理國五程至其國。自窊裹國六十程至之。隔黑水淤泥河,則西天諸國不可通矣。

三佛齊國

三佛齊國在南海之中,諸蕃水道之要衝也。東自闍婆諸國,西自大食、故臨諸國,無不由其境而入中國者。

故臨國

故臨國,與大食國相邇。廣舶四十日到藍里住冬,次年再發舶,約一月始達。其國人黑色,身纏白布,鬚髮伸直,露頭撮髻,穿紅皮履,如畫羅漢脚踏者。好事弓箭,遇鬪戰敵時,以綵纈纏髻。國王身纏布,出入以布作軟兜,或乘象。國人好奉事佛。其國有大食國蕃客,寄居甚多,每洗浴畢,用鬱金塗身,欲象佛之金身也。監篦國,遞年販象牛,大食販馬,前來此國貨賣。國王事天尊牛,殺之償死。中國舶商欲往大食,必自故臨易小舟而往,雖以一月南風至之,然往返經二年矣。

注輦國

注輦國,是西天南印度也。欲往其國,當自故臨國易舟而行,或云蒲甘國亦可往。其國王冠有明珠異寶。多與西天諸國戰爭。國有戰象六萬,皆高七、八尺。戰時,象背立屋載勇士,遠則用箭,近則用槊。戰勝者,象亦賜號,以旌其功,至有賜錦帳金槽者,每日象亦朝王。國王及官民皆撮髻,繞白布。以金銀爲錢。出指環腦子,蓋貓兒睛之類也;真珠、象牙、雜色琥珀、色絲布。妓女近萬家,每日輪妓三千,入朝祇役。國人尚氣輕生,有不相伏者,日數十對在王前用短刀格鬬,死而無悔。父子兄弟,不同釜而爨,不共器而食,然甚重義。真宗大中祥符八年,注輦國王遣使貢真珠等。譯者道其言曰:"願以表遠人慕化之心。"至神宗熙寧十年六月,此國亦貢方物,上遣内侍勞問之,乃此國也。

(卷二《外國門》上)

大秦國

大秦國者,西天諸國之都會,大食蕃商所萃之地也。……天竺國,其屬也。

西天諸國

西方諸國,大率冠以西天之名,凡數百國,最著名者王舍城、天竺國、中印度,蓋佛氏所生,故其名重也。傳聞其地之東,有黑水淤河大海,越之而東,則西域、吐蕃、大理、交趾之境也。其地之西,有東大食海,越之而西,則大食諸國也。其地之南,有洲名曰細蘭國,其海亦曰細蘭海。昔張騫使大夏,聞身毒國在大夏東南一千里,余聞自大理國至王舍城,亦不過四十程。案賈耽《皇華四達記》云,自安南通天竺,又達摩之來,浮海至番禺。此海道可通之明驗也。

西天南尼華囉國

西天南尼華囉國,城有三重。其人早晚必浴,以鬱金塗身面,效佛金色。國人多稱婆羅門,以爲佛真子孫。屋壁坐席,塗以牛糞。家置壇,崇三尺,三級而升,每晨以牛糞塗,焚香、獻花供養。道通西域,西域忽有輕騎來劫,但閉門距之,數日乏糧自退。

通道外夷

……自大理國五程至蒲甘國,去西天竺不遠,限以淤泥河不通,亦或可通,但絶險耳。

航海外夷

大食國之來也,以小舟運而南行至故臨國,易大舟而東行至三佛齊國,乃復如三佛齊之入中國。

（卷三《外國門》下）

蕃栀子

蕃栀子出大食國,佛書所謂薝蔔花是也。海蕃乾之如染家之紅花也。今廣州龍涎所以能香者,以用蕃栀故也。又深廣有白花,全似栀子花,而五出。人云亦自西竺來,亦名薝蔔,此説恐非是。

百子

頻婆果,極鮮紅可愛。佛書所謂"脣色赤好,如頻婆果是也。"

（卷八《花木門》）

十六、諸蕃志

藍無里國　細蘭國[①]

藍無里國[②],土産蘇木、象牙、白藤。國人好鬬,多用藥箭[③]。北風二十餘日到南毗,管下細蘭國[④]。自藍無里風帆將至其國,必有電光閃爍,知是細蘭也。其王黑身而逆毛,露頂不衣,止纏五色布,躡金線紅皮履,出騎象,或用軟兜,日啖檳榔,煉真珠爲灰。屋宇悉用貓兒睛及青紅寶珠瑪瑙雜寶粧飾,仍用籍地以行。東西有二殿,各植金樹,柯莖皆用金,花實并葉則以貓兒睛青紅寶珠等爲之。其下置金椅,以琉璃爲壁。王出朝,早升東殿,晚升西殿，坐處常有寶光。蓋日影照射琉璃，與寶樹相映，如霞光閃爍然。二人常捧金盤從，承王所啖檳榔滓，從入月輸金一鎰於官庫，以所承檳榔滓内有梅花腦并諸寶物也。王握寶珠，徑五寸，火燒不暖，夜有光如炬。王日用以拭面，年九十餘，顔如童。國人肌膚甚黑，以縵纏身，露頂跣足，以手掬飯，器皿用銅。有山名細輪疊，頂有巨人跡，長七尺餘；其一在水内，去山三百餘里。其山林木低昂，周環朝拱，産貓兒睛、紅玻瓈、腦、青紅寶珠，地産白豆蔻、木蘭皮、粗細香。番商轉易用檀香、丁香、腦子、金銀瓷器、馬象、絲帛等爲貨，歲進貢於三佛齊。

① 按馮承鈞校，細蘭國三字原闕。原文疑分二條，今者合而爲一。

② 按馮注，藍無里在蘇門答剌島之西北角。

③ 按馮校，以上屬藍無里條，以下屬細蘭條。

④ 按馮注，此言師子洲。

南毗國　故臨國

南毗國，在西南之極，自三佛齊便風月餘可到。國都號篾阿抹，唐語曰禮司。其主裸體跣足，縛頭纏腰，皆用白布，或著白布窄袖衫，出則騎象，戴金帽，以真珠珍寶雜飾其上，臂繫金纏，足圈金鍊。儀仗有纛，用孔雀羽爲飾，柄飾銀朱，凡二十餘人，左右翊衛，從以番婦。擇貌壯奇偉者前後約五百餘人，前者舞導，皆裸體跣足，止用布纏腰；後者騎馬，無鞍，纏腰束髮，以真珠爲纓絡，以真金爲纏鍊，用腦麝雜藥塗體，蔽以孔雀毛傘。其餘從行官屬以白番布爲袋，坐其上，名曰布袋轎，以扛舁之。扛包以金銀，在舞婦之前。國多沙地，王出，先差官一員及兵卒百餘人持水灑地，以防颶風播揚。飲食精細，鼎以百計，日一易之。前有官名翰林，供王飲食，視其食之多寡，每裁納之，無使過度。或因而致疾,則嘗糞之甘苦以療治之。國人紫色,耳輪垂肩,習弓箭,善刀矟,喜戰鬭。征伐皆乘象,臨敵以綵纈纏頭。事佛尤謹。地暖無寒,米、穀、麻、豆、麥、粟、芋、菜食用皆足,價亦廉平。鑿雜白銀爲錢,鏤官印記,民用以貿易。土産真珠、諸色番布、兜羅綿。國有淡水江,乃諸流湊匯之處,江極廣袤。旁有山突兀,常有星現其上,秀氣鍾結,産爲小石,如貓兒睛,其色明透,埋於山坎中,不時山水發,溯洪推流,官時差人乘小舸採取,國人珍之。故臨、胡茶辣、甘琶逸、弼離沙、麻囉華、馮牙囉、麻哩抹、都奴何、啞哩喏、嗷囉囉哩皆其屬國也。其國最遠,番舶罕到,時羅巴智力干父子,其種類也,今居泉之城南。土産之物,本國運至吉囉達弄、三佛齊,用荷池、纈絹、磁器、樟腦、大黄、黄連、丁香、腦子、檀香、荳蔻、沉香爲貨,商人就博易焉。故臨國自南毗舟行順風五日可到,泉舶四十餘日到藍里住冬,至次年再發,一月始達[①]。土俗大率與南毗無異。土産椰子、蘇木。酒用蜜糖和椰子花汁醖成。好事弓箭,戰鬭臨敵以綵纈纏髻。交易用金銀錢,以銀錢十二準金錢之一。地暖無寒,每歲至三佛齊、監篦、吉陀等國發船,博易用貨亦與南毗同。大食人多寓其國中,海浴畢用鬱金塗體,蓋欲仿佛之金身。

① 按馮校,故臨國疑别爲一條。

胡茶辣國

胡茶辣國管百餘州,城有四重。國人白淨,男女皆穴耳,墜重環,着窄衣,纏縵布,戴白煖耳,躡紅皮鞋,人禁葷食,有佛宇[①]四千區,内約二萬餘妓,每日兩次歌獻佛飯及獻花。獻花用吉貝線結縛爲毬,日約用三百斤。有戰象四百餘隻,兵馬約十萬。王出入乘象,頂戴冠,從者各乘馬持劍。土産青碇至多,紫礦、苛子、諸色番布,每歲轉運就大食國貨賣。

① 按馮注,此處佛字指印度教之神祠。

麻囉華國

麻囉華國,與胡茶辣連接。其國管六十餘州,有陸路,衣服風俗與胡茶辣國同。産白布甚多,每歲約發牛二千餘隻馳布,就陸路往他國博易。

注輦國　鵬茄囉國　南尼華囉國

注輦國,西天南印度也,東距海五里,西至西天竺千五百里,南至羅蘭二千五百里,北至頓田三千里。自古不通商,水行至泉州約四十一萬一千四百餘里。欲往其國,當自故臨易舟而行,或云蒲甘國亦可往。其國有城七重,高七尺,南北十二里,東西七里,每城相去百步。四城用磚,二城用土,最中城以木爲之,皆植花果雜木。第一、第二城皆民居,環以小濠;第三、第四城侍郎居之;第五城王之四子居之;第六城爲佛寺,百僧居之;第七城即王之所居。屋西四百餘區所,統有三十一部落:其西十二,曰只都尼、施亞盧尼、羅琶離鼈琶移、布林琶布尼、古檀布林蒲登、故里、婆輪岑、本蹄揭蹄、閣黎池離、那部尼、遮古林、亞里者林;其南八:曰無雅加黎麻藍、眉古黎苦低、舍里尼、蜜多羅摩、伽藍蒲登、蒙伽林加藍、琶里琶離遊、亞林池蒙伽藍;其北十二:曰撥羅耶、無没離江、注林、加里蒙伽藍、漆結麻藍、握折蒙伽藍、皮林伽藍、蒲稜和藍、堡琶來、田注離、盧娑囉、迷蒙伽藍。民有罪,命侍郎一員處治之,輕者縶於木格,笞五七十至一百;重者即斬,或以象踐殺之。其宴則王與四侍郎膜拜于階,遂共作樂歌舞,不飲酒而食肉。俗衣布,亦有餅餌。掌饌執事用妓,近萬餘家,日輪三千輩祗役。其嫁娶先用金銀指環,使媒婦至女家,後三日會男家親族,約以田土、生畜、檳榔酒等,稱其有無爲禮;女家復以金銀指環、越諾布及女所服錦衣遺婿。若男欲離女則不敢取聘財,女欲卻男則倍償之。其國賦税繁重,客旅罕到。與西天諸國鬬戰,官有戰象六萬,皆高七八尺,戰時象背立屋,載勇士,遠則用箭,近則用槊,戰勝者象亦賜號以旌其功。國人尚氣輕生,或有當王前用短兵格鬬,死而無悔。父子兄弟不同釜而爨,不共器而食,然甚重義。地産真珠、象牙、珊瑚、玻璃、檳榔、豈蔻、琉璃、色絲布、吉貝布。獸有山羊、黄牛,禽有山鷄、鸚鵡,果有餘甘、藤蘿、千年棗、椰子、甘羅、崐崙梅、波羅蜜之類,花有白茉莉、散絲、虵臍、佛①桑、麗秋、青黄碧婆②羅、瑶蓮、蟬紫、水蕉之類,五穀有緑黑豆、麥、稻。地宜竹。自昔未嘗朝貢。大中祥符八年,其主遣使貢真珠等。譯者導其言曰:"願以表遠人慕化之意。"詔閤門祗候史祐之館伴宴,錫恩例同龜兹使。適值承天節,其使獲預啓聖院祝壽。至熙寧十年又貢方物,神宗遣内侍勞問之。其餘南尼華囉等國,不啻百餘,悉冠以西天之名。又有所謂王舍城者,俗傳自交趾之北至大理,大理西至王舍城,不過四十程。按賈耽《皇華四③達記》云,自安南通天竺,是有陸可通其國,然達摩之來浮海至番禺,豈陸程迂迴不如海道之迅便歟?

西天鵬茄囉國,都號茶那咭城,圍一百二十里,民物好勝,專事剽奪。以白砑螺殼磨治爲錢,土産寶劍、兜羅綿等布,或謂佛教始于此國,唐三藏玄奘取經曾到。

西天南尼華囉國,城有三重,人早晚浴,以鬱金塗體,效佛金色,多稱婆羅門,以爲佛真子孫。屋壁座席悉塗牛糞,相尚以此爲潔。家置壇,崇三尺,三級而升,每晨焚香獻花,名爲供佛。大食番至其國,則坐之門外,館之别室,具供帳器皿。婦人犯奸,輒殺之,官不問。土産上等木香、細白花蘂布。人多食酥酪、飯豆菜,少食魚肉。道通西域,西域忽有輕騎來劫,但閉門距之,數日乏糧自退。

① 按馮校,原闕“佛”字,據《宋史·注輦傳》補。

② 馮校,“婆”應作“娑”。

③ 馮校,“四”原誤作“西”。

天竺國

天竺國,隸大秦國,所立國主悉由大秦選擇。俗皆辮髮,垂下兩鬢及頂,以帛纏頭。所居以石灰代瓦,有城郭居民。王服錦罽,爲螺髻於頂,餘髮剪之使短,晨出坐毾皮原注毾乃獸名,用朱蠟飾之,畫雜物於其上,羣下皆禮拜祝壽。出則騎馬,鞍轡皆以烏金銀鬧裝,從者三百人,執矛劍之屬。妃衣大袖縷金紅衣,歲一出,多所賑施。國有聖水,能止風濤,番商用琉璃缾盛貯,猝遇海䬙波,以水灑之則止。後魏宣武時嘗遣使獻駿馬,云其國出獅子、貂、豹、橐、犀、象、瑇瑁、金、銅、鐵、鉛、錫、金縷織成金罽,白疊,毾毲。有石如雲母,而色紫,裂之則薄如蟬翼,積之則如紗縠。有金剛石,似紫石英,百煉不銷,可以切玉。又有旃檀等香。甘蔗、石蜜、諸果,歲與大秦扶南貿易。以齒貝爲貨。俗工幻化。有弓箭甲矟,飛梯地道,及木牛流馬之法,而怯於戰鬭。善天文算曆之術,皆學悉曇章書,以貝多樹葉爲紙。唐貞觀天授中,嘗遣使入貢。雍熙間,有僧囉護哪航海而至,自言天竺國人,番商以其胡僧,競持金繒珍寶以施。僧一不有買隙地建佛刹于泉之城南,今寶林院是也。

海上雜國

晏陀蠻國，自藍無里去細蘭國，如風不順飄至一所，地名晏陀蠻。海中有一大嶼，内有兩山，一大一小。其小山全無人煙，其大山周圍七十里。山中之人身如黑漆，能生食人，船人不敢艤岸。山内無寸鐵，皆以硨磲蚌殼磨銛爲刃。上有聖跡渾金牀，承一死人，經代不朽，常有巨蛇衛護。蛇身毛長二尺，人不敢近。有井，每歲兩次水溢流入於海，所過砂石經此水浸皆成金，闔山人常祭此井。如銅鉛鐵錫用火燒紅，取此水沃之，輒變成金。舊傳曾有商舶壞船，人扶竹木，隨流飄至此山。知有聖水，潛以竹筒盛滿，乘木筏隨浪飄漾至南毗國，以水獻南毗國王，試之果驗。南毗王遂興兵，謀奄有其山，船未至間，遭惡風飄回，船人漂至山盡爲山蠻所食。蓋此山有金牀異人，密有神護，不令人近也。

（卷上《志國》）

貓兒睛

猫兒睛狀如母指大，即小石也。瑩潔明透如貓兒眼，故名。出南毗國。國有江曰淡水江，諸流迤滙，深山碎石爲暴雨淵流，悉萃於此。官以小舸漉取，其圓瑩者即貓兒睛也。或曰有星照其地，秀氣鍾結而成。

真珠

真珠出大食國之海島上，又出西難監篦二國，廣西湖北[①]亦有之，但不若大食監篦之明淨耳。每採珠，用船三四十隻，船數十人。其採珠人以麻繩繫身，以黄蠟塞耳鼻，入水約二三十餘丈。繩纏於船上，繩摇動則引而上，先煮毳衲極熱，出水則急覆之，不然寒慄致死。或遇大魚蛟鼉諸海怪鬐鬣所觸，往往潰腹折支。人見血一縷浮水面，則知已葬魚腹。嘗有採珠者繩動，而引之不上，衆極力舉之，足已爲蛟鼉所斷矣。所採者曰珠母，番有官監視，隨其所採，籍其名，掘地爲坎，置諸坎中，月餘珠母殼腐，取珠淘淨，與採珠者均之。珠大率以圓潔明淨者爲上，圓者置諸盤中，終日不停。番商多置夾襦内及傘柄中，規免抽解。

① 馮校，"湖北" 疑爲 "合浦" 之誤。

（卷下《志物》）

十七、佛祖統記

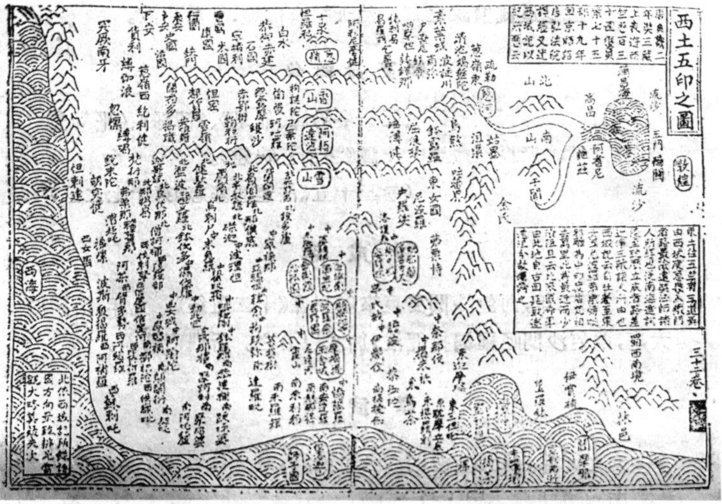

西土五印之圖

（卷三十二《世界名體志》十五之二）

秦始皇四年，西域沙門室利房等十八人齎佛經來化，帝以其異俗，囚之。夜有丈六金神破户出之，帝驚。稽首稱謝，以厚

禮遣出境。《朱士行經録》

（卷三十四《法運通塞志》第十七之一）

西漢成帝

鴻嘉二年，光禄大夫劉向校書天禄閣，往往見有佛經。向著《列仙傳》云：吾搜檢藏書，緬尋太史撰《列仙圖》，自黄帝已下迄至於今，得仙道者七百餘人。檢定虚實得一百四十六人，其七十四人已見佛經矣。

述曰：洪興祖有云：梁孝標注《新語》引《列仙傳序》，言七十四人已見佛經。今書肆板行者乃云七十四人已在仙經，蓋是道流擅改之耳。然天禄有佛經，此語可證。

魏高貴鄉公

甘露元年，天竺沙門白延至洛陽譯《無量》、《清淨》、《平等覺經》等六部。無畏三藏至交州譯《法華三昧經》。

（卷三十五《法運通塞志》第十七之三）

晉成帝

太康二年，西竺沙門婁至來廣州譯《十二遊經》。九年，洛陽大疫，西竺沙門呵羅竭持咒法，加水以治之。所遇者皆差。

孝武帝

太元元年，西天竺沙門涉公至長安，秦王苻堅尊奉之。常呪龍致雨以濟時旱。國人賴之。

宋文帝

元嘉三年，西天沙門伊葉波羅來彭城譯經。十年，西天僧伽跋摩至建康。敕住平陸寺,爲京師沙門慧照三百七十人渡蔡州岸,於船中再受具戒。或問其意,照曰:“以疑先受,若中若下,更求增勝,故須重受,依本臘次。”

齊武帝

永明元年,西天沙門達磨提來譯《提婆達多品》。七年,西天沙門摩訶乘、德進等譯諸經律。

(卷三十六《法運通塞志》第十七之三)

梁武帝

大同元年,隱士趙伯休於廬山遇律師弘度,得《衆聖點記》,云,佛滅後優波離結集律藏,以其年七月十五日自恣竟,於律藏中便下一點,年年如是。波離以後,師師相付,至僧伽跋陀羅將律藏至廣州,當齊永明七年己巳七月十五日自恣竟即下一點。其年凡得九百七十五點。伯休問曰:“永明七年後云何不點度?”曰:“已前皆得道人手自下點,吾徒凡夫止可奉持耳。”伯休因點記推至大同初,凡一千二十一年,與傳記參合,世尊生滅之年皆不同,蓋其宗承有異也。

(卷三十七《法運通塞志》第十七之四)

北魏孝文

延興二年,詔西天三藏吉迦夜譯《雜寶藏經》等五部,劉孝標筆受。

(卷三十八《法運通塞志》第十七之五)

唐太宗世民,高祖次子

貞觀二十二年,十月,車駕還京師,敕於北闕大内紫微殿西建弘法院,命奘法師居之。選名德七人以從,晝則陪御談玄,暮則歸院翻譯。上令翻《道德經》爲梵文,以遺西竺。師曰:"佛、老二教,其致大殊,安用佛言用通老義?且老子立義膚淺,五竺觀之,適足見薄。"遂止。

高宗

龍翔[1]二年,西蜀沙門會寧自南海附舶至訶陵國,遇沙門智賢齎《涅槃後分》自師子國來,即與對譯,成文二卷。

① 翔字爲朔字之誤。

則天武后

永昌元年,義淨三藏將梵本寄至室利弗逝國,述《南海寄歸傳》、《求法高僧傳》,以是年回廣州,冬復往弗逝國。

(卷三十九《法運通塞志》第十七之六)

昭宗

乾寧三年,敕於羅什法師譯經處重建草堂寺。

詣闕進辟支佛骨、貝葉梵經。

末帝

貞明二年,吳越王鏐遣沙門清外同弟錢鏵往四明阿育王山,迎釋迦舍利塔。船泊西陵,塔夜放光,浙江如晝。王躬迎至羅漢寺廣陳供養。四年,西天三藏鉢怛羅至蜀。自言從摩伽陀國至益州,途經九萬九千三百八十里。時蜀主王建光天元年也。三藏自言已二百七十歲。

述曰:此方往五天竺者有二道焉。其一爲西北路,自敦煌陽關經西域諸國,過葱嶺雪山入北天竺境。自昔漢騰、蘭西來,唐奘師等東往之所經由是也。其二爲西南路,自南海發舶至弗逝國、羯茶國西北至躭摩國東天竺境。是東竺南界即海口升舶歸唐之所。自昔梁達磨西來,淨三藏、會寧東往之所遊歷者是也。今鉢怛羅至蜀之路,乃當正西,即張騫所謂大夏東南去蜀不遠之説。比之兩路宜應稍近,而今所經歷約十萬里者,當是山川盤折,風俗不通,取道紆回,故十有餘年方得至蜀,以故來者僅一鉢怛羅,而此方絶無一人取此路也。

(卷四十二《法運通塞志》第十七之九)

宋太祖

乾德三年,滄州沙門道圓遊五天竺,往返十八年。及還,偕于闐使者至京師,獻佛舍利、貝葉梵經。上召見便殿,問西土風俗。賜紫方袍、器幣。四年,詔秦、涼既通,可遣僧往西竺求法。時沙門行勤一百五十七人應詔。所歷焉耆、龜兹、迦彌羅等國,並賜詔書,諭令遣人前導。仍各賜裝餞三萬。行裝錢三十貫文。

開寶四年,沙門建盛自西竺還。詣闕進貝葉梵經,同梵僧曼殊室利偕來。室利者,中天竺王子也。詔館於相國寺,持律甚精。都人施財盈屋,並無所用。五年,西天竺沙門可智、法見、真理三人來朝。賜紫方袍。西天竺沙門蘇葛陀來,貢舍利、文殊華。賜紫服、金幣。西天竺沙門彌羅等十四人來朝,並賜紫服。六年八月,汝州風穴禪師延昭示寂。師得法於南院知鄘州。王龜從表稱中天竺三藏法天至,譯《聖無量壽經》、《七佛讚》。河中府梵學沙門法進執筆綴文,龜從潤色。詔法天赴闕,召見慰問,賜紫方袍。八年三月,上幸洛陽,至龍門山廣化寺開無畏三藏塔,瞻敬真體。四月,上將郊天,而雨不止,遣使禱無畏塔，及期而霽。無畏三藏唐開元四年，自西天來長安爲教主，二十三年滅塔於洛陽之龍門。

太宗

太平興國二年，西天沙門吉祥來進貝葉梵經。三年三月，開寶寺沙門繼從等自西天還，獻梵經、佛舍利塔、菩提樹葉、孔雀尾拂。並賜紫方袍。四月，中天竺沙門鉢納摩來獻佛舍利塔、犛牛尾拂。西天王子曼殊室利求歸本國，詔從之。開寶四年至此。五年正月，河中府沙門法進請三藏法天譯經於蒲津，蒲州河中府。守臣表進，上覽之，大説。召入京師，始興譯事。二月，北天竺迦濕彌羅國三藏天息災、烏填曩國三藏施護來，召見，賜紫衣。敕二師同閲梵夾。時上盛意翻譯，乃詔中使鄭守均於太平興國寺西建譯經院，爲三堂，中爲譯經，東序爲潤文，西序爲證義。五月，中天竺沙門護羅來獻貝葉梵經。敕賜紫服。詔建開聖禪寺於誕生之地，奉優填王旃檀瑞像，梁武帝遣郝騫於天竺迎至者。釋迦佛牙即太祖親緘銀塔者，唐宣律師天人所獻。梁誌公真身錫杖刀尺。敕内侍衛欽往泗州，修僧伽大師塔，凡十三層。七年六月，譯經院成。詔天息災等居之。賜天息災明教大師、法天傳教大師、施護顯教大師。令以所將梵本各譯一經。詔梵學僧法進、常謹、清沼等筆受綴文，光禄卿楊説、兵部員外郎張洎潤文，殿直劉素監護，天息災述譯經儀式。於東堂面西粉布聖壇，作壇以粉飾之，事在藏經。開四門，各一梵僧主之，持祕密咒七日夜，又設木壇布聖賢名字輪，壇形正圓層列佛、大士、天神名位，環繞其上，如車輪之狀。目曰大法曼挐羅，此云大會。請聖賢阿伽沐浴，宗伽此云器，凡供養之器皆稱曰阿伽。今言阿伽乃是沐浴器。設香華燈水，殽果之供。禮拜遶旋，祈請冥祐，以殄魔障。第一譯主，正坐面外宣傳梵文。第二證義，坐其左，與譯主評量梵文。第三證文，坐其右，聽譯主高讀梵文,以驗差誤。第四書字,梵學僧審聽梵文,書成華字,猶是梵音𑖮𑖴𑖟𑖧。初翻爲紇哩陀野。𑖭𑖳𑖝𑖿𑖨爲素怛覽。五筆受,翻梵音成華音。紇哩陀野再翻爲心,素怛覽翻爲經。第六綴文,回綴文字,使成句義。如筆受云:"照見五蘊彼自性空見此",今云"照見五蘊皆空"。大率梵音多先所後能,如念佛爲佛,念打鍾爲鍾打,故須回綴字句以順此土之文。第七參譯,參考兩土文字使無誤。第八刊定,刊削冗長,定取句義。如"無無明","無明",剩兩字。如"上正徧知",上闕一"無"字。第九潤文,官於僧衆,南向設位,參詳潤色。如《心經》"度一切苦戹"一句,元無梵本。又"是故空中"一句,"是故"兩字元無梵本。僧衆日日沐浴,三衣坐具,威儀整肅。所須受用,悉從官給。天息災言:"譯文有與御名廟諱同者,前代不避,若變文回避,慮妨經旨。今欲依國學九經,但闕點畫。"詔答:"佛經用字,宜從正文。廟諱御名,不須回避。"七月,天息災上新譯《聖佛母經》,法天上《吉祥持世經》,施護上《如來莊嚴經》,各一卷。詔兩街僧選義學沙門百人詳定經義。時左街僧録神曜等言:"譯場久廢,傳譯至艱。"天息災等即持梵文先翻梵義,以華文證之。曜衆乃服。詔新經入藏,開板流行。車駕親幸譯經院,召僧衆賜坐尉諭,賜卧具繒帛什物,度其院童子十人,悉取禁中所藏梵本,令其翻譯。十二月,詔選梵學沙門爲筆受,義學沙門十人爲證義。自是每歲誕節必獻新經,皆召坐賜齋,以經付藏。成都沙門光遠遊西天還。詣闕,進西天竺王子没徒曩表、佛頂印、貝多葉、菩提樹葉。詔三藏施護譯其表曰:伏聞支那國西竺指大唐爲支那,今因舊以爲稱也。有大天子,至聖至神,富貴自在。自慚福薄,無由朝謁。遠蒙皇恩,賜金剛座釋迦如來袈裟一領,即已披掛供養。伏願支那皇帝福慧圓滿,壽命延長,一切有情,度諸沈溺。謹以釋迦舍利附沙門光遠以進。奉金剛座袈裟,兩朝未見遣送之實。今詳乾德四年,行勤等,應詔西天求法,諸國並賜詔書,應以此年附獻也。八年,詔譯經院賜名傳法。於西偏建印經院。今臨安傳法院即東都譯經院，今但供奉大内道場法事。天息災等言："歷朝翻譯並藉梵僧，若遐阻不來，則譯經廢絶。欲令兩街選童子五十人習學梵字。"詔令高品王文壽選惟淨等十人引見便殿，詔送譯經院受學。惟淨者，江南李煜之姪，口受梵章，即曉其義。歲餘度爲僧，升梵學筆受，賜紫衣光梵大師。沙門法遇自西天來獻佛頂舍利、貝葉梵經。法遇化衆造龍寶蓋、金襴袈裟，將再往中天竺金剛座所供養，乞給所經諸國書。詔賜三佛齊、葛古羅、柯蘭諸國敕書以遣之。泗州奏：僧伽塔白晝放光，士民然頂臂香供養者日千餘人。敕内侍奉釋迦舍利藏之塔下。

雍熙二年，上覽新譯經，謂宰臣曰："天息災等妙得翻譯之體。"乃詔天息災除朝散大夫試光禄卿，法天、施護並除朝奉大夫試鴻臚卿。法天改名法賢。並月給酥酪錢有差。新譯經論並刊板印行。天息災等言："聞陝西諸路頗有道俗收藏梵經，乞下尋訪，以資翻譯。"詔從之。詔西天僧有精通梵語可助翻譯者，悉館於傳法院。三年，詔以御製三藏聖教序賜天息災等，令冠新譯經首。

淳化二年，太原沙門重達自西天還，往返十年。進佛舍利、貝葉梵經。賜紫服，住西京廣愛寺。中天竺那爛陀寺沙門補陀喫多來朝，進佛舍利、梵經。賜紫服。四年，詔西邊諸郡，梵僧西來、中國僧西遊而還者，所持梵經並先具奏封題進上。

至道元年，中天竺沙門迦羅扇帝來朝，進佛頂舍利、貝葉梵經。三年九月，西天竺沙門羅護羅來朝，進貝葉梵經。賜紫服。

（卷四十三《法運通塞志》第十七之十）

真宗

咸平元年，中天竺沙門你尾抳等來朝，進佛舍利、梵經、菩提樹葉、菩提子數珠。賜紫衣。西天竺沙門佛護來朝,進梵經。賜紫衣。三年八月,試光禄卿天息災亡。謚慧辯法師,敕有司具禮送終。六年,知開封府陳恕言:“僧徒往西天取經者,臣嘗召問,皆罕習經業,而質狀庸陋。或往諸藩,必招輕慢。自今宜試經業,察人材,擇其可者令往。”詔可。

景德元年,西天三藏法護來,進佛舍利、貝葉梵經。賜紫衣、束帛,館於譯經院。北天沙門戒賢來,進梵經。賜紫服。七月,亢旱,召西天梵僧於金明池水心立壇咒龍,有雲霧自池中出。須臾,雨至。自後,歲旱必作咒法,多驗。二年三月,迦濕彌羅國沙門目羅失稽來,進梵經、菩提樹葉。七月,西天沙門達磨波來,進梵經。賜紫服。九月,上幸譯經院,令三藏諸僧坐賜香、茶,繒綵有差。四年,詔遣使送金襴袈裟往惠州羅浮山中閣寺,奉釋迦瑞像,仍爲國建祈福道場,感五色祥禽集於齊所。此像高八尺,來自西天。隋開皇中釋慧喜安龍華寺。會昌廢毁,像靈不可壞,道士藏於都虛觀。咸通中,海南節度使韋宙迎至中閣寺。

大中祥符三年,西天沙門衆德來朝,進舍利、梵經、菩提印,中天竺沙門覺稱、法戒來朝,進舍利、梵夾、金剛座真容、菩提樹葉。召見便殿,尉勞甚厚,館於譯經院。稱進《讚聖頌》,詔惟淨譯之。稱謂學士楊億曰:“入此國見屠殺豬羊,市肆懸肉,痛不忍觀。西竺食肉五辛者,驅出城,故無貨者,心不欲久居此,願至五臺禮文殊,即還本土。”晉公丁謂問之曰:數萬里遠來更何所爲? 稱曰:“並欲禮宣律師塔耳。”及還,詔賜金襴袈裟、奉安金剛座,及賜裝錢茶菓。四年三月,上幸洛陽龍門山廣化寺,瞻無畏三藏塔,製贊,刻石置之塔所。復幸白馬寺,瞻摩騰三藏真身。上謂近臣曰:“摩騰至今千年,而全身不壞,良可尊敬。宜嚴諭寺僧,用心守護。”因御製以褒之。五月,般尼國沙門寂賢來,進梵經、菩提印。賜紫服。六年八月,詔謚泗州僧伽大士普照明覺大師,公私不得指斥其名。九月,西天竺沙門知賢等來,進舍利、梵經。賜紫服。十一月,西天波羅奈沙門滿賢進梵經、無憂樹葉。八年,南海注輦國遣使來貢,進天竺梵經。其使言:"四十年以來,海無風濤,意中國有聖人出世。"九年二月,北天竺優填曩國沙門天覺、南天竺師子國沙門妙德、西天竺迦蹉國沙門等來,各進舍利、梵經。各賜紫衣、金幣。四月,中天竺薩縛羅國沙門童壽來,進梵經。賜紫服。五月,東天竺縛鄰捺國沙門普積來,進梵經。賜紫服。沙門繼全自西天還,得佛舍利。建塔於揚州。

天禧三年八月,譯經三藏法護等請以御注《四十二章經》、御注《遺教經》入藏頒行,詔可。十一月,西天沙門普善來,進梵經。賜紫服。

乾興元年,龜兹國僧華嚴來,進佛骨、舍利、梵經。賜紫服。

（卷四十四《法運通塞志》第十七之十一）

仁宗

天聖元年,南海駐輦國遣使進天竺貝葉梵經。詔三藏法護譯之。九年,傳法院言,沙門懷問嘗往天竺爲真宗皇帝建塔於佛金剛座之側。今欲再往,爲皇太后、今上更建二塔。乞賜先朝《聖教序》、皇太后《發願文》、聖上《三寶讚》刊石塔下及製袈裟奉釋迦像。詔可。仍令詞臣撰《沙門懷問三往西天記》。

景祐二年,御製《天竺字源序》賜譯經院。是書即法護、惟淨以華梵對翻爲七卷,聲明之學實肇於兹。其《序》云:翻宣表率則有天息災等三藏五人,西土四人天息災、施護、法賢、法護,東土一人則惟淨耳。筆受、綴文、證義則自法進至慧燈七十九人。五竺貢梵經僧自法軍至法稱八十人。此土取經僧得還者,自辭澣至栖祕百三十八人。梵本一千四百二十八譯成五百六十四卷。

寶元二年五月，三往西天懷問同沙門得濟、永定、得安自中天竺摩竭陀國還，進佛骨舍利、貝葉梵經、貝多子、菩提樹葉、無憂樹葉、菩提子、念珠、西天碑十九本。召見尉勞，賜號顯教大師、紫衣、金幣。

慶歷七年，御制《譯經頌》，賜三藏法護。

皇祐元年，詔再建靈感塔奉藏舍利。慶歷四年災毁，故重建。敕中使往陳留八關寺迎佛指舍利，或以爲僞上命，試以烈火，擊以金椎，了無所損。俄而舍利流迸，光照四方。上曰："功德欲歸闡教乎！"乃以水晶寶匣盛之，御製《發願文》奉迎歸寺。初是陳留人爲沙門義津建寺，請額爲闡教。俄有梵僧至曰："我自天竺攜佛指舍利欲求吉祥處奉安，非師不能護。"施之而去。既而瑞光屢發，祈禱頻應。楊傑撰碑。五年，西天沙門智吉祥等來朝，進梵經。賜紫服。

至和元年，敕三藏法護戒德高勝，可持賜六字師，號曰普明慈覺傳梵大師。

嘉祐三年，譯經三藏銀青光禄大夫、試光禄卿、普明慈覺傳梵大師法護亡，壽九十六。

（卷四十五《法運通塞志》第十七之十二）

哲宗

元祐七年，潁川守臣蘇軾言，佛陀波利塔院祈禱屢驗，乞降敕額。詔賜光梵之院。波利在唐儀鳳初復回西竺，取《尊勝咒經》再來譯傳。從至潁而亡，里人添其身造塔，以嚴事之。前志言"波利持梵本入五台不復出"。

徽宗

崇寧三年，敕迎相國寺三朝御讚釋迦佛牙入内供養。隔水晶匣，舍利出如雨點。因製讚曰：大聖釋迦文，虚空等一塵。有求皆赴感，無刹不分身。玉瑩千輪在，金剛百鍊新。我今恭敬禮，普願濟羣倫。詔謚白馬寺摩騰三藏啓道圓通法師、竺法蘭開教總持法師。

宣和元年，永道至道州，郡守僚屬同時夢佛像荷枷入城。翌日師至。守知之異，令善待之。城中軍民多患寒疾，或求救於師。師素受西天真言法，病者飲所咒水，及爲摩頂，無不愈。求者既多，乃爲沼於營内以咒之。

（卷四十六《法運通塞志》第十七之十三）

第五部分

元有關南亞的記述

一、西遊録

尋思干之西六七百里有蒲華城，土産更饒，城邑稍多。尋思干乃謀速魯蠻種落梭里檀所都者也。蒲華、苦盞、訛打剌城皆隸焉。

蒲華之西有大河，名曰阿謀，深廣稍劣黄河，西入於大海。是河之西有五哩犍城，梭哩檀之母后所居者也。富庶又盛於蒲華。

又西瀕大河有斑城者，頗富盛。又西有摶城者亦壯麗。城中多漆器，皆長安題識。

自此而西直抵黑色印度城①。其國人亦有文字，與佛國字體聲音不同。國中佛像甚多。國人不屠牛羊，但飲其乳。風俗，夫先亡者，其室家同荼毗之。詢詰佛國，反指東南隅。校之以理，此國非正北印度，乃印度北鄙之邊民也。土人不識雪，歲二穫麥。盛夏置錫器於沙中，尋即鎔鑠，馬糞墮地爲之沸溢，月光射人如中原之夏日。遇夜，人輒避暑於月之陰。此國之南有大河，闊如黄河，冷於冰雪，湍流猛峻。從此微西而來，注於正南稍東而去，以意測之，必注入南海也②。又土多甘蔗，廣如禾黍，土人絞取其液，釀之爲酒，熬之成糖。

① 按向達校注，“自此而西”，此“西字”，亦“南”字之誤。“黑色印度城”不知所指，大概即今印度和巴基斯坦北部一帶。

② 向注，這一段的大河可能指的是印度河。

黑色印度之西北有可弗叉國①。數千里皆平川，無復丘垤。吁可怪也！不立城邑，民多羊馬。以蜜爲釀，味與中原不殊。此國晝長夜促，羊胛適熟，日以復出矣。正符《唐史》所載骨利幹國事，但國名不同耳。豈非歲遠時久，語音訛舛邪？尋思干去中原幾二萬里，印度國去尋思干又等，可弗叉國去印度國亦等。雖縈迂曲折,不爲不遠矣,不知其幾萬里也。

① 向注,可弗叉國,即奇卜察克(Kipchak),一名欽察,指今阿姆河西北廣大地區,自黑色印度起至可弗叉國,耶律楚材並未親歷,僅憑傳聞,多不可信。

(上)

二、長春真人西遊記

〔太祖十五年十月〕至自斡辰大王帳下,使來請師,繼而宣撫王公。巨川亦至,曰:承大王鈞旨,如師西行請過我。師首肯之。是月北遊望山。曷剌進表回,有詔曰:成吉思皇帝敕真人邱師。又曰:惟師道踰三子,德重多方。其終曰:雲軒既發於蓬萊,鶴馭可遊於天竺。達摩東邁,元印法以傳心;老子西行,或化胡而成道。顧川途之雖闊,瞻几杖以非遥。爰答來章,可明朕意。秋暑,師比平安好,指不多及。其見重如此。

……

〔太祖十六年〕九月二十七日至阿里馬城……又西行四日至荅剌速没輦。没輦河也[1] 水勢深闊,抵西北流。從東來,截斷陰山。河南復是雪山。十月二日乘舟以濟,南下至一大山。山北有一小城。又西行五日,宣使以師奉詔來去,行在漸邇,先往馳奏,獨鎮海公從師西行。七日,度西南一山,逢東夏使回。禮師於帳前,因問來自何時。使者曰:自七月十二日辭朝,帝將兵追算端汗至印度。

① 按王國維注,即今伊犁河。

……仲冬,十有八日,過大河,至邪米思干大城之北。……又見孔雀、大象,皆東南數千里印度國物。

師既住冬,宣使洎相公鎮海,遣曷剌等同一行使臣領甲兵數百前路偵伺……

是歲閏十二月將終，偵騎回，同宣使來白父師。言二太子發軍復整舟梁土寇，已滅曷剌等。詣營謁太子言，師欲朝帝，所復承命，云：上駐蹕大雪山之東南[①]。

① 王注，時成吉思汗在辛目連河，即印度河。

（卷上）

三、元朝秘史[①]

① 清人文廷式的按語及李文田注釋中的有關部分一併摘録。

兔兒年〔元太祖十四年〕，太祖去征回回，命弟斡惕赤斤居守，以夫人忽闌從行，命者别做頭哨，速别額台做者别後援，脱忽察兒做速别額台後援。令三人自回回住的城外繞去，不許動他百姓，待太祖到時卻夾攻。者别如命，從篾力克王城邊經過，不曾動他百姓。至第三次，脱忽察兒經過，搶了百姓的田禾。篾力克王走出與回回王札剌勒丁相合，領軍迎太祖厮殺。太祖命失吉忽秃忽做頭哨，與札剌勒丁對陣，敗了，將追及太祖處。者别等三人自札剌勒丁後至，將札剌勒丁勝了，欲入不合兒城，不得，直追至申河[①]，軍馬溺死者殆盡，獨札剌勒丁與篾力克逆申河走去。太祖逆申河攻取了巴惕客薛城。至子母河巴魯安客額兒地面，下了營。命巴剌追札剌勒丁等。以者别、速别額台兩人有功，賞賜了。以脱忽察兒違令，欲廢了，後不曾，衹重責罰，不許管軍。太祖自回回地面歸。命拙赤、察阿歹、斡歌歹三子領右手軍，過阿梅河，至兀籠格赤城下營。命拖雷往亦魯等地下營。拙赤等至兀籠格赤下營了，差人來説，如今俺三人内聽誰調遣。太祖教聽斡歌歹調遣。至是太祖得了兀都剌兒等城,於回回王過夏的阿勒壇豁兒桓山嶺處過夏了,就等候巴剌。差人去對拖雷説,天氣暑熱,可來與我相合。此時拖雷已取了亦魯等城,正攻出黑扯連城,至城破,方回來與太祖相合。拙赤、察阿歹、斡歌歹三人得了兀籠格赤城,將百姓分了,不曾留下太祖處的分子。及回,太祖三日不許三子入見。术合里等説:"不服的回回百姓,已屈服了。分了的城池及分要的兒子,皆是皇帝的。天地祐護,既屈服了回回百姓,俺衆人皆歡喜。皇帝如何這般怒,兒子每既知不是,已怕了。在後教他謹慎,可以著他來見。"太祖怒遂少止,教拙赤等來見。太祖依舊怪責,三子恐懼流汗。有帶弓箭的晃孩、晃塔合兒、搠兒馬罕等三人向前説:"三子如初調習的鷹雛一般,方纔出征,如此怪責,恐向後學上的心怠慢了。如今日出入所在皆是敵人,將俺如西番狗般使去。天若祐護,將敵人勝了,凡金銀匹帛都將來獻。"又説:"這西邊有巴黑塔惕種的百姓合里伯王,可命那裏出征。"太祖道是。怒遂息,留晃孩、晃塔合兒二人,命搠兒馬罕征合里伯王去了。再欣都思種、巴黑塔惕種,兩閒,有阿魯等種。命朵兒伯朵黑申去征進。再命速别額台勇士征迆北康鄰等十一部落②,渡亦的勒、札牙黑二水,直至乞瓦兒綿客兒綿等城。太祖再取了回回各城,命人鎮守。有姓忽魯木石,名牙剌洼赤的回回父子二人,自兀籠格赤城來見太祖。因其能知城池的緣故,知地形之險易。遂命其子馬思忽惕與鎮守官,一同管不合兒等城。又命牙剌洼赤管北平。太祖征回回七年,初命巴剌追回回王札剌勒丁并篾力克王,追過申河,直至欣都思種地面,根尋不見,回來,卻將欣都思邊城百姓的駝羊都擄了。於是太祖遂回至額兒的石地面過夏。第七年雞兒年〔元太祖二十年〕秋,回到禿剌河黑林的舊營内。

① 按李文田注即今印度河。

② 文廷式案,《秘史》元槧本作康鄰種、乞卜察兀惕種,巴只吉惕種、斡魯速惕種、馬札剌惕種、阿速惕種、撒速惕種、薛兒客速惕種、客失米兒種、孛剌兒種、剌剌勒種。其十一部落,非無明文也。

(卷十三)

四、聖武親征録

己卯〔元太祖十四年〕,上總兵征西域。庚辰〔元太祖十五年〕,上至也兒的石河住。夏秋進兵,所過城皆克。至斡脱羅兒城,上留二太子、三太子攻守,尋克之。辛巳〔元太祖十六年〕,上與四太子進攻卜哈兒、薛迷思干等城,皆克之。大太子又克養吉干、八兒真等城。夏,上避暑於西域速里壇避暑之地。命忽都忽那顔爲前鋒。秋分,遣大太子、三太子率右軍攻玉龍傑赤城。以軍集奏聞,上有旨曰:軍既集,可聽三太子節制也。於是上進軍,過鐵門關,命四太子攻也里、泥沙兀兒等城。上親克迭兒密城,又破班勒紇城,圍守塔里寒寨。冬,四太子又克馬魯察葉、可馬盧,昔剌思等城。復進兵。壬午〔元太祖十七年〕春,又克徒思、察匿兀兒等城。上以暑氣方隆,遣使招四太子速還。因經木剌奚國,大掠之。渡搠搠蘭河,克野里等城。上方攻塔里寒寨,朝覲畢,并兵克之。三太子克玉龍傑赤城,大太子還營所,寨破後,二太子、三太子始來相覲。是夏,避暑於塔里寒寨高原。時西域速里壇札蘭丁遁去,遂命哲別爲先鋒,追之,再遣速不台拔都爲繼,又遣脱忽察兒殿其後,哲別至蔑里可汗城,不犯而過。速不台拔都亦如之。脱忽察兒至,與其外軍戰。蔑里可汗懼,棄城走。忽都忽那顔聞之,率兵進襲。時蔑里可汗與札闌丁合,就戰。我不利,遂遣使以聞。上自塔里寒寨率精鋭親擊之。追及辛目連河，獲蔑里可汗，屠其衆。札闌丁脱身入河，泳水而遁。遂遣八剌那顔將兵急追之。不獲，因大虜忻都人民之半而還。癸未〔元太祖十八年〕春，上兵循辛目連河而上，命三太子循河而下。至昔思丹城，欲攻之。遣使來禀命。上曰："隆暑將及，宜別遣將攻之。"夏，上避暑於八魯灣川，候八剌那顔。因討近敵，悉平之。八剌那顔軍至，遂行至可温寨，三太子亦至。上既定西域，置達魯花赤於各城監治之。甲申(元太祖十九年)，旋師住冬避暑，且止且行。乙酉〔元太祖二十年〕春，上歸國。自出師，凡七年。

五、西使記

壬子歲，皇帝旭烈統諸軍奉詔西征，凡六年，拓境幾萬里。己未正月甲子，常德字仁卿馳驛西覲，自和林出兀[①]孫中，西北行二百餘里，地漸高，入站，經瀚海，地極高寒，雖暑酷雪不消，山石皆松文。西南七日過瀚海，行三百里，地漸下，有河，闊數里，曰昏木輦[②]。夏漲，以舟楫濟。數日，過龍骨河，復西北行，與別失[③]八里南以相直近五百里，多漢民，有二麥黍穀，河西注瀦爲海，約千餘里，曰乞則里八寺[④]，多魚可食，有碾磑，亦以水激之。行漸西有城曰業膌[⑤]。又西南行過孛羅城，所種皆麥稻，山多柏，不能株，絡石而長。城居肆囿，間錯土屋，牕户皆琉璃。城北有海，鐵山風出往往吹行人墮海中。西南行二十里，有關曰鐵木兒[⑥]，懺察守關者皆漢民，關徑崎嶇似棧道。出關，至阿里麻里城[⑦]，市井皆流水交貫。有諸果，惟瓜、蒲萄、石榴最佳。回紇與漢民雜居，其俗漸染，頗似中國。又南有赤木兒城[⑧]，居民有并、汾人。有獸似虎，毛厚金色無文，善傷人。有蟲如蛛，毒中人則煩渴，飲水立死，惟過醉蒲萄酒，吐則解。有嗜酒。孛羅城迤西，金銀銅爲錢，有文無方孔。至麻阿[⑨]中，以馬牽拖牀遞鋪，負重而行疾。或曰乞里乞四[⑩]易馬以犬。二月二十四日過亦、堵，兩山間土平民夥，溝洫映帶，多故壘壞垣。問之，蓋契丹故居也。計其地去和林萬五千里。……

① 按王國維校，庫本作克實密爾。

② 王校，庫本作和木觀。又按清人李文田在《元朝秘史》中的注釋："西域謂河曰木連也。《秘史》有刊木漣，《西使記》有昏木輦，《西遊記》有吹没輦，皆木連二字對音，即印度河也。"

③ 王校，庫本作巴克實。

④ 王校，庫本作克色勒伯頁。

⑤ 王校，庫本作訥衮。

⑥ 王校，庫本作特穆爾。

⑦ 王校，庫本作瑪圖。

⑧ 王校，庫本作特穆爾。

⑨ 王校，庫本作瑪哈。

⑩ 王校，庫本作吉爾吉斯。

王師自入西域，降者幾三十國。有佛國名乞石迷西[①]，在印毒西北，蓋傳釋迦氏衣鉢者。其人儀狀甚古，如世所繪達摩像，不茹葷酒，日啖粳一合，所談皆佛法，禪定至暮方語。

① 按王國維校，庫本作克實密爾。

印毒國，去中國最近。軍民一千二百萬户。所出細藥、大胡桃、珠寶、烏木、雞舌、賓鐵諸物。國中懸大鐘，有訴者擊之。司鐘者紀其事及時，王官亦紀其名，以防姦欺。民居以蒲爲屋。夏大熱，人處水中。……

金剛鑽出印毒，以肉投大澗底，飛鳥食其肉，糞中得之。……

郁歎曰:西域之開,始自張騫,其土地山川固在也。然世代浸遠,國號變易,事亦難考。今之所謂瀚海者,即古金山也。印毒即漢身毒也。曰駝鳥者,即安息所産大馬爵也。密昔兒,即唐拂菻地也。觀其土産風俗可知已。又《新唐書》載拂臨去京師肆萬里,在西海上。所産珍異之物,與今日地里正同。蓋無疑也。中統四年三月渾源劉郁記。

六、中庵集

敕賜資德大夫中書右丞商議福建等處行中書省事贈榮禄大夫司空景義公布哈爾神道碑銘[1]

① 參考陳高華:《印度馬八兒王子孛哈里來華新考》(《南開學報》1980年第4期)一文。

有元大德三年,冬十月,某日,資德大夫、中書右丞、商議福建等處行中書省事布哈爾薨於京師。詔賜中統竇鈔二萬餘千緡,以馹傳負其櫬,歸葬泉州。命有司議贈謚,撰墓碑,而其文以命臣敏中。

臣謹按禮部事狀,公本色克迪克西域人。西域有城曰哈喇哈達,其先世所居也。祖徙西洋,西洋地負海,饒貨。因世爲賈販,以君父布哈爾得幸西洋主,使與諸弟。齒弟有五人,布哈爾稱六弟。俄總領諸部,益富貴,侍妾至三百人,家床黄金,飾稱是。布哈爾歿,公克紹其業,王益寵。凡召命惟以父命,故其名不行,但以名稱焉。聖朝之平宋也,公聞之喜曰:"中國大聖人混一區宇,天下太平矣!盍往歸之。"獨遣使以方物入貢,極諸瓌異,自是終歲不絶。復通好親王阿布哈、哈斯二邸。凡朝廷、二邸之使涉海道,恒預爲具舟栰,必濟乃已。世祖熟其誠款,至元二十八年賜璽書,命某部尚書阿勒巴得郎拜特穆爾列名徃諭,且召之。公益感激,乃盡捐其妻孥宗戚故業,獨以百人自隨,偕使人覲見。世祖加慰諭,賜以錦衣及妻,廩之公館,所以恩遇良渥。聖上嗣位,特授資德大夫、中書右丞、商議福建等處行中書省事,累賜以鉅萬計,而寵數益隆矣!至是年來朝,遂以病薨,享年四十有九。賜妻蔡氏,先公卒,再配某氏,子男一人,女二人。公薨之始上未知,問左右:"布哈爾疾愈否?"左右以對。上惻然久之,曰:"彼遠人,今若是。良可嗟悼。"於是有葬,贈謚碑之。命有司贈榮禄大夫、司空,謚景義公,其賜妻曰靖惠夫人。制可。敕江浙等處行中書省給其所賜寳鈔,且董其葬事。仍别降綸旨護其家,無敢陵犯。上且曰:"使彼俗聞之寧亦喜耶。"蓋上之所以重遠人,而公之所以獲上意者如此。

臣竊欽惟我國家列聖相承,以至仁遇九有,以至誠待羣下。自甸服要荒至於鰥寡孤獨無所遺,自大材殊勳至寸長徹勞無不録。雁乎如天地之成萬物,而其發育斡旋之妙,莫知所以然。浩乎如江海之下衆流,而其渟蓄涵泳之大,莫究其所極。人生於其間油油熙熙,無有小大外内,罔不得其所欲。故智者罄其慮,勇者畢其力,能者竭其才,而賢者成其功。是以治效之盛,巋巍煒焕,直與三五比隆。而版圖之區,聲教所暨者過於漢唐,遠甚仁之,洽誠之格也。嗚呼!山海遼絶之俗,木石崎嶇之人,得一觀國光,霑聖化,以識夫乾坤日月之大全,誠千載一時也。而公輒能慨然感固陋之習,審去就之義,抗剛忠之節,會休明之期,用能荷恩兩朝,登庸貳相,没則有謚,葬則有碑。生有餘榮,死爲不朽矣!彼有取舍不明,以險自欺,甘於僻左,幽昧泯泯待盡者,視公爲何如哉!臣既述其行,乃作銘曰:

皇元德聖華卑高,風霆作威雨露膏。善良子惠惡苗嬦,分此薫蕕辨松蒿。四門廓達登夔皋,暨百執事皆英髦。

干戈載戢弓矢櫜，氛祲不作絶兵塵。龐恩汪濊逮不毛，大夫犂鋤婦蠶繅。王風熙熙物嚚嚚，異方詭俗多繹騷。睚眦戈戟聲哮謈，天狹地窘不可逃。安得大化歸甄陶，偉景義公乃人豪。起望白日心滔滔，先一介貢連飛艘。越裳之雉西路獒，珠貝象犀雜金刀。九重使者旋麾旄，從以百夫躡風濤。忠心陞見聖所褒，萬里募化卿其勞。賜以女妻宮錦袍，又爲築館加餼牢。貳相繼命恩非叨，千載一時公實遭。隙陰不駐難持操，一昔朝宿聞號咷。豐碑顯諡示爾曹，慕此何畏鯤鯨鼇。大德四年二月日撰。

（卷十六碑）

七、大德南海志

物産

頻婆子，實大如肥皂，核煨熟去皮，味如栗。本韶州月華寺種。舊傳三藏法師在西域攜至，如今多有之。頻一作貧，梵語謂之叢林，以其葉盛成叢也。

舶貨諸蕃國附

“貨通獅子國”，昌黎嘗有是詩矣。山海爲天地寶藏，珍貨從出，有中國之所無。風化既通，梯航交集，以此之有，易彼之無，古人貿通之良法也。廣爲蕃舶湊集之所，寶貨叢聚，實爲外府。島夷諸國，名不可殫。前志所載者四十餘。

聖朝奄有四海，盡日月出入之地，無不奉珍効貢，稽顙稱臣。故海人山獸之奇，龍珠犀貝之異，莫不充儲於内府，畜玩於上林。其來者視昔有加焉。而珍貨之盛，亦倍於前志之所書者。今録其可名之國，附於舶貨之後。

實物

象牙　犀角　鶴頂　真珠　珊瑚　碧甸子　翠毛　龜筒玳瑁

布疋

白番布　花番布　草布　剪絨單　剪毛單

香貨

沉香　速香　黄熟香　打拍香　暗八香　占城　麄熟烏香　奇楠木　降香　檀香　戎香　薔薇水　乳香　金顔香

藥物

腦子　阿魏　没藥　胡椒　丁香　肉子荳蔻　白荳蔻荳蔻花　烏爹泥　茴香　硫黄　血竭　木香　蓽撥　木蘭皮番白芷　雄黄　蘇合油　蓽澄茄

諸木

蘇木　射木　烏木　紅柴

皮貨

沙魚皮　皮蓆　皮枕頭　七鱗皮

牛蹄角

白牛蹄　白牛角

雜物

黄蠟　風油子　紫梗　磨末　草珠　花白紙　藤席　藤棒　貝子　孔雀毛　大青　鸚鵡螺殼　巴淡子

【諸蕃國】

……

三佛齊國小西洋

龍牙山　龍牙門　便塾　欖邦　棚加　不理東　監篦

啞魯　亭停　不剌　無思忻　深没陀羅　南無里　不斯麻　細蘭　没里琶都　賓撮

……

南毗馬八兒國

細藍　伽一　勿里法丹　差里野括　撥的姪　古打林　大故藍國　差里也國　政期離國　胡荼辣國　禧里弗丹　賓陀蘭納　廹加魯　盟哥魯　條培　䩉拿　闊里抹思　加剌都　拔肥離　塗拂　毗沙弗丹　啞䩉　鵬茄囉　記施　麻囉華　弼施囉　麻加里　白達　層拔　瞻思　弼琶囉　勿斯離　勿拔　蘆眉　甕蠻　弗藍　黑加魯　默加　荼弼沙　吉慈尼

（卷七）

八、文獻通考

八音之外

梵具，玉螺。具之爲物，其大可容數升，蠡之大者也。南蠻之國取而吹之，所以節樂也。今之梵樂用之，以和銅鈸，釋氏所謂法螺。赤土國吹螺以迎隋使是也。梁武之樂，有童子伎倚歌梵具。

玉蠡

唐貞元中五印度種落，有驃國王子獻樂器。躬總樂凡一十二笛，皆演釋氏經唄。吹蠡擊鼓，或歌且舞，纓絡四垂，珠璣粲發，周流萬變，爛然可觀。蠡聲若竽籟。林邑每擊鼓以警衆，吹蠡以即戎，則蠡又不特用於樂矣。

（卷一百三十九《樂》十二）

散樂百戲

撥頭

出西域,胡人爲猛獸所噬,其子求獸殺之,爲此舞以象也。踏摇娘生於隋末,河内有人醜貌而耽酒,常自號郎中,醉歸必毆其妻。妻美色,善自歌,乃歌爲怨苦之詞。何翔演其曲,而被之管絃,因寫其妻之容。妻悲訴每摇其身,故號踏摇云。近代優人頗改其制度,非舊音也。

(卷一百四十七《樂考》二十)

夷樂部

南蠻　驃國

唐貞元中,重譯來朝獻樂。凡十一曲,工三十五人。其國與天竺相近,故樂多演釋氏經論之詞。每爲曲,皆齊聲唱,各以兩齊斂爲赴節之狀,一低一仰,未嘗不相對,有類中國柘枝舞焉。

(卷一百四十八《樂考》二十一)

經小學

《切韻指元論》三卷　《四聲等第圖》一卷

鼂氏曰:皇朝王宗道撰。切韻之學,切韻者,上字爲切,下字爲韻,其學本出西域。今其法類,本韻字各歸於母。幫滂並明非敷奉微,脣音也。端透定泥知徹澄娘,齒音也。曉匣影喻,牙音也。來日,半齒、半舌也。凡三十六,分爲五音。天下之聲總於是矣。切歸本母,韻歸本等者,謂之音和,常也。本等聲盡,汎入别等者,謂之類隔,變也。中國自齊梁以前,此學未傳,至沈約以後,始以之爲文章。至於近時,始有專門者矣。

《三十六字母圖》一卷

夾漈鄭氏曰:僧守温撰。切韻之學,起自西域。舊所傳十四字貫一切音,文省而音博,謂之婆羅門書。然猶未也,其後又得三十六字母,而音韻之道始備。中華之韻,祇彈四聲,然有聲有音,聲爲經,音爲緯。平上去入者,四聲也。其體縱,故爲經。宫、商、角、徵、羽、半徵、半商者,七音也。其體横,故爲緯。經緯錯綜,然後成文。愚所作韻書備矣。釋氏謂此學爲小悟,學者誠不可忽也。

《字始連環》二卷

陳氏曰:鄭樵撰《六略》,謂六書惟類聲之生無窮。音切之學,自西域流入中國,而古人取音制字,乃與《韻圖》吻合。

《論梵書》一卷

陳氏曰:鄭樵撰。樵論華梵曰:諸蕃文字不同,而多本於梵書。流入中國,代有大鴻臚之職,譯經潤文之官恐不能盡通其旨,不可不論也。梵書左旋,其勢向右。華書右旋,其勢向左;華以正錯成文,梵以徧纏成體。華則一字該一音,梵則一字或貫數音。華以直相隨,梵以横相綴。華蓋以目傳,故必詳於書;梵以口傳,如曲譜然,書但識其大略。華之讀別聲,故就聲而借;梵之讀別音,故即音而借。又曰:梵人別音,在音不在字;華人別字,在字不在音。故梵書甚簡,不過數個屈曲耳,差別不多,亦不成文理,而有無字之音焉。華人苦不別音,如切韻之學,自漢以前人皆不識,實自西域流入中土,所以韻圖之類,釋子多能言之。而儒者皆不識起例,以其源流出於彼耳。華書制字極密,點畫極多,梵書比之,實相遼邈。故梵有無窮之音,而華有無窮之字。梵則音有妙義，而字無文彩；華則字有變通，而音無錙銖。梵人長於音，所得從聞入，故曰“此方真教體，清淨在音聞。我昔三菩提，盡從聞中入。”有“目根功德少，耳根功德多”之説。華人長於文，所得從見入，故天下以識字人爲賢智，不識字人爲庸愚。

（卷一百九十《經籍考》十七）

史僞史　霸史　史評　史鈔

《西域志》十二卷

鼂氏曰：唐僧玄奘撰。奘西遊天竺求佛書。既歸，記其所歷諸國風俗。其自序云：自黑領以西，皆土著，尚東，左衽，務田畜，重財賄，嫁娶無禮。獨天竺則異，别記於後云。或云玄奘譯，大總持寺僧辨機撰。

（卷二百《經籍考》二十七）

史地理　時令

《大唐西域記》十二卷

陳氏曰：唐三藏法師玄奘譯，大總持寺僧辯機撰。

（卷二百六《經籍考》三十三）

子　醫家

《龍樹眼論》三卷

鼂氏曰：佛經，龍樹大士者能治眼疾。假其説，集治七十二種目病之方。

（卷二百二十二《經籍考》四十九）

子 房中 神僊

《徐注西昇經》二卷

鼂氏曰：徐道邈撰。句曲人，未詳何代。其本以有古先生，善入無爲，作善八泥丸。古先生者，吾之師也，化乎竺乾，作吾之身也，化胡竺乾云。

《老子化胡經》十卷

鼂氏曰：魏明帝爲之序。經言老子歸崑崙化胡，次授罽賓，後及天竺。按，裴松之《三國志》注，言世稱老子西入流沙，化胡成佛。其説蓋起於此義。《化胡經》，八狀附於後。《唐志》云，萬歲通天元年，僧惠澄上言，乞毁《老子化胡經》。秋官侍郎劉如璿等議狀，證其非僞，此是也。

（卷二百二十四《經籍考》五十一）

子 釋氏

開皇元年，高祖普詔天下，任聽出家。仍令計口出錢，營造金像。而京師及并州、相州、洛州等諸大都邑之處，並官寫一切經，置於寺内，又别寫藏於祕閣。天下之人，從風而靡，競相景慕，民間佛經多於《六經》十百倍。大業時，又令沙門智果於東都内道場撰諸經目，分别條貫，以佛所説經爲三部，一曰大乘，二曰小乘，三曰雜經。其餘自後人假託爲之者，别爲一部，謂之疑經。又有菩薩及諸深解奥義，贊明佛理者，名之爲論及戒律。並有大小及中三部之别。又所學者，録其當時行事，名之爲記。凡十一種。今舉其大數列於此篇。

《隋志》一千九百五十部六千一百九十八卷

《唐志》二十五家四十部三百九十五卷失姓名一家,元苑以下不著録七十四家九百四十一卷。

宋三朝《藝文志》曰:唐開元釋藏目凡五千四十八卷,正元藏目又二百七十五卷,而禪觀之書不預焉。迄於皇朝,復興翻譯。太平興國後至道二年二百三十九卷,又至大中祥符四年成一百七十五卷。潤文官趙安仁等編纂新目,爲《大中祥符法寶》。咸平初,雲勝奉詔編藏經,隨函索隱六百六十卷入。令詔訪唐正元以後未附藏諸經益之,並令摹刻。劉安仁又分太宗妙覺祕銓爲名《真宗法音集》,論頌贊詩爲三卷。以《法音旨要》爲名,摹印頒行。訖於天禧末,又譯成七十卷。凡大乘經三百三十四卷,大乘律一卷,大乘論二十九卷,小乘經八十一卷,小乘律五卷,西方聖賢集二十九卷。今取傳記、禪律纂之書,參儒典者具之。

《宋三朝志》五十八部六百一十六卷

《宋兩朝志》一百一十三部

《宋四朝志》十部

《宋中興志》一百家一十部七百七十五卷

……

《四十二章經》一卷

鼂氏曰:天竺釋迦牟尼佛所説也。釋迦者,華言能仁。以周昭王二十四年甲寅四月八日生。十九學道,三十學成。處世演道者四十九年而終,蓋年七十九也。没後,弟子大迦葉與阿難纂綴其平生之言成書。自漢以上,中國未傳,或云雖傳而泯絶於秦火。張騫使西域,已聞有浮屠之教。及明帝感傅毅之對,遣蔡愔、秦景使天竺求之,得此經以歸。中國之有佛書自此始。故其文不類他經云。佛書自愔、景以來，至梁武帝華林之集，入中國者五千四百卷，曰經、曰論、曰律，謂之三藏，傳於世盛矣。其徒又或摘出別行爲之註釋疏抄，至不可選紀，而通謂之律學。厥後，達磨西來，以三藏皆筌蹏不得佛意，故直指人心，俾之見性，衆尊之爲祖。學之者布於天下。雖曰不假文字，而弟子緣其善言，往往成書。由是禪學興焉。觀今世佛書，三藏之外，凡講説之類，律學也。凡問答之類，禪學也。藏經猥眾，且所至有之不録，今取其餘者列於篇。此經雖在藏中，然其見於《經籍志》，故特取焉。

陳氏曰：後漢竺法蘭譯佛書到中國，此其首也。所謂經來白馬寺者，其後千經萬論，一大藏教乘，要不出於此。

水心葉氏曰：按《四十二章經》質略淺俗。是時，天竺未測漢事，採摘大意，頗用華言以復命，非浮屠氏本書也。夫西戎僻阻，無有禮義忠信之教，彼浮屠者，直以人身喜怒哀樂之閒，披折解剥，别其真妄，究其終始，爲聖狂賢不肖之分。蓋世外奇偉廣博之論也，與中國之學皎然殊異，豈可同哉！世之儒者，不知其淺深，猥欲强爲攘斥，然反以中國之學佐佑異端，而曰吾能自信不惑者，其於道鮮矣。

《朱子語録》曰：釋氏書其初祇有《四十二章經》，所言甚鄙俚，後來日添月益，皆是中華文士相助撰集。如晉宋間自立講師，孰爲釋迦，孰爲阿難，孰爲迦葉，各自問難。筆之於書，轉相欺誑，大抵皆是剽竊老、列意思，變換以文其説。《四十二章經》之説，卻自平實如言，彈琴弦急則絶，慢則不響，不急不慢乃是，大抵是偷老、莊之意。後來達磨出來，一切掃盡，至《楞嚴經》做得極好。

《金剛般若經》一卷

鼂氏曰:後秦僧鳩摩羅什譯,唐僧宗密、僧知恩,皇朝思元仁、賈昌朝、王安石五家注。子弟公愬,日誦三過。子靳之曰:汝亦頗知其義乎! 對曰:知之。其義明,萬物皆空。故古人謂以空爲宗也。子曰:金剛者,堅固不壞之義也。萬物之空,何以謂之金剛? 復曰:六如偈,其言明甚,獨奈何。因語之曰:汝之過正在以有爲法同無爲法,以真空同頑空耳。張湛曰:身與萬物同,有其有不有,心與太虚同,無其無不無,庶幾知此哉!

《六祖解金剛經》一卷

鼂氏曰:唐僧惠能注《金剛經》,凡六譯。其文大概既同,時小異耳。而世多行姚秦鳩摩羅什本。

《六譯金剛經》一卷

陳氏曰:此經前後六譯,各有異同。有弘農楊顥者,集爲此本。大和中,中貴人楊承和集右軍書刻之興唐寺。

《圓覺了義經》十卷

陳氏曰:唐罽賓佛陀多羅譯。

《圓覺經疏》三卷

鼂氏曰:唐長壽二年,天竺僧覺救譯,宗密疏解。《圓覺》之旨,佛爲十二大士説如來《本起》,因地修之以三觀;《楞嚴》之旨,阿難因遇魔障,嬈問學菩提最初方便,終之以二義。蓋《圓覺》自誠而明,《楞嚴》自明而誠。雖若不同,而二義三觀不出定慧,其歸豈有二哉!

《萬行首楞嚴經》十卷

陳氏曰:唐天竺般剌密諦、烏長國彌迦譯語,宰相房融筆授,所謂譯經潤文者也。

《楞嚴經疏》二十卷

鼂氏曰：唐神龍二年，中天竺國僧彼岸於廣州譯，房融筆授。皇朝僧于璿撰。

《會解楞嚴經》十卷

鼂氏曰：唐僧彌伽釋迦譯語，房融筆授。皇朝井度集古今十二家解去取之成書。予嘗爲之序。

潁濱蘇氏曰：《楞嚴經》如來諸大弟子多從六根入，至返流全一，六用不行，混入性海，雖凡夫可以直造佛地矣。

又曰：予讀《楞嚴》，知六根源出於一，外緣六塵，流而爲六。隨物淪逝，不能自返。如來憐愍衆生，爲設方便，使知出門即是歸路。故於此經指涅槃門，初無隱蔽。若衆生能洗心行法，使塵不相緣。根無所偶，返流全一，六用不行，晝夜中中流入，與如來法流水接，則自其内身便可成佛。如來猶恐衆生於六根中未知所從，乃使二十五弟子各説所證。而觀世音以聞思修爲圓通第一。其言曰：初於聞中入流無所，所入既寂，動静二相，了然不生。如是漸增聞所聞盡。盡聞不住，覺所覺空，空覺極圓，空所空滅，生滅既滅，寂滅見前。若能如是，圜拔一根，則諸根皆脱於一彈指頃。遍歷三空，即與諸佛無異矣。既又讀《金剛經》説四果人。須陀洹名爲入流而無所入。不入色聲香味觸法，是名須陀洹。乃廢經而歎曰：須陀洹所證，則觀世音所謂初於聞中入流無所者邪？入流非有法也。唯不入六塵，安然常住，斯入流矣。至於斯陀含，名一往來而實無往來。阿那含，名爲不來而實無來。蓋往則入塵，來則返本。斯陀含雖能來矣而未能無往，阿那含非徒不往而亦無來。至阿羅漢則往來意盡，無法可得。然則所謂四果者，其實一法也。但歷三空，有淺深之異耳。予觀二經之言本若符契，而世或不喻，故明言之。

《朱子語録》曰:《楞嚴經》祇是强立一箇意義,祇管疊將去。數節之後,全無意味。《楞嚴》前後祇是説咒,中間皆是增入。蓋中國好佛者覺其陋而加之耳。又譯經而不譯咒,想其徒見咒本淺近,故特地不譯。因説程子耳無聞,目無見之語。答曰:決無此理。遂舉釋教中有塵既不緣,根無所著,反流全一,六用不行之説。蘇子由以爲此理至深至妙,蓋他意謂六根既不與六塵相緣,則收拾六根之用,反復歸於本體而使之不行,顧烏有此理。廣因舉程子之説,譬如静坐時,忽有人唤自家,祇得應他,不成不應曰,彼説出《楞嚴經》。此經唐房融訓釋,故説得如此巧。佛書中唯此經最巧。然佛當初也不如是説。如《四十二章經》最先傳來中國底文字,然其説卻平實。

《楞伽經》四卷

鼂氏曰:宋天竺僧求那跋陁羅譯。楞伽,山名也。佛爲大慧,演道爲此山。元魏僧達磨以付僧慧可。曰:吾觀中國所有經教,唯《楞伽》可以印心,謂此書也。釋延壽謂此經以佛語心爲宗,而李通玄則以爲五法、三自性、八識、二無我爲宗。按《經説》,第八業種之識名爲如來藏,言其性不二,明僞即出世也。延壽所云者指其理,通元所云者指其事,非不同也。陳氏曰:有宋、魏、唐三譯,宋譯四卷,唐譯七卷,正平張戒集注,蓋以三譯参校,同舊注本,莫知誰氏,頗有倫理,亦多可取,句讀遂明白,其八卷者,分上下也。

東坡蘇氏書後曰:《楞伽阿跋多羅寶經》,先佛所説,微妙第一,真實了義,故謂之佛語心品。祖師達磨以付二祖,曰:吾觀震旦所有經教,惟《楞伽》四卷可以印心。祖祖相授,以爲心法,如醫之有《難經》,句句皆理,字字皆法，後世達者，神而明之，如槃走珠，如珠走槃，無不可者。若出新意而棄舊學，以爲無用，非愚無知，則狂而已。近歲學者，各宗其師，務從簡便，得一句一偈，自謂了證，至使婦人女子，抵掌嬉笑，爭談禪說。高者爲名，下者爲利，餘波末流，無所不至。而佛法微矣。譬如俚俗醫師，不由經論，直授方藥，以之療病，非不或中。至於遇病輒應懸斷死生，則與知經學古者不可同日語矣。世徒見其有一至之功，或捷於古人，因謂《難經》不學而可，豈不誤哉！《楞伽》義趣幽眇，文字簡古，或不能句，而况遺文以得義，忘義以了心者乎！此其所以寂寥於世，幾廢而僅存也。

《心經會解》一卷

鼂氏曰：唐陳留僧玄奘譯并注。般若者，華言智慧。波羅蜜多者，華言到彼岸。謂智可以濟物入聖域也。長安中，僧法藏爲之疏。元豐中，僧法泉亦注之。司馬温公《書心經後》曰：余嘗聞學佛者言，佛書入中國，經律論三藏合五千四十八卷，《般若經》獨居六百卷。學者撮其要爲《心經》一卷，爲之注者，鄭預最簡而明。余讀鄭注，乃知佛書之要盡於空一字而已。或問揚子：人有齊死生、同貧富、等貴賤，何如？揚子曰：作此者，其有懼乎？此經云：照見五蘊皆空，度一切苦厄。似與揚子同指。然則釋老之道，皆宜爲憂患之用乎？世稱韓文公不喜佛，嘗排之。余觀其與孟尚書論大顛云，能以理自勝，不爲事物侵亂。乃知文公於書無所不觀，蓋嘗徧觀佛書，取其精粹而排其糟粕耳。不然，何以知不爲事物侵亂爲學佛書者所先邪？今之學佛者自言得佛心，作佛事，然皆不免侵亂於事物，則其人果何如哉？

《朱子語録》問：《心經》既説空，又説色，如何？曰：他蓋□於色見空耳，大抵衹要鶻突人。

《維摩詰所説經》十卷

鼂氏曰：天竺維摩詰撰。西域謂淨名曰維摩詰。廣嚴城處士也。佛聞其病，使十弟子、四菩薩往問訊，皆以不勝任，固辭。最後遣文殊行，因其談妙道，遂成此經。其大旨明真俗不二而已，淨名演法要者，居世出世也，不以十弟子、四菩薩爲知法者，斥其有穢淨之别也。文殊大智，法身之體也。淨名處俗，法身之用也。俾體用相酬對，皆真俗不二之喻也。姚秦僧鳩摩羅什譯。按《開元釋教録》云：羅什者，華言童壽，天竺人。苻堅遣吕光破西域，俘之以歸。姚興迎長安，譯經於逍遥園，凡四十部。此其一也。本三卷十四品，其後什之徒僧肇、道生、道融等爲之注，釐爲十卷。予得之董太虚家，蓋襄陽本也。唐李繁頗言此注後人依託者。

《妙法蓮華經觀世音普門品》

姚秦三藏鳩摩羅什譯

西山真氏跋曰：余自少讀《普門品》，雖未能深解其義，然嘗以意測之，曰此佛氏之寓言也。昔唐李文公問藥山禪師曰：如何是惡風吹船飄入鬼國？師曰：李翺小子，問此何爲？文公怫然，怒形於色。師笑曰：發此瞋恚心，便是黑風吹船飄入鬼國也。吁！藥山可謂善啓發人矣。以是推之，則知利欲熾然，即是火坑。貪愛沈溺，便是苦海。一念清淨，烈談成池，一念警覺，船到彼岸。災患纏縛，隨處而安。我無畏怖，如械自脱。惡人侵凌，待以横逆。我無忿嫉，如獸自奔。讀是經者，作如是觀，則知彌陀大士真實爲人，非浪語者。

（卷二百二十六《經籍考》五十三）

《華嚴經》八十一卷

陳氏曰:唐于闐實叉難陀譯。

《華嚴合論》一百二十卷

鼂氏曰:按《纂靈記》云《華嚴》大經,龍宫有三本。佛滅度後六百年,有龍樹菩薩入龍宫,誦下本十萬偈四十八品,流傳天竺。晉有沙門支法領得下本,分三萬六千偈至此上。義熙十四年譯成六十卷。唐證聖元年,于闐沙門喜學再譯舊文,兼補諸闕,通舊總四萬五千頌,成八十卷三十九品。《合論》者,唐李通元所撰。通玄太原人,宗室子也。當武后時,隱居不仕,舊學佛者皆曰,佛説此經時居七處九會,獨通元以爲十處十會云。

《朱子語録》曰:佛書中説六根、六塵、六識、四大、十二緣生之類,皆極精巧。故前輩學佛者,必謂此孔子所不及。今學者且須截斷,必欲窮究其説,恐不能得。身已出來,他底四大即吾儒所謂魂魄。十二緣生在《華嚴合論》第十三函卷。佛説本言盡去世間萬事,其後黠者出,卻言實際理地不染一塵,萬事門中不舍一法。

《肇論》四卷

鼂氏曰:姚秦僧洪肇撰。師羅什。規模莊周之言,以著此書,《物不遷》、《不真空》、《涅槃無知》、《般若無名》四論。《傳燈録》云:肇後爲姚興所殺。

《觀心論》一卷

鼂氏曰:魏菩提達磨撰。

《百法論》一卷

鼂氏曰:唐僧玄奘譯。西域僧天親所造。所謂一切法者,其略有語,一心法、二心所有法、三色法、四心不相應行法、五無爲法。心法八種,心所有法五十一種,色法十一種,心不相應行法二十四種,無爲法六種,故曰百法。

《起信論》一卷

黿氏曰:唐僧宗密註,僧真諦譯。天竺第十二祖馬鳴大士所造也。雖云名相,蓋明心宗,指義玄微,文辭明緻。故盛行於世,若《肇論》、《百法》、《唯識》及此義者,皆專門名家。故藏中所收,亦録於此。

《正論》八卷

黿氏曰:唐釋法琳撰。潁川陳良序云:法琳姓陳,關中人。著此書,窮釋老之教源,極品藻之名理。宣和中,以其老子語,焚毁其第二、第四、第五、第八,凡五卷。序文亦有剪棄者。

《破邪論》一卷 《甄正論》三卷

黿氏曰:唐釋法琳撰。已上三書,皆經宣和焚毁,藏中多闕,故録之。

按《破邪》、《甄正》二論,《昭德讀書記》以爲宣和焚毁,藏中多闕。然愚嘗於村寺經藏中見其全文。《破邪論》專詆傅奕,而併非毁孔孟,所謂詖淫邪遁之辭,無足觀者。《甄正論》譏議道家,如《度人經》璇璣停輪處,以爲璇璣無停輪之理,使停輪至七日七夜,則宇宙顛錯,而生人之類滅矣。無極曇誓天及龍變梵度天處,以爲曇與梵二字出自佛書。佛法未入中國之前,經傳中並無此二字,豈有天地名號而剽竊佛書字義乎!又如河上公《道德經章句序》言:漢文帝駕詣河上公問道,而河上公一躍騰雲,帝知是神人,下輦稽首,從受《章句》二卷。以爲《漢史·帝紀》車駕每出必書,何獨不書駕詣河上公問道之事。且孝文好黄老言,立渭陽五帝廟,則因新垣平。平一方士,其説至卑陋,帝尊寵之,而史亦備述之。河上公之事,奇偉如此,何獨見遺於班馬乎！乃羽人道士輩自創此説。大意如此，不能悉記其詞語。此論頗當意，必借筆於文學之士，沙門輩恐不能道也。

《宗鏡録》一百卷

鼂氏曰：皇朝僧延壽撰。延壽姓王氏，餘杭人。法眼嫡孫也。建隆初，錢忠懿命居靈隱。以釋教東流，中夏學者不見大全，而天台、賢首、慈恩性相三宗，又互相矛盾，乃立重閣館，三宗知法僧更相詰難。至詖險處，以心宗旨要折衷之。因集《方等》祕經六十部，華梵聖賢之語三百家，以佐三宗之義成此書。學佛者傳誦焉。天台者，僧知顗也，解《法華經》。賢首者，僧法藏也，述《華嚴經》。慈恩者，僧玄奘也，譯《般若經》。

《景德傳燈録》三十卷

鼂氏曰：皇朝道原編。其書披奕世祖圖采諸方語録，由七佛以至法眼之嗣，凡五十二世一千七百一人，獻於廟。詔楊億、李維、王曙同加裁定，億等潤色。其文考正差謬，遂盛行於世，爲禪學之源。夫禪學自達磨入中原，世傳一人，凡五傳至慧能，通謂之祖。慧能傳行思、懷讓，行思之後有良價號洞下宗。又有文偃號雲門宗。又有文益號法眼宗。懷讓之後有靈祐、慧寂號潙仰宗。又有義玄號臨濟宗。五宗學徒徧於海内，迄數百年，臨濟、雲門洞下，日愈益盛。嘗考其世，皆出唐末五代兵戈極亂之際。意者亂世聰明賢豪之士無所施其能，故憤世嫉邪，長往不返，而其名言至行，譬猶聯珠疊璧，雖山淵之高深，終不能掩覆其光彩，而必輝潤於外也。故人得而著之，竹帛罔有遺軼焉。

《羅漢因果識見頌》一卷

陳氏曰:天竺闍那多迦譯,首有范仲淹序言。宣撫河東得於傳舍,藏經所未録者,十六羅漢爲比丘摩拏羅等説。

《景祐天竺字源》七卷

陳氏曰:僧相淨等集進,以華梵對翻,有十二聲,三十字母;有牙、齒、舌、喉、脣五音。仁宗御製。吴郡虎丘寺有賜本如新。

《釋迦氏譜》十卷

鼂氏曰:唐釋僧祐撰。僧祐以釋迦譜記雜見於經論,覽者難通,因纂成五卷。又取内外族姓及弟子名氏附於後。

(卷二百二十七《經籍考》五十四)

注輦

注輦國[①]東距海五千里,西至西天竺千五百里,南至羅蘭二千五百里,北至頓田三千里,自古不通中國,水行至廣州約四十一萬一千四百里。其國有城七重,高七尺,南北十二里,東西七里。每城相去百步。凡四城用磚,二城用土,最中城以木爲之,皆植花果雜木。其第一至第三城皆民居,環以小河;第四城四侍郎居之;第五城主之四子居之;第六城爲佛寺,百僧居之;第七城即主之所居,屋四百區。所統有三十一部落,其西十二,其南八,其北十一。今國主相傳三世矣。民有罪,即命侍郎一員處治之,輕者縶於木格,笞五七十至一百;重者則斬,或以象踐殺之。其宴,則國主與四侍郎膜拜於階,遂共坐作樂歌舞,不飲酒,而食肉。俗衣布。亦有餅餌。嘗饌執事有婦人。其嫁娶,先用金銀指環使媒婦至女家,後三日,會男家親族,約以土田、生畜、檳榔酒等，稱其有無爲禮。女家復以金銀指環、越諸布及女所服錦衣遺婿。若男欲離女，則不取聘財，女欲卻男，則倍償之。……

① 關於注輦國全文見《宋史·注輦國傳》，本篇所輯僅與其相異部分。

按：注輦國，水行至廣州約四十一萬一千四百里，凡千一百五十日而至，其去中國最遠。又自古未嘗相通，至大中祥符間始入貢。然其表文叙述有理，詞采可觀，略無島夷侏離鄙俚之談，有類中土操觚文士之筆。高麗、交阯反所不逮，竊疑史文容有緣飾，非其實也。

（卷三百三十二《四裔》九）

天竺[①]

……天聖三年九月，西印度僧愛賢、智信護等來獻梵書經，各賜紫方袍、束帶。

① 關於天竺國，本篇僅輯與《宋史·天竺國傳》相異部分。

（卷三百三十八《四裔》十五）

九、新纂雲南通志

獅山建正續寺碑記

武定路儒學教授昆明楊興賢撰

南詔右釋其來尚矣，然三十七部之俗，嗜殺性成，雖老師宿德家，至日見提耳訓誨，猶執迷不悛，無緣而化。武定其一部也。山水險峻，人物殷阜。無《詩》、《書》、《禮》、《樂》以導其良心，無誥律條約以懾其淫性，是以失其秉彝，甘於自暴自棄，良可憫也。惟我聖元之奄有四海也，開設學校，崇高禮法。自王公大人至於士庶，莫不欽仰。徒蠢爾。獷悍之徒方靡然成風，置彼邪思，趨我正道，猶百川之歸巨海，鱗介之宗龜龍也。至大辛亥，蜀僧長老朝宗飛錫至此，望斯山之峭拔雄秀，諸山皆朝。迺攜楊善、楊慶、楊正、李繼榮、李良等諸檀越步山椒而登焉。嘆曰："開闢以來山川有之，然發揚其勝概則待乎人焉！是以蘭亭遭右軍而清湍修竹有宣，赤壁遇坡仙而明月清風無盡。兹境也，翳湮於此久矣。吾欲不負山靈，創一梵宇，以爲一方老少投誠之所。二三子其與我誅茅卜築可乎？"僉曰："諾。"於是剗闢朽壞，芟薙草萊，刳木引泉，礲石搆庵，爲師棲錫之所。方人輻輳，僧徒雲集。師以金蔑刮其翳膜，登山眺望，四顧豁然，若發甕之醯鷄，出隙之癡蠅，又如造物者始判清濁，獲睹青天白日之高明。歎未曾有各輸篋資，相與努力作棧道。緣石磴南躋數十步武，得一地基，爲文殊閣。又南行百餘步，得丈室地基，爲維摩閣。皆以白雲爲藩籬，青山爲屏障，煙霞爲衛具，禽聲法樂，若有異物陰來相之。東望嵓阿，形如獅子，故扁焉。師歸西蜀之後，有西竺指空禪師遊方憩此，絶粒危坐，脇不黏席，開闢正覺，誘掖緇俗，慕其化受信具者，比比有焉。佛殿旃檀經始於乙卯之春，僧堂香積落成庚申之夏。風欞月牖，霧雲飛翬，輪焉奐焉。塑繪□告，金碧交映，丹青絢煥，耀人耳目，盪人胸次，實今世之良規，一方之壯觀也。禪師又慮常住缺乏，龍象星散，於是化緣本路官吏，此方他郡，或貝或穀，以致因地畝畝疆界，隨其豐儉，咸勒諸碑陰，用傳不朽。於戲！晨薰夕燭奉紺宇之覺王，雲板風鍾醒人間之昏夢，靈山清會儼然若存。今朝宗開之於前，指空成之於後。吾見獅子嚴前山木叢林盡作獅子吼者，非我二禪伯之薰炙與！非藉聖祚之無疆，其孰能之！惟冀法輪而永轉，祝帝道以遐昌，有性無性，咸遊覺場。

（卷九十三《金石考》十三）

十、紀古滇説原集

滇水周三百里，其地萬里，皆蠻夷所有。西窮極有大秦國、身毒國、義渠國、繳濮國、茶弼沙國。有聖人名徂葛尼到此，諸國皆有君長。茶弼沙是日落之所，有大洋，日入其洋矣。

周宣王在位四十六年時，乃周室中興。遠聞西南有身毒國，即天竺國也。先昭王二十一年，有淨梵王妃摩耶氏，生太子悉多，不欲爲君長，入山禿髮也。至宣王時，西天竺亦有國，曰摩耶提。乃王也，是淨梵王摩耶之後裔也。摩耶提名阿育，生三子。長曰福邦，其名也，次曰弘德，季曰至德，三子俱健勇。因父阿育王有神驥一匹，身高八尺，紅鬃赤尾，毛有金色。三子共爭之。王莫能決，乃曰：三子皆一也，與一則偏一，而不愛於二也。乃命左右曰：將我神驥縱馳而去，有能追獲者，主之。乃一縱，直奔東向而去。三子各領部衆相與追逐。其季子至德，先至滇之東山而獲其神驥。就名其東山以爲金馬山。長子福邦，續至滇池之西山，聞季子以獲其馬，停憩於西山之麓，忽有碧鳳呈祥，後誤目山曰碧雞。次子弘德後至滇之北野。各主之，不回。王憂思滇類，衆恐未獲歸，乃遣舅氏神明統兵以應援。將歸，不期哀牢夷君主阻兵塞道而不復返矣。哀牢國，永昌郡也。其先，有郡人蒙迦獨，妻摩梨羌，名沙一，居於牢山。蒙迦獨嘗捕魚爲生，後死牢山水中，不獲其屍。妻沙一往哭於此，忽見一木浮觸而來，旁邊漂沉，離水面少許。婦坐其上，平穩不動。明日視之，見水沉觸如舊。遂嘗浣絮其上，若有感，因懷妊。十月孕，生九子。復産一子，共男十人。同母一日往行池邊，詢問其父，母指曰：死此池中矣。語未畢，見沉木化爲龍出水上。沙一與子聞龍語曰：若爲我生子，今俱何在？九子見龍驚走，獨一小子不能去，母固留之。此子背龍而坐，龍因舐之，就唤其名曰習農樂。母因見子背龍而坐，乃鳥語，謂背爲九，謂坐爲隆，因其名池曰九隆習農樂。後長成，有神異，每有天樂奏於其家，鳳凰棲於樹，有五色花開四時，常有神人衛護相隨。諸兄見有此異，又能爲父所舐而與名，遂共推以爲王，主哀牢山下。哀牢山又有一人喚奴波息者，夫婦復生十女子，因與習農樂兄弟皆娶以爲妻。奴波息見習農樂有神異，遂重愛之。而家大旺鄰有禾蓼和者，嫉欲害之。習農樂奉母夜奔巍山之野，躬親稼穡，修德惟勤，教民耕種。其九弟兄有妻，後漸相滋長。種人皆刻畫其身象，龍文衣著尾。習農樂在於巍山之野，主其民，咸尊讓也。有梵僧續舊緣，自天竺國來，乞食於家。習農樂同室人細密覺者，勤供於家而餉。夫耕前，則見前僧先在耕所坐，向問其言，僧曰：汝夫婦雖主哀牢，勤耕稼穡，後以正兹土者，無窮也。語畢，騰空而去。乃知是觀音大士也。復化爲老人，自鑄其像留示其後。今阿蹉觀音像者是也。大將軍張樂進求後來，求會諸首合祭於鐵柱，鳳凰飛上習農樂之左肩，樂進求等驚異，尚其有聖德，遂遜位，其哀牢王孫名奇嘉者，以蒙號國也。

前哀牢王兵阻其道，阿育王三子不復返矣。遂歸滇，各主其山。後值楚莊王遣將莊蹻，總兵循江，上略巴、蜀、黔中以西。蹻至滇也，見池方三百里，旁平地肥饒數千里，以兵威定，滇民服焉。欲歸報，會秦并六國，擊奪楚、巴、黔中，郡道塞不通，因還，以其衆王滇。其阿育王三子並神明，四甥舅之遺衆與蹻兵同諸夷雜處。蹻爲滇王，崇信佛教，不忍殺生，遷居白崖鶴拓浪穹。後衆推仁果者，爲張姓，新君之。滇王蹻傳世卒矣。仁果肇基白崖，尚創業之祥於兹，遂以地號國曰白。操存五常之固有，不昧一真之虚靈。堅守三綱，修明六藝，本戒法於天竺，枝姓文於漢唐，言從善間於諸語，服隨世俗。於時，宜踶年法古，正朔從夏，採摭諸家之善，自集成於一枝，而爲白氏國也。

秦滅漢興，漢武帝元狩元年夏五月，遣博望侯張騫，請通西域，自大夏使還。大夏在漢西南，慕中國，患匈奴隔其道，誠通蜀身毒國道。使近又無害。騫還，謂帝前言。又曰：身毒國，乃天竺國也，去蜀不遠。帝再遣騫道通滇爲益州，亦曰昆明。册張仁果爲滇主。通商賈，貿易用具。於是，漢天子再遣王然于、柏始昌、吕越人等十餘輩間通西南夷，指求身毒國。至滇。滇王張仁果尚在白崖，彼騫雖奉命册之，而張仁果仍白氏國也。王然于等所會滇王當羌，亦莊蹻之遺也。迺留然等求道四年餘，皆閉。昆明莫能通。

……

神爵元年春，三月，漢宣帝遣諫議大夫王褒，求滇金馬、碧雞之神。神乃阿育王之仲季子也。因收金馬，見碧鳳騰翔，各以山主之，及兄福邦、舅神明，俱爲神矣……。

……

第二興宗王樂誠，有治國之風，夷民安堵。厥後威成王誠樂立，乃第三世也。王威服諸邦，崇信佛教。時有滇人楊道清者，殉道忘軀，日課經典，感現觀音大士，遐邇欽風。漁者焚網於滇水之旁，酒家隳其器具，皆以利物爲心。蒙氏威成王聞知，及親幸於滇，册道清爲顯密融通大義法師。始塑大靈土主天神聖像，曰摩訶迦羅，築滇之城，以龜其形，江縈之蛇，其相取義易之。既濟王慕清淨法身，以摩訶迦羅神像立廟，以鎮城。工五年，龜城完也。廟隅有神匠曰羅都道太，自蜀中來。塑像將成，又有菩提巴披者自天竺至。以秘呪丹書神位爲種子，創廟中城，而奉之大義法師。又以菩提珠分一樹庭之西，期以興廢，歲九樹三枯，復挺一株盛茂。於是大靈赫赫，以保黎民，調風順雨，干戈偃息。王建都城中，册爲天府，祛邪輔正爲事。復像二神，一鎮龜城之頂，一鎮城之南，靈德一然。王九年追封阿育王三子一舅,皆謚以帝號。而神主各山,以廟祀之。長子福邦爲碧雞山主,廟山之下,謚曰伏義山河清邦景帝。次爲靈伏讎夷滇河聖帝。三爲金馬名山至德景帝,廟於金馬山麓。謚舅氏神明乃曰大聖外祖神明天子廟,亦碧雞山,主廟之左。……

……

建極十九年春,二月,景莊卒。子隆舜立,稱爲宣武帝。即位之初,改國號大封民國建元。貞明三年幸善闡城,仍爲東京,祭阿育王子金馬、碧雞二山。……

值唐末五季哀亂之世,兵不遠及,五姓之主,互與中國抗。宋興,北有大敵,不暇遠略。使傳往來,不通於中國。邦人以去天竺不遠,其俗多尚浮屠法,家無貧富者皆有佛堂;人不以老壯,手不釋數珠,一歲之間,齋戒幾半,絶不茹葷、飲酒,至齋畢乃已。沿山寺宇極多,而禮佛遊翫者弗絶。至大元世祖天兵北來,進麗江石門關,一鼓而下,其國乃終。

十一、佛祖歷代通載

唐

玄宗隆基改開元

二年十月十七日,永嘉玄覺禪師示寂。姓戴氏,卯歲出家,博貫三藏,精天台止觀圓妙法門。……著《證道歌》一篇,梵僧傳歸天竺,彼皆欽仰,目爲東土大乘經。

(卷十六)

大元

太元太祖皇帝

〔五年〕

旃檀瑞像至金國。十二年十月，迎赴上京禁庭供養。

世祖上

大元帝師芬蓊發思巴，説根本有部，出家授《近圓羯磨儀軌》，親制序文曰：原夫贍部嘉運，至四佛釋迦文如來遺教利見也。大元御世第五主，憲天述道，仁文義武，太光孝皇帝登極也，天資福惠，諦信内乘。普使萬邦，咸歸一化。雖敷天垂拱，而至治無垠。眷支那弘道，而在躬不息，欲以自佛相承，師資繼踵，迄今不替。正戒儀軌，爲拳拳從善之行人，俾一一恆持於淨戒。精練三業，堅守四儀，此實聖皇匡正佛法之睿旨也。昔因善逝與人天衆，普説聲聞上教，一切有部別解脱經，依此採拾未得令得。《律儀方便羯磨儀軌》，此乃聖光德師之總集也。始從天竺，次届西番。爰有洞達五明法王大士、薩思迦扮底達名稱普聞上足、苾蒭發思巴，乃吾門法主。大元帝師，道德恢隆，行位叵測，授玆儀軌，衍布中原。令通解三藏比丘，住思觀演説正本。翻譯人善三國聲明，辯材無礙。含伊畢國翰林丞旨彈壓孫傳，華文譯主生緣北庭都護府解二種音法，辭通辯諸路、釋門總統合台薩哩都通，暨翰林學士安藏，總以諸國言詮，奉詔譯成《儀式序》本。帝師親製，繪爲華跡，以編陳。始末粗彰，聊記歲月，時庚午至元七年，冬至後二日序。

〔至元十四年〕

敕令瀛國公往脱思麻路，習學梵書、西番字經。

（卷三十二）

世祖下

至元三十一年

帝迎旃檀瑞像歸内宮,安奉萬歲山仁智殿,爲見世之寶。

蜀僧元一,遊西天回,朝帝。帝問云:"西天佛有麼?"元一奏云:"當今東土生民主,何異西天悉達多。"元一以西天琢成玉石佛像獻帝。帝寶之,於萬歲山供養。元一以西天貝多葉經獻帝。帝貯以七寶函,嚴加信仰。忠書記僧中之傑。帝命以三奇之道爲輔,出號施令。帝加信任,封爲太保。元一自西天持佛如來鐵鉢獻帝。帝悦寶之,以鎮庫藏。

……

帝一日曰:"旃檀瑞像,現世佛寶,當建大剎安奉,庶一切人俱得瞻禮。"乃建大聖壽萬安寺。……帝建大聖壽萬安寺,帝制四方,各射一箭,以爲界至。

帝大内皆以真言梵字爲嚴飾,表行住坐卧,不離捨佛法也。……帝建大聖壽萬安寺成。……帝命往西土討究大乘,明即佛理。……帝設資戒大會,避使長爲僧之人,使見認得欲取。帝叱云,已爲佛弟子,誰復能爲?天竺進鉢。帝取食前珍味,碎置鉢中,内外侍從,數滿千人。各賜一粒,普令得沾如來鉢中之禪悦。

帝命逸林上師譯《藥師壇法儀軌》,爲天下消八苦之災,增無量之壽。

外邦貢佛舍利,帝云,不獨朕一人得福,乃於南城彰義門高建門塔,普令往來皆得頂戴。

帝見西僧經教與漢僧經教音韻不同,疑其有異。命兩土名德對辯,一一無差。帝曰:積年疑滯,今日決開。

釋迦如來真身舍利寶塔,統御剎中,計一十九所。各頒錢帛,廣加嚴飾,大陳供養。

帝每齋日,以南天竺佛盔置七寶珍羞,澄湛觀心,廣修供養。

成宗

大德七年膽巴金剛上師歿。師名功嘉葛刺思,此名普喜名聞,又名膽巴,此云微妙。西番突甘斯旦麻人。幼孤,依季父。聞經止啼,知其非凡。遣侍法王上師,試以梵咒,隨誦如流。曰:此子宿積聰惠,異日當與衆生作大饒益。年十二訓以前名,自是經科咒式壇法明方,靡不洞貫,年二十四,講演《大喜樂本續》等文。四衆悦服。上師令巴至西天竺國,參禮古達麻室利習梵典,盡得其傳。……

(卷三十五)

仁宗

正月廿二日改延祐。

弘教佛智三藏法師入寂。公積甯氏,諱沙囉巴觀照。事上師著栗赫,學佛氏法,善吐番文字,頗得祕密之要。世祖皇帝嘗受教於帝師發恩巴,詔師譯語,辭致明辨,允恢聖衷。詔賜大辨廣智法師。……公昆弟四人,公其季也,總丱之歲,依帝師發思巴薙染爲僧,學諸部灌頂之法。時有上士名刺温卜,以焰曇得迦密乘之要,見稱於世。帝師命公往學此法,温卜以公器偉識高,非流輩比,悉以祕要授之。於是王公大人,凡有志兹道者,皆於公師而受焉。帝師迦囉思巴斡即哩,以公之能,薦之世祖。詔譯諸祕要,俾傳於世。……以詔授江浙等處釋教總統。……既而改授福建等處釋教總統。……至大中,以皇太子令召至京師。詔授光禄大夫司徒。仁宗皇帝龍德淵潛之日,嘗問法於公,知公之賢,既踐天位,眷遇益隆。詔給廩既館於慶壽寺。詔公所譯,皆板行之。公幼而穎悟,諸國語言皆不學而能。自爲兒,人皆以爲必成大器,既長,果能樹立,致位三公。雖以德藝,抑亦遭遇於時也。……延祐元年十月五日歿。……遣使驛送其喪,

歸葬故里。門弟子相與建塔以表,其藏壽安山雲麓,洪公作銘:

有謂佛法之傳,必資翻譯。故譯梵爲華,或敵對名物,或唯以義,必博通經論,善兩方之言,始能爲之。是以道安嘗謂翻譯微言有五失本三不易。故非能者不足以有爲也。所以傳列十科翻譯居首者,豈非以其爲之難、功之大乎!予嘗以詔與京邑諸公,校讐藏典,歷觀自古翻譯之家,以義譯經如秦之羅什,譯論唐之奘公十數人之作,所謂禹吾無間然矣!其餘或指義曖昧,或文辭疎拙。夫義之曖昧,蓋譯者之未盡,文或疎拙,潤色之失也。因思安公之言,以謂以彌天之高尚稱不易,今之譯者何其易哉!自季葉以來,譯場久廢,能者蓋寡,豈意人物凋殘之際,乃見公乎?觀其所譯,可謂能者哉。

〔延祐三年〕

《敕建旃檀瑞像殿記》,翰林承旨程鉅夫撰。文曰:蓋聞道非有象,作易者必擬諸形容法本皆空,度世者暫資於色相。謂如指空爲鏡,不若以鏡而喻空,即樹占風,將使識風而忘樹。是以雙林付囑,舍利以凡聖而偏分;千輻經行,足跡亘古今而常在。非炫神通於幻境,實開方便於迷津。所謂自由以會心,即心而即佛者也。旃檀瑞像者,佛之真像也。其猶萬影沉江,如如不異;孤光透隙,一一皆圓。夫豈擇地而容,蓋以隨緣而應。望梅林而止渴,靡不同沾;泛竹葉以言歸,誰堪共載。惟我聖天子道躋先聖,慈等覺皇。祝長樂之春秋,恆依佛地;企如來之歲月,坐閱人天。爰命集賢大學士李術及教禪耆德叙具本末,乃云:釋迦如來,淨飯王太子,生於甲寅四月八日,是爲成周昭王二十四年。既生七日,佛母摩耶夫人往生忉利。至四十二年,太子棄位出家修道,穆王三年癸未,道成。八年辛卯,思報母恩,遂生忉利天爲母説法。優闐王自以久失瞻仰,欲見無從,乃刻旃檀爲像。目犍連慮有缺陋謬,躬以神力,攝三十二匠升忉利天,諦觀相好，三返乃得其真。既成，國王臣民奉之猶真佛焉。及佛自忉利天復至人間，王率臣庶同往迎佛。此像騰步空中，向佛稽首。佛爲摩頂授記曰：我滅度千年之後，汝從震旦，廣利人天。由是西土一千二百八十五年，龜兹六十八年，涼州十四年，長安一十七年，江南一百七十三年，淮南三百六十七年，復至江南二十一年，汴梁一百七十七年，北至燕京，居今聖安寺十二年，北至上京大儲慶寺二十年，南還燕宫内殿居五十四年。大元丁丑歲三月，燕宫火，尚書石抹公迎還聖安寺，居今五十九年。而當世祖皇帝至元十二年乙亥，遣大臣孛羅等，四衆備法駕仗衛音伎奉迎萬壽山仁智殿。丁丑建大聖萬安寺，二十六年己丑，自仁智殿奉迎於寺之後殿。世祖躬臨，大作佛事。計自優闐王造像之歲，至今詔述延祐三年丙辰，凡二千三百有七年。噫！四大海中，頓覺業風之息；一彈指頃，不知賢劫之過。嘉與含靈，從兹安隱。於是集賢大學士臣顥，以所述上聞，有旨授臣鉅夫爲之記。

夫謹奉詔言曰：古之聖人教民報本追遠之道，而於祭祀之禮，廣則木爲之主，祭則孫爲之尸。後也乃有像設焉，而不知其所由始。由斯觀之，其原於西域之俗也。與夫佛爲世出世間之尊，又何竢於贊述。然欲知佛之爲佛，固不在於色相，而況於其似色相者乎？然苟不自其似而求之，又將無所措其歸向之心。是故法身無相，必假相以表真，至道絶言，亦因言階妙。若於粗者猶拳拳而怠焉，則其進也，殆庶幾乎？陛下考百王之度，酌羣言之藴，上以惇孝，下以施仁，蘄於厚天下者，無所不用其極。至於軌仁於善，以輔政教之所不逮，亦因天下之心而爲之，而非若彼内祠祕祝者之爲也。夫以金石之桿堅，猶未能必可久。今以一木之爲，而綿歷若此。然而佛之自衛固甚周，而人之保之也，抑豈一手足之功哉！嗟夫！遡延二千有奇，至於陛下，然後發德音經紀鴻烈非緩也。熙明之治，至是而始隆。雖典祀之外，猶必以斯文文之也。然則化之漸被者廣矣,不其盛與!記洛陽之伽藍,筆多慚於董史;頌西方之無量壽,共祝於堯年。莫測真如,徒欣聖際。謹記。

（卷三十六）

十二、遼史

統和七年春二月

甲寅,回鶻、于闐、師子等國來貢。

（卷十二《聖宗本紀》三）

統和十九年春正月

甲申,回鶻進梵僧名醫。

（卷十四《聖宗本紀》五）

咸雍三年

冬十一月壬辰,夏國遣使進回鶻僧、金佛、《梵覺經》。

（卷二十二《道宗本紀》二）

屬國軍

遼屬國可紀者五十有九,朝貢無常。有事則遣使徵兵,或下詔專征;不從者討之。助軍衆寡,各從其便,無常額。……

吐谷渾。

……

波斯。

大食。

……

師子。

……

高麗。

西夏。

女直。

（卷三十六《兵衛志》下）

北面屬國官

遼制，屬國、屬部官，大者擬王封，小者准部使。命其酋長與契丹人區別而用，恩威兼制，得柔遠之道。考其可知者具如左。

屬國職名總目：

某國大王。

某國于越。

某國左相。

某國右相。

某國惕隱。亦曰司徒。

某國太師。

某國太保。

某國司空。本名闥林。

某國某部節度使司

某國某部節度使。

某國某部節度副使。

某國詳穩司

某國詳穩

某國都監

某國將軍

某國小將軍

大部職名：

並同屬國。

諸部職名：

並同部族。

女直國順化王府。

……

日本國王府。

……

獅子國王府。

大食國王府。

……

烏里國王府。

已上諸國

（卷四十六《百官志》二）

歲時雜儀

二月八日爲悉達太子生辰，[1] 京府及諸州雕木爲像，儀仗百戲導從，循城爲樂。悉達太子者，西域淨梵王子，姓瞿曇氏，名釋迦牟尼。以其覺性，稱之曰“佛”。

① 按校勘記，二月八日爲悉達太子生辰，《考異》：“二月當爲四月。《契丹國志》本作四月八日。”

（卷五十三《禮志》六）

……遼居松漠，最爲强盛。天命有歸，建國改元。號令法度，皆遵漢制。……東西朔南，何啻萬里。視古起百里國而致太平之業者，亦幾矣。故有遼之盛不可不著。作《屬國表》。

……

統和七年　二月

回鶻、于闐、師子等國來貢。

……

統和十九年　正月

回鶻進梵僧名醫。

（卷七十《屬國表》）

西夏

咸雍

三年十一月，遣使進回鶻僧、金佛、《梵覺經》。

（卷百十五《二國外記》）

十三、金史

李純甫字之純，弘州襄陰人。……

然晚年喜佛，力探其奧義。自類其文，凡論性理及關佛老二家者號“内藁”，其餘應物文字爲“外藁”。又解《楞嚴》、《金剛經》、《老子》、《莊子》。又有《中庸集解》、《鳴道集解》，號“中國心學、西方文教”，數十萬言，以故爲名教所貶云。

（卷一百二十六《文藝》下）

十四、宋史

開寶八年秋七月

癸未，西天東印土王子穰結説囉來朝獻。

（卷三《太祖本紀》三）

雍熙二年冬十月

丙午，以天竺僧天息災、施護、法天並爲朝請大夫、試鴻臚少卿。

（卷五《太宗本紀》二）

咸平元年春正月

辛巳,僧你尾尼等自西天來朝,稱七年始達。

（卷六《真宗本紀》一）

熙寧十年

六月壬午,注輦國朝貢。

（卷十五《神宗本紀》二）

天聖元年三月庚辰,涪陵縣相思寺夜有光出阿育王塔之舊址,發之,得金銅像三百二十七。

（卷六十六《五行志》四）

諸國朝貢。其交州、宜州、黎州諸國見辭,並如上儀。惟迓勞宴賚之數,則有殺焉。其授書皆令有司付之。又有西蕃唃氏、西南諸蕃、占城、回鶻、大食、于闐、三佛齊、邛部川蠻及溪峒之屬,或比間數歲入貢。層檀、日本、大理、注輦、蒲甘、龜兹、佛泥、拂菻、真臘、羅殿、渤泥、邈黎、闍婆、甘眉流諸國入貢,或一再,或三四,不常至。注輦、三佛齊使者至,以真珠、龍腦、金蓮花等登陛跪散之,謂之"撒殿"。

（卷一百一十九《禮志》二十二）

隊舞之制,其名各十。小兒隊凡七十二人:一曰柘枝隊,衣五色繡羅寬袍,戴胡帽,繫銀帶;二曰劍器隊,衣五色繡羅襦,裹交脚幞頭,紅羅繡抹額,帶器仗;三曰婆羅門隊,紫羅僧衣,緋掛子,執錫鐶拄仗;四曰醉鬍騰隊……;五曰諢臣萬歲樂隊……;六曰兒童感聖樂隊……;七曰玉兔渾脱隊……;八曰異域朝天隊……;九曰兒童解紅隊……;十曰射鵰回鶻隊……。

（卷一百四十二《樂志》十七）

鄭樵《論梵書》三卷

（卷二〇二《藝文志》一）

《諸蕃進貢令式》十六卷董氈、鬼章一,闍婆一,占城一,層檀一,大食一,勿巡一，注輦一，羅、龍、方、張、石蕃一，于闐、拂箖一，交州一，龜兹、回鶻一，伊州、西州、沙州一，三佛齊一，丹眉流一，大食陀婆離一，俞盧和地一。

沙門辨機《大唐西域記》十二卷

（卷二百四《藝文志》三）

鳩摩羅什譯《金剛般若波羅蜜經》一卷

沙門曇景譯《佛説未曾有因緣經》二卷

玄奘譯《波般若波羅蜜多心經》一卷

般剌密帝彌伽釋迦譯《首楞嚴經》十卷

《佛説一乘究竟佛心戒經》一卷

《佛説三亭廚法經》二卷

《佛説法句經》一卷

《佛垂涅槃略説教戒經》一卷

四經失譯

馬鳴大師《摩訶衍論》五卷

《達摩血脈》一卷

《義淨求法高僧傳》二卷

《迦葉祖裔記》一卷

僧慧可《達摩血脈論》一卷

僧辨機《唐西域志》十二卷

僧義淨《唐一切經音義》一十五卷

《釋迦方志》一卷唐終南大一山僧撰

僧馬鳴《釋摩訶衍論》十卷

僧闍那多迦譯《羅漢頌》一卷

僧菩提達磨《存想法》一卷

又菩提達磨《胎息訣》一卷

《頌證道歌》一卷篇首題正覺禪師撰。

《法顯傳》一卷

佛陁多羅譯《圓覺經》二卷

般剌蜜諦譯《楞嚴經》十卷

僧肇譯《維摩經》十卷

（卷二百五《藝文志》四）

《文殊七曜經》一卷

瞿曇悉達《開元占經》四卷

《都利聿斯經》一卷

《聿斯四門經》一卷

《聿斯歌》一卷

右天文類

《聿斯四門經》一卷

《聿斯經訣》一卷

《聿斯都利經》一卷

《聿斯隱經》三卷

右五行類

（卷二百六《藝文志》五）

關子明注《安脩睦都利聿斯訣》一卷

《聿斯隱經》一卷

《聿斯妙利要旨》一卷

《耆婆脈經》三卷

《耆婆六十四問》一卷

《龍樹眼論》一卷

《耆婆要用方》一卷

波馳波利譯《呑字貼腫方》一卷

《婆羅門僧服仙茅方》一卷

《耆婆五藏論》一卷

（卷二百七《藝文志》六）

西域僧獻佛骨、銅像，昌朝請加賜遣還，毋以所獻示中外。悉行其言。

（卷二百八十五《賈昌朝列傳》）

宋祖受命，諸國削平，海内清謐。於是東若高麗、渤海，雖阻隔遼壤，而航海遠來，不憚跋涉。西若天竺、于闐、回鶻、大食、高昌、龜兹、拂林等國，雖介遼、夏之間，筐篚亦至，屢勤館人。

（卷四百八十五《外國列傳》一）

蒲甘國，崇寧五年，遣使入貢，詔禮秩視注輦。尚書省言："注輦役屬三佛齊，故熙寧中敕書以大背紙，緘以匣襆，今蒲甘乃大國王，不可下視附庸小國。欲如大食、交阯諸國禮，凡制詔並書以白背金花綾紙，貯以間金鍍管籥，用錦絹夾襆緘封以往。"從之。

注輦國東距海五里，西至天竺千五百里，南至羅蘭二千五百里，北至頓田三千里，自古不通中國，水行至廣州約四十一萬一千四百里。

其國有城七重，高七尺，南北十二里，東西七里。每城相去百步，凡四城用塼，二城用土，最中城以木爲之，皆植花果雜木。其第一至第三皆民居，環以小河；第四城四侍郎居之；第五城主之四子居之；第六城爲佛寺，百僧居之；第七城即主之所居，室四百餘區。

所統有三十一部落，其西十二，曰只都尼、施亞盧尼、羅琶離鱉琶移、布林琶布、尼古檀布林蒲登、故里、娑輪岑、本蹄揭蹄，閻黎池離、郍部尼、遮古林、亞里者林；其南八，曰無雅加黎麻藍、眉古黎苦低、舍里尼、密多羅摩、伽藍蒲登、蒙伽林伽藍、琶里琶離遊、亞林池蒙伽藍；其北十二，曰撥囉耶、無没離江、注林、加里蒙伽藍、漆結麻藍、榧折蒙伽藍、皮林伽藍、滀稜和藍、堡琶來、田注離、盧婆囉、迷蒙伽藍。

今國主相傳三世矣。民有罪,即命侍郎一員處治之,輕者縶於木格,笞五十至一百;重者即斬,或以象踐殺之。其宴,則國主與四侍郎膜拜于階,遂共坐作樂歌舞,不飲酒,而食肉。俗衣布。亦有餅餌。掌饌執事用婦人。其嫁娶,先用金銀指環使媒婦至女家,後二日,會男家親族,約以土田、生畜、檳榔酒等,稱其有無爲禮;女家復以金銀指環、越諾布及女所服錦衣遺婿。若男欲離女則不取聘財,女却男則倍償之。

其兵陣,用象居前,小牌次之,梭槍次之,長刀又次之,弓矢在後,四侍郎分領其衆。國東南約二千五百里有悉蘭池國,或相侵伐。

地産真珠、象牙、珊瑚、頗黎、檳榔、豆蔻、吉貝布。獸有山羊、黄牛。禽有山鷄、鸚鵡。果有餘甘、藤羅、千年棗,椰子、甘羅、崐崙梅、婆羅密等。花有白末利、散絲、蛇臍、佛桑、麗秋、青黄碧娑羅、瑶蓮、蟬紫、水蕉之類。五穀有緑豆、黑豆、麥、稻。地宜竹。

自昔未嘗朝貢。大中祥符八年九月,其國主羅茶羅乍遣進奉使侍郎娑里三文、副使蒲恕、判官翁勿,防援官亞勒加等奉表來貢。三文等以盤奉真珠、碧玻璃升殿,布於御坐前,降殿再拜,譯者導其言曰:“願以表遠人慕化之誠。”其國主表曰:

臣羅茶羅乍言,昨遇舸舶船商人到本國告稱:鉅宋之有天下也,二帝開基,聖人繼統,登封太岳,禮祀汾陰,至德升聞,上穹眷命。臣昌期斯遇,吉語幸聞,輒傾就日之誠,仰露朝天之款。

臣伏聞人君之御統也,無遠不臻;臣子之推誠也,有道則服。伏惟皇帝陛下功超邃古,道建大中。衣裳垂而德合乾坤,劍戟鑄而範圍區宇。神武不殺,人文化成。廓明明之德以臨御下民,懷翼翼之心以昭事上帝。至仁不傷於行葦，大信爰及於淵魚。故得天鑒孔彰，帝文有赫，顯今古未聞之事，保家邦大定之基。

竊念臣微類醯鷄，賤如芻狗，世居夷落，地遠華風，虛荷燭幽，曾無執贄。今者竊聽歌頌，普及遐陬。恨年屬於桑榆，阻躬陳於玉帛。矧滄溟之曠絶，在跋涉以稍艱。是敢傾倒赤心，遥瞻丹闕。任土作貢，同螻蟻之慕膻；委質事君，比葵藿之向日。謹遣專使等五十二人，奉土物來貢，凡真珠衫帽各一、真珠二萬一千一百兩、象牙六十株，乳香六十斤。

三文等又獻珠六千六百兩，香藥三千三百斤。

初，羅茶羅乍既聞商船言，且曰十年來海無風濤，古老傳云如此則中國有聖人，故遣三文等入貢。三文離本國，舟行七十七晝夜，歷郍勿丹山、婆里西蘭山至占賓國。又行六十一晝夜，歷伊麻羅里山至古羅國。國有古羅山，因名焉。又行七十一晝夜，歷加八山、占不牢山、舟寶龍山至三佛齊國。又行十八晝夜，度蠻山水口，歷天竺山，至賓頭狼山，望東西王母塚，距舟所將百里。又行二十晝夜，度羊山、九星山至廣州之琵琶洲。離本國凡千一百五十日至廣州焉。詔閤門祇候史祐之館伴，凡宴賜恩例同龜兹使。其年承天節，三文等請於啓聖禪院會僧以祝聖壽。明年使回，降詔羅茶羅乍，賜物甚厚。

天禧四年，又遣使琶欄得麻烈呧奉方物入貢，至廣州病死。守臣以其表聞。詔廣州宴犒從者，厚賜以遣之。

明道二年十月，其王尸離囉茶印俺囉注囉遣使蒲押陁離等以泥金表進真珠衫帽及真珠一百五兩、象牙百株，西染院副使、閤門通事舍人符惟忠假鴻臚少卿押伴。蒲押陁離自言數朝貢，而海風破船不達，願將上等珠就龍牀脚撒殿，頂戴瞻禮，以申嚮慕之心。乃奉銀盤升殿，跪撒珠於御榻下而退。景祐元年二月，以蒲押陁離爲金紫光禄大夫、懷化將軍,還本國。

熙寧十年,國王地華加羅遣使奇囉囉、副使南卑琶打、判官麻圖華羅等二十七人來獻豌豆珠、麻珠、瑠璃大洗盤、白梅花腦、錦花、犀牙、乳香、瓶香、薔薇水、金蓮花、木香、阿魏、鵬砂、丁香。使副以真珠、龍腦登陛,跪而散之,謂之撒殿。既降,詔遣御藥宣勞之,以爲懷化將軍、保順郎將,各賜衣服器幣有差;答賜其王錢八萬一千八百緡、銀五萬二千兩。

(卷四百八十九《外國列傳》五)

天竺國舊名身毒,亦曰摩伽陀,復曰婆羅門。俗宗浮圖道,不飲酒食肉。漢武帝遣使十餘輩間出西南,指求身毒,爲昆明所閉,莫能通。至漢明帝夢金人,於是遣使天竺問佛道法,由是其教傳於中國。梁武帝、後魏宣武時,皆來貢獻。隋煬帝志通西域,諸國多有至者,唯天竺不通。唐貞觀以後,朝貢相繼。則天天授中,五天竺王並來朝獻。乾元末,河隴陷没,遂不復至。周廣順三年,西天竺僧薩滿多等十六族來貢名馬。

乾德三年,滄州僧道圓自西域還,得佛舍利一水晶器、貝葉梵經四十夾來獻。道圓晉天福中詣西域,在塗十二年,住五印度凡六年,五印度即天竺也;還經于闐,與其使偕至。太祖召問所歷風俗山川道里,一一能記。四年,僧行勤等一百五十七人詣闕上言,願至西域求佛書,許之。以其所歷甘、伊、肅等州,焉耆龜兹、于闐、割禄等國,又歷布路沙,加濕彌羅等國,並詔諭其國令人引導之。開寶後,天竺僧持梵夾來獻者不絶。八年冬,東印度王子穰結説囉來朝貢。

天竺之法,國王死,太子襲位,餘子皆出家爲僧,不復居本國。有曼殊室利者,乃其王子也,隨中國僧至焉,太祖令館於相國寺,善持律,爲都人之所傾嚮,財施盈室。衆僧頗嫉之,以其不解唐言,即僞爲奏求還本國,許之。詔既下,曼殊室利始大驚恨,衆僧諭以詔旨,不得已遲留數月而後去。自言詣南海附賈人船而歸,終不知所適。

太平興國七年,益州僧光遠至自天竺,以其王没徙曩表來上。上令天竺僧施護譯云:"近聞支那國内有大明王,至聖至明,威力自在。每慙薄幸,朝謁無由,遥望支那起居聖躬萬福。光遠來,蒙賜金剛吉祥無畏坐釋迦聖像袈裟一事,已披掛供養。伏願支那皇帝福慧圓滿,壽命延長,常爲引導一切有情生死海中,渡諸沉溺。今以釋迦舍利附光遠上進。"又譯其國僧統表,詞意亦與没徙曩同。

施護者,烏填曩國人。其國屬北印度,西行十二日至乾陀羅國,又西行二十日至曩誐囉賀囉國,又西行十日至嵐婆國,又西行十二日至誐惹曩國,又西行至波斯國,得西海。自北印度行百二十日至中印度。中印度西行三程至阿囉尾國,又西行十二日至末曩囉國,又西行十二日至鉢賴野迦國,又西行六十日至迦囉拏俱惹國,又西行二十日至摩囉尾國,又西行二十日至烏然泥國,又西行二十五日至囉囉國,又西行四十日至蘇囉茶國,又西行十一日至西海。自中印度行六月程至南印度,又西行九十日至供迦拏國,又西行一月至海。自南印度南行六月程得南海。皆施護之所述云。

八年,僧法遇自天竺取經回,至三佛齊,遇天竺僧彌摩羅失黎語不多令,附表願至中國譯經,上優詔召之。法遇後募緣製龍寶蓋袈裟,將復往天竺,表乞給所經諸國敕書,遂賜三佛齊國王遐至葛、古羅國主司馬佶芒、柯蘭國主讚怛羅、西天王子謨馱仙書以遣之。

雍熙中,衛州僧辭澣自西域還,與胡僧密坦羅奉北印度王及金剛坐王那爛陀書來。又有婆羅門僧永世與波斯外道阿里烟同至京師。永世自云:本國名利得,國王姓牙羅五得,名阿喏你縛，衣黄衣，戴金冠，以七寶爲飾，出乘象或肩輿，以音樂螺鈸前導，多遊佛寺，博施貧乏。其妃曰摩訶你，衣大紬縷金紅衣，歲一出，多所振施。人有寃抑，候王及妃出遊，即迎隨伸訴。署國相四人，庶務並委裁制。五穀、六畜、果實與中國無異。市易用銅錢，有文漫圓徑，如中國之制，但實其中心，不穿貫耳。其國東行經六月至大食國，又二月至西州，又三月至夏州。阿里烟自云：本國王號黑衣，姓張，名哩没，用錦綵爲衣，每遊獵，三二日一還國。署大臣九人治國事。無錢貨，以雜物貿易。其國東行經六月至婆羅門。

至道二年八月，有天竺僧隨舶至海岸，持帝鐘、鈴杵、銅鈴各一，佛像一軀，貝葉梵書一夾，與之語，不能曉。

天聖二年九月，西印度僧愛賢、智信護等來獻梵經，各賜紫方袍、束帛。五年二月，僧法吉祥等五人以梵書來獻，賜紫方袍。景祐三年五月，僧善稱等九人貢梵經、佛骨及銅牙菩薩像，賜以束帛。

（卷四百九十《外國列傳》六）

乾德四年，知西涼府折逋葛支上言："有回鶻二百餘人、漢僧六十餘人自朔方路來，爲部落劫略。僧云欲往天竺取經，並送達甘州訖。"詔褒答之。

（卷四百九十二《外國列傳》八）

十五、島夷誌略[①]

① 本篇輯自中華書局1981年蘇繼廎的校釋本。蘇本中的校勘和注釋以及姚楠先生的按語一併摘録。該書用《四庫全書》之文津閣本（校勘中所謂原本即指此本）爲底本，同時以龍氏《知服齋叢書》刊本（即李文田校本）、彭氏知聖道齋與丁氏竹書堂二種抄本之過録本爲比

勘。對其歧異,擇善而從,不唯《四庫》是據。該書注釋採各家之説,抒自己之見。對我國沈曾植、日本藤田豐八、美國柔克義、法國伯希和等學者的見解均作詳細介紹,堪稱珍貴。

針路①

自馬軍山②水路③,由麻來墳④至此地,則山多鹵股⑤,田下等(一),少耕植。民種薯及胡蘆⑥、西瓜⑦,兼採海螺、蛶蛤、蝦食之。内坪⑧下小溪,有魚蟹極美。民間臨溪每一舉網,輒食數日而有餘。氣候差熱。俗惡。男女以紅綿布❶纏頭,皂縵繫身。

民煮海爲鹽,織竹絲布⑨爲業。有酋長。地産芎蕉⑩。貝八子通暹准錢使用。貿易之貨,用銅條、鐵鼎、銅珠(二)、五色焇珠、大小埕、花布、鼓、青布之屬。

校勘:

(一)田下等　丁本同,彭本、龍本作"下下等"。

(二)銅珠　丁本、彭本、龍本同,藤田云,此二字疑有譌誤。案:本書三島條亦有"銅珠",此二字或非誤。

❶紅綿布　"綿",龍本、藤田校注本均作"棉"。

注釋:

① 針路　藤田云,本書稱針路産貝八子通暹使用,貝八子本西以溜山(馬爾代夫羣島)及拉克代夫羣島(Laccadive Is.),東以蘇禄(Sulu)所産爲多,而針路又有織竹布業,疑其或是蘇禄之一島。然此書復舉有麻來墳之名,與印度半島西岸之Malabar音極相近,故又疑爲溜山之一島。案:就此書馬軍山與麻來墳二地名而言,針路殆在今馬來半島北部西岸之丹老(Mergui或Mergee),蓋馬軍山指巴占(Pakchan),馬軍山水道指巴占河(Klong Pakchan)。馬軍殆巴占之轉音。《武備志·航海圖》有北暹,疑其亦指馬軍山,惟其所繪地點,未免過於偏

北。麻來墳爲 Maliwun(又作 Malebun)之對音,在巴占河下游西岸。汪大淵可能曾由半島東岸之戎(Chumphorn,春蓬)向西陸行至馬軍山(巴占河港),又由馬軍山乘船循馬軍山水道(巴占河)而下以至麻來墳,並在其地换船以入榜葛剌海,然後北航以至針路,即今丹老。丹老一名,孟語、泰語作 Marit,速龍語作 Mlit,緬語作 Baik,馬來語作 Kuala Marik 與 Kuala Parit,無一與針路或丹老之名相近者。惟此港所在區城,自泰族勢盛以來,遂爲 Tanau 之一部。此區域孟語名 Naukasi,疑爲其最古之名,暹語作 Tanaos,《四夷館考》暹羅條之倒腦細爲對音,馬來語作 Tanah Sari,《武備志·航海圖》之答那思里爲其對音,緬語作 Ta-nen-tha。今西圖之 Tenasserim,有丹那沙令等譯名,皆爲其馬來名轉音。本書之針路,華僑稱爲丹老,當由 Tanau 而得音。蓋"針"字,廈門音 tim,而 tim 與 Ta 爲一音之轉。《嶺外代答》與《諸蕃志》二書真臘條之窊裹,則當爲此港 Marit 之轉音。蓋"窊"讀 wa,而 w、m 音可通轉,其西文名 mergui 爲最通行之寫法。《海録》烏土條之美麗居當爲此港西文名之對音。

由丹老溯河而上,行四十英里,以至丹那沙令,皆通航行,其河名與此城名同。自此向東繼續前進,應改用小艇,又行約四十英里至扎餧伽(Jalinga),乃捨舟登陸,行十餘英里至一山陘,踰此又行十五英里則至半島東岸之巴蜀(Prachuab)。參看本書羅斛條忽南圭注。

② 馬軍山　今譯巴占村,其南附近有村名克拉(Kra),自巴占河上溯至此陸行約二十英里則至暹羅灣西岸之春蓬,殆横斷馬來半島之最短路線,藤田在戎條注中已爲指出。

③ 馬軍山水路　今譯巴占河,其下游河面頗廣闊,約達二英里,水勢亦深,可容巨舶行駛。自河口上至十英里處,則河面縮小,與尋常河流有不同者也。

④ 麻來墳　《諸蕃志》真臘條有麻羅問,即本書麻來墳,已見上文。此名宋元載籍皆有其名,然元以後遂寂然無聞。大概其地因遭泰緬戰事,遂人煙乏絶,冷落甚久也。

⑤ 鹵股　詳麻里魯條“鹵股石”注。

⑥ 胡蘆　此瓜爲瓠(Lagenaria)之一種,又有壺盧、蒲蘆等異寫。《唐本草》、《證類本草》皆未著於録,常作短柄大腹。其成熟者,乾之可爲盛具,與尋常之瓠同。梵名 Valavou,疑壺蘆等名,皆其對音,新舊大陸皆有野生種。

⑦ 西瓜　西瓜(Citrallus vulgaris)非洲赤道南北熱帶地方原産。據約勒(Joret)考證,印度之有此瓜,殆自波斯傳入。(Plantes dan l'antiquité, Ⅱ p. 252)然波斯人卻名之曰 hindewāne,猶言印度瓜也,命名之不足恃有如此者。此瓜並無古梵名,具見印度之有此瓜時代頗晚。我國人記此瓜以唐杜環爲最早。杜環於天寶十年(公元 751 年)隨高仙芝西征,在怛羅斯(Taraz)爲大食所俘,流寓西亞十年,至寶應元年(公元 762 年)東歸,撰有《經行記》一卷。原書久佚,惟《通典》録有其殘文。其記末禄國云:“瓜之大者名尋支,十餘人食一顆輒足。”末禄國爲 Muru 之對音,《後漢書·安息傳》作木鹿,《新唐書·大食傳》同。《西使記》作馬蘭城,《元史》作麻里兀。惟“末禄”一名,他本有作“朱禄”者。而尋支一名,當爲 hinde wāne 之省譯,阿拉伯語作 battich 與 batteca,馬來語作 mendelikai 等。胡嶠《陷虜記》則有西瓜之名,云:“至上京東二程之平川,多草木,始食西瓜。云契丹破回紇,得此種,以牛糞覆棚而種,大如中國冬瓜。”(《新五代史》卷七三引)此爲西瓜一名見於著録之始。其時今河西爲回紇地,上京在今遼河上源潢河北岸。其後洪皓於建炎三年(公元 1129 年)使金,居其地十五年,至紹興十二年(公元 1142 年)遣歸,撰《松漠紀聞》。宋之有西瓜,殆傳自洪皓,然猶以大江南北爲限,而嶺表一帶,則至元初始有之。《大德南海志》卷七物産條云:“西瓜自至元歸附後,方有此種。”《草木子》有元世祖在西域得西瓜種之語,是以我國之種西瓜乃始於元代,大誤。西瓜收入《本草》,以元吳瑞《日用本草》爲最早。

⑧ 内坪　今丹老南約十二三英里之處,有村名 Nyaungbi,疑即此條之内坪。

⑨ 竹絲布　本書麻里魯條有竹布，真臘條有絲布，參看此二條有關注文。惟針路一帶所織竹布，當爲尋常芭蕉纖維所織，與吕宋羣島所用特種芭蕉所織者有别。

⑩ 芎蕉　芭蕉之異名。丹老附近有島，盛産芭蕉，因有芎蕉島之名。其孟語作 Takó Prāt，與馬來名 Pulau Pisang 義同。或以爲即今泰語名 Koh Kalegyun 者是也。

明家羅(一)①

故臨國②之西山而三島③：中島桑香佛④所居，珍寶盈前(二)，人莫能取；一島虎豹蛇虺縱横，人莫敢入；一島土中紅石，掘而取之(三)，其色紅活，名鴉鶻⑤也。舶人興販，往往金銀與之貿易。

土瘠宜種粟，氣候大熱。俗朴。男女衣青單被⑥。民煮海爲鹽。有酋長。惟(四)産紅石之外，别物不見。

校勘：

(一)明家羅　丁本同，彭本、龍本"明"作"朋"。

(二)珍寶盈前　丁本同，彭本、龍本"盈"作"而"。

(三)掘而取之　丁本同，彭本、龍本"掘"作"握"。

(四)有酋長惟　原作"柱主長推"，丁本同，彭本、龍本作"有酋長惟"，"惟"字屬下讀，今依改。然"柱主"不知何解。

注釋：

① 明家羅　本書明家羅，柔克義以爲指馬拉巴爾海岸（Malabar）之 Bacanor，阿拉伯旅行家作 Fakuur。藤田則視其在錫蘭西岸黑水江附近之 Piagalla，並引《諸蕃志》南毗條之淡水江爲證。案：柔克義之 Bacanor，《大德南海志》卷七作迫加魯，其地在馬拉巴爾海岸芒格洛爾（Mangalore）北附近，不僅境内不出寶石，且亦非寶石市場，故不可以本書之明家羅當之。藤田則以明家羅指斯里蘭卡西岸黑水

江附近之 Piagalla,並視《諸蕃志》南毗條之淡水江即斯里蘭卡之黑水江,所考皆至可取。明家羅一名唯見本書,《武備志·航海圖》未繪其名,其地當在今 Maggona。〔楠案:藤田云, Piagalla 在加勒(Galle)至科倫坡(Colombo)途中距卡盧塔拉(Caltura, Kalutara)約四英里之處。〕

② 故臨國 《嶺外代答》與《諸蕃志》皆有故臨國,其地在馬拉巴爾海岸南部之 Kollam,即西圖之 Quilon,(今譯奎隆),本書作小唄喃,明代載籍作小葛蘭者是也。然本書小唄喃既指 Kollam,則此條故臨國當另有所指。藤田疑此條故臨指今加勒(Galle),然本書大佛山條亦有迓里,似未可視爲同名異譯。查錫蘭(今斯里蘭卡)自 1319 年至 1347 年以後數年,其合法君主皆以庫魯内加拉(Kurunegala)爲都城。當汪大淵西遊時,此國都城仍在庫魯内加拉,本書之故臨國殆指此都城,與宋代載籍所言南印度之故臨國非同地也。

③ 三島 本書三島條之三島係指吕宋島三貿易港而言。明加羅條之三島,則指島中三高峰而言。汪大淵所叙,蓋據當地傳聞入録,自不免有神話成分。按今斯里蘭卡(即錫蘭)島上高峰有四,其海拔均在七千英尺以上。最高者爲皮杜魯塔拉加拉山(Pedro tallagalla),海拔八千二百九十五英尺。然古代人稱最高峰爲距海岸較近之娑摩那羅峰(Sammanalla),即西人所謂亞當峰(Adam's Peak)者是也。本書大佛山條之大佛山即指此峰。《諸蕃志》藍無里條言細蘭"有山名細輪疊(Sirandib)。"又云:"頂有巨人跡,長七尺餘。"《瀛涯勝覽》云:"山頂人脚跡一箇,入石深二尺,長八尺餘,云是人祖阿聃聖人即盤古之足跡也。"馬歡所記,蓋本伊斯蘭教徒傳説,婆羅門教徒則以爲濕婆神之足跡,佛教徒則以爲佛之足跡。我國史籍記載此足跡亦甚早,皆視爲佛之足跡。〔楠案:穆斯林稱之爲阿聃峰,今圖均作亞當峰,"亞當"爲"阿聃"之異譯。〕如晉支僧載《外國事》(《太平御覽》卷七九七引)中已有記述。

④ 桑香佛 馬來語對神所用一種敬辭,曰 Sang Yiang,疑"桑香"即此二字譯音,詳本書真臘條"桑香佛"注。惟與娑摩那羅峰頂有關之

桑香佛究指何神，則因信徒所奉之宗教而異。

⑤ 鴉鶻　此名又見《星槎勝覽》、《輟耕録》作“亞姑”，《瀛涯勝覽》、《西洋朝貢典録》作“雅姑”，皆爲阿拉伯名 yaqût 之對音，義爲寶石。本書言“鴉鶻色紅活”，殆《輟耕録》之“紅亞姑”，今名紅寶石。

⑥ 青單被　單被疑爲阿拉伯語 tabi 之對音，指一種絲織物，由其最初產地 Attabi 而得名，與本書占城條之“打布”非一物。

僧加剌①

疊山環翠，洋海横絲(一)。其山之腰，有佛殿巋然，則釋迦佛肉身所在，民從而像之，迨今以香燭事之若存。海濱有石如蓮臺，上有佛足跡，長二尺有四寸，闊七寸，深五寸許。跡中海水入其内，不鹹而淡，味甘如醴(二)，病者飲之則愈，老者飲之可以延年。

土人長七尺餘，面紫身黑，眼巨而長，手足温潤而壯健，聿然佛家種子(三)，壽多至百有餘歲者。佛初憐彼方之人貧而爲盜，故以善化其民，復以甘露②水洒其地。產紅石。土人掘之，以左手取者爲貨(四)，右手尋者設佛後(五)，得以濟貿易之貨(六)，皆令温飽而善良。其佛前(七)❶有一鉢盂③，非玉非銅非鐵，色紫而潤，敲之有玻璃聲，故國初(八)凡三遣使以取之(九)。至是則舉浮屠之教以語人，故未能免於儒者之議(一〇)。然觀其土人之梵相，風俗之敦厚，詎可弗信也夫！

校勘：

(一)洋海横絲　丁本、彭本同，龍本“絲”作“繫”。

(二)不鹹而淡味甘如醴　丁本同，彭本、龍本作“不鹹而味淡，甘如醴”。

(三)聿然佛家種子　“聿”原作“穴”，丁本同，彭本、龍本作“聿”，今依改。

(四)以左手取者爲貨　“貨”原作“上”，丁本同，彭本、龍本作“貨”，今依改。

（五）右手尋者設佛後　“右手”原作“其有”，丁本同，彭本、龍本作“右手”，今依改。

（六）得以濟貿易之貨　“得”下原有“此”字，丁本同，彭本、龍本無之，今依刪。“濟”，彭本作“滿”。

（七）其佛前　丁本同，彭本、龍本“佛”字下有“案”字。

（八）國初　原作“國朝初”，丁本、彭本、龍本皆無“朝”字，今依刪。

（九）凡三遣使以取之　丁本無“凡”字，彭本、龍本作“凡三遣使取其至。”

（一〇）免於儒者之議　“議”原作“儀”，彭本同，丁本、龍本作“議”，今依改。

❶ 其佛前　龍本、藤田校注本均無“其”字。

注釋：

① 僧加剌　即錫蘭島，今稱斯里蘭卡，梵名原爲 Siṃhaladvipa，本書稱僧加剌，爲由梵名而得音。然所指實爲島上一地方。沈曾植以其有佛跡，疑指亞當峰（Adam's Peak）。藤田則據腓力卜思所考（J.C.B.R.A.S.XX, p. 222），以其指錫蘭島最南端之棟德拉岬（Dondra Head）。案：此島上石刻佛足跡有數處，亞當峰佛跡則在頂峰，與汪大淵所言者無關。佛跡既在海邊盤石上，則當以腓氏所考在棟德拉岬爲是。《武備志·航海圖》於錫蘭島南北岸皆各繪有“佛堂”地名，其在北岸者既不當主要航道，位置亦不及南岸棟德拉岬重要。《瀛涯勝覽》之佛堂山、《順風相送》針經之大佛堂，皆指棟德拉岬之佛教寺院。棟德拉，僧伽羅語作 Devi-neuera 與 Duwuńdera，梵語作 Devanagara，皆義爲“神城”。伊本拔都他於 1344 年曾遊覽其地，名曰 Dīna-war，云：“城尚廣大，海濱附近有巨刹一所，其偶像名與城名同。其城所有税收，皆爲此偶像之財產。”（Voyages, IV, p. 184）所言巨刹，即此佛堂，偶像即釋迦佛像也。此佛堂建於何時，已無可考。至 1587 年則爲葡萄牙人所燬，遺跡已蕩然無存。〔楠案：棟德拉位

於斯里蘭卡島最南端,今僅存一漁村,原有古佛寺,遺跡尚存。附近有大燈塔,建于1889年。〕

柔克義以爲當汪大淵時代斯里蘭卡島之梵文名已不流行,似視汪氏猶使用其梵文對音之僧加剌爲可異。其實《元史·亦黑迷失傳》之僧迦剌,與馬八兒諸國傳之僧加那,皆爲其梵名之對音。《元史·世祖紀》一四之信合納帖音亦然。柔克義所云,蓋失查檢也。

② 甘露　梵語名阿密哩多(amrita),印度人視其爲諸天不死之藥,食者命長身安,力大體充。惟此條甘露二字,殆指佛之庇庥羣黎。《維摩詰經》卷一云:"法寶普照,而雨甘露",即此義也。

③ 鉢盂　本書於錫蘭佛鉢云:"國初凡三遣使以取之,"與《元史》所載相合。《元史·亦黑迷失傳》云:"至元九年(公元1272年)奉世祖命使海外八羅孛國(Malabar)。十二年(1275年)再使其國。二十一年(1284年)使海外僧迦剌國,觀佛鉢舍利。二十四年(1287年),使馬八兒國(Maabar),取佛鉢舍利,浮海阻風,行一年乃止。"是亦黑迷失四次西航,兩次與取錫蘭之佛鉢有關。《馬可波羅行紀》則云:"值大汗聞伊斯蘭教徒云,此山中(錫蘭島)有阿聃墓,而其所遺牙髮與供食之鉢尚存。於是甚欲得之。遂以1284年遣使至錫蘭爲致此意。使臣率隨從多人遵陸循海,卒達錫蘭。經彼等在國王處之努力,竟如其所望。獲堅大臼齒二枚,並髮與鉢。鉢爲極美麗緑雲斑石琢成。使臣攜歸諸物復命,將行至大汗駐蹕之汗八里,乃先遣人向大汗奏聞。大汗遂命所有人民,不問在教會與否,皆前往迎接。蓋彼等深信此次將來諸遺物,碻爲阿聃所有。於是汗八里人民乃傾城出迎,而以諸遺物置於大汗之前。大汗歡喜無量,舉行盛宴,隆重接受。相傳此鉢有靈異,置一人糧於其中,足供五人食。大汗曾面試之,果非妄云。"(Ricci, Marco Polo, pp. 322—323)案:馬可波羅所記當聞之伊斯蘭教徒,故易釋迦爲阿聃。惟《元史》止言亦黑迷失於至元二十一年往錫蘭,曾觀佛鉢,而未言其獲有佛鉢,疑是役亦黑迷失或有某種所謂遺物攜來,故大汗爲之舉行盛大歡迎。佛鉢梵語作 pâtra,《釋氏要覽·道具篇》"鉢"字條云:"呼鉢盂,華梵兼名也。"舍利梵語作

Śarīra,《翻譯名義集》卷五云:“此云骨身,又云靈骨,即所謂遺骨分。”

佛鉢爲佛所遺聖物。斯里蘭卡佛鉢相傳爲阿育王(Asoka)所贈,今在康提城(Kandy)摩醯格華寺(Maligawa)〔楠案:一稱佛牙寺。〕中與著名之佛牙一同供養。據法顯《佛國記》、玄奘《大唐西域記》等書載,佛鉢在他地亦有之,並非錫蘭所獨有。然在斯里蘭卡,佛鉢亦非指一具。據記載,佛牙、佛鉢乃其兩件鎮國寶,故常以其置於國都佛寺中供養。佛堂山從未成爲此國都城,故汪大淵所見者,必非此國鎮國寶之一。自十四世紀至十六世紀,斯里蘭卡屢遷其都,因此二聖物之供養亦隨之而移。

特番里①

國居西南角,名爲小食(一)。官場深邃,前有石崖當關以守之,後有石洞周匝以居之。厥土塗泥,厥田沃饒臨溪,溪又通海(二)。海口有閘,春月則放水灌田耕種。時雨降則閉閘,或歲旱則開焉。民無水旱之憂,長有豐稔之慶,故號爲樂土。氣候應節。俗淳,男女椎髻(三),繫青布。

煮海爲鹽,釀茬葉(四)② 爲酒,燒羊羔爲食。地産好黄蠟(五),綿羊高四尺許。波羅③ 大如斗,甜瓜④ 三四尺圍,貿易之貨(六),用麻逸布、五色紬緞、錦緞(七)、銅鼎、紅油布之屬。

校勘:

(一)名爲小食　彭本、龍本同,丁本無“爲”字。

(二)溪又通海　“又”原作“文”,丁本作“水”,彭本、龍本作“又”,今依龍本、彭本。

(三)椎髻　“椎”原作“推”,丁本、彭本、龍本皆作“椎”,今依改。

(四)茬葉　“茬”原作“老”,丁本同,彭本、龍本作“茬”,今依改。

(五)好黄蠟　丁本同,彭本、龍本無“好”字。

(六)貿易之貨　“貿”上原有“其”字,丁本同,彭本、龍本無之,今依删。

（七）紬緞錦緞　兩“緞”字皆原作“假”，丁本、彭本、龍本皆作“緞”，今依改。

注釋：

① 特番里　沈曾植以爲在馬拉巴爾海岸之特拉凡哥爾（Travancore）。〔楠案：特拉凡哥爾原爲印度的一個行政區，約當今喀拉拉邦之南部。〕藤田則以爲指埃及尼羅河東支口塞得港以西之達米埃塔（Dimiath，Damietta），當十二世紀時，此港較亞歷山大港更爲重要，並云此大溪指尼羅河。《宋史·馬亮傳》之陀婆離，《嶺外代答》木蘭皮國條之陀盤地，皆謂特番里港。柔克義則以其又名小食，疑爲蘇門答臘島上之國，惟未言其爲同名之對音。案：此三説均欠當。沈氏所言之地，在今印度喀拉拉邦（Kerala）南部，蓋一枕山面海之地，並無所謂大溪及以閘儲水灌田之舉。藤田所言之地，則爲埃及古港之一，惟尼羅河情況與本書所言者迥異，蓋埃及爲一幾乎終年無雨區域，無時雨可沾潤，靠尼羅河上游高地積雪融化爲其水源。再特番里産波羅，此果唯印度及南海一帶有之，埃及則無，故特番里殊未可視爲埃及地名。至於《嶺外代答》之陀盤地，固得視爲 Dimiath 之對音，然而《宋史·馬亮傳》之陀婆里則當指波斯，爲 Tabriz 之對音，並爲此城名見於我國著録之最早者。柔克義以其在蘇門答臘，無非因伊斯蘭中心在大食，而小食當在蘇門答臘島上，蓋此地亦奉伊斯蘭教。此亦無實際根據也。案：特番里一地，管見以爲印度半島南端微偏西之第路納弗里區域〔楠案：Tinnevelly district，在今印度泰米爾納德（Tamilnadu）南部〕之主要河流，名 Tambraparni，義爲銅葉。本書之特番里即指此區域。古時此區域有居民遷入斯里蘭卡者，因此斯里蘭卡島又有銅葉島（Tambraparnidvipa）之名。本書之大溪，殆指銅葉河，河之沿岸有大城二，一爲第路納弗里，在南岸一英里半之處。一爲帕蘭科塔（Palamcotta）在河之北岸。二城相距約三英里半。境内有著名堡壘二處：一名 Choççaniputty，一名 panjalamkurichi，皆於1782年被燬。疑小食乃Choççaniputty之省音，亦當爲其官場所在。〔楠案：坦布拉普尼河（Tambraparni R.）發源於西加茨山脈（Western

Ghats),流經安巴薩穆德蘭(Ambasamudram)、第路納弗里、帕蘭科塔、斯里瓦伊孔坦(Srivaikuntam)等地,注入馬納爾灣,自十五世紀以來,灌溉兩岸大片土地。]

② 茶葉　本書有茶葉之名數見,惟其所指並非一物。其見於東西竺條與花面條者,殆爲扶留藤俗稱(本書蒲奔條作浮留藤)。其見於此條者,殆指加蒙樹(Arenga saccharifella)花梗液汁所釀成之酒,此液汁又可用於釀糖。"加蒙"爲馬來語 kabong 之對音。阿拉伯語 ruhîq,疑爲茶葉之對音,義爲酒。加蒙樹乃其常見之棕櫚樹,其酒與糖亦多取給於加蒙樹。加蒙樹爲印度所産砂糖來源之一,因此有椰糖樹之名。

③ 波羅　本書大八丹條作波羅蜜,古里佛條作婆羅蜜,《梁書·扶南傳》有婆羅樹,殆爲此樹見於我國載籍之最早者。《隋書·真臘傳》作婆那娑,《北户録》作頻那娑,皆指 Artocarpus integrifolia,爲其梵名 panāsa 之對音,馬來名 nangka,《本草綱目》卷三一之囊結伽似爲其對音,惟李時珍以其爲越南語,則疑有誤。《酉陽雜俎》前集卷一八云:"婆那娑樹出波斯國,亦出拂林,呼爲阿蔀嚲,樹長五六丈,皮色青緑,葉極光淨,冬夏不凋,無花結實。其實從樹莖出,大如冬瓜,有殼裹之。殼上有刺,瓤甘甜可食,核大如棗,一實有數百枚。核中仁如栗黄,炒食之甚美。"然此樹不産於西亞波斯拂林,段氏此言有誤。

④ 甜瓜　一名甘瓜,亞、非、美三洲皆有野生種。惟其栽培以見於何地爲早,似值注意。現據載籍,最早應推我國。甘瓜一名,最早見《本草經》,撰述時代不詳,然當爲漢時人所輯,云"水芝者,白瓜,甘瓜也。"魏文帝與吳質書,有"沉甘瓜於清泉"句,甜瓜則《名醫別録》言"瓜蔕",即"甜瓜蔕"也。惟我國古代於此瓜名,皆止用一"瓜"字,故亦不能確定甜瓜於我國始種於何時。印度梵語中並無此瓜之名。

班達里[①]

地與鬼屈、波思[②]國爲鄰,山峙而石盤,田瘠穀少。氣候微熱,淫雨間作。俗怪,屋旁每有鬼夜啼,如人聲(一)相續,至五更而啼止(二)。次日酋長必遣人乘騎鳴鑼以逐之,卒不見其蹤影也。厥後立廟宇於盤石之上以祭焉(三)③,否則人畜有疾,國必有災。

男女丫髻(四),繫巫崙布,不事針鏤紡績。煮海爲鹽。地産甸子④、鴉忽石(五)⑤、兜羅綿⑥、木綿花❶、青蒙石⑦。貿易之貨,用諸色緞(六)、青白瓷❷、鐵器、五色燒珠之屬。

校勘:

(一)夜啼如人聲　丁本同,彭本、龍本“聲”作“身”。

(二)至五更而啼止　“止”原作“至”,丁本、彭本、龍本皆作“止”,今依改。

(三)立廟宇於盤石之上以祭焉　丁本無“宇”字,彭本、龍本作“立廟守宇于盤石之上以立焉。”

(四)男女丫髻　丁本同,彭本、龍本“丫”作“椎”。

(五)鴉忽石　“鴉”原作“鴨”,彭本同,丁本、龍本作“鴉”。案:明家羅條作“鴉忽”,今依丁本、龍本改。

(六)諸色緞　“緞”原作“段”,丁本、彭本、龍本皆作“緞”,今依改。

❶ 木綿花　“綿”,龍本、藤田校注本均作“棉”。

❷ 青白瓷　“瓷”,龍本、藤田校注本均作“磁”。

注釋:

① 班達里　沈曾植以爲即科羅曼德爾海岸之本地治理(Pondicherry),藤田以其地産甸子,而甸子多來自波斯,故班達里可視爲波斯地方,然其風物又與波斯毫不相似,不知究指何地。荻原弘治則以班達里爲蘇門答臘島北岸 Pedir 之對音,黄衷《海語》作陂隄里,而與此國爲鄰之鬼屈波思,則可還原爲 Kokoh Pasei。(《黄衷〈海語〉之滿剌加國》,載《鹿兒島大學特刊》,1954 年)柔克義則云似指 Fanderaina,本書須文那條之班支尼那似爲其異譯。伯希和與考狄(Henri Cordier)亦以班達里即 Fanderaina。考狄云:“《元史·食

貨志》市舶條，舉有馬八兒、唄南、梵答剌亦納三番國名。馬八兒指 Maabar，唄喃之‘唄’應作‘唄’，指 Coilam，梵答剌亦納則爲伊本拔都他所稱之 Fandarai。此係伯希和告余者。彼又認爲十四世紀中葉《島夷誌略》所示班達里一名，殆亦其地。”（Ser Marco Polo, III, Notes and Addenda, p. 20）案：沈氏所舉之本地治理，固爲一古港，然已式微甚久，故班達里是否可位其地，殊爲可疑。藤田則未能確指，可不論列。荻原以班達里即陂隄里，然陂隄里本書已攷爲花面國所在，自未可更以班達里位於其地。如以鬼屈波思在急水灣東之八昔河上，而其西之 Samarlanga 即蘇門答剌國港口，則鬼屈波思與陂隄里間至少有蘇門答剌國相隔，而非爲鄰也。故班達里未可當於陂隄里，而鬼屈波思亦未可當於八昔，似甚顯然。柔克義、伯希和、考狄皆以班達里即梵答剌亦納，殆不可易。惟班達里之“里”字，柔克義以爲應作“剌”，其實方音 n 音於 l 音是可互轉，故 na 音亦可轉爲 la。至於鬼屈波思之名，柔克義等所以未能還原者，大概視此四字爲一地名，其實應作二地名，詳下注。班達里本地名作 pandarani，阿拉伯語無 p 音，故代以 f 音，讀作 Fandarāina。其地在卡利卡特（Calicut）北約十六英里之處，中世紀時爲馬拉巴爾海岸大港之一，其後逐漸衰敗，終至無聞。柔克義所言之班支尼那在何地，詳本書須文那條班支尼那注。

② 鬼屈波思　此爲二地，鬼屈爲一國，而波思又爲一國也。鬼屈爲 Kottakkal 之省譯，在今巴達加拉（Badagara）南約三英里之處，波思則得視爲 Mayyazhi 之譌轉，在今特利切里（Tellicherri）南四英里弱之處。此二國皆班達里之北，m 音與 b 音或 p 音，其方音本可互轉，故 Mayyazhi 一名自可讀成“波思”。此名在 1725 年以後刊行之地圖中作馬埃（Mahé），《海録》之馬英，即此法語名之譯音，爲法軍指揮官馬埃佔領此港後命名者也。

③ 立廟宇於盤石之上以祭焉　與班達里相對，而距離約九英里之處，有白色花崗岩小島高出海面約五十餘英尺，在晴朗之日，十英里外猶可望見之。其上有古廟宇遺跡。此島土名 Cugnali，西圖作

Sacrifice Rock,疑汪大淵所言廟宇,可能在此島上。

④ 甸子　此名又見《輟耕録》卷七,《元史·世祖紀》與《輿服志》等作"碧甸"或"碧甸子"。周密《癸辛雜識》作"碧瀫子",《宣德彝器譜》(三卷本)作"碧瑱",《格古要論》與《本草綱目》作"碧靛子"。至清中葉稱"緑松石"。近年河南安陽有嵌緑松石之精美銅罍等出土,皆爲商代彝器,廣西貴縣東漢時古墓中有緑松石飾品出土。四川、湖北、陝西等省皆有緑松石礦。伊朗亦以産緑松石著名,而印度不産緑松石,班達里市所見,當販自伊朗。緑松石波斯語作 ferozah,梵語作 peroja,即源自波斯語。我國文獻中所謂"瑟瑟",亦指緑松石。波斯語名一種質較粗之緑松石曰 jamsat 疑"瑟瑟"即其轉音。

⑤ 鴉忽石　此名在本書他條亦作鴉鶻,爲阿拉伯語 yaqût 之對音,謂紅寶石。此玉石産自斯里蘭卡,即明家羅條又作紅石者也。

⑥ 兜羅綿　印度所産一種綿織物名。《諸蕃志》"吉貝"條:"最堅厚者,謂之兜羅綿。"爲梵語 tūla 之對音。

⑦ 青蒙石　藤田云:《政和證類本草》卷五有礞石,即青蒙石。《石雅》卷中"礞石"條云:即雲母(mica)之屬。鄙意蒙石即藏語 man-dzira 之對音。

曼陀郎①

國界西北隅,與波寧(一)① 接壤。壤瘠,宜種麥。酋長七尺有餘②。二國勢均,不事侵伐,故累世結姻,頗有朱陳村③ 之俗焉。蠻貊之所僅聞(二),他國之所未見者。

氣候少熱。男女挽髻,以白布包頭,皂布爲服。以木犀花(三)釀酒④。地産犀角、木綿❶,摘四斗花,可重一斤。西瓜五十斤重有餘(四)。石榴⑤ 大如斗。貿易之貨,用丁香、荳蔻⑥、良薑⑦、蓽茇(五)⑧、五色布、青器、斗錫、酒之屬。

校勘：

(一)波寧　丁本、彭本、龍本"波"作"播"。

(二)蠻貊之所僅聞　"貊"原作"陌"，丁本、彭本、龍本作"貊"，今依改。"僅聞"，丁本同，彭本、龍本作"近聞"。

(三)木犀花　丁本、彭本同，龍本"犀"作"樨"。

(四)西瓜五十斤重有餘　彭本、龍本同，丁本"五"作"至"。

(五)蓽茇　"茇"原作"麥"，彭本此字空白，丁本、龍本作"茇"，今依改。

❶ 木綿　"綿"，龍本、藤田校注本均作"棉"。

注釋：

① 曼陀郎　波寧　此二國名，藤田云均不見他書，未知爲何國也。柔克義亦缺而未考。沈曾植則以爲皆在南天竺，前者即馬土拉(Madura)，〔楠案：即今馬杜賴(Madurai)。〕後者即布拿(Ponnani)，〔楠案：今譯蓬納尼。〕然地望風俗皆不相合，故不可取。鄙意就本條稱"國界西北隅"、"宜種麥"、"氣候少熱"、"皂布爲服"諸語而觀，此二國決不在南天竺，而應在西天胡茶辣(Gujarat)之北，今印度卡奇(Kutch，亦作Cutch)一帶，殆爲其地。曼陀郎當爲Mundra之轉音，其地在今卡奇南部沿今曼德維港(Mandvi)東五十餘英里之處。今圖則止繪有曼德維而無Mundra。至於波寧或播寧，則當在卡奇中部，爲Buni或Bunni之對音。〔楠案：卡奇今屬印度古拉吉特邦(Gujarat state)，主要城鎮有布季(Bhuj)、曼德維、坎德拉(Kandla)等。蒙德拉(Mundra)在曼德維東約三十英里之卡奇灣沿岸。〕

《大唐西域記》卷十一，有阿點婆翅羅國，殆奄有今卡奇一帶地方。坎寧安(Cunningham)將其還原爲Audumbatira或Audhumbara(Ancient Ceogr. of India, p. 302)。此半島之卡奇一名，即土語澤地之義，蓋此半島係澤地與鹽磧各佔一半者，此即《西域記》所言"地下濕，土斥鹵"是也。又言"穢草荒茂，疇壟少墾，穀稼雖備，菽麥特豐"，亦與汪氏所言"壤瘠宜種麥"相合。

② 酋長七尺有餘　卡奇人民身材魁偉健壯，擅長工藝。〔楠案：卡奇今

仍以刺綉與工藝品聞名。〕

③ 朱陳村 《白香山集》卷十《朱陳村詩》:"徐州古豐縣,有村曰朱陳。去縣百餘里,桑麻青氛氲。機梭聲扎扎,牛驢走紛紛。女汲澗中水,男採山上薪。……一村唯兩姓,世世爲婚姻。親疏居有族,少長游有羣。……"

④ 木犀花釀酒 木犀一作木樨,又名巖桂(Osmonthus fragans),盛産於我國淮河以南諸地,其香花多充甜食品之芳香物,然罕有以其用於釀酒者。佳釀中雖有以此爲名者,恐亦僅言其香味如木犀而已,實爲穀物所釀也。汪氏所言曼陀郎之木犀花酒,疑爲自波斯輸來之葡萄酒,中世紀波斯語名葡萄酒爲 mai,新波斯語爲 mei。

⑤ 石榴 又作若榴、安石榴等,學名 punica granatum,波斯語名 anar,粟特語名 n'r'kh,梵語名 dāḍima 原産伊蘭高原。張衡《南都賦》爲此植物名見於我國著録之最早者。《廣雅》作楉榴。陸機《與弟雲書》曰"張騫爲漢使外國十八年,得塗林安石榴歸也。"(《齊民要術》卷四注引)《博物志》所述略同。案:此事《史記》、《漢書》張騫傳不載,或據傳説入録。塗林一名,又見《初學記》引梁元帝詩。夏德(Hirth)視其即源於印度語石榴名 darim(T'aung pao, VI, p. 439)。管見則以爲是一地名。蓋波斯人名伊蘭高原以北一帶曰 Turan,塗林其對音也。沈約詩有山榴,亦指石榴。

⑥ 荳蔻 此名指數種蘘荷科植物所産辛香果實,用途爲調味與入藥,而荳蔻一名則疑指巴利語 takkula 之對音。我國閩廣滇南所産者爲草荳蔻(Ammum Costatum),又稱草蔻或草果,原産交阯,唐宋時移植中土。南印度所産者名曰白豆蔻(Elettaria cardamomum),乃來自馬拉巴爾海岸深山中,其用途以製咖喱粉爲主要。疑曼陀郎輸入之荳蔻爲草蔻或他種荳蔻可充白荳蔻之替代品。

⑦ 良薑 高良薑也。《諸蕃志》以此薑爲海南島土産之一。今此島仍爲我國産此薑之要地,爲我國原産。學名 alpinia chenensis,梵名 kuliṅgaka,即高良薑之近音。

⑧ 蓽茇　胡椒科植物之一種(Piper longum)梵名 pippali,此名始見徐表《南州記》(《政和證類本草》卷九引)。此植物產於印度、錫蘭,滿剌加等處,而《圖經本草》則言其來自波斯。其實波斯並不產此,疑由波斯賈舶販運而誤會。

藤田以本書所言蓽茇即菩提樹,顯誤。菩提樹(Ficus neligiosa)梵名 pippala,《大唐西域記》卷二、卷八作畢鉢羅。菩提樹與蓽茇,未可因其梵名音讀相近而混爲一談也。

喃哑哩 ①

地當喃哑哩洋②之要衝(一),大波如山(二)③,動盪日月,望洋之際,疑若無地。居民環山,各得其所。男女椎髻露體,繫布捎(三)。田瘠穀少。氣候暖,俗尚劫掠,亞於單馬錫(四)也。

地產鶴頂、龜筒、玳瑁,降真香冠於各番。貿易之貨,用金、銀、鐵器、薔薇水、紅絲布④、樟腦、青白花碗之屬。

夫以舶歷風濤,回經此國,幸而免於魚龍之厄,而又罹虎口,莫能逃之,其亦風汛之乖時(五)使之然歟(六)!

校勘:

(一)喃哑哩洋之要衝　"哩"下"洋"字原奪,丁本、彭本、龍本亦奪。沈曾植、藤田疑應有"洋"字。案:本書小唄喃條有"喃哑哩洋",今依補。

(二)大波如山　"如山"原作"山如",丁本、彭本同,龍本作"如山",今依改。

(三)繫布捎　原作"繫捎布",丁本、彭本同,龍本作"繫布捎",今依改。

(四)單馬錫　原作"牛馬錫",丁本、彭本、龍本同,藤田與柔克義皆以其爲"單馬錫"之譌。案:本書龍牙門條有單馬錫,今依改。〔楠案:龍本作"牛單錫",藤田未改,注云:"牛殆馬之誤,與單倒置。"〕

(五)其亦風汛之乖時　原作"其赤風迅迅之乖時",彭本、龍本同,丁本第二"迅"字作"雨",沈本則作"其亦風汛之乖時",藤田云,沈本是也。

今依改。

(六)使之然歟　丁本同,彭本、龍本"歟"作"哉"。

注釋:

① 喃哑哩　《嶺外代答》作藍里,《諸蕃志》作藍無里。《元史·成宗紀》作南巫里,《元史·馬八兒諸國傳》作南無力,《大德南海志》作南無里,其他有作南浡里、南巫里、喃渤利等。中世紀阿拉伯旅行家作AlRami, Ramin, Ramni等。《馬來紀年》作Lambri,《爪哇史頌》作Lamuri,《馬可波羅行紀》作Lambri,此據馬來名。格倫維爾以爲其在蘇門答臘島西北角今亞齊(Achin)近傍。(Notes, p. 100)夏德與柔克義亦云然。藤田亦以爲在亞齊角一帶。案:此國地點,自以視其在亞齊角及其附近爲合。今亞齊河下游之哥打拉夜(Kotaraya)義爲"王城",疑爲此國都城所在。

《隋書·赤土傳》之婆羅沙,《南海寄歸内法傳》之婆魯師洲,《大唐西域求法高僧傳》之婆魯師國,《新唐書·環王傳》之婆羅國,《皇華四達記》之婆露國,則爲南巫里見於宋以前載籍之名,皆爲Barus之對音。《新唐書·室利佛逝傳》之郎婆露斯國亦指此國,其名可還原爲Lam Barūs,其Lam蓋亞齊語"地域"之義,引伸爲"國",而Lambri一名即由Lam Barūs演變而來。

《瀛涯勝覽》南浡里條云:"自蘇門答剌(國)往正西,好風三晝夜可到。"《西洋朝貢典録》南浡里條云:"其國在蘇門(答剌國)西六百里。"如一晝夜航程爲二百里,則自蘇門答剌國西航三晝夜即至。此二國名皆不見明中葉以後史籍,疑其合併後,改以亞齊爲國名,故《東西洋考》唯有亞齊國而無南巫里,並又以蘇門答剌國爲亞齊之異名,故稱"啞齊即蘇門答剌國,一名蘇文達那,西洋之要會也。"啞齊一名,似始見於《明神宗實録》卷二一〇,本地名讀如Atjeh。歐人則譌讀爲Achin。

② 喃哑哩洋　《瀛涯勝覽》之那没嚟洋與《西洋朝貢典録》之那没嚟洋,爲南巫里一名之爪哇語Lamuri譯名。喃哑哩洋則由南巫里之馬來名Lambri而得名,爲亞齊與斯里蘭卡間海面,即印度洋之東面也。

③ 大波如山　蘇門答臘島西北角有海峽名阿洛伊珠特(Aroih Chut),西圖作蘇拉特水道(Surat Passage),洋流洶湧,潮漲潮退,水勢甚急,如值風向與水流向相抵觸,則成軒然大波。

④ 紅絲布　柔克義以紅絲布指一種紅色 muslin,即本書他處所稱西洋布。案絲布一名,見真臘條"絲布"注,惟紅絲布可能是紅布與絲布之省稱。

北溜①

地勢居下,千嶼萬島。舶往西洋,過僧伽剌傍,潮流迅急,更值風逆,輒漂此國②。候次年夏東南風③,舶仍上溜之北(一)。水中有石槎中牙(二),利如鋒刃,蓋已不完舟矣(三)。

地産椰子索④、𧴩子⑤、魚乾⑥、大手巾布⑦。海商每將一舶𧴩子下烏爹(四)⑧、朋加剌⑨,必互易米⑩一船有餘。蓋彼番以𧴩子權錢用(五),亦久遠之食法也。

校勘:

(一)仍上溜之北　丁本、彭本、龍本"北"作"皆",龍本"之"字空白。〔楠案:非"之"字空白,而是"之"字上有空白格。〕

(二)水中有石槎中牙　丁本、彭本、龍本同,藤田云,"中牙"二字殆"枒"之譌。

(三)蓋已不完舟矣　丁本"完"作"利",彭本、龍本作"勝"。

(四)烏爹　"烏"原作"島",丁本、彭本、龍本皆作"烏",本書亦有烏爹條,今依改。

(五)權錢用　"權"原作"推",丁本同,彭本作"椎",龍本作"權",今依龍本改。

注釋:

① 北溜　沈曾植云,《海夷總圖》之三萬六千嶼,與利瑪竇、湯若望之萬島皆爲其地。柔克義以其指馬爾代夫羣島(Maldive Is.)北部諸嶼。

藤田則以其指馬爾代夫之官場,即《武備志·航海圖》之官嶼。案:三萬六千嶼或萬島指印度洋西部二組大珊瑚環礁羣,而馬爾代夫則爲其一,並爲其最大者。自印度南端科摩林角(Cape Comorin)向南延亘幾五百英里。本書北溜一名,似以依藤田主張視其爲馬爾代夫都會馬累(Male)之對音爲最合。緣方音 m 與 p 音或 b 音可互轉,故 má 可讀成北。然北溜與明代載籍之溜山,其"溜"字似亦兼示與當地海流土名有關者。《瀛涯勝覽》等之溜山國,其名可能亦本於北溜。《瀛涯勝覽》言溜山國番名牒幹,此牒幹過去學者尚未有還原。鄙意幹殆斡之譌,牒幹即牒斡,即 Dewa 或 Dwa 之對音,此爲中世紀阿拉伯名印度洋中此部分之珊瑚環礁羣,源於梵語 dvīpa,義爲"島"或"洲"。《大德南海志》卷七有條坫,"坫"字不見字書,疑爲"培"之譌,條培即 Diba, Diva 之對音,亦阿拉伯語,源於 dvipa。若此,則"條培"實爲溜山國見於我國著録最早之名。

馬爾代夫,梵語作 mālādvīpa,義爲華鬘洲,謂其珊瑚環礁羣,形狀有若鮮花綴成之花環。伊本拔都他作 Dibat-al-mahal。其擁有環礁之數目,直可言無從計算。馬可波羅云:"就海圖與常往來於西南海之熟練航海家之撰述而觀,此海擁有之島嶼,不問其有無居民,總計爲一萬二千七百云。"(Ricci, Marco Polo, pp. 346—347)明代載籍言溜山國有八溜,蓋指當時八泊所也:沙溜、官嶼溜、任不知溜、起來溜、麻里溪溜、加平年溜、加加溜、安都里溜。

② 輒漂此國　流經溜山諸嶼間與其海面他部之海流,是六個月向東,六個月向西,然其變換時間,則往往突然而來,不易預測。船舶因此遭漂流或失事。

③ 東南風　疑指東南信風。

④ 椰子索　阿爾貝魯尼(Alberuni)云:"椰子索係以椰子纖維纏成,用於捆紮船板。"(India, I, p.211)《瀛涯勝覽》云:"其椰子外包之穰,打成粗細繩索,堆積在家。各處番船上人亦來收買,賣與别國造船等用。其造番船,皆不用釘,止鑽其孔,皆以此索聯縛,加以木楔,然後以番瀝青塗縫,水不能漏。"

⑤ 䑀子　詳羅斛條“䑀子”注。

⑥ 魚乾　伊本拔都他云:“魚名 Kult-al-mas,製法是將魚切成四塊,經煙熏,故魚呈黑色。俟完全乾後,乃運銷印度、中國、也門等國。”(Voyages, IV, p. 112)案:此魚即馬鮫魚(Thynnus tunnina),《瀛涯勝覽》云:“其馬鮫魚切成大塊,晒乾收貯,各國亦來收販他處,名曰海溜魚而賣之。”海溜即馬爾代夫語 Kalu 之對音,馬爾代夫語稱馬鮫魚爲 Kalu-lilimas。

⑦ 大手巾布　《瀛涯勝覽》稱溜山有絲嵌手巾云:“織一等絲嵌手巾,甚密實長闊,絶勝他處所織者。”疑與此大手巾布爲同一物。

⑧ 烏爹　本書有專條。

⑨ 朋加剌　本書有專條。

⑩ 易米　伊本拔都他云;“島中不産穀物。”《瀛涯勝覽》云:“其土地甚瘠,米少,無麥。”

下里 ①

國居小唄喃古里佛之中(一),又名小港口。山曠而原平,地方數千餘里。民所奠居,星羅碁布 ❶。家給人足,厥田中下。農力耕,氣候暖。風俗淳。民尚氣,出入必懸弓箭及牌以隨身 ②。男女削髮,繫溜布 ③。

地産胡椒,冠於各番 ④,不可勝計。椒木(二)滿山,蔓衍如藤蘿,冬花而夏實。民採而蒸曝,以乾爲度。其味辛(三),採者多不禁。其味之觸人,甚至以川芎 ⑤ 煎湯解之。他番之有胡椒者,皆此國流波之餘也。

校勘:

(一)古里佛之中　“古里佛”,丁本同,彭本、龍本作“古佛里”。“中”,彭本、龍本同,丁本作“北”。

(二)椒木　丁本同,彭本、龍本“木”作“樹”。〔楠案:龍本“椒”作“樹”,

非“木”作“樹”。〕

(三)其味辛　“辛”原作“新”,丁本、彭本、龍本皆作“辛”,今依改。

❶ 碁布　“碁”,龍本、藤田校注本作“棊”。

注釋:

① 下里　藤田以爲即馬拉巴爾海岸之卡利卡特(Calicut),並云見於明代載籍之古里國亦即其地。柔克義則以爲即馬拉巴爾海岸之Heli,即《馬可波羅行紀》之Eli。案:藤田所云Calicut,本書名古里佛,明代之古里爲其省譯,殆爲阿拉伯語名Kalikut之對音,與下里並非一地。柔克義所云Heli,《武備志·航海圖》作歇立,伊本拔都他作Hili,即西圖之Maunt Delly,其地點實在古里佛之北,與本書所言下里在小唄喃古里佛之中者不合。〔楠案:德利山(Mount Delly)在印度西岸喀拉拉邦(Kerala State)坎納諾爾(Cannanore)西北約十五英里。1948年葡萄牙人達·伽馬(Vasco da Gama)初次到達印度大陸時望見者即此山。〕伊本拔都他亦言Hili爲位於廣闊河口一大城(Voyages, IV, p. 81),而本書則言下里爲一小港,故亦不合。竊意本書言下里産胡椒特盛,而明代載籍則言柯枝(Koči)爲馬拉巴爾海岸産胡椒之主要區域,其所處地點,又適在古里佛與小唄喃之間,依此,則下里必在柯枝附近。查柯枝北約二十英里處有小港曰阿爾瓦耶(Alwaye),下里得視爲此名之對音。此小港在佩里亞爾河(Periyar R.)口内,港面狹隘,與本書所舉小港口之名正合。就對音、位置、地形三者而言,下里之爲Alwaye,殆無疑義。《諸蕃志》南毗國條,列有南毗國諸附庸屬國名,其中有啞哩喏國,夏德、柔克羲以爲即Ras Haili(Chao Ju-kua, p. 90, n.8),殊不足取。蓋Haili雖可當“啞哩”,然“喏”音則無足當者。案“喏”字廣州語讀ye,如以啞哩喏爲Alwaye對音則完全適合。

柯枝今圖作柯欽(Cochin),其歷史止可上溯至1341年(至正元年),前此則爲一漁村,其後發展迅速,爲馬拉巴爾海岸一大港口。至明初,柯枝乃見於我國史籍。《明史·柯枝傳》云:“永樂元年(公元

1403 年),遣中官尹慶使其國。”鄭曉《四夷考》云:“永樂二年,其王遣使者來。”汪大淵航海時,柯枝尚未形成港口,是時胡椒貿易仍以下里爲集中地。其後柯枝興起,取下里而代之,下里乃淪爲小邑,幾於文獻無稽矣。

《星槎勝覽》天一閣本小唄喃條云:“山連赤土,地接下里。”其下里與本書下里,實名同而地異,其赤土亦然。此赤土蓋指小唄喃(Kollam)南之特里凡得琅(Trivadrum),由其沿海岸之紅砂岩而得名,與馬來半島古赤土國無關。費信之下里,殆指小唄喃北之阿勒皮(Alleppey),與柯枝北附近之下里無關。《西南海夷總圖》於俱南之北,書有阿留一名,俱南即小唄喃,而阿留當亦爲其西北之 Alleppey 無疑。

② 出入必懸弓箭及牌以隨身　案:馬拉巴爾海岸之武士階級,名“乃勒”(Nayaro),此處所言,殆指此輩。

③ 溜布　藤田云,即北溜布。

④ 地産胡椒冠於各番　馬拉巴爾海岸本有胡椒海岸之稱,然其産地則以小唄喃以北一帶爲最盛。元明時,下里、柯枝爲此區域胡椒貿易之主要市場。《瀛涯勝覽》柯枝國條云:“土無他産,祇出胡椒,人多置園圃,種椒爲業。”

⑤ 川芎　《本草》作川藭,即 Conioselium unirittatum,莖葉細時曰蘼蕪,莖葉大時曰江蘺,我國原産。《諸蕃志》蘇吉丹條云:“採椒之人爲辛氣薰迫,多患頭痛,餌川芎可愈。”本書所記,説明宋元時川芎乃我國輸出品之一。

高郎步①

大佛山②之下,灣環中,縱横皆鹵股石③。其地濕皐(一),田瘠,米穀翔貴④,氣候暖。俗薄⑤。舶人不幸失風,或駐閣於其地者(二),徒爲酋長之利。舶中所有貨物,多至全璧而歸之(三),酋以爲天賜也。孰知舶人妻子飢寒之所望哉!

男女撮髻,繫八即那間布⑥捎(四)煮海爲鹽,釀蔗漿爲酒。有酋長,地産紅石頭⑦,與僧伽剌同⑧。貿易之貨,用八丹布(五)⑨、斗錫、酒、薔薇水、蘇木、金、銀之屬。

校勘:

(一)其地濕皐　丁本同,龍本"皐"作"卑",彭本"皐"字空白。

(二)或駐劄於其地　彭本、龍本同,丁本"駐"作"駝"。

(三)多至全璧而歸之　丁本同,彭本、龍本"全"作"金"。

(四)八即那間布捎　"即"原作"郎",丁本、彭本、龍本同。藤田云,"郎"乃"即"之譌,本書有八節那間條,"即""節"音同,今依改。

(五)八丹布　丁本同,彭本、龍本"丹"作"舟"。

注釋:

① 高郎步　此名又見本書大佛山條,小唄喃條則作高浪阜。沈曾植,藤田、柔克義皆以其指今斯里蘭卡島西岸之科倫坡(Colombo)。案:所考是也。《武備志·航海圖》及《順風相送》作高郎務,此名以汪大淵所載爲最早。其字源有三説:一以其源於梵語 kalamba,義爲港;一以其源於梵語 kalantatla,轉爲 kalamy,義爲渡頭;一以其源於僧伽羅語杧果樹名,蓋僧伽羅語杧果曰 ambo,樹曰 cola,此處有一種不結果之杧果樹果,僧伽羅語名 colambo,此港即因此樹而得名。惟歐人則將其寫成 Colombo,藉以紀念發現新大陸之科侖布(Columbus),蓋其姓本作 Colombo 故也。此三説尤以第一説爲最可取,蓋伊本拔都他於此港作 Kolambu,與梵語 Kolamba 最相近。我國載籍中之高郎步、高浪阜、高浪務,就其末一音而言,殆皆爲此名阿拉伯語名之對音。《海録》作咕嚕慕。

② 大佛山　沈氏、藤田氏皆以大佛山指亞當峰(Adam, sPeak)所言是也。參看明家羅條三島注、大佛山條大佛山注。

③ 鹵股石　詳麻里嚕條"鹵股石"注。

④ 米穀翔貴　考迪納(Cordiner)於十九世紀初云,錫蘭島中,米穀魚

肉昂貴,居民有以果實爲其正餐者。(Description of Ceylon, I, pp. 1—12)

⑤ 俗薄 参見馬力諾利(Marignolli)《行紀》。(Yule, Cathay, Ⅲ, p. 196)

⑥ 八即那間布 本書有八節那間條,爲 Pekalongan 之對音,八即那間乃其異寫。八節那間條云:其地產木綿花與不退色單茇花印布。故八即那間布即八節那間所產之一種印花綿布。

⑦ 紅石頭 本書明家羅條、僧加剌條皆作紅石,詳明家羅條“鴉鶻”注。

⑧ 僧伽剌 指斯里蘭卡島南部沿海之棟德拉岬(Dondra Head),即明代載籍之佛堂山。詳僧伽剌條僧伽剌注。

⑨ 八丹布 本書沙里八丹條云:“地產八丹布。”沙里即注輦(Cola)之異譯。八丹爲阿拉伯語 fattam 之對音,即沙里八丹之省稱。

沙里八丹(一)①

國居古里佛山之後②,其地沃衍,田少俗美。氣候微暖。男女繫布纏頭,循海而居,珠貨之馬頭也。民有犯罪者,以石灰畫圈於地,使之立圈内③,不令轉足,此其極刑也。

地產八丹布(二),珍珠由第三港④來,皆物之所自產也,其地採珠,官抽畢,皆以小舟渡此國互易,富者用金銀以低價塌之。舶(三)至,求售於唐人,其利豈淺鮮哉!

校勘:

(一)沙里八丹 丁本同,彭本、龍本“丹”作“舟”。

(二)八丹布 丁本同,彭本、龍本“丹”作“舟”。

(三)舶 彭本、龍本同,丁本作“船”。

注釋:

① 沙里八丹 又見《武備志·航海圖》與《西洋朝貢典録》南浡里條,《西南海夷總圖》作沙里普的。腓力卜司以沙里八丹指印度半島東岸之

馬蘇利帕塔姆(Musulipatam)。(J. C. B. R. A. S., XX, p. 223)沈曾植則以沙里八丹指印度半島西部之塞林加帕坦(Seringapatam)。柔克義則以沙里八丹指馬拉巴爾海岸之 Jurfattan,藤田則以沙里八丹爲 Solipatam(pattanam)之對音,乃注輦(Chola)王國之要港,而沙里乃注輦之譌寫。案:沙里八丹人乃循海而居者,則其地爲一瀕海地方可知,故沈氏所擬顯不相合。諸説惟藤田所考得其正鵠。八丹一名見伊本拔都他與剌失德丁撰述,而沙里八丹一名則不見中世紀阿拉伯人著録,然八丹爲沙里八丹省稱,殆無可疑。《大德南海志》有馬八兒,而無沙里八丹或八丹。惟沙里八丹或八丹既爲馬八兒國主要門户,則《大德南海志》之馬八兒以其係兼指沙里八丹或八丹似無不可。

《武備志·航海圖》以沙里八丹書於買列補之北,俱里都利之南。買列補,腓力卜司還原爲 Mailapur,其地在今馬德拉斯(Madras)區域。俱里都利,腓力卜司未有還原。案:此三名,在圖中之位置順序疑皆有誤。其最南應爲沙里八丹,其北爲俱里都利,又北爲買列補。如是則俱里都利得視爲在 Kuddalur,今圖作庫連洛爾(Cuddalore),蓋方音 d 或 t 與 l 音可互轉也。

② 國居古里佛山之後　沙里八丹與古里佛(Calicut)爲横斷印度半島路線之二終點。本書有後山之名凡數見,大都作腹地或彼此相通之港口解。此處言沙里八丹“國居古里佛山之後”,猶言沙里八丹之後山。當沿海風勢不順之時令中,沙里八丹與古里佛二港之陸路貨運,遂特繁盛。

③ 畫地使立圈内　馬可波羅叙馬八兒國風俗云:“如有債務人經債權人催索而仍借故拖延不償者,設債權人如與之相遇,則在所立之地上畫成一圈,債務人在是日未償付或未給予充分可靠擔保品以前,不得走出此圈之外。設有膽敢走出者,則爲犯法,可將其判處死刑。”(Ricci, Marco Polo, pp. 300—301)

④ 第三港　本書有專條。

金塔①

古崖之下,聖井②傍有塔十丈有餘。塔頂曾鍍以金③,其頂頹而石爛,惟苔蘚青青耳。上有鶴巢,寬七尺餘,有朱頂雌雄二鶴④長存不去(一),每歲巢于其上(二)。酋長子孫相傳以來千有餘年矣。春則育一二雛,及羽翼成,飛去,惟老鶴存焉(三)。國人書扁曰老鶴里❶。土瘠而民貧。氣候不齊,俗朴。男女椎髻,纏白布,繫溜布。

民煮海爲鹽⑤,女耕織爲業。壽多至百有餘歲。地產大布手巾、木綿❷。貿易之貨,用鐵鼎、五色布之屬。

校勘:

(一)長存不去　丁本作"迴翔鶴淚",彭本、龍本作"長存漢人"。〔楠案:藤田校注本作"迴翔鳴淚",注云:"據丁本改"。〕

(二)巢于其上　龍本同,彭本"于"字空白,丁本作"常巢其上"。

(三)惟老鶴存焉　丁本同,"存焉",彭本作"爲",龍本作"在"。

❶ 國人書扁曰老鶴里　龍本、藤田校注本"國人"上均有"其"字。

❷ 木綿　"綿",龍本、藤田校注本均作"棉"。

注釋:

① 金塔　老鶴里　柔克義以本書金塔指斯里蘭卡島南岸之棟德拉岬(Dondra Head),其海濱石上刻有佛足跡,有海水入其内,故有聖井之稱。案:本書金塔何在,藤田未確言。柔克義所言之棟德拉岬,本書僧伽剌條所叙即爲其地,故亦非本書之金塔。據本條所叙,其本名當爲所謂老鶴里,金塔與聖井,殆爲老鶴里地方寺院建置之一部。至於老鶴里之得名,當與朱頂鶴有關。然朱頂鶴亦非丹頂鶴(Grus Chinensis),蓋丹頂鶴產於黑龍江等處,惟我國、朝鮮、日本爲其迴翔所及,而未有南游炎方者,故朱頂鶴非丹頂鶴。然此朱頂鶴究指何禽。管見以爲即指靈鷲(Haliastur indus indus),而老鶴里則指南印

度科羅曼德爾海岸馬哈巴利普蘭(Mahabalipuram)與欽格爾普特(Chingleput)間之靈鷲聖山(Tirukalikunram)。其地有二寺院,一在村内,一在村畔山間。記文所言古崖即指此山間寺院,其布施有一對靈鷲,已有悠久歷史。届時有一僧以所備豐盛布施品,捧於手中,旋有靈鷲一對飛來就食,傳言如是已有千數百年歷史。汪大淵所記,殆爲此聖山與其靈鷲見於外人撰述之最早者。〔楠案:馬哈巴利普蘭距欽格爾普特約十九英里,爲印度最著名之聖地之一。靈鷲聖山,歐人稱爲the Sacred Hill of the Kites。今仍日有數百人前往觀看兩鳶。參閲注⑤〕

② 聖井　疑指寺中砌有石級之水池,泰米爾語作 teppa kulam。

③ 塔頂曾鍍以金　本書所言金塔,疑指塔狀門樓頂部之鍍金者。塔狀門樓泰米爾語作 gopuram。

④ 朱頂雌雄二鶴　上文已指出,本條朱頂鶴即靈鷲,梵語名 Khemankari,汪氏名靈鷲曰鶴,疑因印度人視此禽爲動物中壽命最長者之一,與我國人所云"鶴壽千歲"一説合。加之此禽頭部頸部又爲白羽而輟有紅褐羽者,故以朱頂鶴名之。

⑤ 民煮海爲鹽　靈鷲聖山之港口,爲馬哈巴利普藍,爲其梵語名 Mahabalipuram 之對音,泰米爾語作 Mamalapuram,西圖則名之曰七塔(Seven Pagodas),由其地有一著名古石刻小寺院七所而得名,每一小型寺院皆由整塊岩山刻成。此書所言煮海爲鹽當在此港口濱海地方進行。

東淡邈(一)①

皐揵②相去有間,近希苓(二)③數日程。山瘠民閒(三),田沃稻登,百姓充給。氣候熱。俗重耕牛④。每於二月舂米爲餅以飼之,名爲報耕種之本。男女椎髻,繫八丹布(四)。

煮海爲鹽,釀椰漿爲酒。有酋長。地産胡椒,亞於闍婆,玳瑁、木綿❶、大檳榔⑤。貿易之貨,用銀、五色布、銅鼎、鐵器[五]、燒珠之屬。

校勘：

（一）東淡邈　丁本、彭本、龍本同，案："東" 疑爲 "朿" 之譌。

（二）希苓　丁本、彭本、龍本同。案："希" 疑爲 "郗" 之譌。本書須文那條此地名即作 "郗"。

（三）民閒　"閒" 原作 "間"，丁本、彭本、龍本皆作 "閒"，"閒" "間" 原同，然此本首句各本均作 "間"，故此處應依丁本等作 "閒"。

（四）八丹布　丁本同，彭本、龍本 "丹" 作 "舟"。

（五）鐵器　"器" 原作 "氣"，丁本、彭本、龍本皆作 "器"，今依改。

❶ 木綿　"綿"，龍本、藤田校注本均作 "棉"。

注釋：

① 東淡邈　藤田以其與希苓相去數日程，而希苓爲 Kalang 之對音，在爪哇，則東淡邈當在爪哇或其近地。柔克義則以希苓即斯蘭 Ceram，故東淡邈當在距斯蘭不遠之處。至於東淡邈爲何名對音，皆未有擬議。案：東淡邈俗重耕牛而又產胡椒，是其地殆在南印度。加之皐捷一名既爲 Gokorn 之對音，則應在南印度之西岸求其所在。希苓一名亦可視爲 Hili 之對音，與爪哇之希苓無關，而本書文津閣本須文那條有郗苓，即指南印度之郗苓。而東淡邈一名，其"東"字殆"朿"之譌。東淡邈即見於中世紀東方撰述之 Sándábur 與 Sindabur 之對音，即由果阿（Goa）之土名轉成。玉耳以爲此土名似原作 Sundapur 或 Chandapur，並視後一寫法尤爲近之。（Yule, Cathay, IV, p. 65）鄙意今果阿境内有一小河名 Candiapar，此當爲依葡萄牙人譌讀之寫法。玉耳還原之第二種寫法即與此小河相近。然 Chandapur 又易讀成 Handapur 或 Hindapur，而可於中國文獻中見之。《宋會要》"蕃夷" 七有興塗勃國，於慶曆八年（公元 1048 年）遣使東來。鄙意興塗勃一名即 Chandapur 讀成 Handapur 或 Hindapur 之一例。如此還原可成立，則興塗勃當爲果阿見於我國載籍之最早者。

果阿一名，又作卧亞，始見於利瑪竇之《坤輿萬國全圖》，汪大淵西遊時，其地仍在伊斯蘭教徒手中。

② 阜揵 在果阿東南之戈卡恩(Gokarn)，蓋甘加瓦里河(GangawaliR.)口南岸之港名，距海約三英里。其北岸有市鎮名安科拉(Ankola)，有古寺院數所。此港與果阿相去約五十英里，與汪氏言與東(束)淡邈“相去有間”一語尚相合。

③ 希苓 此名似依本書《四庫》文津閣本須文那條作郗苓爲合，上文已言之矣。馬拉巴爾海岸在芒格洛爾(Mangalore)東南約六十英里處有古港名 Eli，中世紀旅行家又作 Hili，孔第作 Hellim，今西圖作 Mount Delly(參閲本書下里條注①)。汪大淵之譯名與孔第之寫法最爲相合，而此港名之見於我國記載亦以汪氏所舉者爲最早。《武備志·航海圖》有歇立，腓力卜司還原爲 Hili(J. C. B. R. A. S, XX, p. 223)，極合。此港土名又作 Sapta-shaila，義爲七山，在十五世紀中葉以前頗爲繁榮，以後衰落。

④ 俗重耕牛 馬可波羅於印度人對牛之尊敬有説明云，馬八兒人以牛爲耕種稻田所不可少之物，故對其最爲尊敬(Moule, Marco Polo, p.388)。馬可波羅所言與汪大淵之“報耕種之本”一語正相合。

⑤ 大檳榔 此名不見他書，疑爲檳榔之一種，即《嶺外代答》之大腹子。

大八丹(一)①

國居西洋②之後，名雀婆嶺③，相望數百里。田平豐稔，時雨霑渥。近年田中生叢禾，丈有餘長，禾莖四十有八(二)，穀粒一百三十，長半寸許，國人傳玩以爲禾王。民掘禾土(三)移至酋長之家，一歲之上，莖不枯槁。後其穗自墜❶，色如金，養之以檳榔灰，使其不蛀(四)。迨今存其國，時出曝之(五)，以爲寶焉。

氣候熱。俗淳。男女短髮，穿南溜布。煮海爲鹽。地産綿布❷、婆羅蜜❸④。貿易之貨，用南絲、鐵條、紫粉⑤、木梳、白糖之屬。

校勘：

（一）大八丹　丁本同，彭本、龍本“丹”作“舟”。

（二）四十有八　彭本、龍本同，丁本無“有”字。

（三）民掘禾土　丁本同，彭本、龍本“掘”作“閒”。

（四）使其不蛀　丁本、龍本同，彭本“其”作“以”。

（五）迨今存其國時出曝之　丁本同，彭本“存”上有“尚”字，“其國時出”四字，彭本、龍本作“其時國人”。

❶ 其穗自墜　龍本“穗”作“國”，藤田注云：“他本作‘穀’，丁本作‘穗’。”

❷ 綿布　“綿”，龍本、藤田校注本均作“棉”。

❸ 婆羅蜜　“婆”，龍本，藤田校注本均作“波”。

注釋：

① 大八丹　藤田云不知其指何地。柔克義則以爲即馬拉巴爾海岸之 Dudfattan，此名見阿拉伯人撰述。然案伊本拔都他《行紀》叙馬拉巴爾海岸港口，舉有 Dahfattan 與 Budfattan，就對音而言，是大八丹應爲 Dahfattan，與 Budfattan 無涉，不知柔克義何以捨此取彼也。Dahfattan 一名，費列昔陀（Firishta）書作 Darapattan，皆爲其本地名 Dharmapatanam 之轉音。義爲法城，位於坎納諾爾（Cannanore）與特利切里（Tellicherry）之間，與 Budfattan 相距密邇。後者本地名 Pudopatana，義爲新城。此二港當時俱屬坎納諾爾國，貿易皆頗繁榮，然在現代地圖上則偶有繪法城之名者，而尠有繪新城之名者矣。蓋此二港皆早已冷落，後者更爲式微也。

② 西洋　本書西洋一名，其含義廣狹不一。廣義之西洋殆指西南海區域；狹義之西洋則指大食海區域。

③ 雀婆嶺　此名爲何名之對音，學者皆未有考證。案：南印度半島東西岸，皆有山脈分布，在東者梵語名 Mahendra，在西者梵語名 sahyādri，又作 Canaka，泰米爾語作 Saiyam，馬拉巴爾語作 Mainakoparvata，所

謂雀婆嶺,即由此馬拉巴爾語名而得音。西部山脈之南部,亦有梵語名 Malayagiri。《大唐西域記》卷十之秣剌耶山爲其對音。惟汪大淵之雀婆嶺則視其爲此山脈之總稱。今圖名此半島東西山脈曰東西高止山脈(Ghats),則爲印地語名,義爲山脈、台階等。

④ 婆羅蜜　本書特番里條作“波羅”,參看該條“波羅”注。

⑤ 紫粉 《齊民要術》卷五,言紫粉爲落葵(Basella rubra)之醬果,熟蒸,絞汁,和粉曝乾而成。案:落葵爲一種一年生纏繞植物,又有胭脂豆、胭脂菜等名。而紅花(Carthamus tmetorius)使成乾滓,亦爲紫粉來源之一,見《天工開物》卷上“彰施”條。紅花又有紅藍花、燕支花等名,爲一種一年生菊科植物。紫粉用途爲作化妝品、染料、繪料用。

土塔①

居八丹(一)之平原,木石圍繞(二),有土磚甃塔,高數丈。漢字書云:“咸淳三年八月畢工。”傳聞中國之人其年旼彼(三),爲書於石以刻之,至今不磨滅焉。土瘠田少,氣候半熱,秋冬微冷。俗好善。民間多事桑香聖佛(四),以金銀器皿事之。

男女斷髮,其身如漆,繫以白布。有酋長。地產綿布❶、花布大手巾、檳榔。貿易之貨,用糖霜、五色絹、青緞、蘇木之屬。

校勘:

(一)八丹　丁本同,彭本、龍本“丹”作“舟”。

(二)木石圍繞　“木”原作“亦”,丁本、彭本同,龍本作“木”。今依改。〔楠案:龍本、藤田校注本“繞”均作“遶”。〕

(三)旼彼　彭本、龍本同,丁本“旼”作“彷”。藤田云“旼”殆“皈”之誤,沈氏改作“旅”。

(四)桑香聖佛　“桑”原作“葉”,丁本同,彭本、龍本作“桑”,本書真臘條亦作“桑”,今依改。

❶ 綿布　“綿”,龍本、藤田校注本均作“棉”。

注釋:

① 土塔　柔克義以爲在印度半島西岸之十得法灘(Jurfarttan)附近。藤田則以爲在印度半島東岸之訥加帕塔姆(Negapatam)附近,即《馬可波羅行紀》玉耳注文所言距訥加帕塔姆西北約一英里處之磚甃塔,俗呼爲中國塔(China Pagoda)者是也。此塔在1846年尚存三層,至1859年,頹壞不可復繕(Yule, Marco polo, II, p.321)。此塔落成之年及得名之由,據此書而明晰。案:藤田所考爲是。柔克義所考之非,已詳本書沙里八丹條注,兹從略。玉耳又云:"坦焦爾(Tanjore)諸港,曾常有中國人前來貿易,已由訥加帕塔姆西北一英里處所發現一座俗名中國塔之磚塔而獲證實。此塔有中國之名,大概由來已久。余意此名,並非謂塔之建築爲中國式。然此一奇異舊跡既有此名,得視其與中國人來此區域之傳説有關,自不待言。沃爾特·埃利奥特爵士(Sir Walter Elliot)曾以此塔圖形見贈,並云,此塔與彼所見各種印度式塔不同,因無碑碣雕像存留,致不知其真正來歷爲何。顧訥加帕塔姆既爲一佛教勝地,此或爲其信徒所遺殘蹟,在1846年時猶存三層,有磚簷相隔,其内部則空空然直通至頂部,惟在地面以上二十英尺之處,猶呈有曾裝置樓板之痕跡。此饒有趣味之建築物,據1859年之報告,已頹壞不堪,難以繕復,今竟不存。"(Yule, Marco polo, II, pp. 336—337, n. 1)埃利奥特曾在1878年《印度古物志》(Indian Antiquary, VII, 1878, pp. 224—7)中發表《訥加帕塔姆有中國塔或耆那塔等舊名之建築物》(The Edifice Formerly Known as the Chinese or Jaina Pagodaat Negapatam)一文,見 Henri Cordier, Notes and Addenta, pp. 113—114。此塔圖見本書封面。

案:本書有土珠、土布、土粉等名,其土字殆中國之義,故此處土塔謂中國塔,殆無可疑。訥加帕塔姆居民名此塔爲中國塔,與本書土塔名正相合。至於印度測量局地圖之作耆那塔,殆因音近而譌。此塔建於1267年,即宋咸淳三年,拆毁於1867年,計有六百餘年之久,惜未能予以修繕而遭拆毁也。〔楠案:坦焦爾(Tanjore)爲印度泰米爾納德邦(Tamil Nadu)大城市之一,有"南印度花園"之稱,有大佛寺與大佛塔,塔高五十五英尺,但非本書所述之中國塔。訥加帕塔姆在坦焦爾東約四十八英里,自 1949 年起,已改稱納加帕蒂南(Nagappattinam)。]

第三港[①]

古號馬淵(一),今名新港,口岸分南北,民結屋而居。田土、氣候、風俗、男女與八丹同(二)。去此港八十餘里,洋名大朗[②],蚌珠[③]海内爲最富。

採取之際,酋長殺人及十數牲祭海神[④]。選日,集舟人採珠,每舟以五人爲率,二人蕩槳(三),二人收綆,其一人用圈竹匡其袋口,懸於頸上(四),仍用收綆,繫石於腰,放墜海底,以手爬珠蚌入袋中,遂執綆牽掣(五)。其舟中之人收綆,人隨綆而上,纔以珠蚌傾舟中。既滿載,則官場週回皆官兵守之。越數日,候其肉腐爛,則去其殼,以羅盛腐肉(六)漩轉洗之[❶],則肉去珠存,仍巨細篩閲。於十分中,官抽一半,以五分與舟人均分。非祭海神以取之(七),入水者多葬於鱷魚之腹(八)[⑤]。吁,得之良可憫也。舶人(九)幸當其取之歲,往往以金與之互易。歸則樂數倍之利,富可立致,特罕逢其時耳(一〇)。

校勘:

(一)古號馬淵　"馬"原作"爲",丁本、彭本、龍本同,沈曾植藏鈔本作"馬淵",以作"馬"爲是,今依改。

(二)田土氣候風俗男女與八丹同　"風"字原奪,丁本、彭本、龍本亦奪,沈氏本有"風"字,今依補。"丹",丁本同,彭本、龍本作"舟"。

(三)蕩槳　丁本,彭本同,龍本"蕩"作"盪"。

(四)頸上　"頸"原作"勁",丁本、彭本、龍本皆作"頸",今依改。

(五)執綆牽掣　"掣"原作"製",丁本同,彭本、龍本作"制",沈氏本作"掣",今依之。

（六）以羅盛腐肉　彭本、龍本同，丁本“羅”作“鑼”。

（七）非祭海神以取之　丁本作“若夫海人以取之”，彭本、龍本作“若夫海神以取之”。

（八）多葬於鰐魚之腹　丁本、彭本、龍本同。案：“鰐”疑爲“鮫”之譌。

（九）舶人　彭本、龍本同，丁本“舶”作“船”。

（一〇）特罕逢其時耳　“罕”原作“幸”，丁本同，惟“逢”作“達”，彭本“特”下空白格，龍本“幸”作“罕”，今依改。

❶ 漩轉洗之　“漩”，龍本、藤田校注本均作“旋”。

注釋：

① 第三港　沈曾植云：馬淵即《海録》之馬英（Mahé），在印度西南之地。藤田則據此條所言採珠，引馬可波羅所叙馬八兒國採珠之事，云其船先集中於别迭竦（Bettelar），次至約六十英里之海上；别迭竦殆今 putlan，而第三港似謂此港。〔楠案：藤田注中，Bettelar 譯作别迭竦，疑“竦”爲“辣”之誤。〕柔克義則以第三港一名，不見前此撰述，趙汝适已知真珠出西難（錫蘭），然而並未言其採自何處。馬可波羅於馬納爾灣内採珠所作描寫，殆與汪大淵同。馬歡、費信皆言錫蘭附近有珠池，惟未言其確點，然當與第三港爲同地。巴布薩（Barbosa）云，錫蘭附近有一水深十尋至十五尋之沙灘（sandbank），産真珠。摩爾人（Moors）異教人（gentiles）每年兩度至 Sael 城採珠，習以爲常。此城屬於俱藍國王。（Hakluyt Soc. edit., pp. 169—170）巴布薩所云 Sael，過去學者以其即 Shaliyat，不知根據是否充分。然而第三港採珠事業，當操之於馬拉巴爾海岸無疑。至於馬納爾灣中之採珠地點則以屬於馬德拉斯邦方面者爲主要。而土提科林港（Tuticorin）殆其總部。屬於錫蘭方面者，則以馬里朱庫迪港（Marichchukaddi）爲其中心之一。〔楠案：馬里朱庫迪位于斯里蘭卡西岸普塔拉姆（Puttalam）北三十英里，近馬納爾灣，現爲一村落，居民不到千人，但仍爲採珠業中心。〕案：以上之説，自以後二説較爲有力。查印度半島南端有銅葉河（Tamraparni）注入馬納爾灣中。（參

閱本書特番里條注）此河在歷史上最早而最著名大城曰考爾珂伊（Kolkhoi），托勒密《地理誌》與失撰人名《海國迴航記》皆稱之爲真珠大市場。此港名梵語作 Korgāra，泰米爾語作 Korhoi，馬拉巴爾語作 Kolk，蓋槃地耶（Pandya）帝國東遷馬都拉（Madurao）前之都城，本爲銅葉河下游之大港。〔楠案：馬都拉爲印度泰米爾納德邦大城市之一，有王宫和大寺。自 1949 年起已改稱馬杜賴（Madurai）。〕後以半島南岸地殼上升，海岸外伸，此城遂成内陸。其下游有加一港口起而代之。《大德南海志》之伽一，《武備志·航海圖》之加異城，《西南海夷總圖》之加益，《明史》之加異勒，皆爲其地。此城原名 Kayal，爲泰米爾語"水道"之義。後以地殼繼續上升，海岸繼續外伸，此城遂縮處於距河口約一英里半之内陸，於是代之而興者則爲奔顏加一（Punnei-Kayal）。管見以爲本書第三港與新港及《元史》之新村馬頭皆爲其地。惟其得名，乃以其位於蒂魯欽杜爾（Tiruchendur）與卡亞帕塔納姆（Kayalpatanam）二港之北，順次爲第三，故有第三港之名。其"古號馬淵"者，"馬"廈門語有二讀，一讀 má 一讀 bé，b，p 爲清濁音之分，故馬淵即可視爲 Punnei-Kayal 之簡稱。

② 大朗洋　馬納爾灣之珠池，延亘於土提科林附近，而南至柯伊爾納帕塔姆（Coilnapatam，Kayalpatam）之水深十尋之海中，與大陸相去十英里至十三英里。本書大朗洋殆指馬納爾灣，而大朗二字，疑由銅葉河梵名 Tambraparni 而得音。

③ 蚌珠　巴布薩云，馬納爾灣中所採得之珠，以幼珠佔大宗，間有少數常珠。（Hakluyt soc. edit，pp. 169—170）案：《天工開物》云："幼珠如粱粟，常珠如碗豆。"

④ 殺人及十數牲祭海神　此事他書皆無，疑汪大淵亦出於誤傳。

⑤ 入水者多葬於鱷魚之腹　馬可波羅云，海灣中有大魚爲患，婆羅門施呪制止之。注家皆以馬可波羅所言大魚指鮫之一種，汪大淵此條之鱷魚殆爲鮫魚。

華羅 ①

植椰樹爲疆理(一),疊青石爲室(二)。田土瘠磽,宜種稌(三)。氣候常熱,秋冬草木越增茂盛。俗怪,民間每創石亭數四,塑以泥牛(四),或刻石爲像,朝夕諷經,敬之若人佛焉。仍以香花燈燭爲之供養。凡所主之壇(五),所行之地,及屋壁之上,悉以牛糞 ② 和泥塗之,反爲潔淨。鄰人往來,苟非其類,則不敢造其所 ③。

男女形黑(六),無酋長,年尊者主之 ④。語言謂陟加反諏女加反。以檀香、牛糞搽其額。以白布、細布 ❶ 纏頭,穿長衫,與今之南毗 ⑤ 人少異而大同。

校勘:

(一)植椰樹爲疆理 "植"原作"揎",丁本、彭本同,龍本作"植",今依改。

(二)疊青石爲室 彭本、龍本同,丁本無"青"字。

(三)宜種稌 丁本"稌"作"移",彭本作"植",龍本作"稻"。

(四)塑以泥牛 "泥"原作"宜",丁本同,彭本、龍本作"泥",今依改。

(五)凡所主之壇 丁本同,彭本"主"作"生,龍本作"坐"。

(六)男女形黑 彭本、龍本同,丁本"形"作"彩"。

❶ 白布細布 龍本、藤田校注本作"白細布"。

注釋:

① 華羅 藤田以爲即《嶺外代答》之南尼華囉國,似爲 Nahrwara 之對音,《諸蕃志》言此國出木香,是此國殆在胡茶辣(Gujarat)。柔克義則疑華羅即馬拉巴爾海岸之狠奴兒(Honore),並云此書所言習俗殆與此海岸之乃勒族(Nairs)相同。案:藤田擬爲南尼華囉國,本據夏德、柔克義英譯《諸蕃志》,視其在胡茶辣境内。查南尼華囉本胡茶辣都城名,其遺址在今索拉什特拉(Saurashtra)以北之帕丹城(Patan),〔楠案:索拉什特拉在卡提阿瓦半島(Kathiawar Pen.),帕

丹即今松納特(Somnath)。〕然當汪大淵西游時,此城式微已久,況其地點又深入内陸,汪氏是否親履其地,不無可疑。故華羅是否爲南尼華囉之省稱,殊不易必。柔克義以狠奴兒當之,此僅以其土名 Honavar 相似,别無他證。查蘇剌佗半島西南岸有二古港,彼此相去約三英里,其較南者名 Somnath-pattam,又名 Devapattan 與 Prathas 等,其較西北者名 Veraval 或 Vuraull,又名 Erăwal 與 Elâpura,此二港皆缺乏良好泊所,然其在較西北者,則尚有一小灣,較在略南之港爲優。故華羅一名,得視爲 Verawal 與 Vuraull 之對音。汪氏西游經蘇剌佗海岸時,其艤舟之港似即此港。〔楠案:Verāval 今譯佛臘伐耳,在印度古吉拉特邦(Gujarat state)卡提阿瓦半島西南岸,爲一古港,築有海堤,建有燈塔,今仍爲一重要港口。〕

② 牛糞　《嶺外代答》言西天南尼羅嗶國"屋壁坐席,塗以牛糞。家置壇,崇三尺,三級而升,每晨以牛糞塗,焚香獻花供養"。馬可波羅記馬八兒國云:"人民所以用牛糞自塗其軀體與其住宅内部者,蓋深信如是則二者皆可爲牛之神靈所庇佑故也。"(Moule, Marco polo, p. 368)案:汪大淵此條所言"以檀香牛糞搽其額",蓋指額部所繪標記。印度婆羅門教徒於額部、胸部、臂部等處繪有標記,其繪料乃以牛糞、聖爐灰、檀香末、鬱金香、蜃灰等物混合,並和以米水,使具黏性而成。

③ 苟非其類則不敢造其所　婆羅門教徒與信仰不同者不與共處。婆羅門教有種姓(Varna)之分,首陀羅(Sūdra)爲其種姓之最低者,亦受其他種姓之蔑視與排斥。

④ 無酋長,年尊者主之　馬可波羅云:"蘇木達乃一位於西境之大王國,有王與其自有之言語,國中無作海盜者,皆爲恃工商爲活之善良人民。"惟汪大淵之"無尊長,年尊者主之"二語,殆專就華羅而言,與波羅之"有王"一語並不抵觸也。

⑤ 南毗　此名又見《宋史》、《諸蕃志》、《大德南海志》、《西洋番國志》,或有作喃毗(《象胥録》)、南昆("毘"誤"昆",《明史》、《瀛涯勝覽》、《四

夷考》、《西洋朝貢典録》)。腓力卜司、夏德、柔克義等皆以爲指馬拉巴爾海岸之武士種姓,即乃勒族(Nairs),兑温達克(Duyvandak)則以爲指馬拉巴爾海岸之僧侶種姓南布利族(Namburi Brahmans)。伯希和認爲應依兑温達克之還原(Tloung Pao, XXXII, p. 221)。案:我國載籍中有南毗一名以《諸蕃志》爲最早。乃勒與南布利實馬拉巴爾海岸二大種姓,然以南布利最佔優勢,乃勒殆受支配者。故南毗應視其爲南布利種姓。而所謂南毗國則成爲此岸古里佛國(Calikut)在我國航海家間之通稱。

加將門里(一)①

去加里(二)② 二千餘里,喬木成林,修竹高節。其地堰潴,田肥美(三),一歲三收穀。通商販於他國。氣候常熱。俗薄。男女挽髻,穿長衫。叢雜回人③居之。其土商(四)④ 每興販黑囟(五),往朋加刺⑤ 互用(六)銀錢之多寡,隨其大小高下而議價。

民煮海爲鹽,釀蔗漿爲酒(七)。有酋長。地産象牙、兜羅綿❶、花布。貿易之貨,用蘇杭五色緞、南北絲,土紬絹(八)、巫崙布之屬。

校勘:

(一)加將門里　丁本、彭本、龍本同,案:"將"疑爲"捋"之誤。

(二)加里　丁本、彭本、龍本同,丁本"里"作"那"。〔楠案:藤田注云:"沈本及别本作加里那。〕

(三)田肥美　"田"原作"甲",丁本、彭本、龍本作"田",今依改。丁本"肥"作"淳"。

(四)其土商　丁本同,彭本、龍本無"其"字。

(五)黑囟　"囟"原作"囡",丁本、彭本同,龍本作"囟",今依改。

(六)互用　丁本同,彭本、龍本無"用"字。案:"互用"疑爲"互市"之譌,沈氏即作"互市"。

(七)釀蔗漿爲酒　丁本、彭本、龍本皆脱“蔗”字。

(八)土紬絹　彭本、龍本同,丁本“紬”作“綢”。

❶ 兜羅綿　“綿”,龍本、藤田校注本均作“棉”。

注釋:

① 加將門里　藤田以其即見於馬八兒嶼條之加將門。馬八兒殆爲科羅曼德爾海岸,則所云加將門或即甘巴里(Comorin, Kamuri),但名不相似,可疑也。柔克義則言加將門里,地望不明,似在東非。案:此二説自以後者較合。鄙意馬八兒嶼應爲印度之一屬島,即拉梅斯瓦蘭島(Rameswaram),又名潘班島(Pamban I.)者是也。〔楠案:拉梅斯瓦蘭島在印度東南岸與斯里蘭卡西北岸之間,爲印度通往斯里蘭卡路綫所經。從印度大陸越過潘班海峽(Pamban Channel)至該島之潘班,有高架橋長六千七百三十九英尺。〕加將門與加將門里,鄙意其“將”字均爲“捋”之譌,二者並非同地。加捋門里爲Quelimané之對音(此名又作Quilimané與Kilimané),蓋方音有將n音讀成l者,故né遂讀成lé,東非港名,見於《皇華四達記》作三蘭,岑仲勉還原焉Bandar al Salam,即今達累斯薩拉姆(Dares Salaam),(《隋唐史》第586頁)殆不可易。此港名爲阿拉伯語和平港之義,位於南緯七度附近。〔楠案:克利馬内(Queli mane)在今莫桑比克中部沿海,爲一重要港口,1498年達·伽馬曾到此。達累斯薩拉姆則爲坦桑尼亞首都。兩處相距甚遠。〕其更南者,宋代載籍有稱崐崙層期國,即Kilwa Kisiwani(今譯基爾瓦基西瓦尼),省稱Kilwa,伊本拔都他之Culua即此港阿拉伯語名之對音,初期東來之歐洲航海家作Keeroa或Quiloa,而崐崙層期一名似可還原爲Culua-zanj,此港本波斯人在東非所建層期國之都城。阿拉伯人常好以大城名與國名並舉,崐崙層期亦其一例也。《嶺外代答》又舉有大海島,則當指馬達加斯加島(Madagascar)。汪大淵之加捋門里,則位於南緯十七度五十分,此名惟見本書,殆東非地名見於我國記載之最南者〔楠案:克利馬内即在此處,但與前文有矛盾。〕惟位於南緯二十度餘之索法

拉(Sofala)亦有我國碎瓷片發現,其位置又在加將門里南二度餘矣。疑宋元間我國航海家已有訪問此港者,惜無記載而已。此港名以見於利瑪竇《坤輿萬國全圖》爲最早。

② 加里　加將門里既在東非海岸,則與其相去二千餘里之加里亦應在東非求其所在。此加里非他,即《嶺外代答》崐崘層期一名之崐崘是也。惟崐崘二字皆有鼻音收聲,而加里二字無之,然自以無此鼻音收聲爲較合。此港原名作 Kilwa Kisiwanli,阿拉伯語名作 Culua,已詳上文。此港古爲層期帝國之都城。當九世紀末葉有波斯王子率其六子及眷屬由波斯南部乘船至東非,旋擇定 Kilwa Kisiwani 爲其都城。其地本爲一地岬,因防範來自大陸方面之衝擊,乃將此地岬與大陸相聯部分掘斷,使成小島,以策安全。此地以距阿拉伯特近,後有阿拉伯人移入特多,因而成爲阿拉伯人之殖民地。當葡人東來時,此故都猶爲東非要港之一。今在此故都北部約二十英里之東非大陸,有港名 Kilwa Kivinji(今譯基爾瓦基溫傑),則開闢時代較後。今亦有以 Kilwa 名此地者,此亦繪圖者不明當時史實之故也。此故都與加將門里相距爲七百英里,與本書所言二地相距爲三千餘里正合。

③ 叢雜回人　阿拉伯人,波斯人、索馬里(Somali)以及印度等處之奉伊斯蘭教者,固皆宗教相同,然其職業則有傳教師、商人、冒險家等之分,故云叢雜回人。

④ 土商　東非南部土著,多屬班圖族(Bantu),惟此條土商既以販賣黑人作奴爲職業,疑其乃指久居東非之阿拉伯人。

⑤ 興販黑囝往朋加剌　囝音諗,又作囡,小兒俗稱。閩廣人又作囝,讀如宰。本書黑囝謂黑人幼童。朋加剌,本書有專條,東天竺國名。馬可波羅言朋加剌爲閹人與奴隸之市場,鄰境諸邦之男爵與紳士所畜閹人,皆得之於此邦(Ricci, Marco Polo, p. 203)。此來源據本書言乃來自阿拉伯在東非所虜販之黑種幼童也。

撻吉那①

國居達里②之地，即古之西域③。山少田瘠(一)，氣候半熱，天常陰晦。俗與羌同。男女身面如漆，眼圓，白髮鬅鬙(二)。籠軟錦爲衣。女資紡織爲生，男採鴉鶻④石爲活。

煮海爲鹽，釀安石榴⑤爲酒。有酋長。地産安息香⑥、琉璃瓶、硼砂⑦，梔子花⑧尤勝於他國。貿易之貨，用沙金、花銀、五色緞(三)、鐵鼎、銅線、琉黄(四)、水銀之屬。

校勘：

(一)山少田瘠　丁本、彭本、龍本"田"皆作"而"。

(二)白髮鬅鬙　"鬅"原作"髶"，丁本同，彭本作"髶"，龍本作"鬅"，今依龍本改。

(三)五色緞　"緞"原作"叚"，丁本、彭本、龍本皆作"緞"，今依改。

(四)琉黄　"黄"原作"璃"，丁本同，彭本"琉"下空一格，龍本作"黄"，今依龍本改，惟"琉"疑爲"硫"之誤。

注釋：

① 撻吉那　沈曾植以文中言其在達里之地，故疑其即《明史》之底里國(Delhi)，而撻吉那即突厥之轉音。藤田則疑達里爲Jhar之對音，西印度沙漠名，而達吉那在何地不可知。又言《諸蕃志》注輦條有西天鵬茄囉國，都城號茶那咭；如以茶那咭爲咭那之倒置，則爲撻吉那。案：沈氏與藤田皆視撻吉那在天竺境内，惟一視其在中天竺，一視其在西天竺。其實本書所叙撻吉那景物，皆與天竺不合。《諸蕃志》之西天鵬茄囉國，即東天竺之朋加剌(Bangala)，其"西天"二字即天竺之俗稱。管見以爲撻吉那殆波斯古港Tahiri之對音，今猶以此爲名，譯作塔黑里。方音hi可譌讀ki，ri可譌讀爲ni或na，故Tahiri可以撻吉那三字當之。此港位於波斯法爾斯(Fars)沿海，本名Shilav(阿拉伯人作Sirāf)，即元季吳鑒《清淨寺記》之撒那威，自

九世紀中葉至十二世紀中葉之三百年中，殆波斯灣東部最大商港。其後由於政治變遷與港口淤塞等，乃有記施（Kish）港口之代興。〔楠案：Kish一般作Quis或Qays，今譯基什或卡伊斯，爲伊朗南部海中島嶼。以農業、漁業與採珠業聞名。中世紀（十一世紀至十四世紀）爲一大貿易中心，後爲霍爾木斯島所代。〕此港何時改用今名已不易考。就本書而言，似不能晚於十四世紀初葉。吳鑒與汪大淵爲同時代人，仍作撒那威者，沿用舊名也。吳氏《清淨寺記》云："宋紹興元年（公元1131年）有那只卜穆魯丁者，自撒那威從商舶來泉，剏兹寺於泉州南城。"（《閩書》卷七）是其所記乃十二世紀前半紀之事也。

《諸蕃志》大食國條有思蓮國與白蓮國，夏德與柔克義疑思蓮指撒那威（塔黑里），又疑其指設拉子（Shiraz），而白蓮則指巴林（Bahrain）（Chao Ju-kua, p. 133, n. 13）。鄙意撒那威與巴林本遥遥相對者，《諸蕃志》既以思蓮與白蓮並舉，則思蓮之可當撒那威，甚過於設拉子也。

宋時來我國之波斯商人或舶主，往往好以出身地名爲其本人之姓名。其以此港爲其本人之名者，如《桯史》卷十一之尸羅圍，《諸蕃志》大食條之施那幃，林之奇《拙齋文集》卷十六《泉州東坡叢葬番商記》之試那圍，皆得視爲撒那威之異譯，並以其作人名用者。

② 達里　中世旅行家於波斯一名，常寫作Tauris，伽陀蘭（Catalan）地圖亦名波斯曰Tauris，本書達里與《明史》討來思皆爲其對音。此名本源於Tabriz，蓋此國西北境大城名，即《明史》、《明會典》作帖必力思者是也。〔楠案：Tabriz今譯大不里士，爲伊朗西北部東阿塞拜疆省省會。〕

③ 西域　天山南北及其西一帶古稱西域，因此元時居中國之波斯人、阿拉伯人皆自稱西域人，故此書亦以西域爲此諸地之古稱。

④ 鴉鶻　見本書朋家羅條"鴉鶻"注。

⑤ 安石榴　見本書曼陀郎條"石榴"注。

⑥ 安息香　此香名似以見於《廣州記》爲最早（《政和證類本草》卷

十三引),《廣州記》撰人不詳,當爲晉時著作。此香爲採自 Boswellia seratu, Balsamo-dron mukul, Commiphora roxburghü 等樹之芳樹脂,波斯語名 mukul,阿拉伯語名 aflatoon。以産於伊朗高原與阿拉伯半島,尤以後者輸出最多。李時珍云:"此香可辟惡,安息諸邪,故名。"(《本草綱目》卷三十四)馮承鈞校注《諸蕃志》"安息香"條,以安息香取自 Styrax benzoin 樹,則殆以金顔香樹當於安息香樹矣。汪大淵於此二香並不相混,以西亞所産者曰安息香,名南海所産者曰金顔香。參見本書舊港條"金顔香"注。

⑦ 硼砂 《圖經本草》作鵬砂(《政和證類本草》卷五引)。《本草衍義》作蓬砂。案:硼砂産於我國西藏與波斯。《隋書·波斯傳》言波斯産呼咯,蓋謂硼砂爲其波斯語 furak 之對音。今此波斯語作 burak 與 būra,西藏語作 ze-ts 'wa, ba-ts 'wa, ts 'a-la 等。

⑧ 梔子花 詳龍涎嶼條"梔子花"注。

千里馬①

北與大奮山②截界,溪水護市,四時澄徹,形勢寬容。田瘠穀少,氣候乍熱。俗淳(一)。男女斷髮,身繫絲布。

煮海爲鹽,釀桂屑(二)爲酒③。有酋長。地産翠羽、百合、蘿蕷(三)④。貿易之貨,用鐵條、麄碗(四)、蘇木、鉛、針之屬。

校勘:

(一)俗淳 "淳"字原奪,丁本、龍本、彭本皆有"淳"字,今依補。

(二)桂屑 "桂"原作"柱",丁本、彭本同,龍本作"桂",今依改。

(三)蘿蕷 丁本、彭本、龍本同,沈本"蕷"作"薯"。

(四)麄碗 丁木、彭本同,龍本"麄"作"粗"。

注釋:

① 千里馬 藤田云此名不見元明載籍,明人往往言有千里達,不知與此同否?柔克義則疑千里馬在蘇門答剌島,並以爲在特番里附近。

案：藤、田、柔克義所擬皆不確。鄙意千里馬殆在今斯里蘭卡東岸，爲其 Trinkou-malai 之省譯，即今圖作亭可馬里（Trincomalee）者是也。〔楠案：亭可馬里爲斯里蘭卡東北部港口，著名天然深水良港。泰米爾族在斯里蘭卡最早居住地之一。有大佛寺，1922 年爲葡萄牙人所毁，殘跡尚存，爲佛教徒所崇敬。〕原名猶言三峰，由港北有三峰矗立而得名。此港爲一自北向南伸之半島所成。半島之東西兩岸皆爲泊所，今市區則踞於此半島之土腰上，似過去亦如是也。

明代所傳之千里達一名，則似爲 Tiramida 之對音，此名見《明史·外國傳》，即泰米爾語名，梵語作 Draviḍa 與 Dramiḍa，僧伽羅語作 Damilo，《大唐西域記》作達羅毗荼。然此國至九世紀末已成爲注輦國（Cola）領土之一部，自後此一國名遂在印度史上消失。惟南印度與斯里蘭卡僅一水之隔，泰米爾人爲南印度之主要民族，其渡海南來，亦歷史甚古。今此島北部與東北部居民皆以泰米爾人爲主要成分。故《明史》之千里達，疑即在斯里蘭卡島泰米爾族區域内。此島北部賈夫納（Jaffna）地方賈夫納城（Jaffnapatam），古爲泰米爾族王國都城，明初曾遣使東來之千達里，或即此王國。

② 大奮山　大奮山不見他書。諾克斯（R. Knox）《錫蘭志》（An Historical Relation of Ceylon）附圖於賈夫納區域繪有港名，作 Tambamme，其地在今帕賴（pallai）附近，疑大奮山即此港名對音。

③ 釀桂屑爲酒　此殆指酒在釀造時加有桂屑，藉以增其香味，並使具有某種醫療功能。肉桂在宋以前我國出口甚多，阿拉伯、波斯人皆名之爲“中國樹皮”。首言斯里蘭卡産肉桂者爲 1275 年頃阿拉伯人卡兹維尼（Kazwini）之記載。

斯里蘭卡肉桂學名 Cinnamanum Zeylanicum，僧伽羅語作 Corundo-patra，泰米爾語作 Karuvappaṭṭai，波斯語作 darčīnī，阿拉伯語作 dār-sīni。我國本草學者以本國乃一産肉桂要地，故於他國之産遂鮮注意。汪大淵此書雖未明言斯里蘭卡島上産肉桂，然稱其以桂屑釀酒，不啻已明示其乃一産肉桂區域。

④ 蘿蒴　“蘿”，沈氏本作“薯”，藤田亦以“蘿”爲“薯”之譌。案：諾克

斯《錫蘭志》云:"島中産有可供食用之根莖,種類繁多。僧伽羅人泛稱爲alloes。"疑蘿蔔一名,其"蘿"字乃由此僧伽羅語名而得音。

大佛山①

大佛山界于(一)迓里②、高郎步之間。至順庚午冬十月十有二日(二),因卸帆於山下,是夜月明如晝,海波不興,水清徹底,起而徘徊,俯窺水國,有樹婆娑。余指舟人而問:"此非青琅玕(三)③、珊瑚珠④者耶?"曰:"非也。""此非月中娑羅樹⑤者耶?"曰:"亦非也。"乃命童子(四)入水採之,則柔滑,拔之出水,則堅如鐵。把而翫之,高僅盈尺,則其樹槎牙盤結奇怪,枝有一花一蘂,紅色天然。既開者彷彿牡丹,半吐者類乎菡萏。舟人秉燭環堵而觀之,衆乃雀躍而咲曰:❶"此瓊樹開花也,誠海中之稀有(五),亦中國之異聞。余歷此四十餘年,未嘗覩於此,君今得之,玆非千載而一遇者乎?"余次日作古體詩百首(六),以記其實。袖之以歸。豫章邵庵虞先生(七)⑥見而賦詩,迨今留於君子堂⑦以傳翫❷焉。

校勘:

(一)界于　"于"原作"子",丁本、彭本、龍本同。沈氏本作"於"。藤田云:"子"殆"于"之譌,今依改。

(二)十月十有二日　原作"十月有二日"。丁本、彭本、龍本同。藤田云:"'有'上殆奪'十'字,因下文有是夜月明如晝之語。"案:錢曾《讀書敏求記》引其所藏元人鈔本,即作"十月十有二日",今依補。

(三)青琅玕　"青"原作"清","玕"原作"琊",丁本、彭本、龍本作"清琅玕",惟此書哩伽塔條、麻呵斯離條"清"皆作"青",今依改。

(四)童子　"童子"下原有"女"字,作"童子女",丁本同,彭本、龍本無之,錢曾《讀書敏求記》引亦無之,今依删。

(五)稀有　"稀"原作"希",丁本同,彭木、龍本作"稀",錢氏《讀書敏求記》

引亦作“稀”,今依改。

(六)古體詩百首　丁本、彭本、龍本同。疑“首”爲“韻”之譌。

(七)邵庵虞先生　丁本同,彭本、龍本“邵”作“郡”。

❶ 咲曰　“咲”,龍本、藤田校注本均作“笑”。

❷ 傳翫　“翫”,龍本、藤田校注本均作“玩”。

注釋:

① 大佛山　此名已見本書高郎步條,沈曾植與藤田皆以此山指亞當峰(Adam's Peak),而汪大淵所艤舟處則在錫蘭(斯里蘭卡)島西岸,至於在西岸何處,沈氏並未確言,而藤田則疑其爲卡爾圖爾港(Caltur)。案:藤田所言卡爾圖爾港在今斯里蘭卡島西岸卡盧河(Kalu Ganga)河口内,爲此島上一重要市鎮。〔楠案:卡爾圖爾今作卡盧塔拉(Kalutara),由卡盧河上大鐵橋通往對岸。橋長一千二百餘英尺。〕汪大淵所言“瓊樹”殆指珊瑚,此爲生長海底岩石或他種固體物質上之一種生物,其海水應清徹,可任陽光通至海底,否則不能生存也。卡爾圖爾港海水是否能適於珊瑚生長,不無可疑。鄙意汪大淵在斯里蘭卡島西岸卸帆之地,似在卡爾圖爾南之别羅里灣(Beruwala Bay),此爲科倫坡以南最安全之泊所。别羅里一名見《瀛涯勝覽》錫蘭國條,惟馬歡誤以其地在南岸佛堂山附近。别羅里今又名泊泊漣(Berberin)。〔楠案:别羅里(Beruwala)今譯貝魯瓦拉,在科倫坡南三十二英里,爲斯里蘭卡西方省中市鎮之一。沿岸有燈塔。亦作 Barberyn。〕

② 迓里　此名在我國以見於汪大淵此書爲最早。《西洋朝貢典録》作牙里,《順風相送》針經作牙里嶼,皆爲僧伽羅語 Gala 之對音,義爲岩石。今圖作加勒(Galle)。此名在錫蘭紀年中至 1269 年始見於記録。自葡萄牙人東來後,此港成爲全島要港。

③ 青琅玕　《石雅》卷上云,青琅玕唐宋以前指緑青,即孔雀石(Malachite)。其出於山者往往盤紆屈曲,枝柯交錯,有若珊瑚,故有青珊瑚之稱。唐宋以後則指真珊瑚類,並有石闌干、琅玕石等異名。

案：此條青琅玕似指孔雀石，而哩伽塔條青琅玕則似指紅海沿岸所産緑寶石（beryel）之屬，與此條青琅玕有别。

④ 珊瑚珠　詳假里馬打條注。

⑤ 娑羅樹　此樹名爲梵語 sāla 之對音，即 Shorea robusta 是也。《華嚴經音義》作高遠樹。《大唐西域記》卷六言此樹“類槲，而皮青白，葉甚光潤”。案：釋迦牟尼之誕生與涅槃皆在娑羅樹下，故佛教徒視此爲聖樹。然印度人所傳月中樹影是閻浮樹影而非娑羅樹影也。《法苑珠林》卷四《日月篇》引《起世經》云：“復何因緣，月宫殿中，有諸影現，此大洲中，有閻浮樹，因此樹故，名閻浮洲，其樹高大，影現月輪。”閻浮樹爲梵語 jambu 對音。

⑥ 邵庵虞先生　虞集之書齋名邵庵。歐陽玄《圭齋文集》卷九《虞雍公神道碑》云：“少讀邵子書，領悟其妙，題其室曰邵庵，學者因號之曰邵庵先生。”

⑦ 君子堂　宋末元初人王義山築宅於南昌東湖上，環所居種蓮，名其堂曰君子。有《稼村類藁》三十卷，其卷七有《君子堂記》，即汪大淵所言君子堂，蓋此堂疑後爲汪氏所有。

須文那①

國居（一）班支尼那②接境，山如瓜瓠，民樂奠居，田瘠穀少，氣候應節。俗鄙薄。男女蓬頭繫絲（二）。酋長之家有石鶴③，高七尺餘，身白而頂紅，彷佛生像（三），民間事之爲神鶴。四五月間，聽其夜鳴，則是歲豐稔。凡有疾則卜之，如響斯應。

民不善煮海爲鹽，地産絲布，胡椒亞於希苓（四）④、淡邈⑤。孩兒茶⑥又名❶烏爹土，又名胥實失之，其實檳榔汗也（五）。貿易之貨，用五色紬緞（六）、青緞（七）、荳蔻、大小水罐、蘇木之屬。

校勘：

（一）國居　“居”丁本作“君”，彭本、龍本作“中”。案：居與中皆得視爲

"與"之譌。

(二)縶絲　丁本、彭本、龍本同。藤田云,"絲"下殆奪"布"字。

(三)彷佛生像　丁本作"儼然如生",彭本、龍本作"彷然生像"。

(四)郗苓　丁本、彭本、龍本皆作"希苓"。

(五)其實檳榔汗也　丁本、彭本、龍本同。藤田氏云,"汗"殆"汁"之譌。

(六)紬緞　丁本、彭本、龍本"紬"作"細"。

(七)青緞　彭本、龍本同,丁本奪此二字。

❶又名　"又"龍本、藤田校注本均作"一"。

注釋:

① 須文那　沈曾植以其即《元史》卷二百十馬八兒等國傳之須門那。至其在印度何處,則未有考。布萊資奈德以爲即松納特(Somnath),馬可波羅作 Semenat。(Med. Res., I, p. 191)藤田則以爲須文那產物與松納特不相似,認爲可疑。然亦未有考。柔克義則以其在印度西南部之芒格洛爾(Mangalore),然而對音欠合,不知何據。伯希和以爲《元史》之須門那即本書之須文那,與《元史》同卷之蘇木達爲同地,指南印度之 Dvora Samudra,爲比拉爾王朝(Bilal Rajas)之都城名,其國名作 Deogiri,即《元史》卷二十之吊吉而。Dvora Samudra 義爲海門。(Notes on Marco Polo, p. 830)此吊吉而王國在今邁索爾(Mysore),而以"海門"爲名之都城則在哈桑(Hassan)區之哈勒比德(Halebid)。然此實位內陸,距海頗遠。或即柔克義所舉之芒格洛爾。然其附近並無與班支尼那接境近音之地,故是否其地,亦值懷疑。鄙意今孟買(Bombay)北約三十餘英里有古港名 Suppāraka,今西圖作 Sopāra,就讀音而言,殆可當於須文那或須門那。蓋 p 爲 b 之濁音,而 b 在方音可與 m 通者;漢語無 r 音,常以 l 音當之,廈門音讀"那"如 lo, na, ta 等。此港距巴塞因(Bassein)約三英里,爲公元前數世紀至十四世紀初葉孔坎(Konkan)海岸主要港口。汪氏艤舟此港,正值衰微之時,此後則趨於銷沉矣。

② 班支尼那　藤田云"亦未明"。鄙意此四字得視爲二地。班支指 Wasai,即今巴塞因 Bassein。"班"字在廈門語讀 pang 與 pwang,"支"字廈門語讀 chi 與 ki,然 chi 與 si 爲近音,而汕頭語與客語即讀支如 si,故班支爲 Wasai 之對音,似無甚疑問。此港今市内猶有葡人所建教堂等遺留。〔楠案:巴塞因爲 1534 年至 1739 年葡萄牙人所建要塞之一。〕其北與 Sopara 相去約三、四英里。尼那指 Vrar,其地北瀕 Vaitaranu 河,南與 Sopara 相去約十餘英里。

③ 石鶴　本書金塔條有所謂朱頂鶴,殆即印度人之靈鷲是也。此條石鶴,蓋指石刻靈鷲。參看金塔條"朱頂鶴"注。

④ 郗苓　他本又作希苓,則視其與本書爪哇條之希苓(Kalang)爲同地點。鄙意以作郗苓爲是,指馬拉巴爾海岸之歇立(Hili),蓋科澤科德(Calicut,一譯卡利卡特)北附近港名。孔第(Conti)《行記》作 Helly 與 Hellòm,後一種寫法與郗苓音最近。

⑤ 淡邈　本書有淡邈條,又有東淡邈條。淡邈指今緬甸之打回(Tavoy),今圖作土瓦。東淡邈之"東"字疑爲"束"之譌,爲果阿(Goa)見於中世紀東方史地中 Sandābūr 一名之對音。此處之淡邈諸本雖同,然如視其地在南印度西岸者則以作東淡邈爲合。

⑥ 孩兒茶　此名以見於本書爲最早。《海録》作"兒茶"。爲取自一種學名 Cassia catechu 之液汁,梵語名 khadira 與 khaira,孩兒茶殆由後一梵名而得音。因其汁呈緑茶色,故有茶之名。泰米爾語 Vodalay,汪大淵之"烏爹土",《本草綱目》之"烏爹泥"與"烏壘泥"皆其對音。泰語名 Sisiat,汪大淵所記"胥失之"爲其對音。樹高二三十英尺,喬木,印度孔坎海岸、孟加拉北部山地、緬甸皆産之。取此木之心熬煎之,則得濃液,以其乾煉之,則成棕色或黑色之土塊狀,可爲醫藥中收斂劑、製革鞣料、咀嚼檳榔之混合物。惟今西方藥典又以馬來半島等處所産學名 Uncaria gambier 之液汁,亦視爲孩兒茶之一種。

汪大淵云,孩兒茶"其實檳榔汗也",學者有視"汗"爲"汁"之譌者。友人韓槐準則以印度泰盧固語(Telugu)名檳榔子熬成之膏曰 kansi,其狀與孩兒茶相似,疑汪氏誤視孩兒茶即檳榔汗。在韓氏之意,"汗"字即由此泰盧固語名而得音。

小唄喃①

地與都攔礁(一)② 相近。厥土黑墳,本宜穀麥。居民(二)懶事耕作,歲藉烏爹運米供給。或風迅到遲,馬船③已去,貨載不滿,風迅或逆,不得過喃哑哩洋(三),且防高浪阜中鹵股石之厄。所以此地駐冬,候下年八九月(四)馬船復來,移船回古里佛互市。風俗、男女衣著與古里佛同。有村主,無酋長。

地産胡椒、椰子、檳榔、溜魚④。貿易之貨,用金、銀(五)、青白花器、八丹布(六)、五色緞、鐵器之屬。

校勘:

(一)都攔礁　丁本、彭本、龍本同,《星槎勝覽》天一閣本大唄喃條、《紀録彙編》本大葛蘭條"攔"作"欄"。

(二)居民　丁本同,彭本、龍本作"民居"。

(三)不得過喃哑哩洋　"過"原作"遇",龍本同,丁本、彭本作"過",今依改。

(四)候下年八九月　丁本同,彭本、龍本"下"作"夏"。

(五)金銀　原作"金錢",龍本同,彭本、丁本作"金銀",今依改。

(六)八丹布　丁本同,彭本、龍本"丹"作"舟"。

注釋:

① 小唄喃　《星槎勝覽》天一閣本前集有小唄喃、大唄喃,《紀録彙編》本作小噶蘭、大噶蘭,本書無大唄喃,《瀛涯勝覽》、《西洋番國志》、《西洋朝貢典録》、鄭曉《四夷考》、《武備志·航海圖》、《象胥録》等則有小葛蘭而無大葛蘭,《明史》有小葛蘭傳,而以大葛蘭附見,《大德南海志》有大故藍而無小故藍。腓力卜司以爲《武備志·航海圖》之小葛蘭即俱藍(Coilam)(J. C. B. R. A. S., XX, p. 223)。

藤田則以元代之小唄喃與明代小葛蘭非同地,前者爲梵答剌亦納(Fandaraina),後者爲俱藍。藤田又有《大小葛蘭考》一文載《中西交涉史研究·南海篇》。柔克義則以大唄喃、大葛蘭當於俱藍,小唄喃、小葛蘭當於凱因古倫(Kayn Kulam),而未言其所據。伯希和以爲小唄喃、小葛蘭皆指俱藍,並疑費信之大唄喃、大葛蘭出於虚構。然又云:"俱藍一名,在十四世紀中葉以前之載籍中,不冠有區别字,至此始冠有小字,則爲一事實也。"(Notes On Marco Polo, pp. 400-1)是伯希和又似疑當時實有以大唄喃、大葛蘭爲名之地矣。案:《大德南海志》有大故藍一名,則大唄喃、大葛蘭之名,並非皆始於明初,而元初已有可當於此二名之譯名矣。同書又有賓陀蘭納一名,則爲梵答剌亦納之異譯;而汪大淵書中有專條之班達里,據伯希和與考狄(H. Cordier)之考證,亦指梵答剌亦納(詳班達里條注)。是藤田欲以小唄喃當於梵答剌亦納,顯然亦無從成立矣。《大德南海志》卷七有舶貨與番國名,爲過去治漢學者所未見,故藤田與伯希和誤以大唄喃、大葛蘭無較古之譯名也。

今請先討論小唄喃,即小葛蘭之地點。腓力卜司以小葛蘭即俱藍,伯希和則以小唄喃即小葛蘭,皆不可易。《瀛涯勝覽》、《西洋番國志》皆言小葛蘭港三面皆海。查馬拉巴爾海岸諸港,似唯俱藍如是。故小唄喃、小葛蘭之在俱藍,殆無可疑。俱藍一名見《元史·世祖紀》與《元史·馬八兒等國傳》。惟《世祖紀》於此名又作閣藍,《嶺外代答》與《諸蕃志》作故臨,《宋史·天竺傳》作柯蘭,《宋史·層檀國傳》作古林,《雲麓漫鈔》有嘉令麻辣,疑亦指俱蘭,爲 Kulam-Malaī 之對音,蓋爲此國見於九世紀阿拉伯旅行家之名。《皇華四達記》有没來國,腓力卜司以爲亦此阿拉伯名之省譯。此港土名作 Kollam,西圖作 Quilon, Coilam 等。今譯奎隆。

《星槎勝覽》天一閣本分前後二集,前集所列諸地爲費信所親歷,後集所列諸地則爲費信採訪所及。小唄喃在此書前集,大唄喃在後集,故小唄喃爲費信所親歷,而大唄喃則否。惟費信書最大之缺點,爲好襲録《島夷誌略》成文,甚至不同地點亦復如是。如其大唄喃所敍，幾全録《島夷誌略》小唄喃條文，致讀者多所臆測。

鄙意所謂大故藍、大唄喃、大葛蘭，似在今馬拉巴爾海岸之亞英咖（Anjengo）附近。其地有南北二小灣，亞英咖位於北小灣之口，而東與位於南小灣口近處之 Strangankil 相對。後者係位於向南小灣流注一小河之下游，在其上游數英里處，有村名 Attingal。管見以爲所謂大故藍、大唄喃、大葛蘭，即（At）tingal 之對音。此港在當時航海家間既名之曰大，因此俱藍乃有小稱。至於位於北小灣口之亞英咖，則名見謝清高《海録》。〔楠案：亞英咖（Anjengo）今譯安金戈，在印度西南岸喀拉拉邦奎隆與特里凡得琅之間，英人于 1684 年曾在此地設立商館。阿廷加爾（Attingal）在今較詳細之地圖上仍可查到。〕

《星槎勝覽》小唄喃條有"山連赤土，地接下里"一語，查特里凡得琅（Trivamdrum）與亞英咖二地附近，皆有赤色峻巖分布，"赤土"一名，蓋由此而得。至於下里，則指俱藍北約四十英里之阿勒皮（Alleppey），與汪大淵本書下里之指柯欽以北之阿爾瓦耶（Alwaye）無涉也。

② 都攔礁　此名疑爲上文所言亞英咖附近南小灣東小河下游之 Strayankil 一名，〔楠案：今圖作 Chirayankil。〕省去 s 音之對音。此村不僅爲 Attingal 之門户，且爲當時此港市場所在。

③ 馬船　指波斯灣與阿拉伯諸港運載馬匹至印度販賣之無釘船，詳甘埋里條"馬船"注。

④ 溜魚　本書北溜條之乾魚，即指此魚，參看北溜條"乾魚"注。

古里佛[①]

當巨海之要衝，去僧加剌(一)[②]密邇(二)，亦西洋諸番之馬頭也(三)。山横而田瘠(四)，宜種麥。每歲藉烏爹[③]米至(五)。行者讓路，道不拾遺，俗稍近古。其法至謹(六)，盜一牛(七)[④]，酋以牛頭爲準，失主仍以犯人家産籍没而戮之(八)。官場[⑤]居深山中，海濱爲市,以通貿易。

地産胡椒,亞於下里⑥,人間俱有倉廩貯之(九)。每播荷⑦三百七十五斤,税收十分之二。次加張葉(一〇)⑧、皮桑布⑨、薔薇水⑩、波蘿蜜、孩兒茶。其珊瑚、珍珠、乳香⑪諸等貨,皆由甘理(一一)⑫、佛朗⑬來也。去貨與小唄喃國同。蓄好馬(一二),自西極來⑭,故以舶載至此國。每疋互易,動金錢千百,或至四十千(一三)爲率。否則番人議其國空乏也(一四)。

校勘:

(一)僧加剌　丁本、彭本、龍本同,《星槎勝覽》天一閣本作"僧伽",《紀録彙編》本作"僧迦"。

(二)密邇　丁本同,彭本、龍本"邇"作"耳"。

(三)亦西洋諸番之馬頭也　"番之"二字原奪,丁本、彭本、龍本亦奪。《星槎勝覽》天一閣本有"番之"二字,《紀録彙編》本作"國之",今依天一閣本補。《寰宇通志》西洋古里國條引《島夷志》作"西洋諸蕃之會"。

(四)山横而田瘠　丁本、彭本、龍本同,《寰宇通志》引《島夷志》亦同。《星槎勝覽》天一閣本、《紀録彙編》本"横"皆作"廣"。

(五)藉烏爹米至　"米"原作"水",丁本、龍本同,彭本作"米",今依改。

(六)其法至謹　"謹"原作"垣",丁本作"坦",彭本空一格,龍本作"謹",今從之。

(七)盗一牛　"一"原作"以",丁本、彭本、龍本作"一",今依改。

(八)戮之　原作"戳之",龍本同,丁本、彭本作"戮之",今依改。

(九)俱有倉廩貯之　"俱"原作"居",丁本、彭本、龍本同,《星槎勝覽》天一閣本作"俱",今從之。"廩"原作"稟",他本皆作"廩",今依改。

(一〇)次加張葉　"次"上原有"下"字,丁本同,彭本、龍本無,今依删。

(一一)甘理　丁本、龍本同,彭本"理"作"里"。

(一二)蓄好馬　丁本、彭本、龍本同,《寰宇通志》引《島夷志》作"好蓄馬"。

(一三)四十千　丁本同,彭本、龍本無"十"字。

(一四)議其國空乏也　彭本、龍本同,丁本"國"下有"之"字。

注釋:

① 古里佛　藤田以其指今奎隆(Quilon),柔克義以其指今科澤科德(Calicut),自以后者爲得其正鵠。科澤科德,《海録》作隔瀝骨底,《瀛涯勝覽》古里國條云:"(古里國)即西洋大國,從柯枝國港口開船,往西北行,三日方到。其國邊海,山之東有五七百里,遠通坎巴夷國,西臨大海,南連柯枝國界,北邊相接狠奴兒地面,西洋大國正此地也。"柯枝爲 Koči 之對音,西圖作 Cochin,即《海録》之固貞,今譯柯欽。"五七百里"之"百"字原奪,據《勝朝遺事》本補。"七"字疑應作"六"。坎巴夷,《西洋朝貢典録》作坎巴夷替,爲 Koyampadi 之對音,今圖作科因巴托爾(Coimbatore)。利瑪竇《地圖》亦有坎巴夷替,則爲印度半島西岸北部坎貝(Cambay)之阿拉伯語名 Kambayat 之對音,與此處坎巴夷替非同地也。狠奴兒爲 Honavar 之對音,今譯霍納瓦,西圖亦作 Honore。故古里佛與馬歡之古里國合。伊本拔都他云:"從梵答剌亦納前行至卡利卡特(Kalikūt),蓋馬拉巴爾海岸(Muliībār)諸大港之一,有中國人、爪哇人、錫蘭人、北溜人、也門人、法爾斯人常來過訪,與各地貿易者之薈集,故此港得爲世界最大者之列。"(Voyages, IV, p. 89)

考我國典籍,《諸蕃志》有南毘國條,《大德南海志》亦有此國名。鄙意南毘國即古里佛國。《諸蕃志》云:"南毘國在西南之極,自三佛齊便風月餘可到,國都號篾阿抹,唐語曰禮司。"舊考皆以此國在馬拉巴爾海岸,而未確言在此海岸何處。蓋南毘本此海岸婆羅門種姓 Namburi 之通稱也。篾阿抹一名,似爲 Mariamma 之對音,古里佛城女神名也。此女神本名 Mari,其名後輟以 amma,則爲一種尊稱,即馬拉巴爾語"嬷嬷"之義。查《西南海夷總圖》,於加益、俱南、阿留三名之北,有馬剌里一名。加益即 Kayal,見本書第三港條第三港注;俱南即俱藍;阿留即下里之異譯;惟馬剌里一名,自非古里佛莫屬,蓋亦以其女神名爲都城名或港名也。中世紀時古里佛似以南毘與等阿抹或馬剌里爲航海家中通稱，故其本名不見於《諸蕃志》、《大德南海志》，蓋即因此也。1498 年葡萄牙人達·伽馬率三船繞大浪山角東來，其第一次在印度登陸之地即爲古里佛。《諸蕃志》所謂禮司，應視其爲南毘一名之意譯。蓋南毘本馬拉巴爾海岸婆羅門種姓稱，而婆羅門本爲司祭事之僧侶故也。

② 僧加剌　此爲梵語 Simhala 之對音，本指今斯里蘭卡，惟汪大淵則以其指佛堂山，詳僧加剌條僧加剌注。此條僧加剌則指馬拉巴爾海岸之 Kodangulur，其爲阿拉伯語 Shinkali（Shinkala）之對音，即《元史·馬八兒傳》之僧急里是也。此爲馬拉巴爾海岸古港之一。

③ 烏爹　見本書烏爹條。

④ 盜一牛　《嶺外代答》卷二故臨條云："國王事天尊牛，殺之償死。"案：印度婆羅門教徒祀梵天（Brahman）而敬牛，視殺牛爲重罪，今猶然。

⑤ 官場　本書官場指一國政治中心或國王居地。案：今距此港鐵路車站約二英里處，有古王宫遺址，其地尚存二石柱。疑汪氏所言官場，即在其地。

⑥ 下里　見本書下里條。

⑦ 播荷　重量名，爲梵語 bahara 之對音，今通常以四百六十磅爲一播荷。

⑧ 加張葉　《瀛涯勝覽》佔城等條作茭葦葉，皆爲馬來語 kajang 之對音，謂各種棕櫚科植物之葉。本書加張葉，殆指椰子葉。

⑨ 皮桑布　馬來語名芎蕉曰 pisang，皮桑布即蕉布。

⑩ 薔薇水　見本書龍涎嶼條"薔薇水"注。

⑪ 乳香　《廣志》云："乳香即薰陸之類也。"（《政和證類本草》卷十二"沈香"條引）《南州異物志》云："薰陸香狀如桃膠。"（《翻譯名義集》卷六引）《唐本草》云："薰陸香出天竺國及邯鄲，似松脂，黄白色，天竺者多白，邯鄲者夾綠色，香不甚。"（《政和證類本草》卷十二"薰陸"條引）案：乳香以乳狀而得名，梵語作 Kunda，義爲香，薰陸殆甚轉音。

印度乳香爲 Boswellia thurifera 樹所産。《唐本草》之邯鄲，管見以爲阿拉伯乳香多來自阿拉伯半島東南部哈德拉茅（Hadramaut），其地有部落曰 Kahtan，疑邯鄲即其對音。哈德拉茅因盛産乳香，有“乳香國”之稱。〔楠案：哈德拉茅（哈達拉毛）在也門民主人民共和國。〕

⑫ 甘理　藤田云，本書有甘埋里，則甘理之“理”爲“埋”可知。案甘理一名爲 Kalhat 之省譯，蓋阿拉伯東北部甕蠻（‘Uman）區域諸大港之一，中世紀時爲一國際市場，貿易繁盛，爲忽魯謨斯國之藩屬。《諸蕃志》大食國條之伽力吉即 Kalhat 之對音。

⑬ 佛朗　《西使記》與《元史·郭侃傳》作富浪，爲波斯語 Farang 之對音，謂歐洲或地中海東部區域。

⑭ 蓄好馬自西極來　《嶺外代答》故臨條云：“大食販馬前來此國貨賣”。

朋加剌①

五嶺②崔嵬，樹林拔萃，民聚而居之（一），歲以耕殖爲業（二），故野無曠土，田疇極美（三）。一歲（四）凡三收谷❶，百物皆廉，即古忻都州府也③。氣候常熱，風俗最爲淳厚。男女以細布纏頭，穿長衫。官税以十分中取其二焉。國鑄銀錢，名唐加④，每箇二錢八分重（五），流通使用。互易𧴩子⑤一萬一千五百二十有餘（六），以權小錢便民，良有益也。

産苾布⑥、高你布⑦、兜羅錦、翠羽。貿易之貨，用南北絲、五色絹緞、丁香、荳蔻、青白花器、白纓之屬。兹番所以民安物泰，皆曰平農力（七）有以致之。是故原防菅茅之地（八），民墾闢，種植不倦，犂無再勞之役（九），因天之時而分地利，國富俗厚，可以軼舊港（一〇）而邁闍婆云（一一）。

校勘：

（一）民聚而居之　“聚”原作“環”，丁本、彭本、龍本同，《寰宇通志》引《島夷志》作“聚”，今依改。

(二)耕殖爲業　“殖”原作“植”,丁本、龍本同,彭本作“種”,《寰宇通志》引《島夷志》作“殖”,今依改。

(三)田疇極美　“田”原作“山”,丁本、彭本同,龍本作“田”,今依改。彭本“田”上空白一格。

(四)一歲　丁本同,彭本、龍本“一”上有“每”字。

(五)每箇二錢八分重　原作“每歲錢八分重”,丁本、彭本同,龍本作“每箇錢八分重”,《寰宇通志》引《島夷志》作“每錢二錢八分重”,今依龍本改“每歲”爲“每箇”,又依《寰宇通志》於“錢”上增“二”字。

(六)一萬一千五百二十有餘　原奪“一千”,丁本、彭本、龍本亦奪。藤田云,此書烏爹條“易肌子一萬一千五百有餘”,今依補。

(七)皆曰平農力　丁本同,彭本、龍本作“皆自乎農力”。

(八)菅茅之地　“菅”原作“管”,丁本、彭本同,龍本作“菅”,今依改。

(九)犂無再勞之役　原作“犂廉勞再之役”,“犂”,丁本作“黎”,彭本、龍本空白,“廉”,丁本、彭本、龍本同,“再”,龍本作“苦”,《寰宇通志》引《島夷志》作“犂無再勞之役”,今依改。

(一〇)軼舊港　丁本同,彭本“軼”作“軟”,龍本“軼”作“淩”。

(一一)云　丁本同,彭本、龍本“云”作“也”。

❶ 凡三收谷　“谷”,龍本、藤田校注本均作“穀”。

注釋:

① 朋加剌　沈曾植、藤田、柔克義皆以其指東天竺恒河下游之孟加拉(Bengal),即明代載籍云榜葛剌。《諸蕃志》注輦條有西天鵬茄囉國,夏德、柔克義以爲即中世紀阿拉伯地理學家所云 Balhara,在印度古吉拉特邦(Gujarat)東部塔普蒂河(Tapti R.)流域與阿拉瓦利山脈(Aravalli Range)間(Chao Ju-Kua, p. 102, n. 14)。馮承鈞則以西天鵬茄囉指孟加拉(《諸蕃志校注》注輦國條注十三)。自以馮氏所考爲得其正鵠。《大德南海志》作鵬茄囉。

《諸蕃志》云:“西天鵬茄囉國都號茶那咭,城圍一百二十里。”

馮氏於此都城名則未有考。查此國古城自六世紀起即都於洛義漫伐底(Lakshmanwati),約十世紀末遷至六天(Ludian),至1199年爲伊斯蘭教徒所佔,又遷都洛義漫伐底,名之曰Shahr-i-nao,即波斯語"新城"之義。其後一百五十餘年,復因故他遷,此城遂廢,其遺址在今郭里(Guar)。茶那咭一名,其"咭"字殆"唔"之譌,茶那唔即其波斯名Shahr-i-nao之對音。汪大淵艤舟地,似在其相近之恒河西岸。由此都城遷至其西北之板獨哇(Pandua),事在1354年。《星槎勝覽》榜葛剌國條所記即其地。《西洋朝貢典録》作坂獨哇。

此國東部古爲Vanga國地。《後漢書·西域傳》之磐起國,《魏略》之磐越(起)國,皆指此國。十世紀時之當地文獻作Vangaladesam,十三世紀時之著録作Bangala與Bengāla。伊斯蘭時代之典籍則作Bāngla,明代有關撰述之榜葛剌,即其對音,西圖作Bengal,《海國聞見録》之網礁臘,《海島逸誌》之明絞嗗,《海録》之明呀喇,皆爲此西文名之對音。

② 五嶺　即恒河東流入朋加剌國境折而轉向南流處之西岸山地,即著名之Kalakavana山嶽,今圖作拉吉馬哈爾山(Rajmahal Hills)。

③ 古忻都州府　沈曾植云:"《元史·世祖紀》:忻都招討使楊庭璧招撫海外,南番皆遣使者入貢,是當時忻都嘗設招討使。元世自都元帥以至萬户,皆稱府,故有忻都州府之稱。"藤田因此以忻都乃阿合馬第四子之名。《元史·世祖紀》至元十九年,"辛酉誅耿仁、撒都魯丁及阿合馬第四子忻都。"案:《元史·世祖紀》之忻都,應爲人名,以此爲句。沈氏以其下文連視爲一地名,誤。《元史·馬八兒傳》於揚庭璧官職作"廣東招討使達魯花赤"可證。然汪大淵之忻都,實爲一地名,即《元史·憲宗紀》作欣都思者是也,皆爲Hindustan之省音,指溫德亞山脈(Vidhya Range)以北區域。鄙意朋加剌在歷史上常爲欣都思之一省或一州,而州府則指州之首邑,故"古忻都州府"云者,即欣都思古都會之謂也。

④ 唐加　《瀛涯勝覽》作"倘伽",爲tanga之對音,錢幣名。

⑤ 朳子　詳本書羅斛條“朳子”注。

⑥ 苾布　《瀛涯勝覽》榜葛剌國條作蓽布，云：“番名卑治”。此“治”字張昇本作“泊”，《西洋朝貢典録》榜葛剌國條云：“苾布謂之卑泊。”腓力卜司還原爲 batteela（J. R. A. S.，1895，pp. 529—533），惟 batteela 似源於葡萄牙語 beatilha（Yule，Hobson-Jobson），故不可取。玉耳云，伊本拔都他所言 beirami 布，大概爲達卡（Dacca）所産之細布。藤田據玉耳注，以爲《瀛涯勝覽》之卑治，殆卑泊之譌，似即 Byrampaut 之對音。案苾布、蓽布、苾布與卑泊，殆同名異字，此名自依藤田所考爲合。《西洋番國志》於此布名作草布，其“草”字顯爲“蓽”字之誤。

⑦ 高你布　藤田云，《瀛涯勝覽》啞魯國條云：“棉布名考泥”，格倫維爾以其爲馬來語 Kain 之對音，高你殆考泥之異譯。案：馬來語 Kain 爲織物之通稱，似未可當於高你或考泥也。孟加拉爲産黄麻要地，高你布一名殆梵文 gonī 之對音，馬來語作 Kain goni。〔楠案：意爲粗麻布。〕至於啞魯所産之考泥，《瀛涯勝覽》明言其爲棉布，則與高你布非一物，殆可斷言。查米南加保馬來語（Minang Kabau Malay）名一種白棉布曰 kain ganéh，疑馬歡之考泥布即指此布。

巴南巴西[①]

國居大響山[②]之南，環居數十里。土瘠，宜種豆。氣候乍涼。俗尚澆薄。男女體小而形黑，眼圓耳長。手垂過膝。身披絲絨單被[③]。凡民間女子，其形窒於加切嬰若此切，自七歲，父母以歌舞[④]教之，身摺疊而圓轉，變態百出，粗有可觀。倘適他國呈其藝術，則予以小錢爲賞。

地産細綿布[❶]，舶人[(一)]以錫易之。

校勘：

(一) 舶人　彭本、龍本同，丁本“舶”作“船”。

❶ 細綿布　“綿”,龍本、藤田校注本均作“棉”。

注釋：

① 巴南巴西　柔克義以爲即文郎馬神(Bandjarmasin),在今加里曼丹南部。藤田以爲在印度半島西岸之Banavasi。案:柔克義所擬馬郎馬神,其名始見於《東西洋考》,明中葉以前未聞有此國也。藤田擬爲Banavasi,殆得其正鵠。此名不僅爲其都城名,亦爲其國名,其都城則位于北卡納拉(N.Kanara)與邁索爾(Mysore)之處,其西南沿海有港名霍納瓦(Honavar),即《瀛涯勝覽》古里國條之狠奴兒是也。汪大淵至巴南巴西之地,即爲此港,並未到其内陸之都城。此港爲此國與海上往來諸門户之一,位於沙拉瓦蒂河(Sharawati R.)下游北岸,當帆船時代,此港亦重要泊所也。

蕭齊僧伽跋陀羅譯《善見毘婆沙律》卷二之婆那婆西,殆爲此國名見於我國載籍之最早者。此國梵名作Vanavāsī,托勒密《地理誌》作Banaouasei,西圖作Banawasi與Banavasi。阿爾伯路尼(Alberuni)在其所撰《印度志》(India, I, pp. 202,301)中,於此國名作Banavas與Vanavâsi,並云其爲一内陸都城。此城在十一世紀以後式微,至十四世紀後又復興。

② 大響山　如以巴南巴西國海岸汪氏泊舟之地爲霍納瓦,則大響山當爲其北附近瀕海之地。查在沙拉瓦蒂河口北與西北二英里半之處有小島名Baswaraj Drug,在此小島北二英里半之處,有巖石所成之岬,其上有二峰,一高四百英尺,一高三百五十英尺,在西面望之,狀如馬鞍,其地有村名Dhareshwar,“大響”得視爲此名近音。

③ 單被　疑指一種絲織物,而所謂打布或單茇則爲一種棉織長紗籠,與此非一物也。參看此書明家羅條“青單被”注。

④ 歌舞　印度婆羅門教寺院中,往往皆置有舞女,向其所祀之神獻花與歌舞。梵語名deva-dāsī,義爲神奴。惟此條所言從事歌舞之幼女既爲一種獻藝者,自與神奴有別,疑即梵語名lāsikī者,即尋常舞女是也。

放拜[①]

居巴隘[②]亂石之間,渡橋出入,周圍(一)無田。平曠皆陸地。宜種麥。氣候常暖。風俗質朴。男女面長[③],目反白,容黑如漆。編髮爲繩,穿斜紋木綿❶長衫(二)。

煮海爲鹽,煅鵝卵石[④]爲炭以代炊。有酋長。地産絶細布匹,闊七尺(三),長有餘大(四)。檳榔爲諸番之冠。貨用金、䝙子、紅白燒珠之屬。

校勘:

(一)周圍　丁本、彭本同,龍本"周"作"週"。

(二)斜紋木綿長衫　"斜"原作"針",丁本、彭本、龍本皆作"斜",今依改。

(三)闊七尺　"闊"原作"活",丁本、彭本、龍本皆作"闊",今依改。

(四)長有餘大　丁本、彭本、龍本同。藤田云,"大"殆"丈"之譌,"有"上有奪字。案:藤田之言是也。

❶木綿　"綿",龍本、藤田校注本均作"棉"。

注釋:

① 放拜　沈曾植、藤田,柔克義皆以其指印度西岸之孟買(Bombay),自不可易。藤田云,馬可波羅有塔納(Tana),辣失哀丁(Rashid-uddin)作 Konkan-tana,伊本拔都他作 Kukin Tana,巴布薩(Barbosa)稱此城曰 Tana-Maimbu,西籍之有孟買(Bombay, Maimbu)殆此爲始。但本書放拜乃 Bombay 之對音,渡橋出入,其爲塔納可知,然則元末已有此名也。《大德南海志》有靼拿,殆塔納一名見於我國載籍之唯一記録。此名亦可視爲兼謂孟買。蓋孟買本爲塔納之門户也。蓋孟買原爲七島,歐人東來時猶然,其後連成一島,今則其北部又與薩爾塞特島(Salsette I.)相連,疑所謂渡橋出入,其橋並不止一處。藤田似視其在與塔納相隔之處,非是。柔克義以此條所敍,指塔納而非孟買,亦失之。塔納當時係恭建國都城,就此條所敘景物而觀,

决未可以孟買指此國都城也。〔楠案:1298年馬可波羅曾至塔納,在其行紀中有專條記述。〕

孟買原名作 Mumbai,由其地所奉女神摩訶阿嬷(Mahoma)一名轉成。此女神爲濕婆(śiva)大神之妻,今島中猶有祀此女神之祠宇與水池各一。自九世紀至1348年,孟買由印度羅闍統治,後爲胡茶辣算端(蘇丹)領土之一部,至1534四年割與葡萄牙。

② 巴隘　藤田云巴隘未知何名對音,柔克義則以爲指巴塞因(Bassein)。蓋孟買島北岸有古城名馬希姆(Mahim),《武備志·航海圖》之馬哈音即其對音,巴隘得視爲此名之譌轉,梵名作 Mahikavatī。柔克義所舉之巴塞因,與孟買相去較遠,似不若馬哈音爲可取。

③ 風俗質朴男女面長　孟買土人爲從事漁業之科里人(Kolis),汪大淵所見,似即此族。今孟買居民多爲外來移民及其後嗣,科里人則爲少數民族矣。《海録》稱:"孟買土番名叭史,顔色稍白,性極淳良,家多饒富。"叭史殆 Parsi 之對音,即波剌斯族,今爲孟買之望族,然非其地原有土族也。蓋八世紀時,波斯見侵于大食,其人向東流亡,多奠居於印度西岸蘇拉特與孟買間之汕真(Sanjan)者。

④ 鵝卵石　藤田云,馬來語名石炭曰 arang canah,鵝卵殆 arang 之對音。案:藤田所考是也。惟石炭馬來語多作 arang batu, batu 義爲"石"。

外域人言印度以石炭爲燃料,似以汪氏此書爲最早。我國言石炭爲燃料,以見於《後漢書·郡國志》豫章郡條建城注引《豫章記》爲最早,云:"縣有葛鄉,有石炭二頃,可燃以爨。"

大烏爹①

國近巴南②之地,界西洋之中峯,山多鹵股,田雜沙土。有黑歲③,宜種豆④。氣候常熱。俗尚淳。男女身修長⑤。女生髭,穿細布,繫紅絹捎。女善戰⑥,使標鎗,批竹矢,毒於蛇,别國人極畏之(一)。仍以金錢、魚兼貝八子使用(二)。

煮海爲鹽,以逡巡法釀酒⑦。有酋長。(三)。地産布匹、貓兒眼睛(四)⑧、鴉鶻石、翠羽。貿易之貨,用(五)白銅、鼓板、五色緞、金、銀、鐵器之屬。國以𧵳子、金錢流通使用,所以便民也。成周之世,用錢幣,漢武造皮幣(六),鑄白銀,無非子母相權而已。如西洋諸番國,鑄爲大小金錢使用,與中國銅錢異。雖無其幣以兼之,得非法古之道者歟(七)!

校勘:

(一)别國人極畏之　“别”原作“使”,彭本、龍本同,丁本作“别”,今依改。

(二)金錢魚兼𧵳子使用　丁本、彭本、龍本同,藤田云,“魚”字衍。

(三)酋長　“酋”原作“奠”,丁本、彭本、龍本作“酋”,今依改。

(四)貓兒眼睛　“睛”原作“精”,丁本、彭本同,龍本作“睛”,今依改。

(五)用　原奪“用”字,諸本同。惟依本書他條語法,應有“用”字,今依補。

(六)皮幣　“皮”原作“史”,丁本、彭本、龍本同,沈氏本作“皮”,今依改。

(七)得非法古之道者歟　丁本同,彭本、龍本“歟”作“哉”。

注釋:

① 大烏爹　本書大烏爹,柔克義以其在非洲,然又未明言非洲何處。沈曾植與藤田皆言其在印度,沈氏以爲當在烏德(Oudh)附近,藤田以爲當在烏代普爾(Udeypur)。然又疑爲烏篤,此名見《通典》,《大唐西域記》作鄔闍衍那(Ujjayanī),在中天竺南境。案:本書大烏爹當在印度而不在非洲,其地應在沿海而不在内陸,此可以用文中“界西洋之中峰”、“煮海爲鹽”諸語以證之。蓋西洋一名,元代殆指南中國海西部榜葛剌海大食海沿岸與東非沿岸各地,而榜葛剌海沿岸正處此區域之中央,故稱“中峰”。鄙意奥里薩(Orissa)殆爲其地。〔楠案:奥里薩爲印度邦名,位于孟加拉灣北西岸。〕此名《武備志·航海圖》作烏里舍,《正法念處經》、《大唐西域記》有烏荼,亦指此國,皆爲其古名Uḍḍa之對音。本書將其名冠一“大”字者,則以别於其隔榜葛剌海相望之烏爹而已。烏爹與《海録》之烏土,皆指緬甸之勃固(Pegu),參看本書烏爹條。

② 巴南　大烏爹既在今奥里薩，即烏里舍，則巴南當爲其附近貝蘭普爾（Berhampur）一名之省音。今此市以産細絲織物與金錦頭巾著名。

③ 黑葴　藤田疑此二字有誤。案：此二字應作地名觀。查奥里薩北部有河名 Kharsua，黑葴殆其對音，疑此河兩岸地方亦以此爲名。

④ 豆　《梵語雜名》一書名大豆曰矩儸他（kulattha），小豆曰毋誐（mudga），豆曰麽史（māṣa）。惟汪大淵所言之豆疑指諸豆之泛稱。

⑤ 男女身修長　《大唐西域記》云："烏荼國……人貌魁梧"，又云："（此國）風俗獷烈。"今居於其山地之主要部族，爲烏特卡拉族（Utkala），仍稟有其先民遺風。

⑥ 女善戰　此女戰士殆指烏特卡拉族女子。案：印度有女戰士，在孔雀王朝旃達羅笈多王（Chandragupta）時代已有之，其宫庭之守衛，多由武裝女子任之，見當時希臘人記載。（V. Smith：The Oxford History of India，p. 78）

⑦ 以逡巡法釀酒　世傳韓愈姪韓湘子有道術："解造逡巡酒，能開頃刻花。"（宋劉斧《青瑣高議》卷九韓湘子條）案：逡巡酒，猶言速成法釀酒。

⑧ 貓兒眼睛　《墨莊漫録》作貓兒眼，《諸蕃志》作貓兒睛，《輟耕録》作貓睛。《石雅》云："貓睛以質别之，蓋有三焉。一即水精，質如纖維，而掩映生乳光者；一即青石綿，質雜鐵氧，畧帶流彩，色青或褐，故稱虎睛，其爲灰青色者亦曰鷹睛，産南非者爲最著；一即金緑寳石之具幻光者，世率稱金緑貓睛或曰東方貓睛。一曰錫蘭貓睛，亦曰波光石，色微緑，然世之珍品，亦屬於第三者，以其質堅而色美也。"

馬八兒嶼[①]

控西北之隅，居加將門[②]之右，瀕山而居。土鹹，田沃饒，歲倍收。氣候熱，俗淫。男女散髮，以椰葉蔽羞。不事緝織。鑿井煮海爲鹽，釀椰漿[(一)]爲酒。無酋長。

地產翠羽、細布(二),大羊百有餘斤(三)。穀米價廉。貿易之貨,用沙金❶、青緞、白礬、紅緑焇珠(四)之屬。

次曰拔忽(五)③,曰里達那④,曰骨里傍⑤,曰安其⑥,曰伽忽⑦,皆屬此國之節制焉。

校勘:

(一)椰漿　彭本、龍本同,丁本“漿”作“葉”。

(二)翠羽細布　原奪“翠”字,丁本、彭本同,龍本不奪,今依補。

(三)百有餘斤　“有”字原奪,丁本、彭本、龍本皆不奪,今依補。

(四)焇珠　丁本、彭本、龍本“焇”皆作“燒”。

(五)拔忽　彭本、龍本同,丁本作“拔忽忽”。

❶沙金　“沙”,龍本作“砂”。

注釋:

① 馬八兒嶼　藤田云:《元史》有馬八兒國,爲 Ma'bar 之對音,本書馬八兒嶼亦然。案:阿拉伯語名渡頭曰 Ma'bar(Maabar),本指斯里蘭卡島北部與印度半島南部間渡海往來之處,即所謂渡頭是也。然汪氏本條稱馬八兒嶼而不稱馬八兒國,似不能無別。鄙意汪氏馬八兒嶼一名,殆局限於潘班島(Pamban)或包括其東稍南之馬納爾島(Manar),印度人名此二島間之海面曰羅摩橋(Rama setu),基督教徒則稱之曰亞當橋(Adam's Bridge)。〔楠案:潘班島即拉梅斯瓦蘭島(Ra meswaram I.)爲印度通斯里蘭卡的交通要道所經,有鐵路大橋可通。自此島經亞當橋而至斯里蘭卡境内之馬納爾島。所謂亞當橋是由一串淺灘組成,長達十八英里,有輪渡可通。〕

② 加將門　藤田似以加將門與本書之加將門里爲同地,並以其或指甘巴里(Kamuri),然又謂其音不近。鄙意二名爲二地,惟“將”均“捋”之譌,加捋門里在東非,詳該條注。加捋門則在斯里蘭卡島北部,爲 Kalmunai 之省譯,諾克斯(Knox)《錫蘭志》(Ceylon)附圖作 Calmani,惟此名不見今日之一般地圖。

③ 拔忽　此名得視爲 Mampay 之轉音，蓋賈夫納西北港名。

④ 里達那　此名得視爲 Neduntiv 島一名之省音，義爲長島。方音 n，l 可互轉，故“里”可當 Ne 音，葡萄牙人名此島曰 Ilha des vacas，義爲母牛島，荷蘭人則名之曰德爾夫特（Delft），今圖仍用此荷蘭名。〔楠案：德爾夫特島在印度與斯里蘭卡之間的海峽中，北緯 9°30'，東經 79°40'。〕

⑤ 骨里傍　斯里蘭卡島西岸屬島名，爲與之相平行之長島，在海上望之儼爲本島之一部，名 Calpentyn 島，骨里傍殆其對音。〔楠案：今圖斯里蘭卡島西岸海面有一長島，名爲卡拉蒂沃島（Karativo I.）。〕

⑥ 安其　此名得視爲 Kafts 之省音，賈夫納西北海中島名，西圖作阿姆斯特丹島（Amsterdam I.）。

⑦ 伽忽　此名得視爲 Kopang 之轉音，賈夫納市東北港名。

阿思里①

極西南達國里之地②，無山林之限，風起則飛沙撲面，人不敢行。居人編竹以蔽之。氣候熱，半年之間多不見雨。掘井而飲，深至二三百丈(一)，味甘而美。其地防原，宜種麥，或潮水至原下，則其地上潤，麥苗自秀。

俗惡。男女編髮，以牛毛爲繩(二)，接髮捎❶至齊膝爲奇。以鳥羽爲衣，搗麥作餅(三)爲食。民不善煮海爲鹽，地産大綿❷布、小布匹③。貿易之貨，用銀、鐵器、青燒珠④之屬。

校勘：

(一)丈　丁本、彭本、龍本同，案：“丈”疑爲“尺”之譌。

(二)牛毛爲繩　丁本同，彭本、龍本“牛毛”作“牛羊”。

(三)搗麥作餅　龍本同，丁本作“搗做餅餅”，彭本作“搗麥麥餅”。

❶捎　藤田注：“捎”疑“梢”之譌。

❷ 綿　“綿”,龍本、藤田校注本均作“棉”。

注釋:

① 阿思里　藤田云,殆在西印度沙漠之地,而阿思里三字疑有誤。案:阿思里疑在今北非。查伽陀蘭(Catalan)地圖繪有 Kosseir,即令埃及瀕紅海西岸之庫賽(Qusseir)是也。Kosseir 省去喉音 K,則阿思里得視爲此名對音。當中世紀時,此港殆埃及與東方貿易之門户。西方航海家又名此港曰 Cosire,其地頗爲低平,在内陸約五英里之處,有一列矮丘陵,在較遠之處則有一高山,海拔爲四千五百英尺。〔楠案:庫賽爲埃及東部沿紅海的港市之一。西方國家稱之爲 Kossier, Quseir, al-Qusayr 等。附近多礦産。托勒密時代有道路自尼羅河通至老庫賽,其地距今庫賽約三英里,尚存殘跡。〕

② 極西南達國里之地　藤田云,本書撻吉那條有達里之名,疑此條“達國里”爲“達里國”之倒置。〔楠案:藤田原注爲“此句疑‘國居西南達里之地’之誤”。〕案:撻吉那條之達里,鄙意以其爲 Tauris 之對音,指波斯國,由其大都會大不里士(Tabriz)一名轉成,詳撻吉那條注。至於本條首句“極西南達國里之地”八字,其“達”字似作動詞解爲是。阿思里既在埃及,則國里一名,亦應在埃及。埃及之阿拉伯語名作 Misr,《諸蕃志》作勿斯里。阿拉伯人於 973 年佔領埃及,並奠都於巴比倫,將其改名爲 al-Kāhirah,義爲“勝利”,國里得視爲此都城阿拉伯語之對音。《諸蕃志》勿斯里條有憇野,夏德、柔克義以其指 al-Kāhirah(Chao Ju-Kua, p. 145, n. 4)。鄙意“國里”二字則爲 kā(hi)rah 之對音,蓋以都城名爲國名也。惟中世紀歐洲旅行家如馬可波羅與馬里諾則仍稱此都城舊名巴比倫。〔楠案:馮承鈞《諸蕃志校注》勿斯里條注云:“憇野乃 al-Kāhirah 之對音,此言得勝城。今開羅是已”。〕

③ 小布匹　埃及以産亞麻著名,此小布匹疑指亞麻布。

④ 青燒珠　埃及本爲世界上早已聞名製造玻璃與燒珠之國,其燒珠之輸出亦甚古。我國知製玻璃亦甚早。本書以燒珠爲阿思里輸入品

之一,可知當時埃及製造玻璃與燒珠業已衰落。

天竺①

居大食之東,隸秦王之主②。去海二百餘里。地平沃。氣候不齊。俗有古風(一)。男女身長七尺,小目長項。手帕繫額,編髮垂耳,穿細布長衫(二),藤皮織鞋(三)以綿紗❶結襪,仍將穿之,示其執禮也。

不善煮海爲鹽,食仰他國。民間以金錢流通使用。有酋長。地産沙金(四)、駿馬③。貿易之貨,用銀、青白花器、斗錫、酒、色印布之屬。

校勘:

(一)俗有古風　丁本同,彭本、龍本"有"作"尚"。

(二)穿細布長衫　原作"穿細布布衫",龍本作"穿百結衣",彭本與龍本同,惟"百"下空一字。丁本作"穿細布長衫",今依丁本改。

(三)藤皮織鞋　丁本同,彭本、龍本"藤"字上有"以"字。

(四)沙金　丁本同,彭本、龍本作"金沙"。

❶綿紗　"綿",龍本、藤田校注本均作"棉"。

注釋:

① 天竺　自東漢至唐,天竺爲印度之通稱。惟本書天竺,藤田以爲其地既在大食東去海二百餘里之處,並産沙金、駿馬,疑謂信度(Sind)也。案:本書天竺一名,應視其指西天竺之信度爲是。其地介於哈克羅河(Hakra)與木俱蘭(Makran)之間。信度一名見《大唐西域記》卷十一,當七世紀初葉,玄奘曾遊其國。惟自八世紀初葉以來,大量阿拉伯人移居,此地種族與宗教,遂皆改觀。汪大淵此條所記,當爲信度之港口。〔楠案:信度(Sind)今譯信德,爲巴基斯坦一省,由印度河下游流域組成。首府海得拉巴(Hyderabad)。卡拉奇(Karachi)爲其主要港口。〕賈耽《皇華四達記》叙信度港口云:"至提颶國,其

國有彌蘭大河，一曰新頭河，西流至提颶國，北入于海。”提颶國蓋爲一古港，其本名作 Dewak，義爲廟，爲寺院，阿拉伯人則名之曰 Diul-Sind，似即爲提颶對音。此港地點，或以爲殆在印度河下游塔塔（Tatta）南支流巴格哈爾（Baghar）河畔之比爾帕塔（Pir Patha）附近。此港於 1250 年後，漸遭廢棄，代之而興者爲印度河比替（Pitti）支流畔之拉里班旦（Lari Bandar）。1333 年伊本拔都他抵達印度河三角洲時，即以拉里班旦爲泊舟之所。汪氏泊舟，當亦爲此港也。

② 秦王之主　此秦王二字，似爲 Samma 之對音，蓋信度王朝名，於十四世紀中葉，以印度河下游之塔塔爲其都城。〔楠案：塔塔在今海得拉巴西南印度河畔。〕

③ 駿馬　信度自來産名馬。爲亞洲諸國名馬産地之一。（Majumdar，The Age of Imperial Kanauj，p. 404）

羅婆斯（一）①

國與（二）麻加那（三）② 之右山聯屬，奇峰磊磊，如天馬奔馳。形勢臨海，風俗野朴（四）。不織不衣，以鳥羽掩身。食無煙火，惟有如茹毛飲血，巢居穴處而已。雖然飲食宫室節宣之不可缺也，絲麻絺紵 ❶ 寒暑之不可或違也（五）。夫以洛南北之地，懸隔千里，尚有寒暑之殊，而況於島夷諸國（六）者哉！

其地鐘湯之全，故民無衣服 ❷ 之備，陶然自適，以宇宙輪輿。宜乎茹飲不擇（七），巢穴不易，相與浮乎太古之天矣！

校勘：

（一）羅婆斯　丁本、彭本、龍本同。藤田云，羅婆斯殆婆羅斯之倒。案：羅婆斯一名，其“斯”字疑爲“郎”之譌。

（二）國與　原作“地在”，丁本作“他布”，彭本、龍本作“國與”，今依彭本、龍本改。

（三）麻加那　“麻”原作“僧”，丁本同，彭本、龍本作“麻”，今依改。〔楠案：

藤田不依龍本而依丁本改作僧加那。〕

(四)風俗野朴　丁本同,彭本、龍本作“男女異形”。

(五)寒暑之不可或違也　丁本同,彭本、龍本作“寒暑往來之不可或違也”。〔楠案:龍本無“或”字。〕

(六)島夷諸國　丁本同,彭本、龍本作“窮海諸國”。

(七)茹飲不擇　丁本同,彭本、龍本“飲”作“飯”。

❶ 絲麻絺紵　藤田云:“紵”沈本作“綌”。

❷ 無衣服　藤田云:“服”,沈本作“食”。

注釋:

① 羅婆斯　柔克義以其在索馬里(Somaliland)之柏培拉(Berbera)沿海一帶。藤田則以其即今之尼科巴羣島(Nicobar Is.),惟羅婆斯爲婆羅斯之倒置,蓋九世紀阿拉伯人名此羣島爲 Lanjabalus,婆羅斯即此阿拉伯名後部 balus 之省譯(馮承鈞:《中國南洋交通史》第八九頁)案:就此條所言地望而言,羅婆斯應依藤田、馮氏所考,位於尼科巴羣島。惟竊意以爲羅婆斯之“斯”字,似爲“郎”字之譌。羅婆郎殆由此列島之泰米爾語名之轉音,尤以與辣失特哀丁之寫法音讀相近。此羣島之梵名作 Nārikeladvīpa,義爲“椰子洲”,《大唐西域記》卷一一之那羅稽羅洲爲其對音。泰米爾語作 Nakkavaram,義爲“裸人國”。明代譯名翠藍山或翠藍嶼。紀利尼以爲尼科巴羣島中有一小島名 Tilonchong,翠藍爲其對音(Researches, p. 396)。腓力卜司則以爲馬可波羅名尼科巴羣島曰 Nocueram,廈門語讀 Ch'ui lam 如 cueram,音極相近(J.R.A.S., July, 1895, p. 529)。是“翠藍”亦此島泰米爾語之譌略也。管見以爲腓力卜司所擬,似理由較充分。蓋尼古巴羣島最佳港口在楠考里島(Nancowry)而不在紀利尼所言之島,而楠考里一名,似與此列島之泰米爾語有關。《大唐西域求法高僧傳》記尼科巴羣島最爲詳贍。

② 麻加那　他本有作“僧加那”者。藤田云:“僧加那疑是 Sinhala 之異譯。”案:記文云:“國與麻加那之右山聯屬。”此麻加那似指馬來半

島西岸之 Paklam。緣其在半島西岸,故有右山之名。p、m 音可互轉,故麻加那得視爲 Paklam 之轉音。其地在獨掛頭(Takuatang)附近,獨掛頭一名見《武備志·航海圖》。

十六、危太樸文集

文殊師利菩薩無生戒經序癸巳

梁武帝時,菩薩達摩至於金陵,問答不契,提蘆渡江,留《楞伽經》曰:"此可傳佛心宗。"震旦之人,有爲佛氏學者,敬信而誦習之,因是而開悟者,未易悉數。蓋天竺距中國十萬餘里,言語不通,文字亦異,則其書之未及翻譯者,尚多有之,不獨《楞伽》而已。

皇元泰定初,中印土王舍城刹底里孫曰指空師,見晉王子開平,論佛法稱旨,命有司歲給衣糧。師曰:"吾不爲是也。"因東游高句驪,禮金剛山法起菩薩道場。國王衆諸臣僚合辭勸請少留,師乃出《文殊師利菩薩無生戒經》三卷,欲使衆生有情無情有形無形咸受此戒。聞者歡喜諦聽,血食是邦者曰三岳神,亦聞此戒,卻殺生之祭,愈增敬畏。師之言曰:直指人心,見性成佛,我道則然。説法放戒,老婆心切。故是經因事證理,反覆詳明,讀者若《楞伽》之初至,歎息希有。嗚呼!五濁惡世,其人之迷謬已甚,不有以警動開諭之,終無以爲入道之基矣。

師之學得於南印度吉祥山普明尊者。天歷皇帝詔與諸僧講法禁中,而有娼嫉之者,窘辱不遺餘力。師能安常處順,湛然自晦。居無何,諸僧陷於罪罟,師之名震暴中外,四方信向彌篤。今皇帝眷遇有加,資政院使姜金剛既施財,命工刻是經以傳,門人達蘊請予爲序。

(卷十)

十七、玩齋集

重建清平山西天元興寺碑

杭之吳山西南，行數百步，其勢委而復起，曰清平山。右旋而東，浮圖居焉，曰西天寺。延祐丙辰歲，贈太師中書右丞相和寧、忠獻王脱脱始來江浙爲丞相。時會西天高達摩實理板的達師駐錫兹山。王見而異之，曰："此佛祖上乘人也。涉流沙萬里東來，而適與吾遇，非夙緣乎！"乃厚出金帛施之，俾拓地創業，建大招提，且爲修息之所。越二年，王還朝。師居山中益久，一日，謂其徒曰："吾歸西天矣。"遂拂袖而去，莫知所之。後有見之秦隴間者，時已百餘歲矣！至正乙未，天子以江浙用兵之久，民力凋弊，思復重臣治之，遂以王季子中書平章達實帖木爾階金紫光禄爲左丞相。凡招降討逆，賞功罰罪，一切許以便宜。居數年，政大修舉，上聞而嘉之，遣使錫勞，加儀同三司。因感嘆曰："此皆先王之教，非臣之能也。其將何以報國家之恩寵，而慰安先王哉！"間以暇日，登覽湖山，訪求遺事，則寺燬已久，獨舊鐘存榛間。王之名識具在，徘徊顧望，惕然興懷，乃出錫金，規復舊制。工師效能，民吏協勸，曾不踰月，而窮堂邃宇，廣殿重門，藏經之室，縣鍾之樓，香積之廚，栖禪之館，罔不畢具。繚以周垣，甃以文石，朱楹雕題，寶幢珠絡。佛菩薩天人之象，香花燈燭之供，鍾魚鐃皷之音，鏗鍧炳耀，視昔益加焉。乃更號山曰清平，寺曰西天元興。又於殿左創屋四楹，奉祠先王，割田以供祀事，餘以飯其僧，凡所以盡心圖報者，可謂無所不用其極矣！

王康里氏幼侍武皇，歷登華要，知樞密院事拜御史大夫以至命相封王，其中子帖木兒塔失中書左丞相贈太師冀寧文忠王，皆以盛德大業，垂勛竹帛。王之在江浙也，鑿市河以通舟楫，出粟米以賑貧民，去今三十年，深仁厚澤，藹然猶洽於民心。今丞相復能以宏材大度，康濟時艱，使朝廷無南顧之憂，黎庶有樂生之望，豐功偉績，光昭前烈。兹寺之興，豈獨致嚴追遠以求其孝思而已哉！庶將祝釐錫福，爲人臣效忠之勸爾。師泰不敏，甚幸以文墨論議趨佐下僚用，敢備録其始末而爲之贊曰：

大邦維杭，左湖右江，吳山中起，羣峰來降。清平之陽，元興有寺，誰其作之，王康里氏。高僧達摩，來于西天，雄偉博大，神光燁然。王既見只，王心則喜，窮堂傑閣，斯實創始。只履之歸，刼火灰飛，王亦湍去，樂極于西。王有賢嗣，出入將相。來殿南服，爲國屏障。乃登兹山，裴回顧瞻，梵宇再新，王祠孔嚴。丹楹金題，寶幢珠絡，神象屭屭，天龍踊躍。趫㲘媟侍，魔舞鬼歌，雨花風枝，散亂交加。精神感通，用錫繁祉，人孰不曰，忠獻有子。忠獻有子，克繼克似，踐父之位，行父之志。維父子濟美以輔，我家邦以欽于世世。

（卷九）

十八、玉笥集

贈西僧

西離五印度，東渡獨繩橋。海若擎雙足，天花上七條。胡經函貝葉，飯鉢繫椰瓢。回首流沙路，程途十萬遥。

（卷八）

送海一漚十韻

尊者來從乾竺國，畏途生出玉門關。地窮西北河爲帶，水盡東南島若環。刼火自如潮勢吼，禪心已似石頭頑。《法華》

雨施金盂水，貝葉經挑錫仗鐶。幻境萬家飛蝶夢，滄波一箇野鷗閑。染輕龍女花難著，德重天廚食自頒。灝氣秋横銀色界，白毫夜破鐵圍山。溟涬此日浮杯去，葱嶺何年隻履還。佛日未應違下國，甘霖直欲遍人間。探窮大地蛟蛇窟，歸立穹天虎豹班。

（卷九）

十九、異域誌

注輦國

西胡，南印度也，自故臨易舟行而去，有象六萬，背立屋，載勇士。以金銀爲錢。國人尚氣輕生，不同釜而爨，亦不共器而食。

……

東印度國

人性强獷，好殺伐，以戰死爲吉利，以善終爲不祥。昔周伯陽父惡其凶殺，化之，見《周書》。至周莊王九年四月八日，恒星不見，星隕如雨，是夜，釋氏生，能修性宗教，國人宗之，稱名曰佛。蓋佛者如中國稱神，彼皆稱佛。漢明帝時，其法流入中國，晉明帝時，其法大行。

……

西洋國[①]

在西南海中，地産珊瑚、寶石等物。所織綿布絶細，瑩潔如紙。其人髡首，以白布纏頭，以金爲錢交易，國人至富。

① 按陸峻嶺注，明代稱印度洋爲西洋，此西洋國即今印度西海岸之科

澤科德(Calicut)。

烏仗那國[1]

其國有土地,於此化大蟒,以濟饑渴,遂立其國。又與孔雀王啄崖涌泉,以愈衆疾,民稍富。

① 陸注,原《夷門廣牘》本作烏伏部,考其中所記土神事,係出《大唐西域記》卷三烏仗那國條。則烏伏部應是烏仗那之誤,因而改正。烏仗那在今印度河上游及斯瓦特(Svat)地區。

印都丹

其人身黑色,地熱無雲,出佛之處。其國人奉佛而勇悍,少有慈心,風尚故也。

……

天竺國[1]

國隸大秦,國主悉由大秦選擇,地産良馬。俗皆編髮,垂下兩鬢。以帛纏頭,衫袴鞋襪。國内有聖水,能止風濤,番商等以琉璃瓶而盛之,若遇風濤,灑之即止,與默伽國水同。

① 陸注,天竺即今印度,乃輿地名,因未明著國名,不能辨爲印度何地。

(卷之上)

私訶條國[1]

近女真。金遼山廟有石鼉,如人飲食將盡,向鼉作禮,則飲食悉具。其人多尚巫,談禍福。

① 陸注,原《夷門廣牘》本作訶條。今據《酉陽雜俎》前集卷十《物異篇》石鼉條,《太平御覽》卷九三二引支僧載《外國事》俱作《私訶條》,故補一"私"字。

南尼華羅國

國人好佛教,尊牛,屋壁皆塗牛糞以爲潔。各家置壇,以牛糞塗,置花木,爇香供佛。路通西域,常有輕來來劫,閉門拒之,數日絶糧而退。番商到彼,不得入室。

乾駝國

其國乃尸毘王之倉庫之所,倉爲火焚,米皆焦,至今尚存。得一粒服之,則終身無疾。

麻離拔國

其國産異香、龍涎,珍珠、玻璨、犀角、象牙、珊瑚、木香、没藥、血竭、阿魏、蘇合香、没石子等貨,皆大食國至此博易,官豪以金線桃花帛纏頭,以金銀爲錢交易,常爲番商。

故臨國

與大食相近,國人黑色,好事弓弩。中國船往大食,必自故臨易小舟而去,往返二年,彼多爲盜。

擔波國①

其國有城池,民種田,天氣常熱,地無霜雪。出獅子。與回回無異,有國君主之,番商交於鄰國。

① 陸注,擔波,疑即法顯《佛國記》、玄奘《西域記》之瞻波。

烏萇國

其國民有死罪,不立殺刑,惟徙之空山,任其飲啄。事涉疑似,以藥服之,清濁自驗,隨事輕重而決之。

晏陀蠻國

其國周圍七千里，人如黑漆，能生食人。地無鐵，唯磨蚌殼爲刃。其國有一聖跡，用渾金作床，承一死人，經代不朽，常有巨蛇衛護。其蛇毛長二尺，人不敢近。有一井，一年兩次水溢流入海，所過沙石經浸盡成金。

懸渡國

即猿屬，在烏耗之西，山溪不通，但引繩而渡。土人佃於石間，壘石爲屋，接手而飲，互相牽引與獸同。

（卷之下）

廿、澹居稿

指空禪師偈序

至正二年春，有大禪師號指空，自身毒航海至廣東，大子威順王延致之，懇問法要。既而以聞，英宗皇帝遣使召至内殿問法供奉，公卿大夫莫不受其道。歷泰定、天歷逮今天子，尤加敬禮，而詔居高麗寺之丈室云。師貌黠而腴，手垂過膝，目碧而視不瞬，頗類世之所貌達磨者。晝夜跏趺，脅未嘗至席，不啖穀食，或供果茗，亦不多食。善道它心宿命，凡人心善惡之萌及事類之過去未來者，皆能言如目擊，故其説法善隨物機之宜，亦以心法，俾各自得其所固有，而入解脱之境焉。又善梵書，雖古怪莫曉，然往往西僧素習其書者咸寶愛之。初，吾友李君仲賢求仕京師，屢造師之室，得所親書贈偈。李君問關世故，視他所蓄漠不經意，獨于斯偈保持惟謹。會于會稽，出以示予，蓋梵書也。師赴召時，道潯陽，留予授經報恩者半月。予時尚幼，蒙師啓誨，授以最上乘戒，故其得爲又頗悉。夫梵書之妙固非予所能識，而心法之微，又非言語文字所能形狀。故以嘗得于聞見者，書爲指空禪師偈序。

（卷一）

第六部分

明有關南亞的記述

一、庚申外史

丙子至元二年，詔徵西域匼剌麻至京，禮爲帝師，仍以故太師燕帖木兒第賜之。

……

癸巳至正十三年，脱脱奏用哈麻爲宣政院使。哈麻既得幸于上，陰薦西天僧行運氣之術者，號演揲兒法，能使人身之氣或消或脹或伸或縮，以蠱惑上心。哈麻自是日親近左右，號倚納。是時資政院使隴卜亦進西番僧善此術者，號秘密佛法，謂上曰："陛下雖貴爲天子，富有四海，亦不過保有見世而已。人生能幾何，當受我秘密大喜樂禪定，又名多修法，其樂無窮。"上喜，命哈麻傳旨，封爲司徒，以四女爲供養。西番僧爲大元國師，以三女爲供養。國師又薦老的沙、巴郎太子、答剌馬的、禿魯帖木兒、脱懽、孛的、蛙麻、納哈出、速哥帖木兒、薛答里麻十人，皆號倚納。老的沙，帝母舅也。巴郎太子，帝舅也。在帝前男女裸居，或君臣共被，且爲約相讓以室，名曰些郎尤該，華言事事無礙。倚納輩用高麗姬爲耳目，刺探公卿貴人之命婦，市井臣庶之儷配，擇其善悦男事者媒入宫中，數日乃出。庶人之家喜得金帛，貴人之家私竊喜曰："夫君隸選可以無窒滯矣。"上都穆清閣成，連延數百間，千門萬户，取婦女實之，爲大喜樂故也。

（卷上）

丙申至正十六年，哈麻既得相位，醜前所薦西天僧所爲，恐爲當世及後人所非議，乃以他事仗西天僧一百七，流于甘州。

丁酉至正十七年

五月，汴梁大飢，守臣失烈門知院遁紅軍，劉福通自稱太保入據之。迎其主小明王子亳州，入都于汴梁之皇城。其軍分三支，關先生、破頭潘、馮長勇、沙劉二、王士誠入晉、冀，由朔方攻上都；白不信、大力敖、李喜喜趨關中；毛貴兵合田豐，趨大都。而帝方與倚納十人行大喜樂，帽帶金佛字，手執數珠，又有美女百人衣瓔珞品，樂器列隊，唱歌金字經，舞雁兒舞，其選者名十六天魔。……

戊戌至正十八年

帝嘗謂倚納曰："太子苦不曉秘密佛法，秘密佛法可以益壽。"乃令禿魯帖木兒教太子秘密佛法。未幾，太子亦惑溺于邪道也。

己亥至正十九年

京師大饑，民殍死者幾百萬。十一門外各掘萬人坑掩之。鵂鶹百羣夜鳴至曉，連日乃止。又居庸關子規啼。太子召指空和尚問："民饑饉，何以療之？"指空曰："海運且至，何憂！"秋，福建運糧數十萬至京師。……

指空者，西天剎帝利王第三子。狀貌魁梧，不去鬚髮，服食擬于王者。居京師四十年，習靜一室，未嘗出門。王公貴人，多見呵斥，雖帝亦不免。年百八歲而死。……

帝又造龍舟，巧其機括，能使龍尾鬣皆動，而龍爪自撥水。帝每登龍舟，用綵女盛粧兩岸挽之，一時興有所屬，輒呼而幸之。又令諸嬪妃百餘人皆受大喜樂佛戒。

（卷下）

二、元史[①]

① 本篇採自中華書局1976年標點本，按其出版説明，以圓括號和方括號表示删略和增補的字。

十九年甲申

是歲,帝至東印度國,角端見,班師。

（卷一本紀第一《太祖》）

元年己丑

秋八月己未,印度國主、木羅夷國主來朝。

（卷二本紀第二《太宗》）

二年壬子

秋七月,命忽必烈征大理,諸王禿兒花、撒(丘)〔立〕征身毒,怯的不花征没里奚,旭烈征西域素丹諸國。

三年癸丑

夏六月,命諸王旭烈兀及兀良合台等帥師征西域、哈里發、八哈塔等國。又命塔塔兒帶撒里、土魯花等征欣都思、怯失迷兒等國。

（卷三本紀第三《憲宗》）

至元九年

冬十月丙戌朔,封皇子忙哥剌爲安西王,賜京兆爲分地,駐兵六盤山。遣使持詔諭扮卜、忻都國。

（卷七本紀第七《世祖四》）

至元十年

春正月己卯,詔遣扎朮呵押失寒、崔杓持金十萬兩,命諸王阿不合市藥獅子國。

（卷八本紀第八《世祖五》）

至元十六年

六月甲辰,占城、馬八兒諸國遣使以珍物及象犀各一來獻。

（卷十本紀第十《世祖七》）

至元十七年

八月戊寅,占城、馬八兒國皆遣使奉表稱臣,貢寶物犀象。

十一月己亥朔，翰林學士承旨和禮霍孫等言："俱藍、馬八、闍婆、交趾等國俱遣使進表，乞答詔。"從之。壬子，詔諭俱藍國使來歸附。

至元十八年

八月壬辰，海南諸國來貢象犀方物。

十一月己(酉)〔丑〕，賜禮部尚書留夢炎及出使馬八國俺都剌等鈔各有差。

（卷十一本紀第十一《世祖八》）

至元十九年

九月辛酉，招討使楊庭(堅)〔璧〕招撫海外，南番皆遣使來貢。俱藍國主遣使奉表，進寶貨、黑猿一。那旺國主忙昂，以其國無識字者，遣使四人，不奉表。蘇木都(速)〔剌〕國主土漢八的亦遣使二人。蘇木達國相臣那里八合剌攤赤，因事在俱藍國，聞詔代其主打古兒遣使奉表，進指環、印花綺段及錦衾二十合。寓俱藍國也里可溫主兀咱兒撒里馬亦遣使奉表，進七寶項牌一、藥物二瓶。又管領木速蠻馬合馬亦遣使奉表，同日赴闕。

十一月戊寅，馬八兒國遣使以金葉書及土物來貢。

至元二十年

春正月丁丑，以招討楊廷(壁)〔璧〕爲宣慰使，賜弓矢鞍勒，使諭俱藍等國。

二月戊子，賜俱藍國王瓦你金符。

（卷十二本紀第十二《世祖九》）

至元二十一年

春正月己卯，馬八兒國遣使貢珍珠、異寶、縑段。

至元二十二年

六月丙辰，遣馬速忽、阿里齎鈔千錠往馬八圖求奇寶，賜馬速忽虎符、阿里金符。

九月丙戌,速木都剌、馬答二國遣使來朝。

冬十月丙辰,馬法國入貢。

（卷十三本紀第十三《世祖十》）

至元二十三年

春正月庚辰,馬八國遣使進銅盾。

九月乙丑朔,馬八兒、須門那、僧急里、南無力、馬蘭丹、那旺、丁呵兒、來來、急蘭亦帶、蘇木都剌十國,各遣弟子上表來覲,仍貢方物。

冬十月壬戌,馬法國進鞍勒、氈甲。

至元二十四年

春正月癸酉,俱藍國遣使不六温乃等來朝。

二月丙辰,馬八兒國貢方物。

三月丙辰,馬八兒國遣使進奇獸一,類騾而巨,毛黑白間錯,名阿塔必即。

八月丁亥,女人國貢海人。

（卷十四本紀第十四《世祖十一》）

至元二十五年

十一月辛丑,馬八兒國遣使來朝。

至元二十六年

閏十月辛丑,羅斛、女人二國遣使來貢方物。

是歲,馬八兒國進花驢二。……詔天下梵寺所貯《藏經》,集僧看誦,仍給所費,俾爲歲例。幸大聖壽萬安寺,置旃檀佛像,命帝師及西僧作佛事坐靜二十會。

（卷十五本紀第十五《世祖十二》）

至元二十七年

夏四月丙戌,遣桑吉剌失等詣馬八兒國訪求方伎士。

至元二十八年

八月己巳，馬八兒國遣使進花牛二、水牛土彪各一。戊子，咀南番邦遣馬不剌罕丁進金書、寶塔及黑獅子、番布、藥物。

九月庚申，以鐵里爲禮部尚書，佩虎符，阿老瓦丁、不剌並爲侍郎，遣使俱藍。辛酉，以別鐵木兒、亦列失金爲禮部侍郎使馬八兒國。

十一月壬寅，遣左吉奉使新合剌的音。

（卷十六本紀第十六《世祖十三》）

至元二十九年

冬十月甲辰，信合納帖音國遣使入覲。

至元三十年

冬十月己丑，遣兵部侍郎忽魯禿花等使閣藍、可兒納答、信合納帖音三國，仍賜信合納帖音酋長三珠虎符。

（卷十七本紀第十七《世祖十四》）

至元三十一年

九月乙亥，遣禿古鐵木而等使閣藍。

十二月庚子，卜阿里使麻八而還都。

（卷十八本紀第十八《成宗一》）

元貞二年

秋七月丙戌，遣岳樂也奴等使馬八兒國。

大德元年

秋七月甲申，賜馬八兒國塔喜二珠虎符。

（卷十九本紀第十九《成宗二》）

延祐元年

閏三月丁丑，馬八兒國主昔剌木丁遣其臣愛思丁貢方物。

（卷二十五本紀第二十五《仁宗二》）

至元三年

是歲,徵西域僧加剌麻至京師,號灌頂國師,賜玉印。

（卷三十九本紀第三十九《順帝二》）

至元十三年

是歲,……哈麻及禿魯帖木兒等陰進西天僧于帝,行房中運氣之術,號演揲兒法,又進西番僧善祕密法,帝皆習之。

（卷四十三本紀第四十三《順帝六》）

元起朔漠,方太祖西征,角端見于東印度,爲人語云"汝主宜早還",意者天告之以止殺也。

（卷五十志第三上《五行一》）

邊氓服役

占城

王琴

蒲伽

道覽

渌淮

稔婆邏

獠

（卷六十三志第十五《地理六》）

國俗舊禮

世祖至元七年,以帝師八思巴之言,於大明殿御座上置白傘蓋一,頂用素段,泥金書梵字於其上,謂鎮伏邪魔護安國刹。自後每歲二月十五日,於大〔明〕殿啓建白傘蓋佛事,用諸色儀仗社直,迎引傘蓋,周遊皇城内外,云與衆生祓除不祥,導迎福祉。歲正月十五日,宣政院同中書省奏,請先期中書奉旨移文樞密院，八衛撥傘鼓手一百二十人，殿後軍甲馬五百人，擡舁監壇漢關羽神轎軍及雜用五百人。宣政院所轄官寺三百六十所，掌供應佛像、壇面、幢幡、寶蓋、車鼓、頭旗三百六十壇，每壇擎執擡舁二十六人，鈸鼓僧一十二人。大都路掌供各色金門大社一百二十隊，教坊司雲和署掌大樂鼓、板杖鼓、篳篥、龍笛、琵琶、箏、纂七色，凡四百人。興和署掌妓女雜扮隊戲一百五十人，祥和署掌雜把戲男女一百五十人，儀鳳司掌漢人、回回、河西三色細樂，每色各三隊，凡三百二十四人。凡執役者，皆官給鎧甲袍服器仗，俱以鮮麗整齊爲尚，珠玉金繡，裝束奇巧，首尾排列三十餘里。都城士女，閭閻聚觀。禮部官點視諸色隊仗，刑部官巡綽喧鬧，樞密院官分守城門，而中書省官一員總督視之。先二日，於西鎮國寺迎太子遊四門，舁高塑像，具儀仗入城。十四日，帝師率梵僧五百人，於大明殿内建佛事。至十五日，恭請傘蓋于御座，奉置寶輿，諸儀衛隊仗列于殿前，諸色社直暨諸壇面列于崇天門外，迎引出宫。至慶壽寺，具素食，食罷起行，從西宫門外垣海子南岸，入厚載紅門，由東華門過延春門而西。帝及后妃公主，於玉德殿門外，搭金脊吾殿綵樓而觀覽焉。及諸隊仗社直送金傘還宫，復恭置御榻上。帝師僧衆作佛事，至十六日罷散。歲以爲常，謂之游皇城。或有因事而輟，尋復舉行。夏六月中，上京亦如之。

（卷七十七志第二十七下《祭祀六》）

元貞二年，禁海商以細貨於馬八兒、唄喃、梵答剌亦納三蕃國交易，别出鈔五萬錠，令沙不丁等議規運之法。

（卷九十四志第四十三《食貨二》）

鐵哥，姓伽乃氏，迦葉彌兒人。迦葉彌兒者，西域築乾國也。父斡脱赤與叔父那摩俱學浮屠氏。斡脱赤兄弟相謂曰："世道擾攘，吾國將亡，東北有天子氣，盍往歸之"乃偕入見，太宗禮遇之。定宗師事那摩，以斡脱赤佩金符，奉使省民瘼。憲宗尊那摩爲國師，授玉印，總天下釋教。斡脱赤亦貴用事，領迦葉彌兒萬户，奏曰："迦葉彌兒西陲小國，尚未臣服，請往諭之。"詔偕近侍以往。其國主不從，怒而殺之，帝爲發兵誅國主。元貞元年封代國公，謚忠遂。

斡脱赤之殁，鐵哥甫四歲，性穎悟，不爲嬉戲。從那摩入見，帝問誰氏子，對曰："兄斡脱赤子也。"帝方食雞，輟以賜鐵哥，鐵哥捧而不食，帝問之，對曰："將以遺母。"帝奇之，加賜一雞。世祖即位，幸香山永安寺，見書畏吾字於壁，問誰所書，僧對曰："國師兄子鐵哥書也。"帝召見，愛其容儀秀麗，語音清亮，命隸丞相孛羅備宿衛。

先是，世祖事憲宗甚親愛，後以讒稍疏，國師導世祖宜加敬慎，遂友愛如初。至是，帝將用鐵哥，曰："吾以酬國師也。"於是鐵哥年十七，詔擇貴家女妻之，辭曰："臣母漢人，每欲求漢人女爲婦，臣不敢傷母心。"乃爲娶冉氏女。久之，命掌饔膳湯藥，日益親密。

至元十六年，鐵哥奏曰："武臣佩符，古制也。今長民者亦佩符，請省之，以彰武職。"從之。十七年，進正議大夫、尚膳監。帝嘗諭之曰："朕聞父飲藥，子先嘗之，君飲藥，臣先嘗之。今卿典朕膳，凡飲食湯藥，宜先嘗之。"又曰："朕以宿衛士隸卿，其可任使者，疏其才能，朕將用之。"詔賜第於大明宫之左，留守段圭言："逼木局，不便。"帝曰："俾居近禁闥，以便召使。木局稍隘，又何害焉。"

高州人言，州境多野獸害稼，願捕以充貢。鐵哥曰："捕獸充貢，徒濟其私耳，且擾民，不可聽。"從之。十九年，遷同知宣徽院事，領尚膳監。有食尚食餘餅者，帝察知之，怒。鐵哥曰："失餅之罪在臣，食者何與焉。"内府食用圓米，鐵哥奏曰："計粳米一石，僅得圓米四斗，請自今非御用，止給常米。”帝皆善之。進中奉大夫、司農寺達魯花赤。從獵百杳兒之地，獵人亦不剌金射兔，誤中名駝，駝死，帝怒，命誅之。鐵哥曰：“殺人償畜，刑太重。”帝驚曰：“誤耶，史官必書。”亟釋之。庾人有盜鑿秔米者，罪當死。鐵哥諫曰：“臣鞫庾人，其母病，盜秔欲食母耳，請貸之。”牧人有盜割駝峯者，將誅之。鐵哥曰：“生割駝峯，誠忍人也。然殺之，恐乖陛下仁恕心。”詔皆免死。

二十二年，進正奉大夫，奏：“司農寺宜陞爲大司農司，秩二品，使天下知朝廷重農之意。”制可。進資善大夫、司農。時司農供膳，有司多擾民，鐵哥奏曰：“屯田則備諸物，立供膳司甚便。”從之。桓州饑民鬻子女以爲食，鐵哥奏以官帑贖之。

二十四年，從征乃顏，至撒兒都之地，叛王塔不台率兵奄至。鐵哥奏曰：“昔李廣一將耳，尚能以疑退敵，況陛下萬乘之威乎。今彼衆我寡，不得地利，當設疑以退之。”於是帝張曲蓋，據胡床，鐵哥從容進酒。塔不台按兵覘伺，懼有伏，遂引去。帝以金章宗玉帶賜之。

二十九年，進榮禄大夫、中書平章政事。以病足，聽輿轎入殿門。帝嘗憶北征事，不能悉記，鐵哥條舉甚詳，帝悦，以金束帶賜之。初，詔遣宋新附民種蒲萄於野馬川晃火兒不剌之地，既獻其實，鐵哥以北方多寒，奏歲賜衣服，從之。

成宗即位，以鐵哥先朝舊臣，賜銀一千兩、鈔十萬貫。他日，又賜以瑪瑙椀，謂鐵哥曰：“此器先皇所用，朕今賜卿，以卿久侍先皇故也。”大德元年，加光禄大夫。三年，乞解機務，從之。仍授平章政事、議中書省事。時諸王朝見，未有知典故者，帝曰：“惟鐵哥知之，俾專其事，凡廩餼金帛之數，皆遵世祖制詔，自今懷諸王之禮，悉命鐵哥掌之。”

七年，復拜中書平章政事。平灤大水，鐵哥奏曰：“散財聚民，古之道也。今平灤水災，不加賑恤，民不聊生矣！”從之。十年，丁母憂，詔奪情起復。遼王脱脱入朝，從者執兵入大明宫，鐵哥劾止之，王懼謝。從幸(晉)〔縉〕山，饑民相望，鐵哥輒發廪賑之，既乃陳疏自劾，帝稱善不已。

武宗即位，賜金一百兩，加金紫光禄大夫，遥授中書右丞相。有訴寧遠王闊闊出有逆謀者，命誅之。鐵哥知其誣，廷辨之，由是得釋，徙高麗。二年，領度支院。尋賜江州稻田五千畝。

仁宗皇慶元年，授開府儀同三司、太傅、録軍國重事。乃進奏：世祖子惟寧遠王在，宜賜還。從之。二年，奉命詣萬安寺祀世祖，感疾歸，皇太后令内臣問疾，鐵哥附奏曰：“臣死無日，願太后輔陛下布惟新之政，社稷之福也。”是年薨，賜賻禮加厚，敕有司治喪事，贈太師、開府儀同三司、上柱國，追封秦國公，謚忠穆。加贈推誠守正佐理翊戴功臣，封延安王，改謚忠獻。

子六人：忽察，淮東宣慰使；平安奴，太平路達魯花赤；也識哥，同知山東宣慰司事；虎里台，同知真定總管府事；亦可麻，同知都護府事；重喜，隆禧院副使。孫八人，伯顔，中書平章政事；餘多居宿衛。

(卷一百二十五列傳第十二《鐵哥》)

亦黑迷失，畏吾兒人也。至元二年，入備宿衛。九年，奉世祖命使海外八羅孛國。十一年，偕其國人以珍寶奉表來朝，帝嘉之，賜金虎符。十二年，再使其國，與其國師以名藥來獻，賞賜甚厚。……

十八年，……招諭占城。二十一年，召還。復命使海外僧迦剌國，觀佛鉢舍利，賜以玉帶、衣服、鞍轡。二十一年，自海上還……。

二十四年，使馬八兒國，取佛鉢舍利，浮海阻風，行一年乃至。得其良醫善藥,遂與其國人來貢方物,又以私錢購紫檀木殿材并獻之。嘗侍帝於浴室,問曰:"汝踰海者凡幾?"對曰:"臣四踰海矣。"……

(卷一百三十一列傳第十八《亦黑迷失》)

迦魯納答思,畏吾兒人,通天竺教及諸國語。翰林學士承旨安藏扎牙答思薦於世祖,召入朝,命與國師講法。國師西番人,言語不相通。帝因命迦魯納答思從國師習其法,及言與字,期年皆通。以畏吾字譯西天、西番經論,既成,進其書,帝命鋟版,賜諸王大臣。西南小國星哈剌的威二十餘種來朝,迦魯納答思於帝前敷奏其表章,諸國驚服。

朝議興兵討暹國、羅斛、馬八兒、俱藍、蘇木都剌諸國,迦魯納答思奏:"此皆蕞爾之國,縱得之,何益?興兵徒殘民命,莫若遣使諭以禍福,不服而攻,未晚也。"帝納其言,命岳剌也奴、帖滅等往使,降者二十餘國。

(卷一百三十四列傳第二十一《迦魯納答思》)

辛巳,可弗叉國唯算端罕破乃滿國,引兵據撏思干,聞帝將至,棄城南走,入鐵門,屯大雪山,寶玉追之,遂奔印度。

……

侃字仲和……。

壬子,送兵仗至和林,改抄馬那顔。從宗王旭烈兀西征。癸丑,至木乃兮。……

丙辰,至乞都卜。其城在(檐)〔擔〕寒山上,懸梯上下,守以精兵悍卒,乃築夾城圍之,莫能克。侃架砲攻之,守將(卜)〔火〕者納失兒開門降。旭烈兀遣侃往説兀魯兀乃算灘來降。其父阿力據西城,侃攻破之,走據東城,復攻破殺之。丁巳正月,至兀里兒城,伏兵,下令聞鉦聲則起。敵兵果來,伏發,盡殺之,海牙算灘降。又西至阿剌汀,破其游兵三萬,禡拶答而算攤降。

至乞石迷部,忽里算灘降。……

(卷一百四十九列傳第三十六《郭寶玉附子德海孫侃》)

孟頫所著,有《尚書注》,有《琴原》、《樂原》,得律吕不傳之妙;詩文清邃奇逸,讀之,使人有飄飄出塵之想。篆、籀、分、隸、真、行、草書,無不冠絶古今,遂以書名天下。天竺有僧,數萬里來求其書歸,國中寶之。

(卷一百七十二列傳第五十九《趙孟頫》)

帝師至京師,有旨朝臣一品以下,皆乘白馬郊迎。大臣俯伏進觴,帝師不爲動,惟翀舉觴立進曰:“帝師,釋迦之徒,天下僧人師也。余,孔子之徒,天下儒人師也。請各不爲禮。”帝師笑而起,舉觴卒飲,衆爲之慄然。

(卷一百八十三列傳第七十《魯翀》)

八思巴時,又有國師膽巴者,一名功嘉葛剌思,西番突甘斯旦麻人。幼從西天竺古達麻失利傳習梵祕,得其法要。中統間,帝師八思巴薦之。時懷孟大旱,世祖命禱之,立雨。又嘗咒食投龍湫,頃之奇花異果上尊湧出波面,取以上進,世祖大悦。至元末,以不容於時相桑哥,力請西歸。既復召還,謫之潮州。時樞密副使月的迷失鎮潮,而妻得奇疾,膽巴以所持數珠加其身,即愈。又嘗爲月的迷失言異夢及己還朝期,後皆驗。

……

其後又有必蘭納識里者,初名只剌瓦彌的理,北庭感木魯國人。幼熟畏兀兒及西天書,長能貫通三藏暨諸國語。大德六年,奉旨從帝師授戒於廣寒殿,代帝出家,更賜今名。皇慶中,命繙譯諸梵經典。延祐間,特賜銀印,授光禄大夫。

是時諸番朝貢,表牋文字無能識者,皆令必蘭納識理譯進。嘗有以金刻字爲表進者,帝遣視之,廷中愕眙,觀所以對。必蘭納識理隨取案上墨汁塗金葉,審其字,命左右執筆,口授表中語及使人名氏，與貢物之數，書而上之。明日，有司閱其物色，與所齎重譯之書無少差者。衆無不服其博識，而竟莫測其何所從授，或者以爲神悟云。授開府儀同三司，仍賜三臺銀印，兼領功德使司事，厚其廩餼，俾得以養母焉。

至治三年，改賜金印，特授沙(律)〔津〕愛護持，且命爲諸國引進使。至順二年，又賜玉印，加號普覺圓明廣照弘辯三藏國師。三年，與安西王子月魯帖木兒等謀爲不軌，坐誅。其所譯經，漢字則有《楞嚴經》，西天字則有《大乘莊嚴寶度經》、《乾陀般若經》、《大涅槃經》、《稱讚大乘功德經》，西番字則有《不思議禪觀經》，通若干卷。

（卷二百二列傳第八十九《釋老》）

阿尼哥，尼波羅國人也，其國人稱之曰八魯布。幼敏悟異凡兒，稍長，誦習佛書，期年能曉其義。同學有爲繪畫粧塑業者，讀《尺寸經》阿尼哥一聞，即能記。長善畫塑，及鑄金爲像。

中統元年，命帝師八合斯巴建黄金塔于吐蕃，尼波羅國選匠百人往成之，得八十人，求部送之人未得。阿尼哥年十七，請行，衆以其幼，難之。對曰："年幼心不幼也。"乃遣之。帝師一見奇之，命監其役。明年，塔成，請歸，帝師勉以入朝，乃祝髮受具爲弟子，從帝師入見。帝視之久，問曰："汝來大國，得無懼乎？"對曰："聖人子育萬方，子至父前，何懼之有。"又問："汝來何爲？"對曰："臣家西域，奉命造塔吐蕃，二載而成。見彼土兵難，民不堪命，願陛下安輯之，不遠萬里，爲生靈而來耳。"又問："汝何所能？"對曰："臣以心爲師，頗知畫塑鑄金之藝。"帝命取明堂針灸銅像示之曰："此(安)〔宣〕撫王(檝)〔檝〕使宋時所進，歲久闕壞，無能修完之者，汝能新之乎？"對曰："臣雖未嘗爲此，請試之。"至元二年，新像成，關鬲脈絡皆備，金工歎其天巧，莫不愧服。凡兩京寺觀之像，多出其手。爲七寶鑌鐵法輪，車駕行幸，用以前導。原廟列聖御容，織錦爲之，圖畫弗及也。

至元十年，始授人匠總管，銀章虎符。十五年，有詔返初服，授光禄大夫、大司徒，領將作院事，寵遇賞賜，無與爲比。卒。贈太師、開府儀同三司、涼國公、上柱國，謚敏慧。

子六人，曰阿僧哥，大司徒；阿述臘，諸色人匠總管府達魯花赤。

有劉元者，嘗從阿尼哥學西天梵相，亦稱絶藝。元字秉元，薊之寶坻人。始爲黄冠，師事青州把道録，傳其藝非一。至元中，凡兩都名刹，塑土、範金、摶換爲佛像，出元手者，神思妙合，天下稱之。其上都三皇尤古粹，識者以爲造意得三聖人之微者。由是兩賜宫女爲妻，命以官長其屬，行幸必從。

仁宗嘗敕元非有旨不許爲人造他神像。後大都南城作東嶽廟，元爲造仁聖帝像，巍巍然有帝王之度，其侍臣像，乃若憂深思遠者。始元欲作侍臣像，久之未措手，適閲祕書圖畫，見唐魏徵像，矍然曰："得之矣，非若此，莫稱爲相臣者。"遽走廟中爲之，即日成，士大夫觀者，咸歎異焉。其所爲西番佛像多祕，人罕得見者。

元官爲昭文館大學士、正奉大夫、祕書卿，以壽終。摶換者，漫帛土偶上而髹之，已而去其土，髹帛儼然成像云。

（卷二百三列傳第九十《方技》）

初，哈麻嘗陰進西天僧以運氣術媚帝，帝習爲之，號演揲兒法。演揲兒，華言大喜樂也。哈麻之妹婿集賢學士禿魯帖木兒，故有寵於帝，與老的沙、八郎、答剌馬吉的、波迪哇兒禡等十人，俱號倚納。禿魯帖木兒性姦狡，帝愛之，言聽計從，亦薦西蕃僧伽璘真於帝。其僧善祕密法，謂帝曰："陛下雖尊居萬乘，富有四海，不過保有見世而已。人生能幾何，當受此祕密大喜樂禪定。”帝又習之,其法亦名雙修法。曰演揲兒,曰祕密,皆房中術也。帝乃詔以西天僧爲司徒,西蕃僧爲大元國師。其徒皆取良家女,或四人、或三人奉之,謂之供養。於是帝日從事於其法,廣取女婦,惟淫戲是樂。又選采女爲十六天魔舞。八郎者,帝諸弟,與其所謂倚納者,皆在帝前,相與褻狎,甚至男女裸處,號所處室曰皆即兀該,華言事事無礙也。君臣宣淫,而羣僧出入禁中,無所禁止,醜聲穢行,著聞于外,雖市井之人,亦惡聞之。皇太子年日以長,尤深疾禿魯帖木兒等所爲,欲去之未能也。

(卷二百五列傳第九十二《姦臣哈麻》)

占城

宣慰使尤永賢、亞闌等使馬八兒國,舟經占城,皆被執,故遣兵征之。

馬八兒等國

海外諸蕃國,惟馬八兒與俱藍足以綱領諸國,而俱藍又爲馬八兒後障,自泉州至其國約十萬里。其國至阿不合大王城,水路得便風,約十五日可到,比餘國最大。

世祖至元間,行中書省左丞唆都等奉璽書十通,招諭諸蕃。未幾,占城、馬八兒國俱奉表稱藩,餘俱藍諸國未下。行省議遣使十五人往諭之。帝曰:“非唆都等所可專也,若無朕命,不得擅遣使。”

十六年十二月,遣廣東招討司達魯花赤楊庭壁招俱藍。

十七年三月,至其國。國主必納的令其弟肯那却不剌木省書回回字降表,附庭壁以進,言來歲遣使入貢。十月,授哈撒兒海牙俱藍國宣慰使,偕庭壁再往招諭。

十八年正月，自泉州入海，行三月，抵僧伽耶山，舟人鄭震等以阻風乏糧，勸往馬八兒國，或可假陸路以達俱藍國，從之。四月，至馬八兒國新村馬頭，登岸。其國宰相馬因的謂："官人此來甚善，本國船到泉州時官司亦嘗慰勞，無以爲報。今以何事至此？"庭璧等告其故，因及假道之事，馬因的乃託以不通爲辭。與其宰相不阿里相見，又言假道。不阿里亦以它事辭。五月，二人蚤至館，屏人，令其官者爲通情實："乞爲達朝廷，我一心願爲皇帝奴。我使札馬里丁入朝，我大必闍赤赴算彈華言國主也。告變，算彈籍我金銀田産妻孥，又欲殺我，我詭辭得免。今算彈兄弟五人皆聚加一之地，議與俱藍交兵；及聞天使來，對衆稱本國貧陋。此是妄言。凡回回國金珠寶貝盡出本國，其餘回回盡來商賈。此間諸國皆有降心，若馬八兒既下，我使人持書招之，可使盡降。"時哈撒兒海牙與庭璧以阻風不至俱藍，遂還。哈撒兒海牙入朝計事，期以十一月俟北風再舉。至期，朝廷遣使令庭璧獨往。

十九年二月，抵俱藍國。國主及其相馬合麻等迎拜璽書。三月遣其臣祝阿里沙忙里八的入貢。時也里可溫兀咱兒撒里馬及木速蠻主馬合麻等亦在其國，聞詔使至，皆相率來告，願納歲幣，遣使入覲。會蘇木達國亦遣人因俱藍主乞降，庭璧皆從其請。四月，還至那旺國。庭璧復説下其主忙昂比。至蘇木都剌國，國主土漢八的迎使者。庭璧因喻以大意，土漢八的即日納款稱藩，遣其臣哈散、速里蠻二人入朝。

二十年，馬八兒國遣僧撮及班入朝；五月，將至上京，帝即遣使迓諸途。

二十三年，海外諸蕃國以楊庭璧奉詔招諭至是皆來降。諸國凡十：曰馬八兒，曰須門那、曰僧急里，曰南無力，曰馬蘭丹，曰那旺，曰丁呵兒，曰來來，曰急蘭亦解，曰蘇木都剌，皆遣使貢方物。

（卷二百一十列傳第九十七《外夷三》）

三、永樂大典

瑚字

珊瑚

《證類本草》：珊瑚，其味甘平無毒，生宿血，去目中翳，鼻衄，末吹鼻中。生南海。《圖經》曰：珊瑚生南海。注云，又從波斯國及師子國來。今廣州亦有，云，生海底，作枝柯狀，明潤如紅玉；中多有孔，亦有無孔，枝柯多者更難得。採無時。謹按《海中經》曰：取珊瑚，先作鐵網沈水底，珊瑚貫中而生，歲高三二尺，有枝無葉，因絞網出之，皆摧折在網中，故難得完好者。不知今之取者果爾否。

《翻譯名義》：梵語鉢攞娑福羅。《外國傳》曰：大秦西南漲海中，可七八百里到珊瑚洲。洲底盤石，珊瑚生其上，人以鐵網取之。

醐字

醍醐

耶律鑄《雙溪醉隱集》：醍醐，本天竺語也，呼酥乳之精液爲醍醐。《涅槃經》，從牛出乳，從乳出酪，從酪出生酥，從生酥出熟酥，從熟出醍醐。

（卷二千二百五十九）

初字等（芻）

苾芻

江少虞《類苑·尊勝經》：號僧曰苾芻。本是草名，有五義，一生不背日,二冬夏常青,三體性柔軟,四香氣遠騰,五引蔓旁師。爲佛弟子,理亦宜然。其精至者,號爲沙門。漢言息心,梵語西沙迦瞞那,中國譯云沙門。

《釋氏要覽》:苾芻,梵語也,是西天草名。具五德,故將喻出家人。古師云,苾芻不譯者,蓋含五義故。一體性柔軟,喻能折伏身語粗獷故。二引蔓旁布,喻傳法度人連延不絶故。三馨香遠聞,喻戒德芬馥,爲衆所聞故。四能療疼痛,喻斷煩惱毒害故。五不背日光,喻常向佛曰故。

（卷二千四百六）

臺字

花首臺

《元一統志·惠州羅浮記》:洞中常有五百花首真人遊會。唐開元二十六年,敕建此臺,名花首。

《惠陽縣志》:乾末多羅,唐開元二十六年,自西竺國以鐵釋迦像一軀,長一丈六尺,泛海而來,欲貢中國,至番禺,舉之不動。天寶二載中,使何行成奉詔祭羅浮山,聞羅浮有花首菩薩之迹,施財建花首臺於山下,因奏請其像置之。

佛影臺

遠公《康山集》:佛影臺在西方那伽阿羅國南,古仙人石室中。以晉義熙八年,因罽賓禪師、南國律學道士共立此臺。唐李邕詩云:影圖面西來。影圖,謂佛影也。後乃建寺以奉之。

燒經臺

僧殊隱詩:漢明帝時,佛法初入東土,摩騰三藏與道家比法,燒經於此臺。因名。摩騰三藏離鄉時,白馬追風入漢畿。驗法燒經臺尚在,夕陽芳草祕玄機。

闘聖臺

《河南志》:漢明帝建白馬寺以處摩騰。寺有鬪聖臺。二俗云,摩騰與諸善信較聖義之所。

波若臺

《長安志》:姚秦逍遥園有波若臺,鳩摩羅什譯經處。

大高臺

《西域記》:羯朱嗢祇羅國,北境伽河不遠,有大高臺,壘甎、石而以建焉。

(卷二千六百三)

神字

鬼避戒神

《經律異相·沽客篇》:有人從容受三皈五戒,心欲見佛。經一亭中,有一女,云是噉人鬼婦。其人日暮欲寄宿,女言不可。其人自念是舍衛國人,完佛四戒,神尚畏之,我何所懼乎?遂即留宿。時噉人鬼見護戒神,去亭四十餘里,一宿不敢歸。

(卷二千九百四十八)

簡潔安神

《翻譯名義》:純陀,西域人,年六百歲不衰。唐代宗從之,求留年。陀曰:"陛下欲長年,由簡潔安神;神安則壽永,簡欲則身安。術斯已往,貧道所不知也。"

(卷二千九百四十九)

人字

三事調人

《法句譬喻經》:佛告呵提曇:"吾有三事,用調一切人得至無爲。一者至誠制御口業,二以慈貞伏身剛强,三以智慧滅意癡。蓋持是三事,度脱一切。"

目連救人

《法句譬喻經》:琉璃王伐舍夷國,摩訶目犍連往到佛所,白言:我欲以四方便救舍夷國人。一者舉舍夷國著虛空中,二者舉舍夷國人著海中,三者舉舍夷國人著兩鐵圍山間,四者舉舍夷國人著他方大國中央,令琉璃王不知其處。佛告目連:"雖知卿有是智德,能安處舍夷國人。萬物衆生,有七不可避:一者生,二者老,三者病,四者死,五者罪,六者福,七者因緣。此七事,意雖欲避,不能得自在。如卿威神,可得作此,宿對罪負,不可得離。"於是目連自以私意,取舍夷國人知識、檀樾四五千人,盛著鉢中,舉著虛空星宿之際。琉璃王伐舍夷國殺三億人,已引軍還國。目連以道力下鉢,人皆死盡,道德神力,不能免彼宿對之罪。

(卷二千九百九十九)

尊字

世尊

《翻譯名義》:梵語路迦那他,華言世尊,天上人間所共尊故。此佛十種通號之一也。

(卷三千五百八十五)

花字

天女散花

《事類蒙求》:維摩詰室有天女,以天花散諸菩薩、大弟子上。花至諸菩薩,皆墮落;至大弟子便着,不墮。是花無所分别,仁者自生分别。想耳結習未盡,花着身矣;結習盡者,花不着身。

《頌古聯珠》:舍利弗因維摩詰室有一天女散花,次問言:

汝何不轉却女身？曰：我從十二年來求女人相，了不可得，當何所轉？即時天女以神通力變舍利弗作天女。天乃化身如舍利弗，而問言何不轉却女身？弗以天女像而答：我今不知何轉而變爲女身。天曰：舍利弗若能轉此女身，則一切女人亦當能轉如舍利弗。非女而現女身，一切女人亦復如是。雖現女身而非女也。即時攝舍利弗身還復如故。而問言：女身色相，今何所在？舍利弗言：女身色相無在無不在。天曰：一切諸法亦復如是，無在無不在。正堂辨曰：鶖子已圓無漏種，换却身形總不知。通途一貫非他物，午夜胡僧步雪歸。

僧授蓮花

《續燈録·珞字函》：江州東林照覺禪師母夢梵僧授白蓮花，因而誕生。出家、遊方，造南師法席，三扣其室。南師乃問是何宗旨，豁然大悟。

世尊拈花

《宗門統紀》：西天初祖摩訶迦葉尊者見世尊在靈山會上拈起一枝花，以青蓮目普示大衆。百萬聖賢悉皆罔措，惟迦葉破顔微笑。世尊乃曰：吾有正法眼藏、涅槃妙心、實相無相、微妙解脱法門付囑於汝，汝當流通，無令斷絶。白雲端云：迦葉善觀風雲、别氣色，雖然如是，還覺頂門重麼？黄龍心云：直下穿過髑髏，已是换却眼睛，臨危不在，悚人向甚處見釋迦、老子。雲峯悦因僧問靈山拈花意旨如何，答云：一言既出，駟馬難追。問迦葉微笑意旨如何，答云：口是禍門。天童一云，眼裹着不得沙，耳裹着不得水，十字街頭握手，三家村裹逢渠，風吹柳絮毛毬走，雨打梨花蛺蝶飛。

帝釋雨花

《宗門統要》：須菩提説法，帝釋雨花。須菩提乃問：此花從天得耶？從地得耶？從人得耶？帝釋皆云：弗也。須菩提云：

從何得耶？帝釋舉手。須菩提云:如是、如是。雲門偃云:帝釋舉手處作麼生？與你四大、五藴,釋迦、老子是同是别。

文陀羅花

《般若經》:釋提桓因化作文陀羅花,取持散佛。

（卷五千八百四十）

銘字

萬佛影銘

《廣弘明集》:佛影今在西那伽訶羅國南山古仙石室中,度流沙從經道去此一萬五千八百五十里。夫滯於近習,不達希世之聞;撫常永日,罕懷事外之感。是使塵想制於玄襟,天羅網其神慮。若以之窮齡,則此生豈遇？以之希心,則開悟靡期。於是發憤忘食,情百其慨;静慮閑夜,理契其心。余乃恩沾九澤之惠,三復無緣之慈,妙尋法身之應,以神不言之化。化不以方,唯其所感;慈不以緣,冥懷自得。譬日月麗天,光影彌暉,羣品熙榮,有情同順。咸欣懸映之在已,罔識曲成之攸寄。妙物之談,功盡於此。將欲擬夫幽極,以言其道,髣髴存焉,而不可論。何以明之？法身之運物也,不物物而兆其端,不圖終而會其成,理玄於萬化之表,數絶乎無形無名者也。若乃語其筌寄,則道無不在。是故如來或晦先跡以崇基,或顯生塗而定體,或發於莫尋之境,或相待於既有之場。獨發類乎形,相待類乎影。推夫冥寄,爲有待耶？爲無待耶？自我而觀,則有間於無間矣。求之法身,原無二統,形影之分,孰際之哉？而今之聞道者,咸摹聖體於曠代之外,不悟靈應之在兹,徒知圓化之非形,而動止方其跡,豈不誣哉？遠昔尋先師,奉侍曆載,雖啓蒙慈訓,托志玄籍,每想奇聞,以篤其誠。遇西域沙門,輒飡遊方之説,故知有佛影,而傳者尚未曉然。及在此山，值罽賓禪師、南國律學道士，與昔聞既同，並是其人遊歷所經，因其詳問，乃多有先徵。然後驗神道無方，獨像而寄，百慮所會，非一時之感。於是悟徹其誠，應深其信，將援同契，發其真趣。故與夫隨喜之賢，圖而銘焉。廓矣大像，理玄無名，體神入化，落影離形。道暉層巖，凝映虛亭，在陰不昧，處暗愈明。婉步蟬蛻，朝宗百靈，應不同方，跡絶兩冥。其一茫茫荒宇，靡勸靡獎，談虛寫容，拂空傳像。相具體微，沖姿自朗，白毫吐曜，昏夜中爽。感徹乃應，扣誠發響，留音停岫，津悞冥賞。撫之有會，功弗由曩。其二旋踵忘敬，罔慮罔識，三光掩暉，萬象一色。庭宇幽藹，歸塗莫測，悟之以靜，震之以力。慧風遐維，塵攸息匪，伊玄□覽，孰扇其極。其三希音遠流，乃眷東顧，欣風慕道，仰規玄度。妙盡毫端，運微輕素，託彩虛凝，殆映霄霧。迹以像真，理深其趣，奇興開襟，祥風引路。清氣迴於軒宇，昏明交而未曙，髣鏡神儀，依俙若真遇。其四銘之圖之，曷營曷求，神之聽之，鑒爾所脩。庶兹塵軌，映彼玄流，漱情靈沼，飲和至柔。照虛應簡，智落乃周，深懷冥托，霄想神遊。畢命一對，長謝百憂。其五晉義熙八年，歲在壬子，五月一日，共立此臺。擬像本山，因即以寄誠。雖成由人匠，而功無所加。至於歲次星紀，赤奮若真于大陰之墟。九月三日，乃詳檢别記，銘之於石。爰自經始，人百其誠，道俗欣之，感遺跡以悦心。於是情以本應，事忘其勞。于時揮翰之賓僉焉同詠，咸思存遠猷，託相異聞。庶來賢之重軌，故備時人於影集，大通之會誠非理所期。至於佇襟遐慨，固已超夫神境矣。

（卷八千二百六十九）

僧字

僧遊行

晏元獻公《類要》：菩提達摩以隻履而來，擁錫來游，頂辭而退，禮石鼉而求飯。私訶條國金遼山有石鼉，衆僧飲食將盡，向石鼉作禮，飲食悉具。

摩頂松，松枝東偃奘師迴。《兩京記》云：唐初僧玄奘往西域取經十七年。去日於齊州靈巖寺，院内有一松樹，師立于庭，以手摩其枝曰：吾去求佛經，教汝可西長。若吾歸即却東回，使吾弟子知之。及去，其枝年年西指，長數丈。又一年，忽東回。門人弟子曰：教主歸矣。乃西迎之，奘果至，得經六百部，至今衆僧謂此松爲摩頂松。……

庭松西指，庭樹東迴摩頂松。沙門玄奘，唐武德初往西域取經，行至罽賓國，道險，虎豹。不可。①遇見一老僧，乃禮拜勒求。僧口授《心經》一卷，令奘誦之，遂得山川平易，道路開通，虎豹藴形，魔鬼潛路。遂至佛國，取經六百餘部而歸。初，奘將往西域，於靈巖寺見有松一樹。奘立于庭，手摩其枝，曰：吾去求佛教，汝可西長，若吾東歸，即却東迴，使吾弟子知之。及去，其枝年年西指，約長數丈。一年，忽東迴。門人弟子曰：教主歸矣！乃西迎之，奘果還至。今衆謂爲摩頂松。

① 此疑有脱漏。

（卷八千六百二十九）

僧稱比丘

《翻譯名義·大論》：此云乞士。上乞法以資慧命，下乞食以資色身。又《涅槃經》云：能破煩惱，故名比丘。又《莊嚴經》云：破無名狀，故名比丘。

《能改齋漫録》：唐詩多以僧爲上人，曰杜子美已上人茅齋是也。按《摩訶般若經》云：何名上人？佛言若菩薩一心行阿耨，菩提心不散亂是名上。《十誦律》云：人有四種，一粗人，二濁人，三中間人，四上人。

僧稱沙門

《錦繡萬花谷》：梵云沙迦懣曩，又沙門那，或云桑門。唐言勤息，秦譯云勤行，又云善覺。

僧稱闍黎

《錦繡萬花谷》：梵語云阿闍黎耶，唐云軌範，今稱闍黎，蓋梵音訛畧也。又云阿遮黎夜，隋云正行，能糾正第子行故。

僧稱頭陀

《錦繡萬花谷》：梵語云杜多，漢言抖擻，謂三毒如塵坌真心，此人能振撣除去，故今訛稱頭陀。又抖擻貪慾嗔癡，三界内外，不敢不捨，名杜多。

僧徒稱釋

《事文類聚》：晉道安授業於佛圖澄，姓帛氏，以師莫過於佛，遂以釋爲姓。中夏沙門稱釋，自道安始。道安見習鑿齒，自稱彌天釋道安。

《石林詩話》：佛學從師姓，始晉初爲佛學者皆從其師姓，如支遁本姓關，從支謙學，故爲支。道安以佛學皆本釋迦爲師，請以釋命氏，遂爲定制，釋道安亦其姓也。

《石林老人避暑録》：晉宋間佛學初行，其徒猶未有僧稱，通曰道人。其姓則皆從所授學，如支遁本姓關，學於支謙爲支，帛道猷本姓馮，學於帛尸梨密爲帛是也。至道安始言佛氏釋迦，今爲佛子，宜從佛氏，乃請皆姓釋。世以釋舉佛者，猶言楊、墨、申、韓。今以爲稱者，自不知其爲姓也。貧道亦是當時儀制定，以自名之辭，不得不稱者。疑示尊禮，許其不名云爾。今乃反以名相呼而不諱，蓋自唐已然，而貧道之言廢矣。

（卷八千七百六）

油字

實相油

《大方等大雲經》：如來功德，以實相油潤益慧燈，開發慧眼，除無眼暗。

如蠅著油

《大寶積經》：心常貪觸，如蠅著油。

（卷八千八百四十一）

死字

所欠一死

《冷齋夜話》:東坡作《贈舉子詩》曰:平生萬事足,所欠惟一死。事見《梁僧史》。曰世祖宴東府,王公畢集,詔跋陀羅至。跋陀羅皤然清癯,世祖望見,謂謝莊曰:摩訶衍有機辯,當戲之。跋陀趨外陛,世祖曰:摩訶衍不負遠來,惟有一死在。即應聲曰:貧道客食陛下三十載,恩德厚矣;無所欠,所欠者唯一死耳。

(卷一萬三百九)

梵志避死

《法句譬喻經》:時有梵志兄弟四人,各得五通,却後七日皆當命盡。自共議言五通之力,反覆天地,手捫日月,移山駐流,靡所不能,寧當不能避此死對。一人言,吾入大海中,上不出現,下不至底,無常殺,鬼知我處。一人言,吾入須彌山中,還合其表。一人言,吾當輕舉,隱虛空中。一人言,吾當藏入大市之中,無常殺,鬼趣得一人,何必求吾四人。議訖,相將辭王,今欲逃命,於是别去。七日期滿,各各命終,猶果熟落。市監白王:有一梵志卒死市中。王乃悟曰:四人避對,一人已死,其餘三人豈得獨免?王往佛所白言:近有梵志兄弟四人,各獲五通,自知命盡,皆共避之,不審今者能得脱否?佛説偈曰:非空非海中,非入山石間,無有地方所,脱之不受死。

捨身代死

《華嚴經》:佛子菩薩摩訶薩,見有獄囚五處被縛,受諸苦毒,防衛驅逼,將之死地。欲斷其命,捨閻浮提一切樂具,親戚朋友悉將永訣。置高碪上,以刀屠割,或有木槍竪貫其體,衣纏油沃,以火焚燒,如是等苦,種種逼迫。菩薩見已,自捨其身而代受之，如阿逸多菩薩、殊勝行王菩薩。

（卷一萬三百一十）

母字

目連訪母

《盂蘭經》：目連比丘見亡母生餓鬼中，以鉢盛飯餉母。未食，化成灰炭。目連大叫白佛，佛言：汝母罪重，當須十方大德。佛敕衆僧，皆爲施主，咒願七代父母，行禪定意，然後受食。後目連母得脱餓鬼之苦。

折肉還母

《頌古聯珠》：那吒太子折肉還母，折骨還父，然後現本身，運大神力，爲父母説法。佛眼遠云：肉既還母，骨既還父，用甚麽爲身？學人到這裏，若見得去，廓清五蘊，吞盡十方，乃頌曰：骨還父，肉還母，何者是身？分明聽取，山河國土現全軀，十方世界在里許，萬刼千生絶去來，山僧此説非言語。　徑山杲，骨肉都還父母了，未知那箇是那吒？一毛頭上翻身轉，一一毛頭渾不差。　自得渾，那吒太子本來身，卓卓無依不受塵，雲散水流天地靜，籬間黄菊正爭春。　少室睦，折骨還父肉還母，不知那箇是那吒？夜深失脚千峯外，萬古長空片月斜。北磵簡，骨還父，肉還母。日西沉，水東注。良久露，無準範。雨散雲收後，崔嵬數十峯。王維雖敏手，難落筆頭蹤。

得道度母

《釋迦譜》：佛告目連，汝往迦毗羅城，問訊我父、我叔及我姨母，慰喻羅睺羅母。令割恩愛，放羅睺羅，使作沙彌。母子恩愛歡樂，須臾死墮地獄，各不相知。羅睺得道，當還度母，永絶生死，如我今也。

四十二字母

《華嚴經》：善世衆藝童子，告善財言：我恒唱持此之字母入般若波羅密門。清源流曰：字母爲衆藝之勝，書説之本。言四十二字者，頌曰：阿、羅、波、遮、那、邏、陀，婆、茶、沙、和、多、夜、吒，迦、娑、磨、伽、他、闍、簸，馱、奔、呿、乂、哆、若、柂，婆、車、摩、火、嗟、伽、他，拏、頗、歌、醝、遮、吒、茶。

（卷一萬一千九百五十一）

頂字

按善財頂

《華嚴入法界品》：文殊師利遥申右手過一百一十由旬，按善財頂疏曰，由旬明超數量。按頂表於攝受，亦以普法置心頂故。

金瓶灌頂

《華嚴經》云：佛子如轉輪聖王生太子，母是正后身，相具足其轉輪王。令此太子坐白象寶妙金之座，張大綱幔，建大幢幡，然香散花，奏諸音樂，取四大海水置金瓶内。王執此瓶灌太子頂，是時即名受王職位，墮在灌頂刹利王數。

佛聲至有頂

《涅槃經》：二月十五日臨涅槃時，以佛神力大音聲，其聲徧滿，乃至有頂。

（卷一萬一千九百五十一）

走字

飛走

《翻譯名義》：迦陵頻伽，此云妙聲鳥。《大論》云：如迦羅頻伽鳥，在㲉口角切中未出，發聲微妙，勝於餘鳥。《正法念經》云：山谷曠野，其中多有迦陵頻伽，出妙音聲。如是美音，若天若人，緊那羅等，無能及者。唯除如來音聲。　迦蘭陀，此云好聲鳥。形如鵲。羣棲竹林。或言鼠名具如下出。　拘耆羅，或拘翅羅，此云好聲鳥。聲好而形醜，又云鵁鶋。　嘶那夜，此云鷹。……臊陀臊蘇勞切，或叔迦婆嘻，此云鸚鵡。……。《雜寶藏經》云：過去雪山有一鸚鵡，父母都盲，常取花果，先奉父母。時有田主，初種穀時，願與衆生而共噉食。鸚鵡於田常采其穀。田主案行見擳子踐切穀穗，便設羅網，捕得鸚鵡。鳥告主言，先有施心，故敢來采。如何今日而見網捕？田主問鳥取穀與誰，答言：有盲父母，願以奉之。田主報曰：今後常取，勿復疑難。云云佛言：爾時鸚鵡，我身是也。時田主者，舍利弗是。　究居求切究羅　此是鷄聲。鳩鳩吒，此云鷄。……《楞嚴》云：如鷄後鳴，瞻顧東方，已有精色。長水釋曰：雞第二鳴，天將曉也。孤山釋云：三德涅槃，名曰義天。前受想盡，似證尚遥。如鷄先鳴，天色猶昧。今行陰盡，唯識陰在，明悟非久。如鷄後鳴，天有精色。　斫迦邏婆，此云鴛鴦，匹鳥也。止則相偶，飛則相雙。《鳥喻品》云：一者迦隣提，二者鴛鴦，游止共俱，不相捨離。今師釋曰：以雄喻常，雌喻無常，生死有性善故。無常即常，如二鳥在下，涅槃有性惡故。常即無常，如二鳥高飛，是則在高在下，雌雄共俱，雙游並息。其義皆成。　耆婆耆婆迦，此翻生。勝天王云：生生，或翻命，《法華》云：命命。《雜寶藏經》云：雪山有鳥，名爲共命。一身二頭，識神各異，同共報命，故曰命命。《佛本行經》：佛言往昔雪山有二頭鳥，一頭名迦嘍茶，一頭名憂波迦嘍茶。其憂波迦嘍茶頭一時睡眠。近彼寤頭有摩頭迦樹，風吹花落，至彼寤頭。其頭自念：雖獨食花，若入腹時，俱得色力。不令彼寤，遂默食花。其睡頭寤，覺腹飽滿，欬噦氣出，問言：何處得此美食？寤頭具答。睡頭懷恨。後時游行，遇毒樹花，念：食此花，令二頭死。時憂波迦嘍茶頭語迦嘍茶頭言：汝今睡眠，我當寤住。彼頭纔睡,即食毒花。其迦嘍茶寤,覺毒氣,問:何惡食,令我不安。憂波頭言:食此毒花,願俱取死。於是彼頭即説偈言:汝於昔日睡眠時,我食妙花甘美味,其花風吹在我邊,汝返生此大瞋恚。凡是癡人莫願見,亦莫願與癡共居,與癡共居無利益,自損及以損他身。佛言,迦嘍茶鳥即我身是,憂波鳥者提婆達是。　舍利,此云春鶯,黄鸝也。　舍羅,此云百舌鳥。　摩由邏,此云孔雀。又孔雀綷羽而翺翔。《俱舍》云,於一孔雀倫,一切種因相,非餘智境界,唯一切智知。證真釋云,有情無始,熏造一切,界趣種子。在本識中,唯佛能了,且舉孔雀一類,尚已難知。　阿梨耶,此云鴟,亦作鵄。同充尸切。……姞栗陀,此云鷲,或揭羅闍,此云雕鷲。……師曠云:南山有鳥,名曰羗鷲。黄頭赤咽,五色皆備。西域多此鳥,蒼黄目赤,食死屍。臂卑履也,此云蟻子。《晉書》殷仲堪父患耳聰,聞牀下蟻動,謂之牛鬥。《賢愚經》云,長者須達共舍利弗往啚精舍。須達自手捉繩一頭,舍利弗自捉一頭,共經精舍。時舍利弗欣然含笑,須達問言:尊者何笑?答言:汝始於此經地,六欲天中宫殿已成,即借道眼,悉見六天嚴淨宫殿。云云。復更徙繩,時舍利弗慘然憂色,即問尊者何故憂色?答言:汝今見此地中蟻子耶?對曰已見。舍利弗言:汝於過去毗婆尸佛,亦於此地起立精舍,而此蟻子在此中生。乃至七佛已來,汝皆爲佛起立精舍,而此蟻子亦在中生。至今九十一刼,受一種身。

《禪林類聚·飛走門》云,世尊一日坐次,見二人舁猪過,乃問:這箇是甚麽?云:佛具一切智,猪子也不識。世尊云:也須問過。　馬鳴大士昔爲毘舍利國王,其國有一類人如馬裸露。王運神力分身爲蠶,食其桑柘,自成繭縠。國中馬人取繭爲衣。王後復生中印度,馬人感戀悲鳴,因號馬鳴。……

（卷一萬二千一百四十八）

動字

毁譽不動

《維摩經》:寶積讚佛云,毁譽不動如須彌,於善不善等以慈。

堅濕暖動

《楞伽經》:堅濕暖動非作生,謂四大各有自然之性。爲地以堅爲性,水以濕爲性,火以暖爲性,風以動爲性。

地八震動

《釋迦譜》:佛告阿難,凡世地動有八因緣。夫地在水上,水止於風,風起則水撓,普地皆動,是爲一。得道比丘、比丘尼及大神尊天觀水性多,觀地性少,欲自試力故,則普地動,是爲二。菩薩降神母胎,地爲大動,是爲三。菩薩從右脇生則普地動,是爲四。菩薩初成正覺,是爲五。初轉無上法輪,是爲六。佛教將畢,欲捨性命,則普地動,是爲七。如來欲無餘涅槃,地大震動,是爲八。

無動

佛名,《翻譯名義》:即阿閦佛也。阿之言無,閦之言動。

（卷一萬三千八十二）

寺字

天樂寺

《太平寰宇記》:寺在相州鄴縣。有石虎因佛圖澄造。寺内有文石香爐,即澄所執供養者,又有鳴鶴、飛準、赤烏、飛龍等舟。

（卷一萬三千八百二十四）

樹字

貝多樹

《翻譯名義》:梵語貝多,華言岸形。如此方椶櫚,直而且高。

娑羅樹

《豫章志》:香城蘭若在洪井上二十里,西山寂幽絶處,有西土娑羅樹。

菩提樹

《廣州府誌》:菩提樹,州人以灰水浸葉,去其浮膜,爲元夕燈飾。今光孝寺有之,乃梁宋真諦三藏所植。

《翻譯名義》:即畢鉢羅樹也。昔佛在世,坐其下,成等正覺,因謂之菩提樹。

《不思議境界經》:佛在摩謁提國菩提樹下成等正覺。其菩提樹,名阿攝波,盤根深固,擢本修直,周圓無節,如栴檀柱。常於其上,飛禽回翼無能過者。皮膚細潤,衆色間發,猶如羅綺。密葉青翠,繁枝布護,周匝皆有妙花開敷,吐曜飛芳,甚可愛樂。

《分别緣生經》:佛在泥連河側菩提樹下成佛未久,獨止其中,心生思念世間苦法。

《秀雅堂脞記》:洛城山北,謂之邙山。上無林木,維北嶺上右有樗樹,婆娑四五畝。楊素建都城,以此樹爲南北標準,嫌樗木名惡,號婆娑羅樹。按佛經言,婆娑羅樹是如來涅槃之所。其言殊不祥。後楊玄感亂,李密圍城,及太宗征世充,皆於此樹駐車,下瞰城中。

(卷一萬四千五百三十六)

娑樹

《唐語林》:太宗朝,婆尼羅國所獻娑樹,一名菩提。葉似紅藍,實如蒺藜。

《廣志》：莎樹多枝葉，葉兩邊行列，若飛鳥之翼。其麵色白，樹收麵不過一斛。

《蜀志記》：莎樹出麵，一樹出一石，正白。而味似桄榔。出興古。

毒樹

《經律異相·地部》云：舍衛國有官園，生一毒樹。男女遊觀，停息其下，或頭欲裂，或腰脊疼，或於樹下終。國人以長一丈柯斧遥斫去之，未經旬日，生已如故。

奇樹

《西域記》：摩曷陁國有奇樹，高八九尺，其榦兩枝。在昔如來嚼楊枝棄地，因植根柭。歲月雖久，初無增減。

（卷一萬四千五百三十七）

處字

諸佛行處

《光明經》：如來游於無量甚深法性諸佛行處。

佛浣衣處

《西域傳》：佛昔盥浴次西小池。佛嘗滌器處，次北小池。佛嘗有浣衣處，次之三池，龍止其中，味甘且淨。有慢觸者，金毘羅獸即而害之。次側有方石，上有佛袈裟文跡。外道凶人有輕蹈者，池龍輒興風雨害之。

轉法輪處

《釋迦譜》：世尊思惟：王師、大臣所遣憍陳如等五人瞻視我者皆悉聰明，爲此五人先開法門。又自思惟：古昔諸佛輪法輪處在於波羅柰國鹿野苑中。又此五人亦在於彼，我今應往至其往處，轉大法輪。

華嚴七處

《華嚴經》：菩提場、普光殿、忉利天、夜摩天、兜率天、他化天、逝多林，是爲七處也。

（卷一萬四千五百四十四）

度字

印度

《西域記》：天竺之稱，舊云身篤，或曰賢豆，從今正音。印度者，唐言月。月有多名，斯其一稱，良以其土聖賢繼軌導，凡御物如月照臨。由是義，故謂之印度。詳國字。

信度

《翻譯名義》：云信度，舊云辛頭，此公驗河。詳見水字。

智度

《翻譯名義》：智度，羅什曰：窮智之源故稱度，梵音中有母義。

拙度

《法華》：玄義，三藏四門，紆迴隘陋，名爲拙度。通教四門，是摩訶衍寬直巧度。詳花字。

福熟自度

《經律異相》云：昔有五百婆羅門常求佛，便欲誹謗之。自共議，言當使屠兒殺生請佛，及衆僧佛必受請，讚嘆屠兒，吾等便前而共譏之。佛即受請，告屠兒言：果熟自墮，福熟自度。

小兒得度

《僧祇律》：阿難有一知識，合門疫死，唯有一小兒。阿難白佛：此小兒得度否？佛言：汝作何心度？答：慈愍心。佛言：得度。

狗子得度

《度狗子經》：昔有一國，穀米湧貴，人民飢餓。沙門分衛欲出城門，逢獵屠兒抱一狗子持歸，欲殺。沙門求救，不聽。沙門舉飯飼狗，以手摩杖，咒願狗子得食。善心生焉，人將還家。屠殺食之，即生大長者家，復值沙門出家成道。

八犍度

《翻譯名義》云：一業、二使、三智、四定、五根、六大、七見、八雜，正音婆犍圖，此云法。詳聚字。

没栗度

《翻譯名義》云：没栗度，此云耎物，柔曰耎。

懸度

羅泌《路史》：詳因提紀，予嘗言之，陷河懸度之設乎西，此天之所以遮西而制北者也。注：自罽賓西行歷大、小頭痛山、赤土身熱之坂。宋膺《異物志》云：山皆在渠搜之東，疏勒之西。冬月過之，必有頭痛、身熱、吐逆之患，驢畜皆然；夏日則死。山有毒，藥氣之所爲。又有三池盤道，經三十里，又經烏秅四百里。石懸度山，只尺之路，下臨不測。《法顯記》：在盤陀西南，今葱嶺，冬夏有雪，即佛書言雪山者，道有毒龍，犯之輒颶晦飛礫，過者少全。

（卷一萬四千七百七）

隊字

菩薩蠻隊

《杜陽雜編》：唐懿宗敬天竺教，創脩安國寺，華飾祕邃，天下稱爲至工。降誕日，於宮中結綵爲寺，賜朝官已下錦袍。李可及嘗教數百人作四方菩薩蠻隊。

善字

《大明仁孝皇后勸善書》

……昔迦毘摩羅尊者，至西印度。城口有大山，山有一石窟。尊者山行數里，逢一大蟒，尊者直進其窟。蟒遂盤繞尊者身，尊者因與受三皈依，蟒聽訖而去。後有一老人，素服而出，合掌問訊。尊者曰：汝何所止？答曰：我昔嘗爲比丘，多樂寂靜，有初學比丘數來請益，而我煩於應答，起嗔恨想，命終墮於蟒身，住於窟中，今已千載。適遇尊者獲聞戒法，故來謝耳。

昔波羅柰國長者，名曰日難，大富珍奇，爲人慳嫉，日未没時，常令門監，乞者勿通。日難之子栴檀，亦復慳貪。日難後壽盡，還生國中，爲盲婦作子。其夫語婦：汝身重疾，今腹懷軀，我無衣食，汝便自去。婦出門去，得大聚牆，便止其中，九月生子，兩目復盲。乞食養之。年至七歲，其母悲言：今有乞我少飯愈饑，兩人難飽。兒聞母説，便行乞食。到其子家，時守門者適少出外，入到庭中。栴檀聞語，呼守門問，門監懼罪，即掣盲兒擲於門外，傷頭折臂。母聞走到，何人無道？時門上神便謂之言：汝得是痛，尚爲小小，其大在後。汝坐前世有財不施，故得勤苦，死更苦痛。觀者聞聲。佛問何[1]難，是何等聲？阿難具説，願佛哀矜。到此兒所，分麨飯已，往視盲兒，以手摩頭，目便開明，臂折復愈，因識宿命。佛問汝是前世長者日難耶？對曰：是也。佛告阿難，人居世間，甚苦愚癡，一世父子，不相識知。時佛説經，解散其意。

① "何"是"阿"之誤。

昔舍衛城中有富長者，命終無兒。所有錢財，皆悉没官。長者生時，食噉粗惡，衣裳單敝，以樹葉爲蓋。佛言雖得豪位，不自養身，亦不養子，不供父母，不通朋友，不施沙門，今日命終，入啼哭地獄。

昔目連入王舍城乞食，見五百餓鬼，白言尊者，願垂哀愍，語我家中，言我等輩爲長者子，在日方逸，不好布施，不信三寶，見諸沙門入城乞食，既不自施，逆遮他人。言此道人，不自生活，但仰百姓,今若與者,後日復來,終無厭足。以是業緣,墮餓鬼中。唯願尊者,語諸親里,共設大會,請佛及僧,使脱此身。目連告曰:汝等至會所否?餓鬼答曰,身如焦柱,腹如太山,咽如細針,髪如錐刀,肢節洞然,馳走求食,了不能得。設見甘膳,變成膿血,云何能詣會所?目連如言語其眷屬,爲設會,時入定徧觀,彼諸餓鬼不見。怪其所以,尋往白佛。佛告目連,彼諸餓鬼,業風吹去,非汝聲聞所能知見。蒙汝設會,罪垢得除。吾自能令來至會所,佛爲説法,其夜生忉利天。

昔佛在雞足山時,有婆羅門生子,令相師視之。師言是子無相,當名阿保。其父母聞之無相,雖長養之,初不憐矜。到年十二,足自生活,父母逐令去,勿復來還。子不敢留,遂行乞食,乃到祇洹。佛以大慈心念其勤苦,即使阿難呼問之:能出家否?兒即歡喜,願爲沙門。佛即以手而摩其頭,鬚髪即墮,袈裟着身,佛爲立名羅旬踰。時五部僧每出分衛,即乞食也。而羅旬踰所在之部,以空鉢還。佛敕比丘分以施之,如是非一。目連念言,是比丘僧自不得食,餘人何故悉復空還?我若共行,猶有所得。佛知其意,便與舍利弗俱,使目連與羅旬踰俱,各分爲一部。佛告目連,我所在處,汝不得往。目連即與羅旬踰俱行,適欲所至,即便見佛及與舍利弗而在其門,如是經歷,適百億國,遂不得食。目連念言,我於今日定不得食。羅旬踰時甚大飢極,止恒水邊,目連還,即到於佛所。佛時鉢中尚有餘食,即與,目連念言:我今飢甚,欲吞須彌,尚謂不飽,但此少飯,何足可食。佛告目連:且食此飯,勿憂不足。目連即食,食既已飽,鉢中不減。唯舍利弗即念羅旬踰今未得食,當大饑苦。便白佛言:願乞餘飯與羅旬踰。佛即告言:我不惜飯,但羅旬踰宿行果報,不應得食。若謂不然,汝便可與。舍利弗以飯與之,羅旬踰得即欲受,飯鉢便下入地百丈。舍利弗以道力手尋鉢,即得以還,羅旬踰適欲食之，便誤覆鉢，倒去飯食，皆散水中。羅旬踰還坐定意，自思念言：我每與諸比丘俱行，輒無所得，空鉢而還。舍利弗今以佛餘飯與我，輒復覆去，皆我罪報，應當所受，便自思惟，結解垢除，得羅漢道，即便食去而般泥洹。即涅槃，華言圓寂。欲知羅旬踰者，維衛佛時，身爲凡人，常懷慳貪，不肯布施，時當欲飯，脱衣布地，恐飯粒落。有沙門過，從其分衛，羅旬踰見謂之言：當何以相與？便以手捧土與沙門。沙門即呪願：是汝愚癡故耳，當使汝早得度脱。由來久遠，展轉生死，乃至於今，所在之處，輒不得食。於今得道，食土泥洹。時羅旬踰與土沙門舍利弗是罪福果報，今雖得道，故受宿殃。世人愚癡，謂行惡無罪，羅旬踰是其證也。

昔目連從禪定起，遊恒水邊，見諸餓鬼受罪不同。時諸餓鬼，各起敬心，來問目連往昔因緣。一鬼問言：我一生來，恒抱饑渴，欲至廁中取糞噉之，廁上有大刀鬼，以杖打我，初不得近，何罪所致？目連答言：汝爲人時，作佛圖主，有客比丘來寺乞食，而汝慳惜，不與客食。待客去後，乃行舊住。緣汝無道，慳惜衆物，以是因緣，故獲斯罪。汝今華報，果在地獄。

昔有一鬼問目連言：我一生來，肩上有大銅瓶，盛滿烊銅，以杓取之，還自灌頂，痛苦難忍，何罪所致？目連言：汝爲人時，作寺維那，知大衆事，有一瓶酥，藏着隱處，不依時行，待客去後，乃行舊住。酥是招提之物，一切有分，緣汝無道，慳惜衆物，以是因緣，故獲斯罪。汝今華報，果在地獄。

昔有一衆生身體長大，頭上有鑊，盛然火燒，滿中烊銅，從四面出，灌其身上，乘虚而行，無有休息。目連問佛：此何等罪？今受此苦。佛答目連：此人昔時作寺知事，檀越送油，不以分與諸客比丘，待客去後，乃分舊住，以是因緣，故獲斯罪。

昔佛在王舍城，東南有一池水，屎尿汙穢，盡入其中，臭不可近。有一大蟲生此水中,身長數丈,無有手足,宛轉低昂,觀者數千。阿難往見,具以啓佛。佛與大衆共詣池所,大衆念言:今日如來,當爲衆會説蟲本末。佛告大衆:維衛佛泥洹後,時有塔寺,有五百比丘經過寺中。寺主歡喜,請留供養盡心供饌,無有遺惜。後有五百商人,入海採寶,還過塔寺,見五百比丘精勤行道,並各發心,欣然共議,福田雖過,當設薄供。人捨一珠,得五百摩尼珠,以寄寺主。寺主後時生不善心,圖欲獨取,不爲設供。大衆問言:賈客施珠,應當設供。寺主答言:是珠施我,若欲奪珠,糞可與汝,若不時去,割汝手足,投之糞坑。衆念其癡,默然各去,緣是罪惡,受此蟲身,後若命盡,仍入地獄,復受衆苦。

昔有丈夫,令其婦人施沙門婆羅門等食。其婦慳惜,實有言無。語其夫曰:家無所有,當以何等施與沙門及福人等?如是婦人誑夫悋財而不布施,身壞命終,墮於針口餓鬼之中。由其積習多造惡業,是故婦人多生餓鬼道中。

昔佛在王舍城耆闍崛華言靈鷲山中。爾時尊者大目犍連在一樹下,結跏趺坐,思唯觀察,見一餓鬼,身如焦柱,髮如錐刀,纏繞其身,呻吟大喚,四向馳走,求索糞穢,終日竟夜,受苦疲極,了不能得。爾時目連見此餓鬼而問之言:汝於先身造何業行,受如是苦?餓鬼答言:世有如來,汝可自問。我今饑渴,不能答汝。爾時目連尋詣佛所,問其所由,造何業行,受如是苦?爾時世尊告目連曰:汝今諦聽,吾當爲汝分別解説。乃往過去無量世時,有國名波羅柰,其土豐樂,人民繁盛,無有兵甲,共相諍競。時有長者,名曰賢善,體性柔和,敬信三寶,常樂惠施,名稱普聞。時有比丘著衣持鉢造詣其家,從其乞食。時此長者,有少急緣,竟不自施,尋即出去,慇懃囑婦,汝今在後,好念施彼比丘飲食。其婦答言:汝且莫憂,我後當與。時長者婦,慳貪心生，便自念言：今若與食，後日復來此諸人等，甚可惡見。即喚比丘來入舍内，閉着空屋，令其即日饑不得食，以是業緣，於無量世墮餓鬼中，受如是苦。

昔佛在王舍城迦蘭陀竹林時，尊者大目犍連見一餓鬼，腹如大山，咽如細針，諸肢節間，皆悉火然，渴乏欲死，脣口乾焦，往趣河泉，水爲涸竭。假令天降甘雨，墮其身上，皆變爲火。時大目犍連即前問言：汝於先身，造何業行，受是苦耶？時彼餓鬼答目連言：我今渴乏，受苦難計，不能答爾，爾當問佛。時大目犍連即詣佛所，欲問斯事。爾時世尊爲諸大衆演説妙法，見目連來，先意問訊，愛語輭語，而問訊之：見何異事？目連白佛：我向樹下，見一餓鬼，身體焦然，四向馳走。具以上事，向佛廣説，宿造何業，受是苦惱？爾時世尊告目連曰：汝今諦聽，吾當爲汝分别解説。此賢刼中波羅奈國有佛出世，號爲迦葉。有一沙門，涉路而行，極患熱渴。時有女人名曰惡見，井旁汲水。僧從乞之，女報之曰：使汝渴死，我終不能持水與汝，今我水減不可持去。于時沙門既不得水，復道而去。時彼女人遂復慳貪，有來乞者終不施與，其後命終墮餓鬼中。以是業緣，受如是苦。

昔佛在舍衛國祇樹給孤獨園時，彼城中有一長者，名若逸多。財寶無量，奴婢、僕使、象、馬、牛、羊，不可稱計。時彼長者偶行觀看，到祇洹中見佛世尊三十二相八十種好，光明普曜如百千日，莊嚴其身，心懷信敬。前禮佛足却坐一面，聽佛説法，心生歡喜，還歸辭家及諸眷屬，求索入道。時諸親屬都悉聽許。還歸白佛，求索出家。佛即告言：善來比丘，鬚髪自落，法服着身，便成沙門。時諸親族及諸人民以其先是豪富之子，出家入道，競施衣鉢，種種所須，既得之已，生慳貪心，不能施與同梵行者。其後命終，墮餓鬼中，還守衣鉢。時諸僧衆見其去世，開其房户，欲收尸骸，及以衣鉢闍維、華言燒化。羯磨，華言事辦。而此室中見一餓鬼,身如焦柱,狀貌可畏,守此衣鉢,無敢近者。見是事已,往白世尊,具陳所見。於是如來將諸比丘來入室中,語餓鬼言:咄!無慚愧,汝於前身,出家入道,貪着利養,不肯惠施,今墮餓鬼,受此醜形之報。

昔佛言:我曾聞有大商主子,名曰億耳,入海採寶。既得回還,與伴别宿,失伴憧惶,饑渴所逼,遥見一城,謂爲有水注至城邊,欲索水飲。然此城者是餓鬼城,到彼城中,四衢道頭衆人集處,空無所見,饑渴所逼,唱言求水。諸餓鬼輩,聞是水聲,皆來雲集。誰慈悲者?欲與我水。此諸餓鬼身如焦柱,以髮自纏,皆來合掌,作如是言:願乞我水,億耳語言,我渴所逼,故來求水。爾時餓鬼聞億耳爲渴所逼,自行求水,希望都息,皆各長嘆作如是言:汝可不知此餓鬼城,云何此中而索水耶?即説偈言:我等處此城,百千萬歲中尚不聞水名,况復得飲者!臂如多羅林,啖然被火焚,我等亦如是,支節皆火然,頭髮悉蓬亂,形體皆毁破,晝夜念飲食,憧惶走十方,飲渴所逼切,張口馳求索,有人執杖隨,尋逐加楚撻,搥打不得近,我等憂此苦,云何能得水,以用惠施人,我等先身時,慳貪極嫉妒,不曾施一人,漿水及飲食,自物不與他,抑彼令不施,以是重業故,今受是苦惱。

……

(卷一萬六千八百四十二)

伏字

醉象馴伏

《西域記》云:提婆達多與未生怨王共爲親友,乃放護財醉象欲害如來,指端出五師子,醉象於此馴伏而前。

十降伏

《法集名數經》:何菩薩十降伏?所謂命降伏、心降伏、受用降伏、法降伏、生降伏、神通降伏、解脱降伏、願降伏、業降伏、智降伏。

（卷一萬九千七百八十三）

一字

取一捨一

《涅槃經》:衆生心性猶如獮猴之性,舍一取一。衆生心性亦復如是,取著色聲香味,觸法無暫住時。

説法第一

《法華經》:佛告諸比丘,汝等見是富樓那彌多羅尼子否?我常稱其於説法人中最爲第一。

（卷二萬三百八）

四、西洋番國志

諸番國名

占城國

占城國,即釋典所謂王舍城也[①]。……國王鎖里人[②],崇信釋教。

① 按向達注,王舍城在印度,宋以來謂南海亦有王舍城,相承至明,猶沿此誤。

② 向注,鎖里又作鎖俚,係 Soli（Cola）的對音。

爪哇國

……歷代書記亦有字,與鎖俚相類,以茭葦葉用刀刻畫。

舊港國

……其金銀香如中國銀匠所用黑膠,中有白塊如蠟,白多黑少者爲上,黑多白少者次之。此香氣烈,觸鼻薰腦,西番併鎖俚人甚愛之。

暹羅國

……其王鎖俚人,崇信釋教。

錫蘭國

錫蘭國,自南浡里帽山放洋,好東北風,三日見翠藍山三四座,惟一山最高大,番名按篤蠻山。此處人皆巢居穴處,男女赤體如禽獸然,無寸衣着膚。相傳昔釋迦佛過海,於此登岸,入水澡浴,土人偷佛衣而藏之。佛咒土人,故至今皆赤體,謂寸布着身即身爛。此謂裸形國也。

其土不産米穀,人惟食山芋、波羅蜜、芭蕉子之類,或海中捕蝦魚而食之。

過此正西船行七八日見鶯哥嘴山,又三兩日見佛堂山,始到錫蘭國馬頭,番名别羅里,泊船登岸。海邊山脚石上有足跡長二尺許,云是釋迦佛自翠藍山來就此登岸,足跡存焉。中有淺水不乾,人就蘸水洗面目。其左有佛寺,乃佛涅槃處,寺内佛卧尚存,寢座皆用諸寶石嵌沉香木爲之,極華麗。及有佛牙並活舍利子等物在堂。

北去四五十里始到王居。王亦鎖里人,崇信佛教,敬象及牛。人以牛糞燒灰塗身。人不敢食牛而食其乳。牛死即埋之,若私宰牛者,其罪死,或納牛頭金以贖其罪。王之所居,每早國人皆以牛糞調水遍塗屋上地下,然後拜佛。其拜以兩手舒前兩脚伸後,胸腹著地而拜。

近王居有一大山[1],高入雲表。上有人右脚跡入石深二尺許,長八尺餘,云是人祖阿聃足跡。人祖華名盤古。此山出紅雅胡、黄雅胡、青米藍石、昔剌泥、窟没藍等諸寶石。每大雨衝出沙土中,尋拾則有。彼人云乃人祖眼淚結成。又其國海中有雪白浮沙一所，出螺蚌，產珠，日照之光彩橫發。王因別爲珠池，每三年或二年取沙上螺蚌入珠池養之，令人看守淘珠納官。亦有竊取而賣者。

① 按向注，此即錫蘭阿聃峰 Adam's Peak。

其國地廣人稠，亞於爪哇。民甚富饒。男子上皆赤體，下圍絲手巾，加以纏腰。渾身毫毛皆長剃，只留髮，用白布纏裹。父母死則髮毛不剃以爲孝禮。女人髻撮腦後，下圍白布。兒生皆剃頭，女則不剃，就養胎髮至長。其飯食皆不缺酥乳，亦以酥沃方食。若無酥乳，則自食于暗處。檳榔扶萷葉晝夜不絕口。

出米穀麻豆，無麥。所用酒油飯皆以椰子造。所產菓有芭蕉、波羅蜜。菜有瓜、茄。牲畜有牛、馬、雞、鴨，無鵝。

但人死則聚隣婦女以兩手拍胸乳，號叫爲禮。屍皆火化，骨則土埋。

王以金爲錢使用。每錢官秤重一分六釐。甚愛中國麝香、紵絲、色絹、青磁盤碗，銅錢，就以寶石珍珠易換。王常遣使隨寶船方物進貢中國。

小葛蘭國

小葛蘭國，自錫蘭國馬頭別羅里開船往西北行，好風六晝夜可到。其國邊海，東大山①，西大海。南北地狹亦臨海。王及國人鎖俚人，崇信釋教，敬象及牛。婚喪諸事與錫蘭國同。

① 向注，此處之大山指 Ardamon Hills 山脈。

土產蘇木、胡椒，但不多。果菜皆有。牛羊頗有。羊毛青，脚高二三尺，黃牛有重三四百斤者。人日二餐，皆以酥油沃飯。王以金鑄錢行使。用錢官秤重一分。雖小邦亦修貢獻。

柯枝國

柯枝國，自小葛蘭國開船，沿山向西北行，好風一晝夜到本國港口泊船。其國東大山[①]，西大海，南北亦海。有陸路可往鄰國。王鎖俚人，頭纏黃白布，上不着衣，下圍紵絲手巾，又加顔色紵絲一疋爲壓腰。其頭目及財主服用頗與王者同。屋用椰木造及用椰葉編蓋。各以磚砌土庫收藏細軟諸物以防火盜。

① 向注，此與小葛蘭同一山脈。

國人有五等。一等名南毘，與王同類，中有剃頭掛線在頸者最爲貴族。二等回回人。三等名哲地，乃是國中財主。四等名革令，專爲牙保。五等名木瓜，最卑賤。木瓜居住俱在海濱，屋簷不得過三尺。着衣上不過臍，下不過膝。路遇南毘、哲地，皆俯伏候過乃起。不許爲商賈，只以漁樵及擡負重物爲生。

國王崇信佛教。敬象及牛。建造佛殿，以銅鑄象，以青石爲座，週遭爲溝，傍鑿井，每早起鳴鐘鼓，汲井澆佛頂三，羅拜而退。又一等人名濁肌，即道人也。有妻室。濁肌出母胎即不剃髮，亦梳篦，以酥油等物搓髮成縷，拽披腦後。人以黃牛糞燒白灰，徧塗身體上下。俱無衣服，只以大如指黃藤繞腰重縛至緊，末垂白布爲飾。白晝吹海螺而行。其妻略以布遮蔽前後隨之。每到人家則與錢米諸物。

此地氣候常暖如夏，無霜雪。每歲二三月夜雨一二番，五六月日夜大雨，街市成河，七月盡雨信始過，八月半以後再不雨。人家於二三月間即修置房屋，備具食用，以防雨患。至次年二三月又雨如初。

土無出産，人惟種椒爲業。每椒熟，大户即收買置倉盛頓，以待各處客商。椒以播荷論價。每播荷該二十五封剌，該番秤十斤，較中國官秤該十六斤。一播荷共該官秤四百斤，彼處賣金錢一百箇或九十箇，直銀五兩。名哲地者專收買寶石珍珠香貨，以待中國寶船及各處番船。珍珠以分數論價，每顆重三分半者，彼處賣金錢一千八百箇，直銀一百兩。珊瑚連枝柯者以斤論價，做成珠者以分論價。哲地多收買珊瑚枝柯，僱匠制造成珠，論分兩賣。王以九成金鑄錢行使，名曰法喃，官秤重一分一釐。又以銀爲錢名答兒，大如海螺靨，官秤重四釐。每金錢一箇倒銀錢十五箇，街市零用。

國人婚喪各依本類，禮制不同。

國中出産米、粟、麻，豆、黍、稷，無麥。牲畜則有象、馬、牛、羊、犬、貓、雞、鴨，無驢及鵝。

國王遣使貢獻中國。

古里國

古里國，此西洋大國也。從柯枝國開船往西北行三日可到。其國邊海山遠，東通坎巴夷國，西臨大海，南連柯枝國，北臨狠奴兒國。永樂五年，朝廷遣正使乘大賒，賫寶詔，敕諭，賜其王誥命銀印及諸頭目冠服等物有差。遂立石爲記，謂曰："中國相去十萬餘里，民物熙皞同風。"

其國亦有五等，名回回、南昆、哲地、革令、木瓜。王南昆人，其頭目皆回回人。云先王嘗與回回言："誓不食牛則不食豬。"至今尚然。王信佛教，敬象及牛。蓋佛殿以銅瓦，及以銅鑄佛，象乃納兒。掘井于佛像之傍，每早王自來汲水浴佛禮拜。又每夜令人收取黄牛糞，以銅盤裝盛，早晨和水灑塗佛殿地上及各牆壁。王家並頭目及諸富家皆如此敬佛。又燒牛糞爲細白灰，用好布爲袋裝盛。每早盥洗畢，以此灰調水塗額並鼻準及兩股間各三次方纔見佛。以此相傳。又昔有聖人名某些①，乃真天人，立教化於此地。其聖人因往他國，令弟撒没嚟攝教。

其弟心起矯妄,鑄銅爲犢,詐曰:“此聖主也。若能崇敬,當日糞金以酬。”其人貪得金而忘天道,因此皆敬牛爲重。及某些聖人回國,怪弟忘,乃廢其牛,欲罪,其弟即乘一大象遁去。至今國人懸望撒没嚟回,如月初則言月中必至,及月中又言月終必至。南昆人敬象及牛,蓋以此也。

① 向注,某些即指 Musa, Moses。

王以二頭目掌國事。頭目回回人,多奉其教。禮拜寺有二三十所,七日一禮拜。至日,男子大小俱齋沐不治事,巳午時同到寺禮拜,未時回家,方敢交易。其人狀貌俊偉,亦甚誠信。中國寶船一到,王即遣頭目並哲地及米納凡來會。其米納凡乃是本國書算手之名,牙儈人也。但會時先告以某打價。至期將中國帶去各色貨物對面議定價值,書左右合契,各收其一。哲地乃與坐船内臣各相握手。米納凡言過吉日,就中指一掌爲定,自後價有貴賤,再不改悔。以後哲地並富户各以寶石、珍珠、珊瑚來看。惟是議論價錢最難,疾則一月,徐則兩三月方定。如某寶石若干該紵絲某物貨若干,即照原打手價無改。其算盤只以兩手兩足十指計算,毫髮無差。

國王以六成金鑄錢名吧南行使。每錢中國官寸三分八釐,面底有紋,該官秤一分。又以銀爲小錢名搭兒零使,每銀錢重三釐。其番秤名法剌失,權釘衡末,準則活動,衡正中爲定盤星。秤物則移準向前。番名秤一錢該中國官秤八分;十六錢爲一兩,該官秤一兩二錢八分;二十兩爲一斤,該秤一斤九兩六錢。其秤只可秤十斤,該官秤十六斤。若以稱胡椒二百五十斤爲一播荷,該官秤四百斤。稱香貨二百斤爲一播荷,該官秤三百二十斤。衡法多是天平對秤,法無要妙。量法官鑄錢爲升,名党戛黎,較中國官斗斛每升該一升六合二勺。

西洋布本國名撦黎布，出於鄰境坎巴夷等處，每疋闊四尺五寸，長二丈五尺，彼處賣金錢八箇或十箇。國人亦以蠶絲練織各色間道花手巾，闊四五尺，長一丈二三尺有餘，每手巾賣金錢一百箇。其山鄉人多置園種胡椒，十月椒熟，俱採摘曬乾，自有大户收買送官庫，官與發賣，每一播荷賣金錢二百箇，見數稅錢。其哲地財主多收買各色寶石珍珠，並做珊瑚珠等，遇各處番船到，王遣頭目並計算人來，眼同發賣，亦收稅錢。

富家多種椰子，或千株或二三百株，以此爲產業。云椰有十用：嫩者有漿可飲，又可釀酒，老者肉可打油，或做糖與飯，其外皮穰可打索造船，殼可爲碗爲酒鍾，又可燒灰廂金銀細巧生活，樹可架屋，葉可蓋屋。此十用也。蔬菜有蘿蔔、姜、芥、葱、蒜、芫荽、葫蘆、茄子、菜瓜、東瓜，四時皆有。又有一種小瓜，僅如小指大，長二寸許，味如青瓜。其葱紫皮細葉，本大如蒜，賣則稱斤。芭蕉子、波羅蜜多有賣者。木別子樹高十餘丈，結實如大緑柿，内有子三四十，熟則自墮。其蝙蝠大如鷹，皆於此樹倒掛而棲。米有紅白二色。麥大小俱無，他處販麥與麨來用。有雞、鴨無鵝。羊脚高如驢之駒，色灰。水牛不甚大，黄牛有三四百斤者。牛死則埋之。人不食牛肉，只食乳酪酥油，無酥油廢食飯。各色海魚極賤。兔、鹿亦有賣者。禽有孔雀、鷺鷥、烏鴉、鷹、燕。孔雀人家多有養者。其他飛鳥俱無。

婚喪之禮，鎖俚人、回回人各以類。亦有衕衕，能彈唱，以葫蘆殼爲樂器，紅銅絲爲絃，唱番歌相和而彈唱，甚有音韻可聽。國王位不傳子，傳與外甥。若王無姊妹，則傳於弟，無弟則傳與有德之人。世代相仍如此。國法無鞭笞之刑。輕則截手斷足，重則罰金誅戮，甚則抄封滅族。人犯法到官則稱寃不伏者，則於王前或大頭目前，以鐵鍋煮油令滾，先以樹葉爆裂有聲，乃命其人以右手二指浸滾油内片時取出，用布包裹封記，監留在官。過三日聚衆開封視之。若手潰爛則不枉,遂加以刑。其不爛者,則頭目人等以皷樂送此人回家。諸親隣友皆賀,相與飲酒作樂。

國王其年以赤金五十兩令匠抽絲如髮,結綰成片,以各色寶石珍珠廂成寶帶一條,遣頭目乃那進貢中國。

溜山國

溜山國,自蘇門答剌國開船,過小帽山,投西南行,好風十日可到。其國番名傑幹。無城郭,倚山聚居,四面皆海,即如洲渚狀。國之西去,途程不等,有天生石門,海中狀如城闕。有八大處,曰沙溜,曰人不知溜,曰起來溜,曰麻里奇溜,曰加半年溜,曰加加溜,曰安都里溜,曰官塢溜。此八處者皆有地主而通商賈。其餘小溜尚有三千餘處,水皆緩散無力,舟至彼處而沉,故行船謹避,不敢近此經過。古傳弱水三千,即此處也。其人皆巢居穴處,不着衣衫,只以樹葉遮蔽前後。平生不食米穀,惟於海中捕魚蝦而食之。行船者或遇風水不順,舟師針舵有失,一落其溜,遂不能出。大槩行船,謹防此也。

其傑幹國王臣庶皆回回人。風俗淳美,悉遵教門行事。人皆以漁爲生。多種椰子樹。男女裸體微黑,男子白布纏頭,下圍手巾。女子上着短衣,下亦以闊布手巾圍之,又用闊大手巾過頭蓋下,只露其面。婚喪之禮依教門行。

土産降香不多。惟椰子廣,他國皆來販賣。有等小樣椰子,土人將殼旋酒鍾,以花梨木爲足,用番漆漆其口足,甚美。椰子皮穰打成粗細索,收積盈堆,各處番船皆販去賣與造船等用。蓋番人造船不用鐵釘,止鑽孔,以椰索聯縛,加以木楔,用瀝青塗之至緊。出龍涎香,漁者溜中採得,狀如浸瀝青,嗅之不香,焚有魚腥氣。價高,以銀對易。出海肌,土人採積如山,堆罨,待肉爛取殼,轉賣暹羅、榜葛剌國代錢使。出馬鮫魚,土人將其魚切如臂大,淡曬至乾,盈倉收貯。他國多販去,名曰溜魚。又出一等絲嵌手巾,長闊而加實密,勝他處所出者。又出一等織金方帕,男子可纏頭,其價有賣銀五兩者。氣候長熱如夏。土瘦,米少麥無。蔬菜不廣,牛、羊、雞、鴨皆有,餘無所産。王以銀鑄錢使用。中國寶船亦一二往彼,收買龍涎香、椰子等物。乃一小邦也。

祖法兒國

祖法兒國,自古里國開船,投西北行,十晝夜可到。……

阿丹國

阿丹國,自古里國開船,投正西兑位行,一月可到。……

榜葛剌國

榜葛剌國,自蘇門答剌國開船,取帽山並翠藍島,投西北上行,好風二十日先到浙地港泊船,易小船入港,行五百里,到地名鎖納兒港。自此登岸又西南行三十五站,始到榜葛剌國。其國有城,王居及大小諸衙門皆在城内。

地廣人稠,風俗良善。富家多造船往番買賣,而傭伎者亦多。國中皆回回人。男婦皆黑,間有一白者。男子剃頭,以白布纏裹。身服圓領長衣,自首而入,下圍各色闊手巾,足着淺面皮鞋。及頭目俱服回回教禮,衣冠甚潔麗。國語名榜葛俚,自成一家語。説吧兒西話[①]者亦有之。王以銀鑄錢名倘加,每錢官秤重三錢,官尺徑一寸二分,底面有紋。一應買賣皆用此錢,街市零使則用海肌。海肌番名考嚟,論箇數交易。冠婚喪祭,皆用回回禮。

① 向注,印度稱源出波斯而信火祆教之印度人爲 Parsi,此一輩人所操之語言亦稱 Parsi 語,即吧兒西話也。

氣候時常熱如夏。出稻穀、芝麻、黍、粟、豆、麥。其稻穀一年二熟,米粒細長,多紅者。蔬有姜、芥、葱、蒜、瓜、茄。果有芭蕉、甘蔗、石榴、酸子、波羅密，及砂糖、白糖、糖霜、蜜煎之類。畜有駝、馬、驢、騾、水牛、黃牛、山羊、綿羊、豬、犬、雞、猫、鵝、鴨等畜。酒有米酒、椰子酒、茭蔁酒，各有造法；多作燒酒賣。土俗無茶，以檳榔待客。街市一應鋪店、混堂、酒飯、甜食皆有。土産五六種細布。一種草布，番名泊，闊三尺餘，長五丈六七尺。此布極細，如中國細箋紙。一種姜黃布，番名滿者提，闊四尺許，長五丈餘。此布細密壯實。一種沙納巴布，闊五尺，長三丈，如生羅狀，即布羅也。一種細白勒搭嚟，闊三尺許，長六丈，布眼希疎勻淨，即布紗也。纏頭皆用此布。一種炒塌兒，止闊二尺五六寸，長四丈餘，如中國好梭布狀。一種驀黑驀勒，闊四尺許，長二丈餘，背面皆起絨頭，厚四五分，即兜羅綿也。桑柘蠶絲雖有，止織絲嵌手巾並絹布。一等白紙光滑細膩如鹿皮，亦有是樹皮所造。其他漆器、盤碗、鑌鐵、鎗、剪刀等項，皆市賣者。

國法有笞、杖、徒、流等刑。官府有品級印信行移，軍有糧餉、管軍頭目名吧斯剌兒。及有陰陽醫卜百工伎藝。其衕衕身着挑黑線白布花衫，下圍色絲手巾，以各色硝子珠間珊瑚琥珀，穿成瓔珞佩於肩頂，又以青紅硝子燒成針鐲，帶於兩臂。人家宴飲，皆來動樂，口唱番歌對舞，亦有解數可觀。其樂工名根肖速魯奈，每日五更時即到頭目或富家門首。一人吹鎖納，一人擊鼓，一人打大鼓，皆有拍調，初則慢，後漸緊促而止。又至一家吹打而去。及飯時回至各家，皆與酒飯，或與錢財。諸色把戲皆不甚奇。街市中有一人同妻以鎖鎖一大虎，每至人家即解索，虎耽耽坐地。其人赤體跳躍，將虎踢打。虎怒，作咆哮勢，來撲其人。其人與虎對搏數次，既又以臂探入虎口至喉，虎不敢食。戲訖鎖虎，虎伏地討食。人家以肉啖虎，並以錢物與其人而去。月日之定亦以十二月爲一年，無閏月。

王亦遣人駕船往鄰邦買辦珍珠寶石進貢。

忽魯謨厮國

忽魯謨厮國，自古里國開船，投西北行，好風二十五日可到。……

天方國

天方國，即默加國也。自古里國開船望西南申位行三月始到其國，有大頭目守之。……

五、星槎勝覽

翠藍嶼

其山大小有七門，中可行船，傳聞釋迦佛經此山，浴於水，被竊其袈裟，佛誓云：後有穿衣者，必爛皮肉。由此男女削髮無衣，僅有樹葉紉結而遮前後。米穀亦無，惟在海網捕魚蝦，及蕉、椰子之爲食啖也[①]。然聞此語，未可深信，然其往來未得泊其山下。宣德七年壬子十月二十三日，風雨水不順，偶至此山泊繫三日夜，山中之人駕獨木舟來貨椰實，舟中男婦果如前言，始知不謬矣。

① 按馮承鈞注，此島首見義淨《大唐西域求法高僧傳》卷下，名曰裸人國。

詩曰：

浩蕩翠藍嶼，叢林茂不疎。人形真獸類，椰實似瓜粗。腰掩草微有，頭髠髮竟無。幾番揮筆寫，堪記不堪圖。

錫蘭山國

其國地廣人稠，貨物各聚，亞於爪哇。國有高山參天之叢山，山頂産有青美盤石、黄雅鶻石、青紅寶石，每遇大雨，衝流山下沙中，尋拾得者。其海傍有珠簾沙，常此網取螺蚌，傾入珠池內，作爛，淘珠爲用而貨也。海邊有一盤石，上印足跡，長三尺許，常有水不乾，稱爲先世釋迦佛從翠藍嶼來登此岸，足躡其跡，至今爲聖跡也。山下有一寺，稱爲釋迦佛涅槃真身在寺側卧尚存，亦有舍利子在其寢處。氣候常熱，俗朴富饒，米穀足收。地産寶石、珍珠、龍涎、乳香。貨用金銀銅錢，青花白磁、色段、色絹之屬。男女纏頭，穿長衫，圍單布。永樂七年皇上命正使太監鄭和等齎捧詔敕，金銀供器、彩粧、織金寶幡，布施於寺，及建石碑①，以崇皇圖之治，賞賜國王頭目。其王亞烈苦柰兒負固不恭，謀害舟師，我正使太監鄭和等深機密策，暗設兵器，三令五申，使衆啣枚疾走，夜半之際，信炮一聲，奮勇殺入，生擒其王。至永樂九年歸獻闕下，尋蒙恩宥，俾復歸國，四夷悉欽。

① 此碑已於1911年在斯里蘭卡的南方省加勒發現，原石今在科倫坡博物館。碑文轉録於下

大明皇帝遣太監鄭和，王貴通等昭告於佛世尊曰：仰惟慈尊，圓明廣大，道臻玄妙，法濟羣倫。歷劫河沙，悉歸弘化，能仁慧力，妙應無方。惟錫蘭山介乎海南，言言梵刹，靈感翕彰。比者遣使詔諭諸番，海道之開，深賴慈佑，人舟安利，來往無虞，永惟大德，禮用報施。謹以金銀織金紵絲寶旛、香爐、花瓶、紵絲表裏、燈燭等物，布施佛寺，以充供養。惟世尊鑒之。總計布施錫蘭山立佛等寺供養：金壹仟錢、銀伍仟錢，各色紵絲伍拾疋、各色絹伍拾疋、織金紵絲寶旛肆對（内紅貳對、黄壹對、青壹對）、古銅香爐伍對、戧金座全黄銅燭臺伍對、戧金座全黄銅燈盞伍個、戧金座全硃紅漆戧金香盒伍個、金蓮花陸對、香油貳仟伍百觔、臘燭壹拾對、檀香壹拾炷。時永樂七年歲次己丑二月甲戌朔日謹施。

詩曰：

地廣錫蘭國，營商亞爪哇。高峰生寶石，大雨雜泥沙。淨水宜眸子，神光卧釋迦。池深珠燦爛，枝茂樹交加。出

物奇偏貴,遺風富且奢。立碑當聖代,傳誦樂無涯。

小唄喃國

山連赤土,地接下里,日中爲市,西洋諸國之馬頭也。本國流通使用金錢名倘伽,數箇重八分。金錢名吧喃,四十箇準大金錢一箇,以便民也。田瘠而穀少,歲籍榜葛剌米足食。氣候常熱,風俗淳美,男少女多。有南毗人。地産胡椒,亞於下里。乾檳榔、波羅蜜、色布、其木香、乳香、真珠、珊瑚、酥油、孩兒茶、梔子花,皆自他國也。貨用丁香、荳蔻、蘇木、色段、麝香、金銀銅器、鐵線、黑鉛之屬。

詩曰:

西海唄喃國,諸蕃貨殖通。人情應各別,花木總相同。珠子光涵白,珊瑚色潤紅。何由男與女,混雜自遺風。

柯枝國

其處與錫蘭山國對峙,氣候常熱,田瘠少收,村落傍海,風俗頗淳。男女椎髻,穿短衫,圍單布。其有一種曰木瓜,無屋居之,惟穴居樹巢,臨海捕魚爲業,男女倮體,紉結樹葉或草數莖遮其前後之羞,行路遇人則蹲縮於道傍,伺過方行也。地産胡椒甚廣,富家俱置板倉貯之,以售商販。行使小金錢名吧喃。貨用色段、白絲、青白花磁器、金銀之屬。

詩曰:

嗟彼柯枝國,山連赤鹵場。穴居相類獸,市集更通商。米穀少收實,胡椒積滿倉。恩宣中使至,隨處識蠻鄉。

古里國

當巨海之要,去僧伽密邇,亦西洋諸番之馬頭也。山廣田瘠，麥穀頗足。風俗甚厚，行者讓路，道不拾遺。法無刑杖，惟以石灰劃地乃爲禁令。酋長富居深山，傍海爲市，聚貨通商。男子穿長衫，頭纏白布，其婦女穿短衫，圍色布，兩耳懸帶金牌絡索數枚，其項上珍珠寶石珊瑚連掛瓔珞，臂腕足脛皆金銀鐲，手足指皆金廂寶石戒指，髻堆腦後，容白髮黑，嬌美可觀。其有一種裸身之人曰木瓜，與柯枝同。地產胡椒，亞於下里，俱有倉廩貯之，待商之販。有薔薇露、波羅蜜、孩兒茶、印花被面手巾。其有珊瑚、珍珠、乳香、木香、金箔之類，皆由別國而來。其國能蓄好馬，自西蕃而來，動經錢千百爲疋。其國若西番馬來，本國馬來，不買則議爲國空之言也。貨用金銀、色段、青花白磁器、珍珠、麝香、水銀、樟腦之屬。

詩曰：

古里通西域，山青景色奇。路遺他不拾，家富自無欺。

酋長施仁恕，人民重禮儀。將書夷俗事，風化得相宜。

榜葛剌國

其處曰西印度之地，西通金剛寶座，曰紹納福兒，乃釋迦佛得道之所。永樂十年並永樂十三年，二次上命太監侯顯等，統領舟師賫捧詔勑，賞賜國王、王妃、頭目。至其國海口，有港曰察地港，立抽分之所。其王知我中國寶船到彼，遣部領賫衣服等物、人馬千數迎接。港口起程十六站至鎖納兒江，有城池街市，聚貨通商。又差人賫禮象馬迎接，再行二十站，至板獨哇，是酋長之居處。城郭甚嚴，街道鋪店，連楹接棟，聚貨甚有。其王之居，皆磚石甃砌高廣，殿宇平頂，白灰爲之。入去内門三重，九間長殿，其柱皆黄銅包飾，雕琢花獸。左右長廊，内設明甲馬隊千餘，外列巨漢，明盔明甲，執鋒劍弓矢，威儀之甚。丹墀左右，設孔雀翎傘百數，又置象隊百數於殿前。其王於正殿設高座，嵌八寶，踑踞坐其上，劍横於膝，乃令銀柱杖二人，皆穿白纏頭，來引導前，五步一呼，至中則止，又金柱杖二人，接引如前禮。其王恭禮拜迎詔，初叩謝加額，開讀賞賜，受畢，鋪毯毯於殿地，待我天使，宴我官兵，禮之甚厚，燔炙牛羊，禁不飲酒，恐亂其性，抑不遵禮，惟以薔薇露和香蜜水飲之也。宴畢，復以金盔、金繫腰、金盆、金瓶奉贈天使；其副使皆以銀盔、銀繫腰、銀盆、銀瓶之類；其下之官，亦以金鈴、紵絲長衣贈之；兵士俱有銀盞錢，蓋此國有禮富足者矣。其後恭置金筒銀葉表文，差使臣賫捧，貢獻方物於廷。其國風俗甚淳，男子白布纏頭，穿白布長衫，足穿金線羊皮靴，濟濟然，亦其文字者衆。凡交易雖有萬金，但價定打手，永無悔改。婦女穿短衫，圍色布絲棉，然不施脂粉，其色自然嬌白，兩耳垂寶鈿，項掛瓔珞，堆髻腦後，四腕金鐲，手足戒指，可爲一觀。其有一種人曰印度，不食牛肉。凡飲食，男女不同處，夫死妻不再嫁，妻喪夫不再娶，若孤寡無倚，一村之家輪養之，不容別村求食，是其義氣之尚也。田沃豐足，一歲二收，不用耕耔，隨時自宜，男女勤於耕織。果有波羅蜜，大數斗，甘甜香美。奄摩勒，香酸甚佳。其餘瓜菓、蔬菜、牛、馬、鷄、羊、鳧、鴨、魚、蝦之類甚廣。通使海肌，準錢市用。地産細布、撒哈剌、絨毯、兜羅錦、水晶、瑪瑙、珊瑚、真珠、寶石、糖蜜、酥油、翠毛、各色手巾被面。貨用金銀、布緞、色絹、青白花磁器、銅錢、麝香、銀珠、水銀、草蓆、胡椒之屬。

詩曰：

葛剌宗西域，留傳教不衰。兵戎皆有法，文字悉周知。貨市排珍寶，轅門簇羽旂。柱樑雕飾彩，階級引行儀。不飲羞燔炙，平鋪毯陸離。分邊盤座處，異廣在滄時。言誓冰霜操，嬌顔玉雪姿。波羅大如斗，摩勒壓連枝。耘耔何曾用，豐穰祇自宜。照臨天廣遠，採拾句搜奇。恩詔欽華夏，流風實外夷。小臣存悃愊，隨表進丹墀。

（前集）

大唄喃國

地與都欄礁相近，厥土黑壤，亦宜穀麥。居民懶事耕作，歲藉烏爹之米供食。商舶風信到遲，則波濤激灘，乃載貨不滿，蓋以不敢停泊也。若風逆，則遇巫里洋險阻之難矣。及防高郎阜沉水石之危。風俗頓厚，男女纏頭，穿長衫。地產胡椒、椰子、魚蝦、檳榔。貨用金錢、青白花磁器、布段之屬。

詩曰：

大唄喃方險，都欄與結盟。土肥宜稻麥，民懶不耕耘。但有烏爹濟，須防羅股驚。此邦風俗異，舟舶恣吟行。

溜洋國

其中有溜山，有錫蘭山，別羅里起程南去，海中天巧石門有三，如城門，中過船。溜山有八，曰：沙溜、官嶼溜、壬不知溜、起來溜、麻里溪溜、加平年溜、加加溜、安都里溜。皆人聚居，亦有主者，而通商舶。其八處地產龍涎香、乳香，貨用金銀、色段、色絹、磁器、米穀之屬。傳聞有三萬八千餘溜山，即弱水三千之言也。亦有人聚，巢樹穴居，不識米穀，但捕海中魚鰕而食，倮形無衣，惟結樹葉遮前後也。若商船因風落溜，人船不得復矣。

詩曰：

溜山分且衆，弱水即相通。米穀何曾種，巢居亦自同。盤針能指侶，商船慮狂風。結葉遮前後，倮形爲始終。雖云瀛海外，難過石門中。歷覽吟成句，慇勤獻九重。

（後集）

六、瀛涯勝覽

紀行詩

皇華使者承天敕，宣布綸音往夷域。鯨舟吼浪泛滄溟，遠涉洪濤渺無極。洪濤浩浩湧瓊波，羣山隱隱浮青螺。占城港口暫停憩，揚帆迅速來闍婆。闍婆遠隔中華地，天氣煩蒸人物異。科頭裸足語侏儺，不習衣冠疎禮義。天書到處多懽聲，蠻魁酋長爭相迎。南金異寶遠馳貢，懷恩慕義攄忠誠。闍婆又往西洋去，三佛齊過臨五嶼。蘇門答剌峙中流，海舶番商經此聚。自此分綜往錫蘭，柯枝古里連諸番。弱水南濱溜山國，去路茫茫更險艱。欲投西域遥凝目，但見波光接海緑。舟人矯首混東西，惟指星辰定南北。忽魯謨斯近海傍，大宛、米息通行商。曾聞博望使絶域，何如當代覃恩光。書生從役何卑賤，使節叨陪遊覽遍。高山巨浪罕曾觀，異寶奇珍今始見。俯仰堪輿無有垠，際天極地皆王臣。聖明一統混華夏，曠古於今孰可倫。使節勤勞恐遲暮，時值南風指歸路。舟行巨浪若遊龍，回首遐荒隔煙霧。歸到京華覲紫宸，龍墀獻納皆奇珍。重瞳一顧天顔喜，爵禄均頒雨露新。

諸番國名

占城國

其國即釋典所謂王舍城也[①]。……，國王係鎖俚人，崇信釋教。……

① 按馮承鈞注釋，《嶺外代答·占城》條云，目連舍基在賓陀陵國，或云即王舍城。殆爲其誤之所本。

爪哇國

……書記亦有字，如鎖俚字同。無紙筆，用茭蔁葉以尖刀刻之,亦有文法。國語甚美軟。……

舊港國

土産鶴頂鳥、黄速香、降真香、沉香、金銀香、黄蠟之類。

……金銀香中國與他國皆不出,其香如銀匠鈒銀器黑膠相似,中有一塊似白蠟一般在内,好者白多黑少,低者黑多白少。燒其香氣味甚烈,爲觸人鼻,西番並鎖俚人甚愛此香。

暹羅國

……王係鎖俚人氏,崇信釋教。

錫蘭國 裸形國

自帽山南放洋,好風向東北行三日,見翠藍山在海中。其山三四座,惟一山最高大,番名桉篤蠻山。彼處之人巢居穴處,男女赤體,皆無寸絲,如獸畜之形。土不出米,惟食山芋、波羅蜜、芭蕉子之類,或海中捕魚鰕而食。人傳云,若有寸布在身,即生爛瘡。昔釋迦佛過海,於此處登岸,脱衣入水澡浴,彼人盜藏其衣,被釋迦呪訖,以此至今不能穿衣。俗言出卵塢即此地也。過此投西,船行七日,見鶯歌嘴山,再三兩日,到佛堂山,纔到錫蘭國碼頭名别羅里。自此泊船,登岸陸行。此處海邊山脚光石上有一足跡,長二尺許,云是釋迦從翠藍山來,從此處登岸,脚踏此石,故跡存焉。中有淺水不乾,人皆手蘸其水洗面拭目,曰佛水清淨。左有佛寺,内有釋迦佛混身側卧,尚存不朽。其寢座用各樣寶石粧嵌沈香木爲之,甚是華麗。又有佛牙並活舍利子等物在堂。其釋迦涅槃正此處也。又北去四五十里,纔到王居之城。國王係鎖俚人氏,崇信釋教,尊敬象、牛,人將牛糞燒灰,遍搽其體,牛不敢食,止食其乳,如有牛死,即埋之,若私宰牛者,王法罪死,或納牛頭大金以贖其罪。王之居址、大家小户,每晨將牛糞用水調稀,遍塗屋下地面,然後拜佛,兩手直舒於前,兩腿直伸於後,胸腹皆貼地而爲拜。王居之側有一大山，侵雲高聳，山頂有人脚跡一箇，入石深二尺，長八尺餘，云是人祖阿聃聖人，即盤古之足跡也。此山内出紅雅姑、青雅姑、黄雅姑、青米藍石，昔剌泥、窟没藍等一切寶石皆有，每有大雨冲出土，流下沙中，尋拾則有。常言寶石乃是佛祖眼淚結成。其海中有雪白浮沙一片，日月照其沙，光采瀲灧，日有珍珠螺蚌聚集沙上，其王置珠池，二三年一次，令人取螺蚌傾入池中，差人看守此池，候其壞爛，則用水淘珠，納官，亦有偷盜賣於他國者。其國地廣人稠，亞於爪哇，民俗饒富。男子上身赤膊，下圍色絲手巾，加以壓腰，滿身毫毛俱剃淨，止留其髮，用白布纏頭，如有父母死者，其鬚毛即不剃，此爲孝禮。婦人撮髻腦後，下圍白布，其新生小兒則剃頭，女留胎髮不剃，就養至成人。無酥油牛乳不食飯。人欲食飯，則於暗處潛食，不令人見。平居，檳榔荖葉不絶於口。米穀、芝麻、菉荳皆有，惟無大小二麥。椰子至多，油、糖、酒、醬皆以此物借造而食。人死則以火化埋骨，其喪家聚親鄰之婦，都將兩手齊拍胸乳而叫號哭泣爲禮。果有芭蕉子、波羅蜜、甘蔗、瓜茄。蔬菜、牛、羊、鷄、鴨皆有。王以金爲錢，通行使用，每錢一箇，重官秤一分六釐。中國麝香、紵絲、色絹、青磁盤碗、銅錢、樟腦，甚喜，則將寶石珍珠換易。王常差人賫寶石等物隨同回洋寶船進貢中國。

小葛蘭國

自錫蘭國馬頭名别羅里開船，往西北，好風行六晝夜可到。其國邊海，東連大山，西是大海，南北地狹，外亦大海，連海而居。國王國人皆鎖俚人氏，崇信釋教，尊敬象牛，婚姻喪葬等事與錫蘭國同。土産蘇木，胡椒不多。其果菜之類皆有。牛羊頗異他産，其羊青毛、長脚，高二尺三尺者；黄牛有三四百斤者。酥油多有賣者，人一日二飡，皆用酥油拌飯而食。王以金鑄錢，每箇重官秤一分，通行使用。雖是小國，其王亦將方物差人貢於中國。

柯枝國

自小葛蘭國開船，沿山投西北，好風行一晝夜，到其國港口泊船。本國東是大山，西臨大海，南北邊海，有路可往鄰國。其國王與民亦鎖俚人氏，頭纏黄白布，上不穿衣，下圍紵絲手巾，再用顔色紵絲一匹纏之於腰，名曰壓腰。其頭目及富人服用與王者頗同。民居之屋，用椰子木起造，用椰子葉編成片如草苫樣蓋之，雨不能漏。家家用磚泥砌一土庫，止分大小，凡有細軟之物，俱放於内，以防火盜。國有五等人：一等名南昆，與王同類，内有剃頭掛線在頸者，最爲貴族；二等回回人；三等人名哲地，係有錢財主；四等人名革令，專與人作牙保；五等人名木瓜。木瓜者，至低賤之人也，至今此輩在海濱居住，房簷高不過三尺，高者有罪，其穿衣上不過臍，下不過膝，其出於途，如遇南昆哲地人，即伏於地，候過即起而行。木瓜之輩專以漁樵及擡負挑擔爲生，官不容穿長衣。其經商買賣與中國漢人一般。其國王崇信佛教，尊敬象牛，建造佛殿，以銅鑄佛像，用青石砌座，佛座邊週圍砌成水溝，傍穿一井，每日侵晨，則鳴鐘擊鼓，汲井水，於佛頂澆之再三，衆皆羅拜而退。另有一等人名濁騰，即道人也，亦有妻子，此輩自出母胎，髮不經剃，亦不梳篦，以酥油等物將髮搓成條縷，或十餘條，或七八條，披拽腦後。卻將黄牛之糞燒成白灰，遍搽其體，上下皆不穿衣，止用如拇指大黄藤，兩轉緊縛其腰，又以白布爲梢子，手拏大海螺，常吹而行。其妻略以布遮其醜，隨夫而行。此等即出家人，倘到人家，則與錢米等物。其國氣候常暖如夏，無霜雪，每至二三月，日夜間則下陣頭雨一二次，番人各整蓋房屋，備辦食用，至五六月，日夜間下滂沱大雨，街市成河，人莫能行，大家小户坐候雨信過，七月纔晴，到八月半後晴起，到冬點雨皆無，直至次年二三月間又下雨，常言半年下雨半年晴，正此處也。土無他産，祇出胡椒，人多置園圃種椒爲業。每年椒熟，本處自有收椒大户收買，置倉盛貯，待各處番商來買，論播荷説價。每一播荷該番秤二十五封剌，每一封剌該番秤十斤，計官秤十六斤，每一播荷該官秤四百斤。賣彼處金錢或一百箇，或九十箇，直銀五兩。名稱哲地者，皆是財主，專一收買下寶石、珍珠、香貨之類，候中國寶石船或別國番船客人來買。珍珠以分數論價而買，且如珠每顆重三分半者，賣彼處金錢一千八百箇，直銀一百兩。珊瑚枝梗，其哲地論斤重買下，顧倩匠人，剪斷車旋成珠，洗磨光淨，亦秤分量而買。王以九成金鑄錢行使，名曰法南，重官秤一分一釐。又以銀爲錢，比海螺靨大，每箇官秤四釐，名曰答兒。每金銀一箇倒換銀錢十五個，街市行使零用，則以此錢。國人婚喪之禮，其五等人皆各從其類而不同。米、粟、麻、荳、黍、稷皆有，止無大小二麥。象、馬、牛、羊、犬、猫、鷄、鴨皆有，祇無驢、騾與鵝爾。國王亦差頭目隨共回洋寶船將方物進貢中國。

古里國

即西洋大國，從柯枝國港口開船，往西北行三日方到。其國邊海，山之東有五七百里，遠通坎巴夷國，西臨大海，南連柯枝國界，北邊相接狠奴兒地面，西洋大國正此地也。永樂五年，朝廷命正使太監鄭和等齎詔勅賜其國王誥命銀印，給賜陞賞各頭目品級冠帶，統領大綜寶船到彼，起建碑庭，立石云：其國去中國十萬餘里，民物咸若，熙皞同風，刻石於兹，永示萬世。國王係南昆人，崇信佛教，尊敬象牛。國人内有五等：回回人，南昆人，哲地人，革令人，木瓜人。其國王國人皆不食牛肉。大頭目是回回人，皆不食猪肉。先是，王與回回人誓定，爾不食牛，我不食猪，互相禁忌，至今尚然。王以銅鑄佛像，名乃納兒，起造佛殿，以銅鑄瓦而蓋佛座，傍掘井，每日侵晨，王至汲水浴佛，拜訖，令人收取黄牛淨糞，用水調於銅盆如糊，遍擦殿内地面牆壁，且命頭目並富家每早亦塗擦牛糞。又將牛糞燒成白灰，研細，用好布爲小袋盛灰，常帶在身，每日侵晨洗面畢，取牛糞調水，搽塗其額，並兩股間各三次，爲敬佛敬牛之誠。傳云，昔有一聖人名某些，立教化，人人知是真天，人皆欽從，以後聖人同往他所，令其弟名撒没嚟掌管教人，其弟心起矯妄，鑄一金犢，曰，此是聖主，凡叩之則有靈驗，教人聽命，崇敬其金牛。曰，常糞金，人得金心愛而忘天道，皆以牛爲真主。後某些聖人回還，見衆人被弟撒没嚟惑壞聖道，遂廢其牛，而欲罪其弟，其弟騎一大象遁去。後人思之，懸望其還，且如月初，則言月中必至，及至月中，又言月盡必至，至今望之不絶。南昆人敬象牛，由此故也。王有大頭目二人，掌管國事，俱是回回人。國中大半皆奉回回教門，禮拜寺有二三十處，七日一次行禮拜，至日舉家齋浴，諸事不幹，巳午時，大小男子到寺禮拜，至未時方散回家，纔做買賣，幹理家事。人甚誠信，狀貌濟楚標致。其二大頭目受中國朝廷陞賞，若寶船到彼，全憑二人主爲買賣，王差頭目並哲地未納几計書算於官府，牙人來會，領船大人議擇某日打價，至日，先將帶去錦綺等物，逐一議價已定，隨寫合同價數，彼此收執，其頭目哲地即與内官大人衆手相挐，其牙人則言某月某日於衆手中拍一掌已定，或貴或賤，再不悔改。然後哲地富户纔將寶石、珍珠、珊瑚等物來看議價。非一日能定，快則一月，緩則二三月。若價錢較已議定，如買一主珍珠等物該價若干，是原經手頭目未納几計算，該還紵絲等物若干，照原打手之貨交還，毫釐無改。彼之算法無算盤，祇以兩手兩脚並二十指計算，毫釐無差，甚異於常。王以六成金鑄錢行使，名吧南，每箇徑面官寸三分八釐，面底有紋，重官秤一分。又以銀爲錢，名搭兒，每箇約重三釐，零用此錢。衡法每番秤一錢，該官秤八分，每番秤一兩，計十六錢，該官秤一兩二錢八分。番秤二十兩爲一斤，該官秤一斤九兩六錢。其番秤名番剌失，秤之權釘定於衡末，稱準則活動於衡中，提起平爲定盤星，稱物則移準向前，隨物輕重而進退之，止可秤十斤，該官秤十六斤。秤香貨之類，二百斤番秤爲一播荷，該官秤三百二十斤。若稱胡椒，二百五十斤爲一播荷，該官秤四百斤。凡稱一應巨細貨物，多用天平對較。其量法，官鑄銅爲升行使，番名党戞黎，每升該官升一升六合。西洋布木國名撦黎布，出於鄰境坎巴夷等處，每疋闊四尺五寸，長二丈五尺，賣彼處金錢八箇或十箇。國人亦將蠶絲練染各色，織間道花手巾，闊四五尺，長一丈二三尺，每條賣金錢一百箇。胡椒，山鄉住人置園多種，到十月間椒熟，採摘曬乾而賣，自有收椒大户來收，上官庫收貯。若有買者，官與發賣，見數計算税錢納官。每胡椒一播荷，賣金錢二百箇。其哲地多收買下各色寳石珍珠，並做下珊瑚珠等物，各處番船到彼，國王亦差頭目並寫字人等眼同而賣，就取税錢納官。富家多種椰子樹，或一千株，或二千、三千株，爲産業。其椰子有十般使用，嫩者有漿甚甜，好喫，可釀酒；老者椰肉打油、做糖、做飯喫；外包之穰，打索、造船；椰殻爲碗，爲杯；又好燒灰打鑲金銀細巧生活；樹好造屋，葉好蓋屋。蔬菜有芥菜、生薑、蘿蔔、胡荽、葱、蒜、葫蘆、茄子、菜瓜、東瓜，四時皆有。又有一等小瓜，如指大，長二寸許，如青瓜之味。其葱紫皮，如蒜，大頭小葉，稱觔而賣。波羅蜜、芭蕉子，廣有賣者。木別子樹高十餘丈，結子如緑柹樣，内包其子三四十箇，熟則自落。其蝙蝠如鷹之大，都在此樹上倒掛而歇。米紅白皆有，麥大小俱無。其麵皆從别處販來賣。鷄鴨廣有，無鵝。羊脚高灰色，如驢駒子之樣。水牛不甚大，黄牛有三四百觔者，人不食其肉，止食其乳酪。人無酥油不喫飯。其牛養至老死即埋之。各色海魚其價極賤。山中鹿、兔亦有賣者。人家多養孔雀，其他禽鳥則有烏鴉、蒼鷹、鷺鷥、燕子，其餘别樣大小禽鳥，則並無有。國人亦會彈唱，以葫蘆殼爲樂器，紅銅絲爲絃，唱番歌相和而彈，音韻堪聽。民俗婚喪之禮，鎖俚人、回回人各依自家本等禮例不同。其王位不傳於子，而傳於外甥。傳甥止論女腹所生爲嫡族，其王若無姊妹，傳之於弟；若無弟，遜於有德之人，世代相仍如此。王法無鞭笞之刑，罪輕者截手斷足，重則罰金誅戮，甚則抄没滅族。人有犯法者，拘之到官，即伏其罪，若事情或有寃枉，不伏者，則於王前或大頭目前，置一鐵鍋，盛油四五觔，煎滚，先以樹葉投試爆彈有聲，遂令其人以右手二指煠於油内片時，待焦方起，用布包裹封記，監留在官，二三日後，聚衆開封視之，若手爛潰，其事不枉，即加以刑；若手如舊不損，則釋之，頭目人等以鼓樂禮送此人回家，諸親鄰友餽禮相賀，飲酒作樂以相慶，此事最爲奇異。使回之日，其國王欲進貢，用好赤金五十兩，令番匠抽如髮細金絲，結綰成片，以各色寶石大珍珠廂成寶帶一條，差頭目乃邦進奉中國。

溜山國

自蘇門答剌開船，過小帽山，投西南，好風行十日可到。其國番名牒幹，無城郭，倚山聚居，四圍皆海，如洲渚一般。地方不廣，國之西去程途不等，海中天生石門一座，如城闕樣，有八大處溜，各有其名：一曰沙溜，二曰人不知溜，三曰起泉溜，四曰麻里奇溜，五曰加半年溜，六曰加加溜，七曰安都里溜，八曰官瑞溜。此八大處皆有所主，而通商船，再有小窄之溜，傳云三千有餘溜，此謂溺水三千，此處是也。其間人皆巢居穴處，不識米穀，衹捕魚鰕而食；不解穿衣，以樹葉遮其前後。設遇風水不便，舟師失針舵損，船過其溜，落於瀉水，漸無力而沈，大概行船皆宜謹防此也。牒幹國王頭目民庶皆是回回人，風俗純美，所行悉遵教門規矩。人多以漁爲業，種椰子爲生。男女體貌微黑，男子白布纏頭，下圍手巾；婦人上穿短衣，下亦以闊布手巾圍之，又用闊大布手巾過頭遮蓋，止露其面。婚喪之禮悉依回回教門規矩而後行。土産降真香也不多，椰子甚廣，各處來收買往别國貨賣。有等小樣椰子殼，彼人旋做酒鍾，以花梨木爲足，用番漆漆其口足，甚爲希罕。其椰子外包之穰，打成粗細繩索，堆積在家，各處番船上人亦來收買，賣與别國，造船等用。其造番船，皆不用釘，止鑽其孔，皆以此索聯縛，加以木楔，然後以番瀝青塗縫，水不能漏。其龍涎香，漁者常於溜處採得，如水浸瀝青之色，嗅之無香，火燒惟有腥氣，其價高貴，買者以銀對易。海肌彼人採積如山，罨爛其肉，轉賣暹羅、榜葛剌等國，當錢使用。其馬鮫魚切成大塊，曬乾收貯，各國亦來收販他處，名曰海溜魚而賣之。織一等絲嵌手巾，甚密實長闊，絶勝他處所織者。又有一等織金方帕，與男子纏頭，價有賣銀五兩之貴者。天之氣候，四時常熱如夏。其土地甚瘠，米少，無麥，蔬菜不廣，牛羊鷄鴨皆有，餘無所出。王以銀鑄小錢使用。中國寶船一二隻亦到彼處，收買龍涎香、椰子等物。乃一小邦也。

祖法兒國

自古里國開船投西北，好風行十晝夜可到。……

阿丹國

自古里國開船投正西兑位，好風行一月可到。……

榜葛剌國

自蘇門答剌國開船，取帽山並翠藍島投西北上，好風行二十日，先到浙地港泊船，用小船入港，五百餘里到地名鎖納兒港登岸，向西南行三十五站，到其國，有城郭，其王府並一應大小衙門皆在城内。其國地方廣闊，物穰民稠，舉國皆是回回人，民俗淳善。富家造船往諸番國經營者頗多，出外傭役者亦多。人之容體皆黑，間有一白者。男子皆剃髮，以白布纏之，身服從頭套下圓領長衣，下圍各色闊手巾，足穿淺面皮鞋。其國王並頭目之服，俱奉回回教禮，冠衣甚整麗，國語皆從榜葛里自成一家言語，說吧兒西語者亦有之。國王以銀鑄錢，名倘伽，每箇重官秤三錢，徑官寸一寸二分，底面有紋，一應買賣皆以此錢論價零用。海肌番名考嚟，論箇數交易。民俗冠喪祭婚姻之禮，皆依回回教門禮制。四時氣候常熱如夏，稻穀一年二熟，米粟細長，多有細紅米。粟、麥、芝蔴，各色荳、黍、薑、芥、葱、蒜、瓜、茄、蔬菜皆有。果有芭蕉子。酒有三四等：椰子酒、米酒、樹酒、茭蔁酒。各色法制，多有燒酒，市賣無茶。人家以檳榔待人。街市一應鋪店、混堂、酒飯、甜食等肆都有。駝、馬、驢、騾、水牛、黄牛、山羊、綿羊、鵝、鴨、鷄、猪、犬、猫等畜皆有。果則有波羅蜜、酸子、石榴、甘蔗等類。其甜食則有沙糖、白糖、糖霜、糖果、蜜煎、蜜薑之類。土產五六樣細布，一樣蓽布，番名卑泊，闊三尺餘，長五丈六七尺，此布勻細如粉箋一般。一樣薑黑布，番名滿者提，闊四尺許，長五丈餘，此布緊密壯實。一樣番名沙納巴付，闊五尺，長三丈，便如生平羅樣，即布羅也。一樣番名忻白勤搭黎，闊三尺，長六丈，布眼稀勻，即布紗也。皆用此布纏頭。一樣番名沙榻兒，闊二尺五六寸，長四丈餘，如好三梭布一般。有一樣番名驀黑驀勒，闊四尺，長二丈餘，背面皆起絨頭，厚四五分，即兜羅綿也。桑柘蠶繭皆有，止會作綫繰絲嵌手巾并絹，不曉成綿。漆器盤、碗，鑌鐵鎗、刀、剪等器皆有賣者。一樣白紙，亦是樹皮所造，光滑細膩如鹿皮一般。國法有笞杖徒流等刑。官品衙門印信行移皆有，軍亦有官管給糧餉。管軍頭目名吧斯剌兒，醫卜、陰陽、百工技藝皆有之。其行衎身穿挑黑線白布花衫，下圍色絲手巾，以各色硝子珠間以珊瑚珠穿成纓絡，佩於肩項，又以青紅硝子燒成鐲，帶於兩臂，人家宴飲，此輩亦來動樂，口唱番歌對舞，亦有解數。有一等人名根肖速魯奈,即樂工也,每日五更時分,到頭目或富家門首,一人吹鎖嗦,一人擊小鼓,一人擊大鼓,初起則慢,自有調拍,後漸緊促而息。又至一家,如前吹擊而去,至飯時仍到各家,或與酒飯,或與錢物。撮弄把戲,諸色皆有,不甚奇異。止有一樣,一人同其妻以鐵索拴一大虎,在街牽拽而行,至人家演弄,即解其鐵索,令虎坐於地,其人赤體單梢,對虎跳躍,拽拳將虎踢打,其虎性發,作威咆哮,勢若撲人,其人與虎對跌數交畢,又以一臂伸入虎口,直至其喉,虎不敢咬,其人仍鎖虎頸,則伏於地討食,其家則與肉啖之,又與其人錢物而去。日月之定,亦以十二箇月爲一年,無閏月,節氣早晚臨期推。王亦差人駕船往各番國買賣,取辦方物珍珠寶石,進貢中國。

忽魯謨斯國

自古里國開船投西北,好風行二十五日可到。……

天方國

此國即默伽國也,自古里國開船,投西南申位,船行三箇月方到本國馬頭,番名秩達,有大頭目主守。……

七、西洋朝貢典録[①]

① 本篇採自中華書局 1982 年版謝方校注本,其中有關注釋一併摘録。按其前言,加括號文字爲原書中的雙行夾注。

自序

西洋之跡,著自鄭和。鄭和,永樂初爲内侍。是時太宗皇帝入纘丕緒,將長馭遠駕,通道於乖蠻革夷。乃大賫西洋,貿採琛異。命和爲使,貳以侯顯,妙擇譯人馬歡輩從之行,總率巨艅百艘，發自福州五虎門，維艄掛席，際天而行。自是雷波嶽濤，奔檣踔楫，掣掣洩洩，浮歷數萬里，往復幾三十年，而身所至者，僅二十餘國云。

自占城西南，通國以十數，蘇門最遠；自蘇門而往，通國以六七數，柯枝最遠；自柯枝而往，通國以六七數，天方最遠，蓋去中國數萬餘里矣。故惟天方至宣德始通焉。由是明月之珠，鴉鶻之石，沉南龍速之香，麟獅孔翠之奇，梅腦薇露之珍，珊瑚瑶琨之美，皆充舶而歸。凡窮島日域，紛如來賓，而天堂、印度之國，亦得附於職方。雖曰天子威靈致然，而二三中臣，捧數行之詔，蹈邈絶之境，百尺所至，靡不柔慴，東向而稽首，其殆不辱君命而善於懷誘者，亦賢矣哉！

愚嘗讀秦漢以來册記，諸國見者頗鮮。至前元號爲廣拓，而占城、爪哇亦稱密邇，迺堅不一屈内款，至勤兵越門者數年，竟不得其要領，至今遺笑於海上。入我聖代，聯數十國，翕然而歸拱，可謂盛矣。不有記述，恐其事湮墜，後來無聞焉。余乃摭拾譯人之言，若《星槎》、《瀛涯》、《鍼位》諸編，一約之典要，文之法言，徵之父老，稽之實訓。始自占城，而終於天方，得朝貢之國甚著者，凡二十有三，别爲三卷，命曰《西洋朝貢典録》云。

正德庚辰夏六月二十九日，吴郡黄省曾撰。

溜山國[①]

其國在小帽[②]西南可二千里。由彭加剌[③]而往，取北辰[④]四指[⑤]有半；又取北辰三指有半；又取北辰二指一腳之半；又取北辰二指半脚；又取北辰一指三脚之半；又取北辰一指三腳。又過鸚鵡嘴之山[⑥]，又五更見鐵砧之嶼[⑦]。又七更見佛舍座之山[⑧]。又五更見牙里[⑨]之大山。由是至溜官之嶼[⑩]而及其國。

① 溜山國　即今印度洋中之馬爾代夫羣島(Maldive Is.)及拉克代夫羣島(Laccadive Is.)。《島夷誌略》作北溜,有專條。此羣島爲數量極多之珊瑚島及岩礁所組成。

② 小帽　即帽山,《順風相送》之伽僑貌(頁39),今蘇門答臘西北海上之韋島。

③ 彭加剌　見本書卷中之榜葛剌國條,今稱孟加拉(Bangla),在恒河下遊。

④ 北辰　即北斗星。本條此處航路,係由北而南,採用牽星法以定方向。宋朱彧《萍洲可談》:"舟師夜則觀星。"《鄭和航海圖》中印度及斯里蘭卡以西有《牽星法圖》四幅。古代在大海洋中連續航行,無山形水勢及陸地作爲標識,除用指南針外,惟以牽星法示方向和測距離。由於北斗星位於北極上方附近,所以印度洋中斯里蘭卡以北均以北辰星作爲航海的主要望星,此亦見於《馬可波羅行紀》中馬里八兒、坎巴夷替等國。

⑤ 指　古代航海觀測天體的地平高度,稱爲幾指,一指相當於緯度的一度三十分左右。(參閲向達《鄭和航海圖·序言》及米爾斯〔J. V. G. Mills〕《瀛涯勝覽譯注·附録二茅坤地圖》〔Ying-Yai Sheng-Lan, The Overall survey of the ocean's shores 1433, Cambridge University Press for the Hakluyt Soeiety, 1970〕)

指的測量方法,據明李翊《戒庵老人漫筆》卷一所載,用牽星板測量。牽星板爲大小不等的十二塊方形木板,最大的邊長七寸七分(明尺,合今24釐米),稱十二指,其次爲十一指,依次遞減,最小的邊長2釐米,稱一指。木板中心穿小繩,其長度爲人眼睛到手執木板伸直之距離。左手伸直執板,右手拉繩,視綫向木板上邊緣對準星體,下邊緣對準海平綫,這樣所用的木板是幾指,這個星體的高度便是幾指。

⑥ 鸚鵡嘴之山　鸚鵡嘴在今斯里蘭卡島東岸。《瀛涯勝覽》錫蘭國條:"(安達曼羣島)過此西行,船行七日,見鶯歌嘴山。"《兩種海道針

經·順風相送》阿齊往羅里針路:“取色蘭山,番名僧伽那(即今斯里蘭卡)。若船身高,有鶯歌嘴,恐犯石城礁,開過妙。”此鶯歌嘴即鸚鵡嘴山。

⑦ 鐵砧之嶼　鐵砧嶼爲今斯里蘭卡島東南岸之珊瑚礁,即《鄭和航海圖》之竹牌礁,《兩種海道針經·順風相送》阿齊往羅里針路作鐵鑽嶼。

⑧ 佛舍座之山　此即《鄭和航海圖》錫蘭山南部之佛堂,《順風相送》阿齊往阿里條作大佛堂。在今斯里蘭卡島南岸堂陀羅岬(Dondra Head),又作棟德拉角。

⑨ 牙里　《島夷誌略》大佛山條作迓里,《順風相送》作牙里嶼。今斯里蘭卡島西南岸之加勒(Galle)。

⑩ 溜官之嶼　溜官嶼即本條下文官嶼溜,爲溜山國八溜之一,今馬爾代夫羣島中之馬累島(Male Is.)。

其地四面濱海,倚山爲都。其都曰牒幹[①]。其上下皆回回人,婚喪一如其教。風俗淳美。男纏首以白布,以金帕,下圍帨。女帨蓋首,上短衣,下亦圍帨。其膚體咸黑,其土氣恒燠。

① 牒幹　幹乃榦之譌。牒榦爲 dewa、dwa 之對音,爲中世紀阿拉伯人對馬爾代夫羣島珊瑚礁羣之稱謂,源於梵語 dvipa,義爲島或洲。

其交易以銀錢。(重官秤二分三釐。)其利魚、肌[①]。其穀宜稻、麥。其畜宜牛、羊、鷄、鴨。凡爲杯[②],以椰子爲腹,花梨[③]爲跗。凡爲舟[④],不以鍛鐵,以椰纕繩之而貫之而楔之,以龍涎鎔之而塗之[⑤]。

① 魚肌　即下文之馬鮫魚、海肌。

② 杯　《瀛涯勝覽》溜山國條云:“有等小樣椰子殼,彼人旋做酒鍾,以花梨木爲足,用番漆漆其口足,甚爲希罕。”

③ 花梨　即花梨木。花梨木有兩種,一爲花榈木(學名 Ormosia henryi),喬木,產於我國南方各地。一爲海南檀(學名 Dalbergia hainanensis),

落葉喬木，產於南海諸地。二者均可做高級傢具。本書此處指海南檀，木質比花櫚木尤堅細，可爲彫刻。

④ 凡爲舟　這是一種不用鐵釘的船。《瀛涯勝覽》溜山國條云，："其椰子外包之欀，打成粗細繩索，堆積在家，各處番船上人亦來收買，賣與别國造船等用。其造番船皆不用釘，止鑽其孔，皆以此索聯縛，加以木楔，然後以番瀝青塗縫，水不能漏。"

⑤ 以龍涎鎔之而塗之　黄省曾此處有誤。龍涎香不能作造船塗料用。《瀛涯勝覽》謂"以番瀝青塗縫，水不能漏。"蓋黄省曾誤以番瀝青爲龍涎香。

凡取龍涎，多于溜嶼。其嶼石多蟠龍，春而吐涎，羣鳥集之，羣魚嚼之。其黄者如膠，黑者如五靈脂①，白者如百藥煎②。其氣腥。或得之魚腹，其大如斗，圓如珠，其價以兩而易。凡兩易金錢一十有二，凡斤易金錢一百九十有二。凡取海肌，山積之而罨之、腐之。凡取馬鮫魚③，斱之而暴之、貯之。其來易者爲暹羅之商，爲榜葛剌之商④。

① 五靈脂　五靈脂即蝙蝠糞，色黑。陶宗儀《南村輟耕録》卷15"五台山有鳥，名寒號蟲，四足，有肉翅，不能飛，其糞即五靈脂。"

② 百藥煎　伯希和謂出自"一三八八年之《格古要論》，此書6卷10頁謂龍涎白者如百藥煎，黑者如五靈脂。"(《鄭和下西洋考》拾遺)然十三世紀張世南《遊宦紀聞》卷7龍涎條已載稱"白者如百藥煎而膩理，黑者亞之，如五靈脂而光澤。"

③ 馬鮫魚　《島夷誌略》北溜條稱魚乾。此魚馬爾代夫語稱Kalubilimas，今名鰹魚(bonito)。《瀛涯勝覽》(《紀録彙編》本)記海肌及馬鮫魚有脱文，據《勝朝遺事》本及本書此處所記，可補三十三字。見伯希和《鄭和下西洋考》，馮承鈞譯，頁132。

④ 暹羅之商爲榜葛剌之商　馬爾代夫羣島歷史上均以魚乾、海肌爲主要出口產品，運往孟加拉、暹羅、緬甸一帶換取糧食，《島夷誌略》北

溜條:"海商每將一舶肌子下烏爹、朋加剌,必互易米一船有餘。蓋彼番以肌子權錢用。亦久遠之食法也。"

國之西海有石門,狀如城闕者三①。有溜山焉凡八②:一曰沙溜③,二曰官嶼溜④,三曰人不知溜⑤,四曰起來溜⑥,五曰麻里奇溜⑦,六曰加半年溜⑧,七曰加加溜⑨,八曰安都里溜⑩。皆可通海舶,皆有聚落。其通也,有主焉。又西有小窄溜,是有三千,是皆弱水⑪,即所謂"弱水三千"者焉。一曰有三萬八千餘溜,舟風而傾舵也,則墜於溜,水漸無力以没。其小窄溜之民,巢穴而處,魚而食,草木而衣。

① 狀如城闕者三 《瀛涯勝覽》溜山國條謂:"海中天生石門一座,如城闕樣。"《星槎勝覽》溜洋國條:"海中天巧,石門有三。"石門爲一座或三座,蓋馬歡與費信兩人所見不同。其實所謂"石門",應指馬爾代夫羣島中之環狀珊瑚島羣,馬爾代夫語稱爲 atoll,意即環礁,今英語猶用此名。馬爾代夫羣島爲世界上環礁最多的地方。

② 溜山焉凡八 此八溜爲今馬爾代夫和拉克代夫羣島中的八處島嶼。《鄭和航海圖》則共有九個溜名。

③ 沙溜 《鄭和航海圖》作沙剌溜,爲今木拉庫環礁(Mulaku atoll)中之木拉庫島(Mulaku Is.)。

④ 官嶼溜 《鄭和航海圖》作官嶼,即今之馬累島(Male Is.),爲馬爾代夫共和國之首府。

⑤ 人不知溜 《鄭和航海圖》作任不知溜,《星槎勝覽》作壬不知溜,對音不詳。《鄭和航海圖》置於官嶼溜與起來溜之間,應爲今米拉杜一馬杜盧環礁(Miladu-Madulu atoll)中一島嶼。

⑥ 起來溜 《瀛涯》誤爲"起泉溜",即今蒂拉杜馬蒂環礁(Tiladumati atoll)中之喀雷島(Kalai Is.)。

⑦ 麻里奇溜 《鄭和航海圖》作麻里溪溜。即今之馬里克(Malicut)島,歐人又訛稱米尼科伊島(Minicoy I.)。

⑧ 加半年溜 《鄭和航海圖》作加平年溜,即今拉克代夫羣島南部之加爾皮尼島(Kalpeni Is.)。

⑨ 加加溜 亦見《鄭和航海圖》,在加半年海和安都里海之間,米爾斯認爲應在北緯11°37',或爲今Cagad(Kaka-diw?)礁(11°30'北緯)。

⑩ 安都里溜 亦見《鄭和航海圖》,即安達魯(Anderu)島,今作安德羅斯(Androth)島。

⑪ 弱水 謂水弱不能載舟,古代稱弱水之名甚多,最早見於《尚書·禹貢》:雍州"弱水既西"。

其朝貢無常。(永樂五年,遣其臣來朝貢。)

論曰:《山海經》諸古書及酈道元所引論弱水多矣。雖通人辨士,莫之能明也。玆復知有溜山弱水矣。見覽雖益廣遠,而天地之大,終不能窮焉。

錫蘭山國[1]

其國在南帽山[2]西可三千里。由蘇門答剌而往,鍼位:十二更見南帽之山。又四更半歷龍涎之嶼[3]。又十更過翠藍之嶼[4],嶼之水三十托。一曰桉篤蠻山[5],山有七門,四疊[6]而一峻山。人之出也則乘獨木之舟。夏爲巢居,冬爲穴處。其體裸[7],不可以布帛,被之則浥爛。紐綴樹葉而爲蔽。山芋、波羅蜜、芭蕉子、魚、蝦以爲食。又九十更見鸚鵡嘴之山。又至佛堂之山[8]。又五更平牙里,其下有沉牛之礁[9]鼓浪焉。外過之水三十托。又十更至別羅里[10],是爲錫蘭國之港。又北行五十里而至國。

① 錫蘭山國 錫蘭爲阿拉伯語Silan音譯,梵名Simhala,又譯作僧伽剌、師子國等。爲今斯里蘭卡。

② 南帽山 即帽山,亦即《順風相送》阿齊往羅里條中之伽倆貌(頁76)。今蘇門答臘島西北海上之韋島(Wai Is.)。然本書溜山國條云

"其國(溜山)在小帽西南可二千里",此處云"其國(錫蘭山)在南帽山西可三千里",如帽山、小帽、南帽山同爲韋島,則錫蘭島不可能比溜山更西一千里,此處里數疑有誤。

③ 龍涎之嶼 《鄭和航海圖》繪龍涎嶼在帽山之外,此處亦謂蘇門答剌往錫蘭山,先到南帽山,再到龍涎嶼。龍涎嶼應即今 Rondo 島。

④ 翠藍之嶼 翠藍嶼即今尼科巴羣島(Nicobar Is.)。

⑤ 桉篤蠻山 馮承鈞《瀛涯勝覽》錫蘭國條校注云:"原誤梭篤蠻山,黄録誤同。今從《國朝典故》本改。"桉篤蠻山即今安達曼羣島(Andaman Is.),音同。古代航海者往往將尼科巴羣島與安達曼羣島混稱。

⑥ 七門四疊 七門,《星槎勝覽》翠藍嶼條:"其山大小有七門,中可行船",故七門即各島間的七個海峽。《瀛涯勝覽》錫蘭國條云:"見翠藍山在海中,其山三四座,惟一山最高大,番名桉篤蠻山。"故四疊亦即四座。

⑦ 其體裸 尼科巴羣島古代居民不穿衣,裸露其體,中外航海家對此地均有"裸人國"之稱,唐義淨《大唐西域求法高僧傳》卷下之裸人國即此地。

⑧ 佛堂之山 即佛舍座之山,見本書溜山國條注。《瀛涯》錫蘭國條於佛堂山後即云到別羅里;本書則在佛堂山後尚經牙里(五更),又十更纔到別羅里。

⑨ 沉牛之礁 爲今斯里蘭卡島西南岸加勒港外之珊瑚礁。

⑩ 別羅里 別羅里即今科倫坡南之貝魯瓦拉(Beruwala),中世紀西方旅行家稱 Pervilis,當時都城名科達(Kotta),在別羅里北二十英里,故本書此處言"又北行五十里而至國"。《瀛涯勝覽》作"北去四五里纔到王居之城",其"四五里"應作"四五十里"。

其臨海之山有釋迦登岸之足跡,其長可二尺許,其陷之水,四時不涸,名曰佛水[①]。至者醮拭其面目。左有寺,塑釋迦之卧像，其身不朽。其寢座以沉香木爲之，飾以衆寶，佛牙、舍利[②]俱藏焉。

① 佛水 《島夷誌略》僧伽剌條："海濱有石如蓮臺，上有佛足跡，長二尺有四寸，闊七寸，深五寸許。跡中海水入其内，不鹹而淡，味甘如醴，病者飲之則愈，老者飲之可以延年。"

② 佛牙舍利 佛牙，指釋迦牟尼的遺齒。舍利，梵文 śarira 音譯，意即身骨，指屍體火化後之餘骨，此指釋迦牟尼火化後之遺骨。

其王鎖俚之人，修浮圖教。重象暨牛，私解者辟[①]，或贖以牛頭金[②]。國人咸灰牛糞[③]塗其體，食惟其乳，死則埋之。自王以下，晨用牛糞塗其居，而後禮佛。其拜，兩手舒之前，兩股舒之復，胸腹著地以禮佛，謂之五體投地[④]。

① 辟 又稱大辟，即死刑。

② 牛頭金 《瀛涯勝覽》錫蘭國條："若私宰牛者，王法罪死，或納牛頭大金以贖其罪。"

③ 灰牛糞 《瀛涯勝覽》錫蘭國條："將牛糞燒灰。"

④ 五體投地 《大唐西域記》卷二印度總述云："致敬之式，其儀九等：一發言慰問，二俯首示敬，三舉手高揖，四合掌平拱，五屈膝，六長跪，七手膝踞地，八五輪俱屈，九五體投地。" 五體投地是佛教徒的最高致敬方式。

其山之巔[①]，有神人阿聃之足跡，陷於石者二尺許，一曰人祖，一曰盤古。其海中勝望曰白浮之沙[②]。日而照也，則光彩潋灩，爲國人之游望，是多螺蚌。其王宫之前曰珠池[③]，凡三年則採煉。其採也，取沙中之螺蚌納之池，俟其腐爛，水盈而珠出，則取而納焉。其地廣，其民富饒。其男躶，下圍絲帨，謂之壓腰，纏首以白布。女椎髻，下圍白布。其恒食以牛乳，以醍醐，以檳榔、蔞葉。食皆暗室。其國人不鬍，喪則蓄焉。其葬也以火，取骨而埋之。喪之婦摽乳號哭而爲禮。

① 其山之巔　指今斯里蘭卡島上之阿聃峰(Adam's peak)。

② 白浮之沙　《瀛涯勝覽》錫蘭國條云:"其海中有雪白浮沙一片,日月照其沙,光採瀲灩,日有珍珠螺蚌聚集沙上。"

③ 珠池　本書言珠池在王宫之前,《瀛涯勝覽》僅言"其王置珠池",未言在王宫前。

其交易以金錢。其利玉石珠璣。其穀宜稻菽。其畜宜牛羊鷄鴨。(金錢重官秤一分六釐。中國麝香、紵絲、色絹、青磁、銅錢、樟腦等物,彼則以寶石、珍珠易换。)其寶石六物:一曰紅雅姑,二曰青雅姑,三曰黄雅姑[①],四曰青米藍石[②],五曰昔藍泥[③],六曰屈没藍[④]。是寶石也,皆産於參天之山巔,洪雨之衝則流於山麓之沙,中國人於是而拾採。多芭蕉子、波羅蜜、甘蔗,多椰子,多龍涎、乳香。

① 雅姑　又作鴉鶻、亞姑,爲阿拉伯及波斯語 yakut 對音,即寶石。《南村輟耕録》卷 7 回回石頭條載有紅、青、黄、白四種亞姑。

② 青米藍石　即《輟耕録》卷 7 回回石頭條鴉鶻類中之屋撲你藍,注云"下等,如冰樣,帶石渾青色。"

③ 昔藍泥　即《輟耕録》卷 7 回回石頭條紅石頭類中之昔剌泥,注云:"黑紅色。"昔藍、昔剌,即錫蘭之轉音。

④ 屈没藍　即《輟耕録》卷 7 回回石頭條紅石頭中之苦木蘭,注云:"紅黑黄不正之色,塊雖大,石至低者。"

其朝貢不絶。(永樂九年,以拒絶朝使歸路,破其城,生擒國王亞烈苦奈兒及家屬[①]。命釋之,擇其屬之賢者立爲王。十年,詔諭其國王不剌葛麻巴思剌查。正統十年,國王遣其臣耶把剌謨的里啞等朝貢。天順三年,其王葛力坐夏[②],昔利把交剌惹復遣使來貢。)其貢物:寶石、珊瑚、水晶、金戒指、撒哈剌、象、乳香、木香、樹香、土檀香、没藥、西洋細布、藤竭、蘆薈、硫黃、烏木、胡椒、碗石。

① 亞烈苦奈兒及家屬　其事見《婁東劉家港天妃宮石刻通番事跡記》。

② 坐夏　又稱夏坐、雨居、雨安居。古代佛教徒每年於雨季三個月間，入禪靜坐。《大唐西域記》卷8:"印度僧徒依佛聖教，皆以室羅伐拏月前半一日入雨安居，當此五月十六日；以頞溼縛庾闍月後半十五日解雨安居，當此八月十五日。"

論曰：梵書載釋迦生於迦毗羅國[1]，淨飯王[2]其父也。至涅槃時，度須跋陀羅[3]，右脇而卧。今馬歡載錫蘭别羅里云即涅槃之地，且云卧身尚存不朽，以爲誣焉，又何其言之分明如此也。

① 迦毗羅國　《法顯傳》作迦毗羅衛國，《大唐西域記》卷6作劫比羅伐窣堵國。即梵文 Kapilavastu 音譯。在今尼泊爾南境，喜馬拉雅山與恆河之間，爲釋迦族(Sakaya)所建立的國家。

② 淨飯王　釋迦牟尼之生父。爲迦毗羅國之國王。

③ 須跋陀羅　釋迦牟尼的最後弟子，又作蘇跋陀羅，參見《大唐西域記》卷6拘尸那揭羅國。

榜葛剌國[1]

其國在翠藍嶼西北可七千里。一曰東印度之國，地方千里。由蘇門答剌而往也，取帽山、翠藍，西北而行，善風二十日至浙地之港[2]，一曰泊察地[3]。小舟以入，五百里至鎖納兒之港[4]，港有城池街市。又行二十站，及坂獨哇[5]而至國。

① 榜葛剌國　《諸蕃志》作鵬茄羅，《島夷誌略》作朋加剌，爲孟加拉語 Bangala 之對音，伊斯蘭時代以後則作 Bangal，包括今孟加拉國及印度西孟加拉一帶。

② 浙地之港　《鄭和航海圖》作撒地港，《星槎勝覽》作察地港，即今孟加拉之吉大港(Chittagong)。"港"字原爲音譯，黃省曾作"港灣"之

"港",誤。

③ 泊察地　浙地港一作察地港(《星槎勝覽》),此處作泊察地,誤。

④ 鎖納兒之港　鎖納兒港又作鎖納兒江(《星槎勝覽》),今孟加拉國達卡東南之蘇納兒岡(Sonargaon)。

⑤ 坂獨哇　據伯和希説,即 panduah 對音,爲十五世紀二十年代以前榜葛剌之都城(馮譯《鄭和下西洋考》頁 136)。本書據《星槎勝覽》云"行二十站"至坂獨哇;《瀛涯勝覽》則作"向西南行三十五站到其國。"

其國城郭壯麗。其王有大殿,四方而堊飾[①],爲間凡九,三門而入[②]。殿之柱裹以黄銅,鏤以花獸。其王之衣冠、王之臣之衣冠俱回回製。上下皆回回人,婚喪一如其禮。其民善,富庶而淳,好爲商賈。其男子髡,纏首以白布,服圓領長衫,下圍色帨,革履。女子椎髻,短衫,圍色布絲綿,珥寶鈿,項佩瓔珞,手足約以金鐲、戒指。

① 四方而堊飾　堊飾,白灰塗飾。《星槎勝覽》榜葛剌國條:"殿宇平頂,白灰爲之。"

② 爲間凡九三門而入　《星槎勝覽》榜葛剌條:"入去内門三重,九間長殿。"

其土氣恆燠。其定歲以十二月。國無閏。刑止於流。百職有印符行移。掌軍者謂之巴斯剌兒[①]。有醫師、卜人、星官暨百工,市肆咸備。其語謂之榜葛俚[②],亦善吧兒語[③]。樂工謂之根肖速魯奈[④]。凡夙興,舉樂於富貴者之家,擊小鼓一人,擊鼙鼓[⑤]一人,吹筚篥[⑥]一人,其音節先徐而後促。舉畢,則予之酒物、倘伽[⑦]。凡款賓以檳榔。凡宴享用樂婦歌舞以娱賓。樂婦之飾也,服淺紅線布之花衫,下圍色絲帨,肩項佩五色硝子、珊瑚、琥珀珠之纓絡,腕約青紅哨子之釧鐲。其俗有虎戲,鐵索拽虎而行。其戲也,解索,虎蹲而據,人躶以擊虎,虎乃咆哮作勢,與人而對躍。人時掉臂於虎口。戲而畢,則虎伏於地。閲戲之家飼虎以肉,與人以倘伽。

① 巴斯剌兒　馮承鈞《瀛涯勝覽校注》榜葛剌條云,"波斯語隊主名 sipāhsalar 吧斯剌兒若爲其譯名,應脱首一字。"

② 榜葛俚　爲 Bengali 對音,即今孟加拉語。

③ 吧兒語　即吧兒西語,《瀛涯勝寬》榜葛剌條:"説吧兒西語亦有之。"吧兒西爲 pārsi 之對音。向達《西洋番國志》榜葛剌條吧兒西語注:"印度稱源出波斯而信火祆教之印度人爲 pārsi,此一輩人所操之語言亦稱 parsi 語。"

④ 根肖速魯奈　其語原不詳。意即樂工。馮承鈞疑速魯奈即鎖呐(Surnā)異譯。(《鄭和下西洋考·拾遺》)

⑤ 鼙鼓　即大鼓。

⑥ 篳篥　又稱觱篥,樂器名,以竹爲管,上開八孔,原流傳於新疆龜兹一帶,今民間流行者稱"管子"。《瀛涯勝覽》榜葛剌條作鎖嗦。按鎖嗦爲波斯語 surnā 之對音,今稱嗩呐,原流傳於阿拉伯、波斯一帶。

⑦ 倘伽　阿拉伯、波斯語 tanka 對音,金幣或銀幣名。

其交易以銀錢,名曰倘伽;以海肌,名曰考嚟[①]。其利布帛。其穀宜五種,歲二穫,其畜宜六擾。(銀錢重官秤三分[②],徑官寸一寸二分,底面有紋。海肌計斤。)其酒之品有四:一曰椰子酒,二曰米酒,三曰桐子酒[③],四曰茭葦酒。其布帛之品有六:苾布謂之卑泊[④],廣二尺,長五丈六尺,勾細而白;黄布謂之滿者提[⑤],廣四尺,長五丈,緊而密;布羅謂之沙納巴付[⑥],廣五尺,長三丈,狀如生平羅[⑦];布紗謂之忻白勤搭嚟[⑧],廣三尺,長六丈,纏首用之;如三梭者,謂之沙塌兒[⑨],廣二尺五寸,長四丈;兜羅綿[⑩]謂之驀哩驀勤[⑪],廣四尺,長二丈,背面有絨起可四五分。

① 考嚟　爲海肌之孟加拉語 Kauri 對音,用作貨幣的一種貝殼。

② 銀錢重官秤三分 《瀛涯勝覽》作:"每個重官秤三錢。"《寰宇通志》引《島夷誌略》作"每錢二錢八分重。"今本《島夷誌略》作"銀錢名唐加,每箇錢八分重。"此處"三分"似應據《瀛涯》作"三錢"。

③ 桐子酒 《瀛涯勝覽》作"樹酒",《西洋番國志》僅有米酒、椰子酒、茭蔁酒而無桐子酒或樹酒。

④ 苾布謂之卑泊 藤田豐八《島夷志略校注》朋加剌條注云:"卑泊疑 Byrampaut 之對音。"此爲一種細布名,苾亦此名譯音,《瀛涯勝覽》作蓽布。

⑤ 黄布謂之滿者提 《西洋番國志》云:"一種姜黄布番名滿者提。"《瀛涯勝覽》之《紀録彙編》本作"薑黑布",馮承鈞校本同,應正作薑黄布。滿者提語原未詳。

⑥ 布羅謂之沙納巴付 布羅,伯希和謂即布質之羅(絲羅以外之羅),沙納巴付爲 šānah-bāf 之對音(見馮譯《鄭和下西洋考》頁 139)。巴,《瀛涯勝覽》誤作"乞"。

⑦ 生平羅 張昇本《瀛涯勝覽》作:"如生羅,即布羅也。"

⑧ 忻白勤搭嗅 《西洋番國志》作"細白勒搭嚟",勒字訛。爲 hinbokindari 對音。

⑨ 沙塌兒 《瀛涯勝覽》云:"一樣沙塌兒,闊二尺五六寸,長四丈餘,如好三梭布一般。"沙塌兒爲 čāwtar 對音,意爲"四線"。

⑩ 兜羅綿 兜羅爲梵文 tūlā 音譯,兜羅綿爲一種綿絨。見前注。

⑪ 驀哩驀勒 《瀛涯勝覽》、《西洋番國志》作"驀黑驀勒",此爲 Mahmal 對音,意爲絨。

其土物有珊瑚、珍珠、水晶、瑪瑙、翠羽,多芭蕉子、波羅蜜、石榴、酸子、甘蔗,多酥蜜,多瓜、葱、薑、芥、茄、蒜。有駱駝。有桑皮紙[①]。有木焉,弱條而青葉,朝花而暮斂,如夜合,其子如李,其名曰菴摩勒[②],一曰餘甘,食之已丹石毒。

① 桑皮紙 造紙術是從我國往西傳的。桑皮造的紙,我國元代已用來

作紙幣(鈔)。馬哥波羅在其游記中曾提到用桑皮紙印製的紙幣。(見亨利·玉爾《馬哥波羅游記》第一卷頁 423)。

② 菴摩勒　菴摩勒爲波斯語 amala 對音,《大唐西域記》卷 2《印度總述》中作阿末羅果。我國稱餘甘子,初食苦澀,良久乃甘,故云餘甘。藥用,可療金石毒或硫黄毒。

其接天詔之日,明甲馬隊千餘,設於左右長廊,明光甲,巨漢秉劍,持弓矢以侍。孔雀翎之蓋百具設於丹墀,象隊百設於殿上。其王陞八寶座,橫劍於膝,乃有持銀杖者二人引導,五步一呼,至中則止。復有持金杖者二人引導如前。其王肅恭拜迎詔勅,叩首而加額。其開讀賞賜之訖也,是陳絨毯於殿,以宴天使。以牛羊爲燔炙,以薔薇之露、諸香之蜜水而爲飲。

其朝貢無常。(永樂六年,其國王靄牙思丁遣使來朝貢。九年,至太倉,命行人往宴勞之。十二年,又遣其臣把一濟等來朝,貢麒麟[①]等物。正統三年,貢同,表用金葉。)其貢物:馬、馬鞍、金銀事件、戧金琉璃器皿、青花白磁、撒哈剌[②]、者扶黑答立布[③]、洗白苾布、兜羅綿、糖霜、鶴頂、犀角、翠毛、鶯哥、乳香、麤黄熟香、烏香、麻藤香、烏爹泥、紫膠、藤竭、烏木、蘇木、胡椒。

① 麒麟　麒麟即長頸鹿,阿拉伯語 zurāfa,又譯作徂蠟,徂剌法;麒麟爲索馬里方言語 giri 之對音。長頸鹿,我國古代又名駞牛,晉李石《續博物志》卷 10:"撥拔力國有異獸名駞牛,皮似豹,蹄類牛,無峰,項長九尺,身高一丈餘。"長頸鹿原產東非,撥拔力即索馬里之柏培拉。本書此處謂榜葛剌貢麒麟,蓋由東非販運長頸鹿至此入貢。

② 撒哈剌　爲西域所產的一種軟薄毛毯,見前卷上滿剌加國撒哈剌注。

③ 者扶黑答立布　原名不詳。

論曰:榜葛剌,其饒富多儀之國也。夫觀其於天朝正使有金盔、繫腰盆瓶之獻,於副使有銀盔、繫腰盆瓶之獻,於行人有金鈴、紉紵長衣之獻,於兵士有銀錢之獻,非饒富多儀,曷克若此云。

(卷中)

小葛蘭國[①]

其國在别羅里西北可一千二百里。由是而歸南巫里也[②],鍼位:第一之日丁未、丁午[③],第二之日丙午[④],第三之日丙[⑤],第四之日丙巳[⑥],第五之日巽巳[⑦],第六之日辰巽[⑧],第七之日乙辰、乙卯[⑨],以求南巫里焉。

① 小葛蘭　即今印度西南岸奎隆(Quilon)《嶺外代答》及《諸蕃志》作故臨國,爲阿拉伯人稱 Kulam 之對音。《島夷誌略》、《星槎勝覽》作小唄喃,《元史》作俱藍。

② 由是而歸南巫里也　南巫里即本書南浡里國。此段航路爲自西往東,故曰"歸",即由奎隆向南繞半島南端然後向東渡印度洋至蘇門答臘島西北岸。此段鍼位,與前南浡里國條所記由沙里八丹東歸僅記地名不同,此處僅記方位,蓋所經並無島嶼,而由沙里八丹東歸則由龍涎嶼等島嶼而入。

③ 丁未、丁午　指南針方位爲南偏西與西南偏南之間,南與南偏西之間。

④ 丙午　指南針方位爲南稍偏東。

⑤ 丙　丙指南針方位爲南偏東。

⑥ 丙巳　指南針方位爲南偏東與東南偏南之間。

⑦ 巽巳　指南針方位爲東南與東南偏南之間。

⑧ 辰巽　指南針方位爲東南偏南與東南之間。

⑨ 乙辰、乙卯　指南針方位爲東偏南與東南偏東、東與東偏南之間。

其地東連大山，西、南、北濱海[①]。其王修浮圖教。其俗重象暨牛。其風俗與錫蘭山大同。其和飯以酥，日二食。

① 西南北濱海　奎隆地形爲一突出之半島狀，故稱"西、南、北濱海"。

其交易以金錢。（重官秤一分。）其利蘇、椒[①]。其穀宜稻。其畜宜牛羊。牛黄毫，羊青毫。

① 蘇椒　即蘇木、胡椒。

其朝貢無常。（永樂五年，附蘇門答剌國來朝貢。）其貢物：珍珠傘、白綿布、胡椒。

論曰：小葛蘭，《星槎編》又云小唄喃，云"其國山連赤土[①]，日中爲市。"而赤土者，扶南之别種也。西則婆羅娑國，東則波羅剌國，南則訶羅旦國，不知何者爲小葛蘭也。

① 赤土　《星槎勝覽》小唄喃國條云："山連赤土，地接下里，日中爲市。"赤土國見《隋書·南蠻列傳》，在今馬來半島，不在印度，《鄭和航海圖》印度南部有第一赤泥，疑此赤土即爲此之訛。下文"赤土者扶南之别種也"至"訶羅旦國"，均引自《隋書·南蠻列傳》。

柯枝國[①]

其國在小葛蘭西可二百里。柯枝之港水可四托。其地東倚大山，西、南、北濱海[②]。其王纏首以黄白布，上無衣，下圍紵絲帨，壓腰以色紵絲。其男女椎髻，服以短衫，圍以單布。其民之居用椰子木，以椰葉緝而蓋。其藏百物以庫，以磚爲之。

① 柯枝國　即今印度西南部柯欽（Cochin），在小葛蘭之北部。本文稱在其西乃依向西北沿岸航海方向而言。

② 西南北濱海　柯欽位於印度西南部沿岸一伸向西北方的半島之頂端，故云"西南北濱海"。

其爲人五種[①]：一曰南昆[②]，是爲王族。二曰回回，是爲仕族。三曰哲地[③]，是爲富族。四曰革令[④]，是爲庸保。五曰木瓜[⑤]，是爲賤類，居限三尺，衣限臍膝，途遇哲地以上則伏，任負是事，其狀如儺人[⑥]。

① 其爲人五種　古代印度有所謂種姓制度。《大唐西域記》卷 2 記載爲婆羅門、刹帝利、吠奢、戍陀羅四種。本書此處所載之五種，其中有回回，顯係七世紀伊斯蘭教傳入此地以後形成。

② 南昆　原作南昆，諸本同。按《諸蕃志》卷上有南毗國，即《大唐西域記》卷 10 之秣羅矩吒國(Malakuta)，《嶺外代答》卷三之麻離拔國，爲十二世紀前印度西南部大國。南毗或謂即 Namburi，其王族即以此稱謂。昆後又誤作昆。《皇明象胥録》作南昆不誤。

③ 哲地　爲 Chitti 對音。爲富有之人。

④ 革令　革令爲 kling 對音。《瀛涯勝覽》作"四等人名革令，專與人作牙保"。

⑤ 木瓜　爲 mukuva 對音。爲最低等之賤民。

⑥ 儺人　未詳何種人。《咸賓録》卷 8《五溪諸夷》有"扣人門乞錢米如儺然。"《瀛涯勝覽》柯枝國條云："(木瓜)其經商買賣與中國漢人同。"(據《勝朝遺事》本)據此，則"儺人"乃"漢人"之訛。

其王修浮圖教，敬象暨牛。國有梵宇，其佛像鑄以銅，座以青石爲之，座之周咸砌水溝，溝旁鑿井。夙興必鳴鐘鼓，汲水以灌佛頂，羅拜而退。其出家者名曰濁肌[①]而蓄妻。其髮出胎不理不剃，澤以酥，捏而爲縷，被於後。灰牛糞以塗體，以黄藤束腰，幅布掩形，時常吹海螺，妻隨以行。

① 濁肌　按《瀛涯勝覽》作"濁䐁"，《皇明象胥録》作"濁肌"，爲 Gioghid 之對音，又作瑜伽，爲印度之苦行僧人。故"肥"應爲"肌"之訛，據改。馮承鈞譯《馬可波羅行記》下册頁 172 注 4 引玉耳(H. Yule)云："濁肌蓋泛指印度之苦行人，有時兼混回教之苦行人而言。"(《馬可波羅行記》下册頁 706)

其土氣恒燠，無霜雪。其雨以半載，晴以半載[①]。(二月雨起,即乘屋修蓋備米物。五月六月,日夜下滂沱大雨,街市成河。至七月盡止。八月始晴。次年又復如是。)

① 雨以半載晴以半載 《大唐西域記》卷2《印度總述》歲時云:"如來聖教歲爲三時:正月十六日至五月十五日,熱時也;五月十六日至九月十五日,雨時也;九月十六日至正月十五日,寒時也。"

其交易以金銀錢。金曰法南①,銀曰答兒②。(金重官秤一分一釐,銀重四釐,大如螺靨。金錢一換銀錢十五。)其利胡椒、珍珠、珊瑚。胡椒園種之,富者居以待商,以觔而易,爲斤一十有六而爲封剌③,二十有五而爲播荷④。凡播荷以金錢一百易之,視銀之爲兩者五⑤。珍珠以分而易,凡分至三以上以金錢一千八百易之,視銀之爲兩者百。珊瑚以兩而易,倩工剪旋以成珠,磨淨而售。

① 法南 爲fanam對音,《瀛涯勝覽》古里國條作"吧南"(panam),蓋阿拉伯語p轉爲f,法南即金幣。

② 答兒 爲tar對音,即銀幣。

③ 封剌 封剌爲frāsila之異譯,本書古里國條又作法剌失(《瀛涯勝覽》作番剌失),重量單位。

④ 播荷 爲bahar之對音,重量單位。不同貨物一播荷重量各不同,如本書古里國條稱椒二百五十斤爲一播荷,香貨二百斤爲一播荷。

⑤ 視銀之爲兩者五 即銀五兩。

其穀宜黍、稻、稷、菽,其畜宜六擾,是多象。其朝貢無常。(永樂三年,其國王可亦里遣其臣完者答兒來朝貢。十年,復遣使來請封其國之山。詔封爲鎮國山,御製碑文賜之①。)

① 御製碑文賜之 據《皇明世法録》柯枝條,永樂十年《賜柯枝御製碑文》如下:"截彼南山,作鎮海邦。吐煙出雲,爲下國洪龐。時其雨暘,肅其煩熇,作彼豐穰,祛彼氛妖。庇于斯民,靡災靡沴,室家胥慶,優游卒歲。山之壍兮,海之深矣。勒此銘詩,相爲終始。"

論曰：柯枝凡雨半載而霽，霽半載而雨，不知大化胡爲其然也。昔魏徵叙赤土，言其國冬夏常温，雨多霽少，理庶幾矣。必曰半載，其果親目之乎？然赤土今與小葛蘭爲鄰，其即爲柯枝章章矣①。

① 其即爲柯枝章章矣　黄省曾以柯枝爲赤土，其誤與小唄喃（小葛蘭）爲赤土鄰國同，見本書小葛蘭國條赤土注。

古里國①

其國在柯枝西北可六百里，東至坎巴夷替國②，西臨大海，南連柯枝國，北接狠奴兒國③，地方千里。

① 古里國　今印度西南岸之科澤科德（kozhikode）一帶。此國原名 kallikot，古里爲其省譯。其後歐洲人名之爲 Calicut。《島夷誌略》作古里佛，即阿拉伯語 kalikut 對音。古里又稱西洋古里，與小葛蘭、柯枝同爲印度西岸東西方海上交通重要港口。

② 坎巴夷替國　《瀛涯勝覽》作坎巴美（夷），缺"替"字。伯希和謂此地爲"昔 koyampadi，今 Coimbatore。（泰米爾納德邦西）"（《鄭和下西洋考》頁 127）向達《西洋番國志》校注古里國條謂"當即 Cambay"。Cambay 即今古吉拉特邦之坎貝，在坎貝灣内。此亦即《鄭和航海圖》之坎八葉城。然坎巴夷應作坎巴夷替，爲 koyampadi 之對音，本書及《瀛涯勝覽》均云在古里國之東，今 Coimbatore 即在其東，而坎貝則遠在西北部，故應以伯希和説爲是。《瀛涯勝覽》之"坎巴夷"應依《典録》校正作"坎巴夷替"。

③ 狠奴兒國　今印度馬拉巴爾海岸之 Honore，Honavar，在科澤科德北部沿岸，今名霍納瓦。

其王修浮圖教，殿而事之。佛像謂之乃納兒，以銅爲之，殿覆以瓦，以銅爲之。鑿井於傍，凡晨起，王汲以浴佛。是敬象牛。（王每晨浴佛，禮拜訖，取黄牛淨糞，盛以銅盆，水調以塗壁地。頭目富家亦如之。又煅成白灰,盛以布囊,水調以額股,是爲敬佛。傳云,昔有神人,其名某些①,適他國時,命弟撒没嚟②以攝。撒没嚟鑄金牛,矯誣國人曰:"此天神也。"國人遂皆敬禮。某些還,銷金牛。撒没嚟乘象遁去。國人思之,而冀其歸,每月言月中必至。及月中又言月盡必至,逮今未絶也。南毘③人之敬象牛由此。)

① 某些　某些即 musa, moses 之對音。

② 撒役嚟　《瀛涯勝覽》作撒没嚟,爲 Al-saméri 對音。

③ 南毘　原作"南昆",見本書前柯枝條南毘注。下文之"南毘"亦同。

其爲人五種:南毘、回回、哲地、革令、木瓜。南毘不食牛,回回不食豕,互以爲禁。婚喪各如其類。其頭目二人,是掌國事。其男長衫,纏首以白布。女短衫椎髻,圍以色布,珥金牌珠索,項佩珠寶、珊瑚、瓔珞,手足俱約以金銀鐲,以金寶戒指。其容白而艷。國人修回回教者十分之六。有禮拜寺,寺有三十餘。凡七日一禮拜,巳而往,未而歸。

權謂之法剌失①,量謂之党戞梨②,以銅爲之。其制俱倍中國十分之六。權椒爲斤二百五十謂之一播荷③,其價金錢二百。權香貨爲斤二百謂之一播荷。布謂之撦梨④,其廣四尺五寸,其長二丈五尺,其價金錢十。五色絲帨謂之西洋手巾,其廣五尺,其長一丈二尺,其價金錢百。算人謂之米納凡⑤,算之法,計以四支十指⑥。其交易而成也,攜手而誓無悔。其交易以金銀錢。金曰吧南,銀曰搭兒。(其錢面底有紋,用六成金鑄造,徑官寸三分八釐,重官秤一分,銀錢重三釐。)

① 法剌失　爲 frasila 對音,又作封刺、番刺失,見本書卷下柯枝國封刺注。《瀛涯勝覽》云:"其番秤名番刺失,止可秤十斤,該官秤十六斤。"

② 党戞梨　原音未詳,升的名稱。《瀛涯勝覽》云:"其量法,官鑄銅爲升行使,番名党戞黎,每升該官升一升六合。"

③ 播荷　見本書柯枝國條播荷注。

④ 揞梨　又作揞黎，語原未詳。《瀛涯勝覽》云："西洋布本國名揞黎布，出於鄰境坎巴夷等處。"

⑤ 米納凡 《瀛涯勝覽》古里國條作"未訥几"，云："王差頭目並哲地、未訥几計書算於官府"，又云："原經手頭目未訥几計算。"米納凡或爲未訥几之誤，語原未詳，爲管賬計算之人。

⑥ 計以四支十指 《瀛涯勝覽》古里國條云："彼之算法無算盤，衹以兩手兩脚並二十計算。"

其利椒、椰。椰子之種也，富家千樹，以爲恒業。其資用也，漿爲酒，肉爲糖、飯，穰爲索，殼爲碗，爲酒食器，亦可廂金，木以架屋，葉以蓋。其穀宜稻，其畜宜牛、羊、鷄、鴨。

國有樂婦，以葫蘆弦銅絲[①]而歌。其位以女腹爲嫡[②]，傳之姊妹之子，無姊妹之子則傳之弟，無弟則遜於有德。其刑有罰金、斷手足、斬、族之等。不服者探之沸膏而驗之。（以右手二指置油鍋，黒而取出封裹，下獄之日開視，如爛壞即加刑，否則鼓樂送回。）

① 葫蘆弦銅絲　爲印度一種彈撥樂器，今名維納（vinu）。有金屬弦七根，其中四根演奏旋律，三根作伴奏用。

② 其位以女腹爲嫡 《瀛涯勝覽》古里國條云："其王位不傳於子，而傳於外甥，傳甥止論女腹所生爲嫡族。"

其國有鹿、兔。能畜良馬，凡匹價以金錢千。其土物有薔薇露。有金鏤寶帶，其造也，赤金三觔，抽絲如髮，綴結而成，間以珠寶。有珍珠、珊瑚珠，哲地居之公鬻而取税[①]。多萊菔、胡荽[②]、薑、蒜、四時冬瓜。其狀如小指，其長二寸，味如青瓜，紫皮而大葉，曰紫皮瓜。多芭蕉子、波羅蜜。有樹焉，其高丈餘，結如緑柿，内子數十，熟而自落者，其名曰木鼈子[③]。其蝙蝠如鷹者，在樹而懸宿。有鷹、鴉、燕、鷺，多孔雀，家畜之。

① 哲地居之公鬻而取税 《瀛涯勝覽》古里國條:“然後哲地富户纔將寶石、珍珠、珊瑚等物來看議價。”

② 萊菔胡荽 即蘿蔔、香菜(芫荽)。

③ 木鼈子 又作木别子,學名 momordica cochinchinensis,藤生。但此處指番木鱉,即馬錢子。

其朝貢無常。(永樂三年,遣使朝貢。詔封爲古里國王,給印及誥。五年、七年[①],復遣使來朝貢。)其貢物:寶石、金繫腰、珊瑚珠、琉璃瓶、琉璃碗、拂郎雙刃刀、寶鐵刀、蘇合油、阿思摸達塗兒氣[②]、龍涎、梔子花、花氈、單伯蘭布、苾布、紅絲花手巾、番花人馬象物手巾、線結花靠枕、木香、乳香、檀香、錫、胡椒。

① 五年七年 按《皇明世法録》古里國條亦作“五年七年並朝貢”。

② 阿思摸達塗兒氣 據北京大學東語系馬金鵬先生説:阿思摸達應讀成伊斯美達,爲一種鉛色晶體礦,用以塗抹眼瞼的化粧品,英文爲 antimony(銻);塗兒氣即 Turk,即突厥地方所産者。

論曰:昔扶南俗事天神,以銅爲象。而有訟者,以及頒誥命銀印,陞賞頭目品級冠帶,建亭刻石。其略曰:“爾王去中國十萬余里,民物咸若,皥熙同風。刻石於兹,永垂萬世。”

寶船至彼,王遣頭目、哲地、米納几見正使,擇日論價,將中國錦綺百貨議定,乃書合同價數各存之。頭目、哲地與正使衆手相拏,其牙人言曰:“某月日衆手拍一掌無悔。”哲地始攜珊瑚、珍珠、寶石來議價。二三月方定。原經手頭目米納几算番物若干該紵絲等物若干,照原打手之貨交易。

(卷下)

八、南詔野史[①]

① 清人胡羨門有關訂正一併收入。

南詔歷代

白古記西天天竺摩竭國阿育王驃苴音斜。低娶欠蒙虧爲妻,生低蒙苴。苴生九子,長子蒙苴附羅,十六國之祖。次子蒙苴廉,吐蕃之祖。三子蒙苴諾,漢人之祖。四子蒙苴酬,東蠻之祖。五子蒙苴篤,生十二子,七聖五賢,蒙氏之祖。六子蒙苴託,獅子國之祖。七子蒙苴林,交趾國之祖。八子蒙苴頌,白子國仁果之祖,九子蒙苴閦,初六切。白夷之祖。《哀牢今永昌府夷傳》哀牢蠻蒙伽獨捕魚易羅池在永昌府城南。溺死,其妻沙壹一作壺往哭之,水邊觸一浮木,有感而娠,産十子。後攜子至池上,木化爲龍,人言曰:我子安在? 九子驚走,獨季子背龍而坐,龍舐其背,蠻語謂背爲九,坐爲隆,故名之曰九隆氏。哀牢山一名天井山,在永昌府。下有婦,名奴波息,生十女。九隆弟兄娶之,立爲十姓:董、洪、段、施、何、王、張、楊、李、趙,皆列畫其身象龍文,於衣後著尾,子孫繁衍,居九龍山山在永昌府城南。谿谷間,分九十九部,而南詔出焉。

白崖國

西天天竺摩竭國阿育王低蒙苴第八子蒙苴頌居白崖,因地名號白崖國。傳世莫考,後昆彌氏繼之,號昆彌國。

白子國

漢武帝通西南夷,遣使至滇,求身毒國。滇王常羌問使者曰:“漢孰與我大?”使者還報,武帝怒其言不遜。時白崖國蒙苴頌之後,天竺國白飯王之裔仁果者爲衆所推,立於白崖。武帝乃册封仁果爲王,號白子國。後遷於澂江(今澂江府)。迨龍佑那繼之,號建甯國。又一説,白子國之先有阿育國,王能乘雲上天，娶天女，生三子。長、季二子封於金馬、碧雞，獨封仲子於蒼、洱之間。崇奉佛教，不茹葷，日食白飯，人因稱爲白飯王。迨後有仁果者，漢封爲滇王，號白子國，又十五世至龍佑那。後漢諸葛武侯南征，次白崖，以佑那爲酋長，賜姓張氏，仍統其民，號建甯國。

大蒙國

細奴一作農。邏一作羅。　僞謚高祖奇嘉王

細奴邏，又名獨羅消，西天天竺摩竭國阿育王低蒙苴第五子，蒙苴篤之三十六世孫。……

……

豐佑石刻作勸豐佑。　册封滇王　僞謚昭成王

豐佑，唐穆宗甲辰長慶四年即位，年七歲。唐遣京兆少尹韋審規持節册封爲滇王，王遣洪成酋等入謝。明年改元保合，又改元天啓。西僧贊陀崛哆建鶴慶元化寺。先是，鶴慶地水滂，僧杖刺東隅洩之，水中得樟木，刻爲佛，呪之忽靈，遠近名曰活佛，按活佛，後至明成化間福建莆田林俊爲雲南憲副，聞之，親至寺中將佛火之。得金數百兩入官；又毁他寺三百，人呼爲林劈佛。建常平倉。築鄧川城。敬宗乙巳寶曆元年重修大理崇聖寺一名三塔寺成。先是，王嵯嶺廣寺基方七里，聖僧李成眉賢者建立三塔，高三十丈，佛一萬一千四百，屋八百九十，銅四萬五百九十觔。元和十五年經始，至是工竣。塔頂舊有鐵柱欵識云：貞觀六年尉遲敬德監造。蓋寺之建久矣。……

……

宣宗丁卯大宗[①]元年……佑女至崇聖寺進香回，至城西爲一乘白馬人攝去，尋之不得。佑告於西僧贊陀崛哆，哆曰："此山神也。"乃設燈照之，果在蒼山下。哆怒，欲行法移山於河。

山神懼，獻寶珠供佛，佑乃已。

① “宗”字爲“中”字之誤。

宣宗己卯大中十三年……是年豐佑卒於東京，在位三十五年。世隆立，以王嵯巔攝政。段宗牓救緬回，至騰越，聞佑卒，世隆立，嵯嶺攝政，移書王嵯巔曰：天啓不幸駕崩，嗣幼，閑公攝政，國家之福。牓救緬以敗獅子國。緬酬金佛當得敬迎，奈中國無人，惟公望重。牓抵國門之日，煩親迎佛，與國增光，云云。嵯巔不知是謀，至日迎之。牓令巔拜佛，突斬之於佛前，討其弑勸隆晟之罪也。牓鎔佛得金數千兩。時有緬人奉香火者在傍，默祝曰：願世代奉敬，今不如願，惟願世尊輪生滅彼國祚。後果生鄭買嗣篡國，滅蒙氏。

（上卷）

段氏總管

段功　光之弟

至正二十五年……是年滇大旱。人言定遠有禪僧連精通瑜伽秘密教，能降龍役鬼。啓梁王，王遣人迎至。僧設壇祈雨咒畢，鉢中出一小蛇，遂大雨。王喜，酬以金帛。辭，役鬼荷擔，行空而去。

南詔古蹟

優曇花

雲南府省城土主廟，南詔蒙氏時，有僧菩提巴波，一名人又法師，自西天竺來。以所攜念珠九子種左右，樹高數丈，枝葉扶疎。每歲四月，花開如蓮，有十二瓣，遇閏多一瓣。今存西一樹尚茂。

金馬碧雞

雲南府省城外二山，東爲金馬，西爲碧雞。周時西天天竺摩竭國阿育王生三子，長扶邦、次宏德、三至德一名驃苴低。王有神馬，其色如金，三子爭欲之。王令縱馬，以轡私授至德，下令曰："能獲者與之。"至德部衆追至東山，以轡收得馬，至德即止焉，故今名山爲金馬。扶邦、宏德部衆繼往，聞至德已得馬，二人乃屯於西山。時山有碧鳳，土人不識，呼爲碧雞。二人亦同止焉，故今名山爲碧雞。阿育王念滇遠，恐三子不得歸，遣其舅氏神明者統兵以迎，將歸，哀牢夷阻道，三子遂不得返。既歿，扶邦爲碧雞山神，宏德爲巖頭山神，至德爲金馬山神。漢宣帝聽方士言，遣諫大夫王褒求金馬、碧雞之神。褒未至滇，至蜀中望祭而回。移文於二神曰："持節使王褒謹拜：南崖敬移，金精神馬，縹碧之雞，處南之荒，深谿回谷，非土之鄉。歸來歸來，漢德無疆。廣乎唐虞，澤配三皇。黄龍見兮，白虎仁歸。歸來歸來，可以爲倫。歸兮翔兮，何事南荒也。"後至南詔大蒙國王異牟尋時，封金馬碧雞二神爲景帝。

羅刹封石

點蒼山五臺峯之上陽一作羊溪谷口有方石，如樓狀。世傳觀音大士閉羅刹於此。蔚按，羅刹即《漢書》所謂雲南邪龍也。又名戮魔石。蔚按，大理爲古妙香國，本屬天竺國。水居，陸之半爲邪龍所據，是爲羅刹，好食人。張敬者爲巫祝羅刹憑之。一日，有老僧至西來主敬家，僧即觀音大士也。託言欲求片地藏修。敬以告刹，刹問所欲。僧曰：但欲吾袈裟一展，犬一跳之地利。許諾。僧曰：合立符券。遂就水岸上，書券石間。於是袈裟一展，犬一跳已盡其地。羅刹怒，悔盟而去。僧雨鐵止之日，别有勝地居汝。因於點蒼山之陽溪，化金屋一區，刹喜移其屬入焉，而山封矣。僧乃鑿河尾洩水，是爲天生橋，至今人以西洱河赤文島爲大士地券。……

（下卷）

九、皇明四夷考

古俚

古俚,大國,西洋諸番之會。去中國十萬里,西瀕海,南距柯枝。自柯枝海行,可三日至。永樂元年,王馬那必加剌滿遣馬戍朝,貢馬。五年,遣太監鄭和賜王誥幣,陞賞其將領有差。王好浮屠,敬象牛,老不傳子,傳外孫,否則傳弟。無外孫、弟,傳善行人。族類分五種,如柯枝。王南毘人,不食牛。將領回回人,不食猪。大家晨起,用牛糞塗地。煅牛糞爲囊佩之,每旦,水調抹額及股。國事皆決於二將領。土宜麥,多馬。俗尚信義,行者讓路,道不拾遺。海濱爲市。通諸番,用金銀錢。以葫蘆爲樂器,紅銅絲爲絃,歌聲相協,鏗鏘可聽。刑無鞭笞,輕斷手足,重罰金,誅戮没産,夷其族。有西洋布,曰撦黎,本出鄰國坎夷巴。匹闊四尺五寸,色絲間花帨闊五尺。産孔雀白鳩馬,無餘鳥諸香。嘗貢金絲寶帶,金絲細如髮,結花,綴八寶珍珠鴉鶻石。

榜葛剌

西天有五印度國。榜葛剌者,東印度也。永樂六年,王靄牙思丁遣人朝貢。九年,至太倉。命行人往宴勞之。十二年,王蹇弗丁遣人奉金葉表,獻麒麟。國最大。自蘇門答剌海行,過翠藍島,至淛地港,更小舟行五百里,至鎖納兒港。登陸,行三十五里,至其國。地廣人稠,財物豐衍,甲於諸鄰國。國有城郭,王及諸官皆回回人。男祝髮,白布纏頭,圓領長衣,束綵帨,躡皮屨。市用銀錢海肌。五領山最高大,氣候常熱如夏,賦十二,刑笞杖徒流。官有印章行移。軍有糧。陰陽醫卜,百工技藝,大類中國。有衣黑白花衫,縈帨,佩珊瑚琥珀,纓絡繫臂,硝子鐲釧,歌舞侑酒者,曰根肖速魯奈。奈,蓋優人也,能作百戲。以鐵索繫虎,行市中,入人家,解索坐虎於庭。裸而搏虎,虎怒,交撲,仆虎數回乃已。或手投入虎喉,虎亦不傷。戲已,仍繫之。家人爭以肉啖虎,勞戲者錢。曆有十二月,無閏。風俗朴厚。人好耕殖,一年二熟。產鑌鐵、翠羽、瑠璃、蛇、馬、桑、漆樹,絲綿尤多。鎗翦最巧利。布數種,有闊四五尺者,驀黑驀勒闊四尺。背面皆毳絨,厚可五分,即兜羅錦也。白樹皮布,膩滑光潤,如鹿皮。椰茭爲酒。檳榔當茶。

錫蘭山

錫蘭山,在大海中。海中有翠藍山,最高大。自山東南,乘風可三日至赤卯塢。塢人穴居,男女皆裸,若野獸,不粒食,食芭蕉子、波羅蜜、魚蝦。又西海行可十日,至佛堂山。泊舟處濱海,山麓有卧佛寺。佛榻賓飾極華麗。又西北陸行五十里,至王居。王尚釋,重象牛,煆牛糞灰塗體,飲牛乳,不食其肉。殺牛者罪死。王宫民居,旦必調牛糞塗地而禮佛。國富饒,地廣人稠,亞於爪哇。民上裸,下纏帨加壓腰,去鬚毫,留髮,布纏之。女椎髻於後,下縈白布。飲食不令人見。產青、紅、黃鴉忽石、水晶。海洲有珠池,日映光浮起,閃閃射目,間歲一淘珠。諸番賈爭來市珠。土宜稻,不宜麥。市用金錢。重麝香、綺、絹、青磁器、銅錢、樟腦。永樂九年,王亞烈若奈兒,鎖里人,絶我使途。太監鄭和俘至京。十年,封耶巴乃那爲王,赦亞烈若奈兒還國。耶巴乃那,故王族人也,一名不剌葛麻巴思剌查。國人以爲賢,故封之,遣使送歸,詔諭其國。正統十年,遣使耶把剌謨的里啞來朝,貢珠賓石。天順三年,王葛力生夏剌昔利把交剌惹復遣使朝貢。

柯枝

柯枝，一名阿枝。東連大山，西南北皆海。自葛蘭山海西北行，一晝夜可至。永樂二年，王可亦里遣完者答兒朝貢，請封其國大山。詔封爲鎮國山，賜碑文。是時，太監鄭和使至其國。國王，瑣里人也，首纏黄白布，上不衣，下縈絲帨，束綵壓腰，綴椰木葉，苫屋。國人五種，曰南昆，與王同類，祝髮，線懸脛，爲貴族。次回回人。次富有財者，曰哲地。次牙繪，曰革全。又次卑賤者，曰木瓜。木瓜濱海而居，業漁樵，屋簷不得過三尺，上衣不過膝，途遇南昆、哲地，即伏，候過乃起。王尚浮屠，敬象牛，建寺。範金爲佛，每旦鳴鐘鼓，汲泉灌佛頂數回已，乃禮之。有曰濁肌者，蓋優婆夷也。娶妻，不剃胎髮，髮縷縷垂後，牛糞灰塗體，行吹大螺。妻隨之乞錢。氣候常熱多雨。市用金銀錢，銀錢十五當金錢一。産珠、象牙、蘇木。

溜山

溜山，四面濱海如洲，在西海中。有石門，如城闕。土瘠，無城郭，依山聚居。八村稍大，皆以溜名。可通舟楫，餘小溜，無慮三千。土人曰，此弱水三千也。人巢居穴處。不識菽粟，啖魚蝦。無衣，草木葉蔽前後。舟行遇風，失入溜即溺。溜山傍有牒幹國，皆回回人，俗淳厚。業漁，好種椰樹。氣候常熱如夏。市用銀錢。産龍涎香、海肌。椰皮結繩，可貫板成舟。塗瀝青，堅如鐵釘。鮫魚一名溜魚，織絲帨，甚精緻，亦有織金帨。永樂中，國王亦速福遣使來朝貢。

瑣里

瑣里，西海中小國。物産甚微，有撒哈剌諸異布。洪武五年,國王卜納的遣撒馬牙茶嘉兒斡的亦剌丹八兒奉金字表朝貢,圖上其土地山川。賜《大統曆》、金幣。永樂元年,復遣人朝貢。

西洋瑣里

西洋瑣里,近瑣里,視瑣里差大,物産大類瑣里。洪武三年使來,以金葉表文貢方物。上喜王敬中國,涉海道甚遠,賜甚厚。永樂元年,復遣人朝貢。上曰:"海外遠夷附載番貨勿征。"二十一年,西洋十六國遣使千二百人貢方物,至京師。西洋瑣里貢獨豐美。

小葛蘭

小葛蘭,小國也。東連大山,西南北皆海。永樂中,太監鄭和至其國。王,鎖里人,遣人入貢。俗尚浮屠。重象牛。飯和酥酪。市用金銀。婚喪巾服,大類錫蘭山。自錫蘭山别那里,西北海行,六晝夜可至。

古里班卒

古里班卒,在海中。永樂三年,國王遣人馬的來朝貢。其俗土瘠,穀少登。氣候不齊,夏多雨,雨即寒。俗質朴,男女被短髮,假錦纏頭,紅油布繫身。物産甚薄。

甘巴里

甘巴里,在南海中大島上。人多織錦。粒食,亦鮮食。永樂十二年,國王兜哇剌查遣得名公葛葛來朝貢。

沼納樸兒

沼納樸兒,在印度之中,古所謂佛國也。永樂中,遣使詔諭。國王一不剌金玉遣人來朝貢。

加異勒

加異勒,西戎小種。居人不及千家,貧窶乏食,常傭鄰國。永樂中,王者麻里夿那遣使别里呆不來貢方物。宣德間,遣使朝貢。

甘把里

甘把里,永樂間遣六人來朝貢。自言,其國小,介其西南海中。與諸鄰國不通交易。物産又薄。山無長林,田無宿麥。以故國用常乏,人民艱窘。然奉佛善,不求積聚,無乞丐者。

(卷下)

十、殊域周咨録

瑣里　古里

瑣里國,又曰西洋瑣里國。古里圖,又曰西洋古里國。或爲二國,或爲四國。《會典》諸書所載各異,皆西海諸番之會。自廣州舶船往諸番,出虎頭門,如入大洋,分東西三路。東洋差近周歲可回,西洋差遠兩歲一回。宋於中路置巡海水師營壘。其國與伽藍洲獅子國相隣,或云南距柯枝,西瀕海。自柯枝海行可三日至。前代不通中國。本朝洪武三年遣使持詔,諭西洋諸番曰:"自古爲天下主者,視天地所覆載,日月所照臨,若遠若近,生人之類無不欲其安土而樂生。然必中國治安,而後四方外國來附。近者元君歡帖木兒荒淫昏弱,志不在民,四方豪傑割據,郡縣十去八九。朕憫生民之塗炭,興舉義兵,攘除暴亂,天下軍民尊朕爲皇帝,國號大明,建元洪武。前年克取元都,四方以次平定。其占城、安南、高麗諸國俱已朝貢。今特遣將巡行北邊,始知元君已歿,獲其孫買的里八剌,封爲崇禮侯。朕倣前代帝王治理天下,惟欲中外臣民,咸樂其所。又慮汝等僻在遠方,未悉朕意,故遣使者往諭,咸使聞知。”既而遣前行人聞良輔往諭西洋諸番。於是古里國主遣使來貢,進金葉表文。上以其國涉海道遠,賜賚甚厚。五年,瑣里國主卜納的亦遣使貢奉金字表文,並圖其土地山川以獻。上賜國主《大統曆》及織金綵段、紗羅各四疋,賜使臣綵段、紗羅各二疋。七年,上因暹羅番商詐貢,詔中書禮部曰:“古者中國諸侯於天子,比年一小聘,三年一大聘,九州之外,番方遠國則每世一朝。其所貢方物,不過表誠敬而已。高麗稍近中國,頗有文物禮樂,與他番異,是以命依三年一聘之禮。彼若就每世一見,亦從其意。其他遠國,如占城、暹羅、西洋瑣里等處,新附國土,入貢既煩,勞費甚大,朕不欲也。今遵古典而行,不必頻貢,其移文使諸國知之。”永樂元年,二國各遣使貢馬。詔許其附載胡椒等物,皆免稅。命有司造艦舶二百五十艘備使西洋。三年,古里又遣使朝貢,詔封古里國王給印誥。五年,復來貢。七年,遣中官鄭和偕行人通西南夷,封海神宋靈惠夫人林氏爲護國庇民普濟天妃,建祠於京師儀鳳門。

按天妃莆田林氏都巡君之季女,幼契玄理,預知禍福。在室三十年。宋元祐間遂有顯應,立祠於州里。至元中,顯聖於海,保護海運。萬户馬合法、忽魯循等奏,立廟,號天妃,賜祭太牢。洪武初,海運風作,漂泊糧米數百萬石於落漈,落漈言水往不可回處。萬衆號泣待死矣,大叫天妃，則風回舟轉，遂濟直沽。後又封昭應德正靈應孚濟聖妃娘娘之號。自後四方受恩之人遂各立廟，故今在處有之也。永樂中，杭州百户郭保海運遭風，一旦晝如夕者似三日夜矣。舟人泣叫天妃，許以立廟，頃刻遂見天日。成化間，杭州給事中陳詢欽命往日本國，至大洋，風雨大作，舟將覆矣。陳禱天曰："予命已矣，如君命何？"遠見二紅燈自天而下，若有人言曰：救人不救船。忽有燈至舟上，有漁舟數隻飄泊而至，遂得渡登山。即語曰：吾輩爲天妃所遣，此山自某地去可幾日至廣東也。但多蛇難行，今與爾盒藥敷足，則無害矣。已而果然。復入京，領勑又行。下舟時夢天妃曰：賜爾木，此回當刻我像，保無虞也。明日有大木浮水而來，舟人取之，乃沉香。至今刻像於家。

和等領甲士駕巨艦，自福州長樂縣出五虎門，航大海西南行抵占城，正南行八晝夜抵滿剌加，以達西洋古里，分艅遍往支國阿舟、忽魯謨斯等處。於是古里復遣使貢金絲寶帶。金絲細如髮，結花綴八寶珍珠、鴉鶻石於上。二十二年，仁宗即位。從前户部尚書夏原吉之請，詔停止西洋取寶船，不復下番。宣德中復開，至正統初復禁。成化間，有中貴迎合上意者，舉永樂故事以告。詔索鄭和出使水程，兵部尚書項忠命吏入庫檢舊案不得，蓋先爲車駕郎中劉大夏所匿。忠笞吏，復令入檢，三日終莫能得。大夏秘不言。會臺諫論止其事。忠詰吏，謂"庫中案卷寧能失去？"大夏在旁對曰："三保下西洋費錢糧數十萬，軍民死且萬計，縱得奇寶而回，於國家何益？此特一敝政，大臣所當切諫者也。舊案雖存，亦當毀之，以拔其根，尚何追究其有無哉！"忠竦然聽之，降位曰："君陰德不細，此位不久當屬君矣！"大夏後果至兵部尚書。自後其國亦不常至，間一遣使朝貢云。

按《灼艾集》中劉大夏爲兵部郎中。有中官用事，獻取交南策,以中旨索永樂中調軍數。公故匿其籍,徐以利害告尚書,余子俊力言阻之。事遂寢,與此相類,因附記以俟考。

其國古里王好浮屠,敬象、牛。老不傳子,傳外孫,否則傳弟,無外孫、弟,傳善行人。族類分五種,如柯枝。王南昆人,不食牛。將領回回人,不食猪。大家晨起,用牛糞爲囊佩之,每旦水調抹額及股。國事皆決於二將領。俗尚信義,行者讓路,道不拾遺。海濱爲市,通諸番,用金銀錢。以葫蘆爲樂器,紅銅絲爲弦,歌聲相協,鏗鏘可聽。刑無鞭笞,輕斷手足,重罰金、誅戮。田瘠宜麥。産沉香、木香、西洋布、幅廣至四五尺。五色布、花帨闊五尺。孔雀、白鳩、胡椒、馬、國多駿馬,來自西域。五色鴉鶻石。其貢寶石、金繫腰、珊瑚珠、琉璃瓶、琉璃碗、寶鐵刀、蘇合油、龍涎、梔子花、花氈單、伯蘭布、苾布、紅絲花手巾、番花人馬象物手巾、線結花、靠枕、木香、乳香、檀香、錫、胡椒。瑣里其産撒哈剌,以毛織之,蒙茸如氈毼,有紅緑二色。紅八者藍布、覬木黑布、白苾布。其貢馬、紅撒哈剌、紅八者藍布、紅番布、木里布、白苾布、珠子、頂串、黄黑虎。其貢道亦由廣東。

（卷八）

錫蘭

錫蘭國,古狼牙須也。在西洋與柯枝國對峙,以別羅里爲界。自蘇門答剌順風十二晝夜可至其國,占城極西可望見焉。番語謂高山爲錫蘭,因名。前代不通中國,或曰狼牙須,梁時通焉。本朝永樂七年,中使鄭和偕行人泛海至其國,賫金銀供器、綵粧,織金寶幡布施於其寺,賞賜國主亞烈苦柰兒,詔諭之。國主貪暴,不輯睦隣國,數邀刼往來使臣,諸番皆苦之。和等登岸至其國,國主驕倨不恭,令子納欵索金寶,不與。潛謀發兵數萬刼和舟，而先伐木拒險，絶和歸路。和覺之，擁衆回舟，路已阻塞。和與其下謀曰："賊衆既出，國中必虚，且謂我軍孤怯無能爲。如出其不意，可以得志。"乃率所從兵二千，夜半間道啣枚疾走抵城下，約聞炮則奮擊，入其城，生擒亞烈苦柰兒。九年歸，獻闕下，上命禮部擇其支屬賢者更立之。禮部詢於所俘國人，舉耶巴乃那賢。十年，遣使賫詔、印往封之。詔曰："朕統承先皇帝鴻業，撫馭華夷，嘉有萬方，同臻至治。錫蘭國亞烈苦柰兒近處海島，素蓄禍心，毒虐下人，結怨鄰境。朕嘗遣使詔諭番國，至錫蘭，其亞烈苦柰兒敢違天道，傲慢弗恭，逞其兇逆，謀殺朝使，天厭其惡，遄被擒俘。朕念國中軍民皆朕赤子，命簡賢能爲之統屬。爾耶巴乃那修德好善，爲衆所推，今特封爾爲錫蘭國王。嗚呼！惟誠敬可以立身，惟仁厚可以撫衆，惟忠可以事上，惟信可以睦鄰。爾其欽承朕命，永崇天道，無怠無驕，暨子孫世，享無疆之福，欽哉。"時羣臣皆請誅烈苦柰兒，上曰："蠻夷禽獸耳，不足誅。"遂赦之，亦遣歸。時國人立不剌葛麻巴思剌查爲王，詔諭使遜位。十四年，王遣使偕占城、爪哇諸國貢馬及犀象方物，中官鄭和等賫勅及錦綺、紗羅、綵絹等物，偕往賜各國王。宣德八年入貢，賜文綺，國王十八疋，王妃八疋。紗，國王與妃各四疋，正使、副使給賞有差。詔使臣以下自進物俱給與價。正統十年，貢珠石、寶石。天順三年，王率其子葛力生夏剌昔利把交把惹遣使貢，自後貢使亦間至。其國在大海中，有翠藍山，最高大參天，山頂産有青美藍石、黄鴉鶻石、青紅寶石，每遇大雨，衝流山下沙中，拾取之。其海旁有珠簾沙，或云珠池日映光浮起閃閃射人。常以網取螺蚌傾入池中，作爛淘珠貨之。自山東南乘風可三日至赤卯塢。塢人穴居，男女皆裸，若野獸。不粒食，食芭蕉子、波羅蜜、魚蝦。又西海行可十日至佛堂山，海邊有一盤石，上印足跡，長三尺許，常有水不乾，稱爲先世釋迦佛從翠藍嶼來登此山，足躡其迹，至今尚存，故名佛堂山。盤石下有卧佛寺，稱爲釋迦佛涅槃真身，側卧在寺，亦有舍利子在其寢處，寶飾極華麗。又西北陸行五十里至王居。王尚釋，重象、牛，煆牛糞灰塗體，飲牛乳，不食其肉，殺牛者罪死。王宫、民居旦必調牛糞塗地而禮佛。民上裸，下纏帨，加壓腰，去鬚毫，留髮，布纏之。女椎髻於後，下縈白布。飲食不令人見。氣候常熱，米穀豐足，地廣人稠。俗富饒，亞於爪哇。産龍涎香、乳香。貨用金錢、銅錢、青花白磁器、色段色絹之屬，其道由廣東至京。

（卷九）

榜葛剌

榜葛剌，本古忻都州府，即西天竺也。天竺有印度國五，此東印度國，或云此西印度國，釋迦得道之所也。海口有察地港，番商海泊，於此叢聚，抽分其貨。漢明帝時，天竺浮圖法入中國。其俗捨身焚尸，謂之荼毘，至今傳之。學佛者猶然，中國小民火葬皆效焉。

按《列子》曰：西極之國有化人來，穆王事之。作中天之臺，其高千仞。及秦時沙門室利房等至，始皇以爲異，囚之。夜有金人破户以出。又霍去病至連耆山，得休屠王祭天金人。以是考之，周、秦、西漢有佛久矣！世傳佛法自漢明帝時始入中國，非也。

本朝永樂三年，國王靄牙思丁遣使來朝。詔賜王紵絲、紗羅各四疋，絹八疋。王妃紵絲、紗羅各三疋，絹六疋。命使往天竺，迎異僧。既至京兆，號大寶法王，居靈谷寺，頗著靈異，謂之神通。教人念唵嘛呢叭囉吽，於是信者晝夜念之。翰林侍讀李繼鼎曰：若彼既有神通，當通中國語，何爲待譯者而後知乎？且其所謂唵嘛呢叭囉吽云者，乃云俺把你哄也。人不之悟耳。

按《宋史》，元昊擅西夏，自稱兀卒。宋人亦有兀卒，近吾祖之説。以是而論，繼鼎之言不爲過也。

六年，國王遣使自太倉入貢，上命行人往宴勞之。十二年，王又遣其臣把濟一貢麒麟等物。禮部請上表賀。上曰："卿等但當夙夜竭心輔治，以惠天下。天下既安，雖無麒麟不害爲治，其免賀。"詔賜王錦四段，綾六十疋，頭目人等給賞有差。

楊士奇《西夷貢麟早朝應制詩》曰：天香袖引玉爐薰，日照龍墀彩仗分。閶闔九重通御氣，蓬萊五色護祥雲。班聯文武齊鵷鷺，慶合華夷致鳳麟。聖主臨軒萬年壽，敬陳明德贊堯勳。

按永樂中，其麒麟之貢四至。成化七年，常德沅江縣産一麟，形略如虎，蹄及尾皆牛，身有鱗而額有角，人以爲怪，擊死。郡守知而取臘藏之庫，今惟空皮，鱗亦落矣。嘉靖六年四月，舞陽産一麒麟，口吐火而聲如雷。野人異之，亦擊之死。但雙脚馬蹄，後擡於省城，人皆見也。是知麟亦常有，人不能識，多致死。《春秋》西狩獲麟，死於田夫之手是也。聞皆牛生，或云龍與馬交，則龍駒産焉；龍與牛交，則麟産焉。

十三年，上命少監侯顯等統舟師，賫詔，勅賞賜國王、王妃、頭目。其王知我中國寶船到彼，遣部領賫衣服等禮人馬千數迎。自察地港口起程，十六站至瑣納兒江，有城池街市，聚貨通商。又差人賫禮象、馬迎接。二十站至板獨哇，是酋長之居處，城郭甚嚴。街市鋪店連楹接棟，聚貨百備。其王之舍皆磚灰甃砌，高廣殿宇，平頂白灰爲之。内門三重，九間長殿，其柱皆黄銅色，飾雕琢花獸。左右長廊内設明甲馬隊千餘，外列巨漢，明盔、明甲，執鋒刃、弓矢，威儀壯甚。丹墀左右設孔雀翎傘蓋百數，又置象隊百數於殿前。其王於正殿高座，嵌八寶，箕踞坐其上,劍横於膝。乃令銀柱杖二人皆穿纏頭來引道,前五步一呼,至中則止。又金柱杖二人,接引如前禮。其王拜迎詔敕,扣頭加額開讀。賞賜受畢,鋪絨毯於殿地,待我天使,宴我官兵,禮之甚厚。燔炙牛羊,禁不飲酒,恐亂性而失禮,以薔薇露和香蜜水飲之。宴畢復以金盔、金繫腰、金瓶、金盆贈天使,其副使皆以銀盔、銀繫腰、銀瓶、銀盆贈之,其下官員亦贈以金鈴、紵絲、長衣,兵士俱有銀錢,蓋此國富而有禮者也。其後躬置金筒、金葉表文,差使臣賫捧貢獻方物於廷。自後貢使亦或一至不常云。其國風俗甚厚,男子白布纏頭,穿白布長衫,足穿金線羊皮靴,濟濟然有文字者衆。凡交易雖有萬金,價定打手,永無悔。鑄銀錢名唐加,每錢重二錢八分,以權小錢。婦女穿短衫,圍色布、絲錦,不施脂粉,自然嬌白。首垂寶鈿,項挂纓絡,髻堆腦後,四腕金鐲、手足戒指。其印度一種不食牛肉,飲食男女不同處。夫死不再嫁,妻死不再娶。若孤寡無倚,一村人家輪流養之,不容别村求食,其義氣有足稱者。田沃豐足,一歲二收,不用耘耔,隨時自宜。男女勤於耕織,其瓜果、蔬菜、牛馬、鷄羊、鳧鴨、海魚之類甚廣。通使海貝,准錢市用。貨用金銀、段絹、青花白磁器、銅鐵、麝香、銀硃、水銀、草蓆之屬。其山川曰五嶺山。山高林茂,民聚居之。其産細布、撒哈剌毯絨、兜羅錦、水晶、瑪瑙、珊瑚、真珠、寶石、琉璃、糖蜜、酥油、翠毛、各色手巾、被面、波羅蜜果、大如斗甘甜大美。菴摩羅、香酸甚佳。其貢馬、馬鞍、金銀事件。戧金琉璃器皿,青花白磁,撒哈剌,者珠黑答立布,洗白苾布,兜羅錦、糖霜、鶴頂、犀角、翠毛、鶯哥、乳香、粗黄、熟香、烏香、麻藤香、烏爺泥、紫膠藤、竭烏木、蘇木、胡椒。

《西域論》曰:安南、朝鮮本漢郡也,故言語文字猶通乎中國。真臘以西,則皆扶南、槃國所屬也。自漢時,憍陳如以天竺婆羅門主之,其名見於《四十二章經》。佛與菩薩偏袒右肩，其爲躶國之俗，可知矣！天竺，釋迦之所自生也。佛法行於東西二洋之間，善者若赤土瞿曇氏，惡者若羅刹鬼國，化而攝之，有幻術焉。達磨西來，五傳至慧能，三鼓入室，密授衣鉢。行至庾嶺，有奪之者提掇不動是也。至今番僧猶傳其術，雖倭奴亦事佛而任僧。其謂根塵寂靜，心地清涼，見得本性，自然極樂者。薦紳喜之，多棄孔、顔博約之教而從之，豈不知此乃吾人勸人洗心盡性之説而易其詞耳，豈有番夷、海寇所習言語文字反妙於中國者哉！

又按《别誌》榜葛剌國最大，自蘇門答剌海行過翠藍島，至淛地港更小舟，行五百里至瑣納兒港，登陸行三十五里至其國。地廣人稠，財物豐衍，甲於諸鄰國。國有城郭，王及諸官皆回回人。氣候常熱如夏。刑笞、杖、徒、流。官有印章行移。軍有糧。陰陽、醫卜、百工、技藝大類中國，有衣黑白花彩縈帨，佩珊瑚、琥珀，纓絡繫臂，硝子鐲釧。歌舞侑酒者曰根肖速魯柰，奈，蓋優人也。能作百戲，以鐵索繫虎，行市中，入人家，解索坐虎於庭，裸而搏虎，虎怒交撲，仆虎數回乃已。或手投入虎喉，虎亦不傷，戲已，乃繫之。人家爭以肉啖虎，勞戲者錢。曆有十二月，無閏。産白樹皮布，膩滑光潤如鹿皮，椰茭爲酒，檳榔當茶。

（卷十一）

十一、咸賓録[①]

① 本篇採自中華書局 1983 年版余思黎點校本。按點校者前言，正文括號中的文字爲校勘底本（北京圖書館所藏明刻足本）中的雙行夾注。

凡例

一、古今書史所載四夷最廣，名亦最多。如言十州，則云“遠者去中國百萬里”。言九州，則云“中國爲赤縣神州，如此者九”。言五印度，則云“中國特印度之一，是爲南贍部州也。”而佛告阿難：“海中有三千洲，正中大洲凡二千三百大國，每小洲中或各二三百國。”若釋家所繪形容有類禽獸然者，今一切不載，何也？蓋是編爲咸賓而志，非爲四夷考也。故凡通貢者載之。若通貢前朝，而當代不通，雖紀名正史之國，亦且削去，況諸書務爲怪異者耶？諸凡四夷異域無關貢獻者，更有別録可考。

……

撒馬兒罕

撒馬兒罕，漢爲罽賓，隋爲漕國，西域中大國也。去嘉峪關萬里。漢武帝通西域，罽賓自以絶遠，漢兵不能至，其王烏頭勞數剽殺漢使者。烏頭勞死，子代立，遣子奉獻。漢使關都尉文忠送其使。忠固與其國容屈王子陰末赴共謀殺罽賓主，而以漢印綬立陰末赴。元帝時陰末赴復殺漢使趙德等七十餘人，上書貢謝。漢欲遣使者報送其使，杜欽上書説王鳳，乃止。魏、晉以後無聞，至元魏復通焉，其王都善見城，遣使朝獻。

在隋更名漕國，其王姓昭武，字順達，康國王之宗族也。國法嚴整。其俗淫祠有順天神祠，渾以金銀爲之。祠前有一魚脊骨，其孔中通馬騎出入。大業中，遣使貢方物。

至唐復名罽賓。王居修鮮城。武德中，遣使貢寶帶、金鎖、水晶、玻黎盞。貞觀中，貢俱物，頭花丹紫相間，其香遠聞。又貢名馬。太宗語大臣曰：“昔魏徵勸我修文德，安中夏。今中夏安,四夷貢獻,皆徵力也。”乃遣使厚齎賜其國王。使至,罽賓王再拜受命,仍遣人導至天竺。頃之,獻褥特鼠,喙尖尾赤,能食蛇,螫者嗅其尿,瘡即愈。

顯慶三年,以其地爲修鮮都督府,拜其王爲修鮮都督。開元、天寶間,屢遣使朝貢,獻天文書及秘方奇藥。又獻上清珠,光明潔白,可照一室,視之有仙人、玉女、雲鶴之象摇動於其中。及代宗即位,寶庫中往往有神光異氣,上令檢出之,每有水旱兵革之災,禱之無不驗者,蓋奇物也。

宋時未通。我朝洪武中,國主帖木兒遣使貢駝馬,詔厚賜之。帖木兒者,故元主駙馬也。後復貢馬、貢海青,歷洪武朝凡四遣使奉貢馬。而我遣給事傅安、郭驥至西域,留撒馬兒罕,以其國豐腴偉麗,宜居故也。永樂初,安等還,言帖木兒死,孫哈里嗣。上遣使祭帖木兒,賜哈里璽書銀幣。哈里貢謝。復遣傅安報使,至洪熙元年安始還國。

正統十二年,貢玉石。成化十九年,阿黑麻王貢二獅子。夷使請大臣出迎。郎中陸容言獅子之爲獸,在郊廟不可以爲犧牲,在乘輿不可以備馭服,理不宜受。禮尚周洪謨亦以爲不可命官出迎。詔遣中官迎之。獅子日食生羊二、醋酣蜜酪各二瓶,官養獅人,光禄日供給焉。弘治二年,遣使貢獅子。夷人所過,横爲侵擾。給事韓鼎上言:“珍禽異獸,非宜狎玩,且供費不貲,宜罷遣之。”未幾,廣東布政陳選上言:“撒馬兒罕使臣怕六灣貢獅子,欲從廣南浮海往滿剌加更市獅子入貢。不可貴異物,開海道利賈胡,貽笑安南諸夷。”三年,由南海貢獅子。禮官倪岳言:“南海非西域貢道,請卻之。”自後貢皆從嘉峪關入。嘉靖中,其國稱王者五十三人,皆遣人入貢。

地宜五穀。王居高廣,市肆稠密,頗類中原。西南番貨多聚於此。其民巧彫文刻鏤,織罽刺文繡,尤善治室。市易銀錢,泥金書經。山川景物頗類中原。大抵如《漢書》所載,今其俗尚未改也。

國東有養夷、(國小,處孤城中,四面蕭然。)沙鹿海牙、(民依崖谷居,頗蕃庶,有極臭草,熬汁爲阿魏。有細草,熬膏如蜜。)賽藍、(五穀蕃殖。有黑蜘蛛,嚙人致死,中者以薄荷枝拂毒,遍身擦以羊肝方愈。)達失干、(地狹人稠,宜五穀,民饒足。)迭里迷(居民僅千百,滋畜蕃息。河西有蘆林,多獅子。)諸城皆隸焉。

其山川:曰鐵門峽,曰哈刺卜蘭河。

其產有:鬱金香、(色正黄,與芙蓉花相似。)罽苾思檀、(樹葉類山茶,實類銀杏而小。)水晶鹽、(堅明如水晶,琢爲盤,以水濕之,可和肉食。)花蕊布、大尾羊、(見前)狻猊、(生七日,未開目時取之,易調習;稍長則難馴服。以其觔爲琴弦,一奏餘弦盡斷。取一滴乳併他獸乳同置器中,諸乳皆化爲水。)瓦矢實(香草,可辟蠹。)爲異。

論曰:昔旅獒之訓,禽荒之戒,龜鑑昭然。撒馬兒罕萬里貢琛,足徵内治修矣。第貢惟獅子。夫獅子日食萬錢,一咆哮即虎豹皆伏,玆固猙獰之獸也。以中人數十口之費,日給一不可馴馭之物,謂緩急何!況中國所貴,外夷賤之,故南越以孔雀珥户,昆山以玉璞抵鵲,中國得之,以爲奇物。夫獅、象亦若是已。倘四夷聞之,各以所賤易其所貴,殆非所以實内帑而撫遠人也。陸容諸臣之論,慮且遠矣!

天竺

天竺一名身毒,大國也。地方三萬餘里,分中、東、南、西、北五天竺國,即所謂五印度也。國各有王,地各數千里。東印度與扶南、占城鄰,但隔小海爾。南印度際大海。西印度與罽賓、波斯接，北距雪山，四面皆山，惟南通一谷爲國門。其中印度則據四印度之中，有別城數十，皆置長。別國數十，置王。曰舍衛；曰伽尸，即波羅奈也；曰伽毗黎；曰蘇摩黎；曰斤陀利；曰摩伽陀；曰婆羅門；曰婆黎等國，皆屬中天竺者。而四天竺亦各有屬國數十，難以盡紀矣。

自漢張騫見蜀布、邛竹杖，身毒之名始通中國。遂獻白玉連環羈，馬腦石爲勒、白光琉璃爲鞍，鞍在闇室中常照一十餘丈，如晝日。自是長安盛飾鞍韂，競加彫縷，由身毒之獻始也。後爲大月氏貴霜王所滅，遂屬月氏焉。至和、桓時，復遣使貢獻。世傳明帝夢見金人，遣使天竺求佛，於是佛教遂傳中國，圖畫形像焉，楚王英始信其術。而桓帝好神，數祀浮屠、老子，百姓稍有奉者，後遂轉盛。魏、晉絶不復通。惟吳時扶南王范旃遣使蘇勿至其國。天竺王驚曰："海濱極遠，猶有使者來乎！"即遣使陳宋等以月氏馬四匹報旃。勿住四年，方得還國。是時吳遣中郎康泰使扶南。及見陳宋等，具問天竺土俗。言其國人淳龐，土沃饒，王號茂論，習尚靡麗，大有華風。宋文帝元嘉時，天竺屬國伽毗黎王月愛遣使奉表，獻金剛指環、摩勒金環寶物，赤白鸚鵡各一。明帝時復遣使至，以其使爲建威將軍。以後蘇摩黎國、斤陀利國、婆黎國俱入貢矣。梁武天監初，天竺王屈多遣長史竺羅達奉表獻琉璃唾壺、雜香、吉貝等物。魏宣武時，南天竺遣使獻駿馬，云其國出獅子、貂、豹、㹢、橐駝、犀、象，有火齊如雲母而紫色，列之則薄如蟬翼，積之則如紗縠之重沓。有金剛似紫石英，百鍊不消，可以切玉。餘玳瑁、琅玕諸香器物不可勝紀。多與大秦、安息、扶南、交趾貿易往來，蓋西番之一大都會也。

隋煬帝遣裴矩通西域諸國，惟天竺、佛林不至爲恨。唐武德中，國大亂，天竺王尸羅逸多勒兵戰，象不弛鞍，士不釋甲，因破四天竺，皆北面臣之。會唐浮屠玄奘至其國，尸羅逸多召見曰:“而國有聖人出,作《秦王破陣樂》,試爲我言其人。”玄奘粗言太宗神武,四夷賓服狀。王喜曰:“我當東面朝之。”貞觀中,遣使上書。帝命騎尉梁懷璥持節慰撫。尸羅逸多驚問國人:“自古亦有摩訶震旦使者至吾國乎?”皆曰“無有。”摩訶震旦者,華言中國也。王出迎膜拜,受詔書,戴之頂,復遣使者隨入朝,獻火珠、鬱金、菩提樹。頃之,唐遣長史王玄策使其國。會尸羅逸多死,國人亂,其臣阿羅那順自立,發兵拒玄策。時從騎纔數十,戰敗皆没。玄策挺身奔吐蕃西鄙,檄召諸鄰國兵。吐蕃以兵千人來,泥婆羅以七千騎來。玄策部分進戰於荼鎛和羅城。(中天竺城也,濱恒河。)三日破之,斬獲無算。遂擒阿羅那順,俘送闕下。唐擢玄策朝散大夫。得方士那羅邇娑婆寐,自言壽二百歲,有不死術。帝改館使治丹,遣使者馳采怪藥異石,後術不驗,竟死長安。是時摩伽陀國獻波羅樹,那揭國獻方物,烏荼國獻龍腦香,天竺屬國多入貢矣。

烏荼國者,地方五千餘里,人工禁術。其國有神,化爲土蟒,以濟饑渴。又與孔雀啄滄泉,以愈衆疾,蓋神異之國也。高宗時,盧伽逸多者,烏荼人,亦以術進,拜懷化大將軍。自後天竺來使皆曰蕃夷。以袍帶爲寵,唐輒以金帶錦袍賜焉。乾元末,河隴陷没,遂不至矣。

至周廣順初,僧薩滿多復入貢名馬。宋乾德後,來獻不絶矣。天竺之法,國王死,太子襲位,餘子皆出家爲僧,不復居本國。有曼殊室利者,乃其王子,隨中國僧至焉。太祖令館於相國寺,善持律,都人傾嚮之,施財盈溢,衆頗嫉焉;以其不解唐言,即僞爲詔求還本國。詔下,曼殊室利不得已,附南海賈人而歸,後不知所終。太平興國間,益州僧光遠至天竺,以其王没徙曩表來上。表稱唐天子爲支那皇帝云。自是後僧密怛羅、僧法吉祥、僧善稱等凡四來朝獻,或貢梵書,或貢佛骨、銅牙、菩薩像。宋皆賜以束帶、紫方袍焉。

元太祖西征，滅回回國。其王走死，遂進次西印度國。遇大獸高數十丈，角如犀牛，作人語曰："此非帝世界，宜速還。"耶律楚材曰："此名角端，旄星之精，靈異不可犯也。"遂班師還。

我朝有詔納樸兒，亦印度之一也。永樂中，遣太監侯顯等賫詔往諭之。至其境，國王一不剌金玉遣金銀、柱杖各二人奉迎引導。柱杖者，其國大臣名也。至，則其王拜詔，叩謝甚恭。及畢，鋪羢毯於殿地，待我天使，宴我天兵，燔炙牛羊。禁不飲酒，恐亂其性，惟以薔薇露和香蜜水飲之。宴畢，復贈正使、副使及諸官兵金銀、盔甲、瓶、盆、盞、蓋等物有差。尋置金筒銀葉表文，遣使隨顯等貢獻方物。

又有榜葛蘭，即西天東印度也。永樂六年國王靄牙思丁遣入朝貢。十二年，王蹇弗丁遣使貢麒麟。禮部請上表賀，上曰："卿等但當竭心輔治，以惠天下。天下既安，雖無麒麟，不害爲治。其免賀。"以後二國久不通貢。

其地土廣人稠，財物豐衍。市用銀錢、海肌。民好耕植，一歲二收。王居極侈，禮法森嚴。男女皆黑。男剃髮，白布纏之，身服從頭套下，下圍以帨。女短衫，下圍色布絲綿，不施脂粉，惟嬌豔者生而白色。耳垂寶鈿，項掛瓔珞，腕金鐲，手足戒指，甚可觀也。傳言先時人性獷悍，以戰死爲吉利，以善終爲不祥。至周老聃惡其强暴，出關化之，作浮屠法，令其内外剪除，不傷形體。後卒托生爲佛，仍修老子之道，以故至今俗甚淳美，不相殺伐。亦有文字。交易雖萬金，亦價定量平，略無怨悔。賦有十二刑，有笞杖、流徙，陰陽、醫卜、藝技大類中國。有一種人不食肉味，夫死妻不再嫁，夫不再娶。若孤寡無倚，一村之家輪養之，不容别村求食，其義氣如此。亦有女人稱衏衏者，粧服華麗，人家飲宴，亦來侑觴，口唱番曲對舞。又有人曰根肖速魯奈者，蓋優人也，能作百戲並伏虎，日往人家索錢。

其山川古蹟則聖水。（能止風濤。番人以琉璃盛之，遇風洒之即止。）

其產：細布、（有五六樣，貴賤不同。）兜羅錦、（闊四五尺，厚五分，背面毳絨，番名驀黑驀勒。）白樹皮紙、（滑澤光潤，如鹿皮然。）波羅蜜、（大如斗，味佳。）奄摩勒、（香酸，甚佳。）稍割牛、（角長四尺，十日一割，不割則死。人飲其血，壽五百歲，牛壽如之。）龍腦香、（狀類雲母，色如冰雪。）絲棉、鑌鐵、鎗、剪、（極巧且利。）漆器、磁器（俱極精巧。）爲奇。

婆羅門

婆羅門，即古師子國。東晉時通焉，天竺時屬國也。其地西海之中，延袤二千餘里，多出奇寶，四時和適，無夏冬之異。五穀隨人所種，不須時節。其國舊無人，止有鬼神，有龍居之。諸國商賈來共市易，不見其形，但珍寶明其所堪價，商人依價取之。諸國人聞其土樂，因此競至，或有停住者，遂成大國。

晉安帝義熙初，遣使獻玉佛像，高四尺二寸，五色潔潤，形制殊特，殆非人工。歷晉宋伏在建康瓦官寺。其後宋元嘉、梁大通、唐總章、天寶間朝貢不絕。獻有大珠、鈿金、寶纓等物。

宋淳化中，闍婆國使來言，其鄰國有婆羅門者，其人善法察人情，人欲相危害者，皆先知之。至大觀中，婆羅門遣使來貢，詔禮之如交趾。及今我朝永樂中，遣使貢真珠、玳瑁、瑪瑙、車渠等物。賜王及妃文綺。

其地負山面海，念佛素食。風俗土產大略與天竺同。

論曰：昔列子言西方有聖人，由余言化人石佛，霍去病得祭天金人，漢哀時博士景盧口傳月氏人《浮屠經》，佛之興其來久矣。張騫通身毒,第言其地多暑濕,乘象而戰,略未及奉浮屠事,豈其未之察耶? 夫恒星不見,咎徵也,而或以周莊之十年恒星不見爲佛生之始,謬矣。彼道家流乃謂周莊十年,老子遣尹真人乘月精白象下天竺,於淨飯夫人口中託生爲佛,蓋詆釋也。釋氏亦謂摩訶迦葉下生世間,號曰老子,蓋詆道也。而釋氏甚且詆聖,言賓歷菩薩生爲伏羲,吉祥菩薩生爲女媧,淨光童子生爲仲尼,月明童子生爲顔淵,兹愈不經之説矣。大抵王代以前,已有佛法,故關市譏而不征,特其名自漢明時始著,其教自遠摩西來始盛云爾。余因志天竺諸國事,故叙及之,以俟博識者考正焉。

(《西夷志》卷之三)

古里

古里乃西洋諸番之會,去中國十萬里。永樂元年,王沙米的遣人朝貢。五年,遣太監鄭和賜王誥幣,封爲國王。陞賞其將領有差。王好浮屠。族類分五種。煆牛糞爲囊佩之,或塗肢體,其穢俗也。尚信義,行者讓路,道不拾遺,其美俗也。海濱爲市,通蕃諸國。事皆決於二將領。

國人亦有南昆、回回、哲地、革令、木瓜五等,與三佛齊同。南昆爲王,不食牛;回回爲將領,不食猪,各從其俗。其國王死,不傳子而傳甥,無甥則傳弟。其辨盗真僞、辨訟曲直亦以手置沸油中試之。算法以手足二十指會計,毫髮無差。

其産:小瓜、(大如小指,長二寸,味佳。)蝙蝠、(其大如鷹,常於木鼈子樹上倒挂而歇。)黄牛(人不食其肉,死則埋之。重三四百斤。)爲奇。

溜山

溜山一名牒幹,小國也。洪武初,國王遣人朝貢。其地無城郭,倚山聚居。風俗淳美,尚佛,業漁。男女體貌微黑,男子白布纏頭,下圍以帨。婦人上穿短衣,以帨圍頭,止露其面。以銀爲錢,或用海肌。

其西有天生石門如城闕然。中有八溜,各有所主,廣三千里,云所謂"弱水三千"是也。其人巢居穴處,不識穀帛,但食魚蝦。以樹葉遮其前後爲衣。商船倘遇逆風,舟師不謹,落入其溜,其水漸無力而沈,不復反矣。

溜山物産甚多,惟龍涎香、(見前)鮫魚、(一名溜魚,切塊淡乾,賣與它國。)絲嵌手巾、(細密絶勝它處。)織金手帕(絶精,富家男子以之纏頭,每幅價可值銀五兩。)爲奇。

牒幹[①]

牒幹在西海中。永樂中,國王亦速福遣使朝貢。其地居民皆回回人,俗淳厚。氣候常熱。市用金銀。

産龍涎香、鮫魚,織絲、織金帨甚精。

① 按余思黎校,牒幹係牒斡之誤、原爲溜山首府所在,書中將它與溜山分爲不同的二地,實屬以訛錯訛。

加異勒

加異勒,小國也。永樂、宣德間俱遣使朝貢。其地民貧,常傭鄰國。

物産無奇。

瑣里

瑣里,小國也。洪武五年,國王卜納的遣馬牙茶嘉兒幹的亦剌丹八兒奉金字表來朝,貢方物,并上其土地山川圖。詔優禮之,賜《大統曆》、金幣等物。永樂元年,復遣使朝貢。俗同西域，其地近西洋瑣里，勢力微弱，西洋瑣里輒侵辱之。

物産甚微，惟有撒哈剌諸布。其貢物雖有珍異，然皆自鄰國貿易來者，非本國所産也。

西洋瑣里

西洋瑣里，比瑣里爲差大。洪武三年遣使以金葉表朝貢。賜遇甚厚。永樂元年來貢。上令勿征其番貨。二十九年，西洋十五國遣使一千二百人貢方物，至京師。西洋瑣里貢獨豐美。

其産惟布爲佳。

論曰：西夷諸國或在嘉峪關外，或居西海島中，限以砂礫，阻以風濤，殆天所以隔絶華夷也。乃有漢武、隋煬好大之主，張騫、裴矩喜事之臣，一言相契，如水投石，遂致越海扳山，遣使絶域，來則賄結，逆則兵臨。於是流沙以西，弱水以東，莫不獻奇納質。凡珠玉、錦罽、珍果、異香之屬，充於後宫；獅、象、駝、駿、猛獒、火雞之羣，實於外囿。貢琛之盛，古罕聞焉。然而賂遺師旅，供億莫貲，一人未享其奉，萬姓先罹其毒。用是漢遂虚耗，而隋祚亦斬焉。豈非作無益以害有益之明鑑乎！唐太宗英武蓋世，威服諸夷，卒之吐蕃作逆，四鎮失守，西夷亦自此輕唐矣。宋朝微弱，封域以内且不能保，即遠人有貪賄而來者，曷足爲宋重也。元雖列置郡縣，徒虚名爾。惟我皇朝文武誕敷，西戎即叙，日月所入，罔不率俾；朝貢之國，無慮百餘。既無設官立鎮之勞，又無興師遣使之費。如祖法兒以下諸夷，多有自古未通者。試與前代較德量力，豈可同日語耶！《書》曰："無有遠邇，畢獻方物。"又曰："不寶異物，則遠人格。"其殆今日之謂矣！

（《西夷志》卷之四）

吐蕃

……在魏晉初，西羌之地爲東胡、吐谷渾所併，語具《兀良哈志》中。至隋，吐谷渾衰。時西羌地有党項、有大羊同、有鄧至、有宕昌、有悉立、有章求拔、有泥婆羅、有蘇毗、有白蘭、有吐蕃，惟党項、吐蕃爲大。唐初諸種盡爲吐蕃所併，其地皆屬吐蕃矣。

（《西夷志》卷之五）

柯枝

柯枝，古槃槃國也。東連大山，西南北皆海。漢、晉未通，宋、梁時俱三遣使入貢。隋大業中亦復遣使，後絶。獻物有佛畫、塔圖、菩提樹葉、舍利子。我朝洪武中來貢。至永樂二年，王可亦里遣使朝貢。十年復遣使請封其國大山，詔從之。是時太監鄭和使至其國。

國王瑣里人也，首纏黄白布，上不衣，下縈紵帨，束絲壓腰。綴椰木葉苫屋。國人五種：曰南昆，與王同類，祝髮，以綿懸脛，爲貴族。次回回人。次富有財者曰哲地。次牙僧曰革令。又次卑賤者曰木瓜。木瓜濱海穴居，捕漁爲業，屋簷不得過三尺，上衣不過膝，途遇南昆、哲地即伏，候過乃行。王尚浮屠，敬象、牛。建寺，範金爲佛。佛座四旁砌成溝渠，中穿一井，每旦鳴鐘鼓汲井泉以灌佛頂，數回已乃禮之。有曰濁肌者，蓋道士流也，不剃胎髪，髮縷縷垂後，牛糞灰塗體，亦取女與行，吹大螺，妻隨之乞錢。

氣候常熱多雨，五六月間大雨，街市成河，至八月乃盡。市用銀錢，十五當金錢。

其山川：鎮國山。（永樂二年封，上賜碑文。）

產：蓬蓬奈（肉紅，味甘，夷人乾以附遠）、珠寶、香布等物俱佳。

百花

百花,古注輦國也。自古未通中國。宋祥符中,國主羅茶羅乍遣進奉使侍郎娑里三文等奉表來貢。三文等以盤捧真珠、碧玻璃升殿,布於御坐前,降殿再拜。譯者道其言云:"十年來海無波濤,故老相傳中國有聖人,故來入貢。"其國主表辭不雅馴,大略云:"伏惟皇帝陛下功超邃古,位建大中,衣裳垂而保合乾坤,劍戟鑄而範圍區宇。神武不殺,人民化成。廓明明之德以臨御下民,懷翼翼之心以昭事上帝。至仁不傷於行葦,大信爰及於淵魚。故得天鑒孔彰,帝臨有赫,顯今古未聞之事,保邦家大定之基。竊念臣微類醯雞,賤如蒭狗,世居夷落,地遠華風,虛荷燭幽,曾無執贄。今者竊聽歌頌,普及遐陬,恨年屬於桑榆,阻躬陳於玉帛,矧滄溟之曠絶,任跋涉以稍難。是敢傾倒赤心,遥瞻丹闕。任土作貢,同螻蟻之慕羶;委質事君,比葵藿之向日。謹遣使三文等五十二人奉土物朝貢。"云云。

其使離本國凡千一百五十日至廣州焉。自是數來朝貢。其使自言願將上等珠就龍牀脚撒殿,頂戴瞻禮,以申向慕之誠。乃奉銀盤升殿,跪散珠於御榻下而退,謂之撒殿。以後來貢者,遂以貢物撒殿爲常矣。

元時未聞,我朝謂之百花國,多奇花,故名。洪武十一年,國王剌丁剌者望沙遣使朝貢。

其俗尚佛,富饒。民有罪即命侍郎一員處治之,輕者縶於木格,笞五七十至一百;重者則斬,或以象踐殺之。其宴則國主與四侍郎膜拜於階,遂共坐作樂歌舞,不飲酒而食肉。俗衣布。亦有餅餌常饌。執事有婦人。其兵陣用象居前,小牌次之,梭槍次之,長刀又次之,弓矢在後。四侍郎分領其衆。

國東南約二千五百里有悉蘭池國,時相侵伐。

其産:真珠、象牙、珊瑚、玻璃、龜筒、檳榔、豆蔻、吉貝布。獸有山羊、黄牛、白鹿、紅猴。禽有山雞、鸚鵡、倒挂鳥。果有餘甘、(山谷自生,實如橄欖,始嚼味酸,飲水乃佳。)藤蘿、千年棗、椰子、甘羅、崑崙梅、婆羅蜜。(實生幹上,形似冬瓜,皮若栗,多棘刺,内肉層疊,味佳,子亦可炒食。)其花有白散絲、蛇臍、佛桑、麗秋、青黄碧婆羅、瑶蓮、蟬紫、水蕉爲奇。

錫蘭山以下俱東南,西南海國,其世次名號前代難考,第以其通貢中國,故備列之。

錫蘭山在大海中。永樂七年遣太監鄭和賫詔并賜物諭之。其國王亞烈苦奈兒,瑣里人也,負固不恭,謀害舟師。和暗設兵器,令衆夜半銜枚殺之,入其宫,生擒國王。至九年,獻俘闕下,朝廷赦之還國。封國人所推耶巴乃那者爲王。正統、天順間輒遣使來貢。

其俗尚釋,重象、牛,煨牛糞塗體,飲牛乳,不食其肉,殺牛者死。王宫民居旦必調牛糞塗室而後禮佛,兩手直舒於前,兩腿直伸於後,胸腹皆著地而拜。國富饒,地廣人稠,亞於爪哇。人死用火化。婚姻則親鄰婦人皆兩手齊拍胸乳而叫號哭泣爲賀。男去鬚留髮,女椎髻,皆以布纏之。土宜稻,市用金錢。

所經海中有赤卵塢,塢人穴居,男女裸若野獸然。食魚蝦及芭蕉子。傳云:“若有寸布在身,即生爛瘡。”昔釋迦佛過海,於此地入水澡浴,塢人盜其衣,被釋迦咒誓,以故至今人莫能衣。

其山川古跡,則翠藍山、(産諸寶石,頂有巨足跡,云是盤古足迹也。彼國人言寶石乃盤古淚液結成,故有五色光彩。)浮沙、

(中有螺蚌,國王令人網取傾入珠池内作爛,淘珠爲用而貨也。)石跡。(海邊山有一磐石,印足跡甚長,四時有水不乾,云釋迦足跡也。山下有寺,乃釋迦涅槃處,真身尚在寺中。)

其産:青米藍石、黄鴉鶻石、青紅寳石、(每遇大雨,衝流山下,沙中拾取之。)龍涎香(見前。)爲奇。

大唄喃

大唄喃,小國也。洪武初,國王遣使入貢。風俗淳朴,男女俱纏頭,長衫。産青白磁器爲佳。

小唄喃

小唄喃,小國也。永樂七年,太監鄭和至其國,國王遣使來貢。其地田瘠而穀少,歲藉榜葛剌米糧來食。男少女多。使用金錢。

其産惟麝香、胡椒、波羅蜜等。

甘巴里

甘把里,小國也。永樂間遣六人朝貢。産薄。民淳奉佛,不事積聚,故雖貧無乞丐者。

小葛蘭

小葛蘭,小國也。永樂中,太監鄭和至其國,王遣人朝貢。俗尚佛教,尊敬象牛。婚喪等事大類錫蘭山,地亦相近。

其産青羊、(青毛,足高三尺。)黄牛(重四五百斤。)爲奇。

古里班卒

古里班卒,小國也。永樂三年,國王遣使朝貢。其地土瘠産薄,氣候不齊,夏則多雨多寒。俗質朴,男女披短髮,假錦纏頭,紅布繫身。物産無奇。

（《南夷志》卷之六）

十二、續文獻通考

外夷常貢物

瑣里

馬　紅撒哈剌　紅八者藍布　細番布　覬木里布　白苾布　珠子頂串

西洋瑣里

黄黑虎　馬

百花

白鹿　紅猴　龜筒　玳瑁　孔雀　胡椒　象牙　倒挂鳥

古里

寶石　金繫腰　珊瑚珠　琉璃碗　佛郎　奴刃刀　寶鐵刀　蘇合油　阿思模達塗兒氣　龍涎　梔子花　花氈單伯蘭布　苾布　木香　紅絲花手巾　番花人馬象物手巾　乳香線結花靠枕　檀香　椾椒　錫

小葛蘭

珍珠傘　白綿布　椾椒

榜葛剌

馬　馬鞍　戧金琉璃器皿　青花白磁　糖霜　撒哈剌者抹黑答立布　洗白苾布　兜羅錦　鶴頂　犀角　翠毛　鸚哥　乳香　粗黄　熟香　烏木　紫膠　藤竭　烏香　蘇木麻藤香　烏爹泥　椾椒

錫蘭山

寶石　珊瑚　水晶　金戒指　撒哈剌　象　乳香　木香　樹香　土檀香　没藥　藤竭　蘆薈　硫黄　烏木　胡椒　碗石　西洋細布

歷年事例

成祖永樂甲午,秋九月,榜葛剌國以麒麟來獻。

朝貢通例

計有勘合國分

暹羅　日本　占城　爪哇　滿剌加　真臘　蘇禄國東王

蘇禄國西王　浡泥　錫蘭山　古里　蘇門答剌　古麻剌

凡信符金牌,永樂二年始置,以給雲南徼外土官。其制:銅鑄五面,内陰文者一,上有文行忠信四字,與四百陽文者合,編某字一號至一百號,批文勘合底簿。其字號,如車里以車字爲號,緬甸以緬字爲號,陰文。信符勘合,俱付土官,底簿付雲南布政司。其陽文信符四面及批文一百道藏之内府。凡朝廷遣使,則齎陽文信符及批文各一至布政,比同底簿,方遣人送使者以往土官,比同陰文信符,及勘合,即如敕奉行。信符之發,初以文字號,二次以行字號,次忠,次信,周而復始。又置紅牌,鏤金字敕書諭之。凡有調發及當辦諸事,須憑信符乃行。如越次及比字號不同,或有信符而無批文,有批文而無信符者,即是詐僞。許擒拿赴京,治以死罪。又編勘合一百道,付各衙門,勘合底簿一扇,付布政司。凡有軍民疾苦,及奉信符辦過事務、進貢方物之類,俱於勘合内填寫,遣人齎至布政司,比號寫底簿,布政司、都司遣官同齎所填勘合奏聞。若邊境聲息及土人詞訟,從都司、布政司、按察司官會同計議行之。其事已行,及承原由,並填寫勘合奏聞。如總兵官鎮守遇有前事,總兵官亦會三司計議,仍用都司或布政司印信文書寫總兵官處分之語,方許奉行,亦填寫勘合具奏。若朝廷命總兵官掛將軍印征討調遣軍馬,不待三司文移,即時發遣,亦填勘合,差人奏聞。填寫堪合或字畫錯誤,明白圈註,以本司印信鈐蓋。凡所收底簿及勘合用之將盡,具奏再頒。遇改元,則更造換給舊簿勘合,隨貢繳部貯庫。或總兵官都司、布政司等官新除官到任,及遇時節不許齎禮物相慶,仍以紙寫禁約一道付之。或有貪婪無藉凌害者,不待填寫勘合,止具本遣人齎勑,不經總兵官及三司,徑赴京陳奏,治以重罪。

計有敕符勘合土官衙門

車里、木邦、緬甸、麓川、平緬八百大甸、老撾六宣慰司,千崖、大候、里馬、茶馬四長官司,潞江安撫司,孟艮、孟定、灣甸、鎮康等府。其後又有孟養等宣慰司、威遠等州,亦給勘合。

(卷三十三《土貢考》)

書體

唐韋續纂五十六種書……列之於後云:一,龍書……五十四,外國胡書,阿馬鬼魅王之所授。其形似小篆。五十五,天竺書,梵王所作涅槃,所謂《四十二章經》是也。……

(卷一百八十四《六書考》)

方外異姓

佛道二姓名可考者

阿彌陀佛姓憍尸迦,毗婆尸佛、尸棄佛、毗舍佛俱姓拘若利,拘留孫佛、拘那舍牟尼佛、迦葉佛俱姓迦葉,釋迦文佛姓刹利,瞿曇氏小字頓吉,訛爲悉達,彌勒佛姓慈氏,名阿逸多。

一祖摩訶迦葉姓波羅門大目健連,名胡頭,一名萊服根須菩提，名鳩留産。二祖二難姓刹利。三祖商那和脩姓毗舍多，名舍那婆斯。四祖優婆麴多姓首陀。七祖婆須密姓頗羅墮。八祖佛佗難堤姓瞿曇。九祖伏馱密多姓毗舍羅。十一祖富那夜奢姓瞿曇。十二祖馬鳴大士名功勝。十五祖迦那提婆姓毗舍羅。十八祖迦耶舍多姓蔚頭藍。十九祖鳩磨羅多姓婆羅門。二十一祖婆脩盤頭姓毗舍佉。二十三祖鶴勒那姓婆羅門。二十四祖師子。二十五祖婆舍斯多姓俱同。

中國初祖達摩姓刹利帝，本名菩提多羅……僧伽大士姓何，高座道人名吉友……佛圖澄姓帛。《邢州寺碑》云姓温。……以上見佛經《傳燈録》、《高僧傳》、《法書要録》等書。

（卷二百十四《氏族考》）

西南夷

柯枝

其國與錫蘭山相對，村落傍海，氣候常熱，田瘠少收，地産胡椒，通商販。皇明永樂二年，國王可亦里遣其臣完者答兒等來朝貢。十年，詔封其國之山爲鎮國山。御製碑文，命立其上。

甘巴里

地在南海中大島上。皇明永樂甲午，國王兜哇剌查遣臣得名公葛葛等來朝貢。

錫蘭山

地在大海中，多山，而翠藍獨高插天。其海邊一盤石上有巨人足跡，長三丈許，四季水不乾，相傳爲先世釋迦從翠藍嶼來登此山，足躡其跡云。下有寺，稱爲釋迦佛涅槃真身倒卧在寺，亦有舍利子在其寢處。俗，氣候常暑，地豐米穀，産寶石、水晶。皇明永樂己丑，遣中官鄭和奉敕齎金銀供器及綵粧、織金寶幡布施于寺，及建石碑，賞賜國王、頭目等。始其國王亞列若奈兒，鎖里人，負固不服，謀害舟師，和以兵擊，破之，俘其王。辛卯，獻闕下。尋宥之，遣王歸國。壬辰，封耶巴乃那爲王。自是西夷畏服。正統十年，遣其臣耶巴剌謨的里啞等來朝，貢珍寶石。宣德八年，遣使朝貢，賜王紵絲十八疋，紗四疋，王妃紵絲八疋，紗四疋，及其使臣等各有差。天順三年，國王葛力生夏剌昔利把交剌惹復遣使朝貢。今金陵靜海寺藏有佛寶，來自西方，每歲時出獻佛堂上祝云。亦鄭和所取。

百花

在海中，依山爲國。俗饒富，尚釋教，産紅猴、龜筒、玳瑁、孔雀、倒掛胡椒。皇明洪武戊午，國王剌丁者望沙亦遣臣八智亞壇等奉金葉表來朝貢。

古里班卒

地在海中，土瘠穀少，物産甚薄。皇明永樂三年，國王遣人馬的等來朝貢。又有木骨都束國，瀕海堆石爲城，壘石爲屋。物産最多。連境有卜剌哇國，有竹步國，其酋長俱入貢。又有剌撒國，自古里國舟行順風二十晝夜可至，俗淳厚，喪葬有禮，有事禱于鬼神，其酋長亦入貢。

馬八兒諸國

……

右馬八兒諸國，因《元史》所載，筆之。其沿革、土風、物産，歷代朝貢，俱不可考。本朝亦無。

西南夷别録

皇明永樂七年，太監鄭和等往占城、瓜哇、滿剌加、蘇門答剌、錫蘭山、小唄喃、柯枝、古里等國，開讀賞賜，至九年回京。十年，少監楊勑等往榜葛剌等國，開讀賞賜，至十二年回京。十三年，太監鄭和等往榜葛剌諸番，直抵忽魯謨斯等國，開讀賞賜，至十六年回京。宣德六年，太監鄭和等往諸番，直抵忽魯謨斯等國，開讀賞賜，至宣德八年回京。今將受詔諸國不入職方者，附録于後。

錫蘭并躶形國

自南淳山開洋，好風行三日，見翠藍山在海中。其山四五座，惟一山最大，番名按篤蠻山。彼處之人巢居穴處，男子赤體，皆無寸衣，如獸畜之形。土不出禾，惟食山芋、波羅蜜果、芭蕉子之類，或入海捕魚蝦等物而食。人傳云，若有寸布在身，即生爛瘡。昔釋迦佛過海於此登岸，脱衣入水澡浴，被人偷藏其衣被，釋迦佛誓，以此至今人莫能穿衣服。俗言出卯嶼即此地也。過此山投西，船行七八日見鶯哥嘴山，再三二日至佛堂山，纔到錫蘭國馬頭，名羅里，泊船登岸。海邊山脚光石上有一足跡，長二尺許，云釋迦自翠藍山岸脚踏，其跡存焉，中有淺水不乾，人皆以手蘸其水拭面目，曰佛水清淨。左有佛寺，内有釋迦佛混身側卧，尚存不朽。其寢坐用各色寶石裝嵌，沉香木爲之，甚華麗，及其佛牙并活舍利子等物在堂，其釋迦佛涅槃正此處也。去此四五十里，才到王居之處。國王係鎖里人，崇信佛教，尊敬象牛，人將牛糞燒灰遍搽其體，不敢食牛，止食其乳。如有牛死，即埋之。若私宰者，王法罪死，或納牛頭大金，以贖其罪。王居之址并大家小户，每日侵晨先將牛糞用水調稀，遍塗屋下、地面，然後拜佛，則兩手直舒于前，兩腿直伸于後，胸腹皆着於地而拜。近有一大山，侵雲高聳，山頂有人右脚跡一箇，入深三尺許，長八尺餘，云是人祖阿時聖人，即盤古之足跡也。此山出青紅、黄牙、烏青、米藍石、昔喇泥、窟没盤等一應寶石，是人祖眼淚結成，信然。其海中有雪白浮沙一片，日照其沙，光彩瀲灎，日有珍珠、螺蚌聚集其上。王置一珠池，二三年一次，令人取螺蚌傾入珠池内作爛，差人看守，水淘珠出。納官亦有竊取而賣者。其國地廣人稠，亞於爪哇。民俗富饒，男子上身赤膊，圍絲布巾，加以壓腰，鬢鬚并滿身毫毛皆剃去淨，止留其髮，用白布纏頭，如有父母死亡者，其毫毛即不剃去，以此爲孝禮。女人髻綰腦後，不圍白布。其新生小兒則剃頭，女則腦後不剃，就養至長。人無酥油牛乳，不食其飯。若人欲喫飯，則於暗處潛食，不令人見。檳榔、蔞葉不絶其口，所食米、穀、豆、蔴皆有，惟無麥麵。椰子至多，酒、油、糖、飯皆將此物做造而食用之。人死則火化埋骨。其喪家聚親鄰之婦，都將兩手齊拍胸乳而叫嚎哭泣爲禮。其芭蕉子、波羅密、甘蔗等菓皆有，瓜、茄、蔬菜、牛、羊、鷄、鴨亦有。王以金爲錢，通行使用，每箇重一分六釐。中國麝香、紵絲、色絹、青磁盤碗，銅錢、樟腦甚喜，則將寶石、珍珠換易。王着人齎寶石等隨同回洋寶船進奉朝廷。

小葛蘭

自錫蘭國馬頭到羅里，船開往西北，好風行六晝夜到小葛蘭國。其國邊海，東連大山，西是大海。國王、國人皆鎖俚，崇信佛教，尊敬象牛，婚姻等事與錫蘭同。土産蘇木、胡椒，不多，其菓菜之類皆有。牛、羊頗異，羊青毛，脚高二三尺，黄牛有三百觔者。人日食二飡，皆用蘇油拌飯而食。市使金錢，雖係小邦，亦將方物差人進貢。

溜山

自蘇門答剌國開船，過帽山投西南，船行好風十餘日可到。其國番名牒幹，無城郭，倚山聚居而歇，四圍皆海，地方不廣。國之西去程途不等，海中天生石門，如城闕樣，有八大處，各有其名，曰沙溜、人不知溜、來溜、麻里奇溜、加加溜、每都里溜、官嶼溜。此八處皆有所主而通商船，再有小窄之溜，傳云三千里有餘，所謂弱水三千，正在此處也。其國之人巢居穴處，不識米穀，但捕魚蝦而食，不解穿衣，以樹皮遮其前後。設遇風雨不順，舟師失其船舵，過其溜落瀉水，漸無力而沉，大概行船謹防此也。牒幹國王、頭目、民庶皆是回回人。風俗淳美，所行悉遵教門規矩。人多以魚爲生，種椰子樹爲業。男女體貌微黑。男子白布纏頭，下圍手巾，婦人上穿短衫，下以闊大手巾圍之，又以手巾過頭蓋覆，止露其面。婚喪之禮悉依教門而行。土產降香不多，椰子甚廣，以外包之穰打成繩索，賣與造船等用。其造番船不用一釘，止鑽其竅，皆以此索聯縛，加以木楔，然後以番瀝青塗之。龍涎香，其漁者常於溜礁上採得，如水浸瀝青之樣，嗅之無香，火燒腥氣，價高貴，以銀對易。海𧵅被人採積如山，罨爛其肉，轉賣暹羅等國，當錢使用。馬鮫魚切成手臂大塊，淡晒極乾，倉屋收貯，名溜魚，賣與他國。絲嵌手巾，其細密絕勝他處。又一等織金手帕，男子纏頭可用，其價賣銀五兩之貴。氣候常熱如夏，土瘦米少無麥，蔬菜不廣，牛、羊、鷄、鴨皆有，餘無所出。亦以銀鑄錢使用。中國亦往彼國收買龍涎香、椰子等物。

祖法兒

自古里開船投西北行十晝夜可到。……

（卷二百三十六《四裔考》）

西夷

撒馬兒罕

地在亦力把力之西，西連哈烈，東至肅州九千里，即漢之罽賓地，東去嘉峪關九千九百里。……

西洋古里

地最大，與僧伽密邇，西洋諸番之會也。去中國十萬里，西瀕大海，南距柯枝，北接狠奴兒國。其產沉香、木香、西洋布、五色布、白雁、胡椒、馬、五色鴉鶻石。皇明永樂元年，國王馬那必加剌滿遣馬戎朝貢馬。三年，又遣使朝貢，詔封爲古里國王，給銀印、誥命。五年，令太監鄭和賜王誥幣，陞賞其將領有差。地頗宜穀麥。人淳厚，行讓道，路不拾遺，最喜事浮屠。又柯枝國與錫蘭山相峙，去古里有三十程。其國王瑣里人也，尚浮屠，建寺，範金爲佛，每旦鳴鍾鼓，汲泉灌佛頂數回已，乃禮之。永樂二年，王可亦里遣完者答兒來朝貢。十年，復遣使請封其國之山，詔封爲鎮國山，御製碑文賜之。又有小葛蘭國與柯枝接壤，亦西番諸國馬頭也。俗尚浮屠，少物産，歲藉榜葛剌國米爲食。是時鄭和亦至其國，王瑣里人，遂遣使入貢。

瑣里

西海中小國也。産撒哈剌紅八者藍布、覬木里布、白苾布。洪武壬子，國王卜納的遣其臣撒馬牙茶嘉兒幹的亦剌丹八兒奉金字表朝貢，遂圖其土地山川以獻。賜《統曆》、金幣。永樂元年復遣人朝貢。

沼納樸兒

在榜葛迤西，古天竺國也，在印度之中，又名金剛座國，乃釋迦得道之所。皇明永樂中遣使詔諭，國王一不剌金遣人來朝貢。

榜葛剌

本忻都州府，西天有五印度，此即東印度也。國最大，從蘇門答剌海西北行二十日抵淛地港，是爲抽分之所。自港十六站至瑣納兒江，有城池街市，聚貨通市。再行二十站至板獨哇，酋長居焉。城廓甚嚴，其國王殿宇廣大，平頂，以白灰爲之，周圍以磚灰甃砌，内門三重，九間殿柱，皆黄銅包飾，雕琢花獸，左右長廊内設明甲、馬隊千餘，外列巨漢、明盔、明甲，執鋒刃弓矢丹墀，左右列孔雀翎扇蓋數百，又置象隊百數于殿前。王正殿高座嵌八寶，王箕踞坐其上，劒横於膝。王及諸官皆回回人，男祝髮白布纏頭，圓領長衣，束絲帨，躡金錦羊皮靴。俗尚信義。

田豐美，一歲二收，男女勤耕織。婦人穿頭衫，圍色布絲綿，不施脂粉，耳垂寶釧，項掛瓔絡，髻椎後，四腕手足戒指。又一種印度，不食牛肉，飲食男女不同處，夫死不再嫁，妻死不再娶，若孤寡無託，則同村人輪膳。官有印章行移，刑笞、杖、徒流。軍有糧。陰陽、醫卜、百工、技藝，大類中國。曆有十二月，無閏。產高你布、兜羅錦、翠羽金繡巾、瑠璃。皇明永樂戊子，國王靄牙思丁遣人朝貢，賜王紵絲、沙羅各四疋，絹八疋；王妃紵絲、紗羅各三疋，絹六疋。九年至太倉，命行人往宴勞之。十三年，命少監侯顯奉詔敕往諭，仍賜王錦四段，綾六十疋，頭目人等各有差。已而，國王蹇弗丁遣臣把一濟等奉金葉表文，貢麒麟。正統三年，又表貢。今中國佛殿皆金碧耀日，而佛像盤坐，豈所謂八寶嵌座而王箕踞者，故仍其俗歟？

牒幹

地在溜山之傍，溜山濱海，在西海中。其溜大者曰八沙溜、曰官嶼溜、曰人不知溜、曰起來溜、曰麻里溪溜、曰加平年溜、曰加安都里溜，餘小溜無慮三千，土人曰此弱水三千也。舟行遇風，失入溜即溺。皇明永樂中，國王亦剌福遣使來朝貢。

加異勒

西戎一小種也，居人不及千家，貧窶常傭鄰國。皇明永樂中，國王者麻里奈那遣使別里呆不等來朝貢。宣德中，亦遣使朝貢。

（卷二百三十七《四裔考》）

名釋下

金

法師蘇陀室利，天竺人也。特禮文殊于五臺，善呪術，能通利，神異頗多。羽士蕭真人亦高士，技術難問，皆爲師伏。時年一百八歲矣。閔宗朝禱雨即應,后妃特製赭色伽黎賜之。唐括有《像贊》。

元

趙迦羅,昆明人。世爲阿撈哩僧迦羅,尤精其教,諳通唐梵經書。大德間,鄉有蛟化爲美少年,挑淫婦女,父老請治之。即遣墨貌胡奴擒至,以水噀之,化爲蛟,斬之。胡奴即大墨天神也。雲南陷,遂不知所往。

皇明

板的達,天竺中印度僧也。元至正甲辰至燕,主受灌頂戒。洪武甲寅至金陵,召見稱旨,賜印號善世禪師,居蔣山,統制天下諸山。仍移文各郡,許詣蔣山受菩薩法戒,所司勿禁。人多繪象事之,以爲活佛。御製《善世歌》,有"談笑般若生蓮花"之句。尋遊方三年,復還蔣山。賜金環茜衣,車駕臨幸,必造其室,咨問法要,屢賦詩,有曰:"晨向嚴前觀日出,暮投松底聽風來。"蓋規之也。辛酉五月,患疾卒,死無他異,葬天禧寺而屋之。

(卷二百五十四《仙釋考》)

十三、本草綱目

下血

〔虛寒〕〔木石〕……天竺桂　烏藥焙研,飯丸服。

心腹痛

〔温中散鬱〕〔木部〕……天竺桂　沉香　檀香　蘇合香　必栗香　龍腦香　樟腦香　樟材　杉材　楠材　阿魏　皂莢　白棘　枸杞子　厚朴

(《主治》第三卷《百病主治藥》)

産後

〔血氣痛〕

天竺桂　梫木水煎

（《主治》第四卷《百病主治藥》）

金《别録》中品

〔釋名〕……〔時珍曰〕……梵書謂之蘇伐羅。

〔集解〕〔弘景曰〕……高麗，扶南及西域等地成器，皆煉熟可服。

銀《别録》中品

〔釋名〕……〔時珍曰〕……梵書謂之阿路巴。

（《金石部》第八卷《金石》之一）

青琅玕《本經》下品

〔集解〕〔宗奭曰〕……《西域記》云，天竺國正出此物。〔時珍曰〕……《總龜》云：生南海石厓間，狀如筍，質似玉。《玉册》云：生南海崖石内，自然感陰陽之氣而成，似珠而赤。

馬腦《宋嘉祐》

〔釋名〕……摩羅迦隸佛書。〔藏器曰〕赤爛紅色，似馬之腦，故名，亦云馬腦珠。胡人云是馬口吐出者，謬言也。

〔集解〕〔藏器曰〕馬腦生西國玉石間，亦美石之類，重寶也。來中國者，皆以爲器。……〔宗奭曰〕馬腦非玉非石，自是一類。有紅、白、黑三種，亦有文如纏絲者，西人以小者爲玩好之物、大者研爲器。

玻璃《拾遺》

〔集解〕〔藏器曰〕玻璃,西國之寶也。玉石之類,生土中。或云千歲冰所化,亦未必然。

琉璃《拾遺》

〔集解〕〔時珍曰〕《異物志》云:南天竺諸國出火齊,狀如雲母,色如紫金,重沓可開,析之則薄如蟬翼,積之乃如紗縠,亦琉璃、雲母之類也。

(《金石部》第八卷《金石》之二)

丹砂《本經》上品

〔集解〕〔時珍曰〕……臞仙《庚辛玉册》云:丹砂石以五溪山峒中產者,得正南之氣爲上。麻陽諸山與五溪相接者,次之。雲南、波斯、西胡砂,並光潔可用。

石膏《本經》中品

〔附方〕風熱心躁口乾狂言,渾身壯熱。寒水石半斤,燒半日。淨地坑内盆合,四面濕土擁起,經宿取出。入甘草末、天竺黄各二兩,龍腦二分,糯米糕丸彈子大。蜜水磨下。《集驗方》。

(《石部》第九卷《金石》之三)

特生礜石《别録》下品

〔集解〕〔《别録》曰〕特生礜石,一名蒼礜石,生西域,採無時。(又曰)蒼石生西域,採無時。

婆娑石《宋開寶》

〔集解〕〔志曰〕婆娑石生南海,胡人采得之。其石緑色,無斑點,有金星,磨成乳汁者爲上。又有豆斑石,雖亦解毒,而功力不及。復有鄂緑,有文理,磨鐵成銅色,人多以此爲之,非真也。驗法,以水磨點雞冠熱血,當化成水是也。〔宗奭曰〕石如淡色石緑,間微有金星者佳。又有豆斑石，亦如此石，但有黑斑點，無金星。〔頌曰〕胡人尤珍貴之，以金裝飾作指彄帶之。每欲食及食罷，輒含吮數次以防毒。今人有得指面許塊，則價值百金也。

金剛石《綱目》

〔集解〕〔時珍曰〕金剛石出天竺諸國及西番。葛洪《抱朴子》云：扶南出金剛，生水底石上，如鍾乳狀，體似紫石英，可以刻玉。人没水取之，雖鐵椎擊之亦不能傷。惟羚羊角扣之，則漼然冰泮。丹房《鑑源》云：紫背鉛能碎金剛鑽。周密《齊東野語》云：玉人攻玉，以恒河之砂，以金剛鑽鏤之，其形如鼠矢，青黑色如石如鐵。相傳出西域及回紇高山頂上，鷹隼黏帶食入腹中，遺糞于河北砂磧間。未知然否？《玄中記》云：大秦國出金剛，一名削玉刀，大者長尺許，小者如稻黍，着環中，可以刻玉。觀此則金剛有甚大者，番僧以充佛牙是也。欲辨真僞，但燒赤淬醋中，如故不酥碎者爲真。若覺鈍，則煅赤，冷定即鋭也。故西方以金剛喻佛性，羚羊角喻煩惱。……

（《石部》第十卷《金石》之四）

光明鹽《唐本草》

〔集解〕〔時珍曰〕……《吴録》云：天竺有新淘水，味甘美，下有石鹽，白如水晶。

消石《本經》上品

〔集解〕〔時珍曰〕……昇玄子《伏汞圖》云：消石生烏場，其色青白，用白石英炙熱點上，便消入石中者爲真。其石出處，氣極穢惡，飛鳥不能過其上。人或單衣過之，身上諸蟲悉化爲水。能消金石，爲水服之長生，以形若鵝管者佳。僅按昇玄子所説，似與今之消石不同，而姚寬《西溪叢語》以其説爲真正消石，豈外國所産與中國異耶？抑别一種耶？當俟博物者訂正。

（《石部》第十一卷《金石》之五）

仙茅《開寶》

〔釋名〕獨茅《開寶》茅爪子《開寶》婆羅門參〔珣曰〕其葉似茅，久服輕身，故名仙茅。梵音呼爲阿輸幹陁。〔頌曰〕其根獨生。始因西域婆羅門僧獻方於唐玄宗，故今江南呼爲婆羅門參。言其功補如人參也。

〔發明〕〔頌曰〕五代僞唐筠州刺史王顔著《續傳信方》，因國書編録西域婆羅門僧《服仙茅方》，當時盛行。云五勞七傷，明目益筋力，宣而復補。云十斤乳石不及一斤仙茅，表其功力也。本西域道人所傳。開元元年婆羅門僧進此藥，明皇服之有效，當時禁方不傳。天寶之亂，方書流散，上都僧不空三藏始得此方，傳與司徒李勉、尚書路嗣恭、給事齊杭、僕射張建封服之，皆得力。路公久服金石無效，得此藥，其益百倍。齊給事守縉雲曰，少氣力，風疹繼作。服之遂愈。八、九月采得，竹刀刮去黑皮，切如豆粒，米泔浸兩宿，陰乾擣篩，熟蜜丸梧子大，每旦空心酒飲任便下二十丸。忌鐵器，禁食牛乳及黑牛肉，大減藥力。

（《草部》第十二卷《草》之一）

木香《本經》上品

〔釋名〕蜜香《别録》青木香弘景五木香《圖經》南木香《綱目》〔頌曰〕……《金光明經》謂之矩琵佗香。

茉莉《綱目》

〔釋名〕柰花〔時珍曰〕稽含《草木狀》作末利，《洛陽名園記》作抹厲，佛經作抹利，王龜齡集作没利，《洪邁集》作末麗。蓋末利本胡語，無正字，隨人會意而已。

鬱金香《宋開寶》

石〔釋名〕……茶矩摩佛書。……〔時珍曰〕……《金光明經》謂之茶矩摩香。

〔集解〕〔時珍曰〕按鄭玄云：鬱草似蘭。楊孚《南州異物志》云：鬱金出罽賓，國人種之，先以供佛，數日萎，然後取之。色正黃，與芙蓉花裹嫩蓮者相似，可以香酒。又《唐書》云：太宗時，伽毗國獻鬱金香，葉似麥門冬，九月花開，狀似芙蓉，其色紫碧，香聞數十步，花而不實，欲種者取根。二説皆同，但花色不同，種或不一也。《古樂府》云，中有鬱金蘇合香者，是此鬱金也。晉左貴嬪有《鬱金頌》云：伊有奇草，名曰鬱金。越自殊域，厥珍來尋。芳香酷烈，悦目怡心。明德惟馨，淑人是欽。

茅香《宋開寶》

〔釋名〕嗢尸羅《金光明經》。

迷迭香《拾遺》

〔集解〕〔時珍曰〕魏文帝時，自西域移植庭中，同曹植等各有賦。大意其草修幹柔莖，細枝弱根。繁花結實，嚴霜弗凋。收采幽殺，摘去枝葉。入袋佩之，芳香甚烈。與今之排香同氣。

艾納香《宋開寶》

〔集解〕〔志曰〕《廣志》云：艾納出西國，似細艾。又有松樹皮上緑衣，亦名艾納，可以和合諸香，燒之能聚其煙，青白不散，而與此不同。〔禹錫曰〕案《古樂府》云：行胡從何方？列國持何來？氍毹毾㲪五木香，迷迭艾納及都梁。是也。

藿香《宋嘉祐》

〔釋名〕兜婁婆香〔時珍曰〕豆葉曰藿，其葉似之，故名。《楞嚴經》云：壇前以兜婁婆香煎水洗浴。即此。《法華經》謂之多摩羅跋香，《金光明經》謂之鉢怛羅香，皆兜婁二字梵言也。《涅槃》又謂之迦算香。

（《草部》第十四卷《草》之三）

瞿麥瞿音劬。《本經》中品

〔釋名〕……南天竺草《綱目》

〔發明〕〔時珍曰〕近古方家治産難，有石竹花湯，治九孔出血，有南天竺飲，皆取其破血利竅也。

〔附方〕九竅出血服藥不止者。南天竺草，即瞿麥，拇指大一把，山巵子仁三十箇，生薑一塊，甘草炙半兩，燈草一小把，大棗五枚，水煎服。《聖濟總録》。

（《草部》第十六卷《草》之五）

烏頭

〔釋名〕……獨白草《拾遺》……〔時珍曰〕……陳藏器所引《續漢·五行志》，言西國生獨白草，煎爲藥，敷箭射人即死者，皆此烏頭，非川烏頭也。

曼陀羅花《綱目》

〔釋名〕風茄兒《綱目》山茄子〔時珍曰〕《法華經》言佛説法時、天雨曼陀羅花。又道家北斗有陀羅星使者，手執此花。故後人因以名花。曼陀羅，梵言雜色也。

（《草部》第十七卷《草》之六）

覆盆子《别録》上品

〔釋名〕……西國草《圖經》畢楞伽《圖經》

〔集解〕〔藏器曰〕佛説蘇密那花點燈，正言此花也。其類有三種，以四月熟，狀如覆盆子，味甘美者爲是，餘不堪入藥。令人取茅莓當覆盆，誤矣。

葉〔發明〕〔頌曰〕按崔元亮《海上集驗方》：治目暗不見物，冷淚浸淫不止，及青盲、天行目暗等疾。取西國草，一名畢楞伽，一名覆盆子，日曝乾，擣極細，以薄綿裹之，用飲男乳汁浸，如人行八九里久。用點目中，即仰卧。不過三四日，視物如少年。禁酒、麵、油物。

解毒子《唐本草》

〔附録〕奴會子《海藥》〔珣曰〕味辛，平，無毒。主小兒無辜冷疳，虚渴脱肛，骨立瘦損，脾胃不磨。劉五娘方，用爲煎服。生西國諸戎。大小如苦藥子。藥實根

〔時珍曰〕如藥子雖似黄藥、苦藥子,而稍有不同。二藥子不結子,此則樹之子也。葛洪《肘後方》云:婆羅門名那疏樹子,中國人名藥子。去皮取中仁,細研服,治諸病也。

白藥子《唐本草》

〔附録〕陳家白藥《拾遺》〔藏器曰〕味苦,寒,無毒。主解諸藥毒,水研服之。入腹與毒相攻,必吐出。未盡更服。亦去心胸煩熱,天行瘟瘴。出蒼梧陳家,故有陳家之號。明山有之。蔓及根並似土瓜,葉如錢,根似防己,緊小者良,人亦采食之。與婆羅門白藥及赤藥,功用並相似。

(《草部》第十八卷《草》之七》)

水萍《本經》中品

〔發明〕〔時珍曰〕浮萍其性輕浮,入肺經,達皮膚,所以能發揚邪汗也。世傳宋時東京開河,掘得石碑,梵書大篆一詩,無能曉者。真人林靈素逐字辨譯,乃是《治中風方》,名去風丹也。詩云:天生靈草無根幹,不在山間不在岸。始因飛絮逐東風,汎梗青青飄水面。神仙一味去沉疴,采時須在七月半。選甚癱風與大風,些小微風都不算。豆淋酒化服三丸,鐵鏷頭上也出汗。其法:以紫色浮萍曬乾爲細末,煉蜜和丸彈子大。每服一粒,以豆淋酒化下。治左癱右瘓,三十六種風,偏正頭風,口眼喎斜,大風癩風,一切無名風及脚氣,並打撲傷折及胎孕有傷。服過百粒,即爲全人。此方,後人易名紫萍一粒丹。

(《草部》第十九卷《草》之八)

昨葉何草《唐本草》

〔釋名〕瓦松《唐本》瓦花《綱目》向天草《綱目》赤者名鐵脚婆羅門草《綱目》天王鐵塔草〔時珍曰〕其名殊不可解。〔頌曰〕瓦松如松子作層,故名。

本草拾遺

吉祥草〔藏器曰〕生西域,胡人將來也。味甘,温,無毒。主明目强記,補心力。

〔時珍曰〕今人種一種草，葉如㵼蘭，四時青翠，夏開紫花成穗，易繁，亦名吉祥草，非此吉祥也。

宋開寶本草

陀得花〔志曰〕味甘，温，無毒。主一切風血，浸酒服。生西域，胡人將來。胡人采此花以釀酒，呼爲三勒槳。

（《草部》第二十一卷《草》之十）

稻《别録》下品

〔集解〕〔宗奭曰〕稻米，今造酒糯稻也。其性温，故可爲酒。酒爲陽，故多熱。《西域記》：天竺國土溽熱，稻歲四熟，亦可驗矣。

（《穀部》第二十二卷《穀》之一）

飴糖《别録》上品

〔發明〕〔時珍曰〕《集異記》云：邢曹進，河朔健將也。爲飛矢中目，拔矢而鏃留于中，鉗之不動，痛困俟死。忽夢胡僧令以米汁注之必愈。廣詢于人，無悟者。一日一僧丐食，肖所夢者。叩之。僧云：但以寒食餳點之。如法用之，應手清涼，頓減酸楚。至夜瘡癢，用力一鉗而出，旬日而瘥。

（《穀部》第二十五卷《穀》之四）

萊菔音來北。《唐本草》

〔發明〕〔頌曰〕萊菔功同燕菁，然力猛更出其右。斷下方亦用其根，燒熟入藥。尤能制麵毒。昔有婆羅門僧東來，見食麥麪者，驚云：此大熱，何以食之？又見食中有蘆菔，乃云：賴有此以解其性。自此相傳，食麪必啖蘆菔。

乾薑《本經》中品

〔附録〕天竺乾薑《拾遺》〔藏器曰〕味辛，温，無毒。主冷氣寒中，宿食不消，腹脹下痢，腰背痛，痃癖氣塊，惡血積聚。生婆羅門國，一名胡乾薑，狀似薑，小，黄色也。

蒔蘿《宋開寶》

〔附録〕……池德勒《拾遺》〔藏器曰〕根：辛，温，無毒。破冷氣，消食。生西國，草根也。胡人食之。

（《菜部》第二十六卷《菜》之一）

菠薐《宋嘉祐》

〔釋名〕菠菜《綱目》　波斯草《綱目》　赤根菜〔慎微曰〕按劉禹錫《嘉話録》云：菠薐種出自西國。有僧將其子來，云本是頗陵國之種，語訛爲波棱耳。

（《菜部》第二十七卷《菜》之二）

栗《别録》上品

〔釋名〕〔時珍曰〕……梵書名篤迦。

（《果部》第二十九卷《果》之一）

菴羅果《宋開寶》

〔釋名〕菴摩羅迦果出佛書。香蓋〔時珍曰〕菴羅，梵音二合者也。菴摩羅，梵音三合者也。華言清淨是也。

〔集解〕〔時珍曰〕按《一統志》云：菴羅果俗名香蓋乃果中極品。種出西域；亦柰類也。葉似茶葉。實似北梨，五六月熟，多食亦無害。今安南諸地亦有之。

柰《别録》下品

〔釋名〕頻婆音波〔時珍曰〕……梵言謂之頻婆，今北人亦呼之，猶云端好也。

胡桃《宋開寶》

〔釋名〕……〔時珍曰〕梵書名播羅師。

(《果部》第三十卷《果》之二)

菴摩勒《唐本》

〔釋名〕餘甘子《唐本》菴摩落迦果〔藏器曰〕梵書名菴摩勒,又名摩勒落迦果。其味初食苦澀,良久更甘,故曰餘甘。

〔集解〕〔珣曰〕生西國者,大小如枳橘子狀。

毗梨勒《唐本草》

〔集解〕〔恭曰〕毗梨勒出西域及南海諸國、嶺南交、愛等州,戎人謂之三果。樹似胡桃,子形亦似胡桃,核似訶梨勒,而圓短無棱,用亦同法。番人以此作漿甚熱。

波羅蜜《綱目》

〔釋名〕曩伽結〔時珍曰〕波羅蜜,梵語也。因此果味甘,故借名之。

阿勒勃《拾遺》

〔釋名〕婆羅門皂莢《拾遺》……〔時珍曰〕婆羅門,西域國名。

摩廚子《拾遺》

〔集解〕〔藏器曰〕摩廚子生西域及南海並斯調國。子如瓜,可爲茹。其汁香美,如中國用油。陳祈暢《異物志》贊云:木有摩廚,生自斯調。厥汁肥潤,其澤如膏。馨香馥鬱,可以煎熬。彼州之人,以爲嘉殽。〔珣曰〕摩廚二月開花,四五月結實,如瓜狀。

(《果部》第三十一卷《果》之三)

胡椒《唐本草》

〔附方〕阿伽陁丸治婦人血崩。用胡椒、紫檀香、鬱金、茜根、小蘗皮等分，爲末，水丸梧子大。每服二十丸，阿膠湯下。〔時珍曰〕按《酉陽雜俎》：胡椒出摩伽陁國。此方之名，因此而訛者也。

（《果部》第三十二卷《果》之四）

沙餹《唐本草》

〔集解〕〔時珍曰〕此紫沙餹也。法出西域，唐太宗始遣人傳其法入中國。以蔗汁過樟木漕，取而煎成。清者爲蔗餹，凝結有沙者爲沙餹。漆甕造成，如石、如霜、如冰者，爲石蜜、爲餹霜、爲冰餹也。紫餹亦可煎化，印成鳥獸果物之狀，以充席獻。令之貨者，又多雜以米錫諸物，不可不知。

刺蜜《拾遺》

〔釋名〕草蜜《拾遺》

〔集解〕〔時珍曰〕……又段成式《酉陽雜俎》云：北天竺國有蜜草，蔓生大葉，秋冬不死，因受霜露，遂成蜜也。

紅白蓮花《拾遺》

〔集解〕〔藏器曰〕紅蓮花、白蓮花，生西國，胡人將來也。

（《果部》第三十三卷《果》之五）

天竺桂海藥

〔集解〕〔珣曰〕天竺桂生南海山谷，功用似桂，其皮薄，不甚辛烈。〔宗奭曰〕皮與牡桂相同，但薄耳。〔時珍曰〕此即今閩、粵、浙中山桂也，而台州天竺最多，故名。大樹繁花，結實如蓮子狀。天竺僧人稱爲月桂是矣。詳月桂下。

月桂《拾遺》

〔集解〕〔時珍曰〕吳剛伐月桂之説，起於隋、唐小説。月桂落子之説，起於武后之時。相傳有梵僧自天竺鷲嶺飛來，故八月常有桂子落於天竺。唐書亦云垂拱四年三月，有月桂子降於台州，十餘日乃止。宋仁宗天聖丁卯八月十五日夜，月明天淨。杭州靈隱寺月桂子降，其繁如雨，其大如豆，其圓如珠，其色有白者、黄者、黑者，殻如芡實，味辛。拾以進呈。寺僧種之，得二十五株。慈雲式公有序記之。張君房宿錢塘月輪寺，亦見桂子紛如煙霧，回旋成穗，墜如牽牛子，黄白相間，咀之無味。據此，則月中真若有樹矣。竊謂月乃陰魄，其中婆娑者，山河之影爾。月既無桂，則空中所墜者何物耶？泛觀羣史，有雨塵沙土石，雨金鉛錢汞，雨絮帛穀粟，雨草木花藥，雨毛血魚肉之類甚衆。則桂子之雨，亦妖怪所致，非月中有桂也。桂生南方，故惟南方有之。《宋史》云元豐三年六月，饒州雨木子數畝，狀類山芋子，味辛而香，即此類也。道經月桂謂之不時花，不可供獻。

沉香《别録》上品

〔釋名〕……〔時珍曰〕……梵書名阿迦嚧香。

〔集解〕〔恭曰〕沉香、青桂、鷄骨、馬蹄、煎香，同是一樹，出天竺諸國。木似櫸柳，樹皮青色。葉似橘葉，經冬不凋。夏生花，白而圓。秋結實似檳榔，大如桑椹，紫而味辛。

蜜香《拾遺》

〔集解〕〔藏器曰〕……《法華經》注云：木蜜，香蜜也。樹形似槐而香，伐之五六年，乃取其香。〔珣曰〕生南海諸山中。種之五六年便有香。

檀香《别録》下品

〔釋名〕旃檀《綱目》真檀〔時珍曰〕檀，善木也，故字從亶。亶，善也。釋氏呼爲旃檀，以爲湯沐，猶言離垢也。番人訛爲真檀。

白檀香〔發明〕〔時珍曰〕《楞嚴經》云:白旃檀塗身,能除一切熱惱。今西南諸番酋,皆用諸香塗身,取此義也。

櫰香音懷《綱目》

〔釋名〕兜婁婆香

〔集解〕〔時珍曰〕……《楞嚴經》云:壇前安一小爐,以兜婁婆香煎取香水,沐浴其炭。即此香也。

楓香脂《唐本草》

〔釋名〕白膠香〔時珍曰〕楓樹枝弱善摇,故字從風。俗呼香楓。《金光明經》謂其香爲須薩折羅婆香。〔頌曰〕爾雅謂楓爲欇欇,言風至則欇欇而鳴也。梵書謂之薩闍羅婆香。

薰陸香(乳香)《别録》上品

〔釋名〕馬尾香《海藥》天澤香《内典》摩勒香《綱目》多伽羅香〔宗奭曰〕薰陸即乳香,爲其垂滴如乳頭也。鎔塌在地者爲塌香,皆一也。〔時珍曰〕佛書謂之天澤香,言其潤澤也。又謂之多伽羅香,又曰杜嚕香。……

〔集解〕〔恭曰〕薰陸香形似白膠香,出天竺者色白,出單于者夾緑色,香亦不甚。〔宗奭曰〕薰陸,木葉類棠梨,南印度界阿吒釐國出之,謂之西香,南番者更佳,即乳香也。〔承曰〕西出天竺,南出波斯等國。西者色黄白,南者色紫赤。日久重疊者,不成乳頭,雜以沙石。其成乳者,乃新出未雜沙石者也。薰陸是總名,乳是薰陸之乳頭也。今松脂、楓脂中,亦有此狀者甚多。

安息香《唐本草》

〔釋名〕〔時珍曰〕此香辟惡,安息諸邪,故名。或云:安息,國名也。梵書謂之拙貝羅香。

蘇合香《别録》上品

〔釋名〕〔時珍曰〕按郭義恭《廣志》云:此香出蘇合國,因以名之。梵書謂之咄魯瑟劍。

〔集解〕〔恭曰〕今從西域及崑崙來。紫赤色,與紫真檀相似,堅實極芳香,惟重如石,燒之灰白者好。〔頌曰〕今廣州雖有蘇合香,但類蘇木,無香氣。藥中衹用如膏油者,極芬烈。陶隱居以爲獅子矢者,亦是指此膏油者言之爾。梁書云:中天竺國出蘇合香,是諸香汁煎成,非自然一物也。又云:大秦國人採得蘇合香,先煎其汁以爲香膏,乃賣其滓與諸國賈人。是以展轉來達中國者,不大香也。然則廣南貨者,其經煎鍊之餘乎？今用如膏油者,乃合治成者爾。

(正誤)〔弘景曰〕蘇合香俗傳是獅子屎,外國説不爾。今皆從西域來,亦不復入藥,惟供合好香爾。〔恭曰〕此是胡人誑言,陶不悟也。〔藏器曰〕蘇合香色黄白,獅子屎色赤黑,二物相似而不同。獅子屎極臭。或云:獅子屎是西國草木皮汁所爲,胡人將來,欲貴重之,故飾其名爾。

龍腦香《唐本草》

〔釋名〕片腦《綱目》羯婆羅香《衍義》膏名婆律香〔時珍曰〕龍腦者,因其狀加貴重之稱也。以白瑩如冰,及作梅花片者爲良,故俗呼爲冰片腦,或云梅花腦。番中又有米腦、速腦、金脚腦、蒼龍腦等稱,皆因形色命名,不及冰片、梅花者也。清者名腦油,《金光明經》謂之羯婆羅香。〔恭曰〕龍腦是樹根中乾脂。婆律香是根下清脂。舊出婆律國,因以爲名也。

〔集解〕〔宗奭曰〕《西域記》云:西方秣羅矩吒國,在南印度境。有羯布羅香樹,幹如松株而葉異,花果亦異。溼時無香。木乾之後,循理析之,中有香,狀類雲母,色如冰雪,即龍腦香也。

阿魏《唐本草》

〔釋名〕阿虞《綱目》薰渠《唐本》哈昔泥〔時珍曰〕夷人自稱曰阿,此物極臭,阿之所畏也。波斯國呼爲阿虞,天竺國呼爲形虞,《涅槃經》謂之央匱。蒙古人謂之哈昔泥,元時食用以和料。其根名穩展,云淹羊肉甚香美,功同阿魏。見《飲膳正要》。

〔集解〕〔恭曰〕阿魏生西番及崑崙,苗葉根莖酷似白芷。搗根汁,日煎作餅者爲上,截根穿暴乾者爲次。體性極臭而能止臭,亦爲奇物也。又婆羅門云:薰渠即是阿魏,取根汁暴之如膠或截根日乾,並極臭。西國持咒人禁食之。常食用之,云去臭氣。戎人重此,猶俗中貴胡椒,巴人重負蠜也。〔珣曰〕按《廣志》云:生崑崙國是木津液,如桃膠狀。其色黑者不堪,其狀黄散者爲上。雲南長河中亦有,與舶上來者滋味相似一般,衹無黄色。〔頌曰〕今惟廣州有之云是木膏液滴釀結成,與蘇恭所説不同。按段成式《酉陽雜俎》云:阿魏木,生波斯國及伽闍那國(即北天竺也)。木長八九尺,皮色青黄。三月生葉,似鼠耳。無花實。斷其枝,汁出如飴,久乃堅凝,名阿魏。摩伽陀僧言,取其汁和米、豆屑合釀而成。其説與廣州所生者相近。〔承曰〕阿魏合在木部。今二浙人家亦種之,枝葉香氣皆同而差淡薄,但無汁膏爾。〔時珍曰〕阿魏有草、木二種,草者出西域,可曬可煎,蘇恭所説是也。木者出南番,取其脂汁,李珣、蘇頌、陳承所説是也。按《一統志》所載有此二種。云出火州及沙鹿、海牙國者,草高尺許,根株獨立,枝葉如蓋,臭氣逼人,生取其汁熬作膏,名阿魏。……

(《木部》第三十四卷《木》之一》

合歡《本經》中品

〔釋名〕……〔時珍曰〕……又《金光明經》謂之尸利灑樹。

無食子《唐本草》

〔釋名〕没石子《開寶》墨石子《炮炙論》麻茶澤〔珣曰〕波斯人每食以代果,故番胡呼爲没食子。梵書無與没同音。今人呼爲墨石、没石,轉傳訛矣。

訶黎勒《唐本草》

〔釋名〕訶子〔時珍曰〕梵言天主持來也。

〔發明〕〔慎微曰〕《金光明經·流水長者子除病品》云:熱病下藥,服訶梨勒。

婆羅得《宋開寳》

〔釋名〕婆羅勒〔時珍曰〕婆羅得,梵言重生果也。

柳《本經》下品

〔釋名〕……〔宗奭曰〕釋家謂柳爲尼俱律陀木。

(《木部》第三十五卷《木》之二)

巵子《本經》中品

〔釋名〕木丹《本經》越桃《别録》鮮支《綱目》花名薝蔔〔時珍曰〕……佛書稱其花爲薝蔔,謝靈運謂之林蘭,魯端伯呼爲禪友。或曰:薝蔔金色,非巵子也。

木綿《綱目》

〔釋名〕古貝《綱目》古終〔時珍曰〕木棉有兩種:似木者名古貝,似草者名古終。或作吉貝者,乃古貝之訛也。梵書謂之睒婆,又曰迦羅婆劫。

(《木部》第三十六卷《木》之三)

琥珀《别録》上品

〔釋名〕江珠〔時珍曰〕虎死則精魄入地化爲石,此物狀似之,故謂之虎魄。俗文從玉,以其類玉也。梵書謂之阿溼摩揭婆。

竹黄《宋開寳》

〔釋名〕竹膏〔志曰〕天竺黄生天竺國。今諸竹内往往得之。人多燒諸骨及葛粉等雜之。〔大明曰〕此是南海邊竹内塵沙結成者。〔宗奭曰〕此是竹内所生,如黄土着竹成片者。〔時珍曰〕按吳僧《贊甯》云:竹黄生南海鏞竹中。此竹極大,又名天竹。其内有黄,可以療疾。《本草》作天竺者,非矣。篿竹亦有黄。此説得之。

附録諸木

乾陀木皮〔珣曰〕按《西域記》云：生西國。彼人用染僧褐，故名。乾陀，褐色也。樹大皮厚，葉如櫻桃。安南亦有。温，平，無毒。主癥瘕氣塊，温腹煖胃，止嘔逆，並良。破宿血，婦人血閉，腹内血塊，酒煎服之。

（《木部》第三十七卷《木》之四）

龍《本經》上品

〔釋名〕〔時珍曰〕……梵書名那伽。

蛟龍《綱目》

〔釋名〕〔時珍曰〕……梵書名宫毗羅。

（《鱗部》第四十三卷《鱗》之一）

車渠《海藥》

〔釋名〕〔時珍曰〕……梵書謂之牟婆洛揭拉婆。

〔集解〕〔李珣曰〕車渠，云是玉石之類。生西國，形如蚌蛤，有文理。西域七寶，此其一也。

（《介部》第四十六卷《介》之二）

雁《本經》上品

〔釋名〕〔時珍曰〕……梵書謂之僧娑。

鴛鴦《宋嘉祐》

〔釋名〕〔時珍曰〕……涅槃經謂之婆羅迦鄰提。

（《禽部》第四十七卷《禽》之一）

雉《别録》中品

〔釋名〕〔時珍曰〕……梵書謂雉曰迦頻闍羅。

鴿《宋嘉祐》

〔釋名〕〔時珍曰〕……梵書名迦布德迦。

（《禽部》第四十八卷《禽》之二）

百舌《拾遺》

〔釋名〕〔時珍曰〕……梵書名舍羅。

鵲《别録》下品

〔釋名〕〔時珍曰〕……佛經謂之芻尼，小説謂之神女。

鸚䳇《食物》

〔釋名〕〔時珍曰〕……梵書謂之臊陀。

孔雀《别録》下品

《釋名）〔時珍曰〕……梵書謂之摩由邏。

鷹《别録》下品

《釋名）〔時珍曰〕……梵書謂之嘶那夜。

鵰音凋《綱目》

〔釋名〕〔時珍曰〕……梵書謂之揭羅闍。

鴟《别録》下品

〔釋名〕〔時珍曰〕……梵書謂之阿黎耶。

（《禽部》第四十九卷《禽》之三）

牛《本經》中品

〔釋名〕〔時珍曰〕……梵書謂之瞿摩帝。

黄牛肉〔發明〕〔時珍曰〕韓懋言：牛肉補氣，與黄芪同功。觀丹溪朱氏《倒倉法論》而引申觸類，則牛之補土，可心解矣。今天下日用之物，雖嚴法不能禁，亦因肉甘而補，皮角有用也。朱震享《倒倉論》曰：腸胃爲積穀之室，故謂之倉。倒者，推陳以致新也。胃屬土，受物而不能自運。七情五味，有傷中宫，停痰積血，互相纏糾。發爲癱瘓，爲勞瘵，爲蠱脹，成形成質，爲窠爲臼，以生百病而中宫愆和，自非丸散所能去也。此方出自西域異人。其法：用黄肥牡牛肉二十斤，長流水煮成糜，去滓濾取液，再熬成琥珀色收之。每飲一鍾，隨飲至數十鍾，寒月温飲。病在上則令吐，在下則令利，在中則令吐而利，在人活變。吐利後渴，即服其小便一二碗，亦可蕩滌餘垢。睡二日，乃食淡粥。養半月，即精神强健，沉痾悉亡也。須五年忌牛肉。蓋牛，坤土也。黄，土色也。以順德配乾牡之用也。肉者胃之藥也，熟而爲液，無形之物也。故能由腸胃而透餓膚，毛竅爪甲，無所不到。在表者因吐而得汗，在清道者自吐而去，在濁道者自利而除。有如洪水泛漲，陳莝順流而去，盎然涣然，潤澤枯槁，而有精爽之樂也。

馬《本經》中品

〔釋名〕〔時珍曰〕……梵書謂馬爲阿濕婆。

醍醐《唐本草》

〔集解〕〔弘景曰〕佛書稱乳成酪，酪成酥，酥成醍醐。色黄白作餅，甚甘肥，是也。

鮓答《綱目》

〔集解〕〔時珍曰〕鮓答生走獸及牛馬諸畜肝膽之間,有肉囊裹之,多至升許,大者如鷄子,小者如栗如榛。其狀白色,似石非石,似骨非骨,打破層疊。嘉靖庚子年,蘄州侯屠殺一黄牛得此物,人無識者。有番僧云:此至寶也,牛馬猪畜皆有之。可以祈雨,西域有密呪,則霖雨立至;不知呪者,但以水浸搬弄,亦能致雨。後考陶九成《輟耕録》所載鮓答,即此物也。其言曰:蒙古人禱雨,惟以淨水一盆,浸石子數枚,淘漉玩弄,密持呪雨,良久輒雨。石子名鮓答,大者如鷄卵,小者不等,乃走獸腹中所産,狗、牛、馬者最妙,蓋牛黄、狗寶之類也。又按《京房易占》云:兵强主武,則牛腹生石。據此則鮓答、狗寶同一類也。但生於狗腹者,爲狗寶耳。

狗寶《綱目》

〔集解〕〔時珍曰〕……又宋《潛溪文集》載:臨川浮屠法循,行般舟三昧法,示寂後火焚,惟心不化,出五色光,有佛像高三寸,非骨非石,百體具足。又徽水有優婆塞,行禪觀之法,及死火葬,心内包觀音像如刻成。此皆志局於物,用志不分,精靈氣液,因感而凝形,正如孕女感異像而成鬼胎之類,非祥也,病也,有情之無情也。

(《獸部》第五十卷《獸》之一)

獅《綱目》

〔釋名〕……〔時珍曰〕……梵書謂之僧伽彼。

〔集解〕〔時珍曰〕獅子出西域諸國。……《唐史》載:高宗時,伽毘耶國獻天鐵獸,能擒獅象。則獅雖猛悍,又有制之者也。西域畜之,七日内取其未開目者調習之,若稍長則難馴矣。

豹《别録》中品

〔集解〕〔時珍曰〕……又西域有金錢豹,文如金錢。

象《宋開寶》

〔集解〕〔時珍曰〕象出交、廣、雲南及西域諸國。野象多至成羣，番人皆畜以服重，酋長則飾而乘之。……〔甄權曰〕西域重象牙，用飾牀座。中國貴之以爲笏。

犀《本經》中品

〔釋名〕……〔時珍曰〕……梵書謂犀曰朅伽。

麢羊《本經》中品

〔集解〕〔時珍曰〕……按《寰宇志》云：安南高石山出羚羊，一角極堅，能碎金剛石。則羚固有一角者矣。金剛石出西域，狀如紫石英，百鍊不消，物莫能擊；惟羚羊角扣之，則自然冰泮也。又貘骨僞充佛牙，物亦不能破，用此角擊之即碎，皆相畏耳。羚羊皮，西人以作座褥。

鹿《本經》中品

〔釋名〕……〔時珍曰〕……梵書謂之密利迦羅。

麝《本經》上品

〔釋名〕射父《爾雅》香獐〔時珍曰〕麝之香氣遠射，故謂之麝。或云麝父之香來射，故名，亦通。其形似獐，故俗呼香獐。梵書謂麝香曰莫訶婆伽。

兔《別録》中品

〔釋名〕……〔時珍曰〕……梵書謂兔爲舍舍迦。

鼠《別録》下品

〔附録〕火鼠李時珍云：出西域及南海火洲。其山有野火，春夏生，秋冬死。鼠產於中，甚大。其毛及草木之皮，皆可織布，污則燒之即潔，名火浣布。

獮猴《證類》

〔釋名〕……〔時珍曰〕……梵書謂之摩斯咤。

（《獸部》第五十一卷《獸》之二）

十四、兩種海道針經

順風相送

各處州府山形水勢深淺泥沙地礁石之圖

……

翠蘭嶼　三十五托水。

南巫里洋　往回牽星爲準[①]。

① 按向達注釋，疑此指印度洋而言。

錫蘭山　坐在辛酉上，船身過北，都是坤身，有古老淺。外三十五托水。

淡水馬　對開，石城礁，外是正路可行。

鐵鑽嶼　對開，是竹排礁，内過十八托水，外過三十托水。

大佛堂　四十托水，對開有老古石，淺不可近，流急。

麻里坎　二十五托，好抛船。

牙里嶼　打水十八托，開，有沉礁打浪，近老古石。

别羅里　打水二十托，開，有嶼，上有椰子樹。

高郎務　灣頭平過洋礁蘭山，三托水入門，四托住船。

甘巴里頭　對開，沉礁，門中三托，前去二箇山赤泥。

小俱南　打水三十五托，西頭有老古石岸，淺。

柯枝港口　打水三四托。

古里國　　有三五托水,是泥地。

大巴南　　白礁出水外十八托。

丁得把音　對開,打水四十托,是泥地,花蛇多,十六托水。

忽魯謨斯　往回牽星爲記。

……

阿齊往羅里

開船單子離山遠,乾戌十二更取伽傰貌,龍涎嶼北邊時月早過洋。辛戌、單辛十更取翠蘭嶼山。單亥十更、辛戌五十更取色蘭山,番名僧伽那。若船身高有鶯歌嘴,恐犯石城礁,開過妙。沿山二十更取竹牌、鐵鑽嶼。單酉、庚酉八更取大佛堂①,辛酉五更取牙里坎,有礁打浪,開妙。壬亥十更取羅里山進港,妙。

① 向注:石城礁、竹牌,鐵鑽嶼、大佛堂諸地名,見前各處州府山形水勢深淺泥沙地礁石之圖一條,俱在今斯里蘭卡一帶。

回針

開船,丙午十更取牙里坎放洋。乙卯五更取大佛堂,單卯八更取鐵鑽山並竹牌礁,若看見鶯歌嘴放開使,若船身高見色蘭山,用乙辰五十更、單巳三十更取翠蘭山。乙辰針時月早過洋,取龍涎並伽傰貌。辰巽十二更沿山使單午取阿齊。

阿齊往傍伽喇

開船,單子離山遠,乾戌十二更取伽傰貌山邊。單乾,乾亥四十五更取安德鑾南頭山。單壬及子十二更取平中尖大小山。單亥五十更取赤塗山,水十托。單亥五更見濂列當頭來,水六十托,尋擦地港口入門,見傍伽喇矣。

回針

離淺單坤六更水廿五托，單坤五更，單巳六十更取佛心米山。若緊見山，單丙、丙巳五更取竹牌礁。若淺戧起用辛戌，水四十托，北頭正路水四托，過淺用巽巳七更平渤住速山，單巳平九嶼各門速過船。單午二十更取阿齊、蘇文嗱喇是也。

阿齊往古里

開船用乾戌，沿山十五更取伽倆貌山。庚針離華蓋雙星八指，辛酉二十更、辛戌五十更、乾亥五更，看華蓋雙星七指三角，取色蘭山。壬亥五更、壬子十五更、單子十五更、壬子十五更，取甘巴里山頭。壬子十更取小葛蘭山，單子、壬子十五更取柯枝，子癸針沿山使收古里也。

回針

離山單午並丙午取柯枝。丙午十五更取小葛蘭山。丙午十更取甘巴里山頭開洋。用單午十更、丙午十五更、丙巳五更取色蘭山。離華蓋雙星八指，甲卯七十更取伽倆貌山。沿山使落用辰巽五更取蘇文嗱喇也。

古里往忽魯謨斯

開船乾亥離石欄，水十五托，看北辰星四指、燈籠星正十一指半，單亥五更取白礁。沿山使用壬亥四十五更取丁得把昔。看北辰星七指，看燈籠骨七指半，好風過洋。乾戌、單戌一百更姑馬山，若戧風用單戌八十五更，見山遠的打水五托，船身低了見美之那山。見看北辰星四指半，沿山使用辛酉五更取伽里塔馬山頭，壬亥、單亥三更取迭微討水。乾亥五更取麻里實吉。辛戌取龜山門中過船，水十一托，是老古地。單亥及乾亥四更討亞刺食機山南邊,看山平成三個。乾亥廿五更取沙刺抹山,看東西二處都是山。用單子五更取忽魯謨斯,看北辰星十四指,燈籠星一指半是也。

回針

開船取嘴頭水四托。單午五更取沙刺抹山。單丙十更、單巳五更、巽巳十更取亞喇食機山外過。巽巳五更取迭微山討水,取伽里塔馬山頭並龜山外過。巽巳十更内是麻里賓吉。沿山五更取沙姑馬山,看北辰及華蓋雙星各十二指,看燈籠星四指半開洋。單巽、巽巳五十更,水五十托,泥地,見山及花蛇。若不見山,乙辰、辰巽、單辰三十更看北辰四指、燈籠星十一指取古里山過,白礁水十三四托。夜間不可行,怕流水急,沿山使乙辰三更也。

古里往阿丹

開洋乾亥離石欄外十五托,看北斗星四指、看燈籠星十一指半。單亥五更取白礁外過。乾戌五更平希星嶼。用乾亥二十更,看北斗辰五指三角,看燈籠星正十指三角,平莽角雙兒。過礁開洋,用辛酉一百二十五更平直蕉塔那山,看北辰五指,燈籠星十指取塔巴里付山。沿山一更取小赤塔密兒,取水。巡山使單坤二十更取阿丹馬頭,看北斗五指、燈籠星十指半,水六七托,沙泥地,是阿丹港矣。

回針

開船,用艮寅沿山使三十更平乃加泥。甲寅三十更平法塔喇山嘴,看北斗五指半、燈籠星十指,單卯廿五更平莽角雙兒,水四十托。乙辰、辰巽十五更平希星嶼,巽巳五更取白礁,單巳五更取古里也。

古里往祖法兒

開船,乾戌離石欄外水十五托,單亥五更取白礁外過。乾亥五更平希星山。單乾二十更,看北辰五指一角,燈籠十指一角,平莽角雙兒。過礁頭開洋,辛戌五十更,看北辰六指三角、燈籠星八指三角;單辛七十更,看北斗七指三角、燈籠星七指三角,取祖法兒馬頭,水六托,泊船是也。

回針

開洋,乙辰五更離山遠,看北辰七指半、燈籠八指,單乙五十更、乙卯四十更取礁頭。看北辰五指半、燈籠十指,單乙、乙卯廿五更取莽角雙兒,水四十托。乙辰、辰巽二十更平希星嶼。巽巳五更取白礁。巽巳五更取古里國是也。

十五、四夷廣記

榜葛剌國疆里

榜葛剌國即天竺國,漢身毒國也。或曰摩伽陀,曰婆羅門。東至海及占城界,西至罽賓、波斯國,或曰至金剛寶座國,又曰沼納樸兒。南至海,北至葱嶺。其地廣三萬里,分東、西、南、北、中五天竺。

蘇門答剌國至榜葛剌路程

自蘇門答剌國開船,取收貎山並翠藍島,投西北順風行二十日,先到海口察地港,有抽分所,海船俱舶於此。復用小船入港五百餘里至,地名鎖納兒港,登岸西南行三十餘站至國中。

有城郭，大小衙門俱在城内。

至榜葛剌陸路

陸路自察地港起程十六站，至鎖納兒江，有城池，又二十站至板獨哇，即王都。

榜葛剌山川

五嶺山高林茂。民居所聚迦毗黎河。

榜葛剌國統

榜葛剌即東天竺也。天竺有印度國五，東天竺濱海，接占城。西天竺接大食國。南天竺濱海。北天竺接雪山。此東印度國，或云此西印度國，釋迦得道之所也。漢明帝時天竺浮圖法入中國。其俗舍身焚尸，謂之荼毘。中國小民火葬之自起也。中天竺王姓乞利咥氏，亦曰刹利。世有其國，不簒殺。都城曰荼鎛和羅城，濱迦毗黎河。有别城數百，皆置長。别國數十，置王。隋煬帝時遣裴矩通西域，獨天竺、拂菻不至爲恨。武德中，國大亂，王尸羅逸多勒兵討四天竺，象不弛鞍，士不解甲，四天竺皆北面臣之。貞觀十五年自稱摩伽陀王，來貢。太宗命雲騎尉梁懷持節撫慰。尸羅逸多驚問國人曰："自古有摩訶震旦使者至吾國乎？"皆曰："無之。"或稱中國爲摩訶震旦。乃率羣臣東面膜拜受詔。二十二年遣右衛率府長史王玄策等使其國，其臣那伏帝阿羅那順弑尸羅逸多自立，發兵拒玄策。玄策單騎奔吐蕃，召泥婆羅諸國兵破之。執阿羅那順獻闕下。本朝永樂三年，國王靄牙思丁遣使來朝，詔賜王紵絲、紗羅各四疋，絹八疋，王妃紵絲紗羅各三疋，絹六疋。命使往天竺迎異僧，既至京，居靈谷寺，教人念唵嘛呢叭囉吽。翰林侍讀李繼鼎曰："若彼既有神通,當通中國語,何爲待譯者而後知乎?且其所謂唵嘛呢叭囉吽云者,乃云俺把你哄也。人不知悟耳。"六年,國王遣使自太倉入貢,十二年,王蹇弗丁遣其臣把濟一奉金葉表,貢麒麟等物。詔賜王錦四疋、綾六十疋,頭目人等,給賞有差。十三年,上命少監侯顯等統舟師賚詔敕賞賜國王、王妃、頭目。其王遣部領賚衣服等禮,人馬千數迎。自察地港口起程十六站,至鎖納兒江。有城池街市,聚貨通商,又差人賚禮象馬迎接。二十站至板獨哇,是國王之都。城郭甚嚴,街市舖店,連楹接棟,聚貨百備。其王之宫皆磚灰,甃砌高廣,殿宇平頂,白灰爲之。内門三重,九間長殿,其柱皆黄銅包飾,雕琢花獸。左右長廊設明甲、馬隊千餘,外列巨漢明盔、明甲,執鋒刃弓矢,威儀壯甚。丹墀左右設孔雀翎傘蓋百數,又置象隊百數於殿前。其王子正殿高座,嵌八寶,箕踞坐其上,劍横於膝。乃令銀柱杖二人皆穿纏頭來引道,前五步一呼,至中則止。又金柱杖二人接引如前禮。其王拜迎詔勑叩頭,加額開讀,賞賜受畢,鋪毬毯於殿地,待我天使,宴我官兵,燔炙牛羊,禁不飲酒,恐亂性而失禮,以薔薇露和香密水飲之。宴畢,復以金盔、金繫腰、金瓶、金盆贈天使,其副使皆以銀盔、銀繫腰、銀瓶、銀盆贈之,其下官員亦贈以金鈴紒、紵絲。長衣兵士俱有銀錢,蓋此國富而有禮者也。其後躬置金筒、金葉表文,差使臣賚捧貢獻方物於廷。自後貢使亦或一至。

榜葛剌制度

其國有文字,善步曆學。有官品衙門、印信行移及陰陽生、醫生之類,其頭目名吧斯剌兒。國王與頭目服色俱倣回回之制。刑有斷手足、劓耳鼻、笞杖、徒流等項,小罪贖錢。日月之定亦以十二個月爲一年,無閏月。開户皆東嚮。

榜葛剌風俗

氣候四時常熱如夏。土地廣闊，田畝豐沃，一歲四收，不用耘耔，隨時自宜。信盟誓，傳禁咒，能致龍起雲雨。男女勤於耕織，風俗淳厚。富者造船，多往諸番商販。人之容體皆黑，白者甚少。男婦皆剃頭。男子以白布纏頭，上穿白布長衣，下圍各色闊布手巾，足穿金線羊皮靴，衣冠甚整。婦女穿短衫，圍色布絲錦，不施脂粉，自然嬌白，耳垂寶鈿，項掛纓絡，髻堆腦後，四腕金鐲，手足戒指，以舐足摩踵爲致禮。國語多榜葛俚，自成一家言語，亦有説巴兒西話者。冠婚喪祭皆依回回教門。凡交易雖有萬金，價定打手，永無悔改，一應店舖、浴堂、酒飯等肆俱有，百工技藝亦備。人家無茶，客至以檳榔代之。其有一種曰印度，不食牛肉，飲食男女不同處，夫死不再嫁，妻死不再娶，若孤寡無倚，一村人家輪流養之，不容别村求食，其義氣有足稱者。市井有一等行街妻，身穿黑綠白布花衫，下圍綠手巾，又以硝子珠間珊瑚、琥珀珠穿成纓絡，佩於肩項。青紅硝子燒成釧鐲，帶於兩臂。人家飲宴，此輩亦來動樂，口唱番歌，對舞亦有解數。又有一等名根肖速魯柰，即樂户也。每日五更到頭目或富家門首，一人吹鎖㮏，一人擊小鼓，一人打鼓，初起則慢，自有板拍，至後漸緊，又至第二家吹擊而去。飯時則各處丐錢物，撮弄博戲。又有一等人同其妻以錢綵拴一大虎，牽拽而行，至人家撮弄，即解其虎坐於地，其人赤體，單稍對虎跳躍，將虎踢打，其虎性發叫噉，其人與虎對陣數次，又以拳頭伸入虎口，直至其喉。戲畢，仍鎖虎頭，虎伏地討食，人家則以肉啖之，及賞錢物其地。酒有數等，椰子酒、米酒、樹子酒、茭蕈酒、燒酒。國王以銀鑄錢，名倘伽。每箇重官等三錢，官寸一寸二分，徑底面有文，交易皆以此錢論價。街市零用海肌，番名考黎，亦論個數。其貨用金、銀、段、絹、青花白磁器，銅、鐵、麝香，銀硃、水銀、草蓆之屬。

榜葛剌物産

稻一年四熟。禾之長者可没橐它。米粒細長多紅色。粟、麥、芝蔴、荳、黍。波羅密大如斗，味甘甜。菴摩羅味香酸。芭蕉、石榴、甘蔗、酸子、檳榔、沙糖。桑樹用以養蠶，亦能成絲。咀賴羅樹葉如梨，生山谷深處，有巨虺守之。欲取葉以矢射枝，鳥啣出，復射鳥得之。瓜、菜、薑。稍割牛黑色，角細長，四尺許，十日壹割，不然困且死，人飲其血壽五百歲。橐它、象牙、犀牛、牛、馬、羊、酥油、獅子、豹、獐、鶏、鴨、翠鳥、石蜜、魚。布有數號，一號篳布，番名卑泊，闊三尺餘，長五丈六七尺。此布白細如粉箋綿樣。一號姜黃布，番名滿者提，闊四尺許，長五丈如羅樣，即布羅也。一號晰白勒搭嚟，闊三尺許，長六丈，布線稀疎，即布紗也，皆用纏頭。一號沙塌兒，闊二尺，長四丈餘，似好三梭布。一號驀嘤驀勒，闊四尺許，長二丈餘，背面皆起絨頭，厚四五分，即兜羅錦也。絨、嵌絲手巾、絹、被面。白紙樹皮所造，光滑細膩如鹿皮。水晶、瑪瑙、珊瑚、珍珠、寶石、鑌鐵刀、鎗、火齊、琅玕石、黑鹽、漆器、盤、碗。

榜葛剌貢物

馬〇馬鞍金銀事件戧金瑠璃器皿〇青花白瓷〇撒哈剌〇者抹黑答立布〇洗白苾布〇兜羅綿〇鶴頂〇犀角〇翠毛鸚哥〇糖霜〇乳香〇熟香〇烏香〇麻藤香〇烏爹泥〇紫膠〇藤竭〇烏木〇蘇木〇胡椒〇粗黄

沼納撲兒國

國在印度之中，即古佛國。永樂十八年，其國王亦不剌金數侵榜葛剌國。遣使齎敕諭之。

給賜榜葛剌國

永樂三年，賜國王紵絲、紗羅各四疋，絹八疋，王妃紵絲、紗羅各三疋，絹六疋。十二年，給國王錦四段、綾六十疋，頭目人等給賞有差。

竺書

竺典，造書之主凡三人，曰梵、曰伽盧、曰倉頡。梵者，光音天人也，以梵天之書傳於印度，其書右行。伽盧創書於西域，其書左行，皆以音韻相生而成字。字，諸蕃之書悉其變也。其季倉頡，居中夏，象諸物形而爲文，形聲相益以成字。此語乃黠僧附會之談，不足深信。但所謂字母凡五十，中十六字爲轉聲之範，三十四字爲五音之祖。今記之：

遏　阿引　壹　翳引　嗢　活引　哩　梨司

義　盧引　伊　愛引　鄔　奥引　耳　惡縶

右依《天竺聲明字源》及諸教中有十六轉聲。今所傳者，去其中第七、第八、第九、第十之四聲，惟有十二轉聲者，蓋以此四聲已在第三、第四二聲中所統也。三十四母，分爲五音者：

葛　渴　呿石割切　竭　誐　牙音

拶古末切　擦七曷切　惹仁左切　嵳咋何切　倪　齒音

哳陵轄切　詫丑轄切　痆尼轄切　茶　拏　舌音

祖　撻他遠反　擒　達　那　喉音

鉢　登　末　婆　麻　唇音

耶　翟歷加反　羅　嚩　設

沙　薩　訶　刹　以上融喉舌二音

斯乃音韻之祖，因之配合而生生無窮焉。

西天書

明　王　慎　德　四　夷　咸　賓

又

唵　麻　尼　罷二合　咪　吽

榜葛剌譯語

天文類

日神　蘇利耶　月神　蘇摩　日月　印度　風神　婆庚　火星　盎哦羅迦　水星　部陀　木星　勿哩訶娑䟦底　土星　沙乃以宣折囉　金星　戍羯羅　火神　惡祁尼　星宿　離婆多

地理類

石　阿濕麼　水　阿迦　白花山　補陀落迦　龜兹國　屈支　池　賀邏馱　洲　提　林　婆那　岸　多羅息多　何國史有此國　屈霜你迦　苑　烏仗那　邊地　蔑戾車　中國　摩訶震旦

數目門

十萬　洛義　百億　俱胝　萬億　那由它　無央數　阿僧胝

五色類

色　俱蘭吒　金色　伊尼延　妙色　蘇樓波　青　尼羅　赤阿羅那　黄　健陀羅　紫　羅差　蒼　水伽羅

人物類

乞士　比丘　弟子　宣灑　寺主　摩摩帝　衆生　僕呼　繕那　丈夫　逋沙　居士　迦羅越　父母　鄔婆弟鑠　夫

波帝　婦　婆梨耶　惡人　鳩那羅　童子　拘摩羅　女　扇提羅石　奴馱索迦　力士　婆里旱　王　遮閱那　天主　因陀羅　帝

因陀羅身體類

丹田　優佗那　心　質多耶　意　未那　身影　頻婆帳者

衣服類

衣服　震越　細布　頭鳩羅　麻衣　芻摩　絹　那波吒縵條　鉢吒　裙　泥縛些那　內衣　舍勒　蟲衣蚕結成　憍奢耶　功德衣　迦絺那

宮室類

壇　滿荼邏　香室　健陀俱胝　小舍　拘吒迦　塚　舍磨奢那　院　羅摩

器用類

錫杖　隙棄羅　數珠　鉢塞莫　磬　犍椎　鍾　犍椎斛　佉梨　幡柱　剌瑟胝　幡竿　剌瑟胝　幢　脱闍

珍寶類

金　蘇伐羅　銀　阿路巴　珊瑚　鉢攞娑福羅　琥珀阿濕摩揭婆

車渠　牟婆洛揭拉婆　瑪瑙　摩羅伽隸　赤色珠　鉢摩羅伽　瓔珞　吉由羅　金帶　彌訶　寶臺　曷剌怛那揭婆　金剛鑽　跋折羅

鳥獸類

龍　那伽　蛟　宮毗羅　虬　叔叔邏　獅子　僧伽彼象　迦耶　牛　瞿摩帝　犢子　婆蹉富羅　犀　朅伽　馬阿濕婆　鹿　蜜利迦羅　彌猴　摩斯咤　兔　舍舍迦　鷹嘶那夜　鸜鵒　臊陀　鴈　僧娑　雉　迦頻闍羅　鷄　鳩

鳩吒　鴛鴦　斫迦邏婆　百舌　舍羅　鴿　迦布德迦　孔雀　摩由邏　鵰　阿梨耶　鷲　姑栗陀　鵬　揭羅闍　黿　毗囉拏羯車婆　鯨　摩竭　鰐　失收摩羅

花木類

樹　娑力叉　禓枝　鞞鐸佉嚼　果　頗羅　柰　菴羅　胡桃　播囉師　柿　鎮頭迦　栗　篤迦　李　居唛迦　花　布瑟波　天花　弗把提　柰花　末利花　黄白色花　優鉢羅　白蓮　分陀利　青蓮　漚鉢羅　赤蓮　鉢特摩　黄蓮　拘棊陀　黄色香花　瞻愽瞻蔔　藿香　迦箅　香　乾佗羅耶　蘇合　咄嚕瑟劍　薰陸　杜嚕　茅香　突婆　龍腦　羯布羅　白膠　薩闍羅婆　麝香　莫莫訶婆伽　芸香　多揭羅　沉香　阿伽嚧　安息香　拙具羅　鬱金　茶矩磨　藕根　含樓伽　麥　迦師錯　木綿　睒婆

人事類

無上　阿耨多羅　一切自在　毗舍浮　寂默　牟尼　普賢　邲輸跋陀　觀世音　阿那婆羅吉低輸自覺覺衆生　菩薩菩提薩埵　法　達磨　金剛　那羅延　不來　阿那含　無盡意　阿差末　天授　提婆達多　不休息　乾陀訶提　妙義　純陀　藥王　阿迦雲　出現　優佗夷　好賢　須跋陀羅　無着　阿僧伽　護法　達磨波羅　圓滿　布剌拏　自在　伊濕伐邏　清辨　波毗吠伽　青目　賓伽羅　真諦　波羅末陀　救多羅　護　波利　衆多　僧伽　勇健　夜叉　臭氣　伊羅　疫鬼　羅刹連　本性　魔登伽　無比　阿斯陀　堅固　鉢健提　長大　地嘌加　一切施　薩縛達　與　尼毗迦　惡歌利　和悦　波斯匿　未生　阿闍世　無憂　阿育　戰勝　祇陀　大術　摩訶摩耶　思維　末提希　能忍　索訶娑婆　天堂　殑伽　無比法　阿毗曇　譬喻　阿波陀那　授記　和

伽那　因緣　尼陀那　方廣　毗佛略　未曾有　阿浮達摩
倒懸　盂蘭　救倒懸　烏藍婆拏　一切有　薩婆多　種種說
　鼻婆沙　廣解　毗婆沙　解脫　波羅密木叉　慧　未底
布施　檀那　清涼　尸羅　忍辱　羼提　安忍　羼提　精進
　毗梨耶禪那　智慧　般若　遠離　阿羅蜜　度彼岸　波羅密
　滅尼樓陀　道　末伽　上　奢摩它　觀　毗婆　舍那　平
等　憂畢叉　力　娑羅　願　尼坻　樂欲　薩婆迦摩　至誠
　浮曇未　有愧　地底迦　隨意　鉢刺婆刺拏　禮拜　那謨
悉羯羅　慈　彌羅　悲　迦樓那　無我　阿檀阿隸摩　靜慮　馱
那演那　尋　毗怛迦　護　三跋羅　無等等　阿婆磨　解脫
目帝羅　不退轉　阿鞞跋致　善說　娑婆訶　方便　漚和俱
舍羅　不生　阿耨波陀　垢　羅闍　第一義　波羅末陀　不那
　善　陀摩　縛　婆陀　不熱　荼闍它　語言　和波陀　障
礙　吒婆　作者　迦邏　一切　娑娑　寂滅　賒多　盡　叉
耶　智　若那　義　阿施　名　那摩　句　波陀　品　跋渠
　喜　都羅　訛　喝薩　善哉　娑度　奇哉　阿呼　焚燒　闍
維荼毗　燒　陀呵　苦行　勒沙婆　嗔恚　提鞞沙　癡　慕何
　命　何耆毗伽邪　欲　阿羅伽　諂曲　奢佗　執持　阿陀那
　清淨識　菴摩羅　真實心　乾栗陀耶　遣來　阿那　遣去
　入息般那有　出息烏波　無常　薩迦耶薩　生　佐那　生
死　未剌諵闍提闍迦　黃病　摩羅　危病　阿薩闍　解脫處　林
微尼　奇特　阿奢理貳　受齋　烏晡沙它　乞食　分衛　正
食　蒲闍尼　不正食　佉闍尼　數術　僧佉論僧企　耶耎　没栗
度　細滑　麗㨖毗　佛頂　烏瑟膩沙　妙法蓮花　薩達磨芬陀
利　無　阿　上　耨多羅　正三徧　三藐　正三等　三藐
覺　菩提　道　菩提　除一切鬱蒸熱惱　胡蘇多　不可往　楞迦
駿迦　善施　須達多　無滅　阿那律　善吉　須菩提　歡喜

阿難　無染　阿難　不動　賓頭盧　善歡喜　難陀

古里國疆里

古里國,又曰西洋古里國,又曰古俚,或以爲二國。《會典》諸書所載各異。其國與伽藍洲獅子國相鄰,南距柯枝,西至海,去中國十萬里。

柯枝國往古里路程

自柯枝國港口往西北行三日,可到其國。

古里國統

古里大國,西洋諸番之會,前代不通中國。本朝洪武二年,遣行人聞良輔詔諭西洋諸番。古里國王遣使進金葉表文,入貢。上以其涉海道遠,賜賚甚厚。五年,瑣里國王卜納的亦遣使,奉金葉表文,並圖其土地山川以獻。上賜國王《大統曆》及織金綵段、紗羅各四疋,賜使臣綵段、紗羅各二疋。永樂元年,王馬那必加剌滿遣馬戍來朝貢。二年,二國各遣使貢馬,詔許其附載胡椒等物,皆免税。三年,其酋長沙米的又遣使朝貢,詔封古里國王,給印誥。五年,復來貢。七年,遣中官鄭和遣西南夷賜王誥命幣帛,陞賞其將領有差。於是古里復遣使貢金絲寶帶。金絲其細如髮,結花綴八寶珍珠、雅鶻石於上。自後其國間一遣貢。

古俚制度

其王位父不傳子,傳與外甥,止論女腹所生爲嫡族。其王若無姐妹,傳之於弟。無弟,擇賢而傳之。王頭纏黄白布,上不穿衣,下圍絹絲手巾。再用五色紵絲二尺纏之,名曰壓腰。其刑法無鞭笞，輕則截手斷足，或罰金。重則誅戮，甚則抄滅。犯法者拘之到官，輸服則已，若稱寃枉不輸服者，則於王前或大頭目前置一鐵鍋，盛油五十斤，煎燒其油，先以樹葉投於油内，試之，爆烈有聲，遂命其人以右手二指蘸於油内，片時待焦取出，用布包裹，封記監留在官。三日後，聚衆開封看之，若手潰爛，是其事不枉，便即加刑。若手如舊無損，則釋之。頭目人等以鼓樂送其人回家，親鄰饋禮相賀，飲酒作樂。各處番船到彼，王差頭目並寫字人來，眼同而賣，亦取税錢。如永樂十三年，鄭和寳船到彼，王差頭目並哲地米納，即書筭手官牙人也來會。領䑸大人議擇某日打價。至日，先將帶去錦綺等貨逐一議價，寫定合同，合掌。其牙人言某日交易，於衆手中拍一掌，或貴或賤，再不番悔。然後哲地富户將寳石、珍珠、珊瑚等物來看。其議價，則非一日能也，速則一月，緩則二三月。價議已定，如買一主珍珠等物，該錢若干，則原經手頭目米納計算，該還紵絲等物若干，照原打手之議交還，毫釐無改。王以六成金鑄錢行使，名吧喃。每箇官寸三分八釐，面底有紋，重官秤一分。又以銀鑄小錢，名搭兒。每番秤一錢，該官秤八分。其番秤名法剌央秤，番貨重二百斤，番秤爲一播荷，該官秤三百二十斤。若其量法官鑄銅升，番名光戛黎，每升該官升一升六合。

古俚風俗

其地氣候常熱，多雨，田瘠少收。村落傍海，綴椰木葉苫屋。風俗頗淳。人無酥油不能食飯。男女椎髻穿短衫，圍單衣。國人半奉回回教門，禮拜寺有二三十處，七日一次拜禮。至日，本家齋沐，諸事不理，午時大小男子俱至禮拜寺，至未時方散，回理别務，人甚誠信。民族有五種，亦如古俚。曰南毘、曰回回人、曰哲地、曰革全、曰木瓜。婚喪之禮，鎖里人、回回人各依本等,體制不同。交易無算盤,以兩手兩脚十指計算,分毫無差。街市亦有彈唱者,以葫蘆殻爲樂器,唱番歌,相和而彈,音韻堪聽。交易用金銀錢,銀錢十五當金錢一。其貨用色段、白絲、青花白磁器、金銀之屬。

古俚物産

稻,紅白皆有。椰子樹,椰子之用有十,嫩者漿甜可食,又可釀酒。老者肉打成油,做糖或做飯,外皮打索造船,殻爲碗,爲酒鍾,又可燒酒灰,打鑲細巧金銀器飾,樹堪造屋,葉堪蓋屋。富者則種椰子一千枝或二三百株,以爲世業。胡椒,山脚住人置園多種,到十月間椒熟,摘取,曬乾,自有收。椒,大户收買,上官庫盛貯,若有買者,官與發賣,見數計算税錢納官。每胡椒二百五十斤爲一播荷,即官秤之四百斤也。賣金錢二百箇。波羅蜜、芭蕉、木鼈樹,高十餘丈,結子如大柿,内包其子三四十箇,熟則自落。芥菜、薑、蘿蔔、蒜,葱如蒜頭大,葉小。茄子、葫蘆、東瓜、小瓜如指大,長二寸許,味如東瓜。水牛不甚高大,黄牛重三四百斤,人不食其肉,止食乳酪、酥油。凡牛死則埋之。羊脚高,灰色,似驢,可騎。鹿、兔、鷄、鴨、鴉、鷹、鷺鷥、孔雀、燕子,蝙蝠,其大如鷹,俱在木鼈樹上,倒掛而歇。魚最多。西洋布,本國名撦黎布,出於隣境坎巴夷等處。每疋闊四尺五寸,長二丈五尺,賣金錢八箇或十箇。手巾,國人將蠶絲練染織成。間道花,闊五尺,長一丈二尺,餘每條賣金錢一百箇。

古里國貢物

寶石○珊瑚珠○琉璃瓶○琉璃椀○寶鐵刀○拂郎雙刃刀○金繫腰○錫○阿思摸達塗兒氣○龍涎○蘇合油○乳香○檀香○木香○梔子花○胡椒○花氈單伯蘭布○苾布○紅絲花手

巾○番花人馬象物手巾○線結花靠枕。

給賜古里國

永樂間,賜國王、王妃紵絲、紗羅等物。

十六、東西洋考

暹羅六坤

洪武四年,國王參烈昭昆牙遣使奉金葉表來朝。七年,使臣沙里拔繼至,自言:"銜命來王,去秋八月,壞舟烏猪洋,漂至南海,所餘貢物,僅蘇木、降香、兜羅錦來獻,不敢自外於包茅。"上訝其無表,詭言舟覆,而方物迺存,必番商也,卻之。(詔中書禮部曰:"古者中國諸侯,比年一小聘,三年一大聘。九州之外,則每世一朝,所貢方物,不過表誠敬而已。高麗稍近中國,頗有文物禮樂,與他番異,是以命依三年一聘之禮。其他遠國,如占城、安南,西洋瑣里、爪哇、浡泥、三佛齊、暹羅斛、真臘等處,新附國土。入貢既頻,勞費甚大,朕不欲也。令遵古典,不必頻煩,其移文使諸國知之。")

形勝名蹟

錫門(華人出入必經之處,鄭和爲建卓楔,扁曰天竺國。)

物産

寶石(《華夷考》曰:錫蘭高山參天,頂産青美藍石、黄鴉鶻石、青紅寶石,每遇大雨,衝流沙中,拾取之。暹羅本朝充貢。)

(卷二《西洋列國考》)

大泥吉蘭丹

吉蘭丹,即渤泥之馬頭也,風俗俱同渤泥。嘉靖末,海寇餘衆歸於此，生聚至二千餘人，行劫海中，商舶苦之。（或謂吉蘭丹即小葛蘭國。按小葛蘭與柯枝接境，而吉蘭丹在大泥，相連去彼遠甚。但大泥、吉蘭丹俱鑄金爲錢，而柯枝與小葛蘭亦俱用金錢，以此相同，影響之所自起也。姑載之以破疑。）

（卷三《西洋列國考》）

西洋針路

錫蘭山港口（即梁時所通狼牙修也，今訛爲石旦。隋常駿至林邑，遥望見焉。夷言高山爲"錫蘭"，因名。今稱錫蘭港口者，亦就望見言之其實去彼尚遠。……永樂間，其王來貢。旋復負固不恭，鄭中貴和虜其王歸，上命釋之。其後貢使歲以爲常。洋中凡五嶼，正門打水四五托。用丙巳針，六更，至下港。）

（卷九《舟師考》）

十七、武備志[①]

① 本篇所收《自寶船廠開船從龍江關出水直抵外國諸蕃圖》經向達整理。已於一九六一年重印出版。現將其《整理鄭和航海圖序言》收録附後。

占度載

度五十二

航海

茅子曰：《禹貢》之終也，詳哉言聲教所及。儒者曰：先王不務遠。夫勞近以務遠，君子不取也。不窮兵，不疲民，而禮樂文明赫昭異域，使光天之下無不沾德化焉，非先王之天地同量哉。唐起於西，故玉關之外將萬里。明起於東，故文皇帝航海之使，不知其幾十萬里。天實啓之，不可强也。當是時，臣爲内監鄭和，亦不辱命焉。其圖列道里國土，詳而不誣，載以昭來世，志武功也。

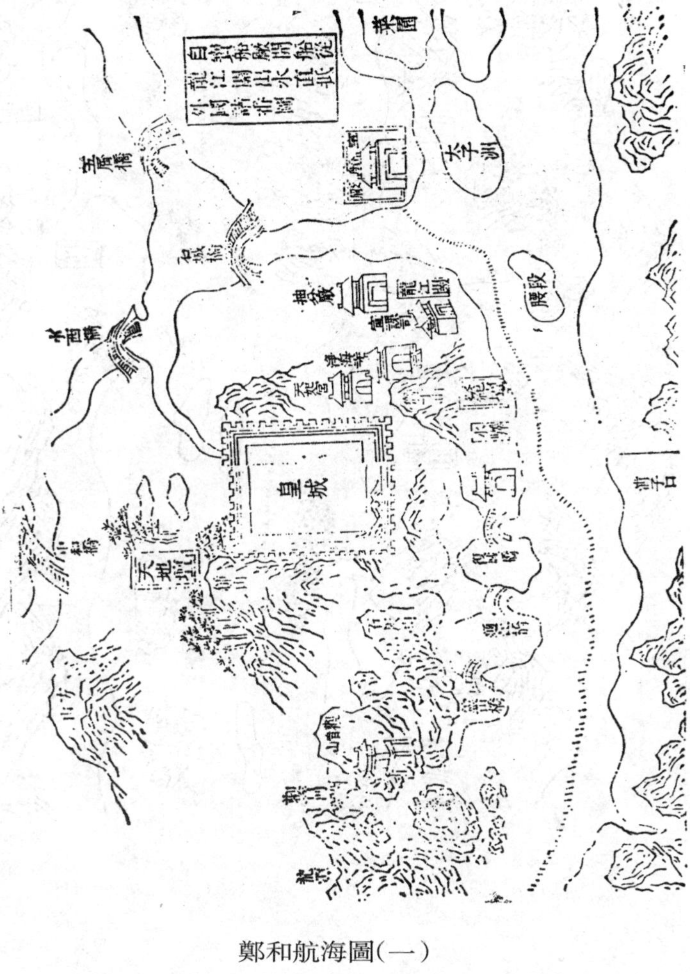

鄭和航海圖(一)

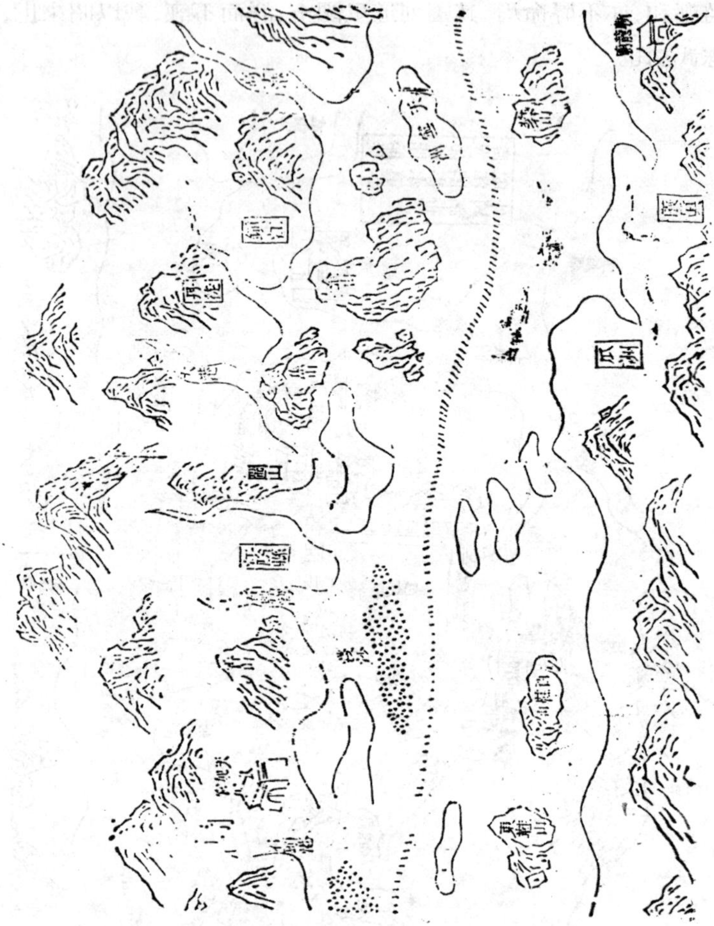

鄭和航海圖(二)

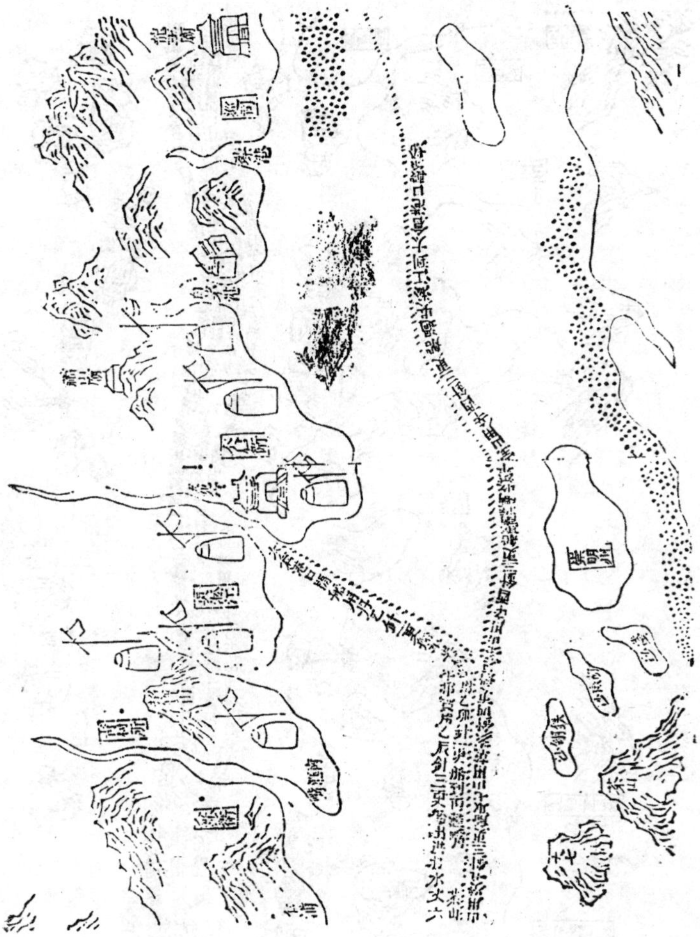

鄭和航海圖(三)

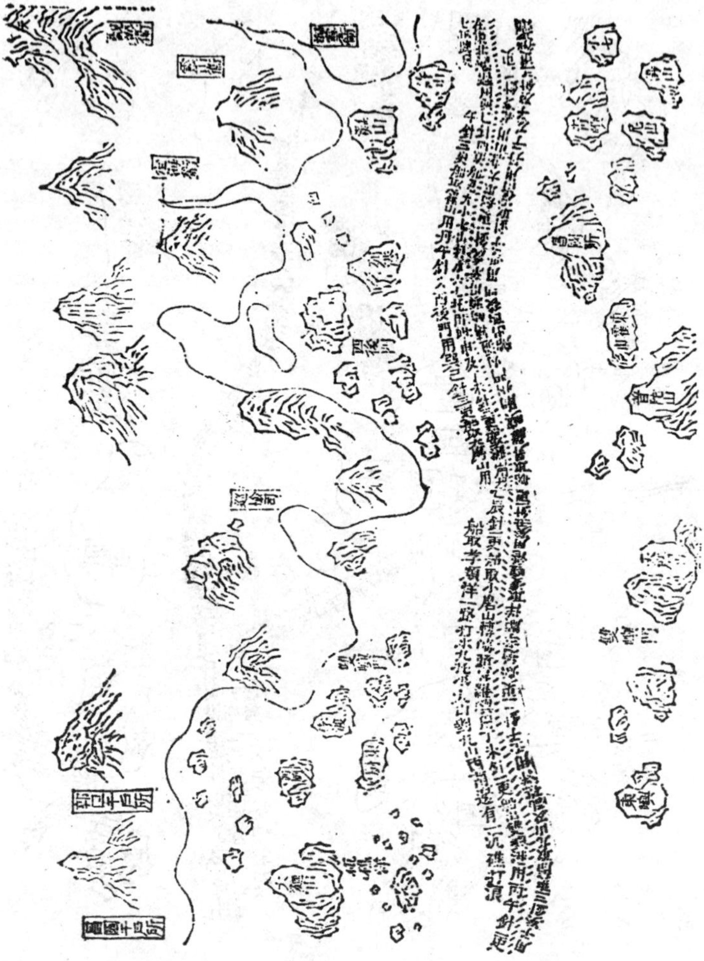

鄭和航海圖（四）

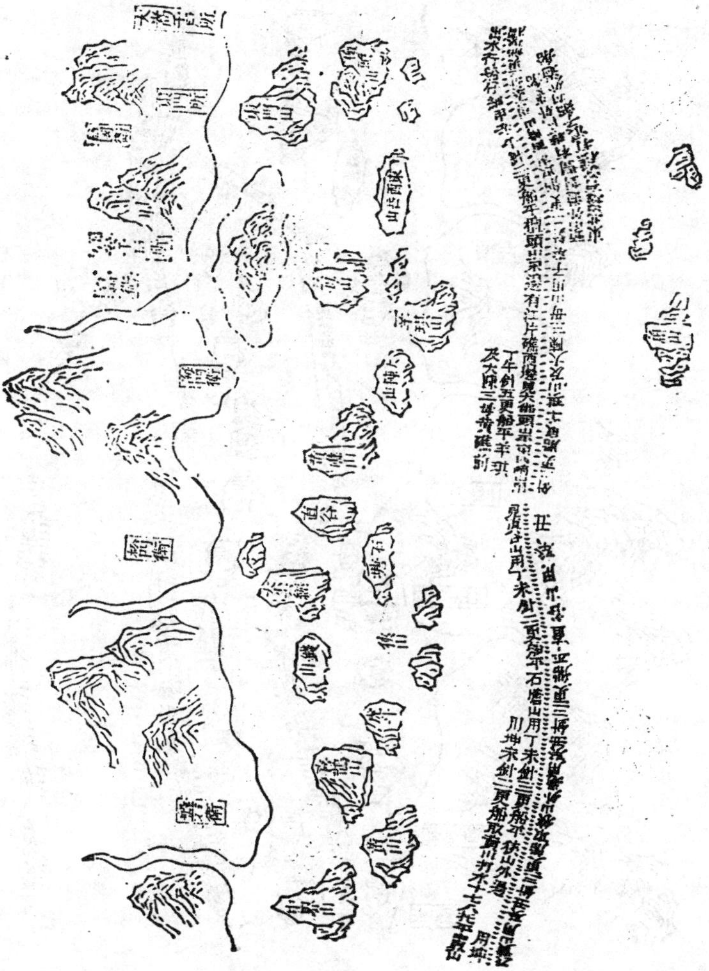

鄭和航海圖（五）

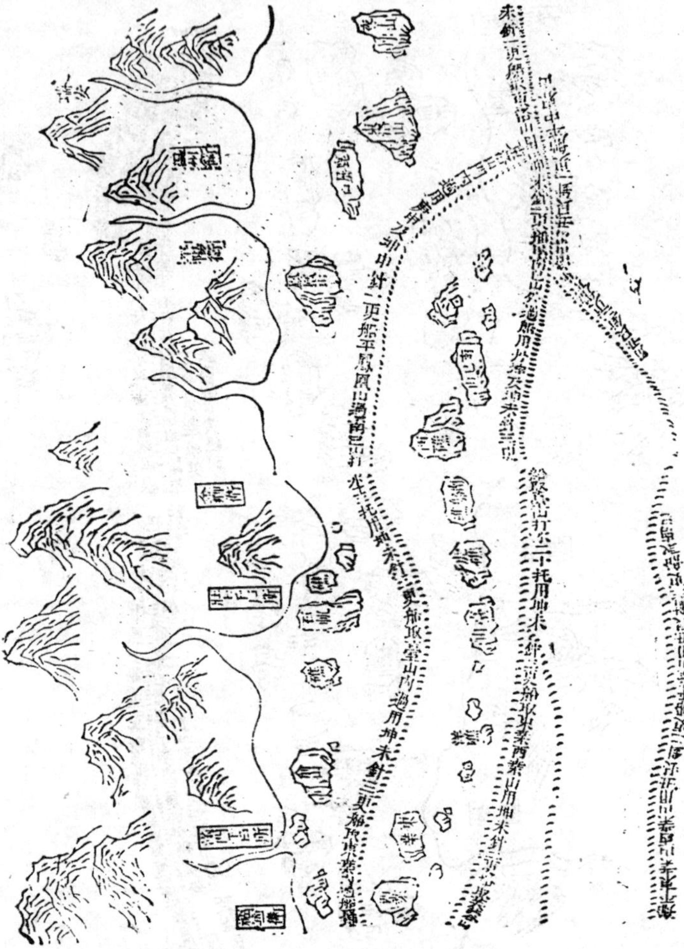

鄭和航海圖(六)

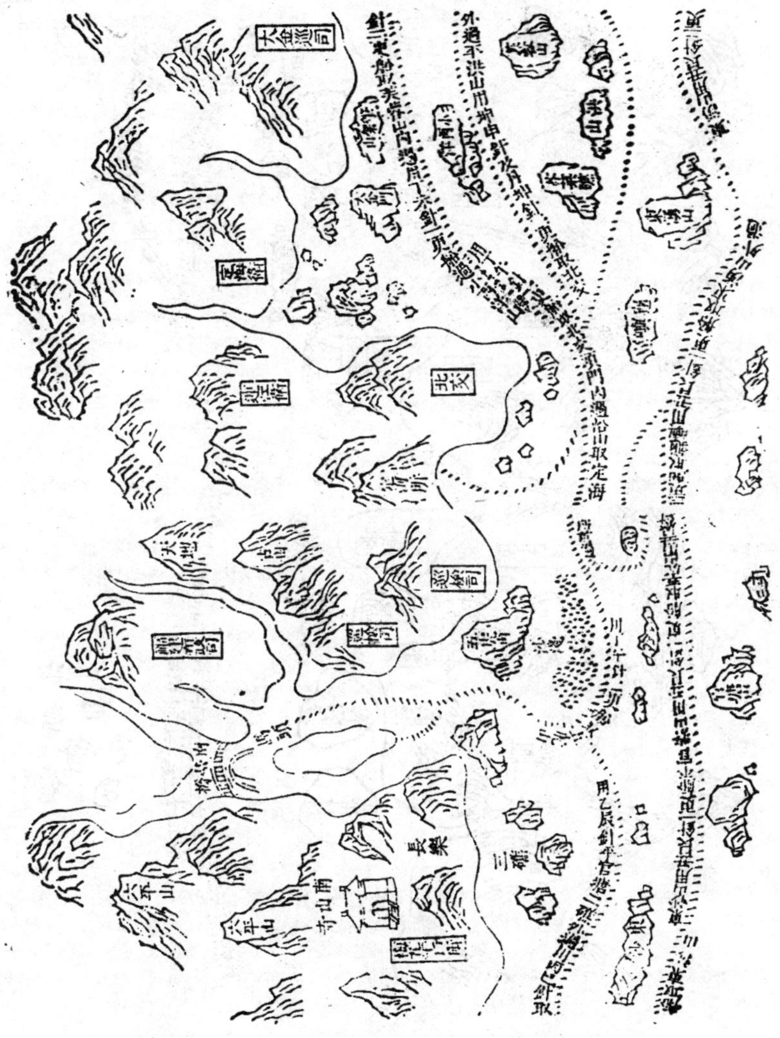

鄭和航海圖（七）

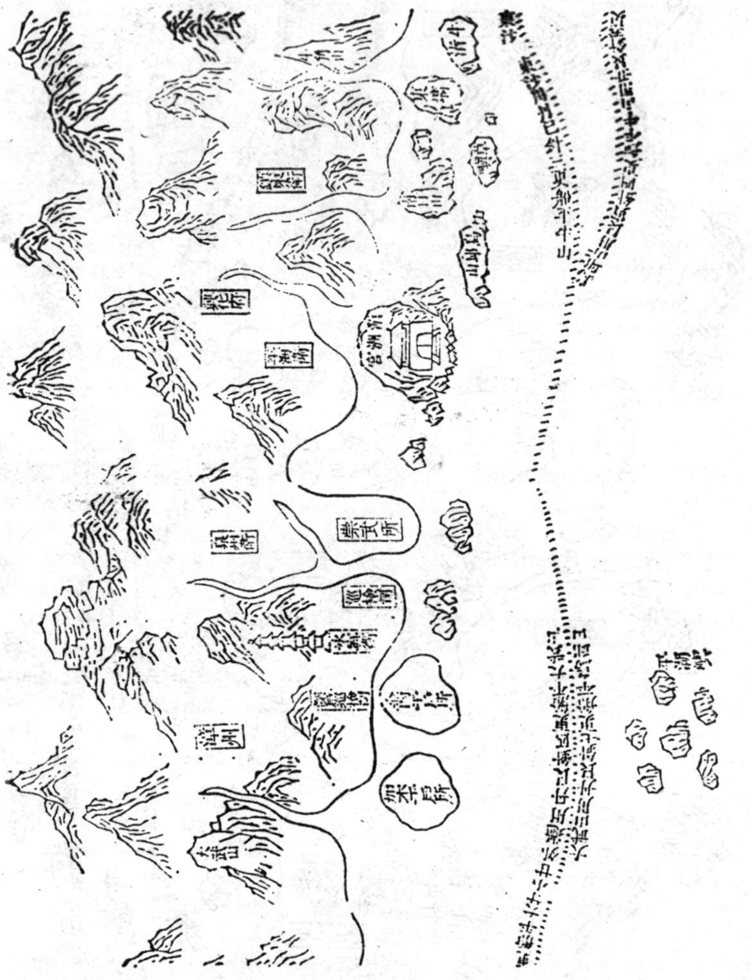

鄭和航海圖(八)

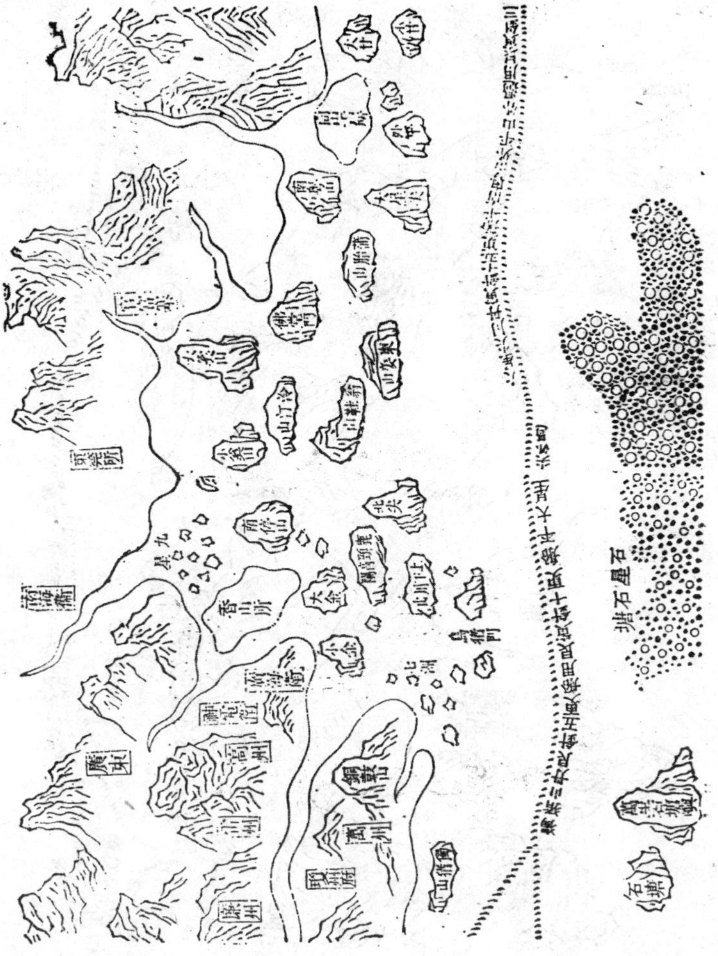

鄭和航海圖（九）

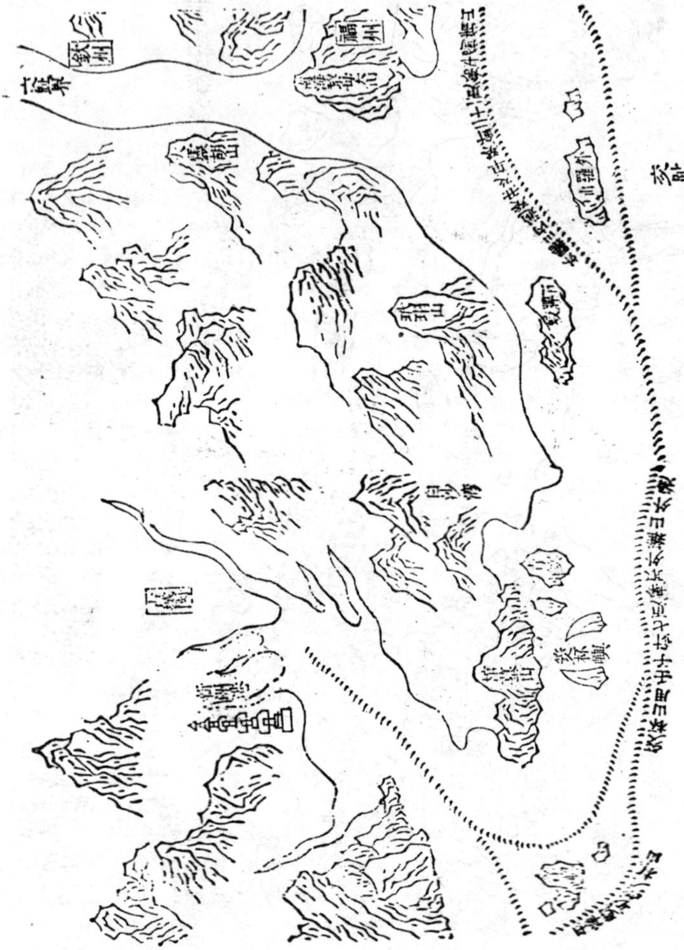

鄭和航海圖(十)

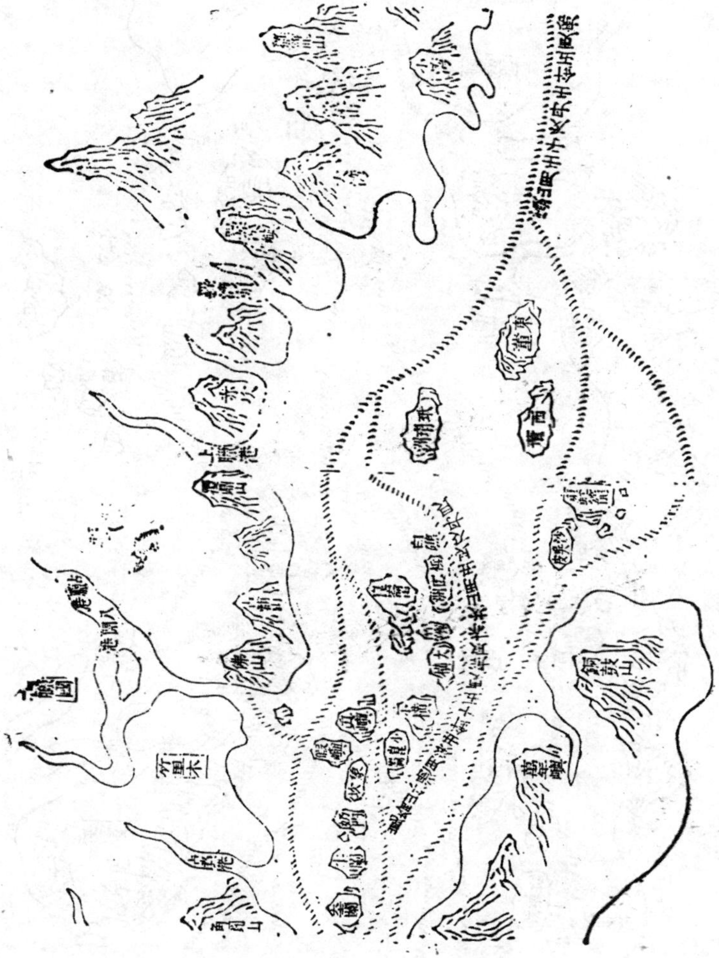

鄭和航海圖(十一)

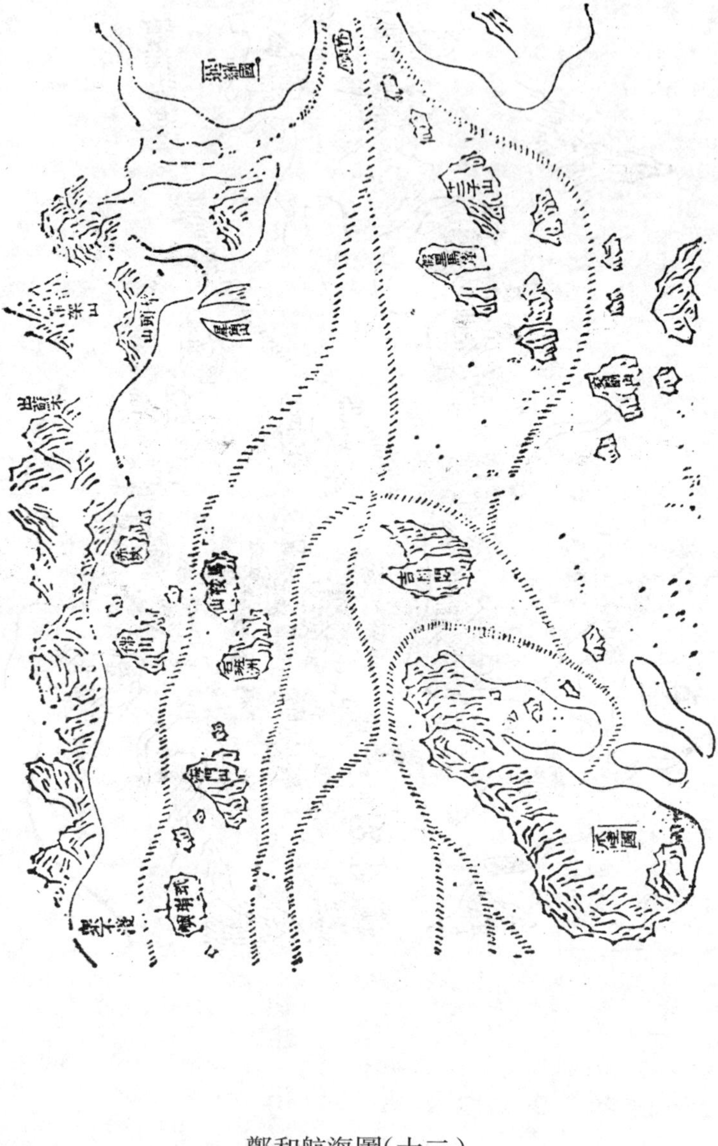

鄭和航海圖(十二)

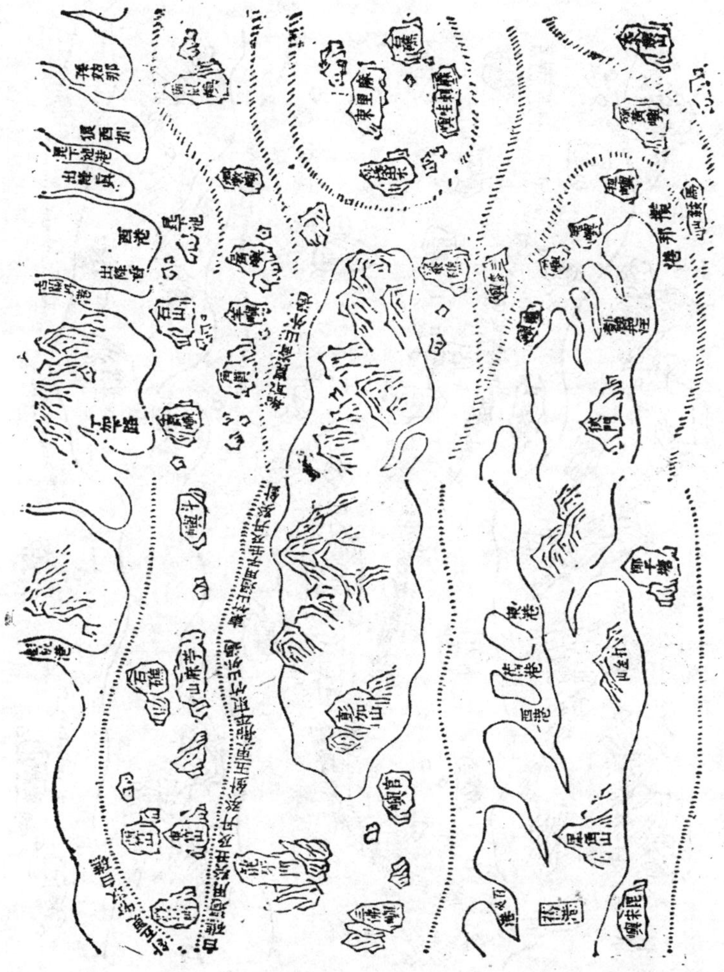

鄭和航海圖(十三)

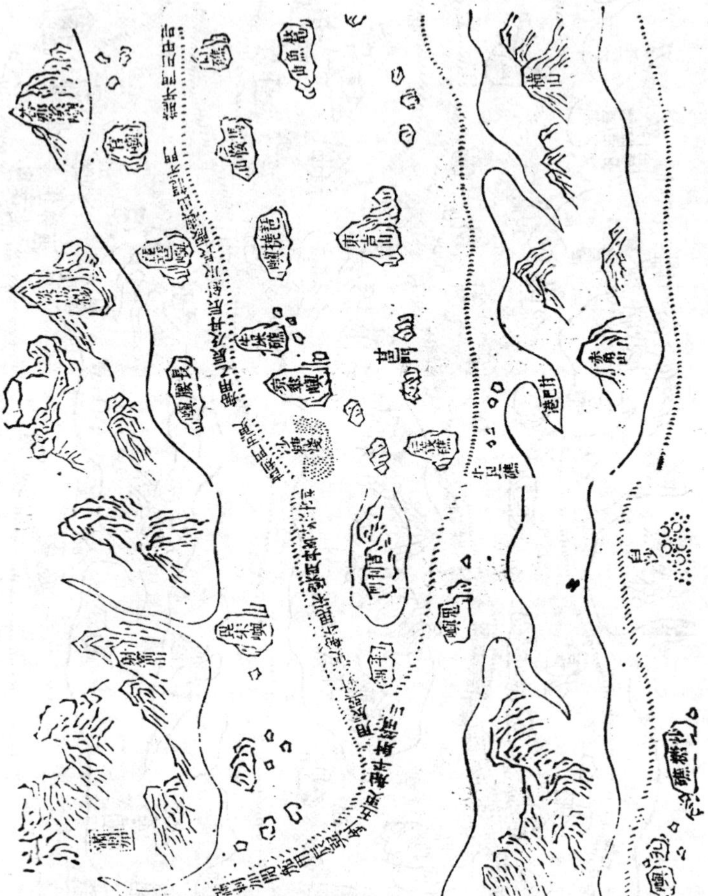

鄭和航海圖(十四)

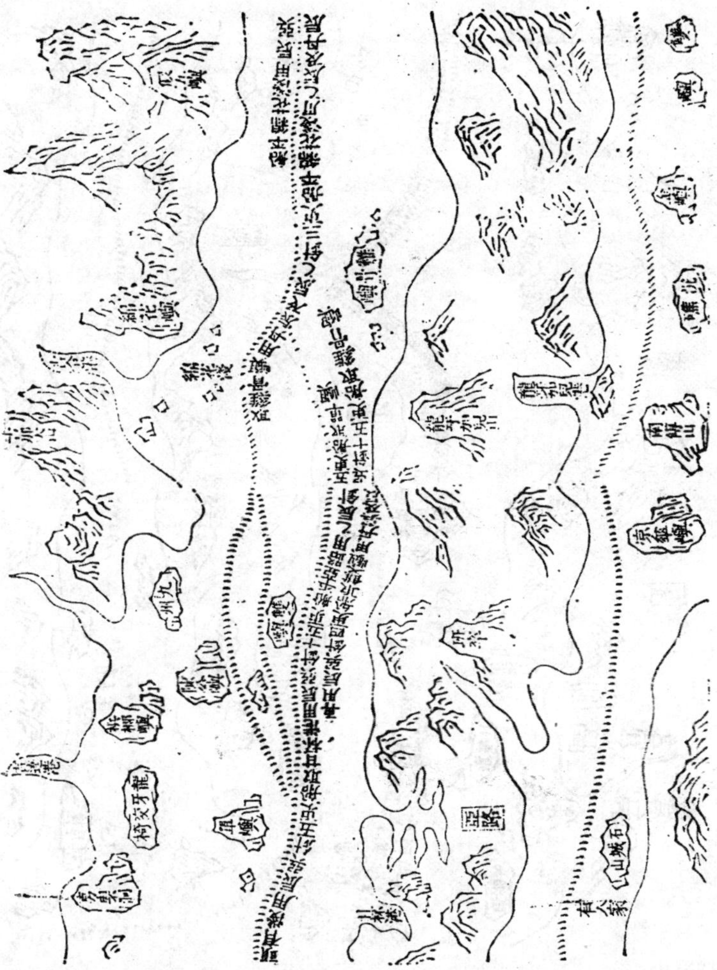

鄭和航海圖（十五）

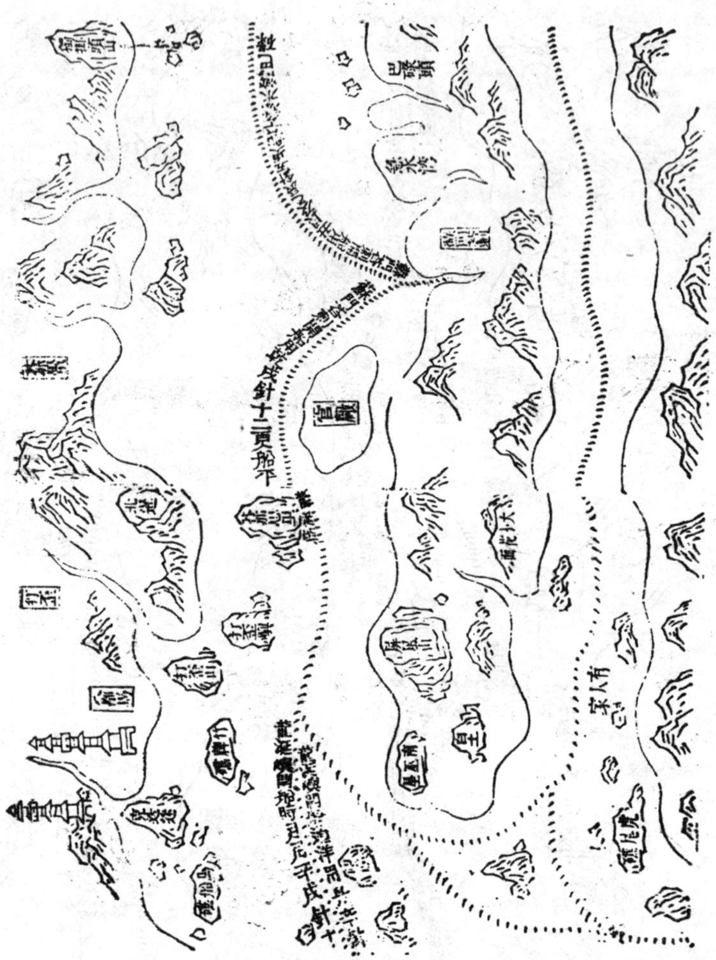

鄭和航海圖（十六）

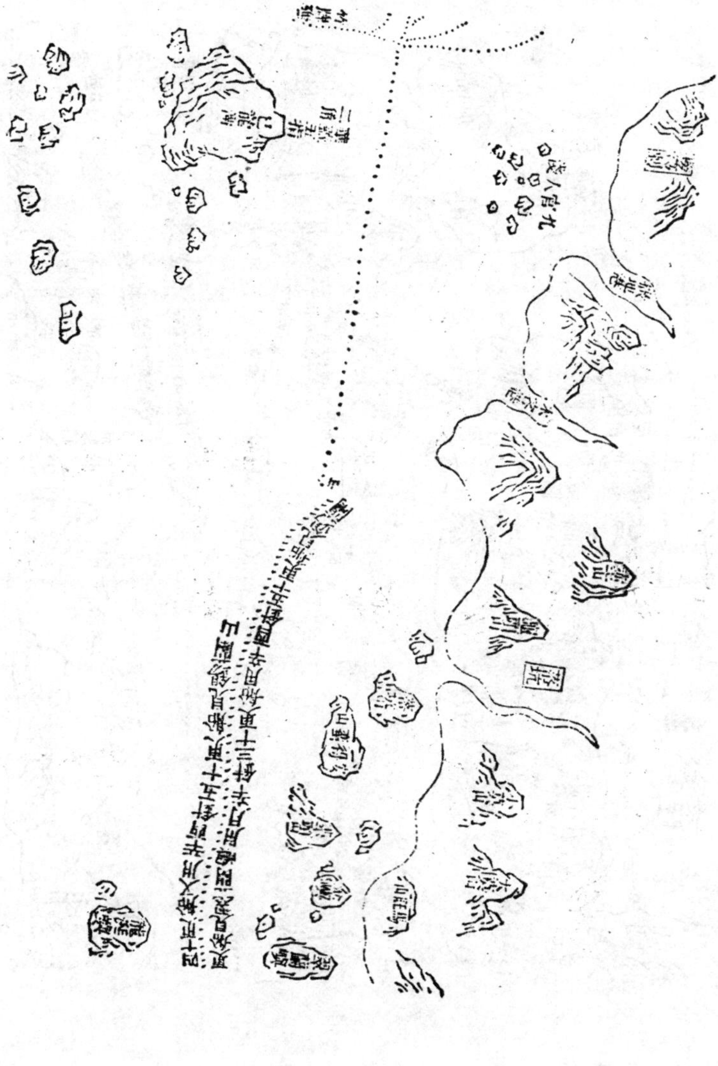

鄭和航海圖（十七）

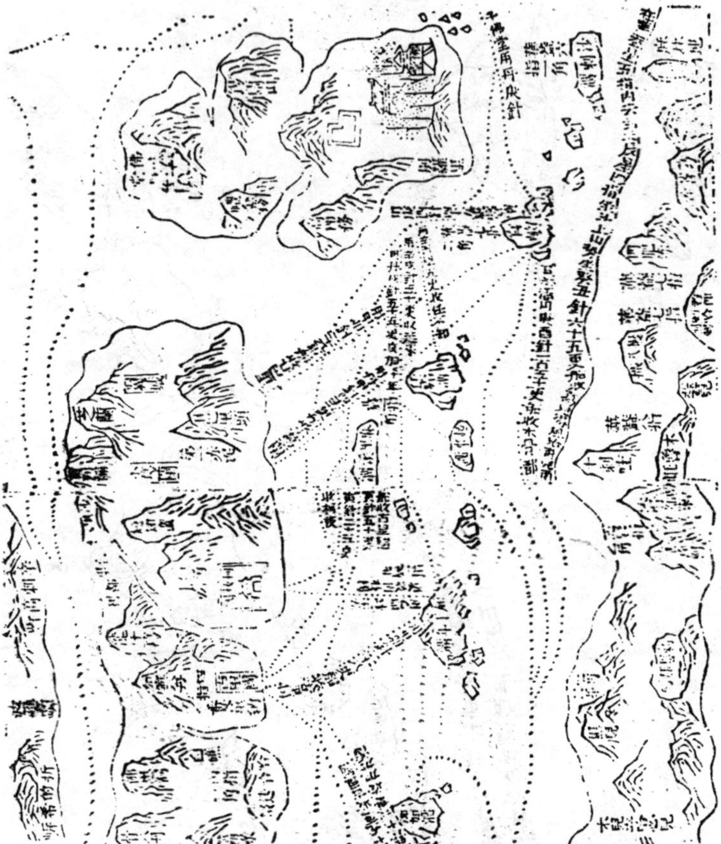

鄭和航海圖(十八)

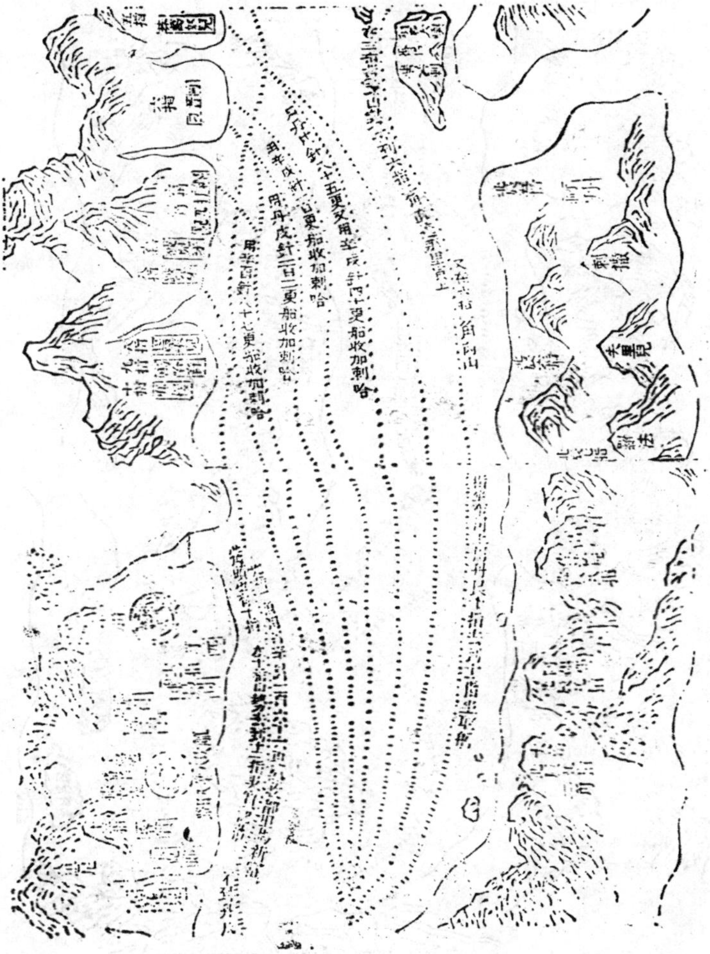

鄭和航海圖（十九）

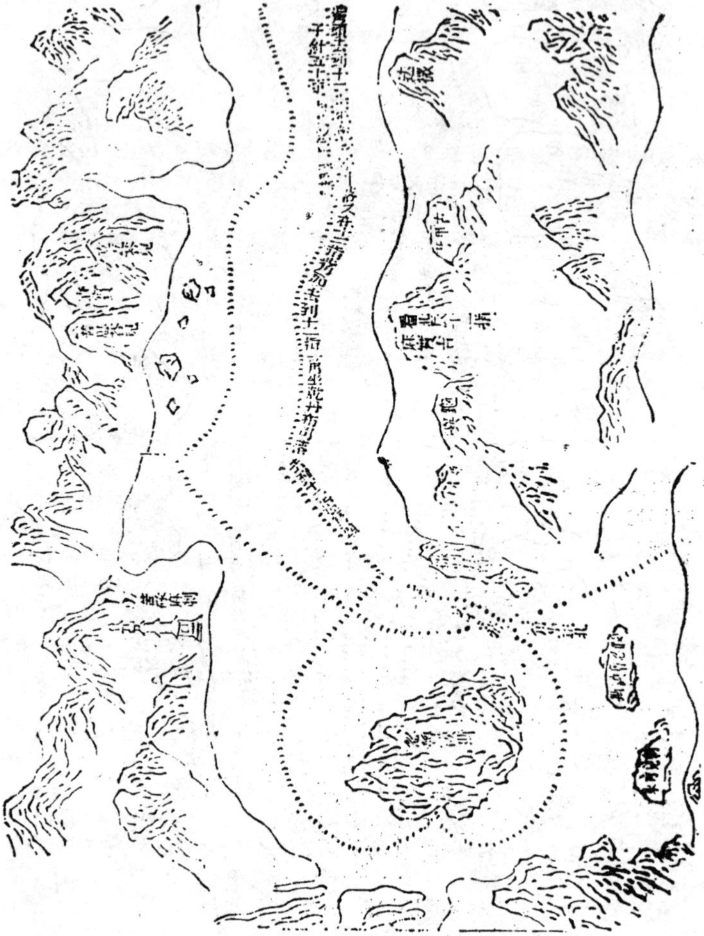

鄭和航海圖(二十)

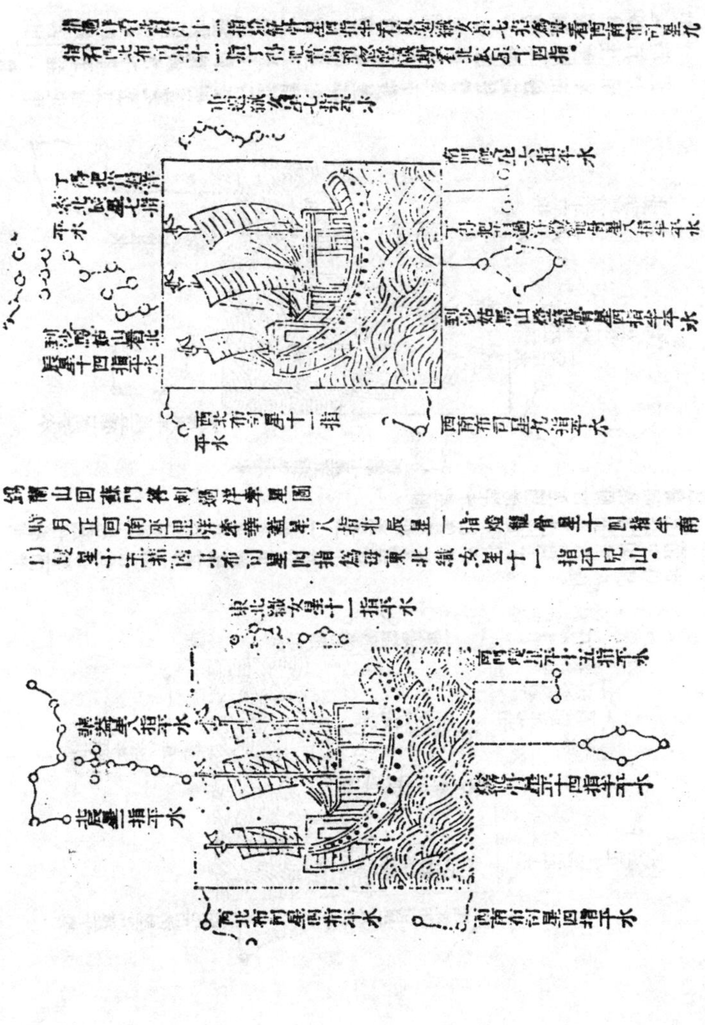

鄭和航海圖(二十一)

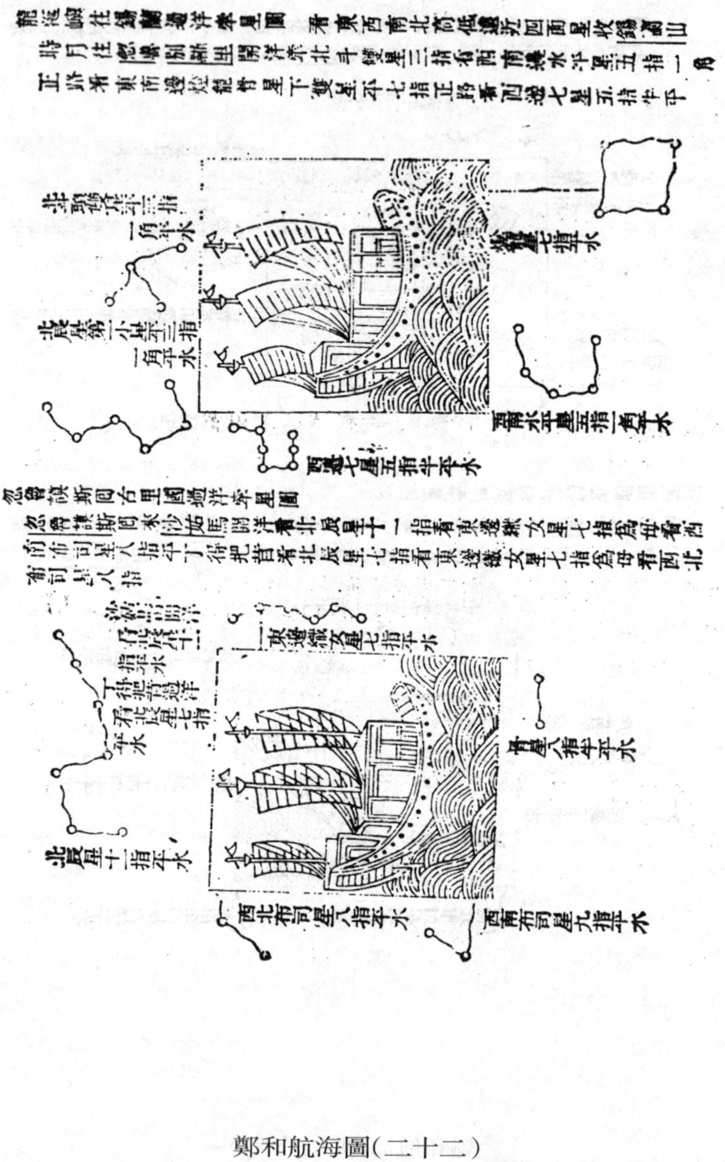
過洋牽星圖
北辰星十一指平水
西北布司星八指平水
西南布司星九指平水
東邊織女星七指平水
西邊七星五指半平水
西南水平星五指一角平水
北辰第一小星平三指一角平水

鄭和航海圖(二十二)

整理鄭和航海圖序言

《鄭和航海圖》見於明茅元儀編輯的《武備志》卷二百四十，圖的原名是:《自寶船廠開船從龍江關出水直抵外國諸番圖》。過去使用此圖的人嫌原名太長，不能一目瞭然，多省稱爲《鄭和航海圖》。現在整理重印，也就採用了這一個名稱。

原圖一共二十四頁:序一頁，地圖二十頁，《過洋牽星圖》二頁(四幅)，空白一頁。序僅一百四十二個字，當出於茅元儀之手。元儀，明浙江歸安(今湖州市)人。生於明萬曆至崇禎之間。他的祖父茅坤，人稱鹿門先生，是一位古文家，也是一位軍事家，打過仗，做過兵部官，佐過胡宗憲的幕，熟悉海防。元儀少好談兵，曾佐孫承宗軍幕，官至副總兵，守覺華島，和滿洲對過陣，不愧爲將門之子。他因爲生當明季國家多事之秋，所以除去自己參軍而外，還講求韜略，寫了一些有關軍事和邊防的書，《武備志》就是他所編寫的一種。《武備志》是他寓居金陵時所作，於明毅宗朱由檢崇禎元年(公元一六二八年)進呈，因爲書裏講到遼事和建州，清朝列爲禁書，到道光以後才開禁，重行擺印。今行世有明天啓刊本，清道光木活字本和日本刊本。《武備志》所收《航海圖》，元儀在序裏没有説明來歷，只説明成祖朱棣派人出使海外諸國，“當是時臣爲内豎鄭和，亦不辱命焉。其圖列道里國土，詳而不誣。”云云。至於此圖是否鄭和所用，或出於何人何時，序文一字不提。今案明世宗朱厚熜嘉靖二十六年(公元一五五七年)，胡宗憲爲浙江巡撫，爲着防禦倭寇，曾請鄭若曾等人蒐集海防材料，編輯《籌海圖編》。茅坤在胡宗憲幕府裏參加過《籌海圖編》的編纂工作，見到一些與海防有關的材料;他又做過兵部的官，也可能見到兵部的檔案。元儀秉承家學，著述等身，《武備志》裏的《航海圖》，如不是出自兵部檔案,就是從胡宗憲那裏得來的,一定是淵源有自之作。其次,這一部地圖所表現的大概是明宣宗朱瞻基宣德五年(公元一四三〇年)鄭和最末一次下西洋,圖上的航程、地理,與祝允明《前聞記》所記宣德一次下西洋相合。所以《武備志》裏的這部《航海圖》,可以假定爲十五世紀中葉傳下來的。在中國地圖學史上,就海圖而言,這要算是最早的了。

全部《航海圖》是仿照《長江萬里圖》的一字展開式繪製而成的。因爲用的是書本式(原來當是手卷式,收入《武備志》後改成書本式),自右而左。寶船出長江口以後,向南沿着江、浙、閩、粵海岸西行,這樣展開是容易瞭解的。衹有從南京至長江口一段,是自西向東,爲着配合出長江口以下各段,繪製時在圖上把南京至長江口的方位顛倒過來,長江南岸的地方挪到北岸,北岸的挪到南岸,成爲上南下北,這樣一直畫到長江口。出長江口以後,恢復了正常的方位。這是這部地圖的讀法的第一點。其次,地圖上到了印度的孟加拉灣(Bay of Bengal),伊朗的阿曼灣(Gulf of Oman)以及由阿拉伯半島南端的亞丁(Aden,原圖二〇頁下作阿丹),渡亞丁灣(Gulf of Aden)到非洲東部,在這些要大轉灣的地方,圖上采用上下對列的辦法,來解決兩岸相對的地名。明白圖上的這些繪圖法,就比較好讀了。全圖以南京爲起點,最遠到非洲東岸怯尼亞(Kenya)的慢八撒(Mombasa,今圖作蒙巴薩),即南緯四度左右爲止,包括亞、非兩洲,所收地名達五百個之多。五百個地名中,本國部分約佔二百,其餘亞、非諸國約佔三百。元代汪大淵的《島夷志畧》所紀外國地名不過一百,《航海圖》比《志畧》要多兩倍。十五世紀以前,我們紀載亞、非兩洲的地理圖籍,要以這部航海圖的内容爲最豐富了。

關於鄭和下西洋和《武備志》中所收的《鄭和航海圖》,近百年來，中外學者都作過一些研究。中國方面如梁任公、馮承鈞等人，歐洲方面如 W. F. Mayers, W. P. Groeneveldt, G. Phillips, J. J. Duyvendak, P. Pelliot，日本方面如山本達郎、北村松之助諸人，他們在地理方面都作過一些考證工夫。一九四三年重慶商務印書館出版了范文濤的《鄭和航海圖考》，一九四七年新嘉坡南洋編譯所出版了張禮千的《東西洋考》中之針路。范書注重在馬來半島方面諸有關地名的攷證，張書則西起印度，東至馬來半島、印度尼西亞、菲律賓以及越南諸地，綜合舊聞，益以新知。於是鄭和下西洋以及《航海圖》中有關上述諸地的情形，算是大致清楚了。

自海南島至馬來半島東岸，即原圖的第十一頁下至第十四頁上，爲交趾、占城（今越南）、真臘（今柬埔寨）、暹羅（今泰國）諸國。其中如新州即今越南歸仁，靈山即華列拉岬（Cape Varella），崑崙山今圖作崑崙島（Pulo Condore），假里馬達今圖作卡里馬塔島（Karimata Is.），交闌山即 Gelam，吉利悶今圖作卡里摩爪哇羣島（Karimon Djava Is.），爪哇今圖同。這是馬來半島以東見於《航海圖》的幾個重要地名。

馬來半島以西如孟加拉灣中的翠蘭嶼今圖作尼科巴羣島（Nicobar Is.），安得蠻山今圖作安達曼羣島（Andaman Is.），錫蘭山即今錫蘭（Ceylon）。溜山國今圖作馬爾代夫羣島（Maldive Is.），在印度南部的印度洋中。印度大陸上如榜葛剌即今孟加拉（Bengal），小葛蘭今圖作魁朗（Quilon），柯枝作柯欽（Cochin），古里作卡利卡特（Calicut）。忽魯謨斯作霍木兹（Hormuz），屬今伊朗。佐法兒今圖作 Dhofar。阿丹今圖作亞丁（Aden），俱在阿拉伯半島。木骨都束今圖作莫格迪紹（Mogadishu），卜剌哇今圖作布臘伐（Brava），竹步即 Juba，麻林地即 Malindi，慢八撒今圖作蒙巴薩（Mombasa）。這些都在南緯四度以北非洲東北部沿海對着印度洋的一些地方。

以上所舉的一些地方,近百年來經過許多人的研究,大致可以確定了。現在以此爲基準點,用今圖和《航海圖》對照來推究其他地名,並初步加以説明。

從馬來半島北部下緬甸地方説起。原圖第十七頁下有答那思里,第十八頁上有打歪和八都馬。據菲利普斯(George Phillips)《印度錫蘭海港考》(The Seaports of India and Ceylon, desoribed by Chinese voyages of the 15th century, together with an account of Chinese navigation. Journal of the China Branch of the Royal Asiatic Society, 1885, Vol. xx. pp. 209–226),以及後來日本藤田豐八的《島夷志畧校注》八都馬、淡邈諸條校注,答那思里就是下緬甸的 Tenasserim,古名頓遜、典遜,今圖作典那沙冷。打歪即典那沙冷北面的 Tavoy,今圖作土瓦。八都馬即 Martaban,今圖作馬達班,亦稱馬打璊、毛淡棉。這些大都可信。答那思里、打歪、八都馬是從下緬甸逐漸往北。八都馬已到薩爾温江(R. Salween)江口,菲利普斯疑心圖上的落坑就是今緬甸的首都仰光(Rangoon),很有可能。撒地港既爲今東巴基斯坦的 Chittagong,則撒地港南的木客港也衹能爲今圖的 Maskhal。

沿着緬甸西海岸北上的海岸線到撒地港已經盡頭了,應該折而向西,沿着恆河三角洲以至印度半島的本部。原圖第十九頁上至第二十頁上所繪自撒地港至烏里舍城,即指沿着今孟加拉灣北面恆河三角洲向西以至印度半島東面最北的一段地方,繪成一灣,所以表示至印度半島本部轉而向南的意思。原圖第二十頁上的辛剌高岸、波羅高岸、折的希岸,今地俱無可攷。所謂高岸或岸,大約就是現在印度地圖上恆河三角洲一帶的所謂 Point。如這一推測不誤,則菲利普斯以爲圖上的烏里舍城的烏里舍即指 Orissa,今圖作奥理薩,就更有根據了。烏里舍城當指 Cuttack，今圖作卡塔克，卡塔克在馬哈納迪河（P. Mahanadi）南岸，與本圖所標亦合。烏里舍塔當即卡塔克稍南的 Kanarak。Kanarak 一名黑塔（Black Pagoda），烏里舍塔得名當由於此。

從原圖第十九頁下和第二十頁上看，由烏里舍、烏里舍塔往回走的骨八丹、佛思洞、加寧八丹、龍牙葛、俱里都利、沙里八丹、買列補、芝蘭、翼城，都在今印度半島東岸自奥理薩以南以至科摩林角（C. Comorin）一帶沿海地方。印度好些地名末尾附有 Patam 的尾音，就是本圖的“八丹”。骨八丹，菲利普斯以爲是奥理薩南的 Maniquepatam，我以爲可能是 Visagapatam，今圖作維札加帕塔姆。佛思洞、龍牙葛、俱里都利無可攷。加寧八丹衹能爲 Kalingapatam，地在馬德拉斯（Madras）以北。沙里八丹應是 Masulipatam，菲利普斯的比定是對的。藤田以爲是 Negapatam 然據圖，沙里八丹當在芝蘭之北，芝蘭即 Chilambaram，毫無可疑，則沙里八丹豈能爲其南面之 Negapratam，故仍以菲氏之説爲勝。翼城當即《馬可波羅行記》（Marco Polo’s Travels）中的 Cail Kayal 城，《明史》作加異勒城。翼城以下爲甘巴里頭，算是到了半島的最南端。甘巴里頭即科摩林角，菲利普斯以下俱無異辭。到了甘巴里頭，據今圖，航程就應該遶向西北，沿着印度西面的馬拉巴海岸（Malabar Coast）北上了。

印度西海岸除去小葛蘭、柯枝、古里諸地已攷訂清楚而外，還有一些地名，尚待推究。原圖第二十頁上古里北面的白礁，雖然畫在陸地上，可能是海中一島。明代的《海道針經順風相送》中也提到白礁，這大概是古里西面海上拉克代夫羣島（Laccadivel s.）之一。再往北的莽葛奴兒應即 Mangalore，今圖作芒格洛爾。由莽葛奴兒往北至坎八葉城中間有七個地名，今俱不可攷。坎八葉城，伯希和主張爲 Coimbatore，我們還是傾向於舊説的 Cambay，今圖作坎貝。坎八葉城北的新得，即今巴基斯坦的 Sind，今圖作信德。新得再過去有客實、木克郎和克瓦答兒諸地。《馬可波羅行紀》中有 Kesmacoran 國，一作 Kedjmekran。Kes，Kedj 一作 Kej，Kach，即今圖的 Kachchi，Kach Gondava，國在印度河西，舊屬俾路芝，今歸巴基斯坦。Kach 和 Mekran 是兩處地方，一在印度河西，一在阿拉伯海北岸沿海一帶，古代曾併而爲一，故馬可書稱之爲 Kesmacoran，近代還有這樣的稱呼。原圖上的客實，就是 Kachchi，木克郎就是 Macoran，或作 Mekran，Makran，Mukran。原圖把客實和木克郎兩地緊挨在一起，這是合乎歷史事實的。克瓦答兒在巴基斯坦最西南，與伊朗緊鄰，爲邊海一城，即 Gwadar，今圖作瓜達爾。由克瓦答兒西行，遂至忽魯謨斯。

原圖第二十二頁上把忽魯謨斯繪成一島，這是正確的。舊忽魯謨斯原爲邊海一城，馬可波羅所到過而予以紀載的就是邊海的舊忽魯謨斯。相傳舊忽魯謨斯於馬可莅臨以後，爲韃靼人所殘破，於是居民遷居於附近之 Djeroun 島。一三〇〇年左右在島上建立新忽魯謨斯，十七世紀以後，新忽魯謨斯始逐漸衰歇。本圖之忽魯謨斯島即舊 Djeroun 島。十五世紀初鄭和下西洋，他所到的忽魯謨斯當然是新忽魯謨斯，故圖上繪成一島。清代魏源不知道忽魯謨斯這一段歷史，反而批評《航海圖》，説是"遂致岸國圖成島國。"（見《海國圖志》卷二《海國沿革圖敍》。）其實是他自己錯了。

到忽魯謨斯以後，過忽魯謨斯海峽（今圖作霍木兹海峽），沿阿曼灣而東，是爲阿拉伯半島。原圖第二十二頁上左下角高聳的山峯，今圖稱爲卡拉特（Kalhat），在馬可書中稱爲哈剌圖（Calatu），稱海灣爲哈剌圖灣。原圖第二十頁下航線上之加剌哈即今卡拉特。圖上從第二十二頁上往回數至第二十頁下,與克瓦答兒、坎八葉城、莽葛奴兒相對的地方,乃是把從阿曼灣起的阿拉伯半島展開成一字式平列在地圖上。原圖二十一頁下的麻實吉即Maskat,今圖作麥斯卡特,爲阿拉伯半島的東北角。至此以後逐漸向南向西移動,以至佐法兒等處。麻實吉西南的古里牙應即今阿拉伯半島南面卡姆爾灣(Gulf of Kamar)東的Kuria Muria以下的大灣應即爲卡姆爾灣,佐法兒即在卡姆爾灣的最東邊。阿丹在阿拉伯半島的最西南,即今亞丁。佐法兒與阿丹之間,據圖尚有羅法、失里兒、剌撒三地。羅法、失里兒二地無考。剌撒,伯希和以爲即伊朗灣南面的El-Hasa,那是不對的。圖上明明指出剌撒在佐法兒與阿丹之間。剌字可能是Ras的對音。佐法兒與阿丹之間以Ras開頭的地名有十來個,頗疑此剌撒爲即位於佐法兒與阿丹之間的Ras Scharwehn。到了阿丹,圖上的阿拉伯半島航程告終,底下就是渡今亞丁灣到非洲東北部了。

關於非洲東北部,具見原圖第二十頁下至十九頁下。圖上表示自阿丹渡海至非洲,形勢有如河流兩岸,然阿丹一段尚可見出半島的痕跡,核以今圖不難瞭解。據今圖,過亞丁灣到非洲東北部,應繞過瓜達富伊角(Cape Guardafia)。瓜達富伊當即原圖第十九頁下的葛兒得風。原圖第二十頁上的哈甫泥,很像瓜達富伊角南的Cape Hafun,今圖作哈豐角。原圖第二十頁下右下角有一島名須多大嶼,番名速古答剌,當即Sokotra,今圖作索科特拉島。圖上的木骨都束、卡剌哇,以及見於費信書中的竹步,俱在今索馬里境内。麻林地、慢八撒俱在怯尼亞境内。今圖卜剌哇與竹步之間有一地名曰Djogiri,可能即原圖第十九頁下之者即剌哈則剌。至於原圖第十九頁下把慢八撒放在麻林地的上面,當然是錯誤的。其餘俱無可考。

《航海圖》上馬來半島以西以至非洲東北部的地名,用今圖核對,所能指出的大致説明如上。因爲我們對於印度、伊朗、阿拉伯以及東部非洲的古地理不熟,又缺乏好的歷史地圖可供參考,僅憑對音和地理方位來比證,難免没有錯誤。以上不過提出初步的意見,供研究航海圖者參考。

《航海圖》末有《過洋牽星圖》四幅。清初的《海道針經指南正法》裏有觀星法一項,舉出涼傘星、水平星、燈籠星、織女星、牛郎星、北斗中星、華蓋、小北斗、南斗,凡九個星座。其中水平、燈籠、織女、北斗、華蓋,亦見於《過洋牽星圖》。菲利普斯在他的《印度錫蘭海港考》中曾舉原圖第二十三頁上《錫蘭山回蘇門答剌過洋牽星圖》爲例,考訂了《牽星圖》中一些星名的近代名稱。對於北方的華蓋星,他不同意是仙后座(Cassiopeia)和鹿豹座(Camelopardus)之間的四個小星的説法,他主張爲小熊座(Ursa Minor)中的七星。圖上把華蓋星畫成八個,是錯了的。南方的燈籠骨星乃是南十字座(Crux Australis),南門雙星爲半人馬座(Centaurus α.β.)。東北織女星即天琴座(Lyra α.ε.š.)。西北和西南的布司星乃是獵户座(Orion)。從錫蘭到蘇門答臘,據今圖是東微偏南。原圖第十八頁至第十九頁有自龍涎嶼至錫蘭山針路,用的是辛戌針和辛酉針,即西微偏北十五度至三十度,回程針路應是相反。錫蘭南端位於北緯六度左右,蘇門答臘島北端位於北緯五度半左右。在這條線上,北斗星已經很低了,《牽星圖》作一指平水,所以又用小熊星來定方向。

古代尚未發明羅盤的時候,海上航行是靠看日月星辰來定方向的。如公元五世紀初法顯從印度泛海歸國,"大海彌漫無邊,不識東西,唯望日月星宿而進。"到了宋代,已經發明了羅盤,並且運用在航海上,可是航海時候仍然要用日月星辰來輔助。舟師"夜則觀星,晝則觀日,陰晦觀指南針。"十三世紀末馬可波羅旅行印度洋上看到觀測北極星的情形,《行紀》右載馬可在印度西岸馬里八兒(今馬拉巴 Malabar)時曾說:"在此國中看見北極星更爲清晰,可在水平面二肘上見之。"(馮承鈞譯沙海昂校注本《馬可波羅行紀》下册七一七頁,又可參看 H. Yule, The Book of Ser Marco Polo, Vol. II, PP. 389–390)。其時中國的航海家早已知道運用羅盤了,而印度洋上的航海家一直到十五世紀末還是靠觀察南半球可見的南極星同觀測其他星宿高度的簡單儀器來定航行方位(參看馮譯馬可書下册七一八——七一九頁)。這和《鄭和航海圖》後面的《過洋牽星圖》頗有近似之處。

《航海圖》上的牽星過洋,對於星辰高低稱爲幾指幾角,據原圖第二十頁上下,古里國爲北辰四指,莽葛奴兒爲北辰五指;兩地相距一指,合今圖約爲一度三十分强。又據原圖第二十頁下,阿丹爲北辰五指,與莽葛奴兒同。即在同一緯度上,阿丹在今圖爲北緯十二度五十二分,莽葛奴兒爲北緯十二度五十三分,依此,則《航海圖》上的一指又當爲今圖二度三十四分左右。與上所推相差一度。但是據原圖第二十一頁下,麻實吉爲北辰十二指。麻實吉即今圖之麥斯卡特(Maskat),位於北緯二十三度三十分稍北,與阿丹相距七指,合今圖爲十度三十八分。在這裏一指爲一度三十一分强,和古里至莽葛奴兒一指等於一度三十分左右又相差不遠。《航海圖》上的一指合今圖有一度半與二度半之不同,其中必有錯誤,其所以致誤之由現在不甚了了,尚待進一步研究。

菲利普斯根據法國 M. Reinaud 所譯 Geographie d, Aboulféda 一書的序論裏所說,以爲阿拉伯天文學上有所謂 Issaba 的,其意爲手指頭的指,又有所謂 Zam 的;一指等於八個 Zam。阿拉伯的一指相當於地圖上的一度三十六分。因此菲氏認爲《航海圖》上的一指與阿拉伯的一指距離大致相等。菲氏没有肯定地説兩者的關係究竟如何,我們以爲這一問題也有待於進一步的研究,目前不能就下結論。

在《航海圖》上還可以看出鄭和的寶船自南京出發以至蘇門答臘島北端,航線沿途注上了羅盤針路,而不用星辰定向。從龍涎嶼向西至錫蘭山,更由錫蘭山向西向北,無論是沿着印度西海岸走,或者横渡印度洋以至阿拉伯半島和非洲東北部沿海,都盡量利用星辰定向,和羅盤針路相輔而行。這一事實應如何解釋,還不甚清楚。

從近代地圖學的觀點看,《航海圖》上有些地方表現的大小比例不很對,有些地方方位也擺錯了,如上面所提慢八撒和麻林地就是一例。但是我們不要忘記這是十五世紀以前留下來的唯一的一部中國所繪包括亞、非兩洲在内的航海圖。雖然用的是傳統的畫法,祇要瞭解它的繪製方法,配上所紀針路、牽星等等,用今圖仔細對照,便可以發現它相當正確。在十五世紀的世界地圖學史上,像這樣一部偉大的作品,還是少有的。《航海圖》的繪製,用的是中國的傳統畫法,和阿拉伯人如 Edrisi 所繪地圖很不相同。過洋牽星所用指、角等名稱以及一指所等的度數,和阿拉伯人所用有相似之處。但中國航海舟師“夜則觀星,晝則觀日”見於北宋朱彧《萍洲可談》的紀載,在公元十一、十二世紀之間;過洋牽星的航海術,中國與阿拉伯究竟孰先孰後,誰學誰,尚無定論。但就是這些,也不能影響到《航海圖》的整個價值及其在地圖學史上的地位。西歐資産階級東方學家如法國的伯希和(P. Pelliot)、荷蘭的戴聞達(J. J. L. Duyvendak)所説《航海圖》是以阿拉伯人的地圖爲藍本云云,那全是逞臆之談,舉不出何種證據。

整理重印本圖時,爲着讀者的閲讀方便,附了一個鄭和航海圖地名索引[1],每條地名加以簡單的解釋,説明其今爲何地。全部地名約有五百個,未能考出的尚有一百五十個左右,佔十分之三;即已攷出的三百五十個也難免有錯誤遺漏之處。這些俱有待於讀者的批評和指正。

編訂索引繪製地圖,參考了與鄭和下西洋有關的一些書籍論文。此外在中籍方面還參考了下列諸書:

鄭開陽雜著十一卷　明鄭若曾著　一九三二年南京國學圖書館影印本

籌海圖編十三卷　明胡宗憲纂　清初刊本

新編沿海險要圖説十六卷長江險要圖説五卷　清　余宏淦著　一九〇三年上海石印

新譯海道圖説十五卷　英國傅蘭雅等譯　上海製造局刻本

東南海島圖經十卷　清世增等譯　一九〇〇年上海石印本

日本著作參考了下列兩種:

支那沿岸水路誌第二卷　日本水路部　一九一七年印本

日支交通の研究中近世篇　日本藤田元春著　一九三八年富山房本

核對地名時參考了下列諸中外地圖:

申報館中華民國新地圖　曾世英等編

中華人民共和國地圖集　地圖出版社編　一九五七年

世界地圖集　地圖出版社編　一九五八年

Andrees, Allgemeiner Handatlas, 1907

Stielers, Hand-Atlas, 1907

Biblioglr aphisches Institut Leipzig, Weltatlas, 1952

① 《鄭和航海圖地名索引》從略。

十八、皇明象胥録

錫蘭山

錫蘭山與柯枝國對峙,以别羅里爲界。自蘇門答剌順風十二晝夜至占城,極西可望見焉。番語高山爲錫蘭,因名。或曰即古狼牙須國。梁天監中,嘗奉表修貢,表稱"大吉天子足下。"其國去廣州二萬四千里,在南海中,海中有翠藍山,最高。循山東南,乘風三日至赤卯塢。人穴居裸形,網魚蝦,種芭蕉、椰子爲食。又西循海行,十日至佛堂山泊舟。有大磐石,印足跡三尺許,水不涸,相傳先世釋迦佛從翠藍嶼來登,躡跡尚存。山麓有卧佛寺,稱爲釋迦涅槃真身,佛榻華飾,有舍利子。又西北陸行五十里抵王居。王尚釋,重象及牛,煆牛糞塗體,飲牛乳,不食其肉,有殺牛者罪死。地廣人稠,宜稻,聚百物,富饒亞爪哇山。産水晶、青紅寶石、黄鴉鶻石。每大雨衝流沙中,拾取之。海旁有珠簾沙,光浮動射日,間歲淘珠,諸番賈爭來市。市用金錢。國人去鬚,留髮纏首,穿長衫,圍單布。《梁書》稱狼牙王先奔天竺,俗袒而被髮,以吉貝爲干縵,王及貴臣加雲霞布覆髀,金繩爲絡帶,金環貫耳;女子被布,瓔珞繞身;王出乘象,蓋近天竺教云。永樂九年,中使鄭和賫詔諭西洋諸國,歸經錫蘭山,其王亞烈苦奈兒負固謀發兵絶歸塗。和先發,銜枚襲擊,虜其王,獻俘闕下。釋之,擇立其屬賢者。十年,封耶巴乃那爲王。正統十年,遣使貢珠、寶石。天順三年,復來貢,貢物有珊瑚、硫黄、乳香、没藥、藤竭、碗石。

覽邦

覽邦國地多沙礫,麻、麥外無它穀。山坦迤無峯巒,水亦淺濁。俗好佛,喜賽祀。有駝、馬、牛、羊市,亦用錢。洪武九年,國王昔里馬哈刺札的刺札遣使奉表來貢。永樂宣德中,附鄰境貢方物,有胡椒、蘇木、檀降香、孔雀。或曰其國好食人,故覽邦港口舶無維纜者。外有小嶼,名奴沙牙,近嶼打水用丁午針,六更望錫蘭山不遠。

溜山

溜山,亦名溜山洋國。自錫蘭山别羅里南去,順風七晝夜至。其山四面濱海,如洲在西海中。有石門三,遥望如城闕,中可過船。八溜稍大,餘小溜,無慮三千。土人曰:此弱水三千也。舟行遇風,入溜即溺。人率依山,巢居穴處,或網溜洋大魚,曬以代糧。拳髮,穿短衫,圍梢布,亦多裸形,紉樹葉蔽前後。産龍涎香,貨用金銀、段帛、磁器、米穀。溜山傍有牒幹國,皆回回人。俗淳業漁,好種椰樹。其椰皮結繩,可貫板成舟,塗瀝青,堅如鐵釘。鮫魚,一名溜魚。織絲帨,甚工緻,亦有織金帨。永樂中,國王亦速福遣使來朝貢。

柯枝

柯枝,一名阿枝,古槃槃國。東連大山,西、南、北皆海。自錫蘭山西北舟行,一晝夜至。通古里國界。永樂二年,國王可亦里遣使朝貢;十年,復至,請封其國大山。詔賜王印誥,並封山曰"鎮國"。

上親製碑文,其銘曰:"截彼南山,作鎮海邦。吐烟出雲,爲下國洪龐。時其雨暘,肅其煩熇。作彼豐穰,祛彼氛妖。庇於斯民,靡災靡沴。室家胥慶,優游卒歲。山之墼兮,海之深矣。勒此銘詩,相爲終始。”會中使鄭和使至。其國王首纏黄白布,下縈絲帨,束綵壓腰,瑣里人也。國人椎髻短衫,圍以單布。族有五種,南昆最貴,祝髮線懸脛,與王同類。次回回人。次富有財,曰哲地。次牙儈,曰革全。其最卑賤曰木瓜。木瓜居瀕海,業漁、樵,屋簷不得過三尺,衣不蔽膝,或裸體,遮以草,遇南昆、哲地,蒲伏俟其過乃起。王尚浮屠,範金爲佛,每旦鳴鐘鼓,汲泉灌佛頂,數四,乃禮之。兼敬象、牛。有曰濁肌者胎髪縷縷垂後,塗體以牛糞灰。行吹大螺,妻隨之乞錢,蓋優婆夷云。氣候常暖多雨,土瘠俗淳。産胡椒,貯以倉,轉售商販。市用小金錢,名吧喃,銀錢十五當金錢一。

小葛蘭

小葛蘭國,其東大山連赤土,與柯枝國接境,西、南、北皆海。自錫蘭山别那里西北海行六晝夜至。候熱土瘠,仰傍葛剌國米爲食。風俗小淳。多回回。喃毗人尚浮屠,重牛象。飯和酥酪。婚喪巾服大類錫蘭山。地産胡椒。市用金錢,大者,名儻伽,重八分;小者名吧喃。小錢四十,准大錢一。永樂五年,附蘇門答剌等國朝貢。貢物:珍珠傘、白綿布、胡椒。尋中使鄭和至。其國王瑣里人,復遣使入貢。又有大葛蘭國,與都欄樵相近,土黑墳,宜穀麥,居民懶事耕作,歲賴烏爹之米爲食。

古里

古里,綰西洋諸番之會,西瀕海,南距柯枝。自柯枝海行,可三日至,或曰從錫蘭山取道,順風十晝夜至。亦海中一大國也。去中國十萬里。土瘠,然宜麥、穀。俗麗厚,以石灰畫地爲禁。傍海爲市,通諸番,貨用金銀錢。好馬自西番來,匹價金錢千百。胡椒多貯倉廩，以待商販。男子長衫，首纏白布。婦女短衫，圍色布，兩耳懸金牌絡索，項掛纓絡，臂、腕、足、脛用金銀鐲。以葫蘆爲樂器，紅銅絲爲絃，歌聲相協，鏗鏘可聽。王好浮屠，敬象牛；老不傳子，傳外孫，否則傳弟，無外孫、弟，傳善行人。永樂三年，其酋沙米的遣使朝貢。敕封爲古里國王，給印誥。五年七年，並朝貢。貢物有琉璃瓶、碗、珊瑚珠、拂郎、雙刃刀、番花、人馬象物手巾。嘗貢金絲寶帶，金絲細如髮，結花，綴八寶珍珠、鴉鶻石於上。鄰有坎夷巴國，出搘黎布，五色㡆，皆闊四五尺，鬻於古里。又，古里班卒國在海中，永樂三年，遣使來朝貢。俗質朴。男女被短髮，假錦纏頭，紅紬布繫身。土瘠，少穀。氣候不齊，夏多雨，雨即寒，產甚薄。

西洋瑣里

西洋瑣里國瀕海，近瑣里，視爲差大。洪武三年，其王別里提奉金葉表貢方物。賚予甚厚。永樂元年，復遣使朝貢。

上諭：海外遠夷附載番貨其勿征。二十一年，西洋十六國遣使千二百人貢方物，西洋瑣里貢物獨著，其貢有黃黑虎，兜羅綿被。

瑣里

瑣里，西海中小國。洪武五年，其卜納的遣使奉金葉表貢方物並圖上其土地山川。賜《大統曆》、金幣。永樂元年，復遣使朝貢，貢物有紅撒哈剌諸異布。

甘巴里

甘巴里，又名甘把里國，在南海中大島上。人多織錦、粒食，亦鮮食。永樂十二年，國王兜哇剌查遣使朝貢。或曰甘巴里，小國，介西南海中，不通鄰境交易，産薄用窘，然奉佛，亦不求積聚。

（卷五）

天竺

天竺國，一名身毒。《漢史》稱西通大秦，在月氏東南數千里，臨恒水。卑濕暑熱，乘象戰，脩浮屠道，别國數十，王並以身毒爲名。張騫使大夏，見卭竹、蜀布，云："市之身毒。"武帝遣使十餘輩，間出西南指求，爲昆明所閉，不得通。至明帝，夢金人，以問羣臣。或曰："西方有神，名曰佛，長丈六尺，而黄金色。"乃遣使天竺，問佛道法併圖像，其教始入中國。桓帝延熹中，頻從日南徼外來獻。梁天監初，王屈多遣長史竺羅達奉表獻琉璃唾壺、雜香、吉貝。《南史》作中天竺，其外復有天竺迦毗黎國。後魏宣武時，南天竺國王婆羅化獻駿馬。凡去代三萬一千五百里。隋煬帝鋭通西域，唯天竺、拂菻不至。唐武德中，王尸羅逸多討四天竺，皆臣之。貞觀十五年，遣使獻火珠、鬱金、菩提樹，自稱摩伽陀王，後朝貢相繼。乾封中，五天竺王並來朝獻。五天竺，其傳在海西南，距中國甚遠。或曰，南天竺瀕海，北天竺距雪山，東天竺際海，與扶南、林邑接，西天竺與罽賓、波斯接，中天竺居其會，並直葱嶺南，有别國數十，置王，曰舍衛，開户東向。開元時，南天竺獻五色能言鳥。乾元末，河隴陷，遂絶。周廣順三年，西天竺僧薩蒲多等十六族來貢馬。而滄洲僧道圓，自晉天福中詣西域，歷乾德三年還，得佛舍利一，水晶器，貝葉梵經四十夾來獻。凡在塗十年，住五印度六年。五印度即天竺也。明年，僧行勤等百五十七人詣闕，言願至西域求佛書。許之。開寶後，天竺僧數持梵夾來。八年，東印度王子穰結説囉朝貢。天竺法，王死太子襲位，餘子皆出家爲僧，不復居本國。

有王子曼殊室利，隨中國僧至，館於相國寺，善持律，後附賈人船歸，不知所適。雍熙中，胡僧密坦羅奉北印度王及金剛坐王那爛陀書來。自云東行六月至大食國，又二月至西州，又三月至夏州。天聖二年，西印度僧獻梵經，賜紫方袍。大略其國土沃民淳，不茹葷，宗瞿曇學，戒貪嗔淫佚，七日一禮拜天，每食輒誦經，坐卧置天主爲惺惺法。王與大臣服錦罽，頂爲螺髻，剪餘髪下垂。鐃鈸鈴螺，雜奏爲梵樂。男子髡首，穿耳懸璫，跣足，服色尚白，製如袈裟。致詞以砥足摩踵展敬。工天文星曆。産犀、象、貂、鼲、瑇瑁、金罽、火齊、金剛鑽。與大秦諸國交市。火齊如雲母，作紫金色，有光耀，裂之薄如蟬翼，積之則如沙縠重沓。金剛鑽似紫石英，可切玉。或云以肉投大澗底，飛鳥食肉遺糞得之。恆水源出崑崙，甘美，下有真鹽，色正，白如水精。始嶺南香山有灣，曰濠鏡，爲諸番互市地。夷商雜處，珍貨充物，易交鬨。天竺僧渡海來，歷三年達濠鏡，諸夷信其法，遂奉約束戒行，亦足重云。國朝通貢有榜葛剌。

榜葛剌

自蘇門答剌順風二十晝夜至榜葛剌，在海西南。或曰，西天有五印度國，榜葛剌即東印度也。從翠藍島入察地港，更小舟行五百里至鎖納兒港。有城池市聚，始遵陸抵國可三十五里，西通金剛寶座國，曰沼納樸兒，乃釋迦得道之所。永樂二年，國王靄牙思丁遣使朝貢；六年，上金葉表。九年，至太倉，命行人往宴勞之。十二年，王蹇弗丁奉金葉表來貢麒麟等物。正統三年復至。其國地廣人稠，沃饒甲於它境。王及酋長皆回回人，祝髮，白布纏首，圓領長衣，綵帨皮屨。風俗朴厚，人好耕殖，一歲二熟，賦十二。刑笞杖徒流。官有印，軍有糧。陰陽、醫卜、百工、技藝略備。市用銀錢。海𧴩價定打手，雖萬金不改悔。别有一種印度,不食牛肉,飲食男女異處,夫死不改嫁,妻亡不再娶,孤寡衆輪贍之。五嶺山最高大。氣候恒熟如夏。曆有十二月,無閏,産鑌鐵、翠羽、瑠璃、桑、漆,尤廣絲綿,製鎗剪絶巧。布數種,有闊四五尺者,兜羅綿,背面皆毳絨,厚可五分。白樹皮布,膩潤與鹿皮等。椰茭爲酒,檳榔爲茶,波羅蜜味甘,大如斗。優人衣黑、白花衫,縈帨,佩珊瑚、琥珀纓絡。歌舞侑觴,能作百戲,以鐵索繫虎行市中,入門解索,裸而搏虎,交撲數回,就繫如故,人爭以肉啖虎。永樂間使至,禮甚厚,禁用酒,以薔薇露和香蜜水飲之。貢物有戧金瑠璃器皿、撒哈剌兜羅錦、烏爹泥、藤竭、糖霜之屬。

沼納撲兒

沼納撲兒國在印度中,即古佛國也。永樂十八年,國王亦不剌金數侵榜葛剌,遣使齎敕諭之,因來朝貢。

加異勒

加異勒,西戎小種,居人不及千家。貧窶,常傭食鄰國。永樂中,王者麻里奈那遣使貢方物。宣德間,再朝貢。

（卷七）

第七部分

清（1840年前）有關南亞的記述

一、日知録

西域天文

西域人善天文，自古已然。《唐書》泥婆羅國頗解推測盈虛，兼通曆術事。天竺國善天文、曆算之術。罽賓國遣使進《天文經》。拂菻國，其王城門樓中懸一大金秤，以金丸十二枚屬於衡端，以候日之十二時。爲一金人，其大如人，立於側，每至一時，其金丸輒落，鏗然發聲引唱，以紀日時，毫釐無失。蓋不始於回回西洋也。〔原注〕《元史·張思明傳》大德初擢左司都事，有獻西域秤法，思明以惑衆不用。

《王忠文褘集》有阿都剌除回回司天少監。誥曰：天文之學其出於西域者，約而能精。雖其術不與中國古法同，然以其多驗，故近代多用之。别設官署以掌其職。

《册府元龜》載，開元七年，吐火羅國王上表，獻解天文人大慕闍，智慧幽深，問無不知。伏乞天恩唤取，問諸教法，知其人有如此之藝能，請置一法堂，依本教供養。此與今之利瑪竇天主堂相似，而不能行於元宗之世者，豈非其時在朝多學識之人哉！

（卷二十九）

佛寺

梁武帝問達磨曰：朕自即位以來，造寺、寫經、度僧，不可勝紀，有何功德？答曰：並無功德。帝白：何以無功德？答曰：此但人天小果，有漏之因，如影隨形，雖有非實，在彼法中，已有能爲是言者。

（卷三十）

二、天下郡國利病書[①]

① 本篇採自《四部叢刊》本(上海涵芬樓影印崑山圖書館藏稿本),原書係顧炎武手稿,其字體仍保持原迹,不作改變。

蜀中邊防記

川西

松潘　漳臘　小河

《四夷考》曰:松潘西至流沙關,相連天竺,西南達紅土坡,生番多係,北虜出没,地勢遼絶,非可限域。惟是南通叠茂威灌,東通小河龍安,北通漳臘,墩臺守禦凡八十七所,戍守主客官軍舍餘遊兵一萬一千六百八十餘人。歲額坐邊倉一十六處,糧九萬九千三百八十餘石,而增設之處不與焉。……

(第二十册《四川》)

沿革論

漢元狩間,彩雲見南中,遣使跡之,雲南之名此始。滇王當羌對漢使語不遜,武帝惡之。時白崖有天竺白飯王之後名仁果者,稱白王,爲衆所戴,天子册爲滇王,仍治白崖。蹻世乃絶,白人之名此始。……

建昌路考

河南北六亭達富林營,登曬經關,關頭有曬經石,方闊五尺餘,外澤而中空,相傳玄奘歸自西域,暴經石上。下關濟大渡河,河源出吐番,急流注下,險惡倍於金沙。夏秋之交,瘴毒甚厲。又有流沙河,不可以舟,人馬皆徒涉。

富林北八亭達黎州安撫司，有大渡河所。其城三面依山，臨深谷爲隍，可數十丈，一面通大相公嶺，途經古漢原縣高山，有良田千畘，有啞泉，其出無方，人馬飲之輒死，西入天竺茶商行之，至打節蘆而止。……

（第三十一册《雲南貴州》）

緬甸始末

……唐德宗十八年，驃國王雍羌聞南詔歸唐，有内附心，遣其弟悉利移來朝獻國樂，凡十曲，與樂工三十五人。其曲皆演梵音，經論詞意，每爲曲，齊聲，一低一仰，未嘗不相對，凡五譯而至中國。

沿革解

《夷情論》曰：安南、占城，本漢郡也，故言語文字猶通乎中國。真臘以西則皆扶南，躶國所屬也，自漢時憍陳如以天竺婆羅門主之，其名見於《四十二章經》。明帝遣郎中蔡愔、秦景使天竺求得之，此佛經入中國之始，婆羅門華言僧也。佛與菩薩偏袒右肩，其爲躶國之俗可知矣。男證果曰佛，女證果曰菩薩。按《可談》云，《樂府》有《菩薩蠻》，不知何物？及在廣州見呼番婦爲菩薩蠻，乃知觀世音以女證果，故云爾。夫天竺，釋迦之所自生也。佛法行於東、西二洋，善者若赤土瞿曇氏，惡者若羅刹鬼國，化而讋之，有幻術焉。達摩西來，傳至慧能，三鼓入室，密授衣鉢，行至庾嶺，有奪之者提掇不動是也，至今番僧猶傳其術。雖倭奴亦事佛而任僧，其謂根塵寂静，心地清涼，見得本性自然極樂者。薦紳喜之，多棄孔、顔博約之教而求徑焉，殊不知此乃吾人勦入洗心盡性之説，而易其詞耳。豈有番夷海寇所習言語文字反妙於中國者哉！達摩西來，不通中國言語文字，而謂《楞伽》四卷可以印心，其言五法、三自性、八識、二無，我反爲支離。又達磨傳至六祖，有禪宗《金剛經》。是時房融知南銓，寓廣州，番僧持《楞嚴》梵本就寺譯出而筆授之，增入菩提諸義，士大夫亦喜觀之。白蓮教去其繁文，止歌演其咒，以焚香聚衆，稱孔雀明王，其流禍憯矣。又《圓覺經》云，一者理障，礙正知見；二者事障，績諸生死，亦爲陽儒陰釋者所宗。潮人林大欽作"性日照空萬障説"，而披倡惱淫以死。近又有立息心火以延國脈之説，詈孔子四十不惑，爲頑皮者與其徒拍柱打拳以爲樂。言之無文，動不以禮，一至於此。故羅整庵詩有句云：不是皇天分付定，中華那復有衣冠。李文鳳氏欲討安南不貢之罪，嗟乎！其内訌久矣。

（第三十二册《雲南貴州交阯》）

錫蘭山國

錫蘭山國，古狼牙須也。自蘇門答剌順風十二晝夜可至。其國地廣人稠，貨物多聚，亞於爪哇。中有高山，上産鴉鶻寳石，每遇大雨衝流，山下沙中拾取之。隋常駿至林邑極西望見焉。番語謂高山爲錫蘭，因名。相傳釋迦從翠藍嶼來，嶼在龍涎西北，五晝夜程。登此山，猶存足跡。山下有寺，中貯釋迦涅槃真身側卧及舍利子。狼牙脩國，梁時通焉，在南海中。其界東西三十日、南北二十日行，北去廣州二萬四千里，恐即此國。本朝永樂七年詔諭其王亞烈苦奈兒，遣太監鄭和等賫詔勅、金銀供器、綵粧、織金寳幡布施于寺，及建石碑，賞賜國王頭目有差。亞烈苦奈兒負固不恭，謀害舟師。和即潛備，先發制之，使衆銜枚疾走，夜半聞砲則奮擊而入，生擒其王，永樂九年，歸獻闕下。上命擇其支屬賢者立之。禮部言，詢其國人皆謂耶巴乃那賢，十年九月，遂遣使賫詔及誥印封之。……時羣臣皆請誅亞烈苦柰兒。上曰："蠻夷，禽獸耳，不足深誅。"遂赦之，亦遣歸。時國人立不剌葛麻巴思剌查爲王，詔諭使遜位。十四年十一月，偕占城、爪洼、滿剌加、蘇門答剌、南巫里、沙里灣泥、彭亨、古里、木骨都束、溜山洋、喃勃利、卜剌哇、阿丹、麻林剌撒、忽魯謨斯、柯枝諸國及舊港宣慰司，各遣使貢馬及犀象方物。遣鄭和等賫勅及錦綺、紗羅、綵絹等物偕往賜各國王。正統十年，國王遣使耶把刺謨的里啞等來朝貢方物。天順三年，其王葛力生夏剌昔利把交剌惹復遣使來貢。

按，錫蘭山疆域在西洋，與柯枝國對峙，南以别羅里爲界。自别羅里南去，順風七晝夜可至溜山洋國，十晝夜可至古里國，二十一晝夜可至卜剌哇國。柯枝接大、小葛蘭二國，山連赤上。自小葛蘭順風二十晝夜可至木骨都束國，自古里順風十晝夜可至忽魯謨斯國，二十晝夜可至剌撒國，二十二晝夜可至阿丹國。又自忽魯謨斯四十晝夜可至天方國，乃西洋之盡處也。天方舊名天堂，又名西域，有《回回曆》，宣德中朝貢。

錫蘭山貢獻方物：象、賓石、珊瑚，水晶、金戒指、撒哈剌、乳香、木香、土檀香、没藥、西洋細布、藤竭、盧會、硫黄、烏木、胡椒、碗石。使回，令於廣東布政司管待。

……

廣州舶船往諸番，出虎頭門，始入大洋，分東西二路，東洋差近，周歲即回，舶有鶴頂、龜筒、玳瑁等物，西洋差遠。兩歲一回，舶有象牙、犀角、珍珠、胡椒等物。宋於中路置巡海水師營壘，在海東西二口，闊二百八十丈，至屯門山二百里，治舠魚入海戰艦，其地南至大海四十里，東至惠州四百二十里，西至端州二百四十里，南至思州七百五十里，北至韶州二百五十里。今爲東莞縣南頭城，東南海路二百里至屯門山。水皆淺，日可行五十里，乃順帆風西行二日至九州石。又南二日至象石一作用東風西南行七日至九乱螺州。又西南行三日至占不勞山，在占城東二百里海中，占城投罪人於此。又南二日至陵山，《星槎勝覽》作靈山，其山峻而方，有泉，下繞如帶，甚甜，民居，星散結網爲業。皆占城境也。陸行至賓童國一月程，東去麻逸國二日程，一名摩逸，去淳泥三十日程，太平興國十一年載寶貨至廣州，今名麻逸凍。水行一日至東西竺崑崙洋，《唐書》作門毒國。又一日行至古笪國，則真臘也。王號苴屈。又半日行至奔陀浪州。自占臘西五十程至丹眉流國,其國東北至廣州一百三十五程。又二日行至軍突弄山。又五日行至海硤,番人謂之質,南北百里,北岸則羅越國,一名羅斛,今爲暹羅。南岸則佛逝國。占城屬國。又東水行四五日至訶陵國,今爪哇。南中洲之最大者。又西出硤三日至葛葛僧祇國,在佛逝西北隅之别島,國人多鈔暴,乘船者多畏之。疑此即婆利。其北岸則阿羅國,一名阿羅陀,今滿剌加,阿羅西則阿谷羅國,一名阿羅單。又從葛葛僧祇四五日行至婆露國。一名阿魯。又六日行至婆那國,一名須文達那,伽藍洲。一名翠藍嶼。又北四日行至師子國,在西洋之西隣,多師子,故名。昌黎詩"貨通師子國",疑即大秦也。其北岸距南天竺大岸百里。自伽藍洲行二十日至榜葛剌國,則西天竺也,一曰西印度,乃釋伽得道之所。海口有察地港,番商於此抽分云。天竺之西千五百里有注輦國,至宋大中祥符八年,其王羅茶羅乍始遣使入貢。其使言離本國舟行七十七日,歷郍勿丹山婆里西蘭山至古羅國。以古羅山得名。又行七十一日,歷加八山、占不勞山、舟寶龍山至三佛齊國。又行十八日,度蠻山水口,歷天竺山至賓頭狼山之黄西王母塚,距舟所將百里。又行二十日度羊山九星[①]山至廣州之琵琶洲。離本國凡千一百五十日至廣州焉。今按天方國有四方寺。《宋史·注輦國》有四城佛寺,但注輦入朝貢真珠,以珠撒殿,與天方獅子、麒麟不同,或云天方即師子國,不可知也。雷州控入海水路。東至海三十里,西至海一百五十里,南至海一百七十里,北至化州一百六十里。海路從海州東北陸行二十五里抵譚源,泛海至羅場,接吳川縣通江水,從吳川上水至化州三日程。自化州下水至海口四日程,從州東至海三十里,渡海抵化州界地,名磠洲入思。廣州通閩浙,從州東南陸行一百四十五里抵海,至諸番國,從州南陸行一百七十四里至遞角場,抵海南,泛海一程可至瓊州。從州西陸行一百五十里,泛海,水路至安南諸番國。故諸番舶雖東洋、琉球等國被風漂,多至瓊州。瓊州東至海一百二十里，其南崖州去海益近云。

① 按《宋史》，九長山係九星山。

……

……虞舜時，僬僥氏來貢没羽，蠻夷率服。《禹貢》甸服之外侯服，侯服之外五百里綏服。……三百里揆文教。……二百里奮武衛。……綏服之外五百里要服，……三百里夷。……要服之外五百里荒服，四面皆分二等。三百里蠻。八蠻謂天竺、咳首、僬僥、跛踵、穿胸、儋耳、狗軹、旁春。……

……

漢時朱崖南有都元、湛離、甘都盧、黄支等國。近者十餘日，遠至四五月程。其俗畧與朱崖相類，其州境廣大，户口蕃滋，多異物。漢武帝時常遣應募人與其使俱入海，市明珠、璧琉璃、奇石異物，賫黄金雜繒而往。所至國皆廪食爲耦，蠻夷賈船轉送致之。外夷珍貨流入中國始此。《市舶録》劉向曰：獨爐舶深五十餘肘，三木舶深十五餘肘，西域以肘爲度。

……

後漢光武時，交趾日南徼外蠻來貢，馬援建銅柱。後西屠夷亦改國名哥羅，屬于扶南。自是各國名屢易矣。日南象林蠻屢叛復降，而區憐一作區連。竟據林邑，以象林之邑名。背違中國。習俗文字漸與婆羅門同，而佛書遂至。桓帝時，扶南之西天竺、大秦等國皆由海南重譯貢獻，而賈胡自此充斥於楊粤矣。其貢瑇瑁、象齒、古貝、樹名，其葉盛時如鵞毳，抽以績紡，作布潔白。沉水香、土人破斷，積以歲年，朽爛而心節獨在，置水則沉，故曰沉香，不沉者曰棧香。琥珀，松脂入地千年乃成。獸則馴象、玄犀、猩猩之屬，多不可殫紀。

……

吴孫權遣宣化從事朱應、中郎康泰使諸番國，其所經及傳聞則有數百國，泰主記傳。謂之扶南土俗曰蒲盧，中曰優鈸、曰橫趺、曰諸薄、曰北櫓、曰濱邮專、曰烏文、曰斯調、曰林陽、曰馬五洲、曰薄歎洲、曰躭蘭洲、曰巨延洲。其後歷代更變，非復舊名矣。

晉武帝平吳，林邑、扶南入貢。之後曰牟羅、曰橫盧、曰未利、曰卑離、曰滿都、曰纏餘、曰沙樓、曰蒲林，皆昔所未聞也。宋齊至者，師子、毗加梨、干陀利、闍婆、蒲黃、阿羅陀、阿羅單、婆皇、狼牙脩、槃槃、頓遜等，益有十餘國。

梁武帝時，婆利、丹丹、毗騫始通。毗騫王身長三丈，頸長三尺，自古以來不死，知神聖未然之事，其子孫則生死如常人。隋使通赤土致羅剎，其國在婆利之東，其人極陋，朱髮黑身，獸牙鷹爪，蓋佛書所謂長身金剛、夜叉羅剎，即此物也。他若投和邊豐之屬，貢于隋者益多。其貢大氐金寶香藥等物，亦有獻佛牙舍利者，皆奉婆羅門之教故也。

唐始置市舶使，以嶺南帥臣監領之，設市區，令蠻夷來貢者爲市，稍收利入官。凡舟之來，最大者爲獨檣舶，能載一千婆蘭，胡人謂三百斤爲一婆蘭。次曰牛頭舶，比獨檣得三之一。又次曰三木舶，曰料河舶，遞得三之一。貞觀十七年，詔三路舶司，番商販到龍腦、沉香、丁香、白豆蔻，四色並抽解一分。武後時，都督路元叡冒取番酋貨舶，酋不勝忿，殺之。開元初，市舶使周慶主與波斯僧造奇巧以進，劾罷。又罷遣使者之南海求珠翠者，開元四年有胡人上言，海南多珠翠奇寶，可往營致，因言市舶之利。又欲往師子國求靈藥及善醫之嫗，置之宮掖。上命監察御史楊範臣與胡人偕往求之。範臣從容奏曰："陛下前年焚珠玉錦綉，示不復用。今所求者何以異于所焚者乎？彼市舶與商賈争利殆非王者之體，胡藥之性中國多不能知，况于胡嫗，豈宜置之宮掖？夫御史，天子耳目之官，必有軍國大事，臣雖觸冒災瘴，死不敢辭，此特胡人眩惑求媚，無益聖德，竊恐非陛下之意，願熟思之。"上遽自引咎慰諭而罷之。後於廣州設結好使，每番舶至則審事宜以聞。……

宋開寶四年,置市舶司於廣州,以知州兼使通判兼判官。淳化二年,始立抽解二分。凡諸番之在南海者並通貨,以金、錫、緡易其犀、象、珊瑚、琥珀、珠琲、鑌鐵、鼊皮、瑇瑁、瑪瑙、車渠、水精、番布、烏樠、蘇木、胡椒、香藥等物。太宗置榷務于京師,詔諸番貨至廣州,非出官庫者無得私相貿易。其後又詔非珍奇物皆聽市。後又詔他貨之良者,亦聽市其半。大抵海舶至征其什一,而給其餘價直。歲入以數十鉅萬計,縣官經費有助焉。太平興國三年,李昌齡知廣州。廣有海舶之饒,昌齡不能以廉自守,淳化二年代還。昌齡上言:廣州市舶,每歲商舶至,官盡增價買之,良苦相雜,少利,自今請擇其良者如價給之,苦者恣其賣勿禁。熙寧中,廣州市舶歲課虧折,或以爲市易司擾之,故令提舉究詰以聞。於是務官吕邈以闌取番物劾免。後以言者罷杭明市舶諸司,皆隸廣州。元豐三年,中書言廣舶已修定條約,宜選官推行。詔廣東以轉運使孫迥罷帥臣兼領。文觀[①]元年復置浙、廣、福建三路市舶提舉官。杭、明仍復置司,又增一司于泉州。三年,番商欲往他郡者,從舶司給券,毋雜禁物。其防船兵仗給之,如諸國法船舶司鬻所市物,毋得過二分,官吏市者有禁。政和四年,詔廣南市舶司歲貢珍珠、犀角、象齒。建炎元年,詔市舶多以無用之物,枉費國用,取税權近,自今有以篤耨香、指環、瑪瑙、猫兒眼睛之類博買前來,及有虧番商者,重治其罪,皆置于法。惟賜巨寮象、笏、犀帶可者量令輸送。舊法:番物分粗細二色,龍腦、珍珠之類皆爲細色,十分抽一,後又博買四分。粗色十分抽二,又博買四分。抽買既多,商人多匿其細者,弗實舊法,細色以五千兩爲一綱,粗色以萬斤爲一綱。每逢一綱,則有脚乘贍家錢一千餘緡。其後部運者詭以象犀紫礦之類以冒脚乘,而舊日一綱至分爲三十三綱,多費脚乘家贍錢三千餘貫。紹興二十七年,詔廣南經略市舶司察番商假托入貢。隆興初,臣寮以象齒、珠犀比他貨最重,請十分抽一,罷博買。乾道初,臣寮又言福建、廣南皆有市舶,物貨浩瀚，置官提舉實宜。乾道七年，詔粗色貨物以二萬斤爲一綱，加耗六百斤，依舊支破木脚錢一千六百六十二貫有奇。南渡後，經費困乏，一切倚辦海舶，歲入固不少，然金銀銅鐵錢幣亦用，是漏泄外境，而錢之泄尤甚。法禁雖嚴，姦乃愈密，其弊卒不可禁。淳熙二年，詔廣州市舶除榷貨外，他貨之良者止市其半。

① “文觀”係“大觀”之誤。

元世祖嘗立提舉司，尋罷，至英宗治平六年，遣使榷廣東番貨，乃復立之。聽海商貿易，歸徵其税。順帝元統六年，罷廣東提舉二司。至正二年，復立廣東提舉司，申嚴市舶之禁。三年，聽海商貿易，歸徵其税。……

本朝除元亂，大一統，諸番例當三年一貢。世見來王，許以互市，立市舶提舉司，以主諸番入貢。舊制，應入貢番，先給與符簿，凡及至，三司與合符，視其表文方物無僞，乃津送入京。若國王、王妃、陪臣等附至，貨物抽其十分之五，其餘官給之直。暹羅、爪哇二國免抽，其番商私賫貨物，入爲易市者，舟至水次悉封籍之，抽其十二，乃聽貿易。然閩、廣姦民往往有椎髻耳環，效番衣服聲音，入其舶中導之爲奸，因緣鈔暴，傍海甚苦之。……

洪武三年五月，遣使頒科舉詔于安南、占城，以其通中國文字也。諸番莫不畏威懷德，自是朝貢不絶，亦有不及期而貢獻者。永樂改元，遣使四出，招諭諸番，貢獻畢至，奇貨重寶前所未有。乃命内臣監鎮市設公舘于城南水濱，後改建于郡西仙湖。今爲分守道。三年九月，大理寺少卿聞良輔初爲湖廣副使，坐事降行人，至是奉使西南諸番暹羅、爪哇以至西洋古里諸國，還京奏事稱旨，擢廣東按察使内臣侯顯、鄭和等偕行人往返，番王皆厚禮之。四年六月，廣東布政司奏，每歲海外番夷入貢方物，水路以舟楫運載，惟南雄至南安限隔梅嶺，舟楫不通，自今請用民力接運。上曰："爲君務養民，今番貢無定期，而農民少暇日。假令自春至秋，番夷入貢不絶，皆役民接運，豈不妨其農事。自今番夷入貢，如值農務之時，其方物並于南雄收貯，候十一月農隙，却令運赴南安。"著爲令。復顧侍臣曰："民不失其養，雖勞之鮮怨；民失所養，雖休之不德。"八月，置懷遠驛于廣州城蜆子步，創房一百二十間，以居番人，隸市舶提舉司。然内官總貨提舉官吏，惟領簿而已。有當由福建而被風漂舟至者如渤泥……流求……，每加收卹，他若喃勃利新附諸國，亦有隨舶至廣州者。正統十年，按察副使章格巡視海道，時琉求使臣蔡璇等率數人以方物買賣隣國，風漂至香山港，守備以海冦，欲戮之以爲功。格不可，爲之辯奏，還其貲而遣之，番夷頌德。近年琉求客商有漂至瓊州者，送至廣城僉事，經彦宷加意存卹，遠人感之。成化、弘治之世，貢獻至者日夥，有司惟容其番使入見，餘皆留停于驛，往來設燕管待，方許入城。衣服詭異，亦有帽金珠、衣朝霞者，老稚咸競觀之。椒木、銅鼓、戒指、寶石溢于庫，市番貨甚賤，貧民承令博買，多致富。正德十二年，西海夷人佛朗機亦稱朝貢，突入東莞縣，火銃迅烈，震駭遠邇。殘掠，甚至炙食少兒。海道奉命誅逐，乃出境。自是海舶悉行禁止。例應入貢諸番，亦鮮有至者。貢舶乃往漳、泉、廣城，市貿蕭然，非舊制矣。於是兩廣巡撫都御史林富稽《祖訓》遵《會典》，奏上得允，於是番舶乃通焉。臣惟巡撫之職，莫先於爲民興利而除害，凡上有益于朝廷，下有益于生人者，利也。上有損于朝廷，下有損于生人者，害也。今以除害爲名，併一切之利禁絶之，使軍國無所資，忘祖宗成憲，且失遠人之心，則廣之市舶是也。謹按明皇《祖訓》，安南、真臘、暹羅、占城、蘇門答剌、西洋、爪哇、彭亨、白花、三佛齊、浡泥諸國俱許朝貢，惟内帶行商多行譎詐，則暫却之，其後輒通。又按《大明會典》，凡安南、滿剌加諸國來朝貢者，使回，俱令于廣東布政司管待。見今設有市舶提舉司，又勅内臣一員以督之。所以送迎往來，懋遷有無，柔遠人而宣威德也。至正德十二年,有佛朗機夷人突入東莞縣界。時布政使吳廷舉許其朝貢,爲之奏聞,此則不考成憲之過也。厥後獷狡章聞,朝廷準御史丘道陸等奏,即行撫按,令海道官軍驅逐出境,誅其首惡大者亞三等,餘黨聞風懾遁。有司自是將安南、滿剌加諸番舶盡行阻絶,皆往漳州府海面地方私自駐劄。於是利歸於閩而廣之市井蕭然矣。夫佛朗機素不通中國,驅而絶之,宜也。《祖訓》、《會典》所載諸國素恭順,與中國通者也。朝貢貿易盡阻絶之,則是因噎而廢食也。況市舶官吏公設于廣東者,反不如漳州私通之無禁,則國家成憲果安在哉?以臣籌之,中國之利益鐵爲大,山川水熿,仡仡終歲,僅克常額,一有水旱,勸民納粟,猶懼不蔇。舊規番舶朝貢之外,抽解俱有則例,足供御用,此其利之大者一也。除抽解外即充軍餉,今兩廣用兵連年,庫藏日耗,藉此可以充羡養而備不虞,此其利之大者二也。廣西一省全仰給於廣東,今小有徵發,即措辦不前,雖折俸椒木,久以缺乏,科擾于民,計所不免。查得舊番舶通時,公私饒給,在庫番貨旬月可得銀兩數萬,此其爲利之大者三也。貿易舊例,有司擇其良者,如價給之,其次資民買賣。故小民持一錢之貨,即得握椒,展轉交易,可以自肥。廣東舊稱富庶,良以此耳。此其爲利之大者四也。助國給軍既有賴焉,而在官在民又無不給,是因民之所利而利之者也。非所謂開利孔爲民罪梯也。議者或病外夷闖境之爲虞,則臣又籌之。暹羅、真臘、爪哇、三佛齊等國,洪武初首貢方物,臣服至今。永樂時浡泥入朝,没齒感德。成化間占城被篡,繼絶蒙恩。南方蠻夷大抵寬柔,乃其常性,百餘年來未有敢爲盜寇者。近時佛朗機來自西海,其小爲肆侮,夫有所召之也。見今番舶之在漳、閩者,亦未聞小有驚動,則是夫不敢爲害,亦章章明矣。況久阻忽通,又足得其驩心乎?臣請于洋澳要害去處,及東莞縣南頭等地面,遞年令海道副使及備倭都指揮督率官軍嚴加巡察,凡舶之來,出於《祖訓》、《會典》之所載者,密詷得真,許其照舊駐劄。其《祖訓》、《會典》之所不載,如佛朗機者,即驅出境。如敢拒抗不服,即督發官軍擒捕。而凡所謂喇嗒番賊必誅,權要之私通、小民之誘子女下海者必禁,一有疎虞,則官軍必罪。如此則不惟足興一方之利,而王者無外之道亦在是矣。伏望皇上特勅該部熟議,將臣所陳利害逐一□究。如果可行,乞行福建、廣東省,令番舶之私自駐劄者盡行逐去,其有朝貢表文者許往廣州洋澳去處,俟候官司處置。如此,庶懷柔有方而公私兩便矣。灣泊有定所,布政司案,查得遞年暹羅國并該國管下甘蒲石,坤州與滿剌加、順塔、占城各國夷船,或灣泊新寧、廣海、望峒,或新會、奇潭、香山、浪白、蠔鏡、十字門，或東莞、雞栖、屯門、虎頭門等處海澳，灣泊不一。抽分有規例，布政使司案，查得正統年間以迄弘治，節年俱無抽分。惟正德四年，該鎮巡等官都御史陳金等題要，將暹羅、滿剌加國并吉闌國夷船貨物俱以十分抽三，該户部議將貴細解京，粗重變賣，留備軍餉。至正德五年，巡撫兩廣都御史林廷選題議，各項貨物着變賣存留本處，以備軍餉之用。正德十二年，巡撫兩廣都御史陳金會勘副使吳廷舉奏，欲或倣宋朝十分抽二，或依近日事例十分抽三，貴細解京，粗重變賣，收備軍餉。題議只許十分抽二，本年内占城國進貢將附搭貨物，照依前例抽分。至正德十六年，滿剌加國奏，佛朗機奪國及進貢詐僞，議禮部、議行鎮巡等官遣發出境。嘉靖五年，又該姚都御史奏稱，暹羅國進貢將陪貢，附搭貨物十分抽二，以備軍餉，方物解京。嘉靖六年，該國副使坤思悦者米的利等奏稱，正船並無抽分，該禮部查得《會典》内該圖例不抽分。行回，將原抽貨物退還，變賣修船歸國，遵行到今。俸糧折色椒木支。布政司案，查得遞年止係都布按三司文武官員，及在省之職官吏，本司備行廣豐庫，于庫貯抽回胡椒、蘇木計算，各名下折色俸銀，每一兩内除八錢，折蘇木一百斤，尚餘二錢，折椒五斤八兩八錢八分，其餘衛所武職官吏與夫境外各屬則無折支椒木之例。嘉靖中，革去市舶内臣，舶至澳，遣知縣有廉幹者往舶抽盤，提舉司官吏亦無所預。

（第三十三册《交阯西南夷》）

西域土地人物略

……又西五百里爲撒馬兒罕城，……又西五百里爲失剌思城。又西三百里爲高山，其南有山，北有馬土力，西北有撒子城兒，撒子城西北爲把黑打帖。又西爲把答山城，出青金石，其南马爲河城，北爲阿沙巴力。又西一千五百里爲怯迷城，有王子外邊住，有四族番漢，出金子、金鋼鑽，其南有牙兒打兒，有阿巴的納都。

（第三十四册《九邊四夷西域》）

三、坤輿圖説

天下名河

亞細亞州

印度河,長四千里,入海口處闊一百六十里。

(卷上)

亞細亞州

……莫卧爾,印度有五,惟南印度仍其舊,餘四印度皆爲莫卧爾所併。其國甚廣,分十四道,象三千餘。嘗攻西印度,其王統兵五十萬,馬十五萬,象二百,每象負一木臺,容人二十,載銃千門,大者四門,每門駕牛二百,盛載金銀五十巨罌以禦,不勝,盡爲莫卧爾王所獲。東印度有大河,名安曰。謂經此水浴,作罪悉得消除。五印度人咸往沐浴。

印第亞

印第亞即天竺。五印度在印度河左右,人面紫色,善百工技巧。無筆札,以錐畫樹葉爲書。國王例不世及,以姊妹子爲嗣,親子給禄自膳。男不衣,衣以尺布掩臍下。女以布纏首至足。其俗士、農、工、賈各世其業。最貴曰婆羅門,次曰乃勒。奉佛,多設齋醮。今沿海諸國率奉天主正教。其地有加得山,中分南北。南半山川、氣候,鳥、獸、魚、蟲、草木,各極詭異。立夏至秋分無日不雨,反是則酷暑難堪。惟有凉風解之,自巳至申從海西來,自亥至寅從陸東來。草木異常者難屈指。所産木,造舟極堅,不破壞。多生椰樹,幹可造舟、車,葉可覆屋,實能療饑,漿止渴,可爲酒、醋,爲油,爲飴糖,可削爲釘,殼盛飲,瓤索綯。有二奇木,一名陰樹花,形如茉莉,晝不開,夜始放,晨盡落。國人好卧於下,花覆滿身。一木不花而實,不可食,枝飄揚下垂,附地生根若柱。歲久結成巨林,無異屋宇,有容千人者。樹中近原幹處以供佛,名菩薩樹。有巨鳥吻,能解百毒,一吻直金錢五十。象異他種,能識人言。或命負物至某處,往輒不爽。他國象遇之,則蹲伏。有獸名獨角,能解毒。此地多毒蛇,蛇飲泉水,染毒,人獸飲之必死。百獸雖渴不敢飲。俟此獸來以角攪其水,毒遂解,百獸始就飲。又有獸,形如牛,大如象,生兩角,一在鼻上,一在頂背,皮甲甚堅,交接處如鎧甲,頭大尾短,居水中可數十日,從小豢之。亦可馭百獸,俱慴伏,值象與馬,必逐殺之。骨、肉、皮、角、牙、糞皆爲藥,西洋貴重之。其猫有肉翅,能飛。蝙蝠大如猫。地勢三角形,末鋭處闊不百步。東西氣候各極相反,此晴則彼雨,此寒則彼熱,此風濤蔽天,彼穩如平地。海舶乘順風過者,至鋭處行如拔山,比南印度尤異。

則意蘭

印第亞之南有則意蘭島。人自幼以環繫耳,漸垂至肩而止。海中多珍珠,江河生猫睛、昔泥、紅金剛石等。山林多桂皮、香木,亦産水晶,嘗琢成棺,斂死者。相傳爲中國人所居,今房屋殿宇亦頗相類。西有小島,總名馬兒地襪,不下數千,悉爲人所居。海中生一椰樹,其實甚小,可療諸病。

海産

海産以明珠爲貴,則意蘭最上。土人取海蚌置日中晒之,俟其口自開,然後取珠,則珠鮮白光瑩,有大如雞子者,光照數里。南海皆剖蚌出珠,故珠色黯無光。有珊瑚島,其下多珊瑚。初,在海中色緑而質軟,上生白子。土人以鐵網取之,出水便堅。有紅、黑、白三色,紅者堅而密,白、黑者鬆脆。大浪山東北有暗礁,水涸礁出,悉是珊瑚、猫睛寶石,各處不乏。小西洋更多。琥珀則歐邏巴波羅尼亞有之,沿海三千里皆是。因風浪所湧堆積此地。龍涎香,黑人國與伯西兒兩海最多,有大塊,重千餘斤者,望之如島。每爲風濤泊於岸,諸蟲、魚、獸並喜食之。

異物圖

亞細亞洲印度國産獨角獸。形大如馬,極輕快。毛色黄。頭有角,長四五尺,其色明。作飲器能解毒。角鋭能觸大獅。獅與之鬭,避身樹後,若誤觸樹木,獅反噬之。

亞細亞洲印度國剛霸亞地産獸,名鼻角,身長如象,足稍短,遍體皆紅、黄斑點。有鱗介,矢不能透。鼻上一角堅如鋼鐵。將與象鬭時,則於山石磨其角,觸象腹而斃之。

亞細亞州南印度國産山羊,項生兩乳,下垂。乳極肥壯。眼甚靈明。

（卷下）

四、佩文齋書畫譜

梁庾元威一百二十體書

庾元威《論書》云:余經爲正陽侯,書十牒屏風,作百體,間以采墨,當時衆所驚異,自爾絶筆,惟留草本而已。其百體者:懸針書、垂露書、秦望書、汲冢書、金鵲書、玉文書、鵠頭書、虎爪書、倒薤書、偃波書、幡信書、飛白篆、古頡書、籀文書、奇字、繆篆、制書、列書、日書、月書、風書、雲書、星隸、填隸、蟲食葉書、科斗書、署書、胡書、蓬書、相書、天竺書、轉宿書、一筆篆、飛白書、一筆隸、飛百草、草書、古文隸、横書、楷書、小科隸,此五十種皆純墨。璽文書、節文書、真文書、符文書、芝英隸、花草隸、幡信隸、鍾鼓隸、龍虎篆、鳳魚篆、騏驎篆、仙人篆、科斗篆、蟲篆、雲星篆、魚篆、鳥篆、龍篆,龜篆、虎篆、鸞篆、龍虎隸、鳳魚隸、騏驎隸、仙人隸、科斗隸、雲隸、蟲隸、魚隸、鳥隸、龍隸、龜隸、鸞隸、蛇龍文隸書、龜文書、鼠書、牛書、虎書、兔書、龍草書、蛇草書、馬書、羊書、猴書、雞書、犬書,豕書、此十二時書,已上五十種皆采色。其外，復有大篆、小篆、銘鼎、摹印、刻符、石經、象形篇章，震書、倒書、反左書等。及宋中庶宗炳出九體書，所謂緣素書、簡奏書、牋表書、弔記書、行押書、檝書、藁書、半草書、全草書。此九法，極真草書之次第焉。删捨之外，所存猶一百二十體。張芝始作一筆飛白書，此於并册等字爲妙，所以唯云一筆飛白書，則無所不通矣。反左書者，大同中東官學士孔敬通所創，余見而達之。於是座上酬答諸君，無有識者，遂呼爲衆中清閑法。今學者稍多解者，益寡敬通，又能一筆草書，一行一斷，婉約流利，特出天性，頃來莫有繼者。宗炳復於屏風上作雜體篆二十四種，寫凡百名將，恐一筆鄣子凡百屏風，傳者逾謬，并懷歎息。《法書要録》

（卷一《論書》一《書體》上）

元畏吾字　蒙古字

……蒙古字法，皆梵天迦盧之變也，故與佛真言相類。重陽萬壽宫《元碑》，皆以蒙古字書，其署年月處用雙鉤書，如今世傳飛白字。趙崡《石墨鐫華》。

（卷二《論書》二《書體》下）

漢劉向記浮提國書

浮提之國獻神通善書，二人乍老乍小，隱形則出影，聞聲則藏形。出肘間，金壺四寸上有五龍之檢，封以青泥，壺中有黑汁如淳漆，灑地及石皆成篆隸科斗之字。記造化人倫之始，佐老子撰《道德經》，垂十萬言。寫以玉牒，編以金繩，貯以玉函，晝夜精勤，形勞神倦，及金壺汁盡，二人刳心瀝血以代墨焉。遞鑚腦骨取髓代爲膏燭，及髓血皆竭，探懷中玉管中有丹藥之屑，以塗其身骨，乃如故。老子曰：更除其繁紊，存五千言，及至經成工畢，二人亦不知所往。《説苑》

梁陶弘景記仙書

六月二十四日夜，紫微王夫人來降，因下地請問真靈：既身降於塵濁之人，而手足猶未嘗自有所書，故當是卑高迹邈未可見乎。敢咨於此，願誨蒙昧。夫人因令復坐，即見授令書此以答曰："夫汎景虛玄，無塗可尋，言發空中，無物可縱；流浪乘忽，化遁不滯者也。此二行皆浮沉冥淪，儵還灼寂。是故放蕩無津，遂任鼓風櫂，存乎虛舟而行耳。故實中之空，空中之有，有中之無，象矣。至於書迹之示，則揮形紙札，文理眴注，粗好外著，玄翰挺焕，而範質用顯。默藻斯坦，形傳塵濁，苟騫露有骸之物，而得與世進退。上玷逸真之詠，下虧有隔之禁，亦我等所不行，靈法所不許也。今請陳爲書之本始也，造文之既肇矣，乃是五色初萌，文章畫定之時。秀人民之交，别陰陽之分，則有三元八會羣芳飛天之書，又有八龍雲篆明光之章也。其後，逮二皇之世，演八會之文爲龍鳳文章，拘省雲篆之迹以爲順形。梵書分破二道，壞真從易，配别本支，乃爲六十四種之書也。遂播之於三十六天，十方上下也，各各取其篇類，異而用之。音典雖均，蔚跡隔異矣……。"《真誥·運象篇》

梁釋僧佑論東西書源

昔造書之主凡有三人：長名曰梵，其書右行，次曰佉樓，其書左行，少者蒼頡，其書下行。梵及佉樓居於天竺，黄史、蒼頡在於中夏。梵、佉取法於淨天，蒼頡因華於鳥跡，文畫誠異，傳理則同矣。仰尋先覺所説有六十四書，鹿輪轉眼，筆制區分，龍鬼八部，字體殊式。唯梵及佉樓爲世勝文，故天竺諸國謂之天書。西方寫經雖同祖梵文，然三十六國往往有異。譬諸中土猶篆、籀之變體乎！按蒼頡古文沿世代變，古移爲籀，籀遷至篆，篆改成隸,其轉易多矣。至於旁生八體,則有仙龍雲芝,二十四書則有楷草鍼殳,名實雖繁,爲用蓋尠。然原本定義則體備於六文,適時爲敏則莫要於隸法。東西之書源亦可得而略究也。出《三藏記》

唐健馱羅國書

健馱羅國有波你尼僊,生知博物,研精覃思,攈摭羣言,作爲字書。備有千頌,頌三十二言,究極古今,總括文書。《大唐西域記》

元盛熙明論天竺書

西域有五天竺,文字稍異,獨以中天竺爲正。削竹爲筆,以貝多樹葉爲紙,其書廣有六十四種,名載釋書。諸番文字雖變遷各殊,然其音韻莫不祖述梵音。故今曰梵音而不曰梵書者,以其音律交合而成字,載音以導意,非若華文有六義也。竊謂字母者,猶倉頡之古文也。其音韻會合而成字,猶古文孳孕而成篆也。其轉變而爲諸番之書者,亦猶分隸、行、草之變也。《法書考》

明陶宗儀記外域書

西洋馬八兒等國人以長細銛刀,右手執用,託以左母指,横刻貝葉爲字,或暮夜交睫,書之迅速精利皆不失行理,即古刀書之流也。《書史會要》

明楊慎論梵篆

唐詩"服玩僧收爲轉經",今人謂寫字爲轉經,非也。西方之俗,凡薦亡以木規圓爲二輪象,一用梵篆牝書,一用梵篆牡書。牝書自内而外,牡書自外而内,牝輪在下,牡輪在上,以機而圜轉之,所謂三藐母馱也。予過雅州,見西僧説如此,其文亦有與中國同者,如國字,從口從犬,作囻者,牡文也,作圀者,牝文也。《丹鉛録》

(卷二《附録》)

唐竇臮述書賦論周至唐一十三代工書史籀等二百七人,署證徐僧權等八人,印記太平公主等十一家,述作梁武帝等十家,徵求賓玩韋述等二十六人。利通貨易穆聿等八人。

……印驗則玉斲斯胡書〔三藐母馱〕太平公主武氏家玉印有四胡書。今多墨塗,存者蓋寡,梵云三藐母馱四字也。

(卷九《論書》九《書品》中)

後蜀僧仁顯記曹吴體

昔竺乾有康僧會者,初入吴,設像行道。時曹不興見西國佛畫像,範寫之,故天下盛傳曹也。又言吴者起於宋之吴暕之作,故號吴也。《廣畫新集》

(卷十一《論畫》一《畫體》上)

宋郭若虚論曹吴體

曹、吴二體,學者所宗。按唐張彦遠《歷代名畫記》稱,北齊曹仲達者,本曹國人,最推工畫梵像,是爲曹,謂唐吴道子曰吴。吴之筆,其勢圜轉而衣服飄舉,曹之筆其體稠疊而衣服緊窄。故後輩稱之曰:吴帶當風,曹衣出水。《圖畫見聞志》

(卷十二《論畫》二《畫體》下)

梁菩提國畫

梁中大通六年，菩提國遣使送舍利及《畫塔圖》并菩提樹葉、詹糖等香。《南史》

宋酤蘭左國畫佛

大中祥符初，有西域僧覺稱來，館於興國寺之傳法院。自言酤蘭左國人，刹帝利姓，善畫。嘗於譯堂北壁畫釋迦面與此方，所畫絶異。《圖畫見聞志》

宋鄧椿記西天畫佛

西天中印度那蘭陀寺僧多畫佛及菩薩、羅漢象，以西天布爲之。其佛相好，與中國人異，眼目稍大，口耳俱怪，以帶挂右肩，裸袒坐立而已。先施五藏於畫背，乃塗五彩於畫面，以金或朱紅作地，謂牛皮膠爲觸，故用桃膠合柳枝水，甚堅漬，中國不得其訣也。邵太史知黎州，嘗有僧自西天來，就公廨令畫釋迦，今茶馬司有《十六羅漢》。《畫繼》

（卷十二附録）

劉詔

劉詔明皇時人，唐昭聖寺《廣大圓滿大悲心陀羅尼幢》，開元中三藏沙門不空奉詔譯，劉詔書。《昌平州志》

（卷二十七《書家傳》六《唐》二）

釋不空

釋不空，西域人也。玄宗、肅宗兩朝皆爲灌頂國師，代宗初以特進大鴻臚褒表之，加開府儀同三司肅國公，賜法號曰大

廣智三藏。大曆九年贈司空,追諡大辯正廣智三藏和尚。嚴郢《不空和尚碑》

《唐無礙大悲心經陀羅尼幢》,開元國師三藏沙門不空奉詔書。《昌平州志》

釋藏知

釋藏知,唐《無畏三藏碑》,沙門藏知篆。《墨池編》

(卷三十《書家傳》九《唐》五)

阿尼哥

阿尼哥,陶宗儀云:字西軒。尼波羅國人也。至元十五年授光祿大夫大司徒,領將作院事。贈太師開府儀同三司涼國公上柱國,謚敏慧。《元史·本傳》

阿尼哥善大字。《書史會要》

(卷三十七《書家傳》十六《元》一)

釋巴思八

帝師巴思八,土波國人。采諸梵文創爲國字。《書史會要》

(卷三十九《書家傳》十八《元》三)

智積菩薩

研石山在吳縣西,梁天監三年置寺,十五年有僧自畫梵相於佛殿壁間。後有西天僧見之,云:此智積菩薩也。《僧智賢智積記》

(卷四十五《畫家傳》一《南齊》)

釋跋摩

釋跋摩,增敬寺有賓月殿,跋摩於殿北壁手自畫作羅漢

像，及定光儒童布髮之形。象成之後，每夕放光，久之乃歇。《神僧傳》

（卷四十五《畫家傳》一《隋》）

浮圖澄造釋迦像碑

《唐封演聞見記》云：内丘孫西古中丘城寺有碑，後趙石勒光初五年立，史作《佛圖碑》。碑作“浮圖”，二字音相近爾。《金石録》

（卷六十二《歷代無名氏書》四《石》二《趙》）

授經圖

後漢永平七年，明帝夢金人，既寤，以問羣臣。傅毅對曰：臣聞西方有神，其名曰佛，陛下所夢將必是乎？因詔使者秦景等十四人如天竺，至月支，遇沙門攝摩騰、竺法蘭等，傳其經像。摩騰、竺法蘭入漢，獻經像圖，人物十有一。治平丁未，在山陽傅史中煇家。藏本云其本搨成都佛寺古殿畫壁，相傳漢魏間筆。觀其衣冠服用若後魏周隋制度，疑彼時畫工擬意所造耳。《蘇魏公集》

（卷六十五《歷代無名氏畫》上《後漢》）

玄奘取經圖

玄奘自五天竺得經六百五十七部。西京翻經院嘗寫玄奘遊西域道路所經，此圖豈傳是耶？《廣川畫跋》

（卷六十五《歷代無名氏畫》上《唐》）

優鉢羅華圖

祕閣有圖畫，世不能名，自昔號陀羅華。考索帳目，自大中祥符六年京兆府進入。崇寧三年曝書廡下，出其圖。考名識

之，蓋優鉢羅華也。《廣川畫跋》

（卷六十六《歷代無名氏畫》下《宋》）

石勒問法圖

右《石勒問法於佛圖澄圖》一段，元人遺製也。《祝氏集略》

（卷六十六《歷代無名氏畫》下《元》）

梁元帝畫職貢圖

梁元帝爲荊州刺史日所畫粉本，魯國而上三十有五國皆寫其使者，欲見胡越一家，要荒種落共來王之職，其狀貌各不同。如丁簡公家《淩煙功臣》、《孔子七十門人》小樣，亦唐朝粉本，形性態度人人殊品，畫家蓋以此爲能事也。此圖題字殊妙。高昌等國皆注云，貞觀某年所滅。又落筆氣韻，閻立本所作《職貢圖》亦相若，得非立本摹元帝舊本乎？或以謂元帝所作傳至貞觀，後人因事記於題下，亦未可知。然畫筆神妙，不必較其名氏，或梁元帝，或閻立本，皆數百年前第一品畫也。紙縫有褚長文審定印章。長文鑒畫有名於古，定然知此不凡也。李廌《畫品》

梁元帝鎮荊州作《職貢圖》，首鹵而終蜑，凡三十餘國，今纔二十有二。其一曰魯國，《南史》及《通典》、《太平御覽》皆無魯國與丙丙國，其下二十國則有之。河南、中天竺、師子、北天竺、渴盤陀、武興蕃、滑、波斯、百濟、龜兹、倭、因古柯、呵跋檀、胡密丹、曰[1]題末、林邑、婆利、宕昌、狼牙修，皆朝貢於梁者。《武帝紀》中又有扶南、鄧至、于闐、蠕蠕、高麗、干陁利、新羅、盤盤、丹丹九國，豈圖之所遺邪？亦不見所謂蜑者。疑丙丙與芮芮相類，即蠕蠕也。《玉海》

① 按《南史》，“曰”字係“白”字之誤。

（卷六十九《歷代帝王畫跋》）

唐唐奉一中興聖教序

右《唐中興聖教序》,中宗爲三藏法師義淨所作,唐奉一書,刻石在濟南長清縣界四禪寺,寺在深山中,義淨真身塔尚存。余屢往游焉,得此文入録。按御史臺記,奉一,齊州人,善書翰。武后時爲御史,後坐誅翦皇族廢。《金石録》

(卷七十二《歷代名人書跋》三)

唐徐浩不空禪師碑

和尚不空也。碑,徐浩書。《浩傳》曰,父嶠之善書,以法授浩。世狀其書曰:怒猊抉石,渴驥奔泉,尤爲司空圖所愛。又嘗論書曰:鷹隼乏彩而翰飛戾天者,骨勁而氣猛也。翬翟備色而翱翔百步者,肉豐而力沉也。若藻曜而高翔,書之鳳皇矣!可謂誇詡之極。今觀此碑雖結法老勁而微少清逸,在唐書中似非其至者。《石墨鐫華》

(卷七十三《歷代名人書跋》四)

唐顔真卿書摩利支天經

此經與東方朔《贊家廟碑》政是一輩書耳。勁拔嚴重,如入宗廟中,循廇皆禮樂器。而秀媚流利,有翩翩欲飛,浩然獨往之趣。公生平拒禄山,誚盧杞,叱希烈,直氣塞天地。至與陶八八游,得尸解之術,證位上真,又有浮游埃壒之表者。其扶人紀而闡玄風,皆可於公筆札中見之。昔謂筆爲心畫,可以觀人,於公尤足信也。康虞善鑒字,且善鑒人,其以余此言爲何如。顧起元《嬾真草堂集》

(卷七十四《歷代各人書跋》五)

唐釋懷仁集王羲之書聖教序

《聖教序》書法爲百代模楷。病之者第謂其結體無别構，偏傍多假借，蓋集書不得不爾。仲蔚謂出文皇手，又經于志寧等潤色，不無失真。是不知咸亨中，沙門懷仁摸集勒石，而《心經》未有。志寧等潤色題字，蓋玄奘方於洛中總譯西域所齎經藏，以志寧等領其事，故云爾。唐世宰相有兼譯經潤文使者，即其職也。凡唐藏經卷尾皆有諸公名姓，此何與於書？而仲蔚乃以是病之，陋一至此乎！展册爲之失笑。《弇州山人藁》

（卷七十五《歷代名人書跋》六）

宋袁正已書摩利支天經陰符經

袁正已所書《摩利支天》及《陰符經》，立於乾德，在京兆國學，以太學刻二教之經不必論。宋初文字，徐以篆，夢英以雜體，袁正已以楷，皆得郭忠恕之一端，而此袁得意之作，古淡閒雅，尚有李氏之遺風焉。蔡襄稍爲變調，繼以蘇黄各出新意。陵夷至於顛老，古法埽地盡矣！余於宋初猶有取焉爾。《墨林快事》

（卷七十六《歷代名人書跋》七）

元趙孟頫書四十二章經

右《四十二章經》，摩騰、法蘭自中天竺攜來，以梵書紀梵音。至吳興趙承旨孟頫，乃以漢語作漢字。要之，能受如來心印，作東震旦功德，先後一也。承旨精八法，咄咄逼晉人，而此書尤遒媚蕭散，有王會稽父子風。若能乞精手如章藻，拓作石木二本搨之，則尤我如來千百億化身之一證也，得之者慎無祕爲筐笥間物哉。《弇州續藁》

（卷七十九《歷代名人書跋》十）

宋李公麟畫十國圖

十國者，日本即倭國。于闐在葱嶺北。三童國人眼皆有三睛，童瞳通用，此誤題爲三腫。日南，古越裳氏，唐爲驩州。天竺即漢身毒。拂菻一名大秦，一名犂鞬。女國有二，一在扶桑東，一在葱嶺南。堅昆在康居西北。波斯在達曷水之西，又一國名。其名皆去漢唐舊都萬餘里，然日本、日南、波斯至今猶與中國相聞，則所圖亦非虚幻恍惚意貌爲之者。其王或蓬首席地，或戎服踞坐，或翦髮露骭，或丫髻跣行，或羣下接膝而飲，或瞑目酣醉，曲盡鄙野乞索之態。惟天竺者乘象，往往國俗皆然，不必文殊、普賢也。荒遠小夷非有衣冠禮樂之教，而其國人所以奉其主者甚恭，或執蓋，或奏伎，或獻琺，或雅舞，或膜拜，或進酒，或扶上鞍，其笙、簫、鼓、笛、罇、罍、牲果之類亦與今同。又一國不知名者爲鷙獸將犯穹廬，或張弓抽矢，或徒手欲搏之狀。華人尊君親上無以加也。畫外國人物非一家，精妙鮮有及此。舊題云李伯時學吴道子畫。按梁元帝自畫《職貢圖》，至唐猶存，似非道子作古。竊意此畫源流甚遠，留觀數日以歸竹溪。《後邨集》

（卷八十三《歷代名人畫跋》三）

梁元帝職貢圖

梁元帝《職貢圖》一卷，自且末、中天竺、師子、北天竺、渴槃陀、武興番、高昌及建平蜑、臨江蠻凡九國。前圖使者形狀，後列其土俗、貢獻歲月，而各國咸如之。絹素剥蝕，幾若不可觸，古誠古矣，然猶有可辨者。據梁元帝即蕭繹，其字世誠，武帝第七子也。《梁書》稱其任荆日畫《番客入朝圖》。《名畫記》遂因其説，亦云畫《職貢圖》并序外國貢事。又據裴孝源《公私畫録》

所載，梁元帝畫六卷，並有題印，而無《職貢圖》。又云《職貢圖》三卷，江僧寶畫，乃隋朝官本，上有陳梁年號。後來議者謂裴貞觀中人，官爲中書舍人，距繹時尚未遠，其言當可徵。洛陽任子羔一祖裴説，而駁史氏之妄踰數百言，則此圖已不能定於何人所作矣！况繹以湘東王鎮江陵，與岳陽王詧互相攻戰，曾無寧日，詧遂降魏。魏遣柱國于謹取江陵，繹焚古今圖書十四萬卷，歎曰：文武之道，今夕盡矣！繹尋遇害。竊計其時繹亦何暇娱情於繪畫之事。脱誠有之，亦與十四萬卷同歸灰燼矣！惡能至於今日哉？此濂之所未喻也。又據李龍眠《手帖》云，《梁職貢圖》首鹵而終蜑，凡三十餘國。而所謂三十餘國又不與史合。自晉氏渡江，南北分統，鹵豈能越海而來貢邪？嗜古之家又謂此圖唯傅正字欽父所藏者爲真，首河南而終狼牙修，凡二十二國。其國與龍眠所言又有同異，且似疑龍眠首鹵之説而易爲魯。魯乃伯禽之裔，東表元侯之國。四夷之中亦豈有所謂魯邪？今以此卷較之傳本又絶不同，均號《職貢圖》，而乃復參差如此。此又濂之所未喻也。又據此卷題曰梁元帝畫，每段所寫土俗貢獻之事則云陶學士書，豈繹畫此時，特留餘地而候陶之書邪？此又姑置之。陶自跋其後，初書廣順三年云云，中間字多糜爛，不可屬讀。後復書云夏五月二十九日汴上。兩中書北海陶穀，時具位珥貂三載也。據陶名穀字秀實，邠之新平郡人。邠即豳也，古在雍州之域，漢屬安定北地郡，漢置新平郡，今易北地爲北海，亦當有其説邪？陶起家校書郎，在周爲翰林學士，入宋，歷禮、刑、户部三尚書，遷承旨，年六十八卒，贈右僕射。陶嘗自言頭骨當珥貂，因人笑之，自悔不復言。况在翰林日，初不珥貂，安肯自書以衒人邪？陶博學善記，以辭翰擅一世，今所書字形體窘束，絶無俊逸之氣，頗類書經手所爲。觀其書佛作仏，壻作聟，蓋未能猝變者，此又濂之所未喻也。然其畫意渾璞，而無世

俗纖陋之態，固不得爲真梁物。要亦爲宋代名筆所作，世之粗工塗青抹紅以欺人者，見之必循牆而避矣。《宋學士集》

石勒問道圖

《石勒問道圖》一卷。石勒拱而問，佛圖澄踞石座，以手支頤而寐，背後作一石壁，盤石松其上，無侍從。石勒背後乃有侍從數人。描是鐵線兼蘭葉，色則輕著青緑，雖秀勁乃致不高，古黄潛陳繹曾跋，以爲唐人，非也，當是趙千里。《詹東圖玄覽》

（卷九十《畫辨證》）

五、淵鑑類函

日二

《宣室志》又曰，天竺屬國數十，有迦没路國。其俗開東門，以向日。

（卷二《天部》二）

月三

燋兔。《西域記》云：婆泥斯國有三獸塔。劫初有狐、猿、兔，異類相悦。時天帝釋化一老夫，詣三獸求食。於是狐銜鯉、猿採果俱來。惟兔空還，自傷卑劣，乃投火充餐。時老夫收取燋兔，歎謂狐、猿曰："吾感其心，不泯其迹，寄之月輪，傳乎後世。"咸言月中之兔因斯而有。

（卷三《天部》三）

秋四

桂子落。《禪林備覽》，天竺山昔有梵僧從天竺鷲嶺飛來，八月十五夜常有桂子落。

（卷十五《歲時部》四）

七月十五日二

天竺云盂蘭，此云倒懸救器，謂目連救母飢厄，如解倒懸之具也。今人遂飾食味於盆，亦誤矣。

七月十五日四

釋氏託生。謝承《後漢書》云：佛以癸丑七月十五日託生於淨住國摩耶夫人腹中，至周莊王十年甲寅四月八日生。

（卷二十《歲時部》九）

沙二

洹沙。《維摩經》取三千大千世界，如陶家輪著右掌中，擲過洹沙世界之外。

（卷二十三《地部》一）

洞三

達摩洞。在河南府少林寺中，即面壁九年處。石高三丈許，達摩之像宛然。

（卷二十五《地部）三）

崑崙山一

《十洲記》又曰：崑崙，一號崑崚。釋氏家謂之須彌山，爲帝釋天所居。山頂四峰拔出，各高七百仞。山東天下，名東弗寺；西天下，名瞿耶尼；南天下，名閻浮提；北天下，名北鬱單。閻浮提，今中國四裔是也。《涅槃經》所謂閻浮界内有震旦即此。

嵩高山三

立雪亭。《嵩岳志》曰:“少林寺西北三里許有初祖菴,蓋達磨面壁洞在其上,而建菴於此也。背倚五峰,前臨雙澗,松柏茂蔭,爲山中勝境。菴中有達磨石,亦名面壁石。”又曰:“五乳峰下有立雪亭,以二祖神光雪中立候達磨而建亭于此。”

天降甘露。《嵩岳志》又曰:少林寺西有甘露臺,相傳跋陀繙經,天降甘露。

(卷二十七《地部》五)

池二

《益州記》曰:摩訶池在成都,隋蜀王秀取土築廣子城因爲池。有胡僧見之曰:“摩訶宫毗盧。”蓋梵語呼摩訶爲大宫,毗盧爲龍,謂此池廣大有龍耳。

(卷三十三《地部》十一)

谿二

《傳燈録》曰:梁天監初,天竺僧智藥汎舶曹溪口,聞異香,掬嘗其味曰:“上流必有勝地。”尋之,遂開山立刹,名寶林,乃云:“百七十年後當有無上法寶在此演法。”今六祖南華寺也。

《寰宇記》曰:龍溪在奉化,舊有虚白觀。唐開元間,葉静能講經於此。忽南海龍神化一髯叟聽講,既而訴曰:“胡僧以呪力欲竭海取寶。”語甚哀切。静能乃書朱符,遣弟子持往海上救之,於是海水復還。觀在原上無井,遠汲爲難,至是龍神感其恩,乃於觀左穿一渠,泉流不絶,遂成大溪,因名龍溪。

(卷三十三《地部》十一)

井二

舊經云:廣城水多鹹鹵,蕭梁時,達磨祖師指此地有黄金,民爭挖之,數丈遇石穴,泉水迸湧而無金。人以師誑語,師曰:“是金非可以斤兩計者也。”今不知所在,或疑即越臺井。

(卷三十四《地部》十二)

制作一

《續文獻通考》又曰:西域當崑崙陽,爲得風氣之正,故西域獨有曆。元之季世,其曆始東,曆家以爲最密。太祖造《大統曆》,得西人之精乎曆者,以其曆與中國曆相參推步而後成之。

(卷五十三《帝王部》十四)

提舉市舶二

金山珠海,蠻賫天珍。《彙苑》曰:市舶者,其利不貲,擁金山珠海天子南庫也。《市舶録》曰:八蠻之賫,五天之珍,每歲山積。

(卷一百九《設官部》四十九)

舞五

范成大《真定舞》曰:紫袖當棚雪鬢凋,曾隨廣樂奏《雲》、《韶》,老來未忍耆婆舞,猶倚黄鍾衮六么。

(卷一百六十八《樂部》三)

文字二

《説文》又曰:盛熙明云:“嘗覽竺典,造書之主凡三人,曰梵、曰伽盧、曰蒼頡。梵傳於印度,其書右行;伽盧創於西域,其書左行；其季蒼頡居中夏，其書下行。”

（卷一百九十五《文學部》四）

墨二

王嘉《拾遺記》曰：周靈王時，浮提之國獻神通善書二人，出肘間金壺四寸，上有五龍之檢，封以青泥，壺中有墨汁如淳漆，灑地及石皆成篆隸科斗之字。佐老子撰《道德經》。汁盡，二人刳心瀝血以代墨。

墨三

光騰貝葉。《天中記》，西域僧言彼國無硯、筆、紙，但有墨，以雞足山古松心爲之。僕嘗獲貝葉，上有梵字數百，墨倍光澤，會秋霖，爲窓雨濕，因而揩之，字終不滅。

墨五

晁冲之《承晏墨詩》：江南墨官有諸奚，老超尚不如廷珪，後來承晏復秀出，喧然父子名相齊。百年相傳文斷碎，仿佛尚見蛟龍背，電光屬天星斗昏，雨痕倒海風雲晦。却憶當年清暑殿，黄門侍立才人見，銀鉤灑落桃花牋，牙牀磨試紅絲硯。建隆天子開國初，曹公受詔行掃除，王侯舊物人今得，更寫西天貝葉書。

（卷二百五《文學部》十四）

釋教一

《朱文公語録》云：後漢明帝時，佛教始入中國。雖好之，然都不曉其説。至晉宋間，其教漸盛，廣大自勝幻妄寂滅，自齋戒變爲義學，如遠法師、支遁、道林皆義學。當時文字亦只以老莊之説鋪張。梁普通間，達磨東來，武帝惟從事因果，尚不曉其説。達磨只説人心至善,即此便是一切掃蕩,不立文字,不用苦行。又翻出許多窠臼,勦除知解,説出禪旨,高妙於義學,直指悟理而始者禍福報應之機深,足以鉗制愚俗,以爲資足衣食之計。

釋教二

《孔叢子》云:昔西域國苑中有柰樹生果,中有一女子。王收爲妃,乃以苑地施佛爲伽藍,故曰王柰苑。

《涅槃經》云:降維衛國,成道摩竭提,説法波羅奈,入滅拘尸那。波羅奈即鹿野苑之境,號最初説四諦處也。

《經律異相》云:須達多長者白佛言:弟子欲營精舍請佛住。惟有祇陀太子園廣八十頃,林木鬱茂,可居。白太子,太子戲曰:滿以舍布,便當相與。長者出金布八十頃,精舍告成。凡千三百區,故曰祇園給孤獨園。

《潛確類書》。世尊曾在鹿野苑中爲鹿王教主,羣鹿無擾。王造伽藍名鷄園,昔有野火燒林,林中有雉,入水漬羽以救野火,即雞頭摩寺。

《西域記》云:四日照世,東有馬鳴,南有提婆,西有龍猛,北有童受,或通宗乎衆典,或别釋於一經,分照乎四方,俱破於羣翳。

《西溪叢語》云:佛時在舍衛國祇樹給孤獨園時,有梵志名曰邪旬來詣佛所,曰:“吾聞佛道厥義弘深,巍巍堂堂,猶星中月,神智妙達,衆聖中丕願開盲瞑,釋其愚癡,所事何師?”天尊曰:“吾前世師,其名難數。吾今自然神耀得道,非有師也。所謂八師者,不殺、不盗、不淫、不惡,口不飲酒、老、病、死。”

經一

《法顯記》曰:佛生于殷末,道成于周,至成王十二年經律始到新河頭。

蘇東坡曰:釋迦以文教,其譯于中國,必託于儒之能言者,然後傳遠。故大乘諸經,至《楞嚴》則委曲精進,勝好獨出者,以房融筆授故也。

《曹溪碑》云:如來於彼國滅後五百歲而摩騰、竺法蘭以經來,而華人始傳其言。後五百歲而達摩以法來,而華人始傳其心。

《涅槃經》曰:是諸大乘經爲滿字,無欠少之義也。小乘請教悉爲半字,義未圓,故云半字。

《正言》。駿迦佛住南海濱,入楞伽國摩羅耶山而説此經。梵語楞伽,此云不可住。唯神通人方能到也。阿跋多羅,此云入,謂入此山中而説此寶。或翻無上,謂此經法是無上寶。《天中記》

經四

蘭臺石室。《世説》曰漢明帝遣羽林郎秦景、博士弟子王遵十二人之大月氏國寫取佛經四十二部,在蘭臺石室。

(卷三百十六《釋教部》一)

佛二

《玄妙·内篇》曰:老子入關之西天竺維衛國,國王夫人名曰淨妙。老子因其晝寢,乘日之精入淨妙口中。後年四月八日夜半時剖右脇而生,墮地即行七步,舉手指天曰:"天上天下唯我爲尊,三界皆苦,何可樂者。"於是佛教興焉。

《周書·異記》曰:周昭王二十四年,天竺迦維衛國淨梵王妃摩耶氏夢天降金人，遂有孕。於四月八日，太子生於右脇。名悉達多，年十九入檀特山修行證道。至穆王三年明星出時成佛，號世尊。於熙連河説《大涅槃經》，以正法眼藏將金縷僧伽棃衣傳與弟子大迦葉，爲第一世祖。行至周穆王五十二年二月十五日，住拘尸城娑羅樹間入般涅槃。在世教化四十九年，是爲釋迦牟尼。

《本行經》曰：淨梵王嚴駕抱太子謁自在天，神廟神像起，禮拜太子足。王驚曰：我子於天神中更爲尊勝，宜字天中，天即佛第二小字也。

佛三

恒沙。法界。《山堂肆考》：恒沙，佛教所施，即世界也。又佛法之妙境謂之元津。法界謂佛法所施之地，盡法界而虚空也。

舍衛城。妙喜國。《山堂肆考》：世尊凡至食時著衣持鉢入舍衛城乞食。佛言，有國名妙喜，維摩詰於彼國寂没而來此生也。

摩尼珠。隨坐衣。佛珠曰：摩尼珠以喻法性，圓明清淨不染穢污也。故唐詩：唯有摩尼珠，可照濁水源。梵語云，尼師壇又云尼師但那；云隨坐衣，唐言坐具也。

得骨髓。《山堂肆考》：達磨將滅，命門人各言所得。道副曰：如我所見，不執文字，不離文字而爲道用。師曰：汝得吾皮。尼總持曰：我今一見，更不再見。師曰：汝得吾肉。道育曰：四大本空，五蘊非有，而我所見無一法可得。師曰：汝得吾骨。最後，慧可禮拜，依位而立。師曰：汝得吾髓。

佛四

頰如師子。《牟子》曰：佛生天竺，假行王家。父曰白淨，夫人曰白淨妙。四月八日，佛精從天來，夫人晝寢，夢見象六牙，欣然悦之，遂感而孕。因以八日從母右脇而生。太子有三十二相八十種好，頰如師子，皮不受塵水，手足皆鉤鏁，毛悉向上。

旃檀作像。《增一阿含經》：優填王敕國出巧匠，會以牛頭旃檀作佛像供養，晨夕禮拜。

道成周初。《法顯記》曰：佛生於殷末，道成於周初，至成王十二年經律始到新頭河。注河即張騫所到之處。

僧一

《漢明帝内傳》曰：摩騰、竺法蘭，漢地僧之始也。

《潛確類書》：晉道安禪師受具戒於佛圖澄，以師莫過佛，宜稱釋氏。後《增一阿含經》云：四姓出家，但言釋子，無復本姓。故云：四河入海同一鹹味，四姓出家同名釋氏云。

僧二

明《泳化類編》曰：板的達，天竺中印度僧也。元至正甲辰至燕，受灌頂戒。洪武甲寅至金陵。召見。稱旨，賜印號善世禪師。居蔣山，統制天下諸山，仍移文各郡，許詣蔣山受菩薩法戒，所司勿禁。人多繪像事之，以爲活佛。御製《善世歌》，有"談天般若生蓮花"之句。尋遊方三年，復還蔣山。賜金環茜衣。車駕臨幸，必造其室，咨問法要，屢賦詩篇。有曰：晨向巖前觀日出，暮禪松底聽風來。蓋規之也。死無他異，葬天禧寺而屋之。

僧三

碧眼。達磨眼紺青色，稱碧眼胡僧。

（卷三百十七《釋教部》二）

畫三

彩塗白。《畫繼》又曰：西天中印度那蘭陀寺僧多畫佛，及菩薩、羅漢像。以西天布爲之，先施五藏於畫背，乃圖五彩於畫面。以金或朱紅作地，謂牛皮膠爲觸，故用桃膠合柳枝水，甚堅漬。中國不得其訣也。

（卷三百二十七《巧藝部》四）

博一

《記纂淵海》：雙陸出天竺，《涅槃經》名爲波羅塞戲。

博四

紀奎文閣。宋《洪遵》序：雙陸最近古號雅戲。以傳記考之，獲四名：曰握槊，曰長行，曰波羅塞戲，曰雙陸。始於西竺，流於曹魏，盛於梁、陳、魏、齊、隋、唐之間，至我太宋播之聲詩。紀於奎文閣中。

（卷三百三十《巧藝部》七）

佛寺一

《文殊師利菩薩經》曰：佛初得道在摩伽陀國伽耶山寺。

《增一阿含經》曰：波斯匿等五王白世尊，此僧伽户水側福妙，最是神地，欲造寺。世尊曰：汝等五王此處造寺，長夜受福。世尊即申右手從地中出。迦葉如來而告曰，欲作神寺，當依此法。

《佛游天竺本記》曰：達嚫國有迦葉佛伽藍，穿大石山作之，有五重：最下爲雁形，第二層作獅子形，第三層作馬形，第四層作牛形，第五層作鴿形，名爲波羅越。波羅越蓋彼國名鴿。

《譬喻經》曰：阿育王起千八百寺。

《事物紀原》曰：漢明帝時，自西域以白馬馱經來，初止鴻臚寺，遂取寺名，置白馬寺，即僧寺之始也。

佛寺三

二梵。三利。《增一阿含經》曰：世尊説四梵福若能補理，故寺是爲一梵之福。

《譬喻經》曰：王舍國人欲作寺，錢不足，入海得名寶珠，上國王，言：我有三利欲作寺，入海安隱，多得金寶，而不貪惜三利。

麗跋藍。《十誦戒本經》曰：拘夷國寺，阿麗藍石若、阿麗跋藍石三寺比丘，君依塔彌受法戒。此寺尼多，是葱嶺以東王侯婦女也。

鷲嶺。雁堂。西域有靈鷲山。毗舍離爲佛作堂，形如雁字。

梵刹。莊嚴差別，名之爲刹，梵刹者，西域以柱表刹示所居處也。

叢林。闍林。梵語貧婆，此云叢林。譬如大樹叢叢，故僧聚處名叢林。《西域記》云：林蘇伐那，此言闍林，千佛皆於此地説法。

菴羅園。薝葡林。《闡義》云：菴羅是果樹之名。其果似桃。此樹花開，華生一女。國人歎異，以園封之。園既屬女，故言菴羅樹園。宿善宴熏見佛歡喜，以園奉佛。佛即受之而爲所住。如入薝葡林中，聞薝葡花香，不聞他香。薝葡，梔子，又名林蘭。

玄奘譯經。玉華寺在延安府宜君縣西，即唐玉華宫也。高宗時，廢爲寺。玄奘法師於此譯經。

佛寺四

隻履西遊。《傳燈録》曰：後魏孝明帝太和十九年，達磨大師於禹門寺端坐而化。其徒爲之起塔於定林寺。後二年，魏宋雲使西域回，遇師於葱嶺，手攜隻履，翩翩獨遊。問師何往，曰：西天去。雲具奏其事，帝令啓壙視之，惟見一革履存焉。

（卷三百五十三《居處部》十四）

珠三

青泥。《彙苑詳注》：唐武后時，西國獻青泥珠一枚。珠類拇指，微青。后不知貴，施西明寺僧布金剛額中。後有講席，蕃商來聽，見珠，但於珠下諦視，而意不在講。僧知其故，因問：欲買珠耶？商云：必若見賣，當致重價。僧初索千貫，漸至萬貫，商悉不醻，遂定至十萬貫，賣之。商得珠納腿肉中，還西國。僧尋奏聞，后敕求此商，數日得之。使者問珠所在，于腿中取出。則天問：貴價市此，何所用之？商云：西國有青泥泊，多珠，但苦泥深不可得。以此珠投泊中，泥悉成水，其寶可得矣。

水珠。《彙苑詳注》：開元十年，大安國寺僧造功德，開櫃閱寶物，得一珠。狀如片石，赤色，夜則微光高數寸。視其函封，曰：此珠值億萬。月餘，有西域人閱寺求寶，見珠大喜。使譯問珠價直幾何？僧曰：一億萬。其人撫弄遲回而去。明日又至，謂僧曰：珠價誠直一億萬，今客久以四千萬求市，可乎？僧喜，問其故，曰：貞觀初通好，來貢此珠。後吾國念之，今幸得之。此水珠也，每軍行休時，掘地二尺埋之，水泉立至，故軍行常不渴。自亡珠後，每苦渴。僧命掘土藏珠試之，果然泉湧出。僧取飲之，方悟靈異。其人乃持珠去，不知所之。

珊瑚一

孫氏《瑞應圖》又曰：明暹羅、烏思藏、錫蘭山俱貢珊瑚。古里貢珊瑚珠。

（卷三百六十四《珍寶部）四）

錦三

兜羅。兜羅錦出榜葛剌國。

（卷三百六十五《布帛部》一）

布四

一幅蔽身。西域尼婆羅一幅布蔽身。

（卷三百六十六《布帛部》二）

帶四

西域腰帶。《魏略》曰：文帝時，西域來獻紫球腰袋。

（卷三百七十一《服飾部》二）

杖四

内棺。《三石遺事》云：佛圖澄死，所持金錮杖内棺中。後開棺視之，惟見金杖。

刺地成榛。《法顯記》曰，祇洹精舍西北四里有榛林，名曰得眼木。有五百盲人，佛爲説法盡得眼開。盲人喜，刺杖著地，頭面作禮。杖遂生長成榛林。

（卷三百七十八《服飾部》九）

指環四

大秦出。《天中記》云：天竺大秦出金指環。

（卷三百八十一《服飾部》十二）

杯四

水晶杯。《韻府》云：武德二年西域罽賓獻玻璃水晶杯。

鉢一

衆香鉢。《維摩經》云：維摩居士遣八菩薩往衆香國禮佛。于是香積如來，以衆香鉢盛飯與之。

（卷三百八十四《器物部》三）

米一

《奘傳》續曰：西域王舍城有大人米，大人米，粳米也。大如烏豆，飯香百步，惟此國有。王及知法者豫焉。

（卷三百九十五《五穀部》二）

菜蔬一

《西域傳》曰：罽賓地温和，冬食生菜。

（卷三百九十八《菜蔬部》一）

蒲萄—

《金樓子》曰:大月氏國善爲蒲萄,花葉或以根及汁醖之。其花緑榮,碧鬚。春夏之時,萬鬚競發如鸞翼。八月中,風吹葉上,傷裂似綾紈。故人呼爲蒲萄風,亦名裂葉風。

(卷四百〇三《果部》五)

菩提樹

《天台志》曰:山有菩提樹,相傳西天梵僧遊化遺此種。樹如柿,花亦大同,未結蕊,先乃别抽一葉,長指半許,闊兩指,色白而光潤,乃結蕊於葉下,日則覆子以蔽櫼,夜則捧子以承露。秋社後取子爲珠,十百中必有一二如羅漢者,請之佛頭。他處所生無。

淨土樹

樹在高陵縣南八里。俗傳西域鳩摩羅什憩此,覆其履上,遂生玆樹。二月開花如楊花,八月結實如小栗,殼中皆黄土。

(卷四百十六《木部》五)

閻浮樹

《彙苑詳注》曰:須彌山有此樹,月過樹影入月中。

畢鉢羅樹

《彙苑詳注》。□畢鉢羅樹出摩伽陀國,即菩提樹,在摩訶菩提寺。蓋釋迦如來成道時,樹莖幹黄白,枝葉青翠,經冬不凋。

龍樹

《彙苑詳注》曰:華氏國國城之北有大山焉。北去八里有大樹,蔭覆五百大龍。其樹王名龍樹,常爲龍象説法。

繫象樹

《彙苑詳注》曰,乾陀國頭河岸有繫白象樹,花葉似棗柔,冬方熟。相傳此樹滅佛法亦滅。

（卷四百十七《木部》六）

鳳二

《本行經》曰:西方衛羅國王有女,字曰配瑛。與鳳共處,於是靈鳳常以羽翼扇女。而後十二年中女忽有胎。王意怪之,因斬鳳頭,埋著長林丘中。後生女名曰皇妃。王女思靈鳳之遊好,駕而臨之長林丘中。歌曰:杳杳靈鳳,綿綿長歸。悠悠我思,永與願違。萬刼無期,何時來飛。是鳳欝然而生,抱女俱飛,徑入雲中。

（卷四百十八《鳥部》一）

鸜鵒四

名載梵經。韋皐《鸜鵒舍利塔記》曰:貞元中有獻鸜鵒鳥者。河東裴氏志樂金仙之道,以此鳥名載梵經,常狎而敬之。

鸜鵒王。《百緣經》曰:鸜鵒王見佛、比丘寂然宴坐,甚懷喜悦。

（卷四百二十一《鳥部》四）

雕一

《西域諸國記》曰:耆崛山在王舍城北四里。山有兩崖,鷲鳥常居其顛，土人號爲靈鷲山也。

（卷四百二十二《鳥部》五）

鵲三

國王。《傳燈録》曰：昔如來在雪山修道，芻尼集於頂上。佛既成道，芻尼受報爲那提國王。芻尼，野鵲子。

（卷四百二十三《鳥部》六）

燕四

靈鷲異瑞。《廣弘明集》：宋劉義隆時，天竺僧求那跋摩將詣揚州路，過靈鷲寺，謂寺僧曰：此間尋有異瑞，兼直王者登臨。其年冬果有羣燕共銜繡像，委之堂内。及齊主蕭道成初爲始興太守，游於此寺，而起白塔。

（卷四百二十四《鳥部》七）

獅子一

天竺濱海出師子。

西域師子國能馴養師子，因以名國。

獅子四

柱頭吼。《法顯記》：阿育王精舍後立石柱作師子，柱内西邊有佛像，内外映徹，淨若琉璃。有外道與沙門争此住處。時沙門與其誓，此處若是沙門住者，當有靈驗。作是言已，柱頭師子乃大鳴吼見證。外道懼怖，心服而還。

虎四

虎市。《高僧傳》：南海始興有虎市山。峰嶺高絶，虎之淵藪，世受其災。天竺沙門跋摩改名靈鷲，住錫於斯，晝行夜往，或時值虎，以杖按頭，抒之而去。於是山旅水濱去來無梗。

（卷四百二十九《獸部》一）

象二

《法顯記》曰：迦維羅衛國從佛生處東行五六旬，有國名藍莫。此國王得佛一分舍利，還歸起塔。塔邊有池。池中有龍，常守護此塔，晝夜供養。乃有羣象以鼻取水灑地，取雜花香而供養。諸國道人來，欲禮拜塔，遇象大怖，依樹自翳，見象如法供養。道人太息悲感，即捨大戒，還作沙彌，自挽水平治處所，使得潔淨。

《西域記》曰：有一僧行遇羣象，上樹避之。象隨倒樹，負之至林中。有一病象足瘡而臥，引沙門手至所苦處，乃竹刺。沙門爲拔去之，裂裳與裹。俄頃一象持金函授病象，病象轉授沙門。發視之，乃佛牙也。

象三

化石。《山川紀異》：河南府有象莊。舊傳漢時西域僧以象馱經至洛陽，化爲石，今石象猶存。

（卷四百三十《獸部》二）

鼠三

銜炷。釋法顯《佛遊本記》曰：祇園精舍燒香燃燈，續明日月不絶，鼠銜炷燒幡蓋，遂及精舍都盡。

角端

《癸辛雜志》曰：元太祖駐師西印度，有大獸高數十丈，一角如犀牛，作人語曰：此非帝王世界，宜速還。耶律楚材進曰：此名角端。聖人在位則奉書而至，能日馳一萬八千里。靈異如鬼神,不可犯。

(卷四百三十二《獸部》四)

驢三

運食。《西域志》曰,烏場國特檀山,山中有寺,内有衆僧,日日有驢運食,無控御者,自來留食還去,莫知所在。

(卷四百三十五《獸部》七)

狗三

辟惡。《風俗通》曰:罽賓犬善守衛,著以辟惡。

(卷四百三十六《獸部》八)

龍二

《法苑》曰:貞觀十八年,汶水縣天雷震,雲中落一石下,大如碓觜,脊高腹平。縣丞張孝靜奏聞。時有西域僧磨伽陀,菩提寺中長年師到,西東頗推博識。敕問之,云是龍食。二龍相爭,故落下耳。

(卷四百三十七《鱗介部》一)

龍三

守藏。《幽怪録》:開元中葉,天師講經于明州奉化縣。忽一老父自云守藏龍,千歲方免炎沙之罰。今爲胡僧咒水,欲取統天鎮海之寶,天師以符救之,波停風息。老父泣謝仙師,令致清泉,遂成石渠。經冬不竭,至今謂之天師渠。

(卷四百三十八《鱗介部》二)

蛙四

明劉基《聽蛙詩》曰:……西域胡僧彈般若,齊東老生矜炙艘……。

徐渭《蛙聲詩》曰:……連營甲卒枚前閧,塞寺沙門呪後飡。蟾蜍借月痦何謂,科斗縈波字與翻。蒲潦溽蒸號太酷,梅風飄蕩控宜寒。使車南詣雕題譯,貝葉西來鴂舌彈……。

(卷四百四十八《蟲豸部》四)

蝨二

《傳信記》曰:無畏三藏飲酒、食肉,言行粗易,律師不説,常令宿於户外。律師終夜捫蝨投牀下。無畏即呼曰:撲殺佛子。律師異之。

(卷四百五十《蟲豸部》六)

六、海國聞見録

小西洋記

小西洋居於丙午丁未方,從麻喇甲、暹羅繞西沿山而至於白頭番國。人即西域之狀,捲鬚環耳,衣西洋布,大領小袖,纏腰,裹白頭,故以白頭呼之。國有二,東爲小白頭,西爲包社大白頭。二國北接三馬爾丹,即噶爾旦之本國也。而三馬爾丹之北鄰細密里也國,而細密里也之西爲俄羅斯國。

小白頭東鄰民呀國。民呀人黑,穿着皆白,類似白頭。英機黎、荷蘭、佛蘭西聚此貿易。民呀之東接天竺佛國。民呀之東南遠及暹羅。民呀之南臨海。民呀之北接哪嗎西藏及三馬爾丹國屬。而小白頭南入於海之地曰戈什嗒,東西南三面皆臨大海,外懸一島,曰西嵛,中產大珠。戈什嗒東之沿海地名有三:曰網礁臘,係英機黎埔頭;曰房低者里,係佛蘭西埔頭;曰呢顏八達,係荷蘭埔頭。西之沿海地名有二,曰蘇喇,曰網買,皆英機黎埔頭,其地俱係紅毛置買所建也。

包社大白頭國,東鄰自西至西南,與烏鬼之地隔對一海,南臨大洋。國爲多爾其所屬,貢男女於多爾其爲奴婢。

烏鬼國,東北山與阿黎米也相聯,向西南生出坤申方大洋,何啻四五國之遠,其盡處曰呷,即中國支山。入海盡處曰表,表者標也。佛蘭西曰呷,英機黎曰岋,皆順毛烏鬼地方,是以紅毛呷板。從小西洋來中國者,由亞齊之北,麻喇甲之南,穿海過柔佛,出茶盤,而至崑崙。自呷而東至戈什嗒,自戈什嗒而東至亞齊,其海皆呼曰小西洋。人黑白不同,皆西域裝束,長衫大領小袖,裹頭纏腰。國富庶,産寶器、生銀、洋布、丁香、肉果水、安息吧喇沙末油、蘇合油等類。以金爲幣,鑽石爲寶。

(上卷)

七、古今圖書集成

方輿彙編邊裔典

邊裔總部紀事

《燕翼貽謀録》:唐有《王會圖》,皇朝亦有《四彝述職圖》,大中祥符八年九月,直史館張復上言:“乞纂朝貢諸國衣冠,畫其形狀,録其風俗,以備史官廣記。”從之。是時,外邦來朝者,惟有高麗、西夏、注輦、占城、三佛齊、蒙國、達靼而已,不若唐之盛也。

《圖書編》:國朝諸彝所貢方物,朝鮮以馬、苧、蔆、豹、獺,安南以犀、象、白練、沉水諸香,暹羅以生象、孔翠、珊瑚、瓊碧、硫黄、薔水,琉球以赤銅、瑪瑙、刀、錫,占城以龍瑙、兜羅,真臘以犀、象、黄蠟,日本以劒、鎧,爪哇以矛、鐵、犀象、芯布、珠瓊碧血，鎖里以紅撒哈剌，西洋鎖里以黑虎，三佛齊以白獺、大雞，浡泥以玳瑁、熊皮、倒掛，百花以赤猴，彭亨以腦檀，淡巴以芯布，古里以寶刀、蘇合、龍涎，滿剌加以熊、狼、白麂、華縵、袱錫，婆羅以玳瑁、珠蕉，小葛蘭以珠蓋，阿魯以象齒，榜葛剌以琉璃、紫膠，錫蘭山以水晶、蘆薈、細布。……

邊裔總部雜録

《續博物志》：夷者，柢也。其類九：畎彝、于彝、方彝、黄彝、白彝、赤彝、玄彝、風彝。蠻者，慢也。其類八：天竺、咳首、僬僥、跛踵、穿胸、儋耳、狗軌、旁春。戎者，兇也。其類六：僥彝、戎央、老白、耆羌、鼻息、天剛。狄者，辟也。其類五，月氏、獩貊、匈奴、單于、白屋。

（第十二卷）

西方諸國總部紀事

《隋唐嘉話》：貞觀中，西域獻胡僧，咒術能死生人。太宗令於飛騎中揀壯勇者試之，如言而死，如言而生。帝以告太常卿傅奕，奕曰："此邪法也。臣聞邪不犯正，若使咒臣，必不得行。"帝召僧咒奕，奕對之，初無所覺。須臾，胡僧忽自倒，若爲所擊者，便不復蘇。

西方諸國總部雜録

《遯園居士諸寺奇物記》：靜海寺有《水陸羅漢像》，乃西域所畫，鄭和等攜至。每夏間張掛，都人士女競往觀之。

賓光寺有西域來貝多婆力叉經，長可六七寸，廣半之，葉如細貓竹筍殼，而柔膩如芭蕉。梵典言貝多出摩伽陀國，長六七丈，經冬不彫，其葉可寫字。貝多婆力叉，此翻葉樹也。經字大如小赤豆,旁行蠕蠕如蟲豸,不識其爲何經也。外以二木片夾之,其形如杉,而紋細緻可愛。南部諸寺中謹有此經而已。《記》又言,此貝葉經保護可六七百年。

《金臺紀聞》:嘗聞西域人算日月食者謂日月與地同大,若地體正掩日輪上,則月爲之食。傳注家謂月蝕爲暗虚所射者,余未敢信以爲然。

《青溪暇筆》:近日一蕃僧自西域來,貌若四十餘,通中國語,自言六十歲矣,不御飲食,日啗棗栗數枚而已。所坐一龕,僅容其身,如欲入定,則命人鎖其龕,門加紙密糊封之,或經月餘,謦欬之聲亦絶。人以爲化去,潛聽之,但聞掐念珠歷歷。濟川楊景方嘗館子其家。有叩其術者,則勸人少思、少睡、少食耳,一切布施皆不受,曰:吾無用也。予親見雨花臺南回回寺中。此與希夷一睡數月何異,至見異人無世無之。

《筆記》:東夷、北狄、南蠻皆不聞有曆,而西域獨有之。蓋西域諸國當崑崙之陽,爲諸夷中爲得風氣之正,故多異人。若天竺梵學、婆羅門伎術,皆西域出也。

西方諸國總部外編

《洞冥記》:西域獻火龍,高七尺,映日看之,光如聚炬火。有童子遥見有黄鵠,白首鼓翅於帝前,即方朔,著黄綾單衣,頭已班白。漢朝皆異其神化,而不測其年矣。

(第四十四卷)

罽賓部紀事

《偃曝談餘》:撒馬兒罕,古漢罽賓地。人多巧藝,善治宫室,門楹皆雕文刻鏤,窗牖綴以瑟瑟。俗重拜天,建屋祀之,以青石爲柱,雕鏤甚精。經文皆書以泥金,裹以羊皮。按《唐語林》,

盧昂有瑟瑟枕，憲宗估其值曰：至寶無價。

（第五十三卷）

烏弋山離部紀事

《杜陽雜編》：上好神仙不死之術，而方士田佐元、僧大通皆令入宮禁，以鍊石爲名。時有處士伊祁玄解縝髮童顏，氣息香潔，常乘一黄牝馬，纔高三尺，不啗芻粟，但飲醇酎，不施韁勒，唯以青氈藉其背，常遊歷青，兖間。若與人款曲語話，千百年事皆如目擊。上知其異人，遂令密召入宮，處九華之室，設紫茭之席，飲龍膏之酒。紫茭席色紫，而類茭葉，光輭香淨，冬温夏涼。龍膏酒黑如純漆，飲之令人神爽。此本烏弋山離國所獻。

（第五十七卷）

天竺部彙考

圖二則

天竺部紀事

《酒譜》：天竺國謂酒爲酥。今北僧多云般若湯，蓋廋辭以避法禁耳，非釋典所出。

天竺部外編

《拾遺記》:昭王七年,沐胥之國來朝,則身毒之一名也。有道術人名尸羅,問其年,云百三十歲,荷錫持瓶,云發其國五年乃至燕都。善衒惑之術,於其指端出浮屠十層,高三尺,乃諸天神仙,巧麗特絶,列幢蓋,鼓舞,繞塔而行。人皆長五六分,歌唱之音如真人矣。尸羅噴水爲雰霧,暗數里間。俄而復吹爲疾風,雰霧皆止。又吹指上浮屠漸入雲裹。又於左耳出青龍,右耳出白虎。始出之時纔一二寸,稍至八九尺。俄而風至雲起,即以一手揮之,即龍虎皆入耳中。又張口向日,則見人乘羽蓋,駕螭、鵠直入於口内。復以手抑胸上,而聞懷袖之中轟轟雷聲。更張口,則見羽蓋螭鵠相隨,從口中而出。尸羅常坐日中,漸漸覺其形小,或化爲老叟,或變爲嬰兒,倏忽而死,香氣盈室。時有清風來吹之,更生如何之形。咒術衒惑,神怪無窮。

(第五十八卷)

懸渡部彙考

圖

第五十九卷

烏萇部彙考烏仗那

圖考

按《三才圖會》,烏仗那國山神於此化土蟒以濟饑渴。又與孔雀飲啄,有滄泉,以愈衆疾。

犍陀衛部彙考乾陀衛　業波　乾陀　乾陀羅　業波羅　健馱邏

圖考

按《三才圖會》,乾陀國昔尸毗王之倉庫,爲火所燒蕩,粳米焦者至今尚存。得一粒服之,則終身不患瘧也。

（第六十三卷）

注輦部彙考

圖一則

西洋瑣里部彙考

明

按《明外史·西洋瑣里傳》,洪武二年,命使臣劉叔勉以即位詔諭其國。

洪武三年,西洋瑣里遣使入貢。

按《明外史·西洋瑣里傳》,洪武三年平定沙漠,復遣使臣頒詔。其王别里提遣使奉金葉表,從叔勉獻方物。賜文綺、紗羅諸物甚厚,並賜《大統曆》。

按《明會典》,西洋瑣里國洪武五年以其國來朝,涉海道遠,賜賚甚厚,賜國王《大統曆》,及織金綵段、紗羅各四匹,使臣綵段、紗羅各二匹，傔從高麗布各二匹。

成祖永樂元年遣使至西洋瑣里，其王遣使入貢。

按《明外史·西洋瑣里傳》永樂元年頒即位詔於海外諸國，命副使聞良輔、行人甯善使西洋瑣里國，賜絨錦、文綺、沙羅己，復命馬彬往使，賜如前。其王即遣使來貢，附載胡椒與民市。有司請徵税，命勿徵。

永樂二十一年，西洋瑣里偕古里、阿丹等十五國來貢。

圖一則

瑣里部彙考

明

太祖洪武三年，命使臣齎詔撫諭瑣里。

按《明外史·瑣里傳》，瑣里近西洋瑣里而差小。洪武三年命使臣塔海帖木兒齎詔撫諭其國。

洪武五年，瑣里國王使使奉表入貢。

按《明外史·瑣里傳》，洪武五年，其王卜納的使使奉表朝貢，並獻其國土地山川圖。帝顧中書省臣曰："西洋諸國，素稱遠番，涉海而來，難計歲月。其朝貢無論疏數，厚往而薄來可也。”乃賜《大統歷》及金織文紗羅各四匹，使者亦賜幣帛有差。

按《明一統志》，瑣里國前代無考。本朝洪武五年，國王卜納的遣其臣撒馬牙茶嘉兒幹的亦剌丹八兒奉金字表朝貢，並圖其土地山川，及獻土産撒哈剌，以毛織之，蒙茸如氈毷，有紅緑二色，紅八者藍布，覬木里布，白苾布。

（第八十三卷）

尼八剌部彙考

明

太祖洪武十七年遣使招尼八剌國。

按《明外史·尼八剌傳》，尼八剌國在諸藏之西，去中國絶遠，其王皆僧爲之。洪武十七年，太祖已招徠諸番，議通使其地，命僧智光齎璽書、綵幣往，並使其鄰境地湧塔國。智光精釋典，負才辨，宣揚天子德意。其王馬達納羅摩即遣使隨入朝，貢金塔、佛經、名馬方物。

洪武二十年，尼八剌使者入貢。

按《明外史·尼八剌傳》，洪武二十年，尼八剌使者達京師。賜銀印、玉、圖書、誥勅、符驗、幡幢、綵幣，又賜其使者。

洪武二十三年，尼八剌使者入貢。

按《明外史·尼八剌傳》，洪武二十三年，尼八剌再貢。加賜玉、圖書、紅羅繖。終太祖時，數歲一貢。

成祖永樂七年，尼八剌遣使朝貢。

按《明外史·尼八剌傳》，成祖嗣位，復命智光使尼八剌國。永樂七年遣使來朝。

永樂十一年，命楊三保齎璽書、銀幣賜尼八剌國王沙葛新的及地湧塔王可般。

按《明外史·尼八剌傳》云云，永樂十二年，賜尼八剌誥及鍍金銀印。

按《明外史·尼八剌傳》,十二年,遣使來貢。封沙葛新的爲尼八剌國王,賜誥及鍍金銀印。

永樂十六年,尼八剌遣使來貢。

按《明外史·尼八剌傳》,永樂十六年,尼八剌遣使來貢。命中官鄧誠齎璽書、錦綺、紗羅往報之。所經罕東、靈藏、必力工瓦、烏斯藏及野藍卜納皆有賜。

宣宗宣德二年,遣賜尼八剌王錦綵。

按《明外史·尼八剌傳》,宣德二年,又遣中官侯顯賜尼八剌王絨錦、紵絲。地湧塔王如之。自後貢使不復至。

長河西魚通寧遠部彙考

按《明外史·長河西魚通寧遠傳》,洪武中,建昌酋月魯帖木兒叛,長河西諸酋陰附之,失朝貢。太祖怒。三十年春,謂禮部臣曰:"今天下一統,四方萬國皆以時奉貢,如烏斯藏、尼八剌國,其地極遠,猶三歲一朝。……"

西洋古里部彙考

明

成祖永樂元年,命中官尹慶撫諭西洋古里。

按《明外史·西洋古里傳》,古里,西洋大國,西濱大海,南距柯枝國,北距狼奴兒國,東七百里距坎巴國。自柯枝舟行三日可至自錫蘭山,十日可至諸番要會也。永樂元年,命中官尹慶奉詔撫諭其國,賚以綵幣。其酋沙米的喜即遣使從慶入朝,貢方物。

按《廣東通志》,西洋國地最大,與僧伽密邇諸番之會也。去中國十萬里,西瀕大海,南距柯枝,北接狼奴兒國。其產沉香、木香、西洋布、五色布、白雁、胡椒、馬、五色鴉鶻石。明永樂元年，國王馬那必剌滿遣馬、戎朝貢。永樂三年，西洋古里國遣使朝貢，封其國王，賜印誥及文綺。

按《明外史·西洋古里傳》，永樂三年達南京，封爲國王，賜印誥及文綺諸物。遂比年入貢。鄭和亦數使其國。

按《明會典》，古里大國，西洋諸蕃之會。永樂三年其酋長沙米的遣使朝貢，勑封爲古里國王，給印誥。貢物寶石、珊瑚珠、琉璃瓶、琉璃椀、寶鐵刀、拂郎雙刃刀、金繫腰、錫、阿思摸達塗兒氣、龍涎、蘇合油、乳香、檀香、木香、梔子、花、胡椒、花氈單伯蘭布、苾布、紅絲花手巾、番花人馬象物手巾、線結花靠枕。又永樂間使臣十八人，三日下程一次，羊二隻、鵝四隻、鷄八隻、酒二十瓶、米一石、麵三十斤、果子四色、蔬菜、廚料。

按《島夷志》，海濱爲市，以通貿易。行者讓路，道不拾遺。山横而田脊，宜種麥，好畜馬。俗稍近古。土産沉香、木香、西洋布，幅廣至四五尺，色巾、白鳩、胡椒。馬，國多駿馬，來自西域。五色鴉鶻石。

永樂五年，古里國遣使朝貢。命太監鄭和等賜西洋國誥命。

按《明會典》，永樂五年，古里國遣使朝貢。

永樂七年，古里國遣使朝貢。

按《明會典》云云，永樂十三年，古里偕柯枝等諸國入貢。

按《明外史·西洋古里傳》，永樂十三年偕柯枝、南浡利、甘巴里、滿剌加諸國入貢。

永樂十四年，古里又偕爪哇等諸國入貢，以古里大國，序其使者于首。

按《明外史·西洋古里傳》，永樂十四年，又偕爪哇、滿剌加、占城、錫蘭山、木骨都束、溜山、南浡利、不剌哇、阿丹、蘇門答剌、麻林、剌撒、忽魯謨斯、柯枝、南巫里、沙里灣泥、彭亨諸國入貢。是時諸蕃使臣充斥於廷，以古里大國，序其使者於首。

永樂十七年，西洋古里入貢。

按《明外史·西洋古里傳》，永樂十七年偕滿剌加十七國來貢。

永樂十九年，西洋古里入貢。

按《明外史·西洋古里傳》，永樂十九年，又偕忽魯謨斯、阿丹、祖法兒、剌撒、不剌哇、木骨都束、柯枝、加異勒、錫蘭山、溜山、南浡利、蘇門答剌、阿魯、滿剌加、甘巴里諸國入貢。

永樂二十一年，西洋古里入貢。

按《明外史·西洋古里傳》，永樂二十一年，復偕忽魯謨斯、錫蘭山、阿丹、祖法兒、剌撒、不剌哇、木骨都束、柯枝、加異勒、溜山、南浡利、蘇門答剌、阿魯、滿剌加諸國遣使千二百人入貢。時帝方出塞，勅皇太子曰，"天時向寒，貢使即令禮官宴勞，給賜遣還。其以土物來市者，官酬其直。"自成祖崩，中朝不遣使諸國，諸國貢使亦不來。

宣宗宣德五年，復遣使往西洋古里。

按《明外史·西洋古里傳》，宣德五年復遣鄭和使其國。

宣德八年，西洋古里入貢。

按《明外史·西洋古里傳》，宣德八年，其王比里麻遣使偕蘇門答剌、柯枝、錫蘭山、祖法兒、阿丹、甘巴里、忽魯謨斯、加異勒、天方使臣入貢。其使久留都下。

英宗正統元年，西洋古里使附爪哇舟西還。

按《明外史·西洋古里傳》，正統元年，乃命附爪哇貢舟西還，自是不復至。其國山多地瘠，有穀無麥。俗甚淳，行者讓道，道不拾遺。人分五等，如柯枝。王敬浮屠，鑿井灌佛，亦如之。每旦王及臣民取牛糞調水塗壁及地，又煅爲灰，抹額及股，謂爲敬佛。國中半崇回回教，建禮拜寺數十處。七日一禮，男女齋沐謝事，午時拜天于寺，未時乃散。王老不傳子，而傳甥，甥無則傳弟，無弟則傳於國之有德者。國事皆决於二將領，以回回人爲之。刑無鞭笞，輕者斷手足，重者罰金珠，尤重者夷族、没産。鞫獄不承則置其手指沸湯中，三日不爛即免罪，免罪者將領導以鼓樂、送還家，親戚致賀。富家多植椰子樹至數千，其嫩者漿可飲，亦可釀酒，老者可作油、糖，亦可作飯。幹可構屋，葉可代瓦，殼可製杯，穰可索綯，煆爲灰可鑲金。其他蔬果畜産多類中國。所貢物有寶石、珊瑚珠、琉璃瓶、琉璃枕、賓鐵刀、拂郎雙刃刀、金繫腰、阿思模達塗兒氣、龍涎香、蘇合油、花氈單伯蘭布、苾布之屬。

皇清

康熙六年

《大清會典》。康熙六年，廣東巡撫奏稱：西洋國遣官入貢，其正貢船一隻，護貢船三雙。西洋國在西南海中，康熙六年進貢。因其地遠，貢期未定。貢道由廣東，今其人有留居嶴門者。

按《廣東通志》，康熙六年十月内遣使朝貢方物，進金葉表文一函，國王像一幅，全金金剛石飾金劍一持，金琥珀書箱一座，珊瑚樹一枝，珊瑚珠一串，琥珀珠六串，伽楠香二段，哆囉絨二匹，象牙十枝，犀角四隻，乳香六桶，蘇合油一桶，丁香一籠，金銀乳香二籠，花露一箱，花幔四端，花氈一鋪。進獻皇后方物：大玻璃鏡一面，珊瑚珠一串，琥珀珠四串，花露一籠，丁香一籠，金銀乳香一籠，花幔四端，花氈一鋪。續據該貢使開報，皇恩賞賜緞匹銀兩，國王雜色錦緞八十匹、銀三百兩。正貢官雜色花緞三十六匹、銀一百兩。護貢官雜色花絹緞一十八匹。隨役一十九名，每名雜色緞十匹，每名銀二十兩。使回，令廣東布政司照例管待遣還。

康熙七年

《大清會典》。康熙七年,題准西洋進貢,以後船不許過三隻,每船不許過百人。

康熙八年

《大清會典》。康熙八年,題准令正副使及從人二十二名來京。其留邊人役,該地方官給與食物,仍加防守。

康熙九年

《大清會典》。康熙九年,西洋國貢使嗎啫吻薩喇嗟嗻到京,具表進貢。賞賜筵宴畢,差司賓序班一員伴送至廣東,該督差官護送出境。西洋國貢使瑪訥撒爾達聶行至江南山陽地方病故。禮部題准内院撰祭文。所在布政司備祭品,遣本司堂官致祭一次,仍置地營葬,立石封識。若同來使臣願帶回骸骨,聽從其便。

康熙十七年

《大清會典》。康熙十七年,西洋國王阿豐肅遣使具表,進獅子,來京。兵部給沿途口糧、驛站、夫船。禮部仍差官伴送至廣東,交該督撫差官護送出境。貢物恭進御前國王像一幅,金剛石飾金劍一柄,金珀書箱一座,珊瑚樹一枝,珊瑚珠一串,琥珀珠六串,伽楠二段,哆囉絨二匹,象牙十枝,犀角四隻,乳香六桶,蘇合油一桶,丁香一籠,金銀乳香二籠,花露一箱,花幔四端,花氈一鋪。皇后前大玻璃鏡一面,珊瑚珠一串,琥珀珠十串,花露一籠,丁香一籠,金銀乳香一籠,花幔四端,花氈一鋪。

(第八十五卷)

小葛蘭部彙考附大葛蘭

按《明外史·小葛蘭傳》,小葛蘭,其國與柯枝接境。自錫蘭山西北行六晝夜可達。東大山,西大海。南北地窄,西洋小國也。永樂五年遣使附古里、蘇門答剌入貢。賜其王錦綺、紗羅、鞍馬諸物,其使者亦有賜。王及羣下皆瑣里人,奉釋教。敬牛,及他婚喪諸禮多與錫蘭同。俗淳,土薄,收穫少,仰給榜葛剌。鄭和嘗使其國。厥貢止珍珠傘、白綿布、胡椒。又有大葛蘭,波濤湍悍,舟不可泊,故商人罕至。土黑墳,本宜穀麥,民懶事耕作。歲賴烏爹之米以足食。風俗物産多類小葛蘭。

成祖永樂五年,小葛蘭遣使入貢。

按《明會典》,小葛蘭國永樂五年遣使,附蘇門答剌等國朝貢。貢物珍珠傘、白綿布、胡椒。差中官給賜頭目紵絲、紗羅共十一匹。

加異勒部彙考

成祖永樂六年,遣中官鄭和至加異勒國。

按《明外史·加異勒傳》,加異勒,西洋小國也。永樂六年,遣鄭和齎敕招諭,賜以錦綺、紗羅。

永樂九年,加異勒遣使入貢。

按《明外史·加異勒傳》,永樂九年,其酋長葛卜者麻遣使奉表,貢方物。命賜宴及冠帶、綵幣、寶鈔。

永樂十年,復遣鄭和使加異勒國。

按《明外史·加異勒傳》,永樂十年,和再使其國。後凡三入貢。

按《明一統志》,加異勒國,前代無考。本朝永樂中,國王者麻里奈那遣其臣别里呆不來等來朝,並貢方物。宣宗宣德五年,遣鄭和使其國。

按《明外史·加異勒傳》,宣德五年,和復使其國。

宣德八年,加異勒偕阿丹等十一國來貢。

按《明外史·加異勒傳》,宣德八年,又偕阿丹等十一國來貢。

甘巴里部彙考附阿撥把丹　小阿蘭

成祖永樂六年，遣使賜甘巴里錦綺。

按《明外史·甘巴里傳》，甘巴里，西洋小國。永樂六年，鄭和使其地，賜其王錦綺、紗羅。其鄰境有阿撥把丹、小阿蘭二國。亦以是年命鄭和齎敕招諭，賜同甘巴里。

永樂十三年，甘巴里偕古里諸國來朝貢。

按《明外史·甘巴里傳》，永樂十三年，遣使偕古里、柯枝、南浡利諸國來朝，貢方物。

永樂十九年，甘巴里遣使朝貢。

按《明外史，甘巴里傳》，永樂十九年，又偕加異勒、南浡利等十六國來貢，遣鄭和報之。

宣宗宣德五年，甘巴里遣使朝貢。

按《明外史·甘巴里傳》，宣德五年，和復招諭。其國王兜哇剌札即遣使來貢，八年抵京師。

英宗正統元年，甘巴里使入。還國，賜敕勞之。

按《明外史·甘巴里傳》，正統元年，附爪哇舟還國。賜敕，勞其王。

沼納撲兒部彙考

成祖永樂十年，遣使撫諭沼納撲兒，賜之金幣。

按《明外史·沼納撲兒傳》，沼納撲兒，其國在榜葛剌之西。或言即中印度，古所稱佛國也。永樂十年，遣使者齎敕撫諭其國，賜王亦不剌金絨錦、金織文綵、綺帛等物。

永樂十八年詔，遣使敕諭沼納撲兒。

按《明外史·沼納撲兒傳》，永樂十八年，榜葛剌使者愬其國王數學[①]兵侵擾,詔中官侯顯齎敕諭以睦鄰保境之義,因賜之綵幣。所過金剛寶座之地,亦有賜。然其王以去中國絶遠,朝貢竟不至。

① “學”字係“舉”字之誤。

按《明會典》,沼納撲兒國在印度之中,即古佛國。永樂十八年,其國王亦不剌金數侵榜葛剌國,遣使齎敕諭之。

（第八十六卷）

西方未詳諸國部彙考一

諸國圖考

訶條國

圖考

按《三才圖會》,訶條國金遼山廟有石鼉如人,飲食將盡,向鼉作禮,則飲食悉具。

故臨國

故臨國

圖考

按《三才圖會》,故臨國,魔船四十日至藍里,再一月方到。人黑色,好帶弓。中國船往大食,必自故臨易小舟乘去。

擔波國

擔波國

圖考

按《三才圖會》,擔波國有城池。民種田。天氣常熱,地無霜雪。出獅子。至應天府一年二箇月。

(第八十七卷)

西方未詳諸國部彙考二

諸國考

莫卧爾國

莫卧爾,印度有五,惟南印度仍其舊,餘四印度皆爲莫卧爾所併。其國甚廣,分十四道。象三千餘。嘗攻西印度。其王統兵五十萬,馬十五萬,象二百,每象負一木臺,容人二十,載銃千門,大者四門,每門駕牛二百,盛載金銀五十巨罌以禦,不勝。盡爲莫卧爾王所獲。

(第八十八卷)

柯枝部彙考盤盤

成祖永樂元年,遣中官撫諭柯枝國,賜之絲幣。

按《明外史·柯枝傳》,柯枝,或言即古盤盤國。宋、梁、隋、唐皆入貢。自小葛蘭西北行,順風一日夜可至。永樂元年遣中官尹慶齎詔,撫諭其國,賜以銷金帳幔、織金文綺、綵帛及華蓋。

永樂二年,柯枝國來貢方物。

按《明一統志》,柯枝國前代無考。本朝永樂二年,國王可亦里遣其臣完者答兒等來朝,並貢方物。土産胡椒、蘇木。

永樂九年,柯枝國遣使入貢。

按《明外史·柯枝傳》,永樂六年復命鄭和使其國。九年,王亦可里遣使入貢。

永樂十年,賜柯枝王印誥,封其國中之山,勒碑山上。

按《明外史·柯枝傳》,永樂十年,鄭和再使。其國連二歲入貢。其使者請賜印誥,封其國中之山。帝遣鄭和齎印賜其王,因撰碑文,勒石山上。其詞曰:“王化與天地流通,凡覆載之内,舉納于甄陶者,體造化之仁也。蓋天下無二理,生民無二心,憂戚喜樂之同情，安逸飽煖之同欲，奚有間于遐邇哉！任君民之寄者，當盡子民之道。《詩》云：'邦畿千里，惟民所止，肇域彼四海。'《書》云：'東漸于海，西被于流沙，朔南暨聲教，訖于四海。'朕君臨天下，撫治華夷，一視同仁，無間彼此。蓋推古聖帝明王之道，以合乎天地之心。遠邦異域，咸欲使之各得其所，此聞風而慕化者，非一所也。柯枝國遠在西南，鉅海之濱，出諸蕃國之外，慕中華而欣王化久矣。命令之至，拳跽鼓舞，順附如歸，仰天而拜曰：'何幸中國聖人之教，沾及于我！'及數歲以來，國内豐穰，居有室廬，食飽魚鼈，衣足布帛，老者慈幼，少者敬長，熙熙然而樂，凌厲爭競之習無有也。山無猛獸，溪絶惡魚，海出奇珍，林産嘉禾，諸物繁盛，倍越尋常。暴風不興，疾雨不作，札沴殄息，靡有害菑。誠王化之使然也。朕揆德薄，何能若是，非其長民者之所致歟？乃封可亦里爲國王，賜以印章，俾撫治其民。並封其國中之山爲鎮國之山，勒碑其上，垂示無窮。而系以銘曰：截彼高山，作鎮海邦。吐烟出雲，爲下國洪龐。時其雨暘，肅其煩歊。作彼豐穰，袪彼氛妖。庇于斯民，靡菑靡沴。室家胥慶，優游卒歲。山之嶃兮，海之深矣。勒此銘詩，相爲終始。"自後，間歲入貢。

按《明會典》，柯枝國，永樂間使臣各六人，三日下程一次，羊一隻、鵝二隻、鷄四隻、酒十瓶、麪二十斤、米五斗、果子四色、蔬菜廚料。

宣宗宣德五年，復遣鄭和撫諭其國。

按《明外史·柯枝傳》，宣德五年，復遣鄭和撫諭其國。

宣德八年，柯枝遣使來貢。

按《明外史·柯枝傳》，宣德八年，王可亦里遣使偕錫蘭山諸國來貢。

英宗正統元年，遣柯枝使歸。賜敕勞其王。

按《明外史·柯枝傳》,正統元年,遣其使者附爪哇貢舶還國,賜敕勞王。其國與錫蘭山對峙,中通古里。國界東大山,西、南、北皆大海。氣候常熱。田瘠少收。俗頗淳。築室用椰子樹,即取其葉爲苫,覆屋上,雨不能漏。王,鎖里人,尊釋教。佛座四旁皆水溝。復穿一井,每旦鳴鍾鼓,汲水灌佛再三,始羅拜而退。人分五等,第一南昆,王族類;二回回;三哲地,皆富民;四革全,皆牙儈;最賤者曰木爪,屋高不得過三尺,衣上不得過臍,下不得過膝,途遇南昆、哲地人,輒伏于地,俟其過乃起。蓋極貧民,爲人執賤役者。一歲中,二、三月時有少雨。國人皆治舍儲食物以俟。五、六月間大雨不止,街市成河。七月始晴。八月後不復雨。歲歲皆然。地產諸穀,獨無麥。諸畜亦皆有,惟無鵝與驢。

(第九十九卷)

百花部彙考

明

太祖洪武十一年,百花國遣使入貢。

按《明外史·百花傳》,百花,居西南海中。洪武十一年,其王剌丁剌者望沙遣使奉金葉表,貢白鹿、紅猴、龜筒、玳瑁、孔雀、鸚鵡、哇哇、倒掛鳥及胡椒、香蠟諸物。詔賜王及使者綺、幣、襲衣有差。國中氣候恆燠,無霜雪,多奇花異卉,故名百花。民富饒。尚釋教。

按《明會典》,百花國,洪武十一年,賜王及使者織金綵緞、紗羅衣服有差。

按《明一統志》,百花國前代無考。本朝洪武十一年國王剌丁剌者望沙亦遣其臣八智亞壇等來朝,並貢方物。土產紅猴、龜筒、玳瑁、孔雀、倒掛①、胡椒。

① 疑脱一"鳥"字。

古里班卒部彙考

成祖永樂三年,古里班卒遣使朝貢。

按《明外史·古里班卒傳》,古里班卒,永樂中嘗入貢。其國土瘠穀少,物産亦薄。氣候不齊,夏多雨,雨即寒。

按《明一統志》,古里班卒前代無考。本朝永樂三年,國王遣其臣馬的等來朝,並貢方物。田瘠,穀不登。氣候不齊,夏則多雨多寒。風俗質。男女被短髮,假錦纏頭,紅油布繫身。

(第一百五卷)

溜山部彙考附牒幹　比剌　孫剌

明

成祖永樂十年,遣中官鄭和往賜溜山。

按《明外史·溜山傳》,溜山,自錫蘭山、別羅里南去,順風七晝夜可至。自蘇門荅剌過小帽山西南行十晝夜可至。永樂十年,鄭和往賜其國。

永樂十四年,溜山王遣使來貢。

按《明外史·溜山傳》,永樂十四年,其王亦速福遣使來貢。自後三貢,並與忽魯謨斯諸國偕。

宣宗宣德五年,太監鄭和復使溜山國。

按《明外史·溜山傳》,宣德五年,鄭和復使其國。後竟不至。其山居海中,有三石門,並可通舟。無城郭,倚山聚居。氣候常熱。土薄穀少,無麥。土人皆捕魚暴乾以充食。王及羣下盡回回人。婚喪諸禮多類忽魯謨斯。山下有八溜,各有名。或言外更有三千溜。舟或失風入其處,即有沈溺之患。又有國曰比剌、曰孫剌。永樂十年,遣鄭和齎敕往賜其國。二國以去中國絶遠,貢使竟不至。

英宗正統十年,溜山國入貢。

按《廣東通志》,正統十年,溜山國王遣使耶巴剌謨的里啞等貢獻方物,來朝。

天順三年,溜山國遣使來朝。

按《廣東通志》,天順三年,溜山王葛力生夏剌昔利把交剌惹復遣使來貢。

底里部彙考

明

成祖永樂十年,遣使撫諭底里,賜金幣諸物。

按《明外史·底里傳》,永樂十年,遣使奉璽書撫諭其王馬哈木,賜絨錦、金織文綺、綵帛諸物。其地與沼納樸兒近,並賜其王亦不剌金。

木骨都束部彙考

明

成祖永樂十四年,木骨都束國遣使入貢。

按《明外史·木骨都束傳》,木骨都束,自小葛蘭舟行二十晝夜可至。永樂十四年,遣使與不剌哇、麻林諸國奉表朝貢。命鄭和齎敕及幣,偕其使者往報之。後再入貢。復命和偕行,賜王及妃彩幣。

永樂二十一年,木骨都束遣使入貢。

按《明外史·木骨都束傳》,永樂二十一年,貢使又至,比還,其王及妃更有賜。

宣宗宣德五年,復遣鄭和頒詔其國。

按《明外史·木骨都束傳》,宣德五年,和復頒詔其國。國濱海,山連地。曠然磽瘠,少收。歲常旱,或數年不雨。俗頑嚚,時操兵習射。皆壘石爲屋。及用魚臘飼牛、羊、馬、駝,咸如忽魯謨斯,亦以不産草木之故。

(第一百六卷)

南方未詳諸國部彙考一

諸國國考

南尼華羅國

圖考

按《三才圖會》,南尼華羅國有三重城。人好佛教。尊牛,屋壁皆塗牛糞,以爲潔。各家置壇,以牛糞塗,置花木、爇香供佛。路通西域,常有輕騎來劫,閉門拒之,數日絶糧而退。蕃商到彼,不得入屋,只在門外坐。

(第一百七卷)

八、明史

洪武五年,瑣里……入貢。

洪武七年,阿難功德國……入貢。

（卷二《太祖本紀》二）

洪武三十年，……泥八剌入貢。

（卷三《太祖本紀》三）

永樂三年，……古里來貢,封其長爲王。

永樂五年，……小葛蘭入貢。

永樂六年,榜葛剌……入貢。

永樂七年，……古里……入貢。……榜葛剌入貢者再。

永樂八年，……榜葛剌入貢。

永樂九年，……榜葛剌、古里、柯枝……入貢。

永樂十年,榜葛剌入貢。

（卷六《成祖本紀》二）

永樂十二年,泥八剌國沙的新葛來朝,封爲王。……榜葛剌貢麒麟。

永樂十三年，……古里、柯枝、南渤里、甘巴里……入貢。

永樂十四年，……古里……錫蘭山、溜山……柯枝入貢。

永樂十五年夏四月,己亥,中官張謙使西洋還。

永樂十五年,西洋來朝。

永樂十六年，……泥八剌……入貢。

永樂十九年，……古里、柯枝、加異勒、錫蘭山、溜山……甘巴里……榜葛剌……入貢。

永樂二十一年,錫蘭山王來朝,又遣使入貢。……古里……柯枝、加異勒、溜山……榜葛剌……入貢。

（卷七《成祖本紀》三）

宣德四年，……榜葛剌……入貢。

宣德八年，……古里、柯枝……錫蘭山……甘巴里、加異勒……入貢。

（卷九《宣宗本紀》）

元統元年，遣宣德時來貢古里、蘇門答剌十一國使臣還國。

正統三年，榜葛剌貢麒麟，中外表賀。

正統四年，……榜葛剌入貢。

正統十年，……錫蘭山……入貢。

（卷十《英宗本紀前紀》）

天順三年，……錫蘭山……入貢。

（卷十二《英宗本紀後紀》）

正德十二、三年，連推日食起復，皆弗合。於是漏刻博士朱裕上言："至元辛巳距今二百三十七年，歲久不能無差，若不量加損益，恐愈久愈舛。乞簡大臣總理其事，令本監官生半推古法，半推新法，兩相交驗，回回科推驗西域《九執曆法》。仍遣官至各省，候土圭以測節氣早晚。往復參較，則交食可正，而七政可齊。"

西洋人之來中土者，皆自稱甌羅巴人，其曆法與回回同，而加精密。嘗考前代，遠國之人言曆法者多在西域，而東南北無聞。唐之《九執曆》，元之《萬年曆》，及洪武間所譯《回回曆》，皆西域也。蓋堯命羲、和仲叔分宅四方，羲仲、羲叔、和叔則以嵎夷、南交、朔方爲限，獨和仲但曰"宅西"，而不限以地，豈非當時聲教之西被者遠哉。至於周末，疇人子弟分散。西域、天方諸國，接壤西陲，非若東南有大海之阻，又無極北嚴寒之畏，則抱書器而西征，勢固便也。

（卷三十一《曆志》一）

按西域曆術見於史者，在唐有《九執曆》，元有札馬魯丁之《萬年曆》。《九執曆》最疏，《萬年曆》行之未久。唯《回回曆》設科，隸欽天監，與《大統》參用二百七十餘年。雖於交食之有無深淺，時有出入，然勝於《九執》、《萬年》遠矣。但其書多脱誤。

（卷三十七《曆志》七）

洪武八年，禮部尚書牛諒言："京都既罷祭天下山川，其外國山川，亦非天子所當親祀。"中書及禮臣請附祭各省，從之。廣西附祭安南、占城、真臘、暹羅、鎖里，廣東附祭三佛齊、爪哇，福建附祭日本、琉球、渤泥，遼東附祭高麗，陝西附祭甘肅、朵甘、烏斯藏，京城不復祭。

（卷四十九《禮志》三）

弘治元年，禮科張九功言："祀典正則人心正。今朝廷常祭之外，又有釋迦牟尼文佛、三清三境九天應元雷聲普化天尊、金玉闕真君元君、神父神母，諸宫觀中又有水官星君、諸天諸帝之祭，非所以法天下。"帝下其章禮部，尚書周洪謨等言：

> 釋迦牟尼文佛生西方中天竺國。宗其教者，以本性爲法身，德業爲報身，並真身爲三，其實一人耳。道家以老子爲師。朱熹有曰："玉清元始天尊既非老子法身，上清太上道君又非老子報身，設有二像，又非與老子爲一。而老子又自爲上清太上老君，蓋倣釋氏而又失之者也。"自今凡遇萬壽等節，不令修建吉祥齋醮，或遇喪禮，不令修建薦揚齋醮。其大興隆寺、朝天宫俱停遣官祭告。

（卷五十《禮志》四）

自永樂五年，外國朝貢，特設蒙古、女直，西番、西天，回回、百夷、高昌、緬甸八館，置譯字生、通事，通事初隸通政使司，通譯語言文字。

……

永樂三年命鄭和等率兵二萬，行賞西洋古里、滿剌諸國，此將兵之始也。

（卷七十四《職官志》三）

明初，東有馬市，西有茶市，皆以馭邊省戍守費。海外諸國入貢，許附載方物與中國貿易。因設市舶司，置提舉官以領之，所以通夷情，抑姦商，俾法禁有所施，因以消其釁隙也。洪武初，設於太倉黄渡，尋罷。復設於寧波、泉州、廣州。寧波通日本，泉州通琉球，廣州通占城、暹羅、西洋諸國。琉球、占城諸國皆恭順，任其時至入貢。惟日本叛服不常，故獨限其期爲十年，人數爲二百，舟爲二艘，以金葉勘合表文爲驗，以防詐僞侵軼。後市舶司暫罷，輒復嚴禁瀕海居民及守備將卒私通海外諸國。

（卷八十一《食貨志》五）

費信《星槎勝覽集》二卷、《天心紀行録》一卷永樂中，從鄭和使西洋所紀。

陳誠《西域行程記》二卷

馬歡《瀛涯勝覽》一卷

黄省曾《西洋朝貢典録》二卷

張燮《東西洋考》十二卷

嚴從簡《殊域周咨録》二十四卷

羅曰褧《咸賓録》八卷

茅瑞徵《象胥録》八卷

（卷九十七《藝文志》二）

《釋藏目録》四卷

《佛經》六百七十八函

《釋氏源流》二卷

《李樹乾竺乾宗解》四卷

（卷九十八《藝文志》三）

帝孝事兩宫太后甚謹，而兩宫皆好佛、老。先是，清寧宫成，命灌頂國師設壇慶讚，又遣中官齎真武像，建醮武當山，使使詣泰山進神袍，或白晝散燈市上。帝重違太后意，曲從之，而健等諫甚力。十五年六月詔擬《釋迦啞塔像讚》。十七年二月詔建延壽塔朝陽門外，除道士杜永祺等五人爲真人，皆以健等力諫得寢。

（卷一百八十一《劉健列傳》）

帝用中官崔文言，建醮乾清、坤寧諸宫，西天、西番、漢經諸廠，五花宫兩暖閣、東次閣，莫不有之。

（卷二百六《鄭一鵬列傳》）

欽順爲學，專力於窮理、存心、知性。初由釋氏入，既悟其非，乃力排之，謂："釋氏之明心見性，與吾儒之盡心知性相似，而實不同。釋氏之學，大抵有見於心，無見於性。今人明心之説，混於禪學，而不知有千里毫釐之謬。道之不明，將由於此，欽順有憂焉。" 爲著《困知記》。

（卷二百八十二《儒林列傳》一）

鄭和，雲南人，世所謂三保太監者也。初事燕王於藩邸，從起兵有功，累擢太監。

成祖疑惠帝亡海外，欲蹤跡之，且欲耀兵異域，示中國富强。永樂三年六月命和及其儕王景弘等通使西洋。將士卒二萬七千八百餘人，多齎金幣。造大舶，修四十四丈、廣十八丈者六十二。自蘇州劉家河泛海至福建，復自福建五虎門揚帆，首達占城，以次徧歷諸番國，宣天子詔，因給賜其君長，不服則以武慑之。五年九月，和等還，諸國使者隨和朝見。和獻所俘舊港酋長。帝大悦，爵賞有差。舊港者，故三佛齊國也，其酋陳祖義，剽掠商旅。和使使招諭，祖義詐降，而潛謀邀劫。和大敗其衆，擒祖義，獻俘，戮於都市。

六年九月再往錫蘭山。國王亞烈苦奈兒誘和至國中，索金幣，發兵劫和舟。和覘賊大衆既出，國内虛，率所統二千餘人，出不意攻破其城，生擒亞烈苦奈兒及其妻子官屬。劫和舟者聞之，還自救，官軍復大破之。九年六月獻俘於朝。帝赦不誅，釋歸國。是時，交阯已破滅，郡縣其地，諸邦益震讋，來者日多。

十年十一月復命和等往使，至蘇門答剌。其前僞王子蘇幹剌者，方謀弑主自立，怒和賜不及己，率兵邀擊官軍。和力戰，追擒之喃渤利，並俘其妻子，以十三年七月還朝。帝大喜，賚諸將士有差。

十四年冬，滿剌加、古里等十九國咸遣使朝貢，辭還。復命和等偕往，賜其君長。十七年七月還。十九年春復往，明年八月還。二十二年正月，舊港酋長施濟孫請襲宣慰使職，和齎敕印往賜之。比還，而成祖已晏駕。洪熙元年二月，仁宗命和以下番諸軍守備南京。南京設守備，自和始也。宣德五年六月，帝以踐阼歲久，而諸番國遠者猶未朝貢，於是和、景弘復奉命歷忽魯謨斯等十七國而還。

和經事三朝，先後七奉使，所歷占城、爪哇、真臘、舊港，暹羅、古里、滿剌加，渤泥、蘇門答剌、阿魯、柯枝、大葛蘭、小葛蘭、西洋瑣里、瑣里、加異勒、阿撥把丹、南巫里、甘把里、錫蘭山、喃渤利、彭亨、急蘭丹、忽魯謨斯、比剌、溜山、孫剌、木骨都束、麻林、剌撒、祖法兒、沙里灣泥、竹步、榜葛剌、天方、黎伐、那孤兒，凡三十餘國。所取無名寶物，不可勝計，而中國耗廢亦不貲。自宣德以還，遠方時有至者，要不如永樂時，而和亦老且死。自和後，凡將命海表者，莫不盛稱和以夸外番，故俗傳三保太監下西洋，爲明初盛事云。

當成祖時，鋭意通四夷，奉使多用中貴。西洋則和、景弘，西域則李達，迤北則海童，而西番則率使侯顯。

侯顯者，司禮少監。帝聞烏思藏僧尚師哈立麻有道術，善幻化，欲致一見，因通迤西諸番，乃命顯齎書幣往迓，選壯士健馬護行。元年四月奉使，陸行數萬里，至四年十二月始與其僧偕來，詔駙馬都尉沐昕迎之。帝延見奉天殿，寵賚優渥，儀仗鞍馬什器多以金銀爲之，道路烜赫。

五年二月建普度大齋於靈谷寺，爲高帝，帝后薦福。或言卿雲、天花、甘露、甘雨、青鳥、青獅、白象、白鶴及舍利祥光，連日畢見，又聞梵唄天樂自空而下。帝益大喜，廷臣表賀，學士胡廣等咸獻聖、孝瑞應歌詩。乃封哈立麻萬行具足十方最勝圓覺妙智慧善普應祐國演教、如來大寶法王西天大善自在佛，領天下釋教，給印誥制如諸王，其徒三人亦封灌頂大國師，再宴奉天殿。顯以奉使勞，擢太監。

十一年春復奉命，賜西番尼八剌、地湧塔二國。尼八剌王沙的新葛遣使隨顯入朝，表貢方物。詔封國王，賜誥印。十三年七月，帝欲通榜葛剌諸國，復命顯率舟師以行，其國即東印度之地，去中國絶遠。其王賽佛丁遣使貢麒麟及諸方物。帝大悦，錫予有加。榜葛剌之西，有國曰沼納樸兒者，地居五印度中，古佛國也，侵榜葛剌。賽佛丁告於朝。十八年九月命顯往宣諭，賜金幣，遂罷兵。宣德二年二月復使顯賜諸番，徧歷烏斯藏、必力工瓦、靈藏、思達藏諸國而還。途遇寇劫，督將士力戰，多所斬獲。還朝，録功陞賞者四百六十餘人。

顯有才辨，强力敢任，五使絶域，勞績與鄭和亞。

（卷三百四《宦官列傳一鄭和侯顯》）

占城

王，瑣里人，崇釋教。

暹羅

諭中書及禮部臣曰：“古諸侯於天子，比年一小聘，三年一大聘。九州之外，則每世一朝，所貢方物，表誠敬而已。惟高麗頗知禮樂，故令三年一貢。他遠國，如占城、安南、西洋瑣里，爪哇、浡泥、三佛齊、暹羅斛、真臘諸國，入貢既頻，勞費太甚。今不必復爾，其移牒諸國俾知之。”然而來者不止。

……

其國，周千里，風俗勁悍，習於水戰。大將用聖鐵裹身，刀矢不能入。聖鐵者，人腦骨也。王，瑣里人。……

爪哇

正統元年，使臣馬用良言：“先任八諦來朝，蒙恩賜銀帶。今爲亞烈，秩四品，乞賜金帶。”從之。閏六月遣古里、蘇門答剌、錫蘭山、柯枝、天方、加異勒、阿丹、忽魯謨斯、祖法兒、甘巴里、真臘使臣偕爪哇使臣郭信等同往。

（卷三百二十四《外國列傳》五）

滿剌加

宣德八年，王率妻子陪臣來朝。抵南京，天已寒，命俟春和北上，别遣人齎敕勞賜王及妃。洎入朝，宴賚如禮。及還，有司爲治舟。王復遣其弟貢駝馬方物。時英宗已嗣位，而王猶在廣東。賜敕獎王，命守臣送還國。因遣古里、真臘等十一國使臣，附載偕還。

西洋瑣里,洪武二年命使臣劉叔勉以即位詔諭其國。三年平定沙漠,復遣使臣頒詔。其王別里提遣使奉金葉表,從叔勉獻方物。賜文綺、紗羅諸物甚厚,並賜《大統曆》。

成祖頒即位詔於海外諸國,西洋亦與焉。永樂元年命副使聞良輔、行人甯善使其國,賜絨錦、文綺、紗羅。已復命中官馬彬往使,賜如前。其王即遣使來貢,附載胡椒與民市。有司請徵税,命勿徵。二十一年偕古里、阿丹等十五國來貢。

瑣里,近西洋瑣里而差小。洪武三年,命使臣塔海帖木兒齎詔撫諭其國。五年,王卜納的遣使奉表朝貢,並獻其國土地山川圖。帝顧中書省臣曰:"西洋諸國素稱遠蕃,涉海而來,難計歲月。其朝貢無論疏數,厚往薄來可也。"乃賜《大統曆》及金織文綺、紗羅各四匹,使者亦賜幣帛有差。

彭亨

永樂十四年,與古里,爪哇諸國偕貢,復令鄭和報之。

（卷三百二十五《外國列傳》六）

古里,西洋大國,西濱大海,南距柯枝國,北距狼奴兒國,東七百里距坎巴國。自柯枝舟行三日可至,自錫蘭山十日可至。諸蕃要會也。

永樂元年命中官尹慶奉詔撫諭其國,賚以綵幣。其酋沙米的喜遣使從慶入朝,貢方物。三年達南京,封爲國王,賜印誥及文綺諸物,遂比年入貢。鄭和亦數使其國。十三年偕柯枝、南渤利、甘巴里、滿剌加諸國入貢。十四年又偕爪哇、滿剌加、占城、錫蘭山、木骨都束、溜山、南渤利、不剌哇、阿丹、蘇門答剌、麻林、剌撒、忽魯謨斯、柯枝、南巫里、沙里灣泥、彭亨諸國入貢。是時,諸蕃使臣充斥於廷以古里大國,序其使者於首。十七年偕滿剌加十七國來貢。十九年又偕忽魯謨斯等國入貢。

二十一年復偕忽魯謨斯等國,遣使千二百人入貢。時帝方出塞,敕皇太子曰:“天時向寒,貢使即令禮官宴勞,給賜遣還。其以土物來市者,官酬其直。”

宣德八年,其王比里麻遣使偕蘇門答剌等國使臣入貢。其使久留部下,正統元年乃命附爪哇貢舟西還。自是不復至。

其國,山多地瘠,有穀無麥。俗甚淳,行者讓道,道不拾遺。人分五等,如柯枝,其敬浮屠,鑿井灌佛亦如之。每旦,王及臣民取牛糞調水塗壁及地,又煅爲灰抹額及股,謂爲敬佛。國中半崇回教,建禮拜寺數十處。七日一禮,男女齋沐謝事。午時拜天於寺,未時乃散。王老不傳子而傳甥,無甥則傳弟,無弟則傳於國之有德者。國事皆決於二將領,以回回人爲之。刑無鞭笞,輕者斷手足,重者罰金珠,尤重者夷族没産。鞫獄不承,則置其手指沸湯中,三日不爛即免罪。免罪者,將領導以鼓樂,送還家,親戚致賀。

富家多植椰子樹至數千。其嫩者漿可飲,亦可釀酒,老者可作油、糖,亦可作飯。幹可構屋,葉可代瓦,殼可製杯,穰可索綯,煅爲灰可鑲金。其他蔬果、畜産,多類中國。所貢物有寶石、珊瑚珠、琉璃瓶、琉璃枕、寶鐵刀、拂郎雙刃刀、金繫腰、阿思模達塗兒氣、龍涎香、蘇合油、花氈單、伯蘭布、苾布之屬。

柯枝,或言即古盤盤國。宋、梁、隋、唐皆入貢。自小葛蘭西北行,順風一日夜可至。

永樂元年遣中官尹慶齎詔撫諭其國,賜以銷金帳幔、織金文綺、綵帛及華蓋。六年復命鄭和使其國。九年,王可亦里遣使入貢。十年,鄭和再使其國,連二歲入貢。其使者請賜印誥,封其國中之山。帝遣鄭和齎印賜其王,因撰碑文,命勒石山上。

其詞曰：

王化與天地流通，凡覆載之内，舉納於甄陶者，體造化之仁也。蓋天下無二理，生民無二心，憂戚喜樂之同情，安逸飽煖之同欲，奚有間於遐邇哉。任君民之寄者，當盡子民之道。《詩》云“邦畿千里，惟民所止，肇域彼四海。”《書》云“東漸於海，西被於流沙，朔南暨聲教，訖於四海。”朕君臨天下，撫治華夷，一視同仁，無間彼此。推古聖帝明王之道，以合乎天地之心。遠邦異域，咸使各得其所，聞風嚮化者，爭恐後也。

柯枝國遠在西南，距海之濱，出諸蕃國之外，慕中華而歆德化久矣。命令之至，拳跽鼓舞，順附如歸，咸仰天而拜曰：“何幸中國聖人之教，沾及於我！”乃數歲以來，國内豐穰，居有室廬，食飽魚鼈，衣足布帛，老者慈幼，少者敬長，熙熙然而樂，凌厲爭競之習無有也。山無猛獸，溪絶惡魚，海出奇珍，林産嘉木，諸物繁盛，倍越尋常。暴風不興，疾雨不作，札沴殄息，靡有害菑。蓋甚盛矣。朕揆德薄，何能如是，非其長民者之所致歟？乃封可亦里爲國王，賜以印章，俾撫治其民。並封其國中之山爲鎮國之山，勒碑其上，垂示無窮。而系以銘曰：“截彼高山，作鎮海邦，吐烟出雲，爲下國洪龐。肅其煩歊，時其雨暘，祛彼氛妖，作彼豐穰。靡菑靡沴，永庇斯疆，優游卒歲，室家胥慶。於戲！山之嶄兮，海之深矣，勒此銘詩，相爲終始。”

自後，間歲入貢。

宣德五年，復遣鄭和撫諭其國。八年，王可亦里遣使偕錫蘭山諸國來貢。正統元年，遣其使者附爪哇貢舶還國，並賜敕勞王。

王，瑣里人，崇釋教。佛座四旁皆水溝，復穿一井。每旦鳴鐘鼓，汲水灌佛，三浴之，始羅拜而退。

其國與錫蘭山對峙，中通古里，東界大山，三面距海。俗頗淳。築室，以椰子樹爲材，取葉爲苫以覆屋，風雨皆可蔽。

人分五等：一曰南昆，王族類；二曰回回，三曰哲地，皆富民；四曰革全，皆牙儈；五曰木瓜。木瓜最貧，爲人執賤役者。屋高不得過三尺。衣上不得過臍，下不得過膝。途遇南昆、哲地人，輒伏地，俟其過乃起。

氣候常熱。一歲中，二三月時有少雨，國人皆治舍儲食物以俟。五六月間大雨不止，街市成河，七月始晴，八月後不復雨，歲歲皆然。田瘠少收，諸穀皆産，獨無麥。諸畜亦皆有，獨無鵝與驢云。

小葛蘭，其國與柯枝接境。自錫蘭山西北行六晝夜可達。東大山，西大海，南北地窄，西洋小國也。永樂五年遣使附古里、蘇門答剌入貢，賜其王錦綺、紗羅、鞍馬諸物，其使者亦有賜。

王及羣下皆瑣里人，奉釋教。重牛及他婚喪諸禮，多與錫蘭同。俗淳。土薄，收穫少，仰給榜葛剌。鄭和嘗使其國。厥貢惟珍珠傘、白棉布、胡椒。

又有大葛蘭者，波濤湍悍，舟不可泊，故商人罕至。土黑墳，本宜穀麥，民懶事耕作，歲賴烏爹之米以足食。風俗、物産，多類小葛蘭。

錫蘭山，或云即古狼牙修。梁時曾通中國。自蘇門答剌順風十二晝夜可達。

永樂中，鄭和使西洋至其地，其王亞烈苦奈兒欲害和，和覺，去之他國。王又不睦隣境，屢邀劫往來使臣，諸蕃皆苦之。及和歸，復經其地，乃誘和至國中，發兵五萬劫和，塞歸路。和乃率步卒二千，由間道乘虚攻拔其城，生擒亞烈苦奈兒及妻子、頭目,獻俘於朝。廷臣請行戮,帝憫其無知,並妻子皆釋,且給以衣食。命擇其族之賢者立之。有邪把乃那者,諸俘囚咸稱其賢,乃遣使齎印誥,封爲王,其舊王亦遣歸。自是海外諸蕃益服天子威德,貢使載道,王遂屢入貢。

宣德五年,鄭和撫諭其國。八年,王不剌葛麻巴忽剌批遣使來貢。正統元年命附爪哇貢舶歸,賜敕諭之。十年偕滿剌加使者來貢。天順三年,王葛力生夏剌昔利把交剌惹遣使來貢。嗣後不復至。

其國,地廣人稠,貨物多聚,亞於爪哇。東南海中有山三四座,總名翠藍嶼。大小七門,門皆可通舟。中一山尤高大,番名梭篤蠻山。其人皆巢居穴處,赤身髡髮。相傳釋迦佛昔經此山,浴於水,或竊其袈裟,佛誓云:"後有穿衣者,必爛其皮肉。"自是,寸布掛身輒發瘡毒,故男女皆裸體。但紉木葉蔽其前後,或圍以布,故又名裸形國。地不生穀,惟啖魚蝦及山芋、波羅密、芭蕉實之屬。自此山西行七日,見鸚哥嘴山。又二三日抵佛堂山,即入錫蘭國境。海邊山石上有一足跡,長三尺許。故老云,佛從翠藍嶼來,踐此,故足跡尚存。中有淺水,四時不乾,人皆手蘸拭目洗面,曰"佛水清淨。"山下僧寺有釋迦真身,側卧牀上。旁有佛牙及舍利,相傳佛涅槃處也。其寢座以沉香爲之,飾以諸色寶石,莊嚴甚。王所居側有大山,高出雲漢。其顛有巨人足跡,入石深二尺,長八尺餘,云是盤古遺跡。此山産紅雅姑,青雅姑、黄雅姑、昔剌泥、窟没藍等諸色寶石。每大雨,衝流山下,土人競拾之。海旁有浮沙,珠蚌聚其内,光彩瀲灧。王使人撈取,置之地,蚌爛而取其珠,故其國珠寶特富。

王,瑣里國人。崇釋教,重牛,日取牛糞燒灰塗其體,又調以水,徧塗地上,乃禮佛。手足直舒,腹貼於地以爲敬,王及庶民皆如之。不食牛肉,止食其乳,死則瘞之,有殺牛者,罪至死。

氣候常熱，米粟豐足，民富饒，然不喜噉飯。欲噉，則於暗處，不令人見。徧體皆毫毛，悉薙去，惟髮不薙。所貢物有珠、珊瑚、寶石、水晶、撒哈剌、西洋布、乳香、木香、樹香、檀香、没藥、硫黄、藤竭、蘆薈、烏木、胡椒、碗石、馴象之屬。

榜葛剌，即漢身毒國，東漢曰天竺。其後中天竺貢於梁，南天竺貢於魏。唐亦分五天竺，又名五印度。宋仍名天竺。榜葛剌則東印度也。自蘇門答剌順風二十晝夜可至。

永樂六年，其王靄牙思丁遣使來朝，貢方物，宴賚有差。七年，其使凡再至，攜從者二百三十餘人。帝方招徠絶域，頒賜甚厚。自是比年入貢。十年，貢使將至，遣官宴之於鎮江。既將事，使者告其王之喪。遣官往祭，封嗣子賽勿丁爲王。十二年，嗣王遣使奉表來謝，貢麒麟及名馬方物。禮官請表賀，帝勿許。明年遣侯顯齎詔使其國，王與妃、大臣皆有賜。正統三年貢麒麟，百官表賀。明年又入貢。自是不復至。

其國，地大物阜。城池街市，聚貨通商，繁華類中國。四時氣候常如夏。土沃，一歲二稔，不待耔耘。俗淳龐，有文字，男女勤於耕織。容體皆黑，間有白者。王及官民皆回回人，喪祭冠婚，悉用其禮。男子皆薙髮，裹以白布。衣從頸貫下，用布圍之。曆不置閏。刑有笞仗徒流數等。官司上下，亦有行移。醫卜、陰陽、百工、技藝悉如中國，蓋皆前世所流入也。

其王敬天朝。聞使者至，遣官具儀物，以千騎來迎。王宫高廣，柱皆黄銅包飾，雕琢花獸。左右設長廊，内列明申馬隊千餘，外列巨人，明盔甲，執刀劍弓矢，威儀甚壯。丹墀左右，設孔雀翎傘蓋百餘，又置象隊百餘於殿前。王飾八寶冠，箕踞殿上高座，横劍於膝。朝使入，令拄銀杖者二人來導，五步一呼，至中則止；又拄金杖者二人，導如初。其王拜迎詔，叩頭，手加額。

開讀受賜訖,設毯毬於殿,宴朝使;不飲酒,以薔薇露和香蜜水飲之。贈使者金盔、金繫腰、金瓶、金盆,其副則悉用銀,從者皆有贈。厥貢,良馬、金銀琉璃器、青花白瓷、鶴頂、犀角、翠羽、鸚鵡、洗白苾布、兜羅緜、撒哈剌、糖霜、乳香、熟香、烏香、麻藤香、烏爹泥、紫膠、藤竭、烏木、蘇木、胡椒、粗黄。

沼納樸兒,其國在榜葛剌之西。或言即中印度,古所稱佛國也。永樂十年遣使者齎敕撫諭其國,賜王亦不剌金絨錦、金織文綺、綵帛等物。十八年,榜葛剌使者愬其國王數舉兵侵擾,詔中官侯顯齎敕諭以睦隣保境之義,因賜之綵幣;所過金剛寶座之地,亦有賜。然其王以去中國絶遠,朝貢竟不至。

溜山,自錫蘭山別羅里南去,順風七晝夜可至;自蘇門答剌過小帽山西南行,十晝夜可至。永樂十年,鄭和往使其國。十四年,其王亦速福遣使來貢。自後三貢,並與忽魯謨斯諸國偕。宣德五年,鄭和復使其國,後竟不至。

其山居海中,有三石門,並可通舟。無城郭,倚山聚居。氣候常熱,土薄穀少,無麥,土人皆捕魚,暴乾以充食。王及羣下盡回回人,婚喪諸禮,多類忽魯謨斯。山下有八溜,或言外更有三千溜,舟或失風入其處,即沉溺。

又有國曰比剌,曰孫剌。鄭和亦嘗齎敕往賜。以去中華絶遠,二國貢使竟不至。

加異勒,西洋小國也。永樂六年遣鄭和齎詔招諭,賜以錦綺、紗羅。九年,其酋長葛卜者麻遣使奉表,貢方物。命賜宴及冠帶、綵幣、實鈔。十年,和再使其國,後凡三入貢。宣德五年,和復使其國。八年又偕阿丹等十一國來貢。

甘巴里，亦西洋小國。永樂六年，鄭和使其地，賜其王錦綺、紗羅。十三年遣使朝貢方物。十九年再貢，遣鄭和報之。

宣德五年，和復招諭其國。王兜哇剌札遣使來貢，八年抵京師。正統元年附爪哇舟還國，賜敕勞王。

其隣境有阿撥把丹，小阿蘭二國，亦以六年命鄭和齎敕招諭，賜亦同。

底里，永樂十年遣使奉璽書招諭其王馬哈木，賜絨錦、金織文綺、綵帛諸物。其地與沼納樸兒近，並賜其王亦不剌金。

（卷三百二十六《外國列傳》七）

西天阿難功德國，西方番國也。洪武七年，王卜哈魯遣其講主必尼西來朝，貢方物及解毒藥石。詔賜文綺、禪衣及布帛諸物。後不復至。

又有和林國師朵兒只怯烈失思巴藏卜，亦遣其講主汝奴汪叔來朝，獻銅佛、舍利、白哈丹布及元所授玉印一、玉圖書一、銀印四、銅印五、金字牌三，命宴賚遣還。明年，國師入朝，又獻佛像、舍利、馬二匹，賜文綺、禪衣。和林，即元太祖故都，在極北，非西番，其國師則番僧。與功德國同時來貢，後亦不復至。

尼八剌國，在諸藏之西，去中國絕遠。其王皆僧爲之。洪武十七年，太祖命僧智光齎璽書、綵帛往，並使其鄰境地湧塔國。智光精釋典，負才辨，宣揚天子德意。其王馬達納羅摩遣使隨入朝，貢金塔、佛經及名馬方物。二十年達京師。帝喜，賜銀印、玉圖書、誥敕、符驗及幡幢、綵幣。二十三年再貢，加賜玉圖書、紅羅傘。終太祖時，數歲一貢。成祖復命智光使其國。永樂七年遣使來貢。十一年命楊三保齎璽書、銀幣賜其嗣王沙的新葛及地湧塔王可般。明年遣使來貢。封沙的新葛爲泥八剌國王,賜誥及鍍金銀印。十六年遣使來貢,命中官鄧誠齎璽書、錦綺、紗羅往報之。所經罕東、靈藏、必力工瓦、烏斯藏及野藍卜納,皆有賜。宣德二年又遣中官侯顯賜其王絨錦、紵絲,地湧塔王如之。自後,貢使不復至。

又有速覩嵩者,亦西方之國。永樂三年遣行人連迪等齎敕往招,賜銀鈔、綵幣。其酋以道遠不至。

後建昌酋月魯帖木兒叛,長河西諸酋陰附之,失朝貢,太祖怒。三十年春謂禮部臣曰:"今天下一統,四方萬國皆以時奉貢。如烏斯藏、尼八剌國其地極遠,猶三歲一朝。惟打煎爐長河西土酋外附月魯帖木兒、賈哈剌,不臣中國。興師討之,鋒刃之下,死者必衆。宜遣人諭其酋。若聽命來覲,一以恩待,不悛則發兵三十萬,聲罪徂征。"禮官以帝意爲文馳諭之。其酋懼,即遣使入貢謝罪。

(卷三百三十一《西域列傳》三)

渴石,在撒馬兒罕西南三百六十里。城居大村,周十餘里。宮室壯麗,堂以玉石爲柱,牆壁牕牖盡飾金碧,綴琉璃。其先,撒馬兒罕酋長駙馬帖木兒居之。城外皆水田。東南近山,多園林。西行十餘里,饒奇木。又西三百里,大山屹立,中有石峽,兩崖如斧劈。行二三里出峽口,有石門,色似鐵,路通東西,番人號爲鐵門關,設兵守之。或言元太祖至東印度鐵門關,遇一角獸,能人言,即此地也。

(卷三百三十二《西域列傳》四)

九、續通志

諸方大姓

菽氏西域天竺人姓。

諸方複姓

剎利氏南蠻單單國王姓剎利,名尸陵伽。臣等謹案《舊唐書》云,中天竺國王姓乞利咥氏,或云剎利氏。豈西竺南蠻相近,故傳聞之僞耶?

(卷八十五《氏族略》五《補遺》)

通釋

臣等謹按:等韻之書人各異説,以學有華梵之異,而師法多門,又各據所傳以爲之説也。自唐以後,始立三十六母及“四聲等子”,而司馬光、劉鑑、韓道昭、真空因之門法,日以加詳。然唐以前若沈約之《紐字圖》,神珙之《四聲五音九弄》諸圖,大抵皆以古切字要法因煙、人然之類爲之紐弄,無云字母及等子者。今其法具載《玉篇》、《廣韻》諸書。特以切法煩碎,圖式錯訛,故人不省釋耳。《大藏》所譯諸經字母,自晉竺曇摩羅察、梁僧伽婆羅而下凡十家一十二種,然亦頗有異同,等韻家無津逮者。惟宋沈括據唐實叉難陀所譯《華嚴經》字母四十二字,以爲各有理致而亦不能詳言其義也。伏讀《欽定同文韻統華梵字母合璧譜》,取梵音三十六字爲華音字母,所從出者列於上,而以華言列於下,合爲一譜。各按音韻呼法展轉求之,則華之某字出於梵之某字,顯然共見已。謹載之六書,卷中兹不再見。今祇敬録《大藏經字母同異譜》於卷首,以見梵唄源流具有本末。其《玉篇》、《廣韻》諸切法及等韻諸家異同之説,並以類從,而華梵二家切韻之大凡,於兹略備矣。蓋華學以反切爲主,自魏孫炎創爲《爾雅音》,其事大行,故高貴鄉公不解反語,以爲怪異。厥後周顒、沈約以平上去入爲紐,以爲詳備,故《玉篇》、《廣韻》所載切法,皆以字紐反切,不云字母也。梵學以字母爲主,《隋志》載婆羅門書以十四字貫一切音,若《大藏》所載譯經十家一十二種,皆字母也。唐舍利立字母三十,守温又增六母,爲三十六母,蓋始以切字要法因烟、人然之類標之爲母,而華梵二家之學於兹而合。至於等子之説雖創自宗彦,而二百六部之舊,實以字音洪細而分,後人不明音有古今、華梵之異,錯立門法,遂滋棼擾。北魏吕静仿李登《聲類》之法作《韻集》五卷,宫商角徵羽各爲一篇。徐景安《樂書》以宫爲上平,商爲下平,角爲入,徵爲上,羽爲去,是字音分配五音之權輿。而《玉篇》、《廣韻》以牙、舌、脣、齒、喉分配,蓋又不同。今悉仍舊説載之,並加辨證於後。(見下頁)

臣等謹按:天竺字母五十字,唐貞觀初,吐蕃相阿努身至中印度國,依其本音譯以唐古特字,以爲西域傳布經咒之用。其前十六字爲音韻字,然惟阿、伊、烏、唎、利、厄、鄂七字爲單字。其七字之下又細書一字者,即七字之長聲。昂字即阿字合英字收,噝即阿字帶斯字收。故十六字之中止七字爲單字。然唎、利二字以翻切字配之,仍係各字之下帶本字音,不能另成一字,故七字之中又止阿、伊、烏、厄、鄂五字爲單字,皆收聲於本字之喉音。與國書第一字頭之阿、厄、伊、鄂、烏五字相對,其轉韻所成之字皆從此五字而生,而伊、烏、厄、鄂又皆根於阿字,故阿字爲元聲也。後三十四字爲翻切字,其字音相近而呼法不同者,嘎、噶、吟噶、匝、雜、吟雜、查、楂、吟楂、答、達、吟達、巴、拔、吟拔十五字,皆各三字相近。而嘎、匝等字緊讀,噶、雜等字緩讀,吟噶、吟雜等字帶喉音讀也。阿努又採天竺字母,合之西番語音,自制西番字母三十字。惟末一阿字係天竺之音韻字，嘎、喀、噶、阿迦、鴉尼、答、塔、達、納、巴、葩、拔、嘛、匝、擦、雜、斡、鴉、喇、拉、沙、薩、哈二十三字係天竺之翻切字。其於天竺音韻十六字，止取一阿字者，以阿字爲元聲，包括終始，音韻字由此而生，翻切字即於此收韻，故天竺用於字母之首，西番用於字母之末，則始終之義顯然矣。其餘音韻十五字皆不用者，則以阿字加各記號，即成伊、烏、厄、鄂、唎、利七字，長呼即成疊書七字。阿字合英字收聲即成昂字，阿字帶斯字收聲即成嘶字。皆於三十字母之内足以生之，故皆不用。其於翻切三十四字，止取二十三字，其餘吟噶、吟雜、吟楂、吟達、吟拔、查、乂、楂、那、卡、嘎刹十一字皆不用者，以噶、雜、楂、達、拔五字西番無帶哈字音者，故不用。查、乂、楂三字，西番例即於嘎、喀、噶三字内轉出，故亦不用。那字西番無卷舌音。卡字天竺兼喀哈二音，西番例則或用喀字，或用哈字。嘎刹字天竺兼掐乂二音，西番則或作掐字，或作乂字，亦於喀字内轉出，故亦不用。此西番字母所以原本於天竺而較天竺尤簡要也。其增設鴉贊、鴉婁、鴉齋、紗、鞁、婀六字者，鴉贊、鴉婁、鴉齋三字係天竺字母所無。婀字與阿字音本相同，名小阿字，然阿字止作正音，而小阿字則可作引字用於字前，可作隨字用於字後。紗字與沙字，鞁字與薩字，音亦相同，而沙薩音緊，紗鞁音緩，又沙薩二字加引字仍讀本字，紗鞁二字加引字則其音隨之而變，故因其用而增設之也。《隋志》稱婆羅門書以十四字貫一切音，是爲反切之祖。然考之大藏經典，則《金剛頂》、《文殊問師》、《利問》三經各五十字母，前十六字爲音韻，後三十四字爲翻切字，與天竺字母相合。其餘《光讚般若經》則四十一字，《大般若經》則四十三字，《放光般若摩訶般若》及《華嚴》諸經俱四十二字，各有多少之殊。至其所定字母，惟阿字爲元聲，諸經俱同。餘如《師利問》之伊憂釐梨，《文殊問》之伊塢汙呾，《金剛頂》之壹翳唱污,《般若》之羅邏洛波,《華嚴》之囉多跛波等字,大多互異。蓋其師資各别,或同字而異呼,或異字而同呼,不能以畫一也。沈括《夢溪筆談》梵學喉牙齒舌脣之外,又有折攝二聲。折聲自臍輪起至脣上,發如㚋字,浮金反之類是也。攝聲鼻音,如歆字,鼻中發之類是也。字母則有四十二,此下所列,即唐時實义難陀所譯《華嚴經》之阿多波者等四十二字,不具録。爲法不同,各有理致。雖先正所不言,然不害有此理。據此則梵音又多折攝二聲,宜其字母之多矣。至於配合生字,諸經皆無明文,惟實义難陀所譯《華嚴經》字母四十二,後世沙門每字各唱演十二字,仍歸本字,收聲共十三字成句,每誦經一段畢,唱演三四句。故沈括所論,亦祇以《華嚴》字爲據。貝筴繁多,學者未易綜覽而轉梵爲華之故。今所傳韻書,皆無有補及之者。然逐字尋聲,因聲考字,則華梵字母實無異同。若夫中華有閉口,西域有彈舌,因字製母,故多少不同。即西番字母本於天竺,而彈舌及卷舌諸音則西番無之,而别有𪆂、䫌、𪆂等六字。可以知立母者隨各處之語音而爲之,原不必拘於一定矣。方以智《通雅》載婆羅門十四字,爲阿、佒、鞥、翁、烏、爊、哀、醫、因、安、音、諳、謳、阿,蓋即《華嚴》字母之音韻。西洋人金尼閣著《西儒耳目資字父》,其三十分爲輕重,曰則者格百德日物弗額勒麥搦色右〇爲輕,曰測撦克魄忒〇〇〇〇〇〇〇〇〇〇黑爲重。其所云字父即中國之字母也。其自鳴字母曰丫額衣阿烏,則喉聲也。旁轉之又列四十五字,共五十曰字母,乃中國之韻也,與國書第一字頭及天竺之音韻字相同。

古切字要法

因煙　人然　新鮮　餳涎　迎妍　零連　賓邊　經堅
神禪　秦前　寧年　寅延　真氈　娉偏　亭田　澄纏一作陳

平便　擎虔　輕牽　稱燀一作禪　丁顛　興掀　汀天　精箋
民眠　聲羶　刑賢○○　○○

臣等謹按，因煙、人然等字凡三十類。一本以末四虛圈作芬番、文樠四字，亦分爲三十類。此法自魏祕書孫炎作反語後即有之，傳之最古。故神珙之五音九弄諸圖，下及《海》、《篇》諸書，皆用此法作切，無有言及字母者。韓道昭、吕維祺皆云，唐舍利初置字母三十，後梁山僧守温益以六母，蓋即此切字要法之三十類。舍利標出見、溪、郡、疑等字爲三十母，而守温又增六母爲三十六母耳。然《字海》所云守温添微、奉、幫、滂、狀、孃六母者，亦不可信。切字要法三十類，除四無文者外，凡五十六字。以字母考之，少知、徹、澄、孃，非、奉六母。此即類隔，交互諸門法所由起。守温所增六字，蓋即在所少六母之内，並舍利原定之三十母，總之爲三十六母也。

（卷九十六《七音略》四）

蕃調

優鉢羅花歌　婆羅門引　婆羅門令　金浮圖　紇那曲
羅嗊曲　鮮卑兒　穆護沙　番槍子

（卷一百二十七《樂略》一）

隋經籍志

《香方》一卷

《雜香方》五卷

《龍樹菩薩和香法》二卷

焦竑曰，入《醫方》，非。改《食貨》。

（卷一百六十四《校讎略》）

地理

外域

《宋西南蠻朝貢圖》

（卷一百六十六《圖譜略》下）

歷代石刻

唐

尊勝陀羅尼經石幢沙門佛陀波利書，楊淡造。正書。開元十六年。隴州。

大徧覺法師元奘塔銘劉軻撰，沙門建初書，行書。開成四年。西安。

重藏舍利記采師倫書，正書。會昌六年。京師。

重藏舍利記沙門南叙撰，知常書，正書。景福元年。京師。

（卷一百六十七《金石略》一）

宋

摩利支天經袁正己書，正書。乾德六年。西安。

崇教南辟支佛塔記僧普莊撰。顧清書，正書。皇祐二年。江甯。

梵書唵字贊太宗御製。僧顯俊書，正書。熙寧十年。咸寧。

修鳩摩羅什塔亭記甯祖武撰，僧宗議書，分書。元符三年。鄠縣。

少林寺達摩頌黄庭堅撰並書，行書。登封。

（卷一百六十八《金石略》二）

木類

多羅樹出南印建那補羅國北，其葉長廣，其色光潤，諸國書寫莫不採用，見《翻譯名義集》。《天中記》謂之貝多樹。《嵩山記》謂之思羅樹。

沙羅樹在峩眉山，難移，樹葉似柟，葉葉相讓，樹皮如玉，蘭色葱白最潔,鳥不棲,蟲不生。見《益部方物略·花木考》,名七葉樹,又名娑婆樹。

淨土樹在鄠縣,三月開花,如桃花,八月結實,狀如小栗,殼中皆黄土。俗傳鳩摩羅什憩此,覆其屧土中所生。

(卷一百七十六《昆蟲草木略》三)

獸類

招賢獸出摩伽陀國,性善,不干人,形似獅子。若國人見賢良相訪則出。見《天中記》。

(卷一百八十《昆蟲草木略》七)

十、續文獻通考

宣宗宣德八年,閏八月,西域貢麒麟。

時蘇門答剌、古里、柯枝、錫蘭山、佐法兒、阿丹、甘巴里、勿魯謨斯,加異勒、天方等國,或戎王,或子弟,或大酋,各泛海數千萬里而來。貢麒麟、獅、象、珠、玉、珍貝奇異之品。麒麟凡四,而出非一所。帝御奉天門受之。尚書胡濙以麒麟瑞物,率羣臣稱賀。帝曰:“遠方之物,朕非有愛。但念其盡誠遠來,故受之。不足賀也。”

(卷二十九《土貢考》二《歷代土貢進奉羡餘》)

賽瑪爾罕

元太祖平西域,命易罽賓地名賽瑪爾罕。

賽瑪爾罕即漢濟必地。隋曰漕國。唐復舊名。皆通中國。帝蕩平西域,盡以諸王、駙馬爲之君。畏易前代國名,以蒙古語,始有賽瑪爾罕之名。去嘉峪關九千六百里。元末爲之王者,駙馬特穆爾也。

明太祖洪武二十年,賽瑪爾罕遣使來朝。

成祖初接位,遣使敕諭賽瑪爾罕國。

《明史》……又《克實傳》[1]曰:在賽瑪爾罕西南三百六十里。城居大村,周十餘里。宮室壯麗,堂以玉石爲柱,牆壁牕牖盡飾金碧,綴琉璃。其先,賽瑪爾罕酋長駙馬特穆爾居之。城外皆水田,東南近山,多園林。西行十餘里饒奇木。又西三百里,大山屹立,中有石峽,兩崖如斧劈。行二三百里出峽口,有石門,色如鐵。路通東西番,人號爲鐵門關。設兵守之。或言元太祖至東印度鐵門關遇一角獸,能人言,即此地也。

① 此克實,即今《明史》卷322《西域列傳》四中的《渴克傳》。

(卷二百四十八《四裔考》十二《西域》)

十一、清朝通志

西域各部字體

御製《西域同文志序》云:歲庚午既定《同文韻統》,序而行之。蓋以梵音合國書切韻,復以國書切韻叶華音字母。於是字無遁音,書皆備韻,微特支那咒語,窔奥可探,而且寰寓方言,拘墟盡釋。玆者西域既平,不可無方略之書。然準語、回文,非纂輯文臣所曉,是宜示之綱領,有所遵循,俾無踳駁舛訛之虞。因以天山北路、天山南路、準部、回部,並西藏、青海等地名、人名諸門,舉凡提要。始以國書,繼以對音漢文,復繼以漢字三合切音。其蒙古、西番、托忒回字以次綴書。又於漢文下詳註其或爲準語,或爲回字。于是兀格蟀自之言不須譯鞮象寄,而凡識漢字者,莫不通其文,解其意,瞭若列眉,易若指掌。書既成，名之曰《西域同文志》。“同文”云者，仍闡《韻統》之義，而特加以各部方言用名，西域紀載之。實期家喻户曉，而無魚魯亳釐之失焉。然嘗思之，天高地下，人位乎其中，是所謂實也。至於文，蓋其名耳。實無不同，文則或有殊矣。今以漢語指天則曰天，以國語指天則曰阿卜嗒，以蒙古語、準語指天則曰騰格里，以西番語指天則曰那木嗒，以回語指天則曰阿思滿。今回人指天以告漢人，曰此阿思滿，漢人必以爲非。漢人指天以告回人，曰此天，則回人亦必以爲非。此亦一非也，彼亦一非也。庸詎知孰之爲是乎！然仰首以望，昭昭之在上者，漢人以爲天而敬之，回人以爲阿思滿而敬之，是即其大同也。實既同，名亦無不同焉。達者契淵源於一是，昧者滯名象於紛殊。是志也，將以納方俗於會極，祛羣疑之分畛。舉一例凡，豹鼠易辨。即世道人心，豈云無裨益哉！

臣等謹按：切韻字母之學興於西域，流傳中土。夾漈鄭氏所謂雖重百譯之遠，而音義可傳，顧其《論華梵書》曰：梵書左旋，其勢向右，華書右旋，其勢向左。華以正錯成文，梵以偏纏成體。要之，鄭氏究未能洞悉原委。故於聲經音緯之道，雖得其大略，而不能備晰。夫梵音之傳布，籍繙譯以行，由天竺而西番，由西番而震旦。唐吐番相阿努親受天竺字法，而仍譯以唐古特之字，輾轉紆迴，其勢然也。前代輿圖未擴，凡我朝重譯來同之地，皆當曰聲教所不通。故晉唐以還經僧伽婆羅、沙門不空諸人之傳譯而緇流持誦，迥非西僧梵韻。譬之嚼飯與人，重增嘔噦，斯言良爲不謬。

（卷十三《六書略》三）

臣等謹按：宮、商、角、徵、羽五音之外，益以半徵、半商，謂之七音。蓋釋神珙以等韻列爲三十六字母，縱爲四聲，横爲七音，聲調日繁而翻切之學日著。然四聲切韻盛自齊梁，特李登、吕靜、周禺、沈約所述之書不顯。於後隋陸法言作《切韻》,言韻學者代有增損,講求該洽,愈精愈密。顧中華之字與西域迥殊,即用切韻之法比類呼之音亦不備。梅膺祚作《韻圖》,以明翻切之法,其有音無字者,乃爲空圈以附之,則七音亦偏而不全矣。……

聖祖仁皇帝考文制度,御定《清文鑒》、《康熙字典》、《音韻闡微》諸書,頒示中外。凡清字漢字之音切,殊途同歸,而按之國書十二字頭,各有旋相樞紐之妙。我皇上《欽定增訂清文鑒》,由二合而三合、四合,合聲切字,字無遁音,辨析微芒,益臻美備。他如大藏經典、西番梵音以及蒙古、唐古特、回部、準部,聲教所訖,方言異尚,義類各殊。

《欽定同文韻統》、《西域同文志》、《五譯合璧集要》諸書,明華梵之同源,合清漢以互證。既條分而縷析,亦璧合而珠聯。若《欽定叶韻彙輯》、《音韻述微》,則又專究華音,嘉惠藝苑,莫不折衷至當,纖悉無遺,洵乎音韻之大成也。至於本朝諸臣講求音韻之書,如顧炎武之《古音表》、《唐韻正音》、《論易音》、《詩本音》,毛奇齡之《古今通韻》,紀容舒之《孫氏唐韻考》,江永之《古韻標準》曾蒙採入《四庫全書》,亦皆矩矱秩然,考核醇備。臣等謹將國書十二字頭首載簡端,及經典梵音以至遐方別部,與國書音韻互爲援證者。次及華音,次及諸臣著述。提綱舉要,綴其大凡,用以徵前古未備之音,以昭同文之盛。其字體、字義別詳《六書略》門。至樂律、宮商歷奉論旨,並載《樂考》,兹不具述。

……

皇上《欽定同文韻統》以西番字母參考天竺字母,貫合異同,而以阿字爲元音,以傳真諦。

(卷十四《七音略》一)

天竺字母説

象教之興，原於天竺。即厄納特珂克。大藏一十二部，原未嘗立定法門，以何語言文字設爲教品，但就竺土大衆同曉之語言聲韻爲之唱説。其間義以音宣，音由呼出，音呼相繫，韻切從生。天竺字母有自來矣。中土士庶不能盡識梵書。沙門神珙製爲華音等韻字母，以爲誦持標式。特其字多空列，音無的據，縱使呼調得法，終亦華梵殊歸。夫天竺字母，經咒諸字之淵源也。西番即唐䫘字母，經咒諸字之脈絡也。考其法，五十字母之内有十六音韻字，三十四翻切字。唐貞觀初，吐番相阿努嘗親受天竺字法，悉得其奥。於是依其本音，譯以唐䫘之字，以爲西域傳布經咒之用。至鄎哷唐羅雜斡，復從阿努所譯五十字内考訂天竺原規，爲之唱演。夾漈鄭氏所謂雖重百譯之遠，一字不通之地而音義可傳者也。今以天竺等韻字母列於簡端，即於行下注以唐䫘之字，次列國書對音，次列漢文對音，由此而進之，此五十字實爲翻譯經咒之源也。

天竺字母譜後説

《文殊問經》、《金剛頂經》、《師利問經》三部内俱有此天竺字母五十字，而所用漢字各有不同。於三經内擇其與本字音韻相合者取用之，其音韻不合者於欽定國書十二字頭漢字内取用。天竺字皆清平聲，其無清平字者用濁平字，無平聲字者用仄聲字。其本字呼聲應長者，將本字疊書，而下一字微小，合爲一字。其本字下帶别音者，即於本字下將别音字細書，合爲一字。其漢字内有音無字者，將所切二字並書，合爲一字。其一字有二音者，將分數多之字正書，分數少之字細書，合爲一字。照國書合聲切法，急讀之即成一音。俱將反切及喉齒唇舌等音註於其下。其字音相近而呼法不同者，如嘎噶噶哈匝雜雜哈査楂楂哈答達達哈巴拔拔哈十五字，皆各三字相近，而嘎匝查答巴五字緊讀，噶雜楂達拔五字緩讀，帶哈字者帶喉音讀，分别注明。由此字母所生之字，俱照此例。庶梵字本韻，皆了然矣。

臣等謹按：《欽定同文韻統》著天竺字母，譜以天竺字，唐古特字，與國書漢文比類成章，實爲華梵共證之大源也。因文字之區分，得義理之妙合，而總本於國書以爲之。準國書十二字頭，以阿額伊鄂烏諤六字展轉相生，成第一部字頭。又以第一部字頭配字合聲，成後十一部字頭。雖無字母之名，而六字爲第一部字頭之母，第一部字頭爲十一部字頭之母，一皆本於天地之元音，易簡宏通，周流不滯。由是而推之，西番、天竺皆可殊途而同歸也。此譜系以前後二説互相發明，準國書以定字母之權衡，標梵字而注以漢文之翻切，旁通無門，義類得宗，非特括音韻之大全，益足以昭聲教之無外也已。

天竺音韻翻切配合字譜説

譯義之用，通乎經文。譯音之用，宜於咒語。阿努所譯天竺字母，字雖唐古特之字，而音則實悉天竺之音。然則欲得天竺字之本音，舍唐古特之字其奚從歟？今將唐古特所譯天竺音韻翻切，配合所生諸字，依其配合之法，用中上之字對譯成譜。其字母五十字，内阿阿等十六字，梵言爲阿禮，華言爲音韻字。嘎喀等三十四字，梵言爲嘎禮，華言爲翻切字。以翻切三十四字配合音韻十六字，除配阿字仍得本音外，每字各成十五字，共成五百一十字。又以翻切三十四字，除末一字不用外，餘三十三字各繫以鴉喇拉斡四字，配合成一百三十二字。又以翻切三十四字疊書成三十四字，又以翻切三十四字，除末九字不用外，餘二十五字爲五類，將每類末一字加於前四字之上，疊書成二十字。又於翻切五類二十五字之上，各加拉沙卡薩四字,疊書成一百字。又於翻切三十四字之上,各加喇字,疊書成三十四字。又舉鍋字爲例,加 3 巴魯達一記號,呼長三分者,則於字旁加一圈,成一字。又加巴魯達三記號,呼長九分者,則於字旁加三圈,成一字。又於嘎喀二字上各加⌧扎嘛嚕記號,應帶阿字發聲者,則於字上各加阿字,疊書成二字。又於巴葩二字上各加 ᗰ 烏巴達嘛記號,此記號有反正二寫法,其用並同。應帶阿字發聲者,亦於字上加阿字,疊書成二字。又舉數字疊書爲例,成二十六字,又以音韻字内阿伊烏厄鄂五字及翻切三十四字,並三十四字配合伊烏厄鄂四字所生之一百三十六字,共一百七十五字。每字配合以納字,以哈蘭答記號聯之,即成焉因字收聲。又每字配合以迎阿字,以哈蘭答記號聯之,即成陽英字收聲。各成一百七十五字。以上共成一千二百一十二字。皆以唐古特之字,按照天竺字例排寫而成。今各用漢字音註,分列成譜。其中惟䝉一字,三譜重見並存,以備體例。

第二譜翻切三十四字除末一字不用外餘三十三字

各繫以鴉喇拉斡四字成一百三十二字

[illegible]	嘎鴉	[illegible]	嘎喇	[illegible]	嘎拉	[illegible]	瓜	嘎斡切
[illegible]	喀鴉	[illegible]	喀喇	[illegible]	喀拉	[illegible]	誇	喀斡切
[illegible]	噶鴉	[illegible]	噶喇	[illegible]	噶拉	[illegible]	抓	噶斡切
[illegible]	哈噶鴉	[illegible]	哈噶喇	[illegible]	哈噶拉	[illegible]	胍	哈噶斡切
[illegible]	昂鴉	[illegible]	昂喇	[illegible]	昂拉	[illegible]	欣	昂斡切
[illegible]	匝鴉	[illegible]	匝喇	[illegible]	匝拉	[illegible]	匝斡	匝斡切
[illegible]	擦鴉	[illegible]	擦喇	[illegible]	擦拉	[illegible]	擦斡	擦斡切
[illegible]	雜鴉	[illegible]	雜喇	[illegible]	雜拉	[illegible]	雜斡	雜斡切
[illegible]	哈雜鴉	[illegible]	哈雜喇	[illegible]	哈雜拉	[illegible]	髽	哈雜斡切
[illegible]	鴉尼鴉	[illegible]	鴉尼喇	[illegible]	鴉尼拉	[illegible]	肭	鴉尼斡切
[illegible]	查鴉	[illegible]	查喇	[illegible]	查拉	[illegible]	檛	查斡切
[illegible]	乂鴉	[illegible]	乂喇	[illegible]	乂拉	[illegible]	頞	乂斡切
[illegible]	楂鴉	[illegible]	楂喇	[illegible]	楂拉	[illegible]	撾	楂斡切
[illegible]	哈楂鴉	[illegible]	哈楂喇	[illegible]	哈楂拉	[illegible]	簻	哈楂斡切
[illegible]	那鴉	[illegible]	那喇	[illegible]	那拉	[illegible]	妠	那斡切
[illegible]	答鴉	[illegible]	答喇	[illegible]	答拉	[illegible]	鵽	答斡切
[illegible]	塔鴉	[illegible]	塔喇	[illegible]	塔拉	[illegible]	塔斡	塔斡切
[illegible]	達鴉	[illegible]	達喇	[illegible]	達拉	[illegible]	𥨒	達斡切
[illegible]	哈達鴉	[illegible]	哈達喇	[illegible]	哈達拉	[illegible]	鐽	哈達斡切
[illegible]	納鴉	[illegible]	納喇	[illegible]	納拉	[illegible]	納斡	納斡切
[illegible]	巴鴉	[illegible]	巴喇	[illegible]	巴拉	[illegible]	巴斡	巴斡切
[illegible]	葩鴉	[illegible]	葩喇	[illegible]	葩拉	[illegible]	葩斡	葩斡切
[illegible]	拔鴉	[illegible]	拔喇	[illegible]	拔拉	[illegible]	拔斡	拔斡切
[illegible]	哈拔鴉	[illegible]	哈拔喇	[illegible]	哈拔拉	[illegible]	叭	哈拔斡切
[illegible]	嘛鴉	[illegible]	嘛喇	[illegible]	嘛拉	[illegible]	嘛斡	嘛斡切
[illegible]	鴉鴉	[illegible]	鴉喇	[illegible]	鴉拉	[illegible]	鴉斡	鴉斡切
[illegible]	喇鴉	[illegible]	喇喇	[illegible]	喇拉	[illegible]	喇斡	喇斡切
[illegible]	拉鴉	[illegible]	拉喇	[illegible]	拉拉	[illegible]	拉斡	拉斡切
[illegible]	斡鴉	[illegible]	斡喇	[illegible]	斡拉	[illegible]	窊	斡斡切
[illegible]	沙鴉	[illegible]	沙喇	[illegible]	沙拉	[illegible]	刷	沙斡切
[illegible]	卡鴉	[illegible]	卡喇	[illegible]	卡拉	[illegible]	夸	卡斡切
[illegible]	薩鴉	[illegible]	薩喇	[illegible]	薩拉	[illegible]	娑	薩斡切
[illegible]	哈鴉	[illegible]	哈喇	[illegible]	哈拉	[illegible]	花	哈斡切

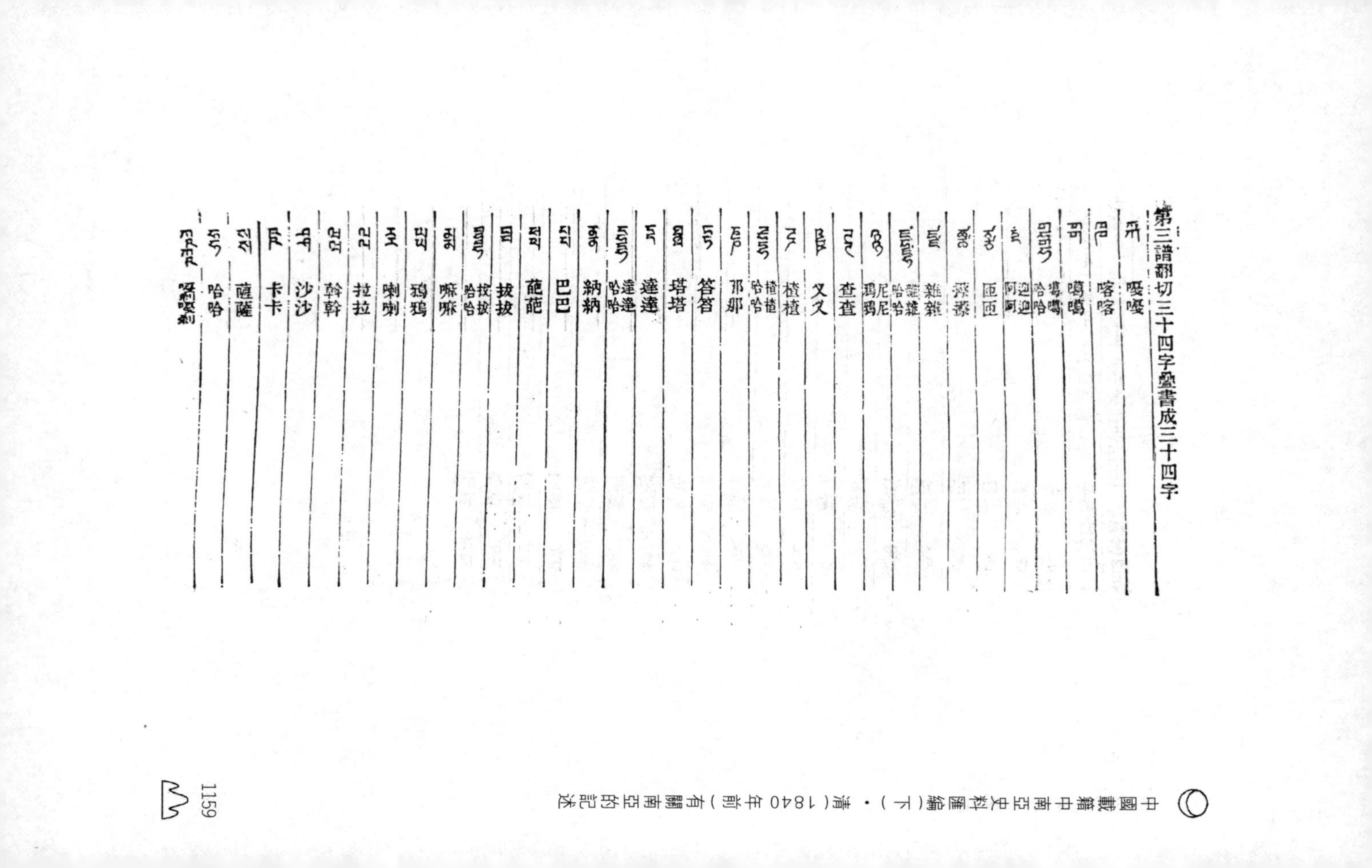

第三譜翻切三十四字疊書成三十四字

1. 嘎嘎
2. 喀喀
3. 噶噶
4. 噶哈噶哈
5. 迎阿迎阿
6. 匝匝
7. 擦擦
8. 雜雜
9. 雜哈雜哈
10. 尼鴉尼鴉
11. 查查
12. 叉叉
13. 楂楂
14. 楂哈楂哈
15. 那那
16. 答答
17. 塔塔
18. 達達
19. 達哈達哈
20. 納納
21. 巴巴
22. 葩葩
23. 拔拔
24. 拔哈拔哈
25. 嘛嘛
26. 鴉鴉
27. 喇喇
28. 拉拉
29. 斡斡
30. 沙沙
31. 卡卡
32. 薩薩
33. 哈哈
34. 噶刹噶刹

第四譜翻切三十四字除末九字不用外餘二十五字爲五類每類末一字加於前四字之上成二十字。

	阿迦嘎
	阿迦喀
	阿迦噶
	阿迦哈噶
	鴉尼匝
	鴉尼擦
	鴉尼雜
	鴉尼哈雜
	那查
	那乂
	那楂
	那哈楂
	納答
	納塔
	納達
	納哈達
	嘛巴
	嘛葩
	嘛拔
	嘛哈拔

第五譜五類二十五字之上各加拉沙卡薩四字成一百字

[illegible]	拉嘎	[illegible]	沙嘎	[illegible]	卡嘎	[illegible]	薩嘎
[illegible]	拉喀	[illegible]	沙喀	[illegible]	卡喀	[illegible]	薩喀
[illegible]	拉噶	[illegible]	沙噶	[illegible]	卡噶	[illegible]	薩噶
[illegible]	拉哈噶	[illegible]	沙哈噶	[illegible]	卡哈噶	[illegible]	薩哈噶
[illegible]	拉阿迎	[illegible]	沙阿迎	[illegible]	卡阿迎	[illegible]	薩阿迎
[illegible]	拉匝	[illegible]	沙匝	[illegible]	卡匝	[illegible]	薩匝
[illegible]	拉擦	[illegible]	沙擦	[illegible]	卡擦	[illegible]	薩擦
[illegible]	拉雜	[illegible]	沙雜	[illegible]	卡雜	[illegible]	薩雜
[illegible]	拉哈雜	[illegible]	沙哈雜	[illegible]	卡哈雜	[illegible]	薩哈雜
[illegible]	拉鼐	[illegible]	沙鼐	[illegible]	卡鼐	[illegible]	薩鼐
[illegible]	拉查	[illegible]	沙查	[illegible]	卡查	[illegible]	薩查
[illegible]	拉叉	[illegible]	沙叉	[illegible]	卡叉	[illegible]	薩叉
[illegible]	拉楂	[illegible]	沙楂	[illegible]	卡楂	[illegible]	薩楂
[illegible]	拉哈楂	[illegible]	沙哈楂	[illegible]	卡哈楂	[illegible]	薩哈楂
[illegible]	拉那	[illegible]	沙那	[illegible]	卡那	[illegible]	薩那
[illegible]	拉答	[illegible]	沙答	[illegible]	卡答	[illegible]	薩答
[illegible]	拉塔	[illegible]	沙塔	[illegible]	卡塔	[illegible]	薩塔
[illegible]	拉達	[illegible]	沙達	[illegible]	卡達	[illegible]	薩達
[illegible]	拉哈達	[illegible]	沙哈達	[illegible]	卡哈達	[illegible]	薩哈達
[illegible]	拉納	[illegible]	沙納	[illegible]	卡納	[illegible]	薩納
[illegible]	拉巴	[illegible]	沙巴	[illegible]	卡巴	[illegible]	薩巴
[illegible]	拉葩	[illegible]	沙葩	[illegible]	卡葩	[illegible]	薩葩
[illegible]	拉拔	[illegible]	沙拔	[illegible]	卡拔	[illegible]	薩拔
[illegible]	拉哈拔	[illegible]	沙哈拔	[illegible]	卡哈拔	[illegible]	薩哈拔
[illegible]	拉嘛	[illegible]	沙嘛	[illegible]	卡嘛	[illegible]	薩嘛

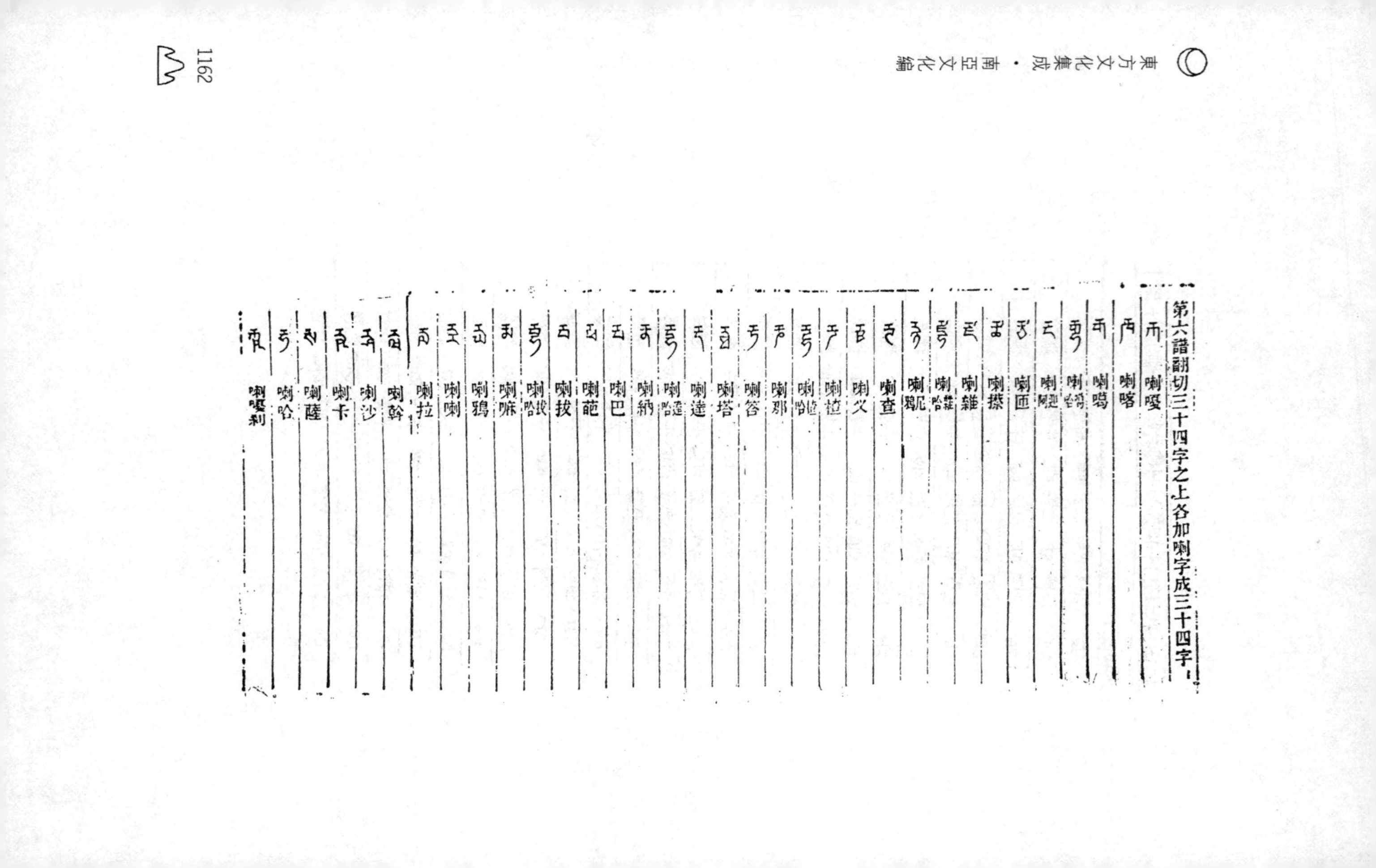

第六譜翻切三十四字之上各加喇字成三十四字

喇嗄

喇喀

喇噶

喇哈噶

喇阿迎

喇匝

喇攃

喇雜

喇哈雜

喇鴉尼

喇查

喇㕚

喇揸

喇哈揸

喇那

喇答

喇塔

喇達

喇哈達

喇納

喇巴

喇葩

喇拔

喇哈拔

喇嘛

喇鴉

喇喇

喇拉

喇斡

喇沙

喇卡

喇薩

喇哈

喇嗄刹

第七譜舉錫字爲例加巴嘛達記號成二字

錫

錫

第八譜阿嘎嗒二字上加扎嘛嗒記號成二字

阿嘎

阿嗒

第九譜巴葩二字上加烏巴達嘛記號成二字

阿巴

阿葩

第十譜舉數字疊書爲例成二十六字

雜 捫尼

嘎薩

南 切嘎匣

雜讘

辻喇伊

哈喇伊

不嚕揑

答洓

拔洓

薩洓

達洓

雜洓

嘎剎洓

薩嘛喇雅

答薩喇雅

葩拉抗

嘎答哈 [illegible]

匝察雜 [illegible]

查义權 [illegible]

答達羅 [illegible]

巴葩拔 [illegible]

嗎喇拉靜

沙卡薩喀

嘎剎嘛喇雅

[illegible]

[illegible]

第十一 譜音韻字內阿伊烏厄郭五字及翻切三十四字並三十四字設合伊烏厄郭四字所生之一百三十六字共一百七十五字每字配合以納字以哈爾答記號聯之即成[illegible]字收盡之一百七十五字

[illegible]

第十二譜音韻字內阿伊鄔厄鄂五字及翻切三十四字並三十四字配合伊鄔厄鄂四字所生之一百三十六字共一百七十五字每字配合以(阿迦)字以哈爾噶記號聯之即成字收聲之一百七十五字

[illegible]

天竺音韻翻切配合字譜後説

天竺字母音韻十六字，惟阿伊烏喇利厄鄂七字爲單字。其七字之下又細書一字者，即七字之長聲。昂字即阿字合英字收聲。⿱阿斯即阿字帶斯字收聲。故十六字之中止七字爲單字，然喇利二字以翻切字配之，仍係各字之下。帶本字音不能另成一字，故七字之内又止阿伊烏厄鄂五字爲單字，皆收聲於本字之喉音。與國書第一字頭之阿厄伊鄂烏五字相對，其轉韻所成之字，皆從此五字而生，而伊烏厄鄂四字又皆根於阿字，故阿字爲元聲。翻切三十四字皆收聲於阿字，故以翻切三十四字配阿字仍得本字，不能另成一字，此阿字所以成始而成終也。其第一譜配合所生之字，每字各成十五字，亦惟配伊烏厄鄂四字所生之字各成單字。其配昂字所生者，即本字合昂字安字或帶嘛字收聲。而昂字安字皆同生於阿字，故亦能成單字。其配⿱阿斯字所生者，即本字帶斯字收聲。其餘皆成雙字，即係本字之下，各帶一音。要皆子不離母。故音韻十六字，翻切三十四字，皆朱書配合所生之字，皆墨書其第二譜至第十譜，皆以翻切本字，或繫字於下，或加字於上，或疊書二字，或疊書數字。其繫字於下者即收聲，帶别音其加字於上者即發聲，帶别音其二字疊書者即一字帶二音，其數字疊書者即一字帶數音。皆係合書成字，非由字母配合而生，故皆墨書。惟第二譜内翻切字下繫以斡字者，亦成單字，蓋以翻切三十四字皆收聲於阿字，而斡字音獨輕清，與阿字尤近，故能另成一字。然其譜内皆繫字所成，不列子母，故亦用墨書。其第十一譜第十二譜，皆以音韻字内阿伊烏厄鄂五字及翻切三十四字，並第一譜内翻切三十四字，配伊烏厄鄂四字所生之一百三十六字，共一百七十五字。每字配以納字，即成⿰阝嗎字收聲，與安恩因字頭之音相對。每字配以⿰阝哩字，即成英陽字收聲，與昂鞥英字頭之音相對。其原有之一百七十五字皆朱書，配合所成之各一百七十五字皆墨書。其中有重見之字，則以字母既同而配合轉運又同，故仍用本字，以備體例。此外，每單字之下各繫以喇字，則成阿哷厄哷伊哷字頭之音。每字繫以噶字，則成阿克厄克伊克字頭之音。每字繫以薩字，則成阿斯厄斯伊斯字頭之音。每字繫以達字，則成阿特厄特伊特字頭之音。每字繫以拔字，則成阿補厄補伊補字頭之音。每字繫以拉字，則成阿勒厄勒伊勒字頭之音。每字繫以嘛字，則成阿穆厄穆伊穆字頭之音。惟無袮雅字收聲畆字收聲之字加用袮雅字收聲之字，則於翻切字下加乚鵶筧記號，即作袮雅字收聲，讀與埃額伊衣字頭之音相對。如用畆字收聲之字，則於長呼字加上∨納啰S補住記號，於繫△斡蘗記號字上加ᗺ吉固丿徵卜記號、並加∀雙納囉記號之字，隨宜分配，即作畆字收聲，讀與敖歐優字頭之音相對。以上諸音，皆係前譜字下各繫一字即成一音，故不另列譜。

臣等謹按：欽定《同文韻統》既著爲天竺字母譜，復將唐古特所譯天竺音韻翻切，配合所生諸字，依其配合之法，用漢字對譯成譜，共一千二百一十二字，皆以唐古特字按照天竺字例排寫而成，以漢字爲之注，系以前後兩説，體備韻全，皆與國書字頭音韻相符，由是展轉環生，妙用不竭，既以得天竺之全音，並以見唐古特字之大要矣。

（卷十五《七音略》二）

華梵字譜

臣等謹按，反切之學自西域入中國，至齊梁間盛行。第今所存《廣韻》、《集韻》、《古今韻會》諸書，皆止華言，並無梵韻。所以轉梵爲華之故，稽考實難。我朝文德覃敷，化行無外。天竺西番字母，皆得洞悉周知。因以逐字尋聲，因聲考字，聲經音緯,洞若發蒙。蓋韻分六部,呼分四等。至於輕重清濁之辨,平聲之字甚顯,而仄聲之字差微。就平聲之字,按韻尋呼,按呼求字,則每韻皆有四字收聲,每呼各得諧聲一字,其音之宫商清濁無不吻合。將華言三十六字母列於前,舊傳三十字及近世字母列於後,牙齒喉舌各注本條。又取梵音三十六字爲華音字母所從出者,列於上。各按音韻呼法展轉求之,則華之某字出於梵之某字,與其用華之仄不如用梵之平,顯然共見。謹據《同文韻統》各譜,具著於篇。

華梵字母合璧譜

嘎 見 嘎字爲麻韻開口呼牙音入寒刪先韻以安焉彎鴛四字收聲則開口呼爲干齊齒呼爲堅合口呼爲官撮口呼爲涓而見字即堅字之去聲故見字出於嘎字母也

喀 溪 喀字亦麻韻開口呼牙音入歌麻魚虞韻以厄伊烏俞四字收聲則開口呼爲珂齊齒呼爲溪合口呼爲枯撮口呼爲區故溪字出於喀字母也

噶 羣 噶字亦麻韻開口呼牙音入眞文元韻以恩因溫云四字收聲則開口呼爲𪗇齊齒呼爲勤合口呼爲𩑶撮口呼爲羣故羣字出於噶字母也

𠰒 疑 𠰒字亦麻韻開口呼牙音入歌支魚虞韻以厄伊烏俞四字收聲則開口呼爲莪齊齒呼爲疑合口呼爲吾撮口呼爲魚故疑字出於𠰒字母也

答 端 答字爲麻韻開口呼舌頭音入寒刪先韻以安焉彎鴛四字收聲則開口呼爲丹齊齒呼爲顛合口呼爲端撮口呼爲𩑶故端字出於答字母也

塔 透 塔字亦麻韻開口呼舌頭音入尤韻以歐由鷗謳四字收聲則開口呼爲偷齊齒呼爲偷合口呼爲䞬撮口呼爲䞬而透字即偷字之去聲故透字出於塔字母也

達 定 達字亦麻韻開口呼舌頭音入東冬靑蒸韻以鞥英翁雍四字收聲則開口呼爲滕齊齒呼爲庭合口呼爲同撮口呼爲𩑶而定字即庭字之去聲故定字出於達字母也

納 泥 納字亦麻韻開口呼舌頭音入歌支齊虞韻以厄伊烏俞四字收聲則開口呼爲那齊齒呼爲泥合口呼爲奴撮口呼爲𡛼故泥字出於納字母也

鴉齋 吒 知 鴉齋字爲麻韻齒頭音舌上開口呼轉作吒入歌支魚虞韻以厄伊烏俞四字收聲則開口呼爲吒齊齒呼爲知合口呼爲𠱥撮口呼爲豬故知字出於吒字母也

鴉妻 侘 徹 鴉妻字亦麻韻齒頭音舌上開口呼轉作侘入寒先韻以安焉彎鴛四字收聲則開口呼爲詫齊齒呼爲梴合口呼爲𤅊撮口呼爲猭而徹字即梴字之入聲故徹字出於侘字母也

鴉齋 茶 澄 鴉齋字亦麻韻齒頭音舌上開口呼轉作茶入東冬齊蒸韻以鞥英翁雍四字收聲則開口呼爲棖齊齒呼爲澄合口呼爲𩑶撮口呼爲𩑶故澄字出於茶字母也

鴉尼 孃 鴉尼字即麻韻開口呼舌上音入江陽韻以昂央汪𩑶四字收聲則開口呼爲𩑶齊齒呼爲孃合口呼爲𩑶撮口呼爲𩑶故孃字出於鴉尼字母也

巴 幫

巴字爲麻韻開口呼重唇音入江陽韻以昂央汪[illegible]四字收聲則開口呼爲幫齊齒呼爲[illegible]合口呼爲[illegible]撮口呼爲[illegible]故幫字出於巴字母也

葩 滂

葩字亦麻韻開口呼重唇音入江陽韻以昂央汪[illegible]四字收聲則開口呼爲滂齊齒呼爲[illegible]合口呼爲[illegible]撮口呼爲[illegible]故滂字出於葩字母也

拔 並

拔字亦麻韻開口呼重唇音入東冬庚青韻以鞥英翁雍四字收聲則開口呼爲彭齊齒呼爲平合口呼爲蓬撮口呼爲[illegible]故並字即彭字之上聲故並字出於拔字母也

嘛 明

嘛字亦麻韻開口呼重唇音入東冬庚青韻以鞥英翁雍四字收聲則開口呼爲萌齊齒呼爲明合口呼爲蒙撮口呼爲[illegible]故明字出於嘛字母也

[illegible] 非

[illegible]字爲麻韻合口呼輕唇音入支微韻以[illegible][illegible]威[illegible]四字收聲則開口呼爲[illegible]齊齒呼爲[illegible]合口呼爲非撮口呼爲[illegible]故非字出於[illegible]字母也

[illegible] 敷

[illegible]字亦麻韻合口呼輕唇音入歌支魚虞韻以尼伊烏俞四字收聲則開口呼爲[illegible]齊齒呼爲[illegible]合口呼爲敷撮口呼爲[illegible]故敷字出於[illegible]字母也

[illegible] 奉

[illegible]字亦麻韻合口呼輕唇音入東冬庚青韻以鞥英翁雍四字收聲則開口呼爲[illegible]齊齒呼爲[illegible]合口呼爲逢撮口呼爲[illegible]故奉字即逢字之上聲故奉字出於[illegible]字母也

斡 微

斡字亦麻韻合口呼輕唇音入支微齊韻以[illegible][illegible]威[illegible]四字收聲則開口呼爲[illegible]齊齒呼爲[illegible]合口呼爲微撮口呼爲[illegible]故微字出於斡字母也

匝 精

匝字爲麻韻開口呼齒頭音入東冬庚青韻以鞥英翁雍四字收聲則開口呼爲增齊齒呼爲精合口呼爲宗撮口呼爲蹤故精字出於匝字母也

擦 清

擦字亦麻韻開口呼齒頭音入東冬庚青韻以鞥英翁雍四字收聲則開口呼爲[illegible]齊齒呼爲清合口呼爲聰撮口呼爲樅故清字出於擦字母也

雜 從

雜字亦麻韻開口呼齒頭音入東冬庚青韻以鞥英翁雍四字收聲則開口呼爲層齊齒呼爲情合口呼爲叢撮口呼爲從故從字出於雜字母也

薩 心

薩字亦麻韻開口呼齒頭音入真侵元韻以恩因温云四字收聲則開口呼爲[illegible]齊齒呼爲心合口呼爲孫撮口呼爲荀故心字出於薩字母也

薩 邪 濁

薩字讀作濁平以阿鴉[illegible][illegible]四字濁音收聲則開口呼爲[illegible]齊齒呼爲邪合口呼爲[illegible]撮口呼爲[illegible]故邪字出於薩字母也

查 照

查字爲麻韻開口呼正齒音入蕭肴豪韻以敖么[illegible][illegible]四字收聲則開口呼爲抓齊齒呼爲昭合口呼爲[illegible]撮口呼爲[illegible]而昭字即昭字之去聲故照字出於查字母也

乂 穿

乂字亦麻韻開口呼正齒音入寒刪先韻以安焉彎淵四字收聲則開口呼爲剗齊齒呼爲燀合口呼爲[illegible]撮口呼爲穿故穿字出於乂字母也

楂 床

楂字亦麻韻開口呼正齒音入江陽韻以昂央汪[illegible]四字收聲則開口呼爲[illegible]齊齒呼爲[illegible]合口呼爲床撮口呼爲[illegible]故床字出於楂字母也

沙 審

沙字亦麻韻開口呼正齒音入眞文韻以恩因溫云四字收聲則開口呼爲莘齊齒呼爲申合口呼爲[illegible]撮口呼爲[illegible]而審字即申字之上聲故審字出於沙字母也

沙 禪 濁

沙字讀作濁平入寒刪先韻以安焉彎淵四字濁音收聲則開口呼爲[illegible]齊齒呼爲[illegible]合口呼爲[illegible]撮口呼爲[illegible]故禪字出於沙字母也

哈 曉

哈字爲麻韻開口呼喉音入蕭肴豪韻以敖么[illegible][illegible]四字收聲則開口呼爲蒿齊齒呼爲枵合口呼爲[illegible]撮口呼爲[illegible]而曉字即枵字之上聲故曉字出於哈字母也

哈 匣 濁

哈字讀作濁平入寒先咸韻以安焉彎[illegible]四字收聲則開口呼爲[illegible]齊齒呼爲咸合口呼爲桓撮口呼爲[illegible]而匣字即咸字之入聲故匣字出於哈字母也

阿 影

阿字爲麻韻開口呼喉音入東冬庚青韻以翁英[illegible]雍四字收聲則開口呼仍爲[illegible]齊齒呼仍爲英合口呼仍爲翁撮口呼仍爲雍而影字即英字之上聲故影字出於阿字母也

阿 喻 濁

阿字讀作濁聲入歌支魚虞韻以尼伊烏俞四字收聲則開口呼爲[illegible]齊齒呼爲移合口呼爲烏撮口呼爲俞而喻字即俞字之去聲故喻字出於阿字母也

拉 來

拉字爲麻韻開口呼半舌音入佳灰韻以挨崖歪[illegible]四字收聲則開口呼爲來齊齒呼爲[illegible]合口呼爲[illegible]撮口呼爲[illegible]故來字出於拉字母也

髻 日

髻字爲麻韻開口呼半齒音入眞文韻以恩因溫云四字收聲則開口呼爲[illegible]齊齒呼爲人合口呼爲[illegible]撮口呼爲[illegible]而日字即人字之入聲故日字出於髻字母也

華梵合璧諧聲生聲十二譜

第一譜阿厄伊烏俞五字為諸譜生聲之元

嘎 基 姑 居

歌 基 沽 居　歌 基 沽 居

阿 鴉 窪 隃　嘎 嘉 瓜 膈

厄 邨 窩 約　歌 陸 鍋 覺

安 焉 彎 淵　干 堅 官 涓

恩 因 溫 云　根 巾 昆 君

昂 央 汪 隃　岡 姜 光 [illegible]

鞥 英 翁 雍　庚 京 公 扃

埃 厓 歪 蝓　該 皆 乖 蝸

額 嚶 威 鑰　裓 雞 規 鐍

敖 么 鴞 蝓　高 驕 撇 踞

歐 由 鴎 蝓　鉤 鳩 鬮 蹈

按阿厄伊烏俞五字為諧譜之元，嘎歌基姑居五字為生聲之元。阿與厄配，嘎與歌配。阿伊烏俞四字為陽韻收聲，厄伊烏俞四字為陰韻收聲。嘎基姑居四字為陽聲字所從出，歌基沽居四字為陰聲字所從出。以下十譜上段為各譜之收聲，下段乃各譜之首一字也，詳後說。

第二譜　歌基菇居四字次於尼伊烏俞四字

		開口呼	齊齒呼	合口呼	撮口呼
嘎	見	歌（嘎尼切）	基（嘎伊切）	姑（嘎烏切）	居（嘎俞切）
喀	溪	珂（喀尼切）	谿（喀伊切）	枯（喀烏切）	區（喀俞切）
噶	羣	翗（噶尼切）	祈（噶伊切）	[illegible]（噶烏切）	渠（噶俞切）
㗁	疑	莪（㗁尼切）	疑（㗁伊切）	吾（㗁烏切）	魚（㗁俞切）
答	端	多（答尼切）	低（答伊切）	都（答烏切）	[illegible]（答俞切）
塔	透	佗（塔尼切）	梯（塔伊切）	稌（塔烏切）	[illegible]（塔俞切）
達	定	駝（達尼切）	題（達伊切）	徒（達烏切）	[illegible]（達俞切）
納	泥	那（納尼切）	泥（納伊切）	奴（納烏切）	[illegible]（納俞切）
吒	知	[illegible]（吒尼切）	知（吒伊切）	[illegible]（吒烏切）	豬（吒俞切）
佗	徹	[illegible]（佗尼切）	[illegible]（佗伊切）	[illegible]（佗烏切）	[illegible]（佗俞切）
茶	澄	[illegible]（茶尼切）	池（茶伊切）	[illegible]（茶烏切）	除（茶俞切）
[illegible]	孃	[illegible]	尼	[illegible]	[illegible]
巴	幫	伯（巴尼切）	卑（巴伊切）	逋（巴烏切）	[illegible]（巴俞切）
葩	滂	拍（葩尼切）	披（葩伊切）	鋪（葩烏切）	[illegible]（葩俞切）
拔	並	白（拔尼切）	皮（拔伊切）	蒱（拔烏切）	[illegible]（拔俞切）
嘛	明	陌（嘛尼切）	[illegible]（嘛伊切）	[illegible]（嘛烏切）	[illegible]（嘛俞切）
發	非	[illegible]（夫尼切）	趺（夫伊切）	夫（夫烏切）	[illegible]（夫俞切）
發	敷	[illegible]（孚尼切）	[illegible]（孚伊切）	敷（孚烏切）	[illegible]（孚俞切）
[illegible]	奉	[illegible]	[illegible]	扶	[illegible]
[illegible]	微	[illegible]	[illegible]	無	[illegible]
[illegible]	精	作	[illegible]	租	[illegible]
[illegible]	清	[illegible]	妻	粗	[illegible]
雜	從	[illegible]	[illegible]	徂	[illegible]
薩	心	[illegible]	西	蘇	[illegible]
[illegible]	邪	[illegible]	[illegible]	[illegible]	[illegible]
査	照	[illegible]	支	直	[illegible]
叉	穿	[illegible]	[illegible]	[illegible]	[illegible]
[illegible]	牀	[illegible]	[illegible]	[illegible]	[illegible]
沙	審	[illegible]	施	[illegible]	[illegible]
沙	禪	[illegible]	時	[illegible]	[illegible]
哈	曉	訶	[illegible]	呼	[illegible]
哈	匣	何	[illegible]	胡	[illegible]
阿	影	阿	伊	烏	[illegible]
阿	喻	[illegible]	[illegible]	[illegible]	俞
拉	來	羅	[illegible]	盧	閭
[illegible]	日	[illegible]	[illegible]	[illegible]	如

[illegible]

第三譜嚶嘉瓜嗝四呼收聲於阿鴉窪喻四字

		開口呼收聲阿字	齊齒呼收聲鴉字	合口呼收聲窪字	撮口呼收聲喻字
嚶	見	嚶 歌阿切	嘉 基鴉切	瓜 姑窪切	嗝 居喻切
喀	溪	喀 珂阿切	[illegible] 溪鴉切	誇 枯窪切	嘔 區喻切
噶	羣	噶 [illegible]阿切	茄 奇鴉切	[illegible] 葵窪切	[illegible] 渠喻切
嗯	疑	嗯 [illegible]阿切	牙 疑鴉切	[illegible] 吾窪切	[illegible] 魚喻切
答	端	答 德阿切	爹 低鴉切	[illegible] 都窪切	[illegible] 低喻切
塔	透	塔 忒阿切	[illegible] 梯鴉切	[illegible] [illegible]窪切	[illegible] 梯喻切
達	定	達 特阿切	[illegible] 題鴉切	[illegible] 徒窪切	[illegible] 題喻切
納	泥	納 訥阿切	[illegible] 尼鴉切	[illegible] 奴窪切	[illegible] 泥喻切
吒	知	吒 知阿切	㐌 知鴉切	檛 知窪切	[illegible] 豬喻切
侘	徹	侘 癡阿切	侘 癡鴉切	[illegible] 癡窪切	[illegible] 摴喻切
茶	澄	茶 池阿切	垞 池鴉切	[illegible] 池窪切	[illegible] 除喻切
[illegible]	孃	[illegible] 拏阿切	拏 尼鴉切	[illegible] 尼窪切	[illegible] 拏喻切
巴	幫	巴 逋阿切	[illegible] 卑鴉切	八 逋窪切	[illegible] 卑喻切
葩	滂	葩 鋪阿切	[illegible] 披鴉切	汃 鋪窪切	[illegible] 披喻切
拔	並	拔 蒲阿切	[illegible] 皮鴉切	[illegible] 蒲窪切	[illegible] 皮喻切
嘛	明	嘛 模阿切	咩 糜鴉切	[illegible] 模窪切	[illegible] 糜喻切
[illegible]	非	[illegible] 夫阿切	[illegible] 夫鴉切	髮 夫窪切	[illegible] 夫喻切
[illegible]	敷	[illegible] 孚阿切	[illegible] 孚鴉切	[illegible] 孚窪切	[illegible] 孚喻切
[illegible]	奉	[illegible] 符阿切	[illegible] 符鴉切	伐 符窪切	[illegible] 符喻切
斡	微	斡 無阿切	[illegible] 無鴉切	[illegible] 無窪切	[illegible] 無喻切
匝	精	匝 咨阿切	嗟 咨鴉切	[illegible] 租窪切	[illegible] 苴喻切
攃	清	攃 雌阿切	[illegible] 妻鴉切	[illegible] 粗窪切	[illegible] 趨喻切
雜	從	雜 慈阿切	查 齊鴉切	[illegible] 徂窪切	[illegible] 疽喻切
薩	心	薩 思阿切	些 西鴉切	[illegible] 蘇窪切	[illegible] 胥喻切
薩濁	邪	[illegible] 詞阿切	邪 席鴉切	[illegible] 俗窪切	[illegible] 徐喻切
查	照	查 支阿切	遮 支鴉切	髽 莊窪切	[illegible] 諸喻切
叉	穿	叉 蚩阿切	車 蚩鴉切	[illegible] 初窪切	[illegible] 樞喻切
楂	床	楂 茬阿切	槎 茬鴉切	[illegible] 鋤窪切	[illegible] 鉏喻切
沙	審	沙 施阿切	賒 施鴉切	刷 疏窪切	[illegible] 書喻切
沙濁	禪	[illegible] 時阿切	蛇 時鴉切	[illegible] 殊窪切	[illegible] 殊喻切
哈	曉	哈 訶阿切	蝦 希鴉切	花 呼窪切	[illegible] 虛喻切
哈濁	匣	[illegible] 何阿切	遐 兮鴉切	華 胡窪切	[illegible] 兮喻切
阿	影	阿 厄阿切	鴉 伊鴉切	窪 烏窪切	[illegible] 紆喻切
阿濁	喻	[illegible] 移阿切	爺 移鴉切	娃 烏窪切	[illegible] 俞喻切
拉	來	拉 勒阿切	[illegible] 離鴉切	[illegible] 盧窪切	[illegible] 閭喻切
[illegible]	日	[illegible] 日阿切	婼 [illegible]鴉切	[illegible] 如窪切	[illegible] 如喻切

按薩沙哈阿字母皆重用一字注明作濁音須知其爲濁音字也而所生各音之内則已有本母之濁音故改用二合尤見子母相諧之妙如[illegible]爲[illegible]之濁音[illegible]爲沙之濁音是也迭去影母與窪同音今皆易作喻母撮口呼無字用二合以備其音餘同此例

[illegible]

嘎	見	歌	[illegible]	[illegible]	[illegible]
喀	溪	珂	[illegible]	[illegible]	[illegible]
噶	郡	[illegible]	[illegible]	[illegible]	[illegible]
伽	疑	[illegible]	[illegible]	[illegible]	[illegible]
答	端	多	[illegible]	[illegible]	[illegible]
塔	透	佗	[illegible]	[illegible]	[illegible]
達	定	[illegible]	[illegible]	[illegible]	[illegible]
納	泥	那	[illegible]	[illegible]	[illegible]
咤	知	[illegible]	[illegible]	[illegible]	[illegible]
侘	徹	[illegible]	[illegible]	[illegible]	[illegible]
荼	澄	[illegible]	[illegible]	[illegible]	[illegible]
[illegible]	孃	[illegible]	[illegible]	[illegible]	[illegible]
巴	幫	伯	[illegible]	[illegible]	[illegible]
葩	滂	拍	[illegible]	[illegible]	[illegible]
拔	並	白	[illegible]	[illegible]	[illegible]
嘛	明	陌	[illegible]	[illegible]	[illegible]
[illegible]	非	[illegible]	[illegible]	[illegible]	[illegible]
[illegible]	敷	[illegible]	[illegible]	[illegible]	[illegible]
[illegible]	奉	[illegible]	[illegible]	[illegible]	[illegible]
[illegible]	微	[illegible]	[illegible]	[illegible]	[illegible]
匝	精	作	[illegible]	[illegible]	[illegible]
[illegible]	清	[illegible]	[illegible]	[illegible]	[illegible]
雜	從	[illegible]	[illegible]	[illegible]	[illegible]
薩	心	[illegible]	[illegible]	[illegible]	[illegible]
薩	邪	[illegible]	[illegible]	[illegible]	[illegible]
查	照	[illegible]	[illegible]	[illegible]	[illegible]
叉	穿	[illegible]	[illegible]	[illegible]	[illegible]
揸	床	咋	[illegible]	[illegible]	[illegible]
沙	審	[illegible]	[illegible]	[illegible]	[illegible]
沙	禪	[illegible]	[illegible]	[illegible]	[illegible]
哈	曉	訶	[illegible]	[illegible]	[illegible]
哈	匣	何	[illegible]	[illegible]	[illegible]
阿	影	厄	[illegible]	[illegible]	[illegible]
阿	喻	[illegible]	[illegible]	[illegible]	[illegible]
拉	來	[illegible]	[illegible]	[illegible]	[illegible]
[illegible]	日	[illegible]	[illegible]	[illegible]	[illegible]

[illegible]

第五諧千堅官涓四呼收聲於安焉彎淵四字

嘤	見	干（開口呼收安字）	堅（齊齒呼收焉字）	官（合口呼收彎字）	涓（撮口呼收淵字）
喀	溪	看	愆	寬	捲
噶	羣	[illegible]	虔	[illegible]	拳
[illegible]	疑	豻	妍	[illegible]	元
答	端	丹	顛	端	[illegible]
塔	透	[illegible]	天	湍	[illegible]
達	定	壇	田	團	[illegible]
納	泥	難	年	渜	[illegible]
陀	知	[illegible]	邅	[illegible]	[illegible]
佗	徹	[illegible]	[illegible]	[illegible]	[illegible]
茶	澄	[illegible]	廛	[illegible]	[illegible]
[illegible]	娘	[illegible]	黏	[illegible]	[illegible]
巴	幫	[illegible]	邊	般	[illegible]
葩	滂	[illegible]	篇	潘	[illegible]
拔	並	[illegible]	駢	盤	[illegible]
嘛	明	[illegible]	眠	[illegible]	[illegible]
[illegible]	非	鈇	[illegible]	[illegible]	[illegible]
[illegible]	敷	[illegible]	[illegible]	[illegible]	[illegible]
[illegible]	奉	[illegible]	[illegible]	煩	[illegible]
[illegible]	微	[illegible]	[illegible]	[illegible]	[illegible]
匝	精	[illegible]	[illegible]	鑽	鐫
擦	清	餐	千	[illegible]	詮
雜	從	殘	前	攢	全
薩	心	珊	先	酸	宣
薩（呵）	邪	[illegible]	涎	[illegible]	旋
査	照	[illegible]	[illegible]	[illegible]	專
叉	穿	[illegible]	[illegible]	[illegible]	穿
[illegible]	牀	潺	[illegible]	[illegible]	船
沙	審	山	[illegible]	[illegible]	栓
沙（呵）	禪	[illegible]	[illegible]	[illegible]	[illegible]
哈	曉	頇	[illegible]	[illegible]	[illegible]
哈（呵）	匣	寒	[illegible]	桓	懸
阿	影	安	焉	[illegible]	淵
阿（呵）	喻	[illegible]	延	完	員
拉	來	闌	連	鑾	攣
[illegible]	日	[illegible]	然	[illegible]	[illegible]

[illegible]

第六譜根巾昆君四呼收聲於恩因溫云四字

		開口呼(收恩字)	齊齒呼(收因字)	合口呼(收溫字)	撮口呼(收云字)
嘎	見	根(高恩切)	巾(基因切)	昆(姑溫切)	君(居云切)
喀	溪	[illegible](珂恩切)	欽(欺因切)	坤(枯溫切)	囷(區云切)
噶	群	[illegible]	勤(奇因切)	[illegible](渠溫切)	羣(渠云切)
[illegible]	疑	垠(峩恩切)	銀(疑因切)	[illegible](吾溫切)	[illegible](魚云切)
答	端	[illegible](多恩切)	[illegible](低因切)	敦(都溫切)	[illegible](都云切)
塔	透	吞(佗恩切)	[illegible](梯因切)	哼(他溫切)	[illegible](他云切)
達	定	[illegible](陀恩切)	[illegible](題因切)	豚(徒溫切)	[illegible](徒云切)
納	泥	[illegible](那恩切)	[illegible](泥因切)	[illegible](奴溫切)	[illegible](奴云切)
陀	知	[illegible]	珍(知因切)	[illegible]	屯(知云切)
佗	徹	[illegible]	[illegible]	[illegible]	椿(癡云切)
茶	澄	[illegible]	陳(池因切)	[illegible]	[illegible]
駝	孃	[illegible]	紉(尼因切)	[illegible]	[illegible]
巴	幫	[illegible](伯恩切)	[illegible](卑因切)	奔(逋溫切)	[illegible](逋云切)
葩	滂	[illegible](拍恩切)	繽(披因切)	噴(鋪溫切)	[illegible](鋪云切)
拔	並	[illegible](白恩切)	頻(貧因切)	盆(蒲溫切)	[illegible](蒲云切)
嘛	明	[illegible](陌恩切)	民(彌因切)	門(模溫切)	[illegible](模云切)
[illegible]	非	跌(夫恩切)	跌(夫因切)	分(夫溫切)	[illegible](夫云切)
[illegible]	敷	[illegible](孚恩切)	[illegible](孚因切)	芬(孚溫切)	[illegible](孚云切)
[illegible]	奉	[illegible](符恩切)	[illegible](符因切)	汾(符溫切)	[illegible](符云切)
[illegible]	微	[illegible](無恩切)	[illegible](無因切)	文(無溫切)	[illegible](無云切)
匝	精	[illegible]	津	尊	遵
擦	清	[illegible]	親	村	逡
雜	從	[illegible]	秦	存	[illegible]
薩	心	[illegible]	心	孫	荀
[illegible]	邪	[illegible]	[illegible]	[illegible]	旬
查	照	[illegible]	真	[illegible]	諄
叉	穿	[illegible]	瞋	[illegible]	春
槎	床	[illegible]	神	[illegible]	脣
沙	審	[illegible]	申	[illegible]	舜
沙	禪	[illegible]	辰	[illegible]	純
哈	曉	[illegible]	欣	昏	熏
哈	匣	痕	[illegible]	魂	[illegible]
阿	影	恩	因	溫	氳
阿	喻	[illegible]	寅	[illegible]	勻
拉	來	[illegible]	鄰	論	倫
囉	日	[illegible]	人	[illegible]	[illegible]

[illegible]

第七諸阿[illegible]光韻四呼收聲於昂央汪[illegible]四字

		開口呼收聲昂字	齊齒呼收聲央字	合口呼收聲汪字	撮口呼收聲[illegible]字
嗄	見	岡 嗄昂切	薑 嗄央切	光 嗄汪切	[illegible] 嗄[illegible]切
喀	溪	康 喀昂切	羌 喀央切	匡 喀汪切	[illegible] 喀[illegible]切
嘎	羣	[illegible] 嘎昂切	強 嘎央切	狂 嘎汪切	[illegible] 嘎[illegible]切
[illegible]	疑	昂 [illegible]昂切	[illegible] [illegible]央切	[illegible] [illegible]汪切	[illegible] [illegible]切
答	端	當 答昂切	[illegible] 低央切	[illegible] [illegible]汪切	[illegible] 低[illegible]切
塔	透	湯 塔昂切	[illegible] 梯央切	[illegible] [illegible]汪切	[illegible] 梯[illegible]切
[illegible]	定	唐 [illegible]昂切	[illegible] [illegible]央切	[illegible] [illegible]汪切	[illegible] [illegible]切
納	泥	[illegible] 納昂切	[illegible] 泥央切	[illegible] [illegible]汪切	[illegible] 泥[illegible]切
吒	知	[illegible] 吒昂切	張 知央切	[illegible] 知汪切	[illegible] [illegible]切
侘	徹	[illegible] 侘昂切	倀 [illegible]央切	[illegible] [illegible]汪切	[illegible] [illegible]切
茶	澄	[illegible] 茶昂切	長 [illegible]央切	[illegible] [illegible]汪切	[illegible] 除[illegible]切
[illegible]	孃	[illegible] [illegible]昂切	[illegible] 尼央切	[illegible] 尼汪切	[illegible] [illegible]切
巴	幫	[illegible] 巴昂切	[illegible] 卑央切	[illegible] [illegible]汪切	[illegible] 卑[illegible]切
葩	滂	滂 葩昂切	[illegible] 披央切	[illegible] [illegible]汪切	[illegible] 披[illegible]切
拔	並	旁 拔昂切	[illegible] 皮央切	[illegible] [illegible]汪切	[illegible] 皮[illegible]切
嘛	明	茫 嘛昂切	[illegible] [illegible]央切	[illegible] [illegible]汪切	[illegible] [illegible]切
[illegible]	非	[illegible] [illegible]昂切	[illegible] [illegible]央切	方 [illegible]汪切	[illegible] 夫[illegible]切
[illegible]	敷	[illegible] [illegible]昂切	[illegible] [illegible]央切	芳 [illegible]汪切	[illegible] [illegible]切
[illegible]	奉	[illegible] [illegible]昂切	[illegible] [illegible]央切	[illegible] [illegible]汪切	[illegible] [illegible]切
幹	微	[illegible] [illegible]昂切	[illegible] [illegible]央切	亡 無汪切	[illegible] 無[illegible]切
匝	精	[illegible] 匝昂切	將 [illegible]央切	[illegible] [illegible]汪切	[illegible] [illegible]切
擦	清	倉 擦昂切	蹌 [illegible]央切	[illegible] [illegible]汪切	[illegible] [illegible]切
雜	從	[illegible] 雜昂切	牆 [illegible]央切	[illegible] [illegible]汪切	[illegible] [illegible]切
薩	心	桑 薩昂切	襄 西央切	[illegible] [illegible]汪切	[illegible] [illegible]切
薩(洒)	邪	[illegible] [illegible]昂切	祥 席央切	[illegible] [illegible]汪切	[illegible] 徐[illegible]切
查	照	[illegible] 查昂切	章 支央切	莊 [illegible]汪切	[illegible] 諸[illegible]切
叉	穿	[illegible] 叉昂切	昌 [illegible]央切	瘡 初汪切	[illegible] [illegible]切
楂	床	[illegible] [illegible]昂切	[illegible] [illegible]央切	床 [illegible]汪切	[illegible] [illegible]切
沙	審	[illegible] 沙昂切	商 [illegible]央切	霜 [illegible]汪切	[illegible] [illegible]切
沙(灑)	禪	[illegible] [illegible]昂切	[illegible] 時央切	[illegible] [illegible]汪切	[illegible] [illegible]切
哈	曉	炕 [illegible]昂切	香 [illegible]央切	荒 呼汪切	[illegible] 虛[illegible]切
哈(洒)	匣	航 何昂切	降 [illegible]央切	黃 [illegible]汪切	[illegible] [illegible]切
阿	影	映 阿昂切	央 伊央切	汪 烏汪切	[illegible] [illegible]切
阿(洒)	喻	[illegible] [illegible]昂切	陽 [illegible]央切	王 [illegible]汪切	[illegible] [illegible]切
拉	來	郎 拉昂切	良 [illegible]央切	[illegible] [illegible]汪切	[illegible] [illegible]切
[illegible]	日	[illegible] [illegible]昂切	穰 [illegible]央切	[illegible] 如汪切	[illegible] 如[illegible]切

按阿江光[illegible]四呼[illegible]江[illegible]二韻古音江與寬近故[illegible]字與[illegible]韻同爲[illegible]母之字今音江與陽近故[illegible]字與[illegible]韻同爲[illegible]母之字莊[illegible]床[illegible]四字[illegible]例爲開口呼今音讀作合口呼匡汪王三字[illegible]例爲撮口呼今音讀作合口呼

第八諧庚宗公局四呼收聲於鼻英翁雍四字

		開口呼收聲於英字韻	齊齒呼收聲於英字韻	合口呼收聲於翁字韻	撮口呼收聲於雍字韻
噔	見	庚 [illegible]	京 [illegible]	公 [illegible]	扃 [illegible]
喀	溪	阬 [illegible]	卿 [illegible]	空 [illegible]	穹 [illegible]
哃	羣	[illegible]	擎 [illegible]	[illegible]	瓊 [illegible]
隁	疑	[illegible]	迎 [illegible]	[illegible]	顒 [illegible]
峇	端	登 [illegible]	丁 [illegible]	東 [illegible]	[illegible]
塔	透	鼟 [illegible]	聽 [illegible]	通 [illegible]	[illegible]
[illegible]	定	騰 [illegible]	庭 [illegible]	同 [illegible]	[illegible]
納	泥	能 [illegible]	寧 [illegible]	農 [illegible]	[illegible]
咤	知	丁 [illegible]	徵 [illegible]	中 [illegible]	中 [illegible]
侘	徹	[illegible]	檉 [illegible]	[illegible]	忡 [illegible]
茶	澄	[illegible]	澄 [illegible]	[illegible]	蟲 [illegible]
[illegible]	孃	[illegible]	[illegible]	[illegible]	[illegible]
巴	幫	[illegible]	兵 [illegible]	[illegible]	[illegible]
葩	滂	[illegible]	[illegible]	[illegible]	[illegible]
拔	並	彭 [illegible]	平 [illegible]	[illegible]	[illegible]
嘛	明	萌 [illegible]	明 [illegible]	[illegible]	[illegible]
[illegible]	非	[illegible]	[illegible]	風 [illegible]	封 [illegible]
[illegible]	敷	[illegible]	[illegible]	豐 [illegible]	丰 [illegible]
[illegible]	奉	[illegible]	[illegible]	馮 [illegible]	逢 [illegible]
[illegible]	微	[illegible]	[illegible]	[illegible]	[illegible]
匝	精	增 [illegible]	精 [illegible]	宗 [illegible]	蹤 [illegible]
[illegible]	清	[illegible]	清 [illegible]	[illegible]	[illegible]
[illegible]	從	層 [illegible]	情 [illegible]	叢 [illegible]	從 [illegible]
[illegible]	心	僧 [illegible]	星 [illegible]	[illegible]	松 [illegible]
[illegible]	邪	[illegible]	餳 [illegible]	[illegible]	松 [illegible]
查	照	爭 [illegible]	征 [illegible]	[illegible]	鍾 [illegible]
叉	穿	琤 [illegible]	稱 [illegible]	[illegible]	充 [illegible]
楂	床	崢 [illegible]	乘 [illegible]	崇 [illegible]	[illegible]
沙	審	生 [illegible]	聲 [illegible]	[illegible]	舂 [illegible]
沙	禪	[illegible]	成 [illegible]	[illegible]	[illegible]
哈	曉	亨 [illegible]	興 [illegible]	烘 [illegible]	凶 [illegible]
哈	匣	恒 [illegible]	形 [illegible]	洪 [illegible]	雄 [illegible]
阿	影	鞥 [illegible]	英 [illegible]	翁 [illegible]	雍 [illegible]
阿	喻	[illegible]	盈 [illegible]	[illegible]	容 [illegible]
拉	來	棱 [illegible]	靈 [illegible]	[illegible]	龍 [illegible]
[illegible]	日	[illegible]	仍 [illegible]	[illegible]	茸 [illegible]

按庚宗公局四呼……[illegible]

第九譜 該皆乖[illegible]四呼收聲於埃厓歪[illegible]四字

		開口呼收埃字	齊齒呼收厓字	合口呼收歪字	撮口呼收[illegible]字
嘎	見	該 嘎埃切	皆 嘎厓切	乖 [illegible]	[illegible] 居[illegible]切
喀	溪	開 喀埃切	揩 喀厓切	[illegible]	[illegible] 區[illegible]切
噶	羣	[illegible] 噶埃切	[illegible] 噶厓切	[illegible]	[illegible] 渠[illegible]切
[illegible]	疑	皚 [illegible]埃切	厓 [illegible]厓切	[illegible]	[illegible]
答	端	[illegible] 答埃切	[illegible] 低厓切	[illegible]	[illegible] 低[illegible]切
塔	透	胎 塔埃切	[illegible] 梯厓切	[illegible]	[illegible] 梯[illegible]切
達	定	臺 達埃切	[illegible] 題厓切	[illegible]	[illegible] 題[illegible]切
納	泥	能 納埃切	[illegible] 泥厓切	[illegible]	[illegible] 泥[illegible]切
吒	知	[illegible] 吒埃切	[illegible] 知厓切	[illegible]	[illegible] 知[illegible]切
侘	徹	[illegible] 侘埃切	[illegible] [illegible]厓切	[illegible]	[illegible]
茶	澄	[illegible] 茶埃切	豸 池厓切	聉	[illegible] 除[illegible]切
[illegible]	孃	[illegible] 拏埃切	[illegible] 尼厓切	[illegible]	[illegible] [illegible]切
巴	幫	[illegible] 巴埃切	[illegible] 巴厓切	拜	[illegible] 卑[illegible]切
葩	滂	[illegible] 葩埃切	[illegible] 葩厓切	派	[illegible] 披[illegible]切
拔	並	[illegible] 拔埃切	排 拔厓切	敗	[illegible] 皮[illegible]切
嘛	明	[illegible] 嘛埃切	埋 嘛厓切	邁	[illegible] [illegible]切
[illegible]	非	[illegible] 夫埃切	[illegible] 夫厓切	[illegible]	[illegible] 夫[illegible]切
[illegible]	敷	[illegible] 孚埃切	[illegible] 孚厓切	[illegible]	[illegible] 孚[illegible]切
[illegible]	奉	[illegible] 符埃切	[illegible] 符厓切	[illegible]	[illegible] 符[illegible]切
[illegible]	微	[illegible] [illegible]埃切	[illegible] [illegible]厓切	[illegible]	[illegible] 無[illegible]切
匝	精	哉 咨埃切	[illegible] 齎厓切	[illegible]	[illegible] 苴[illegible]切
[illegible]	清	猜 雌埃切	[illegible] 妻厓切	[illegible]	[illegible] 趨[illegible]切
雜	從	裁 慈埃切	[illegible] 齊厓切	[illegible]	[illegible] [illegible]切
薩	心	[illegible] 思埃切	[illegible] 西厓切	[illegible]	[illegible] 胥[illegible]切
薩濁	邪	[illegible] 詞埃切	[illegible] 席厓切	[illegible]	[illegible] 徐[illegible]切
查	照	[illegible] 支埃切	齋 支厓切	[illegible]	[illegible] 諸[illegible]切
叉	穿	[illegible] 蚩埃切	釵 蚩厓切	嘬	[illegible] [illegible]切
楂	床	[illegible] [illegible]埃切	柴 [illegible]厓切	[illegible]	[illegible] 鉏[illegible]切
沙	審	[illegible] 施埃切	篩 施厓切	[illegible]	[illegible] 書[illegible]切
沙濁	禪	[illegible] 時埃切	[illegible] 時厓切	[illegible]	[illegible] 殊[illegible]切
哈	曉	咍 訶埃切	[illegible] 希厓切	[illegible]	[illegible] 虛[illegible]切
哈濁	匣	孩 何埃切	諧 兮厓切	懷	[illegible] 兮[illegible]切
阿	影	埃 厄埃切	挨 伊厓切	崴	[illegible] 紆[illegible]切
阿濁	喻	佁 [illegible]埃切	[illegible] 移厓切	[illegible]	[illegible] 俞[illegible]切
拉	來	來 拉埃切	[illegible] 離厓切	[illegible]	[illegible] 閭[illegible]切
[illegible]	日	[illegible] [illegible]埃切	[illegible] [illegible]厓切	[illegible]	[illegible] 如[illegible]切

按合口呼字作[illegible]與灰[illegible]異故列二層佳[illegible]歪字收聲灰[illegible]字收聲咸[illegible]與[illegible]同[illegible]是則歪音[illegible]界乎[illegible]之間也

第十譜祴鞿規䭔四呼收聲於額鞿威䭔四字

		開口呼收聲額字	齊齒呼收聲鞿字	合口呼收聲威字	撮口呼收聲䭔字
嘎	見	祴 歌額切	[illegible] 基鞿切	規 姑威切	[illegible] 居䭔切
喀	溪	刻 珂額切	[illegible] 溪鞿切	虧 枯威切	[illegible] 區䭔切
噶	羣	[illegible] 翗額切	[illegible] 奇鞿切	葵 狂威切	[illegible] 渠䭔切
[illegible]	疑	額 莪額切	[illegible] 疑鞿切	危 吾威切	[illegible] 魚䭔切
答	端	德 答額切	[illegible] 低鞿切	[illegible] 都威切	[illegible] 低䭔切
塔	透	忒 塔額切	[illegible] 梯鞿切	[illegible] [illegible]威切	[illegible] 梯䭔切
達	定	特 達額切	[illegible] 題鞿切	[illegible] 徒威切	[illegible] 題䭔切
納	疑	[illegible] 納額切	[illegible] 泥鞿切	[illegible] 奴威切	[illegible] 泥䭔切
吒	知	[illegible] 吒額切	[illegible] 知鞿切	追 知威切	[illegible] 知䭔切
侘	徹	[illegible] 侘額切	[illegible] 絺鞿切	[illegible] 絺威切	[illegible] 絺䭔切
茶	澄	[illegible] 茶額切	[illegible] 池鞿切	鎚 池威切	[illegible] 除䭔切
[illegible]	孃	[illegible] 拏額切	[illegible] 尼鞿切	諉 尼威切	[illegible] 尼䭔切
巴	幫	碑 伯額切	[illegible] 卑鞿切	[illegible] 逋威切	[illegible] 卑䭔切
葩	滂	披 拍額切	[illegible] 披鞿切	[illegible] 鋪威切	[illegible] 披䭔切
拔	並	陪 白額切	[illegible] 皮鞿切	[illegible] 蒲威切	[illegible] 皮䭔切
嘛	明	眉 陌額切	[illegible] 麻鞿切	[illegible] 模威切	[illegible] 麻䭔切
[illegible]	非	[illegible] 夫額切	[illegible] 夫鞿切	非 夫威切	[illegible] 夫䭔切
[illegible]	敷	[illegible] 孚額切	[illegible] 孚鞿切	霏 孚威切	[illegible] 孚䭔切
[illegible]	奉	[illegible] 符額切	[illegible] 符鞿切	肥 扶威切	[illegible] 符䭔切
斡	微	[illegible] 斡額切	[illegible] 斡鞿切	微 無威切	[illegible] 無䭔切
匝	精	[illegible] 咨額切	[illegible] 齎鞿切	檇 租威切	[illegible] 苴䭔切
攃	清	[illegible] 雌額切	[illegible] 妻鞿切	翠 粗威切	[illegible] 趨䭔切
雜	從	[illegible] 慈額切	[illegible] 齊鞿切	萃 徂威切	[illegible] 苴䭔切
薩	心	[illegible] 思額切	[illegible] 西鞿切	雖 蘇威切	[illegible] 胥䭔切
薩濁	邪	[illegible] 詞額切	[illegible] 席鞿切	隨 徐威切	[illegible] 徐䭔切
查	照	[illegible] 資額切	[illegible] 支鞿切	錐 菑威切	[illegible] [illegible]䭔切
叉	穿	[illegible] [illegible]額切	[illegible] 蚩鞿切	吹 初威切	[illegible] [illegible]䭔切
楂	床	[illegible] 咋額切	[illegible] 茬鞿切	[illegible] [illegible]威切	[illegible] [illegible]䭔切
沙	審	[illegible] [illegible]額切	[illegible] [illegible]鞿切	衰 疏威切	[illegible] [illegible]䭔切
沙濁	禪	[illegible] [illegible]額切	[illegible] 時鞿切	誰 [illegible]威切	[illegible] 殊䭔切
哈	曉	黑 訶額切	[illegible] 希鞿切	暉 呼威切	[illegible] 虛䭔切
哈濁	匣	劾 何額切	[illegible] 兮鞿切	[illegible] 胡威切	[illegible] 兮䭔切
阿	影	餩 厄額切	[illegible] 伊鞿切	威 烏威切	[illegible] 紆䭔切
阿濁	喻	[illegible] [illegible]額切	[illegible] 移鞿切	惟 [illegible]威切	[illegible] 俞䭔切
拉	來	勒 拉額切	[illegible] 離鞿切	[illegible] 盧威切	[illegible] 閭䭔切
[illegible]	日	[illegible] [illegible]額切	[illegible] [illegible]鞿切	蕤 如威切	[illegible] 如䭔切

按音韻闡微支微齊三韻俱字母三十一音韻譜例屈拙口呼今皆讀作合口呼故并為合口一譜開以齊齒撮無字碑披眉入支韻齊齒呼收聲伊字皆字入灰韻合口呼收聲逶字然審音則皆作規韻開口呼[illegible]刻等字不登韻入聲方音式讀作規韻字與今為一譜

第十一 諸高驕[illegible][illegible]四字收聲於敖么鴞[illegible]四字

		開口呼收敖字	齊齒呼收么字	合口呼收鴞字	撮口呼收[illegible]字
嘎	見	高 嘎敖切	驕 基么切	[illegible] 姑鴞切	[illegible] 居[illegible]切
喀	溪	尻 喀敖切	蹺 溪么切	[illegible] [illegible]鴞切	[illegible] [illegible]切
噶	羣	[illegible] [illegible]敖切	翹 [illegible]么切	[illegible] [illegible]鴞切	[illegible] [illegible]切
[illegible]	疑	敖 [illegible]敖切	堯 [illegible]么切	[illegible] [illegible]鴞切	[illegible] [illegible]切
答	端	刀 答敖切	貂 [illegible]么切	[illegible] 都[illegible]切	[illegible] [illegible]切
塔	透	滔 塔敖切	挑 梯么切	[illegible] [illegible]鴞切	[illegible] [illegible]切
達	定	桃 達敖切	條 題么切	[illegible] 徒[illegible]切	[illegible] 題[illegible]切
納	泥	猱 納敖切	嬈 泥么切	[illegible] 奴[illegible]切	[illegible] 泥[illegible]切
咤	知	[illegible] 咤敖切	朝 知么切	[illegible] 知[illegible]切	[illegible] [illegible]切
侘	徹	[illegible] 侘敖切	超 [illegible]么切	[illegible] [illegible]切	[illegible] [illegible]切
茶	澄	[illegible] 茶敖切	潮 澄么切	[illegible] 澄[illegible]切	[illegible] 除[illegible]切
[illegible]	孃	鐃 [illegible]敖切	[illegible] 尼么切	[illegible] 尼鴞切	[illegible] [illegible]切
巴	幫	包 巴敖切	標 卑么切	[illegible] 逋[illegible]切	[illegible] [illegible]切
葩	滂	泡 葩敖切	漂 披么切	[illegible] [illegible]切	[illegible] [illegible]切
拔	並	袍 拔敖切	瓢 皮么切	[illegible] 蒲[illegible]切	[illegible] 皮[illegible]切
嘛	明	毛 嘛敖切	苗 縻么切	[illegible] 模[illegible]切	[illegible] 縻[illegible]切
[illegible]	非	[illegible] 夫敖切	[illegible] 夫么切	[illegible] 夫[illegible]切	[illegible] 夫[illegible]切
[illegible]	敷	[illegible] 孚敖切	[illegible] 孚么切	[illegible] 孚[illegible]切	[illegible] 孚[illegible]切
[illegible]	奉	[illegible] 符敖切	[illegible] 符么切	[illegible] 符[illegible]切	[illegible] 符[illegible]切
斡	微	[illegible] 斡敖切	[illegible] 斡么切	[illegible] [illegible]切	[illegible] [illegible]切
匝	精	遭 匝敖切	焦 [illegible]么切	[illegible] 租[illegible]切	[illegible] 苴[illegible]切
擦	清	操 擦敖切	[illegible] 妻么切	[illegible] 粗[illegible]切	[illegible] [illegible]切
雜	從	曹 慈敖切	樵 齊么切	[illegible] 徂[illegible]切	[illegible] [illegible]切
薩	心	騷 思敖切	蕭 西么切	[illegible] 蘇[illegible]切	[illegible] 胥[illegible]切
薩濁	邪	[illegible] 詞敖切	[illegible] 席么切	[illegible] 俗[illegible]切	[illegible] 徐[illegible]切
查	照	抓 查敖切	昭 支么切	[illegible] 菹[illegible]切	[illegible] 諸[illegible]切
叉	穿	鈔 叉敖切	弨 [illegible]么切	[illegible] 初[illegible]切	[illegible] 樞[illegible]切
楂	床	巢 楂敖切	[illegible] 茬么切	[illegible] [illegible]切	[illegible] 鉏[illegible]切
沙	審	梢 沙敖切	燒 施么切	[illegible] [illegible]切	[illegible] [illegible]切
沙濁	禪	[illegible] 時敖切	韶 時么切	[illegible] 蜀[illegible]切	[illegible] [illegible]切
哈	曉	蒿 哈敖切	枵 希么切	[illegible] 呼[illegible]切	[illegible] 虛[illegible]切
哈濁	匣	豪 哈敖切	淆 兮么切	[illegible] 胡[illegible]切	[illegible] 兮[illegible]切
阿	影	鏖 阿敖切	么 伊么切	[illegible] 烏[illegible]切	[illegible] 紆[illegible]切
阿濁	喻	[illegible] [illegible]敖切	遙 移么切	[illegible] 烏[illegible]切	[illegible] 俞[illegible]切
拉	來	勞 拉敖切	聊 [illegible]么切	[illegible] 盧[illegible]切	[illegible] 閭[illegible]切
[illegible]	日	[illegible] [illegible]敖切	饒 [illegible]么切	[illegible] 如[illegible]切	[illegible] 如[illegible]切

按高[illegible][illegible][illegible]四呼[illegible]齊合[illegible]三[illegible][illegible][illegible]屬開口呼齊齒呼合撮[illegible]或與[illegible]近或與齊近合口撮口二呼無字皆用二合

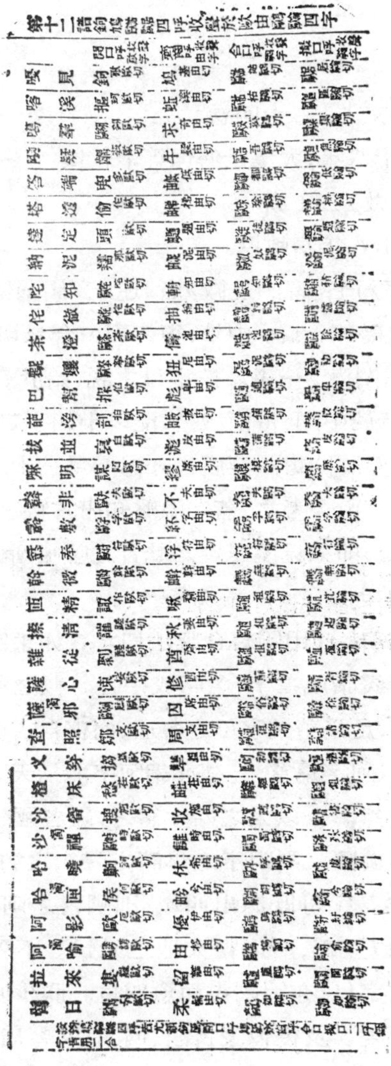

(卷十六《七音略》三)

十二、清朝文獻通考

經小學

《欽定西域同文志》二十四卷

乾隆二十八年,大學士傅恒等奉敕撰。

《欽定音韻述微》三十卷

乾隆三十八年奉敕撰。

皇上御製《序》曰:《音韻述微》者,述《音韻闡微》之意也。我皇祖《欽定佩文詩韻》頒示中外,復依國書合聲切韻之法,叶華音字母作《音韻闡微》一書。按字母之説,始於《隋書·經籍志》,載後漢佛法行於中國,得西域書,能以十四字貫一切音,其文省而義廣,謂之婆羅門書。至唐僧守温增爲三十六字母。相沿至今,未識其源。由今考之,蓋守温略知唐古特字,而所譯漢文則不免强爲牽合,即如見溪羣疑乃梵音之嘎噶迎阿,端透定泥乃梵音之答塔達納也。

《闡微》則於每字皆用國書合聲法切之。如東字舊韻德紅切,今用都翁切。緩讀成二字,急讀成一音。較之舊韻之轉字叶音,實簡明精確,足爲華梵字母之會通,而啓自古音韻未發之秘準也。夫國書以阿字爲首,梵經亦謂阿字能括天下之音。其生生之序,出于自然。今以人之始生證之,雖各國、各地殊語,至其孩啼,音皆出於阿。則阿字之爲諸方聲韻之源,綜其異而得其同,從可知矣。字母既源出西域,則國書之阿字,實會通華梵字母之樞紐以立義,所以得天地之元聲。不獨梵音藉國書而明,即華音之字母,亦因國書而愈明也。朕少時見等韻書亦茫然,弗悉其原委。及後習蒙古語、回語,又習唐古特語、蕃語,然後知漢音字母即梵音之字母,而以國書樞紐其閒,率可以通華梵之情,暢形聲之奥。前此《同文韻統》、《西域同文志》即仰承皇祖《闡微》之義,譔輯成編。兹復命詞臣恭以《佩文詩韻》,並萃《廣韻》、《集韻》之字,删冗存英,爲《音韻述微》,共收一萬五千二百七十九字,成書三十卷。……

(卷二百十八《經籍考》八)

十三、海録

徹第缸,在烏土國大山之北,數十年來嘆咭利新闢土地,未有商賈,其風俗土産未詳。

明呀喇,嘆咭利所轄地。周圍數千里,西南諸番一大都會也。在徹第缸海西岸,由徹第缸渡海,順東南風約二日夜可到。陸路則初沿海北行,至海角轉西,又南行,然後可至。爲日較遲,故來往多由海道。其港口名葛支里。港外沿海千餘里,海水渾濁,淺深叵測。外國船至此不能遽進,必先鳴礮,使土番聞之,請於嘆咭利,命熟水道者操小舟到船爲之指示然後可。土番亦必預度其淺深,以泡志之。泡者截大木數尺,製爲欖形,空其中,繫之以繩,墜之以鐵,隨水道曲折,浮之水面,以爲之志。土番謂之泡,每一望遠,及轉折處,則置一泡。然外人終不能測,是殆天險也。港口有礮台,進入内港行二日許到交牙礮台,又三四日到咕哩噶噠,嘆咭利官軍鎮明呀喇者治此。有小城,城内唯住官軍,商民環處城外,嘆咭利官吏及富商家屬俱住漲浪居。漲浪居者,城外地名也,樓閣連雲,園亭綺布,甲于一國,嘆咭利居此者萬餘人。又有叙跛兵五六萬,即明呀哩土番也。酋長有三,其大者稱唧有士第,其次爲呢哩,又次爲集景,皆命於其王,數年則代。國有大政大訟大獄,必三人會議,小事則聽屬吏處分。其統屬文武總理糧餉一人,謂之辣,亦數年而代。其出入之儀仗,較三酋長特盛,前有騎士六人,後有四人,左右各一人,俱穿大紅衣。左右二人裝束俱同辣,唯辣所穿衣當胸繡八卦文爲異耳。凡鞫獄訟,上下俱穿黑衣,唯三酋長兩肩有白絨緣,頭戴白帽,用白髮織成,狀如風帽。酋長上坐,客長十人旁坐。客長,客商之長也。每會鞫必延客長十人旁坐者,欲與衆共之也。其獄必僉曰是,然後定讞,有一不合則復鞫,雖再三不以爲煩。然怙奢尚利,賄賂公行,徒事文飾,無財不可以爲説也。其土番有數種,一明呀哩,一夏哩,一吧藍美。明呀哩種較多,而吧藍美種特富厚。明呀哩食牛不食豬,夏哩食豬不食牛,吧藍美則俱不食。富者衣食居處頗似嘆咭利,以華麗相尚。貧者家居俱裸體,以數寸寬幅布圍其腰,又自臍下絆至臀後以掩下體,男女皆然,謂之水幔。無來由番亦多如此,出門所圍布幅稍寬,有吉慶則穿長衣,窄袖,其長曳地,用白布二丈纏其頭,以油徧擦其身。所居屋盡塗以牛糞。俗以螺殼有文彩者爲貨貝,交易俱用之。娶妻皆童養,夫死婦不再嫁,鬈髮而居,各種不相爲婚。男子胸蓋小印數處,額上刺紋,女人皆穿鼻帶環。吧藍美死則葬于土,餘俱棄諸水。有老死者,子孫親戚送至水旁,聚而哭之,各以手撫其屍,而反掌自舐之,以示親愛。徧則棄諸水,急趨而歸,以先至家者爲吉。明呀哩間有以火化者,更有伉儷敦篤者,夫死婦矢殉,親戚皆勸阻,堅不從,則聽之。將殉,先積柴於野,置夫屍于上火之,婦則盡戴所有金銀珠寶玩飾繞火行哭,親戚亦隨哭,極慟。見屍將化,婦則隨舉諸飾分贈所厚,而跳入火,衆皆嘖嘖稱羨,俟火化而後去。每歲三、四月,則羣聚而賽神。于廟門外先豎直木一,再取一木度其長之半鑿孔,横穿直木上,令活動可轉,横木兩端各以繩繫鐵鉤二,有數人赤身,以長幅布圍下體,手綰一籃,籃内裝各種時果,立其下。衆先取兩人,以横木兩端鐵鉤鉤其背脊兩旁,懸諸空中,手足散開，狀如飛鳥。觀者舉横木推轉之，其人則取籃中果分撒于地，羣爭拾之，果盡復换兩人，衆皆歡笑，不以爲苦也。得果者歸以奉家長及病者，以爲天神所賜云。自此以西，地氣漸寒，中華人居此者可穿夾衣。自此以東及南洋諸國，天氣俱和暖，四時俱可穿單衣。土産鵶片、煙硝、牛黄、白糖、棉花、海參、瑇瑁、訶子、檀香。鵶片有二種，一爲公班，皮色黑，最上，一名叭第咕喇，皮色赤，稍次之，皆中華人所謂烏土也，出於明呀喇屬邑，地名叭旦拏。其出曼噠喇薩者亦有二種，一名金花紅爲上，一名油紅次之。出嗎喇他及盎叽哩者名鴨屎紅，皆中華人所謂紅皮也。出孟買及唧肚者則爲白皮，近時入中華最多。其木似罌粟，葉如靛青，子如茄，每根僅結子二三顆。熟時夜以刀劃其皮分許，膏液流出，凌晨收之，而浸諸水數刻，然後取出，以物盛之。再取其葉曝乾，末之，雜揉其中，視葉末多少，以定其成色，葉末半則得膏半。然後捏爲團，以葉裹之，子出膏盡則拔其根，次年再種。邇年以來，閩、粤亦有傳種者，其流毒未知何所底止也。

曼噠喇薩，在明呀喇西少南。由葛支里沿海陸行約二十餘日，水路順東風約五六日，俱暎咭利所轄地。至此别爲一都會，有城郭，暎咭利居此者亦有萬人，叙跛兵二三萬。此地客商多阿哩敏番，即來粤東戴三角帽者是也。土番名雪那哩，風俗與明呀哩略同。土産珊瑚、珍珠、鑽石、銀、銅、棉花、訶子、乳香、没藥、鵶片、魚翅，猳梭、豸梭，形如小洋狗。又有金邊洋布，價極貴，一匹有值洋銀八十枚者。内山爲嘵包補番。嘵包補者，猶華言大也，本回回種類，其間國名甚多，疆域不過數百里，所織布極精細，大西洋各國番多用之。

笨支里，在曼噠喇薩西南，爲佛郎機所轄地。由曼噠喇薩陸行約四五日，水行約日餘即到。土産海參、魚翅、訶子、棉花、猳梭、豸。内山亦屬嘵包補。

呢咕叭當國，在笨支里西嶺界中，疆域甚小，土番名耀亞。

西嶺在笨支里少北，又名咕嚕慕。由笨支里水路約六七日，陸路約二旬可到，爲荷蘭所轄地。土番名高車子[①]，風俗與明呀哩略同。内山爲乃弩王國，土産海參、魚翅、棉花、蘇合油。海參生海中石上，其下有肉盤，盤中生短蒂，蒂末即生海參。或黑或赤，各肖其盤之色。竪立海水中，隨潮摇動。盤邊三面生三鬚，各長數尺，浮沉水面。採者以鉤斷其蒂，撈起剖之去其穢，煮熟然後以火焙乾，各國俱有，唯大西洋諸國不産。

① 高車子，按馮承鈞注釋，“土番乃 Singhalese 人，古僧伽羅人之遺種也。此云名高車子，非出清高誤記，即經筆受者臆改。”

打冷莽柯國在西嶺西北，順東南風約二三日可到。疆域甚小，民極貧窮，然性頗淳良。風俗與上略同。沿海屬邑有地名咖補者，西洋客商皆居此。土産海參、魚翅、龍涎香、訶子。

亞英咖，在咖補西北，順風約五六日可到，爲暎咭利所轄地。土番風俗與上略同。土産棉花、燕窩、椰子、訶子。

固貞，在亞英咖西北，水路順風約日餘可到，爲荷蘭所轄地。土番風俗與上略同。内山爲晏爹呢咖國，實回回種類。土産乳香、没藥、魚翅、棉花、椰子、蘇合油、血竭、砂仁、訶子、大楓子。

隔瀝骨底國，在固貞北少西，水路順風約二日可到，陸路亦通。風俗與上同，土産胡椒、棉花、椰子，俱運至固貞售賣。内山仍屬晏爹呢咖。

馬英，在隔瀝骨底北少西，水路順風約二日可到，爲佛郎機所轄地。土産風俗與上略同。内山亦屬晏爹呢咖。

打拉者，在馬英西北，陸路相去約數十里，爲暎咭利所轄地。土番風俗亦與上同。土産胡椒、海參、魚翅、淡菜。内山仍屬晏爹呢咖。

嗎喇他國，在打拉者西。疆域自東南至西北長數千里，沿海邊地分爲三國，一小西洋、一孟婆羅、一麻倫呢，爲回回種類。凡拜廟，廟中不設主像，唯于地上作三級，取各花瓣徧撒其上，羣向而拜；或中間立一木椎，每月初三各于所居門外向月念經，合掌跪拜稽首。土産棉花、胡椒、魚翅、鴉片。

小西洋[①]，在嗎喇他東南沿海邊界。由打拉者向北少西行，經嗎喇他境，約六七日到此，爲大西洋所轄地。疆域約數百里，土番名盈丟。奉蛇爲神，所畫蛇有人面九首者。婚嫁與明呀哩同。死則葬于土。每年五月，男女俱下河洗浴，延番僧坐河邊，女人將起，必以兩手掬水洗僧足，僧則念咒取水醮女面，然後穿衣起。又有蘇都嚕番、察里多番、吐嚕米番三種，多孟婆囉國人，西洋人取以爲兵，其風俗與盈丟略同。西洋番居此者有二萬人。土産檀香、魚翅、珊瑚、犀角、象牙、鮑魚。謝清高云：昔隨西洋番舶到此時，船中有太醫院者，聞其妻死，特遣土番齎札回大西洋祖家，請于國王，以半俸給其家，養兒女。是知此地亦有陸路可通大西洋也。

① 按馮注，即 Goa（果阿），1510 年葡萄牙人略據之。

孟婆囉國，在小西洋北山中，由小西洋水路順風約日餘可至國境。王都在山中，以竹爲城，疆域亦數百里。風俗與小西洋同。土產檀香、犀角。

麻倫呢國，在孟婆囉北，水路順風約日餘可到。疆域、風俗與孟婆囉同。土產海參、魚翅、鮑魚。二國所產貨物，多運至小西洋埔頭售賣。

盎叽哩國，在麻倫呢北少西，水路順風一二日可到。疆域、風俗與小西洋略同。土產洋葱（其頭寸餘，熟食味極清酣），瑪瑙、棉花、鴉片。内山亦屬嘵包補。自曼噠喇薩至唧肚，土番多不食豬、牛、羊、犬，唯食鷄、鴨、魚、蝦。男女俱戴耳環。

孟買，在盎叽哩北少西，相去約數十里，爲暎咭利所轄地。有城郭，土番名叭史，顔色稍白，性極淳良，家多饒裕。暎咭利鎮此地者有數千人。土產瑪瑙、大葱、棉花、阿魏、乳香、没藥、魚膏、魚翅、鴉片、番硯，棉花最多，亦小西洋一大市鎮也。鄰近嗎喇他、盎叽哩、嘵包補、唧肚諸國，多輦載貨物到此貿易。其内山亦屬嘵包補。

蘇辣，在孟買北，水路約三日可到，亦暎咭利所轄。土番名阿里敏。土產同上。

淡項，原注讀平聲。在蘇辣北，水路約日餘可到，爲西洋所轄。土產同孟買。

嘞肚國,在淡項北,疆域稍大,由淡項水路順風約二日可到。風俗民情與盎叽哩諸國略同。土産鴉片、海參、魚翅,俱運往蘇辣、孟買販賣。自明呀喇至此,西洋人謂之哥什嗒,我總稱爲小西洋。土人多以白布纏頭,所謂白頭鬼也。遇王及官長,蹲身合掌上于額,俟王及官長過,然後起。子見父母亦合掌于額,平等相見亦如之。其來中國貿易,俱附暎咭利船。本土船從無至中國,中國船亦無至小西洋各國者。自此以西,海波洶湧,一望萬里,舟楫不通,淺深莫測;沿海諸國不可得而紀矣。《海國見聞》謂小西洋西南皆烏鬼國,延袤萬里,直趨西南海中。小西洋與大西洋海道不能直通,實爲烏鬼國所阻。與謝清高所述互異。余止録所聞于謝清高者,以俟博雅之考核,不敢妄爲附會也。其嘞肚内山則爲金眼回回國,聞其疆域極大,不與諸國相往來,故其風俗土産,亦不可得而紀也。

（卷上）

附録

引用書目版本

史記	中華書局 1959 年標點本
漢書	中華書局 1962 年標點本
三國志	中華書局 1959 年標點本
博物志	中華書局 1980 年范寧校證本
西京雜記	抱經堂校本
南方草木狀	商務印書館 1959 年本
華陽國志	上海涵芬樓影印嘉業堂藏明錢叔寶鈔本
搜神記	商務印書館 1957 年標點本
後漢書	中華書局 1965 年標點本
宋書	中華書局 1974 年標點本
南齊書	中華書局 1972 年標點本
高僧傳	金陵刻經處本
水經注	上海涵芬樓影印武英殿聚珍版本
齊民要術	農業出版社 1982 年繆啓愉校釋本
洛陽伽藍記	上海古籍出版社 1978 年范祥雍校注本
魏書	中華書局 1974 年標點本
續畫品	王氏《書畫苑》本
北堂書鈔	孫忠愍侯祠堂舊校影宋原本,南海孔氏卅有三萬卷堂校注重刊
藝文類聚	上海古籍出版社 1982 年重印汪紹楹校本
梁書	中華書局 1973 年標點本
陳書	中華書局 1972 年標點本
北齊書	中華書局 1972 年標點本
周書	中華書局 1971 年標點本

隋書	中華書局 1973 年標點本
晉書	中華書局 1974 年標點本
南史	中華書局 1975 年標點本
北史	中華書局 1974 年標點本
續高僧傳	江北刻經處本(唯卷十《玄奘傳》轉録於《中國佛教思想資料選編》第 2 卷第 3 册中華書局 1983 年本)
法苑珠林	上海商務印書館縮印明萬曆刊本(《四部叢刊》初編子部)
千金翼方	人民衛生出版社 1955 年據清翻刻元大德梅溪書院本加句縮影
唐開元占經	據恒德堂版翻刻《四庫全書》本
初學記	中華書局 1962 年司義祖點校本
外臺秘要	人民衛生出版社 1955 年據前影經余居刊本,並附排明代程衍道敬通及日本平安山脇(尚德)校注本影印
建康實録	光緒廿八年江寧甘氏桑泊草堂刻本
佛説十力經	《續正藏》本
通典	《萬有文庫》第二集《十通》第一集
唐國史補	上海古典文學出版社 1957 年標點本(《中國文學參考資料小叢書》第一輯 3)
歷代名畫記	上海人民美術出版社 1964 年俞劍華注釋本
羯鼓録	上海古典文學出版社 1957 年標點本(《中國文學參考資料小叢書》第一輯 6)
酉陽雜俎	中華書局 1982 年方南生點校本
蠻書	中華書局 1962 年向達校注本

舊唐書	中華書局 1957 年標點本
全唐文	中華書局 1983 年加句影印清嘉慶本
全唐詩	中華書局 1960 年王全點校本
唐會要	商務印書館據武英殿聚珍版排印本
五代會要	上海古籍出版社 1978 年標點本
舊五代史	中華書局 1972 年標點本
太平御覽	中華書局 1960 年縮印商務影宋刻本
宋高僧傳	中華書局 1986 年范祥雍標點本
册府元龜	中華書局 1960 年影印明刻本
新唐書	中華書局 1975 年標點本
新五代史	中華書局 1974 年標點本
夢溪筆談	古典文學出版社 1957 年胡道靜校注本
香譜	《説郛》本
石林燕語	中華書局 1984 年侯忠義點校本
通志	商務印書館印行《萬有文庫》本
吳船録	《知不足齋叢書》本
嶺外代答	《知不足齋叢書》本
諸蕃志	中華書局 1956 年馮承鈞校注本
佛祖統記	三寶經房刻〔支那撰述〕慈邑西方寺珍藏本
西遊録	中華書局 1981 年向達校注本
長春真人西遊記	王國維校注本
元朝秘史	中華書局 1962 年《漸西村舍叢書》版李文田注本
聖武親征録	王國維校注本
西使記	王國維校録本

中庵集	北京圖書館藏鈔本
大德南海志	北京圖書館藏元刻本
文獻通考	商務印書館印行《萬有文庫》本
新纂雲南通志	1948 年鉛印本
紀古滇説原集	《玄覽堂叢書》本
佛祖歷代通載	江北刻經處宣統元年(1909 年)版本
遼史	中華書局 1974 年標點本
金史	中華書局 1975 年標點本
宋史	中華書局 1977 年標點本
島夷誌略	中華書局 1981 年蘇繼頃校釋本
危太樸文集	説學齋藁本
玩齋集	明刻嘉靖修補本
玉笥集	《粤雅堂叢書》本
異域志	中華書局 1981 年陸峻嶺校注本
澹居稿	北京圖書館藏清抄本
庚申外史	《豫章叢書》本
元史	中華書局 1976 年標點本
永樂大典	中華書局 1960 年影印本
西洋番國志	中華書局 1961 年向達校注本
星槎勝覽	中華書局 1954 年馮承鈞校注本
瀛涯勝覽	中華書局 1955 年馮承鈞校注本
西洋朝貢典録	中華書局 1982 年謝方校注本
南詔野史	清胡蔚羨門訂正本
皇明四夷考	《吾學編》本
殊域周咨録	故宫博物院本

咸賓録	中華書局 1983 年余思黎點校本
續文獻通考	明萬曆三十一年(1603 年)序刊本
本草綱目	人民衛生出版社 1982 年標點本
兩種海道針經	中華書局 1982 年向達校注本
四夷廣記	《玄覽堂叢書》續集本
東西洋考	中華書局 1981 年謝方點校本
武備志	清初刊本
皇明象胥録	《寳顔堂秘笈》影印明崇禎刻本
日知録	湖北崇文書局重雕本
天下郡國利病書	《四部叢刊》本
坤輿圖説	《指海》本
佩文齋書畫譜	康熙四十七年(1708 年)刊本
淵鑑類涵	清康熙刻袖珍本
海國聞見録	乾隆癸丑年(1793 年)馬俊良林秉璐訂校本
古今圖書集成	中華書局影印本
明史	中華書局 1974 年標點本
續通志	商務印書館印行《萬有文庫》本
續文獻通考	商務印書館印行《萬有文庫》本
清朝通志	商務印書館印行《萬有文庫》本
清朝文獻通考	商務印書館印行《萬有文庫》本
海録	商務印書館行本

南亞地名、人名索引

凡　例

一、本索引的編排以筆畫多少為序，同筆畫者，以起筆筆形横(一)豎(丨)撇(丿)點(丶)折(乛)為序。首字為同字者，以該條目第二個字的筆畫多少及起筆筆形為序。

二、地名索引對同一地名而漢語音譯略有不同者，予以合併，以其中多見者為正條，其它為參見條；而對漢語音譯表達差異較大的同一地名，則不予合併，分別出條。

三、為較全面提供南亞地名史料，地名索引將原和南亞有關今已屬中亞或西亞的某些地名也編排在内。

四、人名索引以該人的原名為正條，其字號、法號、封號、譯名為參見條。

五、本索引編制者：甘杜紅　耿引曾

南亞地名索引

二畫

一

丨

丿

三畫

一

一

四畫

一

五畫

一

六畫

一

七畫

一

丨

丶

乛

八畫

一

丨

九畫

一

一

十畫

一

乛

十一畫

一

十三畫

一

丨

丿

十四畫

一

十五畫

一

丨

丿

丶

十六畫

一

十八畫

十九畫

一

丨

丿

丶

二十畫

一

丨

丿

丶

二十一畫

丨

、

二十二畫

丨

二十三畫

、

二十四畫

一

靈鷲	參見姞栗陀羅矩吒山
靈鷲山	參見姞栗陀羅矩吒山

二十八畫

丨

鸚哥嘴山	參見鶯歌嘴山
鸚歌嘴	參見鶯歌嘴山

南亞人名索引

一畫

一

二畫

丨

丿

乛

三畫

一

四畫

一

、

乛

七畫

一

乛

八畫

一

九畫

一

丨

十畫

一

十一畫

一

丨

丿

乛

十二畫

一

丨

十三畫

一

十五畫

一

十六畫

一

丨

十七畫

一

十八畫

一

丨

丿

十九畫

一

丨

二十畫

一

丿

二十一畫

一

二十二畫

丨

丿

丶

《東方文化集成》已出版叢書目錄

季羡林主編

書　名	作　者
《文化交流的軌跡——中華蔗糖史》	季羡林
《東西文化議論集》(上、下册)	季羡林、張光璘
《新詩格律與語言的詩化》	林　庚
《古猶太文化史》	朱維之、韓可勝
《現代伊斯蘭主義》	陳嘉厚　等
《阿拉伯史綱》	郭應德
《中阿關係史》	江淳、郭應德
《當代中國倫理與道德》	魏英敏
《阿拉伯伊斯蘭文化史綱》	孫承熙
《中國評書藝術論》	汪景壽、曾惠杰　等
《當代中國經濟學》	宋光華
《世界四大文化與東南亞文學》	梁立基、李　謀
《戰後東南亞華人社會變化研究》	梁英明
《日本文學思潮史》	葉渭渠
《伊朗通史》(上、下册)	葉奕良(譯)

《印度古代史綱》	林承節
《蒙古國現代文學》	史習成
《佛法與宇宙》	池田大作〔日本〕
《諸神流竄——論日本古事記》	梅原猛〔日本〕
《日本文化論》	加藤周一〔日本〕 葉渭渠　等(譯)
《漢代絲綢之路的咽喉——河西路》	王宗維
《中國—朝鮮·韓國關係史》(上、下册)	楊昭全、何彤梅
《東方文學交流史》	孟昭毅
《東方戲劇美學》	孟昭毅
《同根生的民族——壯泰各族淵源與文化》	范宏貴
《中緬關係史》	余定邦
《敦煌文化》	顔廷亮
《亞洲漢文學》	王曉平
《日本天皇制及其精神結構》	王金林
《古代波斯醫學與中國》	宋　峴
《印度神話》	孫士海、王　鏞(譯)
《布哈里聖訓實録全集》①②③	康有璽(譯)
《現代日本政治》	王新生
《中亞五國概論》	趙常慶　等
《簡明伊斯蘭史》	馬明良
《新興宗教與日本近現代社會》	張大柘
《印度蘇非派及其歷史作用》	唐孟生

《滿漢全席源流考述》	趙榮光
《印度獨立後的政治經濟社會發展史》	林承節
《中印文學比較研究》	薛克翹
《唐代前期軍事史略論稿》	王永興
《儒釋道背景下的唐代詩歌》	陳炎、李紅春
《日本文學史》(近代卷、現代卷)	葉渭渠、唐月梅
《印度尼西亞文學史》(上、下册)	梁立基
《五四文學思想主流與基督教文化》	喻天舒
《波斯文學史》	張鴻年
《泰戈爾文學作品研究》	唐仁虎　等
《中國—朝鮮·韓國文化交流史》(1—4卷)	楊昭全
《日本文學史》(古代卷上、下)	葉渭渠、唐月梅
《日本文學史》(近古卷上、下)	葉渭渠、唐月梅
《道安評傳》	方廣錩
《朝鮮—韓國當代文學史》	金柄珉　等
《文史探真》	汪春泓
《日本起源考》	沈仁安
《阿拉伯現代文學史》	仲躋昆
《中亞五國與中國西部大開發》	趙常慶　等
《易學哲學史》(1—4卷)	朱伯崑
《近代中國與日本——互動與影響》	王曉秋
《吐火羅人起源研究》	徐文堪
《東南亞近現代史》(上、下册)	梁英明、梁志明　等

《印度的羅摩故事與東南亞文學》	張玉安、裴曉睿
《斯里蘭卡的民族宗教與文化》	王　蘭
《早期道教史》	湯一介
《蒙元驛站交通研究》	黨寶海
《佛教與中國文化》	薛克翹
《印象：東方戲劇叙事》	孟昭毅　等
《從唐音到宋調——以北宋前期詩歌爲中心》	曾祥波
《唐五代北宋前期詞之研究——以詩詞互動爲中心》	董希平
《漢魏兩晋南北朝佛教史》（增訂本）	湯用彤
《佛經文學與古代小説母題比較研究》	王　立
《日本近現代經濟簡史》	周啟乾
《赫梯條約研究》	李　政
《"升起來吧！像太陽一樣"——解析蘇美爾史詩〈恩美卡與阿拉塔之王〉》	拱玉書
《希伯來語聖經——來自考古和文本資料的信息（至公元前586年）》	陳貽繹
《尼泊爾——人民和文化》	王宏緯
《中國印度詩學比較》	郁龍余　等
《阿富汗文化和社會》	張　敏
《波斯拉施特〈史集·中國史〉研究與文本翻譯》	王一丹
《新時代的日本經濟》	張舒英
《古代東南亞歷史與文化研究》	梁志明、李謀　等

《中國知識分子的形與神》	樂黛雲
《東方民間文學概論》（1—4卷）	張玉安、陳崗龍　等
《中國楹聯學概論》	谷向陽
《中國印度文化交流史》	薛克翹
《陶淵明集譯注及研究》	孟二冬
《日本戲劇史》	唐月梅
《梵語詩學論著匯編》（上、下册）	黄寶生
《現代漢語話語情態研究》	徐晶凝
《緬甸語與漢藏語系比較研究》	汪大年
《廚川白村文藝思想研究》	李　强
《中國建築與城市文化》	吴良鏞
《隋唐審計史略》	李錦繡
《中國新詩格律問題》	丁　魯
《戰後日本出版文化研究》	諸葛蔚東
《中國哲學大綱》（上、下卷）	張岱年
《〈聊齋志異〉——中印文學溯源比較研究》	王　立、劉衛英
《中世紀印度宗教文學》（上、下卷）	薛克翹、唐孟生　等
《日本近現代佛教史》	楊曾文　等
《馬來古典文學史》（上、下卷）	廖裕芳〔新加坡〕 張玉安　等（譯）
《中國文學與阿拉伯文學比較研究》	林豐民　等
《海洋文化影響下的中國神話與小説》	王　青
《阿拉伯電影史》	陸孝修、陳冬雲

《〈西游補〉校注》	李前程(校著)
《波斯古典詩學研究》	穆宏燕
《中國古代繪畫理論要旨》	楊　鑄
《東方文學史論》	黎躍進
《大帆船貿易與跨太平洋文化交流》	吴傑偉
《日本古代史》	王海燕
《日本中世史》(上、下卷)	王金林
《中日經濟關係史》(上、下卷)	郭蘊静、周啟乾
《東方現代民族主義思潮研究》(上、下卷)	黎躍進　等
《波斯帝國史》	張鴻年
《“同文”的現代轉换——日語借詞中的思想與文學》	董炳月
《中亞五國新論》	趙常慶
《中國東方文學翻譯史》(上、下卷)	孟昭毅　等
《日本古代詩學匯譯》(上、下卷)	王向遠(譯)
《華夷譯語》研究	黄宗鑑
《中庸與調和——儒家和阿拉伯伊斯蘭思想的比較研究》	吴旻燕
《阿拉伯古代文學史》(上、下卷)	仲躋昆
《近代中日文化交流史人物研究》	王曉秋
《世界文明起源研究——歷史與現狀》	拱玉書　等
《古代近東教諭文學》(上、下卷)	李　政　等
《東方文藝思潮研究》	孟昭毅

《蒙漢目連救母故事比較研究》	陳崗龍
《日本近世史》	李　卓　等
《日本近現代文論》(上、下卷)	李　强　等
《赫梯文明研究》	李　政
《占婆文化史》	劉志强
《一個蘊含史詩美麗的中國民間故事》	劉守華
《三國演義》在東方(上中下)	張玉安　陳崗龍等
《中國與東北亞文化交流志》	嚴紹璗　劉　勃
《東方文藝創作的他者化傾向》	林豐民
《紅樓求真録》	陳熙中
《中日人物文化交流研究史》	王曉秋
《日本古典詩學匯譯》(上下)	王向遠
《日本詩歌史》	唐月梅
《蒙古秘史》文獻版本考	白·特木爾巴根
《中國古籍中有關泰國資料匯編》	余定邦　等
《印度近 20 年的發展歷程》	林承節
《印度近現代文學》(上下)	薛克翹　唐孟生
《伊利汗中國科技珍寶書》校注	時　光
《喀爾喀歷史地理研究》	那順達來
《蒙古文〈索勒哈爾奈故事〉的文化背景研究》	寶　花
《〈山海經〉在日本的傳播和研究》	張西豔
《敘事學視域中的〈平家物語〉研究》	邵豔平
《宮崎市定史學方法論》	王廣生

《俄國地理學會的中國邊疆史地考察與研究(迄于 1917 年)》	張豔璐
《印度古典詩學》	黄寶生
《印度作家阿格葉耶小説創作研究》	郭　童
《佛學概論》	姚衛群
《諾貝爾文學獎東方獲獎作家研究》(上下)	孟昭毅
《東南亞古代史史料匯編》(上下)	李　謀
《鳳凰再生——伊朗現代新詩研究》	穆宏燕
《〈南海寄歸内法傳〉研究》	王邦維
《撒哈拉以南非洲文學》	魏麗明等
《菲律賓阿拉安人的神話、巫術與儀式》(上下)	史　陽
《東南亞古代文化:整體、多樣與發展》(上下)	賀聖達
《中國載籍中南亞史料匯編》(上下)	耿引曾等

第一届

《東方文化集成》編輯委員會

第三届

《东方文化集成》编辑委员会

作者簡介

耿引曾 1934年出生于江苏扬州，北京大学国际关係学院亚非研究所教授。主要著作有：《汉文南亚史料学》,《中国人与印度洋》,《中国亚非关係史》,《印度与中国》（该书与印籍华裔谭中教授合著，其英文版由“印度文明中心”收入《印度科学、哲学、文化史丛书》）。

内容簡介

《中国载籍中南亚史料汇编》上、下两册，是从汉朝到清朝1840年的111种古籍中，摘录出的南亚各国古代政治、经济、社会、文化、宗教等资料，是研究南亚古代史的重要文献。